Vertragsvorbehalte in urheberrechtlichen Schranken

Europäische Hochschulschriften Recht

European University Studies in Law

Publications Universitaires Européennes de Droit

Band/ Volume **6693**

Julian Conrad Schemmann

Vertragsvorbehalte in urheberrechtlichen Schranken

Eine kritische Untersuchung anhand des Urheber-Wissensgesellschafts-Gesetzes (UrhWissG)

PETER LANG

Bibliografische Information der Deutschen Nationalbibliothek
Die Deutsche Nationalbibliothek verzeichnet diese Publikation in der Deutschen Nationalbibliografie; detaillierte bibliografische Daten sind im Internet über http://dnb.d-nb.de abrufbar.

Zugl.: Berlin, Humboldt-Univ., Diss., 2021.

D 11
ISSN 0531-7312
ISBN 978-3-631-88908-4 (Print)
E-ISBN 978-3-631-88923-7 (E-PDF)
E-ISBN 978-3-631-88924-4 (EPUB)
DOI 10.3726/b20159

Diese Publikation wurde begutachtet.

www.peterlang.com

Vorwort

Die vorliegende Arbeit wurde im Wintersemester 2020/2021 von der Juristischen Fakultät der Humboldt-Universität zu Berlin als Dissertation angenommen. Sie berücksichtigt die Gesetzeslage, Literatur und Rechtsprechung bis März 2021 und wurde anschließend redaktionell überarbeitet.

Mein besonderer Dank gebührt meinem Doktorvater, Herrn Prof. Dr. *Artur-Axel Wandtke*, von dem ich bereits als Studierender die urheberrechtlichen Grundlagen lernen durfte, was meine Leidenschaft für dieses spannende Rechtsgebiet weckte, nun für die Betreuung und Unterstützung der Arbeit, die zahlreichen Anregungen sowie die interessanten Gespräche und Diskussionen über das Urheberrecht der Zukunft. Frau Prof. Dr. *Eva-Inés Obergfell* danke ich für die zügige Erstellung des Zweitgutachtens.

Nicht zuletzt gilt mein ganz besonderer Dank meinen Eltern *Silvia* und Dr. *Thomas Schemmann*, die mich nicht nur während meines Studiums und meines Promotionsstudiums stets uneingeschränkt unterstützt sowie motiviert haben und so diese Dissertation erst ermöglichten. Ihnen möchte ich aus tiefer Dankbarkeit die Arbeit widmen.

Inhalt

Abkürzungsverzeichnis

a.A.	anderer Ansicht
a.E.	am Ende
ABl.	Amtsblatt
Abs.	Absatz
Abschn.	Abschnitt
Abt.	Abteilung
AcP	Archiv für die civilistische Praxis
ACTA	Anti-Counterfeiting Trade Agreement
AEUV	Vertrag über die Arbeitsweise der Europäischen Union
aF	alte Fassung
AfP	Zeitschrift für das gesamte Medienrecht. Archiv für Presserecht
AGB	Allgemeine Geschäftsbedingung
Alt.	Alternative
Anm.	Anmerkung
AöR	Archiv des öffentlichen Rechts
ArbnErfG	Gesetz über Arbeitnehmererfindungen
ArchFunkR	Archiv für Funkrecht
BAG	Bundesarbeitsgericht
BB	Betriebs-Berater. Zeitschrift für Recht und Wirtschaft
Bd.	Band
Beck-RS	Beck-Rechtsprechung
Begr.	Begründer
BGB	Bürgerliches Gesetzbuch
BGBl.	Bundesgesetzblatt
BGH	Bundesgerichtshof
BGHZ	Entscheidungssammlung des Bundesgerichtshofs in Zivilsachen
BMJV	Bundesministerium der Justiz und für Verbraucherschutz
BR	Bundesrat

BRD	Bundesrepublik Deutschland
BR-Drs.	Bundesratsdrucksache
BT	Bundestag
BT-Drs.	Bundestagsdrucksache
BVerfG	Bundesverfassungsgericht
BVerfGE	Entscheidungssammlung des Bundesverfassungsgerichts
bzw.	beziehungsweise
CC	Creative Commons
CD	Compact Disc
CDU	Christlich Demokratische Union Deutschlands
Computerprogramm-RL	Richtlinie 2009/24/EG des Europäischen Parlaments und des Rates vom 23. April 2009 über den Rechtsschutz von Computerprogrammen
CR	Computer und Recht. Zeitschrift für die Praxis des Rechts der Informationstechnologien
CSU	Christlich-Soziale Union in Bayern e.V.
Datenbank-RL	Richtlinie 96/9/EG des Europäischen Parlaments und des Rates vom 11. März 1996 über den rechtlichen Schutz von Datenbanken
DB	Der Betrieb. Wochenschrift für Betriebswirtschaft, Steuerrecht, Wirtschaftsrecht, Arbeitsrecht
DDR	Deutsche Demokratische Republik
ders.	derselbe
DesignG	Designgesetz
dies.	dieselbe
DiskE	Diskussionsentwurf
DJZ	Deutsche Juristen-Zeitung
dpa	Deutsche Presseagentur
DRiZ	Deutsche Richterzeitung
DSM-RL	Richtlinie 2019/790 des Europäischen Parlaments und des Rates vom 17. April 2019 über das Urheberrecht und die verwandten Schutzrechte im digitalen Binnenmarkt und zur Änderung der Richtlinien 96/9/EG und 2001/29/EG

Durchsetzungs-RL	Richtlinie 2004/48/EG des Europäischen Parlaments und des Rates vom 29. April 2004 zur Durchsetzung der Rechte des geistigen Eigentums
DVD	Digital Versatile Disc
DZPhil	Deutsche Zeitschrift für Philosophie. Zweimonatsschrift der internationalen philosophischen Forschung
-E	Entwurf
Einf.	Einführung
Einl.	Einleitung
EIPR	European Intellectual Property Review
EMRK	Europäische Menschenrechtskonvention
EuGH	Europäischer Gerichtshof
EU-GrCh	Charta der Grundrechte der Europäischen Union
EUV	Vertrag über die Europäische Union
EuZW	Europäische Zeitschrift für Wirtschaftsrecht
f.	folgende Seite
FAZ	Frankfurter Allgemeine Zeitung
ff.	folgenden Seiten
FG	Festgabe
Fn.	Fußnote
Frhr.	Freiherr
FS	Festschrift
GEMA	Gesellschaft für musikalische Aufführungs- und mechanische Vervielfältigungsrechte
GeschGehG	Gesetz zum Schutz von Geschäftsgeheimnissen
ghM	ganz herrschende Meinung
GRUR Int.	Zeitschrift der Deutschen Vereinigung für gewerblichen Rechtsschutz und Urheberrecht. Internationaler Teil
GRUR	Zeitschrift der Deutschen Vereinigung für gewerblichen Rechtsschutz und Urheberrecht
GRUR-Prax	Zeitschrift der Deutschen Vereinigung für gewerblichen Rechtsschutz und Urheberrecht. Praxis im Immaterialgüter- und Wettbewerbsrecht

GRUR-RR	Zeitschrift der Deutschen Vereinigung für gewerblichen Rechtsschutz und Urheberrecht. Rechtsprechungs-Report
hM	herrschende Meinung
Hs.	Halbsatz
i.S.d.	im Sinne des
IIC	international review of intellectual property and competition law
InfoSoc	Richtlinie 2001/29/EG des Europäischen Parlaments und des Rates vom 22. Mai 2001 zur Harmonisierung bestimmter Aspekte des Urheberrechts und der verwandten Schutzrechte in der Informationsgesellschaft
InsO	Insolvenzordnung
iSv	im Sinne von
iVm	In Verbindung mit
JA	Juristische Arbeitsblätter
JIPITEC	Journal of Intellectual Property. Information Technology and Electronic Commerce Law
JJ	Jherings Jahrbücher für die Dogmatik des heutigen römischen und deutschen Privatrechts
JR	Juristische Rundschau
Jur. Diss.	Juristische Dissertation
JuS	Juristische Schulung. Zeitschrift für Studium und praktische Ausbildung
JZ	Juristenzeitung
K&R	Kommunikation & Recht. Betriebsberater für Medien, Telekommunikation, Multimedia
Kap.	Kapitel
KG	Kammergericht
KMK	Kultusministerkonferenz
KUG	Gesetz betreffend das Urheberrecht an Werken der bildenden Künste und der Photographie
LG	Landgericht
LUG	Gesetz betreffend das Urheberrecht an Werken der Literatur und der Tonkunst
MarkenG	Markengesetz

Marrakesch-RL	Richtlinie 2017/1564 des Europäischen Parlaments und des Rates vom 13. September 2017 über bestimmte zulässige Formen der Nutzung bestimmter urheberrechtlich oder durch verwandte Schutzrechte geschützter Werke und sonstiger Schutzgegenstände zugunsten blinder, sehbehinderter oder anderweitig lesebehinderter Personen und zur Änderung der Richtlinie 2001/29/EG zur Harmonisierung bestimmter Aspekte des Urheberrechts und der verwandten Schutzrechte in der Informationsgesellschaft
MMR	Multimedia und Recht
mwN.	mit weiteren Nachweisen
n. Chr.	nach Christus
NJW	Neue Juristische Wochenschrift
NJW-RR	Neue Juristische Wochenschrift. Rechtsprechungsreport Zivilrecht
NSDAP	Nationalsozialistische Deutsche Arbeiterpartei
NStZ	Neue Zeitschrift für Strafrecht
NVwZ	Neue Zeitschrift für Verwaltungsrecht
NZA	Neue Zeitschrift für Arbeitsrecht
NZA-RR	Neue Zeitschrift für Arbeitsrecht. Rechtsprechungsreport
OLG	Oberlandesgericht
PatG	Patentgesetz
PDF	Portable Document Format
RBÜ	Revidierte Berner Übereinkunft
RefE	Referentenentwurf des BMJV zum UrhWissG vom 01.02.2017
RegE	Regierungsentwurf zum UrhWissG vom 12.04.2017
RGBl.	Reichsgesetzblatt
RGZ	Entscheidungssammlung des Reichsgerichts in Zivilsachen
RL elektronischer Geschäftsverkehr	Richtlinie 2000/31/EG des Europäischen Parlaments und des Rates vom 8. Juni 2000 über bestimmte rechtliche Aspekte der Dienste der Informationsgesellschaft, insbesondere des elektronischen Geschäftsverkehrs, im Binnenmarkt

Rn.	Randnote
rtr	Nachrichtenagentur Reuters
sog.	sogenannt
SortG	Sortenschutzgesetz
SPD	Sozialdemokratische Partei Deutschlands
StGB	Strafgesetzbuch
stRspr	ständige Rechtsprechung
TRIPS	Agreement on Trade-Related Aspects of Intellectual Property Rights
Tz.	Teilziffer
u.a.	und andere
UAbs.	Unterabsatz
URG Schweiz	Bundesgesetz über das Urheberrecht und verwandte Schutzrechte der Schweiz, Inkrafttreten am 01.07.1993
URG	Gesetz über das Urheberrecht in der DDR
UrhG	Urheberrechtsgesetz
UrhR	Urheberrecht
UrhWG	Urheberrechtswahrnehmungsgesetz
UrhWissG	Urheberrechts-Wissensgesellschafts-Gesetz
USA	Vereinigte Staaten von Amerika
USB	Universal Serial Bus
UWG	Gesetz gegen den unlauteren Wettbewerb
v. Chr.	vor Christus
v.	von
Var.	Variante
VerlG	Verlagsgesetz
Vermiet- und Verleih-RL	Richtlinie 2006/115/EG des Europäischen Parlaments und des Rates vom 12. Dezember 2006 zum Vermietrecht und Verleihrecht sowie zu bestimmten dem Urheberrecht verwandten Schutzrechten im Bereich des geistigen Eigentums
VG	Verwertungsgesellschaft
VGG	Gesetz über die Wahrnehmung von Urheberrechten und verwandten Schutzrechten durch Verwertungsgesellschaften (Verwertungsgesellschaftengesetz)

vgl.	vergleiche
VG-RL	Richtlinie 2014/26/EU vom 26.02.2014 über die kollektive Wahrnehmung von Urheber- und verwandten Schutzrechten
Vorb.	Vorbemerkung
WCT	WIPO Copyright Treaty
WIPO	World Intellectual Property Organization
WM	Zeitschrift für Wirtschafts- und Bankenrecht. Wertpapiermitteilungen
WPPT	WIPO Performances and Phonograms Treaty
WRP	Wettbewerb in Recht und Praxis
WRV	Weimarer Reichsverfassung
ZEuP	Zeitschrift für Europäisches Privatrecht
ZfPW	Zeitschrift für die gesamte Privatrechtswissenschaft
ZGE	Zeitschrift für Geistiges Eigentum
ZGS	Zeitschrift für das gesamte Schuldrecht
ZIP	Zeitschrift für Wirtschaftsrecht
zit.	zitiert
ZPO	Zivilprozessordnung
ZProt	Zusatzprotokoll
ZRP	Zeitschrift für Rechtspolitik
ZUM	Zeitschrift für Urheber- und Medienrecht
ZUM-RD	Zeitschrift für Urheber- und Medienrecht. Rechtsprechungsdienst

A Einleitung

I Untersuchungsgegenstand, -anlass und -ziel

Der technische Fortschritt löst fortwährend einen Reformationsdruck auf das Urheberrecht aus. Dieser Fortschritt ist der Schlüssel zum Tor, hinter dem unzählige Nutzungsmöglichkeiten bisher versperrt gelegen haben. So kennt beispielsweise das Urheberrechtsgesetz mit § 60d UrhG heutzutage eine Privilegierung zugunsten des Text und Data Minings,[1] wohingegen diese Nutzungsform wohl vor wenigen Jahren den meisten noch unbekannt gewesen ist. Jene Nutzungsmöglichkeiten können innerhalb oder außerhalb des Interesses verschiedener Funktionssysteme liegen. Denn es bestehen zahlreiche Bezugspunkte zu kulturellen, wirtschaftspolitischen und sozialen Fragestellungen. Das Rechtsgebiet schwebt nicht in einer abgeschlossenen Blase. Vielmehr ist es von einer vielschichtigen Umwelt umgeben[2] und ist folglich auf Kommunikation ausgelegt.[3] Somit kann unbegrenzte Exklusivität seinem Wesen nicht gerecht werden. Jedoch zeichnet sich das Urheberrecht durch ebendiese Exklusivität aus: Es ordnet geistige Schutzgegenstände Rechteinhabern zu.[4] In der Zuweisung von subjektiven Rechten ist eine genuine Verteilungsentscheidung zu sehen.[5]

---

1 Text und Data Mining ist ein Sammelbegriff für automatische Analyseverfahren, mit deren Hilfe große Mengen an Informationen durchsucht und verglichen werden können.

2 Infolgedessen ist bei der konkreten Ausgestaltung des Rechts zu fordern, dass das Urheberrecht sich seiner Mehrsystemzugehörigkeit bewusst ist und diese angemessen zu berücksichtigen versucht, so zutreffend ebenfalls *Grünberger*, ZGE 2017, 188, 209.

3 Das hebt ebenso das BVerfG ZUM 2016, 626, 633, Rn. 87 – Metall auf Metall hervor: Mit der Veröffentlichung stünde ein Werk „nicht mehr allein seinem Inhaber zur Verfügung, sondern tritt bestimmungsgemäß in den gesellschaftlichen Raum und kann damit zu einem eigenständigen, das kulturelle und geistige Bild der Zeit mitbestimmenden Faktor werden.".

4 Der erste Satz der Gesetzesbegründung des UrhG formuliert 1962 als Ziel des Rechtsgebiets: „Aufgabe des Urheberrechts ist es, den Schöpfer eines Werkes der Literatur, der Musik oder der bildenden Künste (Urheber) gegen eine unbefugte wirtschaftliche Auswertung seiner schöpferischen Leistung und gegen Verletzung seiner ideellen Interessen am Werk zu schützen.", BT-Drs. IV/270, S. 27.

5 *Grünberger*, ZGE 2017, 188, 189. Über diese Grundsatzentscheidung des Rechts wird seit langem gestritten, vgl. nur *Hansen*, Warum Urheberrecht?, S. 87 ff.; *Stallberg*, Urheberrecht und moralische Rechtfertigung, S. 57 ff., wobei sie stark kritisiert worden ist. *Wielsch*, ZGE 2013, 274, 274 beispielsweise sieht in der Ausgestaltung des

Diese Gegensätze prägen mithin das Dilemma des Urheberrechts, das folglich dem Streben nach einem Ausgleich verpflichtet ist. Subjektive Rechte führen vordergründig zu einem Ausschluss, während die Kommunikationsfunktion des Urheberrechts im Interesse der Nutzer und der Allgemeinheit, aber ebenso der Urheber selbst nach Zugangsregeln[6] verlangt.

Der technische Fortschritt führt weiterhin zu einer Erhöhung der Reichweite der Kommunikation. Früher konnten Schrankenbestimmungen im Interesse des Nutzers sein, weil er aufgrund der Entfernung zum Rechteinhaber sonst nur mit hohen Transaktionskosten Nutzungsbefugnisse vertraglich erwerben konnte. Die Schranken konnten jedoch ebenso den Belangen des Urhebers dienen, weil es diesem aufgrund der Entfernung zum Nutzer unmöglich war, die Rechtmäßigkeit von Massennutzungen zu überwachen. Die gesetzlichen Ansprüche haben ihm als Ausgleich eine Vergütung garantiert.

Heutzutage ermöglicht der Fortschritt der Kommunikationstechnik einen direkten Kontakt zwischen Rechteinhabern und Nutzern ohne hohe Transaktionskosten. Der Zugang zu digitalisierten Werken wird mittels Online-Verträgen unmittelbar vom Rechteinhaber gewährt. Die weltweiten Entfernungen werden damit überbrückt, Handelsketten werden entbehrlich, Zwischenhändler entfallen. Die Möglichkeit des direkten Vertragsschlusses eröffnet die Option des Bestehens vertraglicher Beziehungen in Bereichen, in denen früher die Notwendigkeit nach gesetzlichen Privilegierungen bestand. Anders ausgedrückt ist es nunmehr möglich, Verträge unmittelbar zwischen Endnutzern und Rechteinhabern zu schließen, die Nutzungshandlungen zum Regelungsgegenstand haben, die bereits Gegenstand gesetzlicher Nutzungserlaubnisse sind. Infolgedessen ist in den letzten Jahren eine Diskussion darüber aufgekommen, wie das konkrete Verhältnis zwischen vertraglicher und gesetzlicher Nutzungserlaubnis ausgestattet sei.[7]

Mit der Einführung des Gesetzes zur Angleichung des Urheberrechts an die aktuellen Erfordernisse der Wissensgesellschaft (UrhWissG)[8] zum 1. März 2018 wurde mit § 60g UrhG erstmalig eine Norm geschaffen, deren Regelungsinhalt ausschließlich das Verhältnis zwischen vertraglicher Vereinbarung und gesetzlicher

---

Urheberrechts ein „Eigentümermarktmodell", das sich „der wirtschaftlichen Rationalität ohne hinreichende Rücksicht auf die Anforderungen der jeweiligen Eigenlogik kultureller Kommunikation" unterworfen hat, was durch die Rechtswissenschaft „durch eine unilaterale ökonomische Interpretation" abgesichert wird, anstatt „die multilateralen Wirkungen von Schutzrechten in den unterschiedlichen Umwelten des Rechts" zu ermitteln.

6 Dieser methodische, nicht dogmatische Begriff wurde von *Wielsch*, Zugangsregeln, S. 60 ff. grundlegend für die Festlegung und Grenzziehung der Gesamtheit der Sachverhalte, in denen das Urheberrecht Wirkung entfaltet, geprägt.

7 Vgl. grundlegend *Stieper*, Rechtfertigung der Schranken, S. 178 ff.

8 BGBl. I 2017, 3346.

Privilegierung ist. Aus diesem Anlass beschäftigt sich vorliegende Untersuchung mit der Rechtsfigur des Vorbehalts des Vertrags. Diese befindet sich im eingangs dargelegten Spannungsverhältnis zwischen Ausschluss und Zugang.

§ 60g UrhG bildet zugleich den Anstoß dazu, den Schwerpunkt auf die Bildungs- und Wissenschaftsschranken zu legen und zur Eingrenzung des Untersuchungsgegenstands gewisse Regelungen nicht einzubeziehen. Leistungsschutzrechte sowie zeitliche, fremdenrechtliche und räumliche Schranken sind in der Betrachtung nicht inbegriffen. Thematisiert wird lediglich das Verhältnis der Vereinbarungen zu den inhaltlichen Schranken des Urheberrechts, von denen wiederum die besonderen Bestimmungen für Computerprogramme, § 69a UrhG–§ 69g UrhG, aufgrund ihrer Spezialität nicht berücksichtigt werden.

Der erläuterte Ausschluss von der Nutzung kann unproblematisch über Verbotsrechte sichergestellt werden. Die wesentlichste Überlegung, die das Urheberrecht daher beantworten muss, ist, wie der Werkzugang ausgestaltet werden soll. Aufgrund der genuinen Verteilungsentscheidung steht dabei die Frage im Vordergrund, wie die Vergütung der originären und derivativen Rechteinhaber sichergestellt werden kann. Dass das Urheberrecht gehalten ist, den Urhebern eine angemessene Vergütung für die Nutzung ihrer Werke zu gewährleisten, ist als Normzweck des Urheberrechtsgesetzes im urheberrechtlichen Beteiligungsgrundsatz gemäß § 11 S. 2 UrhG verankert.[9] Dieses Bestreben kann auf zwei verschiedenen Wegen realisiert werden, nämlich durch die Zuweisung von gesetzlichen oder vertraglichen Ansprüchen. Welche Ansprüche letztendlich bestehen, ist das Resultat daraus, welchen methodischen Weg das Gesetz einschlägt. Methodisch stehen dabei zwei Wege offen: property rights und liability rules.[10]

Übertragen auf die urheberrechtliche Dogmatik sind unter dem ersten Begriff Ausschließlichkeitsrechte zu verstehen. Der Nutzer kann im Rahmen vertraglicher Transaktionen Nutzungsbefugnisse vom Rechteinhaber eingeräumt bekommen, ansonsten steht diesem ein Verbotsrecht zu. Die Vergütung für die Nutzungshandlung ist demzufolge an den Rechteinhaber als Vertragspartner zu zahlen. Das Urheberrecht basiert grundsätzlich auf dieser Ausgestaltung. Daher konzipiert das BVerfG das Urheberrecht als Freiheitsrecht: Zum „grundgesetzlich geschützten Kern des Urheberrechts“ gehöre die „Freiheit, in eigener Verantwortung unter Ausschließung anderer über dieses Recht zu verfügen“, denn zu den „konstituierenden Merkmalen des Urheberrechts als Eigentum im Sinne der Verfassung gehört die grundsätzliche Zuordnung des vermögenswerten Ergebnisses der schöpferischen Leistung an den Urheber im Wege privatrechtlicher Normierung“.[11] Dem Grundsatz des Urheberrechts entspricht es mithin, den Zugang

9 Vgl. BT-Drs. 14/8058, S. 18; BVerfG ZUM 2014, 130, 137, Rn. 87 – Übersetzerhonorare.

10 Grundlegend zu diesen methodischen Begriffen *Calabresi/Melamed*, Harvard Law Review 1972, 1089, 1089 ff.

11 BVerfG GRUR 1972, 481, 483 – Kirchen- und Schulgebrauch.

zur Nutzung durch marktkonforme, individuelle Transaktionen zu ermöglichen. Exklusivität und Eigentumsfreiheit stehen hierbei im Vordergrund. Voraussetzung dafür sind starke Ausschließlichkeits- und Verbotsrechte. Diese garantieren die Möglichkeit, vertragliche Einnahmen zu generieren. Ebendieser liberalen, marktwirtschaftlichen Konzeption will sich gleichermaßen für den Bereich gesetzlich erlaubter Nutzungen derjenige anschließen, der den Vorrang des Vertrags propagiert. Im Gegensatz dazu erfordert die dialektische Wechselbeziehung zwischen Individuum und Gesellschaft wider die Eigenlogik des Markts Grenzziehungen des Ausschließlichkeitsrechts.

Ausschließlichkeitsrechte können beispielsweise den Besonderheiten der Wissenschaft, Bildung, Forschung, Kunst, gesellschaftlichen Alltagskultur oder Interaktion im Internet teilweise nicht gerecht werden. Im Wege der liability rules hat das Urheberrecht daher Schrankenbestimmungen herausgebildet. Diese erlauben die Nutzung ohne Zustimmung des Rechteinhabers auf gesetzlichem Weg. Dafür steht dem Urheber im Regelfall ein gesetzlicher Vergütungsanspruch zu. Hierbei kann indes nur eine angemessene Vergütung erzielt werden, die geringer als die vertragliche ausfallen dürfte.

Daher ist nur vordergründig die Auslegung und das Verständnis einer einzelnen Norm, nämlich § 60g UrhG, der vorliegende Untersuchungsgegenstand. Im Ergebnis wirft die Rechtsfigur des Vertragsvorbehalts die großen Fragen eines jeden Privatrechtsgebiets auf: Wer soll durch das Gesetz primär geschützt und gefördert werden? Wessen Interessen stehen im Vordergrund? Wie können die anderen Interessen verhältnismäßig berücksichtigt werden?

Wie diese Fragen beantwortet werden, wird in der Zukunft die Tendenz vorgeben, in welche Richtung sich urheberrechtliche Reformen bewegen werden. Es sei die Prognose gewagt, dass es die Frage nach der Schutzrichtung des Urheberrechts ist, die in Zukunft die Entwicklung des Rechtsgebiets maßgeblich vorantreiben wird.

Methodisch gesehen muss sich das Urheberrecht fragen, welchen Weg es einschlagen möchte. Möchte es im Zuge der property rights die Bedeutung von Eigentum, Markt, Ökonomie, Wettbewerb, Exklusivität und Verfügungsfreiheit betonen? Oder möchte es im Wege von liability rules eine rechtssichere Zugangskultur schaffen, die die gesellschaftlichen Interessen und Bedingungen seiner multilateralen Umwelt im Informationszeitalter stärker reflektiert? Zu denken sei beispielsweise an „Wissensgenerierung als Ergebnis sozialer Prozesse und medialer Produktionskontexte“[12]. Wissensgenerierung strebt nach Wissensteilung, die wiederum die Wissensgenerierung befördert. Gerade die Imperative von Bildung und Wissenschaft erfordern eine weitreichende, schnelle und transaktionskostenarme Verbreitung von Erkenntnissen.[13] Doch die Verhältnisse sind kompliziert.

---

12 *Grünberger*, GRUR 2017, 1, 1.

13 *Wielsch*, ZGE 2013, 274, 294 f.

Während das Kommunikationsanliegen des Wissenschaftlers das Zugangsanliegen des Nutzers trifft, ist das Verwertungsanliegen des Rechteinhabers naturgemäß ein anderes.

Um allen Interessen gerecht zu werden, wird rechtspolitisch die Einführung von Vertragsvorbehalten in Schranken gefordert, die diese subsidiär gegenüber der vertraglichen Vereinbarung werden lassen.[14] Würden unter der Voraussetzung Verträge vorliegen, würden die gesetzlichen Schranken infolge ihrer Disponibilität nicht greifen. Dadurch möchte ein Raum entstehen, der es ermöglicht, mittels Verträgen den Interessen aller Beteiligten im Einzelfall optimal gerecht werden zu können. Im Wissenschaftsbereich zum Beispiel könnten vertraglich vergütete, verlagsmäßig aufgearbeitete digitale Produkte den Interessen aller eher gerecht werden als selbst gescannte und gesetzlich vergütete Vorlagen. Die Förderung von vertraglichen Vereinbarungen könnte insbesondere dort sinnvoll erscheinen, wo ein Kräftegleichgewicht zwischen den Verhandlungspartnern und zusätzlich ein Bedürfnis nach vertraglicher Ausgestaltung aufgrund gesetzlicher Unklarheiten bezüglich der exakten Modalitäten der Nutzung besteht.[15]

Wenn das Urheberrechtsgesetz keinen Vorbehalt als Subsidiaritätsklausel in der konkreten Schrankenbestimmung oder als allgemeine Vorschrift zur Schrankenanwendbarkeit ausdrücklich vorsieht, obliegt es der Rechtsprechung und der Rechtswissenschaft sich dazu zu positionieren, ob vertragliche Vereinbarungen grundsätzlich als vorrangig gegenüber gesetzlichen Nutzungserlaubnissen anzusehen sind. Die dies mit urheberrechtlicher Wirkung bejahende Rechtsfigur wird im Gegensatz zum Schrankenvorrang als Vertragsvorrang bezeichnet. Der Unterschied zwischen dem Vertragsvorbehalt und dem Vertragsvorrang besteht mithin darin, dass erster als Klausel gesetzlich explizit vorgesehen ist, während sich zweiter aus dem systematischen Verständnis von Schranke und Vertrag ergibt. Beide thematisieren jedoch das Verhältnis zwischen Vereinbarung und Gesetz und führen im Fall ihres Vorliegens zur Subsidiarität der Schrankenbestimmung. Daher werden beide Rechtsfiguren gleichermaßen untersucht werden. Hinter dem Vertragsvorrang steht die dogmatische Frage, ob Schranken zwingendes Recht darstellen oder ob sie mit urheberrechtlicher Wirkung abdingbar sind, damit die Frage nach den Grenzen der Privatautonomie im Anwendungsbereich urheberrechtlicher Schrankenbestimmungen.

Es stellt sich überdies nicht nur die Frage, welche Auswirkungen der Vertrag auf die Anwendbarkeit der Schrankenregelung hat, sondern ebenfalls, wie er sich auf das Bestehen der gesetzlichen Vergütungsansprüche auswirkt. Nicht untersucht wird dabei, inwieweit der Inhalt der gesetzlichen Vergütungsansprüche als Rechtsfolge der gesetzlich erlaubten Handlung individuell ausgestaltet werden kann.[16] Im Vordergrund steht nur die Abdingbarkeit der Tatbestandsseite.

---

14 So *Ohly*, in: *Dreier/Hilty*, FS 50 Jahre UrhG, S. 379, 386 ff.

15 *Ohly*, in: *Dreier/Hilty*, FS 50 Jahre UrhG, S. 379, 386.

16 Ausführlich dazu *Pflüger*, Gerechter Ausgleich und angemessene Vergütung, S. 190 ff.

Stets getrennt davon ist die Frage nach der schuldrechtlichen Wirksamkeit vertraglicher Beschränkungen zu sehen.[17] Diese ist nicht Gegenstand der vorliegenden Untersuchung, die sich auf die Auslotung sachgemäßer Grenzen des absoluten Schutzrechts konzentrieren will. Wenn im Nachfolgenden also die Wirksamkeit von Vereinbarungen, die die gesetzliche Nutzungserlaubnis beschränken oder untersagen, ohne weitere Konkretisierung in Rede steht, ist damit die urheber- und nicht die schuldrechtliche Wirksamkeit gemeint.

II Gang der Untersuchung

Die aufgeworfenen Fragen werden anhand der Rechtsfigur des Vorbehalts des Vertrags diskutiert. Dazu werden zunächst einführend die Grundlagen der Schranken dargelegt. Denn die Geschichte und Philosophie (Teil B) haben ebenso wie die Grundrechte (Teil C) Auswirkung auf das Verständnis der Schrankendogmatik. Für Schranken werden eigene Auslegungsregeln diskutiert. Wie sich ein Vorbehalt des Vertrags auf diese auswirken würde, wird in Teil D untersucht. Ziel der Ausführungen ist es, ein Verständnis von Sinn und Zweck der Schrankenregelungen im historischen Kontext auszubilden. Das ermöglicht später eine mit dem Fortschritt der Technologie einhergehende Offenbarung von Entwicklungstendenzen, an deren vorläufigem Ende sich der Vertragsvorbehalt befindet. Die Ziele und Vorteile des Vertragsvorbehalts müssen letztlich im Gesamtzusammenhang evaluiert werden.

Der nachfolgende Hauptteil gliedert sich in zwei Teile. Im ersten Teil des Hauptteils (Teil E) stehen allgemeine Überlegungen zur Schrankendogmatik im Vordergrund. Urheberrechtlich betrachtet bedeutet der Vorrang des Vertrags nämlich eine Abbedingung der Schrankenregelung. Würde der Charakter der Vorschriften über Nutzungsprivilegierungen den Vertragsparteien diese Option eröffnen, würde das die Einführung von Vertragsvorbehalten in das Urheberrecht redundant werden lassen.

Würde es sich bei den Schranken hingegen um urheberrechtlich zwingendes Recht handeln, würde aus dem Wesen des Urheberrechts heraus die Existenz eines Vertragsvorrangs ausscheiden. Das wäre die initiale Voraussetzung für die Notwendigkeit der Diskussion ob der Sinnhaftigkeit eines Vertragsvorbehalts. Denn erst aus einem solchen Schrankenverständnis folgt, dass die Schrankenprivilegierungen der privatautonomen Modifizierbarkeit im Einzelfall entzogen sind, solange eine solche nicht eigens gesetzlich angeordnet wird. Ein angeordneter Vertragsvorbehalt allerdings stünde folglich stets im Widerspruch zum Verständnis

17 Ausführlich dazu *Gräbig*, Abdingbarkeit urheberrechtlicher Schranken, S. 67 ff.; *Stieper*, Rechtfertigung der Schranken, S. 213 ff.; *Zurth*, Nutzungsrechte, S. 245 ff. Nachweise zu einzelnen Literaturansichten bei *Stieper*, in: *Schricker/Loewenheim*, UrhR, Vor §§ 44a ff., Rn. 57.

aller sonstigen Schrankenbestimmungen und würde die Geschlossenheit der Schrankeninterpretation aufbrechen.

Ebendiese schleichende Entwicklung bietet sich in der urheberrechtlichen Rechtsprechung und Gesetzgebung des 21. Jahrhunderts partiell dar. In Teil F werden demgemäß die diesbezüglichen Tendenzen vor Einführung des UrhWissG, mithin losgelöst von § 60g UrhG, herausgestellt. Anschließend wird die Gesetzesreform des UrhWissG an sich vorgestellt (Teil G) und die Norm § 60g UrhG kontextualisiert ausgelegt (Teil H). Dabei stehen praktische und rechtspolitische Abwägungen im Vordergrund. Es wird sodann allgemein ausführlich nach den Vor- und Nachteilen sowie den Interessen rund um den Vertragsvorbehalt gefragt werden (Teil I). Anhand der Auswirkungen des Vorbehalts ist anschließend eine Überprüfung seiner Vereinbarkeit mit höherrangigem Recht möglich (Teil J). Den Abschluss der Untersuchung bildet eine kritische Würdigung des Auslegungsergebnisses (Teil K).

Während also zunächst überprüft wird, ob und wie sich die Rechtsfigur abstrakt in die allgemeine Schrankendogmatik einbettet, wird sie nachfolgend konkret anhand von § 60g UrhG mit ihren Vor- und Nachteilen bewertet. Eine gelungene Regelung sollte sowohl in der konkreten Ausgestaltung lobenswert sein (Schutzrichtung, Abwägung, Umsetzung), als sich gleichfalls in das gesamte System, in die Dogmatik eines Rechtsgebiets passend einfügen.

III Stand der Forschung

Die Dogmatik der Schrankenregelungen ist in gehaltvollem Ausmaß erstmalig 2009 von *Stieper*[18] untersucht worden. Die Bedeutung der Schrankendogmatik scheint in den letzten zehn Jahren gleichwohl nicht ausreichend besprochen worden zu sein. Zahlreiche Diskussionen zum Verhältnis von Vertragsangeboten oder -vereinbarungen zu gesetzlichen Schrankenregelungen werden seitdem weiterhin interessengeleitet geführt, ohne auf dogmatische Grundlagen einzugehen.[19] Weitere Publikationen, die die Schrankendogmatik seit der Veröffentlichung von *Stieper* besprechen, widersprechen seinen Ansichten überdies grundlegend.[20] Daher soll sich im Vorfeld der Untersuchung des Vertragsvorbehalts aus dogmatischer Perspektive mit dem Vertragsvorrang beschäftigt werden. Falls ein solcher dem Urheberrechtsgesetz fremd ist, stünden die unter einen Vertragsvorbehalt gestellten Regelungen im Widerspruch zur Schrankendogmatik. Der Vorbehalt müsste mithin auf rechtspolitischer Ebene überzeugen können, obgleich er sich konträr zu der Funktion jeglicher Dogmatik positioniert. Sie besteht darin, die Gesamtheit

18 *Stieper*, Rechtfertigung der Schranken, S. 99 ff.

19 So beispielsweise *de la Durantaye*, Allgemeine Bildungs- und Wissenschaftsschranke, S. 231 f.; *Ohly*, in: *Dreier/Hilty*, FS 50 Jahre UrhG, S. 379, 386 f.

20 Vgl. *Zurth*, Nutzungsrechte, S. 76 ff.

der Bestimmungen einem einheitlichen und stringenten Überbau zu unterwerfen, der dazu führt, dass das Verständnis des Gesetzes aufgrund der eindeutigen Zielvorstellung ersichtlich wird und die einzelnen Auslegungsergebnisse konstruktiv nachvollziehbar sind. Andererseits würde es der Vertragsvorbehalte nicht bedürfen, würden Schranken grundsätzlich mit urheberrechtlicher Wirkung abbedungen werden können. Insofern ist es angebracht, sich erneut mit der Schrankendogmatik zu beschäftigen.

Die junge Regelung des § 60g UrhG selbst ist naturgemäß bisher wenig thematisiert worden. Erste aktualisierte Kommentare setzen sich mit ihrer Auslegung auseinander. Doch noch finden sich nicht in allen Kommentaren und Lehrbüchern Ausführungen dazu wieder. Eine höchstrichterliche Rechtsprechung diesbezüglich besteht noch nicht. Die nachfolgende Untersuchung möchte daher einen Beitrag zur Interpretation liefern. Über die gesamte Untersuchung hinweg steht aber nicht die Interpretation im Vordergrund, sondern die Bewertung der Interpretation. Aufgrund der technologischen Weiterentwicklung wird die nächste Reform des Urheberrechts in naher Zukunft bevorstehen. Im Übrigen sind die Vorschriften des UrhWissG befristet und nach § 142 II UrhG ab dem 1. März 2023 nicht mehr anzuwenden. Daher werden die gefundenen Ergebnisse kritisch betrachtet, um Anstöße für eine weitere Reform des Urheberrechts zu geben. Im Ergebnis wird eine Stellungnahme zum Vorbehalt des Vertrags erfolgen, auf deren Grundlage Vorschläge zur Gesetzesänderung basieren. Die Empfehlungen orientieren sich an der Frage, inwiefern Verwerter[21] angemessen beteiligt werden können, wenn auf gesetzlicher Grundlage genutzt wird. Denn sensibel müssen die Interessen aller betroffenen Gruppen, ebenso der derivativen Rechteinhaber, umfassend berücksichtigt werden. Dem System der Schranken obliegt es, sich nicht nur auf die Interessen der Urheber und Nutzer zu konzentrieren, obwohl sie als Inhaber der gesetzlichen Vergütungsansprüche beziehungsweise als Nutzungsprivilegierte bei Überlegungen rund um Schrankenbestimmungen naturgemäß im Vordergrund der Aufmerksamkeit stehen. Bei der wirtschaftlichen Partizipation der Verwerter ist dabei ein Neudenken zu fordern. Denn es wird sich im Rahmen der Untersuchung zeigen, dass Verträge im Anwendungsbereich gesetzlicher Erlaubnisse nicht der richtige Weg sind, alle Bedürfnisse angemessen auszutarieren. Gleichwohl sind Vorbehalte wiederholt Gegenstand rechtspolitischer Forderungen und in Rechtsprechung sowie Gesetzgebung finden sie vermehrt Berücksichtigung. Eine detaillierte und tiefgehende Untersuchung von Vertragsvorbehalten in urheberrechtlichen Schranken scheint hingegen im deutschen Recht soweit ersichtlich bisher zu fehlen.

21 Im Mittelpunkt steht die wirtschaftliche Kalamität der kleineren und mittleren Verlage.

B Der Begriff der Schranken vor ihrem historischen und philosophischen Hintergrund

Die Entwicklung des Rechts steht stets in Relation zur Entwicklung der Gesellschaft. Obgleich die vorliegend untersuchte Fragestellung lautet, wie und durch welche Konstruktion die Schrankenregelungen einen Beitrag zur Entwicklung der modernen Wissensgesellschaft leisten können, lohnt sich ein Blick auf die historische Entwicklung des Urheberrechts. Durch veränderte Umstände mögen nicht alle Erkenntnisse unmittelbar auf die heutige Zeit übertragbar sein, dennoch kann das Urheberrecht nicht verstanden werden, wenn es nicht im Zusammenspiel mit den ökonomischen, kulturellen und politischen Verhältnissen seiner Entwicklungsepochen betrachtet wird.[22] Der Geist, die moralische und dogmatische Begründung des Rechts sowie die rechtspolitischen und philosophischen Überlegungen dahinter sollen nun im Vordergrund der Auseinandersetzung stehen, damit schlussendlich gefragt werden kann, inwiefern die aktuellen Antworten des Gesetzgebers in dieses Gerüst des Urheberrechts passen. Insbesondere soll untersucht werden, ob die Figur des Vertragsvorbehalts mit den Grundlagen des Rechtsgebiets vereinbar ist.

I Das Urheberrecht vor 1965

1. Antike bis zum Spätmittelalter

Obwohl der bis heute geläufige Begriff des Plagiats auf die Zeit des Altertums zurückgeht,[23] täuscht dennoch eine mögliche Assoziation, dass die Antike ein dem Urheberrecht im Ansatz vergleichbares Recht kannte. Die Unterscheidung zwischen dem Sacheigentum und der in ihm verkörperten geistigen Leistung war noch nicht vorgenommen worden.[24] Ursache dafür war die philosophische Unterfütterung des Verständnisses des Künstlers. Er wurde nicht als Schöpfer, Quelle des Geisteswerks gesehen, sondern lediglich als empfangendes Medium der Götter, die sich seiner bedienten.[25] Der Künstler spürte der geistig-ästhetischen Wahrheit

---

22 *Wandtke*, MMR 2017, 367, 367.

23 Seine Geburtsstunde erlebte er, als der Dichter *Martial* (40–103 n. Chr.) *Fidentinus*, der seine Epigramme angeblich im eigenen Namen veröffentlichte, als „plagiarius" (= Menschenräuber) bezeichnete, *Frohne*, UFITA 2013/III, 763, 765 f.

24 *Ann*, GRUR Int. 2004, 597, 598.

25 *Bappert*, Wege zum Urheberrecht, S. 22, 40.

nach, die er der Allgemeinheit überbrachte. Eine rechtliche Zuordnung unterblieb deshalb. Vielmehr wurde die Kunst als allgemeines Kulturgut betrachtet und unter laufender Veränderung mündlich weitergetragen, während die Verfasser in der Regel anonym blieben.[26] Nach der stoischen Ethik hatte der Künstler unentgeltlich tätig zu sein: Sein Lohn bestand in Ansehen und Prestige, daher stand er stets in einem Abhängigkeitsverhältnis zu der Gunst seines Förderers, Mäzens[27], der ihm ein ehrbezeugendes Honorar als Be-, nicht als Entlohnung gewährte.[28]

Die Nachahmungs- und Inspirationstheorie setzte sich christlich umgedeutet noch ausgeprägter im Mittelalter fort.[29] Danach vermittelt der Künstler zwischen Gott und der Menschheit, er wird von Gott inspiriert und ahmt seine Herrlichkeit durch die Kunst nach. Da er keine materielle Vergütung erhielt, konnte der in der Regel unbekannte Künstler seine Existenz nur durch Zugehörigkeit zu einem Orden oder einer Zunft sichern respektive adeliger Abstammung sein. Nur wenigen Menschen bestimmter Schichten stand damit die Möglichkeit des kreativen Schaffens, meist fremdbestimmt durch inhaltliche und ästhetische Vorgaben des Ordens oder der Zunft, offen. Da die Literaturproduktion auf das Abschreiben in Klöstern beschränkt war, entstand zwangsläufig die Gefahr der fahrlässigen oder vorsätzlichen Entstellung eines Texts. Mangels rechtlicher Sanktionsmöglichkeiten griffen einige Verfasser auf sogenannte Bücherflüche[30] zurück. Die Beziehung des Autors zu seinem Text war religiös determiniert. Möglicherweise sind die historischen Quellen des Urheberrechts sogar bis zur Kanonformel des Alten Testaments, nach der eine Änderung des verbürgten Gottesworts ausgeschlossen war, rückführbar.[31] Deswegen könnte man in den Bücherflüchen einen Vorboten urheberpersönlichkeitsrechtlichen Gedankenguts erkennen.[32]

Insgesamt zeigt sich, wie die (Nicht-)Ausgestaltung des Rechts aus den moralischen, sozialen und kulturellen Wertvorstellungen resultiert. Nachfolgend wird sich zeigen, dass die Existenz eines Rechtsschutzes erst mit gewandelten Wertevorstellungen entstand. Deren neuerliche Wandlung in der modernen Welt wird also zwangsläufig mit der Diskussion um den angemessenen Rechtsschutz heutzutage einhergehen. Veränderungen des Leitbilds können es rechtfertigen, selbst fundamentale Rechtsreformen vorzunehmen. Denn das Recht ist ein Spiegelbild

---

26 *Rehbinder/Peukert*, Urheberrecht, Rn. 127.

27 Der Ausdruck geht zurück auf *Maecenas* (70–8 v. Chr.), dem Förderer von *Horaz* und *Vergil*, *Schack*, Urheberrecht, Rn. 103.

28 *Pahud*, Die Sozialbindung des Urheberrechts, S. 3.

29 *Rehbinder/Peukert*, Urheberrecht, Rn. 128.

30 So bediente sich beispielsweise *Eike von Repgow* im Sachsenspiegel mehrerer Drohungen, um Veränderungen seines Texts zu verhindern. Er wünschte demjenigen den Aussatz und dass er zur Hölle fahre, *Gieseke*, Privileg, S. 10 f.

31 *Wandtke*, UFITA 2010/II, 415, 416.

32 *Schack*, Urheberrecht, Rn. 104; *Wandtke*, Urheberrecht, Kap. 1, Rn. 6.

der gegenwärtigen Zielvorstellung. In dem Kontext ist die Implementierung von Vertragsvorbehalten in das Urheberrechtsgesetz zu bewerten. Vertragsvorbehalte an urheberrechtlichen Schrankenregelungen konnten frühestens mit dem Bestehen gesetzlicher Bestimmungen Diskussionsgegenstand werden. Bis in die heutige Diskussion um den Vertragsvorbehalt und damit um die Reichweite des Ausschließlichkeitsrechts sowie um die Vergütungsansprüche hinein ist gleichwohl an eine Lehre aus der damaligen Zeit zu erinnern. Nur rechtliche Rahmenbedingungen, die eine angemessene Vergütung der Kreativen sichern, ermöglichen es, eine thematisch und künstlerisch vielfältige sowie selbstbestimmte Kulturproduktion zu gewährleisten, die durch Kunstschaffende aus allen Gesellschaftsschichten und Berufsständen bereichert wird. Dem wird die Rechtsfigur des Vertragsvorbehalts gerecht werden müssen. Insbesondere bezieht sich dies auf die Vergütungsfrage und das Schicksal der gesetzlichen Vergütungsansprüche infolge der Abbedingung der gesetzlichen Nutzungserlaubnis.

2. Privilegien und Verlagseigentum

Um 1440 hat *Johannes Gutenberg* den Buchdruck mit beweglichen Lettern erfunden. Dieses revolutionäre Ereignis hatte zum ersten Mal in der Geschichte das Potential, wirtschaftliche Konflikte im Zusammenhang mit Geisteswerken zu entfachen. Der Drucker wurde zu einem Unternehmer, der Bücher fabrikmäßig vervielfältigen konnte. Bereits bis zum Jahr 1500 waren in Europa 27 000 Druckwerke in 20 Millionen Exemplaren erschienen, ein knappes Drittel davon in Deutschland.[33] Es entstand erstmalig ein Markt für Bücher. Das wurde zusätzlich dadurch bedingt, dass sich im Zuge der Renaissance die feudalen Fesseln allmählich auflösten. Das Verständnis der Autoren wandelte sich. Sie betrachteten ihre Kunst schrittweise immer weniger als von Gott gegeben, sondern als persönlichen, freien Schöpfungsakt, den man niemanden verpflichtet, nicht auf klösterliche oder adelige Bestellung hin leistend, für einen anonymen Markt erbrachte.[34]

Rechtlich jedoch stand die neue Drucktechnik im Vordergrund. Der Wirtschaftskonflikt der Verleger wurde vom 16. bis ins 18. Jahrhundert durch staatlich verliehene Privilegien, ein befristetes Gewerbemonopol, geregelt.[35] Obwohl es verschiedene Formen von Privilegien, Druck-, Nachdruck- und sogar Autorenprivilegien gab, können diese nicht darüber wegtäuschen, dass sie nicht an die geistig-schöpferische Leistung, sondern an die beabsichtigte oder vollzogene Drucklegung anknüpften.[36] Im Zentrum des neu entstandenen rechtlichen Schutzes stand demgemäß der Drucker, nicht der Autor.[37] Hier zeigt sich in den

33 *Wittmann*, Geschichte des deutschen Buchhandels, S. 27.

34 *Schack*, Kunst und Recht, Rn. 66.

35 *Schack*, Urheberrecht, Rn. 106.

36 *Hilty*, in: *Dittrich*, Notwendigkeit des Urheberrechtsschutzes, S. 20, 24.

37 *Wadle*, Geistiges Eigentum I, S. 119 ff.

Vorläufern des Urheberrechts erstmalig, wie die technische Entwicklung eine neue Rechtslage provozierte. Das erleben wir heutzutage erneut. Erst der technische Fortschritt, der direkte und schnelle Massenkommunikationsmöglichkeiten zwischen Rechteinhabern und Nutzern online ohne weitgehende Bedeutung von Raum und Kommunikationskosten ermöglicht, schafft die Voraussetzungen, dass der Vertragsvorbehalt ein Erfolgsmodell sein kann. Interessant ist, dass damals Verwerter primär geschützt worden sind. Es wird zu fragen sein, warum diese nicht mehr im Vordergrund des heutigen Urheberrechtsgesetzes stehen und ob das Ausmaß ihrer heutigen Berücksichtigung überzeugt. Wie sich nämlich in später folgenden Ausführungen zeigen wird, ist der Vertragsvorbehalt auf ihre Interessen hin ausgerichtet und wäre ein Schritt dahingehend, die Verleger weiter ins Zentrum des Rechtsschutzes zu rücken.

Das Privilegienwesen muss in größerer Zusammenschau der wirtschaftlichen, sozialen und politischen Theorien des damaligen Staatssystems verstanden werden: Die merkantilistische Wirtschaftsordnung des aufgeklärt-absolutistischen Staats hatte die Etablierung einer „guten Policey", einer sittlichen Ordnung des Gemeinwesens, als Ziel.[38] Absicht der Verleihung eines Privilegs war demzufolge gar nicht primär der Schutz des Druckergewerbes, sondern vielmehr die Erfüllung des Staatszwecks Gemeinwohl (salus publica), für das das Privileg einen überwiegenden Nutzen bringen musste, beispielsweise durch die Förderung der Wissenschaft, der Künste oder des einheimischen Gewerbes.[39] In dieser Einbettung sind die oben erwähnten Nachdruckprivilegien verständlich. Aus Gründen des Gemeinwohls[40] und der Aufklärung gab es einen nicht nur erlaubten, sondern gar erwünschten Nachdruck.[41] Privilegien lassen sich somit als Instrument der staatlichen Wirtschaftslenkung[42] mit dem Potential, darüber hinaus weitere politische Ziele wie Zensur oder Steuereinnahmen[43] zu erreichen, begreifen. Aus diesen Gründen ist es wohl überzeugender, die viel diskutierte Frage, ob die Druckprivilegien als Wurzeln des modernen Urheberrechts anzusehen sind,[44] zu verneinen. Unabhängig davon zeigt hier das Zusammenspiel aus technischem Fortschritt und

---

38 *Dölemeyer/Klippel*, in: *Beier*, FS GRUR I, S. 185, 193.

39 *Rigamonti*, Geistiges Eigentum, S. 14.

40 Beispielsweise ermöglicht die Verfügbarkeit billiger Bücher einen höheren Bildungsstand unter Umgehung der Notwendigkeit des Imports.

41 *Dölemeyer/Klippel*, in: *Beier*, FS GRUR I, S. 185, 193 f. mwN.

42 *Ohly*, JZ 2003, 545, 548.

43 *Kruse*, Nachdruckschutz und Buchaufsicht, S. 49, zur Durchsetzung bücherpolizeilicher Vorschriften durch Privilegienhoheit (Zensur als konstitutives Merkmal des Nachdruckschutzes) siehe S. 32 ff.

44 Diese These vertritt insbesondere *Pohlmann*, vgl. *Pohlmann*, UFITA 1962/I, 61 ff., der immer wieder vor allem von *Bappert*, vgl. *Bappert* UFITA 1964/II, 90 ff., entgegengetreten worden ist.

Wertvorstellung seinen Einfluss bereits in den Vorläufern des Rechtsgebiets. Dass die Metamorphose von den Überzeugungen der Menschen und von dem Stand der Technik zu einem Wandel des Rechts bis hin zum modernen Urheberrecht führen wird, wird sich über alle folgenden Epochen zeigen. Darin ist zugleich der Grund zu sehen, warum wir heutzutage erneut über Reformen im Schrankenbereich nachdenken müssen bzw. sie möglicherweise unumgänglich sind.

Mit dem technischen Fortschritt entwickeln sich neue Branchen, deren Bedürfnisse die Wirtschafts- und Rechtspolitik eines Lands prägen. Das zeigt sich nicht nur an heutigen Forderungen an die Ausgestaltung des Urheberwissenschaftsrechts, sondern bereits in der Geschichte. Exemplarisch als Rechtsentwicklung zur ökonomischen Interessensicherung kann betrachtet werden, dass damals insbesondere die Investition in den Erstdruck nicht privilegierter Bücher wirtschaftlich riskant war. Ausgehend von der englischen Buchhändlergilde entwickelte sich mit der Zeit die Meinung eines von den Privilegien unabhängigen, originär erworbenen, gewerblichen Schutzrechtrechts.[45] Dieses eigentumsähnliche Recht des Verlegers bestand nur, wenn jener das Manuskript rechtmäßig erlangt hatte und vom Nachdruck regelmäßig Gebrauch machte.[46] Durch die Kopplung an die ständige Ausübung, die nur bei ständiger Nachfrage der Gesellschaft ökonomisch sinnvoll ist, kann folglich in der Theorie vom Verlagseigentum der von den Privilegien bekannte Zweck der „salus publica" gesehen werden.[47] Wiederholt ist die gesellschaftliche Überzeugung als Voraussetzung der Rechtsentwicklung zu beobachten. Heutzutage begründet der technische Fortschritt die Bedeutung digitaler Produkte. Über die kreativen Inhalte hinaus gelangt die Arbeit der Verwerter dadurch verstärkt in den Mittelpunkt der Aufmerksamkeit. Diesem Wahrnehmungswandel sollte das Schrankensystem des Urheberrechts gerecht werden. Unter dem Aspekt sind Vertragsvorbehalte in den Augenschein zu nehmen.

3. Autoreneigentum

Obgleich sich noch immer nicht alle Verleger und Drucker daran hielten, kann man annehmen, dass gegen Ende des 17. Jahrhunderts die Zustimmung des Autors zum Erstdruck, also der Manuskripterwerb, allgemein anerkannt war.[48] Mit dieser Vorstellung vom Autoreneigentum[49] geht ein ganz entscheidender Wandel der

45 *Rehbinder/Peukert*, Urheberrecht, Rn. 135.

46 *Gieseke*, Privileg, S. 93.

47 So *Hansen*, Warum Urheberrecht?, S. 18; *Rigamonti*, Geistiges Eigentum, S. 16.

48 *Gieseke*, Privileg, S. 117.

49 Da schon damals die Konstruktion der Abtretung bekannt war, nutzen die Verleger das Autoreneigentum weiterhin zur Etablierung eines von Privilegien unabhängigen Nachdruckverbots, sodass nach wie vor nur ihre ökonomische Interessensicherung im Vordergrund stand, *Bappert*, Wege zum Urheberrecht, S. 256; *Rigamonti*,

Begründung eines Nachdruckverbots einher. Denn wenn die Berechtigung nicht mehr in der Person des Verlegers entsteht, sondern vom Autor auf ihn übertragen wird, rückt damit der Urheber als Schutzsubjekt erstmalig ins Zentrum.[50] Das urheberzentrierte Paradigma steht bis heute im Mittelpunkt der Konstruktion des Urheberrechtsgesetzes, welches, wie die grundlegenden §§ 1, 11 UrhG zeigen, dem Schutz des Urhebers in Bezug auf das von ihm geschaffene Werk zu dienen bestimmt ist.[51] Dieses neue Gedankengut wurde maßgeblich naturrechtlich mit der von *John Locke* ursprünglich für das Sacheigentum entwickelten Arbeitstheorie, nach der jedem Menschen ein natürliches Recht an den Früchten seiner Arbeit zusteht, begründet.[52] Das urheberzentrierte Dogma kann sich folglich einer langen Historie rühmen. Bis heute prägt es die Schrankendogmatik und ist beispielsweise Ursache davon, dass die meisten Schrankennutzungen entgeltpflichtig sind und die gesetzlichen Vergütungsansprüche unmittelbar den Urhebern zugeordnet werden. Diese traditionelle Wertung muss in Bezug auf den Vertragsvorbehalt mitbedacht werden. Die Individualabreden dürfen nicht bewirken, dass Nutzungen ohne Vergütungszahlungen in angemessener Höhe erfolgen oder die Urheber am Vergütungsaufkommen nicht angemessen partizipieren.

4. Lehre vom geistigen Eigentum

Die Differenzierung des Sacheigentums am Manuskript und des darin enthaltenden geistigen Inhalts war der wegweisende Schritt hin zum heutigen Urheberrechtsverständnis. Diese Idee[53] wurde von der Lehre des geistigen Eigentums

---

Geistiges Eigentum, S. 20. Kritisch daher zum Begriff Autoreneigentum *Hansen*, Warum Urheberrecht?, S. 19.

50 *Rigamonti*, Geistiges Eigentum, S. 18.

51 *Dietz*, in: *Beier/Götting*, FS Schricker I, S. 1, 3 ff.; obzwar vielfach eine rechtstheoretische Neubewertung zugunsten des Nutzers oder des Verwerters gefordert wird, vgl. *Hansen*, Warum Urheberrecht?, S. 40 ff.; *Ohly*, Gutachten F, F 126, 1. These.

52 Ausführliche Darstellung *Oberndörfer*, Die philosophische Grundlage des Urheberrechts, S. 20 ff. mwN.

53 Wegweisend war *Fichte*, Beweis der Unrechtmäßigkeit des Büchernachdrucks, erstmals erschienen in Berlinische Monatsschrift Bd. 21 (1793), 443 ff., Nachdruck in UFITA 1987/III, 155 ff., welcher bereits 1793 die Trennung von Inhalt und Gedanken, bis heute urheberrechtlich nicht geschützt, und der Form der Darstellung, bis heute Anknüpfungspunkt für den Werkbegriff, vornahm. In den Werken anderer Philosophen der damaligen Zeit ist die Trennung zwischen Sacheigentum und geistigem Eigentum gleichfalls feststellbar, *Hegel*, Grundlinien der Philosophie des Rechts, S. 102 f.; *Kant*, UFITA 1987/III, 137, 137 ff., erstmals erschienen Berlinische Monatsschrift Bd. 5, 1785, 403 ff., mit Einführung von *Hubmann* UFITA 1987/III, 145, 145 ff.; *Schopenhauer*, Über Schriftstellerei und Stil, § 274, S. 28 ff. Zusammenfassung der Kernaussagen bei *Fechner*, Geistiges Eigentum, S. 34 ff.

im 18. Jahrhundert in Fortentwicklung *Lockes* Arbeitstheorie[54] begründet. Wenn durch manuelle Arbeit ein Eigentumsrecht an der Sache entstehe, so solle durch geistige Arbeit analog dazu ein natürliches Eigentumsrecht an der geistigen Arbeit, also dem durch Gedankenkraft entstandenen Werk, erwachsen.[55] Dieser personalistische Ansatz rückt demzufolge allein den Urheber ins Zentrum, wenn nur ihm die Rechte am immateriellen Schutzobjekt erwachsen können. Der Verleger könne allenfalls ein dem Nießbrauch vergleichbares Nutzungsrecht erwerben.[56] In diesem Gedankengang erfolgte erstmals die rechtstheoretische Hinwendung weg vom Verleger hin zum Urheber.

Mit der Akzeptanz eines unkörperlichen Schutzobjekts und des daran vorgegebenen Rechts wurden maßgebliche Grundsteine für das heutige Urheberrechtsdenken gesetzt. Begünstigt wurde diese Betrachtungsweise durch das Aufkommen des Liberalismus. Während nach merkantilistischer-absolutistischer Theorie Handel und Gewerbe polizeiliche Aufgaben des Staats waren, entstand nun wesentlich durch *Smith* geprägt ein neuer Freiheitsbegriff, der Eingriffe des Staats ausschloss und dem Privileg seine theoretischen Grundlagen entzog.[57] Die Freiheit des Einzelnen ist dabei über den Liberalismus hinaus eng verflochten mit dem Geist der Aufklärung und damit einem sozialen Ideal. Vernunftgeleitetes Denken, der Streit der Meinungen kann nur in einem von staatlichen Eingriffen, der Zensur, freigehaltenen Raum entstehen. Überdies tritt das Werk mit seiner Veröffentlichung in den Dienst der Gemeinschaft. Es wird Kulturgut, indem sich die Idee verbreitet und der freien geistigen Auseinandersetzung unterworfen ist.[58] Jene utilitaristischen Schutzerwägungen, die Verknüpfung von Urheberrecht und Meinungsfreiheit mit der Komponente der Informationsfreiheit, sind bis heute Teil der geistigen Grundlagen der Schrankenregelungen. Aufgrund dessen kann in der modernen Diskussion über urheberrechtliche Schranken nicht nur die beim Autoreneigentum erläuterte Zuordnung an die Person des Urhebers berücksichtigt werden. Gemeinwohlinteressen sind ebenso ein historischer Pfeiler des Rechtsgebiets, an dem das Schrankenverständnis ausgerichtet werden muss. Demnach darf der Vertragsvorbehalt nicht dazu führen, dass im Allgemeinwohlinteresse erforderliche Schutzbereichsbegrenzungen umgangen werden.

---

54 Ausführlich zu *Lockes* Arbeitstheorie *Oberndörfer*, Die philosophische Grundlage des Urheberrechts, S. 23 ff.

55 *Luf*, in: *Dittrich*, Woher kommt das Urheberrecht und wohin geht es?, S. 9, 12 f.

56 Beispiel nach *Fichte*, UFITA 1987/III, 155, 161.

57 Ausführliche Darstellung bei *Klippel*, in: *Birtsch*, Grund- und Freiheitsrechte im Wandel, S. 313, 323 ff.

58 *Geiger*, GRUR Int. 2004, 815, 816 behauptet, dass das soziale Ideal, die Verbreitung der Ideen der Aufklärung, nach dem ideengeschichtlichen Siegeszug des Liberalismus „bewusst unterschlagen“ wird.

Praktisch blieb die Bedeutung des Privilegienschutzes jedoch bestehen. Erst nach und nach setzte sich der Urheberschutz durch positivrechtliche Anerkennung durch. Während England diesen bereits 1709 mit dem Statute of Anne vollzog, dauerte es in Deutschland bis zum Beschluss der Bundesversammlung des Deutschen Bunds 1835, im dem die Mitgliedstaaten aufgefordert wurden, vom Privilegienwesen Abstand zu nehmen: 1837 folgte das Königliche Preußische Gesetz zum Schutz des Eigentums an Werken der Wissenschaft und Kunst gegen Nachdruck und Nachbildung als erstes modernes Urheberrechtsgesetz im deutschsprachigen Raum.[59] Vertragsvorbehalte indes waren damals kein Diskussionsgegenstand. Die für den praktischen Erfolg der Rechtsfigur erforderlichen, oben erläuterten technischen Voraussetzungen sind erst seit der jüngsten Zeit gegeben.

Wenn an späterer Stelle diskutiert werden wird, ob der urheberrechtliche Schutzumfang privatrechtlicher Disposition entzogen ist, wird der geschlossenen Zahl der Immaterialgüterrechte mit ihrer einhergehenden Typenfixierung eine argumentative Bedeutung zukommen. Um deren Existenz zu belegen, wird auf ebenjene Entstehungsgeschichte des Urheberrechts zurückzukommen sein. Der Gesetzgeber hat im Verlauf der Geschichte durch bewusste positivrechtliche Anerkennung einzelne immaterielle Güter zu Rechtsobjekten erhoben und sie somit mit einem rechtlichen Schutz ausgestattet. Das ging mit einer ausführlichen Diskussion um die Interessenlagen und die demgemäß gebotene Schutzrechtsreichweite einher. Im Gegensatz zu der Annahme einer Gesetzeslücke sind folglich abschließend nur gewisse Güter sowie gewisse Handlungen von einem Rechtsschutz umfasst. Eine immaterialgüterrechtliche Gesamtkonzeption, ein einheitliches Gesetzbuch oder allgemeine immaterialgüterrechtliche Generalklauseln hat es nie gegeben. Diese Historie spricht für die Annahme eines Numerus clausus der Immaterialgüterrechte und deren typenfixierte Ausgestaltung. Das wiederum wird im Verlauf der Untersuchung der Annahme der Wirksamkeit vertraglicher Vereinbarungen zum Schutzrechtsumfang mit urheberrechtlicher Wirkung entgegenstehen.[60]

5. Persönlichkeitsrecht und Immaterialgut

a) Lehre vom Urheberrecht als Persönlichkeitsrecht

Über das Wesen des Urheberrechts und seine rechtstheoretische Einordnung ins Privatrecht ist im geschichtlichen Verlauf immer weiter gestritten worden. Bereits Mitte des 19. Jahrhunderts war der Widerstand gegen die Lehre vom geistigen

---

59 *Demmler*, in: *v. Olenhusen/v. Olenhusen*, Von Goethe zu Google, S. 59, 66; zur Beeinflussung der Urheberrechtsentwicklung in den deutschen Staaten durch die Ideen der Französischen Revolution *Wandtke* UFITA 2008/II, 389, 407. Der Begriff Urheberrecht selbst wurde jedoch erstmals im bayerischen Gesetz von 1865 verwendet, so *Rehbinder*, in: *Dittrich*, Woher kommt das Urheberrecht und wohin geht es?, S. 99, 99.

60 Ausführlicher dazu unter E IV 2. d) cc).

Eigentum erheblich gewachsen. Eine verbreitete Ansicht sah in der Berechtigung des Urhebers einen bloßen Reflex strafrechtlicher Nachdruckverbote und verneinte somit vollumfänglich ein originäres subjektives Recht.[61] Weiterhin lehnte die die Zivilrechtslehre zu jener Zeit beherrschende Pandektenwissenschaft die Begrifflichkeit ab, weil sie mit dem auf Gegenstände reduzierten Eigentumsbegriff des römischen Rechts unvereinbar war.[62] Die sich entwickelnde dogmatische Alternative war die Lehre vom Urheberrecht als Persönlichkeitsrecht.[63] Das Urheberrecht wurde nicht nur wie heute eng mit den persönlichen, ideellen Interessen des Urhebers verknüpft, sondern als ein reines Persönlichkeitsrecht gedeutet.[64] Die Zuordnung des Werks zum Urheber war also Teil seiner Persönlichkeitssphäre und selbst die vermögensrechtlichen Elemente nur ein Ausfluss dessen. Eine Bedeutsamkeit der Lehre ist geblieben. Durch dieses dogmatische Verständnis wurde die Person des Urhebers noch weiter ins Zentrum gerückt und ein Schritt in der Herausarbeitung der Urheberpersönlichkeitsrechte getan.[65]

Dennoch stellt die einseitige Überbetonung der persönlichkeitsrechtlichen Natur eine Extremposition dar, die die bedeutenden ökonomischen Aspekte der Rechtsthematik unzureichend erklärt. Der Schutz der wirtschaftlichen Interessen

---

61 Näher zur „Reflextheorie“ *Rigamonti*, Geistiges Eigentum, S. 30 ff.

62 *Lange*, Kritik der Grundbegriffe vom geistigen Eigentum, Nachdruck in: UFITA 1991/III, 169, 176 ff. Die kontroverse Diskussion um den Begriff des Geistigen Eigentums ist bis heute andauernd. Einige Autoren lehnen ihn aufgrund der Unvergleichbarkeit der Inhalte des Sacheigentums und des Urheberrechts ab, *Rehbinder/Peukert*, Urheberrecht, Rn. 138; *Riezler*, Deutsches Urheber- und Erfinderrecht, S. 9, 11, während andere seine praktische Durchsetzbarkeit, öffentliche Akzeptanz und Betonung der Vermögensinteressen befürworten, *Götting*, GRUR 2006, 353, 358; *Osterrieth*, Lehre vom Urheberrecht, S. 78 ff.

63 Bedeutende Vertreter des persönlichkeitsrechtlichen Begründungsansatzes waren *Johann Caspar Bluntschli*, zu ihm *Rehbinder*, UFITA 1993/III, 29, 29 ff.; *Carl Gareis*, zu ihm *Rehbinder* UFITA 1995/III, 69, 77 ff. und *Otto von Gierke*. Zum Teil beziehen sie sich ausdrücklich auf *Kant*, UFITA 1987/III, 137, 137 ff.

64 *v. Gierke*, UFITA 1994/II, 103, 116 nennt es „in seinem ganzen Umfange als ein aus geistiger Schöpfung fließendes Persönlichkeitsrecht“. Bereits 1824 sah *Neustetel*, Der Büchernachdruck, nach römischem Recht betrachtet, Heidelberg 1824, Nachdruck in: UFITA 1994/I, 243, 243 ff., eingeleitet von *Wadle*, Nachdruck als Injurie, UFITA 1994/I, 225, 225 ff., ebenfalls in der Urheber- eine Persönlichkeitsrechtsverletzung. Dieses Werk bezeichnet *Wadle*, Geistiges Eigentum I, S. 130 als „nach Inhalt und Gedankengang das bemerkenswerteste“ Buch seiner Zeit.

65 Letztendlich wurden die persönlichkeitsrechtlichen Bestandteile des Urheberrechts 1908 höchstrichterlich anerkannt, RGZ 69, 401 – Nietzsche-Briefe. 1912 wurde das Urheberpersönlichkeitsrecht sogar als ein das Recht des Eigentümers beschränkendes Recht anerkannt, RGZ 79, 397 – Felseneiland mit Sirenen.

des Urhebers konnte nur indirekt als eine Folge des Persönlichkeitsrechts erfasst werden. Infolgedessen hat sich diese Auffassung nicht durchgesetzt. Hier zeigt sich bereits im 19. Jahrhundert die Notwendigkeit, das Urheberrecht gleichfalls ökonomisch zu verstehen und seine Ausgestaltung der ökonomischen Interessensicherung anzupassen. Diese Erkenntnis ist die Grundlage jeglicher Diskussion über den Vorbehalt des Vertrags.

Jener Gedanke prägt folglich ebenso die zeitgenössische Diskussion über die Schranken des Urheberrechts. Diesen kommt viel mehr als eine idealistische Ebene zu.[66] Die wirtschaftliche Bedeutung der Schrankenbestimmungen kann beispielsweise an den Ausschüttungshöhen der Verwertungsgesellschaften an die Urheber infolge der gesetzlichen Vergütungsansprüche abgelesen werden. Privilegierungen können aus Sicht der Rechteinhaber allerdings der Entwicklung von Märkten entgegenstehen, weil die Nutzung bereits gesetzlich erlaubt ist. Der Umfang gesetzlich erlaubter Nutzungen darf mithin nicht so groß sein, dass er den Grundannahmen unserer Privatwirtschaftsordnung widerspricht. Der Vorbehalt könnte gemäß diesem liberalen Geist den erlaubten Nutzungsumfang zurückdrängen und somit privatwirtschaftliches Handeln fördern. Die ökonomische Bedeutung urheberrechtlicher Schranken erklärt, warum Rechteinhaber ein Interesse daran haben, durch gesetzliche Nutzungserlaubnisse nicht in ihren Lizenzierungsmöglichkeiten zu weitreichend beschnitten zu werden. Daraus entsteht ein Argument für den Vertragsvorbehalt.

Ungeachtet dessen wird der ökonomischen Bedeutung der einzelnen Schranken in vorliegenden Grundlagenuntersuchungen kein eigenes Kapitel zugewiesen. Eine Darstellung der Marktrelevanz einer jeglichen Schranke würde zunächst den Umfang der Untersuchung erheblich erhöhen. Das würde ferner dadurch gesteigert werden, dass eine umfassende ökonomische Untersuchung neben dem Interesse der Rechteinhaber am Ausschluss, wodurch Anreize zur Produktion neuer Güter gesetzt werden sollen, zugleich die ökonomische Funktion einer jeden Schrankenprivilegierung im Interesse des Allgemeinwohls mitberücksichtigen müsste. Beispielsweise können Schranken durch eine ökonomische Aufgabenstellung gerechtfertigt sein, indem sie als Reaktion auf ein Marktversagen eingeführt werden.[67] Das entspricht der Allokationseffizienz, nach der rechtliche

---

66 Daher ist die ökonomische Rechtfertigung der Schranken mittels einer ökonomischen Analyse des Rechts insbesondere im Copyrightsystem untersucht worden, dem ausschließlich der utilitaristische Ansatz zugrunde liegt. Die diesbezügliche Forschung ist bereits umfangreich, sodass hierauf lediglich verwiesen wird, vgl. beispielsweise *Förster*, Fair Use, S. 138 ff. mwN.

67 Vgl. zur ökonomischen Funktion urheberrechtlicher Schranken *Stieper*, Rechtfertigung der Schranken, S. 74 ff. mwN. Darüber hinaus kann in der Vielzahl unterschiedlicher methodischer Ansätze zur ökonomischen Rechtfertigung der Schranken des deutschen Urheberrechts ein zukünftiges Forschungsgebiet aufgezeigt werden. Dieses wandelt sich noch dadurch, dass neben gesetzlichen vermehrt vertragliche

Bestimmungen vorhandene Ressourcen dem Ort des größten volkswirtschaftlichen Nutzens zuführen sollen. So vermindern sie Transaktionskosten, was wiederum als Argument gegen einen Vorbehalt und für ihre Unabdingbarkeit streitet. Die wirtschaftspolitische Kollision zwischen einem Interesse am Ausschluss und einem am Zugang kann folglich nicht abstrakt gelöst werden. Einseitige Lösungen verbieten sich.

Differenziert sind die konkreten Interessen in einer typischen Verwertungssituation in Augenschein zu nehmen.[68] Die Rechtsfigur des Vertragsvorbehalts soll anhand von § 60g UrhG beleuchtet, aber ansonsten allgemein diskutiert werden. Mithin wird sich im Verlauf der Untersuchung darauf beschränkt, die ökonomischen Aspekte zu nennen, ohne sie für jede einzelne Schranke zu untersuchen.[69] Obwohl jeder Veränderung einer Schrankenbestimmung die Bedeutung einer Neuverteilung oder Zuteilung konkreter Märkte zukommt,[70] ist die volkswirtschaftliche Effizienz angesichts von im Folgenden dargestellten naturrechtlichen, idealistischen, persönlichkeitsrechtlichen oder grundrechtlichen Bezügen des Urheberrechts lediglich einer von zahlreichen Aspekten, der Berücksichtigung finden kann.[71] Eine derart umfangreiche ökonomische Analyse des Rechts würde dementsprechend die Funktion der Schranken unzulässig verengen und Werke als reine Wirtschaftsgüter kennzeichnen. Im Übrigen wird der Standpunkt vertreten, dass das Verhältnis zwischen Gesetz und rechtsgeschäftlicher Gestaltungsfreiheit unabhängig vom konkreten wirtschaftlichen Gewicht der Schranke optimal zugeschnitten werden sollte. Die komplexe Betrachtung der Vor- und Nachteile des Vertragsvorbehalts ist losgelöst von der ökonomischen Bedeutung einer jeweiligen Schranke vorzunehmen.

b) Immaterialgüterrecht: Dualistische Theorie

Getrieben von einem vermittelnden Ansatz etablierte schließlich *Josef Kohler*[72] die Theorie des Immaterialgüterrechts,[73] die davon ausgeht, dass das Urheberrecht weder reines Vermögens- noch reines Persönlichkeitsrecht ist. In einem

---

Zugangsmöglichkeiten diskutiert werden. Letztlich wird im Rahmen der Open Access Bestrebung die ökonomische Bedeutung urheberrechtlicher Ausschlussmacht grundsätzlich hinterfragt, vgl. ausführlich *Krujatz*, Open Access, S. 152 ff. mwN.

68 Ebenso *Poeppel*, Neuordnung der Schranken, S. 158.

69 Dieses methodische Vorgehen wird der Prüfung der Grundrechtsrelevanz der Schrankenregelungen aus gleichen Gründen zugrunde liegen.

70 *Wandtke*, in: *Becker*, FS Rehbinder, S. 389, 398.

71 Im Ergebnis ebenso *Poeppel*, Neuordnung der Schranken, S. 158 f.

72 Zu seinem Leben und bedeutungsvollen Schaffen *Spendel*, Josef Kohler: Bild eines Universaljuristen, S. 2 ff.

73 *Kohler*, Urheberrecht an Schriftwerken und Verlagsrecht, S. 128 ff., 439 ff.; *ders.*, UFITA 1993/III, 99, 99 ff.

dualistischen Ansatz betrachtete *Kohler* die beiden Rechte als getrennt, aber gleichberechtigt nebeneinander stehend.[74] Durch seine Anschauungsweise, ein selbstständiges Vermögensrecht neben dem Persönlichkeitsrecht anzunehmen, entstand entgegen der Personenrechtstheorie *v. Gierkes* ein wirtschaftlich verwertbares, immaterielles Gut, welches frei veräußerlich ist.[75] Ein Beispiel hierfür ist das Autorrecht.[76] In der Lehre vom Immaterialgüterrecht entstand erstmals ein Wirtschaftsgut, welches außerhalb des Menschen steht, indes nicht körperlich, nicht greifbar, lediglich immateriell ist. Das unveräußerliche Persönlichkeitsrecht steht derart daneben, dass es von der Inhaberschaft und Existenz des Verwertungsrechts unabhängig ist. Zum Beispiel kann es länger wirken als das Vermögensrecht. Die dualistische Konzeption liegt einigen europäischen Rechtsordnungen zugrunde.[77] Der Urheberrechtswissenschaft dieser Länder stellen sich weniger Probleme in Bezug auf den Vertragsvorbehalt oder -vorrang. Denn angesichts des theoretischen Hintergrunds bestehen geringfügigere Bedenken, dass derivative Rechteinhaber durch Vertragsschluss über den Umfang der Verwertungsrechte, die losgelöst bei ihnen liegen, disponieren können.

c) Immaterialgüterrecht: Monistische Theorie

Die monistische Theorie hingegen erkennt im Urheberrecht kein Doppelrecht, sondern ein einheitliches, verwobenes, sich aus vermögens- und persönlichkeitsrechtlichen Komponenten speisendes Mischrecht.[78] Statt zweier Rechte entsteht nach dieser Ansicht ein einziges, einheitlich verklammertes Recht mit einer doppelten Schutzfunktion, einer ideellen und einer materiellen. Besonders anschaulich hat *Ulmer* dies in seiner mittlerweile legendären „Baumtheorie"[79] verbildlicht: Das Werk ist in der Zuordnung zum Urheber sowohl ein wirtschaftlich verwertbares Gut als auch ein Kind seines Geists.[80] Diese beiden Interessensgruppen bilden die Wurzeln des Baums, dessen Stamm das Urheberrecht darstellt. Die Äste und

---

74 Nachweise zu *Kohlers* Theorie bei *Fechner*, Geistiges Eigentum, S. 49 f.; zu ihrer Bedeutung für die Entwicklung des Urheberrechts bei *Wandtke*, GRUR 1995, 385, 385 ff.

75 *Kohler*, UFITA 1993/III, 81, 95.

76 Hieran legt *Kohler*, Urheberrecht an Schriftwerken und Verlagsrecht, S. 128 ff. seine Theorie ausführlich da.

77 Beispielsweise dem Recht der Schweiz, vgl. Art. 16 I URG Schweiz. Deswegen wird das Urheberrecht dort als „Doppelrecht" bezeichnet, vgl. *Pahud*, Die Sozialbindung des Urheberrechts, S. 30.

78 *Ulmer*, Urheber- und Verlagsrecht, S. 114 ff. Als grundsteinlegend sind noch *Allfeld*, UrhR, Einl. B, S. 21 ff. und *de Boor*, Vom Wesen des Urheberrechts, S. 27 ff. hervorzuheben.

79 *Ulmer*, Urheber- und Verlagsrecht, S. 116.

80 *Ulmer*, Urheber- und Verlagsrecht, S. 118.

Zweige hingegen sind die urheberrechtlichen Befugnisse, die dem Stamm entwachsen. Sie ziehen ihre Kräfte mal aus beiden, mal ganz oder vorwiegend aus einer Wurzel. Mit diesem Bild wurde in der Systematik des Privatrechts Raum geschaffen für die Anerkennung einer neuen Art von Rechten.

Aus rechtstheoretischer Perspektive spricht diese Ansicht gegen eine Subsidiarität der Schranken. Denn wenn die Vertragspartner durch Vertragsschluss mit urheberrechtlicher Wirkung die Grenzen des Schutzumfangs verschieben, beeinträchtigen sie aufgrund der monistischen Verwobenheit zugleich die Grenzen des beim Urheber verbleibenden Urheberpersönlichkeitsrechts. Im Bild des Baums gesprochen bedeutet die Disponibilität der urheberrechtlichen Schranken, dass Dritte ohne Absprache mit dem originären Inhaber des Baums vergleichbar einem schneidenden oder düngenden Gärtner dem Baum Äste entfernen oder wachsen lassen können.

6. Das Urheberrecht im 20. Jahrhundert in Deutschland

a) Weimarer Republik

Das idealistische Prinzip der Freiheit des Einzelnen hat Nutzenabwägungen in Bezug auf Gemeinwohlziele lange verdrängt. Doch zu Zeiten der Weimarer Republik, in deren Verfassung das Recht der Urheber in Art. 158 I WRV[81] geschützt wurde, wurde das Urheberrecht vom Gedanken der Sozialgebundenheit getragen.[82] Das hatte wesentliche Auswirkungen auf das Verständnis der Beschränkungen des Urheberrechts. Den Interessen der Urheber wurden nämlich die grundsätzlich gleichberechtigten Interessen oder gar Rechte der Allgemeinheit[83] entgegengesetzt. In der Konsequenz wurden die beschränkenden Vorschriften nicht als Ausnahmebestimmungen angesehen und es wurde eine Ausweitung der Regelungen

---

81 Art. 158 I Weimarer Reichsverfassung von 1919: „Die geistige Arbeit, das Recht der Urheber, der Erfinder und der Künstler genießt den Schutz und die Fürsorge des Reichs.".

82 Der Begriff der „Sozialgebundenheit des Urheberrechts" wurde geprägt von *Kopsch*, ArchFunkR 1928, 201: „(...) die Erkenntnis, dass das Urheberrecht im Sinne des schaffenden Künstlers kein absolutes, sondern ein sozial-gebundenes Recht darstellt. Diese Begriffsbestimmung entspricht der Natur des künstlerischen Schaffens. Der Künstler schafft sein Werk für die soziale Gemeinschaft, nicht gegen sie. Er will, dass diese Gemeinschaft sein Werk in den verschiedenen Erscheinungsformen (...) aufnimmt, dass aus seinem eigenen Klingen ein Mitklingen vieler wird. Das Schaffen findet seine Erfüllung erst dann, wenn es sich auf andere auswirkt. Die Ansprüche, die sich aus dem Schaffen herleiten, können darum die Verbundenheit mit der sozialen Gemeinschaft niemals außer Acht lassen.".

83 *Hoffmann*, GRUR 1931, 706, 707.

über gesetzliche Lizenzen gefordert.[84] Die Begründung dafür war, dass Abwehrrechte unschwer einen egoistischen Missbrauch ermöglichen, der die Rechte der Allgemeinheit verletze und daher eine solche Grenzziehung der Individualrechte erfordere.[85]

Dem theoretischen Verständnis des sozialen Urheberrechts liegen zwei Argumentationsstränge zugrunde. Der erste denkt über die Frage nach, wie Werke geschaffen werden. Es wird davon ausgegangen, dass die Schöpfung gar nicht original im wahrsten Sinne des Worts ist, da der Schaffende nie losgelöst vom kulturellen Erbe seiner Gemeinschaft wirken kann.[86] Jeder Urheber steht nur auf den Schultern seiner Vorgänger.[87] Deswegen ist es die Aufgabe des Urheberrechts, einen angemessenen Ausgleich zwischen den Interessen des Urhebers an seinem Originellen und denen der Allgemeinheit an dem von ihr Entliehenem, zwischen dem Individual- und Sozialprinzip[88] zu finden.

Der zweite Begründungsstrang für die Sozialgebundenheit liegt in der Blickweise auf die Funktion des Werks begründet. Die Bestimmung eines Werks ist nämlich nicht die Befriedigung des Urhebers selbst, sondern das Auswirken auf andere, auf die Allgemeinheit.[89] Ein materieller Nutzen könne sonst nicht gezogen werden. Darüber hinaus gehöre es zur Aufgabe der Schöpfer, den Geistesstand, das Bildungsniveau und das Kulturbild der Allgemeinheit zu prägen.[90] Damit das

---

84 *Hoffmann*, GRUR 1931, 706, 708 bezeichnet eine Qualifizierung als Ausnahmebestimmung gar als „grundfalsch".

85 *Hoffmann*, GRUR 1931, 706, 708 f.

86 *Hoffmann*, ArchFunkR 1929, 247, 247 f.

87 *Elster*, GRUR 1926, 493, 494. Man mag die Philosophie der Postmoderne, nach der in Abgrenzung zum Avantgardegedanken heutzutage nichts originär Individuelles, nichts noch nie Dagewesenes mehr zu schöpfen ist, weil alles bereits schon mal dagewesen ist, ablehnen, vgl. zu den Auswirkungen dieses Gedankens die ausführliche Darstellung bei *Hansen*, Warum Urheberrecht?, S. 49 ff. mwN. Dennoch hat die Vorstellung, dass das Schaffen nie in einen kulturfreien Raum hinein erfolgt, sondern immer Elemente der Wiedergabe, Umgestaltung, Kombination kultureller Erfahrungen beinhaltet, über die Zeiten hinweg ihre das Urheberrechtsverständnis prägende Berechtigung, *Roeber*, UFITA 1956/I, 150, 166; siehe zum Aphorismus des Zwergs auf den Schultern von Riesen, der stets weiter sieht als diese, *Merton*, Auf den Schultern von Riesen.

88 *Elster*, UFITA 1931, 215, 229.

89 *Elster*, UFITA 1931, 215, 233, der eine „seelisch-geistige Wechselbeziehung zwischen Individuum und Allgemeinheit" erkennt.

90 Darin sieht *Elster*, UFITA 1931, 215, 233 f. die Mission der „begnadeten Schöpfer geistiger Werke". Vor allem in utilitaristisch geprägten Rechtsordnungen spielt diese Anreiztheorie immer noch eine Rolle. Das Urheberrecht soll durch die Gewährung von Ausschließlichkeitsrechten Anreize schaffen, den Fortschritt unter anderem der Wissenschaft zu fördern, indem die Werke nach Ablauf der Schutzfrist der

möglich ist, muss das Recht, insbesondere seine Beschränkungen dementsprechend ausgestaltet werden.

Mit der Forderung der Lehre des sozialgebundenen Urheberrechts nach einem Ausgleich der Interessen hat sich der Gedanke von unverzichtbaren Schutzgrenzen durchgesetzt, die weit mehr Aspekte in Betrachtung ziehen, als es in der urheberfokussierten Vergangenheit der Fall gewesen ist. Gerade der Aspekt, dass das Urheberrecht eine Förderung des Fortschritts ermöglicht, ist in Bezug auf die Wissenschaft hochgradig aktuell. Letztendlich haben beide Argumentationsstränge nichts an ihrer Aktualität eingebüßt. Das Urheberrecht ist nach wie vor primär ein Individualrecht, das aber zugleich sozialgebunden ist. Beide Gedankengänge sprechen heute noch für zwingende Schutzrechtsgrenzen im Interesse der Allgemeinheit. Damit sind sie zugleich zwei Argumente für den Schrankenvorrang, der im Allgemeininteresse die Schutzrechtsgrenzen für unabdingbar erklärt.

b) Nationalsozialismus

Die nationalsozialistische Lehre bemühte sich einer Abkehr von der „individualistisch-liberalistischen Lehre, die das Urheberrecht zu einer frei veräußerlichen Ware erniedrigt hatte."[91] In Annahme der „grundlegende(n) Erkenntnis des sozialen Wesens des Urheberrechts" diente das Recht der Überwindung der „zerstörenden Wirkungen der durch die liberalistische Lehre bedingten naturwidrigen Loslösung des Individuums aus seiner Bindung an die Volksgemeinschaft"[92]. Unter Übertragung der nationalsozialistischen Idee der „Volksgemeinschaft" auf das Urheberrecht hatte dieses ausschließlich den angeblichen „Volksinteressen" und nicht mehr denen des Einzelnen („Gemeinnutz statt Eigennutz")[93] zu dienen.[94] Daher spielten die gesetzliche Lizenz und Zwangslizenz eine größere Rolle

---

Allgemeinheit zur Verfügung stehen. Sie sind eben nicht zum Selbstzweck produziert worden. Siehe für die amerikanische Rechtsordnung *de la Durantaye*, GRUR Int. 2012, 989, 989 ff.

91 *Kopsch*, GRUR 1936, 451, 452. Neben *Julius Kopsch* sind als bedeutende Vertreter und Werke der NS-Ideologie noch *Bull*, UFITA 1934, 378, 378 ff.; *Elster*, UFITA 1938, 173, 173 ff.; *Hoffmann*, UFITA 1938, 8, 8 ff.; *Müller*, UFITA 1933, 398, 398 ff. zu nennen.

92 *Kopsch*, GRUR 1936, 451, 453.

93 Ausführlich zur rechtlichen Umsetzung dieser Parole, zugleich Punkt 24 des Parteiprogramms der NSDAP vom 24.02.1920 *Stolleis*, Gemeinwohlformeln im nationalsozialistischen Recht, S. 76 ff. mwN.

94 So spricht *Richard Strauß* UFITA 1934, 217, 218 davon, dass der „nationalsozialistische Grundgedanke, (...) die Synthese zwischen dem edelsten Individualismus, dem Führertum und dem Gedanken der Volksgemeinschaft" darstelle. Ausführlich zum Aspekt Volksgemeinschaft und Urheberrecht *Wandtke*, UFITA 2002/II, 451, 455 ff.

in der Lehre der damaligen Zeit.[95] Allerdings sollen diese Gedanken nicht weiter ausgeführt werden. In vorliegender Untersuchung geht es um die Frage der bestmöglichen Ausgestaltung der Schranken in unserer heutigen Zeit. Die Betrachtungsweise eines Systems, das das „Werk als Dienst an der Volksgemeinschaft"[96] und den Urheber als „Treuhänder (...), der die in ihm zum Ausdruck kommenden Kräfte zum allgemeinen Wohle verwaltet"[97], erkennt, ist derart einseitig und undifferenziert, als dass sie als Grundlage für weitere Erkenntnisgewinne fungieren könnte.

II Das Urheberechtsgesetz von 1965

Nach Ende des 2. Weltkriegs[98] kam erneut die Frage der Legitimierung des Urheberrechts auf. Im Gegensatz zur ideologischen Indoktrinierung durch die Nationalsozialisten bestand der Wunsch nach vorstaatlichen Maßstäben, die dem positiven Recht Grenzen setzen. Das lässt sich exemplarisch an dem Ausruf *Radbruchs* ablesen: „Wir müssen uns wieder besinnen auf die Menschenrechte, die über allen Gesetzen stehen, auf das Naturrecht, das gerechtigkeitsfeindlichen Gesetzen die Geltung versagt."[99] So blühten in Abgrenzung zu den manipulationsanfälligen und extrem kollektivistischen Ansätzen die in der Aufklärung verwurzelten, naturrechtlichen Begründungsstränge der Lehre vom geistigen Eigentum wieder auf.[100] Die Veränderung des Fokus bewirkte, dass der Urheber mit seinen Interessen aufgrund seiner individuellen schöpferischen Arbeitsleistung erneut im Vordergrund stand. Diese Arbeitstheorie wird bis heute überwiegend vorgetragen.[101] Unterstützt wurde diese Vorstellung vom BGH, der 1955 ein aus dem geistigen Eigentum des Urhebers fließendes natürliches Recht ausdrücklich anerkannt hat.[102] Er rechtfertigte damit die Annahme eines umfassenden Herrschaftsrechts, auf das sich

---

95 Beispielsweise in der Diskussion 1933 über einen Gesetzesentwurf *Elster*, GRUR 1933, 22, 22 ff.; *ders.*, GRUR 1933, 282, 282 ff.; *Goldbaum*, GRUR 1933, 212, 212 ff.; *Seiller*, GRUR 1933, 280, 280 ff.

96 *Bull*, UFITA 1935, 400, 402.

97 *Gast*, UFITA 1935, 333, 336.

98 Ausführlich *Maracke*, Die Entstehung des Urheberrechtsgesetzes von 1965, S. 47 ff.

99 *Radbruch*, Aphorismen zur Rechtsweisheit, S. 32, Nr. 119.

100 Siehe dazu *Oberndörfer*, Die philosophische Grundlage des Urheberrechts, S. 114 mwN. Zur Geschichte der Formel „Geistiges Eigentum" und den Gründen ihrer Wiederkehr *Wadle*, Geistiges Eigentum I, S. 3 ff. *Wandtke*, in: *Becker*, FS Rehbinder, S. 389, 404 sieht den Geist der Aufklärung im Urheberrecht durch den Nebel der Postmoderne als verdunkelt an und hofft auf seine Renaissance.

101 Vgl. *Loewenheim*, in: *Schricker/Loewenheim*, UrhR, Einleitung, Rn. 10; *Wandtke*, Urheberrecht, Kap. 1, Rn. 57.

102 BGH GRUR 1955, 492, 496 – Grundig-Reporter.

wiederum der Anspruch des Urhebers auf gerechte Vergütung für die Verwertung durch Dritte stützt. Von dieser Doktrin geprägt schloss sich der deutsche Gesetzgeber 1965 der monistischen Theorie an.[103] Das UrhG von 1965[104] und seine Schrankenbestimmungen als integraler Bestandteil sollen nachfolgend kurz dargestellt werden, um den Forschungsgegenstand näher zu erläutern und seine historische Entwicklung hin zur modernen Rechtslage nachzuzeichnen. Weil am Urheberrecht der DDR im Gegensatz zum UrhG nach der Wende nicht festgehalten worden ist, soll es an dieser Stelle nicht dargestellt werden, obgleich der Vergleich interessant ist. Denn es kannte keinen Vertragsvorbehalt, weil eine andere Eigentumsordnung existierte und es eine umfangreiche freie Werknutzung enthielt.[105]

Sodann ist zu überlegen, ob man den aus dem Naturrecht stammenden Personalismus und Individualismus als nach wie vor bedeutend erachtet.[106] Denn das könnte gegen einen Vertragsvorbehalt sprechen, der es Dritten in Form der Vertragsparteien ermöglichen würde, über den Umfang des sich aus der Schöpferkreativität speisenden Urheberrechts zu bestimmen. Nach diesen Vorstellungen legitimiert sich das Schutzrecht aus der Leistung des Urhebers selbst und kann folglich nicht derivativ mit erweitertem Rechtsumfang in der Person eines Dritten bestehen.

1. Konzeption des Gesetzes

Das Werk wird der Person des Urhebers zugeordnet und damit als Rechtsobjekt verfügbar gemacht,[107] wie § 1 UrhG mit seinem Präambelcharakter verdeutlicht. Dadurch entsteht ein Immaterialgüterrecht. Als solches ist das Urheberrecht ein absolutes, gegenüber jedermann geltendes Herrschaftsrecht. Darin, dass das Werk, also nach § 2 II UrhG die persönliche geistige Schöpfung, der Geltungsgrund des Gesetzes ist, kann man erkennen, dass eine Verschmelzung der Ansätze der Lehren vom geistigen Eigentum und der Persönlichkeitstheorie stattgefunden hat. Aus den oben dargelegten Gründen spricht der Geltungsgrund Schöpfungsakt gegen vorrangige Verträge. Die monistische Konzeption wird in den zentralen Vorschriften §§ 11 S. 1, 29 I UrhG deutlich. Nach dem Leitbild des § 11 S. 1 UrhG wird der Urheber in all seinen Rechtsbeziehungen zum Werk, seien sie ideeller oder materieller Natur,[108] geschützt. Diesem Schutzzweck kommt das Gesetz nach, indem es

103 Amtl. Begr. BT-Drs. IV/270, S. 43.
104 BGBl. I 1965, 1273.
105 Siehe zu diesem Vergleich H I 1.
106 Siehe zu dieser Streitfrage anschließend unter B IV 3.
107 *Stephanblome*, Die Einordnung des subjektiven Urheberrechts in das System der bürgerlichen Rechte, S. 15.
108 Mit Blick auf diese doppelte Funktion bezeichnet *Allfeld*, UrhR, Einl. B, S. 21 das absolute, aber nicht dingliche Urheberrecht (S. 22) als „Recht besonderer Art, welches die moderne Rechtsentwicklung erzeugt hat".

dem im Zentrum stehenden Urheber nicht nur das Urheberpersönlichkeitsrecht mit Einzelbefugnissen gemäß §§ 12 ff. UrhG, sondern ebenso nach §§ 15 ff. UrhG ausschließliche Verwertungsrechte gewährt, die nur den Urheber in die Rechtsposition setzen, das Werk unter Ausschluss Dritter auf die gesetzlich umschriebene Art und Weise zu nutzen.[109] Die Verwertungsrechte sind grundsätzlich umfassend ausgestattet. Sie beinhalten die Verwertung in körperlicher, § 15 I UrhG, und unkörperlicher, § 15 II UrhG, Form. Die genannten und in den §§ 16 ff. UrhG näher beschriebenen Verwertungsarten werden nur beispielhaft („insbesondere") konkretisiert. Künftig eventuell neu entstehende Verwertungsarten werden von der Generalklausel daher ebenfalls erfasst. Der vermögensrechtliche Teil ist untrennbar mit dem persönlichkeitsrechtlichen verflochten, sie überlappen sich in unauflösbarer gegenseitiger Verflechtung. Denn die Persönlichkeitsrechte haben einen materiellen Kern und umgekehrt.[110] Das wird exemplarisch am Namennennungsrecht deutlich, welches unter ideellen Gesichtspunkten die Reputation des Schöpfers, seine Wahrnehmung in der Öffentlichkeit sichert und zugleich unter materieller Wirkungsrichtung die Grundlage für Folgeaufträge sein kann.

Als materiell-rechtliche Konsequenz ergibt sich aus der monistischen Untermauerung die translative Unübertragbarkeit zu Lebzeiten nicht nur der persönlichkeitsrechtlichen, sondern ebenfalls der vermögensrechtlichen Befugnisse, also des Urheberrechts an sich, gemäß § 29 I UrhG.[111] Statt einer Rechtsentäußerung[112] ist nur eine Einräumung von Nutzungsrechten nach § 31 UrhG denkbar.

Wie oben dargelegt spricht der Monismus für zwingende Schutzrechtsgrenzen. Die monistische Konzeption des Gesetzes zeigt, dass der Urheber nach wie vor die Zentralgestalt des Rechtsgebiets ist. Niemanden sollten folglich aus dem Urheberrecht abgeleitete Rechte in einem weiteren Umfang nach dem Vertragsschluss als ihm selbst zustehen.

2. Begriff und Inhalt der Schranken

Die ausschließliche Verwertungsbefugnis vermittelt sowohl eine positive Nutzungsbefugnis, das Werk nach eigener Vorstellung auszuwerten, als auch ein negatives Verbietungsrecht, Dritte von dieser Nutzung auszuschließen.[113] Jedoch ist sie nicht allumfassend ausgestaltet. Sämtliche Beschränkungen des Schutzumfangs inhaltlicher, zeitlicher oder fremdenrechtlicher Art sowie der gänzliche Ausschluss eines Schutzes wie durch § 5 I UrhG für amtliche Werke werden weit verstanden

109 *Dreier*, in: *Dreier/Schulze*, UrhG, Einleitung, Rn. 3.

110 *Schulze*, in: *Dreier/Schulze*, UrhG, § 11, Rn. 2; a.A. mit europarechtlicher Begründung *v. Ungern-Sternberg*, in: *Schricker/Loewenheim*, UrhR, § 15, Rn. 209.

111 Grundlegend *Ulmer*, Urheber- und Verlagsrecht, S. 117.

112 Wie bei einer Dereliktion im Sachenrecht gemäß § 959 BGB; BGH GRUR 1995, 673, 675 – Mauer-Bilder.

113 *Dreyer*, in: *Dreyer/Kotthoff*, UrhR, § 15, Rn. 26.

als Schranken des Urheberrechts bezeichnet.[114] Schrankenbestimmungen sind über das ganze Urheberrechtsgesetz verteilt, der für das Verbreitungsrecht wesentliche Erschöpfungsgrundsatz beispielsweise in §§ 17 II, 69c Nr. 3 S. 2 UrhG. Die meisten sind inhaltliche Schranken und befinden sich im 1. Teil, sechster Abschnitt des Urheberrechtsgesetzes (§§ 44a bis 63a UrhG).

Eine Nutzungshandlung kann durch eine inhaltliche Schranke vom Verwertungsrecht des Urhebers komplett freigestellt sein, das heißt, die Handlung ist ohne Zustimmung und ohne einen gesetzlichen Vergütungsanspruch des Urhebers zulässig, beispielsweise bei einem wissenschaftlichen Zitat nach § 51 S. 1, 2 Nr. 1 UrhG. Als Ausgleich für den Wegfall des Zustimmungserfordernisses wird zugunsten des Urhebers im Regelfall jedoch ein Vergütungsanspruch gesetzlich festgelegt. Häufig ist dieser verwertungsgesellschaftspflichtig. Hierunter fallen nach § 60h I, IV UrhG mit Ausnahme des § 60h II UrhG alle Nutzungen für Unterricht, Wissenschaft und Institutionen gemäß §§ 60a ff. UrhG. Derartige Regelungen werden gemeinhin als „gesetzliche Lizenzen"[115] bezeichnet.

Im Gegensatz zur gesetzlichen Freistellung der Nutzungshandlung wird eine Vorschrift als Zwangslizenz verstanden, die die grundsätzliche Dispositionsbefugnis des Urhebers einem Kontrahierungszwang unterwirft.[116] In das Urheberechtsgesetz sind erst zwei Zwangslizenzbestimmungen aufgenommen worden, die einem Dritten einen schuldrechtlichen Anspruch auf Einräumung einer Lizenz gewähren. Dem Gesetzgeber ist demgegenüber in der Literatur mit dem Argument, dass aufgrund der Relevanz von Informationen für Wissenschaft und Forschung eine Monopolwirkung durch das Urheberrecht in diesem Gebiet besonders schädlich sei, mehrfach eine Zwangslizenz für den Bereich wissenschaftlicher Publikationen anempfohlen worden.[117] Dieser Vorschlag konnte sich indes bisher

---

114 Vgl. unter vielen *Schack*, Urheberrecht, Rn. 512 f.

115 Vgl. nur unter vielen *Lüft*, in: *Wandtke/Bullinger*, UrhR, Vor §§ 44a ff., Rn. 1. In der Literatur wird die Kategorisierung der Beschränkungen des Urheberrechts teilweise nach ihrer Eingriffsintensität noch weiter verfeinert, vgl. *Hilty*, GRUR 2005, 819, 821, der die gesetzlichen Lizenzen wiederum in drei Gruppen untergliedert. Siehe dahingegen zur Kritik am Begriff der gesetzlichen Lizenz E II 3. c) cc)(iii).

116 Der Hintergrund sind kartell- oder kulturpolitische Gründe, vgl. zu § 42a UrhG *Weisser/Höppener*, ZUM 2003, 597, 598 ff.; die Vorschrift ist jedoch ohne große praktische Bedeutung, *Schack*, Urheberrecht, Rn. 899. Teilweise wird den Zwangslizenzen ein großes Potential für die Zukunft zugesprochen, was gerade erst erkannt zu werden scheint, vgl. *Hilty*, Urheberrecht, Rn. 248; *Trumpke*, Exklusivität und Kollektivierung, S. 200. Andere Stimmen fordern eine Streichung, vgl. *Dreier*, in: *Schricker*, Urheberrecht auf dem Weg zur Informationsgesellschaft, S. 173; *Uchtenhagen*, in: *Becker/Lerche/Mestmäcker*, FS Kreile, S. 779, 783 ff.

117 *Hansen*, GRUR Int. 2005, 378, 383; *Hilty*, GRUR 2009, 633, 633 ff.; *ders.*, in: *Hilty/Drexl/Nordemann*, FS Loewenheim S. 119, 119 ff.; *Krujatz*, Open Access, S. 261 ff., 279 ff.; *Trumpke*, Exklusivität und Kollektivierung, S. 200.

nicht durchsetzen. Bislang kennt das Gesetz für wissenschaftliche Publikationen ausschließlich Schrankenprivilegierungen. Dem ist zu entnehmen, dass der Gesetzgeber die Bedeutung von Wissenschaft und Forschung so hoch einschätzt, dass er die Nutzungshandlungen stets erlaubnisfrei, also ohne zwischengeschalteten Vertragsschluss ermöglichen will. Er möchte die Nutzung demnach erleichtern und rechtliche Hürden abbauen. Die Konzeption des Urheberrechts zur Bildungs- und Wissenschaftsförderung, aber auch zur Kultur- und Kunstförderung zeigt sich bis in jüngste Reformen hinein. Exemplarisch können hierzu die Art. 3, 5, 6, 7 I, 8 ff. Richtlinie über das Urheberrecht und verwandte Schutzrechte im digitalen Binnenmarkt (DSM-RL)[118] genannt werden. Diese Priorisierung von Interessen und Bedürfnissen spricht für die Rechtssicherheit unabdingbarer Nutzungserlaubnisse. Zwingende Urheberrechtsschranken bilden das erlaubte Maß an Nutzung für jedermann klar und verständlich ab. Ebenjene gesetzgeberische Zielvorstellung spricht damit für einen Vorrang des Gesetzes.

Indessen findet die Zwangslizenz neben diesem Argument in den weiteren Betrachtungen keine Berücksichtigung. Denn obzwar die Urheber nach § 42a UrhG gegenüber Tonträgerherstellern oder die Urheber und Verleger privater Normwerke nach § 5 III 2, 3 UrhG entscheidend in ihrer Vertragsfreiheit eingeschränkt sind, ist die Nutzung dennoch konträr zu den oben genannten Typen nicht erlaubnisfrei. Die Abschlussfreiheit wird den Urhebern und ausschließlichen Rechteinhabern genommen, demgegenüber ist die Nutzungshandlung erst nach Abschluss des Lizenzvertrags gestattet. Das stellt den relativ geringsten Eingriff in die Rechte des Urhebers dar. Das Verbotsrecht des Urhebers bleibt formal bestehen, weshalb die Zwangslizenz keine gesetzliche Schranke im hier vertretenen Verständnis darstellt[119] und folglich nicht weiter untersucht werden soll. Ebendiesem Verständnis hat sich der Gesetzgeber angeschlossen, als er die Zwangslizenz zugunsten von Tonträgerherstellern, ursprünglich im sechsten Abschnitt in § 61 UrhG aF geregelt, mit § 42a UrhG in den fünften Abschnitt und damit in das Urhebervertragsrecht überführt hat.[120]

3. Konzeption und Systematik der Schranken

Die Schranken neben der Unterteilung in vergütungspflichtig und vergütungsfrei trennscharf voneinander systematisch abzugrenzen, erweist sich als schwer handhabbar. Das trifft auf einzelne Nutzungsprivilegierungen nicht zu, so dienen die §§ 44a, 55a, 69d UrhG beispielsweise konkret den „Erfordernissen der

---

118 RL 2019/790.

119 Ebenso *Bullinger*, in: *Wandtke/Bullinger*, UrhR, § 42a, Rn. 1; *Schack*, Urheberrecht, Rn. 897, Fn. 18; *Stieper*, Rechtfertigung der Schranken, S. 7; *v. Wolff*, Zwangslizenzen im Immaterialgüterrecht, S. 21 f.; a.A. *Trumpke*, Exklusivität und Kollektivierung, S. 194 ff.

120 BT-Drs. 15/38, S. 17.

Informationsgesellschaft“[121] in Umsetzung zwingenden Gemeinschaftsrechts.[122] Die meisten Schranken verfolgen indessen mehr als nur einen Zweck, teilweise sogar fundamentale Grundfreiheiten und pragmatische Gesichtspunkte zugleich, und lassen sich daher kaum gruppieren.[123] Am ehesten kommt noch eine grobe Einteilung nach folgenden Schutzzwecken in Betracht: der geistigen Auseinandersetzung, privaten Interessen der Verbraucher und Interessen der Wirtschaft oder des Staats.[124] Die Gruppierungsschwierigkeiten verleiten zur Erschaffung einer unübersichtlichen Schrankensystematik. Auffindbarkeit und Verständlichkeit der Normen sinken dadurch, weshalb Nutzungshandlungen unterbleiben. Vorrangige Verträge mit umfassendem Regelungsinhalt könnten die Auffindbarkeit und Verständlichkeit der Normen unerheblich werden lassen. Die Vertragsparteien könnten sich ausschließlich am Vertrag orientieren. Punktuelle Vertragsbestimmungen würden allerdings die Unübersichtlichkeit der Rechtslage noch weiter erhöhen. Die Nutzungserlaubnis würde sich in dem Fall aus einem schwer nachvollziehbaren Zusammenspiel von gesetzlicher und vorrangiger vertraglicher Erlaubnis zusammensetzen.

Als Strukturelement haben alle Schranken das Enumerationsprinzip als Gemeinsamkeit.[125] Das bedeutet, dass dem grundsätzlich umfassenden Recht des Urhebers zur ausschließlichen Nutzung, § 15 UrhG, abschließend formulierte Schrankentatbestände mit konkret umrissenen Tatbestandsmerkmalen gegenübergestellt werden. Der größte Vorteil liegt in der Rechtsklarheit des Prinzips.[126] Erhaben über die Schwierigkeit gerade für Laien der Auslegung von unbestimmten Generalklauseln soll die Rechtslage durch die möglichst bestimmten und konkret umrissenen Tatbestandsmerkmale rechtssicher erkennbar sein. Die Subsidiarität einer Schranke würde jenes Prinzip und die mit ihm verbundene Rechtsklarheit konterkarieren. Der Nutzer könnte dann nicht mehr mit einer Interpretation der Privilegierungsvoraussetzungen den Umfang oder das Bestehen einer Nutzungserlaubnis gewahren.

Die Gesetzessystematik, die sich durch die speziellen Schranken mit ihren dargestellten Einordnungsschwierigkeiten gebildet hatte, war die Ursache dafür, dass

---

121 So wortwörtlich zu § 44a UrhG BT-Drs. 15/38, S. 18.

122 Art. 5 I InfoSoc (Richtlinie 2001/29/EG); Art. 6 I Datenbank-RL (Richtlinie 96/9/EG); Art. 5 I Computerprogramm-RL (Richtlinie 2009/24/EG).

123 *Hohagen*, Freiheit der Vervielfältigung, S. 23 f.; eine Einteilung daher gänzlich ablehnend *Pahud*, Die Sozialbindung des Urheberrechts, S. 124.

124 So der Aufbau bei *Schack*, Urheberrecht, Rn. 540–577.

125 Eine Ausnahme stellen die Regelbeispiele des § 51 UrhG dar.

126 Demgegenüber sind so gleichfalls sehr spezielle Schranken entstanden, deren Geltungsgrund verschwimmt. Einige Autoren vermuten als solchen regelmäßig die Durchsetzungsfähigkeit einzelner Verwertergruppen, vgl. *Hoeren*, GRUR 2002, 1022, 1026.

die Neuordnung, Konsolidierung und Vereinfachung von Schrankenbefugnissen eines der Ziele der Schrankenreform im Urheberwissenschaftsrecht war.[127] Im Wissensgesellschaftsgesetz[128] hat der Gesetzgeber die Systematik angepasst, um die vereinzelten, kleinteiligen, unübersichtlichen und dadurch benutzerunfreundlichen Schranken neu zu fassen.[129] Das ist auf breites Lob gestoßen.[130]

Verbesserungen der Schrankensystematik sind mithin durch Reformbemühungen des Gesetzgebers durchaus erzielbar, ohne dass es der Vorrangigkeit privatautonomer Regelungen bedarf. Jedoch sind die Parteien in dem Fall stets auf das Tätigwerden eines reformwilligen Gesetzebers angewiesen. Ungeachtet aller Reformbemühungen kam der Gesetzgeber selbst im UrhWissG ungeachtet seiner gegenläufigen Zielstellung nicht umhin, grobe und unpräzise Einordnungsmaßstäbe zu verwenden. Der die §§ 55–60 UrhG umfassende Unterabschnitt trägt nunmehr die unbestimmte Überschrift „Weitere gesetzlich erlaubte Nutzungen“. Diese unspezifische Benennung eines Untertitels zeigt erneut die Schwierigkeit einer trennscharfen Gliederung. Eine anwenderfreundliche Übersichtlichkeit ist darin nicht zu sehen.

Die dargelegte Systematisierungsproblematik zeigt die Komplexität von urheberrechtlichen Schrankenregelungen und ihre Vielfalt an Schutz- und Zweckbestimmungen.

Der Vertragsvorbehalt vermag demzufolge nur zu überzeugen, wenn er ebendiese Komplexität und Vielfalt ausgeglichen zu berücksichtigen weiß. Der Vorbehalt erweitert die privatautonome Gestaltungsfreiheit. Daher wird in der nachfolgenden Untersuchung zu hinterfragen sein, ob die angemessene Wahrung aller Interessen durch vertragliche Regelungen gesichert werden kann. Wie sich später noch ausführlich zeigen wird, spricht sowohl die Vielzahl der verwobenen Schutzgründe als auch die abschließende sowie rechtssichere Enumeration für zwingende und vorrangige Schrankentatbestände, die nach parlamentarischer Abwägung durch die Legislative entstehen.

Andere EU-Mitgliedstaaten verfolgen mit einem offen formulierten Recht, dem abschließende Schrankentatbestände gegenübergestellt werden, ein ähnliches Konzept wie der deutsche Gesetzgeber.[131] Dennoch ist bisher abgesehen von der spezifischen Computerprogramm-RL und Datenbank-RL, einzelnen zwingenden Vorschriften der DSM-RL sowie Art. 5 I InfoSoc, der in § 44a UrhG umgesetzt worden ist, um den Werkgenuss im digitalen Zeitalter zu ermöglichen, noch keine Harmonisierung erfolgt. Für den Bereich Bildung, Forschung und Wissenschaft

127 Vgl. BT-Drs. 18/12329, S. 2.

128 BGBl. I 2017, 3346.

129 Siehe BT-Drs. 18/12329, S. 20 f.

130 *de la Durantaye*, GRUR 2017, 558, 567; *A. Nordemann*, in: *Fromm/Nordemann*, UrhR, Vor § 60a ff., Rn. 7.

131 *Stieper*, Rechtfertigung der Schranken, S. 9 mwN. zu einzelnen Nationalbestimmungen.

hat hauptsächlich die Informationsgesellschafts-Richtlinie eine tiefgreifende Bedeutung. Ungeachtet ihres Namens als Richtlinie zur Harmonisierung und des in Art. 5 II, III InfoSoc enthaltenen abschließenden Katalogs ist dadurch gleichwohl kein weitreichender Harmonisierungsfortschritt erzielt worden, weil sämtliche Schranken in Art. 5 II-IV InfoSoc optional sind.[132] Es steht also jedem Mitgliedstaat frei zu entscheiden, welche er davon in nationales Recht umsetzt. Im Fall einer Umsetzung müssen die vom EuGH in autonomer Auslegung gezogenen Grenzen beachten werden.[133] Die europäischen Urheberrechtsordnungen erfahren also nach Anzahl und Umfang der Schranken erhebliche Unterschiede,[134] jedoch eine gewisse Vereinheitlichung durch den in Art. 9 II RBÜ und Art. 5 V InfoSoc vorgeschriebenen Dreistufentest. Auf all diese europarechtlichen Aspekte wird im Verlauf einzugehen sein.[135] Der Vertragsvorbehalt wird sich daran messen lassen müssen.

Konzeptionell genau andersherum geht der US-amerikanische Copyright Act von 1976 vor. In § 106 CA werden die Verwertungsrechte einzeln und erschöpfend aufgezählt, während § 107 CA die Schranken in Form einer Generalklausel regelt. Nach der Fair Use-Doktrin ist eine Nutzung eines geschützten Werks, insbesondere zu Zwecken der Kritik, der Stellungnahme, der Berichterstattung, des Unterrichts, der Forschung und der Lehre, zulässig, wobei keine gesetzliche Vergütung vorgesehen ist, wenn die Nutzung in einer Gesamtabwägung im Einzelfall „fair" ist. Vom Gesetz werden dazu vier Kriterien beispielhaft aufgeführt, nämlich der Zweck und die Art der Nutzung, insbesondere ob kommerziell oder nicht, die Natur des genutzten Werks, Umfang und Ausmaß der Nutzung sowie die Auswirkungen auf die Vermarktung und den kommerziellen Wert des Werks. Hinter diesem Konzept verbergen sich andere, später näher zu erläuternde Schutzgründe

---

132 Unionale Schrankenregelungen sind seit jeher umstritten. Unter der Devise „Schranken aller Länder vereinigt euch!", so *Schack*, AfP 2003, 1, 4, ist lediglich der Status quo in den einzelnen Mitgliedstaaten festgeschrieben worden, weil konkrete Ausformulierungen nicht konsensfähig waren, siehe zur Entstehungsgeschichte *Bayreuther*, ZUM 2001, 828, 829. Daher ist die Richtlinie heftig kritisiert worden. In Bezug auf das selbstgesteckte Ziel der Harmonisierung bezeichnet sie der *Fachausschuss*, GRUR 2009, 136 als „höchst unbefriedigend"; *Hoeren*, MMR 2000, 515, 519 als „ad absurdum geführt"; *Schack*, Urheberrecht, Rn. 535a als „unwürdig". *Jehoram*, GRUR Int. 2001, 807, 810 sieht die Harmonisierung als „zu Gunsten der „kulturellen" Gefühle der Mitgliedstaaten aufgegeben" an.

133 Siehe am Beispiel des gerechten Ausgleichs gemäß Art. 5 II lit. b InfoSoc EuGH GRUR 2011, 50, 53, Tz. 37 – Padawan/SGAE. Erwägungsgrund 32 InfoSoc verpflichtet die Mitgliedstaaten zur kohärenten Anwendung der Schrankenvorschriften.

134 Eine EU-weite Vereinheitlichung der Schrankenregelungen im digitalen Binnenmarkt fordert daher *Stieper*, GRUR 2015, 1145, 1149.

135 Siehe hierzu J II.

und rechtstheoretische Legitimationen als im kontinentaleuropäischen Urheberrecht.[136] Es wird sich im Verlauf der Untersuchung zeigen, dass sie unter der Annahme ihrer Übertragbarkeit auf das deutsche Recht Argumente für einen Vertragsvorbehalt darstellten.

Die unterschiedliche Konzeption hat gravierende Auswirkungen. Während in Europa der Gesetzgeber in Verantwortung gegenüber Nutzern in der Pflicht ist, die Schranken aufgrund ihrer abschließenden Aufzählung auf ihre Zeitgemäßheit zu überprüfen, wird in den USA der Schutzumfang erst durch gesetzgeberisches Handeln zugunsten der Urheber ausgedehnt. Die Schranken-Generalklausel ermöglicht für Nutzungshandlungen eine große Flexibilität und Anpassungsfähigkeit, Aktualität und Modernität angesichts gesellschaftlicher oder technischer Veränderungen.[137] Naturgemäß geht das jedoch auf Kosten der Rechtssicherheit.[138] Generalklauseln erfordern eine konkrete Abwägung von Fall zu Fall, was praktisch zu unvorhersehbaren Ergebnissen führen kann. Der Gesetzestext bietet folglich bestenfalls eine grobe Orientierung für den Nutzer, weshalb die Gefahr besteht, dass zulässige Nutzungshandlungen in ängstlicher Vorsicht unterlassen werden. Das führt gerade im Bereich Bildung, Forschung und Wissenschaft zu erheblichen Nachteilen für die Allgemeinheit. Faktisch kann so der Schutzumfang des Urheberrechts eher erweitert als begrenzt werden.[139] Unsicherheiten und Zweifel gegenüber der erlaubten Nutzung nützen sonach regelmäßig Rechteinhabern, von denen Nutzer ungeachtet der Privilegierung vorsichtshalber Lizenzen einholen.

In ebendiesem Spannungsfeld zwischen Rechtssicherheit und Anpassungsfähigkeit sind gleichermaßen gesetzliche Nutzungserlaubnisse und ihnen vorgehende vertragliche Regelungen angesiedelt. Verträge bieten weniger Offenkundigkeit, sind allerdings flexibler. Wenn eine Rechtsanpassung erstrebt wird, muss nicht darauf gewartet werden, dass der Gesetzgeber bezeichneter Pflicht nachkommt. Die Diskussion um den Vertragsvorbehalt entspringt somit einem Konfliktfeld, das so alt ist wie die Frage nach der Konzeption des Gesetzes selbst.

4. Zweck der Schranken

In der Darstellung der Konzeption des UrhG wurde seine personalistische Leitidee beleuchtet. Jedoch hat der Gesetzgeber das Urheberrecht seit 1965 ununterbrochen in Abwägung gegenüber den Interessen der Allgemeinheit interpretiert.[140]

136 Siehe dazu B IV 2.

137 *Förster*, Fair Use, S. 112 f.

138 Deshalb wird sie vielfach in Deutschland abgelehnt, kritisch zum Beispiel *Schack*, in: *Ohly/Bodewig/Dreier*, FS Schricker II, S. 511, 511 ff.

139 *Beldiman*, in: *Hilty/Peukert*, Interessenausgleich im Urheberrecht, S. 187, 194.

140 So rechtfertigt bereits 1965 die Gesetzesbegründung zum UrhG die Einführung der Schranken mit der Titelüberschrift „Abgrenzung des Urheberrechts gegenüber den Interessen der Allgemeinheit“, vgl. BT-Drs. IV/270, S. 30.

Die Gesetzesbegründung erkannte schon damals an, dass sich durch eine moderne technische Entwicklung „zahlreiche neue Berührungspunkte und Überschneidungen mit schutzwürdigen Belangen der Allgemeinheit“[141] ergeben. Weil der Gesetzgeber das absolute Recht des Urhebers für sozialgebunden hielt, dienten die Schranken folglich dem Zweck, das Recht des Urhebers sachgemäß gegenüber den Allgemeininteressen abzugrenzen.[142] Dieser Abgrenzung wurde die Priorität zugesprochen, dass sie ein „Kernproblem der Urheberrechtsreform“ sei und „im Vordergrund der Diskussion“ stehe.[143] Die sachgemäße Abgrenzung von Allgemein- und Individualbelangen prägt heute nach wie vor die Diskussion um die Reichweite des Urheberrechts mit. Das zeigt allein der verbindliche Dreistufentest des Art. 5 V InfoSoc, dessen dritte Teststufe ausdrücklich eine Interessenabwägung vorsieht. Ein Vertragsvorbehalt würde die letztendliche Entscheidung über das Bestehen und den Umfang einer Privilegierung aus den Händen des Gesetzgebers nehmen und in die der Vertragsparteien legen. Der Vertragsvorbehalt wirft somit die Frage auf, wem es schlussendlich zukommen soll, über die sachgemäße Ausgestaltung des Urheberrechts in der modernen Welt zu entscheiden.

Doch obwohl durch die Schrankeneinführung der Schutzumfang begrenzt wurde, erkannte der Gesetzgeber darin nicht zwingend eine Durchkreuzung der Interessen der Urheber. Vielmehr verfolgte er partiell mit der Schrankeneinführung das übergeordnete Ziel der „Verbesserung der Rechtsstellung des Urhebers“[144] weiter. Diesen scheinbaren Widerspruch löste er dadurch auf, dass dem Urheber im Regelfall ein gesetzlicher Vergütungsanspruch für die gesetzlich erlaubte Nutzung seines Werks gewährt wird: „Denn oft widerstreitet den Allgemeininteressen nur der Verbotscharakter der urheberrechtlichen Befugnisse, nicht dagegen das wirtschaftliche Interesse des Urhebers, aus der Verwertung seines Werks angemessenen Nutzen zu ziehen.“[145] Damals wie heute ist demgemäß das Wesen der Schranken nur unter Einbeziehung der gesetzlichen Vergütungsansprüche zu verstehen. Ihnen wird in vorliegender Untersuchung demnach eine dementsprechende Bedeutung zukommen müssen. Unter der Annahme von Vertragsvorbehalten sollte die Vergütung der Urheber ebenso sichergestellt sein, wie sie es über die gesetzlichen Vergütungsansprüche ist.

Insgesamt gesehen verfolgten die Schranken mithin die Zielstellung, Urheber- und Allgemeininteressen angemessen auszugleichen, ohne die Rechtsstellung des Urhebers zu schwächen. Die angemessene Berücksichtigung von Allgemeininteressen durch den Gesetzgeber unter Wahrung des zwingenden Vergütungsanspruchs des Urhebers wird später ein entscheidendes Argument gegen einen

141 BT-Drs. IV/270, S. 30.
142 BT-Drs. IV/270, S. 30.
143 BT-Drs. IV/270, S. 30.
144 BT-Drs. IV/270, S. 30.
145 BT-Drs. IV/270, S. 30.

Vertragsvorbehalt sein. Nutzungsverträge im Bereich der Wissenschaft und Forschung würden im Regelfall zwischen dem Rechtsinhaber und der privilegierten Institution geschlossen werden, also ohne Beteiligung der Urheber und der Allgemeinheit. Vertragsparteien unterliegen der Gefahr, ihre eigenen Interessen im Vordergrund des Vertragsinhalts abzubilden.

Weitere Aspekte zur Schrankeneinführung wurden in der historischen Gesetzesbegründung nicht diskutiert. Den Verwertern stehen keine gesetzlichen Vergütungsansprüche zu, selbst wenn sie ausschließliche Rechteinhaber sind. Die Schranken sind das Ergebnis einer Abwägung zweierlei Interessenlagen, die der Urheber und die der Allgemeinheit. Das ist ein verständliches Resultat der historischen Einordnung. Ohne den Vertragsschluss im Internet oder die virtuelle Recherche nach Vertragsangeboten war die Möglichkeit des Vertragsschlusses in der analogen Welt erheblich eingeschränkt gegenüber heute. Für die Nutzer bestand demgemäß ein gesteigertes Bedürfnis nach zustimmungsfreien Nutzungsmöglichkeiten. Die so erfolgten Nutzungen hatten aufgrund ihrer technischen Unzulänglichkeiten einen gegenüber heute reduzierten Einfluss auf die wirtschaftliche Auswertung der Nutzungsrechte. Wichtig für die moderne Problematik ist, dass die Konstruktion der Schranken damals ohne Berücksichtigung der Interessen der Verwerter gedacht worden ist. Obgleich in einer professionalisierten Kulturindustrie ohne deren Produkte keine Nutzung auf gesetzlicher Grundlage möglich wäre, sind die urheberrechtlichen Schranken ohne Anerkennung der Berechtigung der Verwerterinteressen entwickelt worden. Die Nutzungserlaubnis ist zugunsten der Allgemeinheit eingeführt worden und die Vergütungspflicht als ausgleichender Regelfall, um die Rechtsstellung der Urheber zu wahren. Die Frage der angemessenen finanziellen Beteiligung der Intermediäre ist vom Gesetzgeber sonach nicht gesehen worden. Es wird sich im Verlauf der Untersuchung zeigen, dass der Vertragsvorbehalt ein Instrument wäre, das Urheberrechtsgesetz auf diese Schwäche hin zu korrigieren. Unabhängig von der eigenen Positionierung zum Vertragsvorbehalt wird das Urheberrechtsgesetz die aufgezeigte Problematik jedenfalls in Zukunft lösen müssen.

5. Vergütung der Verleger für gesetzlich erlaubte Nutzungen

Obgleich das Gesetz seit 1965 keine Vergütungsmöglichkeit für Verwerter im Gegenzug für gesetzlich erlaubte Nutzungen vorgesehen hat, ist die Gruppe der Verleger infolge des Verteilungsplans der *VG Wort*, die die Rechte von Autoren und Verlegern gemeinsam wahrnimmt, dennoch jahrzehntelang pauschal vergütet worden. Diese Verteilungspraxis fand durch höchstrichterliche Rechtsprechung ihr Ende. Sodann erhielten die Verleger ungeachtet ihrer teilweise erheblichen Investitionen keine Vergütung für Nutzungen auf Schrankengrundlage mehr. Es wird sich im Verlauf der Untersuchung zeigen, dass Vorbehaltsregelungen im Bereich urheberrechtlicher Wissenschaftsschranken das Ziel verfolgen, ökonomische Interessen der Verleger in das UrhG zu implementieren. Die Rechtfertigung dieses Ziels und damit die Bewertung der es umsetzenden Rechtsfiguren ergeben sich nur aus einem Verständnis der rechtlichen Lage in Bezug auf die Verlegerbeteiligung. Infolgedessen soll auf die relevante Rechtsprechung und die gesetzliche Lage zum Zeitpunkt der Einführung des UrhWissG bezüglich der Verlegerbeteiligung an gesetzlichen Vergütungsansprüchen eingegangen werden. Nur im Licht der damaligen Rechtslage sind die Vertragsvorbehalte des UrhWissG vollauf zu verstehen.

a) Die Reprobel-Entscheidung des EuGH

Die Beteiligung der Verleger an den gesetzlichen Vergütungsansprüchen hat die Rechtsprechung in den letzten Jahren gefordert. Ihre Ergebnisse sind dabei Gegenstand einer umfangreichen Auseinandersetzung geworden. Ausgangspunkt war ein belgischer Rechtsstreit, in dem von der Verwertungsgesellschaft *Reprobel* Vergütungsansprüche gegen den Importeur *Hewlett-Packard* geltend gemacht wurden. Ein Gericht setzte das Verfahren aus und legte dem EuGH Fragen zur Vorabentscheidung vor. Unter anderem wurde gefragt, ob Art. 5 II lit. a) und b) InfoSoc nationalen Rechtsvorschriften entgegenstehen, die einen Teil des den Rechteinhabern zustehenden gerechten Ausgleichs den Verlegern der von den Urhebern geschaffenen Werke gewähren, ohne dass die Verleger verpflichtet sind, die Urheber auch nur indirekt in den Genuss des ihnen vorenthaltenen Teils des Ausgleichs kommen zu lassen.[146]

Zur Beantwortung dieser Frage stellte der EuGH mit einem Satz fest, dass die Verleger nicht zu den Inhabern des Vervielfältigungsrechts nach Art. 2 InfoSoc gehörten.[147] Inhaber des Vervielfältigungsrechts seien nur originäre Rechteinhaber wie Urheber und Leistungsschutzberechtigte, nicht hingegen Verleger. Die Befugnis der Mitgliedstaaten nach Art. 5 II lit. a) und b) InfoSoc, eine Schranke im nationalen Recht vorzusehen, sei jedoch mit der Verpflichtung verknüpft, dass die Inhaber des Vervielfältigungsrechts einen gerechten Ausgleich erhielten.[148] Unter diesen Annahmen kam der EuGH zu folgendem Ergebnis. Der gerechte Ausgleich solle den Rechteinhabern den Nachteil ersetzen, der durch zustimmungsfreie Vervielfältigungen entstanden sei.[149] Weil die Verleger nicht zu den Inhabern des ausschließlichen Vervielfältigungsrechts gehörten, könne ihnen kein Nachteil durch die Schranken entstehen.[150] Folglich könnten sie keinen Ausgleich erhalten, wenn dadurch den Rechteinhabern der Anspruch auf gerechten Ausgleich ganz oder teilweise entzogen werde.[151] Daher antwortete der EuGH, dass Art. 5 II lit. a) und

146 EuGH MMR 2016, 45, 47, Rn. 44 ff. – Reprobel.
147 EuGH MMR 2016, 45, 47, Rn. 47 – Reprobel; a.A. *Wandtke*, MMR 2016, 1, 1 f.
148 EuGH MMR 2016, 45, 47, Rn. 46 – Reprobel.
149 EuGH MMR 2016, 45, 46, Rn. 36 – Reprobel.
150 EuGH MMR 2016, 45, 47, Rn. 48 – Reprobel.
151 EuGH MMR 2016, 45, 47, Rn. 48 – Reprobel.

b) InfoSoc Rechtsvorschriften entgegen stünden, die einen Teil des den Rechtsinhabern zustehenden gerechten Ausgleichs den Verlegern der von den Urhebern geschaffenen Werke gewährten, ohne dass die Verleger verpflichtet seien, die Urheber auch nur indirekt in den Genuss des ihnen vorenthaltenen Teils des Ausgleichs kommen zu lassen.[152] Im Ergebnis hatten die Verleger mithin keinen Anspruch auf einen gerechten Ausgleich,[153] weil die InfoSoc-RL eine Beteiligung der Verleger an der Kopiervergütung nicht zulässt.

b) Die Verlegeranteil-Entscheidung des BGH

Die Verlegerbeteiligung war darüber hinaus Gegenstand eines deutschen Verfahrens. Der klagende Autor hatte 1984 seine Vergütungsansprüche für verwertungsgesellschaftspflichtige Nutzungen gegenwärtiger und künftiger Werke zur treuhändischen Wahrnehmung der *VG Wort* eingeräumt.[154] Nach ihrem Verteilungsplan „Wissenschaft“ hat die *VG Wort* pauschal 50 % der eingenommenen Vergütungen abgezogen und jene Summe an Verlage ausgeschüttet. Vom Kläger wurde Feststellung begehrt, dass Verleger nicht pauschal an den Einnahmen beteiligt werden könnten, was die Vergütung der Urheber schmälere. Der BGH hat diesen Antrag wie die Vorinstanzen für begründet gehalten.[155] Er kam zu dem Ergebnis, dass die Verleger nicht pauschal beteiligt werden dürften, weil die Ausschüttung ausschließlich an die Inhaber der fraglichen Rechte und Ansprüche erfolgen müsse.[156] Vor allem sei bei einer Auszahlung darauf abzustellen, ob und inwieweit Einnahmen der Verwertungsgesellschaft aus der Wahrnehmung der von Verlegern eingeräumten Rechte oder übertragenen Ansprüche beruhten.[157]

Zur Begründung argumentierte der BGH wie folgt. Den Verlegern stünden keine eigenen Rechte oder Ansprüche zu, die von der *VG Wort* wahrgenommen werden könnten, weil die gesetzlichen Vergütungsansprüche für die Nutzung verlegter Werke kraft Gesetzes originär den Urhebern zustünden und die Verleger weiterhin nicht Inhaber eines Leitungsschutzrechts seien.[158] Originär berechtigt seien nur die Autoren. Die Urheber verschafften zwar den Verlegern das Verlagsrecht, welches diese der *VG Wort* allerdings nicht zur Wahrnehmung einräumten.[159] Ihre Einnahmen erziele die VG mit der Wahrnehmung von Rechten und

152 EuGH MMR 2016, 45, 47, Rn. 49 – Reprobel.

153 a.A. *Wandtke*, MMR 2016, 1, 2.

154 Siehe zum Sachverhalt und den Vorinstanzen BGH MMR 2016, 639, 640 – Verlegeranteil.

155 BGH ZUM 2016, 639, 639 – Verlegeranteil.

156 BGH ZUM 2016, 639, 641 ff., Rn. 22 ff. – Verlegeranteil.

157 BGH ZUM 2016, 639, 643, Rn. 37 – Verlegeranteil.

158 BGH ZUM 2016, 639, 643, Rn. 39 – Verlegeranteil. Das Leistungsschutzrecht der Presseverleger nach § 87f UrhG war nicht streitgegenständlich.

159 BGH ZUM 2016, 639, 643, Rn. 40 – Verlegeranteil.

Ansprüchen von Berechtigten, zu denen die Verleger nicht gehörten. Ihre Rechtsstellung als Treuhänder[160] verbiete es, Nichtberechtigte am Vergütungsaufkommen zu beteiligen.[161] Dabei stützte sich der BGH neben dem UrhG ausdrücklich auf das Unionsrecht. Danach müssten „die Einnahmen aus der Wahrnehmung der gesetzlichen Vergütungsansprüche vielmehr kraft Gesetzes unbedingt den unmittelbar und originär berechtigten Wortautoren zukommen."[162]

Der BGH hat jedoch eine Verlegerbeteiligung nicht vollkommen ausgeschlossen. Er hat die Option offengehalten, dass Verleger als Inhaber abgetretener Rechte zu beteiligende Rechtsinhaber sein könnten,[163] wie § 5 VGG es nun vorsieht. Weil den Verlegern keine originären Vergütungsansprüche zustünden, komme es darauf an, ob im Wahrnehmungsvertrag abgetretene Ansprüche bei der Verwertungsgesellschaft eingebracht worden seien. Dies sei jedenfalls in einem Umfang zu verneinen, der eine pauschale Beteiligung in Höhe von 50 % rechtfertige.[164] Die Beteiligung der Verleger an den Einnahmen aus der Geltendmachung gesetzlicher Vergütungsansprüche setze zwei Voraussetzungen an die Übertragung derivativer Ansprüche an die Verwertungsgesellschaft voraus. Erstens könnten die Verleger nur solche Ansprüche der Verwertungsgesellschaft zur Wahrnehmung übertragen, die ihnen die Wortautoren im Nachhinein – also nach dem Entstehen der Ansprüche – abgetreten hätten.[165] Selbst im Nachhinein sei eine Abtretung nur wirksam, wenn der Urheber seine gesetzlichen Vergütungsansprüche nicht bereits zuvor an eine Verwertungsgesellschaft abgetreten habe.[166] Das sei im Übrigen nach § 63a S. 2 Fall 1 UrhG ebenso im Voraus möglich.[167]

Nach diesen Voraussetzungen ist jedenfalls eine pauschale Beteiligung in den Verteilungsplänen nicht mehr aufrecht zu halten gewesen. Voraussetzung einer Beteiligung ist die Prüfung im Einzelfall, ob und inwieweit Einnahmen auf der Wahrnehmung der von Verlegern eingeräumten Rechte oder übertragenen Ansprüche beruhen.[168] Ausschließlich im engen Rahmen dieser Bedingung erhielten die Verleger eine zwingende und nicht nur fakultative Vergütung für gesetzlich erlaubte Nutzungen zum Zeitpunkt der Einführung des UrhWissG. Dieser folgenreiche Rechtsrahmen wird bei der Bewertung des UrhWissG, seiner Ziele und seiner Rechtsfiguren stets mit zu bedenken sein.

---

160 *Wandtke*, Urheberrecht, Kap. 6, Rn. 1.

161 BGH ZUM 2016, 639, 644, Rn. 51 – Verlegeranteil. Vgl. zum Begriff des Berechtigten § 6 VGG.

162 BGH ZUM 2016, 639, 643, Rn. 42 – Verlegeranteil.

163 BGH ZUM 2016, 639, 644, Rn. 56 – Verlegeranteil.

164 BGH ZUM 2016, 639, 646, Rn. 76 – Verlegeranteil.

165 BGH ZUM 2016, 639, 646, Rn. 77 – Verlegeranteil.

166 BGH ZUM 2016, 639, 647, Rn. 82 – Verlegeranteil.

167 Vgl. BGH ZUM-RD 2009, 433, 436, Rn. 29 – Mambo No. 5.

168 Vgl. BGH ZUM 2016, 639, 643, Rn. 37 – Verlegeranteil.

III Ergebnis des historischen Abrisses

Historisch betrachtet hat der Gesetzgeber die sachgerechte Abwägung des Inhalts des Urheberrechts stets selbst durch die Gesetzesausgestaltung vorgenommen. Dabei sind die Schranken überwiegend als Ergebnis der Abwägung der Interessen der Urheber und der Allgemeinheit konzipiert worden. Die gesetzlichen Nutzungsmöglichkeiten der analogen Welt haben das Amortisationsinteresse der Verwerter nicht derart gefährdet, dass ihre Interessen umfangreich einbezogen worden sind. Demnach sind zu ihren Gunsten keine gesetzlichen Vergütungsansprüche vorgesehen worden. Die Rechtspraxis hat die Vergütung der Verleger für gesetzlich erlaubte Nutzungen dennoch gewährleistet, indem sie die Verleger pauschal auf der Grundlage des Verteilungsplans der *VG Wort* am Vergütungsaufkommen beteiligt hat. Mit den Urteilen *Reprobel* und *Verlegeranteil* endete diese Praxis. Das UrhWissG und seine Lösungsansätze werden aufgrund dessen später unter der Maßgabe zu bewerten sein, dass dem Verlagswesen zum Zeitpunkt der Einführung des UrhWissG keine Vergütung für gesetzlich erlaubte Nutzungen zufloss.

Überdies war es in der analogen Welt nur schwerlich möglich, dass Nutzer und Verwerter in einen direkten Kontakt traten, sodass Vertragsabschlüsse denkbar gewesen wären. 1965 wurde allein mangels praktischen Bedürfnisses keine Schranke eingeführt, die unter einem Vorbehalt der rechtsgeschäftlichen Erklärung stand. Weder durch ein Angebot noch durch einen Vertrag konnte die Schrankenanwendung ausgeschlossen werden. Das Verhältnis zwischen Vertrag und Schranke ergab sich angesichts des Fehlens einer ausdrücklichen Bestimmung lediglich aus der Schrankendogmatik.

Das änderte sich erst in der jüngsten Vergangenheit mit dem zweiten Gesetz zur Regelung des Urheberrechts in der Informationsgesellschaft. Am 01.01.2008 ist § 52b UrhG aF in Kraft getreten,[169] der erstmalig einen Vertragsvorbehalt im deutschen Recht vorsah. Die vorliegende Untersuchung wird daher im Anschluss an die Darstellung der Grundlagen der Schranken und des Vorbehalts historisch vorgehen und erst die Dogmatik, anschließend die Veränderung seit 2008 mit ihren Gründen und danach die aktuelle Rechtslage nach Einführung des UrhWissG mit ihren Vor- und Nachteilen betrachten.

IV Einfluss der philosophischen Grundlagen

Die Konzeption der Schranken wurde historisch von philosophischen Strömungen geprägt, die bis heute mitverantwortlich für die Schrankenausgestaltung sind. Die dem Gesetz zugrunde liegende Philosophie könnte ein Argument für oder gegen die Einführung von Rechtsfiguren sein. Darauf wird später zurückzukommen sein. Daher folgt hier eine Betrachtung der philosophischen Grundlagen.

---

169 BGBl. I 2007,2513.

1. Utilitaristische Begründung

Dass die Fair use-Klausel wie aufgezeigt faktisch zu einer Schutzumfangserweiterung führen kann, entspricht nicht den Bestrebungen des Ansatzes. Denn in utilitaristisch geprägten Rechtsordnungen wie dem angloamerikanischen Copyrightsystem steht nicht der Urheber, sondern das Allgemeininteresse am geistigen, kulturellen und kulturwirtschaftlichen Fortschritt und an der Verbreitung von Kulturgütern im Vordergrund. Die utilitaristische Theorie geht von dem Leitgedanken aus, dass menschliches Verhalten durch das Streben nach Lust (pleasure) unter der Vermeidung von Unlust (pain) geprägt ist.[170] In Bezug auf die Auswirkungen auf alle einzelnen Individuen sind somit Handlungen als ethisch wertvoll anzusehen, die Lust und Freude fördern. Ihre genaue Bestimmung richtet sich nach dem Gesamtnutzen (principle of utility).[171] Weil kein prinzipieller Unterschied zwischen der Tätigkeit einer staatlichen Regierung und individuellen Handlungen gesehen wird, ist das Nützlichkeitsprinzip nicht nur Bewertungsmaßstab für individuelles Handeln, sondern eine kollektive Entscheidungsregel, damit ein Prinzip der Gesetzgebung.[172] Übertragen auf das Urheberrecht bedeutet das, dass ein solches Recht nur durch den Nutzen für die Gesellschaft zu rechtfertigen ist. Der Schutz des Urhebers durch die Gewährung von Herrschaftsrechten ist kein Zweck für sich selbst, sondern lediglich ein Mittel zum Zweck. Das politische Ziel heißt vorliegend die Förderung von Kreativität und Innovation im öffentlichen Interesse.[173] Die Gesellschaft hat ein Interesse daran, die Früchte geistiger Leistung zu sichern. Deshalb wird dem Einzelnen ein Ausschließlichkeitsrecht gewährt. Dadurch, dass der Urheber durch die Rechtsgewährung Einnahmen generieren kann, soll ihm ein Anreiz erwachsen, schöpferisch neue Werke zu produzieren und zu verbreiten, wodurch er den Wissensstand und den Kulturreichtum einer Nation mehrt. Zusammenfassend wird der Urheber geschützt, um das Ziel der ausreichenden öffentlichen Verfügbarkeit kultureller Güter zu gewährleisten. Das geschieht aber nicht um seinetwillen, sondern als Mittel zum Zweck.[174] Ein solches Recht kann sich nur ausschließlich aus dem positiven Recht ableiten, eine Rückführung auf ein Naturrecht an seiner Schöpfung ist wider den pragmatischen Ansatz der Gemeinwohlförderung. Das Recht entsteht durch einen Akt des Gesetzgebers

---

170 *Bentham*, An introduction to the principles of morals and legislation, S. 11. *Jeremy Bentham* ist der Begründer des Utilitarismus.

171 *Bentham*, An introduction to the principles of morals and legislation, S. 11 ff.

172 *Eidenmüller*, Effizienz als Rechtsprinzip, S. 27 f.

173 *Dietz*, GRUR Int. 2006, 1, 1.

174 Zutreffend spricht *Förster*, Fair Use, S. 119 daher bei der Rechtsgewährung von einem „notwendigen Übel", das in Kauf genommen werden muss, aber nur, wenn der Allgemeinheit mehr Vorteile als Nachteile entstehen.

aufgrund verfassungsrechtlicher Kompetenz.[175] So wäre das Nichtvorhandensein der Immaterialgüterrechte an sich zwar eine Ursache für die Stagnation der Ideenproduktion und technischen Innovation, damit „bedauerlich, aber es wäre nicht ungerecht", weil es keine Rechtsverletzung, sondern schlicht eine Nichtförderung des Gemeinwohls darstelle.[176]

Die Beschränkungen des Urheberrechts rechtfertigen sich aus dem gleichen Gedankengang heraus. Das Ausschlussrecht des Urhebers könnte den Zugang der Allgemeinheit zu Informationen sonst unangemessen blockieren. Die Vorteile der Allgemeinheit, der Nutzen für sie, der aus den Anreizen zur Kreativität entsteht, müssen die Nachteile des Monopols überwiegen. Im Ergebnis muss folglich über die Fair Use-Doktrin ein angemessener Ausgleich zwischen notwendigen Anreizen für den Urheber zur Schaffung neuer Werke und den öffentlichen Interessen am Zugang und zur Nutzung bestehender Werke geschaffen werden. Rein private Interessen müssen zurückstecken. Es ist anerkannt, dass die Auslegung und Anwendung der in § 107 CA genannten Faktoren im Lichte dieser vom Schutzzweck geprägten Zielsetzung zu erfolgen hat.[177] So sind insbesondere produktive Nutzungen, die nicht lediglich ein Substitut des benutzten Werks erschaffen, sondern ein eigenständiges Bilden, oder auf andere Weise die Verbreitung von Wissen steigern (kulturfördernde Funktion) nicht vom Schutzbereich des Urheberrechts erfasst.

Dem Gedanken der Innovationssteigerung sollte sich eine nicht durch das Copyrightsystem geprägte Urheberrechtswissenschaft nicht entziehen, indem der naturrechtliche Rechtfertigungsansatz als alleinige Legitimationsquelle des Urheberrechts betrachtet wird. Ihm kann entgegengehalten werden, dass die Förderung eines reichhaltigen Kulturlebens und damit von Allgemeininteressen ebenfalls einer der Schutzgründe des deutschen Urheberrechts ist.[178] Utilitaristische Ansätze finden sich weiterhin im unionalen und internationalen Urheberrecht. So sieht Erwägungsgrund 22 InfoSoc-RL „die Verwirklichung des Ziels, die Verbreitung der Kultur zu fördern", als Richtlinienzweck an und die Präambel des Welturheberrechtsabkommen[179] drückt die Absicht aus, mit einer internationalen Regelung des Urheberrechtsschutzes „die Entwicklung der Literatur, Wissenschaft und

---

175 Die Kompetenz zur Gewährung von zeitlich begrenzten Ausschließlichkeitsrechten im Urheber- und Patentrecht wird dem U.S. Kongress durch Art. I § 8 cl. 8 US-Verfassung gewährt, um den Fortschritt von Wissenschaft und Kunst zu fördern: „To promote the progress of science and useful arts...". In expliziter Weise kommt hier der utilitaristische Begründungsansatz zum Vorschein.

176 *Steinvorth*, DZPhil 52 (2004), 717, 731.

177 Ausführliche Nachweise bei *Stieper*, Rechtfertigung der Schranken, S. 32 ff.

178 *Ohly*, JZ 2003, 545, 548.

179 Abrufbar unter: https://www.wipo.int/edocs/lexdocs/treaties/de/unesco2/trt_unesco2.pdf, letzter Zugriff am 29.03.2021.

Kunst (zu) fördern". Vor allem zur Rechtfertigung von Schranken sind Gemeinwohlerwägungen ein überzeugendes Argument, da sie zur Kappung schädlicher Monopolwirkungen führen.[180] Utilitaristische Erwägungen werden, wie später zu sehen sein wird, daher in der Betrachtung des deutschen Rechts gleichfalls bedeutend sein und zentrale Argumente in der Diskussion ob der Vorzugswürdigkeit des Vertragsvorbehalts liefern. Denn Vertragsvorbehalte erweitern die Lizenzierungsmöglichkeiten und damit die Geschäftsmodelle der Rechteinhaber. Die vermehrten Einnahmemöglichkeiten können Anreize zur Produktion und Innovation bieten, die der Allgemeinheit wiederum durch eine Kultur-, Wissens- und Wohlstandsförderung zugutekommen.

2. Personalistische Begründung

Die theoretische Rechtfertigung des Urheberrechts sehen die meisten kontinentaleuropäischen Rechtsordnungen wie die deutsche nicht in der Allgemeinheit, sondern in der konkreten Person des Urhebers begründet. Das naturrechtliche Postulat des geistigen Eigentums hat wie aufgezeigt eine lange Entstehungsgeschichte hinter sich. In Rezeption der Arbeitstheorie[181] entstand die Lehre vom geistigen Eigentum, die das „Eigentum" an den Früchten der geistigen Arbeit dem kreativ Schaffenden zuordnete. Diesen Ansatz erweiterten *v. Gierke* und *Gareis* um die persönlichkeitsrechtliche Deutung. Sie war die Grundlage dafür, den Geltungsgrund des Urheberrechts nicht in einer geistigen Leistung,[182] sondern in der eigenpersönlichen Schöpfung des Urhebers zu sehen.[183] In Abgrenzung zu körperlichen Sachen entwickelte *Kohler* schließlich die Lehre vom Immaterialgüterrecht.[184] Mit Erlass der Vorläufergesetze des heutigen Urheberrechtsgesetzes, dem LUG von 1901 und dem KUG von 1907, war die Idee des geistigen Eigentums also bereits geschichtlich überholt[185] und wurde doch mit maßgeblichem Einfluss auf die

---

180 *Schack*, in: *Chiusi/Gergen/Jung*, FS Wadle, S. 1005, 1018.

181 Danach erweitere der Mensch durch die Verbindung von Arbeit und äußeren Gegenständen seine persönliche Rechtsgütersphäre und die Gegenstände werden Teil seines Eigentums. Diese Theorie hatte *Locke* eigentlich ausschließlich für das Sacheigentum konzipiert, *Oberndörfer*, Die philosophische Grundlage des Urheberrechts, S. 38 ff., den Autorenschutz begründete *Locke* sogar eher mit utilitaristischen Nützlichkeitsargumenten, S. 49 f.

182 So aber *Fechner*, Geistiges Eigentum, S. 130 ff. in Verkennung der persönlichkeitsrechtlichen Wurzeln.

183 *Schack*, in: *Chiusi/Gergen/Jung*, FS Wadle, S. 1005, 1013.

184 *Kohler*, Autorrecht, S. 98 f., 112.

185 *de Boor*, UFITA 1943/44, 345, 352: „Aber in demselben Augenblick, in welchem sich der Schutz des Urhebers durchsetzte, war die Konstruktionsidee des geistigen Eigentums, die nur als Mittel zum Zweck ihre Berechtigung hatte, überholt (...)".

heutige Gesetzeslage wiederentdeckt.[186] Weil der geistige Gehalt eines Werks nur der schöpferischen Fantasie entnommen werden kann, wird er als Eigentum des Schaffenden betrachtet.[187] Heute wird in der Terminologie „geistiges Eigentum“ keine Aufgabe, vielmehr ein Nachwirken, eine Fortführung der Lehre vom Immaterialgüterrecht gesehen.[188] Schutzgegenstand des Gesetzes ist, wie § 11 S. 1 UrhG deutlich macht, nicht das Werk (Eigentumstheorie) oder die Urheberpersönlichkeit (Persönlichkeitstheorie), sondern die persönliche und geistige Beziehung des Urhebers zum von ihm geschaffenen Werk.[189] *De Boor* spricht von einer „stark personenrechtlich gefärbte(n) Eigentumstheorie auf naturrechtlicher Grundlage.“[190] Dieser Schutzgegenstand spricht dagegen, dass Vertragsparteien ohne Mitwirken des Urhebers in der rechtlichen Lage sein sollten, den Ausschließlichkeitsrechtsumfang zu erweitern, mithin gegen einen Vertragsvorbehalt.

3. Fortgeltung des Naturrechts

Um ein Argument zu sein, müsste dem Naturrecht allerdings Bedeutung bei modernen Reformen zukommen. Fraglich ist, ob das Naturrecht angesichts der verfassungsrechtlichen Regelungen überhaupt Maßstab für die Ausgestaltung der Schrankenregelungen sein kann. Es wird nämlich vielfach vertreten, dass eine naturrechtliche Legitimation angesichts des verfassungsrechtlichen Schutzes des Urheberrechts entbehrlich sei.[191] Da das Grundgesetz mit grundrechtlichen Vorgaben die Aufgabe des Naturrechts übernommen habe, sprechen manche Autoren

---

186 *Hubmann*, ZUM 1988, 4, 7, wonach die „bereits totgesagte Idee nun wie der Phönix aus der Asche wiederentstand.“ Der Begriff hat insbesondere eine wesentliche Rolle bei der Akzeptanz des Gesetzes gespielt. *Samson*, Das neue Urheberrecht, S. 8: „Der Verdienst dieser Lehre liegt auf propagandistischem und nicht auf dogmatischem Gebiete, sie hat zweifelslos ihre werbende Kraft in der Vergangenheit mit Erfolg entfaltet und im Volksbewusstsein die Überzeugung wachgerufen, dass die geistigen Leistungen ebenso zu bewerten sind wie die wirtschaftlichen.“ Dennoch lehnt *Samson*, Das neue Urheberrecht, S. 9 f. den Begriff des geistigen Eigentums wegen der Nichtvergleichbarkeit mit Sachen ab.

187 *Hubmann*, Das Recht des schöpferischen Geistes, S. 49.

188 *Schack*, Urheberrecht, Rn. 113.

189 So bereits vor Erlass des UrhG *de Boor*, UFITA 1943/44, 345, 359; *Roeber*, UFITA 1956/I, 150, 164.

190 *de Boor*, UFITA 1956/I, 129, 129.

191 *Ohly*, JZ 2003, 545, 549; *Pahud*, UFITA 2000/I, 99, 114; *Rehse*, Zulässigkeit und Grenzen der Schranken, S. 92; im Ergebnis wohl auch *Seifert*, in: *Erdmann/Gloy/Herber*, FS Piper, S. 769, 781, der es aber dahingestellt sein lassen will, solange es sich um geschütztes Eigentum i.S.d. Art. 14 GG handelt. Siehe zum verfassungsrechtlichen Schutz des Urheberrechts C I.

von einer Positivierung des Naturrechts.[192] Kritisiert wird am Naturrecht, dass nicht nur Inhalt und Geltungsgrund der naturrechtlichen Grundsätze nicht überzeugend und hinreichend präzise bestimmbar sind, sondern es insbesondere fraglich ist, wer die Bestimmungshoheit darüber haben soll.[193] Konsequenterweise kann dann ausschließlich das Verfassungsrecht Überprüfungsgrundlage sein. Das Urheberrecht kann demnach nicht vorsozial, sondern nur sozial, durch menschliche Gemeinschaft, also durch positivrechtliche Gesetzgebung erworben werden.[194]

Dahinter steht jedoch die Frage der Tiefe des Blickwinkels auf die verschiedenen Legitimationsebenen des Rechts. Es liegt in der Natur der Sache, dass sich das Naturrecht mit seinen allgemeinen Grundsätzen durch Gesetzgebung niederschlagen muss, um praktische Durchsetzbarkeit zu erhalten. Das Naturrecht lebt gerade im positiven Recht und gewährt ihm eine moralische Rechtfertigung.[195] Damit gebührt dem Urheberschutz ein erhöhter Gerechtigkeitsgehalt, der bei rein positivrechtlicher Anschauung verkannt werden würde.[196] Das spricht für die fortwährende Bedeutung des Naturrechts.

Auf die überpositive Anerkennung greift gleichfalls die Rechtsprechung zur Begründung des verfassungsrechtlichen Schutzes der vermögenswerten Rechte des Urhebers als Eigentum im Sinne von Art. 14 GG zurück. Der BGH urteile: „Für das moderne Urheberrecht wird allseitig anerkannt, dass die Nutzungsrechte des Urhebers nur die Ausstrahlungen seines durch den Schöpfungsakt begründeten geistigen Eigentums sind. Die Herrschaft des Urhebers über sein Werk, auf das sich sein Anspruch auf einen gerechten Lohn für eine Verwertung seiner Leistung durch Dritte gründet, wird ihm hiernach nicht erst durch den Gesetzgeber verliehen, sondern folgt aus der Natur der Sache, nämlich aus seinem geistigen Eigentum, das durch die positive Gesetzgebung nur seine Anerkennung und Ausgestaltung findet.“[197] Auf einen gleichgelagerten Argumentationsstrang greift ebenso das BVerfG zurück.[198] Wenn das BVerfG ausführt, dass das „vom Urheber geschaffene Werk

---

192 *Fechner*, Geistiges Eigentum, S. 135; *Geiger*, in: *Hilty/Peukert*, Interessenausgleich im Urheberrecht, S. 143, 145 f.; *Rüthers*, Rechtstheorie, Rn. 267.

193 *Rehse*, Zulässigkeit und Grenzen der Schranken, S. 92.

194 *Mackie*, Ethik, S. 227; explizit gegen *Locke* und ihm folgenden Juristen *Brocker*, Arbeit und Eigentum, S. 400 f.

195 Überzeugend *Coing*, Grundzüge der Rechtsphilosophie, S. 205: „Dieses leitet gerade daraus, dass es Sätze der Gerechtigkeit aufgenommen hat, seine innere Autorität ab, die für seine Geltung ebenso notwendig ist wie der Befehl des Gesetzgebers.“.

196 Ebenso *Stieper*, Rechtfertigung der Schranken, S. 19; gegen *Kreile*, ZUM 1991, 101, 104, der das Urheberrecht seines metaphysischen Anspruchs entkleiden will.

197 BGH GRUR 1955, 492, 496 – Grundig-Reporter.

198 *Hubmann*, ZUM 1988, 4, 8 f.; *Oberndörfer*, Die philosophische Grundlage des Urheberrechts, S. 118 f.; *Stieper*, Rechtfertigung der Schranken, S. 19. Das ist jedoch nicht unumstritten. In einer Entscheidung sprach das Gericht von der „verfassungsrechtliche(n) Garantie des geistigen Eigentums“, BVerfG GRUR 1972, 488,

und die darin verkörperte geistige Leistung"[199] und eben nicht das daran bestehende positive Recht in vermögensrechtlicher Hinsicht Eigentum im Sinne des Art. 14 I 1 GG ist, spricht das für einen vorgesetzlich geprägten Begriff des geistigen Eigentums. Denn hier werden Maßstäbe gesetzt, die dem verfassungsrechtlichen Eigentumsbegriff nicht unmittelbar ableitbar sind. Noch deutlicher wird es, wenn der Gesetzgeber den Auftrag erhält, er müsse dem Urheber die vermögenswerten Ergebnisse seiner schöpferischen Leistung im Wege privatrechtlicher Normierung grundsätzlich zuordnen, ihm die Freiheit gewähren, in eigener Verantwortung darüber zu verfügen, damit ihm „unter dem Strich... ein angemessenes Entgelt für seine Leistung" verbleibe.[200] Unabhängig von der konkreten positivrechtlichen Ausgestaltung geht das BVerfG mithin von einem Anspruch auf Zuordnung der Früchte geistiger Leistung (Arbeits- und Leistungstheorie) aus, womit es auf eine vorgesetzliche Anerkennung des geistigen Eigentums zurückgreift.[201] Im Ergebnis wird das Urheberrecht nicht erst durch den Staat gewährt, sondern nur von ihm gewährleistet.[202] Infolgedessen legitimiert das Naturrecht das Urheberrecht nach wie vor.[203] Es hat sich nicht durch die Verfassungsgeschichte überlebt, weil es einem zeitgemäßen Wandel unterliegt, der eine moderne Interpretation ermöglicht. Das wird verständlich, wenn man es mit einem fragmentarischen Charakter begreift. Es handelt sich nicht um subsumierbare Rechtsnormen, vielmehr um rational entwickelte, rechtethische Prinzipien, Leitgedanken richtigen Rechts, die vom Gesetzgeber und den Gerichten in die Rechtswirklichkeit umgesetzt werden

490 – Tonbandvervielfältigungen, und urteile in einer anderen Entscheidung aus der gleichen Zeit, BVerfG GRUR 1972, 481, 483 – Kirchen- und Schulgebrauch, dass es „keinen vorgegebenen und absoluten Begriff des Eigentums gibt und Inhalt und Funktion des Eigentums der Anpassung an die gesellschaftlichen und wirtschaftlichen Verhältnisse fähig und bedürftig sind." Ähnlich ebenso BVerfG GRUR 1972, 487, 487 – Schulfunksendungen. Mit Verweis auf ersteres Urteil *Wielsch*, Zugangsregeln, S. 72, Fn. 242, wonach eine Auffassung des geistigen Eigentums als naturrechtlich geprägter Begriff „nicht ersichtlich" sei. Auch *Fechner*, Geistiges Eigentum, S. 123 spricht sich aufgrund der „nicht einmal andeutungsweise zu findenden Hinweise in der Rechtsprechung des Bundesverfassungsgerichts auf naturrechtliche Vorgaben hinsichtlich des geistigen Eigentums" gegen „weitergehende Spekulationen in diese Richtung" aus.

199 BVerfG GRUR 1980, 44, 46 – Kirchenmusik.

200 BVerfG GRUR 1989, 193, 196 – Vollzugsanstalten.

201 *Hubmann*, ZUM 1988, 4, 8 f. mwN.

202 Ebenso *Stieper*, Rechtfertigung der Schranken, S. 21.

203 Ebenfalls kritisch zur Erkenntnisebene einer Urheberrechtsbegründung nur in den verfassungsrechtlich gesicherten Grundrechten *Metzger*, GRUR Int. 2006, 171, 172; *Schack*, in: *Chiusi/Gergen/Jung*, FS Wadle, S. 1005, 1005 f., 1014.

müssen.[204] Die so entstehenden Ordnungselemente und Grundstrukturen begründen die Verpflichtung, die positive Rechtsordnung nach diesen Grundsätzen auszugestalten.[205] Folglich kann der Vertragsvorbehalt nachfolgend nicht isoliert an den dargelegten utilitaristischen Erwägungen gemessen werden, sondern muss auch den personalistischen, idealistischen Grundannahmen genügen. Dabei soll nicht verkannt werden, dass das Recht nicht im blauen Dunst des Himmels lebt, sondern unter anderem in den materiellen Interessen der Urheber und Verwerter. Die Interessenkonflikte offenbaren sich in besonderer Weise unter den Bedingungen des Internets und der Digitalisierung. Gleichwohl kann das Recht zur Erzielung einer höheren, inneren Autorität Sätze der Gerechtigkeit in sich aufnehmen, denen der Vertragsvorbehalt gerecht werden muss. Wie weitreichend die Rechtsfigur mit jenen kollidiert, ist eine andere Frage, der im Folgenden nachgegangen wird.

4. Auswirkung der Fortgeltung

Die Geltung des Naturrechts bedeutet für das Urheberrecht, dass dem Urheber die grundsätzliche Zuordnung der Ergebnisse seines geistigen Schaffens gewährt werden muss. Der Beteiligungsgrundsatz als rechtsethisches Prinzip scheint damit für vorrangige Schrankentatbestände zu sprechen, weil sie als Rechtsfolge dem Urheber zugeordnete Vergütungsansprüche auslösen und so eine Vergütung garantieren. Die folgenden Untersuchungen werden zeigen müssen, ob im Gegensatz zu diesem offensichtlichen Argument die Vergütung nicht ebenfalls oder vielleicht sogar weitergehend bei einem Vertragsvorbehalt gewährleistet werden kann. Dann würde das Naturrecht dem Vorbehalt nicht entgegenstehen. Denn dem Gesetzgeber obliegt ein weiter Handlungsspielraum, da weder die Lehre des natürlichen Rechts noch die des geistigen Eigentums den konkreten Inhalt des Urheberrechts vorgegeben[206] oder eine Rechtsdurchsetzung unter allen Umständen erfordern[207].

Vielmehr würde das sogar die soziale Aufgabe der Rechtsordnung verkennen, aufgrund derer Beschränkungen immanente Bestandteile subjektiver Rechte sind.[208] Bei jeder rechtlichen Freiheitsregel muss die Freiheit des einen gegen die Freiheit des anderen abgegrenzt werden,[209] damit die Rechtsordnung das Zusammenleben

---

204 *Larenz*, Methodenlehre der Rechtswissenschaft, S. 184, 487, Fn. 113. Da die Grundsätze der Gerechtigkeit nicht vollkommen a priori gegeben sind, sondern entwickelt werden, entstehen Korrekturmöglichkeiten anlässlich neuer Erfahrungen, was eine dogmatische Erstarrung verhindert. Daran mag beim Begriff Naturrecht nicht zwingend sofort gedacht werden, *Coing*, Grundzüge der Rechtsphilosophie, S. 204.

205 *Coing*, Grundzüge der Rechtsphilosophie, S. 206.

206 *Schack*, in: *Chiusi/Gergen/Jung*, FS Wadle, S. 1005, 1014.

207 *Steinvorth*, DZPhil 52 (2004), 717, 723.

208 *Knap*, GRUR Int. 1983, 347, 348. Insbesondere gilt das für Eigentumsrechte, deren Sozialbindung in Art. 14 II GG ausdrücklich niedergelegt ist.

209 *Zippelius*, Rechtsphilosophie, § 35 II 1, S. 194.

aller Gemeinschaftsmitglieder angemessen regeln kann. Eine schrankenlose Herrschafts- und Kontrollmacht des Urhebers würde dieser Funktion des Rechts nicht gerecht werden. Wenn das Sozialprinzip als systemprägendes Element der Privatrechtsordnung schon für subjektive Rechte im Allgemeinen gilt,[210] muss es erst recht für das Urheberrecht im Besonderen gelten. Dessen Sozialgebundenheit folgt „aus den Bedingungen seiner eigenen Existenz".[211] Unter Aufnahme der Gedanken des sozial gebundenen Urheberrechts muss an die Einbettung des Schöpfenden in das Leben der Gemeinschaft, in das Geistesleben einer Nation erinnert werden.[212] Jeder, der schöpfend tätig ist, konsumiert und produziert zugleich. Nach wie vor geschieht Werkschaffen durch einen Rückgriff auf die vorhandenen Inhalte kulturellen Wissens. Der Mensch und sein Geist, damit seine Schöpferkraft, können nicht losgelöst von Erfahrungen existieren, die bei der Schaffung von Neuem mindestens unbewusst Einfluss entfalten. Neues steht somit immerzu auf dem Fundament des Alten. Obgleich sich die technischen Bedingungen der geistigen Produktion gegenüber dem vergangenen Jahrhundert radikal verändert haben, verläuft dieser Prozess bei der modernen Werkschöpfung nicht andersartig.[213]

---

210 Siehe *Schack*, BGB-AT, Rn. 45; *Wolf/Neuner*, Allgemeiner Teil des Bürgerlichen Rechts, § 10, Rn. 42.

211 *Roeber*, UFITA 1956/I, 150, 166.

212 Ebenso *Hubmann*, Das Recht des schöpferischen Geistes, S. 56. Den Begriff von *Kopsch* des sozial gebundenen Urheberrechts nahm später das Reichsgericht auf, vgl. RGZ 140, 264, 270; RGZ 144, 106, 112 f.; RGZ 153, 1, 22.

213 Dem steht nicht entgegen, dass das Urheberrecht auf die neuen Aneignungsweisen der digitalen Welt in Form von Informations- und Kommunikationstechnologien selbstverständlich reagieren muss. Aber wenn im Internetzeitalter der Mash-ups und Remixes ein neuer Nutzertyp suggeriert wird, scheinen hierin überwiegend die Wünsche einer Interessengemeinschaft zum Vorschein zu kommen. Mit dem Hinweis darauf, dass im Internet der Nutzer zugleich Urheber sei, wird versucht die Verbraucherinteressen zu beflügeln. Dazu werden die Schlagwörter der Schwarmintelligenz und des Prosumenten, eine Kombination der Wörter Konsument und Produzent, siehe *Haedicke*, in: *Mackenrodt/Wechsler*, GRUR Int. 2011, 713, 715, öffentlichkeitswirksam verwendet. Sicherlich werden die Möglichkeiten der Bearbeitung verändert. Zum Beispiel ist *Wikipedia* eine der meistbesuchten Seiten Deutschlands. Das Konzept des digitalen Nachschlagewerks beruht auf einer stetigen Veränderung der Inhalte durch freiwillige Nutzer. Bis Ende 2018 haben allein in Deutschland nach eigenen Angaben, siehe https://stats.wikimedia.org/DE/TablesWikipediaDE.htm, letzter Zugriff am 29.03.2021, 203.005 aktive „Wikipedianer" an dem Onlinelexikon mitgeschrieben. Obwohl sich dadurch die Anzahl der täglichen Bearbeitungen erhöhen mag, hat es Bearbeitungen in der analogen Welt genauso gegeben. Ansonsten hätte sich beispielsweise *Goethe* im Gespräch mit *Eckermann*, zitiert nach *Korn*, Goethes Gespräche, S. 216 nicht Gedanken dazu gemacht: „Wir bringen wohl Fähigkeiten mit, aber unsere Entwicklung verdanken wir tausend Einwirkungen einer

Neben dem dargelegten Konsum zeichnet sich ebenso die Produktion durch ihre Sozialbezogenheit aus. Das Werk ist auf Veröffentlichung, Kommunikation, Mitteilung, Konsumierung durch die Öffentlichkeit, Aufnahme in deren Gedankengut ausgelegt, weshalb das Ausschließlichkeitsrecht des Urhebers letztlich nicht dem Zweck dient, andere von der Teilhabe am Werk auszuschließen, sondern die Kontrolle über das Werk zu wahren, um so wirtschaftlich daran beteiligt werden zu können.[214] Das Werk wird infolgedessen für die Gemeinschaft geschaffen, dass diese es aufnehmen möge.[215] Gerade im Bereich Wissenschaft und Forschung sind Werke für die Öffentlichkeit bestimmt. Als Gründe für das Werkschaffen wird man im Wissenschaftsbereich neben intrinsischen Motivationsquellen wie die Suche nach Wahrheit[216] insbesondere extrinsische finden. Der Wissenschaftler strebt nach Reputation, die gegebenenfalls zu einem späteren Zeitpunkt zum Gelderwerb führen kann. Aber zuvorderst will er, dass sein Werk in der Fachwelt wahrgenommen, diskutiert, zitiert wird, dass die Meinungsbildung und der Wissensstand geprägt und verändert wird, um so letztlich Einfluss auf den Zeitgeist und Fortschritt zu nehmen, in denen er sich mit seinem Beitrag verewigt. Folglich sind wissenschaftliche Werke zwangsläufig auf Dritte ausgerichtet. Diesen besonderen Bedingungen des Urheberwissenschaftsrechts wird das Schrankenverständnis in

großen Welt, aus der wir uns aneignen, was wir können und was uns gemäß ist." Unter der Erkenntnis, dass jede Produktionsweise auf einer vorhandenen Kulturstufe aufbaut, um die Schätze der Vergangenheit zu heben, ist festzustellen, dass es den beschriebenen Nutzertyp stets gegeben hat, *Wandtke*, UFITA 2011/III, 649, 650 ff. folgend.

214 *Kirchhof*, in: *Fürst/Herzog/Umbach*, FS Zeidler II, S. 1639, 1653. BVerfG GRUR 1989, 193, 196 – Vollzugsanstalten formuliert diesen Gedanken folgendermaßen: Mit seiner Veröffentlichung tritt das Werk „bestimmungsgemäß in den gesellschaftlichen Raum und kann zu einem eigenständigen, das kulturelle und geistige Bild der Zeit mitbestimmenden Faktor werden. Es löst sich mit der Zeit von der privatrechtlichen Verfügbarkeit und wird geistiges und kulturelles Allgemeingut.".

215 *Kohler*, UFITA 1993/III, 81, 88 ruft die Parole aus: „die Kunst ist für die Menschheit". Es mag eingestanden werden, dass das nicht für alle Werke gelten kann. Ein urheberrechtlich geschützter Liebesbrief wird sicherlich nicht geschrieben, um abgesehen vom Adressaten nach außen zu wirken. Da das Urheberrecht anders als die Rechte des gewerblichen Rechtsschutzes selbst im privaten Raum entsteht und nicht auf eine unternehmerische Tätigkeit abzielt, könnten solche Werke in die Betrachtungen miteinbezogen werden. In dieser Konstellation sind die meisten Schranken mangels Veröffentlichung indes eh nicht anwendbar. Insbesondere jedoch ist das moderne Urheberrecht überwiegend auf die professionelle Kulturwirtschaft ausgerichtet. Ausschließlich unter dem Blickwinkel sollen die Schranken untersucht werden.

216 *Peukert*, JIPITEC 2013, 142, 145.

der folgenden Untersuchung gerecht werden müssen. Insbesondere spricht dieser rechtstheoretische Hintergrund für unabdingbare Nutzungsfreiräume.

Gegen den Drittbezug wird jedoch vorgetragen, dass, wenn man über Gebühr betone, dass das Urheberrecht seinem Wesen nach Mitteilungsgut und daher einer weitreichenden Sozialbindung unterworfen sei, man es als relativer als das materielle Eigentum betrachte und so ungerechtfertigterweise schlechter stelle.[217] Letztlich geht es aber nicht um die Frage eines Vergleichs von Urheberrecht und Sacheigentum,[218] sondern lediglich darum, dass die spezifischen Interessenslagen, die gesellschaftliche und wirtschaftliche Bedeutung eine unterschiedliche Ausprägung erfordern können, um zu sachgerechten Ergebnissen zu gelangen. Daher hat der deutsche Gesetzgeber zu Recht die Lehre von der sozialen Bindung des Urheberrechts den Schranken des Urheberrechtsgesetzes zugrunde gelegt.[219] Eine abwägende Rechtsgestaltung erhöht wiederum die Akzeptanz der Bevölkerung für die Rechtsgewährung.

Aus dem Aspekt der Abwägung folgt, dass selbst der personalistische Ansatz nicht zwangsläufig gegen eine konkrete Rechtsfigur wie den Vertragsvorbehalt spricht. Vielmehr wird der Idealismus mit der Sozialbezogenheit gepaart, wodurch dem Gesetzgeber Gestaltungsräume erwachsen. Die sensible Interessenabwägung ist folglich ein rechtsethisch gebotener Ordnungsrahmen. Erst die Würdigung aller berechtigten Interessen unter Achtung ihrer rechtstheoretischen Legitimation kann für oder gegen eine Rechtsfigur sprechen. Jene Interessen werden im Verlauf der Untersuchung dazulegen und zu wägen sein.

V Ergebnis des philosophischen Abrisses

Es gibt einen eingehenden Streit der Philosophieschulen zur Begründung des Urheberrechts. Die utilitaristische Ansicht betont die Allgemein- und die naturrechtliche die Urheberinteressen. Nach hier vertretender Auffassung werden unter dem Begriff Naturrecht rechtsethische Prinzipien verstanden, die einer gewissen Wandelbarkeit unterliegen und somit nicht geschichtlich überholt sind. Die personalistischen und idealistischen Grundannahmen erhöhen die Legitimation des Rechts, weshalb sie nicht aufgrund eines einfachgesetzlichen oder verfassungsrechtlichen Schutzstatus entbehrlich sind.

---

217 *Ermecke*, in: *Lehmann*, Urheberrechtsreform, S. 15, 21.

218 So aber *Roellecke*, UFITA 1979/II, 147, 155, der das Urheberrecht als rechtliche Verselbstständigung eines Kommunikationszusammenhangs und die daraus folgende stärkere Sozialbindung und weitere Unterschiede zum Sacheigentum in das Zentrum seiner Überlegungen stellt; *Schack*, Urheberrecht, Rn. 92 mahnt den Gesetzgeber, das Urheberrecht nicht wider Art. 3 I GG insbesondere im Vergleich mit anderen Formen des Eigentums zu beschränken.

219 Vgl. BT-Drs. IV/270, S. 30, 62 f.; BT-Drs. 10/837, S. 9.

Doch der Utilitarismus kann als ein paralleler Begründungsstrang zum natürlichen Recht auf geistiges Eigentum gesehen werden. Hierfür überzeugt allein das Argument, dass außerökonomische Zielvorstellungen wie das Interesse an kultureller Vielfalt, geistig-schöpferischer Teilhabe an einer reichen kulturhistorischen Tradition und, speziell zu betonen, die ideellen, persönlichkeitsrechtlichen Interessen des Urhebers in Bezug auf sein Werk nicht durch Effizienzgedanken und Nutzenanalysen erreichbar sind.[220] Das Urheberpersönlichkeitsrecht ist ein Schatz der Vergangenheit. Keinesfalls darf diese Errungenschaft zugunsten moderner ökonomischer Analysen des Rechts geopfert werden. Daraus folgt für das Urheberrecht ein mehrschichtiger Rechtfertigungsansatz,[221] der vom Idealismus der Aufklärung dominiert wird. Dahingegen wird die den Utilitarismus prägende Innovationsfunktion durch einen Vertragsvorbehalt gestärkt, weil er den Verwertern einen größeren wirtschaftlichen Betätigungsfreiraum gewährt. Nutzungen auf Schrankengrundlage sind wiederum Tatbestandsvoraussetzung für gesetzliche Vergütungsansprüche. So ermöglichen vorrangige Schrankenbestimmungen die unabdingbare Zuordnung gesetzlicher Vergütungsansprüche des Urhebers, der im Zentrum des Naturrechts steht. Anhand der Diskussion um den Vertragsvorbehalt werden demgemäß Zielvorstellungen besprochen, die in der philosophischen Begründung des Urheberrechts stets grundlegend umstritten waren.

Beide Schulen haben Einfluss auf die Entwicklung des Rechtsgebiets gehabt. Das deutsche Urheberrecht ist nichtsdestominder dem kontinentaleuropäischen droit d'auteur folgend überwiegend naturrechtlich begründet. Aus diesem Ansatz folgt, im Ergebnis gleich dem Utilitarismus, dass Rechtsbeschränkungen immanente Teile des natürlichen Rechts des Urhebers sind. Sie stehen nicht im Widerspruch zu ihm, sondern ergeben sich daraus. Das Naturrecht mit dem Urheber als Zentralgestalt erfordert aus seiner eigenen Rechtfertigung heraus Beschränkungen der Herrschaftsmacht, bei deren Ausgestaltung dem einfachen Recht Freiräume zustehen. Aus dem naturrechtlichen Begründungsansatz können somit nur zwei zwingende Ergebnisse gezogen werden: Erstens es muss ein Urheberschutz garantiert werden. Zweitens muss dieser aus seiner Sozialbezogenheit heraus Grenzen unterliegen. Die beiden Ergebnisse werden offensichtlich durch einen Vorrang von Verträgen gegenüber Schranken nicht verletzt. Das Naturrecht begründet daher keinen konkreten Überprüfungsmaßstab für einen Vertragsvorbehalt. Es wird nichtsdestoweniger aufgrund seiner Bedeutung bis heute in nachfolgenden Abwägungen einen Argumentationsstrang darstellen.

Abschließend ist im Zusammenhang mit der philosophischen Rechtfertigung des Urheberrechts anhand von Urheber- oder Allgemeininteressen insbesondere auf die gleiche folgenschwere Problematik, wie sie bei den gesetzgeberischen Zielen zuvor dargestellt worden ist, hinzuweisen. Vor allem der Utilitarismus schützt

220 *Leistner/Hansen*, GRUR 2008, 479, 482.

221 Ebenso für einen mehrschichtigen Ansatz *Leistner/Hansen*, GRUR 2008, 479, 488 f.

mittelbar die Verwerter, damit deren Produkte der Allgemeinheit zugutekommen können. Es fehlte aber eine explizite Vertretung der berechtigten, eigennützigen Gewinnerzielungsinteressen der Verwerter, die ebenfalls die Rechtsentwicklung hätte mitprägen können. So sind die rechtstheoretischen Grundlagen des Urheberrechts ohne Betonung der wirtschaftlichen Verwerterinteressen losgelöst von ihrer mittelbaren Wirkung herausgebildet worden. Es ist daher naheliegend, dass die Schrankendogmatik einem Rechtfertigungsdruck unterliegt, der nachfolgend auf einen Korrekturbedarf zu überprüfen sein wird.

VI Fazit

Für die Frage, ob eine Disponibilität der Beschränkungen des Ausschließlichkeitsrechts mit seinem rechtstheoretischen Fundament vereinbar ist, spielt die unterschiedliche Rechtfertigung der Rechtsbeschränkungen keine herausragende Rolle. Die Gründe dafür sind unabhängig von der individualistischen oder der utilitaristischen Rechtsbegründung ähnlich. Der Utilitarismus schafft Funktionsvorgaben, aber keine Prinzipien, die als Überprüfungsmaßstab gelten können. Das Naturrecht wiederum setzt sich zwar zusammen aus ethischen Prinzipien; diese geben allerdings keine konkrete Ausgestaltung vor.

Das bedeutet demgegenüber nicht, dass der Legitimationsansatz unbedeutend für die Bewertung urheberrechtlicher Rechtsfiguren ist. Der unterschiedliche Rechtfertigungsansatz begründet keine konkreten Rechtsausgestaltungsvorgaben, aber daraus folgende Wertungen haben ihre Argumentationskraft bei zeitgenössischen Diskussionen um die Ausgestaltung des Urheberrechts nicht verloren. Sie sind daher in eine Bewertung des Vertragsvorbehalts einzubeziehen, obwohl ihnen keine hinreichende Aussagekraft zukommt. Denn die Frage des Umfangs gesetzlicher erlaubter Nutzungen und ihrer Vertragsfestigkeit ist anhand der gesetzlichen Zielvorstellungen zu bewerten. Diese ergeben sich wiederum aus den Begründungsansätzen des Gesetzes.

Dass der unterschiedlichen Rechtfertigung des Urheberrechts und damit der veränderten Schutzrichtung selbst ohne die Ausbildung konkreter Vorgaben Bedeutung beikommt, zeigen die historischen Unterschiede in Bezug auf den Umfang der zustimmungsfreien Nutzung je nach Rechtskreis und Entwicklungsstufe.[222] Es besteht eine

---

222 Die Unterschiede im Umfang der zustimmungsfreien Nutzungen zwischen deutschem und amerikanischem Recht müssen jedoch nicht zwingend auf leitende Rechtsprinzipien zurückführbar sein. Politische Zwänge können genauso ausschlaggebend sein. *Schack*, Urheberrecht, Rn. 533 kritisiert, dass die Technik des deutschen Gesetzgebers als leitendes Prinzip des Urheberrechts manchmal eher „die politische Durchsetzungskraft einzelner Verwerterinteressen" als Geltungsgrund der Schranken vermuten lässt. *Stieper*, Rechtfertigung der Schranken, S. 41 f. weist darauf hin, dass die Fair Use-Klausel keine gesetzlichen Vergütungsansprüche als Kompensation für finanzielle Einbußen des Urhebers vorsieht. Dieses „Alles oder nichts"-Prinzip zwinge die Rechtsprechung oft, den finanziellen Interessen des Urhebers den Vorzug von dem Nutzungsinteresse der Allgemeinheit zu geben.

ambivalente Wechselbeziehung zwischen Urheber und Gesellschaft, die sich im Verhältnis von Ausschließlichkeitsrecht und gesetzlich erlaubter Handlung widerspiegelt. Nie war das Ausschließlichkeitsrecht allumfassend, Zugangsmöglichkeiten für die Allgemeinheit bestanden immer. Doch je nachdem, wie die jeweilige Zeit die Beziehung zwischen Individuum und Allgemeinheit, Exklusivität und Kollektivität, Individualeigentum und Vergesellschaftung, kapitalistischer und sozialistischer Geisteshaltung, Personalismus und Utilitarismus, Eigennützigkeit und Fremdnützigkeit, Egoismus und Altruismus interpretiert hat, hat eine Neuinterpretation des Schutzumfangs des Urheberrechts und damit der Reichweite der Schrankenbestimmungen stattgefunden.[223] Die entscheidende Frage ist daher, wie versteht unsere heutige Zeit ebenjenes Verhältnis?

Die beiden Pole konterkarieren sich scheinbar, haben jedoch stets eine Nahtstelle. Diese Verknüpfung wird durch die Schrankenbestimmungen deutlich. Setzen wir in einem digitalisierten Umfeld mehr auf liberale und markwirtschaftliche Lösungen, dann sollten die gesetzlichen Nutzungserlaubnisse nachrangig zu vertraglichen Vereinbarungen sein.

Doch wenn man die wesentlichen Entwicklungslinien erneut Revue passieren lässt, fällt schnell auf, dass sich damit ein historischer Wandel vollziehen würde. Denn dispositive Schranken stehen im offenen Widerspruch zu mehreren Errungenschaften der Vergangenheit. Seit dem preußischen Gesetz von 1837 waren inhaltliche Rechtbeschränkungen stets ein Ausdruck parlamentarischer Abwägung und kein Ergebnis vertraglicher Verhandlungen. Die Interessen verschiedener Gruppen wurden vom Gesetzgeber gegeneinander abgewogen und nicht zwischen zwei Parteien verhandelt. Aspekte wie wirtschaftliche Überlegenheit oder eigenpersönliche wie die Verhandlungsfähigkeit waren folglich ohne jeglichen Einfluss. Zu bedenken ist dabei vor allem, dass solche Verhandlungen zwischen den Verwertern als Rechteinhabern und den Nutzungsprivilegierten geführt werden würden. Die Beteiligung des Urhebers ist ausgeschlossen. Schon seit der Philosophie des 18. Jahrhunderts und der Lehre des geistigen Eigentums stand der Urheber indes im Zentrum des Rechts, dessen theoretische Rechtfertigung sich aus ihm persönlich speist. Seit Anerkennung des geistigen Eigentums war es niemals denkbar, dass ein Verwerter als Rechteinhaber ein Mehr an Urheberrecht innehaben kann als der kreativ schöpfende Urheber selbst. Das könnte aber der Fall sein, wenn Rechtsbegrenzungen abbedingenden Verträgen zwischen Rechteinhabern und Nutzungsprivilegierten urheberrechtliche Wirkung zukommen würde. Jedenfalls ist darin ein Verstoß gegen das Enumerationsprinzip, das die Erlaubnistatbestände einzeln und abschließend aufzählt, zu sehen. Während konzeptionell der Gesetzgeber die Pflicht innehat, durch parlamentarisches Abwägen sachgerechte Ergebnisse zu formulieren, wird die Bestimmung des Nutzungsumfangs an

223 *Trumpke*, Exklusivität und Kollektivität, S. 1 sieht in diesem Spannungsfeld nicht nur den Gradmesser für die Reichweite des Urheberrechts (Schutzumfang, Werkbegriff), sondern für das Urheberrecht allgemein. Selbst das Urhebervertragsrecht müsse als Verknüpfung an der Nahtstelle dieser beiden Gegenteile verstanden werden.

die bilateralen Vertragsparteien ausgegliedert. Das Urheberrechtsgesetz hat sich mit §§ 1, 11 UrhG einem Schutzkonzept verschrieben,[224] dessen es realiter selbst gerecht werden muss.

Obwohl es zur alten Rechtslage eine gewisse Rechtssicherheit durch Rechtspraxis und Rechtsprechung gab, kann dennoch allein der Hinweis auf den aufgezeigten Bruch mit historischen Traditionen eine Ablehnung der Rechtsfigur des Vorbehalts des Vertrags nicht begründen. Von der Erfindung des Buchdrucks an ist zu beobachten, wie die technische Entwicklung zu manchmal langsam, aber stetig veränderten sozialen und kulturellen Wertvorstellungen geführt hat und beide zusammen der Motor für die Entwicklung des Urheberrechts waren. Doch selbst an der Zeit vor dem Buchdruck kann abgelesen werden, dass der zunächst fehlende rechtliche Schutz ebenso wie der spätere Schutz ein Ergebnis der technischen Entwicklung und der Wertvorstellung war.

Im Zeitalter der Technologisierung erleben wir im Übergang von der Dienstleistungs- zur Wissensgesellschaft eine technische Entwicklung, die mit enormer Sprengkraft einen ebensolchen Druck auf unsere Werte- und Rechtsvorstellungen auslöst. In der Geschichte ist das Urheberrecht nie unverändert geblieben, sondern war immer in einem Wandel begriffen. Aktuell steht es erneut vor der grundlegenden Frage der Reaktion und Anpassung.

Die Frage lautet, ob angesichts neuer Herausforderungen, die die digitalisierte Informations- und Wissensgesellschaft an die Rechtslage stellt, angesichts neuer Marktstrukturen sowie -strategien und Vermarktungswege, die die technologisierten Unternehmen herausgearbeitet haben und noch werden, neue rechtliche Lösungen geliefert werden müssen. Kann auf die Probleme der Neuzeit mit einer in der Vergangenheit stabilen Lösung reagiert werden? Muss das Urheberrechtsgesetz neue Wege bestreiten, neue Schutzkonzepte entwickeln, um fit für die Anspruchshaltung der Gegenwart zu werden? Die rechtstheoretische Rechtfertigung selbst ist damit einem Rechtfertigungsgrund ausgesetzt. Novellierte Leitbilder könnten die Transformation des Schutzkonzepts und damit zugleich der Schrankenausgestaltung erfordern.

Angesichts dieser Fragen bedarf der Untersuchungsgegenstand im Folgenden tiefergehender Analysen. Zu berücksichtigen ist dabei insbesondere, dass das System der urheberrechtlichen Schranken ohne Einbeziehung ökonomischer Interessen der Verwerter konzipiert worden ist. Sowohl die Rechtstheorie als auch der historische Gesetzgeber haben die Schrankenregelungen als Abwägung der Allgemein- und Urheberinteressen verstanden. Die unverzichtbare Rolle der Intermediäre war ohne Einfluss auf das Abwägungsergebnis. Es wird zu fragen sein, ob das den wirtschaftlichen Realitäten gerecht werden kann oder ob daher nicht ein systematisches Umdenken zu fordern ist.

224 In diesen grundlegenden Normen kommt die naturrechtliche Legitimierung des Urheberrechts als dessen rechtstheoretischer Hintergrund deutlich zum Ausdruck.

C Grundrechtsrelevanz der Schranken

Obwohl das Grundgesetz vom 23.05.1949 das Urheberrecht außer als Gegenstand der ausschließlichen Gesetzgebung des Bundes in Art. 73 I Nr. 9 GG nicht erwähnt,[225] genießt es verfassungsrechtlichen Schutz. Das Themengebiet ist deswegen so sensibel, weil sich im Zusammenhang mit der Nutzung von Werken neben dem Urheber ebenso Dritte auf grundrechtlichen Schutz berufen können. Aus den betroffenen Grundrechten ergeben sich vier Funktionen des Urheberrechts. Bei der späteren Abwägung der rechtspolitischen Vor- und Nachteile eines Vertragsvorbehalts wird sich zeigen, dass sich die Beurteilung der Rechtsfigur danach richtet, welche Funktion man im modernen Urheberrecht verstärkt betont wissen will.

Doch um die Funktionen darlegen zu können (III), soll zunächst der Schutz des Urhebers betrachtet werden (I), um sich anschließend dem der Schrankenbegünstigten zuzuwenden (II). Denn für die Legitimation von Schrankenregelungen kommt auf positivrechtlicher Ebene dem Verfassungsrecht eine erhebliche Bedeutung zu. Bei der Ausgestaltung der Schrankenbestimmungen gibt es dem Gesetzgeber einen verbindlichen Rahmen vor.[226] Daher muss die Rechtsfigur des Vertragsvorbehalts später auf ihre Verfassungsmäßigkeit überprüft werden (Teil J), wofür die nachfolgenden Ausführungen die Grundlage legen. Darüber hinaus ist der deutsche Gesetzgeber bei der Regelung der Rechtsbeziehungen Privater untereinander im Anwendungsbereich der Grundrechte der EU-GrCh verpflichtet, das deutsche Privatrecht konform den Grundrechten der Charta auszugestalten.[227] Folglich wird ebenso die Konformität des Vertragsvorbehalts mit Art. 17 II EU-GrCh, der das Urheberrecht auf unionaler Primärrechtsebene grundrechtlich schützt, untersucht werden. Doch aufgrund der Vergleichbarkeit des Schutzes[228] wird sich in den vorliegenden Grundlagenuntersuchungen darauf beschränkt, die kollidierenden Grundrechtspositionen ausführlich anhand der nationalen Rechtslage darzustellen.

I Grundrechtsschutz des Urhebers

Der Urheber steht unter dem Schutz verschiedener Grundrechte. Diese schützen seine ideellen (1.) und materiellen (2.) Interessen.

225 *Wandtke*, Urheberrecht, Kap. 1, Rn. 44 bedauert das Fehlen eines urheberrechtlichen Programmsatzes in der Europäischen Menschenrechtskonvention von 1950 und im Grundgesetz.

226 Vgl. BVerfGE 31, 270, 273 – Schulfunksendungen.

227 Ausführlich dazu *Herresthal*, ZEuP 2014, 238, 274 ff.

228 Ebenso *Aschenbrenner*, ZUM 2005, 145, 146; *Wandtke*, Urheberrecht, Kap. 1, Rn. 47.

1. Das Urheberpersönlichkeitsrecht, Art. 2 I iVm Art. 1 I GG

Aufgrund der monistischen Konzeption[229] umfasst das Urheberrecht neben materiellen gleichermaßen ideelle Bestandteile.[230] Die persönlichkeitsrechtliche Seite wird als besondere Erscheinungsform des allgemeinen Persönlichkeitsrechts[231] ebenso wie dieses durch Art. 2 I iVm Art. 1 I GG geschützt.[232] Das Urheberpersönlichkeitsrecht schützt die besondere Beziehung des Urhebers zu seinem Werk,[233] wodurch der soziale Geltungsanspruch des Urhebers und mittels des Veröffentlichungsrechts seine Privatsphäre geschützt wird. Der Urheber soll als solcher anerkannt werden und muss sein Werk nicht entstellt wissen.

Die meisten Schranken des Urheberrechts betreffen seine vermögenswerte Seite. Das schließt allerdings nicht aus, dass die Schranken gleicherweise Urheberpersönlichkeitsrechte zu begrenzen vermögen.[234] In dem Fall müssen sie sich am Maßstab des Art. 2 I iVm Art. 1 I GG rechtfertigen lassen. Sollten also wie durch § 45 UrhG, der zum Zweck der Rechtspflege einen Eingriff in das Veröffentlichungsrecht

---

229 Siehe dazu bereits B I 5., II 1.

230 *Metzger*, ZUM 2000, 924, 930 überträgt die Errungenschaften der monistischen Urheberrechtstheorie auf ihre verfassungsrechtliche Verortung, sodass das Urheberrecht auch in verfassungsrechtlicher Sicht ein monistisches Recht ist, obzwar in unterschiedlichen Grundrechtsartikeln verankert. So ist nach Lage des Einzelfalls stets zu prüfen, ob gar beide Grundrechte zugleich betroffen sind.

231 BGH NJW 1954, 1404, 1405 – Leserbrief; ebenso *v. Gamm*, UrhG, Einf., Rn. 93.

232 BGH NJW 1957, 1146, 1147 – Krankenpapiere; *v. Detten*, Kunstausstellung, S. 136; *Dietz/Peukert*, in: *Loewenheim*, Handbuch des Urheberrechts, § 15, Rn. 8; *Ulmer*, Urheber- und Verlagsrecht, S. 65; *Wandtke*, Urheberrecht, Kap. 1, Rn. 46.

233 BGH GRUR 1955, 201, 204 – Cosima Wagner; *Bullinger*, in: *Wandtke/Bullinger*, UrhR, Vor §§ 12 ff., Rn. 1.

234 Siehe in Bezug auf § 50 UrhG BGH GRUR 2020, 853, 858 f., Rn. 63 – Afghanistan Papiere II; entgegen *Hoeren/Düwel*, MMR 2019, 666, 667; *Schack*, Urheberrecht, Rn. 90. Der Rechtsprechung ist darin zuzustimmen, dass es in besonderen Fallkonstellationen angemessen ist, den Anwendungsbereich der Schrankenregelungen auf das Urheberpersönlichkeitsrecht zu erstrecken. Das Urheberrecht ist angehalten, sachgerechte Ergebnisse zu erzielen. Dazu kann nach einer strengen Verhältnismäßigkeitsprüfung der Eingriff in Urheberpersönlichkeitsrechte durch dementsprechende Schrankenauslegung die angebrachte Rechtsanwendung sein. Der Maßstab ist dabei ein anderer als bei der Einschränkung von Vermögensrechten, jedoch ist es weder verfassungsrechtlich noch rechtspolitisch geboten, Urheberpersönlichkeitsrechte nicht einzuschränken. Daneben steht noch die Frage, inwiefern bei einem monistischen Recht überhaupt davon ausgegangen werden kann, dass eine Schranke ausschließlich ein Vermögensrecht begrenzt.

erlaubt,[235] Urheberpersönlichkeitsrechte betroffen sein, müssen im Sinn der Wechselwirkungslehre besonders strenge Anforderungen an die Verhältnismäßigkeitsprüfung gestellt werden.[236] Das durch Art. 2 I iVm Art. 1 I GG gewährte Recht wirkt folglich wie eine „Schranken-Schranke" der urheberrechtlichen Schranken. Die Beschränkungen der Verwertungsrechte dürfen nicht zugleich zu einer übermäßigen Persönlichkeitsrechtsbeeinträchtigung führen. Dafür sorgen auf einfachgesetzlicher Ebene insbesondere die §§ 62, 63 UrhG, die bei gesetzlich erlaubten Handlungen das Änderungsverbot und die Pflicht zur Quellenangabe normieren.

2. Die Verwertungsrechte, Art. 14 I GG

Ihre nicht ausschließliche, aber hauptsächliche Bedeutung kommt den Schranken hingegen in ihrem Verhältnis zu den Verwertungsrechten zu. Die Verwertungsrechte, die vermögenswerten Bestandteile des Urheberrechts, sind in ihrem Kernbestand durch Art. 14 I 1 GG verfassungsrechtlich verbürgt.[237] Insofern ist das Urheberrecht Eigentum iSv Art. 14 I GG, weil es zu dem „durch Arbeit und Leistung erworbenen Bestand an vermögenswerten Gütern"[238] gehört. Im Rahmen der

---

235 *Dreier*, in: *Dreier/Schulze*, UrhG, § 45, Rn. 8; *Lüft*, in: *Wandtke/Bullinger*, UrhR, § 45, Rn. 4, 5; *Melichar/Stieper*, in: *Schricker/Loewenheim*, UrhR, § 45, Rn. 13; ausführlich OLG Frankfurt a.M. NJW-RR 2000, 119, 119 ff.; ungenau daher *Dreyer*, in: *Dreyer/Kotthoff*, UrhR, Vor §§ 44a ff., Rn. 59.

236 *Schack*, Urheberrecht, Rn. 90.

237 Grundlegend BVerfGE 31, 229, 238 – Kirchen- und Schulgebrauch. Der Schutz des Wirkbereichs nach Art. 5 III GG, der die selbstbestimmte Verbreitung eines Kunstwerks umfasst, tritt hinsichtlich der vermögensrechtlichen Interessen hinter Art. 14 GG zurück, hM siehe BVerfGE 49, 382, 392 – Kirchenmusik; *Fechner*, Geistiges Eigentum, S. 196 ff. mwN.; *Gounalakis*, §52a UrhG im Lichte der Verfassung, S. 11. Nach a.A. findet sich das Urheberrecht auch im Grundrecht der Kunstfreiheit verankert, das damit nicht nur als Begründung und Rechtfertigung einer Schranke in Betracht kommt, so *Dahm*, Der Schutz des Urhebers durch die Kunstfreiheit, S. 140 ff. Diese Doppelfunktion würde zu Spannungsverhältnissen führen, die für den Vertragsvorbehalt relevant werden würden. Denn die vorbehaltslos gewährte Kunstfreiheit knüpft als strikt individuelles und nicht funktionales Grundrecht stets an die Person des Künstlers an und lässt sich nicht mit kollektivistischen, utilitaristischen Argumenten abwägen. Diese jedoch tragen den Vertragsvorbehalt. So würden sich Unterschiede für die Prüfung der Rechtfertigung des Grundrechtseingriffs ergeben. Weil diese Ansicht allerdings die ökonomische Bedeutung und Sozialpflichtigkeit des Urheberrechts nicht hinreichend berücksichtigt, wird sich ihrer nicht angeschlossen. Deshalb wird Art. 5 III GG vorliegend nicht als Verankerung der Verwertungsrechte und als ihr Prüfungsmaßstab gewürdigt.

238 stRspr zur Eigentumsgarantie, vgl. fürs Urheberrecht BVerfGE 31, 229, 239 – Kirchen- und Schulgebrauch.

Institutionsgarantie des Eigentums ist der Gesetzgeber verpflichtet, einen Grundbestand an Normen zu gewährleisten, der die Bezeichnung als „Privateigentum" rechtfertigt.[239]

Doch dabei ist der konkrete Inhalt nicht natur- oder verfassungsrechtlich vorgegeben. Vielmehr bedarf es der Ausgestaltung durch den Gesetzgeber. Dabei hat er zu berücksichtigen, dass das BVerfG „die grundsätzliche Zuordnung des vermögenswerten Ergebnisses der schöpferischen Leistung an den Urheber im Wege privatrechtlicher Normierung und seine Freiheit, in eigener Verantwortung darüber verfügen zu können", als zu den „konstituierenden Merkmalen des Urheberrechts als Eigentum im Sinne der Verfassung" gehörig bezeichnet.[240] Der Leitgedanke des Urheberrechts geht folglich dahin, den „Urheber tunlichst angemessen an den wirtschaftlichen Früchten zu beteiligen"[241], die andere aus der Nutzung seines Werks ziehen. Auf einfachgesetzlicher Ebene nimmt daher der Beteiligungsgrundsatz nach § 11 S. 2 UrhG eine Leitbildfunktion ein.

Im Falle von Rechtsbeschränkungen bedeutet die genuine Verteilungsentscheidung[242] für die Interessenabwägung und Verhältnismäßigkeitsprüfung im Rahmen des Art. 14 I GG, dass Ausschließlichkeitsrechte die Regel und Nutzungsfreiheiten die Ausnahme sein müssen, die sich nur durch überragende Allgemeininteressen rechtfertigen lassen.[243] Dem wird der Gesetzgeber gerecht, indem er in § 15 UrhG grundsätzlich jegliche Nutzungshandlung dem Verwertungsrecht des Urhebers unterwirft, es sei denn, eine konkrete Nutzungshandlung erfüllt einen Erlaubniseinzeltatbestand.

Dieses Verständnis prägt seit jeher das Urheberrechtsgesetz entscheidend. Die Verfassungsmäßigkeit des Vertragsvorbehalts wird später mithin am Maßstab von Art. 14 I GG zu prüfen sein.

In einer sich schneller bewegenden und komplizierteren Welt gerät man in Versuchung, vielfältigere Interessen in angemessener Weise ebenso berücksichtigen und das Recht dahingehend weiter entwickeln zu wollen.[244] Allseits bekannte Grundlagen laufen in dieser pluralistischen Debatte Gefahr, in ihrer Bedeutung

---

239 BVerfGE 31, 229, 241 – Kirchen- und Schulgebrauch.

240 BVerfGE 31, 229, 240 f. – Kirchen- und Schulgebrauch; seitdem stRspr vgl. BVerfGE 79, 29, 40 – Vollzugsanstalten.

241 BGHZ 17, 266, 282 – Grundig-Reporter.

242 *Grünberger*, ZGE 2017, 188, 189. Obgleich über diese Grundsatzentscheidung des Rechts seit langem gestritten wird, vgl. nur *Hansen*, Warum Urheberrecht?, S. 87 ff.; *Stallberg*, Urheberrecht und moralische Rechtfertigung, S. 57 ff., ist sie auch in der digitalisierten Welt nach wie vor das verfassungsrechtliche und rechtspolitische Leitbild des Urheberrechts, ebenso *Wandtke*, GRUR 2002, 1, 9 f.

243 *Schack*, Urheberrecht, Rn. 93.

244 Es wird sich im Verlauf der Untersuchung zeigen, dass der Vertragsvorbehalt darauf abzielt, bisher nicht ausreichend berücksichtigte Interessen im UrhG einzubeziehen.

abgestuft zu werden. Daher ist sich ihrer immer wieder erneut zu erinnern. Letztendlich sind wirtschaftsprivatrechtliche Reformen vom Interessenschutz nicht trennbar. Wenn später Vertragsvorbehalte rechtspolitisch und verfassungsrechtlich bewertet werden, darf die getroffene Vermögenszuordnungsentscheidung, die Interessenpriorisierung und das Leitbild hinterfragt werden. Dennoch muss sich ihrer Herleitung dabei erneut gestellt werden. Zu beachten ist in der Abwägung die Erheblichkeit verfassungsrechtlicher Argumente. Solange die Begründungen nicht widerlegt werden können, ist die getroffene Interessengewichtung und die gesetzliche Zielbestimmung nach wie vor ein zentrales Argument für die angemessene Ausgestaltung des einfachen Rechts. Konkret auf Vertragsvorbehalte zugeschnitten bedeutet das, dass solche selbst beim Erreichen der Schwelle zur Verfassungsmäßigkeit wenigstens rechtspolitisch abgelehnt werden sollten, wenn die eigentumsrechtlichen Interessen der Urheber durch jene Rechtsfigur nicht ausreichend gewahrt bleiben.

II Grundrechtsschutz der Schrankenprivilegierten und die Sozialpflichtigkeit des Eigentums

Ein Regel-Ausnahme-Verhältnis bedeutet indes nicht, dass der Gesetzgeber dem Urheber jede nur denkbare Verwertungsmöglichkeit zuweisen müsste.[245] Art. 14 II GG bewirkt, dass für das geistige Eigentum der Grundsatz gilt, dass sein Gebrauch zugleich dem Wohl der Allgemeinheit dient. Alle Schranken des Urheberrechts sind als Inhalts- und Schrankenbestimmungen nach Art. 14 I 2 GG Ausdruck der Sozialpflichtigkeit des geistigen Eigentums. Der Gesetzgeber ist verpflichtet, sowohl der grundsätzlichen Anerkennung des Privateigentums als auch dessen Sozialpflichtigkeit Rechnung zu tragen. Das BVerfG formuliert diesen Gedanken folgendermaßen: „Der Gesetzgeber steht bei der Erfüllung des ihm in Art. 14 Abs. 1 Satz 2 GG erteilten Auftrags, Inhalt und Schranken des geistigen Eigentums zu bestimmen, vor der Aufgabe, nicht nur die Individualbelange des Urhebers zu sichern, sondern auch für die individuellen Berechtigungen und Befugnisse die im Interesse des Gemeinwohls erforderlichen Grenzen zu ziehen."[246] Die Zuordnung der Verwertungsmöglichkeiten erfordert demzufolge eine gerechte Abwägung der Interessen des Urhebers und der Allgemeinheit.[247] In Anbetracht all dieser Aspekte ist der Gesetzgeber bei der Ausgestaltung des Urheberrechts mitnichten völlig frei.[248] Als

245 BVerfGE 31, 229, 241 – Kirchen- und Schulgebrauch. Sonst wären urheberrechtliche Schranken gar nicht denkbar. Es besteht beispielsweise kein verfassungsrechtliches Gebot, ein ewiges Urheberrecht zu gewähren, BVerfGE 31, 275, 287.

246 BVerfGE 49, 382, 394 – Kirchenmusik.

247 BVerfGE 81, 208, 220 f. – Bob Dylan.

248 Vgl. zu den Grenzen seines Gestaltungsspielraums *Fechner*, Geistiges Eigentum, S. 155; *Grzeszick*, ZUM 2007, 344, 348 ff.; *Leinemann*, Die Sozialbindung des „Geistigen Eigentums", S. 61 ff.; *Söllner*, in: *Loewenheim/Raiser*, FS Traub, S. 367, 370 ff.

Ergebnis der Abwägung wird das Eigentum stets im Interesse des Allgemeinwohls und unter Beachtung des Gleichheitssatzes, dass keinem ein Sonderopfer auferlegt werde, Beschränkungen erfahren müssen. Das verfassungsrechtliche Kernstück der Schranken ist demzufolge die Prüfung des Verhältnismäßigkeitsprinzips.[249] Vertragsvorbehalte selbst sind keine Schrankenbestimmungen, aber weil sie das Verständnis und Wesen der in Bezug genommenen Schranken prägen, werden sie gleichfalls der Verhältnismäßigkeit genügen müssen.[250]

Auf Seiten der Allgemeinheit streitet das Interesse an einem möglichst ungehinderten Zugang zu den Kulturgütern für ebenjenen sozialen Bezug des Urheberrechts. Zahlreiche Schranken fördern die geistige Auseinandersetzung mit fremden Werken. Die dadurch erfolgende Aufnahme von Anregungen gehört zum Wesen geistig-schöpferischer Tätigkeit. Daher sind es vor allem die Kommunikationsgrundrechte aus Art. 5 GG, auf die sich die Nutzer berufen können. Am wesentlichsten sind dabei die Informations-, Kunst-, Meinungs- und Wissenschaftsfreiheit. Zum Verhältnis von Art. 14 GG zu jenen Grundrechten besteht eine umfangreiche Literatur und Rechtsprechungspraxis.[251] Auf längere Ausführungen kann daher nachfolgend verzichtet werden. Weil die den Schranken zugrunde liegenden Grundrechte jedoch entscheidend für die Prüfung der Verhältnismäßigkeit des Vertragsvorbehalts sind und darüber hinaus Einfluss auf die Funktionen des Urheberrechts haben, was wiederum für die rechtspolitische Abwägung des Vertragsvorbehalts bedeutend ist, soll sich einer kurzen Darstellung nicht entzogen werden. Für die später vorzunehmende Abwägung der Verhältnismäßigkeit des Vertragsvorbehalts ist es wesentlich, zwischen dem Bestand an gerechtfertigten (1.) und gebotenen (2.) Schranken zu differenzieren.

1. Die Rechtfertigung der Schranken

Im Nachfolgenden werden die Kommunikationsgrundrechte knapp vorgestellt, die für die Rechtfertigung der urheberrechtlichen Schrankenbestimmungen am

---

249 *Harder*, UFITA 2004/III, 643, 652 f.

250 Siehe zu dieser Abwägung J II 2. b), c).

251 Siehe unter vielen BVerfG GRUR 1972, 481, 483 ff. – Kirchen- und Schulgebrauch; BVerfG GRUR 1972, 487, 487 f. – Schulfunksendungen; BVerfG GRUR 1972, 488, 490 f. – Tonbandvervielfältigungen; BVerfG GRUR 1980, 44, 44 ff. – Kirchenmusik; BVerfG GRUR 1989, 193, 195 ff. – Vollzugsanstalten; BVerfG GRUR 2016, 690, 691 ff. – Metall auf Metall; *Badura*, in: *Ohly/Klippel*, Geistiges Eigentum und Gemeinfreiheit, S. 45, 46 ff.; *de la Durantaye*, Allgemeine Bildungs- und Wissenschaftsschranke, S. 67 ff.; *Hilty*, in: *Ohly/Bodewig/Dreier*, FS Schricker II, S. 325, 339 ff.; *Mizdalski*, Zur restriktiven Auslegung, S. 60 ff.; *Poeppel*, Neuordnung der Schranken, S. 147 ff.; *Schack*, Urheberrecht, Rn. 84 ff.; *Stieper*, Rechtfertigung der Schranken, S. 42 ff.; *ders.*, in: *Schricker/Loewenheim*, UrhR, Vor §§ 44a ff., Rn. 18; *Wandtke*, Urheberrecht, Kap. 1, Rn. 45 f.; *Zurth*, Nutzungsrechte, S. 77 ff.

bedeutendsten sind. Das Recht auf Meinungs- und Informationsfreiheit nach Art. 11 I EU-GrCh sowie die Kunst-, Forschungs- und Wissenschaftsfreiheit gemäß Art. 13 EU-GrCh schützen die Interessen der Werknutzer auf unionaler Rechtsebene gleichsam. Demzufolge wird sich erneut auf eine Darstellung der nationalen Grundrechte konzentriert.

a) Die Informationsfreiheit, Art. 5 I 1 Hs. 2 GG

Die Informationsfreiheit nach Art. 5 I 1 Hs. 2 GG, also das Recht, sich aus allgemein zugänglichen Quellen ungehindert zu unterrichten, ist die Voraussetzung für die Kommunikationsfreiheit.[252] Würde kein Recht auf Zugang bestehen, würde sich keiner eine eigene Meinung bilden und anschließend äußern können. Das Grundrecht bezieht sich auf Quellen, die objektiv geeignet sind, der Allgemeinheit Informationen zu beschaffen.[253] Das Urheberrecht schützt zwar Werke und eben nicht die darin enthaltenen Informationen an sich, aber diese können sich hinter der individuellen Schöpfung verbergen. Durch Einschränkungen der Rechte des Urhebers wird dem Recht der Allgemeinheit nachgekommen, ihr eine Möglichkeit der Informationsbeschaffung zu erhalten. Als Beispiel kann die Privatkopie herangeführt werden, die grundsätzlich vom Schutzbereich der Informationsfreiheit erfasst ist.[254] Denn die Informationsfreiheit schützt über die bloße Rezeption der Information hinaus die Herstellung von Informationsträgern durch den Informationsempfänger zum Zwecke der Speicherung der Information.[255] Darunter lässt sich der Fall subsumieren, dass ein Nutzer ein Werk vervielfältigt, um sich eine wiederholte Wahrnehmung möglich zu machen. Demnach rechtfertigt die Informationsfreiheit Schrankenprivilegierungen.

b) Die Kunstfreiheit, Art. 5 III 1 Var. 1 GG

Die Kunstfreiheit nach Art. 5 III 1 Var. 1 GG umfasst das Herstellen eines Kunstwerks (Werkbereich) und die Vermittlung des Kunstwerks an Dritte (Wirkbereich), mithin die Betätigungsfreiheit des Künstlers.[256] Dabei ist ein denkbar weiter Kunstbegriff geboten, sonst könnte der Kern des Rechts ausgehöhlt werden, indem man angesichts der Schwierigkeit der Definition von Kunst gewisse Inhalte schlicht

---

252 *Gounalakis*, § 52a UrhG im Lichte der Verfassung, S. 16 geht darüber hinaus davon aus, dass das gesamte Urheberrecht seine soziale Dimension gerade aus dem Informationsinteresse der Allgemeinheit schöpft.

253 BVerfGE 90, 27, 32.

254 Ebenso *Schweikart*, UFITA 2005/I, 7, 15. Damit soll an dieser Stelle keine Aussage getroffen werden, ob die Privatkopie auch grundrechtlich geboten ist. Der Gesetzgeber lehnt diese Frage ab, BT-Drs. 16/1828, S. 20 f.

255 *Wendt*, in: *v. Münch/Kunig*, GG, Art. 5, Rn. 26.

256 BVerfGE 30, 173, 189 – Mephisto; BVerfGE 67, 213, 224 – Anachronistischer Zug.

wegdefiniert.[257] Im Einzelfall lässt sich der weite Kunstbegriff durch eine Güterabwägung mit dem Schutz überragender Interessen Dritter und wichtigen Gemeinschaftsgütern in Einklang bringen, denn die Kunstfreiheit reicht nur bis an die Grenzen anderer überwiegender verfassungsrechtlicher Rechtsgüter.[258]

Der Rechtsverkehr und das Kulturleben würden allerdings erheblich gelähmt werden, würde man ein Monopol wie das Urheberrecht genauso großzügig verteilen. Der urheberrechtliche Werkbegriff ist demzufolge nicht identisch mit dem des Kunstwerks.[259] An die persönliche geistige Schöpfung sind strengere Anforderungen zu stellen als an den Kunstbegriff. Hinter der Kunstfreiheit und dem Urheberrecht stehen demnach unterschiedliche Rechtsgedanken. Ebendeswegen sind im Rahmen des Kunstschaffens Konfliktfelder mit dem Urheberrecht möglich. Das bedeutet nicht, dass die grundrechtlich geschützte Kunstfreiheit eine kommerzielle Ausbeutung eines übernommenen Werks grundsätzlich zu rechtfertigen vermag.[260] Aber wenn die eigenen Verwertungs- und Urheberpersönlichkeitsinteressen durch die Übernahme nicht wesentlich beeinträchtigt werden und die Werkwiedergabe als künstlerisches Gestaltungsmittel der geistigen Auseinandersetzung in einem selbstständigen Werk fungiert, kann die Kunstfreiheit die Zitierung fremder Werke legitimieren und mithin den Schutzbereich des urheberrechtlichen Ausschließlichkeitsrechts verkürzen.[261] Im Bereich der Karikatur, Satire, Parodie, Persiflage oder Pastiche ist die Bedeutung der Kunstfreiheit noch offensichtlicher. Sie zwingt zur Begrenzung des Ausschließlichkeitsrechts, weil ansonsten die Auseinandersetzung mit fremden Werken auf diese künstlerische Art teilweise oder umfänglich unmöglich wäre.[262] Die künstlerische Auseinandersetzung erfordert es bei diesen Kunstformen, dass die Eigenheiten des älteren Werks erkennbar bleiben.[263] Daher lässt es die Rechtsprechung genügen, dass sich, was allerdings zugleich stets unverzichtbare Voraussetzung ist, mit der Vorlage (kritisch) auseinandergesetzt wird, was in einem deutlichen und großen „inneren

---

257 *Knies*, Schranken der Kunstfreiheit als verfassungsrechtliches Problem, S. 112 ff., der auf S. 217 zu dem Ergebnis kommt, der Kunstbegriff unterliege im materiell-qualitativen Sinn einem „Definitionsverbot".

258 Vgl. im Rahmen von § 185 StGB BVerfGE 75, 369, 380.

259 *Schack*, Kunst und Recht, Rn. 4.

260 *Schmieder*, UFITA 1982/II, 63, 69.

261 BVerfG GRUR 2001, 149, 151 f. – Germania 3.

262 Diese Gedanken lässt die Rechtsprechung in die Auslegung von § 24 UrhG einfließen, sodass eine parodistische Auseinandersetzung nach deutschem Recht auch ohne ausdrückliche Privilegierung zulässig ist, vgl. BGH GRUR 1971, 588, 589 f. – Disney-Parodie; ablehnend *Platho*, GRUR 1992, 360, 362 ff., der eine verfassungskonforme Reduktion des § 23 UrhG fordert.

263 BGH GRUR 1994, 206, 208 – Alcolix.

Abstand" offensichtlich wird.[264] Das kommt im Regelfall durch die antithematische Behandlung zum Ausdruck,[265] wodurch das neue Werk seinem Wesen nach als selbstständig[266] anzusehen ist. Zusammenfassend verlangt somit die Anwendung und Auslegung urheberrechtlicher Ausnahmeregelungen eine kunstspezifische Betrachtung,[267] die Einschränkungen des Urheberrechts rechtfertigen kann.

c) Die Meinungsfreiheit, Art. 5 I 1 Hs. 1 GG

Der Meinungsfreiheit nach Art. 5 I 1 Hs. 1 GG als „eines der vornehmsten Menschenrechte überhaupt" kommt besondere Bedeutung zu, weil sie für die freiheitlich-demokratische Grundordnung „schlechthin konstituierend"[268] ist. Eine Meinung ist im Rahmen einer geistigen Kommunikation eine Äußerung, die von einem „Element der Stellungnahme, des Dafürhaltens oder Meinens" geprägt ist, wobei es auf die Richtigkeit, den Wert, die Rationalität, die Zweckverfolgung oder die Gefährlichkeit der Aussage nicht ankommt.[269] Art. 5 I 1 Hs. 1 GG schützt die Äußerung und Verbreitung von Meinungen, wobei es in einem entwicklungsoffenen Sinn nicht auf die Form der Kundgabe ankommt.[270]

Da Meinungen in Mitteilungen oder Tatsachenberichten eingekleidet sein können, ist es umstritten, ob reine Tatsachenbehauptungen ebenfalls Meinungen darstellen.[271] Tatsachenbehauptungen sind nach dem objektiven Sinn von Werturteilen zu unterscheiden. Bei ihnen überwiegt das tatsächliche Element das wertende, sodass sie der Überprüfung mittels des Wahrheitsbeweises zugänglich sind.[272] Das BVerfG lässt Tatsachenbehauptungen unter den Schutzbereich der Meinungsfreiheit fallen, wenn sie „Voraussetzung der Bildung von Meinungen"

---

264 BGH GRUR 1994, 191, 205 – Asterix-Persiflagen; BGH GRUR 2000, 703, 704 – Mattscheibe; BGH GRUR 2003, 956, 958 – Gies-Adler; *Hess*, Urheberrechtsprobleme der Parodie, S. 158 ff.

265 BGH GRUR 1971, 588, 589 – Disney-Parodie; *Wandtke*, ZUM 2005, 769, 773 f. mwN.

266 Das ist Tatbestandsvoraussetzung von § 24 UrhG, die durch eine äußere Interpretation des Werks nach seiner Formgebung nicht erfüllt werden könnte. Dafür bedarf es einer inneren Interpretation gemäß dem.

267 BVerfG GRUR 2016, 690, 692 f., Rn. 75, 85–87 – Metall auf Metall; BT-Drs. 18/12329, S. 26.

268 BVerfGE 7, 198, 208 – Lüth.

269 stRspr siehe BVerfGE 61, 1, 8 – Wahlkampf; BVerfGE 7, 198, 210 – Lüth; BVerfGE 33, 1, 14 f.

270 *Bethge*, in: *Sachs*, GG, Art. 5, Rn. 44; siehe zu ebensolchen elastischen Formulierungen, um die Stabilitätsfunktion der Verfassung ungeachtet wandelnder Lebenswirklichkeiten gewährleisten zu können, *Voßkuhle*, AöR 1994, 35, 52 f.

271 Vgl. *von der Decken*, in: *Schmidt-Bleibtreu/Hofmann/Henneke*, GG, Art. 5, Rn. 3a.

272 BVerfGE 90, 241, 247; BVerfGE 94, 1, 11.

sind.[273] Daher muss das Urheberrecht mittels Schrankenbestimmungen solche ermöglichen. Unwahre Tatsachenbehauptungen unterliegen hingegen nie dem Meinungsbegriff, weil unwahre Inhalte nicht zum Meinungsbildungsprozess beitragen können.[274]

Diesem weitreichenden und wichtigen Grundrecht trägt das Urheberrechtsgesetz an mehreren Stellen Rechnung. Das Urheberrecht darf nicht dazu führen, die Freiheit der Meinungsäußerung unangemessen zu beeinträchtigen. Das berücksichtigt das Urheberrechtsgesetz bereits bei der Ausgestaltung des Schutzgegenstands. Das nach § 2 UrhG geschützte Werk ist die bestimmte, vom Urheber gewählte individuelle Form, in der ein Gedanken geäußert wird. Die Ideen, Erkenntnisse und Informationen, die dem Gedanken zugrunde liegen, sind jedoch frei.[275] Auch in der Ausgestaltung der Schrankenregelungen wird der Meinungsfreiheit ganz konkret Bedeutung zugemessen. Beispielsweise die Herausbildung von Ansichten, Auffassungen, Einschätzungen, Stellungnahmen, Werturteilen und Überzeugungen wird in erheblichem Maße durch das Zitieren urheberrechtlich geschützter Werke unterstützt. Nur durch diese Wiedergabe können Meinungen belegt oder sich kritisch mit ihnen auseinandergesetzt werden. Sie sind demzufolge Voraussetzung der Meinungsbildung. Das Zitieren nach § 51 S. 1, 2 Nr. 2, 3, S. 3 UrhG kann somit vom Schutzbereich der Meinungsfreiheit umfasst sein.[276] Diese rechtfertigt mithin Eingriffe durch Schrankenregelungen in Art. 14 I GG.

d) Die Wissenschaftsfreiheit, Art. 5 III GG

Erfolgt das Zitat jedoch in einem selbstständigen wissenschaftlichen Werk zur Erläuterung des Inhalts iSv § 51 S. 2 Nr. 1 UrhG, unterliegt es der Wissenschaftsfreiheit, die in ihrem Anwendungsbereich lex specialis zur Meinungsfreiheit ist.[277] Die Wissenschaftsfreiheit nach Art. 5 III GG umfasst das „Recht auf Abwehr jeder staatlichen Einwirkung auf den Prozess der Gewinnung und Vermittlung wissenschaftlicher Erkenntnisse“[278]. Eben jene Vermittlung wird unterstützt durch die belegende Funktion eines Zitats. Noch vor der Vermittlung erfordert aber bereits die Gewinnung von wissenschaftlichen Erkenntnissen urheberrechtliche Schranken. Zur Generierung eigener Erkenntnisse muss sich mit fremden wissenschaftlichen Arbeitsergebnissen auseinandergesetzt werden können. Dafür ist es notwendig, diese zum eigenen wissenschaftlichen Gebrauch zu vervielfältigen. Aufgrund dieser Bedeutung erlaubt § 60c II UrhG die Vervielfältigung von 75 %

---

273 stRspr siehe BVerfGE 61, 1, 8 – Wahlkampf; BVerfGE 65, 1, 41.

274 BVerfGE 54, 208, 219.

275 *Bornkamm*, in: *Erdmann/Glory/Herber*, FS Piper, S. 641, 648.

276 Ebenso *Stieper*, Rechtfertigung der Schranken, S. 48; gegen *Löffler*, NJW 1980, 201, 204 f., der sich auf die Informationsfreiheit stützt.

277 BVerfGE 30, 173, 191; *Jarass*, in: *Jarass/Pieroth*, GG, Art. 5, Rn. 135.

278 BVerfGE 35, 79, 113 – Hochschulurteil.

eines fremden Werks für die eigene wissenschaftliche Forschung. In diesem Fall geht der Anwendungsbereich der Wissenschaftsfreiheit dem der Informationsfreiheit vor. Zahlreiche Regelungen des UrhWissG sind unter Berücksichtigung der Wissenschaftsfreiheit eingeführt worden.[279] §§ 60c I, III, 60d UrhG hätten ebenso als Beispiel angeführt werden können. Die Wissenschaftsfreiheit rechtfertigt demnach Begrenzungen des urheberrechtlichen Verwertungsrechts, was insbesondere in den Vorschriften des UrhWissG gemäß §§ 60a ff. UrhG zum Ausdruck kommt.

e) Die Kriterien der Rechtfertigung

Wenn sich der Gesetzgeber für Schrankentatbestände entscheidet, obliegt es nichtsdestominder der Jurisprudenz des Bundesverfassungsgerichts festzustellen, dass keine übermäßige Einschränkung vorliegt, die durch den sozialen Bezug des Eigentums nicht mehr gerechtfertigt werden kann.[280] Notwendig für die Verfassungsmäßigkeit einer Schranke ist, dass ein gesteigertes, gegenüber dem urheberrechtlichen Verwertungsschutz vorrangiges öffentliches Interesse besteht.[281] Dabei differenziert das Gericht danach, ob die durch die Schranke gewährte Zustimmungsfreiheit der Nutzung verfassungsgemäß ist und ob die möglicherweise angeordnete Vergütungsfreiheit ebenfalls verfassungsgemäß ist. Denn aus den urheberrechtlichen Grundannahmen folgt, dass der Urheber grundsätzlich selbst dann zu beteiligen ist, wenn die Nutzung zustimmungsfrei erlaubt ist. An die Vergütungsfreiheit sind verfassungsrechtlich wesentlich höhere Anforderungen zu stellen. Die Grundrechte Dritter müssten über die Zugangs- und Nutzungsmöglichkeit hinausgehend eine Vergütungsfreiheit zu rechtfertigen vermögen. Mehrfach hat das BVerfG ein vorrangiges öffentliches Interesse in seiner Rechtsprechungsgeschichte aufgrund der fehlenden Anordnung eines gesetzlichen Vergütungsanspruchs nicht erkennen können.[282] In einer Schrankenprivilegierung an sich hat das Bundesverfassungsgericht indessen bislang noch nie einen unverhältnismäßigen Eingriff in das Eigentum gesehen.

Aus diesen verfassungsrechtlichen sowie damit rechtspolitischen Leitlinien und Zielvorstellungen ergibt sich für die weitere Untersuchung die Vorgabe, dass ein die Schranke verdrängender Vertrag, so wie zuvor das Gesetz, nicht nur einen grundrechtlich gebotenen Nutzungsumfang für Dritte gewährleisten muss, sondern dass dabei vornehmlich die angemessene Vergütung des Urhebers garantiert werden muss. Aus verfassungsrechtlicher und rechtspolitischer Sicht kann der Vertragsvorbehalt folglich nur eine vertretbare Rechtsfigur sein, wenn er diese

---

279 So ausdrücklich BT-Drs. 18/12329, S. 24, 26.

280 BVerfGE 49, 382, 400 – Kirchenmusik; BVerfGE 79, 29, 41 – Vollzugsanstalten.

281 *Badura*, Eigentumsschutz, S. 25.

282 Vgl. zu § 46 UrhG aF BVerfGE 31, 229, 244 f. – Kirchen- und Schulgebrauch; zu § 52 I Nr. 2 Hs. 2 UrhG aF BVerfGE 49, 382, 399 f. – Kirchenmusik.

Prämisse zu erfüllen weiß. Diese Erkenntnis wird für die späteren Abwägungen bedeutend sein.[283]

2. Die Gebotenheit der Schranken

Bisher wurde gezeigt, dass die mit den Schrankenbestimmungen verknüpften Eingriffe in das Eigentumsrecht der Urheber nach Art. 14 I GG mit Blick auf dessen Sozialpflichtigkeit aufgrund verschiedener kollidierender Verfassungsgüter gerechtfertigt sein können. Für die spätere Untersuchung wird allerdings ebenfalls die umgekehrte Fragestellung wesentlich sein, nämlich ob die individuellen Grundrechte der Nutzer gegenüber dem Grundrechtsschutz des Urhebers eine Schrankenerlaubnis nicht nur rechtfertigen, sondern gar gebieten. Es stellt sich sonach die Frage, ob es das Urheberrecht selbst sein kann, welches der verfassungsrechtlichen Rechtfertigung bedarf, weil es unverhältnismäßig in Grundrechte der Nutzer eingreift. Wenn einzelne Schrankenregelungen geboten wären, würde ein anders lautendes Verbotsrecht des Urhebers eine Grundrechtsverletzung des Nutzers bedeuten. Ob dem so ist, soll nachfolgend geprüft werden. Dabei ist darauf hinzuweisen, dass das BVerfG darüber noch nie zu entscheiden hatte.[284]

Zur Untersuchung der Fragestellung soll erneut mit dem UrhWissG gearbeitet werden. Am Beispiel von § 60c II, III UrhG wurde gezeigt, dass die Wissenschaftsfreiheit eine Schranke zugunsten von Vervielfältigungen zum eigenen wissenschaftlichen Gebrauch mindestens rechtfertigt.[285] Fraglich ist, ob eine solche Schranke nicht aufgrund der Bedeutung der durch Art. 5 III GG ohne Gesetzesvorbehalt gewährten Wissenschaftsfreiheit, die mithin nur durch kollidierendes Verfassungsrecht eingeschränkt werden kann, sogar geboten ist. Die Wissenschafts- und Eigentumsfreiheit sind somit abzuwägen.

Die Geeignetheit und Erforderlichkeit einer solchen Schrankenbestimmung zur Erreichung des legitimen Zwecks können nicht grundsätzlich strittig sein. Die Frage nach der sachgerechten Größe des zur Vervielfältigung nutzbaren Werkumfangs soll dabei ausgeblendet werden. Vorliegend kommt es nur darauf an, ob die Vervielfältigungserlaubnis an sich geboten ist. Man könnte allenfalls überlegen, ob eine Begrenzung auf analoge Vervielfältigungen nicht ein gleich effektives, aber weniger einschneidendes Mittel wäre. Analoge Kopien vervielfältigen das Werk im Gegensatz zu digitalen nicht dauerhaft und ohne Qualitätsverlust. Die Herstellung analoger Ablichtungen substituiert daher den Erwerb eines Werkexemplars geringfügiger und beeinträchtigt demnach die Verwertungsinteressen weniger intensiv. Aber genau deswegen kann sie den Anforderungen moderner Forschung und wissenschaftlicher Arbeit nicht genügen. Analoge Kopien sind immer an einen

283 Siehe zu diesem Aspekt aus rechtspolitischer Perspektive I I 2. b) ee) (iii) sowie aus grundrechtlicher Sicht J II 2. c).

284 Vgl. *Stieper*, Rechtfertigung der Schranken, S. 45 mwN.

285 Siehe C II 1. d).

Ort gebunden und werden in größerer Anzahl unübersichtlich. Suchfunktionen und Verlinkungen sind entscheidende Vorteile bei der Arbeit mit einem digitalen Vervielfältigungsstück am Computer. Ein solches kann nicht ohne Weiteres verloren oder zerstört werden. Daher entspricht die digitale Vervielfältigung den nicht mehr wegzudenkenden Bedürfnissen der zeitgemäßen Wissenschaft. Nutzungsmöglichkeiten müssen technologieoffen ausgestattet werden. Eine Beschränkung der Schrankenregelung ist folglich nicht erforderlich. Entscheidend ist demzufolge die Verhältnismäßigkeit im engeren Sinn.

Bei der Angemessenheitsprüfung ist zunächst die Bedeutung der Grundrechte anzuerkennen. Die urheberrechtliche Schrankenbestimmung stellt eine Inhalts- und Schrankenbestimmung iSv Art. 14 I 2 GG und keine Enteignung nach Art. 14 III GG dar. Eine solche unterliegt im Gegensatz zur Wissenschaftsfreiheit nicht nur verfassungsimmanenten Schranken, sondern lediglich einem einfachen Gesetzesvorbehalt.

Erheblich ist weiterhin die Betroffenheit der berührten Interessen. Die Vermögensinteressen des Urhebers werden durch einzelne Vervielfältigungen eines Wissenschaftlers ohne Verbreitung oder Zugänglichmachung des Vervielfältigungsstücks geringfügig beeinträchtigt. Das gilt insbesondere, wenn man bedenkt, dass dem grundrechtlich geschützten Interesse, angemessen für die Nutzung vergütet zu werden, durch einen gesetzlichen Vergütungsanspruch Rechnung getragen werden kann. So sieht es § 60h I 2 UrhG iVm §§ 54 ff. UrhG bereits vor. Die urheberpersönlichkeitsrechtlichen Interessen werden noch weniger berührt. Vielmehr kann infolge der Vervielfältigung und anschließenden Auseinandersetzung die eigene Forschung des Urhebers größere Anerkennung finden, indem sie verstärkt beachtet wird, sich vermehrt mit ihr auseinandergesetzt wird und sie folglich in der öffentlichen Diskussion eine erhöhte Bedeutung erfährt. Die Vervielfältigung des Forschenden führt also mittelbar über den Weg der geistigen Auseinandersetzung zur Förderung des Rufs des Urhebers sowie zur Wissensmehrung und Generierung wissenschaftlichen Fortschritts zugunsten der Allgemeinheit.

Neben diesen geringfügig tangierten Urheberinteressen ist die enorme Bedeutung von Vervielfältigungen für Wissenschaftler und Forscher anzuerkennen, die sich mit Werken auseinandersetzen. Wissenschaftler sind für Forschungszwecke auf Vervielfältigungsstücke, auf die wiederholte Wahrnehmbarkeit von Informationen angewiesen. Um sich beispielsweise kulturwissenschaftlich mit einem Foto oder Film beschäftigen zu können, muss man mindestens Teile davon vervielfältigen können. Das ermöglicht eine dauerhafte Betrachtung unabhängig von anderen Zugangsmöglichkeiten und eine Auswertung mit technischen Mitteln wie dem Schneiden und in ihrer Reihenfolge Verändern von Szenen, dem Vergrößern und Übereinanderlegen von Bildern. Zur Auseinandersetzung mit Sprachwerken ist aus wissenschaftlicher Sicht die Vervielfältigung zur dauerhaften Betrachtung sowie Markierung und Beifügung von Anmerkungen oder Notizen schlichtweg Voraussetzung für ein effektives und erkenntnisreiches Arbeiten.

In Abwägung dieser Kriterien ist es als unverhältnismäßige Einschränkung der wissenschaftlichen Arbeit anzusehen, wenn der Wissenschaftler für jede einzelne

Vervielfältigung zum Zweck der eigenen wissenschaftlichen Forschung jeweils eine Lizenz einholen müsste.

Das „Recht auf Abwehr jeder staatlichen Einwirkung auf den Prozess der Gewinnung (...) wissenschaftlicher Erkenntnisse“[286] würde also durch die staatliche Gewährung eines gesetzlichen Verbotsrechts des Urhebers verletzt werden, das jegliche Vervielfältigung zum eigenen wissenschaftlichen Gebrauch umfasst. Eine Schranke wie § 60c II, III UrhG, die Vervielfältigungen zum eigenen wissenschaftlichen Gebrauch grundsätzlich ermöglicht, ist demzufolge nicht nur verfassungsrechtlich gerechtfertigt, sondern sogar verfassungsrechtlich geboten. Eine gegenläufige Ausgestaltung des Urheberrechts würde andersherum formuliert eine unverhältnismäßige Verletzung der Wissenschaftsfreiheit bedeuten.

3. Zwischenergebnis

Die Vermögensrechte sind in ihrem Kernbestand verfassungsrechtlich durch Art. 14 I GG gesichert. Doch als Eigentumsrecht soll ihr Gebrauch gemäß Art. 14 II GG zugleich dem Wohl der Allgemeinheit dienen. Alle urheberrechtlichen Schranken sind demzufolge Ausdruck der Sozialpflichtigkeit des Urheberrechts. Bis zur Grenze der Unverhältnismäßigkeit steht dem Gesetzgeber bei ihrer Ausgestaltung ein weiter Entscheidungsspielraum zu. Beispielsweise verfolgte der Gesetzgeber mit der Einführung der Terminal-Schranke an elektronischen Leseplätzen in § 52b UrhG aF, nun neugestaltet in § 60e IV UrhG, folgendes Ziel: „Mit der Regelung wird dem Bildungsauftrag der genannten Einrichtungen Rechnung getragen und zugleich ein Schritt zur Förderung der Medienkompetenz der Bevölkerung unternommen.“[287] Dieses Ziel wird wohl verfassungsrechtlich zulässig sein, eine verfassungsrechtliche Gebotenheit der Schrankenregelung lässt sich jedoch keinesfalls erkennen.

Andere Schranken hingegen werden durch gewichtige Kommunikationsgrundrechte gerechtfertigt. Bei ihrer Ausgestaltung ist der Spielraum des Gesetzgebers deutlich eingeschränkter. Der Vertragsvorbehalt sowie § 60g UrhG prägen das Schrankenverständnis erheblich und müssen sich deswegen innerhalb dieses Spielraums bewegen. Es wird zu hinterfragen sein, ob die durch die Schranke gesicherten Grundrechte durch den Vorbehalt gleich effektiv zur Geltung gebracht werden können. Darüber hinaus wird es zu berücksichtigen sein, dass manche Nutzungserlaubnisse nicht nur gerechtfertigt, sondern gar verfassungsrechtlich geboten sind. Das ist beispielhaft an der Erlaubnis zur Vervielfältigung zur wissenschaftlichen Forschung gezeigt worden.

---

286 BVerfGE 35, 79, 113 – Hochschulurteil.

287 BT-Drs. 16/1828, S. 26.

III Funktionen des Urheberrechts

Gemessen an seiner kulturellen, sozialen und ökonomischen Bedeutung kommen dem Urheberrecht ausgehend von seiner Grundrechtsrelevanz verschiedene Funktionen zu.[288] Gerade die kulturelle Dimension, mit der die soziale wiederum eng verknüpft ist, weist einen starken verfassungsrechtlichen Bezug auf. Weil sich die Schranken teilweise aus den Wirkungsrichtungen des Urheberrechts ergeben, werden die Funktionen des Urheberrechts an nachfolgender Stelle dargelegt. Wenn später das UrhWissG dargestellt werden wird, wird auf diese zurückzukommen sein. Denn eine veränderte Betonung einer einzelnen Funktionsweise kann zu einer andersartigen Positionierung bezüglich des Vertragsvorbehalts führen. Letztendlich gibt nämlich die präferierte Wirkungsrichtung des Rechts seine vorzunehmende Ausgestaltung vor.

1. Kommunikationsfunktion

Das Urheberrecht ist ein Kommunikationsrecht.[289] Die Urheber jeder Kulturstufe gewinnen ihre Formgebung aus dem in der Vergangenheit und Gegenwart angesammelten Schatz. Die Konsumtion und anschließende Werkschöpfung geschehen im Regelfall nicht zum Selbstzweck, sondern um alsdann in Beziehung zu Menschen der Gegenwart oder Zukunft zu treten. Sowohl der Genuss vorhandener Werke als auch die Aneignung angehäufter Kultur sind Kommunikationsprozesse zwischen einem Urheber und einem Konsumenten.[290] Das für ein Publikum geschaffene Werk ist auf Kommunikation gerichtet. Das ist schon immer so gewesen, doch die Kommunikationsbedingungen haben sich mit dem Medium Internet verändert. Dementsprechend musste sich das Urheberrecht mitverändern.[291]

---

288 *Wandtke*, UFITA 1993/III, 5, 5 ff.

289 Bereits bei *Schricker*, in: *Schricker*, UrhR, 1. Auflage, Einl., Rn. 7 heißt es, das Urheberrecht diene „dem Schutz qualifizierter menschlicher Kommunikation".

290 *Wandtke*, Urheberrecht, Kap. 1, Rn. 55.

291 Dieser Prozess ist bei weitem noch nicht abgeschlossen. Bereits jetzt lassen sich verschiedene Entwicklungsphasen ausmachen, vgl. *Wiebe*, GRUR 2011, 888, 888 ff., der auf S. 895 von einem „Kulturkampf" spricht. Zunächst wurde mit einer kontinuierlichen Stärkung der Rechteinhaber und einer Ausweitung des Urheberrechts reagiert; siehe zur Kritik daran *Hansen*, Warum Urheberrecht?, S. 1 f. Anschließend wurde gleich einem zurückschlagenden Pendel versucht, das Urheberrecht wieder einzugrenzen. Internetnutzer werden immer weiter auf die Bedeutung und Anerkennung der Kommunikationsfreiheit im Netz drängen. Da das utilitaristische Copyrightsystem von vornherein viel stärker auf einen Ausgleich mit dem Interesse an Meinungsfreiheit angelegt ist, hat es nunmehr weniger Probleme mit dem Internet, *Förster*, Fair Use, S. 146 ff.

Die Kommunikationsfunktion ergibt sich aus einem Zusammenwirken der Sozialpflichtigkeit des Urheberrechts, der Meinungsfreiheit und insbesondere der Informationsfreiheit. Informationen sind in der Wissensgesellschaft und damit zugleich für die weitere gesellschaftliche Entwicklung von zentraler Bedeutung.[292] Das Urheberrecht muss einen angemessenen Interessenausgleich finden. Die hinter der Formgebung verborgenen Informationen müssen in angemessener Weise konsumiert, verarbeitet und wiedergegeben werden können. Dabei können neben dem Vertragsrecht Schrankenregelungen eine wesentliche Rolle spielen. Der Vertragsvorbehalt darf folglich nicht dazu führen, dass über die Einschränkung von Nutzungserlaubnissen die Kommunikationsfunktion und die dahinterstehenden Grundrechte unangemessen verkürzt werden.

2. Schutzfunktion

Weil die Grundrechte privatrechtliche Beziehungen mittelbar beeinflussen, ist das Urheberrecht immer vor dem Hintergrund des Schutzes der ihm zugrundeliegenden Grundrechte zu sehen.[293] Wie dargelegt werden die über Art. 14 GG geschützten materiellen Interessen der Urheber über die Verwertungsrechte berücksichtigt. Auf der anderen Seite ist das Urheberrecht auf die Wahrung der ideellen Interessen in Form der Urheberpersönlichkeitsrechte gerichtet, denen die Menschenwürde und die freie Entfaltung der Persönlichkeit, also Art. 1 I GG und Art. 2 I GG, zugrunde liegen. In den Regelungen zur Bekämpfung von Urheberrechtsverletzungen, die zivil- und strafrechtliche Rechtsfolgen auslösen können, vgl. §§ 97 ff. UrhG und §§ 106 ff. UrhG, kommt der Schutzgedanke besonders zum Ausdruck; aber nicht nur, denn zum Schutzkonzept gehören beispielsweise gleichermaßen Fragen zum Schutzniveau.[294] Obgleich seit jeher ein Interessenausgleich dem Urheberrecht inhärent ist und es das Urheberrecht als seine Aufgabe ansieht, den Konsumenten am kulturellen Reichtum teilhaben zu lassen, muss das Urheberrecht Prioritäten setzen, wenn es um strittige Fragen in der Sphäre zwischen der Sicherung der individuellen Reproduktion des Urhebers durch das traditionelle Individualrecht und der Sicherung des Zugangs zur Kultur und deren Förderung geht.[295] Denn auch das Urheberrecht der Neuzeit im Spannungsfeld von Industrie-, Kultur- und Sozialpolitik ist immer noch ein Individualrecht zum Schutz des Urhebers,[296] basierend auf einer Weiterentwicklung der theoretischen Grundlagen des kontinentaleuropäischen Denkens im Sinn des geistigen Eigentums. Vor diesem Hintergrund muss jede Schranke sorgsam bedacht sein. Sie bedarf eines überzeugenden rechtstatsächlichen Hintergrunds und einer schonenden Ausgestaltung.

292 *Wiebe*, GRUR 2011, 888, 895.

293 Vgl. am Beispiel des Beteiligungsgrundsatzes BGH GRUR 2013, 717, 721 – Covermount.

294 *Wandtke*, Urheberrecht, Kap. 1, Rn. 56.

295 *Wandtke*, UFITA 1993/III, 5, 9.

296 *Schricker*, GRUR 1992, 242, 246.

Reduktionen des gesetzlichen Nutzungsumfangs als Folge vorrangiger Verträge stärken das Ausschließlichkeitsrecht und könnten somit vordergründig dem Schutzgedanke gerecht werden. Den schonenden Ausgleich müssten sie jedoch ebenso gewährleisten.

3. Vergütungsfunktion

Die geschaffenen Werke stellen einen Vermögenswert innerhalb der Wissenschafts-, Literatur und Kunstproduktion dar. Verteilungsfragen sind zu lösender Kernbestandteil jeder Wirtschaftsordnung. Dem Urheberrecht wird die Funktion zuteil, die Vergütung des Urhebers zu gewährleisten.[297] Insbesondere mit Blick auf den freischaffenden Urheber, der als Prototyp dem Urheberrechtsgesetz zugrunde liegt, muss die vermögensrechtliche Zuordnung des geistigen Eigentums als existenzsichernd angesehen werden. Im Hinblick auf diese immense Bedeutung liegt es nahe, die Vergütungsfunktion separat aufzuzählen, obzwar darin ein Unterfall der materiellen Schutzfunktion gesehen werden könnte. Die Vergütungsfunktion wird einerseits über die vertraglichen Vergütungsansprüche[298] des Urhebers gewährleistet. Dem Urheber steht ein positives Nutzungsrecht zu. Daran kann er Lizenzen einräumen. Als Gegenleistung für die Rechtseinräumung muss der Verwerter eine nach dem Wert der wirtschaftlichen Nutzung angemessene Vergütung zahlen. Neben dem positiven Nutzungsrecht enthält der Urheber grundsätzlich die Befugnis, Dritte von der Einwirkung auszuschließen. Dieses negative Verbotsrecht greift jedoch nicht, wenn der Tatbestand einer gesetzlichen Schranke erfüllt ist. In diesem Fall kann der Nutzer zustimmungsfrei nutzen. Doch das Urheberrechtsgesetz kennt gesetzliche Vergütungsansprüche wie § 60h I UrhG, die in der Regel durch die Verwertungsgesellschaften durchgesetzt werden. Sie werden dem Urheber als Ausgleich für den Ausschluss seines Verbotsrechts gewährt. Den Gründen des allgemeinen Wohls muss erst dann ein Vorrang vor den Belangen des Urhebers zukommen, wenn ihm entgegen dem Inhalt der Eigentumsgarantie nach Art. 14 GG der wirtschaftliche Nutzen seiner Arbeit nicht mehr zugeordnet werden soll.[299]

Für den Vertragsvorbehalt bedeutet das, dass für ihn entweder ebensolche Gründe streiten müssen oder dass dennoch gewährleistet sein muss, dass dem Urheber eine angemessene Vergütung sichergestellt ist. Andernfalls würde die scheinbare Stärkung der Schutzfunktion aufgehoben werden, wenn zwar der Rechteinhaber ökonomisch profitiert, aber der Urheber für Nutzungshandlungen nicht vergütet wird. Die Zuordnung eines gesetzlichen Vergütungsanspruchs ist

297 *Wandtke*, Urheberrecht, Kap. 1, Rn. 51 ff.

298 Sie sind Ausdruck einer Grundsatzentscheidung bezüglich der Zuordnung, ohne dass sich eine konkrete urheberrechtliche Vergütung in ganz bestimmter Höhe verfassungsrechtlich ableiten lässt, *Obergfell*, in: *Obergfell*, 10 Jahre reformiertes Urhebervertragsrecht, S. 7, 10 ff.

299 BVerfG GRUR 2010, 332, 334 – Filmurheberrecht.

die verfassungsrechtlich gebotene Kompensation des Urhebers für die anfängliche Einschränkung seines Ausschließlichkeitsrechts.[300] Sie gebührt daher primär ihm und nicht dem Verwerter.

4. Innovationsfunktion

Das kontinentaleuropäische Droit d'auteur-System betont nicht derart die wirtschaftlichen Aspekte wie das Copyright-System des angloamerikanischen Rechtsraums.[301] Dessen ausgeprägter Investitionsschutz stellt das Urheberrecht als Urheberschutzrecht letztlich in Frage.[302] Dennoch wurde aufgezeigt, dass in den theoretischen Grundlagen des deutschen Urheberrechts überindividuelle Schutzzwecke gleichfalls eine Berechtigung erfahren.[303] Die naturrechtliche Begründung des subjektiven Ausschlussrechts darf nicht ausschließlich gelten. Die überindividuellen Schutzzwecke können in den Grundrechten Dritter liegen. Das Urheberrecht ist damit ebenfalls ein Instrument zur kulturellen und kulturwirtschaftlichen Förderung.[304] Das zeigt sich in der Doppelnatur der gesetzlichen und vertraglichen Vergütungsansprüche.[305] Neben der Gewährleistung der Vergütung des Urhebers soll eben dadurch ein Anreiz für den Fortschritt von Literatur, Wissenschaft und Kunst geboten werden. So wirkt das Urheberrecht wirtschaftlich stimulierend und wettbewerbsfördernd. Der Urheber will wirtschaftliche Früchte ernten. Daher wird er werkschöpfend tätig. Weil jedes Werk aufgrund seiner individuellen Formgestaltung innovativ ist, ist der Urheber letztendlich stets Innovator.[306]

Gerade in der heutigen Zeit wird diesem Umstand wieder besondere Aufmerksamkeit geschenkt. Denn der Übergang vom wissenschaftlich-technischen ins technologische Zeitalter ist noch nicht abgeschlossen. Technologische Prozesse, Computer und Software begleiten die Produktion, aber insbesondere auch die Reproduktion und Reproduzierbarkeit von Werken. Die Zugänglichkeit zu massenhafter Reproduktion hat bereits im 20. Jahrhundert im Zug der Erfindung von Rundfunk und Schallplatte angefangen, das einmalige Dasein eines Werks an einem Ort zu ersetzen.[307] Weil das Urheberrecht die Werkschöpfung, -verwertung und -verbreitung regelt, hat es das Potential, den notwendigen Innovationsprozess

---

300 *Hohagen*, in: *Ohly/Bodewig/Dreier*, FS Schricker II, S. 353, 360.

301 *Peifer*, Individualität im Zivilrecht, S. 62 f.; *Peukert*, GRUR Int. 2002, 1012, 1012 f.; *Ramsauer*, Geistiges Eigentum und kulturelle Identität, S. 75 f.; a.A. *Rigamonti*, Geistiges Eigentum, S. 146, der das deutsche Immaterialgüterrecht als „vom Naturrecht gesäubert" ansieht.

302 *Hansen*, Warum Urheberrecht?, S. 45.

303 Vgl. dazu bereits B IV 1.

304 *Schricker*, GRUR 1992, 242, 246.

305 *Wandtke*, Urheberrecht, Kap. 1, Rn. 53.

306 *Kirchner*, GRUR Int. 2004, 603, 603.

307 *Benjamin*, Allegorien kultureller Erfahrung, S. 410 ff.

im 21. Jahrhundert weiterhin zu fördern.[308] Es werden fortlaufend neue Werkarten und Kulturindustrien entstehen. Letzten Endes ist neben dem traditionellen Markt ein virtueller entstanden,[309] der noch weiterwachsen wird. So wird die ökonomische Bedeutung der geistigen Produktion gleichermaßen einen noch höheren Stellenwert erfahren.

Zusammenfassend beeinflusst die technologische Entwicklung das Urheberrecht so, wie das Urheberrecht selbst die technologische Entwicklung beeinflusst. Da die Schranken wesentlich das Urheberrecht prägen, werden sie auch in Zukunft eine lenkende Wirkung auf die technologische Entwicklung in der Informations- und Wissensgesellschaft entfalten.[310]

Hier schlägt sich ein Bogen zur bereits thematisierten Informationsfreiheit. Aufgrund der erreichten Innovation werden Informationen eine immer wichtigere Rolle spielen. Wegen der neuen Qualität der Reproduzierbarkeit stellen Werke mittlerweile ein Informationsgut dar, das im Internet weder verbraucht werden noch an Güte einbüßen kann. So wird ihre Bedeutung weiter anwachsen. Daneben muss das Geld erwirtschaftet werden, analoge Altbestände digitalisieren zu können. Letztlich gelangt der freie Informationsfluss in der digitalisierten Welt aufgrund seiner Umsetzbarkeit noch zentraler in den Fokus, als wir es aus der analogen Welt kennen. Bereits heute diskutiert die Urheberrechtswissenschaft in zahlreichen Beispielen, ob das Urheberrecht diesen angemessen berücksichtigt. So soll § 87f UrhG nach seiner amtlichen Begründung lediglich die wirtschaftliche, organisatorische und technische Leistung des Presseverlegers schützen.[311] Es war dennoch in der Debatte, die seine Entstehung begleitet hat, höchst umstritten, ob die Einführung eines solchen Rechts am Informationsinteresse der Allgemeinheit scheitern sollte.[312] Der Gesetzgeber sah sich infolgedessen veranlasst, mehrfach zu betonen: „Der Informationsfluss im Internet wird durch die vorgeschlagene Regelung nicht beeinträchtigt."[313] Mit Art. 15 DSM-RL kennt nun das unionale Urheberrecht ebenso ein Leistungsschutzrecht für Presseverleger. Erneut war die Einführung von ebenjener Kritik begleitet.[314] Als Konsequenz aus der Digitalisierung wird uns der zutreffende Schutz und Umgang mit Informationen zukünftig unablässig beschäftigen. Denn im Zug der technologischen Erfassung, Sammlung, Speicherung, Verarbeitung, Kategorisierung, Auswertung und Wiedergabe von massenweise Daten, des Einsatzes elektronischer Medien und des

---

308 *Wandtke*, Urheberrecht, Kap. 1, Rn. 50.

309 Ausführlich dazu *Wandtke*, GRUR 2002, 1, 1 ff.

310 *Hoeren*, MMR 2000, 3, 3 bezeichnet das Urheberrecht als die „Magna Charta" der Informationsgesellschaft.

311 BT-Drs. 17/11470, S. 8; dazu *Jani*, in: *Wandtke/Bullinger*, UrhR, § 87f, Rn. 1.

312 Vgl. *Ensthaler/Blanz*, GRUR 2012, 1104, 1106 f.

313 BT-Drs. 17/11470, S. 6, 8.

314 Vgl. *Koroch*, GRUR 2017, 127, 131 f.

die Weltbevölkerung vernetzenden Internets, der Entwicklung von globalen, virtuellen Informationsmärkten[315] kann man von einem digitalen Informationszeitalter sprechen.[316] Dieses wird durch die Schranken als gesetzliche Zugangs- und Nutzungsmöglichkeiten gepaart mit den gesetzlichen Vergütungsansprüchen als Anreize mitausgestaltet.

Es wird in der späteren Untersuchung zu fragen sein, ob dafür unabdingbare Entscheidungen des Gesetzgebers der beste Weg sind. Zu hinterfragen ist, ob eine Abdingbarkeit, die wirtschaftswissenschaftlich gesehen eine Liberalisierung bedeutet, dieser gestalterischen Funktion des Urheberrechts nicht besser gerecht werden könnte. Der Vertragsvorbehalt als Betonung ökonomischer Interessen muss somit vor dem Hintergrund gesehen werden, ob er nicht geeignet ist, über Stärkungen der Rechteinhaber das Kapital zu beschaffen, was erforderlich ist, um im gesamtgesellschaftlichen Interesse die notwendige Infrastruktur in Deutschland für ein digitalisiertes Informationszeitalter zu schaffen.

IV Gesamtergebnis

Während die Urheberpersönlichkeitsrechte über Art. 2 I iVm Art. 1 I GG geschützt werden und ihre Einschränkung höheren Hürden unterliegt, sind die Verwertungsrechte in ihrem Kernbestand über Art. 14 I GG gewährleistet. Daraus folgt die grundsätzlich gebotene Zuordnung aller Vermögensrechte an den Urheber. Doch die Kommunikationsgrundrechte, insbesondere die Informations-, Kunst-, Meinungs- und Wissenschaftsfreiheit würden im Widerspruch zu uneingeschränkten Verwertungsrechten stehen. Denn die geistige Auseinandersetzung mit fremden Werken und die Aufnahme deren Inhalte gehört zum Wesen geistig-schöpferischer Tätigkeit.[317] Die Schranken sind folglich Ausdruck der Sozialbindung des Eigentums nach Art. 14 II GG. Jene grundrechtlich geschützten Interessen müssen gemäß Art. 14 I 2 GG mit dem Grundrecht des Urhebers in einen gerechten Ausgleich gebracht werden. Wesentlich für deren Ausgestaltung ist, dass der Gesetzgeber stets einen sorgfältigen, gerechten, ausgewogenen, angemessenen und alle Umstände und Interessen einbeziehenden Abwägungsvorgang durchlaufen muss, um die verschiedenen Grundrechtspositionen nach dem Grundsatz der praktischen

315 Gemeint sind alle Kenntnisse, Formen der Produktion, Aufbereitung, Verteilung, Vermittlung und Nutzung von Wissen und Information, was zu einer Kommerzialisierung von Wissen führen kann. Vgl. zu den Strukturmerkmalen des Informationsmarkts *Kuhlen*, Informationsmarkt, S. 105 ff.

316 So sieht exemplarisch für den Bereich der Bibliotheken *Duppelfeld*, Das Urheberrecht der Bibliotheken im Informationszeitalter, S. 48 ff. einen Paradigmenwechsel aufgrund des Informationszeitalters als erfolgt an.

317 Hier korrespondiert die grundrechtliche Wertung mit der historischen Erkenntnis der Sozialbindung des Urheberrechts, siehe dazu bereits B I 6. a), II 4., IV 4.

Konkordanz in ein wohldurchdachtes Verhältnis zu bringen. Im Ergebnis geht es bei der Ausgestaltung des Ausschließlichkeitsrechts durch Grenzziehung um die möglichst effektive Verwirklichung, um die bestmögliche Entfaltung aller Grundrechtspositionen. Dabei sind keine pauschalen Zuordnungen zulässig. Die Grundrechte Dritter erfordern Begrenzungen des Schutzrechts des Urhebers, was dessen Kommunikationsfunktion belegt. Zugleich rechtfertigen die Interessen der Allgemeinheit unter utilitaristischen Gesichtspunkten das Bestehen eines innovativen Urheberrechts.[318] Umfangreiche Individualrechte können ein Motor für Innovation sein. Je nach Sachverhalt kann neben dem Urheber auch die Gesellschaft ein Interesse an einem möglichst umfassenden Urheberrechtsschutz oder an Schutzrechtsbegrenzungen haben. Man erkennt, wie kompliziert die Schrankenausgestaltung ist. Diesen komplexen Anforderungen müsste der Vertragsvorbehalt gerecht werden können. Denn er unterwirft den zum Teil äußerst grundrechtsrelevanten Bereich urheberrechtlicher Schranken der Disposition durch Privatrechtssubjekte. Zu fragen ist, ob Vertragsparteien die Qualität mitbringen, den schonenden Ausgleich ebenso wie der Gesetzgeber wahren zu können. Gegebenenfalls könnte ein voraussetzungsloser Vertragsvorbehalt nur unter Berücksichtigung des Aspekts des freiwilligen Grundrechtsverzichts des Schrankenprivilegierten bewertet werden.

Resultat der Grundrechtsabwägung ist die einfachgesetzliche Festlegung des Schutzrechtsumfangs. Letzten Endes wird dabei über die gleiche Kernfrage wie in der im vorgegangenen Kapitel dargestellten geschichtlichen, gesellschaftlichen, ökonomischen und philosophischen Diskussion gestritten: Wo liegt die konsensfähige Schnittstelle, an der die rechtliche Regelung eine Verknüpfung gegenläufiger Pole bilden kann, die so beide Interessen und Positionen zur bestmöglichen Entfaltung bringt? Unabhängig davon, ob die Juristerei über das Grundrecht auf Eigentum einerseits und Kommunikationsgrundrechte andererseits streitet, die Ökonomie über Kapitalismus sowie Liberalismus einerseits und Sozialismus andererseits, die Philosophie über Individualismus einerseits und Utilitarismus andererseits, die Gesellschaftswissenschaften und die Politik über die Eigen- und Fremdnützigkeit von Gütern sowie über die Eigen- und Fremdverantwortung von Menschen, geht es inhaltlich in allen Diskussionen um das Verständnis des Einzelnen zur Allgemeinheit. Das Urheberrecht selbst bewegt sich per definitionem an genau dieser Schnittstelle.

Das umrissene Spannungsfeld ist in allen Zeiten von der Urheberrechtswissenschaft thematisiert worden. Dabei ist über den konkreten Umfang der gesetzlichen Nutzungserlaubnisse gestritten worden. Der Gedanke eines Vertragsvorbehalts

---

318 So ebenfalls *Schricker*, GRUR 1992, 242, 246: „Das Allgemeininteresse ist nicht nur Schranke, sondern auch Schutzgrund des Urheberrechts." Ebenso BVerfGE 79, 29, 40 – Vollzugsanstalten: „Das Gemeinwohl ist allerdings nicht nur Grund, sondern auch Grenze für die dem Eigentümer aufzuerlegenden Beschränkungen.".

wirft nunmehr in einem liberalen Geist eine ganz neue Frage auf: Wer soll im Grunde genommen darüber entscheiden, in welchen Schutzrechtsgrenzen die Rechte und Interessen aller am effektivsten zur Geltung kommen? Gegenstand der Untersuchung ist demgemäß gar nicht der konkrete Schutzrechtsumfang einer einzelnen Erlaubnisnorm, sondern die Deutungshoheit darüber. Deswegen verzichtet vorliegende Untersuchung abgesehen von der Auslegung des § 60g UrhG auf eine Begutachtung und Interpretation einzelner Schrankenerlaubnisse und diskutiert allgemein die Vor- und Nachteile des Vertragsvorbehalts. Bei Erlass des Urheberrechtsgesetzes hat dieses jene eben aufgeworfene Frage eindeutig beantwortet: der Gesetzgeber. Doch ist diese Einschränkung der Vertragsgestaltungsfreiheit nach wie vor sach- und interessengerecht? Ein demokratischer Rechtsstaat hat grundsätzlich die Freiheit der Privatrechtssubjekte zu achten, in eigener Verantwortung ihre Privatrechtsverhältnisse ausgestalten zu dürfen. Infolgedessen wird die Privatautonomie als „Selbstbestimmung des Einzelnen im Rechtsleben"[319] grundrechtlich geschützt. Heutzutage schafft die Technologie direkte Vertragsschlussmöglichkeiten und Mechanismen zur Überwachung und Einhaltung der Vertragsinhalte. Die modernen Voraussetzungen werfen die Frage auf, warum der Gesetzgeber besser als der durch eine Schranke Privilegierte und der dadurch in seinen Nutzungsrechten beschränkte Rechteinhaber wissen sollte, durch welche Ausgestaltung des Rechtsverhältnisses den Interessen der Vertragsparteien am besten gedient ist.

Es ist dabei jedoch zu hinterfragen, aus welcher Motivation heraus die dargelegten Überlegungen durchgeführt werden. Wem nützt der Vertragsvorbehalt und zu wessen Lasten wirkt er sich aus? Daran schließt sich die Fragestellung an, ob das Urheberrecht primär dessen Interessen dienen sollte oder ob nicht anderen erstrangig Genüge zu leisten ist. Mithin greift die Fragestellung nach der Schutzrichtung und damit Aufgabenstellung des Urheberrechts in der digitalisierten Welt.

---

319 BVerfG NJW 1996, 2021, 2021.

D Auslegung von urheberrechtlichen Schranken und Verträgen

Das im Rahmen der Grundrechtsrelevanz der Schranken dargelegte dialektische Verhältnis prägt desgleichen die in der Geschichte des Urheberrechtsgesetzes stets diskutierte Frage, wie urheberrechtliche Schranken auszulegen sind. Die verfassungsrechtlich garantierten Freiheiten sind dabei ebenso zu berücksichtigen wie die Gebote einer wenn auch sozialpflichtigen Eigentumsordnung. Eine überzeugende Auslegungsmethodik hat diese scheinbaren Widersprüche zu berücksichtigen und in einer weitsichtigen Art des Vorgehens zu vereinheitlichen. Die äußerste Grenze jeglicher Auslegung muss erreicht werden, wenn der mit der Schranke verbundene Eingriff in Art. 14 I GG als unverhältnismäßig anzusehen ist.[320] Im folgenden Kapitel soll der bis zu dieser Grenze weite Bereich der Auslegungsmöglichkeiten betrachtet werden (I). Es wird sich später zeigen, dass die Wahl des Auslegungskanons ein Argument für oder gegen einen Vertragsvorbehalt sein kann. Anschließend soll sich unter der Annahme privatautonomer Disponibilität urheberrechtlicher Schranken der Auslegung vertraglicher Bestimmungen im Anwendungsbereich urheberrechtlicher Schranken zugewendet werden (II 2.). Das ist eine für die Praxis wesentliche Aufgabenstellung, die vom Vertragsvorbehalt aufgeworfen wird. Zur Vervollständigung soll zuvor kurz die Auslegung vertraglicher Bestimmungen allgemein dargelegt werden (II 1.).

I Auslegung von urheberrechtlichen Schranken

Die Auslegung prägt maßgeblich die Wirkung und Bedeutung der Schranken. Dadurch kann sie Auswirkung auf den Reformbedarf im Bereich der Schranken ausüben. Um anschließend eine Kontextualisierung der Auslegung zu gegenüber Schranken vorrangigen Verträgen erzielen zu können, soll eingangs die Auslegung urheberrechtlicher Schranken betrachtet werden.

Aus der Grundrechtsrelevanz des Urheberrechts und seiner Schranken hat sich bereits ergeben, dass die konkrete Ausgestaltung des Urheberrechts nach Art. 14 I 2 GG zuvörderst dem Gesetzgeber obliegt.[321] Infolgedessen ist der Ausgangspunkt aller Auslegung die Annahme, dass der Gesetzgeber die ihm obliegende Güterabwägung vorangehend bei der Ausgestaltung des Schrankenkatalogs grundsätzlich

---

320 *Reschke*, Die verfassungs- und dreistufentestkonforme Auslegung der Schranken, S. 47.

321 Zutreffend weist *Rehse*, Zulässigkeit und Grenzen der Schranken, S. 32 auf die „Normsetzungsprärogative des Gesetzgebers“ hin.

abschließend vorgenommen hat.[322] Daher kann außerhalb der urheberrechtlichen Tatbestände keine freischwebende Güterabwägung erfolgen.[323] Es ist dem Zivilrichter angesichts seiner Gesetzesbindung nicht ohne Weiteres gestattet, eine grundrechtliche Güterabwägung außerhalb der Gesetzesanwendung vorzunehmen.[324] Eine Gesetzesanwendung muss ebenso darin bestehen können, anzuerkennen, dass der Gesetzgeber für einen bestimmten Einzelfall keine Privilegierung normiert hat. Andernfalls würde nicht nur die vom Enumerationsprinzip der Schranken erstrebte Rechtssicherheit, sondern weiterhin die Einheitlichkeit der bundesweiten Rechtsprechung zu verschwinden drohen.

Das kann in Bezug zur Annahme vorrangiger Verträge gesetzt werden. Denn der Vorteil von rechtssicheren Nutzungserlaubnissen in einem grundrechtlich gebotenen Ausmaß, deren Umfang von einer bundesweit einheitlichen Rechtsprechung definiert wird, würde gleichermaßen durch vorrangige Verträge abgeschwächt werden. Individualabsprachen zielen naturgemäß nicht auf rechtssichere Bundeseinheitlichkeit, sondern auf Einzelfallregelungen ab. Daran ändert sich nichts grundlegend, wenn die Vertragspartner Inhaber zahlreicher Nutzungsrechte oder Träger institutioneller Nutzer sind, sodass der Vertrag für zahlreiche Nutzungshandlungen Anwendung findet.

---

322 *Bornkamm*, in: *Erdmann/Glory/Herber*, FS Piper, S. 641, 648; *Findeisen*, Die Auslegung urheberrechtlicher Schrankenbestimmungen, S. 124; *Schack*, in: *Ohly/Bodewig/Dreier*, FS Schricker II, S. 511, 518; *Schmelz*, UFITA 2005/III, 705, 758 f.; *Stieper*, in: *Schricker/Loewenheim*, UrhR, Vor §§ 44a ff., Rn. 24; BGH GRUR 2002, 605, 606 – Verhüllter Reichstag. Die Annahme einer abschließenden Güterabwägung ist allerdings nicht unumstritten, vgl. zur Kritik daran *Rehse*, Zulässigkeit und Grenzen der Schranken, S. 44 f., 79 ff.

323 Siehe E II 4. b) cc) (iii) zur weitergehenden Kritik an diesen nach *Schack*, in: *Ohly/Bodewig/Dreier*, FS Schricker II, S. 511, 516 „systemsprengende(n) Versuche(n)". Auch das BVerfG hat sich unter ausdrücklichem Verweis auf BGHZ 154, 260, 264 ff. – Gies-Adler der Rechtsprechung des BGH angeschlossen, nach der nicht einmal Grundrechtspositionen eine Einzelfallabwägung außerhalb der Auslegung und Anwendung der Schranken rechtfertigen, weil die Gerichte sonst in das vom Gesetzgeber im Rahmen seiner Gestaltungsfreiheit bereits allgemein geregelte Verhältnis von Urheberrecht und Nutzungserlaubnis des Privilegierten übergreifen würden, BVerfG ZUM-RD 2012, 129, 130 – Kunstausstellung im Online-Archive. In Übereinstimmung mit der deutschen Dogmatik geht ebenso der EuGH davon aus, dass unionale Grundrechte keine Abweichung von den ausschließlichen Rechten des Urhebers abgesehen von den in den Richtlinien vorgesehenen Ausnahmen und Beschränkungen rechtfertigen können, EuGH 2019, 934, 938 f., Rn. 62 ff. – Afghanistan Papiere; zustimmend *Stieper*, ZUM 2019, 713, 714 f.

324 *Krause*, JZ 1984, 656, 659.

Neben der Unsicherheit verbreitenden Zerstückelung der Rechtslage als Argument gegen einen Vertragsvorbehalt streitet weiterhin die Achtung vor der dargelegten Prärogative des Gesetzgebers und vor seiner Abwägungsentscheidung für vorrangige Gesetze.

Ungeachtet der vorangehenden Abwägung des Gesetzgebers kann es bei der praktischen Beurteilung eines Sachverhalts zum Grundrechtswiderstreit kommen. Der Schlüssel zur Lösung von Konflikten zwischen grundrechtlich geschützten Interessen muss gemäß dem bisher Gesagten als Folge der gesetzgeberischen Entscheidung im Rahmen der Anwendung der Schrankenregelung liegen.[325] Hier ist in effectu ausreichend Raum für eine Güter- und Interessenabwägung.[326] Methodisch kann man die Abwägung auf verschiedene Art und Weise angehen. Zur Auflösung des Grundrechtskonflikts kann man die Schranke von einer engen bis zu einer weiten Auslegung anwenden.[327] Dadurch verschiebt sich die Grenze zwischen Ausschließlichkeitsrecht und Nutzungserlaubnis in die eine oder in die andere Richtung, je nachdem welchem Grundrecht man allgemein mehr Geltung zuspricht. Die verbreiteten Auslegungsregeln sollen dargestellt und unter Bezugnahme zum Vertragsvorbehalt bewertet werden.

1. Starre Auslegungsregeln

Möglich wäre es, Schranken entweder weit oder eng, aber jedenfalls starr auszulegen.

Die Mindermeinung sieht dabei im Urheberrecht die Ausnahme, die als Abweichung vom Grundsatz der Nutzungsfreiheit rechtfertigungsbedürftig sei. Sie

---

325 Ausgangspunkt jeder Auslegung sind immer die bestehenden Schrankentatbestände in ihrer konkreten vom Gesetzgeber vorgenommenen Ausgestaltung und nicht Grundrechte allgemein wie Art. 5 GG oder andere kollidierende Rechtsgüter, *Schack*, Kunst und Recht, Rn. 272. BVerfG GRUR 2001, 149, 151 – Germania 3 wird daher weit verbreitet kritisch bewertet, vgl. *Lindhorst*, MMR 2000, 688, 688; vermittelnd *Wandtke*, ZUM 2005, 769, 773, der sowohl in der Kunstfreiheit als auch im Urheberrecht das gemeinsame Ziel des Schutzes und der Förderung der Kunst erkennt. Jedoch ist dem BVerfG zugute zu halten, dass es eine Auslegung des Zitatrechts im Licht der Kunstfreiheit vorgenommen hat. Als ideales Beispiel für eine freie Güter- und Interessenabwägung kann die Entscheidung mithin nicht dienen. Dennoch kann im Verzicht auf die Belegfunktion des Zitats eine quasi urheberrechtsmethodisch freie Abwägung über die Grenzen der hergebrachten Auslegung anhand urheberrechtlicher Grundannahmen hinaus gesehen werden.

326 BGH GRUR 2003, 956, 957 – Gies-Adler; zustimmende Anmerkung von *Poll*, ZUM 2004, 511, 517; *Schricker*, JZ 2004, 311,312.

327 Ausführlich dazu *Findeisen*, Die Auslegung urheberrechtlicher Schrankenbestimmungen, S. 53 ff.

schlussfolgert daraus eine grundsätzlich weite Auslegung der Schranken nach dem Leitsatz „in dubio pro libertate“[328].

Das kann aus verfassungsrechtlicher Sicht nicht überzeugen. Die Zuordnung vermögenswerter Ergebnisse ist Wesensmerkmal der Eigentumsgarantie.[329] Wie dargelegt worden ist, legitimiert sich das Urheberrecht aus verschiedenen Argumentationsansätzen,[330] sodass es ungeachtet einer Auslegungsschwierigkeit keiner weiteren Rechtfertigung mehr bedarf. Im Angesicht von Art. 14 I GG muss der Schutz des Urhebers eher Grundsatz statt Ausnahme sein.[331] Das Urheberrecht als begründungspflichtige Ausnahme anzusehen und darauf aufbauend eine generell weite Auslegung zu fordern, ist demzufolge abzulehnen.[332] Diese Ansicht lässt sich mit Sinn und Zweck des Urheberrechtsgesetzes als Urheberschutzrecht nicht vereinbaren. Die verfassungsrechtliche Bedeutung des Eigentumsrechts und die daher grundsätzliche Zuordnung zum Urheber wird einfachgesetzlich dadurch deutlich, dass der Gesetzgeber systematisch die Verwertungsrechte umfassend formuliert hat, während er ihnen konkrete Schrankentatbestände entgegengestellt hat.

Unter Würdigung dieser Wertung herrschte früher in der Rechtsprechung[333] und im Schrifttum[334] die Meinung vor, die sich teilweise bis heute durchsetzt, dass

---

328 So ausdrücklich *Hoeren*, in: *Berger*, FS Sandrock, S. 357, 370.

329 Vgl. für das Urheberrecht BVerfG GRUR 1972, 481, 483 – Kirchen- und Schulgebrauch.

330 Vgl. B I 5. c), 6. a), IV 1., 2., 3.; C I.

331 a.A. *Pahud*, UFITA 2000/I, 99, 134 f., der die Grundrechte als in einem „Verhältnis abstrakter Gleichrangigkeit“ stehend einstuft.

332 Gegen *Hilty*, in: *Ohly/Klippel*, Geistiges Eigentum und Gemeinfreiheit, S. 107, 111; *Hoeren*, GRUR 1997, 866, 869 f.; dem zustimmend *Geiger*, GRUR Int. 2004, 815, 819; *Hüsken*, Informationsfreiheit und urheberrechtlicher Schutz des geistigen Eigentums, S. 268 f.; *Kröger*, Informationsfreiheit und Urheberrecht, S. 224; *ders.*, MMR 2002, 18, 20; *Löffler*, NJW 1980, 201, 204.

333 Vgl. zur jahrzehntelangen Rechtsprechungsgeschichte RGZ 130, 196, 202 – Codex aureus; RG GRUR 1933, 586, 590; RG GRUR 1937, 73, 82 – Rundfunksendung von Schallplatten; BGH GRUR 1954, 216, 219 – Lautsprecherübertragung; BGH GRUR 1955, 492, 497 – Grundig-Reporter; BGH GRUR 1968, 607, 608 – Kadinsky; BGH GRUR 1972, 614, 615 – Landesversicherungsanstalt; BGH GRUR 1983, 28, 29 – Presseberichterstattung und Kunstwiedergabe II; BGH GRUR 1985, 874, 975 – Schulfunksendung; BGH GRUR 1997, 459, 462 – CB-Infobank I; BGH GRUR 2001, 51, 52 – Parfumflakon; KG MMR 2004, 540, 542 – Ausschnittdienst.

334 Vgl. zur jahrzehntelang hM in der Literatur *Findeisen*, Die Auslegung urheberrechtlicher Schrankenbestimmungen, S. 115; *Förster*, Fair Use, S. 183 f.; *v. Gamm*, UrhG, § 45, Rn. 4; *Geerlings*, GRUR 2004, 207, 208; *Götting*, in: *Loewenheim*, Handbuch des Urheberrechts, § 30, Rn. 8; *Katzenberger*, Elektronische Printmedien und Urheberrecht, S. 50; *Lüft*, in: *Wandtke/Bullinger*, UrhR, Vor §§ 44a ff., Rn. 1 und § 53, Rn. 3; *Schulz*, GRUR 2006, 470, 475 f.; *Spindler*, in: *Schricker/Loewenheim*, UrhR, § 51,

die abschließenden Schranken grundsätzlich und generell eng auszulegen sein. Dahinter verbirgt sich der Grundsatz „in dubio pro auctore", sodass im Zweifel zugunsten des Urhebers zu entscheiden ist.[335] Hauptargument hierfür ist die verfassungsrechtliche Zuordnung der vermögenswerten Ergebnisse an den Urheber[336] und die systematische Stellung der Schranken.[337] Sie wurden als Ausnahmebestimmungen zu den umfassend formulierten Verwertungsrechten angesehen. Als solche seien sie ihrem Wesen nach eng auszulegen und einer analogen Anwendung nicht zugänglich.

Nichtsdestoweniger vermag die Ansicht, dass die Schranken stets eng auszulegen seien, ebenfalls nicht zu überzeugen. Dagegen lassen sich mehrere Argumente vortragen. Zunächst gibt es in der juristischen Methodenlehre keinen Grundsatz, dass Ausnahmebestimmungen per se eng auszulegen sind.[338]

Vorausgesetzt Schranken seien Ausnahmeregelungen,[339] würde das bedeuten, dass der Gesetzgeber für diesen eng umgrenzten Fall eine Durchbrechung des Grundsatzes regeln wollte. Innerhalb dieses Zwecks muss sich die Auslegung der Vorschrift bewegen. Dem wird man nicht in allen Fällen durch eine enge Auslegung gerecht. Letztlich geben Inhalt und Zweck der Schrankenregelung die entscheidenden Impulse für eine sachgemäße Auslegung. Neben diesen methodischen Bedenken können des Weiteren noch verfassungsrechtliche vorgetragen werden. Denn das Dogma der engen Auslegung versperrt den Weg für eine sachgemäße Berücksichtigung gegenläufiger Verfassungspositionen, insbesondere der Kommunikationsgrundrechte.

Im Ergebnis können damit starre Auslegungsregeln, sowohl die weite als auch die enge, nicht vollumfänglich überzeugen.

Rn. 14; *Stieper*, in: *Schricker/Loewenheim*, UrhR, Vor §§ 44a ff., Rn. 36; *Ulmer-Eilfort*, in: *Zollner/Fitzner*, FS W. Nordemann, S. 285, 288.

335 So ausdrücklich *W. Nordemann*, in: *Fromm/Nordemann*, UrhR, 10. Auflage, Vor §§ 44a ff., Rn. 3; kritisch dazu mit dem Vorwurf der Befangenheit und des vorgegebenen Ergebnisses *Hansen*, Warum Urheberrecht?, S. 390; *Rigamonti*, GRUR Int. 2004, 278, 284.

336 Vgl. zu dieser Argumentation *Lüft*, in: *Wandtke/Bullinger*, UrhR, Vor §§ 44a ff., Rn. 1.

337 Vgl. zu dieser Argumentation *Katzenberger*, Elektronische Printmedien und Urheberrecht, S. 50.

338 *Bydlinski*, Juristische Methodenlehre und Rechtsbegriffe, S. 79, 232; *Larenz*, Methodenlehre der Rechtswissenschaft, S. 355.

339 Fraglich ist, ob sich das aus der Gesetzestechnik ergibt, so aber *Metzger*, GRUR Int. 2006, 171, 173.

2. Verfassungskonforme und europarechtskonforme Auslegung

Die methodischen Bedenken, aber insbesondere der Einfluss des Verfassungsrechts verbieten wie gezeigt eine starre und schematische Auslegungsregel. Urheberrechtliche Schranken sind wie andere Rechtsvorschriften nach dem allgemein gängigen Auslegungskanon auszulegen.[340] Neben der wörtlichen, historischen und systematischen Auslegungsmethode kommt im Bereich der Schranken der objektiv-teleologischen eine besondere Bedeutung zu.[341] Denn Schranken begrenzen das Ausschließlichkeitsrecht aufgrund eines gewichtigen Privilegierungszwecks. Dieser ist durch Auslegung zu ermitteln und anschließend dem Schrankenverständnis zugrunde zu legen. Es ist daher der Rechtsprechung zuzustimmen, wenn sie vermehrt neben den Interessen der Urheber die durch die Schranken geschützten Drittinteressen berücksichtigt und ihrem Gewicht entsprechend für die Auslegung heranzieht.[342] Wenn der Privilegierungszweck verfassungsrechtlich verankert ist, führt diese Methodik zu einer verfassungs- und grundrechtskonformen Auslegung. Für Konfliktfälle setzt sich dieser Ansatz erfreulicherweise vermehrt durch.[343]

Hierbei ist jedoch zu berücksichtigen, dass der Normzweck durch konkret umrissene Tatbestände ausgedrückt wird. Diese rechtfertigen sich durch eine grundsätzlich erfolgte Grundrechtsabwägung zugunsten eines im Zweifel zu schützenden Urhebers. Denn die Sozialbindung des Eigentums kann nicht jedes berechtigte Drittinteresse umfassen. Die kulturelle Leistung ist Ausdruck des Eigentums des Urhebers, dessen zu akzeptierende Entscheidung es sein kann, keinen Werkzugang zu ermöglichen.

Demzufolge schießen Bestrebungen über das Ziel hinaus, die das Urheberrecht als eine gleichberechtigte Kombination der Rechtsgedanken Urheberschutz und Nutzerschutz begreifen.[344] Das Urheberrechtsgesetz hat eine Grundsatzentscheidung getroffen, die zu einer Prioritätensetzung zwingt. Die Bedenken, dass das Urheberrecht und die Kommunikationsgrundrechte in einer Wechselwirkung zueinanderstehen und dass die verfassungsrechtlich geschützten Interessen der Allgemeinheit und der Nutzer bei der Auslegung ebenfalls berücksichtigt werden müssen, sind zutreffend. Ihnen kann allerdings ausreichend Rechnung getragen werden, wenn man aufgrund der Schutzrichtung von einer im Regelfall engeren Auslegung ausgeht, die nicht zur Erosion des Urheberrechts führt, aber durch

340 Zu den Auslegungskriterien allgemein *Larenz*, Methodenlehre der Rechtswissenschaft, S. 320 ff.

341 *Hansen*, Warum Urheberrecht?, S. 390; *Schack*, Urheberrecht, Rn. 533.

342 Vgl. den Ansatz von BGH GRUR 2002, 605, 606 – Verhüllter Reichstag.

343 Vgl. *Spindler*, in: *Schricker/Loewenheim*, UrhR, § 51, Rn. 27; *Stieper*, in: *Schricker/Loewenheim*, UrhR, Vor §§ 44a ff., Rn. 37 ff.; *ders.*, GRUR 2014, 1060, 1064.

344 Zu weitreichend daher der Ansatz von *Hansen*, Warum Urheberrecht?, S. 393 ff.

verfassungskonforme Überlegungen ergänzt wird, sodass nur im Fall überwiegender Allgemeinwohl- oder Nutzerinteressen eine weitere Auslegung vorzunehmen ist.[345] So kann man dem rechtspolitischen Ziel des Urheberschutzes und der Kernaussage von Art. 14 I GG gerecht werden, ohne ein verfassungsrechtlich nicht bestehendes Gebot der stets engen Auslegung zu propagieren. Es bleibt genug Raum für sachgerechte Einzelfallbewertungen bestehen, in denen andere Grundrechtspositionen ihrer verhältnismäßigen Bedeutung entsprechend abgewogen werden können. Somit umgeht man sowohl vorgezeichnete Ergebnisse[346] als auch überraschende Einzelfallbewertungen. Wenn sich der Einzelfall im Grenzbereich bewegt, greift im Zweifelsfall der vorzugswürdigere Urheberschutz.[347]

Die urheberrechtlichen Grundsätze wie Leit- und Schutzbildfunktion des Gesetzes können so aufrechterhalten werden und müssen nur in eindeutigen Abwägungsfällen aufgrund der Ausstrahlungswirkung der Grundrechte angepasst werden.[348] Der Grundgedanke der Schrankenregelungen, der Sozialbindung des Urheberrechts gerecht zu werden, ohne es über Gebühr zu beeinträchtigen, hat seine Berechtigung auch in der Informationsgesellschaft nicht verloren. Prioritätensetzung, Wertschätzung und die Betonung der eigentumsrechtlichen Zuordnung müssen in einer unkörperlichen Welt gleicherweise hochgehalten werden.[349] Daraus folgt die im Regelfall engere Schrankenauslegung unter Beachtung verfassungsrechtlicher Vorgaben. Nur im Einzelfall muss eine am Wortlaut orientierte Auslegung einer großzügigeren Interpretation angesichts der Informations- und Nutzungsinteressen der Allgemeinheit weichen.[350]

Dieser Kanon ermöglicht bis zu den Grenzen der Auslegung eine gewisse Entwicklungsoffenheit des Aussagegehalts der Schrankenbestimmung. Starre Auslegungsregeln hingegen senken den Grad der Flexibilität und Offenheit eines Gesetzes ab.

Anhand der BGH-Entscheidung *Filmzitat*[351] kann anschaulich dargelegt werden, wie es der Rechtsprechung durch diesen Ansatz flexibel möglich ist,

---

345 So wohl auch *Wandtke*, Urheberrecht, Kap. 1, Rn. 46.

346 Sowohl die ausnahmslos enge, so unter anderem *Schack*, Urheberrecht, Rn. 95, als auch weite Auslegung, so unter anderem *Hoeren*, MMR 2000, 3, 3, 2. These, unterliegt diesem Vorwurf.

347 Den Vorteil von Zweifelsregelungen verkennt die Ansicht gleichberechtigter Schutzpositionen, vgl. *Hansen*, Warum Urheberrecht?, S. 395.

348 Das entspricht der Hoffnung von *Metzger*, ZUM 2000, 924, 933, aus der *Germania*-Entscheidung zu lernen, grundrechtliche Wertungen aufzunehmen, ohne die Identität und Eigenart des Rechtsgebiets aufzugeben.

349 Ausführlich dazu *Wandtke*, GRUR 2002, 1, 6.

350 BGH GRUR 2002, 963, 966 mwN. – Elektronischer Pressespiegel; *Lüft*, in: Wandtke/Bullinger, UrhR, Vor §§ 44a ff., Rn. 1.

351 BGH NJW 1987, 1408 – Filmzitat.

interessengerechte Ergebnisse zu erzielen. Im Streitfall ging es um die Frage, ob § 51 UrhG aF, dessen Wortlaut auf Sprachwerke beschränkt war, auch auf Filmwerke anwendbar war. Der BGH bejahte überzeugend diese Analogie. Sie war sachlich gerechtfertigt und zeigt dadurch die Vorteile der Auslegungsmethodik deutlich auf. Denn der Telos der Schranke bestand im Interesse des allgemeinen kulturellen und wissenschaftlichen Fortschritts. Weil „der Urheber bei seinem Schaffen auf den kulturellen Leistungen seiner Vorgänger aufbaut, wird es ihm im Interesse der Allgemeinheit zugemutet, einen verhältnismäßig geringfügigen Eingriff in sein ausschließliches Verwertungsrecht hinzunehmen, wenn dies der geistigen Kommunikation und damit der Förderung des kulturellen Lebens zum Nutzen der Allgemeinheit dient“[352]. Dieses Interesse besteht bei allen Werkarten gleichermaßen.

Abhängig ist die verfassungskonforme Auslegung davon, dass die Grundrechte des Grundgesetzes überhaupt Anwendung finden. Aufgrund des Grundsatzes des Vorrangs des Unionsrechts kann die Geltung des Unionsrechts in einem Mitgliedstaat nicht dadurch beeinträchtigt werden, dass dieser Staat Vorschriften des nationalen Rechts, haben sie selbst Verfassungsrang, geltend macht.[353] Daraus folgt die Rechtsprechung des BVerfG, dass deutsche Rechtsvorschriften, die eine unionale Richtlinie umsetzen, grundsätzlich nicht am Maßstab der Grundrechte des Grundgesetzes, sondern allein am Unionsrecht und den durch dieses gewährleisteten Grundrechten zu messen sind, soweit die Richtlinie den Mitgliedstaaten keinen Umsetzungsspielraum überlässt, sondern zwingende Vorgaben macht.[354]

Doch aufgrund des unionalen Schutzniveaus ergeben sich keine weitreichenden Unterschiede im Rahmen der Abwägung. In Art. 17 II EU-GrCh ist der Schutz des geistigen Eigentums verankert.[355] Wie im deutschen Verfassungsrecht ist dieser nicht unantastbar. Vielmehr sind die Eigentumsgarantie und die gegenläufigen Grundrechte der Nutzer in ein angemessenes Verhältnis zu bringen.[356] Daher fordert der EuGH gleichfalls eine Schrankenauslegung, „die unter Achtung ihres Wortlauts und unter Wahrung ihrer praktischen Wirksamkeit mit den durch die EU-GrCh gewährleisteten Grundrechten voll und ganz im Einklang steht."[357]

---

352 BGH NJW 1987, 1408, 1409 – Filmzitat.

353 EuGH NJW 2013, 1215, 1219, Rn. 59 – Melloni.

354 BVerfG GRUR 2016, 690, 696, Rn. 115 – Metall auf Metall; ausdrückliche Billigung in EuGH GRUR 2019, 934, 936, Rn. 33 – Afghanistan Papiere; EuGH GRUR 2019, 940, 941, Rn. 22 – Reformistischer Aufbruch; kritisch zur Rechtsprechung des BGH seit Inkrafttreten der InfoSoc-RL *Stieper*, GRUR 2017, 1209, 1209.

355 *Aschenbrenner*, ZUM 2005, 145, 146 sowie *Wandtke*, Urheberrecht, Kap. 1, Rn. 47 sehen darin ein Pendant zu Art. 14 GG.

356 *Dreier*, GRUR 2019, 1003, 1004 mwN.

357 EuGH GRUR 2019, 934, 940, Rn. 76 – Afghanistan Papiere; EuGH GRUR 2019, 940, 944, Rn. 59 – Reformistischer Aufbruch; das Ergebnis vorwegnehmend *Wandtke/*

3. Zusammenfassung

Im Ergebnis sind die Schranken des Urheberrechts unter dem grundlegenden Aspekt der Schutzgewährung des Urhebers auszulegen. Grundrechte Dritter sind nicht grundsätzlich vorzugswürdig oder gleich zu gewichten. Das rechtfertigt jedoch keine stets enge Auslegung. In einer zweckorientierten Abwägung müssen obendrein Verfassungs- und Unionsrechtsziele angemessen berücksichtigt werden.

Obgleich § 60g UrhG selbst keine gesetzliche Nutzungserlaubnis gewährt, sondern die Anwendbarkeit von Schrankenerlaubnissen regelt, ist die Norm später gemäß diesem Ansatz auszulegen. Denn die Bedeutung des Schrankenzwecks kann sich nicht auf die Auslegung der Schrankenvorschrift selbst reduzieren, sondern muss gleichermaßen bei der Diskussion bezüglich der Schrankenanwendbarkeit berücksichtigt werden. Daneben ist die Zuordnungsentscheidung, welche die Auslegungsmethodik vorgibt, bei der Abwägung der Vor- und Nachteile eines Vertragsvorbehalts zu bedenken. Urheberrechtliche Rechtsfiguren sollten der grundsätzlichen Auslegungsmethodik im Urheberrecht nicht mit gegenläufigen Interessenpriorisierungen und Grundrechtswertungen gegenüberstehen.

Darüber hinaus ist die Auslegung der Schranken in Zusammenhang mit vorrangigen Verträgen zu sehen. Die hier bevorzugte Auslegungsmethodik schafft neben der Wahrung der Urheberinteressen und der effektiven Durchsetzung der Privilegierungszwecke rechtliche Spielräume, ohne die Rechtssicherheit umfassend einzuschränken. Im Gegensatz dazu würden starre Auslegungsregeln die Anpassungsfähigkeit des Gesetzes an neue Bedingungen vermindern. Um diese Problematik zu überwinden, müssten Lösungen gesucht und könnten in flexiblen und technologieneutralen Verträgen erkannt werden. Die Rechtsfigur des Vertragsvorbehalts könnte daher als Antwort darauf präsentiert werden. Ohne ein Gesetzgebungsverfahren durchlaufen zu müssen, könnten einzelne Parteien schnell, unbürokratisch, flexibel und ihren Interessen angepasst offene Vereinbarungen treffen.

Die Loslösung von starren Auslegungsregeln ermöglicht in einem gewissen Maß der Rechtspraxis ohne Aktivität der Legislative ebenso eine Aufhebung der unzeitgemäßen und nicht technologieneutralen Stagnation des Gesetzes als Folge ausbleibender Reformen in einer schnelllebigen Welt. Auf diesem Weg werden die Schranken mit einem Maß an sachgerechter Flexibilität und Offenheit ausgeformt, ohne konturlos zu werden. Weil die Gesetzesauslegung dabei sowohl Grenzen zulasten als auch Regeln zugunsten der Urheber unterliegt, ist die Anpassungsfähigkeit sicherlich nicht derart weitreichend wie die Vielzahl an denkbaren Ausgestaltungsmöglichkeiten vertraglicher Vereinbarungen. Allerdings gewähren gesetzliche Erlaubnisse dadurch mehr Rechtssicherheit. Wenn in den

---

Hauck, NJW 2017, 3422, 3424; lobend zur Einbeziehung gegenläufiger Grundrechtspositionen durch den EuGH *Dreier*, GRUR 2019, 1003, 1004.

nachfolgenden Untersuchungen mangelnde Offenheit und Flexibilität als Kritikpunkte an der Rechtslage vor Einführung des UrhWissG[358] und deren Überwindung als Argument für einen Vertragsvorbehalt[359] genannt werden, ist dennoch das Potential einer zweckorientiert abwägenden Auslegungsmethodik, die die unzeitgemäßen starren Auslegungsregeln der Vergangenheit aufhebt, als abschwächende Gegenargumentation in Betracht zu ziehen.

II Auslegung von Vereinbarungen

Wenn man den Vorrang vertraglicher Vereinbarungen präferiert, stellt sich die Frage, wie Verträge im Anwendungsbereich des Gesetzes auszulegen sind (2.). Um die Fragestellung einzuleiten, soll zuvor dargestellt werden, wie Verträge allgemein ausgelegt werden (1.).

1. Auslegung von Vereinbarungen allgemein

Um den Inhalt einer vertraglichen Vereinbarung zu ermitteln, müssen die ihr zugrundeliegenden Willenserklärungen ausgelegt werden. Dabei sind die Regeln des Bürgerlichen Rechts maßgeblich, solange spezialgesetzliche Vorschriften keine Anwendung finde. Das UrhG kennt Auslegungsregeln wie die Übertragungszweckregel des § 31 V UrhG.[360] Gleichwohl sind die Vorschriften des Urhebervertragsrechts zur Rechteeinräumung nicht passend für Vereinbarungen über gesetzlich privilegierte Nutzungen. Maßgeblich bleiben somit die bürgerlich-rechtlichen Vorschriften, die im Folgenden betrachtet werden sollen.

Im Bürgerlichen Recht ist die Auslegung von Willenserklärungen genauso von einem Dualismus geprägt. Hierbei handelt es sich hingegen nicht um die Polarität von Grundrechten. Verträge sind einem Gebot der verfassungskonformen Auslegung nicht entzogen, dennoch gilt der Grundsatz zumindest nicht mit gleicher Bestimmtheit wie bei Gesetzen.[361] Weil Gesetze eine Vielzahl von Fällen betreffen, wird der Rechtsfrieden bei ihrer Unwirksamkeit erheblicher beeinträchtigt.[362]

---

358 Siehe G I 3.

359 Siehe I I 1. a) ff).

360 Ausführlich dazu *Wandtke/Grunert*, in: *Wandtke/Bullinger*, UrhR, § 31, Rn. 39 ff. mwN.

361 *Medicus/Petersen*, AT des BGB, Rn. 310.

362 Infolgedessen erscheinen Nichtigkeitsfolgen bei Rechtsgeschäften zwischen zwei Personen bezüglich eines konkreten Gegenstands eher erträglich als bei Gesetzen, obwohl Bemühungen bestehen, bei in Vollzug gesetzten Dauerschuldverhältnissen die Nichtigkeitsfolgen zu vermeiden, vgl. zur Lehre des fehlerhaften Arbeitsverhältnisses *Preis*, in: *Müller-Glöge/Preis/Schmidt*, Erfurter Kommentar, § 611a BGB, Rn. 145–149 mwN.; zur fehlerhaften Gesellschaft *Armbrüster*, in: MüKo BGB, Band 1, § 119, Rn. 15 mwN.

Daher ist es von größerer Bedeutung, Gesetze so auszulegen, dass sie vor der Verfassung bestand haben, selbst wenn diese Auslegung nicht dem Willen des Gesetzgebers entspricht. Folglich ist die Wertung der Grundrechte bei der Gesetzesauslegung stärker zu berücksichtigen als bei der von Rechtsgeschäften im Rahmen der mittelbaren Drittwirkung. Das führt dazu, dass die allgemeinen Tatbestandsmerkmale der Vorschriften, die sich auf Willenserklärungen beziehen, im Lichte der objektiven Werteordnung unserer Verfassung zu sehen sind und nicht die Willenserklärungen selbst.[363]

Die Auslegung von Willenserklärungen ist vielmehr vom Dualismus von Wille und Erklärung, damit von subjektiver und objektiver Auslegungsmethode, geprägt. Das Verhältnis davon ist schon länger, als das BGB existiert, umstritten. Vor allem *Savigny* hat vertreten, dass sich der Inhalt des Vertrags nach den Vorstellungen und Intentionen der Vertragspartner richtet.[364] Notwendig war somit ein Übereinstimmen der inneren Vorstellungen. War ein solches nicht gegeben, lag kein Vertrag vor. Stellte sich das erst später heraus, waren die ausgetauschten Leistungen zurückzugewähren.

Die Gegenansicht betonte stets, dass der andere Vertragspartner nur durch die äußere Erscheinung des objektivierten Willens veranlasst wird, ein Rechtsverhältnis einzugehen.[365] Ein anderslautender innerer Wille müsse dahinter zurückstehen.

Diesen Konflikt hat das BGB nicht gelöst, sondern beide Ansätze in sich aufgenommen. Während es dem Prinzip der Selbstbestimmung am ehesten entsprechen würde, den Willen der Parteien als maßgeblich anzusehen, muss unsere Rechtsordnung Voraussetzungen schaffen, dass ein Mindestmaß an Rechtssicherheit gewahrt wird. Empfangsbedürftige Willenserklärungen können nicht einem beliebigen Risiko des Missverständnisses unterworfen werden. Infolgedessen kennt das BGB mit § 133 BGB und § 157 BGB zwei verschiedene Auslegungsregeln.[366] § 133

---

363 Beispielshalber ist unter der Ausstrahlungswirkung des Gleichheitssatzes eine Schwangerschaft nicht unter das Tatbestandsmerkmal Eigenschaft im Rahmen des § 119 II BGB zu subsumieren und ihr Verschweigen begründet keine arglistige Täuschung i.S.d. § 123 I BGB, BAG NZA 2003, 848, 849; *Wertenbruch*, BGB Allgemeiner Teil, § 12, Rn. 36.

364 *Savigny*, System des heutigen römischen Rechts III, § 134, S. 258: „Denn eigentlich muss der Wille an sich als das einzig Wichtige und Wirksame gedacht werden und nur weil er ein inneres, unsichtbares Ereignis ist, bedürfen wir eines Zeichens, woran er von anderen erkannt werden könne, und dieses Zeichen (...) ist eben die Erklärung. Daraus folgt aber, dass die Übereinstimmung des Willens mit der Erklärung nicht etwas Zufälliges, sondern ihr naturgemäßes Verhältnis ist.".

365 *Bähr*, JJ 1875, 393, 400 ff.

366 In der Rechtspraxis wird in der Regel auf beide Vorschriften zugleich verwiesen, obwohl sowohl der sachliche Gehalt als auch das Verhältnis der Normen zueinander umstritten sind, *Singer*, in: *Staudinger*, BGB, § 133, Rn. 4 mwN. Der historische Gesetzgeber hat den sachlichen Gehalt der generalklauselartigen Auslegungsrichtlinien

BGB verbietet die bloße Buchstabeninterpretation und setzt somit die positive Aufforderung, den wirklichen Willen zu erforschen. Wenn die Parteien eine Erklärung tatsächlich im gleichen Sinn verstehen, so hat sie den ihr übereinstimmend beigelegten Sinn. Eine empirische Auslegung ist ausreichend und es muss nicht die objektive, also übliche Bedeutung der Erklärung hinterfragt werden.[367]

Wenn allerdings kein übereinstimmendes Verhältnis erzielt wird, erlangt die objektive Bedeutung eine zentrale Rolle. Sie ist im Weg normativer Auslegung zu ermitteln. Daher verlangt § 157 BGB eine Auslegung nach Treu und Glauben mit Rücksicht auf die Verkehrssitte. Zu fragen ist, wie der Adressat die Willenserklärung bei Beachtung der verkehrserforderlichen Sorgfalt verstehen musste. Von entscheidender Bedeutung ist dann der objektive Empfängerhorizont. Daher kann § 157 BGB als „Basisnorm objektiv normativer Auslegung" angesehen werden.[368]

Die Anwendung der gegenläufigen Auslegungsmaximen ergibt sich unter verschiedenen Voraussetzungen und ergänzt sich daher. Es besteht eine Vielzahl an Fallkonstellationen. Die Parteien können objektiv etwas anderes erklären, als sie subjektiv gemeint haben, es kann ein Vertrauensschutz der einen Vertragspartei bestehen oder das Rechtsgeschäft kann für einen Dritten von Bedeutung sein. Jeweils muss das Verhältnis zwischen den Prinzipien der Selbstbestimmung und -verantwortung einerseits und des Verkehrs- und Vertrauensschutzes andererseits neu austariert werden.

2. Auslegung von Vereinbarungen im Anwendungsbereich urheberrechtlicher Schranken

Es ist bisher kurz dargestellt worden, dass urheberrechtliche Schranken und Nutzungsvereinbarungen grundsätzlich verschiedenen Auslegungsmaximen unterliegen. Übergeleitet werden soll nun auf ein anderes Problem, welches, soweit ersichtlich, in der bisherigen Urheberrechtswissenschaft keine tiefergehende Berücksichtigung gefunden hat. Von einer Abbedingung einer gesetzlichen Regelung wird gesprochen, wenn zwei Vertragsparteien einen konkreten gesetzlichen Regelungsgegenstand einer vom Gesetz abweichenden Regelung unterwerfen wollen.[369] Vereinbarungsinhalt ist sonach die vertragliche Regelung einer gesetzlich erlaubten Nutzung. Die Wirksamkeit der Vereinbarung wird im Folgenden

---

absichtlich so vage und konkretisierungsbedürftig gehalten, weil konkrete Auslegungsgrundsätze doch nur „Belehrungen über praktische Logik" enthielten und ansonsten „ohne positiv rechtlichen Gehalt" seien, Motive zum BGB, Bd. I, S. 155.

367 Ebenso geht *Wieser*, JZ 1985, 407, 407 davon aus, dass § 133 BGB den empirischen Willen meint und nicht einen normativen, der ein Widerspruch in sich wäre; a.A. *Flume*, AT des Bürgerlichen Rechts II, § 16 3a, S. 308.

368 *Singer*, in: *Staudinger*, BGB, § 133, Rn. 5.

369 Vgl. zur Begriffsbestimmung *Stieper*, Rechtfertigung der Schranken, S. 171 f.

unterstellt. Die dadurch aufgeworfene Fragestellung lautet, nach welchen Grundsätzen die vertragliche Regelung zu ebendiesem Regelungsgegenstand nun ausgelegt werden soll. In der Methodik der Auslegung von urheberrechtlichen Schrankenbestimmungen und von vertraglichen Vereinbarungen, mithin in der Auslegung von Gesetz und von Willenserklärungen, bestehen wie gezeigt schwerwiegende Unterschiede. Müssen die Leitlinien und -gedanken der Auslegung von Schranken überhaupt bei der Auslegung von Vereinbarungen berücksichtigt werden? Spielen urheberrechtliche Grundsätze dabei eine Rolle? Oder ist vielmehr allein auf die allgemeinen zivilrechtlichen Auslegungsregeln in Bezug auf Willenserklärungen abzustellen? Untersucht werden soll mithin nicht die zumeist diskutierte Frage, wie die grundlegenden Maximen der Auslegungsmethodik aussehen, sondern welche überhaupt Anwendung finden.

Voraussetzung der Abbedingung ist, dass Vertrag und Gesetz den gleichen Regelungsgegenstand erfassen. Dazu wird das Gesetz dahingehend nach urheberrechtlichen Maßstäben und der Vertrag nach denen zur Auslegung von Willenserklärungen ausgelegt und anschließend werden die Ergebnisse verglichen. Wird nicht der gleiche Regelungsgegenstand erfasst, liegt keine Abbedingung vor. Im umgekehrten Fall stellt sich die soeben aufgeworfene Fragestellung. Zu ihrer Lösung wird hier eine differenzierende Betrachtungsweise vorgeschlagen. Legt das Gesetz keine Grenzen für die Disponibilität einer bestimmten Schrankenregelung fest, so sind urheberrechtliche Auslegungsgrundsätze nachfolgend ohne Bedeutung für die Auslegung der abbedingenden Vereinbarung. Diese kann ausschließlich nach allgemeinen privatrechtlichen Maßstäben interpretiert werden. Denn das disponible Recht hat die Funktion zu regeln, wenn die Partien sich selbst auf keine Regelung geeinigt haben. Nur in diesem Fall kann es und seine Auslegungsmaximen Anwendbarkeit beanspruchen.

Gleichwohl fällt die Beantwortung der oben aufgeworfenen Frage anders aus, wenn die abzubedingende Schrankenregelung urheberrechtlich halbzwingend ist, also Voraussetzungen an den Vertragsinhalt vorgibt, oder sich aus den gesetzlichen Voraussetzungen wenigstens Einreden gegen vertragliche Ansprüche ergeben können. Denn in dieser Konstellation ist folgendem Gedankengang Genüge zu leisten: Die auszulegende Willenserklärung ist ihrem Wesen nach ein Akt der Selbstbestimmung. Daher muss eine Auslegung „die rechtsgeschäftliche Erklärung als Manifestation einer willentlichen Gestaltung werten“[370] und einerseits den Willen des Erklärenden berücksichtigen. Zugleich ist es nicht das grundsätzliche Ziel, den wirklichen Willen zu erforschen, weil damit die Bedeutung verborgener subjektiver Elemente überspannt werden würde. Darum hinterfragt die objektiv-normative Auslegung, wie der Erklärungsempfänger nach Treu und Glauben unter Berücksichtigung der Verkehrssitte nach dem objektiven Empfängerhorizont die

370 *Flume*, AT des Bürgerlichen Rechts II, § 16 3b, S. 310.

Willenserklärung verstehen durfte.[371] Um das fließende Zusammenspiel dieser Ansätze zu wahren, hat der Gesetzgeber nur für bestimmte Zweifelsfälle konkrete Auslegungsvorschriften aufgestellt und ansonsten darauf verzichtet, allgemeine Auslegungsregeln festzulegen.[372] Gleichwohl haben sich in der Rechtspraxis konkrete Erfahrungssätze herausgebildet. Diese gestatten einen typischen Rückschluss auf den rechtsgeschäftlichen Willen der Parteien. Folglich werden sie von der Rechtsprechung als verbindliche Auslegungsgrundsätze betrachtet.[373] Ein solcher Erfahrungssatz besagt, dass die Parteien sich für gewöhnlich redlich und folgerichtig verhalten. Daraus folgt die formale Auslegungsregel, dass die Beteiligten eine vernünftige und gesetzeskonforme Regelung wollen, die einen rechtserheblichen und in sich widerspruchsfreien Inhalt hat.[374] Das ist insbesondere bei der teleologischen Auslegung zu berücksichtigen. Denn vernünftig ist, was den beiderseitigen Interessen entspricht und zu dem erstrebten Erfolg führt. Die Interessen der Parteien und der Zweck einer Regelung sind also entscheidend. Der Auslegungsgrundsatz der beiderseits interessengerechten Auslegung[375] vermeidet Auslegungsresultate, nach denen das Ziel der Willenserklärung verfehlt werden würde. Die Bedeutung der Interessenlage reicht so weit, dass Rechtsgeschäfte selbst gegen ihren eindeutigen Wortlaut ausgelegt werden können. Beispielsweise hat der BGH in einem Fall eine ausdrücklich als Bürgschaft auf erstes Anfordern bezeichnete Vereinbarung als gewöhnliche, schlicht selbstschuldnerische Bürgschaft ausgelegt.[376]

Ausgehend von dem Erfahrungssatz, dass die Parteien eine Regelung treffen wollen, die nach den Maßstäben der Rechtsordnung vernünftig und redlich ist, kann man sich weitere Auslegungsmaximen erschließen. Eine davon ist das Gebot gesetzeskonformer Auslegung.[377] Danach ist im Zweifel die Auslegung

---

371 Das hält *Mittelstädt*, ZfPW 2017, 175, 177 ff. für die einzig überzeugende Auslegungslehre.

372 Wie oben dargelegt ist die Bedeutung der §§ 133, 157 BGB gering. Wären die Vorschriften nicht ins BGB aufgenommen worden, so wäre die Auslegung in gleicher Weise vorzunehmen. Es ist bereits der eigenständige Anwendungsbereich von § 157 BGB aufgrund seiner Überschneidung mit § 242 BGB fraglich, vgl. *Flume*, AT des Bürgerlichen Rechts II, § 16 3a, S. 308 f.; *Singer*, in: *Staudinger*, BGB, § 133, Rn. 5, 7, 44.

373 *Mansel*, in: *Jauernig*, BGB, § 133, Rn. 8 ff. mwN.

374 stRspr, vgl. BGH NJW 1956, 665, 665; BGH NJW 1981, 816, 817; BGHZ 149, 337, 353; BGHZ 150, 32, 39; BGH GRUR 2003, 173, 175.

375 Dieser Grundsatz gehört nach der stRspr zu den allgemein anerkannten Auslegungsregeln, vgl. BGH NJW 1996, 248, 248; BGH NJW 1998, 449, 449; BGH GRUR 1998, 673, 676 – Popmusikproduzenten; BGH GRUR 2002, 280, 281 – Rücktrittsfrist; BGH NJW 2002, 3106, 3109; BGH GRUR 2002, 532, 534 – Unikatrahmen jeweils mwN.

376 BGH NJW 1992, 1446, 1446 f.

377 Vgl. am Beispiel des Tarifvertrags BAG NZA 2019, 113, 115, Rn. 17.

vorzuziehen, die nicht zur Nichtigkeit des Rechtsgeschäfts führt.[378] Denn eine nach allen Seiten interessengerechte Beurteilung wird zu dem Ergebnis führen, dass die Parteien keine Regelung vereinbaren wollten, die unwirksam ist.[379] Nichts würde den Vertragszweck und damit das Ziel der Vereinbarung mehr gefährden.

In folgendem Beispielsfall hatte der BGH über die Wirksamkeit eines durch einen Anruf bei einer Anwalts-Hotline zustande gekommenen Beratungsvertrags zu entscheiden.[380] Der Betreiberin der Telefon-Hotline war es nach dem Rechtsberatungsgesetz nicht erlaubt, eine rechtsberatende Dienstleitung anzubieten, dem Rechtsanwalt, an den der Anrufer weitergeleitet wurde, schon. Die Wirksamkeit des Beratungsvertrags hing darum von Frage ab, mit wem der Vertrag zustande kommt. Die Betreiberin hat die Beratung angepriesen und die Preise genannt. Dem durch die Werbung informierten Anrufer war die Identität des Anwalts zu Beginn des Telefonats unbekannt. Dennoch hat der BGH entschieden, dass in dem Verhalten der Hotline-Betreiberin kein Angebot einer verbotenen Rechtsberatung zu sehen sei.[381] Zur Begründung hat er ausgeführt, dass die Frage, mit wem der Vertrag zustande kommt, an die Auslegung der Erklärungen des Anrufers anknüpft, weil zu prüfen ist, an wen sich die auf Vertragsabschluss zielende Willenserklärung richtet.[382] Der BGH kam zu folgendem Ergebnis: Die Willenserklärungen seien in dem Fall so auszulegen, dass der Anrufer ausschließlich mit dem Rechtsanwalt einen Rechtsberatungsvertrag abschließen wolle.[383] Denn nur das entspreche den allgemein anerkannten Auslegungsregeln. Zu denen gehöre der Grundsatz einer nach beiden Seiten hin interessengerechten Auslegung. Darunter falle die Maxime, dass der Wille der vertragsschließenden Parteien im Zweifel auf eine den Vertragszweck nicht gefährdende Gestaltung gerichtet ist.[384] Daher wäre die Erklärung so auszulegen, dass der abzuschließende Vertrag keiner Nichtigkeit nach § 134 BGB unterliege. Im Ergebnis ist somit die Auslegung vorzunehmen, die die Nichtigkeit des angestrebten Vertrags vermeidet.[385]

Dieser überzeugende Gedankengang des BGH ist auf das Urheberrecht übertragbar. Wenn eine Norm eine urheberrechtliche Schrankenregelung nicht für voraussetzungslos abdingbar erklärt, sondern der Abbedingung im Sinn halbzwingenden Rechts Grenzen zieht, dann sind bei der Auslegung der abbedingenden Vereinbarung urheberrechtliche Auslegungsmaximen zu berücksichtigen. Denn bei der Auslegung der Vereinbarung nach einer nach allen Seiten hin interessengerechten

378 Vgl. BAG NZA 2019, 113, 116, Rn. 27.
379 *Singer*, in: *Staudinger*, BGB, § 133, Rn. 61 mwN.
380 BGH NJW 2003, 819 – Zulässigkeit einer Anwalts-Hotline.
381 BGH NJW 2003, 819, 819 – Zulässigkeit einer Anwalts-Hotline.
382 BGH NJW 2003, 819, 820 – Zulässigkeit einer Anwalts-Hotline.
383 BGH NJW 2003, 819, 820 – Zulässigkeit einer Anwalts-Hotline.
384 BGH NJW 2003, 819, 820 – Zulässigkeit einer Anwalts-Hotline.
385 BGH NJW 2003, 819, 820 – Zulässigkeit einer Anwalts-Hotline.

Beurteilung ist im Urheberrecht ebenso das Ergebnis anzustreben, dass die Vereinbarung nicht unwirksam ist. Die Wirksamkeit hingegen richtet sich danach, ob gegen die urheberrechtlich zwingenden Vorgaben verstoßen wird. Diese können nur durch eine Auslegung nach urheberrechtlichen Maßstäben ermittelt werden. Die Erklärung ist nun so zu verstehen, dass sie möglichst nicht dagegen verstößt. Die Wirksamkeit der Vereinbarung ergibt sich demzufolge aus einer Auslegung der Erklärungen nach urheberrechtlichen Maximen.

Wenn beispielsweise keine Regelung getroffen werden dürfte, in der zulasten des Schrankenprivilegierten von der gesetzlichen Nutzungserlaubnis abgewichen wird, dann wäre bei der Auslegung der Vereinbarung zu fragen, ob durch sie die privilegierten Handlungsmöglichkeiten des Nutzers beschränkt werden. Dieses Ergebnis wäre zu vermeiden. Der Umfang der gesetzlichen Erlaubnis ergibt sich allerdings aus der Auslegung des Gesetzes. Diese muss nach urheberrechtlichen Maßstäben erfolgen. Das gilt damit ebenso für die Auslegung der Erklärung mit dem Ziel, sie so zu verstehen, dass sie nicht gegen das Gesetz verstößt.

Daher sind zwar in der gerade diskutierten Konstellation gleichfalls vordergründig allgemeine privatrechtliche Auslegungsgrundsätze heranzuziehen, über das Einfallstor der nach allen Seiten interessengerechten Beurteilung brechen hingegen die urheberrechtlichen Wertungen in die Auslegung ein, sodass sie sich letztendlich ebenfalls nach denen vollzieht.

Das gefundene Ergebnis gilt nicht nur, wenn der Vereinbarung andernfalls die Wirksamkeit entsagt werden würde, sondern selbst, wenn sich lediglich Einreden gegen die vertraglichen Ansprüche aus dem schuldrechtlich zulässigen Vertrag ergeben würden. In dieser Konstellation ist die Vereinbarung gleichermaßen auf die Weise auszulegen, dass keine Einreden die Durchsetzbarkeit der Ansprüche hindern. Hier spielen folglich erneut urheberrechtliche Maßstäbe die ausschlaggebende Rolle. Die Begründung dafür ist, dass die nach allen Seiten interessengerechte Beurteilung nicht nur gesetzeskonforme Ergebnisse anstrebt, sondern gleichfalls redliche und vernünftige.[386] Redlich ist es nicht, einen Vertragsschluss in dem Willen abzuschließen, dass der andere sich nicht auf den Vertrag berufen kann. Vernünftig ist, was den beiderseitigen Interessen gleichermaßen entspricht und zu dem angestrebten Erfolg führt.[387] Eine Partei wird nie ein Interesse haben, einen Vertrag abzuschließen, auf dessen Ansprüche sie sich nicht berufen kann. Dauerhafte Einreden gefährden den Vertragserfolg erheblich. Das ist für die andere Partei objektiv erkennbar.

Es kann somit in Vorwegnahme des Ergebnisses der Auslegung von § 60g UrhG[388] vorgeschlagen werden, dass von § 60g II UrhG erfasste Vereinbarungen

---

386 *Singer*, in: *Staudinger*, BGB, § 133, Rn. 56.

387 BGH GRUR 2003, 173, 175 – Auslegung eines Lizenzvertrages mwN.; *Singer*, in: *Staudinger*, BGB, § 133, Rn. 52.

388 Siehe dazu H II 1.; H III 1.

ausschließlich nach allgemeinen privatrechtlichen Auslegungsmaßstäben interpretiert werden,[389] während von § 60g I UrhG in Bezug genommene Vereinbarungen mitunter nach urheberrechtlichen Maßstäben ausgelegt werden müssen, sodass sie nach Möglichkeit nicht so verstanden werden, dass sie den gesetzlich erlaubten Nutzungsumfang aufheben oder schmälern wollen.

Die Auslegung der Willenserklärungen sollte sich demzufolge dem Verständnis des Gesetzes anpassen. Abgelehnt werden muss demgemäß eine Ansicht, nach der die Auslegung von Schrankenbestimmungen grundsätzlich eng vorzunehmen ist, damit nicht zu viele Vertragsabreden als nichtig angesehen werden müssen.[390] Bei diesem Verständnis würde sich das Gesetzesverständnis der Auslegung der Willenserklärungen anpassen müssen. Grenzen der Gestaltungsfreiheit bedeuten in der Tat immer einen regulierenden Eingriff in den Grundsatz der Privatautonomie. Schranken sind allerdings nicht grundsätzlich eng auszulegen, damit diese Grenzen selten erreicht werden und damit möglichst nicht in die Privatautonomie eingegriffen wird. Die Privatautonomie als grundrechtlich geschützte Position ist bei der Auslegung von Vereinbarungen mit gesetzlich erlaubten Nutzungen als Regelungsgegenstand zu berücksichtigen. Jedoch kann der Anwendungsbereich zahlreicher Grundrechte eröffnet sein, weshalb die Privatautonomie nicht als grundsätzlich priorisierungswürdig angesehen werden kann. Mit der Schrankenbestimmung wollte der Gesetzgeber häufig selbst Grundrechte sichern, die ebenfalls zur bestmöglichen Entfaltung gelangen müssen. In dieser Gemengelage ist die Privatautonomie nicht per se vorrangig und Schranken demnach nicht deshalb grundsätzlich eng auszulegen.

III Gesamtergebnis

Die Auslegung urheberrechtlicher Schranken und vertraglicher Vereinbarungen unterliegt unterschiedlichen Maximen. Verträge werden nach dem Willen und der Erklärung der Parteien ausgelegt. Verträge bedingen das Gesetz ab, wenn sie eine abweichende Regelung zum gleichen Regelungsgegenstand treffen. Um das zu eruieren, müssen Gesetz und Vertrag nach ihren jeweiligen Maßstäben zunächst ausgelegt werden. Ist das Gesetz disponibel, haben die urheberrechtlichen Auslegungsmaximen keine Bedeutung darüber hinaus, weil in diesem Bereich der Wille der Parteien herrschen soll. Das Verständnis des vorrangigen Vertrags richtet sich demnach allein nach den allgemeinen Regeln zur Auslegung von Willenserklärungen.

---

389 § 60g II UrhG kennt eine Bedingung an den Vertragsinhalt, nämlich dass er ausschließlich eine von zwei bestimmten Nutzungserlaubnissen zum Gegenstand hat. In Bezug auf diese Voraussetzung gilt das hier festgestellte Ergebnis nicht.

390 Entgegen dem Ansatz von *Hagemeier*, in: *Möhring/Nicolini*, UrhR, § 60g, Rn. 4.

Wenn das Gesetz jedoch der Wirksamkeit oder Durchsetzbarkeit der abbedingenden Vereinbarung Grenzen setzt, müssen die urheberrechtlichen Maßstäbe bei der Auslegung der Willenserklärungen Berücksichtigung finden. Im Rahmen einer nach allen Seiten hin interessengerechten Auslegung ist das gesetzeskonforme und redliche Ergebnis vorzugswürdig, was weder zur Nichtigkeit der Vereinbarung noch zum Bestehen von Einreden führt.[391] Wenn sich diese Rechtsfolgen aus dem Urheberrecht ergeben, sind die urheberrechtlichen Auslegungsmaßstäbe bei der Interpretation der Willenserklärungen maßgeblich, sodass bezeichnete Rechtsfolgen im Rahmen der Grenzen der Auslegung vermieden werden können.
Die Auslegung der Schranken muss dabei die grundsätzliche Schutzentscheidung zugunsten der Urheber widerspiegeln, ohne zugleich andere verfassungsrechtliche oder unionsrechtliche Zielbestimmungen von einer abwägenden Interpretation auszuschließen. Dieser nicht immer enge Ansatz kann es der Rechtsprechung bis zu den Grenzen der Auslegung flexibel ermöglichen, ungeachtet veränderter Umweltbedingungen interessengerechte Ergebnisse zu erzielen, ohne das gravierende Umbrüche durch Gesetzesreformen notwendig sind. Das Bedürfnis der Parteien nach Flexibilisierung und Offenheit durch vorrangige Verträge wird somit abgemildert. Die Art und Weise der Auslegung kann demnach die Notwendigkeit von Vertragsvorbehalten reduzieren. Da die Auslegung dabei jedoch Grenzen unterliegt, ist die Flexibilisierung nicht unbeschränkt, dahingegen wird eben dadurch vermehrt Rechtssicherheit gewährleistet. Dieser Gedanke ist in der späteren Diskussion ob der Vorteilhaftigkeit vorrangiger Verträge zu berücksichtigen.
Die rechtsgeschäftliche Gestaltungsfreiheit ermöglicht ein höheres Maß an Flexibilität als die Auslegung des Gesetzes. Gleichwohl sind jegliche Flexibilisierungsbestrebungen gegenüber der Bedeutung von Rechtsicherheit im Urheberrecht abzuwägen.

391 BGH GRUR 2003, 173, 175 – Auslegung eines Lizenzvertrages; *Singer*, in: *Staudinger*, BGB, § 133, Rn. 52 ff. mwN.

E Schrankendogmatik: Vertragsvorrang im UrhG?

Im Anschluss an die Schrankendogmatik wird die Rechtsfigur des Vertragsvorbehalts an sich erforscht werden. Dabei ist auf die Auffassung der Rechtsprechung,[392] die konkrete Interessenlage, die rechtspolitischen Motive des Gesetzgebers und die praktischen Auswirkungen der Rechtsfigur abzustellen. Nichtsdestoweniger kann der Vorbehalt des Vertrags nicht losgelöst von der allgemeinen Schrankendogmatik des UrhG betrachtet werden. Denn der Vorbehalt des Vertrags verfolgt den Zweck, die Anwendbarkeit gesetzlicher Schrankenbestimmungen durch den Vertragsschluss ausschließen zu können.[393] Die Einführung einer Subsidiaritätsklausel wäre demgegenüber redundant, wenn sich ebendiese Wirkung der abweichenden Vereinbarung bereits ohne ausdrückliche Anordnung aus der Schrankendogmatik ergeben würde. Das wäre wiederum der Fall, wenn Vereinbarungen gemäß dem Grundsatz der Privatautonomie durchgängig Vorrang gegenüber den Schrankenbestimmungen zukäme. Unter der Voraussetzung wären die Schrankentatbestände aus ihrer Natur heraus grundsätzlich gegenüber privatautonomen Anpassungen geöffnet, sodass der Gesetzgeber sie nicht explizit unter einen Vorbehalt stellen müsste.

Damit die Nutzungsvereinbarung jedoch urheberrechtliche Wirksamkeit entfalten kann, müssten die Parteien über die gesetzlichen Erlaubnistatbestände disponieren können. Dafür dürfte es sich bei den Schranken des Urheberrechts nicht um zwingendes Gesetzesrecht handeln. Aus diesem Gedanken heraus wird im Folgenden die Frage nach dem zwingenden oder dispositiven Charakter gestellt. Dieser wird anhand einer Auslegung der Schrankentatbestände zu untersuchen sein. Schwerpunktmäßig ist dabei herauszufinden, ob Schranken als subjektive Rechte der Nutzer gedeutet werden können. Sollte es sich um Rechte des Nutzers handeln, so wäre es denkbar, dass dieser diese durch ein Rechtsgeschäft selbst beschneiden kann. Dann wären Schranken ein Zuspruch an den Nutzungsberechtigten, über

---

392 Die Dogmatik nicht aller Schranken war bereits Rechtsprechungsgegenstand. Die bisher ergangenen höchstrichterlichen Urteile betreffen zahlreich Schranken der alten Rechtslage. Das allgemeine Schrankenverständnis ist somit nicht höchstrichterlich geklärt, was die Bedeutung des dogmatischen Verständnisses möglicherweise schmälern würde.

393 a.A. *Lavizzari*, in: *Dreier/Peifer/Specht*, FS Schulze, S. 157, 158, 160, 163, der im Vorbehalt des Vertrags keine Frage der Anwendbarkeit urheberrechtlicher Schraken und damit eine nach ihrer Rechtsnatur und dispositiven Charakter sieht. Er verortet das Problem im Bereich der zulässigen Reichweite von Schrankenbestimmungen. Damit umgeht er sich anschließende dogmatische Fragestellungen.

den er selbst verfügen könnte. Speziell das Schlagwort des „Rechts auf Privatkopie“, welches außer- und innerhalb der juristischen Fachliteratur[394] ausführlich debattiert wird, lässt einen solchen Konstruktionszusammenhang vermuten. Hierbei deutet sich bereits an, dass der Rechtsnatur der Schranken ausschlaggebende Bedeutung zukommt. Bei der Rechtsnatur handelt es sich folglich nicht um eine lediglich theoretische Fragestellung, sondern um eine substanzielle mit relevanter praktischer Auswirkung.

Erst die Annahme eines Vorrangs der Schrankenprivilegierungen würde die Diskussion, ob Vertragsvorbehalte in das Urheberrechtsgesetz einzuführen sind, erforderlich werden lassen. Ohne Vorbehaltseinführung wäre den Vereinbarungen unter der Voraussetzung ihre urheberrechtliche Wirksamkeit zu versagen. Das erweckt initial das Bedürfnis nach einer rechtspolitischen Diskussion, ob eine einzelfallbezogene Ausgestaltung des Urheberrechts durch Parteivereinbarung eine überzeugende Methode ist, das Urheberrecht zu jedem Zeitpunkt zeitgemäß und modern ausgestalten zu können, indem es den spezifischen Bedürfnissen im konkreten Fall angepasst wird, was die gesellschaftliche Akzeptanz des Urheberrechts erhöhen könnte. Die Diskussion um die Vorzüge eines Vertragsvorbehalts müsste indes stets im Licht des Widerspruchs zum sonstigen Schrankenverständnis geführt werden. Die Systematik der Schranken würde uneinheitlich werden und das Gesetz seine Geschlossenheit verlieren.

In wegweisender Vorbereitung der im Schwerpunkt der Untersuchung vorzunehmenden Diskussion des Vertragsvorbehalts ist sonach der Option des Bestehens eines Vertragsvorrangs im Urheberrecht nachzugehen.

I Grundlagen eines Vertragsvorrangs

Um zu prüfen, ob im deutschen Urheberrecht Nutzungsvereinbarungen Vorrang vor gesetzlichen Nutzungsprivilegierungen zukommt, sollen zunächst die

---

394 So beispielsweise eine Forderung der Grünen Jugend, abrufbar unter: https://gruene-jugend.de/fur-ein-recht-auf-privatkopie/, letzter Zugriff 2020. Doch in der juristischen Literatur wird gleichermaßen ein Recht auf Privatkopie vertreten, so ausdrücklich *Hoeren*, Urheberrecht und Verbraucherschutz, S. 16 ff., nach dem § 53 I UrhG dem Privatnutzer ein Vervielfältigungsrecht zu seinem Privatgebrauch einräumt, wenn das Werk in seinen Verfügungsbereich gelangt ist. Abgesehen davon, dass die Einräumung auf gesetzlichem Weg erfolge, sieht er eine Vergleichbarkeit zur Übertragung eines einfachen Nutzungsrechts nach § 31 II UrhG. Von einem Recht auf Privatkopie gehen überdies *Abdallah/Gercke/Reinert*, ZUM 2004, 31, 34 „Ausübung einer vom Urheberrecht eingeräumten Rechtsposition“; *Köcher/Kaufmann*, MMR 2005, 753, 753 „Nutzungsrecht an einem Werk zum persönlichen Genuss legal erworben“; *Kreutzer*, GRUR 2001, 193, 2002, Fn. 115 „dingliche Einräumung der gesetzlichen Lizenz“ aus.

Grundannahmen einer urheberrechtlich wirksamen Schrankenabbedingung besprochen werden. Die Bedeutung der verwendeten Termini wird im Folgenden geklärt (I 1.) und es wird der bisher vertretene Meinungsstand referiert (I 2. a), ob Vereinbarungen eine diesbezügliche urheberrechtliche Wirkung zukommt. Der Ausschluss gesetzlicher Erlaubnistatbestände setzt deren Abdingbarkeit voraus, wobei sich die Derogation dogmatisch konstruieren lassen müsste. Die dogmatischen Konstruktionsmöglichkeiten, die es anschließend zu hinterfragen gilt, werden erörtert (I 2. b).

1. Begriff der Abdingbarkeit

Wenn zwei Vertragsparteien den konkreten Regelungsgegenstand einer urheberrechtlichen Schrankenbestimmung einer vom Gesetz abweichenden Regelung unterwerfen wollen, stellt sich die Frage nach der Abdingbarkeit oder Disponibilität der Norm. Davon ist abhängig, ob der vertraglichen Vereinbarung gemäß dem Grundsatz der Privatautonomie Wirksamkeit zukommt oder ob die Freiheit des einzelnen, seine Rechtsbeziehungen selbstverantwortlich zu gestalten, durch das Gesetz eingeschränkt ist.[395] Eine Schranke ist folglich abdingbar, wenn bezeichnete Vereinbarung, nach der es einer Vertragspartei nicht oder nur unter bestimmten Bedingungen gestattet ist, ein Werk auf eine bestimmte Art und Weise zu nutzen, obwohl das Gesetz die Nutzung für erlaubt erklärt, urheberrechtlich wirksam ist. Erfasst der Inhalt des Rechtsgeschäfts den Regelungsgehalt der Schranke nicht, kommt es für die rechtgeschäftliche Wirksamkeit nicht auf die Disponibilität an. Erfasst er ihn hingegen, richtet sich die Antwort auf die Frage, ob die Geltung des Gesetzes durch das Rechtsgeschäft abbedungen werden kann, danach, ob das Gesetz zwingendes oder dispositives Recht darstellt.

a) Zwingendes und dispositives Recht: Abgrenzung und Ermittlung

Einer vertraglichen Vereinbarung, die eine nach einer Schranke zulässige Ausübung verbietet, wäre die Wirksamkeit zu untersagen, wenn man die betreffende Schranke als zwingendes Recht (ius cogens) einordnet. Darunter versteht man diejenigen Vorschriften, deren Anwendung ungeachtet des Parteiwillens geboten ist, was sich normtheoretisch durch die unauflösliche Konjugation von Tatbestand und Rechtsfolge kennzeichnet.[396] Den Gegensatz dazu bildet dispositives Gesetzesrecht (ius dispositivum). Dabei kann die Verbindung von Tatbestand und Rechtsfolge gelöst werden, indem eine Vereinbarung getroffen wird, nach der eine andere als die gesetzliche Rechtsfolge eintreten soll, obwohl ein Sachverhalt vorliegt, der den Tatbestand der betreffenden Norm erfüllt.[397] Zwischen diesen beiden Formen

---

395 *Köhler*, BGB AT, § 3, Rn. 23 f.

396 *Donle*, Die Bedeutung des § 31 Abs. 5 UrhG für das Urhebervertragsrecht, S. 73.

397 *Donle*, Die Bedeutung des § 31 Abs. 5 UrhG für das Urhebervertragsrecht, S. 73.

gibt es einseitig zwingendes Recht, welches nur zugunsten und nicht zum Nachteil gewisser Inhalte oder Personen disponibel ist.[398]

Nachfolgend gilt es zu untersuchen, ob die urheberrechtlichen Schranken dispositives Recht darstellen. Dann käme Nutzungsvereinbarungen ein Vorrang zu, der die Gesetzesanwendung ausschließt. Ausdrückliche Vertragsvorbehalte im Schrankentatbestand wären demzufolge obsolet. Wenn dahingegen zwingendes Recht vorliegen sollte, würde es sich gegenüber Parteivereinbarungen durchsetzen, weil den Parteien die Macht zur abweichenden Regelung fehlt.[399] Die Unwirksamkeit des Vertrags folgt dann ohne ausdrückliche Anordnung aus dem zwingenden Recht selbst. Dafür bedarf es keines Rückgriffs auf § 134 BGB, denn ein Rechtsgeschäft kann selbstverständlich keine Geltung beanspruchen, wenn es über die der rechtsgeschäftlichen Gestaltungsmöglichkeit vom Gesetz gesetzten Grenzen hinausgeht.[400] Im Gegensatz dazu schließen Verbotsgesetze die Privatautonomie nicht aus.[401] Man kann weiterhin ein Rechtsgeschäft vornehmen, darf es gleichwohl nicht, weshalb die Nichtigkeit als Folge des gesetzlichen Befehls der Verbotsnorm angeordnet wird.[402] In dem Fall müsste untersucht werden, welche Rechtsfolgen sich für den restlichen Vertrag aus der Teilnichtigkeit ergeben.

Es ist jedoch erst erforderlich, auf den Begriff des Verbotsgesetzes und der Teilnichtigkeit weiter einzugehen, falls sich zeigen sollte, dass die Schranken kein urheberrechtlich zwingendes Recht darstellen. Ob die urheberrechtliche Wirksamkeit vertraglicher Abweichungen von der Gesetzesbestimmung bereits am rechtlichen Können scheitert, erst auf der Stufe des rechtlichen Dürfens oder gar nicht, richtet sich folglich zuerst nach dem zwingenden Rechtscharakter der gesetzlichen Nutzungserlaubnisse, den es in der folgenden Untersuchung zu eruieren gilt.

Ob eine Norm einen zwingenden, halbzwingenden oder einen dispositiven Charakter hat, ist im Weg der Auslegung zu ermitteln.[403] Bei der Auslegung einer Norm ist schwerpunktmäßig auf ihren Sinn und Zweck abzustellen: Beruht sie auf bloßen Zweckmäßigkeitserwägungen oder schützt sie nur Rechte und Interessen der Vertragsparteien, ist regelmäßig eine Abdingbarkeit anzunehmen, anders als wenn sie dem Schutz absolut zu bewahrender Allgemein- oder Drittinteressen dient.[404] Ein Beispiel dafür wäre ein Vertrag zulasten Dritter, der unzulässig sein

---

398 *Köhler*, BGB AT, § 3, Rn. 23.

399 *Enneccerus/Nipperdey*, AT des Bürgerlichen Rechts, § 49 IV.

400 *Flume*, AT des Bürgerlichen Rechts II, § 17 2, S. 343.

401 BGH NJW 1954, 1155, 1156; BGH NJW 1956, 746, 748.

402 *Flume*, AT des Bürgerlichen Rechts II, § 17 2, S. 343.

403 *Brehm*, AT des BGB, Rn. 50. Anders als unter D I geht es im Folgenden nicht um die Auslegungsgrundsätze im Rahmen der Schrankenanwendung, sondern um die Bedeutung möglicher Auslegungsmethodik zur Ermittlung des Charakters der Schranke als zwingendes Recht.

404 *Werp*, Die Grenzen der Abdingbarkeit, S. 43.

muss, weil man sonst ganz erheblich die Selbstbestimmung einzelner beeinträchtigen würde.[405] Weitere Beispiele sind Vorschriften, die die Sicherheit des Rechtsverkehrs schützen (vgl. § 311b I BGB) oder das Vertrauen Dritter (vgl. § 137 I BGB). Es können allerdings Vorschriften gleichfalls zwingend sein, obwohl sie nur die Parteiinteressen betreffen. Das ist insbesondere der Fall, wenn sie erst die Privatautonomie schaffen.[406] Beispiele hierfür sind Anforderungen an eine gültige Willenserklärung (vgl. §§ 104 ff. BGB), Form- und Verbraucherschutzvorschriften zum Schutz des wirtschaftlich schwächeren Teils oder geschäftlich unerfahrener Personen und solche, die den Missbrauch von Marktmacht verhindern sollen. Ausgehend vom teilweise angestrebten Zweck, nur eine Vertragspartei zu schützen, gibt es weiterhin halbseitig zwingende Normen, die nur Abweichungen mit einem bestimmten Inhalt ausschließen. Beispiele hierfür finden sich zahlreich im Urhebervertragsrecht. Hier sind regelmäßig Abweichungen zum Nachteil des Urhebers unzulässig, demgegenüber nicht zu seinen Gunsten (vgl. §§ 32 III 1, 38 IV 3 UrhG).

b) Grammatikalische Auslegung urheberrechtlicher Schranken

Zweifelsfreie Schlussfolgerungen sind zulässig, sollte der zwingende Charakter einer Norm im Normtext selbst angelegt sein.[407] Das Recht kennt Formulierungen, die eindeutig auf eine Einschränkung der Rechtsmacht abzielen. Ein Beispiel wäre: „X kann nicht...". In den meisten urheberrechtlichen Schranken findet sich dahingegen der Ausdruck „Zulässig ist..." wieder. Zur Interpretation des damit ausgedrückten Schrankenverständnisses kommt der grammatikalischen Auslegung keine gleichrangige Bedeutung zu. Vornehmlich den in dem Zusammenhang verwendeten Termini ist ein substanzieller Aussagegehalt abzusprechen. Zur Erläuterung, warum die grammatikalische Auslegung im Verlauf keine relevante Aufmerksamkeit erfährt, sollen der Untersuchung folgende Reflexionen vorangestellt werden.

§ 15 UrhG weist dem Urheber das ausschließliche Recht zu, sein Werk zu verwerten. Den Verwertungsrechten stehen insbesondere nach §§ 44a ff. UrhG die Schranken des Urheberrechts gegenüber, die gewisse Handlungen, die grundsätzlich von den Verwertungsrechten des Urhebers umfasst wären, für „zulässig" erklären. Nach dem Wortlaut können Schranken so weit nur als gesetzliche Begrenzungen des Urheberrechts definiert werden. Der Begriff der Zulässigkeit lässt indes nicht erkennen, in welchem konstruktiven Verhältnis die Schranken zum Ausschließlichkeitsrecht des Urhebers stehen. Das Gesetz gewährt somit eine Erlaubnis, ohne dass der Wortlaut vorgibt, ob diese dem Nutzer zwingend zugeschrieben ist.

---

405 *Kähler*, in: *Witt*, Jahrbuch Junger Zivilrechtswissenschaftler 2002, S. 181, 198.
406 *Ulrici*, JuS 2005, 1073, 1074.
407 *Möslein*, Dispositives Recht, S. 175 f. mwN.

International sind weitere Termini gebräuchlich. Die Überschrift von Art. 5 InfoSoc lautet „Ausnahmen und Beschränkungen", obwohl beide Bezeichnungen Hinweise auf eine heterogene Konstruktionsweise liefern. Die Benennung bringt sprachlich ein Rangverhältnis zum Ausdruck. Der Begriff Ausnahme, beispielsweise in Frankreich und Belgien gebräuchlich,[408] suggeriert eine Abweichung vom Normalzustand Ausschließlichkeitsrecht, die *Geiger* bildlich als „eine Insel von Freiheit in einem Meer von Exklusivität"[409] beschreibt. Der in Deutschland verwendete Terminus Schranke, eng mit dem in der InfoSoc-RL verwendeten Ausdruck Beschränkung verwandt, beinhaltet eine spiegelbildliche Wertung. Begrifflich begrenzen die Schranken den Inhalt des Ausschließlichkeitsrechts, über dessen Grenzen hinaus der Urheber keine Kontrollmöglichkeiten mehr hat, was dem Bild des Urheberrechts als „Insel von Exklusivität in einem Meer von Freiheit"[410] gleichkommt.

Demgegenüber überzeugt es nicht, allein aus der Terminologie Rückschlüsse über solch gravierende theoretische Unterschiede zu ziehen.[411] Das wird der Bedeutung der Rechtsfrage nicht gerecht. Hinzu kommt, dass die Vokabel Schranke selbst nicht einheitlich gebraucht wird. Die deutsche Rechtswissenschaft kennt weder in der urheberrechtlichen noch in der staatsrechtlichen Literatur[412] eine eindeutige Interpretation des Begriffs. Aufgrund der Vielzahl der international verwendeten Formulierungen ist daneben kein Rückschluss auf ausländische Rechtsordnungen möglich. Weiterhin kann sich nicht an den historischen Gesetzen orientiert werden, weil die beiden Vorgänger des UrhG keine vergleichbare Bezeichnung kannten. Aufgrund dessen kann der Bezeichnung an sich keine Aussagekraft zugewiesen werden. Losgelöst von der Begrifflichkeit kommt es vielmehr auf die konkrete Ausgestaltung der Schranken in der jeweiligen Rechtsordnung an. Jene soll in den nachfolgenden Untersuchungen für das deutsche Urheberrecht analysiert werden, ohne dass sich folglich auf den Ausdruck Schranke selbst bezogen wird.

---

408 Allerdings werden in der deutschen Literatur die beschränkenden Vorschriften zuweilen ebenfalls als Ausnahmen gedeutet. So erkennt *Bauer*, User Generated Content, S. 180 f. darin Rückausnahmen von der Ausnahme des Alleinverfügungsrechts des Urhebers vom Prinzip der verfassungsrechtlich geschützten Informations- und Kommunikationsfreiheit.

409 *Geiger*, GRUR Int. 2004, 815, 818.

410 *Geiger*, GRUR Int. 2004, 815, 819.

411 Ebenso *Förster*, Faire Use, S. 5 f.; *Stieper*, Rechtfertigung der Schranken, S. 99; a.A. *Ullrich*, GRUR Int. 2009, 283, 285.

412 Zahlreiche Beispiele dafür finden sich bei *Zurth*, Nutzungsrechte, S. 99 f.

c) *Unterscheidung der Wirkungen vertraglicher Nutzungsbeschränkungen*

Von eminenter Bedeutung für die gesamte Untersuchung ist, dass es stets geboten ist zu differenzieren, ob die jeweilige Schranke die urheberrechtliche oder (zugleich) die schuldrechtliche Wirksamkeit der Verpflichtung ausschließt. Das wäre das Resultat, wenn die Schranke urheberrechtlich und/oder schuldrechtlich zwingendes Recht darstellt. Die verschiedenen Rechtsebenen sind dabei aus rechtsdogmatischen Gründen strikt zu trennen. Vergleichbar dazu unterschied schon § 137 des BGB in der Fassung vom 01.01.1900[413] zwischen der dinglichen Wirksamkeit eines Verfügungsverbots und der schuldrechtlichen Wirksamkeit einer Verpflichtung zur Unterlassung entsprechender Verfügung. Der Gedanke ist auf das Urheberrecht übertragbar. Es ist bei einem vertraglichen Verbot, eine urheberrechtlich relevante Nutzungshandlung vorzunehmen, demgemäß ebenso zwischen der urheberrechtlichen und schuldrechtlichen Wirkung des Verbots zu unterscheiden.[414]

Erste Bedeutung erlangte diese Unterscheidung bereits kurz nach Einführung des selbstständigen Verbreitungsrechts in § 11 LUG. Damals entstand Streit darüber, ob Urheber oder Verleger Warenhäusern durch entsprechende vertragliche Beschränkungen den gewerbsmäßigen Verkauf von Verlagsprodukten unter dem Ladenpreis mit urheberrechtlicher Wirkung verbieten können.[415] Heutzutage wird die Trennung der Wirkungen beispielsweise mit Blick auf die Wirksamkeit von vertraglichen Vertriebsbeschränkungen, die die Einschränkung der Erschöpfung

---

413 Reichsgesetzblatt 1896, S. 212, Nr. 21, ausgegeben am 24.08.1896, in Kraft seit dem 01.01.1900.

414 Schon *Kraßer*, GRUR Int. 1973, 230, 235 unterscheidet zwischen patent-, warenzeichen- und urheberrechtlich wirkenden Beschränkungen und solchen, die diese Wirkung nicht haben. Nicht gefolgt wird ihm allerdings darin, erstere als dingliche und letztere als schuldrechtliche Beschränkungen zu bezeichnen. Auch *Gräbig*, GRUR 2012, 331, 336; *Stieper*, Rechtfertigung der Schranken, S. 172 trennen bei vertraglichen Verboten die dingliche von der schuldrechtlichen Wirkung, wobei beide unter dinglicher Wirkung nicht die sachenrechtlich-dingliche, sondern die urheberrechtlich-dingliche Wirkung i.S.d. urheberrechtlichen Zulässigkeit der betreffenden Nutzungshandlung verstehen. Nach hier vertretener Auffassung ist es vorzugswürdiger, von der urheberrechtlichen Wirkung der Nutzungsbeschränkung zu sprechen und den die Klarheit verwässernden Begriff der dinglichen Wirkung wegzulassen, so auch die Prüfung von *Zech*, in: *Leible*, Wissen-Märkte-Geistiges Eigentum, S. 187, 189 ff. Es ist nicht ersichtlich, welche gesteigerte Aussagekraft dem zukommen könnte. Vgl. die Schlussfolgerungen unter E IV 2. c) aa)(iii).

415 Ausführlicher dazu unter E II 2. a) bb).

des Verbreitungsrechts nach §§ 17 II, 69c Nr. 3 S. 2 UrhG bezwecken, und im Rahmen von § 60 UrhG[416] diskutiert und präzise beachtet.

Allerdings wird in der Literatur auf die Differenzierung leider vielfach nicht eingegangen und nur allgemein die Wirksamkeit oder Zulässigkeit einer besagten Vertragsklausel festgestellt.[417] Gleichwohl ist die Unterscheidung in mehrere Hinsichten von Bedeutung. Wenn einer vertraglichen Nutzungsbeschränkung urheberrechtliche Wirkung zukommt, stellt die Nichteinhaltung der Beschränkung nicht nur eine Vertragsverletzung dar, sondern darüber hinaus zugleich eine Verletzung des entsprechenden Verwertungsrechts des Urhebers. Das kann auf Grundlage des § 97 UrhG geltend gemacht werden. Würde die Beschränkung indes nur schuldrechtlich wirksam sein, würde keine Urheberrechtsverletzung vorliegen. Vielmehr würde der nutzende Vertragspartner gegen seine schuldrechtliche Pflicht, die betreffende Nutzungshandlung nicht vorzunehmen, verstoßen, was eine Vertragsverletzung iSv § 280 BGB begründet. Die unterschiedlichen Konstellationen können bedeutende Auswirkungen haben. Schließt beispielsweise der Inhaber eines abgeleiteten Nutzungsrechts im eigenen Namen mit einem Nutzer eine Vereinbarung, stellt sich die Frage, ob bei einer Verletzung der vertraglichen Nutzungsbeschränkung der Urheber ebenfalls gegen den Nutzer vorgehen kann. Wenn der Vertragsverstoß lediglich zu einer zwischen den Parteien wirkenden Pflichtverletzung i.S.d. § 280 BGB führt, wäre ihm das versperrt. Anders wäre der Sachverhalt gelagert, wenn der Verstoß zugleich eine Urheberrechtsverletzung darstellt, weil der Urheber Ansprüche aus § 97 UrhG kraft seines fortbestehenden Urheberrechts bei Vorliegen eines eigenen schutzwürdigen Interesses geltend machen kann, selbst wenn er einem Dritten ein ausschließliches Nutzungsrecht eingeräumt hat.[418] Weiterhin ist die Unterscheidung relevant, wenn ein Nutzer,

---

416 Diesbezüglich ist fraglich, inwiefern dessen Einordnung als Schranke oder urheberrechtliche Auslegungsregel Auswirkung auf die urheberrechtliche oder schuldrechtliche Wirksamkeit gegenteiliger Vertragsbestimmungen hat. So hält beispielsweise *Dreier*, in: *Dreier/Schulze*, UrhG, § 60, Rn. 2 die Einordnung aus schuldrechtlicher Perspektive für unerheblich, weil „Schrankenregelungen ohnehin zumindest mit schuldrechtlicher Wirkung eingeschränkt oder abbedungen werden können, solange das Gesetz einen solchen vertraglichen Ausschluss nicht (...) ausnahmsweise ausdrücklich anordnet oder er sonst in AGB unzulässig ist"; zustimmend *Wiebe*, in: *Spindler/Schuster*, UrhG, § 60, Rn. 2.

417 Vgl. *Beger*, Urheberrecht und elektronische Bibliotheksangebote, S. 69 f.; *Dreier*, in: *Dreier/Schulze*, UrhG, Vor §§ 44a ff., Rn. 9; *Dreyer*, in: *Dreyer/Kotthoff*, UrhR, Vor §§ 44a ff., Rn. 57; *Hohagen*, in: *Ohly/Bodewig/Dreier*, FS Schricker II, S. 353, 362 f.; *Rosén*, GRUR Int. 2002, 195, 205; *Schack*, ZUM 2002, 497, 502 f.; *Trayer*, Technische Schutzmaßnahmen, S. 184 f.

418 Vgl. BGH GRUR 1992, 697, 698 f. – ALF; OLG München GRUR 2005, 1038, 1040 – Hundertwasser-Haus II.

der sich gegenüber einem Ersterwerber eines ausschließlichen Nutzungsrechts einer vertraglichen Beschränkung unterworfen hat, nach einer Zweitlizenzierung gegen ebenjene verstößt. Liegt dann gegenüber dem Zweiterwerber eine Urheberrechtsverletzung vor? Würde die Beschränkung nur schuldrechtlich wirken, wäre der Nutzer allein gegenüber dem Ersterwerber vertraglich gebunden. Würde die Vereinbarung jedoch über eine schuldrechtliche Unterlassungsverpflichtung hinausgehen und urheberrechtlich wirken, hätte der Zweiterwerber das erweiterte Ausschließlichkeitsrecht erworben und könnte gegen eine Urheberrechtsverletzung vorgehen.

Diese unterschiedlichen Auswirkungen schneidet man sich ab, wenn man nicht sauber zwischen urheberrechtlicher und schuldrechtlicher Wirkung differenziert. Wie gezeigt, gehen die Auswirkungen einer urheberrechtlichen Abdingbarkeit noch weit über die einer schuldrechtlich zulässigen Verpflichtung hinaus. Ebenjene Wirkungen möchte der Vertragsvorbehalt gleichfalls erzielen, indem er die Subsidiarität der Schranke gegenüber Verträgen anordnet. Eine solche Anordnung wäre entbehrlich, wenn sich ebendas Ergebnis infolge des Vertragsvorrangs bereits aus der Schrankendogmatik ergeben würde. Daraus ergibt sich für den weiteren Gang der Untersuchung, dass zu prüfen ist, inwieweit urheberrechtliche Abwehrbefugnisse durch rechtsgeschäftliche Vereinbarungen über den durch die Schranken gesetzlich festgelegten Umfang hinaus ausgedehnt werden können, sodass ein Verstoß zugleich eine Urheberrechtsverletzung begründet. Das wäre der Fall, wenn die Schranken kein urheberrechtlich zwingendes Recht darstellen. Um das zu ermitteln, bedarf es einer Auslegung der Schrankentatbestände des UrhG. Da hinter der Untersuchung letztendlich die Frage steht, inwiefern sich § 60g UrhG in dieses Auslegungsergebnis einbettet, sollen demgegenüber bewusst nicht die Schranken des UrhWissG selbst berücksichtigt werden. Daneben wird bei der Auslegung auf die Frage der Wirksamkeit schuldrechtlicher Vereinbarungen mit der Verpflichtung, gewisse Nutzungshandlungen zu unterlassen, nicht eingegangen.[419] Schuldrechtliche Verpflichtungen begründen eine andere Rechtsbeziehung als Vereinbarungen im Sinn eines Vertragsvorbehalts. Wenn in den nachfolgenden Ausführungen ohne weitere Erläuterung von der Wirksamkeit oder Wirkung vertraglicher Beschränkungen gesprochen wird, ist daher stets die urheberrechtliche gemeint.

---

419 Siehe ausführlich zu dieser Problematik *Gräbig*, Abdingbarkeit urheberrechtlicher Schranken, S. 67 ff.; *Stieper*, Rechtfertigung der Schranken, S. 213 ff., 329 ff.; *Zech*, in: *Leible*, Wissen-Märkte-Geistiges Eigentum, S. 187, 192 ff.

2. Urheberrechtliche Wirksamkeit vertraglicher Nutzungsbeschränkungen

Im Folgenden soll die Möglichkeit einer urheberrechtlichen Wirksamkeit einer Nutzungsvereinbarung näher hinterfragt werden. Zu prüfen ist, ob die durch die Schranke gewährte gesetzliche Erlaubnis mit urheberrechtlicher Wirkung ausgeschlossen werden kann, sodass eine Zuwiderhandlung gegen den Vertrag, die sich jedoch im Rahmen der Privilegierung bewegt, eine Urheberrechtverletzung darstellt. Fraglich ist dabei vor allem, ob sich die Derogation auf eine Art und Weise dogmatisch konstruieren lässt, die Stütze in der Gesetzesauslegung findet. Zunächst soll ein Überblick über die diesbezüglichen Meinungen gewährt werden (a). Sodann wird nach den verschiedenen Konstruktionsmöglichkeiten gefragt, mit denen das Ergebnis erreicht werden könnte (b).

a) *Meinungsstand*

Zwei Extrempositionen sind annehmbar. Einerseits könnte man alle Schranken bis auf diejenigen mit ausdrücklichen Ausnahmen als zwingend ansehen und jeglicher Parteidisposition entziehen.[420] Diese Ansicht wird bedauerlicherweise in der Literatur häufig rein feststellend vertreten, ohne eine überzeugende oder ausführliche Begründung aufzuzeigen.[421] So wird teilweise nur mit dem Charakter als gesetzliche Schranke argumentiert,[422] mit einem „klassischen Verständnis“,[423] mit den den Schranken zugrunde liegenden Gemeinwohlerwägungen und der öffentlichen Sicherheit,[424] mit der Sozialbindung des Eigentums in der Ausdrucksform der Sicherung des freien Informationsflusses[425] oder es wird auf jegliche

---

420 So *Geiger*, in: *Hilty/Peukert*, Interessenausgleich im Urheberrecht, S. 143, 154; *ders.*, GRUR Int. 2004, 815, 820; *Lüft*, in: *Wandtke/Bullinger*, UrhR, Vor §§ 44a ff., Rn. 2; *A. Nordemann*, in: *Loewenheim*, Handbuch des Urheberrechts, § 73, Rn. 51; *Schack*, Urheberrecht, Rn. 539; *ders.*, ZUM 2002, 497, 502, anders jedoch auf S. 503; *Schulz*, GRUR 2006, 470, 475; *Stieper*, in: *Schricker/Loewenheim*, UrhR, Vor §§ 44a ff., Rn. 56; *Wandtke/Ohst*, in: *Wandtke/Bullinger*, UrhR, § 95b, Rn. 53; widersprüchlich *Hänel*, Die Umsetzung des Art. 6 Info-RL (technische Schutzmaßnahmen) ins deutsche Recht, S. 264 f., 278, 283.

421 Vgl. *Lüft*, in: *Wandtke/Bullinger*, UrhR, Vor §§ 44a ff., Rn. 2. Das trifft selbstverständlich nicht auf alle diese Ansicht vertretenden Behandlungen zu, wie die Aufarbeitung von *Stieper*, Rechtfertigung der Schranken, S. 178 ff. zeigt.

422 *A. Nordemann*, in: *Loewenheim*, Handbuch des Urheberrechts, § 73, Rn. 51; *Wandtke/Ohst*, in: *Wandtke/Bullinger*, UrhR, § 95b, Rn. 53.

423 *Schack*, ZUM 2002, 497, 502.

424 *Hänel*, Die Umsetzung des Art. 6 Info-RL (technische Schutzmaßnahmen) ins deutsche Recht, S. 265.

425 *Schulz*, GRUR 2006, 470, 475.

tiefergehende Argumentation gänzlich verzichtet[426]. Derart allgemeine und substanzlose Begründungsansätze vermögen jedenfalls nicht zu überzeugen und rufen ein Bedürfnis nach tiefgehender Auseinandersetzung hervor. Die Ansicht soll eingehend thematisiert werden, stünde sie doch der privatautonomen Modifizierbarkeit der Schrankentatbestände entgegen. Das würde eine rechtspolitische Diskussion über die Einführung von Vertragsvorbehalten erforderlich werden lassen, weil sich sonst eine individuelle Gestaltung der urheberrechtlichen Rechtslage nicht erreichen ließe.

Die dem gegenüberstehende Extremposition ist, alle Schranken bis auf diejenigen mit ausdrücklichen Ausnahmen für dispositiv und damit vertraglich modifizierbar zu erachten.[427]

Dafür spricht vermeintlich der Umkehrschluss daraus, dass einzelne Schranken eindeutige Aussagen bezüglich ihrer Disponibilität treffen. Ungeachtet der noch auszulegenden Regelung des § 60g UrhG erklärt § 69g II UrhG bezüglich Computerprogramme vertragliche Vereinbarungen für nichtig, die im Widerspruch zu §§ 69d II, III, 69e UrhG stehen. Im Gegensatz dazu erlaubt § 69d I UrhG ebenfalls in Bezug auf Computerprogramme ausdrücklich abweichende Vereinbarungen. Gemäß § 55a S. 3 UrhG sind die Privilegierungen des berechtigten Nutzers eines Datenbankwerks umfassend derogationsfest ausgestattet. Abschließend regelt § 87e UrhG die Unwirksamkeit von vertraglichen Vereinbarungen zwischen einem Nutzer und einem Datenbankhersteller, wenn die Handlung weder einer normalen Auswertung der Datenbank zuwiderläuft noch die berechtigten Interessen des Datenbankherstellers unzumutbar beeinträchtigt.

Dennoch erscheint es fraglich, ob alle anderen Schranken ohne ausdrückliche Anordnung ihres Vorrangs aufgrund dieser Eigenschaft als dispositiv einzuordnen sind. Die Heterogenität der punktuellen Sondervorschriften zeigt zunächst, dass kein Rückschluss im Weg der Analogie auf die für die übrigen Werkarten geltenden Schrankenbestimmungen zulässig ist.[428] Fernerhin kann nicht im Umkehrschluss gefolgert werden, dass die übrigen Schranken keinen entsprechenden Regelungsgehalt haben. Denn das würde der Gesetzgebungsgeschichte nicht gerecht werden, weil der deutsche Gesetzgeber die Problematik der vertraglichen Abdingbarkeit erst schrittweise mit Auslaufen des 20. Jahrhunderts gesehen hat. Das lässt sich den

---

426 Vgl. *Schack*, Urheberrecht, Rn. 539.

427 So KG BeckRS 2012, 17417; *Dietz*, in: *Baulch/Green/Wyburn*, ALAI Study Days, S. 265, 268 f.; *Dreyer*, in: *Dreyer/Kotthoff*, UrhR, Vor §§ 44a ff., Rn. 57; *Mackert*, K&R 2013, 646, 648; *Vogel*, in: *Schricker/Loewenheim*, UrhR, § 60, Rn. 5; so wohl auch *Ohly*, in: *Dreier/Hilty*, FS 50 Jahre UrhG, S. 379, 388 f.; *Spindler*, GRUR 2002, 105, 118; so in Bezug auf individualvertragliche Vereinbarungen *Dreier/Senftleben*, in: *Lejeune*, Der E-Commerce-Vertrag, S. 81, 112 f., Rn. 40.

428 *Schack*, ZUM 2002, 497, 502.

Gesetzesmaterialien entnehmen.[429] Im Verlauf der späteren Untersuchung wird noch aufgezeigt werden, wie die Frage des Verhältnisses zwischen Vertrag und Gesetz im 21. Jahrhundert sukzessive Einzug in die Rechtsprechung und Gesetzgebung gefunden hat.[430] Die oben genannten Spezialvorschriften sind jedenfalls im Weg der Umsetzung zwingenden EU-Rechts, namentlich der Computerprogramm-RL und der Datenbank-RL, in das Urheberrechtsgesetz gelangt. Während der belgische Gesetzgeber in Art. 23bis des belgischen Urheberrechtsgesetzes in Umsetzung der Datenbankrichtlinie[431] Stellung zum Charakter der Schranken bezogen und sie für zwingend erklärt hat, hat der deutsche Gesetzgeber damals jegliche Positionierung vermieden. Die nachträglich eingefügten Sonderregelungen lassen daher keinen e contrario Rückschluss zu, dass die sonstigen Schrankenregelungen frei disponiert werden können.[432] Aufgrund ihres spezifischen Charakters werden sie im Folgenden nicht weiter thematisiert werden. Mit der Ansicht an sich muss sich indes selbstredend überlegt auseinandergesetzt werden, würde sie doch eine einzelfallbezogene Ausgestaltung des Urheberrechts durch Parteivereinbarungen ermöglichen und so Vertragsvorbehalte redundant erscheinen lassen. Wie aufgezeigt ist bei der Überprüfung der Ansicht aufgrund der Umsetzung von EU-Recht jedoch zu beachten, dass schrankenübergreifende systematische oder historische Argumente fehlschlagen können.

In vermittelnder Absicht bewegen sich zahlreiche Ansichten dazwischen. Wesensgemeinsamkeit jener Meinungen ist, dass sie keinen universellen Lösungsansatz für die Frage der Derogation suchen, sondern eine gesonderte Einzelfallbetrachtung jeglicher Schranke vornehmen.[433] Dabei überwiegt der methodische

---

429 Das lässt sich exemplarisch an der Schranke zur Privatkopie ablesen. Die Gesetzesmaterialien zeigen, dass weder bei Erlass des UrhG 1965 noch bei der Urheberrechtsreform 1985, in der die Privatkopie vor dem UrhWissG letztmalig reformiert worden ist, die Problematik erkannt worden ist, siehe dazu *Kress*, Die private Vervielfältigung im Urheberrecht, S. 163 mwN.

430 Siehe dazu Teil F.

431 Gesetz zur Umsetzung der EG-Richtlinie 96/9 vom 11. März 1996 über den rechtlichen Schutz von Datenbanken in belgisches Recht vom 31. August 1998, das das Gesetz über Urheberrecht und die verwandten Schutzrechte vom 30.6.1994 ändert.

432 Ebenso *Gräbig*, MMR 2010, 47, 47; *Trayer*, Technische Schutzmaßnahmen, S. 179 f.; *Zech*, in: *Leible*, Wissen-Märkte-Geistiges Eigentum, S. 187, 193; zu § 53 UrhG *Hohagen*, Freiheit der Vervielfältigung, S. 502, Fn. 1184; *Kress*, Die private Vervielfältigung im Urheberrecht, S. 163 f.

433 Vgl. die Ansätze bei *Dreier*, in: *Dreier/Schulze*, UrhG, Vor §§ 44a ff., Rn. 9; *Götting*, in: *Schricker/Loewenheim*, UrhR, § 95b, Rn. 20, 28; *Gräbig*, Abdingbarkeit urheberrechtlicher Schranken, S. 97 ff.; *Hohagen*, in: *Ohly/Bodewig/Dreier*, FS Schricker II, S. 353, 361; *Kress*, Die private Vervielfältigung im Urheberrecht, S. 164, Fn. 739; *Trayer*, Technische Schutzmaßnahmen, S. 184 ff.; *Vinje*, EIPR 1999, 192, 195 f.; *Zurth*, Nutzungsrechte, S. 305 ff. Die Ansicht, dass Schranken einzeln auf ihre Disponibilität

Ansatz, die jeweiligen Schranken nach Sinn und Zweck auszulegen. Die Destination der Schranken ist, dort einen freien Zugang zu Werken zu gewähren, wo dies unmittelbar der Förderung der geistigen und kulturellen Werte dient, die ihrerseits Grundlage für das Schaffen des Urhebers sind.[434] Wenn diese Freiräume in der Vergangenheit eingeengt zu werden drohten, musste der Gesetzgeber sie schaffen. Dabei war es damals aufgrund der mehrstufigen Verwertungs- und Vertriebsketten nicht in einem wesentlichen Ausmaß denkbar, dass die Einschränkung der Freiräume durch Vereinbarungen zwischen Rechteinhabern und Endnutzern droht. Zu Zeit der Schaffung der meisten Schranken bestand die Bedrohung der Freiräume nur durch das Ausschließlichkeitsrecht selbst. Im Rahmen der teleologischen Schrankenauslegung hinterfragen die meisten Stimmen folglich, welchen inhaltlichen Zweck die jeweilige Schrankenregelung erfüllt und wie bedenklich es wäre, wenn das Vertragsrecht das Urheberrecht diesbezüglich (genauso wie teilweise technische Schutzmaßnahmen[435]) überlagern würde, weil sich der gesetzlich Privilegierte wirksam verpflichten könnte, von einer ihm gesetzlich zustehenden Nutzungsmöglichkeit keinen Gebrauch zu machen. Je mehr eine Schranke dabei öffentlichen Interessen dient, desto eher soll sie zwingend sein.[436] Überwiegend wird das öffentliche Interesse mit der Grundrechtsrelevanz einer Schranke verbunden[437] oder mit dem in einem Großteil der Schranken zum Ausdruck kommenden grundrechtlichen Interessenausgleich[438]. Eingeflochten werden dabei Public Policy-Erwägungen[439] und das Sozialbindungsprinzip[440].

---

hin ausgelegt werden müssen, ist zugleich eine regelmäßig aufzufindende politische Forderung an den Gesetzgeber, er möge den Schrankenvorrang schrankenbezogen festlegen, vgl. *VG Wort*, Stellungnahme zum RefE, S. 5 f.

434 *Gräbig*, Abdingbarkeit urheberrechtlicher Schranken, S. 42 ff.

435 Siehe zur das Urheberrecht eher ersetzenden als ergänzenden Strategie vieler Anbieter, vor allem der Musikanbieter, im Rahmen eines effektiven digitalen Rechtemanagements neben vertraglichen Verwendungsbeschränkungen technische Schutzmaßnahmen durchzusetzen, um faktisch Schutzniveau und Schutzumfang selbst festzulegen, *Bechtold*, Vom Urheber- zum Informationsrecht, S. 370, 377, 382; *Reinbacher/Schreiber*, UFITA 2012/III, 771, 778 ff.

436 So mit dem Beispiel der Strafverfolgung oder des gerichtlichen Verfahrens *Kress*, Die private Vervielfältigung im Urheberrecht, S. 164, Fn. 739.

437 *Götting*, in: *Schricker/Loewenheim*, UrhR, § 95b, Rn. 20, 28; *Hohagen*, in: *Ohly/Bodewig/Dreier*, FS Schricker II, S. 353, 361; *ders.*, Freiheit der Vervielfältigung, S. 502 f., 504; *Schack*, ZUM 2002, 497, 502 f.

438 *Dreier*, in: *Dreier/Schulze*, UrhG, Vor §§ 44a ff., Rn. 9; *Hohagen*, in: *Ohly/Bodewig/Dreier*, FS Schricker II, S. 353, 363; *ders.*, Freiheit der Vervielfältigung, S. 625.

439 *Guibault*, in: *Hugenholtz*, Copyright and Electronic Commerce, S. 125, 153 ff.

440 *Guibault*, in: *Hilty/Peukert*, Interessenausgleich im Urheberrecht, S. 221, 237 ff.

Doch eine vorwiegend auf Grundrechten basierende Argumentation vermag nicht zu überzeugen. Die Schranken des Urheberrechts sind Inhalts- und Schrankenbestimmungen und dienen als solche gemäß Art. 14 II GG geschützten Interessen der Allgemeinheit.[441] Demzufolge kann man die Grundrechtsrelevanz einer Schranke zumeist als Reflex ihrer Daseinsberechtigung bezeichnen.[442]

Weiterhin ist nicht nur die Privatautonomie des Nutzers grundrechtlich geschützt, sondern ein rechtlich bindender Verzicht auf einzelne Grundrechtspositionen ist ebenfalls ein Grundrechtsgebrauch.[443] Ein Grundsatz des Vorrangs der grundrechtlich geschützten Allgemeininteressen vor dem gleichsam grundrechtlich geschützten Urheberrecht, der zur Unwirksamkeit vertraglicher Beschränkungen führt, ist damit abzulehnen.[444]

Individuelle Abwägungen des jeweiligen Schutzziels bringen ein dogmatisch geschlossenes Schrankenverständnis zu Fall. Antithetisch zur Einzelfallinterpretation stellt die folgende Betrachtung demgemäß auf übergeordnete Rechtsprinzipien ab und wird ein einheitliches Bild der Schranken zeichnen. Angesichts der Sensibilität der Naht zwischen Zugang und Ausschluss ist es vorzugswürdig, die Deutung der Rechtsnatur der Schranken einer Homogenität zu unterwerfen.

b) Dogmatische Konstruktionsmöglichkeiten

Als einheitlicher Interpretationsansatz soll zunächst nach den dogmatischen Konstruktionsmöglichkeiten der Derogation gefragt werden. Eine Einzelfallbetrachtung der Schranken erfährt erst dann Sinnhaftigkeit, wenn sich die Abbedingung überhaupt dogmatisch konstruieren ließe. Dem ersten Impuls folgend könnte es überraschend sein, dass in einer Privatrechtsordnung, die von der individuellen Freiheit ihrer Rechtssubjekte lebt, zwei Parteien ihre Rechtsbeziehung in allen denkbaren Fällen nicht wirksam selbst gestalten können. Demgegenüber sind schuldrechtliche Leitbilder nicht pauschal auf andere Teilgebiete des Privatrechts übertragbar. Das Urheberrecht kennt seine eigenen Grundsätze. Es ist somit tiefschürfend in die urheberrechtlichen Zusammenhänge hineinzublicken. Gemäß denen existieren zwei Konstellationen, in denen konstruktiv eine urheberrechtlich wirksame Abbedingung überzeugend angenommen werden könnte. Die vertragliche Aufhebung einer gesetzlichen Erlaubnis könnte sich entweder als ein urheberrechtlicher Ausschluss durch den Rechteinhaber oder als ein urheberrechtlicher Verzicht des Begünstigten darbieten.[445]

441 Ausführlich dazu bereits C II.

442 Zutreffend *Gräbig*, GRUR 2012, 331, 334.

443 *Robbers*, JuS 1985, 925, 927, 930.

444 Ebenso *Stieper*, Rechtfertigung der Schranken, S. 248 ff.

445 *Gräbig*, GRUR 2012, 331, 336 f. folgend.

aa) Ausschluss durch den Rechteinhaber

Es ist vorstellbar, dass jede Nutzungshandlung ungeachtet einer gesetzlichen Erlaubnis a priori Teil eines umfassenden Verwertungsrechts des Urhebers war. Unter der Annahme wäre sie als Teil des umfassenden Urheberrechts eine urheberrechtliche Befugnis. Wenn die Nutzung ursprünglich Inhalt der Verwertungsrechte gewesen ist, könnte es im Machtbereich des Urhebers oder eines ausschließlichen Nutzungsrechtsinhabers liegen, Schrankenbefugnisse einzuschränken oder aufzuheben. Es ist somit zu fragen, ob es sich bei gesetzlich erlaubten Nutzungen um Befugnisse handelt, die dem Urheberrecht zu irgendeinem Zeitpunkt zunächst zugewiesen waren. Unter der Annahme wären die Schrankenprivilegierungen als vertraglich eingeräumte und gesetzlich lediglich vermutete Nutzungsrechte zu deuten. In dem Fall würde sich der abbedingende Vertrag als Ausschluss des Urhebers oder ausschließlichen Rechteinhabers der urheberrechtlichen Befugnis darstellen. Entgegen der gesetzlichen Vermutung würde die Erlaubnis nicht vertraglich eingeräumt werden. Daraus ergibt sich, dass die Untersuchung der Rechtsnatur der Schranken den entscheidenden Ansatz zum Schrankenverständnis gewährt. Die vorgestellte Konstruktionsmöglichkeit würde nämlich scheitern, wenn die durch die Schranken gewährten Nutzungsmöglichkeiten ursprünglich nicht unter das urheberrechtliche Ausschlussrecht fallen würden und damit dem Ausschluss des Urhebers entzogen wären. Das wäre beispielsweise anzunehmen, wenn die Erlaubnis dem Nutzer als Recht oder der Allgemeinheit als Freiheit zugewiesen wäre. Denn so wie die Parteien im Sachenrecht keine rechtsgeschäftliche Verfügungswirkung kraft ihrer Regelungsautonomie hervorbringen können, wenn ihnen die Verfügungsbefugnis fehlt,[446] kann der Urheber oder Rechteinhaber auf urheberrechtlicher Ebene ebenso nur etwas beschränken, bezüglich dessen er verfügungsbefugt ist. Damit wäre es konstruktiv nicht denkbar, dass der Rechteinhaber Nutzungsrechte mit urheberrechtlicher Wirkung dahingehend beschränkt, dass die Nutzungsmöglichkeiten aus den Schranken ganz oder teilweise ausgeschlossen werden. Demgemäß wären die Schranken zwingendes Recht, außer es würde sich eine alternative Konstruktionsmöglichkeit eröffnen.

bb) Verzicht des Privilegierten

Eine urheberrechtliche Wirkung der Abbedingung könnte alternativ noch über einen Verzicht des Privilegierten konstruiert werden.[447] Denn es wäre zudem vorstellbar, dass sich die Privilegierung als Recht des Nutzers ausweist, auf welches er im Rahmen der Nutzungsvereinbarung verzichten kann. Das wäre beispielsweise der Fall, wenn sich die Schrankenbestimmungen als originäre Rechte des Nutzers

---

446 *Martens*, AcP 1977, 113, 145.

447 Ebenso *Zech*, in: *Leible*, Wissen-Märkte-Geistiges Eigentum, S. 187, 191 f.; gegen *Geiger*, in: *Hilty/Peukert*, Interessenausgleich im Urheberrecht, S. 143, 154.

gegenüber dem Rechteinhaber herausstellen würden. Überdies käme noch ein Verzicht auf ein gesetzlich eingeräumtes Nutzungsrecht in Betracht. Es scheint nicht ausgeschlossen, dass sich die Schranken als gesetzliche Einräumung eines urheberrechtlichen Nutzungsrechts erweisen. Dann wäre kein Ausschluss durch den Urheber wie in obiger Konstellation der gesetzlich vermuteten vertraglichen Nutzungsrechtseinräumung, gleichwohl ein Verzicht des Nutzers auf sein gesetzlich eingeräumtes Nutzungsrecht möglich. Erneut ist also die Rechtsnatur der Schranken ausschlaggebend. So wie der Rechteinhaber nicht ausschließen kann, was ihm nie zustand, könnte der Nutzer nicht auf etwas verzichten, was ihm wiederum nie zustand. Unter der Annahme wären die Schranken ebenfalls zwingendes Recht. Ob dem so ist, gilt es im Folgenden zu untersuchen.

Dabei ist das urheberrechtliche Nutzungsrecht vom originären Nutzerrecht zu unterscheiden und getrennt zu prüfen. Zwischen den beiden Konstellationen bestehen wesentliche Unterschiede. Im Gegensatz zum originären Recht wäre das Urheberrecht unter der Annahme einer gesetzlichen Nutzungsrechtseinräumung dem Urheber für mindestens eine logische Sekunde umfassend eingeräumt. Erst infolge der konkreten Nutzungshandlung würde dem privilegierten Nutzer auf gesetzlichem Weg ein einfaches Nutzungsrecht i.S.d. § 31 II UrhG eingeräumt werden. Der Verzicht würde unter dieser Voraussetzung dazu führen, dass das belastete Recht im Verhältnis zum konkreten Nutzer wieder zum Vollrecht erstarkt. Das würde jedoch zunächst gesetzlich eingeräumte Nutzungsrechte voraussetzen. Der Verzicht auf ein gesetzlich eingeräumtes Nutzungsrecht ist nicht möglich, wenn die Schranken keine Nutzungsrechtseinräumung an den einzelnen Nutzer darstellen.

Wenn alle drei Möglichkeiten abgelehnt werden sollten, wäre eine urheberrechtliche Wirkung der Abbedingung konstruktiv nicht denkbar. Folglich wären die Schrankenbestimmungen urheberrechtlich zwingend. Der Gesetzesvorbehalt müsste demnach im Folgenden unter dem Aspekt des dogmatischen Widerspruchs zum Gesetzesvorrang untersucht und bewertet werden.

c) *Zusammenfassung*

Es gibt Stimmen in der Literatur, die einen Vorrang des Vertrags gegenüber allen oder manchen Schrankenbestimmungen annehmen. Das bewirkt die Redundanz von Vertragsvorbehalten. Wenn Schranken indes wenigstens partiell dispositives Recht darstellen würden, müsste sich ihre Derogation dogmatisch konstruieren lassen. Hierbei kommen zwei Alternativen in Betracht. Die Abbedingung mittels der beschränkenden Nutzungsvereinbarung könnte sich dogmatisch entweder als Ausschluss des Urhebers oder als Verzicht des Nutzers mit jeweils urheberrechtlicher Wirkung herausstellen. Ob eine dieser Annahmen vertretbar ist, ist abhängig von der Rechtsnatur der Schranken. Diese beantwortet mithin die Frage ob des dispositiven Charakters. Die Antwort ergibt sich aus einer Auslegung der Schrankenbestimmungen dahingehend, ob die umfasste Nutzungshandlung eine urheberrechtliche Befugnis oder ein Recht des Nutzers abbildet. Das wird nachfolgend untersucht, weil es die Voraussetzung dafür darstellt, dass ein Ausschluss oder Verzicht mit urheberrechtlicher Wirkung möglich ist. Wenn die erlaubte Nutzungshandlung eine urheberrechtliche Befugnis widerspiegelt, wäre die Schranke als vertraglich eingeräumtes und gesetzlich vermutetes Nutzungsrecht aufzufassen. Das wird zunächst geprüft werden (II 2.). Wenn sie vielmehr ein Recht des Nutzers erkennbar werden lässt, wäre die Schranke als gesetzlich eingeräumtes Nutzungsrecht (II 3.) oder als originäres Nutzerrecht (II 4.) zu verstehen. Das soll an zweiter und dritter Stelle untersucht werden.

II Die Rechtsnatur der Schranken

Gemäß den vorangestellten Reflexionen zum zwingenden oder dispositiven Charakter der Schrankenbestimmungen ist deren Rechtsnatur im Folgenden zu analysieren. Aus dieser ergibt sich, ob den Schrankenbestimmungen oder den Vereinbarungen ein Vorrang im Urheberrecht zukommt.

1. Nutzungsrechte

Es ist nicht von vornherein ausgeschlossen, dass die Schranken vom Urheberrecht abgeleitete, vertraglich oder gesetzlich eingeräumt Rechte darstellen. Vom Urheberrecht abgeleitete Rechte sind Nutzungsrechte iSv § 31 UrhG. Bevor gefragt werden kann, ob Schranken eine Nutzungsrechtseinräumung vermuten (II 2.) bzw. begründen (II 3.), ist es ebendaher zielführend, sich die Nutzungsrechte an sich in ihrer Art, Wirkung und Funktion vor Augen zu führen.

a) Begriffserläuterung

Rechtsgeschäftliche Nutzungsrechte werden in § 31 I 1 UrhG legaldefiniert als Recht, das Werk auf einzelne oder alle Nutzungsarten zu nutzen. Nutzungsrechte und Nutzungsart sind dementsprechend zwei verschiedene Begriffe. Der erste umfasst die Befugnisse des Verwerters und der zweite jede wirtschaftliche Nutzungsmöglichkeit im Sinn einer wirtschaftlich-technisch selbstständigen und abgrenzbaren Art und Weise der Auswertung des Werks.[448] Für jede Nutzungsart müssen die sich auf sie beziehenden Nutzungsrechte erworben werden. Damit sind die Nutzungsrechte von immenser wirtschaftlicher Bedeutung, weil sie die Werkverwertung, das Ziel jeder unternehmerischen Werkschöpfung, ermöglichen.

Sie unterscheiden sich von den Verwertungsrechten, obgleich sich die jeweiligen Inhalte decken können. Die Verwertungsrechte umfassen allgemein die

---

448 Siehe beispielsweise die Begründung in BGH GRUR 1992, 310, 311 f. – „Taschenbuch-Lizenz“ dazu, warum eine Verwertung desselben Buchs als Hardcoverausgabe als eine selbstständige Nutzungsart gegenüber einer Taschenbuchausgabe anzusehen ist.

Verwertungsmöglichkeiten, die dem Urheber gesetzlich vorbehalten sind. Er kann davon einzelne Nutzungsrechte abspalten und durch Verfügung übertragen.[449] Nutzungsrechte sind also abgeleitete Rechte, die der Erwerber erhält, während die Verwertungsrechte selbst stets beim Urheber verbleiben.[450]

b) Erscheinungsformen

Nach § 31 I 2 UrhG kann das Nutzungsrecht räumlich, zeitlich und inhaltlich beschränkt sein. Es ist als positives Benutzungsrecht gegenüber dem Urheber ausstattbar, ohne dass eine Nutzung durch andere ausgeschlossen ist (einfaches Nutzungsrecht nach Absatz 2) oder unter Ausschluss aller anderen Personen (ausschließliches Nutzungsrecht nach Absatz 3). Bei Letzterem entsteht über das positive Benutzungsrecht hinaus ein negatives Verbotsrecht,[451] folglich eine Aktivlegitimation gegen Nutzungshandlungen durch unberechtigte Dritte iSv § 97 UrhG. Hier liegt der maßgebliche Unterschied zum einfachen Nutzungsrecht. Dessen Inhaber kann gegen Nutzungshandlungen nur im Weg der gewillkürten Prozessstandschaft vorgehen. Dabei wird die Verletzung fremden Rechts im eigenen Namen geltend gemacht, zu welchem Zweck der Rechteinhaber die Ermächtigung zur Prozessführungsbefugnis erteilen kann.[452] Das kann nicht zwingend konkludent in der Nutzungsrechtseinräumung gesehen werden.[453] Des Weiteren muss ein eigenes schutzwürdiges Interesse an der Rechtsverfolgung gegeben sein, wofür ein wirtschaftliches Interesse ausreichend sein kann.[454] Das wird bei einfachen Nutzungsrechten überwiegend dann schon angenommen, wenn die Rechtsverletzung die Nutzungsbefugnisse berührt.[455]

Würde es sich bei den Schranken um Nutzungsrechte handeln, kämen folglich nur einfache iSv § 31 UrhG in Betracht. Denn jeder Dritte, der den Schrankentatbestand erfüllt, ist ebenfalls zur Nutzung berechtigt, ohne dass der eine Verbotsrechte gegen den anderen ausüben könnte.

---

449 *Wandtke/Grunert*, in: *Wandtke/Bullinger*, UrhR, Vor §§ 31 ff., Rn. 23 f.

450 *Haas*, Das neue Urhebervertragsrecht, Rn. 81.

451 BGH GRUR 1992, 697, 698 – ALF. Vergleiche daneben den Wortlaut von § 31 V 2 UrhG.

452 *Althammer*, in: *Zöller*, ZPO, Vor § 50, Rn. 41; *Paulus*, Zivilprozessrecht, Rn. 77.

453 *Zurth*, Nutzungsrechte, S. 12. Gleiches gilt für das Markenrecht, siehe *Ullmann*, in: *Erdmann/Mees*, FS Gamm, S. 315, 318.

454 BGH GRUR 1978, 364, 366 – Golfrasenmäher.

455 OLG Frankfurt GRUR-RR 2004, 99, 101 – Anonyme Alkoholiker; *Wandtke/Grunert*, in: *Wandtke/Bullinger*, UrhR, § 31, Rn. 32; *v. Wolff*, in: *Wandtke/Bullinger*, UrhR, § 97, Rn. 12; a.A. *Zurth*, Nutzungsrechte, S. 12 mit dem Argument, dass der Inhaber eines einfachen Nutzungsrechts sich auch nicht auf eine unzulässige Ungleichbehandlung berufen kann, wenn der Urheber Rechtsverletzer gewähren lässt.

c) *Abgrenzung zu anderen Rechtsinstituten*

Eine Nutzungshandlung muss ihre Berechtigung nicht auf urheberrechtlicher, sondern kann sie gleichermaßen auf schuldrechtlicher Ebene erhalten. Dabei kommen nach § 29 II UrhG drei Rechtsinstitute in Betracht, von denen die Nutzungsrechte abzugrenzen sind. Um das im Einzelfall gewählte Rechtsinstitut zu erkennen, muss das Rechtsgeschäft zur Nutzungsgewährung ausgelegt werden. Die alternativen Rechtsinstitute werden folgend vorgestellt, wobei in dem Zusammenhang erläutert wird, warum die gesetzlichen Nutzungserlaubnisse nur Nutzungsrechte sein könnten.

aa) Gestattung und Einwilligung

Die Gestattung ist ein Vertrag, der dem Verwerter zwar einen durchsetzbaren Anspruch auf Werknutzung verschafft, jedoch aufgrund des fehlenden Sukzessionsschutzes gemäß § 33 UrhG und der fehlenden Übertragbarkeit gemäß § 34 UrhG durch wesentliche Nachteile gegenüber der Einräumung von Verwertungsrechten gekennzeichnet ist.[456] Unter Sukzessionsschutz ist die Aufrechterhaltung eines abgeleiteten Rechts selbst unter der Voraussetzung zu verstehen, dass der Inhaber des Rechts, von dem das abgeleitete Recht abgeleitet wird, sein Recht überträgt, darauf verzichtet oder weitere abgeleitete Rechte begründet.[457] Für die Einräumung von Lizenzen ist die Rechtsinhaberschaft grundlegende Voraussetzung, dagegen nicht für den Fortbestand der Lizenz. Das trifft auf Gestattungen nicht zu. Aufgrund der daraus folgenden mangelnden Verkehrsfähigkeit und des schwächeren Verwerterschutzes ist die Gestattung nur in Ausnahmefällen wie bei geringer wirtschaftlicher Bedeutung anzunehmen.[458]

„Auf der untersten Stufe der Gestattungsleiter angesiedelt“[459] befindet sich die schlichte Einwilligung. Sie legitimiert als einseitige Erklärung die Handlung, ohne dem Handelnden ein subjektives Recht zu gewähren,[460] weshalb nicht einmal ein Rechtsbindungswille des Einwilligenden vorliegen muss.[461] Sie ist jederzeit widerrufbar.[462] Außer bei Gefälligkeiten kam ihr in der Vergangenheit kein signifikanter Anwendungsbereich zu. Das hat sich jedoch mit dem Internet ansatzweise

---

456 *J.B. Nordemann*, in: *Fromm/Nordemann*, UrhR, § 29, Rn. 24; a.A. *Ohly*, in: *Schricker/Loewenheim*, UrhR, § 34, Rn. 11, der § 34 UrhG indes für analog anwendbar hält.

457 *Berger*, GRUR 2013, 321, 323. Eingehend zum Sukzessionsschutz im Immaterialgüterrecht *Marotzke*, ZGE 2010, 233, 234 ff.

458 *Tinnefeld*, Die Einwilligung in urheberrechtliche Nutzungen im Internet, S. 8.

459 *Tinnefeld*, Die Einwilligung in urheberrechtliche Nutzungen im Internet, S. 8. Ausführlich zum Gedanken der Stufenleiter *Ohly*, Volenti non fit iniuria, S. 143 ff.

460 *Ohly*, Volenti non fit iniuria, S. 144.

461 BGH GRUR 2010, 628, 631 – Vorschaubilder I.

462 *Tinnefeld*, Die Einwilligung in urheberrechtliche Nutzungen im Internet, S. 9.

verändert, weil für ihr Vorliegen keine gegenseitige Vereinbarung notwendig ist, an der es in der digitalen Welt regelmäßig mangelt. Nach dem BGH muss man mit üblichen Nutzungshandlungen im Internet rechnen, wenn man keine technischen Vorkehrmaßnahmen getroffen hat; das heißt, wenn man beispielsweise Bilder ins Internet stellt, muss man auf eine Verarbeitung durch Suchmaschinen eingestellt sein.[463] Das Hochladen stellt als schlüssige Handlung eine konkludent erteilte Einwilligung dar, obwohl angesichts der unbestimmten Zahl der Erklärungsempfänger kein Wille bezüglich der Einräumung von Nutzungsrechten oder einer Gestattung gegeben ist. Weil man durch den Verzicht auf technische Maßnahmen ein geschütztes Vertrauen weckt, kann man sich gegen eine Wiedergabe von Bildern in der Treffersuche von Suchmaschinen als Vorschaubilder nicht wehren.[464] Das gilt sogar, wenn die Bilder von Dritten ohne Zustimmung des Rechteinhabers eingestellt werden, weil für die Auslegung der objektive Empfängerhorizont maßgeblich ist und Suchmaschinen insofern nicht unterscheiden können.[465]

Die beiden schuldrechtlichen Rechtsinstitute haben wie gezeigt einen marginalen Anwendungsbereich. Dieser ist im Regelfall lediglich bei geringer wirtschaftlicher Bedeutung der Nutzung eröffnet. Beides trifft auf Schranken nicht zu. § 31 UrhG hat hingegen eine zentrale Stellung im Gesetz inne. Die Nutzungsrechte, denen ein eigener Unterabschnitt gewidmet ist, sind das ökonomisch bedeutendste Instrumentarium des Urheberrechts. Insbesondere aufgrund des Sukzessionsschutzes nach § 33 UrhG stellen sie die stärkste Rechtsposition da. Demgemäß kann nur in Ausnahmefällen von einem schuldrechtlichen Rechtsinstitut ausgegangen werden. Das Gesetz betrachtet Nutzungsrechte als Regelfall. Infolgedessen wird darauf verzichtet, Schranken auf ihre Eigenschaft als Gestattung oder Einwilligung hin zu untersuchen.

bb) Geschäfte über Urheberpersönlichkeitsrechte

Als drittes Rechtinstitut, das neben den Nutzungsrechten zu einer rechtsgeschäftlichen Erlaubnis führen kann, existieren Geschäfte über Urheberpersönlichkeitsrechte. Wenn der Erstverleger ein Buch auf den Markt bringen möchte, braucht er neben dem Verlagsrecht als Nutzungsrecht ebenfalls das urheberpersönlichkeitsrechtliche Veröffentlichungsrecht nach § 12 UrhG. Demgemäß sind Verfügungen über Urheberpersönlichkeitsrechte ein regelmäßiges Phänomen. Die dogmatische Konstruktion dazu ist umstritten.[466] Da man sich im Ergebnis allerdings

463 BGH GRUR 2010, 628, 631 f. – Vorschaubilder I.

464 Dem BGH zustimmend *Ohly*, GRUR 2012, 983, 987 f. Nach *v. Ungern-Sternberg* GRUR 2009, 369, 371 liegt gar bei allen mit dem Internet wesensmäßig verbundenen Nutzungshandlungen eine Einwilligung vor. Kritisch dazu *Hüsch*, CR 2010, 452, 455 f.; *Klass*, ZUM 2013, 1, 5 f.

465 BGH GRUR 2012, 602, 605 – Vorschaubilder II.

466 Mit anschließender Bewertung ausführlich zu Problematik und Streitstand *Obergfell*, ZGE 2011, 202, 208 ff.

einig darüber ist, dass solche Verfügungen ohne Hindernisse möglich sein müssen und dass der Urheber zur Wahrung seiner urheberpersönlichkeitsrechtlichen Interessen neben dem Nutzungsberechtigten, selbst gegen dessen Willen, gegen Beeinträchtigungen durch Dritte vorgehen kann, ist der Streit in der Praxis ohne Relevanz.[467] Für die weiteren Ausführungen sollen derartige Verfügungen ebenso ohne Relevanz sein, weil die Schranken im Regelfall Verwertungsrechte einschränken und sonach einem anderen Rechtsinstitut entsprechen müssen.

d) Rechteeinräumung

Als Folge der monistischen Theorie kann die rechtseinräumende Verfügung, im Urheberrecht grundsätzlich formfrei, nicht translativ wie bei bürgerlich-rechtlichen Übertragungen gemäß §§ 929, 398 BGB, sondern nur konstitutiv sein, weshalb die allgemeinen zivilrechtlichen Grundsätze nur bedingt anwendbar sind.[468] Wird das Recht rechtsgeschäftlich eingeräumt, also durch Vertrag begründet, spricht man synonym von einer „Lizenz"[469]. Konstitutive Rechtsübertragung bedeutet nicht einen vollständigen Rechtsverlust des Lizenzgebers durch vollumfängliche Übertragung, sondern dass ein im schuldrechtlichen Teil des Lizenzvertrags durch die Vertragsparteien zuvor definiertes, vom Recht des Lizenzgebers abgeleitetes und dieses nunmehr belastendes Recht, das in isolierter Form so zuvor nicht bestanden hat, dem Lizenznehmer eingeräumt wird.[470] Nach der Zweckübertragungslehre gemäß § 31 V UrhG als grundlegendes Prinzip des Urhebervertragsrechts verbleiben im Zweifel alle Rechte beim Urheber, solange der Vertragszweck nicht ein anderes erfordert. Das Nutzungsrecht ist folglich deckungsgleich mit einem Teil der Verwertungsrechte, derer sich der Urheber nach § 29 I UrhG nie gänzlich entledigen kann. So wird bildlich von einer gebundenen Rechteübertragung,[471] dem Urheberrecht als Mutterrecht, dem Nutzungsrecht als Tochterrecht und dem Enkelrecht bei Sublizenzen innerhalb der Erwerbskette gesprochen. Das Urheberrecht verbleibt beim Urheber und bei Beendigung des Lizenzvertrags erstarkt es ohne weitere Verfügung in der Lizenzkette durch den Heimfall des Nutzungsrechts ipso iure unter Durchbrechung des Abstraktionsprinzips wieder zum Vollrecht.[472]

Aufgrund der konstitutiven Rechteeinräumung kann die Einräumung von Nutzungsrechten mit der Bestellung beschränkter dinglicher Rechte im Sachenrecht wie der Belastung des Eigentums mit einem Nießbrauch (§ 1030 BGB) oder

---

467 *Wandtke/Grunert*, in: *Wandtke/Bullinger*, UrhR, Vor §§ 31 ff., Rn. 37.

468 *Wandtke*, Urheberrecht, Kap. 4, Rn. 16.

469 Siehe zum Begriff und zur geschichtlichen Entwicklung der Lizenz *Pahlow*, Lizenz, S. 84 ff.

470 *Brauer/Sopp*, ZUM 2004, 112, 113; *Ohly*, „Volenti non fit iniuria", S. 147 ff.

471 Anschließend an *Forkel*, Gebundene Rechtsübertragungen, S. 44 ff.

472 *Wandtke/Grunert*, in: *Wandtke/Bullinger*, UrhR, Vor §§ 31 ff., Rn. 49; BGH GRUR 2012, 916, 917 – M2Trade.

Pfandrecht (§ 1204 BGB) verglichen werden.[473] Ansonsten ist das Verhältnis von Urheberrecht und Nutzungsrecht sehr bedingt mit der Belastung des Eigentums durch dingliche Rechte vergleichbar.[474] Für die folgend überprüfte Konstruktionsmöglichkeit der Schranken als Belastung des Ausschließlichkeitsrechts mit einem aus dem Urheberrecht stammenden Nutzungsrecht könnte man sich gleichwohl das mögliche subjektive Recht des Nutzers wie ein Pfandrecht an einem Recht (§ 1273 I BGB) als „Splitter" des jeweils belasteten Verwertungsrechts des Urhebers vorstellen.[475]

2. Schranken als gesetzliche Vermutung einer vertraglichen Nutzungsrechtseinräumung?

Nach der allgemeinen Darstellung der Nutzungsrechte kann sich der Interpretation der Schrankennatur zugewendet werden. Die Schranken könnten dabei als ein vom Urheberrecht abgeleitetes Recht des Nutzers zu verstehen sein. Es würde in dem Fall vertraglich oder gesetzlich eingeräumt werden. Die beiden Alternativen werden nacheinander geprüft werden. Zunächst soll die Option einer vertraglichen Rechtseinräumung untersucht werden, da § 31 I UrhG ebenfalls von einer rechtsgeschäftlichen Nutzungsrechtseinräumung gemäß §§ 398, 413 BGB ausgeht.[476] Das würde bedeuten, dass die Freistellung des Schrankenbegünstigten für gewisse Nutzungshandlungen eine gesetzlich durch die Schrankenbestimmung vermutete, rechtsgeschäftliche Nutzungsrechtseinräumung durch den Rechtsinhaber wäre. Diese Einräumung könnte sodann mit urheberrechtlicher Wirkung ausgeschlossen werden, wodurch sich die Schrankenabbedingung konstruieren ließe.

---

473 Vgl. *Schack*, Urheberrecht, Rn. 594. Beschränkt dingliche Rechte werden konstitutiv übertragen, obwohl im BGB grundsätzlich der Begriff „Belastung" vorzufinden ist, *Forkel*, Gebundene Rechtsübertragungen, S. 23 ff.

474 Siehe dazu *Forkel*, Gebundene Rechtsübertragungen, S. 166 f.

475 Vergleich nach *Stieper*, Rechtfertigung der Schranken, S. 100, den *Zurth*, Nutzungsrechte, S. 92 als „unrichtige(s) Verständnis" bezeichnet.

476 Neben dem Vertrag ist insbesondere die Verfügungsmacht oder Zustimmung des Verfügungsberechtigten (§ 185 BGB) wesentlich. Formvorschriften bestehen grundsätzlich nicht, genauso wenig wie das Erfordernis eines Realakts beispielsweise der Werkübergabe oder eines Surrogats (eine Ausnahme bildet § 9 I VerlG), *Soppe*, in: *Möhring/Nicolini*, UrhR, § 31, Rn. 79. Mangels Rechtsscheinträger und weil § 10 UrhG nicht zulasten des Urhebers gilt, scheidet somit ein gutgläubiger Erwerb von Nutzungsrechten aus, BGH GRUR 1959, 200, 203 – Der Heiligenhof. Die fehlende Möglichkeit des gutgläubigen Erwerbs, wie ihn das Sachenrecht gemäß §§ 892 f., 932 ff. BGB regelmäßig für dingliche Rechte kennt, spricht gegen eine an späterer Stelle zu prüfende Qualifizierung urheberrechtlicher Befugnisse als dingliche Rechte.

Ob ebenjene Konstruktion überzeugend ist, soll im Folgenden untersucht werden. Dafür werden die Gesetzesstellen interpretiert, die ein dementsprechendes Verständnis begründen könnten.

a) *Erschöpfungsgrundsatz als Argument?*

Möglicherweise ist ein Erkenntnisgewinn aus der Betrachtung des Erschöpfungsgrundsatzes möglich. Der Grundsatz ist ursprünglich im Patentrecht entwickelt worden. Als Konstruktionsmethodik ist dabei eine stillschweigende rechtsgeschäftliche Lizenzerteilung vertreten worden.[477] Unter Zugrundelegung dieses Gedankengangs könnten Rückschlüsse auf das generelle Verständnis von Verwertungsrechtsbeschränkungen zulässig sein. Der derweilen allgemein im Immaterialgüterrecht anerkannte[478] Erschöpfungsgrundsatz, nach dem die Weiterverbreitung eines einmal mit Zustimmung des Berechtigten in Verkehr gebrachten Originals oder Vervielfältigungsstücks eines Werks ein an diesem bestehendes Schutzrecht nicht verletzt, stellt eine Beschränkung des Verwertungsrechts des Urhebers da. Ihm steht kein Recht mehr zu, die Verbreitung des konkreten Gegenstands nach der Inverkehrbringung zu verbieten.[479] Folglich ist § 17 II UrhG durch die Freistellung gewisser Handlungen vom Ausschließlichkeitsrecht des Urhebers eine Schranke des Urheberrechts, obzwar nicht in den §§ 44a ff. UrhG geregelt.[480]

aa) *Patentrechtliche Lizenztheorie*

Das erste deutsche Patentgesetz von 1877 kannte in seinem § 4 die Bestimmung, dass niemand ohne Erlaubnis des Patentinhabers den Gegenstand der Erfindung gewerbsmäßig herstellen, in Verkehr bringen, feilhalten oder gebrauchen dürfe. Einigkeit bestand insoweit, als dass unter „Inverkehrbringen" nicht nur der erste Akt zu verstehen sei, welcher die verkörpernde Sache unter das Publikum bringt, sondern ebenso jeder anschließende Akt, der die Sache in weitere Kreise führt.[481] Wenn allerdings jeder nachfolgende Verbreitungsakt gleichfalls umfasst ist, können dann der Vertrieb, die Bedingungen eines jeden Verbreitungsakts und der Gebrauch vom Patentinhaber festgelegt werden? Getragen von dem Gedanken, dass es widersinnig sei, eine geschützte Sache zu verkaufen, um dann dem Käufer den Gebrauch zu verbieten, weil der Sinn eines Industrieprodukts wie Maschinen und Geräte gerade ihr Gebrauch sei, entwickelte *Josef Kohler* zur Lösung dieser Fragen die Theorie der stillschweigenden Lizenzerteilung.[482] Die Lehre besagte,

---

477 Vgl. *Kohler*, Deutsches Patentrecht, S. 160 ff.

478 Vgl. BGH GRUR 1980, 38, 39 – Fullplastverfahren.

479 *Hauck*, EuZW 2017, 645, 647.

480 *Schack*, in: *Canaris*, 50 Jahre BGH, Bd. II, S. 677, 689.

481 *Robolski*, Deutsches Patentrecht, S. 205 mwN.

482 *Kohler*, Deutsches Patentrecht, S. 160 ff.

dass mit dem Verkauf der Sache, in der sich die patentierte Erfindung verkörpert, dem Erwerber zugleich stillschweigend die Lizenz gewährt werde, diese eine Sache ohne Patentrechtsverletzung zu gebrauchen.[483] Es wurde die Verkehrsanschauung angenommen, dass das Eigentum und das patentrechtliche Gebrauchsrecht nicht auseinanderfallen sollen, weil das eine ohne das andere nicht nützlich sei. Da das Eigentum ferner übertragbar ist und übertragbar bleiben sollte, wurde vertreten, dass der Patentinhaber jedem weiteren Eigentümer ebenfalls den Gebrauch gestatten wolle. Mithin lag eine Lizenzerteilung an eine incerta persona vor, wobei die Person durch das jeweilige Recht an der Sache bestimmt wurde.[484] Diesen Gedanken konsequent fortgedacht muss in der Lizenz zum Gebrauch zugleich eine Lizenz zur Weiterverbreitung gesehen werden. Im Ergebnis konnte der Patentinhaber nach dem ersten Verkauf aufgrund der Lizenzerteilung die weitere Verbreitung der konkreten Sache nicht mehr verbieten. Sein Verwertungsrecht war in Bezug auf den einen Gegenstand eingeschränkt. Die Rechtsbeschränkung der Erschöpfung ist somit rechtsgeschäftlich konstruiert worden. Vertraglich wurde jedwedem Eigentümer der Sache beim Eigentumserwerb das Nutzungsrecht der weiteren Verbreitung eingeräumt. In Abstrahierung der Konstruktion weg von der patentrechtlichen Erschöpfung hin zu urheberrechtlichen Verwertungsrechtsbeschränkungen allgemein könnten die Schrankenprivilegierungen als Vermutungsregeln einer ebensolchen vertraglichen Nutzungsrechtseinräumung gedeutet werden.

Indes würde eine dementsprechende Konstruktion erhebliche Nachteile mit sich führen. Zunächst ist allein die Vermutung einer stillschweigenden Rechtseinräumung selbst im Patentrecht nicht immer möglich. Keine Erklärung kann für die Zulässigkeit einer Weiterverbreitung durch einen gutgläubigen Dritten oder im Fall des gesetzlichen Eigentumserwerbs geliefert werden. Am wesentlichsten wiegt hingegen, wie die Vertreter der Lehre selbst einräumen,[485] dass der Patentinhaber mittels ausdrücklicher Erklärung oder eines Vermerks sich das Vertriebs- und Gebrauchsrecht vorbehalten könnte und so den Vertrieb und Gebrauch auf jeder Stufe kontrollieren könnte. Die Erschwerung des Handels und ein umfassendes Vertriebsmonopol des Rechteinhabers als Folge der Erschöpfungskonstruktion waren jedoch nie Absicht des historischen Gesetzgebers.[486]

In Anerkennung dieser Mängel gab *Kohler* selbst mit den Worten „unrichtig, unnötig und ungenügend“[487] die Lehre von der stillschweigenden Lizenzerteilung

---

483 Sich dem anschließend *Allfeld*, PatG, § 6 Anm. 9c, S. 122; *Robolski*, Deutsches Patentrecht, S. 234; wohl ebenso *Osterrieth*, Lehrbuch des gewerblichen Rechtsschutzes, S. 102 f.

484 *Kohler*, Deutsches Patentrecht, S. 161.

485 Vgl. *Kohler*, Deutsches Patentrecht, S. 101 f.; *Robolski*, Deutsches Patentrecht, S. 206, 234.

486 *Joos*, Die Erschöpfungslehre im Urheberrecht, S. 25.

487 *Kohler*, Handbuch des deutschen Patentrechts, S. 457.

auf. Seine neue Lehre vom Zusammenhang der Benutzungsarten[488] wurde vom Reichsgericht aufgenommen und zur Lehre von der „Erschöpfung des Patentrechts" weiterentwickelt.[489] Letztere entspricht heute der ganz herrschenden Meinung im Patentrecht.[490] Wenn sich die vorige Auffassung demgegenüber selbst im Patentrecht nicht durchsetzen konnte, sondern vielmehr explizit aufgegeben worden ist, wird sie erst recht nicht das Verständnis des Urheberrechts mitbestimmt haben. Im Ergebnis vermag die patentrechtliche Lizenztheorie damit kein Argument zu sein, Urheberrechtsbeschränkungen als vermutete Rechtseinräumungen zu deuten.

bb) Urheberrechtliche Monopoltheorie

Jedoch ist die Erschöpfung nicht nur im Patentrecht, sondern gleichfalls im Urheberrecht rechtsgeschäftlich konstruiert worden. Möglicherweise könnten daher aus den Vorläufern des UrhG Argumente für das Verständnis des Urheberrechtsgesetzes selbst gewonnen werden.

Ein dem § 4 PatG 1877 entsprechendes Verbreitungsrecht des Urhebers wurde 1901 mit § 11 I LUG geschaffen. Über den Umfang der Verbreitungsbefugnis des Urhebers entstand entsprechend der patentrechtlichen Diskussion ein vehementer Meinungsstreit. Schwerpunktmäßig wurde diskutiert, ob es urheberrechtlich zulässig sei, den Vertrieb von Werkstücken in Warenhäusern unter dem Ladenpreis zu verbieten. In der Debatte über Umfang und Grenzen des Verbreitungsrechts entwickelten sich zwei Meinungen heraus, die man als Monopoltheorie und als restriktive Verbreitungstheorie bezeichnen kann.[491]

Die Vertreter erster Ansicht sahen im Verbreitungsrecht eine umfassende Befugnis, die jede erdenkliche und wiederholte Verbreitungshandlung, solange sie gewerblicher Art sei, umfasse, wobei nach der Intention des das Werkstück Veräußernden bei jeglicher Verbreitungshandlung eine vertragliche Übertragung der gewerbsmäßigen Verbreitungsbefugnis für dieses Exemplar gewollt sei.[492] Im Kampf gegen Preisschleuderei wurde für die Übertragung die Möglichkeit einer beschränkten Rechtseinräumung unter der Bedingung bestimmter Ladenpreise angenommen, deren Verletzung zu einer Urheberrechtsverletzung führen sollte.[493] Wird das Werk erneut veräußert, kann der Veräußerer die Befugnis zur

---

488 Vgl. *Kohler*, Handbuch des deutschen Patentrechts, S. 452 ff.; zustimmend *Pietzcker*, PatG I, § 4, Anm. 17.

489 RGZ 51, 139, 140 ff. – Duotal; *Beier*, GRUR Int. 1996, 1, 2 f. mwN.

490 Siehe nur *Hauck*, EuZW 2017, 645, 647; *Mes*, PatG/GebrMG, § 9 PatG, Rn. 77 f.

491 Den ausführlichen Darstellungen von *Blachian*, Die Lehre von der Erschöpfung des Verbreitungsrechts im Urheberrecht, S. 30ff.; *Gellner*, Das Eigentum als Grenze des ausschließlichen Verbreitungsrechtes, S. 50 ff. folgend.

492 So beispielsweise *Rietschel*, DJZ 1907, 412, 413.

493 So beispielsweise *Mittelstaedt*, DJZ 1906, 1128, 1128 ff.

gewerbsmäßigen Verbreitung nur in dem Umfang übertragen, wie er sie selbst innehat.[494] So wurde das ausschließliche Verbreitungsrecht als monopolartiges Recht konstruiert. Die Folge der Theorie war, dass niemand außer dem Urheber oder Verleger ein Exemplar gewerbsmäßig verbreiten konnte, außer ihm wurde vertraglich eine dahingehende Berechtigung erteilt, die wiederum bedingt sein konnte. Im Streit um den Umfang des Verbotsrechts des Urhebers konstruierte die Monopoltheorie sonach die Grenzen des Verbreitungsrechts des Urhebers mittels vertraglicher Nutzungsrechtseinräumungen.

Die Gegenmeinung erkannte in restriktiver Auslegung im Verbreitungsrecht nur solange ausschließliche Geltung, also ein Monopol, wie das einzelne Werkstück nicht in Verkehr gebracht worden ist.[495] Darin ist das Aufgreifen und Fortführen von Gedanken zu sehen, die *Kohler* bereits vor Erlass des LUG entwickelt hatte. Um Vertriebswege wie den Antiquariatsbuchhandel zu schützen oder um das Informationsinteresse anderer Leserzirkel genauso zu befriedigen, schrieb er bereits 1896 zu den Grenzen eines damals noch nicht existierenden selbstständigen Verbreitungsrechts: „Anders ist es, wenn der Autor das Buch in Verbreitung gegeben hat: dann kann er der Verbreitung keine Gesetze zudiktieren, wenigstens nicht innerhalb eines und desselben Rechtsgebiets."[496] Nach dieser Auffassung war das Recht somit gesetzlich begrenzt. Der Umfang des Verbotsrechts war demnach nicht abhängig von der vertraglichen Rechtsgestaltung.

Angesichts der dargestellten Streitigkeiten um die Jahrhundertwende verwundert es kaum, dass das Reichsgericht bald einen Fall zu entscheiden hatte, in dem die Beklagte Buchexemplare unter dem vom klagenden Verleger festgesetzten Ladenpreis verkaufte.[497] Der Kläger hatte die Buchexemplare über Zwischenhändler selbst in Verkehr gesetzt, berief sich indessen darauf, seine Abnehmer dazu verpflichtet zu haben, nicht unter einem Mindestpreis zu verkaufen und weiteren Verkäufern die gleiche Bedingung aufzuerlegen. Den Ausführungen des Klägers folgt das Reichsgericht jedoch nicht. Es entschied sich ausdrücklich gegen die Monopoltheorie, die ein exorbitantes Recht begründen würde, wie es kein anderer Gewerbebetrieb innehabe.[498] Darüber hinaus entwickelte das Gericht nach dem Vorbild der patentrechtlichen Erschöpfungslehre den Gedanken der Erschöpfung des urheberrechtlichen Verbreitungsrechts.[499]

Die urheberrechtliche Monopoltheorie, die von der rechtsgeschäftlichen Einräumung der Grenzen und Bedingungen des Verbreitungsrechts ausgeht, kann folglich

494 *Rietschel*, DJZ 1907, 412, 413.

495 Siehe *Gellner*, Das Eigentum als Grenze des ausschließlichen Verbreitungsrechtes, S. 55 ff. mwN.

496 *Kohler*, AcP 1896, 339, 438.

497 RGZ 63, 394 – Koenigs-Kursbuch.

498 RGZ 63, 394, 397 – Koenigs-Kursbuch.

499 RGZ 63, 394, 398 f. – Koenigs-Kursbuch.

nicht als Argument zur Deutung von modernen Urheberrechtsbeschränkungen als vermutete Rechtseinräumungen herangezogen werden, weil sie sich schon damals nicht durchzusetzen vermochte. Wenn sie bereits nicht das Verständnis des LUG prägte, können sich ihre Gedanken nicht im UrhG niedergeschlagen haben.

cc) Situation nach der Einführung von § 17 II UrhG

Die Beschränkung des Verbreitungsrechts ist schon lange Gegenstand des Urheberrechts. Daher wurde sich historisch dem Thema Konstruktion der Ausschließlichkeitsrechtsbeschränkungen zunächst ausgehend von der Erschöpfung zugewendet. Wenn jedoch bereits vor der gesetzlichen Fixierung der Erschöpfung in § 17 II UrhG bzw. in § 69 Nr. 3 S. 2 UrhG die besseren Argumente gegen die Annahme einer rechtsgeschäftlichen Lizenz sprachen, muss das erst recht danach gelten. Denn die Konstruktionsidee verliert mit der gesetzlichen Regelung ihre Rechtfertigung. Eine Bedeutung kann sie nur erlangen, wenn mangels einer ausdrücklichen Regelung ein Bedürfnis nach einem dogmatisch verhältnismäßig einfach zu begründenden Zurückschneiden gesetzlich zu weit gefasster Eingriffstatbestände besteht.[500] Obwohl die Lehre der „implied licence" im Ausland zur Begründung einer Erschöpfung des Verbreitungsrechts herangezogen wird und wurde,[501] gilt das daher nur für solche Rechtskreise, die eine entsprechende gesetzliche Einschränkung des Rechts nicht kennen. In den USA beispielsweise wurde die Fair-use-Doktrin auf ein von den Gerichten unterstelltes stillschweigendes Einverständnis („tacit consent") des Urhebers in eine angemessene und zumutbare Nutzung seines Werks durch Dritte gestützt.[502] Seit ihrer Kodifizierung in § 107 CA wird diese Begründung ebenfalls nicht mehr herangezogen. Im deutschen Recht wäre die Anwendung der Lizenztheorie nicht nur fiktiv, sondern verbietet sich aufgrund der Regelung des § 17 II UrhG gar. Es würde der ratio legis widersprechen, wenn der Schutzrechtsinhaber den Regelungsinhalt als Vermutung ausschließen könnte. Sinn und Zweck ist es, die Verkehrsfähigkeit des Werkstücks für das gesamte Gebiet der EU und des EWR, in dem die Erschöpfung eintritt, herzustellen.[503] Dieses Ziel würde verfehlt werden, wenn die Weiterveräußerung nicht ohne Zustimmung zulässig wäre. Die Verkehrsfähigkeit urheberrechtlich geschützter Werkstücke ist nämlich eine Grundlage des gemeinschaftsweiten freien Warenverkehrs. Ein mögliches Vertriebsbindungssystem wäre damit nicht vereinbar. Daraus folgt, dass die Erschöpfung sowohl in ihrer historischen als ebenso in ihrer modernen Konstruktion gegen die Annahme spricht, in Verwertungsrechtsbeschränkungen vertraglich eingeräumte Nutzungsrechte zu sehen.

---

500 *Stieper*, Rechtfertigung der Schranken, S. 103.

501 Vgl. die Nachweise bei *Sack*, WRP 1999, 1088, 1090.

502 *Förster*, Fair Use, S. 21 mwN.

503 *Heerma*, in: *Wandtke/Bullinger*, UrhR, § 17, Rn. 37.

b) Schranken nach §§ 44a ff. UrhG als Argument?

Es konnte gezeigt werden, dass die Erschöpfung dagegenspricht, Schranken als vertraglich eingeräumte Nutzungsrechte zu verstehen. Möglicherweise ergibt sich allerdings aus weiteren Gesetzesbestimmungen ein differentes Bild. Daher soll sich nunmehr dem Schrankenkatalog der §§ 44a ff. UrhG zugewendet werden.

aa) Auslegung der §§ 44a ff. UrhG ob einer rechtsgeschäftlichen Konstruktion

Die §§ 44a ff. UrhG könnten möglicherweise als gesetzlich vermutete, vertragliche Nutzungsrechtseinräumung interpretiert werden. Das müsste jedoch nicht nur möglich sein, sondern müsste durch konkrete Anhaltspunkte nahegelegt werden. Die §§ 44a ff. UrhG sind dementsprechend auf eine vertragliche Konzeption hin auszulegen. Dabei ist aus systematischer Sicht ein vertragsrechtliches Verständnis der §§ 44a ff. UrhG aufgrund ihrer Trennung von den Nutzungsrechten nach §§ 31 ff. UrhG abzulehnen, während der Wortlaut und die Gesetzesbegründung der Vorschriften der §§ 44a ff. UrhG dagegen keine dahingehenden Hinweise liefern.[504] Vor allem ist bei der Auslegung auf den Zweck der §§ 44a ff. UrhG abzustellen. In dem Rahmen ist daran zu erinnern, dass alle Schranken der §§ 44a ff. UrhG Ausfluss einer verfassungsrechtlichen Wertung sind, was sich aus Art. 14 II 2 GG ergibt.[505] In Abwägung verschiedener Interessen erlässt der Gesetzgeber nach Abschluss eines parlamentarischen Verfahrens, in denen pluralistische Meinungen gehört und berücksichtigt werden, eine Schrankenbestimmung, eben um Nutzungsfreiräume zu schaffen. Das Ziel der Gesetzeseinführung ist es nicht, Lücken im Lizenzvertrag zu füllen oder den Parteien Auslegungsregeln bei Zweifeln ob dessen Inhalt an die Hand zu geben, sondern im Gegenteil dazu infolge der Abwägung von Grundrechten und Interessen Nutzungen rechtssicher gesetzlich zu erlauben. Der differenzierten normativen Wertung muss es widersprechen, wenn der Rechtsinhaber mit einem einfachen Aufdruck einen Willen zum Ausdruck bringen könnte, der die Annahme einer rechtsgeschäftlichen Einräumung zunichtemacht, und damit dem Nutzer die Berufung auf die von der Schranke gewährte Privilegierung versagt. Das Argument entspricht den oben zur Erschöpfung getätigten Ausführungen, dass der stets mögliche Vorbehalt im Konflikt mit dem Gesetzgeberwillen stehen würde. Weil alle rechtsgeschäftlichen Lösungen stets den Schwächen der Rechtsgeschäftslehre unterworfen sind, lassen sich die oben erhobenen Argumente gegen eine rechtsgeschäftliche Konstruktion der Erschöpfung mit Ausnahme der Warenverkehrsfreiheit als ratio legis, die sicherlich nicht allen Schranken der §§ 44a ff. UrhG als Gesetzesziel unterlegt werden kann, mindestens entsprechend

504 Eine Ausnahme dazu könnte lediglich die Geschichte des § 60 UrhG darstellen, welche anschließend noch genauer untersucht wird.

505 Siehe dazu bereits C II.

wiederholen. Genauer gesagt sind die Unzulänglichkeiten, die §§ 44a ff. UrhG als gesetzliche Vermutung einer stillschweigend vom Urheber erteilten Lizenz auszulegen, noch gravierender als bei der Erschöpfung. Zwar ist die Lizenzerteilung ad incertas personas, wie sie die theoretische Grundlage bei *Kohler* bildete, dem UrhG ebenfalls nicht fremd, wie § 32 III 3 UrhG zeigt. Dennoch ist zu berücksichtigen, dass sich die Erschöpfung immer auf ein konkretes Vervielfältigungsstück bezieht, bezüglich dessen vertragliche Absprachen innerhalb einer Lizenzkette bestehen könnten, wohingegen die Schranken der §§ 44a ff. UrhG sich auf die Nutzung des Werks als solches beziehen. Es scheitert demzufolge häufig nicht nur an der Kenntnis des privilegierten Nutzers vom Angebot auf Lizenzeinräumung, sondern bereits an dem grundsätzlichen Bestehen vertraglicher Beziehungen zum Urheber oder einem seiner Lizenznehmer. Somit fehlt es an jeglichem Anknüpfungspunkt für vertragliche Nutzungsrechte.[506] Das ergibt sich nicht nur auf einer theoretischen Betrachtung der §§ 44a ff. UrhG, sondern aus dem Normtext selbst. Bei Schrankenregelungen, die wie die Zitierfreiheit nach § 51 UrhG ausdrücklich das Erscheinen des Werks tatbestandlich voraussetzen, ist es bereits nicht überzeugend, die Zustimmung iSv § 6 I UrhG so auszulegen, als dass der Urheber allen in §§ 44a ff. UrhG freigestellten Nutzungen zugestimmt habe. Bei Schranken wie § 45 UrhG, deren Anwendbarkeit nicht von einer Veröffentlichung oder einem Erscheinen des Werks abhängig ist,[507] ist eine Annahme vertraglicher Nutzungsrechte mit der Rechtsgeschäftslehre unvereinbar. Wenn ein unveröffentlichtes Werk von einer privilegierten Nutzung erfasst wird, fehlt es an allen Voraussetzungen, aufgrund derer ein Wille des Urhebers zur Einräumung einer entsprechenden Lizenz zugunsten des Nutzungsberechtigten geschlussfolgert werden könnte.

Das zeigt, dass die §§ 44a ff. UrhG ebenso wie § 17 II UrhG nicht auf einer Willensbetätigung des Urhebers beruhen, sondern unmittelbar auf der gesetzlichen Freistellung.[508]

bb) Ausnahme durch § 60 UrhG als Auslegungsregel?

Dieser Ansicht können sich zahlreiche Literaturstimmen in Bezug auf § 60 UrhG nicht anschließen. § 60 UrhG könnte daher in Konflikt mit dem soeben vorgenommenen Auslegungsergebnis stehen und daher für ein divergierendes Verständnis streiten. Ob dem so ist, soll im Folgenden geprüft werden. Dazu wird die Norm, welche die Vervielfältigung sowie die unentgeltliche und nicht zu gewerblichen Zwecken vorgenommene Verbreitung eines Bildnisses für zulässig erklärt, ausgelegt werden. Nach § 60 UrhG sind der Besteller des Bildnisses, sein Rechtsnachfolger, der Abgebildete bei einem auf Bestellung geschaffenen Bildnis, nach dessen

---

506 Ebenso *Stieper*, Rechtfertigung der Schranken, S. 104.
507 Vgl. *Melichar/Stieper*, in: *Schricker/Loewenheim*, UrhR, § 45, Rn. 13.
508 Zustimmend *Stieper*, Rechtfertigung der Schranken, S. 104.

Tod seine Angehörigen und ein Dritter, der im Auftrag einer dieser Personen handelt, privilegiert.

Die Rechtsnatur der Vorschrift ist umstritten. Bis zu seiner Änderung durch das Gesetz zur Regelung des Urheberrechts in der Informationsgesellschaft[509] war § 60 UrhG lediglich als gesetzliche Auslegungsregel gefasst und dementsprechend dispositiv.[510] Seit jeher werden unter Auslegungsregeln Vorschriften verstanden, die anweisen, wie die Auslegung einer Willenserklärung bei diesbezüglicher Unsicherheit vorzunehmen ist, beziehungsweise welches Auslegungsergebnis im Zweifelsfall als maßgeblicher Inhalt einer Willenserklärung anzusehen ist, ohne die Wirkung des Geschäfts direkt anzuordnen.[511] Selbst nach der Gesetzesreform wird für den Fall des Bestehens vertraglicher Regelungen weiterhin vielfach vertreten, dass es sich bei § 60 UrhG um eine urhebervertragsrechtliche Auslegungsregel handelt.[512] Das würde bedeuten, dass das Gesetz zwar das Auslegungsergebnis im Zweifel vorgibt, die Privilegierung dennoch durch eine gewillkürte Einräumung erfolgt. Diese Ansicht kann vor zehn bis fünfzehn Jahren noch als herrschend bezeichnet werden, gleichwohl ändern immer mehr Stimmen ihre Meinung dahingehend, dass es sich bei § 60 UrhG um eine Schranke handelt.[513] Würde eine Privilegierung innerhalb der §§ 44a ff. UrhG auf einem lizenzvertragsrechtlichen Verständnis basieren, könnte dem eine grundsätzliche Erkenntnis entspringen.

Indessen müsste als Grundlage dieser Überlegung § 60 UrhG zunächst als urhebervertragsrechtliche Auslegungsregel aufzufassen sein. Die Ansicht, die in § 60 UrhG weniger eine Schrankenbestimmung erblickt, beruft sich dabei überwiegend auf die Abdingbarkeit der Norm, die sich einerseits aus der Entstehungsgeschichte ergibt.[514] Denn historisch privilegierte bereits § 18 II KUG den Besteller eines Bildnisses nur insoweit, als dass „nicht ein anderes vereinbart ist". Von diesem Verständnis hat der Gesetzgeber wohl nicht Abstand nehmen wollen, sonst hätte er sich in der Gesetzesbegründung des UrhG nicht ausdrücklich auf jene Vorschrift bezogen.[515] Daraus wird geschlussfolgert, dass die Betonung der Abdingbarkeit im

---

509 BGBl. I 2003, 1774.

510 *A. Nordemann*, in: *Loewenheim*, Handbuch des Urheberrechts, § 73, Rn. 51 mit Nachweisen zur alten Rechtslage. Insoweit verfehlt ist der regelmäßig anzufindende Verweis auf OLG Karlsruhe ZUM 1994, 737.

511 *Enneccerus/Nipperdey*, AT des Bürgerlichen Rechts, § 49 II.

512 *Engels*, in: *Möhring/Nicolini*, UrhR, § 60, Rn. 2; *Poeppel*, Neuordnung der Schranken, S. 422; *Vogel*, in: *Schricker/Loewenheim*, UrhR, § 60, Rn. 5.

513 *Schack*, Urheberrecht, Rn. 563; wohl auch *Lüft*, in: *Wandtke/Bullinger*, UrhR, § 60, Rn. 1; a.A. noch *Schack*, Urheberrecht, 4. Auflage, Rn. 501; *Lüft*, in: *Wandtke/Bullinger*, UrhR, 3. Auflage, § 60, Rn. 1.

514 Vgl. *Vogel*, in: *Schricker/Loewenheim*, UrhR, § 60, Rn. 5, 2 f.

515 Vgl. BT-Drs. IV/270, S. 76 (zu § 61 RegE).

UrhG lediglich gestrichen worden ist, weil der Gesetzgeber sie als bloße Selbstverständlichkeit angesehen hat.[516]

Daneben kann zugunsten einer Disponibilität mit dem Zweck der Vorschrift argumentiert werden. Aufgrund einer persönlichen Verbundenheit wird entgegen der wirtschaftlichen Interessen des Fotographen ein berechtigtes Interesse des Bestellers und bei Personenverschiedenheit des Abgebildeten anerkannt, Vervielfältigungen des Bildnisses herzustellen sowie diese unentgeltlich und nicht zu gewerblichen Zwecken zu verbreiten.[517] Davon umfasst sind insbesondere Erinnerungsstücke im Freundes- und Bekanntenkreis.[518] Die Rechtfertigung von § 60 UrhG wird daraus gezogen, dass gerade bei älteren Bildnissen wie unersetzlichen Familienbildern oder Jugendbildnissen der Urheber schwer auffindbar ist und somit keine Nutzungsrechte erworben werden können.[519] Wenn der Besteller indes freiwillig auf eine spätere Vervielfältigung und anschließende Verbreitung seiner Erinnerungsstücke verzichtet, ist nicht ersichtlich, warum ihm die von § 60 UrhG aufgezeigten Möglichkeiten zwingend zustehen sollten.

Gegen die Annahme einer Auslegungsregel sprechen gleichwohl gute Gründe. Schließlich ist zu berücksichtigen, dass die Abdingbarkeit einer Norm nicht zwangsläufig eine Auslegungsregel indiziert. *Dreier* weist vollkommen zurecht darauf hin, dass den vorangestellten Beweisführungen unter Annahme einer Schrankenregelung gleichfalls ausreichend Rechnung getragen werden kann, indem man die Norm unter Beachtung von Vorschriften wie dem AGB-Recht für inter partes schuldrechtlich abdingbar erachtet.[520] Damit beschreibt er die zu § 60 UrhG gegebenen Rechtslage zutreffend. Urheberrechtlich liegt eine Schranke, keine Auslegungsregel vor, welche schuldrechtlich abdingbar ist. Eine von § 60 UrhG abweichende Vereinbarung hat keine urheberrechtliche Wirkung, wohingegen sie den Besteller schuldrechtlich bindet. Eine Handlung, die von der Vorschrift gedeckt ist, jedoch gegen eine von ihr abweichende Vereinbarung verstößt, begründet daher

---

516 *Nicolini*, in: *Möhring/Nicolini*, UrhG, 1. Auflage, § 60, Anm. 1a; *Stieper*, Rechtfertigung der Schranken, S. 105 f. mwN.; *Vogel*, in: *Schricker/Loewenheim*, UrhR, § 60, Rn. 3 mwN.

517 OLG Köln GRUR 2004, 499, 499 f.; *Vogel*, in: *Schricker/Loewenheim*, UrhR, § 60, Rn. 12.

518 § 60 UrhG ist dennoch keine vorrangige Sonderregelung für die Vervielfältigung von Bildnissen, die Werke der bildenden Künste darstellen, sondern vielmehr neben § 53 I UrhG anwendbar, BGH GRUR 2014, 974, 978 – Porträtkunst. Durch § 53 I UrhG ist die Herstellung einzelner Vervielfältigungsstücke für den privaten Gebrauch bereits gestattet. Aufgrund des engen eigenen Anwendungsbereichs an darüber hinausgehenden, aber nicht gewerblichen Handlungen und deren begrenzter Schutzwürdigkeit bezweifelt *A. Nordemann*, in: *Fromm/Nordemann*, UrhR, § 60, Rn. 3 nachvollziehbar die Existenzberechtigung der Vorschrift.

519 *Fromm*, UFITA 1966/II, 162, 163.

520 *Dreier*, in: *Dreier/Schulze*, UrhG, § 60, Rn. 2.

keine Urheberrechtsverletzung iSv § 97 UrhG, sondern lediglich eine vertragliche Pflichtverletzung nach § 280 I BGB.[521] Die Auffassung steht der Entstehungsgeschichte und einer Abdingbarkeit der Norm nicht entgegen, weil sie keine Aussage darüber trifft, ob der Besteller sich nicht mit schuldrechtlicher Wirkung dazu verpflichten kann, die von der Schranke gedeckten Handlungen nicht vorzunehmen. Gemäß seiner Entstehungsgeschichte ist § 60 UrhG abdingbar, allerdings lediglich schuldrechtlich. Die Erlaubnis zur Nutzung ergibt sich hingegen unmittelbar aus dem Gesetz selbst.

Für diese Auffassung einer Schrankenbestimmung sprechen drei überzeugende Argumente. Erstens streitet die systematische Stellung im ersten Teil, sechster Abschnitt gegen eine urhebervertragliche Auslegungsregel. In der Reform von 2003 wurde nicht nur der Wortlaut von § 60 UrhG verändert, sondern teilweise ebenfalls die systematische Anordnung von Normen. Im Gegensatz zur beispielsweise früher systemwidrig in § 61 UrhG a.F. geregelten und mittlerweile inhaltsgleich nach § 42a UrhG verschobenen Zwangslizenz zur Herstellung von Tonträgern blieb die Stellung von § 60 UrhG unangetastet. Der veränderte Wortlaut der Vorschrift ist das zweite Argument. Während § 60 UrhG a.F. noch von „dürfen" und „gleichen Rechten des Abgebildeten" sprach, erklärt § 60 UrhG Vervielfältigungen und Verbreitungen für zulässig. Damit passt sich die Formulierung dem Wortlaut anderer Schrankenbestimmungen an. Das entscheidende Argument ist indes, dass § 60 UrhG mehr Konstellationen umfasst, als mit der Konstruktion eines vertraglich eingeräumten Nutzungsrechts erklärbar wären. Neben dem Besteller wird ebenfalls der Abgebildete und nach dessen Tod seine Angehörigen privilegiert. Wenn Besteller und Abgebildeter nicht personenidentisch sind, besteht im Regelfall keine vertragliche Beziehung zum Urheber. Diese wäre dahingegen Grundlage dafür, dass ein Nutzungsrecht rechtsgeschäftlich erworben werden kann.[522] Es ist nicht überzeugend anzunehmen, dass sich die Rechtsnatur der Norm danach richtet, ob zum sich auf die Schranke Berufenden zufällig vertragliche Beziehungen bestehen oder nicht. In dem einen Fall wäre die Regelung eine Auslegungsregel und dem Privilegierten rechtsgeschäftlich ein Nutzungsrecht eingeräumt. In dem anderen Fall läge eine Schrankenregelung vor und eine Nutzungsbefugnis würde kraft Gesetzes zugewiesen werden. Eine solche Differenzierung wäre nicht sachgerecht. Vor allem würden der Besteller und der Abgebildete dadurch regelmäßig unterschiedlich behandelt. Bei der Einführung der Norm postulierte der Gesetzgeber hingegen: „Die gleiche Rücksichtnahme wie der Besteller des Bilds verdienen der Abgebildete selbst und nach seinem Tode seine Angehörigen."[523] Eine Ungleichbehandlung würde mithin seinem ausdrücklichen Willen zuwiderlaufen.

---

521 Zustimmend *Stieper*, Rechtfertigung der Schranken, S. 106 f.; a.A. *Gass*, in: *Möhring/Nicolini*, UrhG, 2. Auflage, § 60, Rn. 10.

522 Ebenso *Schack*, Urheberrecht, Rn. 563; *Stieper*, Rechtfertigung der Schranken, S. 105.

523 BT-Drs. IV/270, S. 76.

Im Ergebnis ist § 60 UrhG damit als Schrankenbestimmung und nicht als Auslegungsregel einzuordnen.[524] Schließlich sind nicht in allen von der Norm umfassten Konstellationen vertragliche Beziehungen gegeben. Daher kommt eine Deutung von § 60 UrhG als vertragliche Nutzungsrechtseinräumung nicht in Betracht. § 60 UrhG stellt somit keine Ausnahme zu dem bezüglich der §§ 44a ff. UrhG gefundenen Auslegungsergebnis dar.

c) Weitere Schranken außerhalb §§ 44a ff. UrhG als Argument?

Mit § 17 II UrhG ist eingangs eine außerhalb der §§ 44a ff. UrhG geregelte Schranke untersucht worden. Es soll nun gefragt werden, ob eine weitere Schrankenbestimmung außerhalb der §§ 44a ff. UrhG besteht, die als Argument für eine stillschweigende Nutzungsrechtseinräumung verstanden werden kann. Auf die §§ 69a–69g UrhG soll dabei wie im gesamten Verlauf der Untersuchung nicht näher eingegangen werden. Bei diesen Normen handelt es sich um Ausnahmeregelungen für Computerprogramme, die das Gesetz selbst als besondere Bestimmungen bezeichnet.[525] Aussagen über die dogmatische Konstruktion der urheberrechtlichen Schranken lassen sich daraus nicht – insbesondere ebenso nicht im Umkehrschluss – ziehen. Allein mit § 44 II UrhG kennt das Urheberrechtsgesetz eine weitere Bestimmung, die sich diesbezüglich zu prüfen lohnt, da man sie aufgrund ihrer ansatzweisen Vergleichbarkeit zu § 60 UrhG ebenso wie diese Regelung als Verwertungsrechtsbegrenzung, namentlich des Ausstellungsrechts, in Form einer vertraglichen Nutzungsrechtseinräumung interpretieren könnte.

Das Ausstellungsrecht nach § 18 UrhG hat eine geringe praktische Bedeutung. Teilweise wird es sogar eher als zusätzliche Absicherung oder besondere Form des Veröffentlichungsrechts gemäß § 12 UrhG als ein echtes Verwertungsrecht angesehen.[526] Es gewährt keinen Herausgabeanspruch des Urhebers gegen den Eigentümer, um auszustellen zu können. Es greift bereits nach dem Wortlaut nur für unveröffentlichte Werke der bildenden Künste und für Lichtbildwerke. Das Ziel hinter der Beschränkung auf lediglich unveröffentlichte Werke war, den Kunsthandel möglichst wenig zu behindern.[527] Da jedoch zugleich der Eigentümer nicht über Gebühr eingeschränkt werden soll und davon auszugehen ist, dass der Rechtsinhaber regelmäßig mit der Ausstellung einverstanden ist, wenn er das

524 Ebenso *Dreyer*, in: *Dreyer/Kotthoff*, UrhR, § 60 Rn. 8; *Lindhorst*, in: *Möhring/Nicolini*, UrhR, § 44, Rn. 3; *A. Nordemann*, in: *Fromm/Nordemann*, UrhR, § 60, Rn. 2; *ders.*, in: *Loewenheim*, Handbuch des Urheberrechts, § 73, Rn. 51; *Schack*, Urheberrecht, Rn. 563; *Stieper*, Rechtfertigung der Schranken, S. 107; a.A. *Gass*, in: *Möhring/Nicolini*, UrhG, 2. Auflage, § 60, Rn. 13.

525 Siehe die Überschrift von Teil 1, Abschnitt 8 des UrhG.

526 So *Erdmann*, GRUR 2011, 1061, 1062; *Schack*, ZUM 2008, 817, 818.

527 BT-Drs. IV/270, S. 48.

Original endgültig aus seiner persönlichen Sphäre entlässt,[528] sieht § 44 II UrhG eine weitere Einschränkung vor. Wenn der Urheber das Original veräußert, ohne sich das Ausstellungsrecht ausdrücklich vorzubehalten, ist der Eigentümer des Originals berechtigt, es öffentlich auszustellen, obgleich das Werk unveröffentlicht ist. Aufgrund dieser Nutzungserlaubnis, die durch ausdrückliche Erklärung ausschließbar ist, ist jene Vorschrift vergleichbar mit § 60 UrhG.[529] Insofern ist die Rechtsnatur dieser Norm genauso fraglich. Man könnte annehmen, dass unter den Voraussetzungen des § 44 II UrhG das Verbotsrecht des Urhebers aus § 18 UrhG nicht gegeben ist, er also dieses der Ausübung von Eigentümerrechten nicht entgegenhalten kann. Dann wäre die Vorschrift ungeachtet ihrer systematischen Stellung im Urhebervertragsrecht eine gesetzliche Schranke des Ausstellungsrechts.[530] Die Berechtigung des Eigentümers zur Ausstellung erfolgt unter der Annahme unmittelbar aus § 903 BGB, weil die Ausstellung unter den Voraussetzungen des § 44 II UrhG nicht vom Recht des Urhebers umfasst ist, außer er hat es sich vorbehalten.[531] Für eine solche Auslegung spricht die bereits erwähnte Vergleichbarkeit zu § 60 UrhG.[532]

Nach einhelliger Meinung handelt es sich bei § 44 I UrhG um eine urhebervertragsrechtliche Vermutungsregel.[533] Die herrschende Auffassung sieht daher im zweiten Absatz als Ausnahme zum ersten Absatz ebenfalls eine Auslegungsregel.[534] Ihr Bedeutungsgehalt wäre dann die Vermutung, dass der Eigentümer im Zweifel zur Ausstellung berechtigt sein soll, obwohl das Werk noch nicht veröffentlicht ist. Eine Begrenzung des Urheberrechts würde demzufolge nicht vorliegen. Gemäß

---

528 BT-Drs. IV/270, S. 62.

529 Über die Systematik der Normen hinaus erkennt *Hertin*, GRUR 2011, 1065, 1067 f. eine inhaltliche Vergleichbarkeit.

530 So *Bullinger*, in: *Wandtke/Bullinger*, UrhR, § 18, Rn. 3; *Schack*, Kunst und Recht, Rn. 170, 250; *Stieper*, Rechtfertigung der Schranken, S. 108.

531 *Bullinger*, in: *Wandtke/Bullinger*, UrhR, § 18, Rn. 3; *Stieper*, Rechtfertigung der Schranken, S. 108.

532 *Stieper*, Rechtfertigung der Schranken, S. 107. *Poeppel*, Neuordnung der Schranken, S. 422 f. betont gleichfalls die systematische Vergleichbarkeit, allerdings als Begründung dafür, dass es sich sowohl bei § 60 UrhG als auch bei § 44 II UrhG um eine urhebervertragsrechtliche Auslegungsregel handelt.

533 Vgl. nur *Vogel*, in: *Schricker/Loewenheim*, UrhR, § 44, Rn. 5, 14; *Wandtke*, in: *Wandtke/Bullinger*, UrhR, § 44, Rn. 10.

534 *Erdmann*, GRUR 2011, 1061, 1062; *Hertin*, GRUR 2011, 1065, 1067; *Lindhorst*, in: *Möhring/Nicolini*, UrhR, § 44, Rn. 3; *J. B. Nordemann*, in: *Fromm/Nordemann*, UrhR, § 44, Rn. 9; *Poeppel*, Neuordnung der Schranken, S. 422 f.; *Schulze*, in: *Dreier/Schulze*, UrhG, § 44, Rn. 15; *Ulmer*, Urheber- und Verlagsrecht, S. 243; *Vogel*, in: *Schricker/Loewenheim*, UrhR, § 44, Rn. 18; *Wandtke*, in: *Wandtke/Bullinger*, UrhR, § 44, Rn. 15; BT-Drs. IV/270, S. 62.

dieser Auffassung würde das Recht auszustellen nicht aus dem Eigentum folgen, sondern die vertragliche Einräumung würde vermutet werden. Für diese Ansicht sprechen gewichtige systematische Gründe. § 44 II UrhG ist ungeachtet seiner Vergleichbarkeit zu § 60 UrhG nicht im Abschnitt der Schranken, sondern im Urhebervertragsrecht geregelt. Das spricht dafür, die beiden Regeln differenziert zu betrachten. Weiterhin ist der enge Regelungszusammenhang zum ersten Absatz zu sehen, der nahelegt, dass eine Ausnahmevorschrift erlassen werden sollte, die als solche dessen Rechtsnatur teilt.

Vornehmlich der gegenüber jedem Erwerber wirkende Vorbehalt ist ein gewichtiges Argument dafür, § 44 II UrhG wohl eher als Schrankenregelung einzuordnen. Eine derartige Drittwirkung ist typisch für gesetzliche Beschränkungen eines subjektiven Rechts und nicht für das Vertragsrecht.

Es sprechen somit vertretbare Gründe sowohl dafür, eine Schranke anzunehmen, als auch dafür, von einer Auslegungsregel auszugehen. Letztlich kann das hier dahingestellt bleiben. Denn falls § 44 II UrhG aufgrund seiner Vergleichbarkeit zu § 60 UrhG eine Schrankenbestimmung wäre, würde die Regelung aufgrund ebendieser Vergleichbarkeit dessen Rechtsnatur teilen und könnte demgemäß keine vermutete Nutzungsrechtseinräumung begründen.

Wäre § 44 II UrhG, als Ausnahmevorschrift eine eng auszulegende[535] Regelung im Urhebervertragsrecht, eine urhebervertragsrechtliche Auslegungsregel, würde damit im Endeffekt das Urheberrecht im Zweifel bei Auslegungsschwierigkeiten rechtsgeschäftlich begrenzt werden. Doch aufgrund einer urhebervertragsrechtlichen Auslegungsregel ließe sich nicht schlussfolgern, dass deshalb gesetzliche Beschränkungen des Urheberrechts ebenfalls vertraglich eingeräumte und gesetzlich nur vermutete Rechtseinräumungen sind.

Daraus ergibt sich, dass § 44 II UrhG kein vom bisher gefundenen Resultat abweichendes Auslegungsergebnis vorgibt.[536]

---

535 OLG Köln GRUR-RR 2009, 4, 5 – Auktionsportal für Kunstwerke.

536 Innerhalb des Urhebervertragsrechts wäre es nur überraschend und eine andere Ansicht rechtfertigend, wenn § 44 II UrhG eine Nutzungsrechtseinräumung durch das Gesetz selbst wäre. So ist wohl *Kotthoff*, in: *Dreyer/Kotthoff*, UrhR, § 44, Rn. 6 zu verstehen: „(...) dem steht nach § 44 Abs. 2 das Recht zu, dieses Werk auszustellen (§ 18). Das Ausstellungsrecht steht dem Eigentümer des Originals des Werks selbst dann zu, (...). Bei Abs. 2 handelt es sich nicht nur – wie bei Abs. 1 – um eine Auslegungsregel." Dabei würde es sich um eine Mindermeinung handeln, auf die im Verlauf der späteren Untersuchung, ob Schranken als gesetzliche Nutzungsrechtseinräumungen zu interpretieren sind, nicht eingegangen wird. Dahingehende Formulierungen sind in der Regel als sprachliche Ungenauigkeiten anzusehen. Beispielsweise geht nach *Erdmann*, GRUR 2011, 1061, 1062 „mit der Veräußerung des Werkes durch den Künstler selbst oder durch eine Galerie (...) das Ausstellungsrecht nach der Regel des § 44 II UrhG grundsätzlich auf den Käufer über (...)." Dass das Recht „nach der Regel des § 44 II UrhG" und nicht durch den nach § 44 II UrhG

d) Ergebnis

Bisher sind die Beschränkungen des Urheberrechts daraufhin ausgelegt worden, ob sie als gesetzliche Vermutungsregeln eine vertragliche, stillschweigende Nutzungsrechtseinräumung annehmen. Es konnte dabei gezeigt werden, dass es sich bei den §§ 44a ff. UrhG sowie bei dem Erschöpfungsgrundsatz nach § 17 II UrhG nicht um urhebervertragsrechtliche Auslegungsregeln bzw. um eine rechtsgeschäftliche Einräumung eines Nutzungsrechts iSv § 31 I 1 UrhG, gesetzlich lediglich vermutet, handelt. Dies trifft insbesondere ebenfalls auf die umstrittene Regelung des § 60 UrhG zu. Vielfach konnten gegen die überprüfte Konstellation erhebliche Bedenken vorgetragen werden. Das gilt nicht vollumfänglich zu § 44 II UrhG, hingegen kann dessen Rechtsnatur nach hier vertretener Auffassung dahingestellt bleiben. Die Berechtigung des durch die Schranke zur Nutzung Privilegierten ergibt sich folglich nicht durch rechtsgeschäftliche Einräumung. Demgemäß muss die Annahme ausscheiden, dass der Urheber die Privilegierung wider die gesetzliche Vermutung vertraglich ausschließen kann. Um einen Vertragsvorrang im Urheberrecht zu konstruieren, käme mithin lediglich noch die Alternative in Betracht, dass ein urheberrechtlich wirkender Verzicht des Privilegierten vorliegt. Das setzt ein Recht des Nutzers voraus, auf welches er verzichten kann. Ob ihm das Gesetz ein solches einräumt, wird Gegenstand der folgenden Untersuchung sein.

3. Schranken als gesetzliche Nutzungsrechtseinräumung?

Dennoch könnten dem Schrankenprivilegierten urheberrechtliche Nutzungsrechte zustehen. Dafür müssten die Schrankenregelungen als gesetzliche Nutzungsrechtseinräumung anzusehen sein. Im Folgenden soll untersucht werden, ob das als vorzugswürdige Konstruktion der Schranken erscheint.

Im Abschnitt über besondere Bestimmungen für Computerprogramme kennt das Urheberrechtsgesetz mit § 69b UrhG in Umsetzung von Art. 2 III Computerprogramm-RL eine demgemäß zu verstehende Regelung. § 69b UrhG regelt gleichsam § 43 UrhG einen derivativen Erwerb von Nutzungsrechten im Arbeitnehmerurheberrecht und erkennt das Schöpferprinzip des § 7 UrhG an.[537] Dennoch ist § 69b UrhG lex specialis zu § 43 UrhG, weil die vermögensrechtlichen Nutzungsrechte nach § 69b UrhG kraft Gesetz auf den Arbeitgeber übergehen,

---

vermuteten Willen des Urhebers oder durch die nach § 44 II UrhG im Zweifel anzunehmende Einräumung durch den Urheber übergeht, scheint ein Beispiel für ebendiese sprachlichen Ungenauigkeiten zu sein. Mit der Annahme eines gesetzlich eingeräumten Nutzungsrechts würde er sich nämlich in erheblichen Widerspruch zum von ihm zuvor Gesagten setzen.

537 GhM, *Buchner*, in: *Lehmann*, Rechtsschutz und Verwertung von Computerprogrammen, Kap. XI, Rn. 18; *Grützmacher*, Datenbanken, S. 294; *Sack*, UFITA 1993/I, 15, 23; *Wandtke*, in: *Wandtke*, Rechte im Arbeits- und Dienstverhältnis, Rn. 299 f.

sodass es anders als bei § 43 UrhG keiner ausdrücklichen oder stillschweigend unterstellten Nutzungsrechtseinräumung bedarf.[538] Da infolgedessen nach § 69b UrhG jedwede vermögensrechtliche Befugnis vom Arbeitnehmer gesetzlich auf den Arbeitgeber übertragen wird, erscheint es keineswegs ausgeschlossen, dass die gesetzlichen Schranken dogmatisch generell als Belastung eines grundsätzlich umfassenden Ausschließlichkeitsrechts des Urhebers mit einem kraft Gesetz eingeräumten, einfachen Nutzungsrecht zugunsten des jeweils privilegierten Nutzers zu verstehen sind.[539] Vergleichbar einem gesetzlichen Pfandrecht wie dem Vermieterpfandrecht nach § 562 BGB iVm § 1257 BGB könnten die Schranken möglicherweise als gesetzliche Belastungen des Urheberrechts zugunsten des Schrankenprivilegierten konstruiert werden. Daraufhin sind die inhaltlichen Beschränkungen des Urheberrechts nun auszulegen. Würde die Annahme zutreffen, ließe sich sodann über einen urheberrechtlich wirksamen Verzicht des gesetzlichen Nutzungsrechtsinhabers die Abbedingung der Schrankenbestimmung und damit der Vertragsvorrang im Urheberrecht konstruieren.

a) Erschöpfungsgrundsatz als Argument?

Im Gleichklang zur Überprüfung der Schranken als Ausdruck einer vertraglichen Nutzungsrechtseinräumung soll erneut zunächst die Erschöpfung (a) und anschließend die Schranken der §§ 44a ff. UrhG (b, c) auf einen Ausdruck als gesetzliche Nutzungsrechtseinräumung hin ausgelegt werden. Denn nach wie vor könnte § 17 II UrhG als zweistufiger Vorgang zu verstehen sein. Dass, wie gezeigt, § 17 II UrhG kein vertraglich eingeschränkt eingeräumtes Nutzungsrecht vermutet, bedeutet nicht, dass darin keine gesetzliche Rechtseinräumung zu sehen ist.

Eingangs ist der Wortlaut der Bestimmung zu untersuchen. In § 17 I UrhG ist das Recht des Urhebers zur Verbreitung körperlicher Werkstücke geregelt. Als

---

538 Die hM nimmt eine gesetzliche Nutzungserlaubnis an, BGH CR 2001, 223 – Wetterführungspläne; BGH GRUR 2002, 149, 151 – Wetterführungspläne II; *Buchner*, in: *Lehmann*, Rechtsschutz und Verwertung von Computerprogrammen, Kap. XI, Rn. 16, 59 f.; *Koch*, Computer-Vertragsrecht, Teil 9, Rn. 60; *Sack*, UFITA 1993, 15, 24; *Wandtke*, in: *Wandtke*, Rechte im Arbeits- und Dienstverhältnis, Rn. 303. *Schacht*, Die Einschränkung des Urheberpersönlichkeitsrechts im Arbeitsverhältnis, S. 116; *Schack*, Urheberrecht, Rn. 304 gehen von einer cessio legis aus. *Czychowski*, in: *Fromm/Nordemann*, UrhR, § 69b, Rn. 2; *Loewenheim/Spindler*, in: *Schricker/Loewenheim*, UrhR, § 69b, Rn. 11 erkennen wie wohl OLG Düsseldorf, CR 1997, 337, 338 – Dongle-Umgehung eine gesetzliche Auslegungsregel.

539 So sprechen *Larenz/Wolf*, AT des Bürgerlichen Rechts, § 16, Rn. 3 bezüglich der §§ 45 ff. UrhG aF von „verschiedenartige(n) Nutzungsrechte(n) Dritter"; ebenso KG GRUR-RR 2002, 313, 314 zu § 51 UrhG: „Denn das zulässige Zitat ersetzt nach § 51 UrhG das Zustimmungsrecht des Urhebers und führt gleichsam zu einem „Nutzungsrecht."".

Ausnahme dazu werden nach § 17 II UrhG aus dem Kreis der dem Urheber ausschließlich vorbehaltenen Nutzungshandlungen alle Weiterverbreitungen mit Ausnahme der Vermietung ausgeschlossen, wenn das Original oder Vervielfältigungsstücke des Werks mit Zustimmung des zur Verbreitung Berechtigten im Gebiet der Europäischen Union oder eines anderen Vertragsstaats des Abkommens über den Europäischen Wirtschaftsraum im Weg der Veräußerung in Verkehr gebracht worden sind. Diese Ausgrenzung bestimmter Weiterverbreitungshandlungen aus dem Kreis der zugeordneten Rechte wird jeher, schon zu § 11 LUG, als „Erschöpfung" des Verbreitungsrechts bezeichnet, wobei die Begriffe „Verbrauch" und „Konsumtion" gleichermaßen Anwendung finden.[540] Daneben kennt das Urheberrechtsgesetz seit der Einführung von § 69c Nr. 3 S. 2 UrhG, einer Spezialregelung für Computerprogramme, selbst den Ausdruck der Erschöpfung. Während der Grundsatz als allgemeiner Rechtsgedanke ohne ausdrückliche Regelung im Patentrecht gilt,[541] hat der Terminus der Erschöpfung in anderen Gesetzen des Immaterialgüterrechts wie in § 24 MarkenG, § 48 DesignG und § 10b SortG wortwörtlich Einzug gefunden.

Die drei Begriffe Erschöpfung, Verbrauch und Konsumtion bezeichnen begrifflich das Ergebnis eines Vorgangs, welcher etwas zunächst Vorhandenes voraussetzt, was alsdann erschöpft, verbraucht oder konsumiert werden kann. Demzufolge könnte man sich die „Erschöpfung" als einen zweistufigen Vorgang vorstellen. In der Tat wird mit Berufung auf den Wortlaut vertreten, dass § 17 I UrhG dem Urheber zunächst das ausschließliche Recht der Verbreitung vorbehalte, während § 17 II UrhG als eine Konsumtionsnorm das Erlöschen gewisser Weiterverbreitungsrechte bewirke.[542] Dem Akt des rechtmäßigen Inverkehrbringens wird eine Gestaltungswirkung beigemessen, die die Möglichkeit der Einflussnahme auf den weiteren Vertrieb des Erzeugnisses untergehen lässt, weil in dem Akt selbst schon die Gewährung des im Immaterialgüterrecht verkörperten Lohns gesehen wird.[543] In die gleiche terminologische Kerbe, nämlich dass bis zum Zeitpunkt des Veräußerungsakts iSv § 17 II UrhG das Verbreitungsrecht noch jeden Akt der Weitergabe umfasst, schlägt die häufig aufzufindende Formulierung, das Verbreitungsrecht

540 Vgl. nur RGZ 63, 394, 398 – Koenigs Kursbuch; BGH GRUR 1952, 530, 531. Beide Urteile sind von vor 1965. Erst in diesem Jahr wurde die zuvor bereits anerkannte Erschöpfungslehre mit dem Inkrafttreten des UrhG in § 17 II UrhG gesetzlich fixiert. Zur Entwicklungsgeschichte siehe *Joos*, Die Erschöpfungslehre im Urheberrecht, S. 30–34; *Koppe*, Die urheberrechtliche Erschöpfung, S. 74–77; ausführlich *Blachian*, Die Lehre von der Erschöpfung des Verbreitungsrechts im Urheberrecht, S. 27 ff. Vgl. zur Verwendung der Begriffe in der Literatur *v. Gamm*, UrhG, § 17, Rn. 8.

541 Siehe BGH GRUR 2001, 223, 224 – Bodenwaschanlage; *Mes*, PatG/GebrMG, § 9 PatG, Rn. 77 f.

542 *Koppe*, Die urheberrechtliche Erschöpfung, S. 90, 92 f.

543 *Windisch*, Gewerblicher Rechtsschutz, S. 195.

„erlösche“[544] bezüglich des in den Verkehr gebrachten Werkexemplars. Es kann bereits sprachlich nur etwas erlöschen, was zuvor bestanden hat.

Dennoch kann eine traditionell sorglose Wortwahl kein Argument für die dogmatische Konstruktion der Erschöpfung sein.[545] Terminologie vermag eine Indizwirkung zuzukommen, allerdings sollte sie letztlich der dogmatischen Gestaltung folgen und sie nicht vorschreiben.[546] Würde der Norm ein dementsprechendes Verständnis zugrunde liegen, müsste dies aus einer weiteren Auslegung gemäß aller Kanons ebenso hervorgehen. Das ist demgegenüber aus den folgenden Gründen nicht zutreffend.

In der wortwörtlichen Auslegung ist als Ausgangspunkt zuvörderst der tatsächliche Wortlaut der Norm und nicht ihre gebräuchliche Bezeichnung anzusehen. Die Betrachtung der im Gesetz niedergelegten Tatbestandsmerkmale zeigt zunächst auf, dass es an einer Vergleichbarkeit zum Nutzungsrecht mangelt.[547] Das Tatbestandsmerkmal „in Verkehr gebracht“ ist von keinem Umstand aus der Nutzersphäre abhängig. Hier fehlt es an jeglichem personenspezifischen Tatbestandsmerkmal. Ein solcher Zuschnitt wäre dabei Grundlage für eine Vergleichbarkeit zu einem einer Person zugestandenem Nutzungsrecht. Das betrifft ebenso das Merkmal der Zustimmung. Das Werkexemplar muss nicht zwingend vom Urheber selbst verbreitet werden. Das kann ebenfalls durch einen Verwerter geschehen. Dann liegt die Zustimmung iSv § 17 II UrhG in dessen Lizenz oder schuldrechtlichen Gestattung, welche die Ausgestaltung der Zustimmung vorschreibt, sodass sich stets eine Deckungsgleichheit von Lizenz und Zustimmung ergibt.[548] Wenn die Zustimmung erteilt ist, kommt es für den Eintritt der Erschöpfungswirkung unstrittig nicht auf die Verletzung schuldrechtlicher Vereinbarungen an.[549] Somit

---

544 So BGH GRUR 1959, 200, 203 – Der Heiligenhof; BGH GRUR 1981, 587, 587 – Schallplattenimport; *Hubmann*, GRUR 1986, 739, 739; *Witte*, CR 1996, 533, 534.

545 Diese Regel gilt über die Erschöpfung hinaus. In der Analyse und Interpretation juristischer Gedanken ist allzeit zu hinterfragen, welche Botschaft der Sprechende vermitteln wollte und welche Achtsamkeit er von seinen Gedankengängen ausgehend der konkreten Wortwahl geschenkt hat. Wenn beispielsweise *Seith*, Wie kommt der Urheber zu seinem Recht?, S. 11 und S. 11, Fn. 37 kurz die rechtstechnische Konstruktion der Schranken des Urheberrechts darstellen will und dabei die Formulierung „Aufhebung“ verwendet, ist nicht davon auszugehen, dass er mit dem einen Wort weitreichende Aussagen zur dogmatischen Konstruktion der Schranken als nachträgliche „Belastung“ eines als umfassend gedachten Ausschließlichkeitsrechts des Urhebers tätigen will; gegen *Stieper*, in: *Schricker/Loewenheim*, UrhR, Vor §§ 44a ff., Rn. 34, Fn. 237.

546 Siehe zur Kritik an der dogmatischen Aussagekraft von Wortlautargumenten bereits E I 1. b).

547 Ebenso *Stieper*, Rechtfertigung der Schranken, S. 135 f.

548 *Haberstumpf*, in: *Büscher/Dittmer/Schiwy*, UrhG, § 17, Rn. 14.

549 *Haberstumpf*, in: *Büscher/Dittmer/Schiwy*, UrhG, § 17, Rn. 14.

ist die Zustimmung stets auf den Urheber rückführbar, sodass nur ein Zuschnitt auf ihn vorgegeben ist. Ansonsten liegt die Zustimmung abstrakt und generell vor, denn selbst wenn ein Verwerter die Erstverbreitung vornimmt, ergibt sich in Bezug auf die Zustimmung kein Unterschied. Als letztes Merkmal ist eine „Veräußerung" notwendig. Die Rechtsbegrenzung ist nach dem Gesetz nur gegeben, wenn die erste Verbreitung im Weg der Veräußerung erfolgt.[550] Eine Veräußerung ist losgelöst von einer urheberrechtlichen Verfügung an einen Nutzer. Eine Auslegung aller relevanten Tatbestandsmerkmale lässt somit keinerlei Personenspezifität erkennen.

Das Auslegungsergebnis wird weiterhin durch die systematische Stellung gestützt. Die Erschöpfung ist in Abs. 2 und damit nicht nur ebenfalls im Abschnitt „Inhalt des Urheberrechts", sondern im engsten Zusammenhang zum Verbreitungsrecht geregelt.[551] Das spricht für eine einheitliche und immanente Ausgestaltung des Verbreitungsrechts durch einen gesamtheitlich zu verstehenden § 17 UrhG.

Der Gedanke immanenter Grenzen ist überdies mit Sinn und Zweck der Vorschrift besser vereinbar als ein zweistufiger Vorgang, der zweckwidrige Gedankenspiele ob der Abdingbarkeit der Erschöpfung ermöglicht. Diesem Vorwurf könnte entgegengehalten werden, dass beschränkte Wirkungen teilweise, je nach Vereinbarung nicht zweckwidrig, sondern zulässig sind. Die erstmalige Verbreitung muss von der Zustimmung gedeckt sein. Daher muss § 17 II UrhG einschränkend so ausgelegt werden, dass sich das Verbreitungsrecht, wenn inhaltlich beschränkte Nutzungsrechte eingeräumt worden sind, nicht insgesamt erschöpft, weil es insoweit an der Zustimmung des Berechtigten fehlt.[552] Solche Beschränkungen können zum Beispiel die Vertriebswege umfassen.

Dem ist zu erwidern, dass der Vereinbarung, selbst der ersten zwischen Urheber und Verwerter, stets die Möglichkeit entzogen ist, urheberrechtlich wirksame Abreden bezüglich einer Verbreitung nach der Erstverbreitung zu treffen.[553] Die Erschöpfung an sich ist nicht disponibel. Anderenfalls wären die Ziele der Erschöpfung, die Verkehrsfähigkeit eines Handelsguts[554] sowie Rechtssicherheit[555] zu gewährleisten, nicht erreichbar, wenn der Urheber nach Erteilung seiner Zustimmung zur Erstverbreitung die weiteren Absatzwege der Ware mit

---

550 *Koehler*, Erschöpfungsgrundsatz im Online-Bereich, S. 62; a.A. *Koppe*, Die urheberrechtliche Erschöpfung, S. 92.

551 *Stieper*, Rechtfertigung der Schranken, S. 134; *Zurth*, Nutzungsrechte, S. 131; a.A. *Koppe*, Die urheberrechtliche Erschöpfung, S. 91.

552 *v. Ungern-Sternberg*, GRUR 1984, 262, 264. Umfassend zur beschränkten Erschöpfungswirkung *Koehler*, Erschöpfungsgrundsatz im Online-Bereich, S. 131 ff.

553 BGH GRUR 1986, 736, 737 – Schallplattenvermietung; BGH GRUR 2001, 153, 154 – OEM-Version; *Jaeger*, ZUM 2000, 1070, 1073 f.

554 *Beier*, GRUR Int. 1989, 603, 611 f.

555 *Berger*, AcP 2001, 411, 430.

Hilfe des Urheberrechts kontrollieren könnte.[556] Das bedeutet, dass die Wirkung der Erschöpfung letztlich alle Personen auf allen Vertriebsstufen gleichermaßen betrifft. Das ist eine Voraussetzung für das Funktionieren des Binnenmarkts. Wäre die Erschöpfung ein zweistufiger Akt, wäre das Recht zur weiteren Verbreitung, das die Erschöpfung aus benannten Gründen gerade nicht gewähren will, am Anfang dem Urheber zugeordnet. Diese Konstellation würde die Frage ermöglichen, ob er die Erschöpfungswirkung abbedingen kann. Aufgrund der bedeutenden Funktion der Erschöpfung kann dieses Ergebnis nicht erstrebenswert sein. Dadurch, dass immanente Grenzen ein Recht des Urhebers zu jedem Zeitpunkt ausschließen, wird im Interesse der Allgemeinheit gewährleistet, dass sich eine solche Diskussion erübrigt. Dem Beteiligungsanspruch des Urhebers wird genügend Rechnung getragen, wenn er einmal für die Verbreitung ein Entgelt erhalten kann, während die immanenten Schutzrechtsgrenzen den freien Warenverkehr durch die Erschaffung der Verkehrsfähigkeit der schutzrechtsverkörpernden Sachen sichern.[557]

Eine zweistufige Deutung von § 17 II UrhG würde voraussetzen, dass es außer dem Vermietrecht überhaupt ein Weiterverbreitungsrecht des Urhebers nach dem ersten von ihm autorisierten Inverkehrbringen im Weg der Veräußerung gibt. Die Gesetzesauslegung kommt wie gezeigt zu einem gegensätzlichen Resultat. Dem Nutzer wird durch das Vorliegen der Tatbestandsmerkmale kein Nutzungsrecht gesetzlich eingeräumt. Wenn die Erschöpfung weder eine vertragliche noch eine gesetzliche Nutzungsrechtseinräumung abbildet, kann sie nicht als zweistufiger Vorgang aufgefasst werden. Der Umfang des Verbreitungsrechts ergibt sich folglich aus einem einstufigen Prozess. Daraus folgt das aus den oben genannten Gründen als vorzugswürdig anzunehmende Ergebnis, dass die Erschöpfung nach § 17 II UrhG eine immanente Begrenzung des Verbreitungsrechts ist.[558] § 17 I UrhG und § 17 II UrhG behalten dem Urheber sein Verbreitungsrecht von Anfang an einheitlich vor. In diesem Umfang „erschöpft" sich das Verbreitungsrecht von Beginn an. Somit ist eine Konsumtion im wortwörtlichen Sinn dogmatisch ausgeschlossen, weshalb man nicht von einem nachträglichen Erlöschen sprechen sollte.[559] Abzulehnen ist infolgedessen eine Ansicht, wonach es sich bei § 17 II UrhG lediglich um eine „Einrede gegen Ansprüche aus den tatbestandsmäßig erfüllten Verletzungstatbeständen" handle.[560] Ein Eingriff ist denklogisch nicht möglich zu konzipieren, wenn die Erschöpfung eine immanente Inhaltsbeschränkung darstellt.[561]

---

556 BGH GRUR 2001, 51, 53 – Parfumflakon.

557 Ausführlich zu dieser Argumentation *Joos*, Die Erschöpfungslehre im Urheberrecht, S. 64 ff.

558 So im Ergebnis ebenfalls BT-Drs. IV/270, S. 45 f.

559 Ebenso *Schack*, Urheberrecht, Rn. 429; *Stieper*, Rechtfertigung der Schranken, S. 135.

560 Gegen *Sack*, WRP 1999, 1088, 1090.

561 *Berger*, AcP 2001, 411, 416; *Joos*, Die Erschöpfungslehre im Urheberrecht, S. 77, 79; *Koehler*, Erschöpfungsgrundsatz im Online-Bereich, S. 61; *Kukuk*, in: *Zollner/Fitzner*, FS W. Nordemann, S. 117, 119; *Stieper*, Rechtfertigung der Schranken, S. 135 f.; *Zurth*,

Daraus folgt ein essenzieller Gedanke für den weiteren Gang der Untersuchung, als da ist die Annahme der Schrankenbestimmungen als immanente Schutzrechtsgrenzen. Dieses Verständnis würde einem urheberrechtlich wirkenden Verzicht des Schrankenprivilegierten auf sein Nutzungsrecht entgegenstehen, weshalb ein Vertragsvorrang im Urheberrecht abgelehnt werden müsste.

Mit der Rechtsfrage, ob das beschränkte Ausschließlichkeitsrecht des Urhebers in einem ein- oder zweistufigen Akt gewährt wird, gliedert sich das Urheberrecht in einen alten Streit des Bürgerlichen Rechts und der Grundrechte bezüglich der Dogmatik eingeschränkter subjektiver Rechte ein.

Grundsätzlich ist es letztlich sowohl im Zivilrecht als auch in der Grundrechtsdogmatik unumstritten, dass subjektive Rechte, zu denen das Urheberrecht gehört, nach einer Abwägung mit den Interessen Dritter oder der Allgemeinheit nicht uneingeschränkt gewährt werden können.[562] Sie müssen sich in das Gemeinwesen einfügen. Die Schranken sorgen dafür, dass ein an sich theoretisch unbeschränktes subjektives Recht im Ergebnis als eingeschränktes Recht eingeräumt wird. Zwei theoretische Ansätze sind dabei denkbar. Man kann einerseits ein Recht zunächst unbegrenzt gewähren, um es dann in einem zweiten Schritt von außen einzuschränken (Außentheorie)[563] oder man gewährt es von Anfang an im Rahmen ihm immanenter Grenzen (Innentheorie).[564] Vor allem mit Verweis auf das Schikaneverbot nach § 226 BGB und auf § 242 BGB, der nur eine Rechtsausübung nach den Grundsätzen von Treu und Glauben ermöglicht, schließt sich im Bürgerlichen Recht die herrschende Meinung der Innentheorie an, weil die beiden Prinzipien immanente Inhaltsbegrenzungen aller Rechte darstellen sollen.[565] Welcher Theorie

---

Nutzungsrechte, S. 132; ebenso zum Patentrecht *Busche*, JR 2001, 25, 26; a.A. *Koppe*, Die urheberrechtliche Erschöpfung, S. 91 f.

562 Siehe zum dem Urheberrecht immanenten Grundrechtsausgleich bereits C II.

563 Das Verständnis legt beispielsweise *Förster*, Faire Use, S. 6 den Schranken des deutschen und des US-amerikanischen Rechts zugrunde.

564 Obgleich die beiden Begriffe nicht häufig in der urheberrechtlichen Diskussion zu finden sind, sind sie ansonsten in der Literatur zu den subjektiven Rechten gebräuchlich und lassen sich damit auf das Urheberrecht als subjektives Recht übertragen, *Zurth*, Nutzungsrechte, S. 86 f. zustimmend. Vgl. zur allgemeinen Zivilrechtsdogmatik *Wolf/Neuner*, AT des Bürgerlichen Rechts, § 20, Rn. 69 f. und zur Grundrechtsdogmatik, wo der Theorienstreit besonders intensiv geführt wird, *Alexy*, Theorie der Grundrechte, S. 250 ff.; ausführlich *Borowski*, Grundrechte als Prinzipien, S. 34 ff. mwN. Im Bürgerlichen Recht wird der Theorienstreit seit Entstehung des BGB am kraftvollsten bezüglich der Eigentumsgewährung geführt, vgl. dazu *Böhmer*, NJW 1988, 2561, 2569 f., der es sogar als die „Gretchenfrage" der Gewährung subjektiver Rechte betrachtet.

565 *Bork*, AT des BGB, § 10, Rn. 343; *Grothe*, in: MüKo BGB, Band 1, § 226, Rn. 1; *Grüneberg*, in: Palandt, BGB, § 242, Rn. 38; *Repgen*, in: *Staudinger*, BGB, § 226, Rn. 11; so ausdrücklich ebenfalls BAG NJW 2012, 2058, 2062; siehe schon *Siebert*, Verwirkung

sich das Urheberrecht dahingegen angeschlossen hat, muss sich aus einer Auslegung des Urheberrechtsgesetzes ergeben. Das gilt es im weiteren Verlauf der Prüfung gleichsam der Nutzungsrechtseinräumung zu hinterfragen.

Die wichtigste Konsequenz aus der Wahl des Ansatzes betrifft die Möglichkeit der Abdingbarkeit. Qualifiziert man die privilegierten Nutzungserlaubnisse als Nutzungsrechte, ergeben sich daraus nachgelagert ganz andere Möglichkeiten der Parteivereinbarung.[566] Wer sich einer solchen Ansicht anschließt, präferiert mithin die Außentheorie.

Doch ungeachtet der Überlegungen zu immanenten Rechtsbegrenzungen streitet § 17 II UrhG wie belegt jedenfalls dagegen, in den Schranken gesetzliche Nutzungsrechte zu erblicken. Ob das für die Schranken gemäß §§ 44a ff. UrhG ebenso gilt, ist im Folgenden zu prüfen.

b) Historische und teleologische Auslegung der Schranken gemäß §§ 44a ff. UrhG als Argument?

Im Anschluss an § 17 II UrhG gilt es nun, die Schranken gemäß §§ 44a ff. UrhG auszulegen. Obgleich die Erschöpfung im Sinn eines einstufigen Vorgangs zu verstehen ist, nach dem das Verbreitungsrecht einer immanenten Inhaltsbeschränkung unterliegt und sich a priori nicht auf die genannten Handlungen unter den Voraussetzungen des § 17 II UrhG erstreckt, muss dieses Verständnis nicht zwingend auf die §§ 44a ff. UrhG zutreffen. Weil der Wortlaut der §§ 44a ff. UrhG keinen Hinweis auf das konstruktive Verständnis der Schranken offenbart, wird mit einer historischen Auslegung begonnen. Es ist prüfen, ob den §§ 44a ff. UrhG ein gesetzgeberischer Wille zugrunde liegt, der zu einer abweichenden Auffassung führt. Dabei wird sich zeigen, dass die Ableitung des gesetzgeberischen Willens maßgeblich auf den verfolgten Zweck, die Funktion und Zielstellung der Rechtsbeschränkungen gestützt wird. Ebendarum wird die historische mit der teleologischen Auslegung verbunden.

Nach dem Wortlaut eindeutige Ausführungen zur Rechtsnatur der Schranken finden sich in den Materialien zur Gesetzesbegründung nicht. Die dogmatische Konstruktion wird vom Gesetzgeber nicht erklärt.[567] Sie muss demzufolge aus sonstigen Aussagen geschlussfolgert werden.

---

und Unzulässigkeit der Rechtsausübung, S. 85 ff.; a.A. *Wolf/Neuner*, AT des Bürgerlichen Rechts, § 20, Rn. 70.

566 Ebenso *Zurth*, Nutzungsrechte, S. 182.

567 *Rehbinder/Peukert*, Urheberrecht, Rn. 840 sehen unter Verweis auf *Meder* gar in Deutschland eine Tradition seit *Savigny* gegeben, dass der Gesetzgeber sich in Fragen der Rechtsdogmatik für unzuständig erklärt; vgl. *Meder*, Rechtsgeschichte, S. 309, 347 f. Möglich sind allenfalls Rückschlüsse aus den Änderungen des Regierungsentwurfs im Gesetzgebungsverfahren vom UrhG von 1965, vgl. *Stieper*, Rechtfertigung der Schranken, S. 138 f.

Folgende legislatorische Überlegungen zur Rechtsstellung des Urhebers könnten dabei einen Aufschluss bieten. Der Gesetzgeber bringt einerseits deutlich zum Ausdruck, dass er im Bereich der Schranken ebenfalls dem Paradigma des Urheberschutzes gefolgt sei und dort eine Verbesserung der Rechtsstellung des Urhebers angestrebt habe. So findet sich in den Gesetzesmaterialien die Aussage wieder: „Im Ganzen gesehen verfolgt der Entwurf auch bei der Abgrenzung des Urheberrechts gegenüber den Interessen der Allgemeinheit das Ziel einer Verbesserung der Rechtsstellung des Urhebers."[568] Andererseits verdeutlicht der Gesetzgeber, dass eine „sachgemäße Abgrenzung der Rechte des Urhebers gegenüber den berechtigten Interessen der Allgemeinheit"[569] geboten sei. Hierbei werden exemplarisch für die berechtigten Allgemeininteressen der ungehinderte Zugang zu Kulturgütern, die Freiheit des geistigen Schaffens und der freien Berichterstattung über Tagesereignisse genannt. Die ausgewogene Abgrenzung und Abwägung gegenläufiger Belange war folglich von Anfang an das Ziel des Gesetzgebers. Dass er als Methodik dazu eine gedankliche Aufteilung in einen Akt der gesetzgeberischen Gewährung und Zurücknahme innerhalb einer logischen Sekunde gewählt hat, erscheint gekünstelt und gegenüber der natürlichen Betrachtungsweise der Rechtsgewährung durch einen einheitlichen legislatorischen Akt nicht überzeugend.[570]

Verstärkt wird dieses Argument dadurch, dass jene Ausdifferenzierung über einen bloßen politischen Willen hinausgeht und eine verfassungsimmanente Aufgabe darstellt. Der Inhalt des Urheberrechts stellt in seiner Gesamtheit Inhalts- und Schrankenbestimmungen des Eigentums iSv Art. 14 I 2 GG dar. Das Bedürfnis nach sachlicher Angemessenheit der Rechtsgewährung wird dadurch intensiviert, dass das Urheberrecht zahlreiche Verfassungsbelange wie Staatsprinzipien oder Grundrechte berührt. So stellt beispielsweise das Sozial- und das Kulturstaatsprinzip ein verfassungsrechtliches Berücksichtigungsgebot dar[571] oder die grundgesetzlich garantierte Wissenschaftsfreiheit verlangt im Bereich wissenschaftlicher Tätigkeit die Freiheit der Information.[572] Der Inhalt des Urheberrechts ist somit ein Kompromiss mehrerer Belange mit Verfassungsgehalt. Konkret ist der Rechtsinhalt der Inhalts- und Schrankenbestimmungen indessen nicht verfassungsrechtlich vorgeschriebenen, sondern muss vom Gesetzgeber unter Beachtung verfassungsrechtlicher Grundsätze bestimmt werden. Es ist daher eher anzunehmen, dass die Grenzziehungen des Rechtsinhalts eine von vornherein bestehende Rechtsbeschränkung darstellen, die ein einheitlich gewährtes Abwägungsergebnis präsentieren.[573]

---

568 BT-Drs. IV/270, S. 30.

569 BT-Drs. IV/270, S. 30.

570 Ebenso *Haß*, in: *Herbst*, FS Klaka, S. 127, 133.

571 *Hohagen*, in: *Ohly/Bodewig/Dreier*, FS Schricker II, S. 353, 358.

572 Siehe zur Grundrechtsrelevanz der Schranken bereits C II, zur Wissenschaftsfreiheit C II 1. d), 2.

573 Ebenso *Haß*, in: *Herbst*, FS Klaka, S. 127, 133.

Diesem Ergebnis schließt sich das Bundesverfassungsgericht an. Das Gericht musste sich im Rahmen einer Verfassungsbeschwerde 1978 damit auseinandersetzen, ob der damalige § 52 I UrhG mit dem Grundgesetz in Einklang steht.[574] In Zusammenhang damit kam die Frage auf, ob die Schranke eine Enteignung i.S.d. Art. 14 III GG darstellt. Im Urteil wird hervorgehoben, dass eine Enteignung einen Eingriff in ein konkretes subjektives Recht voraussetzt, während die besagte Schrankenregelung eine objektivrechtliche Vorschrift darstellt, die keine Rechte und Befugnisse beseitigt, weil sie generell und abstrakt mit Wirkung für die Zukunft die Voraussetzungen einer erlaubnisfreien öffentlichen Wiedergabe normiert.[575] Um zu verdeutlichen, dass dem Urheber kein eingeräumtes Ausschließungsrecht entzogen wird, positioniert sich das BVerfG eindeutig zur dogmatischen Konstruktion. Es stellt fest, dass das Verwertungsrecht dem Urheber „von vornherein nur in den durch § 52 I UrhG gezogenen Grenzen“[576] zusteht. Etwas anderes ergäbe sich selbst aus der Historie nicht, weil schon vor dem Erlass des UrhG kein umfassendes Verwertungsrecht dem Urheber gewohnheitsrechtlich zugestanden worden sei.[577]

Sicherlich ist den Kritikern dieser Argumentation[578] zuzustimmen, dass jene Ausführungen des BVerfG vor ihrem historischen Hintergrund und den zielgeleiteten Bestrebungen des Gerichts zu sehen sind. Die Dogmatik von Art. 14 GG war damals nicht abschließend geklärt und die Finalität anstatt der Intensität als Abgrenzungskriterium des Enteignungsbegriffs nicht entwickelt.[579] Damit ist das Urteil *„Kirchenmusik“* in einem Zusammenhang mit mehreren Urteilen als ein Entwicklungsprozess[580] zu sehen, der in den Entscheidungen zum *Pflichtexemplar* und zur *Naßauskiesung* seinen Höhepunkt gefunden hat.[581] Diese historische Einordnung rechtfertigt es gerade vor dem Hintergrund, dass keine ausdrückliche Aufgabe der damaligen Ausführungen in der Rechtsprechung selbst stattgefunden hat, gleichwohl nicht, derart ausführlichen und ausdrücklichen Ausführungen des BVerfG ihre Aussagekraft für die heutige Auslegung zu entziehen.[582]

Das BVerfG verneint also eine Enteignung durch die Schrankenregelungen, weil es in denen immanente Rechtsgrenzen erblickt. Es ist nicht anzunehmen,

---

574 BVerfGE 49, 382 – Kirchenmusik.

575 BVerfGE 49, 382, 393 – Kirchenmusik.

576 BVerfGE 49, 382, 393 – Kirchenmusik.

577 BVerfGE 49, 382, 393 – Kirchenmusik; a.A. mit Blick auf die Vorläufergesetze *Zurth*, Nutzungsrechte, S. 106.

578 Vgl. *Zurth*, Nutzungsrechte, S. 109 ff.

579 *Knauber*, NVwZ 1984, 753, 755.

580 *Böhmer*, NJW 1988, 2561, 2561 bezeichnet daher die *Naßauskiesungsentscheidung* als „vorprogrammiert“.

581 BVerfGE 58, 137 bzw. BVerfGE 58, 300.

582 Gegen *Zurth*, Nutzungsrechte, S. 109 ff.

dass es dem Willen des Gesetzgebers entsprochen hat, mit den urheberrechtlichen Schranken nicht Inhalts- und Schrankenregelungen iSv Art. 14 I 2 GG zu erlassen, sondern Enteignungen iSv Art. 14 III GG vorzunehmen. Der Gesetzgeber möchte nicht mit jedem Erlass neuer Schrankentatbestände ein Teilstück aus dem Inhalt des verfassungsrechtlichen Eigentums herausbrechen und es dem Nutzer gesetzlich einräumen, sondern mit Blick auf den sozialen Bezug des Urheberrechts seinen Inhalt neu regeln.

Bei einer Neuregelung hat der Gesetzgeber vor allem die Funktion der Begrenzung des Urheberrechts im Blick. Daher postuliert er den allgemeinen Grundsatz, dass „der Urheber insbesondere dort im Interesse der Allgemeinheit freien Zugang zu seinen Werken gewähren muss, wo dies unmittelbar der Förderung der geistigen und kulturellen Werte dient, die ihrerseits Grundlage für sein Werkschaffen sind“[583]. Ziel ist es demnach, anhand grundrechtlicher Wertungen wie dem Schutz der Meinungs-, der Informations- und der Kunstfreiheit sowie dem Interesse der Allgemeinheit an einem reichhaltigen Kulturleben einen Freiraum zu schaffen, der die kreative Nutzung von Bestehendem ermöglicht, so wie der Urheber selbst zum Werkschaffen ursprünglich bereits Bestehendes kreativ genutzt hat. In Besinnung auf das soziale Wesen des Urheberrechts, das anders als das Sacheigentum nicht auf Ausschluss, sondern auf Mitteilung und Kommunikation gerichtet ist, welches nicht verbieten, sondern Zugang gegen angemessene Beteiligung gewähren will, wird folglich als Ziel aller Schranken die Kreativitätsförderung in den Vordergrund gerückt.[584] Die funktionsbetonte Betrachtungsweise verdeutlicht, dass der Inhalt des Urheberrechts ein einheitliches Gebilde darstellt, in dem nicht zwischen Schranke und Verwertungsrecht unterschieden werden kann, weil beide als Instrumente der Kreativitätsförderung ein gemeinsames Ziel innehaben: Innovation.[585] Die funktionale Gleichheit lässt den Rückschluss auf immanente Grenzen zu. Denn die Interessen der Allgemeinheit stellen sowohl einen Schutzgrund als auch einen Einschränkungsgrund des Urheberrechts dar.[586] Weil Allgemeininteressen sowohl die Verwertungsrechte als auch die Schranken mitbegründen, können Verwertungsrecht und Schranke nicht in einem Über- und Unterordnungsverhältnis stehen. In einheitlicher Betrachtung stellen sie ein Ganzes dar.[587] Funktional gesehen

583 BT-Drs. IV/270, S. 63.

584 *Geiger*, GRUR Int. 2008, 459, 462.

585 Vgl. zum philosophischen Hintergrund dieser Funktion B IV 1.; zu ihrer grundrechtlichen Einbettung C III 4.

586 *Schricker*, GRUR 1992, 242, 246.

587 *Geiger*, GRUR Int. 2008, 459, 462 argumentiert, dass sich ein Schrankenprivilegierter daher bei der Nutzungshandlung nicht auf ein durch die Schranke geschütztes Interesse, sondern auf einen negativen oder anders gesagt nicht vorhandenen Aspekt des Urheberrechts, damit aber auf ein Recht, nämlich das Urheberrecht als Ganzes, beruft.

kommt es auf den Ausgleich von Ausschließlichkeitsrecht und Freihaltebedürfnis an. Es gibt dazwischen keine Hierarchie, es gibt nur ein Ergebnis. Dieses einheitliche Ergebnis sollte nicht künstlich in eine Trennung von zunächst umfassenden Verwertungsrechten und nachgelagert begrenzenden Schranken zerlegt werden.

Der Gesetzgeber erreicht seine mit dem Erlass des Urheberrechtsgesetzes angestrebte Zielstellung sowie seine vom Grundgesetz vorgegebenen Aufgaben ebendeswegen am besten durch die Gewährung des Rechts als Ganzes von Anfang an im Sinn der Innentheorie. Es ist mithin anzunehmen, dass immanente Grenzen seinem Willen am ehesten entsprechen. Der historische Gesetzgeberwille spricht folglich gegen ein Verständnis der Schranken als gesetzliche Nutzungsrechtseinräumung.

c) Systematische Auslegung der Schranken gemäß §§ 44a ff. UrhG als Argument?

Nach dem gesetzgeberischen Willen und dem Telos der Schranken ist ihre systematische Stellung im UrhG zu untersuchen. Der Systematik kommt zur Erkenntnis des zutreffenden Schrankenverständnisses durchschlagende Relevanz zu.

aa) Systematische Stellung

Es erscheint zunächst naheliegend, dass zugunsten einer gesetzlichen Nutzungsrechtseinräumung durch die Schranken die Systematik des UrhG heranführen werden kann. Dafür spricht, dass der Gesetzgeber die Verwertungsrechte im vierten Gesetzesabschnitt „Inhalt des Urheberrechts" in den §§ 15 ff. UrhG geregelt hat, wohingegen die gesetzlichen Nutzungserlaubnisse zumeist in den §§ 44a ff. UrhG, also an späterer Stelle in einem eigenen Abschnitt, normiert sind. Folglich könnte man annehmen, dass auf diese Weise die §§ 44a ff. UrhG den Inhalt der Rechte des Urhebers gerade nicht mit ausgestalten.

Dieses systematische Verständnis könnte durch einen Blick auf die Vorläufergesetze des UrhG verstärkt werden. Denn schon das LUG und das KUG kannten mit der Privatkopie, der Zitatfreiheit und der Panoramafreiheit den Schranken des UrhG vergleichbare Regelungen. Diese waren hingen zusammen mit den Verwertungsrechten im zweiten Abschnitt des jeweiligen Gesetzes „Befugnisse des Urhebers" geregelt. Der systematischen Trennung des UrhG-Gesetzgebers von 1965 könnten demnach reformierende Überlegungen zum Wesen des Urheberrechts voraus gegangen sein.

Ein tiefergehender Blick lässt jedoch erkennen, dass demgemäße Schlussfolgerungen allein aus der Einführung eines sechsten Abschnitts „Schranken des Urheberrechts durch gesetzlich erlaubte Nutzungen" nicht überzeugend sind. Das resultiert zunächst daraus, dass es sich bei § 17 II UrhG wie dargelegt ebenso um eine Schranke handelt.[588] § 15 I UrhG weist dem Urheber das ausschließliche

---

588 Vgl. bereits E II 2. a); ebenso unter vielen *Schack*, in: *Canaris*, 50 Jahre BGH, Bd. II, S. 677, 689.

Recht zu, sein Werk in körperlicher Form zu verwerten, und nennt dabei in § 15 I Nr. 2 UrhG ausdrücklich das Verbreitungsrecht. Dabei bezieht er sich jedoch auf § 17 UrhG als ganze Norm, was für eine immanente Ausgestaltung des Inhalts des Rechts spricht.[589] Dieses systematische Argument ist wiederum auf die weiteren Schranken übertragbar. Denn obwohl der sechste Abschnitt die Überschrift „Schranken des Urheberrechts" trägt und die meisten Schranken freilich dort fixiert sind, ist eine ebensolche systematische Stellung keineswegs zwingend. Sonach ist § 17 II UrhG mit seiner Stellung außerhalb des sechsten Abschnitts nicht als systematische Ausnahme anzusehen. Ein dies belegendes Beispiel wäre, dass § 64 UrhG, der die Dauer des Urheberrechts anordnet und damit eine zeitliche Schranke des Urheberrechts verkörpert, im siebten Abschnitt vorordnet ist. Der Norm fehlt es gleich § 17 II UrhG an jeglichem personenspezifischen Tatbestandsmerkmal. Einzelfallunabhängig wird der Umfang des Urheberrechts von vornherein abstrakt-generell mit einer Dauer von 70 Jahren nach dem Tod des Urhebers festgelegt. Damit handelt es sich um eine immanente Begrenzung des subjektiven Rechts des Urhebers, wie selbst Vertreter der gesetzlichen Nutzungsrechtseinräumung anerkennen.[590] Immanente Schranken finden sich infolgedessen über das gesamte UrhG verteilt. Somit ist dem BVerfG zuzustimmen, wenn es postuliert, dass es sich allein „um eine Frage der Gesetzestechnik" handele, wenn das Gesetz das Verwertungsrecht zunächst umfassend formuliere, um dann eine Schranke, in dem ausgeurteilten Fall § 52 I UrhG a.F., an anderer Stelle zu normieren.[591]

Dass angesichts der Tiefe der zu § 17 II UrhG und § 64 UrhG gemachten Argumente selbst Vertreter der Ansicht, dass es sich bei den Schranken wenigstens teilweise um gesetzlich eingeräumte Nutzungsrechte handelt, anerkennen müssen, dass es immanente Begrenzungen des Urheberrechts gibt,[592] ist zugleich ein Argument dafür, in den übrigens Schranken ebenso keine Nutzungsrechte zu erblicken. Der Blick auf das gesamte System der Schranken spricht dafür, das Urheberrecht unabhängig von systematischen Stellungen von seiner Entstehung an als ein einheitliches Ganzes bestehend aus Rechten und Schranken zu verstehen. Eine solche Auslegung legt den Grundstein für ein vorzugswürdiges durchgängiges Verständnis aller Schrankenregelungen und hilft ansonsten anfallende Abgrenzungsschwierigkeiten[593] zu vermeiden. Infolge des einheitlichen systematischen Bilds ohne Abgrenzungsschwierigkeiten gilt für alle Schranken, dass sie keine Belastung

589 *Kukuk*, in: *Zollner/Fitzner*, FS W. Nordemann, S. 117, 119.

590 Vgl. *Zurth*, Nutzungsrechte, S. 133, 183.

591 BVerfGE 49, 382, 393 – Kirchenmusik. Dem ebenfalls zustimmend *Haß*, in: *Herbst*, FS Klaka, S. 127, 136; *Hohagen*, in: *Ohly/Bodewig/Dreier*, FS Schricker II, S. 353, 359; *Stieper*, Rechtfertigung der Schranken, S. 129 f.; a.A. *Zurth*, Nutzungsrechte, S. 109 ff.

592 Vgl. *Zurth*, Nutzungsrechte, S. 127 ff.

593 *Geiger*, GRUR Int. 2008, 459, 461.

eines umfassend und fortbestehend gedachten Ausschließlichkeitsrechts des Urhebers zugunsten eines gesetzlich berechtigten Nutzers sind.[594]

Selbst die systematische Stellung der §§ 44a ff. UrhG legt somit keine Nutzungsrechtseinräumung nahe.

bb) Vergleichbarkeit mit den rechtsgeschäftlichen Nutzungsrechten?

Zu fragen ist überdies, ob die Schrankenprivilegierungen in ihrem Wesen und damit in ihrer Struktur dem der vertraglichen Nutzungsrechte entsprechen. Eine Strukturgleichheit zu den rechtsgeschäftlich eingeräumten einfachen Nutzungsrechten wäre ein sehr starkes Argument für das Verständnis der Schranken als gesetzlich eingeräumte einfache Nutzungsrechte.

(i) Argumente für eine Vergleichbarkeit

Es gibt Gründe, aufgrund derer eine Vergleichbarkeit angenommen werden könnte. In der Literatur wird gemäß einer Mindermeinung in der Parallelerscheinung sogar das Hauptargument dafür gesehen, Schranken als gesetzliche Nutzungsrechte zu verstehen.[595] Zunächst werden die dementsprechenden Argumente vorgestellt.

Für eine Vergleichbarkeit spricht zunächst der Schutz einer Person nach spezifischen Voraussetzungen. Lizenzen werden einer einzelnen natürlichen oder juristischen Person in der im Lizenzvertrag ausgehandelten speziellen Form eingeräumt. Eine Schrankenregelung privilegiert eine natürliche oder juristische Person[596] für den Fall, dass gewisse sehr spezifische, auf bestimmte Personen zugeschnittene, nicht allgemein formulierte Tatbestandsmerkmale erfüllt werden. Aufgrund dieser Parallele könnte man überlegen, ob sich die gesetzlichen Begrenzungen nicht als gesetzliche einfache Nutzungsrechte qualifizieren lassen.[597]

So wie rechtsgeschäftliche Lizenzen ausdifferenziert ausgehandelt und vertraglich vereinbart werden können, ist jede Bestimmung des Schrankenkatalogs eine Einzelausnahme mit Geltung für nur einen durch die Tatbestandsmerkmale bestimmten und abgegrenzten Anwendungsbereich. Die Tatbestandsmerkmale, die die Schranke einer Lizenz vergleichbar spezifisch zuschneiden, können *Poeppel* folgend in drei Gruppen eingeteilt werden: Anforderungen können bestehen hinsichtlich der Eigenschaft des betroffenen Werks, des Kreis der berechtigten Nutzer

---

594 Vgl. *Hirsch-Ballin*, UFITA 1955/II, 274, 275.

595 Vgl. *Zurth*, Nutzungsrechte, S. 76 ff.

596 Wobei die reale Nutzungshandlung nur durch eine natürliche Person vorgenommen werden kann, die einer privilegierten Organisationseinheit zugerechnet werden können muss.

597 Vgl. *Zurth*, Nutzungsrechte, S. 88.

oder bezüglich der erfassten Nutzungshandlungen.[598] Um die Annahme des spezifischen Nutzerzuschnitts besser zu begründen, soll diese Klassifizierung ausführlicher dargestellt werden.

Der Kreis der erfassten Werkarten wird als Verwertungsbasis bezeichnet.[599] Einschränkungen können sich dadurch ergeben, dass wie beispielsweise in §§ 46 I, 51 S. 1, 52 I, II UrhG das Werk veröffentlicht (§ 6 I UrhG) oder erschienen (§ 6 II UrhG) sein muss. Teilweise werden nur bestimmte Werkarten oder Werkkategorien iSv § 2 I Nr. 1–7 UrhG erfasst. Das ist in §§ 46 I, 58, 59 I 2, II, 60e III UrhG der Fall. Den verwaisten Werken gemäß §§ 61 ff. UrhG wird ein ganzer Unterabschnitt gewidmet. Denkbar ist weiterhin, dass eine Bezugnahme auf bestimmte Quellen oder Medien notwendig ist. So betrifft § 47 UrhG nur Werke aus Schulfunksendungen, § 48 UrhG nur öffentliche Reden, § 49 I UrhG nur Rundfunkkommentare, Zeitungsartikel sowie mit ihnen im Zusammenhang veröffentlichte Abbildungen und Artikel aus anderen lediglich Tagesinteressen dienenden Informationsblättern, § 60e I, II, IV UrhG nur Werke aus dem Bestand oder der Ausstellung einer Bibliothek, § 60e V UrhG nur Werke aus Fachzeitschriften oder wissenschaftlichen Zeitschriften. § 60e I, II, IV UrhG gilt für Archive, Museen und Bildungseinrichtungen nach § 60f I UrhG entsprechend. Ebenfalls kann eine Anknüpfung an den Inhalt vorgenommen werden. Werke nach § 46 I UrhG müssen für eine Sammlung zum Gebrauch während religiöser Feierlichkeiten bestimmt sein, § 48 I Nr. 1 UrhG erfasst nur Reden über Tagesfragen, § 49 I UrhG Artikel, Kommentare und Abbildungen, die politische, wirtschaftliche oder religiöse Tagesfragen betreffen, § 50 UrhG die Berichterstattung über Tagesereignisse. Unter anderem nach solchen Kriterien können Anforderungen an die Eigenschaft des betroffenen Werks gestellt werden.

Die zweite Gruppe der Tatbestandsmerkmale bezieht sich auf die zur Verwertung berechtigten Personen oder Organisationseinheiten. Dieser Kreis muss nicht zwingend eingeschränkt sein. Exemplarisch kann jeder, sogar unabhängig von der Rechtsform, Veranstalter i.S.d. § 52 UrhG sein. Dennoch ist regelmäßig eine Begrenzung des Kreises der Privilegierten gegeben, beispielsweise nach § 45 II UrhG auf Gerichte und Behörden, nach § 47 UrhG auf gewisse Bildungseinrichtungen, nach § 55 UrhG auf Sendeunternehmen, nach § 56 UrhG auf bestimmte Geschäftsbetriebe, nach § 60 UrhG auf den Besteller eines Bildnisses oder den Abgebildeten. Im UrhWissG hat sich der Gesetzgeber ganz bewusst überwiegend an Institutionen als Normadressaten gewandt. So privilegiert § 60a UrhG Bildungseinrichtungen, § 60e UrhG Bibliotheken und § 60f UrhG Archive, Museen und Bildungseinrichtungen.

---

598 Ausführlich zur Typisierung der Tatbestandselemente urheberrechtlicher Schranken *Poeppel*, Neuordnung der Schranken, S. 39 f.; dem ebenfalls folgend *Förster*, Fair Use, S. 77.

599 Vgl. BT-Drs. 15/38, S. 18 f., 21 f.

Die letzte Gruppe der Tatbestandselemente qualifiziert die Verwertungshandlungen näher. Es werden die dadurch beschränkten Verwertungsrechte benannt und weitere Voraussetzungen postuliert. Die Norm kann beispielsweise verlangen, dass die Verwertung nur innerhalb einer bestimmten Werksammlung wie einer Sammlung für den religiösen Gebrauch nach § 46 UrhG oder in bestimmten Medien wie Unterrichts- und Lehrmedien nach § 60b UrhG zulässig ist. Vorgaben können weiterhin bezüglich der Verwertungstechnologie gemacht werden. Im Anwendungsbereich von § 53 II 1 UrhG sind nach § 53 II 2 UrhG nur Vervielfältigungen auf Papier oder einem ähnlichen Träger mittels beliebiger photomechanischer Verfahren oder Verfahren mit ähnlicher Wirkung und analoge Nutzungen zulässig.[600] § 60d UrhG verlangt eine automatisierte Verwertung.

Die häufigste Voraussetzung dabei ist hingegen die Verbindung mit einer bestimmten Ziel- oder Zweckvorgabe. § 45 I UrhG erfasst nur Handlungen zur Verwendung in Verfahren vor einem Gericht, einem Schiedsgericht oder einer Behörde. § 45a I UrhG setzt die spätere Zugänglichmachung des Werks für einen behinderten Menschen voraus. § 51 UrhG privilegiert nur zum Zweck des Zitats und § 56 UrhG zur Vorführung eines Kunden oder der Instandsetzung eines Geräts. Im UrhWissG ist stets eine Zweckverknüpfung notwendig. § 60a UrhG erfasst nur Handlungen zur Veranschaulichung des Unterrichts und der Lehre, § 60b UrhG zur Herstellung von Unterrichts- und Lehrmedien, § 60c UrhG und § 60d UrhG zur wissenschaftlichen Forschung, §§ 60e I, 60f I UrhG zur öffentlichen Zugänglichmachung, Indexierung, Katalogisierung, Erhaltung und Restaurierung, §§ 60e II, 60f I UrhG zur Restaurierung, §§ 60e IV, 60f I UrhG zur Forschung oder privaten Studie und § 60g II UrhG zur Aufnahme als Archivgut in den Bestand.

Mit diesen Beispielen sollen die §§ 44a ff. UrhG nicht abschließend und vollumfänglich auf die These *Poeppels* hin untersucht werden, sondern eine wesentliche Gemeinsamkeit verdeutlich werden. Denn bis auf die erste Gruppe, die an das Werk anknüpft, steht ansonsten der Nutzer im Mittelpunkt der Tatbestandsmerkmale. Er gehört nach seinen subjektiven Voraussetzungen zu dem Kreis der Berechtigten. Es kommt auf seine Mittel der Verwertung, seine Techniken und Technologien an. Subjektiv spielen seine Absichten eine entscheidende Rolle. Dieser persönliche Zuschnitt könnte für den Willen einer subjektiven Rechtseinräumung sprechen.[601]

Analog schützen Lizenz und Schranke vor den Verbotsansprüchen des Urhebers, der die jeweilige Nutzungshandlung nicht verbieten kann. Daraus ergibt sich ein weiteres Argument für die Vergleichbarkeit, an das sich unmittelbar das nächste anschließt. Denn beide beschränken grundsätzlich nur Verwertungsrechte, nicht das Urheberrecht mit all seinen sonstigen Befugnissen als solches. Insbesondere bleibt in beiden Situationen das Urheberpersönlichkeitsrecht unangetastet.[602] Dem

---

600 Zurückgehend auf Art. 5 II a) InfoSoc-RL.

601 So *Zurth*, Nutzungsrechte, S. 90.

602 *Dreyer*, in: *Dreyer/Kotthoff*, UrhR, Vor §§ 44a ff., Rn. 59.

wird in Bezug auf Schrankenregelungen durch das Änderungsverbot des § 62 UrhG und der Pflicht zur Quellenangabe nach § 63 UrhG Rechnung getragen. Daran hat sich durch die InfoSoc-RL nichts geändert, die die Urheberpersönlichkeitsrechte in ihrem Erwägungsgrund 19 S. 2 ausdrücklich von ihrem Anwendungsbereich ausschließt. Die geringere Einschränkungsmöglichkeit des Urheberpersönlichkeitsrechts insbesondere im Wissenschaftsbereich liegt darin begründet, dass dort nicht nur das Persönlichkeitsrecht einschlägig ist, sondern die „persönliche Rechtsbeziehung zwischen schöpferischer Leistung und Urheber (...) vorrangig von der Garantie der Kunst- und Wissenschaftsfreiheit (Art. 5 Abs. 3 GG), erst danach auch von der Eigentumsgarantie (Art. 14 GG) geschützt" wird; daher „sind dem Gesetzgeber deutlich engere Grenzen gesetzt als im Anwendungsbereich des Art. 14 GG."[603]

Die Beschränkungen durch eine Schranke könnten zusätzlich in ihren Auswirkungen mit denen eines einfachen Nutzungsrechts vergleichbar sein, weil das positive Verwertungsrecht des Urhebers erhalten bleibt. Er kann unbeschränkt rechtsgeschäftlich Lizenzen einräumen, nur dass er sie nicht so vergeben kann, dass die Nutzung des Privilegierten beziehungsweise des einfachen Rechtsinhabers ausgeschlossen wäre.

Die letzte Parallele könnte in der zeitlich nach der Schöpfung gelagerten Entstehung des Nutzerschutzes liegen. Während § 1 UrhG festlegt, dass Werke Schutz nach Maßgabe dieses Gesetzes erhalten, kann festgestellt werden, dass zum Zeitpunkt der Werkschöpfung nicht bekannt ist, ob und wenn wann ein Privilegierter im konkreten Einzelfall von der Möglichkeit, das Werk zu nutzen, Gebrauch macht. Hierin könnte man eine weitere Parallele zu den rechtsgeschäftlichen Nutzungsrechten erkennen, weil das Urheberrecht ursprünglich nicht in dem Umfang gewährt wird, wie später Lizenzen verteilt werden. Möglicherweise wird von den gesetzlichen Nutzungsmöglichkeiten niemals Gebrauch gemacht werden. Dem Anschein nach kann das Gesetz in den §§ 44a ff. UrhG aufgrund dieser Ungewissheit das Recht nicht allgemein ausstatten. Man könnte nämlich den Sinn dahinter anzweifeln, eine Handlung stets von den Verwertungsrechten des Urhebers auszuschließen, obwohl kein Nutzer sie jemals durchführen wird.[604]

Vergleichbar dazu ist im Zeitpunkt der Werkschöpfung nicht klar, ob zukünftig einfache Nutzungsrechte eingeräumt werden und ob der Nutzer die lizenzierte Handlung durchführen wird. Ihre Vergabe steht zum Zeitpunkt der Rechtsentstehung, also der Werkschöpfung, mit Ausnahme der Fälle des § 40 UrhG genauso wenig fest wie die Erfüllung der Schrankentatbestände durch Dritte. In beiden Fällen ist also der zukünftige Eintritt gewisser Ereignisse Voraussetzung.

Zusammenfassend könnte man also eine Vergleichbarkeit von einfachen rechtsgeschäftlichen Nutzungsrechten mit den Schranken aufgrund fünf wesentlicher gemeinsamer Eigenschaften annehmen. Die fünf gemeinsamen Eigenschaften sind

603 *Kirchhof*, in: *Fürst/Herzog/Umbach*, FS Zeidler II, S. 1639, 1653 f.

604 So *Zurth*, Nutzungsrechte, S. 90.

demnach der Schutz einer einzelnen Person nach auf diese zugeschnittenen, spezifischen Voraussetzungen (1) vor den Verbotsrechten des Schutzrechtinhabers (2), die aus einem Verwertungsrecht und nicht einem Urheberpersönlichkeitsrecht fließen (3), ohne ein Ausschließlichkeitsrecht zu verleihen (4) sowie die zeitlich nach der Werkschöpfung gelagerte Entstehung des Schutzes (5).[605] Den großen Unterschied stellt freilich die Form der Rechtsverleihung dar. Das Recht würde als gesetzliches und nicht rechtsgeschäftliches Nutzungsrecht entstehen, ansonsten indes eine Parallelerscheinung beinhalten.

(ii) Argumente gegen eine Vergleichbarkeit

Während eine Vergleichbarkeit der gesetzlichen Nutzungserlaubnisse mit rechtsgeschäftlichen Nutzungsrechten dafürsprechen würde, in Schranken gesetzliche Nutzungsrechtseinräumungen zu erblicken, sprechen gute Gründe dagegen, eine Vergleichbarkeit überhaupt anzunehmen.

Vorsicht sollte bei einer diesbezüglichen Auslegung walten gelassen werden, sich von eigenpersönlichen Zielvorstellungen bezüglich des Auslegungsergebnisses zu weitreichend treiben zu lassen. Erhöhte Flexibilität zum Beispiel mag angesichts der rasanten Veränderungen im digitalen Zeitalter ein Ziel sein, für das vielfältige Bedürfnisse streiten. Man möge vorschlagen, es als Zielsetzung einer Neuregelung de lege ferenda zugrunde zu legen. Daraus ergibt sich allerdings keine Rechtfertigung, es der alten Gesetzeslage zu überstülpen.[606] Es kommt demnach auf eine präzise Auslegung des Bestehenden an. Man muss in derer Begründung unterscheiden, was die im Gesetz angelegten Argumente für die eine oder andere Theorie und was die Konsequenzen aus der Annahme der einen oder anderen Theorie sind.

Nur wenn man die Annahme eines gesetzlichen Nutzungsrechts zugrunde legt, schützen die Schranken vor dem Verbotsrecht des Urhebers (2). Denn unter der Annahme immanenter Grenzen sind die Handlungen zu keinem Zeitpunkt vom Recht des Urhebers erfasst, sodass zugleich kein Schutz vor seinem Verbotsrecht vorliegen kann. Ansonsten müsste man jedwede Handlung, die nicht vom Urheberrecht erfasst wird, als vor dem Verbotsrecht des Urhebers geschützt ansehen. Nur wenn man die Annahme eines gesetzlichen Nutzungsrechts zugrunde legt, können die Schranken sich gleichsam den lizenzrechtlichen Nutzungsrechten nur auf die Verwertungsrechte beziehen (3). Denn unter der Annahme immanenter Grenzen sind die Handlungen zu keinem Zeitpunkt vom Verwertungsrecht des Urhebers erfasst, sodass die Schranken gleichfalls nicht die Verwertungsrechte betreffen können. Das Bestehen eines Verwertungsrechts ist Voraussetzung für die Einräumung eines Nutzungsrechts, weil dieses nur einen den Verwertungsrechten

---

605 So das Hauptargument von *Zurth*, Nutzungsrechte, S. 91. *Schack*, Urheberrecht, Rn. 511 bezeichnet die Ausführungen als „im Kern verfehlt".

606 So aber *Zurth*, Nutzungsrechte, S. 117 ff.

innewohnenden Inhalt haben kann, woraus die Bezeichnung als „gebundene Rechte“ folgt.[607] Das bedeutet, dass zumindest für eine logische Sekunde das ausschließliche Verwertungsrecht dem Urheber uneingeschränkt zugewiesen sein müsste, als dass es dann in einem zweiten Schritt mit dem Recht des privilegierten Nutzers belastet werden kann. Die Konstruktion eines an das Mutterrecht gebundenen Nutzungsrechts erscheint indes mit der Konstruktion der Schrankenregelungen als gesetzliche Nutzungsrechtseinräumung nicht kompatibel.[608] Für die von einer Schranke erlaubten Nutzungen bedarf es keiner besonderen Bindung der Rechtsstellung des Nutzers an das Mutterrecht des Urhebers, weil der Umfang der zulässigen Nutzungshandlung vom Gesetz in den Schrankenregelungen im Einzelnen festgelegt wird. Diese Privilegierungen können nicht wie rechtsgeschäftliche Nutzungsrechte erlöschen. Während das Bedürfnis nach dem Wiederaufleben des Urheberrechts die Annahme gebundener Rechte i.S.d. § 31 UrhG rechtfertigt, ist dieser Gedanke folglich nicht auf die Schranken übertragbar.

Unzulässig ist an dieser Stelle im Übrigen ein Verweis auf § 40 UrhG und damit darauf, dass dem UrhG das zeitgleiche Entstehen von Vollrecht und Nutzungsrecht nicht unbekannt ist.[609] § 40 UrhG regelt die Zulässigkeit rechtsgeschäftlicher Nutzungsrechtseinräumung an einem künftigen Werk. In der vorliegenden Problematik geht es dagegen nicht um die urhebervertragsrechtliche Frage, ob das Vollrecht zu dem Zeitpunkt seines Entstehens bereits belastet werden kann oder nicht, sondern darum, in welchem schutzrechtlichen Umfang das Vollrecht gesetzlich entsteht. Wenn Handlungen zu keinem Zeitpunkt dem Vollrecht zuordbar sind, kann § 40 UrhG nicht darüber hinweghelfen.

Die Parallelität von rechtsgeschäftlichem Nutzungsrecht und Schrankenprivilegierung ist somit ein Scheinargument, weil sie lediglich die Konsequenz der Außentheorie darstellt und nicht ihre Begründung. Allein wenn man sich der Außentheorie bereits angeschlossen hat, ergibt sich der Gleichklang in all den fünf aufgezählten angeblich wesentlichen Eigenschaften. Folglich stellt der oben aufgeführte Vergleich einen Zirkelschluss dar. In Wahrheit handelt es sich nicht bei allen fünf um Eigenschaften, sondern um Auswirkung des Zuspruchs zu einer gewissen Konstruktionsidee.

Nur wenn man die Annahme eines gesetzlichen Nutzungsrechts zugrunde legt, kann die Privilegierung mit der nachgelagerten Erfüllung des Tatbestands entstehen (5). Denn unter der Annahme immanenter Grenzen entsteht die Privilegierung gleichgelagert mit der Werkschöpfung. Dafür spricht vor allem § 1 UrhG, nach dem der Urheber Schutz nach Maßgabe dieses Gesetzes genießt. Dann muss das Urheberrecht durch einen einheitlichen gesetzgeberischen Akt gewährt werden,

607 *Forkel*, Gebundene Rechtsübertragungen, S. 132 ff.; *Rehbinder/Peukert*, Urheberrecht, Rn. 839.

608 Vgl. *Stieper*, Rechtfertigung der Schranken, S. 129.

609 Gegen *Zurth*, Nutzungsrecht, S. 123.

der alle Normen des Gesetzes gleichsam beinhaltet.[610] Nicht nur der 4. Abschnitt des 1. Teils des Gesetzes, sondern gleichfalls der 6. Abschnitt würden in einer Art Zusammenspiel oder Wechselwirkung dann gemeinsam den Rechtsinhalt bestimmen. Um das Beispiel der Privatkopie aufzuführen, ist es zutreffend, dass ein konkretes Werk möglicherweise nie privat iSv § 53 UrhG vervielfältigt wird. Daraus kann dennoch nicht geschlussfolgert werden, dass die private Nutzungshandlung von der Rechtsentstehung an bis zur möglicherweise erfolgenden Nutzung vom Umfang des Vervielfältigungsrechts umfasst ist. Ein Schutz nach Maßgabe dieses Gesetzes bedeutet, dass die Verwertungsrechte vom Zeitpunkt der Werkschöpfung an mit den gesetzlich vorgesehenen Einschränkungen belegt sind.[611] Mit dem Akt der Schöpfung wächst dem Urheber das Urheberrecht originär zu und gewährt ihm insoweit Schutz, wie das Urheberrecht ihn konstituiert. Was a priori nicht existiert, kann ihm demgemäß nicht zuwachsen.

So verhält es sich mit den gesetzlichen Nutzungsprivilegierungen wie beispielsweise § 53 I 1 UrhG. Jedem Urheber steht zu keinem Zeitpunkt ein Vervielfältigungsrecht zu, das die Vervielfältigung eines Werks durch eine natürliche Person zum privaten Gebrauch auf beliebigen Trägern, sofern sie weder unmittelbar noch mittelbar Erwerbszwecken dient, soweit nicht eine offensichtlich rechtwidrig hergestellte oder öffentlich zugänglich gemachte Vorlage verwendet wird, umfasst. Das ist unabhängig davon, ob die beschriebene Handlung jemals ausgeführt wird oder nicht.

Der Vergleich von gesetzlicher Nutzungserlaubnis und rechtsgeschäftlichem Nutzungsrecht offenbart weitere Schwächen. So zeigt die oben aufgeführte erste Gruppe von Schrankentatbestandselementen, dass die Schrankentatbestandsmerkmale über einen spezifischen Personenzuschnitt (1) hinausgehen können.

Zusätzlich ist es nicht zutreffend, dass Schranken das Urheberpersönlichkeitsrecht nicht beschränken können. Dass lediglich eine Bezugnahme auf die Verwertungsrechte angestrebt ist, ergibt sich zumeist zwar bereits aus der tatbestandlichen Begrenzung des Anwendungsbereichs der Schranke auf einzelne, meist an den §§ 15 ff. UrhG orientierte Verwertungshandlungen (3). Das ist indessen nicht immer der Fall. Als Beispiel mag das Veröffentlichungsrecht (§ 12 I UrhG) dienen. Ein Schrankenprivilegierter darf grundsätzlich nur bereits veröffentlichte bzw. erschienene Werke iSv § 6 UrhG verwenden.[612] Im UrhWissG beispielsweise erlaubt § 60a I UrhG die Vervielfältigung, Verbreitung und öffentliche Wiedergabe zur Veranschaulichung des Unterrichts oder der Lehre an Bildungseinrichtungen zu nicht kommerziellen Zwecken und § 60b I UrhG unter Einschränkung der gleichen

610 *Haß*, in: *Herbst*, FS Klaka, S. 127, 133; *Melichar*, Wahrnehmung von Urheberrechten, S. 13; *Rossbach*, Vergütungsansprüche, S. 80.

611 *Herter*, Geistiges Eigentum und gesetzliche Lizenz, S. 82; *Hohagen*, in: *Ohly/Bodewig/Dreier*, FS Schricker II, S. 353, 359; *Stieper*, Rechtfertigung der Schranken, S. 131.

612 Vgl. *Ulmer*, in: *Forkel/Kraft*, FS Hubmann, S. 435, 443.

Verwertungsrechte eine Verwendung zur Herstellung von Unterrichts- und Lehrmedien von bis zu 15 % bzw. 10 % eines Werks, welches jeweils ausdrücklich bereits veröffentlicht sein muss. Obschon nicht alle Schrankenvorschriften bereits normtextlich voraussetzen, dass es sich um ein veröffentlichtes oder erschienenes Werk handeln muss, ergibt sich diese Voraussetzung aufgrund anderer Tatbestandsmerkmale im Regelfall bereits „aus der Natur der Sache“.[613] Beispielhaft ermöglicht § 49 UrhG die Vervielfältigung und Verbreitung einzelner Rundfunkkommentare und Zeitungsartikel in anderen Zeitungen und Informationsblättern. Das setzt gedankenlogisch eine bereits erfolgte öffentliche Wiedergabe oder Verbreitung in den anderen Zeitungen oder Informationsblättern voraus. Indes gibt es diesbezügliche Abweichungen.[614] Als Beispiel dafür dient § 45 UrhG. Die Norm ermöglicht zum Zweck der Rechtspflege und der öffentlichen Sicherheit insoweit einen Eingriff in das Urheberpersönlichkeitsrecht, als dass unter Abweichung von § 12 I UrhG eine Benutzung unveröffentlichter Werke unbestrittenermaßen zulässig ist.[615] Bei dieser Norm unterliegt die Verwertungsbasis keinerlei Einschränkung.[616] Sollte es notwendig sein, erlaubt die Schrankenregelung in ihren Grenzen die Vervielfältigung, Verbreitung, öffentliche Ausstellung und öffentliche Wiedergabe selbst unveröffentlichter Werke. Hier wird mithin durch eine Schranke das Urheberpersönlichkeitsrecht eingeschränkt. Dabei handelt es sich um keinen Einzelfall.[617] In einer aktuellen Entscheidung rechtfertigt der BGH einen Eingriff in das Erstveröffentlichungsrecht gemäß § 12 I UrhG mit der Schrankenregelung des § 50 UrhG.[618] Es entspricht somit der höchstrichterlichen Rechtsprechung, Schrankenbestimmungen nicht nur auf Verwertungsrechte, sondern explizit auf Urheberpersönlichkeitsrechte gleichermaßen zu erstrecken.

In Konsequenz der Argumente kann kein überzeugender Vergleich zwischen Schrankenprivilegierungen und rechtsgeschäftlichen Nutzungsrechten gesehen werden, der eine Schlussfolgerung auf die Rechtsnatur der Schranken als gesetzliche Nutzungsrechte zulässt.

---

613 *Ulmer*, Urheber- und Verlagsrecht, S. 296.

614 Siehe dazu bereits C I 1.

615 *Dreier*, in: *Dreier/Schulze*, UrhG, § 45, Rn. 8; *Lüft*, in: *Wandtke/Bullinger*, UrhR, § 45, Rn. 4, 5; *Melichar/Stieper*, in: *Schricker/Loewenheim*, UrhR, § 45, Rn. 13; ausführlich OLG Frankfurt a.M. NJW-RR 2000, 119, 119 ff.; ungenau daher *Dreyer*, in: *Dreyer/Kotthoff*, UrhR, Vor §§ 44a ff., Rn. 59.

616 *Förster*, Fair Use, S. 77.

617 Entgegen *Schack*, Urheberrecht, Rn. 90.

618 BGH GRUR 2020, 853, 858 f., Rn. 63 – Afghanistan Papiere II; entgegen *Hoeren/Düwel*, MMR 2019, 666, 667.

cc) Vergütungsansprüche als Argument?

Allen Schrankenregelungen ist gemein, dass die zulässige Nutzungshandlung erlaubnisfrei ist. Das bedeutet allerdings nicht, dass sie stets vergütungsfrei ist. Beispielsweise bestimmt § 60h I 1 UrhG, dass alle gesetzlich erlaubten Nutzungen für Unterricht, Wissenschaft und Institutionen gemäß §§ 60a ff. UrhG mit Ausnahme der Fälle des § 60h II UrhG vergütungspflichtig sind. Es besteht mithin ein gesetzlicher Zahlungsanspruch. Es ist zu hinterfragen, welche Funktion den gesetzlichen Vergütungsansprüchen zukommt. Der gesetzliche Zahlungsanspruch könnte nach seinem Sinn und Zweck als Gegenleistung für ein gesetzliches Nutzungsrecht zu verstehen sein. Möglicherweise ließe er sich auch als Surrogat des Verbotsrechts oder als Abschwächung (Minus) des Verwertungsrechts interpretieren. Dann könnten die Vergütungsansprüche die Rechtsnatur der Verwertungsrechte teilen, sodass eine Rechtseinräumung aufgrund der abgeschwächten, aber dennoch positiven Befugnis möglich wäre. Daraus würde folgen, dass für vergütungspflichtige Nutzungserlaubnisse eine andere Bewertung ihrer Rechtsnatur erforderlich ist.

(i) Argumente für abgeschwächte Verwertungsrechte

In der Literatur wird die Ansicht, dass die Vergütungsansprüche eine Abschwächung der Verwertungsrechte sein, zuweilen vertreten.[619] Begründet wird das mit der Terminologie, weil sich für vergütungspflichtige Schranken die Bezeichnung als „gesetzliche Lizenz" überaus weit verbreitet durchgesetzt hat.[620] Lizenzen sind eingeräumte Nutzungsrechte. Hinter dem Begriff gesetzliche Lizenz verbirgt sich demnach gedanklich die Vorstellung, dass die Nutzungserlaubnis gegen Entgelt des von der Schranke Begünstigten vergleichbar einer vertraglichen Lizenz auf einer gesetzlichen Nutzungsrechtseinräumung beruht. Gestützt wird diese Vorstellung von einem einfach verständlichen Bild: Einem Dritter ist es erlaubt, ein urheberrechtlich relevante Nutzungshandlung gegen Entgelt vorzunehmen, wenn er ein Nutzungsrecht durch Vertrag oder Gesetz eingeräumt bekommen hat.

Damit wird den Schranken und den Nutzungsrechten eine gleiche Wirkung zugesprochen, wodurch ein einfacher Zugang zum Schrankenverständnis ermöglich wird. Das erhöht plastisch seine Verständlichkeit.

---

619 Vgl. *Küfner*, Vergütungsansprüche des Urhebers, S. 116; *Ulmer*, Urheber- und Verlagsrecht, S. 293.

620 So unter sehr vielen *Ulmer*, Urheber- und Verlagsrecht, S. 293. Selbst im internationalen Urheberrecht wie beispielsweise im englischen Recht ist für vergütungspflichtige Schrankenregelungen der Begriff der gesetzlichen Lizenz („statutory licensing") gebräuchlich. Der gesetzlichen Lizenz nach englischem Vorbild hat sich der RegE zum UrhG teilweise mit seinen Schrankenbestimmungen ausdrücklich nachzugestalten versucht, vgl. BT-Drs. IV/270, S. 77.

Neben dem Sprachgebrauch und der Anschaulichkeit besteht eine Vergleichbarkeit, die die Befürwortung der Annahme einer gesetzlichen Lizenz unterstützt. Es fehlt jeweils an einer Verknüpfung zwischen Erlaubnis und Verstoß gegen die Vergütungspflicht. Im Zusammenhang mit der rechtsgeschäftlichen Verfügung ist innerhalb des Lizenzvertrags die schuldrechtliche Vereinbarung von der urheberrechtlichen zu trennen. Der schuldrechtliche Verstoß gegen die Zahlungspflicht begründet keinen urheberrechtlichen Verstoß gegen das verfügte Recht, weil es dem Nutzer wirksam eingeräumt worden ist. In Bezug auf die Nutzungsprivilegierungen ist die Erlaubnis nicht minder von dem Zahlungspflichtverstoß zu trennen. Wenn der Schuldner seiner gesetzlichen Zahlungspflicht nicht nachkommt, ist das gleichermaßen ohne Auswirkung auf die Rechtmäßigkeit der Nutzungshandlung.[621] Dafür, dass die Vergütungsansprüche die Rechtsnatur der Verwertungsrechte teilen, besteht als weiteres Argument die zusätzliche Gemeinsamkeit, dass der Urheber auf das die Verwertungsrechte umfassende Urheberrecht sowie auf die gesetzlichen Vergütungsansprüche nach § 63a S. 1 UrhG nicht im Voraus verzichten kann.

(ii) Argumente gegen abgeschwächte Verwertungsrechte

Entgegen der bisherigen Argumentation sollte man bei dem Umgang mit Begrifflichkeiten, die lediglich dazu dienen, einen Sachverhalt allgemein verständlich oder plastisch vorstellbar zu machen, vorsichtig sein. Es ist fraglich, ob ein Begriff nur aufgrund seiner Gebräuchlichkeit oder simplen Nachvollziehbarkeit schon geeignet ist, die dogmatische Tiefe der Konstruktion zu erklären. Denkbar wäre in Anschluss an das bisherige Untersuchungsergebnis ebenso, dass die Handlung a priori nie vom Verbotsrecht erfasst worden ist. Eine Nutzungserlaubnis muss einem dann nicht mehr positiv eingeräumt werden, weder durch Rechtsgeschäft noch durch Gesetz. Sodann wäre die vermeintlich gesetzliche Lizenz lediglich eine rechtliche Freiheit und keine Rechtseinräumung. Verschiedene und im Nachfolgenden aufzuführende Argumente sprechen nämlich gegen die Annahme einer Rechtsabschwächung durch die gesetzlichen Vergütungsansprüche.

Als erstes Gegenargument kann die Rechtsnatur der Verwertungsrechte angeführt werden. Denn sie ist nicht vergleichbar mit der des Vergütungsanspruchs. Es stellt eine unzulässige Simplifizierung dar, wenn man die bestehenden Unterschiede damit abtut, dass die sich nun einmal daraus ergeben, dass die eine Einräumung rechtsgeschäftlich und die andere gesetzlich erfolgen.[622] Nachfolgend soll die Unvergleichbarkeit belegt werden.

Das umfassende Urheberrecht ist ausschließlich. Als eines seiner Bestandteile sind damit die Verwertungsrechte ebenfalls ausschließlich.[623] Anders könnte der

621 *Melichar*, Wahrnehmung von Urheberrechten, S. 13.
622 So *Zurth*, Nutzungsrechte, S. 92.
623 *Wiebe*, in: *Spindler/Schuster*, UrhG, § 15, Rn. 3.

Urheber nicht die Kontrolle über die Werkverwertung ausüben, wodurch ihm die Möglichkeit der angemessenen Vergütung verloren gehen würde. Gegen Verletzungen seines Rechts kann er sich nach § 97 UrhG wehren. Im Gegensatz dazu legt das Gesetz nicht nur fest, welche Handlungen zustimmungsfrei sind, sondern desgleichen wann und in welcher Höhe ein Vergütungsanspruch zu zahlen ist.[624] Angesichts der detaillierten Regelungen kann nicht mehr von einer Kontrollmöglichkeit des Urhebers ausgegangen werden. Er muss die Nutzungsmöglichkeiten aller hinnehmen und erhält allein die Vergütung in gesetzlich vorgesehener Höhe. Weiterhin kann er sich nicht gegen Verletzungen seiner Vergütungsansprüche nach § 97 UrhG wehren.[625] Denn Vergütungsansprüche wirken nicht absolut, sondern einzig gegen den Schuldner, der die konkrete Nutzungshandlung ausgeübt hat. Ausschließlichen Rechten wie den Verwertungsrechten ist hingegen wesentlich das Merkmal der Drittbezogenheit gegeben.[626] Mit der Verwirklichung des Tatbestands entsteht der Vergütungsanspruch allerdings lediglich gegenüber dem konkret Nutzenden, nicht gegenüber jedem potentiell zur Nutzung berechtigten Dritten.[627] Von der Werkschöpfung bis zur Anspruchsentstehung durch vollständige Tatbestandsverwirklichung bestehen nur Anwartschaften auf die Vergütungsansprüche.[628] Ist der Anspruch entstanden, kann an ihm anders als am Verwertungsrecht kein Nutzungsrecht eingeräumt werden.[629]

Insoweit konnten bereits konkrete Unterschiede in der Rechtsnatur der Verwertungsrechte und der gesetzlichen Vergütungsansprüche aufgezeigt werden. Überdies lassen sich die dargelegten Argumente für eine geteilte Rechtsnatur aufgrund von vermeintlichen Gemeinsamkeiten entkräften.

Die Unmöglichkeit des Verzichts auf gesetzliche Vergütungsansprüche im Voraus nach § 63a S. 1 UrhG liegt nicht in einer Vergleichbarkeit zu der Natur der Verwertungsrechte begründet. Sie beruht einerseits darauf, dass aufgrund der

---

624 Vgl. §§ 54 ff. UrhG.

625 *Rossbach*, Vergütungsansprüche, S. 79 f.

626 *v. Diemar*, GRUR 2002, 587, 587.

627 a.A. *Hauptmann*, Die Vergesellschaftung des Urheberrechts, S. 89, der davon ausgeht, dass das Ausschließungsrecht nicht den Wesenskern eines ausschließlichen Rechts ausmacht, sondern seine Drittbezogenheit. Diese sieht er bei den urheberrechtlichen Vergütungsansprüchen gegeben, weil sie gegenüber jedem potenziellen Nutzer bestehen sollen. Damit sind sie für ihn absolute und ausschließliche Rechte. Der Vergütungsanspruch übernehme die Funktion des Verbotsrechts, was er daher nicht aufhebe, sondern lediglich die individuelle Verhandlungsmacht unter weiterhin umfassender Zuweisung des Rechts an den Urheber beschränke. So wird die Auffassung vom gesetzlichen Vergütungsanspruch als „ausschließliches Recht ohne Ausschließungsbefugnis" begründet.

628 Vgl. *Küfner*, Vergütungsansprüche des Urhebers, S. 89 f.

629 *Rossbach*, Vergütungsansprüche, S. 80.

Ausgliederung der Nutzungshandlung aus dem Schutzbereich des Urheberrechts von Anfang an keine Einwilligung in die Handlung möglich ist.[630] Der zweite Grund ist der sonst entstehende Widerspruch gegenüber Sinn und Zweck des Systems der gesetzlichen Vergütungsansprüche. Es stellt gerade die Funktion des Anspruchs dar, eine Vergütung des Urhebers zu gewährleisten, obwohl ihm kein Verbotsrecht zusteht.[631] Der Hintergrund von § 63a S. 1 UrhG ist damit nicht vergleichbar zu den Gründen der Unverzichtbarkeit des monistischen Urheberrechts als Ganzes,[632] welches gemäß § 29 I UrhG nicht einmal übertragen werden kann.

Ungeachtet der eigenen Auffassung zur Verzichtbarkeit der Verwertungsrechte[633] ist offensichtlich, dass die Gründe des § 63a S. 1 UrhG hier nicht analog aufgeführt werden können. Vielmehr bestehen in Bezug auf den Verzicht von Vergütungsanspruch und Urheberrecht gleichermaßen relevante Unterschiede. So ist zu beachten, dass nach der Entstehung des Anspruchs der Urheber weiß, worauf er verzichtet. Daher ist er nicht mehr vor sich selbst schutzbedürftig. Folglich hat er es in der Hand, entstandene Ansprüche durch Verzicht verfallen zu lassen.[634] Neben dem Verzicht steht es ihm ebenfalls offen, frei zugunsten Dritter verfügen zu können.[635] Denn während das Urheberrecht unverzichtbar, unübertragbar und bei Nutzungsrechten nur eine gebundene Rechtseinräumung möglich ist, sind Vergütungsansprüche als schlicht auf Zahlung gerichtete schuldrechtliche Forderungen grundsätzlich frei und zwar translativ nach §§ 389 ff. BGB abtretbar.[636] Denn

630 *Stieper*, Rechtfertigung der Schranken, S. 140 f., 201.

631 Vgl. EuGH GRUR 2012, 489, 494, Rn. 106 – Luksan/van der Let.

632 Allgemeine Ansicht, siehe *Hoche*, in: *Wandtke/Bullinger*, UrhR, § 29, Rn. 15 mwN.

633 Vgl. zum Streitstand *Hoche*, in: *Wandtke/Bullinger*, UrhR, § 29, Rn. 18 mwN.

634 *Bullinger*, in: *Wandtke/Bullinger*, UrhR, § 63a, Rn. 6.

635 *Lüft*, in: *Wandtke/Bullinger*, UrhR, § 54, Rn. 8; *Schulze*, in: *Dreier/Schulze*, UrhG, § 63a, Rn. 7, 10;
a.A. *Bullinger*, in: *Wandtke/Bullinger*, UrhR, § 63a, Rn. 7 f., der im Umkehrschluss mit der Systematik der Norm unter Verweis auf § 63a S. 2 UrhG argumentiert. Siehe zur möglichen europarechtlichen Unzulässigkeit von § 63a S. 2 UrhG *Flechsig*, ZUM 2012, 855, 865 unter Berufung auf EuGH GRUR 2012, 489 – Luksan/van der Let.

636 *v. Diemar*, GRUR 2002, 587, 588; *Schack*, Urheberrecht, Rn. 477; ausführlich *Rossbach*, Vergütungsansprüche, S. 117 ff. Das steht auch nicht im Widerspruch zu § 29 I UrhG. Die herrschende Meinung argumentiert mit einer den Vergütungsansprüchen im Sinn eines Stammrechts zugrunde liegenden Vergütungsbefugnis, die dem Urheber verbleibe, während die Vergütungsansprüche abgetreten werden, weil dieser Vorgang seiner wirtschaftlichen Tragweite nach der Einräumung von Nutzungsrechten gleich zu erachten sei, vgl. *Forkel*, Gebundene Rechtsübertragungen, S. 214 ff.; *Küfner*, Vergütungsansprüche des Urhebers, S. 98 f.; *Rossbach*, Vergütungsansprüche, S. 84; *Ulmer*, Urheber- und Verlagsrecht, S. 282; ablehnend *v. Diemar*, GRUR 2002, 587, 588 ff.; *Schack*, Urheberrecht, Rn. 478. Auf diesen Streit braucht für die folgenden Ausführungen indessen nicht näher eingegangen werden, da für den Vergleich

durch die privilegierte Nutzungshandlung entsteht ein gesetzliches Schuldverhältnis, auf das die Bestimmungen des 2. Buchs des BGB anwendbar sind. Obgleich häufig der Fall (vgl. §§ 823 ff. BGB) ist ein unrechtmäßiges Eingreifen in die Rechtsphäre eines anderen nicht notwendige Voraussetzung für das Entstehen eines auf Zahlung gerichteten gesetzlichen Schuldverhältnisses. Durch die rechtmäßige Nutzungshandlung, also durch einen Realakt ohne weitere Rechtshandlung, wird man zum Schuldner des Rechtsinhabers an dem benutzten Werk.

Im übertragbaren Vergütungsanspruch sind somit wesentliche Merkmale des Verwertungsrechts nicht enthalten. Daher spricht schon die Rechtsnatur gegen die Annahme eines Surrogats.

Verstärkt wird die ablehnende Haltung gegenüber der Annahme von Vergütungsansprüchen als Abschwächung oder Surrogat der Verwertungsrechte durch den Zeitpunkt der Rechtsentstehung. Das Urheberrecht entsteht durch die Werkschöpfung. In der logischen Sekunde des Zeitpunkts der Werkschöpfung können jedoch keine Vergütungsansprüche gewährt sein, weil deren Tatbestandsvoraussetzungen erst erfüllt werden müssen. Anders gesagt muss der privilegierte Nutzer erst nutzen, als dass ein Schuldverhältnis entstehen kann. Indes bestimmt § 1 UrhG, dass Schutz nach Maßgabe dieses Gesetzes gewährt wird. Wenn der Vergütungsanspruch ein abgeschwächtes Verwertungsrecht wäre und nichtsdestoweniger zu einem anderen Zeitpunkt als das Verwertungsrecht entstehen würde, wäre das ein Verstoß gegen jene Norm.[637] Der Anspruch müsste also mit der Werkschöpfung entstehen, was er dagegen denklogisch nicht kann. Ein späteres Entstehen von Aspekten des Verwertungsrechts schließt § 1 UrhG aus.

Die Norm spricht also nicht nur dafür, dass die Verwertungsrechte von der Werkschöpfung an mit den vorgesehenen Einschränkungen entstehen, was infolgedessen dazu führt, dass beispielsweise private Vervielfältigungen nie vom Umfang des Vervielfältigungsrechts umfasst sind. § 1 UrhG belegt zugleich, dass die Vergütungsansprüche keine Abschwächung des Verwertungsrechts sind.

Desgleichen ging das Gesetz selbst davon aus, dass die Vergütungsansprüche nicht den Verwertungsrechten zugeordnet werden. § 1 UrhWG zählte Nutzungsrechte, Einwilligungsrechte und Vergütungsansprüche ausdrücklich gesondert auf.[638] Zwar wurde das UrhWG mit Wirkung zum 01.06.2016 außer Kraft gesetzt und durch das Verwertungsgesellschaftengesetz (VGG)[639] ersetzt. Entscheidend ist aber, dass das durch das VG-Richtlinie-Umsetzungsgesetz[640] aufgrund der Richtlinie 2014/26/EU (VGRL) geschah. Daraus ist deshalb nicht zu schlussfolgern, dass

---

lediglich die unstrittige Übertragbarkeit der Vergütungsansprüche entscheidend ist und nicht deren dogmatische Begründung.

637 *v. Diemar*, GRUR 2002, 587, 588.

638 *Melichar*, Wahrnehmung von Urheberrechten, S. 14.

639 BGBl. I 2016, 1190.

640 BGBl. I 2016, 1190.

der deutsche Gesetzgeber seine im UrhWG zum Ausdruck kommende Auffassung über das Rechtsverhältnis zwischen Verwertungsrechten und Vergütungsansprüchen aufgegeben hat. Angesichts der aufgeführten Argumente sollten die Vergütungsansprüche nicht als Abschwächung oder Surrogat der Verwertungsrechte betrachtet werden, die deren Rechtsnatur teilen.

(iii) Zwischenergebnis

Dass die Vergütungsansprüche zu den Verwertungsrechten in Bezug auf ihre Rechtsnatur und den Zeitpunkt der Entstehung wesensverschieden sind, kann als überzeugende Begründung dafür gesehen werden, dass sie keine abgeschwächte Grundlage für eine Nutzungsrechtseinräumen bilden können.[641] Die insbesondere zur Privatkopie entwickelte Ansicht, Schrankentatbestände mit Vergütungspflicht wie § 53 I UrhG iVm § 54 UrhG räumen dem begünstigten Nutzer als Gegenleistung für die Zahlung ein gesetzliches Nutzungsrecht ein,[642] konnte argumentativ widerlegt werden. *Hoeren* formulierte dazu: „Schließlich zahlen die Nutzer für die Erstellung privater Kopien über die Leerkassetten- und die Geräteabgabe; sie haben damit auch ein Recht auf ungestörte Nutzung ihrer privaten Kopien."[643] Diese Aussage ist mindestens missverständlich. Lediglich aus einer Zahlungspflicht kann nicht die Einräumung eines Rechts als Gegenleistung geschlussfolgert werden. Andernfalls würde die Möglichkeit verkannt werden, dass es sich dabei um ein funktionales Äquivalent[644] handelt. Das funktionale Äquivalent ist vom Vergütungsanspruch als Surrogat für das Recht zur Privatkopie zu unterscheiden.[645] Bei den Vergütungsansprüchen handelt es sich um einen verfassungsrechtlich gebotenen Ausgleich für gesetzlich erlaubte Massennutzungen.[646] Diese Funktion kann gleichermaßen erfüllt werden, ohne ein Nutzungsrecht als Gegenleistung für einen Vergütungsanspruch zu gewähren. Der Anspruch besteht dann aufgrund eines einseitig verpflichtenden gesetzlichen Schuldverhältnisses. Ein zweiseitig verpflichtendes Schuldverhältnis, wie es ein Lizenzvertrag begründet, ist konstruktiv gar nicht denkbar, weil es die Einräumung der Lizenz als Äquivalent der Vergütungspflicht gegenüberstellt.[647] Was den eigenen Rechten hingegen

641 Gegen die Kritik von *Hohagen*, in: *Ohly/Bodewig/Dreier*, FS Schricker II, S. 353, 360, Fn. 36.

642 So *Abdallah/Gercke/Reinert*, ZUM 2004, 31, 34, 35; *Dieselhorst*, GRUR Int. 1994, 788, 789; *Hoeren*, Urheberrecht und Verbraucherschutz, S. 16 ff. *Holznagel/Brüggemann*, MMR 2003, 767, 769; *Köcher/Kaufmann*, MMR 2005, 753, 753 sehen die Privatkopie hingegen als vom Schutzbereich des Art. 14 I 1 GG des Sacheigentümers erfasst an.

643 *Hoeren*, MMR 2000, 3, 4.

644 Im Ergebnis ebenso *Seith*, Wie kommt der Urheber zu seinem Recht?, S. 12.

645 Ebenso *Hohagen*, Freiheit der Vervielfältigung, S. 520.

646 *Hohagen*, in: *Ohly/Bodewig/Dreier*, FS Schricker II, S. 353, 360.

647 So aber *Melichar*, Wahrnehmung von Urheberrechten, S. 19.

nie innewohnte, kann auch nicht eingeräumt werden. Weil das Verwertungsrecht des Urhebers a priori begrenzt ist, fehlt es an jeglicher Verwertungsbefugnis, die zur Grundlage einer entsprechenden Lizenz gemacht werden könnte.[648] Die gesetzlichen Vergütungsansprüche vermögen es, den Urheber möglichst umfassend an jeder Nutzung seines Werks zu beteiligen, ohne dem Nutzer ein Recht auf die Nutzung, zum Beispiel ein Recht auf Privatkopie, einzuräumen. Sie sind urheberrechtliche Ansprüche eigener Art.[649] Sie stellen kein Minus im Verhältnis zum Majus des urheberrechtlichen Verwertungsrechts dar, sondern ein aliud.[650]

Im Ergebnis ist der Begriff „gesetzliche Lizenz" folglich nicht überzeugend. Der Ausdruck vermittelt ein Bild, das dogmatisch nicht haltbar ist, und sollte daher vermieden werden. Er suggeriert eine Rechtsgewährung auf gesetzlichem Weg gegen Entgelt für eine Handlung, die jedoch von vornherein nie von einem subjektiven Recht erfasst worden ist. Erst recht kann es nicht überzeugen, wenn alle, auch nicht vergütungspflichtige Schranken als Tatbestände, „in welchen sich das Nutzungsrecht direkt aus dem Gesetz ergibt", definiert und daher als „gesetzliche Lizenz" bezeichnet werden.[651] Sämtliche Schrankenregelungen mit gesetzlichen Lizenzen gleichzusetzen[652] und die Termini synonym zu verwenden, ist dogmatisch nicht annehmbar.

Zusammenfassend bleibt es also mit Blick auf die privilegierten, aber vergütungspflichtigen Nutzungen gleichermaßen dabei, dass die Verwertungsrechte a priori mit den Schranken des Urheberrechts belastet sind. Dieser dogmatische Hintergrund verlangt eine größere terminologische Sorgfalt, als sie vielfach erkennbar ist. Vorsichtig sollte mit Formulierungen umgegangen werden, wie dass die gesetzliche Lizenz eine Abschwächung des Verbotsrechts zu einem Vergütungsanspruch[653] oder der Vergütungsanspruch ein abgeschwächtes Verwertungsrecht sei.[654] Im Bereich der privilegierten Handlung besteht von vornherein kein Verbotsrecht, das abgeschwächt werden könnte, und kein Verwertungsrecht, das in abgeschwächter Form als Vergütungsanspruch zum Ausdruck kommt. Weil folglich zu keinem Zeitpunkt eine Befugnis besteht, mangelt es einer gesetzlichen

---

648 *Stieper*, Rechtfertigung der Schranken, S. 140 f.

649 *Hohagen*, Freiheit der Vervielfältigung, S. 520; *Stickelbrock*, GRUR 2004, 736, 740 f.

650 *Melichar*, Wahrnehmung von Urheberrechten, S. 14.

651 So aber *Hilty*, in: *Ohly/Bodewig/Dreier*, FS Schricker II, S. 325, 333 f.; *ders.*, GRUR 2005, 819, 821; zustimmend *Zurth*, Nutzungsrechte, S. 96.

652 So aber ebenfalls *Steden*, in: *Büscher/Dittmer/Schiwy*, UrhG, Vorb. zu §§ 44a ff., Rn. 9; zustimmend *Zurth*, Nutzungsrechte, S. 96; ablehnend *Hohagen*, in: *Ohly/Bodewig/Dreier*, FS Schricker II, S. 353, 360.

653 So aber beispielsweise *Nordemann*, GRUR 1979, 280, 281, der vom Verbotsanspruch als „zum bloßen Vergütungsanspruch abgeschwächt" spricht.

654 So aber beispielsweise *Schack*, ZUM 1989, 267, 271. Die gleiche Kritik übte bereits zurecht *Herter*, Geistiges Eigentum und gesetzliche Lizenz, S. 82.

Rechtseinräumung durch die vergütungspflichtigen Schranken als Gegenleistung für den Vergütungsanspruch an jeglicher Grundlage. Vergütungspflichte Schranken räumen mithin ebenfalls kein Nutzungsrecht gesetzlich ein.

d) Ausnahme durch § 49 I 1 UrhG als inkohärenter Nutzungsvorbehalt?

Ein letztes Argument könnte noch dafürsprechen, in den Schranken gesetzliche Nutzungsrechtseinräumungen zu erblicken. Diese Überlegung beruht darauf, dass das Urheberrechtsgesetz einen Nutzungsvorbehalt kennt, dessen sonst mögliche Inkohärenz zu den übrigen Schrankenbestimmungen nahelegt, diese einheitlich zu interpretieren.

In den §§ 44a ff. UrhG befindet sich ein einzige Schrankenregelung, die so ausgestaltet ist, dass eine einseitige Erklärung die Privilegierung ausschließt. § 49 I 1 UrhG gestattet grundsätzlich die Vervielfältigung, Verbreitung und öffentliche Wiedergabe einzelner Rundfunkkommentare und einzelner Zeitungsartikel, wenn sie politische, wirtschaftliche oder religiöse Tagesfragen betreffen. Für die Meinungsbildung der Öffentlichkeit über Tagesfragen ist es von erheblicher Bedeutung, dass Medien die bereits erschienenen Stellungnahmen anderer Medien aufgreifen können, um im Wege der Erörterung Meinungen anzugreifen oder zu unterstützen.[655] Daher hat die Privilegierung gleichfalls Einzug in Art. 10bis I RBÜ und Art. 5 III c) InfoSoc gefunden. Jedoch ist den internationalen genauso wie den nationalen Regelungen gemein, dass sie unter einem urheberrechtlich wirkenden Vorbehalt stehen. Die Nutzungserlaubnis greift nur, wenn das genutzte Werk nicht mit einem Vorbehalt der Rechte versehen ist. Daraus könnte man schlussfolgern, dass der Vorbehalt dazu führt, dass eine einseitige Erklärung den Umfang des Urheberrechts erweitert. Mit dieser Schlussfolgerung könnte man sich möglicherweise in Widerspruch zu der Annahme setzen, dass das Urheberrecht von Anfang an nur in den Einschränkungen der Schrankenregelungen gewährt wird. Diese scheinbare Unvereinbarkeit könnte dadurch aufgehoben werden, dass man den Rechtevorbehalt als negatives Tatbestandsmerkmal für die Einräumung eines gesetzlichen Nutzungsrechts auslegt.[656] Dadurch würde der Erklärende Einfluss darauf haben, dass einem anderen keine Rechtsposition eingeräumt wird, dahingegen nicht auf die existierende Rechtsposition des Urhebers. Nachfolgend soll sich mit den Argumenten für und gegen eine dementsprechende dogmatische Konstruktion auseinandergesetzt werden.

655 Vgl. zur Zielsetzung des Gesetzgebers BT-Drs. IV/270, S. 66.

656 Vgl. die Argumentation von *Zurth*, Nutzungsrechte, S. 113.

aa) *Argumente für den Nutzungsvorbehalt als negatives Tatbestandsmerkmal der Nutzungsrechtseinräumung*

Angesichts des Rechtevorbehalts erscheinen sich Widersprüche zu der Annahme immanenter Grenzen zu bilden. Mit denen könnte es unvereinbar sein, wenn durch einseitige Erklärung der Schutzrechtsumfang, mithin zum der Werkschöpfung nachgelagerten Zeitpunkt der Erklärung, erweitert werden könnte. Das Argument würde nochmal verstärkt werden, wenn überdies ein Dritter die Rechtserweiterung vornehmen könnte. Denn entgegen der immanenten Grenze würde der Umfang des Verbotsrechts dann abhängig von seinem Verhalten sein.

Während eine Ansicht davon ausgeht, dass der Vorbehalt nur durch den Urheber erklärt werden könne,[657] vertritt eine starke Meinung, dass ein Dritter wie der Verleger, Herausgeber oder Setzer ihn in gleicher Weise wirksam erklären könne.[658] Dass er selbst von einem Nichtberechtigten ohne Beteiligung oder Zustimmung, sogar ohne Billigung des Urhebers erklärt werden könne, wird einerseits damit begründet, dass das Gesetz dem Wortlaut nach nur auf das objektive Vorhandensein des Vorbehalts abstelle.[659] Weiterhin wird argumentiert, dass, wenn es über das objektive Vorhandensein hinaus auf eine Billigung des Urhebers ankäme oder die Vorschriften über Willenserklärungen auf die Vorbehaltserklärung Anwendung finden würden, die Vorbehaltserklärungen angreifbar wären und dadurch ein Prozessweg offenstände, was den Sinn und Zweck der Klausel, Rechtssicherheit durch eine einfache und nachvollziehbare Kennzeichnung, ad absurdum führen würde.[660] Als letztes Argument wird noch der Wille des Gesetzgebers vorgetragen.[661] Die Gesetzesbegründung argumentiert zur Einführung der Schranke, dass die Weiterverbreitung der Artikel regelmäßig im Interesse der Zeitung selbst läge, wünsche „sie gleichwohl den Abdruck nicht, so kann sie ihn durch einen Vorbehalt untersagen“[662]. Wenn die Zeitung den Abdruck untersagen kann, spricht die gewählte Formulierung für die Möglichkeit der Erklärung durch Dritte.

Folgt man diesen Argumenten, kommt man zum Ergebnis, dass bei Annahme immanenter Grenzen ein Dritter nach Rechtsentstehung die Ausgestaltung des Rechtsumfangs festlegen könnte. Dass ein Dritter indes den Inhalt eines subjektiven Rechts eines anderen bestimmt, vermag als Konsequenz nicht zu überzeugen. Es erscheint bereits fraglich, ob demjenigen, dem eine Rechtsposition konkret zugeordnet ist, ihre Ausgestaltung obliegt. Sollte diese auf rechtsgeschäftlicher

---

657 So offenbar *Dreier*, in: *Dreier/Schulze*, UrhG, § 49, Rn. 10; *Lüft*, in: *Wandtke/Bullinger*, UrhR, § 49, Rn. 11.

658 *Dreyer*, in: *Dreyer/Kotthoff*, UrhR, § 49, Rn. 19; *Engels*, in: *Möhring/Nicolini*, UrhR, § 49, Rn. 14.

659 *Engels*, in: *Möhring/Nicolini*, UrhR, § 49, Rn. 14.

660 *Dreyer*, in: *Dreyer/Kotthoff*, UrhR, § 49, Rn. 19.

661 *Zurth*, Nutzungsrecht, S. 113.

662 BT-Drs. IV/270, S. 66.

Grundlage durch den Dritten vorgenommen werden, so wäre der Rechtsinhaber immerhin an der Ausformung seines Rechts beteiligt. Dass demgegenüber allein ein Dritter jene vornehmen kann, ist nicht vertretbar. Um dieses Ergebnis zu vermeiden, kann man infolge des bis hierhin ausgeführten Gedankengangs zu dem Resultat gelangen, dass § 49 I 1 a.E. UrhG dafür streitet, in den Schranken gesetzlich eingeräumte Nutzungsrechte zu erkennen. Der Vorbehalt wäre dann ein negatives Tatbestandsmerkmal der Rechtseinräumung.[663] Gestützt wird dieser Gedanke in der Literatur noch mit einem Verweis auf das Urheberstrafrecht.[664] Dem Gesetzgeber stehe es frei, negative Voraussetzungen eines Rechtfertigungsgrunds zu normieren, während die Erweiterung des Tatbestands des § 106 I UrhG durch Veränderung der immanenten Grenzen durch privatrechtliches Handeln unzulässig ist.[665]

Die genannten Argumente sprechen demzufolge dafür, die urheberrechtliche Wirkung der einseitigen Erklärung im Rahmen des Nutzungsvorbehalts als Beleg dafür anzusehen, dass die Schranken eine gesetzliche Nutzungsrechtseinräumung begründen.

bb) Argumente gegen den Nutzungsvorbehalt als negatives Tatbestandsmerkmal der Nutzungsrechtseinräumung

Allerdings ist diese Schlussfolgerung keine zwingende. Aus nachfolgenden Gegenargumenten ist die Zulässigkeit einer Schrankenregelung unter einem Nutzungsvorbehalt mit der Annahme immanenter Grenzen gleichermaßen vereinbar.

Zuerst kann begründet werden, dass § 49 I 1 UrhG vorzugswürdiger Weise so auszulegen ist, dass der Vorbehalt nicht durch einen Dritten ohne Beteiligung des Urhebers erklärt werden kann, was die unvertretbare Erweiterung eines subjektiven Rechts durch einen Dritten ermöglichen würde. Dafür sprechen folgende Argument.

Zunächst einmal erscheint es fraglich, ob den Ausführungen des Gesetzgerbers zur Begründung der Gesetzeseinführung, durch mehr Präsenz in der Öffentlichkeit könne das Renommee der Zeitung erhöht werden und wünsche sie den Abdruck nicht, könne sie ihn durch einen Vorbehalt untersagen,[666] eine dementsprechende Aussagekraft entnommen werden kann. Verschiedene Gründe sprechen dagegen, einen dahingehend gerichteten Willen des Gesetzgebers zu erblicken. Zur Ermittlung des gesetzgeberischen Willens können andere Normen des UrhG vergleichend berücksichtigt werden. Eine parallele Norm zu § 49 I 1 UrhG ist mit § 44 II UrhG gegeben. § 44 I UrhG regelt als Auslegungsregel, dass der Urheber mit der Veräußerung des Werkoriginals dem Erbwerber im Zweifel keine Nutzungsrechte

663 So *Zurth*, Nutzungsrecht, S. 113.

664 So *Zurth*, Nutzungsrecht, S. 114.

665 *Reinbacher*, Die Strafbarkeit der Vervielfältigung, S. 254.

666 BT-Drs. IV/270, S. 66.

einräumt. Diesen Grundsatz durchbricht der Abs. 2. Demnach steht dem Erwerber eines Originals eines Werks der bildenden Künste (§ 2 I Nr. 4 UrhG) oder eines Lichtbildwerks (§ 2 I Nr. 5 UrhG) das Recht zu, dieses auszustellen (§ 18 UrhG). § 44 II a.E. UrhG bestimmt – insofern die Vergleichbarkeit zu § 49 I 1 a.E. UrhG – indessen, dass das Recht nicht eingeräumt wird, wenn dies bei der Veräußerung ausdrücklich ausgeschlossen worden ist. Doch in diesem Fall regelt der Gesetzeswortlaut expressis verbis, dass der Vorbehalt nur vom Urheber erklärt werden kann. Hier kommt der gesetzgeberische Wille deutlich zum Vorschein. Die einseitige Erklärung kann ausschließlich vom Urheber erklärt werden. Weitere Vorschriften, in denen einer einseitigen Erklärung urheberrechtliche Wirkung zukommt, existieren nicht.

Dahingegen hatten andere Normen des UrhG aF den Ausschluss einer Schrankenprivilegierung durch Dritte vorgesehen.[667] § 53a I 1 UrhG aF regelte den Kopienversand auf Bestellung. Darunter war die Zulässigkeit der Vervielfältigung und Übermittlung einzelner in Zeitungen und Zeitschriften erschienener Beiträge sowie kleiner Teile eines erschienenen Werks im Wege des Post- oder Faxversands durch öffentliche Bibliotheken auf Einzelbestellung, sofern die Nutzung durch den Besteller nach § 53 UrhG aF zulässig war, zu verstehen. § 53a I 2 UrhG aF modifizierte diese Schrankenregelung für den Fall der Übermittlung in sonstiger elektronischer Form. Die Zulässigkeit der sonstigen elektronischen Form war nach § 53a I 3 UrhG aF an die Voraussetzung geknüpft, dass der Zugang zu den Beiträgen oder kleinen Teilen eines Werks den Mitgliedern der Öffentlichkeit nicht offensichtlich von Orten und Zeiten ihrer Wahl mittels einer vertraglichen Vereinbarung zu angemessenen Bedingungen ermöglicht wird. Ein angemessenes Vertragsangebot, demnach eine einseitige Erklärung eines Verwerters im Regelfall, schloss die Anwendbarkeit der Schranke aus. Wenn die Möglichkeit des Vertragsschlusses zu angemessenen Bedingungen gegeben war, musste der Nutzer unabhängig vom tatsächlichen Vertragsschluss auf diese eingehen.[668]

Zu dem gleichen Ergebnis kam der BGH bei der Auslegung des Begriffs der Gebotenheit im Rahmen von § 52a I UrhG aF.[669] Die Schranke regelte die Zulässigkeit der öffentlichen Zugänglichmachung (§ 19a UrhG) von kleinen Teilen eines Werks, Werken geringen Umfangs sowie einzelnen Beiträgen aus Zeitungen oder Zeitschriften im Rahmen von Unterricht und Forschung, soweit dies zu dem jeweiligen Zweck geboten und zur Verfolgung nicht kommerzieller Zwecke gerechtfertigt war. Nach der Rechtsprechung entfiel die Gebotenheit, wenn der Bezug vom Rechteinhaber, also im Regelfall erneut einer dritten Person, problemlos und unkompliziert auffindbar zu angemessenen Bedingungen angeboten wurde.[670]

---

667 Eine ausführliche Darstellung dessen folgt unter F III 1., 2.

668 *Schunke*, in: *Wandtke*, Urheberrecht, 5. Auflage, Kap. 5, Rn. 81.

669 BGH GRUR 2013, 1220, 1224, Rn. 39 ff. – Gesamtvertrag Hochschul-Intranet; BGH GRUR 2014, 549, 554, Rn. 58 ff. – Meilensteine der Psychologie.

670 *Berger*, GRUR 2010, 1058, 1064; *Hoeren*, ZUM 2011, 369, 373.

Zu beiden Normen ist entscheidend anzumerken, dass sie durch das UrhWissG aufgehoben worden sind.[671] Weitere Regelungen, die durch einseitige Erklärung eines Dritten die Berufung auf eine Schranke ausschließen, finden sich im UrhG nicht. Somit kann die Annahme der Einräumung eines gesetzlichen Nutzungsrechts nicht mehr auf die letztgenannten Normen argumentativ gestützt werden,[672] sondern aus ihrer Aufhebung, die einen gesetzgeberischen Willen deutlich ausdrückt, gepaart mit dem Wortlaut von § 44 II UrhG kann man im Gegenteil schlussfolgern, dass es überzeugender ist anzunehmen, dass die Erklärung des Vorbehalts nur durch den Urheber, dessen Rechtsnachfolger oder einen Bevollmächtigten erklärt werden kann.[673]

Dieser Auffassung ist, wie oben dargelegt, das Argument der Rechtsunsicherheit entgegengehalten worden. Es ist folgerichtig, dass die Annahme der Notwendigkeit einer Bevollmächtigung Konsequenzen hat. Die Vollmachtserteilung setzt gemäß § 167 BGB analog eine Willenserklärung und das Fehlen von Nichtigkeitsgründen wie mangelnde Geschäftsfähigkeit nach §§ 104 ff. BGB oder eine wirksame Anfechtung nach § 142 I BGB voraus.[674] Die Vorbehaltserklärung ist als eine Rechtshandlung aufzufassen, auf die als rechtsgeschäftsähnliche Handlung die allgemeinen Vorschriften über Willenserklärungen entsprechend Anwendung finden.[675] Es ist zutreffend, dass dies dem Nutzer im Verletzungsprozess Verteidigungsmöglichkeiten eröffnet. Er kann die Vollmachtserteilung oder die Vorbehaltserklärung angreifen.

Dies ist indes in Kauf zu nehmen, denn nur so kann gewährleistet werden, dass der Umfang der gesetzlich erlaubten Handlung nicht allein durch Dritte bestimmt werden kann. Durch die Möglichkeit der Bevollmächtigung ist dem Interesse des Zeitungsverlegers ausreichend Rechnung getragen. Es ist nicht ersichtlich, warum der Urheber diese nicht regelmäßig vornehmen sollte. Bei einer sinnvoll eingeführten Schrankenregelung mit einem Vorbehalt der Rechte wird die Unterlassung der Erklärung des Vorbehalts im Regelfall gleichermaßen im Interesse des Urhebers liegen, sodass er den Vorbehalt nicht wider den Willen des Herausgebers erklären wird. In der Rechtswirklichkeit spielt der Vorbehalt der Rechte ebendaher keine wesentliche Rolle.[676] Die Anzahl der Prozesse mit der genannten

---

671 Siehe BGBl. I 2017, 3346.

672 So noch *Zurth*, Nutzungsrechte, S. 115 ff.

673 *Melichar/Stieper*, in: *Schricker/Loewenheim*, UrhR, § 49, Rn. 24; im Ergebnis so schon 1910 *Dernburg/Kohler*, Urheber-, Patent-, Zeichenrecht, S. 183; a.A. *Dreyer*, in: *Dreyer/Kotthoff*, UrhR, § 49, Rn. 19.

674 *Ellenberger*, in: *Palandt*, BGB, § 167, Rn. 1, 3.

675 *Ellenberger*, in: *Palandt*, BGB, Überbl v. § 104, Rn. 6; *Melichar/Stieper*, in: *Schricker/Loewenheim*, UrhR, § 49, Rn. 24.

676 *Rehbinder/Peukert*, Urheberrecht, Rn. 505.

Verteidigungsstrategie dürfte daher so gering sein, dass eine Gefährdung der Rechtssicherheit nicht zu befürchten ist.

Die Ansicht, dass ein nicht bevollmächtigter Nichtberechtigter den Vorbehalt der Rechte ebenso erklären kann, ist folglich abzulehnen.[677] So kann zu jedem Zeitpunkt gewährleistet werden, dass die Vorbehaltserklärung auf den Willen des Urhebers rückführbar ist. In Konsequenz dessen kommt es auf die Konstruktion eines gesetzlich eingeräumten Nutzungsrechts nicht an, um das Ergebnis zu vermeiden, dass Dritte eine Schutzumfangserweiterung vornehmen.

Fraglich ist damit noch, ob die Vorbehaltserklärung des Urhebers überhaupt eine nachträgliche Schutzumfangserweiterung darstellt, die mit immanenten Grenzen nicht vereinbar ist, weshalb es auf die Konstruktion eines negativen Tatbestandsmerkmals im Rahmen einer gesetzlichen Nutzungsrechtseinräumung ankäme. Der Wortlaut der Privilegierung setzt bereits voraus, dass das benutzte Werk veröffentlicht ist. Der Vorbehalt der Rechte muss wiederum mit der Veröffentlichung des Artikels in der Zeitung zusammen erklärt werden, damit der Rechtssicherheit ausreichend Rechnung getragen wird.[678] Folglich greift die Privilegierung des Nutzers nur dann, wenn das Werk ohne Vorbehaltserklärung veröffentlicht ist. Bis zu dieser Grenze reicht a priori das Verwertungsrecht des Urhebers. Die Rechtsbeschränkung ist von vornherein auf eine Veröffentlichung ohne Erklärung gerichtet. Unter der Maßgabe ist die Nutzung jederzeit der Verwertung des Urhebers entzogen. Es ist folglich nicht zutreffend, dass die Erklärung im Nachhinein das Urheberrecht in strafrechtlich und dogmatisch unzulässiger Form erweitert. Vielmehr ist die Verbreitung und Vervielfältigung iSv § 49 I UrhG vor der Veröffentlichung durchgehend vom Verwertungsrecht umfasst, sowie wenn die Veröffentlichung zusammen mit der Vorbehaltserklärung erfolgt. Die Beschränkung ist von der Rechtsentstehung an auf die Konstellation der Veröffentlichung ohne Vorbehaltserklärung gerichtet. Statt den Schutzumfang nach der Werkschöpfung zu erhöhen, wird mit der Vorbehaltserklärung eine Option gezogen, die von Anfang an in den Grenzen des Rechts angelegt war. Die immanenten Grenzen des Urheberrechts haben demgemäß von der Rechtsentstehung an ebenso diese Ausprägung gehabt. Der Vorbehalt der Rechte erfordert mithin nicht die Annahme einer gesetzlichen Nutzungsrechtseinräumung.

---

677 a.A. *Zurth*, Nutzungsrechte, S. 113.

678 hM, vgl. *Dreier*, in: *Dreier/Schulze*, UrhG, § 49, Rn. 10; *Dreyer*, in: *Dreyer/Kotthoff*, UrhR, § 49, Rn. 19; *Engels*, in: *Möhring/Nicolini*, UrhR, § 49, Rn. 14; *Fischer*, ZUM 1995, 117, 119; *Gräbig*, Abdingbarkeit urheberrechtlicher Schranken, S. 107; *Lüft*, in: *Wandtke/Bullinger*, UrhR, § 49, Rn. 11; *Melichar*, in: *Schricker/Loewenheim*, UrhR, § 49, Rn. 23; *Rehbinder*, UFITA 1966/III, 102, 115; KG ZUM-RD 2004, 401, 404; a.A. *Berger/Degenhart*, AfP 2002, 557, 583.

cc) Zwischenergebnis

Durch einen Blick auf § 49 I 1 a.E. UrhG verändert sich nichts am Verständnis der Schranken als immanente Begrenzungen. Die Möglichkeit der Vorbehaltserklärung ist bereits anfänglich in den Schutzgrenzen angelegt und stellt somit keine nachträgliche Erweiterung des Urheberrechts dar. Die Gefahr der einseitigen Ausgestaltung eines Straftatbestands besteht daher nicht. Der Erklärende kann den Rechtsumfang nicht nach Rechtsentstehung frei ausgestalten, sondern lediglich nach Maßgabe des § 49 I UrhG dafür sorgen, dass der Tatbestand der Nutzungserlaubnis nie erfüllt ist, indem er seinen eindeutigen Willen im Zusammenhang mit dem konkreten Artikel zum Ausdruck bringt. So ist der Rechtssicherheit und Rechtsklarheit ausreichend Rechnung getragen. Vergleichbar dazu könnte der Urheber das Werk auch nie veröffentlichen. Dann wäre der Schrankentatbestand ebenso nie erfüllt. In diesem Umfang ist das Urheberrecht mit der Werkschöpfung entstanden. Immanente Grenzen sind im Ergebnis ebenfalls mit dem Rechtevorbehalt des § 49 I 1 UrhG vereinbar. Im Übrigen lässt sich die erfolgte Argumentation auf eine mögliche Umsetzung von Art. 4 III DSM-RL übertragen.

e) Ergebnis

Schranken befinden sich innerhalb sowie außerhalb der §§ 44a ff. UrhG. Das Verständnis der Schranken als gesetzlich eingeräumte Nutzungsrechte kann ungeachtet systematischer Stellungen bezüglich jeder Schrankenregelung widerlegt werden. Die dogmatische Konstruktion würde andernfalls voraussetzen, dass das Urheberrecht zunächst umfassend gewährt und in einem zweiten Schritt von außen eingeschränkt wird.[679] Ein solches Verständnis scheitert indes an einer Stütze im Gesetz. Alle Regelungen, die dafür streiten könnten, konnten anders überzeugender interpretiert werden. So konnte gezeigt werden, dass die umstrittene Erschöpfung des Verbreitungsrechts nach § 17 II UrhG ein einstufiger Vorgang ist. Der gesetzgeberische Wille sowie der Schrankentelos legen das nicht minder für die §§ 44a ff. UrhG nahe. Das gilt ebenso für diejenigen Schrankentatbestände, deren Erfüllung einen gesetzlich angeordneten Vergütungsanspruch als Rechtsfolge nach sich zieht. Er ist ein urheberrechtlicher Anspruch eigener Art[680] und qualifiziert die Privilegierung nicht zur gesetzlichen Nutzungsrechtseinräumung. Zwischen einer gesetzlichen Nutzungserlaubnis und einem gegen Zahlung rechtsgeschäftlich eingeräumten Nutzungsrecht bestehen unabhängig von der Anordnung eines

---

679 So jedoch *Förster*, Faire Use, S. 6.

680 Ebenso *Hohagen*, in: *Ohly/Bodewig/Dreier*, FS Schricker II, S. 353, 360; *ders.*, Freiheit der Vervielfältigung, S. 520.; *Rossbach*, Vergütungsansprüche, S. 79 ff.; *Seith*, Wie kommt der Urheber zu seinem Recht?, S. 12, Fn. 38; *Stieper*, in: *Schricker/Loewenheim*, UrhR, Vor §§ 44a ff., Rn. 44; *Stöhr*, Gesetzliche Vergütungsansprüche im Urheberrecht, S. 77.

gesetzlichen Vergütungsanspruchs derartige Wesensverschiedenheiten, dass eine Vergleichbarkeit nicht gegeben ist. Eine weitere Vergleichbarkeit, nämlich die der Nutzungsprivilegierung zum vertraglichen Nutzungsrecht, konnte nicht bestätigt werden. Letztlich setzt selbst der Vorbehalt der Rechte, wie ihn § 49 I 1 a.E. UrhG vorsieht, kein gesetzliches Nutzungsrecht voraus und ist mit der Annahme immanenter Rechtsgrenzen vereinbar. Die Auslegung der Schrankentatbestände widerspricht demzufolge der Existenz von gesetzlich eingeräumten Nutzungsrechten.

Vielmehr gestaltet sich das Schrankenverständnis bis zum jetzigen Untersuchungszeitpunkt wie folgt. Allen Schrankenprivilegierungen ist die Begrenzung des Urheberrechts a priori gemein. Mit der Werkschöpfung entsteht ein von innen heraus eingeschränktes Recht. Die immanenten Grenzen begründen die Annahme, dass durch die Schranken weder vertraglich noch gesetzlich ein urheberrechtliches Nutzungsrecht i.S.d. § 31 UrhG eingeräumt wird. Die Einräumung würde das Bestehen eines Rechts wenigstens für eine logische Sekunde voraussetzen. Jedoch wird das Urheberrecht von der Rechtsentstehung an durch die Schrankentatbestände begrenzt. Sonach sind die Inhaltsbestimmungen und Schrankenregelungen zwei Seiten einer Medaille.[681] Allein in einheitlicher Betrachtung kann der Rechtsumfang des Urheberrechts bestimmt werden. Da die Schranken, wie § 45 UrhG zeigt, es vereinzelt selbst vermögen, über die Verwertungsrechte hinaus Urheberpersönlichkeitsrechte inhaltlich zu begrenzen, muss festgestellt werden, dass sich der Umfang des Urheberrechts als Ganzes aus einer Gesamtschau aller Rechte der §§ 12 ff., 15 ff. UrhG und aller Schrankentatbestände ergibt.[682] Das Zusammenspiel aus Inhalt und Schranken sorgt im Ergebnis dafür, dass im Allgemeinwohlinteresse keine uneingeschränkten subjektiven Rechte entstehen. Das erfolgt nicht aufgrund einer nachträglichen Einschränkung, sondern weil sie von vornherein eingeschränkt gewährt werden. Damit sind die Schranken ein Instrument zur Definition des Schutzumfangs. Als solches müssten sie unabdingbar sein.

4. Schranken als originäres Nutzerrecht?

Eine letzte dogmatische Konstruktionsmöglichkeit der Schranken könnte diesem Verständnis und jener Schlussfolgerung entgegenstehen. Denn obgleich festgestellt worden ist, dass sich aus den Schranken des Urheberrechts kein Nutzungsrecht i.S.d. § 31 UrhG ergibt, könnte dem Nutzer nichtsdestominder ein subjektives Recht zukommen. In diesem Fall wäre das dann ein Recht, welches sich nicht derivativ aus dem Urheberrecht ergäbe, sondern originär bestände. Bisher ist nur

681 BVerfGE 49, 382, 393 – Kirchenmusik; BGHZ 210, 77, 101, Tz. 75 – Verlegeranteil; *Dreier*, GRUR Int. 2015, 648, 650 f.; *Schack*, Urheberrecht, Rn. 512; *Stieper*, Rechtfertigung der Schranken, S. 153.

682 Zu kurz greift daher die Ansicht von *Stieper*, Rechtfertigung der Schranken, S. 153, der den Umfang mittels einer Gesamtschau der §§ 15 ff. UrhG und §§ 44a ff. UrhG bestimmt.

geklärt worden, dass das Rechtsverhältnis des Nutzers gegenüber dem Urheber nicht von einer urheberrechtlichen Befugnis geprägt ist. Denkbar wäre jedoch,[683] dass es auf eine vom Ausschließlichkeitsrecht des Urhebers abgeleitete Nutzungsbefugnis gar nicht ankommt, weil in der Person des Nutzers selbst Mindestrechte ursprünglich entstehen, aus denen eine originäre Nutzungsbefugnis fließt, welche durch die Schranken zum Ausdruck gebracht wird.

Befugnisse sind die verschiedenen Inhalte eines subjektiven Rechts, die es in sich schließt.[684] So enthält das Urheberrecht beispielsweise die Befugnis, das Werk zu nutzen, zu bearbeiten, umzugestalten oder andererseits andere davon auszuschließen. Das subjektive Recht bündelt die in ihm enthaltenen Befugnisse zu einem einzelnen Zweck zusammen. Auf das Urheberrecht übertragen wäre das beispielsweise der Schutz des Urhebers in seinen geistigen und persönlichen Beziehungen zum Werk und in der Nutzung des Werks, was die Sicherung einer angemessenen Vergütung für die Nutzung beinhaltet. Die Befugnisse können ganz unterschiedlicher Natur sein, so wie die subjektiven Rechte beispielsweise als Forderungs-, Herrschafts- oder Gestaltungsrechte ganz unterschiedlich sein können. Wesentlich ist allerdings, dass ihre Verletzung neben Schadensersatzansprüchen regelmäßig Abwehransprüche begründet.[685] Das wäre für die übergeordnete Frage der Abdingbarkeit der gesetzlichen Nutzungserlaubnis von Brisanz. Denn wenn die Schranken Ausdruck eines originären Nutzerrechts wären, dann würde dieses dem Nutzer gewährt werden, um mit seinen Abwehransprüchen einen eigenen Freiraum gegen den Urheber zu verteidigen. Angesichts dieses nutzerkonzentrierten Schutzziels wäre es vorstellbar, dass es in der Rechtsmacht des Nutzers läge, auf seinen Schutz und damit seine Abwehransprüche verzichten zu können. Die Disposition der Schrankenprivilegierung wäre dann eine Aufgabe seines originären Rechts in Form des Rechtsverzichts.

Bevor jedoch über den zwingenden oder nicht zwingenden Charakter der Schranke nachgedacht werden kann, ist nachfolgend zu untersuchen, inwiefern dem Nutzer durch die Schrankenbestimmungen überhaupt eine Nutzungsbefugnis als Teilinhalt eines subjektiven originären Rechts zusteht. Als Grundlage einer demgemäßen Subsumtion (b) ist zunächst auf die Frage einzugehen, was unter einem subjektiven Recht zu verstehen ist (a).

a) Definition des subjektiven Rechts

Voraussetzung der Prüfung, ob die Schrankenregelungen ein subjektives Recht des Nutzers ausdrücken, welches originär besteht und sich nicht aus urheberrechtlichen Befugnissen zusammensetzt, ist, dass Bedeutung und Begriff des subjektiven

683 a.A. offenbar *Trayer*, Technische Schutzmaßnahmen, S. 144 ff., der diese Option nicht anprüft.

684 *Wolf/Neuner*, AT des Bürgerlichen Rechts, § 19, Rn. 21 ff.

685 *Wolf/Neuner*, AT des Bürgerlichen Rechts, § 19, Rn. 21.

Rechts dargestellt werden. Erst die präzise Definition ermöglicht die anschließende Interpretation.

aa) Bedeutung des subjektiven Rechts

Kennzeichnend für eine objektiv-rechtliche Betrachtungsweise ist, dass das Recht aus der Perspektive des Gemeinwesens als dessen oberster Zweck gesehen wird, weshalb es im Etatismus von erheblicher Bedeutung ist.[686] Das Recht dient nach dieser Auffassung ausschließlich der Gemeinwohlförderung, weshalb dem einzelnen nur so viele Rechte zugestanden werden, wie er zur Erreichung dieses Zwecks benötigt. Totalitäre oder sozialistische Denkweisen negieren daher die Konzeption eines subjektiven Rechts, die von einem Rechtssubjekt als vom Gesetz unabhängige und selbstständige Größe, dem Rechte autark und um seiner selbst willen zustehen, ausgeht.[687] Während unter dem objektiven Recht mithin die Gesamtheit aller Rechtsnormen verstanden wird, führt das subjektive Recht eine individuelle Komponente ein, indem es für das einzelne Individuum eine konkrete Rechtsposition schafft. Diese Grundentscheidung von außerordentlicher Tragweite bezüglich des Verständnisses des Individuums innerhalb einer Gesellschaft nimmt zwangsläufig eine zentrale Bedeutung in unserer Privatrechtsordnung ein.[688] Darüber hinaus ist das Rollenverständnis des Einzelnen als Rechtsträger für das öffentliche Recht gleichermaßen von elementarer Bedeutung. Unser gesamtes Verständnis der Grund- und Menschenrechte würde ohne diese Anschauungsweise zusammenbrechen. Das Urheberrecht stellt eine ebensolche subjektive Individualrechtsposition dar. Die natürliche Person des Urhebers darf ein immaterielles Rechtsobjekt unter Ausschluss anderer verwerten.

Fraglich ist, ob dem Nutzer eine ebensolche subjektive Rechtsposition zusteht. Dafür müssten die gesetzlichen Nutzungserlaubnisse Befugnisse sein, die aus einem originären subjektiven Recht des Nutzers fließen und ihrerseits wiederum verteidigt werden können.

Subjektive Rechte als Grundpfeiler unserer Gesamtrechtsordnung liegen vor, wenn einer bestimmten Person für einen konkreten Fall ein einzelnes Recht aus einem abstrakten Rechtssatz heraus gewährt wird.[689] Abstrakte und damit vom konkreten Anwendungsfall unabhängige Rechtsnormen bilden in ihrer Summe, demnach vom Akt der Gesetzgebung an bis zum ungeschriebenen Gewohnheitsrecht, das objektive Recht.[690] Dazu gehören unstrittig die Schrankenbestimmungen.

---

686 *Braun*, Einführung in die Rechtswissenschaft, S. 146.

687 *Braun*, Einführung in die Rechtswissenschaft, S. 147. Daher erblickte die nationalsozialistische Rechtsanschauung den Zweck des Urheberrechts ausschließlich im Nutzen für die Volksgemeinschaft, vgl. B I 6. b).

688 Zur historischen Entwicklung im Privatrecht siehe *Fezer*, Teilhabe und Verantwortung, S. 4 ff.

689 *Larenz/Wolf*, AT des Bürgerlichen Rechts, § 3, Rn. 6 und § 14, Rn. 1 f.

690 *Schack*, BGB-AT, Rn. 44.

Wenn die Position des Nutzers gleichwohl als Recht des Nutzers eingeordnet werden soll, müsste das ein subjektives Recht voraussetzen. Weil wenn aus dem abstrakten Satz ein konkretes Recht einer konkreten Person folgt, kann ein subjektives Recht konkludiert werden. Denn damit wird ebengerade der Bezug zum konkreten Anwendungsfall herstellt, der bei einem abstrakten Rechtssatz denklogisch ausgeschlossen ist.[691] Deshalb kann es ein objektives Nutzerrecht nicht geben. Vielmehr müssten die Schranken im Fall der Existenz eines Rechts des Nutzers ein subjektives Recht gewähren. Ob das der Fall ist, soll das Ergebnis der folgenden Untersuchung werden. Um jedoch die Schranken des Urheberrechts als Befugnis eines subjektiven Rechts des Nutzers einordnen zu können, soll zunächst betrachtet werden, was konkret unter einem subjektiven Recht zu verstehen ist.

bb) Begriff des subjektiven Rechts

Subjektive Rechte kommen in verschiedenen Arten und Typen vor. Ungeachtet ihrer inhaltlichen Vielfältigkeit soll versucht werden, gemeinsame Voraussetzungen zu finden. Lediglich das ermöglicht später eine Subsumtion der Schrankentatbestände des UrhG. Obzwar Begriff und Bedeutung des subjektiven Rechts umstritten sind, wird mit der herrschenden Meinung die Definition von einer dem Rechtsinhaber durch die Rechtsordnung verliehenen Rechtsmacht zur selbstbestimmten Wahrnehmung der durch das jeweilige Recht geschützten Interessen[692] als am geeignetsten erscheinend betrachtet. Die Vorzugswürdigkeit besagter Formel der dem einzelnen verliehenen Rechtsmacht zur Befriedigung bestimmter Interessen[693] liegt in der Kombination eines willenstheoretischen Ansatzes mit einem interessenbezogenen Grundgedanken begründet. Der subjektive Wille wird mit dem objektiven Nutzen verbunden. Die Merkmale dieser Definition werden im Folgenden näher betrachtet.

---

691 Ebenso *Stieper*, Rechtfertigung der Schranken, S. 157. Aber gerade in der nichtdeutschen Literatur sehen das einige Stimmen anders. Beispielsweise *Guibault*, Copyright Limitations and Contracts, S. 95 ff.; dazu *Schack*, UFITA 2004, 551, 551 ff. geht davon aus, dass dem einzelnen Nutzer ein „objective right" gewährt werde. In Bezug auf die Vervielfältigungsfreiheit stimmt *Geiger*, IIC 2005, 151, 155 dem zu.

692 hM, siehe *Bork*, AT des BGB, § 9, Rn. 280; *Brox/Walker*, AT des BGB, § 28, Rn. 10 ff.; *Köhler*, BGB AT, § 17, Rn. 5; *Larenz/Wolf*, AT des Bürgerlichen Rechts, § 14, Rn. 1; *Schack*, BGB-AT, Rn. 45; kritisch gegenüber irgendeiner Definition *Kasper*, Das subjektive Recht – Begriffsbildung und Bedeutungsmehrheit, S. 158, 177 f. Wohl aufgrund dieser Bedenken werden teilweise nur Aussagen in ganz allgemeiner oder abstrakter Form getroffen wie die Kennzeichnung als „Berechtigung", siehe etwa *Medicus/Petersen*, AT des BGB, Rn. 61.

693 So weiterhin auch *Brehm*, AT des BGB, Rn. 607; *Leipold*, BGB I, § 7, Rn. 34; *Stadler*, AT des BGB, § 4, Rn. 1.

(i) Rechts- und Willensmacht

Die Definition, Recht sei eine „von der Rechtsordnung verliehene Willensmacht oder Willensherrschaft“[694], geht auf *Windscheid* zurück und hebt den positivistischen Kern aller subjektiven Rechte hervor. Einer Person muss durch die Rechtsordnung ein Machtverhältnis zugewiesen werden, in dem ihr Wille herrscht, damit ein subjektives Recht entstehen kann. Dabei handelt es sich um Rechtsmacht, die losgelöst von jedweder wirtschaftlichen Macht ist.

Es ist vertretbar, dem Schrankenberechtigten die verliehene Willensmacht zuzusprechen, über die Ausübung der privilegierten Handlung frei von äußeren Zwängen zu entscheiden. Gleichwohl würde ihm die Macht fehlen, über den Bestand dieser vermeintlichen Rechte zu bestimmen. Denn die Schrankenprivilegierungen stellen kein Machtverhältnis dar, welches übertragbar oder aufhebbar ist. Schrankenprivilegierungen sind kein Handelsgut, das erst durch die Möglichkeit der Verfügung zu einem solchen wird, sondern erlauben jedermann die Nutzung, solange er die Tatbestandsvoraussetzungen erfüllt.

Der dargelegte Mangel an Willensmacht könnte als Argument gegen die subjektive Verleihung von Rechtsmacht angesehen werden. Dem würde jedoch der Verweis auf die Persönlichkeitsrechte entgegenstehen. Diese gewährleisten als absolute Rechte den Schutz der Privatsphäre und sind ebenfalls als Ganzes unverzichtbar, weil sie höchstpersönliche und ideelle Werte beinhalten, die einen angemessenen Schutz der Rechtsordnung verdienen, oder weil ordnungsrechtliche Gründe wie beim Namensrecht die Unverzichtbarkeit oder Unübertragbarkeit erfordern.[695] Dabei handelt es sich nichtsdestoweniger um subjektive Rechte.[696]

Es stellt sich infolgedessen die Frage, welche inhaltlichen Anforderungen an die Zusprechung von Rechtsmacht zu stellen sind bzw. welches Ausmaß an Rechtsmacht für das Vorliegen eines subjektiven Rechts notwendig ist. Je nach Art des subjektiven Rechts unterscheidet sich der Inhalt der Rechtsmacht partiell erheblich. So ist exemplarisch der Inhalt eines Herrschaftsrechts an einer Sache, an einem Recht oder einem Immaterialgut verschieden zu dem eines Gestaltungsrechts oder eines Forderungsrechts. Die Verleihung der Willensmacht durch die Rechtsordnung ist somit wesentliche Gemeinsamkeit jedweden subjektiven Rechts, dahingegen dennoch derart unscharf konturiert, dass ein weiterer Erkenntnisgewinn

---

694 *Windscheid*, Lehrbuch des Pandektenrechts, Band I, § 37, S. 99.

695 *Götting*, Persönlichkeitsrechte als Vermögensrechte, S. 103 f., 167.

696 Heutzutage allgemeine Meinung, siehe *Baston-Vogt*, Der sachliche Schutzbereich, S. 88 ff.; *Caemmerer*, in: *Esser/Thieme*, FS Hippel, S. 27, 39 f.; *Fezer*, Teilhabe und Verantwortung, S. 454 ff. mwN.; *Hubmann*, Das Persönlichkeitsrecht, S. 113 ff. mwN.; *Klippel*, in: *Loewenheim/Raiser*, FS Traub, S. 211, 217 f.; *Larenz/Canaris*, Schuldrecht II/2, § 76 I 1; *Neuner/Wolf*, AT des Bürgerlichen Rechts, § 20, Rn. 15; *Peifer*, Individualität im Zivilrecht, S. 139; *Schlechtriem*, DRiZ 1975, 65, 68; *Wagner*, in: MüKo BGB, Band 7, § 823, Rn. 416.

daraus nicht möglich ist. Die Schranken des Urheberrechts könnten eine solche Zuweisung darstellen, was sich analytisch nichtsdestominder erst im Nachhinein ergeben kann. Erst wenn man zu dem Ergebnis gelangt ist, dass ein subjektives Recht vorliegt, ist der Rückschluss zulässig, dass die Schranken eine Rechtsmacht gewähren. Unzulässig ist der umgekehrte Weg, also einer Erlaubnis zur Nutzung die Qualität von Rechtsmacht zu unterstellen, um so ein subjektives Recht zu begründen. Nicht allen Handlungen, die das Gesetz nicht verboten hat, hat das Gesetz zugleich eine solche Rechtsmacht zugeschrieben.

(ii) Rechtlich geschütztes Interesse

Die Formel, dass das subjektive Recht ein „rechtlich geschütztes Interesse“[697] sei, wurde von *v. Jhering* begründet. Ihm mangelte es bei dem reinen Willensmoment an etwas Substantiellen, nämlich dem praktischen Zweck. Damit ist der Nutzen, der Vorteil, der Gewinn gemeint, der durch das Recht gewährleistet werden soll. Dieses ist freilich nicht das Interesse selbst, sondern nur die rechtliche Form, in der das Interesse geschützt und geltend gemacht wird.[698] Der Zweck des Interessenschutzes ist bedeutend, um die Grenzen der Rechtsausübung zu bestimmen. Die Beschränkungen eines Rechts beginnen an dem Punkt, an dem die Rechtsausübung nicht mehr vom Zweck der geschützten Interessen gedeckt wird. Weiterhin ist der Interessenschutz ausschlaggebend für den Rechtsschutz. So vermag er beispielsweise die Klagebefugnis zu begründen. Das subjektive Recht dient somit letztlich nur der Wahrnehmung des geschützten Interesses. Dieses wiederum ist entscheidend für den Rechtsschutz und die Rechtsausübung. Voraussetzung ist allerdings stets, dass man zuvor festgestellt hat, dass ein Interesse durch das Recht geschützt wird.

Übertragen auf das UrhG begründet allein das Erkennen eines potenziellen Interesses hinter den Schrankenerlaubnissen noch kein jenes schützende subjektive Recht. Nicht jede Regelung, die im Sinn irgendeines Interesses sein könnte, ist gleich die rechtliche Form des Schutzes des Interesses. Der rechtlichen Form, also der konkreten Ausgestaltung, muss sich für diese Feststellung methodisch zunächst anders genähert werden.

(iii) Der Zuweisungsgehalt subjektiver Rechte

Es wurde bisher dargelegt, dass angesichts von urheberrechtlichen Schrankenerlaubnissen ein Bereich feststellbar ist, der sich als zweckgebundene Willensmacht offenbaren könnte. Diese Erkenntnis setzt dahingegen stets die bereits erfolgte Qualifizierung als subjektives Recht voraus. Die beiden Kategorien Zweck und Wille sind unverzichtbare Wesensmerkmale der subjektiven Rechte, helfen

697 *v. Jhering*, Geist des römischen Rechts, S. 339.

698 *Larenz/Wolf*, AT des Bürgerlichen Rechts, § 14, Rn. 14.

demgegenüber nicht weiter, um zunächst zu bestimmen, ob ein solches überhaupt vorliegt.

Gleichwohl beschreiben die Privilegierungen einen qualitativen Zuweisungsgehalt. Eine genauere Betrachtung ebenjenes Zuweisungsgehalts vermag möglicherweise gewinnbringend weiterzuhelfen. Es ist sonach zu hinterfragen, ob mittels der Schranken konkrete rechtliche Positionen[699] gewährt werden, die die Rechtsstellung eines subjektiven Rechts rechtfertigen. Wie schon gezeigt ist die jeweilige Struktur der subjektiven Rechte unterschiedlich.[700] Dennoch könnte sich in Inhalt und Struktur des dem Berechtigten zugewiesenen Rechtsinhalts eine Position erkennen lassen, die die Aussage, der Berechtigte habe ein subjektives Recht, mit all den dazugehörigen Konsequenzen begründet.[701] Um den Zuweisungsgehalt der Schranken unter eine rechtliche Position eines subjektiven Rechts subsumieren zu können, ist es zunächst obligat, die als Recht zu bezeichnenden Positionen zu betrachten.

Alexy folgend kann hierbei eine Dreiteilung der als Recht zu bezeichnenden Positionen in *Rechte auf etwas*, *Freiheiten* und *Kompetenzen* vorgenommen werden.[702] Jede davon kann Inhalt eines subjektiven Rechts sein.

Kompetenz ist ein rechtliches Können, welches der Handlungsmacht einer Person etwas ihr von Natur aus nicht Zustehendes hinzufügt.[703] Ihre Ausübung ist daher eine institutionelle Handlung nach für sie konstitutiven Regeln, die dazu führt, dass sich die rechtliche Situation ändert.[704] Damit formt die Ausübung die Rechtslage, wodurch sie nicht unmittelbar gegen einen Dritten gerichtet ist.

Die Position des *Rechts auf etwas* entspricht der allgemeinsten Form eines Rechts und kann mit dem Satz „A hat gegenüber B ein Recht auf G“[705] zusammengefasst werden. Es wird demnach eine dreistellige Relation zum Ausdruck gebracht, die

---

699 Zum Begriff der Position *Alexy*, Theorie der Grundrechte, S. 163 f.

700 Ebenso *Larenz*, in: *Baur/Larenz/Wieacker*, FG Sontis, S. 129, 148.

701 Vgl. die gleichgelagerten Ansätze von *Raiser*, JZ 1961, 465, 471; *Schmidt*, Aktionsberechtigung und Vermögensberechtigung, S. 13.

702 *Alexy*, Theorie der Grundrechte, S. 171. Diese Unterscheidung knüpft an die Dreiteilung bei *Bentham*, Of Laws in General, S. 57 f., 82 ff., 98, 119, 173 ff. in „rights to services“, „liberties“ und „powers“ sowie an die bei *Bierling*, Zur Kritik der juristischen Grundbegriffe, Teil 2, S. 49 ff. in „Rechtsanspruch“, „einfache(s) rechtliche(s) Dürfen“ und „rechtliche(s) Können“ an.

703 Die Terminologie für eine demgemäß definierte Position ist nicht einheitlich. Weitere geläufige Begriffe sind „Macht“ oder „Rechtsmacht“, vgl. *Kelsen*, Allgemeine Theorie der Normen, S. 82, „Ermächtigung“, vgl. *Kelsen*, Reine Rechtslehre, S. 150 ff., „Befugnis“, vgl. *Adomeit/Hähnchen*, Rechtstheorie, Rn. 51, und „rechtliches Können“, vgl. *Brinz*, Lehrbuch der Pandekten, S. 211.

704 Ausführlich *Alexy*, Theorie der Grundrechte, S. 211 ff.

705 *Alexy*, Theorie der Grundrechte, S. 171. Ausführlich zum *Recht auf etwas* S. 171 ff.

sich aus einem Rechtsinhaber (A), einem Rechtsadressaten (B) und einem Rechtsgegenstand oder -objekt (G) zusammensetzt. Der Sinn dahinter, den Adressaten in die Relation mit einzubeziehen, kann nur darin liegen, dass der Gegenstand des *Rechts auf etwas* stets eine Handlung oder ein Unterlassen des Adressaten ist. Bei privatrechtlichen Rechtsverhältnissen deckt sich der Begriff daher mit der Legaldefinition eines Anspruchs in § 194 I BGB: Ein Anspruch ist das Recht, von einem anderen ein Tun oder Unterlassen zu verlangen.

Die *rechtliche Freiheit* als dritte und letzte Position lässt sich mit dem Satz „X ist frei von Y, Z zu tun oder Z nicht zu tun"[706] zum Ausdruck bringen. Es handelt sich erneut um eine dreiteilige Relation, wobei „X" für den Freiheitsträger, „Y" das Freiheitshindernis und „Z" für den Freiheitsgegenstand steht. Ein Freiheitsträger ist frei von einem rechtlichen Verbot, eine Handlung vorzunehmen oder nicht vorzunehmen. Entscheidend für die rechtliche Freiheit ist der Freiheitsgegenstand in Form einer Handlungsalternative. Das rechtliche Verbot ist das Verbot der Alternative. Eine rechtliche Freiheit besteht also immer dann, wenn es dem Freiheitsträger weder geboten noch verboten ist, die Handlung vorzunehmen. Er kann es tun oder es unterlassen.

Die darunter subsumierbaren Positionen können allerdings ganz unterschiedlicher Art sein, weshalb eine feinere Einteilung in *bewehrte* und *unbewehrte* rechtliche Freiheiten gewinnbringend ist. Eine *unbewehrte Freiheit* ist eine auf Erlaubnis[707] reduzierte rechtliche Freiheit, womit die Konjugation einer rechtlichen Erlaubnis, etwas zu tun, und einer rechtlichen Erlaubnis, dasselbe zu unterlassen, gemeint ist.[708] Das Entscheidende an dieser reinen Negation des Sollens ist, dass keine Sicherung durch freiheitsschützende Normen gegeben ist.

Die *unbewehrte Freiheit* impliziert nicht das Recht, an der Wahrnehmung dieser Freiheit nicht gehindert zu werden.[709] Das wiederum wäre ein *Recht auf etwas*, nämlich das Recht des Freiheitsträgers, von dem Hindernden ein Unterlassen der Hinderung zu verlangen. Wenn zu der Kombination aus Erlaubnissen ein *Recht auf etwas* hinzutritt, wird aus der *unbewehrten* eine *bewehrte Freiheit*.[710] Eine Bewehrung ist folglich das Recht des Freiheitsträgers auf Sicherung der Möglichkeit der Vornahme der erlaubten Handlung gegenüber einem ihn daran Hindernden. Die Bewehrung, die sich mit der unbewehrten Freiheit verbindet, wodurch eine bewehrte Freiheit entsteht, kann durch eine ein persönliches Recht gewährende

---

706 *Alexy*, Theorie der Grundrechte, S. 198. Ausführlich zur *rechtlichen Freiheit* S. 194 ff.

707 Eine rechtliche Erlaubnis ist die Negation von Geboten und Verboten und deckt sich damit mit dem Begriff der rechtlichen Freiheit, vgl. *Alexy*, Theorie der Grundrechte, S. 202; a.A. *Enneccerus/Nipperdey*, AT des Bürgerlichen Rechts, § 30 III 2.

708 *Alexy*, Theorie der Grundrechte, S. 203.

709 *Alexy*, Theorie der Grundrechte, S. 205.

710 *Alexy*, Theorie der Grundrechte, S. 205; *Stieper*, Rechtfertigung der Schranken, S. 160.

Norm (*subjektive Bewehrung*) als auch durch eine sonstige freiheitsschützende Norm (*objektive Bewehrung*) erfolgen.[711] Diese Verbindung bewirkt die Entstehung eines subjektiven Rechts.

Dessen mögliche Positionen sind somit definiert worden. Das ermöglicht nunmehr eine Übertragbarkeit auf die urheberrechtlichen Schranken.

b) Subsumtion der Schrankenprivilegierungen unter den Begriff des subjektiven Rechts

Nach diesen allgemeinen Ausführungen zu den Strukturen subjektiver Rechte soll der Bogen zurück zu den Schranken des Urheberrechts geschlagen werden. Denn letztlich dienen die getätigten Aussagen immer noch der Analyse der Frage, ob ein originäres, subjektives Recht des Nutzers besteht. Dem wird sich nun genähert, indem die Schrankenprivilegierungen unter die potenziellen Positionen subjektiver Rechte subsumiert werden.

aa) Kompetenz

Die Schrankenprivilegierung würde sich als subjektives Recht offenbaren, wenn sie eine Kompetenz wäre. Dafür müsste sie dem Berechtigten ein rechtliches Können zusprechen. Das ist für das Urheberrecht zu prüfen. Gemäß den Grundlagen dieses Rechtsgebiets darf der Nutzer eine konkrete Nutzungshandlung durchführen, wenn der Schrankentatbestand erfüllt ist. Die Nutzungserlaubnis bewirkt folglich die Zulässigkeit einer natürlichen Handlung, welche der Rechteinhaber zu dulden hat. Dahingegen ist eine Duldung kein Können in der Gestalt von Macht zur Veränderung der Rechtslage. Der Nutzer darf nutzen, was nicht gleichbedeutend mit der Vermittlung von Rechtsmacht in Form eines rechtlichen Könnens ist. Das wird durch eine Betrachtung der Gestaltungsrechte deutlich, die als Erscheinungsform subjektiver Privatrechte[712] ein plastisches Beispiel der Kompetenzen bilden. Ihre Ausübung gestaltet unmittelbar die Rechtslage. Der Unterschied zwischen einem Können in Form der unmittelbaren Rechtsgestaltung und einem Dürfen in Form einer Nutzungserlaubnis verdeutlicht, dass es sich bei den Schrankenregelungen des UrhG nicht um Ermächtigungen in diesem Sinn handeln kann. Nur die beiden weiteren Kategorien an Positionen, nämlich die *Rechte auf etwas* und die *Freiheiten*, werden folglich tiefergehende Beachtung finden können.

bb) Recht auf etwas

Als nächstes sind die Schrankenbestimmungen auf ihre Eigenschaft als Recht auf etwas hin zu untersuchen. Dieses Charakteristikum wird durch den Sprachgebrauch

---

711 *Alexy*, Theorie der Grundrechte, S. 208 f.

712 *Larenz*, in: *Baur/Larenz/Wieacker*, FG Sontis, S. 129, 143.

nah gelegt. Diesbezüglich wird häufig von einem „Recht auf Nutzung“, beispielsweise in Form der regelmäßig aufzufindenden Postulierung eines „Rechts auf Privatkopie“,[713] gesprochen. Dahingegen ist diese Verwendung sprachlich mindestens ungenau. Denn hierbei wird kein *Recht auf etwas* ausgedrückt. Das folgt daraus, dass es bei der Wortwahl an einem Drittbezug fehlt, der oben als essenziell für das *Recht auf etwas* herausgearbeitet worden ist.

Die ebengleiche sprachliche Ungenauigkeit findet sich bedauerlicherweise an verschiedenen Stellen in der Rechtswissenschaft wieder. Zu genannter Formulierung vergleichbar wird in der Rechtstheorie mit dem Begriff des Rechts an einer Sache („ius in rem“) operiert.[714] Das suggeriert die Struktur einer zweistelligen Relation zwischen einem Rechtsträger und einem Rechtsgegenstand.

Indes kann es keine zweistellige Struktur eines *Rechts auf etwas* geben. Ebendarum bezeichnet die Rede von einer solchen Relation nur verkürzt einen Komplex von *Rechten auf etwas, Freiheiten* und/oder *Kompetenzen.*[715] Der Satz, jemand habe ein Recht auf einen bestimmten Gegenstand, bringt sehr verschiedene Rechtspositionen zum Ausdruck. Als dies belegendes Beispiel dient das Eigentumsrecht, welches dem Eigentümer die umfassende Sachherrschaft an einer bestimmten Sache zuweist, weshalb er nach § 903 BGB positiv die Freiheit hat, mit der Sache nach Belieben zu verfahren. Wenn man sich das Sacheigentumsrecht genauer ansieht, erkennt man, dass sich dahinter die Kumulation verschiedener Rechtspositionen verbirgt. Die Möglichkeit, Verfügungen über die Sache zu treffen, ist zunächst die Zuweisung von rechtlichem Können, mithin einer Kompetenz. Damit wäre der Formulierung Recht an einer Sache entsprechend eine zweistellige Relation gegeben. Das mit der positiven Sachherrschaft korrespondierende negative Recht des Eigentümers, von allen anderen ein Unterlassen jeglicher Sacheinwirkung, welche die Ausübung der Sachherrschaft beeinträchtigt, sowie eine Beseitigung erfolgter Beeinträchtigungen zu verlangen (§ 1004 BGB), ist demgegenüber ein Recht auf etwas. Das Recht des Eigentümers bei schuldhafter Verletzung seines Eigentums auf Schadensersatz (§ 823 I BGB) ist wie das Recht auf Herausgabe der Sache nach § 985 BGB und allen weiteren Ansprüchen aus dem Eigentümer-Besitzer-Verhältnisse ebenso ein Recht auf etwas. Es besteht eine dreistellige Relation, weil ein Adressat in Form eines Verletzers oder Besitzers einbezogen wird.

Zusammenfassend ist festzuhalten, dass, wenn einer Person eine Herrschaft über eine Sache zugewiesen wird, diese Herrschaft immer nur im Verhältnis zu anderen Personen besteht.[716] Rechtsverhältnisse können nur zwischen Personen („ius in

---

713 Vgl. *Hoeren*, Urheberrecht und Verbraucherschutz, S. 16 ff.

714 Vgl. *Brehm/Berger*, Sachenrecht, § 7 I, Rn. 2; die Wortwahl ist sogar Gesetzestext geworden, vgl. § 864 II BGB.

715 *Kelsen*, Reine Rechtslehre, S. 135 ff.

716 *Stieper*, Rechtfertigung der Schranken, S. 161.

personam") existieren, während das „ius in rem" eine vereinfachende Bezeichnung für das Verhältnis Person zu Person in Ansehung einer Sache bleibt.[717]

Diese Annahme lässt sich nicht auf die Schrankenprivilegierung übertragen. Ein dem Herrschaftsrecht des Eigentümers vergleichbares Recht räumen die Schranken dem privilegierten Nutzer nicht ein, weshalb kein Recht auf Nutzung besteht.[718] Die Erkenntnis resultiert daraus, dass ein *Recht auf etwas* die Zuweisung eines unkörperlichen Gegenstands zur ausschließlichen Beherrschung voraussetzen würde. Dann wäre der Drittbezug gegeben. Der Schrankenprivilegierte kann indes keinen anderen von der Nutzung ausschließen.

Somit fehlt es für ein *Recht auf etwas* an der Eingliederung eines Adressaten und eine zweistellige Relation eines Rechts auf etwas beispielsweise Nutzung kann es wie oben ausgeführt nicht geben.

cc) Rechtliche Freiheit

Es kommt folglich statt eines *Rechts auf Nutzung* ausschließlich eine *Nutzungsfreiheit* in Betracht. Es ist daher nun zu prüfen, ob dem durch eine Schranke des Urheberrechts privilegierten Nutzer ein subjektives Recht in Form einer bewehrten Freiheit gewährt wird.

(i) Vorliegen einer Nutzungsfreiheit?

Die Schranken weisen dem Nutzer die Möglichkeit zu, die gesetzlich umschriebene Handlung auszuführen oder es zu unterlassen. Das Gesetz erlaubt also die Nutzung, ohne sie verpflichtend vorzuschreiben. Der Nutzer kann innerhalb der gesetzlichen Grenzen vom Freiheitsgegenstand, den Handlungsalternativen, Gebrauch machen, ohne dass ein rechtliches (allenfalls ein faktisches) Freiheitshindernis besteht. Dem Nutzer ist somit eine Rechtsposition zugewiesen, die sich als rechtliche Freiheit qualifizieren lässt.

Essenziell für die Annahme eines subjektiven Rechts wäre hingegen, dass es sich bei der Nutzungsfreiheit nicht nur um eine unbewehrte Freiheit im Sinn einer bloßen Erlaubnis handelt. Allein die Abwesenheit eines Verbots begründet als solche noch kein personenbezogenes subjektives Recht.[719] Wenn die Freiheit dadurch

---

717 *Boemke/Ulrici*, BGB AT, § 17, Rn. 4; *Bork*, AT des BGB, § 9, Rn. 289; *Hadding*, JZ 1986, 926, 927 f.; *Hubmann*, Das Persönlichkeitsrecht, S. 120; *Kelsen*, Reine Rechtslehre, S. 135 ff.; *Röhl/Röhl*, Allgemeine Rechtslehre, S. 401; *Stieper*, Rechtfertigung der Schranken, S. 161; *Wolf/Neuner*, AT des Bürgerlichen Rechts, § 19, Rn. 4, 6; a. A. BGH NJW 2009, 751, 751 mwN.; BGH NJW 2013, 1744, 1744; *Brox/Walker*, AT des BGB, § 28, Rn. 1; *Enneccerus/Nipperdey*, AT des Bürgerlichen Rechts, § 71 I 3; *Medicus/Petersen*, AT des BGB, Rn. 54; *Leipold*, BGB I, § 7, Rn. 35.

718 Ebenso *Stieper*, Rechtfertigung der Schranken, S. 161 f.

719 *Larenz*, in: *Baur/Larenz/Wieacker*, FG Sontis, S. 129, 138.

bewehrt ist, dass andere Personen den Nutzer nicht an der Vornahme der erlaubten Nutzungshandlung rechtlich hindern können oder dürfen, wäre ihm eine individuelle Rechtsposition zugewiesen, über deren Ausübung er privatautonom entscheiden kann. Unter der Annahme läge ein subjektives Recht vor. Im Folgenden ist mithin zu prüfen, ob mindestens eine solche Bewehrung vorliegt, die dem Nutzer die Verteidigung des ihm zugewiesenen Freiheitsbereichs gegenüber Angriffen Dritter ermöglicht.

(ii) Deren subjektive Bewehrung?

Dass oben gesagt worden ist, ein subjektives Nutzerrecht könne nicht in Form eines Rechts auf etwas vorliegen, steht nicht im Widerspruch dazu, dass eine rechtliche Freiheit mit einem Recht auf etwas *verbunden* sein könnte. Wenn der Nutzer gegenüber anderen Personen einen Anspruch darauf haben würde, an der Nutzung nicht gehindert zu werden, würde eine subjektive Bewehrung der rechtlichen Freiheit und damit ein subjektives Recht vorliegen.

In Erinnerung an die Formel des subjektiven Rechts als rechtlich geschütztes Interesse könnte man an einen subjektiven Zuschnitt der urheberrechtlichen Schranken denken. Schließlich verbergen sich hinter ihnen nicht nur Interessen der Allgemeinheit, sondern gleichermaßen konkrete Interessen jedes einzelnen Nutzers. Diese haben zum Teil einen gewichtigen Stellenwert inne, können gar grundrechtlich verankert sein. Nichtsdestominder ist erneut darauf hinzuweisen, dass das subjektive Recht nicht das Interesse selbst ist, sondern die rechtliche Form, in der das Interesse geschützt und geltend gemacht wird. Es muss dementsprechend hinterfragt werden, ob die konkrete Form der Ausgestaltung einen subjektiven Zuschnitt erkennen lässt.

Dieser Fragestellung soll mittels einer Analyse der Rechtsträgerschaft nachgegangen werden. Denn ein subjektives Recht ist ein Recht eines Subjekts.[720] Diese veränderte Ausdrucksweise hebt hervor, dass es im deutschen Bürgerlichen Recht grundsätzlich kein subjektloses Recht als Dauerzustand geben kann.[721] Anders formuliert beinhaltet es ein Wesensmerkmal des subjektiven Rechts, dass es stets einem Rechtssubjekt als Rechtsträger zugewiesen ist. Deswegen sieht beispielsweise § 1922 I BGB vor, dass bereits im Augenblick des Tods der Erbe oder die Erben kraft Gesetzes in die Rechtsstellung des Erblassers einrücken. Alle

---

720 *v. Tuhr*, AT des Deutschen Bürgerlichen Rechts I, S. 53 formuliert: „Der zentrale Begriff des Privatrechts und zugleich die letzte Abstraktion aus der Vielgestalt des Rechtslebens ist das Recht des Subjekts, das subjektive Recht.“.

721 *Enneccerus/Nipperdey*, AT des Bürgerlichen Rechts, § 75 III, § 84 II 3, Fn. 10; *Hohagen*, in: *Ohly/Bodewig/Dreier*, FS Schricker II, S. 353, 356; *Larenz/Wolf*, AT des Bürgerlichen Rechts, § 14, Rn. 21; *Schmidt*, AcP 1991, 495, 497; *v. Tuhr*, AT des Deutschen Bürgerlichen Rechts I, S. 76; a.A. *Hübner*, AT des BGB, Rn. 125; ausführlich *Hohner*, Subjektlose Rechte, S. 63 ff. mwN.

Vermögensrechte gehen also automatisch über, sodass ungeachtet des Todesfalls keine subjektlosen Rechte entstehen. Das Recht muss mithin immer mindestens einem Subjekt zugewiesen sein. Der Struktur absoluter Herrschaftsrechte wie dem Urheberrecht entspricht es per definitionem, dass ein nur dem Berechtigten vorbehaltenes Dürfen gewährt wird, mit dem ein Nichtdürfen aller anderen korrespondiert.[722] Es gibt folglich immer einen, indes nur einen Rechtsträger. Die Schrankenprivilegierungen werfen demgegenüber die exakt diametrale Frage auf, nämlich ob ein subjektives Recht vorliegen kann, wenn das Recht einer Vielzahl an Rechtssubjekten zugewiesen ist. Denn obwohl ihre Tatbestandsmerkmale die Schranken teilweise einem spezifischen Personenzuschnitt unterwerfen, sind in absoluten Zahlen gerechnet selbst dann noch zumeist sehr viele zugleich durch die jeweilige Schranke privilegiert. Voraussetzung beispielsweise dafür, dass man sich auf die Schranke des § 45b I UrhG berufen kann, ist, dass man eine Seh- oder Lesebehinderung hat. Damit kann sich nicht jedermann auf die Schranken berufen. Dennoch ist eine konkrete Zuweisung an ein bestimmtes Subjekt nicht gegeben. Urheberrechtliche Schranken berechtigen somit eine Fülle an Rechtssubjekten parallel. Überdies stellen zahlreiche Schranken wie § 53 I UrhG keine Anforderung an die Eigenschaften des Begünstigten, außer eine natürliche Person zu sein. In diesem Fall gehört jedermann grundsätzlich zu den Berechtigten.

Im Gegensatz zur genannten Definition absoluter Herrschaftsrechte privilegieren urheberrechtliche Schranken zusammenfassend nicht nur eine einzelne Person unter Ausschluss aller anderen Personen. Während zuvor somit gezeigt wurde, dass ein subjektives Recht, um ein solches zu sein, stets mindestens einem Rechtssubjekt zugewiesen sein muss, folgt aus dieser Schrankenbetrachtung, dass nunmehr die Problematik berührt wird, ob ein subjektives Recht ebenso vorliegen kann, wenn der Rechtsträger nicht nur ein Subjekt oder ein kleiner Kreis an Subjekten ist, sondern die Erlaubnis einer Vielzahl an Berechtigten bis hin zu allen natürlichen Personen zugleich zugewiesen ist. Wenn dem nicht so wäre, würde die Inhaberschaft der Privilegierungen beweisen, dass kein subjektives Recht vorliegt. Diese Überlegungen dürfen nicht durch eine Betrachtungsweise umgangen werden, nach der eine Schranke ohne weitere Anforderungen an den Berechtigten wie beispielsweise § 53 I UrhG so auszulegen sei, dass sie „ein subjektives Recht zugunsten des im Einzelfall konkretisierbaren Privatnutzers“[723] enthalte. Das verkennt, dass die Schrankenprivilegierung als gesetzliche, mithin als abstrakte und generelle Vorschrift ihre allgemeine Wirksamkeit in Bezug auf ein Werkstück mit dessen Schöpfung entfaltet und nicht erst mit dessen tatsächlicher Verfügbarkeit durch den einzelnen Privatnutzer im jeweils konkreten Einzelfall.[724]

722 Vgl. *Larenz*, in: *Baur/Larenz/Wieacker*, FG Sontis, S. 129, 139 ff.

723 Gegen *Hoeren*, Urheberrecht und Verbraucherschutz, S. 18.

724 a.A. *Hoeren*, Urheberrecht und Verbraucherschutz, S. 18. Eine Vorschrift, auf die sich jede natürliche Person berufen kann, so auszulegen, dass sie einen subjektiven Zuschnitt habe, weil sie im konkreten Einzelfall eine natürliche Person begünstigt,

Eine Vorschrift, auf die sich jedermann berufen kann, erfährt keinen subjektiven Zuschnitt dadurch, dass sie im konkreten Einzelfall eine konkrete Einzelperson begünstigt.

Zu überlegen wäre, ob aus der dargestellten Vielfalt der Ausdrucksformen subjektiver Rechte die Zulässigkeit andersartiger Konstellationen an Rechtsinhaberschaften geschlussfolgert werden kann. Verschiedenartige Inhalte und Strukturen könnten ungleiche Auswirkungen auf die Rechtträgerschaft entfalten. Die Annahme, dass die unterschiedlichen Möglichkeiten des Zuweisungsgehalts subjektiver Rechte, die die verschiedenen Arten und Typen subjektiver Rechte ergeben, zugleich verschiedene Zuweisungsmöglichkeiten für die Rechtsinhaberschaft ermöglichen könnten, wird durch das Wesen subjektiver Rechte im öffentlichen Recht gestützt. Denn für subjektive öffentliche Rechte erkennt selbst die Verfassung die Existenz von Jedermannsrechten in Form von rechtlichen Freiheiten an. Als Beispiel mag das Grundrecht der Meinungsfreiheit nach Art. 5 I Alt. 1 GG dienen. Jeder hat danach als Freiheitsträger das Recht, seine Meinung frei zu äußern, muss es allerdings nicht und kann anderen nicht verbieten, ihre Meinung ebenfalls zu äußern. Daraus werden das Freiheitshindernis und der Freiheitsgegenstand in Form einer Handlungsalternative ersichtlich. Somit liegt eine rechtliche Freiheit vor. Diese ist in der Form eines subjektiven Rechts gegeben, weil jedermann das Recht hat, vom Staat nicht an der Meinungsäußerung gehindert zu werden. Es liegt die Verbindung mit dem Recht auf Unterlassen des staatlichen Eingriffs in den Schutzbereich des Grundrechts vor. Es ist mitunter gerade der Sinn von Grundrechten, vor staatlichen Eingriffen zu schützen. Daher sind Bewehrungen rechtlicher Freiheiten, die jedermann ausüben kann, im öffentlichen Recht eine gewöhnliche Begebenheit. Einem ebensolchen Verständnis könnten die urheberrechtlichen Schranken unterliegen.

Eine dementsprechende Ansicht würde dahingegen die Wesensverschiedenheiten der Grundrechte und der privaten Rechte verkennen. Entscheidend ist, dass die Freiheitsgrundrechte in ihrer grundsätzlichen Konzeption Abwehrrechte gegen den Staat sind.[725] Um diese Schutzfunktion angemessen erfüllen zu können, muss es die Ausgestaltung als subjektives Recht jedermanns geben. Im öffentlichen Recht besteht mit dem Staat ein Akteur, vor dem als Freiheitshindernis selbst dann Schutz gewährt werden kann, wenn jeder natürlichen Person das gleiche subjektive Recht zusteht. Freiheitsrechte jedermanns sind demzufolge im Verfassungsrecht sinnvoll. Diese Konstellation ist jedoch auf subjektive Privatrechte nicht übertragbar. Diese richten sich nicht gegen den Staat als potenzielle Bedrohung jedermanns gleichermaßen, sondern gegen andere Privatrechtssubjekte. Im

bezeichnet *Hohagen*, in: *Ohly/Bodewig/Dreier*, FS Schricker II, S. 353, 356 zurecht als „gekünstelte Konstruktion".

725 Ausführlich zur Abwehrfunktion der Freiheitsgrundrechte *Cremer*, Freiheitsgrundrechte, S. 74 ff.

Privatrecht zeichnen sich subjektive Rechte im Gegensatz zum objektiven Recht gerade dadurch aus, dass sie immer einer bestimmten Person individuell zugewiesen sein müssen.[726] Lediglich dann kann sich ihre Wirkung gegen andere Privatrechtssubjekte richten.

Demgegenüber sind die in den Schranken geregelten Nutzungshandlungen teilweise niemandem verboten und jedermann erlaubt. Je nach Schrankenzuschnitt darf jeder nutzen. Die Sinnhaftigkeit einer Privatrechtsgewährung würde entfallen, wenn jedem Subjekt das gleiche Recht zustehen würde. Die bestimmte und individuelle Zuweisung ist im Privatrecht das entscheidende Abgrenzungskriterium. Grundsätzlich entstehen subjektive Rechte nur, wenn jemandem eine Machtposition zugewiesen wird, die anderen nicht zusteht. Freiheitsermächtigung und Generalverbot, also etwas zu dürfen, was alle anderen nicht dürfen, sind strukturelle Merkmale.[727]

Lediglich dann enthalten Rechte einen handelbaren wirtschaftlichen Wert. Dafür, was jedermann ohnehin tun kann, ist niemand bereit, einen Preis zu zahlen, weil nur rationierte Angebote einen Gegenwert in Geld innehaben. Sonach kommt der Privatrechtsgewährung mitunter die ökonomische Funktion der künstlichen Verknappung zu.[728] Obgleich die Handelbarkeit keine notwendige Voraussetzung für ein subjektives Recht ist, spricht die ökonomische Analyse des Rechts hierbei gleichwohl gegen eine subjektive Bewehrung.

Die klageweise Durchsetzbarkeit ist gleicherweise kein alleiniges Voraussetzungskriterium eines subjektiven Rechts.[729] Gleichwohl stellt die Frage des Rechtsschutzes einen wesentlichen Aspekt im Hinblick auf die Sicherung einer Sphäre selbstbestimmter Freiheit dar. Der Schrankenprivilegierte hingegen erwirbt keinen Anspruch auf die tatsächliche Verfügbarkeit eines Werks, keinen Herausgabeanspruch. Ohne Werkzugang besteht also keine irgendwie durchsetzbare Position.

Weiterhin ist eine Aufhebbarkeit oder Übertragbarkeit keine notwendige Voraussetzung einer Rechtsgewährung. Dass es in Bezug auf Schrankenbestimmungen daran überdies gleichwohl scheitert, ergibt mit den anderen Indizien das übereinstimmende Bild, dass keine subjektive Ausgestaltung gegeben ist. In der Folge aller Überlegungen ist kein individueller Zuschnitt der urheberrechtlichen Schranken oder eine gegenständliche Bestimmbarkeit der Zuweisung ersichtlich.[730]

---

726 *Larenz/Wolf*, AT des Bürgerlichen Rechts, § 14, Rn. 17; *Zech*, in: *Leible*, Wissen-Märkte-Geistiges Eigentum, S. 187, 190.

727 *Schmidt*, Aktionsberechtigung und Vermögensberechtigung, S. 17.

728 *Wagner*, ZUM 2004, 723, 726.

729 *Aicher*, Das Eigentum als subjektives Recht, S. 25 ff. indes reduziert die Ausübung eines subjektiven Rechts auf die Klageerhebung.

730 Ebenso *Hohagen*, in: *Ohly/Bodewig/Dreier*, FS Schricker II, S. 353, 354 ff.; allgemein *Larenz/Wolf*, AT des Bürgerlichen Rechts, § 14, Rn. 17, 19 f.

Zusammenfassend verbergen sich zwar subjektive Interessen hinter den Schranken. Doch die Form der Schrankenausgestaltung lässt keinerlei subjektiven Zuschnitt erkennen, weil die Privilegierung teilweise jedermann gewährt werden kann. Subjektive Privatrechte zeichnen sich indessen gerade dadurch aus, dass der individuelle Zuweisungsgehalt gegenständlich bestimmt und abgegrenzt ist. Dem widersprechend wird dem Nutzer anders als dem Urheber keine ausschließliche Handlungsberechtigung zugeschrieben, aufgrund derer er Dritten Nutzungshandlungen untersagen oder ihnen Berechtigungen zur Nutzung einräumen kann.

Dem kann nicht entgegengehalten werden, dass nicht alle Schranken alle Rechtssubjekte privilegieren. Keine einzige gesetzliche Nutzungserlaubnis reduziert tatbestandlich die Anzahl der Privilegierten auf hinreichend wenige Berechtigte, um einen subjektiven Zuschnitt anzunehmen. Überdies sollte die Frage nach der Rechtsnatur der Schranken einheitlich beantwortet werden. Dafür bedarf es eines Lösungsansatzes, der für alle Schranken widerspruchsfrei überzeugt. Eine Lösungsrichtung, die die Rechtsnatur der einzelnen Schranken differenziert beurteilt, überzeugt systematisch nicht.

Daraus folgt, dass lediglich noch eine objektive Bewehrung in Betracht kommen könnte.

(iii) Deren objektive Bewehrung?

Somit ergibt sich, dass abschließend die Prüfung aussteht, ob die rechtliche Freiheit objektiv bewährt ist. Das wäre wie erörtert der Fall, wenn anderen Personen aus sonstigen Schutzvorschriften die rechtliche Möglichkeit fehlen würde, den Schrankenprivilegierten durch Rechtshandlungen in der Ausübung der Nutzungsfreiheit zu beeinträchtigen. Das könnte sich insbesondere daraus ergeben, dass der Privilegierte sich auf Grundrechte berufen kann. Die Grundrechte bewehren die durch die Schranke gewährte rechtliche Freiheit möglicherweise objektiv und könnten so eine objektiv-rechtliche Grenze des subjektiven Urheberrechts sein.

Als Beispiel zur Verdeutlichung des Gedankengangs, warum die Grundrechte die Schrankenprivilegierungen objektiv bewehren könnten, soll erneut die Kopierfreiheit herangezogen werden. Alle Schranken schützen Dritt- oder Allgemeininteressen, welche wiederum partiell selbst grundrechtlichen Schutz genießen. Jene Schranke ist Ausdruck der in Art. 5 I 1 Alt. 2 GG geregelten Informationsfreiheit, sich aus allgemein zugänglichen Quellen ungehindert unterrichten zu dürfen.[731] Unterrichten umfasst über die Informationsaufnahme hinaus gleichermaßen Formen der Speicherung außerhalb des Gedächtnisses etwa mittels Ablichtung für eigene Zwecke.[732] Nicht nur geistiges Schaffen ist, wie bereits dargelegt worden ist, ohne die Möglichkeit ungehinderter Unterrichtung aus Informationsquellen

---

731 Siehe bereits C II 1. a).

732 *Jarass*, in: *Jarass/Pieroth*, GG, Art. 5, Rn. 25; *Starck/Paulus*, in: *v. Mangoldt/Klein/Starck*, GG, Art. 5, Rn. 118.

kaum vorstellbar. Jegliche Form der Teilnahme am gesellschaftlichen Kommunikationsprozess wird gerade in der Informationsgesellschaft ansonsten bis zur Unmöglichkeit erschwert. Die Kopierfreiheit nimmt folglich eine zentrale Stellung im Prozess der Förderung kulturstaatlicher Vielfalt und Offenheit ein, ohne die das gesunde Geistesleben, der kulturelle Gedankenaustausch und die künstlerische Begegnungsfreiheit erheblich unterbunden werden würden.[733] Daher ist der deutsche Gesetzgeber verfassungsrechtlich verpflichtet, die Informationsfreiheit zu schützen. Darüber hinaus wird die Informationsfreiheit im Bereich wissenschaftlicher Tätigkeit durch die im Grundgesetz in Art. 5 III 1 GG garantierte Wissenschaftsfreiheit ergänzt. Es ist schwer vorstellbar, frei wissenschaftlich tätig zu sein, ohne Werke zu kopieren. Wenn der wissenschaftliche Dialog eingeschränkt werden würde, würde sich das zulasten des Gemeininteresses am wissenschaftlichen Fortschritt auswirken.

Bei der Ausgestaltung einfachgesetzlicher Regelungen ist der Gesetzgeber im Ergebnis angehalten, die Vervielfältigung zum privaten und wissenschaftlichen Gebrauch angemessen zu berücksichtigen.

Die dargelegten schutzwürdigen Interessen der Allgemeinheit in einen angemessenen Ausgleich mit denen des Urhebers an eigener Verwertung seiner schöpferischen Leistung zu bringen, stellt indessen keinen unlösbaren Widerspruch dar. Vielmehr ist im Zug der Sozialbindung des Eigentums die Berücksichtigung von Allgemeininteressen der einfachgesetzlichen Ausgestaltung des eigentumsrechtlichen Schutzes inhärent. Dass der Gesetzgeber ein ausgewogenes Verhältnis anstreben möge, schreiben die Art. 14 I 2, II GG ausdrücklich vor. Der im Grundgesetz von vornherein angelegte Interessenausgleich kommt bei Immaterialgütern teilweise noch stärker zum Ausdruck als bei Sachgütern. Denn mit der Publikation entwickelt jedes Geisteswerk ein Eigenleben. Werke sind auf Kommunikation mit der Gesellschaft angelegt und werden mit zunehmender Nutzung mehr und mehr zum Gemeingut. Man kann von einer Verflüchtigung des geistigen Individualeigentums zum Allgemeingut, genauer zum Kulturgut, sprechen.[734] Durch die wiederholte Nutzung kommt das Werk von allgemeiner Anerkennung getragen[735] überallhin in Umlauf und wird durch seine Bekanntheit von einem Ausdruck höchstpersönlicher Empfindungen und Gedanken zu einem Orientierungspunkt für die geistige und kulturelle Auseinandersetzung seiner Zeit.

Somit sind bestimmte Beschränkungen des urheberrechtlichen Schutzes im Interesse der Allgemeinheit und des individuellen Werknutzers zwingend geboten, weil das Werk mit der Publikation nicht mehr nur dem Einzelnen zur Verfügung

733 Vgl. ebenso *Hubmann*, Das Recht des schöpferischen Geistes, S. 122; *Kirchhof*, Schutz gegenüber modernen Vervielfältigungstechniken, S. 27.

734 Vgl. BVerfGE 58, 137, 148 f.

735 *Kirchhof*, Schutz gegenüber modernen Vervielfältigungstechniken, S. 35 spricht in diesem Zusammenhang von einem „Schneeballsystem“.

steht, sondern in den sozialen Raum tritt und somit „zu einem eigenständigen, das kulturelle und geistige Bild der Zeit mitbestimmenden Faktor“[736] wird. Deshalb ist es einer verstärkten Sozialbindung unterworfen, die sich mitunter in den Schrankenbestimmungen ausdrückt. Diese Überlegungen bilden gute Argumente, die eine objektive Bewehrung der Schranken durch Grundrechte begründen könnten.

Obgleich das BVerfG in Art. 14 II GG „die Absage an eine Eigentumsordnung, in der das Individualinteresse den unbedingten Vorrang vor den Interessen der Gemeinschaft hat“[737], sieht, ist es nichtsdestominder nicht überzeugend anzunehmen, dass die Schranken des Urheberrechts objektiv durch Grundrechte bewehrt seien, weil sich aus verfassungsrechtlicher Perspektive heraus Urheberrecht und grundrechtlich geschützte Allgemeininteressen teils auf gleicher Ebene begegnen.[738] Daraus geht zwar aus verfassungsrechtlicher Sicht ein Abwägungsprozess gleichberechtigter Schutzgüter hervor, der eine schonende Ausgestaltung des einfachen Rechts herausbildet. Das ist soeben am Beispiel der Privatkopie gezeigt worden, die als Ausdruck vorausgehender grundrechtlicher Wertungen das Vervielfältigungsrecht des Urhebers einfachgesetzlich a priori beschränkt. Es ist angesichts dieses Verständnisses anzuerkennen, dass die subjektiven öffentlichen Rechte und die subjektiven Privatrechte des Nutzers, wenn Schranken solche darstellen würden, in einer Wechselbeziehung zueinander stünden.

Nichtsdestoweniger ist hier das Verhältnis Nutzer-Urheber auf einfachgesetzlicher Grundlage zu thematisieren, wobei der grundrechtliche Schutz des Nutzers in Hinblick auf privatrechtliche Beziehungen lediglich eine Ausstrahlungswirkung in Form der mittelbaren Drittwirkung der Grundrechte entfaltet.[739] Allein daraus, dass der Gesetzgeber verfassungsrechtlich verpflichtet ist, im Rahmen der Rechtsgestaltung gleichberechtigte Grundrechte einer praktischen Konkordanz zuzuführen, resultiert auf einfachgesetzlicher Ebene nicht das gleichberechtigte Gegenüberstehen von jeweils subjektiven Rechten des Urhebers und des Nutzers. Ebendeshalb lässt sich aus dem verfassungsrechtlich überzeugenden Argument gleichwohl nicht zwingend die Existenz eines subjektiven *Privat*rechts des Nutzers ableiten.[740]

---

736 BVerfGE 31, 229, 242 – Schulbuchentscheidung.

737 BVerfGE 21, 73, 83.

738 So jedoch *Hohagen*, in: *Ohly/Bodewig/Dreier*, FS Schricker II, S. 353, 357 ff.

739 stRspr seit BVerfGE 7, 198 – Lüth; siehe ferner *Hager*, JZ 1994, 373, 373 ff.; *Lerche*, in: *Böttcher/Hueck/Jähnke*, FS Odersky, S. 215, 215 ff.; *v. Münch*, in: *v. Münch/Coderch/i Riba*, Zur Drittwirkung der Grundrechte, S. 7 ff.

740 So hingegen zu auf Grundrechten basierenden Schranken *Geiger*, GRUR Int. 2004, 815, 818; *Rehse*, Zulässigkeit und Grenzen der Schranken, S. 47; explizit auch der Supreme Court of Canada, 04.03.2004, CCH Canadian Ltd. v. Law Society of Upper Canada (2004 SCC 13), Ziffer 48: „The fair dealing exception is perhaps more properly understood as an integral part of the Copyright Act than simply a defense (…).

Verschiedene Rechtsgebiete unterliegen differenten Grundannahmen, was hier angesichts des Auseinanderfallens von verfassungs- und urheberrechtlicher Logik deutlich wird. Diese Erkenntnis soll im Folgenden noch weiter vertieft werden. Das BVerfG geht davon aus, dass das Grundgesetz ein objektives Wertesystem als konstitutiven Bestandteil beinhaltet, das als verfassungsrechtliche Grundentscheidung das Bürgerliche Recht beeinflusst. Der einzelne Bürger kann sich gegenüber einem anderen Bürger nicht unmittelbar auf ein Grundrecht berufen, dennoch dürfen die bürgerlich-rechtlichen Normen nicht im Widerspruch zu ebendiesem Wertesystem stehen, sondern müssen vielmehr nach seinem Geist ausgelegt und angewendet werden. Ergo entfaltet sich mittelbar der Rechtsgehalt der Grundrechte durch die privatrechtlichen Vorschriften. Das bedeutet, dass die staatliche Gewalt, vor allem der Gesetzgeber und die Zivilgerichte, die Ausstrahlungswirkung der Grundrechte beim Umgang mit privatrechtlichen Problemen berücksichtigen müssen. Das ist insbesondere bei der verfassungskonformen Auslegung der Verwertungsbefugnisse des Urhebers und der Schranken des Nutzers von Relevanz. Andernfalls kann der Zivilrichter durch sein Urteil Grundrechte verletzen. Im Rahmen dieser Gesetzesanwendung ist eine Güter- und Interessenabwägung angezeigt. Über die verfassungskonforme Auslegung des bestehenden Rechts hinaus können die grundrechtlich verbürgten Interessen des Nutzers indessen keine Berücksichtigung finden; ausdrücklich lassen sich keine unmittelbaren Rechte eines Privaten gegen einen Privaten aus dem grundrechtlichen Schutz der Nutzungsfreiheit ableiten.[741] Das Verfassungsrecht prägt die Ausgestaltung und Anwendung privatrechtlicher Normen, ohne zugleich unmittelbare Privatrechtsbeziehungen zu begründen.

Gleichwohl besteht in der urheberrechtlichen Rechtsprechung und Literatur eine gegenläufige Tendenz. Der hier verfolgte Begründungsansatz ist der gleiche, mit dem sich in der Urheberrechtswissenschaft Bestrebungen entgegengestellt wird,[742] die nicht nur eine der urheberrechtsgesetzlichen Regelung

The fair dealing exception, like other exceptions in the Copyright Act, is a user's right.".

741 Ebenso *Stieper*, S. Rechtfertigung der Schranken, 168.

742 Vgl. unter vielen *Stieper*, Rechtfertigung der Schranken, S. 64 f. Das Argumentationsziel wird ebenfalls für das unionale Schrankensystem angestrebt. Der EuGH schiebt Überlegungen, außerhalb der vorgesehenen Ausnahmen und Beschränkungen eine Abweichung von den ausschließlichen Rechten des Urhebers unter Berufung auf Grundrechte der EU-GrCh vorzusehen, einen Riegel vor, vgl. die ausführliche Auseinandersetzung am Beispiel der in Art. 11 EU-GrCh verankerten Informations- und Pressefreiheit EuGH GRUR 2019, 934, 938 ff. – Afghanistan Papiere; EuGH GRUR 2019, 940, 943 ff. – Reformistischer Aufbruch. Freilich ist die europarechtliche Argumentation anders und nicht übertragbar. Der EuGH argumentiert mit der Wirksamkeit der bewirkten Harmonisierung sowie mit dem damit verfolgten Ziel der Rechtssicherheit. Würde das Erfordernis der Kohärenz bei der Umsetzung durch die

nachgeschaltete allgemeine Güter- und Interessenabwägung vornehmen, sondern im Wege der freischwebenden Güterabwägung unter unmittelbarer Berufung auf grundrechtlich geschützte Allgemeininteressen von den Schrankenregelungen nicht gedeckte Nutzungen erlauben wollen. Bereits Erstes überschreitet die Kompetenz der Zivilgerichte.[743] Der zweite Ansatz konstruiert faktisch gar zusätzliche Schranken des Urheberrechts. Obwohl die Zivilgerichte über Art. 20 III, 100 I GG an die Gesetze gebunden sind, worüber sie sich nicht mit einer freischwebenden Interessenabwägung unter Berufung auf die Sozialbindung des Urheberrechts hinwegsetzen können, gibt es in der Rechtsprechung und der Wissenschaft Belege für ebendiese Bestrebung. So wird eine freie Nutzung unmittelbar unter Berufung auf die von Art. 5 GG und Art. 10 EMRK garantierte Meinungs-,[744] Presse- oder Kunstfreiheit,[745] Informationsfreiheit[746] oder einen übergesetzlichen Notstand[747] angenommen bzw. gefordert. Dieser eklatante Verstoß gegen das Enumerationsprinzip abschließend aufgezählter Schranken höhlt das System des UrhG nachhaltig aus.[748] Anhand der eh schon großzügigen Fassung des § 53 UrhG zeigt sich beispielsweise, dass eine Erweiterung seines Aussagegehalts durch die Annahme eines Anspruchs gegen den Urheber, vervielfältigen zu dürfen, gar der ratio legis der Norm widersprechen würde.[749]

Mitgliedstaaten, vgl. Erwägungsgrund 32 InfoSoc, nicht eingehalten, würde dies die Funktionsfähigkeit des Binnenmarkts, vgl. Erwägungsgrund 31 InfoSoc, gefährden.

743 BGH GRUR 2003, 956, 957 – Gies-Adler; a.A. *Wild*, in: *Schricker*, UrhR, 1. Auflage, § 97, Rn. 20; *v. Wolff*, in: *Wandtke/Bullinger*, UrhR, § 97, Rn. 34.

744 So etwa mit Erfolg auf Art. 5 GG OLG Stuttgart NJW-RR 2004, 619, 621 f. – Sexfilmvorführung auf Pressekonferenz; so etwa mit Erfolg auf Art. 10 EMRK ÖOGH GRUR Int. 2002, 341, 342 f. – Medienprofessor, kritisch dazu *Kucsko-Stadlmayer*, in: *Kucsko*, Urheberrecht, Vor §§ 41 ff. UrhG, S. 666 ff.

745 So etwa mit Erfolg, obschon nicht vollkommen freischwebend, doch nach urheberrechtlichen Maßstäben angesichts der fehlenden Belegfunktion schwer begründbar BVerfG GRUR 2001, 149, 151 – Germania 3; kritische Anmerkung *Lindhorst*, MMR 2000, 688, 688 f.; zustimmend hingegen *v. Becker*, ZUM 2000, 864, 865 f.; *Metzger*, ZUM 2000, 924, 925 ff.

746 *Kröger*, Informationsfreiheit und Urheberrecht, S. 190 ff., 217 f., 222 ff.; *ders.*, MMR 2002, 18, 21.

747 OLG Hamburg GRUR 2000, 146, 147 – Berufungsschrift, nicht beanstandet von BVerfG ZUM 2000, 316, 318; ausdrücklich anerkennend KG NJW 1995, 3392, 3394 – Botho Strauß, das *Wild*, in: *Schricker*, UrhR, 1. Auflage, § 97, Rn. 20 folgt.

748 *Bornkamm*, in: *Erdmann/Glory/Herber*, FS Piper, S. 641, 647 ff.; *v. Gamm*, UrhG, § 45, Rn. 3; *Poeppel*, Neuordnung der Schranken, S. 49 f.; *Schack*, in: *Ohly/Bodewig/Dreier*, FS Schricker II, S. 511, 516 ff.; *ders.*, Urheberrecht, Rn. 537.

749 *Goldmann/Liepe*, ZUM 2002, 362, 365.

Entscheidend für die Erkenntnis, dass keine objektive Bewehrung vorliegt, ist sonach die zutreffende Einnahme der rechtlichen Perspektive. Die Schranken sind nicht der einfachgesetzliche Ausdruck grundrechtlichen Nutzerschutzes, der dem Recht des Urhebers gleichberechtigt gegenübersteht. Vielmehr steht das Urheberrecht und daneben die Leistungsschutzrechte im Zentrum des Urheberrechtsgesetzes, ohne dass die Systematik und der Telos des Gesetzes Raum für weitere subjektive Rechte lassen. Das Urheberrecht weist dem Urheber ein Herrschaftsrecht zu, es will ihm den Wert seines Werks zuordnen. Demzufolge gewährt das Urheberrecht Ansprüche gegen den Nutzer. Es wäre paradox, wenn umgekehrt subjektive Rechte des Nutzers gegen den Urheber bestünden, wobei sich diese starke Rechtsposition nicht einmal aus dem Urheberrecht, das die Fragen des urheberrechtlichen Schutzes und seiner Grenzen abschließend regeln sollte, ergeben würde, sondern dem Privilegierten originär zustünde. Es entspricht dem Selbstverständnis des Urheberrechts, den Gehalt urheberrechtlich relevanter Nutzungen selbst zuzuordnen, ohne dass die Zulässigkeit urheberrechtlicher Nutzungshandlungen aus originären Befugnissen, die nicht aus dem Urheberrecht stammen, erfolgt. Für das zutreffende Verständnis des Urheberrechts ist es von Bedeutung, zentral den Blickwinkel des Rechts des Urhebers einzunehmen. Dem stehen die Grundrechte Dritter nicht gegenüber, sondern es ist durch diese in seiner konkreten Form bereits a priori ausgestaltet worden. Übertragen auf die einfachgesetzliche Ebene sind die Schrankenprivilegierungen mithin immanente Rechtsgrenzen und kein Ausdruck gegenläufiger Nutzerrechte. Dem Recht des Urhebers gegenüberstehende Rechte, die im Urheberrechtsgesetz selbst statuiert werden, würden die Legitimation des Urheberrechts weiter beschneiden. Wenn bereits vermehrt die Gesellschaft ihre Wertschätzung des kreativen Schöpfergeists vergisst, sollte wenigstens das Urheberrechtsgesetz nicht vergessen, dass es seiner zu verteidigenden Zielbestimmung entspricht, lediglich Urheberrechte und dem Urheberrecht verwandte Schutzrechte zu gewähren. Das bedeutet freilich nicht, dass in der Ausgestaltung des Urheberrechts nicht Nutzerbedürfnisse sachgerecht und angemessen einbezogen werden müssen. Es steht jedoch der Annahme subjektiver Nutzerrecht entgegen.

Die Grundrechte bewehren die durch Schrankenbestimmungen gesicherten rechtlichen Freiheiten folglich nicht objektiv gegenüber dem Urheberrecht, sondern sorgen für seine immanente Ausgestaltung in Form von zwangsläufigen Grenzen aufgrund einer ausgewogenen Interessen- und Güterabwägung im Vorfeld. Die Rechtsqualität der von den Schranken eingeräumten Nutzungsfreiheiten ergibt sich demnach nicht aus einer unmittelbaren Rechtswirkung der Grundrechte. Denn das Berücksichtigungsgebot der Grundrechte ist bereits bei der Ausgestaltung des Urheberrechts in seine konkrete Gestalt und durch eine verfassungskonforme Auslegung derer erfüllt.

Somit ist eine objektive Bewehrung der Schranken ebenfalls abzulehnen. Schranken sind rechtliche Freiheiten, dennoch weder subjektiv noch objektiv bewehrt. Dadurch sind die Freiheiten nicht als subjektive Rechte des Nutzers ausgestattet.

Damit lässt sich letztlich die Frage der vertraglichen Abdingbarkeit der Schranken nicht mit der Konstruktion eines Nutzerverzichts beantworten.

c) Ergebnis

Der Zuweisungsgehalt der gesetzlichen Privilegierungen ist darauf untersucht worden, ob er dem Nutzer eine konkrete rechtliche Position gewährt, die die Rechtsstellung als originäres subjektives Recht rechtfertigt. Die Fragestellung war, ob sich in Inhalt und Struktur des dem Berechtigten zugewiesenen Rechtsinhalts eine Position erkennen lässt, die die Aussage, der Berechtigte habe ein subjektives Recht, mit all den dazugehörigen Konsequenzen begründet. Als dafür mögliche Positionen wurden *Kompetenzen*, *Rechte auf etwas* und *bewehrte rechtliche Freiheiten* identifiziert. Schranken gewähren jedoch kein rechtliches Können, welches sich als institutionelle Handlung einer *Kompetenz* zuordnen lassen könnte. Dem Nutzer steht weiterhin kein Anspruch gegen andere in Ansehung des Werks zu, weil das ihm nicht zur ausschließlichen Nutzung zugewiesen ist. Ein ebensolcher Drittbezug wäre hingegen notwendige Voraussetzung für ein *Recht auf etwas.*

Somit kam nur noch eine *rechtliche Freiheit* in Betracht. Weil die Schranken dem Nutzer als Freiheitsträger einen Freiheitsgegenstand, nämlich die Alternative zu nutzen oder nicht zu nutzen, zuweisen, was kein Dritter als Freiheitshindernis untersagen kann, liegt eine solche in Form der Schrankenprivilegierungen tatsächlich vor. Essenziell für ihre Qualifizierung als subjektives Recht wäre hingegen weiterhin noch, dass sie subjektiv oder objektiv bewehrt ist. Die Annahme einer *subjektiven Bewehrung* scheitert demgegenüber an einem nutzerspezifischen Zuschnitt der Schranken. Sie formen die Rechtslage abstrakt und generell, ohne subjektiv ausgerichtet zu sein. Das bedeutet nicht, dass die Privilegierungen deswegen *objektiv bewehrt* sind. Das könnte sich aus grundrechtlichen Erwägungen ergeben. Allerdings verursacht das Bestehen von subjektiven öffentlichen Rechten der Nutzer nicht automatisch die Existenz von subjektiven Privatrechten der Nutzer. Vielmehr beschränkt sich die Bedeutung der Grundrechte auf ein Abwägungskriterium der notwendigen bzw. zulässigen Rechtsausgestaltung sowie auf die Bildung einer objektiven Werteordnung, aufgrund derer Grundrechte mittelbar eine Drittwirkung gegen Privatrechtssubjekte erzielen, die im Rahmen der Auslegung und Anwendung des Rechts zu berücksichtigen ist. Ihnen kommt darüber hinaus nicht die Funktion zu, Privatrechtssubjekten unmittelbar Rechte zuzusprechen. Infolge einer grundrechtlichen Abwägung gewährt der Gesetzgeber den Nutzern Privilegierungen zur rechtssicheren Nutzung, ohne diese Freiheiten deshalb objektiv zu bewehren. Sonach sind die Nutzungsfreiheiten weder subjektiv noch objektiv bewehrt, weshalb sie sich nicht als subjektives Recht des Nutzers herausbilden.

5. Ergebnis zur Rechtsnatur

Rechte der Schrankenbegünstigten werden in der Literatur teilweise angenommen,[750] es wird der Weg dafür geebnet[751] oder de lege ferenda gefordert[752]. Dementsprechend sind die Schrankenprivilegierungen auf ihre Eigenschaft als eingeräumtes oder originäres Recht des Nutzers hin untersucht worden. Zunächst konnte die Konstruktion einer stillschweigenden vertraglichen Nutzungsrechteeinräumung, welche durch die Schranken gesetzlich vermutet wird, angesichts der rechtsgeschäftlichen Schwächen eines solchen Verständnisses schnell widerlegt werden.

Eher ist es in Betracht zu ziehen, die Schranken als gesetzlich eingeräumte Nutzungsrechte aufzufassen. Nutzungserlaubnisse wären nach diesem Verständnis urheberrechtliche Nutzungsrechte, die entweder aus einem Vertrag oder dem Urheberrechtsgesetz folgen. Die dementsprechende Lizenz wäre stets die rechtliche Nutzungsgrundlage. Ein personenspezifischer Zuschnitt der Schranken auf den Werknutzer und die daraus folgende Deutung als Nutzungsrecht konnte indes widerlegt werden. Schranken und Nutzungsrechte weisen keine hinreichende Vergleichbarkeit aus. Vielmehr stellen Schranken unabhängig von ihrer systematischen Verordnung in den §§ 44a ff. UrhG immanente Begrenzungen des Urheberrechts dar. Der Inhalt des Urheberrechts wird durch das Gesetz a priori, also vom Zeitpunkt der Rechtsentstehung an, nur im gesetzlich durch das Zusammenspiel aus Inhalt und Schranke festgelegten Umfang gewährt. Der häufig verwendete Begriff der gesetzlichen Lizenz für vergütungspflichtige Schrankenregelungen ist daher zwar praktisch ohne Schwierigkeiten verständlich, dennoch dogmatisch nicht überzeugend. Weil die Schranke nicht der rechtsgeschäftlichen Lizenz vergleichbar ein Nutzungsrecht einräumt, sondern a priori eine Nutzungshandlung vom Verbotsrecht des Rechtsinhabers ausschließt[753] und dafür teilweise einen gesetzlichen Vergütungsanspruch als aliud, als urheberrechtlichen Anspruch eigener Art gewährt,[754] bestehen derart große Strukturunterschiede, dass der Begriff der gesetzlichen Lizenz als verwirrend und missverständlich abgelehnt werden sollte. Die Voraussetzung einer Lizenz als rechtsgeschäftliche Einräumung eines Nutzungsrechts ist das vorherige Bestehen eines Verwertungsrechts. Daran fehlt

---

750 Vgl. *Geiger*, in: *Hilty/Peukert*, Interessenausgleich im Urheberrecht, S. 143, 154; *Gräbig*, Abdingbarkeit urheberrechtlicher Schranken, S. 184; *Zurth*, Nutzungsrechte, S. 123.

751 Vgl. *Schack*, in: *Chiusi/Gergen/Jung*, FS Wadle, S. 1005, 1019; *Stieper*, Rechtfertigung der Schranken, S. 156 ff.

752 Vgl. *Mazziotti*, EU Digital Copyright Law and the End-User, S. 307 f.

753 Entgegen *Förster*, Faire Use, S. 6.

754 *Hohagen*, Freiheit der Vervielfältigung, S. 520; *Melichar*, Wahrnehmung von Urheberrechten, S. 14; ihm folgend *Seith*, Wie kommt der Urheber zu seinem Recht?, S. 12, Fn. 38.

es jedoch bei von Schranken privilegierten Handlungen stets, weil diese Handlung niemals von einem Verwertungsrecht erfasst gewesen ist.[755] Aufgrund dieser tatbestandlichen Begrenzung der ausschließlichen Verwertungsrechte der Urheber kann ein Nutzungsrecht i.S.d. § 31 UrhG weder rechtsgeschäftlich noch gesetzlich eingeräumt werden.

Des Weiteren stehen dem Nutzer gleicherweise keine originären Rechte zu. *Kompetenzen* oder *Rechte auf etwas*, welche als Positionen Inhalt eines subjektiven Rechts sein könnten, konnten in den Schrankenvorschriften nicht erkannt werden. Ein originäres Nutzerrecht würde ein subjektives Recht voraussetzen, welches sich als letztmögliche Position nur aus einer *bewehrten rechtlichen Freiheit* ergeben könnte. Eine *subjektive Bewehrung* würde indes wiederum einen subjektiven Zuschnitt der Schranken erfordern, der bereits bei der Möglichkeit der Einräumung gesetzlicher Nutzungsrechte abgelehnt worden ist. Darüber hinaus ist eine *objektive Bewehrung* der rechtlichen Freiheit der Schrankenprivilegierten ebenfalls nicht überzeugend. Das Urheberrechtsgesetz schützt zentral nur ein Rechtssubjekt, nämlich den Urheber. Außerhalb des Urheberrechts und der Leistungsschutzrechte kennt das Urheberrechtsgesetz keine originären Rechte. Die Bedürfnisse und Interessen Dritter und der Allgemeinheit werden bereits bei der Ausgestaltung des Urheberrechts durch den Gesetzgeber berücksichtigt. Grundrechte wirken im Privatrecht mittelbar und nicht in der Art und Weise, dass sie Freiheiten bewehren und damit subjektive Rechte neben dem Recht des Urhebers schaffen können. Nach der Rechtsentstehung ist das Gesetz demgemäß grundrechtskonform anzuwenden und auszulegen, nichtsdestoweniger stehen die Grundrechte in Konsequenz daraus nicht neben oder gegenüber den Urheberinteressen. Vielmehr bilden sie den anfänglichen Rechtsumfang mit aus. Die gesetzlichen Nutzungsfreiheiten sind sonach weder *subjektiv* noch *objektiv bewehrt*, weshalb sie kein subjektives Recht und damit desgleichen kein originäres Nutzerrecht darstellen.

Eine Bewehrung der Schranken zugunsten des Nutzers oder eine gesetzliche Nutzungsrechtseinräumung wäre im Übrigen rechtspolitisch und rechtssystematisch nicht wünschenswert, da sie die Konzeption des Urhebers als Zentrum des Urheberrechtsgesetzes aufbrechen würde.[756] Das Urheberrechtsgesetz etabliert ein Hierarchieverhältnis zugunsten des Urhebers. Demgegenüber würden durch eine Bewehrung neben dem subjektiven Urheberecht noch weitere subjektive Rechte entstehen und das in mannigfaltiger Anzahl, wenn man jedem potenziell Nutzungsprivilegierten originäre Mindestrechte oder Nutzungsrechte zugestehen würde. Mit einem solchen Schrankenverständnis würde das gesamte urheberkonzentrierte Paradigma aufgegeben werden.[757] Die Grundlagen des

---

755 Ebenso *Zech*, in: *Leible*, Wissen-Märkte-Geistiges Eigentum, S. 187, 192.

756 a.A. *Hansen*, Warum Urheberrecht?, S. 282 ff., der den aktiven und selbstbestimmten Nutzer „als programmatisches Leitbild" fordert.

757 Hingegen ebendies fordernd *Hansen*, Warum Urheberrecht?, S. 283: „(...) könnte man das übergeordnete Ziel urheberrechtlicher Regulierung möglicherweise darin

Urheberrechts derart aufzubrechen, ist nach gründlicher Diskussion und Abwägung in der Rechtswissenschaft, Gesetzgebung und Rechtsprechung theoretisch möglich, dahingegen verbietet sich ein Weg durch die Hintertür der Auslegung der Schrankenbestimmungen.

Bereits jetzt steht das Urheberrecht unter einem enormen Legitimationsdruck,[758] sodass es nicht erstrebenswert erscheint, diesen noch weiter zu erhöhen, indem man dem Nutzer eigene subjektive Rechte zuspricht. Das Selbstverständnis des Nutzers gegenüber dem Urheber und damit einhergehend sein Anerkenntnis der zu befolgenden urheberrechtlichen Rechtslage würden sich wandeln. Das würde den Stellenwert und damit die gesellschaftliche Akzeptanz des Urheberrechts als Recht der kreativen Schöpferpersönlichkeit weiter minimieren und die inneren Hemmschwellen in Bezug auf massenhafte Urheberrechtsverletzungen im Internet weiter absenken. Die Wertentscheidung zugunsten des Urhebers wird alltäglich vielfach in Frage gestellt von Leuten, die innerlich mit der daraus resultierenden Zahlungspflicht ringen. Illegale, doch kostenlose Angebote im Internet verlocken. Somit ist zum Schutz der Akzeptanz des Urheberrechts wiederholt darauf hinzuweisen, dass ungeachtet aller berechtigten Interessen der Allgemeinheit ausschließlich der Urheber Inhaber eines subjektiven Rechts ist. Nur ihm wird ein Anspruch gewährt, den er gerichtlich durchsetzen kann. Diese Wertentscheidung zugunsten des Urhebers kommt in internationalen Verträgen genauso zu Ausdruck, sodass der Gesetzgeber angehalten wäre, mutiger Stellung zu beziehen. Dem Paradigma, dass der Urheber im Mittelpunkt des Gesetzes steht, folgt beispielsweise ebenso die Präambel des WIPO-Urheberrechtsvertrags (WCT)[759], wenn sie von der „Erkenntnis der Notwendigkeit, ein Gleichgewicht zwischen den Rechten der Urheber und dem umfassenderen öffentlichen Interesse, insbesondere Bildung, Forschung und Zugang zu Informationen, zu wahren", spricht. Hier wird explizit ein Gleichgewicht zwischen Rechten einerseits und Interessen andererseits angestrebt. Diese

---

erkennen, dass das Urheberrecht primär der Verwirklichung einer *offenen Kultur* dienen sollte. Rechtspolitisches Ziel einer offenen Kultur wäre die weitestmögliche Partizipation aller am Prozess und an den Resultaten kreativen Schaffens. Ihr normatives Leitbild hätte dementsprechend gleichberechtigt neben dem Schutz des Urhebers der *Schutz des aktiven und selbstbestimmten Nutzers* zu sein.".

758 Ausführlich *Schack*, in: *Chiusi/Gergen/Jung*, FS Wadle, S. 1005, 1005 f.

759 Vertrag vom 20.12.1996, abrufbar unter: https://wipolex.wipo.int/en/text/295166, letzter Zugriff am 29.03.2021. Vgl. hierzu den Beschluss des Rates vom 16.03.2000 über die Zustimmung im Namen der Europäischen Gemeinschaft zum WIPO-Urheberrechtsvertrag, ABl. *Nr. L 089 vom 11/04/2000*, S. 6. Zum deutschen Zustimmungsgesetz vom 10.08.2003 „Gesetz zu den WIPO-Verträgen vom 20. Dezember 1996 über Urheberrecht sowie über Darbietungen und Tonträger" siehe BGBl. II 2003, 754. Zum Stand der Vertragsparteien siehe http://www.wipo.int, letzter Zugriff am 29.03.2021.

inhaltliche und sprachliche Feinfühligkeit ist bemerkenswert. Überzeugend wird diese Differenzierung vorgenommen, denn nicht aus jedem Interesse erwächst ein Recht. Die Anerkennung von subjektiven Rechten ist der höchste Zuspruch unserer Privatrechtsordnung an ein Individuum. Vorsicht sollte man demgemäß walten lassen, wenn unsere Gesellschaft die Tendenz aufzeigt, berechtigte und bedeutende Allgemein- oder Drittinteressen sorglos zu Rechten sprachlich aufzuwerten.[760]

---

760 Bewusst soll der bedenkliche Umgang mit dem Begriff Recht über das Urheberrecht hinaus kritisiert werden. Die Beispiele dafür sind zahlreich. Deutlich zeigt sich die ebengleiche Problematik beispielsweise im Bereich des Städtebaus und der Wohnungspolitik. Im Anschluss an den französischen Soziologen *Lefebvre*, Le droit à la ville, S. 9 ff. mobilisiert die Parole „Recht auf Stadt" zum Zusammenschluss zu sozialen Protestbewegungen für ein transformiertes, erneuertes urbanes Leben, vgl. http://www.rechtaufstadt.net/, letzter Zugriff am 29.03.2021. Das Motto ist Gegenstand akademischer Tagungen und Debatten geworden, vgl. *Holm/Gebhardt*, Initiativen für ein Recht auf Stadt, S. 7 ff., bis selbst UN-Organisationen wie die UN-HABITAT und UNESCO es nicht nur unterstützt haben, sondern gar ihrerseits ein Recht auf Stadt postulierten, vgl. https://unesdoc.unesco.org/ark:/48223/pf0000178090, letzter Zugriff am 29.03.2021. Die deutsche Politik hat sich mit ihrer Wortwahl dem angepasst und spricht ebenfalls von einem „Recht auf bezahlbaren Wohnraum", vgl. https://www.bundesregierung.de/breg-de/aktuelles/bezahlbarer-wohnraum-fuer-alle-399594, letzter Zugriff am 29.03.2021. Fraglich erscheint, warum jemand ein „Recht" haben sollte, an einem bestimmten städtischen Platz zu einer bestimmten Miete wohnen zu können. Hier wird der juristische Rechtsbegriff mit politischen Zielvorstellungen verknüpft. Oder ist ein drittbezogenes Recht gegenüber einer anderen Privatperson oder gegenüber dem Staat auf Zuweisung gewissen Wohnraums an einem gewissen Ort, auf eine festgelegte Vertragsgestaltung oder auf einen bestimmten Städtebau im wahrsten Sinn des Worts gemeint? Das ist sicherlich nicht der Fall. Hier zeigt sich, wie bestimmte politische Ziele sprachlich untermauert werden. Durch den Missbrauch des Begriffs Recht soll unterschwellig beeinflussend auf die Meinungsbildung eingewirkt werden. Ohne größere Bedenken werden Interessen und Ziele, selbst wenn sie wie der Mieterschutz, die gesellschaftliche Durchmischung der Viertel, die Schaffung lebendiger und vielfältiger Quartiere oder die Ghettovermeidung berechtigt und unterstützenswert sein mögen, zu Rechten verklärt.
Das Gleiche trifft auf das Urheberrecht zu. Hier ist die Berechtigung gewisser Nutzerinteressen unbestritten. Sehr wahrscheinlich wird der Schutzumfang des Ausschließlichkeitsrechts zukünftig noch mehr verkleinert werden müssen, um den vielfältiger werdenden Interessen und technischen Möglichkeiten gerecht werden zu können. So war vor wenigen Jahren das Text und Data Mining wenig bekannt und heutzutage dennoch eine sinnvoll eingeführte Schranke. Nichtsdestominder entwertet es die Bedeutung des Begriffs Recht, wenn ohne Hinterfragung, nur zur Stärkung einer politischen Forderung interessengesteuert von einem Recht

Zusammenfassend zeichnet sich die Position des Nutzers also weder durch ein gesetzlich oder vertraglich eingeräumtes Nutzungsrecht noch durch ein originäres Nutzerrecht aus. Obwohl in neuerer Zeit zunehmend vertreten wird, dass die Nutzungsfreiheiten aufgrund des vom Gesetzgeber angestrebten Interessenausgleichs mehr als bloße Nicht-Verbote sind,[761] muss es nach den ausgeführten Erklärungen bei der traditionellen Auffassung bleiben, dass die Schranken des Urheberrechts keine Rechte des Nutzers begründen.[762] Es ist nicht notwendig, den freigestellten Nutzungen Rechtsqualität zuzusprechen. Es ist ausreichend, sie als ein der Sozialbindung des Urheberrechts gerecht werdendes Entfallen der dem Nutzer

---

wie dem Recht auf Privatkopie gesprochen wird, vgl. https://www.zeit.de/digital/internet/2012-07/youtube-mp3-konvertieren/seite-2, letzter Zugriff am 29.03.2021. Unverständnis bleibt zurück, wenn selbst Juristen diese Sorglosigkeit teilen und beispielsweise mit einer vermeintlichen Aufklärung über die Grenzen des „Rechts auf Privatkopie" werben, siehe https://www.it-recht-kanzlei.de/privatkopie-virtuelle-recorder.html, letzter Zugriff am 29.03.2021. Selbst der EuGH hat sich nicht nachvollziehbar jener Strömung angeschlossen. Entgegen der formellen Überschrift von Art. 5 InfoSoc sieht er in den „Ausnahmen oder Beschränkungen selbst Rechte zugunsten der Nutzer von Werken oder anderen Schutzgegenständen", EuGH GRUR 2019, 934, 939, Rn. 70 – Afghanistan Papiere; sowie wortgleich EuGH GRUR 2019, 940, 944, Rn. 54 – Reformistischer Aufbruch. Dabei verweist er als Begründung auf EuGH GRUR 2014, 1078, 1080, Rn. 43 – TU Darmstadt/Ulmer. In diesem Urteil wird bezüglich einer Schrankenprivilegierung vom „Recht zur Wiedergabe von Werken" der privilegierten Einrichtungen gesprochen. Auch in der folgenden Randnummer sowie Rn. 49 fällt der Begriff des Rechts der Nutzer. Eine argumentative Auseinandersetzung oder Begründung der Wortwahl sucht der Leser vergeblich. Der EuGH lässt ihn so mit Erstaunen zurück. *Hofmann*, EuZW 2020, 397, 401 verneint trotz der Rechtsprechung des EuGH in den Urteilen *Afghanistan Papiere* und *Reformistischer Aufbruch*, dass die Schranken subjektive Rechte gewähren, und vermutet: „Durch die Formulierung will der *EuGH* augenscheinlich darauf hinweisen, dass die Interessen von Nutzern (genauer: die Informations-, Meinungs- und Pressefreiheit) im Rahmen der gebotenen Interessenabwägung hinreichend zu berücksichtigen sind." Warum für dieses Ziel die Bezeichnung als Rechte notwendig sein soll, bleibt vollkommen unklar und dogmatisch nicht nachvollziehbar.

761 Neben den bereits genannten Stimmen siehe auch *Hohagen*, Freiheit der Vervielfältigung, S. 498 ff.; *Holznagel/Brüggemann*, MMR 2003, 767, 771; ähnlich *Pichlmaier*, CR 2003, 910, 913. Die Frage, ob Mindestrechte des Nutzers bestehen, ist am häufigsten anhand der Vervielfältigungsfreiheit diskutiert worden. Die Diskussion erfolgte meist auffallend interessenorientiert, um mittels eines „Anspruchs auf Nutzung" eine Durchsetzbarkeit der Schrankenregelungen gegenüber technischen Schutzmaßnahmen zu begründen.

762 *Schack*, ZUM 2002, 497, 504.

sonst durch das Urheberrecht auferlegten Handlungsbeschränkungen zu betrachten.[763] Das Urheberrecht erkennt die Interessen des Nutzers an und ermöglicht eine Wahrnehmung derer, indem es sich selbst begrenzt, ohne dass dabei Rechte des Nutzers entstehen.[764] Wenn das Urheberrecht a priori immanenten Grenzen unterworfen ist, ist es ein unvermeidbarer Reflex, dass Nutzungsfreiheiten entsprießen.[765] Ein subjektives Privatrecht kann in immanenten Rechtsgrenzen nicht gesehen werden.[766] Obwohl sich die Grenzen unter anderem aus Grundrechten ergeben, sind die durch die Schranken freigestellten Nutzungshandlungen nicht mehr als unbewehrte Freiheiten, weshalb *Hirsch-Ballin* zutreffend von einer bloßen Freiheit im Sinne einer *facultas*[767] zur zustimmungsfreien, indes nicht stets vergütungsfreien Nutzung spricht. Infolge der Innentheorie lassen sich Schranken als alle gesetzlichen Begrenzungen des Urheberrechts, denen es von seiner Entstehung an unterworfen ist, definieren. Damit sind Schranken keine stets eng auszulegenden Ausnahmebestimmungen, sondern ein notwendiges Instrument zur Bestimmung des optimalen Zuschnitts der ausschließlichen Rechtsbefugnisse der Urheber, deren Auslegung davon abhängt, wie das rechtspolitisch angestrebte Optimum erreicht werden kann.[768]

III Schlussfolgerungen aus der Rechtsnatur auf den Vertragsvorrang

Aus diesem Schrankenverständnis als unbewehrte Freiheit heraus ergibt sich, dass keine dogmatische Konstruktion denkbar ist, in der Schranken mit urheberrechtlicher Wirkung abbedungen werden können.[769] Weder kann der Rechteinhaber die

---

763 *Liepe*, Vervielfältigung zum privaten Gebrauch, S. 124; *Runge*, Urheber- und Verlagsrecht, S. 149, der daher den Vergleich zum verwaltungsrechtlichen Begriff des allgemeinen Polizeiverbots mit Erlaubnisvorbehalt zieht.

764 *Wiechmann*, ZUM 1989, 111, 118.

765 *Schack*, in: *Chiusi/Gergen/Jung*, FS Wadle, S. 1005, 1019; *ders.*, Urheberrecht, Rn. 439; OLG München GRUR-RR 2009, 85, 88 – AnyDvD II; vgl. BT-Drs. 16/1828, S. 20; gegen *Geiger*, GRUR Int. 2004, 815, 818 mit der nicht überzeugenden Argumentation, dass man gemeinhin die Beschränkung zu Zitatzwecken als „Zitatrecht" bezeichnet.

766 Ebenso *Hofmann*, EuZW 2020, 397, 401; *Obergfell*, in: *Halfmeier*, Jahrbuch Junger Zivilrechtswissenschaftler 2005, S. 101, 110; *Zech*, in: *Leible*, Wissen-Märkte-Geistiges Eigentum, S. 187, 190 f.

767 *Hirsch-Ballin*, UFITA 1955/II, 274, 281; das Gleiche meint wohl ebenso *Hofmann*, EuZW 2020, 397, 401 mit dem Begriff des Privilegs.

768 Ebenso *Dreier*, ZUM 2019, 384, 384.

769 Es ist bedauerlich, dass andere Literaturstimmen aus reinen Praktikabilitätserwägungen individualvertragliche Beschränkungen urheberrechtlicher Schranken im Weg der Behauptung für zulässig erachten, ohne sich auf Überlegungen zur Schrankendogmatik einzulassen, beispielsweise *Dreier/Senftleben*, in: *Lejeune*, Der

gesetzlich vermutete Nutzungsrechtseinräumung vertraglich ausschließen noch kann der Nutzer auf sein eigenes Recht in Form eines gesetzlichen Nutzungs- oder originären Nutzerrechts verzichten. Die Schrankendogmatik lässt somit einen Vertragsvorrang nicht zu. Aus ihr folgt zwingend der Gesetzesvorrang. Urheberrechtliche Schranken sind nicht disponibel. Aus dieser Erkenntnis folgt, dass eine Vorrangigkeit der Parteivereinbarung – sollte man sie für vorzugswürdig erachten – nur durch die ausdrückliche Einführung eines Vertragsvorbehalts erzielt werden kann. Die Subsidiarität des Gesetzes müsste durch eine demgemäße Klausel explizit angeordnet werden, stünde hingegen stets im offenen Widerspruch zur Schrankendogmatik. Das dogmatisch geschlossene Bild würde aufgerissen werden, indem einzelne Schranken durch einen gesetzgeberischen Akt zu disponiblem Recht erklärt werden, dessen Anwendbarkeit dem Willen der Vertragsparteien unterliegt.

Aus diesem Schrankenverständnis folgt die Notwendigkeit, über Subsidiaritätsklauseln in urheberrechtlichen Schrankenbestimmungen gesondert zu diskutieren (ab Teil F). Möglicherweise ergeben sich rechtspolitische oder rechtspraktische Gründe, die es entgegen der Schrankendogmatik vorzugswürdig erscheinen lassen, die Anwendbarkeit der Schranken unter einen Vorbehalt des Vertrags zu stellen. Doch bevor sich mit diesen Erwägungen auseinandergesetzt werden kann, sollen sich noch weitere dogmatische Überlegungen anschließen. Angesicht der verbreiteten Annahme von bzw. der Forderung nach Nutzerrechten ist es möglich, dass solche zukünftig anerkannt werden. Es soll noch untersucht werden (IV), ob die daraus folgende theoretische Möglichkeit, die urheberrechtlich wirksame Abbedingung zu konstruieren, dazu führen würde, einen Vertragsvorrang für dementsprechende Nutzungserlaubnisse anzunehmen. Das könnte für die zukünftige Rechtsausgestaltung interessant werden. Weiterhin sollen, bevor die praktischen Auswirkungen eines Vorbehalts besprochen werden, die rechtstheoretischen Auswirkungen eines Vorrangs angesichts des dogmatischen Verständnisses betrachtet werden (V).

IV Vertragsvorrang unter der Annahme von Nutzerrechten de lege ferenda?

Ausgangs wurde dargelegt, dass sich die Möglichkeit der Gesetzesabbedingung danach richtet, ob eine Norm als zwingend oder dispositiv angesehen werden muss.[770] Die Disposition müsste sich dogmatisch konstruieren lassen. Ausgehend von diesem Gedanken wurde bisher die Rechtsnatur der Schrankenbestimmungen

---

E-Commerce-Vertrag, S. 81, 112 f., Rn. 40. Andere dahingegen erklären die Schranken ohne Begründung für urheberrechtlich zwingend, vgl. *Lüft*, in: *Wandtke/Bullinger*, UrhR, Vor §§ 44a ff., Rn. 2.

770 Siehe E I 1. a).

untersucht. Das Ergebnis war, dass Schranken unbewehrte Freiheiten sind, deren Derogation sich deshalb nicht konstruieren ließ. Daher sind sie nicht dispositiv.

Zur Bestätigung dessen will die Untersuchung noch ein weiteres Argument liefern. Gegen das Verständnis der Schranken als Nutzerrechte de lege lata sprechen überzeugende Gründe.[771] Doch ist es denkbar, dass sich im Rahmen der technischen Entwicklung das Verständnis des Urheberrechts im nutzerorientierten Sinn weiter wandeln wird.[772] Aufgrund dessen wäre es vorstellbar, dass das Urheberrecht Nutzerrechte de lege ferenda anerkennen wird.[773] In diesem Fall wäre die Gesetzesdisposition in Form eines Rechtsverzichts des Nutzers konstruierbar. Die Möglichkeit der Konstruktion ist jedoch nicht gleichzusetzen mit der Zulässigkeit der Konstruktion. Deswegen sollen nachfolgend die Schrankenbestimmungen aus einem anderen Blickwinkel ausgelegt werden, um zu überprüfen, ob unter obiger Annahme eine Disposition möglich wäre. Insgesamt stellt das keinen Versuch dar, Nutzerrechte zu begründen, sondern einen zweiten Ansatz zu hinterfragen, ob urheberrechtliche Schranken zwingendes Recht abbilden.

1. Untersuchungsmethodik

Entscheidend für das Schrankenverständnis ist auf eine Qualifikation der Schrankenbestimmungen im Wege der Auslegung abzustellen. Im Folgenden sollen die Schranken teleologisch ausgelegt werden. Methodisch soll dabei nicht auf die Weise vorgegangen werden, dass jede Schranke einzeln auf ihren Telos hin ausgelegt wird.[774] Vielmehr soll der grundsätzliche Sinn und Zweck aller Schrankenregelungen betrachtet werden, um allen Normen gemeinsame Zielvorstellungen zu eruieren. Um diese strukturell umfassend durchsetzen zu können, bedarf es im Recht fester Prinzipien. Welchen Leitsätzen die Schranken dabei unterliegen (2.) und welche Konsequenzen sich daraus für die Abdingbarkeit ergeben (3.), soll im Folgenden untersucht werden.

Die Argumentation anhand von Rechtsprinzipien – sollte ihre Anwendbarkeit dargelegt werden können – bringt entscheidende Vorteile mit sich. Aufgrund ihrer übergeordneten Geltung kann eine Auslegung jedweder Schrankenbestimmung unterbleiben. Des Weiteren erscheint es im Bereich des Möglichen liegend, dass

771 Vgl. die Untersuchung unter E II 4.; a.A. *Zurth*, Nutzungsrechte, S. 86 ff.

772 So beispielsweise die Forderung von *Hansen*, Warum Urheberrecht?, S. 447 ff.

773 Mehrere Stimmen unterliegen bereits dieser Annahme, vgl. *Abdallah/Gercke/Reinert*, ZUM 2004, 31, 34; *Geiger*, GRUR Int. 2004, 815, 818; *Hoeren*, Urheberrecht und Verbraucherschutz, S. 16 ff.; *Hohagen*, Freiheit der Vervielfältigung, S. 498 ff.; *ders.*, in: *Ohly/Bodewig/Dreier*, FS Schricker II, S. 353, 357 ff.; *Holznagel/Brüggemann*, MMR 2003, 767, 771; *Kreutzer*, GRUR 2001, 193, 2002, Fn. 115; *Köcher/Kaufmann*, MMR 2005, 753, 753; *Rehse*, Zulässigkeit und Grenzen der Schranken, S. 47.

774 Obwohl das die herrschende Empfehlung in der Literatur zur Ermittlung des dispositiven Charakters einer Norm ist, vgl. *Möslein*, Dispositives Recht, S. 175 mwN.

Prinzipien anwendbar sind, die ihre Geltung unabhängig davon entfalten, welche Konstruktionsmöglichkeit man der Schrankenregelung zugrunde legt. Dann wäre das Auslegungsergebnis zur Disponibilität unberührt davon, ob man wie hier Schranken als unbewehrte Freiheiten auffasst oder sie zukünftig als Nutzerrechte qualifizieren wird. Insbesondere der Numerus clausus als Grenze rechtsgeschäftlicher Vereinbarungsmöglichkeiten ist in den Blick zu nehmen.

2. Übertragbarkeit sachenrechtlicher Grundsätze auf das Urheberrecht als Argument?

Das Sachenrecht ist von strengen Rechtsprinzipien geprägt, die Auswirkungen auf die Abdingbarkeit sachenrechtlicher Normen haben. Die sachenrechtlichen Prinzipien könnten ebendeswegen je nach Schrankenkonstruktion (b) einen zweiten Ansatz bieten, sich der schrankenrechtlichen Dogmatik zu nähern. Das trifft insbesondere auf den Numerus clausus und den Typenzwang zu. Nachfolgend werden diese definiert (a) und ihre Übertragbarkeit auf das Urheberrecht wird herzuleiten versucht (c, d). Sollte dies gelingen, könnte das Urheberrecht anhand von sachenrechtlichen Prinzipien ausgelegt werden (3.).

a) Numerus clausus und Typenzwang

Zunächst sollen die beiden sachenrechtlichen Prinzipien Numerus clausus und Typenzwang definiert und ihre Geltung begründet werden. Numerus clausus bedeutet im Sachenrecht, dass das Rechtsgebiet nur eine geschlossene Zahl dinglicher Rechte anerkennt.[775] In den Motiven zum BGB findet sich folgende Definition: „Das Sachenrecht muss, um seine Selbstständigkeit zu wahren, die Erwerbung der dinglichen Rechte nach Gesichtspunkten ordnen, die auf seinem Gebiete liegen. Es hat die Tatsachen, an welche die Erwerbung zu knüpfen ist, nicht minder als den Inhalt der einzelnen Rechte nach deren Wesen und Zwecke zu bestimmen. Den Beteiligten kann es daher nicht freistehen, jedem beliebigen Rechte, welches sich auf eine Sache bezieht, den Charakter des dinglichen zu verleihen. Der Grundsatz der Vertragsfreiheit, welcher das Obligationsrecht beherrscht, hat für das Sachenrecht keine Geltung. Hier gilt der umgekehrte Grundsatz: Die Beteiligten können nur solche Rechte begründen, deren Begründung das Gesetz zulässt. Die Zahl der dinglichen Rechte ist daher notwendig eine geschlossene."[776] Gleichwohl

775 Dass für die dinglichen Rechte ein Numerus clausus gilt, ist ungeachtet der Möglichkeit der Erweiterung deren Zahl durch Rechtsfortbildung ghM, vgl. nur *Schulte-Nölke*, in: Hk-BGB, Vor §§ 854–1296, Rn. 19.

776 Motive zum BGB, Bd. III, S. 3; zur historischen Entwicklung des Grundsatzes siehe *Wiegand*, in: *Köbler*, FS Kroeschell, S. 623, 623 ff.

ist nicht nur die geschlossene Zahl der dinglichen Rechte durch zwingendes Gesetzesrecht festgelegt, sondern ebenfalls deren zulässiger Inhalt (Typenzwang).[777]

In der traditionellen Rechtfertigung des Numerus clausus gab es dafür verschiedene Begründungsansätze. So stellen die Gesetzesmaterialien rechtsdogmatisch die Autonomie des Sachenrechts mit seinen zum Schuldrecht unterschiedlichen Grundannahmen, die die Selbstständigkeit des Rechtsgebiets erfordern, an zentraler Stelle heraus.[778] Weiterhin möchte das Gesetz mit Blick auf die Rechtsgeschichte feudale Eigentumsstrukturen, wie sie sich in den lehns- und dienstrechtlichen Verhältnissen des Mittelalters entwickelt hatten, verhindern.[779] Rechtsphilosophisch wurden diese Gedanken durch das Argument des Freiheitsschutzes ergänzt. Der Numerus clausus mit seinen abschließenden Regelungen wahrt die Freiheit der Rechtssubjekte, außerhalb dieser Grenzen rechtssicher agieren zu können.[780]

Heutzutage haben sich zusätzlich moderne Begründungsmuster herausgebildet. Die beiden Prinzipien Numerus clausus und Typenzwang werden mit Verkehrsinteressen und dem Verkehrsschutz begründet.[781] Im Zentrum des Gedankens steht die Sicherheit und Leichtigkeit des Rechtsverkehrs.[782] Ebendiese Zielvorstellung, welche die Gesamtzusammenhänge in den Blick nimmt, ist grundlegend für das Verständnis des deutschen Bürgerlichen Rechts. Schon die Geltung des Abstraktionsprinzips im Bürgerlichen Recht wurde gleichlautend begründet.[783] Im Sachenrecht bedeutet dieses Ziel, dass die Zirkulationsfähigkeit von Gegenständen gewährleistet werden muss, indem der Erwerber darauf vertrauen kann, dass dem Erwerb nur die gesetzlich geregelten Beschränkungen entgegenstehen oder die erworbene Sache belasten können.[784] Das vereinfacht nicht nur die Rechtslage, sondern schafft angesichts der absoluten Wirkung des Sachenrechts Rechtssicherheit und -klarheit für jedermann.

Daneben entstehen rechtsökonomische Vorteile. Weil eine übermäßige Fragmentierung des Eigentums verhindert wird, kann es seiner produktivsten Verwendung zugeführt und optimal standardisiert werden, wodurch Informationskosten des Erwerbsinteressenten minimiert werden.[785] Als Folge der Überzeugungskraft

777 *Baur/Stürner*, Sachenrecht, § 1, Rn. 7; *Heck*, Grundriß des Sachenrechts, S. 87 ff.

778 Vgl. Motive zum BGB, Bd. III, S. 1.

779 Gegen die historische Teilung in Ober- und Untereigentum Motive zum BGB, Bd. III, S. 262; dazu *Füller*, Eigenständiges Sachenrecht?, S. 378.

780 *Heck*, Grundriß des Sachenrechts, S. 87.

781 Vgl. *Fleischer*, in: *Eger/Bigus/Ott/Wangenheim*, FS Schäfer, S. 125, 129 f. mwN.

782 Vgl. *Baur/Stürner*, Sachenrecht, § 1, Rn. 7 ff. Aufgrund dieses institutionellen oder ordnungspolitischen Charakters des Begründungsmusters spricht *Fleischer*, Informationsasymmetrie im Vertragsrecht, S. 178 ff. von einem makrojuristischen Begründungsmodell.

783 Vgl. Motive zum BGB, Bd. III, S. 6 f.

784 Vgl. *Baur/Stürner*, Sachenrecht, § 1, Rn. 8 ff.

785 *Fleischer*, in: *Eger/Bigus/Ott/Wangenheim*, FS Schäfer, S. 125, 131 ff. mwN.

dieser Begründung hat sich das dargestellte Prinzip Numerus clausus bis heute als tragendes Element des modernen Sachenrechts gehalten. Im Folgenden kann nun untersucht werden, ob diese Aussage auf das Immaterialgüterrecht gleichermaßen zutrifft.

b) *Auswirkung ihrer Übertragung je nach dogmatischer Konstruktion der Schrankenregelungen*

Würden die Immaterialgüterrechte im Allgemeinen und das Urheberrecht im Besonderen den gleichen Prinzipien unterliegen, würde das Auswirkung auf die dogmatische Möglichkeit der Abbedingung urheberrechtlicher Schrankenregelungen haben. Die eintretende Auswirkung ist dabei abhängig von der dogmatischen Konstruktion, die der Schrankenbestimmung zugrunde gelegt wird. Das soll im Folgenden ausgeführt werden.

aa) Schrankenerlaubnis als originäres Nutzerrecht

Dass die Übertragbarkeit erhebliche Auswirkungen hätte, betrifft zunächst die bereits erwähnte Annahme einiger Stimmen, dass Schranken originäre Rechte des Nutzers seien. Der disponierende Verzicht gegenüber dem Urheber mit urheberrechtlicher Wirkung würde unter der Annahme zu einem Anwachsen des Urheberrechts, in der Regel konkreter gesehen des Verwertungsrechts führen und der Verzicht gegenüber dem ausschließlichen Rechteinhaber zu einem Anwachsen des Nutzungsrechts. In beiden Fällen würde das Ausschließlichkeitsrecht in seinem Umfang über die immanenten Schutzrechtsgrenzen hinaus erweitert werden. Es könnte anschließend etwas urheberrechtlich verboten werden, was zuvor nicht urheberrechtlich verboten war. Auf diesem Weg könnte ein Immaterialgüterrecht entstehen, welches in seinem Umfang größer wäre als das vom Gesetz vorgesehene Urheberrecht im Moment der Werkschöpfung. Das Ergebnis wäre ein Herrschaftsrecht, welches dem Immaterialgüterrecht in dieser Reichweite und Ausdehnung zuvor unbekannt gewesen ist.

bb) Schrankenerlaubnis als unbewehrte Freiheit

Ebenso würde es sich verhalten, wenn die Schranken, wie hier vertreten wird,[786] nicht als bewehrte, sondern als unbewehrte Freiheiten, also nicht als subjektive Rechte, betrachtet werden und man dennoch eine Disponibilität annimmt. In dieser Konstellation würde durch die urheberrechtliche Wirkung der Abbedingung die bisherige Nutzungsfreiheit dem Ausschließlichkeitsrecht zugesprochen werden, sodass dieses in seinem Umfang über die ursprüngliche Größe, wie sie das Gesetz vorsieht, hinaus erweitert werden würde. Anschließend kann eine

786 Vgl. die Erörterung unter E II 4. cc).

Handlung urheberrechtlich verboten werden, die zuvor von keinem subjektiven Recht erfasst worden ist.

Die Folgen der Abbedingung könnten also in Form der Rechtsumfangserweiterung sowohl unter der Annahme einer unbewehrten Freiheit als auch eines originären Nutzerrechts als bewehrte Freiheit mit einem Numerus clausus der Immaterialgüterrechte nicht vereinbar sein, weil ein Immaterialgüterrecht entstehen würde, dessen Reichweite das Gesetz in diesem Umfang nicht vorgesehen hat.

Man könnte mit einer Literaturmeinung im Gegensatz dazu annehmen, dass sich hinter dieser Konstellation vielmehr ein Verstoß gegen den Typenzwang des Urheberrechts verbirgt.[787] Dem Herrschaftsrecht des Urhebers könne demnach nur ein vorgeschriebener und daher zulässiger Inhalt zukommen. Die Ausdehnung mit urheberrechtlicher Wirkung verstoße gegen diese Grundbedingung. Letztlich streben beide Ansichten das gleiche Ergebnis an, indem sie die dogmatische Unzulässigkeit einer Schrankenabbedingung mit urheberrechtlicher Wirkung zu beweisen versuchen.[788] Wenn die originären Rechte des Immaterialgüterrechts einem Numerus clausus unterliegen und daneben noch ein urheberrechtlicher Typenzwang besteht, könnte es angesichts gleicher Rechtsfolgen letztlich dahingestellt bleiben, gegen welches Prinzip die Herrschaftsrechtsausdehnung verstößt. Dass allerdings nur der Gesetzgeber die Zahl der Immaterialgüterrechte festlegen darf, ist zugleich Ursache dafür, dass ebenso nur der Gesetzgeber sie mit einem zulässigen Inhalt ausstatten kann. Ohne einen Numerus clausus der Immaterialgüterrechte kann das Urheberrecht somit keinem Typenzwang unterliegen. Infolge dieser Annahme wird sich nachfolgend auf den Numerus clausus und nicht den Typenzwang konzentriert. Es muss dabei zugestanden werden, dass der Typenzwang und der Numerus clausus in einem engen inhaltlichen Zusammenhang stehen, der eine trennscharfe Unterscheidung nicht immer ermöglicht. Es wird als nachvollziehbar zugestanden, in der Immaterialgüterrechtserweiterung einen Verstoß gegen den Numerus clausus und den Typenzwang zugleich zu sehen. Vorliegend wird aber vertreten, dass eine Herrschaftsrechtsausdehnung nicht ausschließlich eine Frage der konkreten Ausgestaltung mit einem zulässigen Inhalt ist und damit nicht nur ein Verstoß gegen einen konkreten Typ. Vielmehr handelt es sich um ein Mehr an Rechten und damit um ein zuvor in dieser Ausdehnung nicht bestehendes, daher neues Recht. Eine Rechtsausdehnung über den gesetzlich vorgesehenen Umfang hinaus ist zugleich die Begründung eines neuen Rechts. Sie geht über den zulässigen Inhalt eines konkreten Typs hinaus und schafft infolgedessen etwas Neues. Ein Immaterialgüterrecht, dessen Schutzumfang über den des vom Urheberrechtsgesetz festgelegten hinausgeht, ist kein Urheberrecht mehr, sondern ein neues Immaterialgüterrecht. Daher wird hier ein Verstoß gegen den Numerus clausus

787 So *Stieper*, Rechtfertigung der Schranken, S. 204.

788 Vgl. die Schlussfolgerung bei *Stieper*, in: *Schricker/Loewenheim*, UrhR, Vor §§ 44a ff., Rn. 56.

und nicht gegen den Typenzwang postuliert. Anders wäre es, würde der Umfang des Urheberrechts mit urheberrechtlicher Wirkung verkleinert werden. Darin läge ein Verstoß gegen den Zwang, dass das einzelne Immaterialgüterrecht mit dem vorgeschriebenen Inhalt ausgestattet sein muss, vor.

cc) Schrankenerlaubnis als abgeleitetes Nutzungsrecht

Ohne Einfluss wäre der Numerus clausus der originären Rechte auf die Konstellation, dass Schranken vom Urheberrecht abgeleitete Nutzungsrechte sind. Unter dieser Annahme würde das Urheberrecht für eine logische Sekunde stets vollumfänglich in der Person des Urhebers entstehen. In diesem Fall wäre das Prinzip selbst durch eine Abbedingung der Schrankenregelung nie verletzt. Der urheberrechtlich wirksame Verzicht auf die Schrankenerlaubnis durch den Nutzer oder der urheberrechtlich wirksame Ausschluss der Schrankenerlaubnis durch den Urheber würden bewirken, dass kein Nutzungsrecht gesetzlich oder vertraglich eingeräumt würde, sodass das Vollrecht beim Urheber verbleibt. Das würde keine Rechteerweiterung gegenüber den in der logischen Sekunde ursprünglichen Schutzumfang begründen und folglich keinen Verstoß gegen den Numerus clausus der originären Rechte darstellen.

Vielmehr läge durch den teilweisen oder vollständigen Verzicht oder Ausschluss eine Modifizierung oder Aufhebung der Schrankenprivilegierung als eingeräumtes einfaches Nutzungsrecht vor. Das könnte jedoch gegen einen möglichen Typenzwang der abgeleiteten Rechte verstoßen. Es ist für die nachfolgende Aufgabenstellung von entscheidender Notwendigkeit, präzise zwischen einem Numerus clausus und Typenzwang der Rechte des Immaterialgüterrechts und der Rechte aus dem Immaterialgüterrecht zu differenzieren.[789]

Vielfach ist in der Literatur längst die Frage besprochen worden, ob die abgeleiteten Rechte im Immaterialgüterrecht überhaupt einem starren Typenzwang unterliegen, wie das Sachenrecht ihn kennt. Unter der Bedingung seiner Ablehnung könnte ein Verstoß gegen den Typenzwang der abgeleiteten Rechte zwangsläufig nicht in Betracht kommen. Demnach ist sich zu seiner Existenz zu positionieren.

Die Verwertungsrechte sind zunächst nach § 29 I 2 UrhG in beschränkte Nutzungsrechte aufspaltbar. Die Ablehnung eines Typenzwangs der Nutzungsrechte im Rahmen der Aufspaltung lässt sich mit der Vielfalt der Gestaltungs- und Verwendungsmöglichkeiten der Nutzungsrechte begründen, zu denen im Verlauf der Zeit durch technische Entwicklung sogar noch immer neue hinzukommen.[790] Der ubiquitäre Charakter des Schutzgegenstands ermöglicht einen parallelen Gebrauch ohne Ausschluss oder Behinderung eines anderen. So können die Interessen differenzierter und vielfältiger als bei körperlichen Gütern sein.[791]

---

789 Eingehend dazu *Jänich*, Geistiges Eigentum, S. 237 ff.

790 *Forkel*, NJW 1993, 3181, 3183.

791 *Forkel*, NJW 1993, 3181, 3183.

Infolgedessen besteht ein berechtigtes Interesse des Wirtschaftslebens an der Einräumung inhaltlich verschiedenartig beschränkter Nutzungsrechte, dem das Recht Rechnung tragen sollte. Die herrschende Lehre lehnt folglich einen Typenzwang der abgeleiteten Rechte zutreffend ab.[792] Ebendaher kann die Modifizierung oder Aufhebung der Schrankenprivilegierung als Folge des urheberrechtlich wirksamen Ausschlusses oder Verzichts nicht gegen den Typenzwang der abgeleiteten Rechte des Urheberrechts verstoßen.

Nichtsdestoweniger müssen die Anliegen des Verkehrsschutzes und der Verkehrssicherheit im Urheberrecht berücksichtigt werden.[793] Der inhaltlichen Aufspaltbarkeit sind demzufolge Grenzen gesetzt.[794] Die ständige Rechtsprechung sieht sie dann als überschritten an, wenn es sich bei den erlaubten Nutzungen nicht mehr um „übliche, technisch und wirtschaftlich eigenständige und damit klar abgrenzbare Nutzungsformen handelt".[795] Dass die Beschränkbarkeit Grenzen und damit Einschränkungen der Gestaltungsfreiheit kennt, bedeutet dennoch nicht, dass sie feste Typen kennt. Ein Typenzwang bewirkt inhaltliche Grenzen der Gestaltungsfreiheit, wohingegen inhaltliche Grenzen und Typenzwang nicht zwangsläufig gleichbedeutend sind. In Betracht käme somit durch den Verzicht oder Ausschluss der Schrankenprivilegierung nur ein Verstoß gegen die Grenzen der Aufspaltbarkeit, hingegen nicht gegen einen Typenzwang. Wenn die gesetzliche Nutzungserlaubnis also ein einfaches Nutzungsrecht darstellen würde, könnte ihr teilweiser Ausschluss durch den Urheber oder ausschließlichen Rechteinhaber bzw. ihr teilweiser Verzicht durch den Nutzer zu einer Modifizierung des einfachen Nutzungsrechts in der Gestalt führen, dass die Grenzen der inhaltlichen Beschränkbarkeit einfacher Nutzungsrechte verletzt werden.

Vorliegend soll indes nicht untersucht werden, ob die Dispositionsfreiheit in konkreten Konstellationen eingeschränkt ist, sondern ob Schrankenbestimmungen überhaupt grundsätzlich disponibel sind. Diesbezüglich ist auf allgemeine Prinzipien abzustellen, die allgemeine Geltungskraft beanspruchen können, und nicht auf Grenzen der Gestaltungsfreiheit in einem konkreten Fall. Ungeachtet eines Verstoßes gegen die Grenzen der Aufspaltbarkeit in Einzelfall kann jedenfalls kein Verstoß gegen einen Typenzwang der abgeleiteten Rechte vorliegen, weil ein

---

792 *Forkel*, Gebundene Rechtsübertragungen, S. 67 ff.; *Kraßer*, GRUR Int. 1973, 230, 231 f.; *Ulmer*, Urheber- und Verlagsrecht, S. 362. Aufgrund der schuldrechtlichen Natur des Lizenzvertrags und seiner fehlenden Typengebundenheit lehnt *Wyss*, Die schuldrechtliche Natur des Lizenzvertrages, S. 43 f. es überdies ab, die Rechte des Urheberrechts als dinglich zu bezeichnen.

793 Vgl. *Reimer*, GRUR 1962, 619, 625 ff.

794 *Schack*, Urheberrecht, Rn. 608 f.; *Schulze*, in: *Dreier/Schulze*, UrhG, § 31, Rn. 9; *Stieper*, Rechtfertigung der Schranken, S. 197; *Ulmer*, Urheber- und Verlagsrecht, S. 362; *Wandtke/Grunert*, in: *Wandtke/Bullinger*, UrhR, § 31, Rn. 5.

795 stRspr, vgl. BGH GRUR 2001, 153, 154 – OEM-Version mwN.

solcher nicht existiert. Demgemäß soll nachfolgend nicht mehr auf den in seiner Existenz abgelehnten Typenzwang abgeleiteter Rechte sowie auf die Grenzen ihrer Aufspaltbarkeit eingegangen werden. Es gibt keinen Numerus clausus oder Typenzwang der Rechte aus dem Immaterialgüterrecht. Fokussiert werden soll sich ausschließlich auf einen Numerus clausus der Rechte des Immaterialgüterrechts.

Die Überlegungen bedeuten, dass unter der abzulehnenden Annahme, dass Schrankenprivilegierungen einfache Nutzungsrechte seien, die Prinzipien Numerus clausus und Typenzwang keine Aussagekraft beanspruchen könnten. Sowohl der Ausschluss des noch der Verzicht auf das Nutzungsrecht würden angesichts eines solchen Schrankenverständnisses weder gegen den Numerus clausus der originären Immaterialgüterrechte noch gegen einen Numerus clausus oder Typenzwang der abgeleiteten Rechte des Immaterialgüterrechts verstoßen. Folglich wird sich nachfolgend auf die Annahme konzentriert, dass die Privilegierung ein originäres Nutzerrecht oder eine unbewehrte Freiheit sei. Unter einer der beiden Voraussetzungen könnten die genannten Prinzipien Aussagekraft auf die Frage nach der Disponibilität urheberrechtlicher Schranken entfalten. Das würde hingegen verlangen, dass die Immaterialgüterrechte überhaupt einem Numerus clausus unterliegen. Ob das der Fall ist, soll nachfolgend überprüft werden.

c) Versuch der Übertragung des sachenrechtlichen Numerus clausus auf das Immaterialgüterrecht anhand vergleichbarer Eigenschaften der Rechte

Das Urheberrecht und das Sachenrecht unterliegen jeweils ihren eigenen Annahmen und Prinzipien. Sie sind daher nicht immer vergleichbar. Es stellt sich gleichwohl die Frage, inwieweit das gegebene Maß an Vergleichbarkeit ausreichend ist, um die Übertragbarkeit sachenrechtlicher Grundsätze auf das Urheberrecht zu rechtfertigen. Aus diesem Grund sollen nachfolgend Charakteristika untersucht werden, die sowohl beim Urheberrecht als auch beim Sachenrecht vergleichbar vorliegen könnten, sodass die Übertragbarkeit der Eigenschaften eine Übertragbarkeit der durch die Eigenschaften begründeten Rechtsprinzipien ermöglicht.

aa) Dinglichkeit als Begründung der Übertragbarkeit?

Der Versuch, die allgemeine zivilrechtliche Dogmatik auf das Urheberrecht anzuwenden, ist schon lange und intensiv diskutiert worden. Insbesondere trifft das auf die komplexe Frage zu, ob einfache Nutzungsrechte als dinglich zu charakterisieren sind.[796] Die Diskussion wird bereits seit 1878 geführt, als *Kohler* – ursprünglich

796 So BGH GRUR 2009, 946, 948 – Reifen Progressiv: „Das einfache Nutzungsrecht hat – wie auch das ausschließliche Nutzungsrecht – keinen schuldrechtlichen, sondern dinglichen Charakter." Überzeugende Argumentation dagegen *Dieselhorst*, CR 2010, 69, 72 f.; a.A. *Krebs/Becker*, JZ 2009, 932, 935.

für das Patentrecht – die Annahme der Dinglichkeit einfacher Nutzungsrechte maßgeblich begründet hat.[797] Weil neben dem Sachenrecht auch das Schuldrecht Nutzungen von Gegenständen regelt, geht die Streitfrage dahin, ob einfache Nutzungsrechte vielmehr mit Rechten des Schuld- oder der Sachenrechts vergleichbar sind.[798]

Für den vorliegenden Untersuchungsgegenstand ist es jedoch ausreichend, sich auf die Dinglichkeit des Urheberrechts an sich zu beziehen. Die Rechtsfrage nach der Dinglichkeit wäre insofern dann von entscheidender Bedeutung, wenn die Geltung des Numerus clausus des Urheberrechts eine zwingende Folge der Dinglichkeit des Urheberrechts wäre. Für diese Überlegung müsste das Urheberrecht freilich als erste Voraussetzung überhaupt ein dingliches Recht sein, was es folgend zu prüfen gilt.

Bereits die präzise Definition der Dinglichkeit bereitet indessen Schwierigkeit. Das BGB selbst setzt den Begriff voraus und definiert ihn daher nicht näher. Ungeachtet vielfältiger Ansätze ließe es sich nach allgemeiner zivilrechtlicher Dogmatik vertreten, dingliche Rechte als eine von einem Gegenstand abgeleitete Rechtsposition zu bezeichnen, die dem Vermögen ihres Inhabers zugewiesen wird und eine Wirkung gegenüber Dritten entfaltet.[799] Notwendig ist mithin die unmittelbare Zuordnung von Objekt und Subjekt im Zuge einer Rechtsbeziehung.[800] *Heck* arbeitete bereits 1929 heraus, dass wesentlich für die dinglichen Rechte der umfassende Klageschutz gegen jeden dritten Störer, der Sukzessionsschutz sowie die Vollstreckungs- und Insolvenzfestigkeit sind.[801] Ist es dahingehend vereinbar, die Rechte des Immaterialgüterrechts als dinglich zu bezeichnen?[802]

(i) Argumentation gegen eine (Quasi-)Dinglichkeit

Gute Argumente sprechen angesichts der vorgenommenen Definition dagegen, dass Urheberrecht als dingliches Recht zu bezeichnen. Obwohl das Urheberrecht als eine dem Vermögen seines Inhabers zugewiesene Rechtsposition gerade durch eine ebensolche unmittelbare Zuordnung eines Subjekts (Urheber) zum Objekt (Werk) geprägt ist, so ist es zunächst dennoch keine von einem Gegenstand hergeleitete Rechtsposition. Lediglich der körperliche Gegenstand in Form des

---

797 Vgl. *Kohler*, Deutsches Patentrecht, S. 157.

798 Ausführlich dazu *Schöneich*, Der Begriff der Dinglichkeit im Immaterialgüterrecht, S. 224 ff.

799 Vgl. *Canaris*, in: *Jakobs/Knobbe-Keuk*, FS Flume, S. 371, 375; kritisch *Jänich*, Geistiges Eigentum, S. 200 f.

800 *Brehm/Berger*, Sachenrecht, § 1, Rn. 4, 9.

801 *Heck*, Grundrisse des Schuldrechts, S. 3. *McGuire*, Die Lizenz, S. 160 sieht darin die drei wesentlichen Eigenschaften, *Zurth*, Nutzungsrechte, S. 33 ff. die Wirkungen dinglicher Rechte.

802 Ablehnend *Hacker*, in: *Busse/Keukenschrijver*, PatG, § 15, Rn. 64.

konkreten Werkstücks ist als Ding oder Sache gemäß § 90 BGB Gegenstand des Sachenrechts.[803] Der Schutzgegenstand der urheberrechtlichen Rechtsbeziehung ist vielmehr ein immaterielles Gut, das ungeachtet seiner Ubiquität mit einem geistigen Band zu seinem Schöpfer verbunden ist. Diese Rechtsbeziehung umfasst weiterhin ausgeprägte Persönlichkeitsrechte.[804] Solche sind dem Sachenrecht grundsätzlich fremd. Infolge dieser Unterschiede ist die Urheber-Werk-Beziehung nicht mit der Eigentümer-Sachen-Beziehung vergleichbar, weshalb obgleich partieller Parallelen die urheberrechtlichen Rechte terminologisch und inhaltlich nicht mit denen des Sachenrechts gleichbehandelt werden sollten.[805] Ein weiteres Argument ist, dass der aus dem Sachenrecht stammende Begriff der Dinglichkeit der Kennzeichnung des sachenrechtlichen Verfügungsgeschäfts gegenüber dem schuldrechtlichen Verpflichtungsgeschäft dient.[806] Diese Rechtsgeschäfte zeichnen sich durch ihre Abstraktion aus. Die Geltung des Abstraktionsprinzips ist dagegen im Urheberrecht äußerst umstritten; jedenfalls wird eine uneingeschränkte Geltung wohl von niemanden vertreten.[807]

Weiterhin kennzeichnet die Dinglichkeit die subjektiven Rechte des Sachenrechts. Die Vergleichbarkeit einer Lizenz zu den beschränkt dinglichen Rechten ist fraglich, weil es an dem diese prägenden gesetzlichen Schuldverhältnis, das die Rechte und Pflichten in Bezug auf das dingliche Recht regelt, fehlt.[808] Nimmt man als Beispiel einen Nießbrauch, so ist jenes dingliche Recht vom Bestand der schuldrechtlichen Vereinbarung unabhängig. Ungeachtet des Wegfalls der Obligation sind Vollrechtsinhaber und Nießbrauchberechtigter durch ein gesetzliches Schuldverhältnis verbunden (§ 1030 BGB), das die Rechte und Pflichten in Bezug

---

803 Treffend spricht *Dietz*, Der Werkintegritätsschutz, S. 109 daher vom Urheberrecht als „ein Recht am Recht und nicht ein Recht an einem Sachkörper“.

804 Auf diesen Unterschied stellt bereits *Riezler*, Deutsches Urheber- und Erfinderrecht, S. 9 ab.

805 Terminologische Vorbehalte gegenüber einer Dinglichkeit werden in der Literatur vielfach vorgetragen, etwa von *Ahrens*, UFITA 2001/III, 649, 651; *Brandenburg*, Rückrufsrechte, S. 28 f.; *Slopek*, WRP 2010, 616, 619. Dass es dingliche Rechte nur im Sachenrecht gibt, Gegenstand des Urheberrechts keine Sache, sondern ein immaterielles Gut ist, sieht *Kraßer* GRUR Int. 1983, 537, 538 nicht als Argument, sondern bloß als terminologische Frage an: „Ob man dabei nur Rechte an Sachen als körperlichen Gegenständen dingliche, Rechte an unkörperlichen Gegenständen jedoch gegenständliche oder auch diese Rechte dingliche nennt, ist eine bloß terminologische Frage.“.

806 Vgl. *Habersack*, Sachenrecht, § 3 I 1, Rn. 19. Schon die Motive zum BGB, Bd. III, S. 7 f. bezeichnen das Rechtsgeschäft wortwörtlich als „dinglichen Vertrag“.

807 Eingehend dazu *Nolden*, Das Abstraktionsprinzip im urheberrechtlichen Lizenzverkehr, S. 29 ff.

808 *McGuire*, GRUR 2009, 13, 16.

auf den Gegenstand des dinglichen Rechts normiert. Das Nutzungsrecht des Nießbrauchberechtigten folgt also aus dem gesetzlichen Schuldverhältnis und nicht aus der Obligation. Genau das trifft auf das Lizenzrecht nicht zu. Das Nutzungsrecht folgt nicht aus einer gesetzlich ausgestalteten dinglichen Rechtsposition, sondern aus dem jeweiligen Vertrag.[809] Im Urheberrecht wird diese Verknüpfung von Vertragsverhältnis und Nutzungsrecht dadurch erreicht, dass das Abstraktionsprinzip keine Geltung bei konstitutiver Nutzungsrechtseinräumung beansprucht.[810] Aus vorausgestellten Argumenten heraus sollte das Urheberrecht nicht als „dingliches" oder „gegenständliches" Recht bezeichnet werden.[811]

(ii) Argumentation für eine (Quasi-)Dinglichkeit

Den getätigten Überlegungen stehen gewichtige Gegenargumente gegenüber. Der terminologischen Argumentation kann entgegengehalten werden, dass dingliche Rechte an Rechten ebenso bestehen können.[812] Vor allem das Pfandrecht an Forderungen (§§ 1279 ff. BGB) und der Nießbrauch an Rechten (§§ 1068 ff. BGB), welche beide dingliche Rechte sind und dennoch an keinem konkreten Gegenstand oder Ding festzumachen sind, könnten zeigen, dass die terminologischen Vorbehalte nicht greifen.[813] Darüber hinaus sind dem Urheberrecht typische Elemente der Dinglichkeit bekannt. Dem Urheber wird einerseits ein umfassender Klageschutz gewährt, weil er sich gemäß § 97 UrhG gegen jede Störung eines Dritten wehren kann.[814] Im Fall einer Insolvenz des Urhebers erstreckt sich die Insolvenzmasse andererseits auf sein gesamtes Vermögen einschließlich seines Urheberrechts.[815] Das Urheberrecht ist also insolvenzfähig. Damit sind zwei Elemente der Dinglichkeit gegeben. Jedoch sind von der Insolvenzmasse Gegenstände nach § 36 InsO ausgenommen, die nicht der Zwangsvollstreckung unterliegen. Das umfasst nach § 857 III ZPO unveräußerliche Rechte. Dazu gehört das Urheberpersönlichkeitsrecht[816] und nach § 29 I UrhG das Urheberrecht als Ganzes. Das Urheberrecht ist somit nicht vollumfänglich vollstreckungsfähig.

---

809 *McGuire*, GRUR 2009, 13, 16.

810 Siehe dazu bereits E II 1. d); zum Streitstand allgemein *Schulze*, in: *Dreier/Schulze*, UrhG, § 31, Rn. 16 ff.

811 Ebenso gegen eine Qualifizierung des Urheberrechts als dingliches Recht bereits *Allfeld*, UrhR, S. 22, Fn. 1; *Riezler*, Deutsches Urheber- und Erfinderrecht, S. 9; zustimmend *Wandtke*, Urheberrecht, Kap. 1, Rn. 35; a.A. *Lasson*, System der Rechtsphilosophie, S. 625 ff.

812 *Bortz*, Urheberrechtliche Lizenzen, S. 38 f.

813 Darauf stützt *Bortz*, Urheberrechtliche Lizenzen, S. 38 seine Argumentation; ihm folgend *Zurth*, Nutzungsrechte, S. 37.

814 *v. Wolff*, in: *Wandtke/Bullinger*, UrhR, § 97, Rn. 3, 8.

815 *Schulze*, in: *Dreier/Schulze*, UrhG, § 112, Rn. 21.

816 LG Köln ZUM-RR 2008, 437, 438 – Begleitservice.

Der Sukzessionsschutz gewährt weiterhin für abgeleitete Rechte einen Bestandsschutz. Wenn selbst die abgeleiteten Rechte dinglich wären, könnte das Aussagekraft für den Charakter des Urheberrechts als Vollrecht haben. Infolgedessen wäre die dritte von *Heck* bezeichnete Wesentlichkeit dinglicher Rechte gegeben. Das Argument, dass selbst einfache Nutzungsrechte mehr sind als rein schuldrechtliche Beziehungen, hat seine Berechtigung unstrittig mit Blick auf den Sukzessionsschutz des § 33 UrhG. Dieser legt die Weiterwirkung von Nutzungsrechten gegenüber später erteilten Nutzungsrechten, im Fall eines Inhaberwechsels oder des Verzichts des Nutzungsrechtsinhabers fest, sodass beispielsweise im Fall einer Rechtsübertragung der Hauptlizenz das Unternutzungsrecht weiterbesteht, obwohl der Hauptlizenzinhaber ein anderer ist als der, von dem man sein Recht abgeleitet hat. Nach Ansicht des BGH schützt § 33 UrhG über seinen Wortlaut hinaus sogar das Enkelrecht, wenn das Tochterrecht nach der wirksamen Unterlizenzierung beispielsweise durch eine Kündigung, einen Rückruf nach § 41 UrhG oder eine einvernehmliche Auflösung wegfällt.[817]

Wenn sich in einem Dreipersonenverhältnis eine Nutzungserlaubnis aus dem Schuldrecht ergeben würde und eine Abwicklung zum Schutz des berechtigten Besitzers vermieden werden soll, könnte der Interessenkonflikt nur durch eine gesonderte gesetzliche Regelung wie § 566 BGB aufgelöst werden, die der schuldrechtlichen Erlaubnis dingliche Charakteristika verleiht.[818] In dem Zusammenhang spricht man von der „Verdinglichung obligatorischer Rechte“[819]. Das Beispiel

---

817 BGH GRUR 2009, 946, 947 f. – Reifen Progressiv; BGH GRUR 2012, 916, 918 f. – M2Trade. Sein Verständnis von einem allgemeinen Rechtsprinzip aufgrund einer im Ergebnis wirtschaftlichen Betrachtungsweise ist jedoch umstritten. Obgleich sich der BGH auf unterstützende Meinungen berufen kann, vgl. die Nachweise bei BGH GRUR 2009, 946, 947 f.; BGH GRUR 2012, 916, 918, muss er selbst einräumen, dass eine gewichtige Anzahl an Auffassungen in der Literatur und Rechtsprechung die Streitfrage anders bewertet, vgl. die Nachweise bei BGH GRUR 2009, 946, 946 f.; BGH GRUR 2012, 916, 918 f.

818 *Canaris*, in: *Jakobs/Knobbe-Keuk*, FS Flume, S. 371, 372.

819 So erstmals *Dulckeit*, Die Verdinglichung obligatorischer Rechte, S. 11 ff. Dem Argument kann man kritisch entgegenhalten, dass der auf *Dulckeit* zurückgehende Ausdruck von begrifflicher Ungenauigkeit geprägt ist, vgl. *Jänich*, Geistiges Eigentum, S. 200 f. *Dulckeit*, Die Verdinglichung obligatorischer Rechte, S. 7 setzt bereits in seiner Problemdarstellung ein Schuldrecht mit einem relativen Recht gleich. Im Zuge der „Verdinglichung“ wird das obligatorische Recht indes nicht mit einem körperlichen Bezugspunkt versehen, sondern mit einer Wirkung gegen einen Dritten ausgestattet. Somit liegt eher eine „Verabsolutierung“ als eine „Verdinglichung“ vor. Gleichwohl ist die Terminologie anerkannt und weit verbreitet, vgl. *Medicus/Petersen*, AT des BGB, § 10 I 1c, Fn. 2; *Neuner/Wolf*, AT des Bürgerlichen Rechts, § 20, Rn. 64.

zeigt, dass auch das BGB unterschiedliche Grade der Dinglichkeit kennt. Das gilt für das Schuld- und Sachenrecht. Ohne, dass es sich bei jenen um echte dingliche Rechte handelt, wird von einer dinglichen Wirkung der Vormerkung,[820] der Miete nach § 566 I BGB beziehungsweise der Pacht nach § 581 II BGB iVm § 566 I BGB[821] oder des Anwartschaftsrechts[822] gesprochen. Aufgrund der schuldrechtlichen Elemente kombiniert mit dinglichen Eigenschaften könnte man die einfachen Nutzungsrechte jener Kategorie der Verdinglichung obligatorischer Rechte zuordnen.[823] Alternativ wird beispielsweise bezüglich der Verdinglichung einer Obligation[824] oder des Anwartschaftsrechts und der Sicherungsübereignung[825] der Begriff der Quasi-Dinglichkeit verwendet.[826] Den könnte man ebenso auf das Urheberrecht übertragen.

(iii) Zwischenergebnis

Bereits diese kurze Darstellung des Meinungsstreits zeigt, dass die Rechtsfrage nicht zufriedenstellend beantwortet werden kann. Für beide Ansichten streiten eben sehr gute Argumente. Die besseren Gründe sprechen wohl dafür, das Urheberrecht nicht als dingliches Recht einzuordnen, obwohl der Argumentation, dass eine schuldrechtliche Beschreibung insbesondere den Charakter der Nutzungsrechte nicht erschöpfend erfasst, nicht begegnet werden kann. Falls selbst die abgeleiteten Rechte dinglich wären, müsste das erst recht für das Vollrecht gelten. Um den terminologischen Vorbehalten gegenüber dieser Annahme entgegenzuwirken, sollte in Lehre und Wissenschaft vermehrt die fehlende Synonymie zwischen Dinglichkeit und Sachenrecht hervorgehoben werden.

Zur Beantwortung der oben aufgeworfenen Problemstellung ist im Verlauf der Geschichte aus derart mannigfaltigen Sichtweisen und Fragestellungen diskutiert worden, dass letztlich nicht einmal das Institut des dinglichen Rechts in all seinen

---

820 Vgl. *Kohler*, in: MüKo BGB, Band 8, § 883, Rn. 5.

821 Vgl. BGH NJW 2017, 254, 255 f., Rn. 24.

822 Vgl. BGH NJW 1955, 544, 544.

823 So *Berger*, in: *Berger/Wündisch*, Urhebervertragsrecht, § 1, Rn. 45. Die Bedeutung des Meinungsstreits über die gegenständliche Natur des Nutzungsrechts umgeht er, indem er ungeachtet des Prinzips der Privatautonomie in Ausnahmefällen Schuldverträge gleicherweise einer gesetzlichen Typenfixierung unterwerfen will.

824 Das trifft ebenfalls auf die sachenrechtliche Literatur zu, so etwa *Baur/Stürner*, Sachenrecht, § 3, Rn. 47.

825 So *Pahlow*, Lizenz, S. 279.

826 Verwendungsnachweise dieser alternativen Bezeichnung in der urheberrechtlichen Literatur bei *Dietrich/Szalai*, MMR 2012, 687, 688; *Pahlow*, ZUM 2005, 865, 871; *ders.*, WM 2008, 2041, 2043 f.; *Vranckx*, Rückruf nach §§ 41, 42 UrhG, S. 14; kritisch hingegen zum Begriff *Pahlow*, Lizenz, S. 278 f.

Konturen klar umrissen definiert werden konnte.[827] *Füller* geht so weit, alle Definitionsversuche als gescheitert und das dingliche Recht als undefinierbaren und aussagelosen Begriff zu erklären.[828] Wenn eine dogmatische Einordnung nicht ohne Bedenken zu gelingen vermag, sollte sie nach Möglichkeit unterbleiben,[829] sofern es gelingt, die konkreten Vorteile der Einordnung aus anderen Gesichtspunkten heraus herzuleiten. Daher soll die Untersuchung fortgesetzt werden, ohne auf den Begriff der Dinglichkeit zurückzugreifen. Dafür soll geprüft werden, ob sich der Numerus clausus aus anderen Gründen als aus der Dinglichkeit ergeben könnte.

bb) Absolutheit als Begründung der Übertragbarkeit?

Für die Begründung eines Numerus clausus erscheint es diskutabel, dass sich auf die Absolutheit des Urheberrechts, seine Drittwirkung gegenüber jedermann, gestützt werden kann. Denn dingliche Rechte wie das Sachenrecht sind absolute Rechte.[830] Das ergibt sich zwangsläufig daraus, dass Voraussetzung der

---

827 Ebenso *McGuire*, Die Lizenz, S. 161; *Zurth*, Nutzungsrechte, S. 28; so auch schon *Kühne*, AcP 1935, 1, 11f f. *Schöneich*, Der Begriff der Dinglichkeit im Immaterialgüterrecht, S. 158 f., kommt zu dem Ergebnis, „dass der Begriff der Dinglichkeit in der Rechtswissenschaft ein schillerndes Dasein führt und der Bezeichnung als dingliches Recht oder dingliche Wirkung sehr verschiedene Vorstellungen vom Wesen der Dinglichkeit zu Grunde liegen. Die Analyse des zivilrechtlichen Regelungssystems ergab, dass es sich bei dem dinglichen Recht mangels klarer Merkmalstypologie nicht um einen Systembegriff, sondern allenfalls um eine Klassifizierungshilfe handelt." Wie zutreffend die Feststellung der Vielfältigkeit der Vorstellungen vom Wesen der Dinglichkeit ist, zeigt sich beispielsweise darin, dass das dingliche Recht begrifflich in den Motive zum BGB, Bd. III, S. 2 ausschließlich auf von körperlichen Gegenständen abgeleitete Rechtspositionen beschränkt worden ist. Selbst der heutige Gesetzgeber verwendet den Begriff allerdings nicht trennscharf mittels einer Beschränkung auf körperliche Gegenstände. So kann das Markenrecht nach § 29 I Nr. 1 MarkenG „Gegenstand eines sonstigen dinglichen Rechts" sein. Hierunter kann nicht verstanden werden, dass das Markenrecht Gegenstand des Sacheigentums sein kann; kritisch ebenso *Jänich*, Geistiges Eigentum, S. 201, 216.

828 *Füller*, Eigenständiges Sachenrecht?, S. 107.

829 Zielführend daher der Vorschlag von *Wandtke*, Urheberrecht, Kap. 4, Rn. 27 für die Folgen der Rechtseinräumung als Verfügung nur die Begriffe einfaches und ausschließliches Recht zu verwenden und die vernebelnde Qualifizierung als dinglich wegzulassen. *Schöneich*, Der Begriff der Dinglichkeit im Immaterialgüterrecht, S. 290 kommt ebenfalls zu dem Ergebnis, die Dinglichkeit als einen „für das Immaterialgüterrecht untauglichen Begriff" einzuordnen.

830 Der Umgang mit den Begriffen Absolutheit und Dinglichkeit verdeutlicht die oben aufgestellte These, dass die präzise Definition der Dinglichkeit hinreichend Schwierigkeiten bereitet, als dass versucht werden sollte, auf den Begriff abzustellen. So

Dinglichkeit der umfassende Klageschutz gegen jedermanns Beeinträchtigung ist. Es ist somit zu fragen, ob das Urheberrecht absolut ist und ob daraus eine Übertragbarkeit des Numerus clausus folgt.

Ein absolutes Recht definiert sich neben einer positiven Nutzungs- über eine negative Abwehrbefugnis.[831] Im Gegensatz zum Urheberrecht als Vollrecht und zum ausschließlichen Nutzungsrecht wird in der Wissenschaft diskutiert, ob das einfache Nutzungsrecht als absolutes Recht klassifiziert werden kann. Vor allem das negative Abwehrrecht wirkt dahingehend problematisch. Das einfache Nutzungsrecht gewährt dem Inhaber kein eigenes Klagerecht gegen unberechtigte Nutzer.[832] Das kennzeichnet gerade das Wesen der einfachen Lizenz im Unterschied zur ausschließlichen. Es ist nichtsdestoweniger fraglich, ob das umfassende Klagerecht gegen dritte Nutzer eine notwendige Voraussetzung der Absolutheit darstellt.[833] Zu beachten ist, dass der Inhaber eines einfachen Nutzungsrechts nicht schutzlos gegenüber Dritten dasteht. Er kann sie nicht von einer Nutzung ausschließen, gleichwohl kann er sich gegen jedermanns Störung der eigenen Nutzung wehren.[834] Der abwehrende Schutz richtet sich in seiner Wirkung gegen jeden, der versucht, die eigene Nutzungsbefugnis zu beschränken. So können bei der Behinderung von Nutzungshandlungen[835] oder einer ungerechtfertigten Klageerhebung[836] Schadens- und Unterlassungsansprüche des einfachen Rechtsinhabers einschlägig sein. Bereits in der Leugnung eines Nutzungsrechts durch Dritte kann eine Beeinträchtigung liegen.[837] Für das Patentrecht hat das Reichsgericht eine

---

wird teilweise in der Literatur, vgl. *Baur/Stürner*, Sachenrecht, § 60, Rn. 3 zum Rechtscharakter von Rechten an Rechten, sowie in der Rechtsprechung, vgl. bereits RGZ 134, 91, 96 zur Patentlizenz, die Dinglichkeit mit der Absolutheit gleichgesetzt; kritisch dazu ebenso *Jänich*, Geistiges Eigentum, S. 200 f., 216 f.

831 *Baur/Stürner*, Sachenrecht, § 2, Rn. 2; *Gaier*, in: MüKo BGB, Band 8, Einl. Sachenrecht, Rn. 10.

832 Vgl. E II 1. b); ausführlich *Herbst*, Rechtliche Ausgestaltung der Lizenz, S. 56 ff., insbesondere S. 59.

833 Die Kritiker einer Dinglichkeit führen jedenfalls die Argumentation des fehlenden Verbotsrechts häufig zu Felde, vgl. *Hauck*, AcP 2011, 626, 646 f.; *Hörnig*, UFITA 1985, 13, 81.

834 *Forkel*, Gebundene Rechtsübertragungen, S. 88 ff., 98 ff.; *Genthe*, Der Umfang der Zweckübertragungstheorie im Urheberrecht, S. 53: „(...) muss auch Inhabern abgeleiteter Rechte, die eine eigene positive Nutzungsbefugnis erlangt haben, der genannte absolute Schutz zustehen, sofern sich der Eingriff gegen die Ausübung ihrer Befugnis richtet."; *Zurth*, Nutzungsrechte, S. 41.

835 *Forkel*, Gebundene Rechtsübertragungen, S. 89, 99, 227.

836 *Haberstumpf/Hintermeier*, Einführung in das Verlagsrecht, S. 46.

837 *v. Frentz/Masch*, ZIP 2011, 1245, 1247, Fn. 32.

Beeinträchtigung durch Äußerungen, die zu Beeinflussungen des Verkehrswerts oder der Nutzungsmöglichkeiten führen können, schon frühzeitig anerkannt.[838]

Damit folgt zwar kein Verbotsrecht aus der einfachen Nutzungsrechtseinräumung. Dennoch impliziert das einfache Nutzungsrecht eine negative Verbotsbefugnis, weil es gegenüber jedermanns Störung Abwehrbefugnisse entfaltet und damit über ein positives Nutzungsrecht hinausgeht. Durch eine Beeinträchtigung wird die Ausschlussfunktion des einfachen Nutzungsrechts aktiviert.

Ausschlussrecht und Ausschließlichkeitsrecht dürfen nicht gleichgesetzt werden.[839] Voraussetzung eines absoluten Rechts ist nicht, dass es eine gleichstarke Wirkung gegenüber jedermann wie das Vollrecht entfaltet. Allein darin, dass jeder Dritte die Nutzungshandlungen des Lizenznehmers dulden muss, seien ihm selbst weitere Nutzungsrechte später eingeräumt worden, ist eine absolute Wirkung zu sehen.[840] Der einfache Lizenznehmer ist Inhaber einer eigenen Rechtsposition, welche er verteidigen kann, sodass es für die Absolutheit auf das Verbotsrecht gegen Nutzungen Dritter nicht ankommt.[841] Sonach ist das Urheberrecht als Ganzes sowie das einfache und das ausschließliche Nutzungsrecht absolut.

Zugleich ist seine Qualifizierung als Ausschlussrecht der Grund dafür, dass nachfolgend das einfache Nutzungsrecht nicht von Bedeutung ist. Würde nämlich der einfache Nutzungsrechtsinhaber mit einem Schrankenprivilegierten die gesetzliche Nutzungserlaubnis vertraglich beschränken oder ausschließen, so würde sich der Zuweisungsgehalt des einfachen Nutzungsrechts nicht verändern. Denn gegen Nutzungen kann sich der einfache Lizenznehmer aus eigenem Recht unabhängig vom Vertragsschluss nicht wehren. Nach wie vor liegt kein Ausschließlichkeitsrecht vor. Der Umfang seines Verbotsrechts in Form des Ausschlussrechts wird nicht erweitert. Folge der Konstanz seines Rechtsumfangs ist, dass kein Konflikt mit dem Numerus clausus auftreten kann. Es kann kein Recht geschaffen werden, was in dieser Größe vom Gesetz zuvor nicht anerkannt gewesen ist. Abzustellen ist dafür nur auf ein Ausschließlichkeitsrecht. Dieses kommt dem Urheber und dem ausschließlichen Nutzungsrechtsinhaber zu. Ihnen stehen unbestritten absolute Rechte zu, was sich in der Aktivlegitimation gegen jedermann gemäß § 97 UrhG äußert.

---

838 Vgl. RG GRUR 1943, 205, 206.

839 *Lößl*, Rechtsnachfolge in Verlagsverträgen, S. 9.

840 *Brandenburg*, Rückrufsrechte, S. 28, Fn. 29 zustimmend.

841 Ebenso *Stöckel/Brandi-Dohrn*, CR 2011, 553, 557. Es kann hier auf das Sachenrecht verwiesen werden, das in Form der Grunddienstbarkeiten gleichfalls absolute Rechte, die einem Numerus clausus unterliegen, kennt, die kein umfassendes Verbietungsrecht beinhalten, weil eine Abwehrwirkung gegen Dritte und das Recht, andere von der Benutzung auszuschließen, nicht gleichzusetzen sind, vgl. *Völp*, GRUR 1983, 45, 48 am Beispiel des Wegerechts nach § 1018 BGB; zum Patentrecht *Leßmann*, DB 1987, 145, 152.

Nichtsdestominder besteht keine unvermeidliche Verknüpfung zwischen der Absolutheit und dem Numerus clausus. Gleichsam es absolute Rechte gibt, die keine dinglichen Rechte sind,[842] befindet sich hierzwischen kein zwingender Zusammenhang. Beispielsweise sind Persönlichkeitsrechte absolute Rechte, die indes weder als dinglich zu qualifizieren sind noch einem Numerus clausus wie die dinglichen Rechte unterliegen.[843] Folglich kann aus der Qualifizierung als absolutes Recht keine unmittelbare Schlussfolgerung dahingehend gezogen werden, dass der Numerus clausus der dinglichen Rechte auf das absolute Urheberrecht übertragbar ist.

cc) Ergebnis

Mit der Dinglichkeit und Absolutheit wurden zwei Eigenschaften des Rechts untersucht, die aufgrund eines vergleichbaren Vorliegens im Sachen- und Urheberrecht die Übertragbarkeit sachenrechtlicher Prinzipien auf das Urheberrecht hätten begründen können. Nichtsdestoweniger konnte eine dementsprechende Herleitung der Geltung des Numerus clausus im Immaterialgüterrecht nicht gelingen. Die Dinglichkeit ist ein zu vager Rechtsbegriff und die Absolutheit keine ausreichende Voraussetzung für die Geltung des Numerus clausus. Im Folgenden soll untersucht werden, ob sich aus den bisher angestellten Überlegungen bezüglich der Dinglichkeit und der Absolutheit in Verbindung mit den Argumenten des Sachenrechts für die Geltung des Numerus clausus dennoch genügend Aussagekraft für die Begründung des Numerus clausus der Immaterialgüterrechte ableiten lässt. Die bisherigen Ausführungen sollen mit den Argumenten kombiniert werden, die im Sachenrecht für einen Numerus clausus streiten. Möglicherweise lassen sich die Begründungsansätze übertragen, sodass die gleichgelagerte Argumentation die Geltung im Immaterialgüterrecht gleichermaßen beweist.

d) Übertragung des sachenrechtlichen Numerus clausus auf das Immaterialgüterrecht anhand vergleichbarer Argumente ob seiner Geltung

Die Geltung eines Numerus clausus des Urheberrechts würde Auswirkung auf die Abdingbarkeit dessen Schrankenbestimmungen innehaben. Würden selbst die Vollrechte einer geschlossenen Zahl unterliegen, wäre es nicht vertretbar anzunehmen, dass abgeleitete Ausschließlichkeitsrechte einen darüber hinausgehenden

---

842 Bereits *Allfeld*, UrhR, Einl. B, S. 22 weist 1928 daraufhin, dass ein absolutes Recht nicht mit einem dinglichen Recht gleichgesetzt werden kann. Dabei beruft er sich wiederum auf die Ausführungen von *Riezler*, Deutsches Urheber- und Erfinderrecht, S. 8 f. aus dem Jahr 1909, der hingegen auf *Lasson*, System der Rechtsphilosophie, S. 625 ff. verweisen kann, der schon 1882 zu dieser Erkenntnis gelangte.

843 *Schaub*, Sponsoring, S. 345.

Umfang erreichen können. Folglich ist sich zunächst auf die Frage nach einem Numerus clausus der originären Immaterialgüterrechte zu konzentrieren, dessen Geltung argumentativ unterlegt werden müsste. Das soll im Folgenden versucht werden, indem die Bedeutung der Argumente des Numerus clausus im Sachenrecht für das Urheberrecht hinterfragt wird. Würden die Argumente in beiden Rechtsgebieten gleichermaßen überzeugend vorgetragen werden können, könnte daraus die Geltung des Numerus clausus in beiden Rechtsgebieten geschlussfolgert werden.

Eine solche Geltung ist in der Literatur für die originären Immaterialgüterrechte immer wieder bestritten worden.[844] Bis heute ist die Problematik umstritten. Im Urheberrecht ist diese Frage dennoch zuletzt mit untergeordneter Bedeutung besprochen worden, während in anderen Rechtsgebieten wie dem Domainrecht dagegen lebhaft diskutiert worden ist. Dabei stand die Frage im Vordergrund, ob die Domain mehr als ein schuldrechtlicher Anspruch, nämlich ein absolutes Immaterialgut, sein kann. Bei deren Beantwortung spielte die Geltung des Numerus clausus im Immaterialgüterrecht argumentativ eine zentrale Rolle.[845] Der BGH hat zur Beantwortung der Streitfrage schließlich eine Wesensverschiedenheit der Domain zum Patent-, Marken- und Urheberrecht angenommen. Denn letztere „zeichnen sich dadurch aus, dass sie ihrem Inhaber einen Absolutheitsanspruch gewähren, der vom Gesetzgeber begründet worden ist und nicht durch Parteivereinbarung geschaffen werden kann."[846] Man könnte die Aussage so verstehen, dass der BGH von einem Numerus clausus der Immaterialgüterrechte ausgeht, weil sie nur vom Gesetzgeber begründet werden können.[847] Jedoch ist diese Schlussfolgerung keine zwingende. Der Wortlaut beinhaltet dieses Ergebnis nicht ausdrücklich. Es stellt im Regelfall das Wesen eines absoluten Rechts dar, dass es lediglich vom Gesetzgeber begründet wird und nicht durch Parteivereinbarung geschaffen werden kann. Man könnte den BGH daher alternativ so verstehen, dass er lediglich allgemein darauf hinweist, dass die absolute Wirkung des Patents, der Marke und des Urheberrechts ausdrücklich vom Gesetzgeber geregelt worden sind, die der Domain dagegen nicht. Die Frage nach dem Numerus clausus der Immaterialgüterrechte ist somit noch immer nicht abschließend geklärt.

Bei der Beantwortung dieser Frage bereitet insbesondere das Urheberrecht mit seinen spezifischen Eigenarten immer wieder Schwierigkeiten, das aus dem

844 Vgl. unter vielen *Fezer*, MarkenG, § 2, Rn. 41; darauf berufend *Koos*, MMR 2004, 359, 361, Fn. 32.

845 Vgl. für eine Absolutheit der Domain und gegen einen Numerus clausus der Immaterialgüterrechte *Koos*, MMR 2004, 359, 361 f.; hingegen gegen eine Absolutheit der Domain und für einen Numerus clausus der Immaterialgüterrechte *Hartig*, GRUR 2006, 299, 300.

846 BGH GRUR 2005, 969, 970 – Domain-Pfändung.

847 So *Hartig*, GRUR 2006, 299, 300.

Sachenrecht stammende Prinzip zu übertragen. Wesentlich ist der Numerus clausus im Sachenrecht beispielsweise beim Wechsel des Rechtsinhabers. Sachenrechtliche Berechtigungen sind auf einen solchen Wechsel zugeschnitten, weshalb das Gesetz dem Erwerber von vornherein eine Vorstellung davon vermitteln muss, was er erwirbt.[848] Das würde nicht mehr gewährleistet werden können, wenn man es den Parteien überlassen würde, dingliche Rechte beliebiger Art und beliebigen Inhalts zu schaffen. Ein solcher Zuschnitt ist dem Urheberrecht, wie § 29 UrhG eindeutig zeigt, im Gegensatz zu gewerblichen Schutzrechten unbekannt. Aufgrund solcher Schwierigkeiten soll sich dem Numerus clausus der Immaterialgüterrechte nachfolgend überwiegend aus der Perspektive des Urheberrechts genähert werden. Wenn selbst der Numerus clausus des Urheberrechts einer kritischen Prüfung standhält, kann erst recht ein Numerus clausus der originären Immaterialgüterrechte angenommen werden.

aa) Persönlichkeitsrechte und Strukturverwandtschaft zum Sachenrecht als Argument

Als erstes sollen zur Begründung eines Numerus clausus der Immaterialgüterrechte die obigen Gedanken zur Strukturverwandtschaft des Urheberrechts mit dem Sachenrecht und zu seiner Absolutheit, die allein, wie das allgemeine Persönlichkeitsrecht zeigt, keinen Numerus clausus begründet, herangezogen werden. Denn es überzeugt zunächst nicht, mit Blick auf das Urheberrecht einen Numerus clausus der Immaterialgüterrechte abzulehnen, weil das Urheberrecht eine Herrschaftssphäre gewährt, die stark mit personenrechtlichen Elementen vermengt ist.[849] Das allgemeine Persönlichkeitsrecht ist zwar ein absolutes Recht, das unbestritten einem Numerus clausus nicht unterliegt.[850] Gleichwohl kann aus der Vielzahl der Ausdrucksformen des allgemeinen Persönlichkeitsrechts nicht die unbegrenzte Anzahl an zulässigen Ausprägungen des Urheberrechts aufgrund divergierender Ausprägungen des es beinhaltenden Urheberpersönlichkeitsrechts geschlussfolgert werden. Hier sind die strukturellen Unterschiede zwischen dem allgemeinen Persönlichkeitsrecht und dem Urheberpersönlichkeitsrecht hervorzuheben.

Das allgemeine Persönlichkeitsrecht erkennt ein besonderes Sein an und regelt es rechtlich als Verhältnis zu anderen Personen, deren ebenfalls geschützte freie Entfaltung der ersten geschützten freien Entfaltung begegnet.[851] Die Akzeptanz eines besonderen und damit individuellen Seins muss einhergehen mit der Anerkenntnis menschlicher Selbstbestimmung durch Ausübung reichhaltiger

848 *Baur/Stürner*, Sachenrecht, § 1 I 2b, Rn. 10.

849 Gegen *Brandenburg*, Rückrufsrechte, S. 28.

850 *Schaub*, Sponsoring, S. 345.

851 *Raiser*, JZ 1961, 465, 470.

Entfaltungsmöglichkeiten.[852] Dem Schutzbereich fehlt eine „sozialtypische Offenkundigkeit“[853], weil er ein vielfältiges, aber kein gegenständlich verkörpertes Interesse schützt. Aufgrund der Weite und Unbestimmtheit des Rechts wird es als „Rahmenrecht“ bezeichnet.[854] Im Ergebnis „liegt seine Reichweite nicht absolut fest, sondern muss erst durch eine Abwägung der widerstreitenden grundrechtlich geschützten Belange bestimmt werden, bei der die besonderen Umstände des Einzelfalls sowie die betroffenen Grundrechte und Gewährleistungen der Europäischen Menschenrechtskonvention interpretationsleitend zu berücksichtigen sind“.[855] Dazu kommt, dass sich die Schutzintensität nach nicht immer präzise abgrenzbaren Sphären richtet[856] und sich das Verständnis von Persönlichkeit in gesellschaftlicher und rechtlicher Hinsicht geschichtlich gewandelt hat.[857] Angesichts dieser Erläuterungen zum Schutzumfang und Schutzobjekt ist es offenkundig, dass es keine geschlossene Zahl der allgemeinen Persönlichkeitsrechte geben kann.

Diese Ausführungen lassen sich indes nicht auf Funktion und Inhalt des Urheberpersönlichkeitsrecht übertragen. Das Urheberpersönlichkeitsrecht schützt nicht wie das allgemeine Persönlichkeitsrecht eine Person an sich, sondern nur die Beziehung des Urhebers zu seinem Werk, das geistige Band.[858] Anders als im allgemeinen Persönlichkeitsrecht ist im Urheberpersönlichkeitsrecht somit die dem Sachenrecht parallele, wenn auch unkörperliche Zuordnung Objekt-Subjekt gegeben. Den Urheber in seiner geistigen und persönlichen Beziehung zum Werk ist das Urheberrechtsgesetz zu schützen verpflichtet (§ 11 S. 1 UrhG). Damit ist das zu schützende Interesse konkretisiert. Demzufolge ist nicht von einem Rahmenrecht auszugehen, welches aufgrund der Vielzahl der Möglichkeiten des menschlichen Seins eine Vielzahl von konkreten Ausgestaltungen erfahren kann. Vielmehr sind die ideellen Interessen eines Urhebers in Bezug auf sein Werk grundsätzlich vergleichbaren Inhalts. Weil indes dieses Interesse nicht gegenständlich festgelegt ist und dennoch absoluten Schutz vermittelt, besteht ein Sicherheitsbedürfnis des Rechtsverkehrs nach erkennbaren Rechtsgrenzen. Das Urheberrechtsgesetz

852 BGH NJW 1958, 827, 830 – Herrenreiter begreift daher als Schutzobjekt die „innere Freiheit“, also die „Freiheit der Selbstentschließung über seinen persönlichen Lebensbereich“.

853 *Larenz/Canaris*, Schuldrecht II/2, § 80 I 1.

854 Vgl. nur BGH NJW 2013, 229, 229, Rn. 10 – Gazprom-Manager; *Ehmann*, in: *Canaris*, 50 Jahre BGH, Bd. I, S. 613, 622; *Schwerdtner*, Das Persönlichkeitsrecht in der deutschen Zivilrechtsordnung, S. 97 ff.

855 BGH NJW 2010, 2728, 2728, Rn. 12 mwN.

856 *Rixecker*, in: MüKo BGB, Band 1, Anhang zu § 12, Rn. 14.

857 *Rixecker*, in: MüKo BGB, Band 1, Anhang zu § 12, Rn. 15.

858 *Wandtke*, Urheberrecht, Kap. 3, Rn. 12: „Dabei ist der Schutz geistiger Interessen objektbezogen zu verstehen.“.

kommt dem nach, indem es die Urheberpersönlichkeitsrechte umfangreich wie in den §§ 12 ff., 25, 42, 43, 62 I 1, 63, 93, 97 I 1, II 4 UrhG regelt. Damit ist der Rechtsinhalt in einer Art und Weise konkretisiert, die dem allgemeinen Persönlichkeitsrecht fremd ist.

Die aufgezeigten Wesensverschiedenheiten begründen, warum die persönlichkeitsrechtlichen Bestandteile des Urheberrechts nicht gegen einen Numerus clausus wie im allgemeinen Persönlichkeitsrecht, sondern hingegen vielmehr für einen solchen im Immaterialgüterrecht sprechen. Die Vermengung des Urheberrechts mit personenrechtlichen Elementen ist wie oben gezeigt ein Argument gegen eine Qualifizierung als dingliches Recht, weil das Urheberrecht keine der Sachherrschaft analoge Macht über ein unkörperliches Gut darstellt. Desgleichen es ist keine zwingende Verknüpfung, dass ein Recht dinglicher Natur sein muss, um einem Numerus clausus zu unterliegen. Die Vermengung spricht vielmehr für die Übertragung des Numerus clausus auf das Immaterialgüterrecht. Denn gewisse Parallelen von Strukturmerkmalen wie die Objektbezogenheit eines absoluten Rechts, die im Sachenrecht für den Numerus clausus sprechen, sind ebenso im Urheberpersönlichkeitsrecht im Besonderen und im Immaterialgüterrecht im Allgemeinen gegeben. Das Immaterialgüterrecht ordnet ein äußeres Gut einer Person zum Haben und Nutzen zu. Immaterialgüterrechte sind subjektive Herrschaftsrechte an unkörperlichen Gegenständen oder anders gesagt an verselbstständigten, verkehrsfähigen geistigen Körpern.[859] Durch diese strukturelle Gleichheit besteht eine Verwandtschaft zum Sacheigentum.[860] Das Sachenrecht ordnet in Form des Sacheigentums ebenfalls ein Gut einem Rechtssubjekt zu und versieht dabei im Ergebnis das Subjekt mit subjektiven Rechten. Die Zuordnung eines Objekts zu einer Person mit absoluter Wirkung unterscheidet sich dadurch, dass der Gegenstand in einem Fall körperlicher, im anderen Fall unkörperlicher Natur ist. Diese Strukturgleichheit könnte wie oben gezeigt gar für eine Einordnung als dingliches Recht sprechen.[861] Der prinzipielle Gleichlauf mit dem Sachenrecht[862] spricht aber jedenfalls als erstes Argument für eine Übertragbarkeit der aus den gleichen Eigenschaften folgenden Prinzipien.

bb) Verfassungsrecht als Argument

Diese Auffassung wird durch das Verfassungsrecht gestützt. Ungeachtet des naturrechtlichen Hintergrunds des Urheberrechts muss die dargestellte Zuordnung durch den Gesetzgeber ausgestaltet werden. Hierbei kann man überlegen, ob nicht bereits aus allgemeinen verfassungsrechtlichen Grundsätzen heraus Ausschließlichkeitsrechte nur durch den Gesetzgeber geschaffen werden können.[863] Solche

---

859 *Schönherr*, in: *Brügger*, FS Troller, S. 57, 62.

860 *Raiser*, JZ 1961, 465, 467.

861 Vgl. zu dieser Ansicht E IV 2. c) aa) (ii).

862 So bereits *Raiser*, JZ 1961, 465, 467 ff.

863 Vgl. *Walch*, Ergänzender Leistungsschutz, S. 21 f.

sind von herausgehobener Grundrechtsrelevanz,[864] sodass nur durch den Gesetzgeber unter Wahrung des Vorbehalts des Gesetzes Inhalt und Grenzen unzweideutig festgelegt werden können.[865] Andernfalls droht das Bestimmtheitsgebot verletzt zu werden.[866] Deswegen besteht bei der Schutzumfangsfestlegung neben der mannigfaltigen Interessenabwägung des Gesetzgebers kein Raum mehr für weitere Abwägungen.[867] Das spricht für einen Numerus clausus des immaterialgüterrechtlichen Ausschließlichkeitsrechts.

Diesen Ausführungen könnte man aus Empirie kritisch entgegenstehen, indem man das ganzheitliche Konzept des Gesetzgebers anzweifelt und eine andere Rechtsausgestaltung wie beispielsweise eine der Privatautonomie unterworfene oder eine der methodenkonformen Rechtsfortbildung offene bevorzugt. Doch ungeachtet dessen, ob man persönlich die komplexe Rechtsabwägung lieber der behutsamen Entwicklung normativer Grundsätze anhand von Einzelfallentscheidungen zu Generalsklauseln durch die Gerichte anvertrauen möchte,[868] muss aus verfassungsrechtlicher Sicht dies der Einschätzungsprärogative des Gesetzgebers zugeordnet werden.[869] Die Schaffung neuer Immaterialgüterrechte würde diese verletzen.[870] Um Kritik an einer angesichts technischer Entwicklung unzeitgemäßen Starrheit der Rechte des Immaterialgüterrechts als Folge des Numerus clausus vorzubeugen, ist darauf hinzuweisen, dass es dem Gesetzgeber im Rahmen seiner verfassungs- und europarechtlichen Möglichkeiten nicht nur jederzeit offen steht, die Immaterialgüterrechte zu reformieren, sondern dass es sich dabei um seinen pflichtgemäßen Aufgabenkreis handelt.

Neben diesen allgemeinen Erwägungen lässt sich festhalten, dass bei Immaterialgüterrechten die Rechtsausgestaltung im Rahmen der Inhalts- und Schrankenbestimmungen durch das Gesetz und nicht privatautonom erfolgt, weil es sich bei den Immaterialgüterrechten um Eigentumsrechte iSv Art. 14 GG handelt.[871] Man könnte vertreten, dass der Erweiterung des verfassungsrechtlichen Eigentumsschutzes stets eine wesentliche Bedeutung zukommt.[872] Nach der Wesentlichkeitstheorie müssen alle wesentlichen Belange durch formelle Gesetze geregelt werden. Andererseits könnte man einen formellen Parlamentsvorbehalt, dessen

---

864 Vgl. für das Urheberrecht C I, II.

865 So *Walch*, Ergänzender Leistungsschutz, S. 22 f.

866 So *Peifer*, Individualität im Zivilrecht, S. 273 f., 286, 300 f.

867 Vgl. am Beispiel Lauterkeitsrecht und immaterialgüterrechtlicher Sonderschutz *Heyers*, GRUR 2006, 23, 23.

868 Forderung von *Schroeder*, Numerus clausus der Immaterialgüterrechte?, S. 325 f.

869 Ebenso *Emmerich/Lange*, Unlauterer Wettbewerb, § 11, Rn. 6.

870 So am Beispiel des Wettbewerbsrechts *Emmerich*, in: *Lange/Nörr/Westermann*, FS Gernhuber, S. 857, 864.

871 *Söllner*, in: *Loewenheim/Raiser*, FS Traub, S. 367, 369 f.

872 So *Walch*, Ergänzender Leistungsschutz, S. 23 f.

Folge ein Numerus clausus wäre, aus der Anordnung des Art. 14 I 2 GG herleiten.[873] Es wird diesem Argument in der Literatur entgegengehalten, dass es nicht immer die Unterschiede zwischen öffentlichen Recht und Privatrecht ausreichend beachte.[874] Es solle im Privatrecht nicht ein Bürger vor dem Staat geschützt werden, was Grundlage dafür wäre, dass sich aus dem Demokratiegebot ein Vorbehalt des Gesetzes speist. Der Vorbehalt trete hinter ein Gebot der Sachgerechtigkeit zurück, weil die Vielfalt privatautonomer Betätigung eine Lückenfüllung und Rechtsfortbildung erforderliche mache. Vorliegend wird jedoch nicht die Möglichkeit der Begründung immaterialgüterrechtlichen Schutzes wesensverschiedener Güter untersucht, sondern die Möglichkeit der Erweiterung des gesetzlich vorgesehenen Umfangs eines bereits bestehenden Immaterialgüterrechts. Das ist eine Frage der dem Gesetzgeber zugewiesenen Aufgabenbestimmung nach Art. 14 I 2 GG und keine gesetzliche Lücke.

cc) Historische Entwicklung als Argument

Gegen die Annahme bestehender Schutzlücken und damit für eine geschlossene Anzahl an Rechten, spricht weiterhin die historische Entwicklung des Immaterialgüterrechts.[875] Die Rechtsentwicklung spürte stets dem Güterumsatz und -austausch nach. Infolge der Entwicklung von Technik und Handel entstand für Dritte die Möglichkeit zum nutzbringenden Gebrauch, indem sie mit der geistigen Leistung Gewinn erzielten und so den Lohn der Bemühung entzogen. Dadurch entstand ein Bedürfnis nach Rechtsschutz.[876] Eine gesetzliche Regelung, die durch normative Anordnung diesen gewährte, erfolgte anschließend, wenn die Interessenten es vermochten, sich öffentlichkeitswirksam Geltung zu verschaffen. Das einzelne Immaterialgüterrecht etablierte sich mithin auf Drängen einzelner Interessengruppen in einem rechtlichen Vakuum. Wenn in einer positivistischen Rechtsordnung eine immaterielle Leistung ohne Schutzrechtseinführung ohne Sonderrechtsschutz ist, dann folgt der Numerus clausus als Reflex der Rechtseinführung.[877]

Die Folge des Numerus clausus könnte eine Verteilungsungerechtigkeit sein.[878] Es ist jedoch hinzunehmen, dass der Positivismus stets mit der Gefahr rechtstechnischen Versagens verbunden ist. Es muss dabei akzeptiert werden, dass der

---

873 *Peukert*, Güterzuordnung als Rechtsprinzip, S. 711 ff.

874 Vgl. *Schroeder*, Numerus clausus der Immaterialgüterrechte?, S. 326 f.

875 Ausführlich zu diesem Argument *Troller*, in: *Isele/Schwander/Broggini*, FG Gutzwiller, S. 769, 771 ff.

876 Im Urheberrecht ist diese Entwicklung ab der Erfindung der Buchdruckkunst nachzuvollziehen, vgl. B I 2. ff.

877 Mit Blick auf diese Historie bezeichnet *Jänich*, Geistiges Eigentum, S. 238 die dogmatische Fixierung des Numerus clausus als „einfacher als im Sachenrecht".

878 So *Schrader*, WRP 2005, 562, 563; *Troller*, in: *Isele/Schwander/Broggini*, FG Gutzwiller, S. 769, 771 ff.

Gesetzgeber mit den technologischen, wirtschaftlichen und gesellschaftlichen Entwicklungen nicht immer Schritt halten kann. Daraus sollte nicht die Schlussfolgerung gezogen werden können, der Gesetzgeber habe das Immaterialgüterrecht nicht ähnlich wie das Sachenrecht als abgeschlossenes System vollständig geregelt.[879] Die Gründe für eine lediglich langsame Weiterentwicklung können dabei eher politischer als rechtlicher Natur sein. Beispielsweise können sie in einer Überlastung mit anderen Aufgaben oder einem fehlendem politischen Konsens liegen. Derartige Probleme müssen auf politischer und nicht juristischer Ebene gelöst werden und vermögen nicht das System des Numerus clausus in Frage zu stellen.[880]

dd) Gesetzesstruktur als Argument

Vor dem Hintergrund dieser Historie ist wiederum die Struktur der immaterialgüterrechtlichen Gesetze zu verstehen, welche ein weiteres Argument für einen Numerus clausus der Immaterialgüterrechte liefert. § 1 UrhG legt fest, dass Urheber von Werken Schutz nach Maßgabe des Urheberrechtsgesetzes genießen. Dahingehend ist die Zulässigkeit von vertraglichen Veränderungen des urheberrechtlichen Schutzumfangs kritisch zu sehen. Denn das Urheberrecht beruht auf einer genauen gesetzgeberischen Abwägung der Interessen des Urhebers an umfassenden und effektiven Schutz einerseits und der Allgemeinheit an freiem Zugang andererseits.[881] Diese Interessenabwägung drückt sich in den Schutzvoraussetzungen und in den Schranken aus.

Das trifft für das Urheberrechtsgesetz nicht nur auf das Urheberrecht zu, sondern ebenfalls auf die Leistungsschutzrechte. Hier hat der Gesetzgeber einzelne und abgegrenzte unternehmerische Leistungen zum Gegenstand eines Schutzrechts gemacht. In Konsequenz dessen muss in Kauf genommen werden, dass andere – nach dem subjektiven Empfinden ebenso schutzwürdige – Leistungen keinen Schutz erhalten. So mag man persönlich beispielsweise der rechtspolitischen Ansicht sein, dass es eine unbillige Bevorzugung darstelle, nur die Verleger von Presseerzeugnissen in den Genuss eines Leistungsschutzrechts nach § 87 f. UrhG kommen zu lassen.[882] Nichtsdestominder ist es der Rechtsprechung verwehrt, in richterrechtlicher Rechtsfortbildung diese gesetzgeberische Abwägung zu missachten und ein neues, nicht gesetzlich geregeltes, subjektives Recht aller

879 So hingegen *Nirk*, GRUR 1993, 247, 251; a.A. *Troller*, in: *Isele/Schwander/Broggini*, FG Gutzwiller, S. 769, 771 ff.

880 Anders *Ohly*, in: *Ohly/Bodewig/Dreier*, FS Schricker II, S. 105, 118, der wegen seiner formalen Starrheit den Numerus clausus als das methodisch ungeeignete Mittel ansieht, um sachgerechte Ergebnisse zu erzielen.

881 *Lettl*, Urheberrecht, § 1, Rn. 46 f., 49. Siehe dazu bereits B I 6. a), II 4.; C I, II.

882 So unter vielen *Wandtke*, ZUM 2014, 847, 848.

Verleger wegen ähnlicher Probleme bei der Verwertung von Verlagsprodukten im Online-Markt anzuerkennen.[883]

Für eine ebensolche Feinabwägung sprechen unter Ausklammerung von § 60g UrhG desgleichen die Schrankenregelungen. Dem kann nicht entgegengehalten werden, dass die aus dem Urheberrecht fließenden Befugnisse wegen des Wortlauts des § 15 UrhG „insbesondere“ keinem Typenzwang unterliegen oder dass bezüglich des Inhalts urheberrechtlicher Nutzungsrechte nach § 31 I 2 UrhG eine Gestaltungsfreiheit herrscht. Die ausdrücklichen gesetzlichen Verwertungsbegrenzungen können nicht mit einem Rückgriff auf die Generalklausel ausgehebelt werden.[884] Ansonsten würden die inhaltlichen Begrenzungen der urheberrechtlichen Befugnisse überdeckt werden.

Den umfassenden Verwertungsrechten stehen explizit, vollumfänglich und abschließend aufgeführte Rechtsbegrenzungen in Form der Schranken gegenüber. Hätte der Gesetzgeber die Zahl der zulässigen Inhalte des Immaterialgüterrechts nicht abschließend regeln wollen, hätte er ebenso eine Schrankengeneralklausel nach US-amerikanischem Vorbild normieren und es unter Entlastung der eigenen Aufgabengebiete den Gerichten überlassen können, die genauen Grenzen des Rechts im Einzelfall zu bestimmen. Eine Generalklausel erbringt den Vorteil von Flexibilität, Schnelligkeit, Anpassungsfähigkeit und Modernität. Damit spricht sie entschieden gegen eine geschlossene Anzahl, weil der Schutzumfang von den konkreten Umständen des Einzelfalls abhängt und somit stark divergiert. Jedoch hat sich der Gesetzgeber mit dem Enumerationsprinzip der wiederholten Überprüfung und Neubewertung der Schrankenregelungen verpflichtet. Nur er trifft die erforderlichen Abwägungen und legt damit die Anzahl und den Umfang der Immaterialgüterrechte fest. Im Zeitpunkt des Inkrafttretens des Gesetzes ist der Umfang des Urheberrechts abstrakt geregelt. Es muss nicht wie bei einer Generalklausel auf einzelne Lebenssachverhalte mit ihren einzigartigen Umständen gewartet werden, um diesen gerichtlich zu bestimmen. Für das Enumerationsprinzip mit seinen konkreten Tatbeständen spricht ganz entschieden der Vorteil der Rechtssicherheit. Die Rechtssicherheit wiederum ist bereits Rechtfertigungsgrund des Numerus clausus im Sachenrecht.[885] Mittels des Numerus clausus kann im Immaterialgüterrecht ebenso die in der Gesetzesstruktur deutlich werdende Feinabwägung des Gesetzgebers gewahrt bleiben.

---

883 Jedoch für die Möglichkeit einer Ausbildung neuer, originärer, ausschließlicher Rechte für wesensverschiedene Güter im Rahmen der Rechtsfortbildung *Schroeder*, Numerus clausus der Immaterialgüterrechte?, S. 273 ff.

884 *Schack*, Urheberrecht, Rn. 411; *Stieper*, Rechtfertigung der Schranken, S. 197 f.; BT-Drs. IV/270, S. 46.

885 Vgl. *Baur/Stürner*, Sachenrecht, § 1, Rn. 10.

ee) *Rechtssicherheit und Verkehrsschutz als Argument*

Der Rechtssicherheit kommt überdies zur Begründung des Numerus clausus eine derart erhebliche Bedeutung zu, dass sie als separates Argument aufzuführen ist. Mit den einzelnen Spezialgesetzen, die die einzelnen Rechte des Immaterialgüterrechts regeln, mit deren spezifischen Schutzvoraussetzungen und Schranken, die dem Enumerationsprinzip folgen, hat sich der Gesetzgeber mit Priorität der Rechtssicherheit verpflichtet. Der Rechtverkehr braucht sich bloß über die anerkannten Rechte zu informieren und kann sich darauf verlassen, dass außerhalb der Sonderschutzrechte Nachahmungsfreiheit herrscht. Schon *Heck* rechtfertigte 1930 den Numerus clausus im Sachenrecht vergleichbar dazu durch das Argument des „Freiheitsschutzes“[886]. Darunter wollte er verstanden wissen, dass es notwendig sei, nur solche Rechte zu gewähren, deren Notwendigkeit zur Interessenbefriedung geschichtlich feststehe.[887] Alle anderen Rechte sollen vom Rechtsleben ferngehalten werden, um so die Handlungsfreiheit der Allgemeinheit zu wahren. Dass die Beeinträchtigung des Rechtslebens durch interessenlose dingliche Rechte viel größer als bei Schuldrechten sei, begründete er damit, dass aufgrund der Absolutheit eine Wirkung auf größere Kreise bestehe und die Beeinträchtigung wegen ihrer Dauerhaftigkeit die Interessengrundlage eher überlebe als bei obligatorischen Rechten.[888] Wie oben gezeigt, entfaltet das Urheberrecht gleichermaßen eine absolute Wirkung. Neben dieser ersten Vergleichbarkeit wirkt das Urheberrecht mit seiner zeitlichen Begrenzung von der Werkschöpfung an bis 70 Jahre post mortem auctoris gemäß § 64 UrhG ebenfalls viel länger als die meisten schuldrechtlichen Beziehungen. Beide Argumente sind also auf das Urheberrecht übertragbar.

Das Urheberrecht besteht damit im Regelfall länger als die meisten Facetten des allgemeinen Persönlichkeitsrechts. Im allgemeinen Persönlichkeitsrecht besteht der auf den Erben übergehende Anspruch auf Schadensersatz nur bei Verletzungen der vermögenswerten Bestandteile des postmortalen Persönlichkeitsrechts und verblast mit der Zeit immer mehr.[889] Bei postmortalen Verletzungen der ideellen Bestandteile des Persönlichkeitsrechts stehen den Angehörigen lediglich Abwehransprüche zu.[890] Dass Entschädigungsansprüche in Geld nur dem Rechtsträger und nur zu dessen Lebzeiten zustehen,[891] wird damit begründet, dass die diesem Anspruch zugrundeliegende Genugtuungsfunktion sonst nicht mehr erfüllt werden könne.[892] So ist das allgemeine Persönlichkeitsrecht, das keinem Numerus

---

886 *Heck*, Grundriß des Sachenrechts, S. 87.

887 *Heck*, Grundriß des Sachenrechts, S. 87.

888 *Heck*, Grundriß des Sachenrechts, S. 87.

889 BGH BGHZ 143, 214, 217 ff. – Marlene Dietrich; BGH ZUM 2006, 211, 212.

890 BGH BGHZ 50, 133, 137 – Mephisto; *Boksanyi/Koehler*, in: *Wandtke/Ohst*, Medienrecht Praxishandbuch, Band IV, Kap. 3, Rn. 33.

891 BGH BGHZ 107, 384, 388 f. – Emil Nolde.

892 BGH NJW 1974, 1371, 1371; BGH ZUM 2006, 211, 212.

clausus unterliegt, ungeachtet seiner ebenfalls absoluten Wirkung eben nicht derart mit dem Urheberrecht vergleichbar wie das Sachenrecht.

Es verhält sich nicht nur so, dass die genannten Argumente für einen Freiheitsschutz im Sachenrecht grundsätzlich auf das Immaterialgüterrecht übertragbar sind. Die Fixierung des Numerus clausus durch den Aspekt der Freiheit kommt im Immaterialgüterrecht vielmehr besonders deutlich zum Vorschein. Denn dem Selbstverständnis des Rechtsgebiets liegt die Annahme der Freiheit der Idee zugrunde.[893] Diesem Prinzip steht nicht entgegen, dass auch Erfindungen immaterialgüterrechtlich geschützt werden, obwohl sich dahinter technische Ideen verbergen. Diese müssen spezielle Anforderungen erfüllen, sodass letztlich spezifische Ideen geschützt werden, aber nicht die Idee schlechthin. Daraus ergibt sich, dass das Immaterialgüterrecht einen Ideenschutz nur auf ausdrückliche gesetzliche Anordnung hin gewährt. Anders gesagt entsteht der Schutz am Immaterialgut erst durch die Zuordnung zu einem gesetzlich fixierten Rechtstypen. Daraus folgt der Numerus clausus. Mit der Freiheit der Idee geht weiterhin die Freiheit der Information einher.[894] Der Numerus clausus hilft damit im Übrigen, diese ebenfalls zu gewährleisten.[895]

Man könnte überlegen, ob das Fehlen eines gesetzlichen Geheimnisschutzes als Argument für einen Numerus clausus durch den Know-How-Schutz durchbrochen wird. Dieser erfüllt eine ähnliche Funktion wie ein Ausschließlichkeitsrecht und bringt den Vorteil zeitlich prinzipiell weitreichenden Schutzes mit sich. So verwirklicht sich beispielsweise in dem Abwehranspruch nach § 6 GeschGehG die Zuordnungs- und Ausschließungsfunktion des geschützten Rechts.[896] Daher wird in der Literatur vertreten, dass Know-How als Immaterialgut geschützt ist[897] oder sein sollte[898]. Jedoch ist zu beachten, dass der Schutz nur so lange gewährt wird, wie ein Geschäftsgeheimnis tatsächlich vorliegt. Mit seiner Kenntnis hört das Geheimnis auf, ein Geheimnis zu sein. Es besteht somit eine Abhängigkeit des rechtlichen Schutzes von seiner tatsächlichen Grundlage. Ähnlich wie beim Besitz wird ein faktischer Zustand rechtlich abgesichert. Der strukturelle Unterschied spricht gegen die Annahme eines Immaterialgüterrechts,[899] weshalb der Know-How-Schutz keine Durchbrechung oben genannter Argumente darstellt.

---

893 *Jänich*, Geistiges Eigentum, S. 237 mwN. bezeichnet das als „einen der fundamentalen Grundsätze dieses Rechtsgebietes".

894 Ausdrücklich zum Fehlen eines gesetzlichen Geheimnisschutzes *Troller*, in: *Isele/Schwander/Broggini*, FG Gutzwiller, S. 769, 771 ff.

895 *Druey*, Information als Gegenstand des Rechts, S. 100 f.

896 *Alexander*, in: *Köhler/Bornkamm/Feddersen*, UWG, § 6 GeschGehG, Rn. 9.

897 *Ann*, GRUR 2007, 39, 42 f.

898 *McGuire*, GRUR 2016, 1000, 1003 ff.

899 *Ohly*, GRUR 2014, 1, 4 nennt die Position des Geheimnisinhabers deswegen ein „unvollkommenes Immaterialgüterrecht".

Doch in den bisher genannten Vorteilen erschöpft sich die Bedeutung des Freiheitsschutzes noch nicht. Denn Freiheitsschutz ist außerdem zugleich Verkehrsschutz. Die Verkehrssicherheit ist im Immaterialgüterrecht wegen der existenziellen Bedeutung der Schutzrechte besonders wichtig.[900] Der Gesetzgeber ist mindestens ebenso wie im Sachenrecht,[901] wenn nicht teilweise noch intensiver[902], angehalten, auf Rechtssicherheit und -klarheit Wert zu legen. Erst die eindeutige rechtlicher Zuordnung unter der Beseitigung von Rechtsunsicherheiten mach die immateriellen Güter handelbar. Die Folge ist die Reduktion von Transaktionskosten als Grundlage für Innovation.[903] Denn eindeutige Rechtsgrenzen helfen aus institutionalistischer Betrachtungsweise, dass Erwartungssicherheit geschaffen werden kann.[904] Dieser Aufgabe kommt der Gesetzgeber mit einem Numerus clausus nach. Die Verkehrssicherheit im Immaterialgüterrecht wird somit durch die Rechtssicherheit und -klarheit, die aus dem Numerus clausus folgen, und damit durch den Vertrauensschutz noch weiter erhöht.

Eben aufgrund der weltweiten und parallelen Verfügbarkeit immaterieller Güter sind sich Nutzer und Rechtsinhaber nicht bekannt, geschweige denn, dass vertragliche Beziehungen bestehen müssen. Gerade weil das Schutzobjekt durch eine fehlende sinnliche Wahrnehmbarkeit gekennzeichnet ist, könnte dem Nutzer sonst seine konkrete Ausgestaltung verborgen bleiben. Damit der Nutzer dennoch ob seiner rechtlichen Möglichkeiten im Umgang mit dem Schutzgegenstand zutreffend weiß, ist es gerade im Immaterialgüterrecht im Interesse der Rechtssicherheit und damit des Verkehrsschutzes wesentlich, dass der Gesetzgeber am Prinzip des Numerus clausus festhält. Das ist insbesondere mit Blick auf die oben dargestellte Absolutheit des Urheberrechts bedeutend. Das Urheberrecht wirkt gegenüber jedermann. Dann muss aber jedermann auch in der Lage sein, abstrakt und generell den Umfang des Rechts zu kennen. Er muss sich daher darauf verlassen können, dass die gesetzlichen Grenzen abschließend und ihm seine Freiräume stets gegeben sind. Andernfalls könnte der Nutzer Gefahr laufen, sich entweder unwissentlich rechtswidrig zu verhalten, was kostspielige Folgen haben kann, oder aus Furcht davor seine Handlungsfreiheit ohne rechtliche Notwendigkeit selbst zu beschränken, was wiederum den Wettbewerb behindern kann.[905] Der Numerus

900 *Kurtz*, GRUR 2007, 292, 294.

901 So *Kurtz*, GRUR 2007, 292, 294; *Nolden*, Das Abstraktionsprinzip im urheberrechtlichen Lizenzverkehr, S. 69; gegen *Forkel*, NJW 1983, 1764, 1767.

902 So *Ahrens*, GRUR 2006, 617, 622; kritisch *Schroeder*, Numerus clausus der Immaterialgüterrechte?, S. 331.

903 *Seckelmann*, Industrialisierung, Internationalisierung und Patentrecht im Deutschen Reich, S. 403 f.

904 *Seckelmann*, Industrialisierung, Internationalisierung und Patentrecht im Deutschen Reich, S. 405.

905 Ebenso *Ahrens*, GRUR 2006, 617, 622.

clausus hilft nicht nur, die Freiräume zu erkennen, sondern er sichert zugleich ihre Existenz. Andernfalls drohen Monopolisierungen, deren Gefahrenpotential die Geschichte insbesondere im wirtschaftlichen Bereich vielfach aufgezeigt hat.[906] In der Entwicklungsgeschichte des Urheberrechts kann hier an die Privilegien erinnert werden.[907] Im Prozess der Liberalisierung des Rechts sind Monopolisierungen mit gutem Grund bis auf die ausdrücklich gesetzlich angeordneten immer weiter verschwunden. Daher sollten heute wirtschaftliche Bedürfnisse ohne gesetzgeberische Anordnung desgleichen keinen immaterialgüterrechtlichen Schutz zu rechtfertigen vermögen.[908] Denn es ist zu beachten, dass jeder wirtschaftliche, technische oder kulturelle Fortschritt auf Leistungen anderer Mitmenschen oder Vorfahren aufbaut. Daraus folgt die Nachahmungsfreiheit im Interesse der Allgemeinheit als Grundprinzip der Wettbewerbsfreiheit.[909] Wettbewerbspolitisch ist der immaterialgüterrechtliche Schutz somit ebenso durch die strikten Grenzen des Numerus clausus zu begrenzen.

Diesen Argumenten darf nicht entgegengehalten werden, dass die Hoffnung auf Rechtssicherheit, die angesichts eines Numerus clausus durch einen daher zulässigen Gegenschluss von den gesetzlich geregelten Schutzrechten auf Freiheit im Übrigen geschürt wird, in der Rechtspraxis zur Illusion wird, weil der Numerus clausus zugunsten von Flexibilität in der Rechtsprechungspraxis teilweise geopfert wird. Festgemacht wird das von einigen Stimmen an einer Überlappung von Immaterialgüterrecht und UWG-Nachahmungsschutz und insbesondere an dem ineinander Übergehen von Immaterialgüter- und Persönlichkeitsrecht in der Rechtsprechung.[910]

Zunächst ist darauf hinzuweisen, dass der ergänzende wettbewerbsrechtliche Leistungsschutz das Prinzip des Numerus clausus nicht durchbricht, weil er kein absolutes subjektives Ausschließlichkeitsrecht begründet.[911] Wettbewerbsrechtliche Ansprüche sind schuldrechtliche Ansprüche gegen die Art und Weise der Verwertung fremder Leistung durch eine konkrete Wettbewerbsleistung.[912]

Über den ergänzenden wettbewerbsrechtlichen Leistungsschutz hinaus ist dem Gegenargument in Form der Rechtsprechungspraxis entgegenzuhalten, dass, wenn hier mit den Strukturmerkmalen des Gesetzestexts selbst und der sich darin

---

906 Ebenso *Raiser*, JZ 1961, 465, 468.

907 Siehe dazu B I 2.

908 *Hartig*, GRUR 2006, 299, 300.

909 *Kraßer*, GRUR 1977, 177, 194 f.

910 Das stellt bei *Ohly*, in: *Ohly/Bodewig/Dreier*, FS Schricker II, S. 105, 108 ff., 116 einen wesentlichen Argumentationsstrang gegen die Annahme eines Numerus clausus der Immaterialgüterrechte dar. Dafür jedenfalls, dass die Schutzrechtsgrenzen erodieren, gibt es zahlreiche Nachweise, vgl. *Hansen*, Warum Urheberrecht?, S. 46 ff.

911 *Sambuc*, Der UWG-Nachahmungsschutz, S. 20, Rn. 39.

912 *Jänich*, Geistiges Eigentum, S. 239 mwN.

niederschlagenden Konzeption argumentiert wird, der gesetzgeberische Wille nicht damit umgangen werden kann, darauf zu verweisen, dass Richter in der Praxis die vorgegebenen Trennlinien vielleicht nicht immer mit voller Konsequenz einhalten. Der Entscheidungsdruck, das Streben nach sachgerechten Ergebnissen, personelle oder sachliche Ausstattungen der Gerichte sowie ein stärker praktisch als dogmatisch geprägtes Rechtsverständnis könnten dem ebenso zugrunde liegen. Rechtstheoretische Erkenntnisse sind daraus nicht ableitbar.

Im Gegenteil erhöht diese bedenkliche Rechtsprechung vielmehr den Legitimationsdruck, der auf den Immaterialgüterrechten, insbesondere dem Urheberrecht lastet. Monopolstellungen geraten in der offenen Informationsgesellschaft publizistisch und rechtspolitisch immer mehr unter Rechtfertigungszwang.[913] Die Gewöhnung vieler Menschen an eine faktisch freie Zugänglichkeit im Internet gepaart mit technisch problemlosen massenhaften Kopiermöglichkeiten ohne Qualitätsverlust tut ihr Übriges. Um dem entgegenzuwirken, sind Schutzrechte in der jüngsten Vergangenheit vielfach ausgedehnt worden. Als Folge davon wird schon lange über eine „Hypertrophie der Schutzrechte“[914] gesprochen. Die Anerkennung eines Numerus clausus ist kein Allheilmittel gegen die erfolgreiche Arbeit vieler Lobbyistenverbände. Allerdings kann der Numerus clausus bei dementsprechender Anwendung ein Baustein in der Eindämmung von Schutzrechtsexpansionen sein, der letztlich die Akzeptanz der verbleibenden Schutzrechte erhöht. Mithin ist ein Numerus clausus auch rechtspolitisch wünschenswert. Daher gilt im Ergebnis im Immaterialgüterrecht wie im Recht der körperlichen Sachen das Prinzip des Numerus clausus.[915]

ff) Ergebnis

Zwischen dem Sachen- und Urheberrecht bestehen Unterschiede, die eine weitreichende Gleichbehandlung selbst terminologischer Natur fraglich erscheinen lassen. Die Akzeptanz einer Dinglichkeit des Urheberrechts ist daher kritisch zu sehen. Allerdings zeigt die Debatte, dass sich ganz wesentliche Strukturgleichheiten zwischen dem Immaterialgüter- und dem Sachenrecht ergeben. Vor allem ist hierbei die Zuordnung Subjekt-Objekt mit absoluter Wirkung hervorzuheben. Die Parallelen ermöglichen die Annahme sachenrechtlicher Prinzipien wie des Numerus clausus im Immaterialgüterrecht. Gekoppelt daran, dass der Gesetzgeber in einem historischen Prozess die Immaterialgüterrechte einzeln geregelt

---

913 Vgl. *Schack*, in: *Depenheuer/Peifer*, Schutzrecht oder Ausbeutungstitel?, S. 123, 123. Die umfassende, vehemente und radikale Streitschrift *Graf*, PiratK-UrhG, Teil 1, S. 15 ff. mag als überzeugender Beleg für den Rechtfertigungsdruck dienen.

914 *Zypries*, GRUR 2004, 977, 977. Auch *Hansen*, Warum Urheberrecht?, S. 69 ff. führt die gegenwärtige Legitimationskrise des Urheberrechts unter anderem auf die einseitige Schutzrechtsexpansion zurück.

915 So im Ergebnis auch *Peifer*, Individualität im Zivilrecht, S. 273.

hat, Schutzvoraussetzungen normiert und den Schutzinhalten konkrete Schrankentatbestände gegenübergestellt hat, zeigt sich der gesetzgeberische Wille, die Schutzrechte und ihren Schutzumfang abschließend zu regeln. Das schützt den Rechtsverkehr und den Wettbewerb. Darüber hinaus ist dieses Ergebnis rechtspolitisch vorzugswürdig, weil es einer Schutzrechtsexpansion vorbeugt und die Legitimation der gesetzlich geregelten Rechte erhöht.

Abgesehen von überkommenen historischen Argumenten wie der Vermeidung feudaler Eigentumsstrukturen konnte somit gezeigt werden, dass allen Begründungsansätzen, die im Sachenrecht für einen Numerus clausus sprechen,[916] mindestens eine ebensolche Bedeutung im Immaterialgüterrecht zukommt. Das rechtfertigt die Übertragbarkeit des Rechtsprinzips. Die originären Immaterialgüterrechte unterliegen mithin einem Numerus clausus.[917] Es gibt eine geschlossene Zahl von Rechten an Immaterialgütern mit einer unveränderbaren Ausgestaltung. Ein Schutz an Immaterialgütern kann nur durch ausdrückliche gesetzliche Fixierung in ebendieser gesetzlich vorgesehenen Form erlangt werden.[918]

---

916 Siehe dazu E IV 2. a); zur Übertragbarkeit E IV d) aa) ff.

917 Ebenso *Chrocziel*, Gewerblicher Rechtsschutz und Urheberrecht, Rn. 51; *Druey*, Information als Gegenstand des Rechts, S. 100 f.; *Engelhardt/Klein*, MMR 2014, 355, 357; *Hartig*, GRUR 2006, 299, 300; *dies.*, Die Domain als Verfügungsgegenstand, S. 44; *Hilty*, GRUR Int. 1993, 818, 825; *Jänich*, Geistiges Eigentum, S. 237 ff., 242; *Kleespies*, GRUR 2002, 764, 766; *Kurtz*, GRUR 2007, 292, 294; *Meyer*, Identität und virtuelle Identität, S. 145; *Ohly*, in: *Dreier/Hilty*, FS 50 Jahre UrhG, S. 379, 388; *Peifer*, Individualität im Zivilrecht, S. 273; *Raiser*, JZ 1961, 465, 468; *Schrader*, WRP 2005, 562, 563; *Troller*, in: *Isele/Schwander/Broggini*, FG Gutzwiller, S. 769, 771 ff.; *ders.*, Immaterialgüterrecht I, S. 59 ff.; wohl auch so *Beyerbach*, Die geheime Unternehmensinformation, S. 170; gegen einen Numerus clausus des Immaterialgüterrechts insgesamt oder des Urheberrechts *Brandenburg*, Rückrufsrechte, S. 28; *Fezer*, MarkenG, § 2, Rn. 41; *Heck*, Grundriß des Sachenrechts, S. 91; *Hilty/Henning-Bodewig*, Leistungsschutzrechte zugunsten von Sportveranstaltern?, S. 73; *Koos*, MMR 2004, 359, 361 f.; *Ohly*, in: *Ohly/Bodewig/Dreier*, FS Schricker II, S. 105, 121; offen *Schanda*, GRUR Int. 1994, 275, 282 f.; für eine teilweise Anwendbarkeit des Begriffs, aber gegen einen starren Numerus clausus statt einer dynamischen Typizität *Schroeder*, Numerus clausus der Immaterialgüterrechte?, S. 191 ff., 323 ff.; gegen einen starren Numerus clausus bei gleichzeitiger Beschränkung der Gestaltungsmöglichkeiten *Herbst*, Rechtliche Ausgestaltung der Lizenz, S. 50 ff., 139 ff.

918 Daher geht *Nerreter*, GRUR 1957, 525, 533 zu weit, der annimmt, es bestehe der allgemeine Rechtsgedanke, „dass einer schöpferischen Leistung, wenigstens begrenzte Zeit hindurch, Schutz gegen Nachahmung gebührt“. Entscheidend für die Frage der Schutzfähigkeit und des Schutzumfang sind ausschließlich die gesetzlichen Voraussetzungen und Begrenzungen.

3. Schlussfolgerungen für die Abdingbarkeit urheberrechtlicher Schranken aus der Übertragbarkeit

Als zwingend sind vor allem solche Bestimmungen auszulegen, die die zulässigen Geschäftstypen festlegen.[919] Dieser Grundsatz ist über das Sachenrecht hinaus teilweise im Gesellschaftsrecht[920] sowie für gewisse Bereiche im Familien- und Erbrecht[921] seit langem anerkannt. Um seine Funktion erfüllen zu können, muss der Numerus clausus und damit der zulässige Inhalt des normierten Rechts eine Grenze der inhaltlichen Gestaltungsfreiheit von Rechtsgeschäften darstellen.[922] Daraus folgt, dass den Beteiligten die über besagte Grenze hinausgehende Gestaltungsmacht fehlt, die erforderlich wäre, um eine wirksame Rechtsposition einzuräumen.[923]

Im Sachenrecht sind Rechtsgeschäfte, die eine über das Gesetz hinausgehende Rechtsposition einräumen, demnach wirkungslos, wobei die Wirksamkeit einer schuldrechtlichen Verpflichtung grundsätzlich unberührt bleibt.[924] Denn das Obligationsgeschäft entfaltet keine absolute Wirkung, weshalb die Sicherheit und Freiheit des Rechtsgüterverkehrs[925] nicht gleichermaßen schutzbedürftig ist.[926] Um

---

919 *Paulus/Zenker*, JuS 2001, 1, 4.

920 Siehe dazu *Schmidt*, Gesellschaftsrecht, § 5 II, S. 96 f., 101 ff. mwN.; *Schwintowski*, JA 1993, 97, 98.

921 Siehe dazu *Flume*, AT des Bürgerlichen Rechts II, § 1 8b, S. 14 f.

922 *Radke*, Bedingungsrecht und Typenzwang, S. 46 f.

923 *Radke*, Bedingungsrecht und Typenzwang, S. 48.

924 Vgl. BGH NJW 1957, 672, 672. Siehe auch § 137 BGB.

925 Schutzziel von § 137 S. 1 BGB, vgl. BGH NJW 1971, 1805, 1806; *Dörner*, in: Hk-BGB, § 137, Rn. 1.

926 In Übertragung dieser Gedanken kann aus vorgestellten Überlegungen keine Schlussfolgerung zur schuldrechtlichen Wirksamkeit urheberrechtliche Schranken abbedingender Vereinbarungen gezogen werden. Auf diese Differenzierung ist erneut entschieden hinzuweisen. Die Unterscheidung zwischen schuld- und urheberrechtlicher Wirkung ermöglicht es dem Lösungsweg, auch die zu § 60 UrhG aufgeworfenen Fragen vertretbar zu beantworten, siehe E II 2. b) bb). Von § 60 UrhG abweichende vertragliche Regelungen begründen nur schuldrechtliche Verpflichtungen, ohne dass Dritte wirksam gebunden werden. So kann den Bedenken der herrschenden Meinung mit Blick auf die Gesetzgebungsgeschichte Rechnung getragen werden. Verstößt eine nach § 60 UrhG privilegierte Person gegen die Vereinbarung, ohne die Grenzen der Norm zu verlassen, so liegt nur ein Vertragsverstoß und keine Urheberrechtsverletzung vor, ebenso *Stieper*, Rechtfertigung der Schranken, S. 205. Das sieht eine weitere Meinung indes anders, vgl. unter anderem *Vogel*, in: *Schricker/Loewenheim*, UrhR, § 60, Rn. 5, dennoch ergeben sich diese Schlussfolgerungen zwingend aus der Einordnung der Norm als Schranke des einer Inhaltsgrenze unterworfenen Urheberrechts.

den Konsequenzen der Absolutheit des Sachenrechts indessen gerecht zu werden, muss eine gesetzliche Regelung vorausgesetzt werden, die den wesentlichen Inhalt für jeden unverkennbar macht. Denn was gegenüber jedermann wirkt und von jedermann berücksichtigt werden muss, sollte für jedermann offenkundig sein. Die allgemein wirksame Vermögenszuordnung darf nicht der erheblichen Rechtsunsicherheit und -unklarheit durch eine unbegrenzte Gestaltungsfreiheit unterworfen werden. Hier liegt im Urheberrecht gleichermaßen der entscheidende Ansetzungspunkt für die Frage der urheberrechtlichen Wirksamkeit vertraglicher Beschränkungen der Schrankenerlaubnisse. Es wurde begründet, warum die absoluten Immaterialgüterrechte einem Numerus clausus unterliegen.[927] Der Inhalt der möglichen immaterialgüterrechtlichen Berechtigungen ist durch das Gesetz in seinen Umrissen fixiert. Ein durch Aufhebung oder Abänderung der Schrankenprivilegierung mit urheberrechtlicher Wirkung in seinem Umfang verändertes und damit über den gesetzlichen Schutzumfang hinaus erweitertes „Urheberrecht" würde dagegen verstoßen und letztlich ein wesenseigenes Recht darstellen. Ein Urheberrecht mit urheberrechtlich erweitertem Zuweisungsgehalt wäre kein Urheberrecht iSv § 1 UrhG mehr. Damit würde ein darüber hinausgehendes, folglich in vielen, aber nicht allen Inhalten übereinstimmendes Recht und somit ein neues Immaterialgüterrecht vorliegen.[928] Das ist mit dem Numerus clausus der originären Immaterialgüterrechte nicht vereinbar.

Das Immaterialgüterrecht kennt kein Schutzrecht in dieser Ausprägung. Dabei kann nicht darauf abgestellt werden, dass die abgeleiteten Rechte keinem Numerus clausus unterliegen. Originär entsteht das Urheberrecht zwar zunächst weiterhin in der Person des Urhebers in den gesetzlich vorgesehenen Grenzen. Doch

---

927 E IV 2. d).

928 a.A. *Stieper*, Rechtfertigung der Schranken, S. 197, Fn. 136, der annimmt, dass die hier als wesentlicher Argumentationsstrang dienende Frage des Numerus clausus originärer Immaterialgüterrechte unbeachtlich ist. *Stieper* stellt dabei darauf ab, dass der Vertragsschluss erst nach der Urheberrechtsentstehung und im Regelfall im Rahmen von Rechtseinräumungen vorgenommen wird. Dem ist entgegenzuhalten, dass zwar weiterhin zunächst das Urheberrecht in der Person des Urhebers originär entstehen würde, demgegenüber würde im Rahmen der ausschließlichen Rechtseinräumung durch die Parteivereinbarung, wenn man sie für urheberrechtlich wirksam erachten würde, ein grundlegend neues Recht, das es in dieser Gestalt zuvor nicht gegeben und das der Urheber selbst nie innegehabt hat, entstehen. Das geht über eine Nutzungsrechtseinräumung hinaus. Somit würde ein Ausschließlichkeitsrecht erwachsen, das als ursprünglich zu bezeichnen ist. Das neue Recht wäre von niemanden abgeleitet, sondern in diesem Umfang neu geschaffen. Insofern spielt der Numerus clausus der originären Rechte doch eine Rolle, da er auf Rechtssicherheit und -klarheit abzielt und somit jeder Vernebelung der Rechtslage kritisch gegenüber stehen muss.

wenn durch Vereinbarung der Umfang des Verwertungs- oder ausschließlichen Nutzungsrechts verändert wird, entsteht originär erneut ein „Urheberrecht“. Das ist kein abgeleitetes oder gebundenes Recht, sondern etwas Neues, etwas, was es nie zuvor in der konkreten weiten Gestalt gegeben hat. Wenn die Vereinbarung zwischen einem ausschließlichen Nutzungsrechtsinhaber und einem Schrankenprivilegierten erfolgt, könnte der Rechtsinhaber ein Plus gegenüber dem, was der Urheber je hatte, erwerben. Das neu entstandene Recht ist somit eine Frage des Numerus clausus der originären Rechte, obwohl dieses durch Vereinbarung entsteht. Das neue Recht wäre insbesondere für den Rechtsverkehr bedenklich. Es steht im Widerspruch zu den Gedanken der Rechtssicherheit und -klarheit. Aus der Perspektive des Verkehrsschutzes wäre dieses Recht nicht mehr als Urheberrecht zu bezeichnen. Die Monopolisierung würde den unternehmerischen Wettbewerb und die Handlungsfreiheit beschränken. Das verkennt die ökonomische Zweckrichtung der Sonderschutzrechte. Daraus folgt das immaterialgüterrechtliche Verbot der Wirksamkeit beliebiger Parteiabreden aufgrund des Numerus clausus der originären Immaterialgüterrechte.

In Bezug auf Schrankenregelungen abbedingende Vereinbarungen ist es jedoch so, dass nur eine Wirkung gegenüber dem Vertragspartner angestrebt wird. Zu überlegen ist, ob der Numerus clausus einer solchen Vereinbarung nicht entgegensteht, weil die für den Numerus clausus zentralen Argumente der Rechtssicherheit und des Verkehrsschutzes im bilateralen Verhältnis keine vergleichbare Bedeutung innehaben. Der Vertrauensschutz der Allgemeinheit und die Rechtssicherheit und -klarheit für Dritte sind zwar höher einzuordnen als das Interesse der beiden vertragsschließenden Parteien an individueller Gestaltung ihres Rechtsverhältnisses. Nach dem Willen der Vertragsparteien soll die vor der Schrankenprivilegierung vorrangige Vereinbarung jedoch nur Wirkung gegenüber dem Vertragspartner entfalten, sodass eine Gefahr der Ausuferung der Schutzrechte zulasten der Allgemeinheit ausscheidet. Die Erwartungssicherheit der Allgemeinheit wird nicht tangiert. Statt einer Beschränkung des unternehmerischen Wettbewerbs könnte man annehmen, dass eine Belebung dessen erfolgt, weil den Parteien mehr rechtlicher Handlungsspielraum zusteht. Anstatt einer Beschränkung der Handlungsfreiheit könnte damit eine Erweiterung ihrer vorliegen.

Hingegen ist zu bedenken, dass sich der Numerus clausus aus vielfachen Argumenten speist. Die verfassungsrechtlichen Argumente bleiben bestehen. Man könnte sie jedoch zu entkräftigen versuchen, indem man ihnen entgegenhält, dass die starren Regeln des öffentlichen Rechts nicht den Bedürfnissen des Privatrechtsverkehrs entsprechen. Wettbewerb ist dynamisch. Seinem Bedürfnis entspricht es, dass der Grad an Zuordnung immaterieller Güter gleichermaßen ein dynamisches Optimum ist.[929] Doch können mit diesem wettbewerbspolitischen Argument nicht

929 Das ist der zentrale Gedankengang hinter der Forderung, im Immaterialgüterrecht lediglich ein „Gebot der Typizität“ anzuerkennen, um so „die statische

alle Begründungen ausgeräumt werden, warum der Numerus clausus der urheberrechtlichen Wirksamkeit bezeichneter Vereinbarungen ebenso entgegensteht. Denn unter Ausklammerung des Verfassungsrechts sprechen privatrechtsmethodische Argumente gleichfalls für dieses Ergebnis.

Während das Wesen des Wettbewerbs die Dynamik ist, steht Beweglichkeit und Anpassungsfähigkeit dem „Wesen des Immaterialgüterrechts als Kompromiss zwischen Individual- und Sozialinteressen“[930] gegenüber. Der Gesetzgeber nimmt zur Befriedigung der Diskussion abschließend ebenjenen Interessenausgleich vor. Das Ergebnis kann nur ein Kompromiss sein, in dessen Folge Sonderschutz nur nach Maßgabe der Sonderschutzgesetze gewährt werden kann. Würde man den Parteien über das Schuldrecht hinaus Gestaltungsfreiheit gewähren, wäre das Ergebnis eine Aushöhlung und Entwertung des Kompromisses, also des gesetzlichen Rahmens der Sonderschutzrechte.[931] Selbst im zweiseitigen Verhältnis steht es den Parteien nicht offen, sich darüber hinwegzusetzen, weil der Gesetzgeber zum Schutz von Interessen und Grundrechten bewusst abschließende Rechtsgrenzen gesetzt hat. Das „fein ziselierte System der Sonderschutzrechte“[932] ist ein Interessengleichgewicht, welches mit Weitsicht bzw. in manchen Fällen mit weiterer Sicht als der des rechtlich oder geschäftlich Unerfahrenen die Freiräume der Schrankenbegünstigten sichert sowie die an die gesetzlich erlaubte Nutzung geknüpften Vergütungsansprüche zugunsten der Urheber. Somit sind sowohl die Privilegierten als auch insbesondere die originären Rechteinhaber schutzbedürftig. Die gesetzlichen Vergütungsansprüche sind Ausdruck des verfassungsrechtlichen Gebotes, die Urheber an der Nutzung ihres Werks zu beteiligen, und sollten daher nicht durch Vereinbarungen mit urheberrechtlicher Wirkung in Frage gestellt werden können. Der Aspekt der Urheberbeteiligung darf selbst bei vornehmlich bilateral wirkenden Verträgen nicht vergessen werden. Daher besteht bei diesen Vereinbarungen die Gefahr der Aushöhlung gesetzgeberischer Wertungen gleichermaßen. Es darf nicht vergessen werden, dass gegenständliche Verträge sich nicht auf wesensverschiedene Güter beziehen, sondern als abbedingende Vereinbarung naturgemäß auf ein Immaterialgut, dessen Schutz gesetzlich normiert ist. Aus systematischer Sicht lässt der klare gesetzgeberische Wille, das Ausschließlichkeitsrecht in der konkreten Typisierung mit den bewussten enumerativen Rechtsgrenzen auszugestalten, eine Gesamtkonzeption erkennen. Daraus folgt die bewusste und abschließende Erwägung des Gesetzgebers, zur Förderung geistiger Entwicklungsprozesse aus wirtschafts- oder kulturpolitischen Gründen die Grenzen des Sonderrechts selbst festzulegen.[933] Daneben kann es keine Gesetzeslücke gegen. Vielmehr liegt den

---

und illusorische Ineffizienz eines starren Numerus clausus (...) zu überwinden“, vgl. *Schroeder*, Numerus clausus der Immaterialgüterrechte?, S. 324 f.

930 *Gastiger*, GRUR 1965, 179, 180.

931 Vgl. *Walch*, Ergänzender Leistungsschutz, S. 75 ff. mwN.

932 *Schrader*, WRP 2005, 562, 563.

933 Vgl. *Peifer*, Individualität im Zivilrecht, S. 316 f.

Schutzumfangsgrenzen die Wertung zugrunde, dass der Wettbewerb außerhalb des geregelten Anwendungsbereichs frei vom immaterialgüterrechtlichen Sonderrecht sein muss.[934] Darauf kann kein Schrankenprivilegierter verzichten. Privatpersonen fehlt die Rechtsmacht, entgegen dieser Wertung eine verselbstständigte Rechtsposition zu schaffen, selbst wenn sie sich nur gegen den Vertragspartner richtet. Das ist eine Frage der Kompetenz: Ausschließlichkeitsrechte, obgleich sie nur gegen den Vertragspartner wirken, werden nicht von Privatpersonen geschaffen.

Zusammenfassend stützt sich der Numerus clausus der Immaterialgüterrechte auf den Vorrang des normierten Immaterialgüterrechts, der mit einer abschließenden Wertung des Gesetzgebers einhergeht. Privatpersonen fehlt die Kompetenz diese auszuhöhlen. Da jene Aspekte bei einem schrankenabbedingenden Vertrag selbst im bilateralen Verhältnis verletzt sind, muss der Numerus clausus bezeichneten Vereinbarungen ihre immaterialgüterrechtliche Wirksamkeit stets entsagen. Infolgedessen kann es im Urheberrecht unabhängig davon, ob man die Schrankenerlaubnisse als bewehrte oder unbewehrte Freiheiten einordnet, keinen Vertragsvorrang geben.

4. Ergebnis

Im vorliegenden Abschnitt ist der Gesetzesvorrang aus der Perspektive des Numerus clausus der originären Immaterialgüterrechte betrachtet worden. Der Vorteil des Ansatzes wurde darin gesehen, dass auf diese Weise vorbeugend zum Gesetzesvorrang Stellung bezogen werden kann, sollte das Urheberrecht zukünftig die gesetzlichen Nutzungsfreiheiten als bewehrte Freiheiten interpretieren, sodass über die Konstruktion des urheberrechtlich wirkenden Verzichts des Nutzers auf sein originäres Nutzerrrecht eine Abbedingung konstruktiv möglich wäre. Zunächst konnte gezeigt werden, dass zwar die abgeleiteten Rechte des Immaterialgüterrechts keinem Numerus clausus unterliegen, die originären Rechte indes schon. Diese Frage ist umstritten. Nichtsdestominder ist sie angesichts der abschließenden Wertung des Gesetzgebers als Folge eines historischen Prozesses, was zu Rechtssicherheit und -klarheit, tragende Säulen des Immaterialgüterrechts, führte, zu bejahen. In Erfüllung seines Schutzzwecks führt der Numerus clausus als grundlegendes Prinzip der Immaterialgüterrechte im Ergebnis dazu, dass vertragliche Beschränkungen der Schranken, also eine Erweiterung des gesetzlich definierten Schutzrechtsumfangs, urheberrechtlich nicht wirksam sein können. Selbst wenn man originäre Nutzerrechte anerkennen würde, wäre demgemäß eine Schrankenabbedingung ungeachtet der Konstruktionsmöglichkeit des Verzichts des Nutzers mit urheberrechtlicher Wirkung nicht möglich. Der Vertragsvorrang widerspräche dem Numerus clausus der Immaterialgüterrechte, indem er entgegen der abschließenden gesetzgeberischen Wertung die Handlung dem Inhalt des Urheberrechts zusprechen würde. Das ist unabhängig davon, ob sich die

934 *Emmerich/Lange*, Unlauterer Wettbewerb, § 11, Rn. 4.

urheberrechtliche Wirkung gegen Dritte oder nur den Vertragspartner richten soll. Der Zuweisungsgehalt des Ausschließlichkeitsrechts kann nicht durch Parteivereinbarung erweitert werden. Der Gesetzgeber hat sich gerade dafür entschieden, den Nutzungswert, der durch die Schrankenbestimmung beschrieben wird, dem Urheber nicht zuzuweisen. Dem können grundrechtliche Wertungen zugrunde liegen. Mithin darf sein Ausschließlichkeitsrecht diese Nutzung nicht erfassen. Nur in den Grenzen, in denen das Gesetz dem Urheber ein in seinem Umfang immanent festgelegtes Ausschließlichkeitsrecht zuweist, kann er einen Nutzer mit urheberrechtlicher Wirkung von der Nutzung des geschützten Werks ausschließen oder sie erlauben.

Sinn und Zweck des Numerus clausus verlangen es, dass ein Rechtsgeschäft die gewollte urheberrechtliche Rechtsfolge nur herbeiführen kann, wenn es dem gesetzlich vorgeprägten Geschäftstyp entspricht und nicht darüberhinausgehend etwas Neues schafft. Den Parteien fehlt insoweit von Anfang an die Rechtsmacht, inhaltlich erweiternde Urheberrechtsausgestaltungen vorzunehmen. Das Urheberrechtsgesetz ist der abschließende Ausdruck des gesetzlich definierten Inhalts eines normierten Schutzrechts. Es ergibt sich somit unmittelbar aus dem Gesetz, dass es kein neues, größeres Immaterialgüterrecht geben darf. Daher ist ein Rückgriff auf § 134 BGB nicht notwendig. Auf Grund dieses Ergebnisses irrt überdies *Hohagen*, wenn er annimmt, dass es zwingend notwendig sei, die Vervielfältigungsfreiheit als objektiv-rechtliche Grenze des subjektiven Urheberrechts einzuordnen, wenn man eine subjektive Bewehrung ablehnt.[935] Ihm ist darin zuzustimmen, dass der sich in der Vervielfältigungsfreiheit ausdrückende Interessenausgleich im digitalen Kontext gleichermaßen Geltung beanspruchen muss. Doch zur Erreichung dieses Ziels ist es nicht erforderlich, die Schranken als bewehrt anzusehen. Nach seinem Gedankengang bliebe alternativ nur noch die Einordnung der Vervielfältigungsfreiheit als lediglich unbewehrte Freiheit, als bloße tolérance, was deren vertragliche Abbedingung und ihre faktische Außerkraftsetzung mittels technischer Schutzmaßnahmen ins Belieben der Rechteinhaber stellen würde.[936] Im Gegensatz dazu hat die oben[937] vorgenommene Einordnung als lediglich unbewehrte Freiheit nicht zwangsläufig die Konsequenz, dass deren vertragliche Abbedingung im Belieben der Rechteinhaber stünde. Jedoch folgt die Unabdingbarkeit der Schranken infolge des Numerus clausus aus dem Urheberrecht selbst und nicht aus den Schranken. Die Einräumung einer subjektiven Rechtsposition, was das Ergebnis einer objektiven Bewehrung wäre, ist nicht die einzige Möglichkeit, den Schrankenprivilegien als Ausdruck eines abgeschlossenen Interessenausgleichs ausreichend Geltung zu gewähren. Folge obiger Argumentation ist ebenfalls, dass die

---

935 *Hohagen*, in: *Ohly/Bodewig/Dreier*, FS Schricker II, S. 353, 357 ff.

936 *Hohagen*, in: *Ohly/Bodewig/Dreier*, FS Schricker II, S. 353, 356 f.

937 Vgl. E II 4. b) cc).

Position der Nutzer unabdingbar ist und alle Privilegierten auf ihre Freiheit vertrauen können, ohne indes ein subjektives Recht innezuhaben.

Letztendlich ist ein Vertragsvorrang im Urheberrecht mithin aus mehreren Gründen abzulehnen. Schrankenprivilegierungen stehen nicht zur Disposition der Vertragsparteien, deren Macht zur privatautonomen Rechtsgestaltung urheberrechtlich begrenzt ist. Dadurch entstehen a priori Nutzungsfreiräume, die rechtssicher die Interessen Dritter berücksichtigen, ohne den Dritten zugleich ein Privatrecht zuzusprechen. Aus der Rechtsnatur der Schranken folgt, dass ebenjenes Verständnis als zwingendes Recht notwendig ist, um andernfalls erhebliche Nachteile abzuwenden. Bevor auf das Verhältnis zwischen Vertrag und Schranke in Form des Vertragsvorbehalts eingegangen wird, sollen die Auswirkungen betrachtet werden, die es hätte, Verträge als vorrangig gegenüber dem Gesetz anzusehen. Die negativen Effekte werden zeigen, dass die sonst drohenden Rechtsfolgen obiges Ergebnis stützen.

V Auswirkungen der Annahme eines Vertragsvorrangs

Der Streit um die Rechtsnatur der Begrenzungen des Urheberrechts erscheine im Ergebnis nicht so ausschlaggebend, weil der Rechtsinhaber die Nutzung im Ergebnis jedenfalls nicht verbieten könne.[938] Dieser Behauptung *Geigers* wird entgegengetreten. Wären die Schranken subjektive Rechte, würden Unterschiede zu der Annahme einer immanenten Ausgestaltung bestehen, obwohl in beiden Fällen kein Verbotsrecht gegeben wäre. Diese Unterschiede zeigen sich bei der Prüfung eines Urheberrechtsverstoßes. Es lassen sich aus der Rechtsnatur nämlich unmittelbare Konsequenzen in Bezug auf den Deliktsaufbau ziehen. Daher wird nachfolgend zunächst die Bedeutung der Schranken im Rahmen von § 97 UrhG (1.) und anschließend im Urheberstrafrecht (2.) untersucht. Aufgrund der dabei vorzunehmenden Einordnung würde die Annahme von vorrangigen Verträgen Konsequenzen hervorrufen, die über ein theoretisches Problem dogmatischer Unvereinbarkeit hinausgehen. Diese sind abschließend aufzuzeigen, um obiges Ergebnis aus der Perspektive der Rechtsfolge zu belegen (3.).

1. Auswirkungen auf den Deliktsaufbau des § 97 UrhG

a) Bedeutung der Schranken im Rahmen von § 97 UrhG

Werden die absoluten Rechte des UrhG, also das Urheberrecht oder die verwandten Schutzrechte, allerdings nicht schuldrechtliche Ansprüche wie Vergütungsansprüche verletzt, bietet § 97 UrhG eine spezialgesetzliche Anspruchsgrundlage.[939] Die

---

938 *Geiger*, GRUR Int. 2008, 459, 461 f.

939 Auf die Rechtsfolgen, siehe zur Kritik daran *Bodewig/Wandtke*, GRUR 2008, 220, 220 ff., sowie auf den Entschädigungsanspruch in Geld nach Satz 4 soll nicht näher eingegangen werden.

widerrechtliche Verletzung eines nach dem UrhG geschützten Rechts ist gemeinsame Voraussetzung von sowohl Schadensersatz- als auch Unterlassungs- und Beseitigungsansprüchen. Unter eine der beiden Haftungsvoraussetzungen, Rechtsverletzung oder Widerrechtlichkeit, müssen mithin die Schrankentatbestände eingeordnet werden. Macht ein Nutzer von seiner gesetzlichen Nutzungserlaubnis Gebrauch, entfällt entweder der Eingriff, weil kein geschütztes Recht vorliegt, oder dessen Rechtswidrigkeit.

Diese Frage ist umstritten. Eine Ansicht geht davon aus, dass eine von einer Schranke gedeckte Nutzungshandlung zwar einen Eingriff in den Schutzumfang des Urheberrechts darstellt, dieser aber zulässig ist.[940] Daher sprechen manche Autoren von einem Rechtfertigungsgrund.[941] Teile der Rechtsprechung haben sich dem angeschlossen.[942] Die Ansicht stellt die gesetzlichen Schranken des Urheberrechts auf eine Stufe mit den Rechtfertigungsgründen des allgemeinen Zivilrechts.[943] Beispiele hierfür wären das Schikaneverbot nach § 226 BGB, die Notwehr nach § 227 BGB oder der rechtfertigende aggressive Notstand gemäß § 904 BGB. Die genannten gesetzlichen Rechtfertigungsgründe sind zwar theoretisch anwendbar, haben aber praktisch keine Bedeutung. Die Nutzung urheberrechtlich geschützter Werke ist in der Regel nicht von ausreichender Bedeutung, um die Tatbestandsvoraussetzungen der allgemeinen zivilrechtlichen Rechtsfertigungsgründe zu erfüllen. Eine solche Bedeutung könnte sich allenfalls aus dem öffentlichen Informationsinteresse ergeben. Nichtsdestoweniger sind daran sehr strenge Anforderungen zu stellen, weil sonst das Urheberrecht, das gerade darauf angelegt ist, durch das Ausschließlichkeitsrecht die Nutzung zu steuern, ausgehöhlt werden würde.[944] Würde man die Schrankentatbestände nicht als Rechtfertigungsgrund einordnen, wäre folglich beinahe jeder Eingriff als widerrechtlich anzusehen. Lediglich eine Zustimmung (§ 182 BGB) durch den Berechtigten wäre

940 *Macciacchini*, Urheberrecht und Meinungsfreiheit, S. 77. Ähnlich auch *Melichar*, Wahrnehmung von Urheberrechten, S. 13 („rechtmäßige Handlungen, nämlich vom Gesetz gestatte Eingriffe in das Urheberrecht") und *Hirsch-Ballin*, UFITA 1955/II, 274, 281, der von einer Nutzungsfreiheit aufgrund des Entfallens der Rechtswidrigkeit ausgeht, „da strafrechtlich gesprochen ein Unrechtsauschließungsgrund gegeben" sei.

941 Beispielsweise *v. Gamm*, UrhG, § 45, Rn. 5.

942 So OLG Köln GRUR-RR 2006, 5, 5 f.

943 Diesen Gleichklang anstrebend *Schack*, in: *Ohly/Bodewig/Dreier*, FS Schricker II, S. 511, 516.

944 *Bornkamm*, in: *Erdmann/Glory/Herber*, FS Piper, S. 641, 647 f. führt das Beispiel eines Journalisten an, der für die Allgemeinheit äußerst interessante Briefe oder Tagebücher weder ihrem Eigentümer entwenden noch gegen den Willen des Urhebers veröffentlichen darf.

von größerer praktischer Relevanz.[945] Die durch den Eingriff in das Recht indizierte Rechtwidrigkeit entfällt im Fall der Zustimmung.

Die soeben dargestellte Einordnung der Schranken wäre zutreffend, wenn sie vom Urheberrecht abgeleitete Nutzungsrechte darstellen würden. Die Nutzungshandlung berührt in dem Fall zunächst die Verwertungsrechte. Eine in einer anderen Person als dem Urheber gelegene Rechtsposition ist nicht auf der Ebene der Tatbestandsvoraussetzungen zu prüfen. Die Schranke als Nutzungsrecht würde nicht von vornherein generell eingreifen und die Grenzen eines allgemeinen Verbots definieren, sondern erst im Einzelfall bei Erfüllung gewisser Voraussetzungen wirken und somit den Charakter von Rechtfertigungsgründen als Urteil über eine konkrete Sozialschädigung in einem einmaligen Geschehen teilen.[946] Aus dem Grund steht diesem Ergebnis nicht entgegen, dass das vertragliche Nutzungsrecht demgegenüber den Tatbestand der Rechtsverletzung ausschließt.[947] In dem Fall verfügt der Urheber im Vorfeld der Nutzung über sein Verwertungsrecht, von dem ein allgemein festgelegter Teil abgespalten und dem Nutzer eingeräumt wird. Demzufolge kann die Nutzungshandlung nicht mehr in das Recht des Urhebers eingreifen. Unter der Annahme von gesetzlichen Lizenzen entsteht das gesetzliche Nutzungsrecht hingegen erst im Einzelfall aufgrund der Nutzungshandlung. Es geht ihr somit nicht abstrakt voraus, sondern ergibt sich konkret aus ihr.

Demgegenüber ist die zuvor vorgestellte Auffassung nicht überzeugend. Denn das Urteil der Rechtswidrigkeit entscheidet darüber, ob der Rechtsinhaber eine vorliegende Rechtsbeeinträchtigung in konkreten Fall ausnahmsweise hinzunehmen hat.[948] Daher kann angesichts der zur Rechtsnatur der Schranken getätigten Ausführungen der letztgenannten Ansicht nicht zugestimmt werden. Denn soweit eine Nutzungshandlung den Tatbestand einer Schranke erfüllt, kann sie infolge

---

945 Das ist insbesondere seit der Rechtsprechung zur Einwilligungslösung (§ 183 BGB) im Internet der Fall, vgl. BGH GRUR 2010, 628, 631 ff. – Vorschaubilder I. Die Einwilligung ist abzugrenzen von der nur in Ausnahmefällen anzunehmenden rein schuldrechtlichen Gestattung, die ebenfalls einen Rechtfertigungsgrund bilden kann, vgl. BGH GRUR 1959, 147, 149 – Bad auf der Tenne, und der ebenfalls ausdrücklich oder konkludent erfolgenden Einräumung eines Nutzungsrechts, siehe hierzu schon E II 1. c) aa). Letztere schließt bereits den Tatbestand der Rechtsverletzung aus, *Leistner*, in: *Schricker/Loewenheim*, UrhR, § 97, Rn. 25, 29. Zur Abgrenzung und den Voraussetzungen einer unzweideutigen, konkludenten, rechtsgeschäftlichen Einräumung eines Nutzungsrechts siehe BGH GRUR 2010, 628, 631 f. – Vorschaubilder I; *Ohly*, GRUR 2012, 983, 984 ff.; *ders.*, Volenti non fit iniuria, S. 201 ff.; *v. Ungern-Sternberg*, GRUR 2009, 369, 370 ff.; zur Stufenleiter der Gestattungen siehe *Ohly*, Volenti non fit iniuria, S. 141 ff. mwN.

946 Ebenso die Schlussfolgerung von *Zurth*, Nutzungsrechte, S. 172.

947 *Leistner*, in: *Schricker/Loewenheim*, UrhR, § 97, Rn. 25, 29.

948 *Roxin*, Strafrecht AT I, § 10, Rn. 21.

der Ausschließlichkeitsrechtsbegrenzung nicht in ein Recht des Urhebers iSv § 97 UrhG eingreifen. Schranken können nicht einen „rechtfertigenden Charakter gegen eine Inanspruchnahme durch den Rechtsinhaber wegen der Verletzung diesem grundsätzlich ausschließlich zugeordneter Rechte“[949] innehaben. Wenn die Voraussetzungen einer Schranke erfüllt sind, kann in konsequenter Weiterführung der Annahme immanenter Begrenzungen kein Eingriff in den Schutzumfang vorliegen, der in einem späteren Schritt für gerechtfertigt erklärt werden kann.[950] Folglich sind die Schranken auf Tatbestandsebene zu prüfen. Liegen die Privilegierungsvoraussetzungen vor, ist der Eingriff in den Schutzumfang und die Erfüllung des Tatbestands zu verneinen.

b) Auswirkung der Bedeutung

Zu hinterfragen ist, ob sich aus der angenommenen Einordnung der Schranken in den Deliktsaufbau infolge ihrer Rechtsnatur praktische Auswirkungen ergeben. Materiell-rechtlich ist das für die Einordnung in den Prüfungsaufbau zunächst zu verneinen. Fraglich sind indes die unmittelbaren Auswirkungen auf den Zivilprozess. Hier wären Veränderungen der Darlegungs- und Beweislast von entscheidender Erheblichkeit. Denn im Rahmen des Zivilprozesses gilt der Beibringungsgrundsatz. Diese Prozessmaxime besagt, dass das Gericht nur solchen tatsächlichen Prozessstoff seiner Entscheidung zugrunde legen kann, der von den Parteien in den Prozess eingeführt worden ist.[951] Im Rahmen der Schlüssigkeit der Klage und Erheblichkeit der prozessualen Einwendungen stellt sich die Frage, ob eine Partei bestimmte Tatsachen vortragen muss, um für sich Nachteile zu vermeiden. Diese Frage stellt den Kern der Darlegungslast dar.[952] Sie folgt den Regeln der Beweislast, worunter man Risikozuweisungsregeln versteht.[953] Diese greifen im Fall der misslungenen Beweisaufnahme, wenn also weder das Vorliegen noch das Nichtvorliegen einer Tatsache festgestellt werden kann.

Im allgemeinen Zivilrecht wird teilweise vertreten, dass bei zunächst umfassenden subjektiven Rechten, die in einem zweiten Schritt von außen eingeschränkt werden, die Darlegungs- und Beweislast beim die Einschränkung Behauptenden liege, während im Fall von a priori nicht umfassend gewährten Rechten diese der

949 So hingegen *Arlt*, Digital Rights Management Systeme, S. 49.

950 Ebenso *Leistner*, in: *Schricker/Loewenheim*, UrhR, § 97, Rn. 25; *Liepe*, Vervielfältigung zum privaten Gebrauch, S. 124; *Schack*, ZUM 2002, 497, 504; *Stieper*, Rechtfertigung der Schranken, S. 150.

951 BVerfG NJW 1984, 2203, 2203; BVerfG NJW 1995, 40, 40; BGH NJW 1998, 156, 159; *Saenger*, in: *Saenger*, ZPO, Einf., Rn. 66 ff.

952 *Schilken*, Zivilprozessrecht, Rn. 449.

953 *Paulus*, Zivilprozessrecht, Rn. 411; *Rosenberg/Schwab/Gottwald*, Zivilprozessrecht, § 116, Rn. 3.

Rechteinhaber trage.[954] Hiernach hätte die Anwendung der Außen- oder Innentheorie entscheidende Auswirkungen. Nach der ersten Theorie läge die Last beim Nutzer, während sie nach der zweiten den Rechteinhaber träfe.

Dieser Auffassung schließt sich *Dreier* für den Urheberrechtsprozess an.[955] Nach ihm obliege die Darlegungs- und Beweislast – sofern man nicht ausnahmsweise eine Beweislastumkehr vornähme – beim Kläger, also beim Urheber bzw. ausschließlichen Rechteinhaber, falls man annähme, dass der Schutzbereich nur soweit reiche, wie er durch die Schranke umschrieben ist.[956] Wenn dann die Reichweite einer Schrankenbestimmung im Streit stehe, gehe es nicht mehr um die Rechtfertigung eines an sich gegebenen Eingriffs in das ausschließliche Recht, sondern darum, ob überhaupt in das Recht eingegriffen worden sei.[957] Bestand und Inhalt des Schutzrechts sollen nach dieser Ansicht vom Inhaber, mithin dem Kläger, nachgewiesen werden müssen. Diese Auffassung ist gleichermaßen schon zur Erschöpfung nach § 17 II UrhG vertreten worden. Hier stellt sich die Fragestellung ebenfalls, denn deren Rechtsnatur ist wie dargestellt ebenso umstritten. *Kukuk* folgert aus dem Verständnis der Erschöpfung als immanente Ausgestaltung des Verbreitungsrechts, dass die Beweislast für den Nichteintritt der Erschöpfungswirkung als rechtsbegründende Tatsache beim Schutzrechtsinhaber liege.[958] Das hätte allerdings zur Folge, dass dieser in einer digitalisierten Welt, die sich durch Massenprodukte und durch massenhafte, angeblich auf Schrankenprivilegierungen beruhende Urheberrechtsverstöße aufgrund technischer Möglichkeit auszeichnet, stets – selbst wenn man ihm eine Erleichterung gewähren würde –[959] einen Negativbeweis führen müsste.

Doch solch ein fatales Signal an alle Urheber und Nutzungsrechtsinhaber auszusenden, ist nicht vonnöten. Denn aus den allgemeinen Regeln der Darlegungs- und Beweislastverteilung ergibt sich die Vorzugswürdigkeit einer anderen Ansicht. Grundsätzlich anerkannt ist, dass jede Partei die Tatbestandsvoraussetzungen einer ihr günstigen Norm zu beweisen hat.[960] Entscheidend dafür ist die

954 *Repgen*, in: *Staudinger*, BGB, § 226, Rn. 11.

955 *Dreier*, GRUR Int. 2015, 648, 650.

956 *Dreier*, GRUR Int. 2015, 648, 650.

957 *Dreier*, GRUR Int. 2015, 648, 650.

958 *Kukuk*, in: *Zollner/Fitzner*, FS W. Nordemann, S. 117, 120 f.

959 So die Forderung von *Kukuk*, in: *Zollner/Fitzner*, FS W. Nordemann, S. 117, 120 f.

960 BGH NJW 1991, 1052, 1053; BGH NJW 2005, 2395, 2396; *Baumbach/Lauterbach/Albers/Hartmann*, ZPO, Anh. § 286, Rn. 3; *Paulus*, Zivilprozessrecht, Rn. 416; *Reichold*, in: *Thomas/Putzo*, ZPO, Vor § 284, Rn. 23; *Rosenberg/Schwab/Gottwald*, Zivilprozessrecht, § 116, Rn. 7; *Schilken*, Zivilprozessrecht, Rn. 503. Abgesehen davon bestehen besondere, gesetzliche Regelungen zur Beweislast. Teilweise wird darüber hinaus aufgrund normativer Wertung beispielsweise im Fall der vorsätzlichen oder fahrlässigen Beweisvereitelung durch die an sich nicht beweisbelastete Partei ebenfalls eine Beweislastumkehr vorgenommen, siehe zu den (umstrittenen) Fallgruppen

Formulierung der jeweiligen materiellen Rechtsnorm.[961] Während der Kläger folglich die rechtsbegründenden und -erhaltenden Merkmale zu beweisen hat, trägt für rechtshindernde oder rechtsvernichtende Einwendungen und die rechtshemmenden Einreden der Beklagte die Beweislast.[962] Denn diese sind ihm jeweils günstig. Genauso verhält es sich mit den urheberrechtlichen Schranken. Hier liegt die Darlegungs- und Beweislast ebenfalls beim Nutzer.[963] Der Grund dafür ist, dass er sich als Beklagter auf diese Normen beruft, weil ihre Rechtsfolgen für ihn günstig sind. Dieses Ergebnis ist unabhängig von der Frage der Rechtsnatur der Schranken. Denn daran würde sich nichts ändern, wenn man die Schranken nicht als Ausgestaltungen des Urheberrechts begreift, sondern als Einräumung einer eigenen Rechtsposition des Nutzers.[964] Aus dem gleichen Grund muss bei der Erschöpfung die Beweislast ebenfalls beim Nutzer liegen.[965]

Im Rahmen von § 97 UrhG ist somit die Verortung der Schranken auf Tatbestands- oder Rechtswidrigkeitsebene materiell wie prozessual ohne Auswirkung. Nach den gleichen allgemeinen Regeln wäre die Darlegungs- und Beweislast im Übrigen verteilt, wenn im Rahmen eines Vertragsvorbehalts oder -vorrangs die Wirksamkeit einer abbedingenden Vereinbarung geltend gemacht wird. Dass die Schrankenprivilegierung infolge des vorrangigen Vertrags nicht greift, ist günstig für den Kläger, der deswegen die Darlegungs- und Beweislast für die Vereinbarung trägt.

Paulus, Zivilprozessrecht, Rn. 422 f.; *Rosenberg/Schwab/Gottwald*, Zivilprozessrecht, § 116, Rn. 17 ff.; *Schilken*, Zivilprozessrecht, Rn. 507 ff.

961 *Paulus*, Zivilprozessrecht, Rn. 418.

962 BGH NJW 1991, 1052, 1053; *Greger*, in: *Zöller*, ZPO, Vor § 284, Rn. 17a.

963 So im Ergebnis auch OLG Stuttgart NJW-RR 1986, 220, 221 – Arbeitgeber-Leitbild; *Dreyer*, in: *Dreyer/Kotthoff*, UrhR, Vor §§ 44a ff., Rn. 69; *Dustmann*, in: *Fromm/Nordemann*, UrhR, Vor §§ 44a ff., Rn. 17; *Flechsig*, GRUR 1993, 532, 535 f.; *Müller*, in: *Ensthaler/Weidert*, Urheberrecht und Internet, Kap. 4, Rn. 26; *Schack*, in: *Ohly/Bodewig/Dreier*, FS Schricker II, S. 511, 516.

964 Ebenso *Zurth*, Nutzungsrechte, S. 180 f.

965 Ebenso BGH GRUR 1985, 924, 926 – Schallplattenimport II; BGH GRUR 1988, 373, 375 – Schallplattenimport III; BGH GRUR 2005, 505, 506 – Atlanta; BGH GRUR 2014, 264, 269 – UsedSoft II; *Dreyer*, in: *Dreyer/Kotthoff*, UrhR, § 17, Rn. 100; *Dustmann*, in *Fromm/Nordemann*, UrhR, § 17, Rn. 35; *Haberstumpf*, in: *Büscher/Dittmer/Schiwy*, UrhG, § 17, Rn. 24; *Loewenheim*, in: *Schricker/Loewenheim*, UrhR, § 17, Rn. 48; *Schulze*, in: *Dreier/Schulze*, UrhG, § 17, Rn. 31.

2. Auswirkungen auf den Deliktsaufbau der §§ 106 ff. UrhG

a) Bedeutung der Schranken im Rahmen von §§ 106 ff. UrhG

Im Urheberstrafrecht wird durch das Merkmal der „gesetzlich zugelassenen Fälle" in § 106 UrhG auf die Schranken Bezug genommen.[966] Deren Voraussetzungen sind somit in § 106 UrhG hineinzulesen, wobei sich erneut die Frage stellt ob auf Tatbestands- oder auf Rechtfertigungsebene.[967]

Der Tatbestand begründet den materiellen Unrechtsgehalt, da der Gesetzgeber hier die Gesamtheit der Merkmale zusammengefasst hat, die die Verbotsmaterie erschöpfend umschreiben.[968] Die für das Unrecht einer bestimmten Deliktsart spezifischen Umstände können durch negativ gefasste Tatbestandsmerkmale beschrieben werden. Aus deren Nichtvorliegen ergibt sich dann erst die soziale Auffälligkeit der Handlung.[969] Demgegenüber beschreiben Rechtfertigungsgründe einen Deliktstypus nicht grundsätzlich, sondern die konkrete Sozialschädlichkeit des einmaligen Geschehens.[970] Das allgemeine Verbot wird demnach nicht generell eingeschränkt, sondern ihm wird ein besonderer Zusammenhang gegenübergestellt, in dem eine grundsätzlich sozial auffällige Handlung ausnahmsweise tolerierbar ist.[971]

Vor dem Hintergrund dieser allgemeinen Ausführungen können die Schrankenregelungen nicht als Rechtfertigungsgründe angesehen werden. Sie sind nicht Ausdruck einer auf das gesamte Recht durchschlagenden Wertentscheidung, die dem Richter ein selbstständiges, über das Unrecht des tatbestandlichen Verhaltens hinausgehendes Werturteil abverlangt.[972] Das Urheberrecht steht dem Urheber vielmehr von der Schöpfung an nur in den durch die Schranken gezogenen Grenzen zu. Damit bestimmen diese abstrakt und generell die Zulässigkeit einer Nutzungshandlung und nicht eine bloße Ausnahme von einem grundsätzlichen

966 Bezüglich der §§ 44a ff. UrhG allgemeine Meinung, vgl. nur *Reinbacher*, in: *Wandtke/Bullinger*, UrhR, § 106, Rn. 21 mwN.; zu § 17 II UrhG siehe *Heinrich*, in: *Wandtke/Ohst*, Medienrecht Praxishandbuch, Band IV, Kap. 6, Rn. 318; zu Einzelfragen siehe *Reinbacher*, in: *Wandtke/Bullinger*, UrhR, § 106, Rn. 22 f.

967 Vertiefend zu dieser umstrittenen Frage *Reinbacher*, Die Strafbarkeit der Vervielfältigung, S. 174 ff. mwN.

968 *Jescheck/Weigend*, Strafrecht AT, § 25 I 2.

969 *Jakobs*, Strafrecht AT, Abschn. 6, Rn. 56. Diese Aussage muss zwingend abgegrenzt werden von der Lehre von den negativen Tatbestandsmerkmalen, die die Rechtfertigungsgründe als negative Tatbestandsmerkmale auffasst und daher von einem zweistufigen Aufbau der strafrechtlichen Prüfung ausgeht, vgl. dazu *Roxin*, Strafrecht AT I, § 10, Rn. 13 ff.

970 *Roxin*, Strafrecht AT I, § 10, Rn. 21.

971 *Jakobs*, Strafrecht AT, Abschn. 6, Rn. 51; *Jescheck/Weigend*, Strafrecht AT, § 25 III 2a.

972 Ebenso *Weber*, Der strafrechtliche Schutz des Urheberrechts, S. 227.

Verbot.[973] Weil die Schranken Ausfluss der Sozialbindung des Eigentums gemäß Art. 14 II GG sind, ist es überzeugend anzunehmen, dass ein von der Schrankenprivilegierung gedecktes Verhalten sich stets im Rahmen der sozial-ethischen Ordnung des Gemeinschaftslebens bewegt und nicht nur einzelfallbezogen.[974] Daher sind die Schranken im Rahmen der §§ 106 ff. UrhG negative Tatbestandsmerkmale, bei deren Vorliegen die Tatbestandsmäßigkeit ausgeschlossen ist, weil sie den typischen Unrechtsgehalt der Strafnorm mitbeschreiben.[975]

b) Auswirkung der Bedeutung

Erneut ist zu hinterfragen, welche praktischen Folgen sich aus diesem dogmatischen Verständnis ergeben. Im Urheberstrafrecht führt die dogmatische Einordnung nun zu Auswirkungen. Sie betreffen vor allem Vorsatz- und Irrtumsfragen. Im Urheberstrafrecht findet der allgemeine strafrechtliche Vorsatzbegriff aus § 15 StGB Anwendung.[976] Der wesentlichste Unterschied ergibt sich, wenn der Täter sich über das Vorliegen der eine Privilegierung begründenden Umstände irrt. Wenn beispielsweise bei einer Vervielfältigung und Verbreitung von Artikeln irrtümlich angenommen wird, dass diese politische, wirtschaftliche oder religiöse Tagesfragen betreffen, sodass die tatsächlichen Voraussetzungen für das Eingreifen der Schranke des § 49 I UrhG vorlägen, liegt ein Irrtum über den Tatbestand vor. Der Täter handelt dann gemäß § 16 I StGB ohne Vorsatz. Wären die Schrankenregelungen jedoch Rechtfertigungsgründe, so würde ein Erlaubnistatbestandsirrtum vorliegen. Dadurch, dass der BGH sich der vorsatzschuldverneinenden Theorie angeschlossen hat,[977] würde in dem Fall eine teilnahmefähige Haupttat vorliegen, weil nicht die Rechtswidrigkeit, sondern erst die Vorsatzschuld entfallen würde.

---

973 a.A. *Kircher*, Tatbestandsirrtum und Verbotsirrtum im Urheberrecht, S. 233, der davon ausgeht, dass die Schranken der tatbestandlichen Urheberrechtsverletzung lediglich ihre Rechtswidrigkeit nehmen; so wohl auch *Lampe*, UFITA 1978/III, 15, 30, der § 53 UrhG als unvollkommen zweiaktigen Gegentatbestand bezeichnet.

974 So zutreffend zu § 45 UrhG *Haß*, in: *Herbst*, FS Klaka, S. 127, 135; für ein einzelfallbezogenes Eingreifen der Schranken jedoch *Zurth*, Nutzungsrechte, S. 172.

975 *Albach*, Zur Verhältnismäßigkeit der Strafbarkeit privater Urheberrechtsverletzungen im Internet, S. 67 f.; *Hildebrandt*, Die Strafvorschriften des Urheberrechts, S. 132 f.; *Reinbacher*, GRUR 2008, 394, 395; *ders.*, in: *Wandtke/Bullinger*, UrhR, § 106, Rn. 21; *Sternberg-Lieben*, in: *Möhring/Nicolini*, UrhR, § 106, Rn. 30; *Stieper*, Rechtfertigung der Schranken, S. 152; *Weber*, Der strafrechtliche Schutz des Urheberrechts, S. 230; a.A. *Kircher*, Tatbestandsirrtum und Verbotsirrtum in Urheberrecht, S. 233 ff.

976 Einhellige Meinung, vgl. nur *Dietrich*, NJW 2006, 809, 811.

977 Vgl. BGH NStZ 2012, 272, 273.

Für die Frage der Teilnahme kann die dogmatische Einordnung der Schranken folglich höchst bedeutend sein.[978]

3. Auswirkungen des Verstoßes gegen die abbedingende Vereinbarung

Schrankprivilegierungen sind folglich aufgrund ihrer Rechtsnatur sowohl im Rahmen des urheberrechtlichen Anspruchs aus § 97 UrhG als auch des Urheberstrafrechts auf Tatbestandsseite zu berücksichtigen. Allein diese dogmatische Einordnung führt im Urheberstrafrecht wie gezeigt zu Auswirkungen, während sie für den Anspruch aus § 97 UrhG zunächst unerheblich ist. Nun ist jedoch zu fragen, welche Folgen diese Einordnung hätte, wenn man Vereinbarungen grundsätzlich urheberrechtlichen Vorrang zusprechen würde. Während in der Literatur umfangreich thematisiert worden ist, warum die Schranken im Deliktsaufbau des § 97 UrhG sowie im strafrechtlichen System der §§ 106 ff. UrhG einen Rechtfertigungsgrund[979] oder ein Tatbestandsmerkmal[980] darstellen, ist dieser Aspekt, selbst von Vertretern der letztgenannten Ansicht, fast nicht[981] erörtert worden. Jedoch drängt

---

978 a.A. *Albach*, Zur Verhältnismäßigkeit der Strafbarkeit privater Urheberrechtsverletzungen im Internet, S. 68; *Hildebrandt*, Die Strafvorschriften des Urheberrechts, S. 129.

979 So BGH GRUR 2015, 1101, 1102 – Elektronische Leseplätze II; *Bullinger*, in: *Wandtke/Bullinger/von Welser*, Fallsammlung zum Urheber- und Medienrecht, S. 83; *Kircher*, Tatbestandsirrtum und Verbotsirrtum in Urheberrecht, S. 233; *Klein*, JA 2014, 487, 491; *Lampe*, UFITA 1978/III, 15, 30; *Niebel*, in: *Büscher/Dittmer/Schiwy*, UrhG, § 97, Rn. 23; *Schack*, in: *Ohly/Bodewig/Dreier*, FS Schricker II, S. 511, 516; *Wandtke*, Urheberrecht, Kap. 8, Rn. 68; *Zurth*, Nutzungsrechte, S. 172.

980 So die herrschende Auffassung, vgl. *Dreier*, in: *Dreier/Schulze*, UrhG, § 106, Rn. 6; *Flechsig*, in: *Loewenheim*, Handbuch des Urheberrechts, § 90, Rn. 24; *v. Gamm*, UrhG, § 106, Rn. 2, der sich damit in Widerspruch zu sich selbst in § 45, Rn. 5 setzt; *Haß*, in: *Herbst*, FS Klaka, S. 127, 132 ff., 136, Fn. 48; *Heinrich*, in: *Wandtke/Ohst*, Medienrecht Praxishandbuch, Band IV, Kap. 6, Rn. 318; *ders.*, Strafbarkeit unbefugter Vervielfältigung, S. 249; *Kudlich*, in: *Schricker/Loewenheim*, UrhR, § 106, Rn. 27; *Letzgus*, in: *Eyrich/Odersky/Säcker*, FS Rebmann, S. 277, 283; *Rehbinder/Peukert*, Urheberrecht, Rn. 1013; *Reinbacher*, in: *Wandtke/Bullinger*, UrhR, § 106, Rn. 21; *Rochlitz*, Strafrechtliche Schutz des ausübenden Künstlers, S. 132 f.; *Ruttke/Scharringhausen*, in: *Fromm/Nordemann*, UrhR, § 106, Rn. 21; *Schindler*, Grenzen der „dinglichen Aufspaltbarkeit" urheberrechtlicher Nutzungsrechte, S. 135; *Stieper*, Rechtfertigung der Schranken, S. 150 ff.; *Tinnefeld*, Die Einwilligung in urheberrechtliche Nutzungen im Internet, S. 195; *Weber*, Der strafrechtliche Schutz des Urheberrechts, S. 230.

981 Andeutungen der Problematik finden sich bei *Stieper*, Rechtfertigung der Schranken, S. 205.

sich die Frage auf, wie beispielsweise folgende Situation unter der Annahme eines Vertragsvorrangs strafrechtlich zu behandeln wäre: Die öffentlich zugängliche Bibliothek B schließt mit dem Verlag V, der alle notwendigen Nutzungsrechte der von ihm verlegten Autoren als ausschließliche Rechte innehat, eine Vereinbarung, in der sie sich verpflichtet, kein von V verlegtes Werk aus ihrem Bestand in irgendeiner Form an Terminals öffentlich zugänglich zu machen. Der aus der Ferne angereiste Forscher F benötigt für seine Forschung nur ein Prozent eines von V verlegten Werks. Am Tag seines Aufenthalts ist kein analoges Exemplar verfügbar. Aus Verständnis für seine Situation macht M, Mitarbeiter von B, das Werk an einem Tag für nichtkommerzielle Forschungszwecke an den Terminals der B öffentlich zugänglich, jedoch nicht mehr als 10 Prozent des Werks pro Sitzung. Ist neben einer schuldrechtliche Ansprüche auslösenden Vertragsverletzung eine Strafbarkeit nach § 106 I Var. 3 UrhG gegeben?

Die Nutzungshandlung der öffentlichen Zugänglichmachung an Terminals ist zunächst von § 60e IV UrhG gedeckt. Doch B und V haben einen Vertrag innerhalb der Voraussetzungen des § 60g II UrhG geschlossen. § 60g II UrhG soll im Verlauf der Untersuchung noch ausführlich ausgelegt werden.[982] An dieser Stelle soll unterstellt werden, dass die Norm nicht existiert, wohingegen der Vertrag die gesetzliche Erlaubnis dennoch aufgrund eines angenommenen Vertragsvorrangs urheberrechtlich abbedingt. Nach der vertraglichen Vereinbarung im Beispiel ist jegliche Nutzungshandlung iSv § 60e IV UrhG ausgeschlossen worden. Es handelt sich folglich um eine Situation, in der innerhalb der gesetzlichen Grenzen, hingegen nicht innerhalb der vertraglichen gehandelt worden ist.

Ohne Vertrag käme eine Strafbarkeit keinesfalls in Betracht. Das liegt daran, dass wie oben dargelegt Inhalt und Schranken zwei Seiten einer Medaille sind.[983] Nur aus ihrer Gesamtschau ergibt sich der Umfang des Urheberrechts. Daher wird das Tatbestandsmerkmal „öffentliche Wiedergabe“ durch beide einheitlich definiert und das Gesetz erfasst die dargestellt Handlung nicht als urheberrechtlich geschützt. Sie bewegt sich in den Grenzen der rechtlichen Freiheit.

Wenn das Schrankenverständnis demgegenüber die Möglichkeit vorsehen würde, sich vertraglich mit Vorrang gegenüber § 60e IV UrhG zu einigen, wird nicht nur ein Rechtfertigungsgrund aufgehoben, sondern es werden die Grenzen des Urheberrechts und damit des Tatbestands des § 106 I UrhG verschoben. Der Vorrang bewirkt, dass die Schranke bei Vorliegen einer Vereinbarung nicht mehr ihre schutzrechtsbegrenzende Wirkung entfalten kann. In Bezug auf oben gestellte Frage, wie der Beispielsfall strafrechtlich zu bewerten ist, muss aus dogmatischer Sicht daher geantwortet werden, dass ungeachtet der Schrankenprivilegierung

982 Siehe dazu H II.

983 BVerfGE 49, 382, 393 – Kirchenmusik; BGHZ 210, 77, 101, Tz. 75 – Verlegeranteil; *Dreier*, GRUR Int. 2015, 648, 650 f.; *Schack*, Urheberrecht, Rn. 512; *Stieper*, Rechtfertigung der Schranken, S. 153.

eine Strafbarkeit gegeben wäre. Der Vorrang führt zur Subsidiarität der Schranke, weshalb die Schutzumfangsbegrenzung nicht greift, was wiederum die Tatbestandserfüllung ermöglicht.

Das ist die kaum beachtete, aber dennoch zwangsläufige Konsequenz daraus, wenn man die Schrankenregelungen – selbst wenn nur partiell – für urheberrechtlich abdingbar auffassen würde. Da ein vertraglicher Nutzungsverzicht im vorliegenden Beispiel vereinbart worden ist, hat sich der Umfang des Urheberrechts derart ausgeweitet, dass nicht nur ein Vertragsverstoß, sondern eine Urheberrechtsverletzung vorliegt. Aus der nicht tatbestandsmäßigen Handlung wird eine tatbestandliche iSv § 106 I UrhG. Die gleichen Gedanken lassen sich auf die Anspruchsgrundlagen des § 97 UrhG übertragen. Demgemäß liegt eine Urheberrechtsverletzung vor, weil die Grenzen des Urheberrechts vertraglich erweitert worden sind. Als Folge des Vertrags erfasst das Verbotsrecht von V Handlungen, die zuvor nicht erfasst gewesen sind. Mittelbar begründet die vertragliche Einigung somit die Rechtsverletzung.

Es stellt sich die Problematik, inwiefern das mit den Grundlagen von § 97 UrhG und §§ 106 ff. UrhG vereinbar ist. Es wurde bereits dargelegt, dass § 97 II UrhG Schadensersatzansprüche für den Fall der Verletzung des Urheberrechts gewähren soll, während bei der Verletzung schuldrechtlicher Ansprüche § 280 BGB einschlägig ist. Weil der Vertragsvorrang eine Verbindung von Vertrag und Gesetz bewirkt, bedeutet er im Fall von Vertragsverletzungen für den Rechteinhaber den Vorteil, auf Rechtsfolgenseite nicht nur auf die §§ 249 ff. BGB angewiesen zu sein, sondern ebenso auf die Schadensberechnungsmethoden nach § 97 II 2, 3 UrhG zurückgreifen zu können. Die Verletzung vertraglicher Vereinbarungen sollte konzeptionell hingegen nach wie vor nicht von § 97 UrhG erfasst werden. Bereits bei Erlass des Urheberrechtsgesetzes hat der Gesetzgeber die urheberrechtliche Anspruchsgrundlage damit begründet, dass sie in gleicher Weise wie § 823 I BGB nur absolute Rechte umfassen soll und keine schuldrechtlichen Ansprüche.[984]

Noch bedenklicher sind die Auswirkungen auf das Urheberstrafrecht, welches kein Vertragsstrafrecht darstellt. Bestraft werden soll der widerrechtliche und schuldhafte Eingriff in die Verwertungsrechte des Urhebers.[985] Es ist nicht die Aufgabe des Strafrechts, die Einhaltung von Verträgen zu überwachen und mit der Androhung von Strafe zu erzwingen. Es entsprach nie dem Zweck des Urheberstrafrechts, bloße Vertragsverletzungen zu sanktionieren. Dafür sind privatrechtliche Instrumente notwendig, allerdings zugleich ausreichend. Andere Ansätze verkennen die Subsidiarität des Strafrechts als „schärfstes Schwert"[986] des Rechtsstaats. Aufgrund dieser Funktion zeichnet sich das Strafrecht durch unumstößliche Grundprinzipien wie dem Bestimmtheitsgebot aus, was nicht nur durch § 1 StGB

984 BT-Drs. IV/270, S. 103.

985 So ausdrücklich schon der historische Gesetzgeber, BT-Drs. IV/270, S. 108.

986 *Hamm*, NJW 2016, 1537, 1537.

zum Ausdruck gebracht wird, sondern zugleich verfassungsrechtlich in Art. 103 II GG verankert ist. Vorrangiges Vertragsrecht im Einklang mit Rechtssicherheit und -klarheit als Ziele enumerativer Schrankenbestimmungen zu sehen, muss bereits erheblichen Bedenken unterliegen. Vielmehr gilt das im Zusammenhang mit dem strafrechtlichen Bestimmtheitsgebot. Unkenntnis ob der Reichweite der vertraglichen Bindung würden zu einem Erlaubnisirrtum gemäß § 17 S. 1 StGB führen, der in der Regel nicht zu einem Entfallen der Schuld führen wird, weil er angesichts von Informierungsmöglichkeiten als vermeidbar eingestuft werden muss.

Diese Konsequenzen sind nicht hinnehmbar oder vertretbar. Sie ergeben sich indes aus der dogmatischen Untersuchung. Intensiviert wird die Problematik im Beispielsfall noch dadurch, dass Vertragspartei und Handelnder nicht identisch sind. Die Erlaubnis zur Nutzung könnte sich für M nur aus der an B adressierten Schranke ergeben. Sie müsste M zugerechnet werden. Wenn infolge des Vertragsschlusses keine Privilegierung für B gegeben ist, kann M keine Erlaubnis zugerechnet werden. Das Gesetz rechnet strafbare Handlungen hingegen nicht zu. Der Vertragsschluss von B begründet somit die Strafbarkeit der Handlung von M. Wenn M von der Schranke entgegen der vertraglichen Vereinbarung Gebrauch machen will, liegt streng genommen eben kein „zugelassener Fall" iSv § 106 UrhG mehr vor. An die Stelle der „gesetzlichen Zulassung" durch die Schrankenbestimmung ist die vertragliche Vereinbarung getreten, die die Nutzungshandlung gerade verbietet und somit die Strafbarkeit verursacht.

4. Ergebnis

Die urheberrechtlichen Schranken sind als Konsequenz aus ihrer Rechtsnatur auf Tatbestandsebene zu verorten. Ein Vorrang von Vereinbarungen würde die Subsidiarität der Schranke bewirken, sodass nach dogmatischer Stringenz ein Vertrag der gesetzlichen Nutzungserlaubnis ihre Anwendbarkeit nimmt, wodurch sich die Schutzrechtsgrenze mit der Folge ausdehnt, dass die Vereinbarung den strafrechtlichen Tatbestand zu verändern vermag. Das Ergebnis kann für das Urheberstrafrecht nicht als annehmbar hingenommen werden und muss umgangen werden. Es wäre jedoch dogmatisch folgerichtig. Um dahingehende Bedenken im Keim zu ersticken, ist der Vertragsvorrang grundsätzlich abzulehnen.

VI Gesamtergebnis

Vertraglichen Abreden zwischen dem Rechteinhaber und einem Nutzungsprivilegierten mit dem Inhalt, von einer durch eine gesetzliche Schranke erlaubten Nutzungshandlung keinen oder eingeschränkt Gebrauch zu machen, kann keine urheberrechtliche Wirkung zukommen. Die Schranken des Urheberrechts sind urheberrechtlich zwingend. Es besteht kein Vertragsvorrang im Urheberrecht. Das folgt aus der Rechtsnatur der Schranken als unbewehrte Freiheiten der Nutzer. Die Schrankenprivilegierungen bilden eine Freiheit außerhalb des Urheberrechts als Reflex seiner immanenten Begrenzungen. Infolge dieses Verständnisses ist eine

Abbedingung dogmatisch nicht konstruierbar. Zugleich wird durch die Ablehnung von Nutzerrechten nicht in Frage gestellt, dass das Urheberrechtsgesetz neben den Leistungsschutzrechten ausschließlich ein subjektives Recht des Urhebers am Werk kennt, der als schöpferisch kreative Zentralgestalt das Rechtsgebiet rechtfertigt. So wie die allgemeine Meinung es bezüglich der zeitlichen Grenze des Urheberrechts gemäß § 64 UrhG für selbstverständlich ansieht, dass diese Schranke urheberrechtlich nicht über die gesetzliche Grenze hinaus ausgedehnt werden kann,[987] liegt diese Auffassung den inhaltlichen Schranken gleichermaßen zugrunde.

Selbst wenn man subjektive Nutzerrechte anerkennen würde, weil man die Nutzungsfreiheit als bewehrt betrachtet, würde sich an dem Ergebnis nichts ändern. Der urheberrechtlichen Wirksamkeit des Nutzungsverzichts steht der Numerus clausus des Urheberrechts entgegen, mit dem ein Anwachsen des Ausschließlichkeitsrechts über die immanenten Schutzrechtsgrenzen hinaus nicht vereinbar ist. Der Numerus clausus ist ein übergeordnetes Prinzip des Immaterialgüterrechts. Die Aspekte des Verkehrsschutzes, der Rechtssicherheit und der Rechtsklarheit sind für ein absolutes Herrschaftsrecht an einem immateriellen Gut grundlegend. Wenn man ein Gut weder sehen noch fühlen kann, wenn es jeglicher Sinneswahrnehmung entzogen ist, dann ist der Vertrauensschutz des Rechtsverkehrs in die gesetzlichen Regelungen höher einzuordnen als das Interesse der Vertragsschließenden an individueller Gestaltung ihres Rechtsverhältnisses. Ihrem Interesse wird ausreichend nachgekommen, wenn die Vereinbarung schuldrechtliche Wirkung haben kann und in der Form die Beteiligten bindet. Eine urheberrechtliche Wirkung ist demgegenüber mit dem Numerus clausus unvereinbar. Es lässt sich die Parallele zum Sachenrecht ziehen. Dingliche Rechte können ebenfalls nicht vertraglich neu geschaffen oder über den gesetzlichen Umfang hinaus erweitert werden. Gleicherweise kann der Schutzbereich des Urheberrechts nicht mit urheberrechtlicher Wirkung ausgedehnt werden, indem Schranken als Inhalts- und Schrankenbestimmungen i.S.d. Art. 14 I 2 GG, die das Recht mit absoluter Wirkung a priori beschränken, individuell modifiziert werden. Dem steht die abschließende und umfassende gesetzgeberische Wertentscheidung entgegen.

Im Übrigen würde die Veränderung des Rechtsumfangs durch den Nutzungsverzicht Auswirkungen auf die Ansprüche nach § 97 UrhG sowie auf das Urheberstrafrecht haben. In dem Zusammenhang sind die Schrankenprivilegierungen auf Tatbestandsseite zu berücksichtigen. Vorrangige Vereinbarungen würden mithin Einfluss auf den Inhalt des Deliktstatbestands ausüben. Dieses Ergebnis kann nicht als annehmbar hingenommen werden.

---

987 Vgl. nur BGH GRUR 1966, 503, 505 – Apfel-Madonna; *Rehbinder*, in: *Herschel/Hubmann/Rehbinder*, FS Roeber, S. 321, 326 hält das für so „selbstverständlich“, dass er von jeglicher Begründung oder Quellenangabe absieht.

Mit diesen Argumenten kann der zwingende Charakter aller Schranken[988] des Urheberrechts begründet werden.

Aus der vorgenommenen Ablehnung eines Vertragsvorrangs im Urheberrecht rechtfertigt sich die Diskussion um die Einführung von Vertragsvorbehalten. Sie wären notwendig, wenn man die privatautonome Modifizierbarkeit von Schrankentatbeständen als verzugswürdig erachten würde. Ihre Einführung würde den vorgenommenen dogmatischen Erwägungen nicht entgegenstehen. Durch die Aufnahme einer Subsidiaritätsklausel in das Gesetz würden Überlegungen überflüssig werden, wie die Abbedingung zu konstruieren sei. Das Gesetz selbst würde die Subsidiarität festlegen. Ein Verstoß gegen den Numerus clausus würde weiterhin nicht vorliegen. Rechtssicherheit und -klarheit sind tragende Säulen des Prinzips. Daran, ob sie durch einen Vertragsvorbehalt gefördert werden können, mögen Zweifel bestehen.[989] Gleichwohl verstoßen Vertragsvorbehalte nicht gegen das Prinzip selbst. Die immanenten Schutzrechtsgrenzen würden von Anfang an mit der gesetzlich vorgesehenen Möglichkeit ausgestattet sein, dass vorrangige Vereinbarungen getroffen werden. Eine Erweiterung des Umfangs des Urheberrechts über die gesetzlichen Grenzen hinaus kann folglich in der Nutzungsvereinbarung nicht mehr gesehen werden. Es entspräche vielmehr dem Willen des Gesetzgebers, dass die Parteien sich wirksam privatautonom einigen können. Seine Wertungen würden somit durch den Vertrag nicht umgangen, sondern es würde ihnen entsprochen werden. In dem Sinn bestehen ebenso keine rechtlichen Bedenken gegen einen Nutzungsvorbehalt, wie ihn § 49 I 1 UrhG vorsieht. Das Urheberrecht entsteht ursprünglich in dem Umfang, dass es durch § 49 I 1 UrhG nicht begrenzt ist, wenn der Vorbehalt zusammen mit der Veröffentlichung des Werks erklärt wird. Eine Rechtserweiterung nach der Rechtsentstehung ist in der Vorbehaltserklärung gleichsam im Vertragsschluss aufgrund eines Vertragsvorbehalts nicht zu sehen. Die Subsidiarität der Schranke ist von Anfang an in den Grenzen des Rechts angelegt. Gleichsam eine Schranke nicht anwendbar ist, wenn ein Tatbestandsmerkmal nicht erfüllt ist, ist sie nicht anwendbar, wenn die Voraussetzungen eines Vorbehalts erfüllt sind.

Das führt zu uneinheitlichen Ergebnissen, nämlich dass Verträge nicht vorrangig sind, wenn die Schranke keinen Vorbehalt vorsieht, Verträge mit Privilegierungen

---

988 In der Literatur werden vielfach Ansichten vertreten, die jede Schranke einzeln betrachten. Beispielsweise macht *Lavizzari*, in: *Dreier/Peifer/Specht*, FS Schulze, S. 157, 163 f. den zwingenden Charakter von gleich vier Elementen abhängig. Über jedes einzelne davon lässt sich im Einzelfall trefflich streiten. Differenzierende Ansichten erfordern folglich juristische Gutachten und erscheinen daher praktisch untauglich. Eine generelle Lösung für alle Schrankenregelungen erscheint vorzugswürdig. Die sich aus der Dogmatik erbenden Schlussfolgerungen können einheitlich und nachvollziehbar angewandt werden.

989 Ausführlich dazu unter I I 2. b) dd).

unter Vorbehalt als Gegenstand hingegen schon. Ungeachtet der daher möglichen Bedenken ob der Uneinheitlichkeit würde die Vorbehaltseinführung wie gezeigt keinen dogmatischen Bedenken unterliegen.

Allein ihre dogmatische Zulässigkeit ist hingegen kein Argument, sie einzuführen. Im Folgenden soll sich ausführlich dem Vertragsvorbehalt zugewendet werden. Es wird untersucht werden, ob der Gesetzgeber oder die Rechtsprechung bereits vor der Einführung des UrhWissG Vertragsvorbehalte im Urheberrechtsgesetz angenommen haben (Teil F), welche rechtspolitischen Argumente für und gegen Vorbehalte streiten (Teil I), ob sie neben der Dogmatik ebenso mit höherrangigem Recht vereinbar (Teil J) sind und wie sich das Gesetz heutzutage diesbezüglich positioniert (Teil H). Abschließend soll dazu Stellung genommen werden (Teil K). Doch zunächst soll in einem chronologischen Vorgehen die Rechtslage vor Einführung des UrhWissG in Bezug auf Vorbehalte untersucht werden.

F Verhältnis der Schranken zu Vereinbarungen in der Informationsgesellschaft zu Beginn des 21. Jahrhunderts

Um ein Gesetz analysieren und interpretieren zu können, ist es hilfreich zu wissen, aus welchen Bedingungen und Annahmen heraus die zu erforschende Rechtsfigur entstanden ist. Dazu ist eingangs die Konzeption der Schranken von 1965 dargelegt worden.[990] In den damaligen Überlegungen spielten weder Verträge noch die Interessen der Verwerter eine nennenswerte Rolle. Bis zur Einführung des UrhWissG gab es demzufolge keine Norm wie § 60g UrhG, die das Verhältnis von gesetzlichen Schranken und Verträgen allgemein regelte. Das grundsätzliche Verhältnis ergab sich mithin nur abstrakt aus der Schrankendogmatik, welche oben[991] mit dem Ergebnis untersucht worden ist, dass Schrankenbestimmungen Vorrang vor Vereinbarungen zukommt, weil sie urheberrechtlich zwingendes Recht darstellen. Das dogmatische Verständnis ist wiederum überwiegend ein Produkt der im Grundsatz erhaltenen Konzeption von 1965. Aus dem Blickwinkel ist das Resultat wenig überraschend. Aus dem dogmatischen Verständnis folgt, dass Vereinbarungen nur dann ein Vorrang zukommen kann, wenn die einzelne Schrankenregelung einen Vorbehalt vorsieht. Vor dem Hintergrund sind gesetzgeberische Reformen der Schranken und gerichtliche Auslegungsentscheidungen in diesem Jahrhundert verständlich, die dazu führten, dass sich diesbezügliche Bestimmungen in den Schrankentatbeständen vereinzelt wiederfanden. Losgelöst von der historischen Konzeption des 20. Jahrhunderts und der abstrakten Ebene der Dogmatik soll nunmehr konkret auf die diesbezügliche Entwicklung zu Beginn des 21. Jahrhunderts bis zum Erlass des UrhWissG eingegangen werden. Gefragt werden wird überwiegend, welches Verständnis die deutschen und europäischen Gerichte den Schrankentatbeständen in ihrer Rechtsprechungspraxis allgemein zugrunde gelegt und wie sie soeben erwähnte Vorbehalte gerechtfertigt haben. Die Rechtspraxis zu verändern, wird vordergründiges Ziel des Reformgesetzgebers des UrhWissG gewesen sein. Insbesondere hilft die Fragestellung allerdings dabei, Sinn und Zweck des Vertragsvorbehalts zu verstehen, indem betrachtet wird, welche Schwächen vorrangige Gesetze mit sich bringen und wie deswegen Abweichungen gerechtfertigt worden sind. Dabei können Motive als roter Faden aufgezeigt werden, die sich unverändert in der Reform des UrhWissG wiederfinden. Die Güte einer Rechtsfigur misst sich letztlich an der Frage, ob die ihr zugrundeliegenden Motive

990 Vgl. dazu B II.
991 Vgl. E III, IV 3.

überzeugend umgesetzt werden. Alternativvorschläge müssen eine Lösung dafür anbieten, wie die gleichen Motive triftiger erreicht werden könnten.

I Hintergrund der Diskussion um Vertragsvorbehalte: Vergleich zum 20. Jahrhundert

Die Annahme einer bipolaren Interessenlage im Schrankenbereich war rückblickend betrachtet ein historisches Versäumnis des Gesetzgebers.[992] Die Interessen der Kreativen als originäre Rechteinhaber müssen nicht notwendigerweise mit denen der Verwerter als derivative Rechteinhaber übereinstimmen, weshalb die Interessenlage mindestens tripolar ausgestaltet ist.[993] Dennoch waren die Annahmen aufgrund der technischen Entwicklungsstufe der damaligen Zeit nachvollziehbar. Denn zu Erlass des UrhG 1965 bestanden kaum bis keine Kontaktmöglichkeiten zwischen originären oder derivativen Rechteinhabern einerseits und Endnutzern andererseits. Wenn früher jemand im Vorfeld der Nutzungshandlung ein Sprachwerk lesen wollte, ist er in einen Buchladen gegangen und hat beim hiesigen Händler ein gedrucktes Buch erworben. Dieser hatte es wiederum von einem Großhändler bezogen. Aufgrund dieser Kette kam es zu keinem direkten Kontakt zwischen Nutzern und Rechteinhabern. Folglich erwuchsen zwischen diesen keine vertraglichen Beziehungen. Nutzer konnten gewisse Nutzungsrechte infolgedessen gar nicht erwerben. Auf dieses Marktversagen zielen viele Schrankenregelungen ab. Ohne Schrankenprivilegierungen hätten manche gesellschaftlich erwünschte Nutzungshandlungen unterbleiben müssen. Doch in einer digitalisierten Welt ist es nicht notwendig, eine analoge Ausgabe zu erwerben. Man kann den Zugang zu einem Werk elektronisch erlangen. Durch die Werknutzung im digitalen Umfeld werden früher bestehende Handels- und Lieferketten aufgelöst. Der Endnutzer kann ein E-Book unmittelbar von der Homepage des Verlags beziehen. Das eröffnet diesem wiederum die Möglichkeit, vermöge vertraglicher Bestimmungen Einfluss auf die Handlungen des Nutzers zu nehmen. In regelmäßig vorformulierten Lizenzverträgen wird versucht, die Handlungsmöglichkeit des Nutzers so weit wie zulässig zu beschränken beziehungsweise Entgelt für die Nutzung zu generieren. Im Schrifttum wird für Verträge zwischen Urhebern oder Verwertern einerseits und Endnutzern andererseits der Begriff des „tertiären Urhebervertragsrechts“[994]

---

992 Ebenfalls kritisch *Hilty*, GRUR 2005, 819, 820. Diese hier aufgestellte Behauptung soll durch die folgenden Untersuchungen unterlegt werden.

993 *Hilty*, GRUR 2005, 819, 820; *Zurth*, Nutzungsrechte, S. 77 f. mwN. Ausführlicher dazu unter I I 2. b) gg).

994 *Berger*, in: *Berger/Wündisch*, Urhebervertragsrecht, § 1, Rn. 4. Unter dem primären Urhebervertragsrecht versteht man die Rechtsbeziehungen zwischen Urhebern und Verwertern. Die Rechtsbeziehung zwischen dem Erstverwerter und einem Folgeverwerter wird als sekundäres Urhebervertragsrecht bezeichnet. Das tertiäre Urhebervertragsrecht ist ein junger Bereich, der noch nicht abschließend erforscht ist, siehe

vorgeschlagen. Die um dieses bedeutende Themengebiet herum entstehenden Fragen werden die Urheberrechtswissenschaft noch ausführlich beschäftigen.[995]

Ihre Interessen versuchen die Verwerter also nunmehr durch die technische Möglichkeit des Vertragsschlusses zur Geltung zu bringen. Die heutige Interessenlage ist mithin keine grundlegend andere als 1965, obgleich die Technologisierung Nutzungshandlungen mit weiterreichenden wirtschaftlichen Beeinträchtigungen ermöglicht. Insbesondere haben sich die technischen Möglichkeiten der Berücksichtigung von Interessen geändert. Die Notwendigkeit von zwingenden Nutzungsfreiräumen entfällt, weil für jeden auffindbare Vertragsschlussangebote durch das Internet ermöglicht werden. Im Wissenschaftsbereich kommt neben der besonderen Interessenlage hinzu, dass die vom Gesetz privilegierten Nutzer nicht ausschließlich individuelle Endnutzer sind, sondern regelmäßig Institutionen. Mit diesen ist es angesichts ihrer Massennutzungen gewinnbringender, vertragliche Einigungen zu treffen. Dadurch würde das Geschäftsmodell der Verwerter bereichert werden, aus deren Portfolio gesetzlich schon erlaubte Nutzungen bisher ausgeschieden sind. Demgemäß waren keine Lizenzeinnahmen möglich. Das erweckte ihr Bedürfnis nach einer Neugestaltung des Systems der Schranken und der Vergütungsansprüche. Der Gesetzgeber sowie die Rechtsprechung haben die Berechtigung der Verwerterinteressen anerkannt und sie bereits vor Einführung des UrhWissG in vereinzelten Schranken im Rahmen deren Ausgestaltung bzw. Auslegung durch Vorbehalte zu berücksichtigen versucht. In Konsequenz dessen hat das UrhG im Wissensbereich schon vor der Reform von 2018 vereinzelt Bestimmungen zum Verhältnis zwischen Schranke und Vertrag gekannt. Das allgemeine Schrankenverständnis der Gerichte und des Gesetzgebers der damaligen Zeit sowie jene Schrankenbestimmungen werden nachfolgend genauer dargestellt.

II Grundsatz des Gesetzesvorrangs

Bereits vor Einführung des UrhWissG hat das Verhältnis von gesetzlichen Schrankenregelungen und vertraglichen Vereinbarungen die Rechtsprechung beschäftigt. Dabei hat der EuGH ein Grundsatzurteil[996] gefällt, in dem er Schrankenmodelle geformt hat, die für die heutigen Streitfragen von erheblicher Bedeutung sind.

---

aber *Guibault*, in: *Hilty/Peukert*, Interessenausgleich im Urheberrecht, S. 221, 234 ff.; *Peukert*, in: *Hilty/Peukert*, Interessenausgleich im Urheberrecht, S. 11, 24 ff.

995 *Ohly*, in: *Dreier/Hilty*, FS 50 Jahre UrhG, S. 379, 380 meint diesbezüglich: „Man muss kein Prophet sein, um vorherzusagen, dass das Spannungsverhältnis zwischen privatautonomen Vereinbarungen und der gesetzlichen Regelung des Verhältnisses von Urheberrecht und Gemeinfreiheit zu den beherrschenden Themen der kommenden 50 Jahre der Urheberrechtsgeschichte gehören wird.".

996 EuGH GRUR 2013, 812 – VG Wort/Kyocera.

Daher soll das Urteil mit seiner Geschichte, seinen Aussagen und Begründungen eingangs dargestellt werden.

1. Vorinstanzen zur EuGH-Entscheidung *„VG Wort/Kyocera"*

Die *VG Wort* ist als zugelassene Verwertungsgesellschaft befugt, gesetzliche Vergütungsansprüche gegenüber den nach §§ 54 ff. UrhG aF verpflichteten Herstellern, Importeuren und Händlern von Geräten und Speichermedien geltend zu machen. Sie hat sich im eigenen Namen und im Auftrag der VG Bild-Kunst mit den Unternehmen *Kyocera*, *Epson* und *Xerox* über Vergütungen gemäß § 54a UrhG aF sowohl dem Grunde als ebenso der Höhe nach gestritten. Die Beklagten vertrieben Drucker und Plotter, die nur im Rahmen einer Funktionseinheit mit anderen Geräten geeignet waren, urheberrechtsfähige Werke zu vervielfältigen. Die streitgegenständlichen Drucker hatten keinen integrierten Scanner, sodass nur auf dem Computer digital abgespeicherte Vorlagen vervielfältigt werden konnten. Diese Gerätekette waren eine neue technische Entwicklung, über die noch nicht höchstrichterlich entschieden worden war.

Gleichwohl wurde Auskunft über die Art, die Menge sowie die Kapazitäten der seit dem 01.01.2001 auf den Markt gebrachten Geräte und ihre Bezugsquellen in Deutschland verlangt. Weiterhin wurde Feststellung einer Zahlungsverpflichtung nach Maßgabe der im Bundesanzeiger veröffentlichten Tarife für zwischen dem 01.01.2001 und dem 31.12.2007 vertriebene Geräte begehrt. Das LG Düsseldorf hat mit Urteil vom 25.01.2006 dem Auskunftsanspruch in vollem Umfang und dem Antrag auf Feststellung der Pflicht zur Zahlung einer Vergütung weitgehend stattgegeben.[997] Ein Jahr später am 23.01.2007 wurde die Klage im Berufungsverfahren hingegen abgewiesen.[998]

Dagegen wiederum hat die *VG Wort* Revision eingelegt. Diese wurde jedoch durch Beschluss am 14.08.2008 zurückgewiesen.[999] Dabei berief sich der BGH auf ein Urteil vom 06.12.2007[1000]. In diesem wurde zur Begründung unter anderem aufgeführt, dass § 54a I 1 UrhG aF einen Anspruch für Vervielfältigungen nach § 53 I–III UrhG aF als Ausgleich für entgangene individual-vertragliche Lizenzeinnahmen gewähre. Der Anspruch bestehe infolgedessen nicht, wenn keine Vervielfältigung

997 LG Düsseldorf BeckRS 2011, 21864.

998 OLG Düsseldorf GRUR 2007, 416, 417 – Druckerabgabe.

999 BGH BeckRS 2008, 20428.

1000 BGH GRUR 2008, 245 – Drucker und Plotter. In der Entscheidung hat der BGH das angefochtene Urteil aufgehoben und die Klage abgewiesen. Streitgegenstand war ebenso hier die Vergütungspflicht für Drucker und Plotter nach § 54a I UrhG aF. Das LG Stuttgart CR 2005, 378 hatte den Auskunftsansprüchen in vollem Umfang und dem Feststellungsantrag dem Grunde nach stattgegeben, was im Ergebnis der später folgenden Entscheidung des LG Düsseldorf vergleichbar ist. Die Berufung dagegen hatte keinen Erfolg, OLG Stuttgart GRUR 2005, 943.

nach § 53 I–III UrhG aF vorliege. Eine unmittelbare Anwendung käme nicht in Betracht, weil mit der Gerätekombination aus Drucker und Computer keine mit einem herkömmlichen Fotokopiergerät vergleichbaren fotomechanischen Vervielfältigungen hergestellt werden könnten. Die zusammengesetzte Funktionseinheit könne keine analogen Druckwerke, sondern nur digitale Vorlagen vervielfältigen.[1001] Eine entsprechende Anwendung müsse weiterhin ausscheiden, wenn die Interessenlage nicht vergleichbar sei. Das sei der Fall, wenn solche Werke vervielfältigt werden, für die der Kopierende über die urheberrechtlichen Befugnisse verfüge, weil eine Einwilligung des Berechtigten vorliege. Bei Druckwerken sei eine solche im Regelfall nicht gegeben, weil hier nur der Werkgenuss gestattet werden solle. Im Gegensatz dazu erfolge bei digitalen Vorlagen überwiegend die Einwilligung des Rechtsinhabers.[1002] Damit verneint der BGH eine Schrankenanwendbarkeit mit der Begründung, dass dem eine Einwilligung entgegenstehe.

Die geringen Anforderungen an die Einwilligung und die typisierende Betrachtung zeigen, wie der BGH versucht, einfach handhabbare und verständliche Regeln für die Welt des Internets zu finden. Dabei hält er die Annahmen der analogen Welt für teilweise nicht übertragbar auf die digitale.

Zusammenfassend geht es also nur vordergründig um Vergütungsansprüche gegenüber Herstellern und Importeuren von Druckern. Hinter den Aussagen verbirgt sich das Verständnis des BGH zum Verhältnis von urheberrechtlichen Schranken und Lizenzverträgen. Es bestehe kein Vergütungsanspruch, soweit eine Vervielfältigung nicht der gesetzlichen Nutzungserlaubnis bedürfe, weil sie bereits auf Grund einer Einwilligung des Berechtigten zulässig sei. Die rechtsgeschäftliche Erlaubnis wird folglich als vorrangig gegenüber der gesetzlichen Schranke angesehen.

Diese Entscheidung ist allerdings vom BVerfG aufgehoben und die Sache an den BGH zurückverwiesen worden.[1003] Die immer noch nicht abgeschlossene und noch länger andauernde Darstellung der Geschichte der Rechtsstreitigkeit zeigt schon jetzt, wie wünschenswert es wäre, dass der Gesetzgeber die Rechtslage fortlaufend am Puls der Zeit reformiert und aufkommendes Streitpotential möglichst proaktiv entschärft. Doch dies ist nicht immerzu umsetzbar, weil die Gesetzeslage zumeist nur eine reaktionäre Antwort auf Entwicklungen sein kann, die beispielsweise in ihrem technologischen Fortschritt häufig nicht vorhersehbar sind. Genau deshalb wird in vorrangigen Verträgen teilweise die Chance gesehen, die Rechtsverhältnisse ohne langwieriges Tätigwerden des Gesetzgebers zeitgemäß und flexibel auszugestalten.[1004]

1001 BGH GRUR 2008, 245, 246 – Drucker und Plotter.

1002 BGH GRUR 2008, 245, 246 f. – Drucker und Plotter; zustimmende Anmerkung *v. Ungern-Sternberg*, GRUR 2008, 247, 248 f.

1003 BVerfG GRUR 2011, 223, 224 – Urheberrechtliche Vergütungspflicht für Drucker.

1004 Vgl. *Ohly*, in: *Dreier/Hilty*, FS 50 Jahre UrhG, S. 379, 386 ff.

Neben dem Gesetzgeber sind die Rechtsanwender verpflichtet, mit ihrem Handeln besagte Entwicklungen nachzuzeichnen. Das BVerfG ist nachvollziehbar der Ansicht, dass die Rechtsprechung der Rasanz des technischen Fortschritts nicht gerecht werden kann, wenn sie schlicht auf ein vier Jahre altes Urteil und das damalige Rechtsverständnis verweist und erinnert deswegen den BGH an seine Pflicht zur verfassungskonformen Gesetzesauslegung.[1005] Technische Neuerungen können zu absoluten Schutzlücken führen, die für den Gesetzgeber nicht vorhersehbar waren. Restriktive oder veraltete Auslegungen müssen dann aufgegeben werden.[1006] Bei mehreren Deutungsmöglichkeiten ist bei der gerichtlichen Anwendung und Auslegung jener der Vorzug zu gewähren, die den Wertentscheidungen der Verfassung am weitgehendsten entspricht und die Grundrechte der Beteiligten am umfassendsten in praktischer Konkordanz zur Geltung bringt.[1007] Die Annahme, dass in einer unterstellten rechtsgeschäftlichen Einwilligung in Vervielfältigungen zugleich ein Verzicht des Urhebers auf jegliche Vergütung, also selbst aus der Geräteabgabe, enthalten sein solle, unterliegt infolge dieser Voraussetzungen angesichts der verfassungsrechtlich gebotenen grundsätzlichen Zuordnung des vermögenswerten Ergebnisses der schöpferischen Leistung an den Urheber erheblichen verfassungsrechtlichen Bedenken.[1008]

1005 Treffend im zweiten Leitsatz der Redaktion, GRUR 2011, 223, 223 zusammengefasst: „Die fachgerichtliche Auslegung und Anwendung des Urheberrechts (hier: des § 54a UrhG a.F.) muss angesichts der auf diesem Gebiet zahlreichen technischen Neuerungen die Eigentumsrechte der Urheber aus Art. 14 I GG gewährleisten. Eine tatsächliche oder rechtliche Entwicklung kann eine bis dahin eindeutige und vollständige Regelung lückenhaft, ergänzungsbedürftig und zugleich ergänzungsfähig werden lassen. Die verfassungsrechtliche Zulässigkeit der Lückensuche und -schließung findet ihre Rechtfertigung unter anderem darin, dass Gesetze einem Alterungsprozess unterworfen sind. Die Gerichte sind daher befugt und verpflichtet zu prüfen, wie das Gesetzesrecht auf neue Zeitumstände anzuwenden ist. Dies schließt hier die Prüfung ein, inwieweit eine restriktive Auslegung von § 54a UrhG a.F. angesichts der rasanten Verbreitung digitaler Datenspeicherung und -vervielfältigung dazu führt, dass zulasten gewisser Urheber eine absolute Schutzlücke entsteht.".

1006 In der Rechtsprechung und in der Literatur ist der Begriff des „Alterungsprozesses" anerkannt, dem Gesetze auf Grund der technischen Entwicklung unterworfen sind, weshalb die Auslegung die Anpassung an aktuelle Gegebenheiten bewirken muss, vgl. BVerfG NJW 1990, 1593, 1593; *Dreier*, GRUR 2010, 1002, 1003.

1007 BVerfG NJW 1958, 2059, 2061.

1008 BVerfG GRUR 2010, 999, 1002.

2. Die Vorlageentscheidung

Doch die Rechtsprechung hat nicht nur die verfassungsrechtlichen, sondern gleicherweise die europarechtlichen Vorgaben zu berücksichtigen. Im Bereich der urheberrechtlichen Schrankenregelungen muss die nationale Rechtslage insbesondere die Vorgaben der InfoSoc-RL, mittlerweile teilweise angepasst durch Titel II der DSM-RL, berücksichtigen. Wie ihm vom BVerfG nahegelegt worden ist,[1009] hat der BGH das Verfahren ausgesetzt, um eine Vorabentscheidung des EuGH gemäß Art. 267 I lit. b), III AEUV einzuholen.[1010] Dabei interessiert für die vorliegende Untersuchung vor allem die fünfte Frage, die der BGH dem EuGH zur Richtlinienauslegung vorgelegt hat. Die InfoSoc-RL kennt zwingende Vorgaben[1011] zur Zahlung eines gerechten Ausgleichs[1012] für auf Schranken basierende Handlungen. Ohne eine solche Bedingung wäre in einem solchen Fall eine nationale Schrankenregelung europarechtswidrig. Darüber hinaus macht Erwägungsgrund 36 InfoSoc deutlich, dass den Mitgliedstaaten die Möglichkeit eingeräumt wird, für alle sonstigen Schrankenbestimmungen fakultativ einen Anspruch auf gerechten Ausgleich für die Rechteinhaber vorzusehen. Der BGH hat zum gerechten Ausgleich gefragt: „Entfällt die Bedingung (Art. 5 II lit. a) und b) der Richtlinie) und die Möglichkeit (vgl. Erwägungsgrund 36 der Richtlinie) eines gerechten Ausgleichs, soweit die Rechtsinhaber einer Vervielfältigung ihrer Werke ausdrücklich oder konkludent zugestimmt haben?“[1013]

Der Gerichtshof stellte in seinem Vorabentscheidungsersuchen die Überlegung an, dass sich die Bejahung dieser Frage aus der EuGH-Entscheidung „Padawan“[1014] ergeben könne.[1015] In dieser ist entschieden worden, dass sich aus den Erwägungsgründen 35, 38 InfoSoc ergäbe, dass der gerechte Ausgleich den Urhebern die „ohne ihre Genehmigung“ erfolgte Nutzung ihrer geschützten Werke angemessen vergüten solle. Im Umkehrschluss könnte die Bedingung oder die Möglichkeit

---

1009 BVerfG GRUR 2010, 999, 1000, Rn. 50.

1010 BGH GRUR 2011, 1007, 1008 – Drucker und Plotter II.

1011 Vgl. Art. 5 II lit. a), b) InfoSoc.

1012 Der Begriff des gerechten Ausgleichs ist ein autonomer Begriff des Unionsrechts, der einheitlich in allen Mitgliedstaaten auszulegen ist, EuGH GRUR 2011, 50, 53 mit Anmerkung *Kröber*, GRUR 2011, 55, 55. Er erfasst einen etwaigen Schaden als Kriterium, vgl. zur Kritik daran *Wandtke*, in: *Dreier/Peifer/Specht*, FS Schulze, S. 421, 428. Die angemessene Vergütung ist davon zu unterscheiden. Während „gerechter Ausgleich“ einen Mindestanspruch auf Zahlung bedeutet, ist der Anspruch auf angemessene Vergütung ein Anspruch, der über den Mindestumfang des gerechten Ausgleichs hinausgeht, *Koch/Druschel*, GRUR 2015, 957, 958 ff.; *Reinbothe*, GRUR-Prax 2015, 454, 455 f.; *Wandtke*, in: *Wandtke/Bullinger*, UrhR, Einl., Rn. 6a.

1013 BGH GRUR 2011, 1007, 1008 – Drucker und Plotter II.

1014 EuGH GRUR 2011, 50, 53 – Padawan/SGAE.

1015 BGH GRUR 2011, 1007, 1012 – Drucker und Plotter II.

des gerechten Ausgleichs nicht bestehen, soweit der Rechtsinhaber die Nutzung genehmigt habe. Das würde zur dogmatischen Konstruktion den Rückschluss zulassen, dass in diesem Fall die Nutzungshandlung auf Grundlage der Genehmigung und nicht der gesetzlichen Schrankenregelung zulässig sei. Dadurch würde dann dem Rechtsinhaber kein Schaden durch die in der nationalen Regelung vorgesehene Einschränkung seines Rechts entstehen, der ausgleichsbedürftig sei. Denn der Schaden entstehe nach dem EuGH durch die Einschränkung der urheberrechtlichen Befugnisse durch gesetzliche Ausnahmen oder Beschränkungen und ist daher eher im Sinn eines Nachteils zu verstehen.[1016]

Zugleich machte der BGH deutlich, dass er sich selbst der Ansicht anschließe, dass Schrankenregelungen gegenüber einer ausdrücklichen oder konkludenten Genehmigung vorrangig seien.[1017] In Konsequenz dessen würde dem Rechtsinhaber im Anwendungsbereich einer Schrankenbestimmung die Möglichkeit fehlen, eine Handlung zu verbieten oder zu gestatten. Wenn die Genehmigung infolgedessen ins Leere gehe, könne sie mithin keine Auswirkung auf den gerechten Ausgleich haben. Abschließend betont der Gerichtshof, dass er sich von allen dem entgegenstehenden Überlegungen in seiner *„Plotter und Drucker I“*-Entscheidung ausdrücklich distanziere.[1018]

3. Die EuGH-Entscheidung *„VG Wort/Kyocera“*

Am 27.06.2013 hat der EuGH geurteilt. Nach seiner Ansicht habe der Unionsgesetzgeber mit der Überschrift von Art. 5 InfoSoc, der die Möglichkeiten für die Mitgliedstaaten regelt, Schrankentatbestände zu erlassen, schon eine Unterscheidung getroffen: Die Überschrift „Ausnahmen und Beschränkungen“ läge bereits begrifflich nahe, dass das ausschließliche Recht des Urhebers je nach den Umständen

---

1016 Siehe zur Begriffserläuterung *Schack*, Urheberrecht, Rn. 488 mwN. zur Rechtsprechung des EuGH.

1017 BGH GRUR 2011, 1007, 1012 – Drucker und Plotter II.

1018 BGH GRUR 2011, 1007, 1012 – Drucker und Plotter II. In einem nahen zeitlichen Zusammenhang zur *„Drucker I“*-Entscheidung hatte der BGH noch eine vergleichbare Rechtssache zu entscheiden, die sich nicht auf Drucker, sondern auf Computer bezog. In diesem Fall vertrat der BGH den gleichen Standpunkt, vgl. BGH ZUM 2009, 152, 154 – PC I. Gleichzeitig zur *„Drucker II“*-Entscheidung hielt der BGH ebenso an dieser Rechtsprechung nicht mehr fest, BGH GRUR 2011, 1012, 1017 – PC II, und legt die gleiche fünfte Frage zur Vorabentscheidung vor, Anmerkung dazu von *Peifer*, GRUR 2011, 1017, 1018. Beide Verfahren wurden vor dem EuGH verbunden. Das anschließende BGH-Urteil, BGH GRUR 2014, 984, 990 – PC III, ist diesbezüglich inhaltlich deckungsgleich zu BGH GRUR 2014, 979, 983 – Drucker und Plotter III. Da die *„PC“*-Entscheidungen mithin keinen Erkenntnismehrgewinn bringen, wird sich hier ausschließlich auf die *„Drucker und Plotter“*-Entscheidungen konzentriert.

sowohl völlig ausgeschlossen als auch lediglich eingeschränkt sein könne.[1019] Der EuGH zeigt also Optionen auf. Eine Beschränkung könne einen Ausschluss, eine Einschränkung oder die Aufrechterhaltung des Rechts umfassen, wobei der EuGH die Entscheidung, welches systematische Verständnis der nationalen Schrankenregelung zugrunde liegt, den Mitgliedstaaten überlassen hat.[1020]

Dennoch hat der Gerichtshof drei Schrankenmodelle konkret dargelegt. Nach dem ersten Modell[1021] gebe es Schranken, die jede urheberrechtliche Befugnis des Rechtsinhabers, in Bezug auf ein bestimmtes Verwertungsrecht eine Verwertungshandlung zu genehmigen, ausschließen. Vorstellbar wäre eine Schrankenregelung, die nicht nur wie beispielsweise die Privatkopie einen Teilaspekt des Vervielfältigungsrechts einschränke, sondern das gesamte Vervielfältigungsrecht aus der materiellen Genehmigungsbefugnis des Urhebers ausschließe. Vervielfältigungen könnten dann insgesamt nicht mehr lizenziert werden, weil jede Vervielfältigung bereits zuvor gesetzlich erlaubt sei. In dem Fall entfalte eine etwaige Zustimmung keine Rechtswirkung. Aufgrund der Einführung der das Verwertungsrecht ausschließenden Schranke befinde sich die Nutzungshandlung in einem Bereich, der nicht mehr von der Gestattungsmöglichkeit des Urhebers umfasst sei. Infolge der uneingeschränkten Anwendbarkeit der Schrankenbestimmung könne sich die Zustimmung nicht in schmälernder Hinsicht auf den Schaden im unionsrechtlichen Sinn auswirken und daher keinen reduzierenden Einfluss auf den gerechten Ausgleich haben.

Dass die Zustimmung keinen Einfluss auf den Schaden haben könne, gelte unabhängig davon, ob der gerechte Ausgleich zwingend oder fakultativ vorgesehen sei. Die von der Schranke umfassten Handlungen würden immer auf Grundlage der Schranke erfolgen, sodass der Schaden stets gleich groß sei. Somit werde die Anwendbarkeit der Schrankenvorschrift sowie das Bestehen und die Höhe des Vergütungsanspruchs durch die Zustimmung nicht berührt.

Zweitens gebe es Schranken, die die Befugnis zur Genehmigung nicht völlig ausschließen, sondern nur eine Beschränkung dieser Befugnis vornehmen, dabei das Ausschließlichkeitsrecht aber im konkreten Fall nicht aufrechterhalten würden.[1022] Auf das Beispiel erneut übertragen würde das bedeuten, dass das Vervielfältigungsrecht nicht völlig ausgeschlossen ist, aber für den Bereich der Privatkopie eine Beschränkung besteht. In diesem Umfang ist das Ausschließlichkeitsrecht nicht aufrechterhalten.

1019 EuGH GRUR 2013, 812, 814, Rn. 33 f. – VG Wort/Kyocera. Bei den Ausnahmen und Beschränkungen handelt es sich nach deutscher Terminologie um urheberrechtliche Schranken.

1020 EuGH GRUR 2013, 812, 814 – VG Wort/Kyocera.

1021 EuGH GRUR 2013, 812, 814, Rn. 37 – VG Wort/Kyocera.

1022 EuGH GRUR 2013, 812, 814, Rn. 38 – VG Wort/Kyocera.

In dem Fall, dass das Recht im Teilumfang nicht beibehalten worden sei, wirke sich die Zustimmung gleichfalls nicht auf den Schaden aus, der dem Urheber entstanden sei, und könne demnach keinen Einfluss auf den gerechten Ausgleich haben.[1023] Das Bestehen und der Umfang des Vergütungsanspruchs bleiben folglich unberührt. Weil jener Bereich einer Beschränkung unterliege, in der das Ausschließlichkeitsrecht nicht bestehe, könne der Urheber für diese Handlungen wie im ersten Modell keine Zustimmung erteilen, so wie er die Handlung ebenfalls nicht verbieten könne.

Als drittes Modell gebe es Schranken, die ebenfalls die Befugnis des Rechtsinhabers lediglich beschränken, aber das Ausschließlichkeitsrecht im konkreten Fall aufrechterhalten würden.[1024] Aufgrund der Beschränkung könne der Nutzer nutzen. Weil das Ausschließlichkeitsrecht demgegenüber im konkreten Fall aufrechterhalten bleibe, bestehe ein Anknüpfungspunkt und Spielraum für vertragliche Vereinbarungen. Der Rechtsinhaber könne aufgrund des bestehenden Vervielfältigungsrechts zustimmen. Der Nutzer müsse folglich nicht auf gesetzlicher Grundlage nutzen, sondern könnte sein Handel ebenso auf einem rechtsgeschäftlichen Titel stellen.

Wenn die Beschränkung die Nutzungshandlung ohne Zustimmung des Rechtsinhabers nicht erlaube, weil sie bereits rechtsgeschäftlich erlaubt sei, könne die Schranke nicht zu der Art von Schaden führen, für den der gerechte Ausgleich einen Ersatz darstelle. Deshalb würden die Bestimmungen über den gerechten Ausgleich keine Anwendung finden.[1025]

Schließlich hat der EuGH auf die fünfte Frage geantwortet, dass eine etwaige Zustimmung des Rechtsinhabers zur Nutzung im Rahmen einer in Art. 5 II oder III InfoSoc vorgesehenen Ausnahme oder Beschränkung keine Auswirkung auf den gerechten Ausgleich habe, unabhängig davon, ob er nach der einschlägigen Bestimmung dieser Richtlinie zwingend oder fakultativ vorgesehen sei.[1026] Nach seiner Ansicht gelte das unabhängig vom im Ergebnissatz nicht mehr thematisierten Schrankenmodell, welches die Mitgliedstaaten für ihre nationalen Regelungen wählen können. In den ersten beiden Modellen würden die Schrankenregelungen unabhängig von der Zustimmung uneingeschränkt Anwendung finden, weshalb der Schaden im europarechtlichen Sinn nicht verändert werde. Im dritten Modell bleibe das Ausschließlichkeitsrecht aufrechterhalten, wodurch die Vorschriften über den gerechten Ausgleich schon keine Anwendung finden könnten. Dieses Ergebnis hat der EuGH in einer späteren Entscheidung auf den Fall einer entgeltlichen Gestattung ausgedehnt.[1027] Mithin bestätigte der EuGH die veränderte

---

1023 EuGH GRUR 2013, 812, 814, Rn. 39 – VG Wort/Kyocera.

1024 EuGH GRUR 2013, 812, 814, Rn. 38 – VG Wort/Kyocera.

1025 EuGH GRUR 2013, 812, 814, Rn. 39 – VG Wort/Kyocera.

1026 EuGH GRUR 2013, 812, 814, Rn. 40 – VG Wort/Kyocera.

1027 EuGH GRUR 2015, 478, 483 f., Rn. 65, 67 – Copydan/Nokia; kritische Anmerkung von *Peukert*, GRUR 2015, 452, 453 f.

Ansicht des BGH, dass der Zustimmung keine Auswirkung auf den Vergütungsanspruch zukomme.

4. Die BGH-Entscheidung *„Drucker und Plotter III"*

Am 03.07.2014, also achteinhalb Jahre nach Erlass des landgerichtlichen Urteils,[1028] erließ der BGH ein drittes Urteil. Ihm war bewusst, welche Möglichkeiten der EuGH bezüglich des systematischen Verständnisses der Schrankenregelungen eröffnet hatte. Er legte § 53 I–III UrhG aF das zweite Modell als sein Verständnis vom Verhältnis zwischen einer gesetzlich erlaubten Nutzung und einem Vertrag zugrunde. Bei den Bestimmungen handle es sich um solche, „die im Sinne der Rechtsprechung des EuGH die Befugnis der Rechtsinhaber, die Vervielfältigung ihrer Werke oder sonstigen Schutzgegenstände zu genehmigen, nicht völlig ausschließen, sondern nur beschränken und im konkreten – von der jeweiligen Schrankenregelung erfassten – Fall das Vervielfältigungsrecht nicht beibehalten"[1029].

Wenn das Ausschließlichkeitsrecht im konkreten Fall nicht aufrechterhalten bleibe, könne sich eine Zustimmung im Sinne der europäischen Rechtsprechung nicht auf den durch die Schranke entstandenen Schaden auswirken und keinen Einfluss auf den gerechten Ausgleich haben. Wenn einer Zustimmung keinerlei Rechtswirkung zukomme, könne sie auf die urheberrechtliche Zulässigkeit keinen Einfluss haben. Damit erklärt der BGH die streitgegenständliche Norm für urheberrechtlich zwingendes Recht. Die von der Schranke erfassten Handlungen sind stets urheberrechtlich frei. Dem Rechteinhaber stehe weder die Befugnis zu, die von den Schrankenregelungen erfassten Nutzungshandlungen zu verbieten, noch die Möglichkeit, solche Vervielfältigungshandlungen wirksam zu genehmigen.[1030] Die Zustimmung des Rechtsinhabers zu diesen Vervielfältigungen gehe daher ins Leere und könne keinen Einfluss auf die angemessene Vergütung haben.[1031] Da es im Streitfall um gesetzliche Vergütungsansprüche für Vervielfältigungen nach § 53 I–III UrhG aF ging, hat der Bundesgerichtshof sich nur zu seinem Verständnis bezüglich dieser Regelung geäußert.

5. Urteilsbewertung

Die Darlegung des EuGH ist von erheblicher Bedeutung für das Schrankenverständnis. Daher ist es bedauerlich, dass das Urteil kurz und teilweise wenig klar abgefasst ist. Eine erhöhte Ausführungsdichte hätte das Verständnis gefördert.

1028 Hinsichtlich des Feststellungsantrags ist die Sache zur neuen Verhandlung und Entscheidung an das Berufungsgericht zurückverwiesen worden, sodass das Verfahren noch länger gedauert hat.

1029 BGH GRUR 2014, 979, 983, Rn. 45 – Drucker und Plotter III.

1030 BGH GRUR 2014, 979, 983, Rn. 45 – Drucker und Plotter III.

1031 BGH GRUR 2014, 979, 983, Rn. 45 – Drucker und Plotter III.

Inhaltlich ist in der Literatur nachvollziehbar kritisiert worden, dass es angesichts des Dreistufentests niemals zu einem vollständigen Ausschluss des Vervielfältigungsrechts in Schrankenregelungen kommen könne.[1032] Daher lägen immer Beschränkungen vor, bei denen es darauf ankommt, ob das Ausschließlichkeitsrecht im Schrankenumfang grundsätzlich aufrechterhalten wird oder nicht. Letzteres hat der BGH zutreffend für § 53 UrhG aF entschieden. Damit sichert er die Rechtssicherheit der Nutzer sowie die gesetzlichen Vergütungsansprüche der Urheber. Beide Ziele sind erstrebenswert. Dem Ergebnis schließt sich die herrschende Meinung in der Literatur überzeugend an.[1033] Die BGH-Entscheidung setzt sich zwar mit einer konkreten Schrankenbestimmung auseinander. Dennoch ist ihr grundsätzliche Bedeutung zum Verständnis der Schranken beizumessen. Es gibt keinen gewichtigen Anhaltspunkt dafür, dass der BGH seine Auffassung auf § 53 UrhG aF beschränken wollte.

Allerding ist zu berücksichtigen, dass die Auffassung des EuGH einem Urheberschutz dient und dabei die Verwerterinteressen nicht gewichtig berücksichtigt werden. Die Verwerter streben folglich nach neuen Vergütungsmethoden. Die hauptsächliche Kritik, die dem Gerichtshof entgegengebracht worden ist, bestand darin, dass der EuGH nicht zwischen unentgeltlicher und entgeltlicher Zustimmung differenziert.[1034] Das sei nicht sachgerecht, weil so eine Doppelvergütung ermöglicht werde.[1035] Diese Gefahr bestehe bei unentgeltlichen Gestattungen nicht, weshalb der rechtliche Ansatz Wege zu einer Differenzierung aufzeigen müsse.

Content-Anbieter lassen sich häufig in ihren Lizenzverträgen jede Nutzungshandlung gesondert vergüten. Sie fordern ein Entgelt dafür, dass beispielsweise Vervielfältigungsstücke für verschiedene Geräte des Nutzers (Computer, MP3-Player, Smartphone) erstellt werden können.[1036] Durch eine Privatkopie des Nutzers würde ihnen somit kein Nachteil entstehen. Weil sich die individuelle Zustimmung nach dem Verständnis des EuGH nichtsdestoweniger nicht auf den durch die Schrankeneinführung entstandenen Schaden auswirkt, profitieren die Anbieter neben der vertraglichen Lizenzvergütung von der Geräteabgabe. Das Nebeneinander von

---

1032 Vgl. *Dreier*, ZUM 2013, 769, 773; *Ohly*, in: *Dreier/Hilty*, FS 50 Jahre UrhG, S. 379, 394 f. Ausführlich zum Dreistufentest *Senftleben*, GRUR Int. 2004, 200, 201 ff.

1033 *Dreier*, ZUM 2013, 769, 774; *Müller*, GRUR-Prax 2013, 305, 306; *Schaefer/Staats*, ZUM 2015, 533, 537; *Stieper*, EuZW 2013, 699, 700; a.A. *Mackert*, K&R 2013, 646, 647 f.

1034 *Ohly*, in: *Dreier/Hilty*, FS 50 Jahre UrhG, S. 379, 394 f.

1035 *Gräbig*, GRUR 2013, 816, 817; *Peukert*, GRUR 2015, 452, 455.

1036 Das gleiche Problem besteht obendrein mit technischen Schutzmaßnahmen. Ungeachtet gesetzlicher Schrankenregelungen können Nutzungshandlungen auf technischer Ebene verhindert werden. Das ist in Art. 5 II lit. b) InfoSoc und dessen Erwägungsgrund 35 thematisiert worden. Berücksichtigung hat das Problem im deutschen Recht in §§ 54a I 2, 54h II 2 UrhG erfahren. Darauf soll nicht näher eingegangen werden.

pauschaler und individueller Vergütung wird in der Literatur als double dipping bezeichnet.[1037] Erwägungsgrund 35 S. 4 InfoSoc erläutert dazu: „In Fällen, in denen Rechtsinhaber bereits Zahlungen in anderer Form erhalten haben, z. B. als Teil einer Lizenzgebühr, kann gegebenenfalls keine spezifische oder getrennte Zahlung fällig sein." Um das Verbot der Doppelvergütung durchzusetzen, nehmen manche Stimmen an, dass ein Ausschluss der Privatkopie in Endnutzerverträgen wirksam ist.[1038] Das scheint auf den ersten Blick gegen die Annahme zu sprechen, dass § 53 UrhG aF das zweite Modell des EuGH zugrunde liegt.

Doch wenn beim Online-Vertrieb Klauseln verwendet werden, in denen die Anzahl der Vervielfältigungsstücke oder die Anzahl der Geräte, auf denen solche abgespeichert werden können, beschränkt oder gänzlich untersagt werden, handelt es sich dabei um schuldrechtliche Einschränkungen oder Abbedingungen der urheberrechtlich zulässigen Handlung. In beiden Fällen liegt ein schuldrechtlicher Verzichtsvertrag vor.[1039] Die doppelte Vergütung ist also Folge des schuldrechtlichen Vertrags und nicht der urheberrechtlichen Regelung. Die Anbieter lassen sich auf vertragliche Weise etwas vergüten, wofür es gesetzlich keiner Lizenzzahlung bedarf. Es ist fraglich, ob die Diensteanbieter diese Einnahmen an die individuellen Urheber weiterleiten. Wenn regelmäßig nur einheitlich von Rechteinhabern gesprochen wird, gerät die Differenzierung dieser Personengruppen aus dem Blickfeld. Jedoch ist die Doppelvergütung eine Problemstellung, die auf der Fragestellung beruht, inwiefern Schranken mit schuldrechtlicher Wirkung abbedungen werden können.[1040] Dazu hat sich der EuGH in dem Urteil nicht geäußert. Das Verbot der Doppelvergütung steht also nicht der Annahme entgegen, dass Modell 2, die Beschränkung des Ausschließlichkeitsrechts, ohne es im konkreten Fall beizubehalten, mindestens § 53 UrhG aF zugrunde liegt.

Insoweit verfehlt ist der in der Literatur aufzufindende Verweis auf das BGH-Urteil *„Gesamtvertrag Unterhaltungselektronik"*.[1041] Der BGH hat in dem Fall nicht angenommen, dass § 53 UrhG aF abdingbar ist, weil das Ausschließlichkeitsrecht im konkreten Fall aufrechterhalten bleibt. Vielmehr wiederholte er zunächst, was in den Entscheidungen *„VG Wort/Kyocera"* und *„Copydan/Nokia"*[1042] sowie *„Drucker und Plotter III"* und *„PC III"*[1043] geurteilt worden ist. Sodann führte das Gericht aus: „Hat der Rechtsinhaber für die Erteilung seiner Zustimmung zum Herunterladen des Werkes aus dem Internet eine Vergütung erhalten, ist der Anspruch auf

---

1037 Vgl. *Peukert*, GRUR 2015, 452, 453 f.

1038 *de la Durantaye*, GRUR 2017, 558, 563, Fn. 78; *Peukert*, Die Gemeinfreiheit, S. 227 ff. mwN.

1039 *Gräbig*, GRUR 2013, 816, 817.

1040 Ebenso *Dreier*, ZUM 2013, 769, 774.

1041 Vgl. *de la Durantaye*, GRUR 2017, 558, 563, Fn. 78.

1042 Vgl. BGH GRUR 2016, 792, 797, Rn. 51 – Gesamtvertrag Unterhaltungselektronik.

1043 Vgl. BGH GRUR 2016, 792, 797, Rn. 52 – Gesamtvertrag Unterhaltungselektronik.

Zahlung einer Gerätevergütung allerdings erloschen."[1044] Mit der Annahme des Erlöschens des gesetzlichen Vergütungsanspruchs erklärt er § 53 UrhG aF indes nicht für urheberrechtlich abdingbar durch den Vertrag, in dem der Rechtsinhaber seine Zustimmung erklärt. Vielmehr setzt das Erlöschen ein vorheriges Bestehen voraus. Der gesetzliche Vergütungsanspruch besteht somit zunächst aufgrund der Nutzungshandlung auf Grundlage der Schranke, weil die Zustimmung keine Rechtswirkung entfaltet. Erst mit Zahlung der vereinbarten Vergütung erlischt der Vergütungsanspruch. Das beruht nicht auf einem vertraglichen Vorrang, sondern auf der Wertung von Erwägungsgrund 35 S. 4 InfoSoc, nach dem gegebenenfalls keine spezifische oder getrennte Zahlung fällig sein kann, wenn der Rechtsinhaber bereits Zahlung in anderer Form enthalten hat, zum Beispiel als Teil einer Lizenzgebühr.[1045] Weil bereits gezahlt worden ist, liegt kein Schaden vor, der einen gerechten Ausgleich erfordert, nicht weil die Zustimmung erteilt worden ist. Im Ergebnis ändert das Urteil *„Gesamtvertrag Unterhaltungselektronik"* nichts an der Auffassung, dass § 53 UrhG aF eine Beschränkung darstellt, bei der im konkreten Fall das Ausschließlichkeitsrecht nicht beibehalten worden ist. Die Konsequenz daraus ist, dass das Gesetz zu jedem Zeitpunkt in Bezug auf die Privatkopie urheberrechtlich Vorrang vor einer vertraglichen Einigung hat.

6. Ergebnis

Die gute Nachricht für den Nutzer ist, dass nach dem BGH-Urteil *„Drucker und Plotter III"* in Anschluss an das EuGH-Urteil *„VG Wort/Kyocera"* Privatkopien urheberrechtlich stets zulässig sind, sie also nicht mit urheberrechtlicher Wirkung untersagt werden können. Es ist für die Nutzung zwingend die gesetzlich vorgesehene Vergütung an die Urheber zu zahlen. Es gibt mithin Schranken, deren Verständnis aus Sicht der Rechtsprechung insofern geklärt ist, als dass weder die Untersagung noch die Zustimmung Einfluss auf die Anwendbarkeit der Schranke oder den gesetzlichen Vergütungsanspruch haben. Diese Auffassung ist als grundsätzlich anzusehen[1046] und soll durch das UrhWissG für die außerhalb der §§ 60a ff. UrhG geregelten Privilegierungen nicht berührt werden.[1047] Dafür müssen die Nutzer jedoch neben den Kaufpreisen für Geräte und Speichermedien, in denen stets Anteile für die Geräte- und Leermedienabgabe enthalten sind, im Fall schuldrechtlicher Beschränkungen zusätzlich eine vertragliche Lizenzgebühr zahlen. Die Gerätehersteller kompensieren durch die von ihnen zu zahlende Geräteabgabe einen Schaden, der teilweise gar nicht entstanden ist. Davon profitieren die Rechteinhaber. Jedoch sind das Fragen des Schuldrechts und seiner Grenzen. Sie

---

1044 BGH GRUR 2016, 792, 797, Rn. 53 – Gesamtvertrag Unterhaltungselektronik.

1045 Vgl. BGH GRUR 2016, 792, 797, Rn. 53 – Gesamtvertrag Unterhaltungselektronik.

1046 Vgl. nur *Hofmann*, EuZW 2020, 398, 401 f.; *Lüft*, in: *Wandtke/Bullinger*, UrhR, Vor §§ 44a ff., Rn. 2; *Stieper*, in: *Schricker/Loewenheim*, UrhR, Vor §§ 44a ff., Rn. 56.

1047 BT-Drs. 18/12329, S. 45.

werden dementsprechend in der weiteren Untersuchung des Vertragsvorbehalts nicht thematisiert. Urheberrechtlich bedeutet jenes Schrankenverständnis, dass die Einwilligung des Rechteinhabers in die Nutzungshandlung erst dann zu seinen Gunsten lizenzrechtliche Vergütungsansprüche zu begründen vermag, wenn Vertragsvorbehalte in den nationalen Schrankenbestimmungen eingefügt worden sind. Entgegengesetztenfalls ist die Nutzungshandlung durch die starre und zwingende Grenze, die die Schranke setzt, der Lizenzierung entzogen und die Zustimmung ohne Einfluss auf die Vergütung. Daraus ergeben sich Sinn und Zweck des Vertragsvorbehalts, der die Erlaubnis und ihre Rechtsfolge der dynamischen Entscheidungshoheit der Vertragsparteien im Einzelfall unterwirft.

III Ausnahmen zum Gesetzesvorrang

Noch deutlicher werden Sinn und Zweck des Vertragsvorbehalts durch eine Betrachtung der Argumente, mit denen der Gesetzgeber und die Rechtsprechung partiell Ausnahmen zum soeben dargelegten Grundsatz gerechtfertigt haben. Aus der umfangreichen Rechtsprechung zu § 53 UrhG aF darf nämlich nicht geschlussfolgert werden, dass das zweite vom EuGH entwickelte Modell ausnahmslos allen Schrankenregelungen des UrhG in der alten Fassung zugrunde lag. Nachfolgend sollen Ausnahmen vorgestellt werden, in denen eine vertragliche Vereinbarung (1.) beziehungsweise bereits ein Angebot zum Vertragsschluss (2.) vorrangig vor dem Gesetz waren. Bei diesen Ausnahmen handelt es sich um Schranken gemäß dem dritten Modell.[1048] Hierbei ist vorab darauf hinzuweisen, dass die Ausnahmen nicht mit unterschiedlichen Annahmen zum grundsätzlichen Verständnis begründet worden sind, sondern mit konkreten Tatbestandsmerkmalen der damaligen Schrankenbestimmungen.

1. Vorrang des Vertrags: Die EuGH Entscheidung „*TU Darmstadt/Ulmer*"

Das vorangehende Urteil „*VG Wort/Kyocera*" zeigte bereits, dass das deutsche Urheberrecht zunehmend nicht nur durch unionale Richtlinien, sondern gleichsam durch die Rechtsprechung des EuGH geprägt wird. Sie bringt das Unionsurheberrecht mit zahlreichen Entscheidungen jeweils ein Stück voran. So wurde auf einem weiteren Gebiet des Urheberrechts Klarheit geschaffen, als der EuGH wichtige Fragen zur Auslegung von Art. 5 III lit. n) InfoSoc beantwortet hat. Der dieser Entscheidung zugrunde liegende Fall und das Urteil werden nachstehend dargestellt und einer Bewertung unterzogen.

1048 Ebenso *de la Durantaye*, GRUR 2017, 558, 562.

a) Ausgangsverfahren und Vorlagebeschluss

Dem Ausgangsverfahren lag folgender Fall zugrunde. Die Technische Universität Darmstadt hatte elektronische Leseplätze eingerichtet. An denen bot sie Werke aus ihrem Bibliotheksbestand zum Lesen an. Darunter befand sich das Lehrbuch „Einführung in die neuere Geschichte" von *Winfried Schulze*. Der Eugen Ulmer Verlag hatte die Rechte daran inne. Die Universität hatte das Lehrbuch digitalisiert, um es elektronisch bereitstellen zu können, allerdings konnten nicht mehr Exemplare aufgerufen werden, als analoge Exemplare im Bibliotheksbestand verfügbar waren. An den elektronischen Leseplätzen konnten die Nutzer Ausdrucke herstellen und die PDF-Dateien auf USB-Sticks abspeichern. Wesentlich war, dass zwischen der TU Darmstadt und dem Verlag in Bezug auf elektronische Bücher keine vertraglichen Beziehungen bestanden. Der Ulmer Verlag hatte zwar der Universität ein Angebot unterbreitet, elektronische Bücher zu erwerben und zu nutzen, doch darauf ist sie nicht eingegangen. Daher versuchte er sich gegen das Digitalisieren, die Wiedergabe an den Leseplätzen und die Möglichkeit des Ausdruckens oder Abspeicherns mit anschließender Mitnahme aus den Räumen der Bibliothek zu wehren. Das LG Frankfurt a.M. sah das Digitalisieren, Wiedergeben und Ausdrucken als zulässig an, nicht aber das Abspeichern.[1049] Das bestätigte das OLG Frankfurt a.M. im Berufungsverfahren bis auf den Unterschied, dass es ebenfalls das Ausdrucken für unzulässig erachtete.[1050] Weil das Landgericht im Hauptverfahren seine Auffassung mit dem Unterschied, dass Ausdrucke unzulässig sein, bestätigte, wurde Sprungrevision zum BGH eingelegt.

Die bisherigen Instanzen sahen das Digitalisieren und Wiedergeben von der Schranke des § 52b UrhG aF, die Art. 5 III lit. n) InfoSoc in nationales Recht umsetzte, gedeckt. Das Unionsrecht ermöglichte den Mitgliedstaaten seit 2001 in Form von Art. 5 III lit. n) InfoSoc Ausnahmen oder Beschränkungen für die Nutzung von Werken und sonstigen Schutzgegenständen, für die keine Regelungen über Verkauf und Lizenzen gelten und die sich in den Sammlungen der Einrichtungen gemäß Art. 5 II lit. c) InfoSoc befinden, durch ihre Wiedergabe oder Zugänglichmachung für einzelne Mitglieder der Öffentlichkeit zu Zwecken der Forschung und privater Studien auf eigens hierfür eingerichteten Terminals in den Räumlichkeiten der genannten Einrichtungen vorzusehen. Von dieser Möglichkeit machte der deutsche Gesetzgeber im Rahmen des „Zweiten Korbs" mit Wirkung vom 01.01.2008 Gebrauch. Mittels des Zweiten Gesetzes zur Regelung des Urheberrechts in der Informationsgesellschaft wollte der Gesetzgeber das Urheberrecht an die Bedürfnisse seiner Zeit anpassen und die Schranken modernisieren, sodass sie „die Nutzung von Werken insbesondere in neuen digitalen Techniken ermöglichen."[1051] In dem Zusammenhang wurde § 52b UrhG aF eingeführt.[1052] Der

---

1049 LG Frankfurt a.M. GRUR-RR 2009, 330, 331 f. – Elektronische Leseplätze.

1050 OLG Frankfurt a.M. GRUR-RR 2010, 1, 2 ff. – Elektronische Leseplätze.

1051 BT-Drs. 16/5939, S. 1.

1052 BGBl. I 2007, 2513.

Gesetzgeber hatte sich entschlossen, die optionale Schranke des Art. 5 III lit. n) InfoSoc umzusetzen, um dem Bildungsauftrag von Bibliotheken, Museen und Archiven Rechnung zu tragen sowie die Medienkompetenz der Bevölkerung zu fördern.[1053] Die nationale Schrankenregelung besagte seitdem, dass es zulässig sei, veröffentliche Werke aus dem Bestand öffentlich zugänglicher Bibliotheken, Museen oder Archive, die keinen unmittelbar oder mittelbar wirtschaftlichen oder Erwerbszweck verfolgen, ausschließlich in den Räumen der jeweiligen Einrichtung an eigens dafür eingerichteten elektronischen Leseplätzen zur Forschung und für private Studien zugänglich zu machen, soweit dem keine vertraglichen Regelungen entgegenstehen.

Im vorliegenden Fall waren in Bezug auf diese Schranke drei Rechtsfragen strittig. Erstens ist in § 52b UrhG aF nicht geregelt gewesen, ob Annexvervielfältigungen ebenfalls privilegiert sind. Dürfen die Bibliotheken digitale Fassungen erstellen, um die Nutzung an elektronischen Leseplätzen zu ermöglichen? Dabei würde das Vervielfältigungsrecht zum Zweck der Zugänglichmachung beschränkt werden, nicht jedoch die von § 52b UrhG aF erlaubte Zugänglichmachung selbst. Die Zulässigkeit der Erstellung digitaler Kopien, die der privilegierten Nutzung vorausgehen, war höchst umstritten.[1054] Jedoch sind alle diesbezüglichen Rechtsfragen durch die Einführung von § 60e I UrhG abschließend beantwortet worden. Die reformierte Schranke erlaubt Annexvervielfältigungen ausdrücklich.[1055] Das UrhWissG geht teilweise über die alten Regelungen hinaus, zumindest konkretisiert es sie aber. Daher ist auf die diesbezüglichen Rechtsfragen nicht weiter einzugehen.

Eine Erkenntnis zum Gesetzesvorbehalt kann hier dennoch gewonnen werden. Einerseits kann der abschließende Charakter von konkretisierenden Einzelregelungen in Kombination mit dem Vorrang des Gesetzes als eine Schwäche der althergebrachten Gesetzestechnik gesehen werden. Es werden verfassungskonforme oder weite Auslegungen im Ausnahmefall sowie Analogiebildungen erheblich erschwert. So werden die Flexibilität und Entwicklungsoffenheit des Gesetzes eingeschränkt. Jedoch liegt darin zugleich eine Stärke begründet. Anders als bei Generalklauseln oder vertraglichen Vereinbarungen können mit vorrangigen und abschließenden Einzelregelungen juristische Diskussionen und Streitigkeiten nachhaltig befriedet werden. Rechtspolitische Streitgespräche über die vorzugswürdigste Rechtslage verstummen nie, aber ansonsten besteht Rechtssicherheit, weil eine abschließende Klärung durch die Gesetzesreform im Wege der

---

1053 BT-Drs. 16/1828, S. 26.

1054 Für eine Zulässigkeit *Berger*, GRUR 2007, 754, 756; *Dreier*, in: *Dreier/Schulze*, UrhG, 5. Auflage, § 52b, Rn. 14 f.; *Dustmann*, in: *Fromm/Nordemann*, UrhR, 11. Auflage, § 52b, Rn. 10; *Jani*, in: *Wandtke/Bullinger*, UrhR, 4. Auflage, § 52b, Rn. 19; vgl. auch BT-Drs. 16/5939, S. 44; a.A. *Heckmann*, K&R 2008, 284, 287.

1055 *Jani*, in: *Wandtke/Bullinger*, UrhR, § 60e, f, Rn. 10, 16.

Konkretisierung erzielt worden ist. Die Erledigung der Diskussion um die Zulässigkeit von Annexvervielfältigungen ist ein treffendes Beispiel dafür. Gerichte müssen sich nicht mit der Frage beschäftigen, ob der Gesetzgeber mit dem Erlass einer Generalnorm oder ob die Vertragsparteien mit ihren allgemeinen Vertragsregelungen im Einzelfall konkret gewollten haben, dass vorbereitende Vervielfältigungshandlungen zulässig sind. Nur vorrangige Einzeltatbestände können diese nachhaltige Abschlusswirkung erzielen.

Zweitens war im Rechtsstreit strittig, ob das Zugänglichmachen an den elektronischen Leseplätzen nur ein reines Leserecht gewährt oder ob darüber hinaus die Möglichkeit für den Nutzer besteht, Anschlussvervielfältigungen herzustellen. Darf er das Gelesene auf Papier ausdrucken oder gar auf einem USB-Stick abspeichern? Dann würde die Gefahr bestehen, dass die tatbestandlichen Begrenzungen wie die Nutzung „ausschließlich in den Räumen der jeweiligen Einrichtung“ unterlaufen werden. Diese Frage war höchst umstritten.[1056] Da später auf die Anschlussvervielfältigungen noch einmal eingegangen werden soll, werden die gerichtlichen Ausführungen dazu hier mitvorgestellt.

Insbesondere interessiert allerdings das dritte Problem. Die Schranke enthielt das Tatbestandsmerkmal, dass keine vertraglichen Regelungen der Schrankenprivilegierung entgegenstehen dürfen. Das lässt sich auf Art. 5 III lit. n) InfoSoc zurückführen, der die Schrankeneinführung auf Werke begrenzt, für die keine Regelungen über Verkauf und Lizenzen gelten. Ungeachtet der europarechtlichen Vorgabe nahm der deutsche Gesetzgeber selbst ebenso das Bedürfnis nach einer Schrankenregelung hinsichtlich Werken, über deren Nutzung in digitaler Form vertragliche Vereinbarungen getroffen worden sind, nicht an, weshalb sich die zulässige Nutzung hier ausschließlich nach dem Vertrag richten sollte.[1057] Demgemäß ist das Tatbestandsmerkmal der entgegenstehenden vertraglichen Vereinbarung eingeführt worden, um dem Bedürfnis der Rechteinhaber Rechnung zu tragen, primär den Zugang auf vertraglichem Weg gewähren zu können und dabei Vergütungsabsprachen zu vereinbaren. Spätestens wenn die privilegierte Einrichtung mit dem Rechtsinhaber des infrage stehenden Werks eine vertragliche Vereinbarung über die Nutzung getroffen hatte, war die Schrankenregelung des § 52b UrhG aF nicht anzuwenden. In Rahmen dieser Schranke galt somit ein Vorbehalt

---

1056 Gegen die Zulässigkeit eines Ausdrucks oder eines Abspeicherns *Dreier*, in: *Dreier/Schulze*, UrhG, 4. Auflage, § 52b, Rn. 10; *Loewenheim*, GRUR 2014, 1057, 1059 f.; *Schöwerling*, ZUM 2009, 665, 666 f.; *Spindler*, GRUR 2002, 105, 114; für die Zulässigkeit von beidem *Dustmann*, in: *Fromm/Nordemann*, UrhR, 11. Auflage, § 52b, Rn. 10a; *Kianfar*, GRUR 2012, 691, 694; für die Zulässigkeit eines Ausdrucks, aber gegen die Zulässigkeit der Speicherung auf einem digitalen Träger *Jani*, in: *Wandtke/Bullinger*, UrhR, 4. Auflage, § 52b, Rn. 26; *ders.*, GRUR-Prax 2010, 27, 29; *Steinbeck*, NJW 2010, 2852, 2855.

1057 BT-Drs. 16/1828, S. 26.

des Vertrags. Dieser ist in Verbindung mit der privilegierten Nutzung, der öffentlichen Zugänglichmachung an Terminals, zu sehen. Die Möglichkeit, Werke auf diese Weise in Bibliotheken zu nutzen, war eine technisch neue Entwicklung, welche die wirtschaftliche Verwertung der Werke nicht unzumutbar tangieren sollte. In dem Zusammenhang ist der Vorbehalt des Vertrags zu verstehen. Er ist eine rechtliche Antwort zur Berücksichtigung wirtschaftlicher Interessen der Rechteinhaber angesichts von technologischen Entwicklung, deren Nutzungsumfang die Gefahr beinhaltet, ihre Interessen nachhaltig zu gefährden, jedenfalls über die Möglichkeiten der analogen Welt hinaus. Vertragsvorbehalte dienen dem Schutz der Verwerter vor einer unverhältnismäßigen Beeinträchtigung ihres Primärmarkts durch Schrankenerlaubnisse, also der ökonomischen Interessensicherung in einer digitalisierten Welt.

Der „Zweite Korb“ inklusive § 52b UrhG aF ist als ein historischer Schritt des Gesetzgebers anzusehen.[1058] Im Vorbehalt manifestiert sich die im Zug des technischen Fortschritts sukzessive entwickelte gesetzgeberische Geisteshaltung, die bisherige Ausgestaltung der Schranken als Ergebnis der vordergründigen Abwägung von Kreativen- und Allgemeininteressen aufzugeben und die Interessen der Verwerter in Reaktion auf die technische Entwicklung hin zur Digitalisierung soweit mitzuberücksichtigen, dass zu ihren Gunsten sogar die Schrankenanwendung ausgeschlossen werden kann: Mit § 52b UrhG aF sah das deutsche Urheberrechtsgesetz am 01.01.2008 folglich erstmalig einen Vertragsvorbehalt vor, um dem Bedürfnis der Verwerter nachzukommen, Nutzungen vertraglich erlauben zu können. Obgleich das Unionsrecht den Vorbehalt vorschreibt, war die Schrankenbestimmung optional und ihre Einführung beruhte damit auf einer freiwilligen Entscheidung des deutschen Gesetzgebers. Selbst wenn der Gesetzgeber bei vorigen Reformen Interessen der Verwerter beispielsweise im Rahmen der ökonomischen Auswirkungen einer Schranke im Rahmen ihrer Marktrelevanz mitbedacht hat, stellt diese Priorisierung eine neue Entwicklungsstufe dar, die ein Ergebnis der ausufernden Nutzungsmöglichkeiten und damit verbundener Eingriffe in die wirtschaftliche Verwertung infolge technologischer Entwicklung ist. Die Neuartigkeit der Regelung zeigt sich insbesondere mit Blick auf die Vergütung. Zuvor gab es keine gesetzliche Bestimmung, nach der Verwerter für gesetzlich erlaubte Nutzungen eine Vergütungszahlung erhielten. Die Vergütungsansprüche waren den Urhebern zugeordnet. Eine gesetzliche Regelung zur Beteiligung der Verwerter

1058 Das Verständnis der Bedeutung von § 52b UrhG aF für das Recht der Schranken wird in seinem Ausmaß erst in einer Zusammenschau mit dem zeitgleich eingeführten § 53a UrhG aF ersichtlich. Dieser sieht über den Vertragsvorbehalt hinaus einen Vorbehalt des Angebots vor. Dadurch kommen die Zielsetzungen des § 52b UrhG aF noch deutlicher zum Vorschein. Auf den Angebotsvorbehalt soll indes erst nach der Darstellung der erstmaligen Einführung eines Vertragsvorbehalts eingegangen werden.

daran existierte nicht. Die durch § 52b UrhG aF eröffnete Möglichkeit der Lizenzierung gesetzlich erlaubter Nutzungen ebnete den Weg für die Verwerter, durch Vergütungsabreden Einnahmen für gesetzlich erlaubte Nutzungen erzielen zu können. Aufgrund dieser gravierenden Veränderung des Wesens der Schranken ist die Reform des „Zweiten Korbs" oben als historisch für das Recht der Schranken bezeichnet worden.

Allerdings hielt sich die Gesetzesbegründung zu diesem wegweisenden Momentum und seinen Hintergründen bedeckt. Darin hieß es zum Vorbehalt lediglich: „§ 52b gilt nicht für solche Werke, für die vertragliche Vereinbarungen über eine Nutzung in digitaler Form getroffen wurden. Die zulässige Nutzung richtet sich hier ausschließlich nach dem Vertrag."[1059] Darüber hinausgehende Erläuterungen fehlen. § 52b UrhG aF war demnach indessen unstrittig dispositiv. Der intensiv geführte Streit über die Tatbestandsauslegung bezog sich auf die Frage, ob ein solcher Vertrag tatsächlich abgeschlossen sein musste[1060] oder ob ein bloßes Angebot zu angemessenen Bedingungen ausreichte[1061].

Weil § 52b UrhG aF auf Art. 5 III lit. n) InfoSoc beruhte, legte der BGH dem EuGH zu jedem der drei aufgezeigten Probleme eine Frage zur Vorabentscheidung vor.[1062] In der Begründung wurde eine eigene Auffassung zum Ausdruck gebracht. Vor allem mit Blick auf Erwägungsgrund 45 InfoSoc, nach dem Ausnahmen und Beschränkungen vertraglichen Beziehungen zur Sicherstellung eines gerechten Ausgleichs für die Rechtsinhaber nicht entgegenstehen sollen, tendierte der Gerichtshof dazu, bereits Vertragsangebote als entgegenstehende Regelungen auszulegen.[1063] Der BGH war demzufolge bestrebt, den ökonomischen Verwerterinteressen in einem Umfang Geltung zu verschaffen, wie er durch den Gesetzeswortlaut und in der Gesetzesbegründung[1064] nicht explizit zum Ausdruck kommt. Weiterhin betrachtete er Ausdrucke im Gegensatz zum Abspeichern auf USB-Sticks als zulässig, weil das wissenschaftliche Arbeiten mit Texten kein Abspeichern voraussetze, aber schon, dass man bestimmte Passagen markiere und mit Anmerkungen versehe sowie sie aus der Bibliothek mitnehme.[1065]

1059 BT-Drs. 16/1828, S. 26.

1060 Dafür *Dustmann*, in: *Fromm/Nordemann*, UrhR, 11. Auflage, § 52b, Rn. 11; *Heckmann*, CR 2009, 538, 539; *Hoeren*, MMR 2007, 615, 617; *Hoeren/Neubauer*, ZUM 2012, 636, 639; *Jani*, in: *Wandtke/Bullinger*, UrhR, 4. Auflage, § 52b, Rn. 27; *Langhoff/Oberndörfer/Jani*, ZUM 2007, 593, 597; *Schöwerling*, ZUM 2009, 665, 665 f.

1061 Dafür wiederum *Berger*, GRUR 2007, 754, 756, 759 f.; *Dreier*, in: *Dreier/Schulze*, UrhG, 4. Auflage, § 52b, Rn. 12; *Spindler*, in: *Hilty/Drexl/Nordemann*, FS Loewenheim, S. 287, 289 f.

1062 BGH GRUR 2013, 503 – Elektronische Leseplätze mit Anmerkung *Hartmann* GRUR 2013, 507.

1063 BGH GRUR 2013, 503, 504 f., Rn. 11 ff. – Elektronische Leseplätze.

1064 Vgl. BT-Drs. 16/1828, S. 25 f.

1065 BGH GRUR 2013, 503, 508 – Elektronische Leseplätze.

b) Die EuGH-Entscheidung „TU Darmstadt/Ulmer"

Der EuGH entschied dahingegen, dass ein bloßes Vertragsangebot nicht ausreichend sein könne, um die Schrankenregelung des Art. 5 III lit. n) InfoSoc auszuschließen, vielmehr müsse ein Vertrag tatsächlich geschlossen worden sein.[1066] Mit der Fragestellung hat sich der Gerichtshof ausführlich beschäftigt und mehrere Argumente dafür angeführt. Zunächst wurden verschiedene Sprachfassungen mit dem Ergebnis, dass der Unionsgesetzgeber dem Wortlaut nach tatsächlich vereinbarte Vertragsklauseln gemeint habe, verglichen.[1067] Eine andere Auslegung würde daneben dem Zweck der Vorschrift widersprechen. Dieser bestehe wie im Übrigen die grundlegende Zweckbestimmung von öffentlichen Bibliotheken im Allgemeininteresse an der Förderung der Forschung und privater Studien durch die Verbreitung von Kenntnissen.[1068] Wenn ein Angebot vorrangig wäre, könnte „der Rechtsinhaber durch einseitige und letztlich in seinem Belieben stehende Handlung der betroffenen Einrichtung das Recht nehmen (...), diese Beschränkung in Anspruch zu nehmen," und damit die Möglichkeit, ihrer grundlegenden Zweckbestimmung sowie dem Allgemeininteresse gerecht zu werden.[1069] Erwägungsgrund 45 InfoSoc lege gleichfalls kein anderes Ergebnis nahe, weil er sich nicht auf bloße Vertrags- oder Lizenzangebote beziehe.[1070] Ein Vorrang dieser würde der Vorschrift einen großen Teil ihres Anwendungsbereichs oder sogar ihre praktische Wirksamkeit nehmen, weil sie sich dann nur noch auf die immer seltener werdenden Werke beziehe, für die auf dem Markt noch keine elektronische Fassung angeboten werde.[1071]

In Bezug auf die Anschlusskopie entschied der EuGH, dass diese nicht von Art. 5 III lit. n) InfoSoc gedeckt sei, weil nur Handlungen der Wiedergabe nach Art. 3 InfoSoc und nicht der Vervielfältigung nach Art. 2 InfoSoc erfasst seien.[1072] Jedoch hat er den Mitgliedstaaten die Möglichkeit der Kombination von Schrankenregelungen aufgezeigt. Eine Schrankenkette zugunsten einer Vervielfältigung auf analogen oder digitalen Datenträgern komme in Betracht, wenn die Voraussetzungen der nationalen Umsetzungen von Art. 5 II lit. a) oder b) InfoSoc, insbesondere der gerechte Ausgleich, erfüllt seien.[1073]

1066 EuGH GRUR 2014, 1078, 1080, Rn. 35 – TU Darmstadt/Ulmer.
1067 EuGH GRUR 2014, 1078, 1079, Rn. 26 – TU Darmstadt/Ulmer.
1068 EuGH GRUR 2014, 1078, 1079, Rn. 27 – TU Darmstadt/Ulmer.
1069 EuGH GRUR 2014, 1078, 1079, Rn. 28 – TU Darmstadt/Ulmer.
1070 EuGH GRUR 2014, 1078, 1079, Rn. 30 – TU Darmstadt/Ulmer.
1071 EuGH GRUR 2014, 1078, 1079, Rn. 32 – TU Darmstadt/Ulmer.
1072 EuGH GRUR 2014, 1078, 1081, Rn. 51 f. – TU Darmstadt/Ulmer.
1073 EuGH GRUR 2014, 1078, 1081, Rn. 55 – TU Darmstadt/Ulmer.

c) Die BGH-Entscheidung „Elektronische Leseplätze II“

Abgesehen vom Interpretationsspielraum bezüglich der Anschlusskopien hat der EuGH die wesentlichen Streitfragen geklärt. Wenig überraschend hat der BGH daher angenommen, dass vertragliche Regelungen im Sinn von § 52b S. 1 UrhG aF, die einem Zugänglichmachen von Werken an elektronischen Leseplätzen entgegenstehen, allein Regelungen in bestehenden Verträgen seien und keine Regelungen in bloßen Vertragsangeboten.[1074] Infolgedessen sei es unerheblich für die Anwendbarkeit der Schrankenregelung, ob dem Schrankenprivilegierten vor oder nach der Nutzung ein Angebot vorlag oder ob es angemessen war. Nur Verträge, dagegen keine bloßen Vertragsangebote hätten im Rahmen von § 52b UrhG aF Vorrang vor dem Gesetz. Das ergäbe sich „jedenfalls aus der gebotenen richtlinienkonformen Auslegung“[1075]. Ein weiteres Argument neben der Notwendigkeit der gebotenen richtlinienkonformen Auslegung nennt der BGH nicht. Das erweckt den Eindruck, dass das Gericht von der Auslegung des EuGH nicht überzeugt war. Eine dem Ergebnis zustimmende Aussage findet sich jedenfalls im Urteil nicht wieder. Hierbei zeigt sich, dass der BGH bereit war, Vorbehalte in Schrankenbestimmungen in noch weiterer Form anzuerkennen.

Bezüglich der Anschlusskopie hat der BGH entschieden, dass es sich bei §§ 52b, 53 UrhG aF um jeweils eigenständige Regelungen, die unterschiedliche Nutzungshandlungen und Nutzerkreise umfassen, handeln würde.[1076] Daher sind sie unabhängig voneinander, nach- oder nebeneinander anwendbar.

d) Ergebnis

Das UrhWissG kennt heutzutage, wie später darzulegen sein wird, wie das UrhG seit 2008 Vertragsvorbehalte. Vor Einführung des UrhWissG war ein solcher indes nur in § 52b UrhG aF vorgesehen. Weil das heutige Gesetz ebenso Vorbehalte beinhaltet, sollen ihre Vor- und Nachteile an späterer Stelle diskutiert werden, wenn sich mit der aktuellen Rechtslage auseinandergesetzt wird. Doch der unionsrechtliche Hintergrund der Norm und ihre rechtstatsächlichen Hintergründe sollten dafür in Erinnerung behalten werden. Entscheidend für seine Bewertung sind die dargestellten Gründe des Schutzes der Verwerter, die seine Einführung gerechtfertigt haben. Hier offenbart sich als Antwort auf die wirtschaftlichen Herausforderungen der Digitalisierung und Technologisierung eine neue Priorisierung von Interessen im Recht der Schranken. Letztlich ist die aktuelle Rechtslage stets das Ergebnis einer in der Vergangenheit begonnenen Entwicklung.

1074 BGH GRUR 2015, 1101, 1102 f., Rn. 20 ff. – Elektronische Leseplätze II; kritische Anmerkung zum Vorrang des Lizenzvertrags *Wandtke*, ZUM 2015, 890, 890.

1075 BGH GRUR 2015, 1101, 1102, Rn. 20 – Elektronische Leseplätze II.

1076 BGH GRUR 2015, 1101, 1104, Rn. 41 – Elektronische Leseplätze II.

Darüber hinaus sind die Argumente des EuGH und BGH zur Frage, ob es sich bei der Vorschrift um einen Vorbehalt des Angebots handelt, wesentlich für die folgende Betrachtung der Bedeutung der Angebote im UrhG vor Einführung des UrhWissG. Dieser soll sich nun zugewendet werden.

2. Vorrang des Angebots

Aus der genannten Rechtsprechung kann nämlich nicht geschlussfolgert werden, dass nach der alten Rechtslage wenn dann nur tatsächlich geschlossene Verträge Vorrang vor dem Gesetz hatten. Manche Schrankenregelungen wurden gar als nachrangig zu bloßen Vertragsangeboten angesehen. Diese sollen im Folgenden eingehend betrachtet werden.

a) § 53a UrhG aF

Zunächst ist an den Kopienversand auf Bestellung zu erinnern, der früher in § 53a UrhG aF geregelt war. Unionsrechtlich beruhte die Schranke bezüglich der analogen Kopie auf der Auffangregelung des Art. 5 III lit. o) InfoSoc und bezüglich der elektronischen Kopie auf Art. 5 III lit. a) InfoSoc, sodass sich aus der Richtlinie keine weiteren Vorgaben in Bezug auf das Verhältnis zwischen Vertrag und Gesetz ergaben. Die diesbezügliche Regelung beruhte somit auf einer nationalen Entscheidung. Seine Entstehungsgeschichte beginnt jedoch schon mit einem BGH-Urteil aus dem Jahr 1999. Der Bundesgerichtshof hat den Kopienversand durch Bibliotheken per Post und Telefax, also analog, grundsätzlich für zulässig erachtet, sofern der Besteller sich auf § 53 UrhG aF berufen konnte und wenn der Versand auf Einzelbestellung erfolgte.[1077] Dieses Urteil wurde durch den Gesetzgeber umgesetzt, wobei über die Gerichtsentscheidung hinaus die Frage nach der Zulässigkeit des elektronischen Kopienversands mitgeregelt worden ist. Dabei stellte sich das Problem, wie eine sachgerechte Lösung gefunden werden kann, wenn die Gedanken der analogen Welt nicht mehr auf die Techniken der Moderne übertragbar sind. Analoge Kopien ersetzen nicht das Werk, sie sind nicht dauerhaft speicherbar und ohne Qualitätsverlust versendbar. Daher hat der Gesetzgeber kumulative Voraussetzungen eingeführt, in deren Grenzen die Übermittlung der Kopien in elektronischer Form nur zulässig war, soweit diese funktional an die Stelle der Einzelübermittlung in körperlicher Form trat.[1078] Neben den Voraussetzungen in § 53a I 2 UrhG aF mussten ebenfalls jene des § 53a I 3 UrhG aF vorliegen. Dieser Satz besagte, dass die Vervielfältigung und Übermittlung in sonstiger elektronischer Form ferner nur dann zulässig ist, wenn der Zugang den Mitgliedern der Öffentlichkeit nicht offensichtlich von Orten und zu Zeiten ihrer Wahl mittels einer vertraglichen Vereinbarung zu angemessenen Bedingungen ermöglicht wird.

1077 BGH GRUR 1999, 707, 709 f. – Kopienversanddienst.
1078 BT-Drs. 16/1828, S. 27.

Im Ergebnis schaden digitale Kopien den Verwerterinteressen mehr, weshalb der Gesetzgeber bemüht war, ihr Herstellung auf gesetzlicher Grundlage zu begrenzen. Würde die Berufung auf eine Schranke möglich sein, obwohl vertragliche Zugangsmöglichkeiten bestehen, würde die Primärverwertung durch die Verlage massiv beeinträchtigt werden, was diesen nicht zumutbar sei.[1079] Die Einführung des Tatbestandsmerkmals der Ermöglichung des Zugangs mittels vertraglicher Vereinbarung diente folglich der Berücksichtigung ihrer Interessen.

Dass einem der Zugang ermöglicht wird, bedeutet bereits sprachlich nicht, dass er einem vorangehend vertraglich gewährt worden ist. Zutreffend kann dieses Tatbestandsmerkmal nur als ein Vorbehalt verlagsseitiger Onlineangebote ausgelegt werden.[1080] Anders als bei § 52b UrhG aF kommt es somit auf einen tatsächlichen Vertragsschluss nicht an. Der Grund liegt darin, dass der Gesetzgeber zum Schutz der Interessen der Verlage eine massive Beeinträchtigung ihrer Primärverwertung vermeiden wollte.[1081] Obwohl die Subsidiaritätsklausel teilweise als unverhältnismäßige Belastung der Nutzer kritisiert worden ist,[1082] fürchtete der Gesetzgeber, dass andernfalls keine ausgewogene Interessenlage erzielt werden könne. Die vielfältig im Internet verfügbaren, in Datenbanken eingestellten Angebote, insbesondere der großen wissenschaftlichen Verlage, sollten geschützt und gefördert werden.[1083] Die Gesetzeslage müsse die eigenständige Vermarktung im Onlinebereich ermöglichen. Dazu werden technische Schutzvorrichtungen genutzt. Diese würden umgangen werden können, wenn dem Nutzer statt des Vertragsschlusses die Option offen stünde, das Werk bei einer Bibliothek in elektronischer Form zu bestellen.[1084] Daher sei die Schranken-Schranke eine enger fassende Regelung iSv Art. 6 IV UAbs. 4 InfoSoc.[1085] Selbst ein Vertragsvorbehalt würde dieses Problem nicht lösen, weil der Nutzer es sonst einseitig in der Hand hätte, das Angebot ungeachtet seiner Angemessenheit nicht anzunehmen.

§ 53a UrhG aF ist ebenso wie § 52b UrhG aF im Rahmen der „Zweiten Korbs“ mit Wirkung zum 01.01.2008 eingeführt worden. Damit fand wie soeben dargestellt erstmalig eine unter einem Vorbehalt des Angebots stehende Schranke Einzug in das UrhG. Die gleichen Motive, die dem Vertragsvorbehalt zugrunde lagen, kommen hierbei pointiert zum Ausdruck. Wie dargelegt bekannte sich der Gesetzgeber

---

1079 BT-Drs. 16/1828, S. 27.

1080 *Jani*, in: *Wandtke/Bullinger*, UrhR, 4. Auflage, § 53a, Rn. 30; *Pflüger/Heeg*, ZUM 2008, 649, 652 f.

1081 BT-Drs. 16/1828, S. 27.

1082 So *Sandberger*, ZUM 2006, 818, 827.

1083 BT-Drs. 16/5939, S. 45.

1084 BT-Drs. 16/5939, S. 45.

1085 *Nordemann-Schiffel*, in: *Fromm/Nordemann*, UrhR, 11. Auflage, § 53a, Rn. 16. *Hilty*, GRUR Int. 2006, 179, 186 f. zeigt deutlich das mit technischen Schutzmaßnahmen im Zusammenhang stehende Missbrauchspotential für Verwerter auf.

in Bezug auf § 53a UrhG aF nun ausdrücklich zum Ziel des Verwerterschutzes, genauer formuliert zum Schutz der Verleger. Das im Rahmen von § 52b UrhG aF fehlende explizite Bekenntnis des Gesetzgebers zur Priorisierung ökonomischer Verwerterinteressen findet sich nunmehr in der Begründung des § 53a UrhG aF wieder. Von besonderer Bedeutung ist die Begründung von § 53a UrhG aF darüber hinaus deswegen, weil der Gesetzgeber zur Begründung dieser Wertung hier deutlich die technische Entwicklung in den Vordergrund stellt, auf die der Vorbehalt eine Antwort finden möchte. Faktische Unterschiede der digitalen Welt gegenüber der analogen erfordern rechtliche Reaktionen im Recht der digitalen Welt gegenüber dem der analogen. Die zugrundeliegenden Vorstellungen sind nicht immer übertragbar. Die digitale Kopie stellt die Rechteinhaber vor größere ökonomische Herausforderungen als die analoge, die aufgrund ihrer technischen Unzulänglichkeiten die Interessen viel weniger beeinträchtigt. Die durch den Vorbehalt des Vertrags und des Angebots jeweils ausgedrückte Wertung ist demnach eine rechtliche Antwort auf die wirtschaftlichen Bedürfnisse der Verwerter angesichts der Herausforderungen des technologischen Fortschritts. Weil die Motivation jeweils identisch ist, konnte § 52b UrhG aF in Zusammenschau mit § 53a UrhG aF oben als historische Veränderung bezeichnet werden.

b) § 52a UrhG aF

Neben den Bibliotheken stellt noch eine große weitere Gruppe an Institutionen ihr Angebot verstärkt auf digitale Produkte um, nämlich die Bildungs- und Forschungseinrichtungen. Für die Nutzung im Unterricht und im Rahmen von Wissenschaft und Forschung ist der schnelle, einfache und kostengünstige – nicht notwendig kostenlose – Zugang zu urheberrechtlich geschützten Werken ein wichtiges Desiderat für eine wissensbestimmte Gesellschaft.[1086] Moderner Unterricht ist ohne einen freien und digitalen Zugang nicht mehr vorstellbar.[1087] Hier stellt sich erneut die Frage, wie dieser methodisch gewährleistet werden soll. Entweder wird der Nutzer auf die Regeln des Markts verwiesen und versucht so vertraglichen Zugang zu erwerben oder auf die gesetzlichen Regeln, die gesetzliche Vergütungsansprüche im Regelfall vorsehen. Nach alter Rechtslage war es Schulen, Hochschulen, nichtgewerblichen Einrichtungen der Aus- und Weiterbildung und Einrichtungen der Berufsbildung möglich gewesen, gewisse Teile von Werken zu nicht kommerziellen Zwecken öffentlich zugänglich zu machen. Nach § 52a I Nr. 1 und 2 UrhG aF war das nur soweit zulässig gewesen, wie dies zu dem jeweiligen Zweck geboten war.

1086 *Grünberger*, GRUR 2017, 1, 2.

1087 Treffend die Stellungnahme *Fachausschuss für Urheber- und Verlagsrecht der GRUR*, GRUR 2009, 135, 139: „Beim Unterricht geht es vornehmlich um den Zugang zu einer Vielzahl von Arten fremder Werke und um deren Nutzung im Rahmen des Unterrichts.“.

Die Fernuniversität Hagen hatte vom Wintersemester 2008/2009 bis einschließlich des Sommersemesters 2010 Teile des Sprachwerks „Meilensteine der Psychologie“ für ihre Studierende zugänglich gemacht. Der alle Nutzungsrechte innehabende Verlag hat der Fernuniversität ein Angebot zum Abschluss eines Lizenzvertrags vorgelegt. Gegen Zahlung einer Vergütung wäre sie danach berechtigt gewesen, registrierten Nutzern die Beiträge elektronisch zur Verfügung zu stellen. Das Angebot wurde indes abgelehnt. Ob die Universität zur dennoch erfolgten Nutzung berechtigt war, richtete sich danach, ob sie sich auf § 52a UrhG aF berufen konnte. Das wiederum war abhängig von der Frage, wie man das Tatbestandsmerkmal der Gebotenheit auslegt. Diese Frage war seit der Gesetzeseinführung heftig umstritten gewesen. Nach manchen Stimmen fehle es schon dann an einer Gebotenheit, wenn der jeweilige Werkinhalt über kostenpflichtige Online-Datenbanken des Verlags verfügbar sei.[1088] Andere versperrten sich einer pauschalisierten Wertung und forderten eine Prüfung der Schranke im Einzelfall am Maßstab des Drei-Stufen-Tests.[1089]

Bezüglich des dargelegten Sachverhalts hat der BGH höchstrichterlich entschieden. Seiner Meinung nach sei eine digitale Informationsvermittlung nicht mehr auf gesetzlicher Grundlage zulässig, wenn der Rechtsinhaber die Werke oder Werkteile in digitaler Form für die Nutzung im Netz der jeweiligen Einrichtung zu angemessenen Bedingungen anbiete.[1090] Dabei stützte er sich auf eine ansonsten bestehende „ungebührliche Verletzung berechtigter Interessen des Rechtsinhabers“[1091]. Wie bei den beiden zuvor vorgestellten Schrankenbestimmungen diente folglich ebenso diese Auslegung der Wahrung der Verwerterinteressen. Aufgrund der Angemessenheit sieht der BGH keine Gefahr, dass Rechteinhaber einseitig die Schrankenregelung aushebeln könnten.[1092]

Die Argumentation des Gerichts beruht lediglich auf der angenommenen Interessenabwägung, die nicht weiter erläutert wird. Der BGH nennt ansonsten keine

---

1088 *Berger*, GRUR 2010, 1058, 1064; OLG München ZUM-RD 2011, 603, 614 f.; a.A. *Dreier*, in: *Dreier/Schulze*, UrhG, 5. Auflage, § 52a, Rn. 12; *Dustmann*, in: *Fromm/Nordemann*, UrhR, 11. Auflage, § 52a, Rn. 15; *Pflüger*, ZUM 2012, 444, 451 f.; LG Frankfurt GRUR-RR 2011, 419, 422 f.

1089 *Jani*, GRUR-Prax 2012, 223, 224; *Lüft*, in: *Wandtke/Bullinger*, UrhR, 4. Auflage, § 52a, Rn. 10; *Rauer*, K&R 2012, 440, 442; *ders.*, GRUR-Prax 2012, 226 227. Der Gesetzgeber hingegen ist der Auffassung, dass die Schrankenbestimmungen bereits selbst den Anforderungen des Drei-Stufen-Tests genügen, BT-Drs. 15/38, S. 15, 40.

1090 BGH GRUR 2014, 549, 554, Rn. 57 f. – Meilensteine der Psychologie; im Anschluss an BGH GRUR 2013, 1220, 1224 ff., Rn. 39–59 – Gesamtvertrag Hochschul-Intranet; *Dreyer*, in: *Dreyer/Kotthoff*, UrhR, 3. Auflage, § 52a, Rn. 23; kritische Anmerkung *Stieper*, ZUM 2014, 532, 533.

1091 BGH GRUR 2014, 549, 554, Rn. 57 – Meilensteine der Psychologie.

1092 BGH GRUR 2014, 549, 554, Rn. 59 – Meilensteine der Psychologie.

Gründe, die sein Auslegungsergebnis nahelegen, sondern prüft nur, warum andere Argumentationsstränge nicht dagegensprechen. Einmal wendet er sich dabei gegen das systematische Argument, der Umkehrschluss zu den speziellen Einschränkungen in §§ 52b S. 1, 53a I 3 UrhG aF streite gegen seine Auffassung[1093] und zum zweiten gegen das Argument der Richtlinienvereinbarkeit.[1094] Seiner Meinung nach sind einschränkende Voraussetzungen, selbst wenn sie nicht in der Richtlinie vorgesehen sind, richtlinienkonform, obwohl die InfoSoc-RL die Ausnahmen und Beschränkungen in Bezug auf das Vervielfältigungsrecht und das Recht der öffentlichen Wiedergabe erschöpfend aufführt[1095]. Die Begründung des BGH ist, dass es sich angesichts der fakultativen Ausgestaltung der Richtlinienbestimmungen um eine hinter dem Zulässigen zurückbleibende Maßnahme handele.[1096] Nationale Maßnahmen dürfen nicht über die erschöpfenden Möglichkeiten der Richtlinie hinausgehen. Wenn es indessen statt des Maximums gleichfalls zulässig sei, gar keine Schranke einzuführen, müsse alles zwischen dem Maximum und keiner Schrankenbestimmung erst recht zulässig sein. So könne man der Möglichkeit gerecht werden, statt der Ausnahme eine Beschränkung einzuführen.[1097]

Mit der Begründung erkennt der BGH die Existenz eines zweiten Vorbehalts des Angebots im UrhG an. Diesen verordnete er in einer Norm, die bereits mit Wirkung vom 13.09.2003 im Rahmen des „Ersten Korbs“ eingeführt worden ist.[1098] Demgemäß ist § 52a UrhG aF die ältere Norm gegenüber §§ 52b, 53a UrhG aF. Diese sind dennoch als historisch wegweisend bezeichnet worden, weil das Wissen darum, dass sie einem Vorbehalt unterliegen, älter ist. Mit der Gesetzeseinführung war das 2008 bekannt, in Bezug auf § 52a UrhG aF erst mit dem Urteil des BGH aus dem Jahr 2013. Entscheidend am Urteil ist die dahinter stehende Motivation. Die vorgenommene Interessenabwägung entspricht derjenigen des Gesetzgebers zur Einführung von §§ 52b, 53a UrhG aF. Die zunehmende Berücksichtigung ökonomischer Interessen der Verwerter bildet sonach einen roten Faden ab, der das Recht der Schranken, ihr Verständnis und ihre Zielstellung vermehrt durchdringt. Gerichtliche Interpretationen und gesetzgeberische Reformen orientieren sich daran. Das kann später ebenfalls für das UrhWissG gezeigt werden. Hier knüpft die Entscheidung des BGH an die überall gegenwärtige Verfügbarkeit von Angeboten zu jedem Zeitpunkt an. Damit ist der Anknüpfungspunkt ein Umstand der

---

1093 BGH GRUR 2014, 549, 554, Rn. 59 – Meilensteine der Psychologie.

1094 BGH GRUR 2014, 549, 554 f., Rn. 60–62 – Meilensteine der Psychologie.

1095 Siehe Erwägungsgrund 32 S. 1 InfoSoc und die darauf gestützte Rechtsprechung EuGH GRUR 2017, 62, 63, Rn. 34 – Soulier und Doke; EuGH GRUR 2018, 911, 912, Rn. 16 – Renckhoff.

1096 BGH GRUR 2014, 549, 555, Rn. 61 – Meilensteine der Psychologie.

1097 BGH GRUR 2014, 549, 555, Rn. 61 – Meilensteine der Psychologie.

1098 BGBl. I 2003, 1774.

digitalisierten Welt. Neuerlich zeigt sich hier, dass die dargestellte Entwicklung eine Reaktion auf die Herausforderungen der technologisierten Neuzeit ist.

c) Ergebnis

Angetrieben von den dargestellten Motiven hat der historische Gesetzgeber mit § 53a UrhG aF einen Vorbehalt des Vertragsangebots im Gesetz vorgesehen und der BGH im Rahmen von § 52a UrhG aF einen solchen in ein Schrankentatbestandsmerkmal hineininterpretiert. Daneben war ein Vertragsvorbehalt in § 52b UrhG aF ausdrücklich vorgesehen. Er beruhte auf einer unionsrechtlichen Entscheidung, die der deutsche Gesetzgeber jedoch mittrug. In den genannten Vorschriften spiegelte sich das Verständnis der Schranken unter der Betonung ökonomischer Interessen der Verwerter wider. Ihre Gewichtung war eine rechtliche Reaktion auf technische Veränderungen. Umfangreiche Nutzungsmöglichkeiten sollen der Lizenzierung der Rechteinhaber unterliegen, die digital umfangreich Angebote unterbreiten können. Die Möglichkeit ungebunden an Ort und Zeit Lizenzen zu erwerben, ist eine moderne Folge des elektronischen Vertragsschlusses. Der Vorbehalt soll demnach eine rechtliche Antwort auf tatsächliche Veränderungen sein. Das trifft auf den Vorbehalt des Angebots genauso wie auf den des Vertrags zu. Alle drei Vorschriften dienten einer gleichen Zielstellung und waren damit Ausdruck einer gleichgelagerten Wertung. Das ging über die bisherige Auffassung der Schranken als Abwägungsergebnis von Urheber- und Allgemeininteressen hinaus und führte demzufolge zu einer neuartigen Tatbestandsausgestaltung. Die Veränderung bewirkte, dass die Anwendbarkeit von Schrankenregelungen damals unterschiedlich ausgestaltet war. Der grundsätzlichen Unabdingbarkeit, wie sie hier erst durch die Dogmatik und anschließend durch die Rechtsprechung zu § 53 UrhG aF bewiesen worden ist, stand schon vor Einführung des UrhWissG der Vorbehalt des Vertrags partiell entgegen. An noch strengere Voraussetzungen war die Anwendbarkeit der Schranken genknüpft, die unter einem Vorbehalt des Angebots gestellt worden waren. Diese Rechtsfigur ist mit dem UrhWissG aus dem UrhG gestrichen worden. Bevor zum Vertragsvorbehalt zurückgekehrt werden kann, soll diese politische Maßnahme einer Bewertung und Empfehlung an den Gesetzgeber zugeführt werden. Denn aufgrund der gleichförmigen Motivation ist sie im Zusammenhang mit dem Vertragsvorbehalt zu sehen.

3. Bewertung des Vorbehalts des Angebots

Das Urheberrechtsgesetz hat bereits vor Einführung des UrhWissG in einzelnen Bestimmungen bzw. die Rechtsprechung hat zu einzelnen Bestimmungen die Frage nach dem Vorrang des vertraglichen Lizenzmodells aufgegriffen und uneinheitlich beantwortet. Grundsätzlich wurden Schrankenregelungen als urheberrechtlich zwingend aufgefasst. Jedoch gab es davon Ausnahmen. Bezüglich mancher Privilegierungen waren tatsächlich geschlossene Vertrage, bezüglich anderer gar bloße Vertragsangebote vorrangig. Anders als der BGH meinte, sprach gegen einen Vorbehalt in der Schrankenregelung des § 52a UrhG aF, dass der Gesetzgeber einen solchen in anderen Schranken ausdrücklich vorgesehen hatte. Doch Diskussionen über die Auslegung der alten Rechtslage mithilfe von systematischen oder grammatikalischen Argumenten sind nach der Reform des UrhWissG obsolet geworden. Dagegen ist es immer noch sinnvoll, sich mit den allgemeinen Vor- und Nachteilen von vorrangigen Lizenzangeboten zu beschäftigen, obschon vorrangige Angebote dem aktuellen UrhWissG fremd sind. Doch die Einführung eines diesbezüglichen Vorbehalts ist rechtspolitisch vehement, insbesondere aus dem Kreis der Verleger, während des Gesetzgebungsverfahrens gefordert worden[1099] und wird wohl weiterhin Gegenstand ihrer Forderungen bleiben. Aufgrund der Befristung des UrhWissG nach § 142 II UrhG wird die Debatte mit aller Sicherheit spätestens 2023 wieder aufleben. Überdies zeigt der Blick über das UrhWissG hinaus auf das Unionsrecht, dass die Diskussion um den Vorbehalt des Angebots nie erloschen ist. Unbeschadet der Anordnung seiner Vertragsfestigkeit durch Art. 7 I DSM-RL gewährt Art. 5 II UAbs. 1 DSM-RL den Mitgliedstaaten ferner die Möglichkeit, die in Art. 5 I DSM-RL vorgesehene Privilegierung insgesamt oder für bestimmte Nutzungen oder für bestimmte Arten von Werken oder sonstige Schutzgegenstände – etwa vor allem für den Bildungsmarkt vorgesehenes Material oder Notenblätter – unter einem Angebotsvorbehalt einzuführen, vorausgesetzt dass auf dem Markt geeignete und den Bedürfnissen und Besonderheiten von Bildungseinrichtungen entsprechende Lizenzen leicht verfügbar sind. Dass die Lizenzen in angemessener Weise für die Bildungseinrichtungen verfügbar und auffindbar sind, müssen die Mitgliedstaaten in dem Fall nach Art. 5 II UAbs. 2 DSM-RL sicherstellen. Die Umsetzung der DSM-RL bürdet es dem deutschen Recht sonach aktuell auf, sich nach wie vor mit dem Vorbehalt des Angebots auseinander zu setzen. Demgemäß kann sich eine Betrachtung des Verhältnisses gesetzlicher Schrankenregelungen gegenüber Vereinbarungen nicht nur auf Verträge beschränken, sondern sollte im Weg des Exkurses überdies Vertragsangebote mit in den Blick nehmen und Stellung zu einem möglichen Vorbehalt des Angebots beziehen.

a) Unionsrechtliche Argumentation

Der Vorrang des Angebots soll zunächst aus europarechtlicher Perspektive bewertet werden. Damit ein Angebotsvorbehalt im nationalen Recht eingeführt werden

---

1099 Beispielsweise *Springer Nature*, Stellungnahme zum RefE, S. 2 sieht im Vorrang von Schrankenregelungen ein „erhebliches Investitionshemmnis" und fordert daher einen Vorrang von Lizenzangeboten, um „massive Marktverzerrungen" zu verhindern, denn selbst bei einem gesetzlich geregelten Vertragsvorrang würde „das bestehende und gut funktionierende Zugangsmodell für eBooks massiv geschädigt", S. 3. Die Verleger würden selbst unter der Gesetzesvoraussetzung aus Selbstschutzgründen gezwungen sein, die Wissenschaft störende technische Schutzmaßnahmen einzuführen, S. 3.

kann, muss er nämlich zunächst richtlinienkonform sein. Das war jeher nicht unumstritten. Denn die meisten Schranken der InfoSoc-RL sind zwar fakultativ, aber sie sind abschließend geregelt. Das führte zu der Frage nach dem Grad der Harmonisierung der Schranken. Die damalige Unsicherheit hatte die Frage nach der Reichweite der Optionsmöglichkeiten der Mitgliedstaaten aufgeworfen. Die Mitgliedstaaten dürfen im nationalen Recht nicht über das nach der Richtlinie Zulässige hinausgehen. Aber sind diese an die Ausgestaltung der Schranken in der in der Richtlinie vorgesehenen Art und Weise gebunden? Können die Voraussetzungen für die Inanspruchnahme der Nutzungserlaubnis nach Belieben verschärft werden? Jene Auffassung hat jedenfalls wie oben dargestellt der BGH vertreten. Er begründete seine Auslegung von § 52a UrhG aF und damit den Vorbehalt des Lizenzangebots wie folgt: „Angesichts der fakultativen Ausgestaltung der Bestimmungen und angesichts der Möglichkeit, eine Beschränkung statt einer Ausnahme einzuführen, ist eine hinter dem Zulässigen zurückbleibende Maßnahme hingegen richtlinienkonform."[1100]

In der Literatur teilten die meisten Stimmen ebenfalls die Ansicht, dass es mit den Vorgaben der InfoSoc-RL grundsätzlich vereinbar sei, wenn ein Mitgliedstaat die Privilegierung an strengere Voraussetzungen knüpft.[1101] Hauptsächliches Argument hierfür war die Angst vor Kompetenzverlusten der Mitgliedstaaten.[1102] Andernfalls würde deren Wahlfreiheit drauf beschränkt werden, ob sie eine Schranke im nationalen Recht vorsehen oder nicht. Die Entscheidung darüber, welche Sachverhalte im Einzelnen von der Privilegierung erfasst werden, bliebe dem EuGH vorbehalten. Es wurde teilweise kritisch gesehen, dass dem EuGH bei fakultativen Schranken mit weit gehaltenen Formulierungen die Aufgabe zufallen solle, generell-abstrakte Kriterien vorzugeben, die die Zulässigkeit der Schrankennutzung festlegen.[1103] Weiterhin wurde zu bedenken gegeben, dass Art. 5 InfoSoc eine Kompromisslösung darstelle, die ausweislich ihres 32. Erwägungsgrunds

1100 BGH MMR 2014, 616, 621, Rn. 61 – Meilensteine der Psychologie; BGH ZUM-RD 2014, 11, 18, Rn. 42 – Gesamtvertrag Hochschul-Intranet unter Hinweis auf die Schlussanträge der Generalanwältin *Eleanor Sharpston* vom 24. Januar 2013 in den verbundenen Rechtssachen C-457/11, C-458/11, C-459/11 und C-460/11, juris Rn. 37.

1101 Vgl. *Hilty*, GRUR 2005, 819, 819; *v. Lewinski/Walter*, in: *Walter/v. Lewinski*, European Copyright Law, Rn. 11.5.9; *Stieper*, ZGE 2012, 443, 447 f.; *Wandtke/König*, ZUM 2014, 921, 925 f.

1102 Vgl. *Stieper*, ZGE 2012, 443, 448.

1103 Eine vergleichbare Rechtslage bestand überdies im Markenrecht bezüglich des fakultativen Schutzes bekannter Marken nach Art. 5 II Richtlinie 2008/95/EG. Daher hält sich die Kritik an der Kompetenz des EuGH in Bezug auf fakultative Ausnahmebestimmungen über das Urheberrecht hinaus schon länger in der deutschen Immaterialgüterrechtswissenschaft, vgl. *Raue*, GRUR Int. 2012, 402, 404.

gerade „den unterschiedlichen Rechtstraditionen in den Mitgliedstaaten“ Rechnung tragen soll. Das sprach für nationale Handlungsspielräume.

Jedoch besagt ebendieser Erwägungsgrund ebenfalls, dass die Ausnahmen und Beschränkungen erschöpfend aufgezählt werden. Somit blieb es fraglich, ob ein Minus gegenüber den Aufzählungen in Art. 5 II–IV InfoSoc geeignet ist, den erstrebten Harmonisierungsgrad zu erreichen. Das Verbot, ein Plus an Schranken einzuführen, schafft jedenfalls keine Harmonisierung.[1104]

Die Harmonisierungsdichte ist in den Jahren nach dem Urteil des EuGH in der Rechtssache *„TU Darmstadt/Ulmer“* verstärkt diskutiert worden.[1105] Zwar hatte der EuGH entschieden, dass den Mitgliedstaaten ein weiter Ermessensspielraum bei der Festlegung „sachnaher Kriterien“ zur Ausfüllung der jeweiligen Privilegierung zustehe, allerdings nur innerhalb der vom Unionsrecht gezogenen Grenzen.[1106] Die Harmonisierungsinstrumente begrenzen in ebendiesem Sinn den Spielraum der Mitgliedstaaten.[1107] Zu diesen Instrumenten gehört unter anderem das Kohärenzgebot. Der EuGH betont, dass Inkohärenzen zwischen den Mitgliedstaaten zu vermeiden seien, weil sonst Wettbewerbsverzerrungen im Binnenmarkt drohten.[1108] Die kohärente Anwendungsweise soll das Erreichen der mit der Richtlinie verfolgten Ziele sicherstellen, mit denen wiederum die Funktionsfähigkeit des Binnenmarkts gesichert werden soll.[1109]

Ein weiteres Instrument ist die Wahl des Auslegungskanons. Mit dem wiederholt aufgegriffenen Ziel, die Funktionsfähigkeit des Binnenmarkts zu stärken, wählte der EuGH vermehrt einen interpretatorischen Ansatz. Seine zweckgerichtete Auslegung der urheberrechtlichen Schranken wird in verschiedenen Urteilen deutlich.[1110] So hat der Gerichtshof beispielsweise mehrfach entschieden: „(...)

1104 Das gilt insbesondere, wenn man bedenkt, dass „sich jede der enthaltenen fakultativen Beschränkungsmöglichkeiten bereits vorher in der einen oder andern Form in den Rechtsordnungen einzelner Mitgliedstaaten“ befand, *Hilty*, GRUR 2005, 819, 819.

1105 Beispielsweise *Grünberger*, GRUR 2017, 1, 6 bezeichnet die Einschätzung des BGH, dass der Vorrang des Lizenzangebots als eine hinter dem Zulässigen zurückbleibende Maßnahme angesichts der fakultativen Ausgestaltungen der Ausnahmen und Beschränkungen richtlinienkonform sei, als „nicht (mehr)“ zutreffend.

1106 EuGH GRUR 2012, 166, 169, Rn. 103 ff. – Painer/Standard.

1107 Ausführlich dazu *Grünberger*, ZUM 2015, 273, 285 ff.

1108 EuGH ZUM 2012, 670, 674, Rn. 35 f. – DR und TV2 Danmark; kritisch *Stieper*, ZGE 2012, 443, 448.

1109 EuGH ZUM 2014, 573, 576, Rn. 34 – ACI Adam. Aus diesem Gedanken heraus verneint *v. Ungern-Sternberg*, GRUR 2014, 209, 213 die Richtlinienkonformität einer zurückbleibenden Maßnahme.

1110 Dass der EuGH an anderer Stelle Schranken als Ausnahmevorschriften eng auslegt, vgl. EuGH ZUM 2009, 945, 948, Rn. 56 f. – Infopaq; kritisch dazu *Metzger*, in: *Leistner*, Europäische Perspektiven des Geistigen Eigentums, S. 101, 117 f.; *Stieper*, ZGE

muss es die Auslegung dieser Voraussetzungen auch erlauben, die praktische Wirksamkeit der so umrissenen Ausnahme zu wahren und ihre Zielsetzung zu beachten (...)."[1111] Im Urteil *„TU Darmstadt"* wird das Gebot der Wahrung der praktischen Wirksamkeit besonders deutlich zum Ausdruck gebracht. Die Leseplatzschranke gewähre den Bibliotheken akzessorisch, Werke zu digitalisieren, weil sie sonst drohe, einen großen Teil ihres „sachlichen Gehalts und (...) praktischer Wirksamkeit" zu verlieren.[1112] Die gleiche Argumentationsstruktur findet sich in der Begründung wieder, warum Lizenzangebote nicht ausreichend seien, sondern es auf eine abgeschlossene Vereinbarung ankomme: „Wenn bereits das Angebot zum Abschluss eines Lizenz- oder Nutzungsvertrags genügte, um die Anwendung von Art. 5 Abs. 3 Buchst. n der Richtlinie 2001/29 auszuschließen, würde dieser Beschränkung zudem im Wege einer solchen Auslegung ein großer Teil ihres sachlichen Gehalts und sogar ihrer praktischen Wirksamkeit genommen, weil die Beschränkung in dieser Auslegung, wie von Ulmer vorgetragen, nur auf die immer selteneren Werke anwendbar wäre, für die auf dem Markt noch keine elektronische Fassung, insbesondere als E-Book, angeboten wird."[1113] Der effet utile sprach somit gegen die Richtlinienkonformität zurückbleibender Maßnahmen. Der EuGH hat nicht nur entgegen der Auffassung des BGH Erwägungsgrund 45 InfoSoc als Argument für einen Angebotsvorbehalt abgelehnt, sondern vor allem mit Art. 5 III lit. n) InfoSoc eine Schranke, die den Vorrang vertraglicher Abreden ausdrücklich anordnet, so ausgelegt, dass damit lediglich abgeschlossene Verträge und keine Angebote erfasst werden. Aus diesem engen Verständnis konnte erst recht geschlussfolgert werden, dass eine Schranke ohne expliziten Vorbehalt nicht strenger ausgelegt werden darf.[1114]

2012, 443, 444 f., steht nicht im Gegensatz dazu, ebenso *Grünberger*, ZUM 2015, 273, 286 f. Denn der EuGH berücksichtigt, dass der Auslegungsmaßstab zwei voneinander zu trennende Bezugsebenen hat: einerseits das traditionelle Verhältnis zwischen Rechteinhabern und Nutzern mit Zugangsinteressen und andererseits die Auswirkung im europäischen Mehrebenensystem auf die Kompetenzverteilung zwischen EU und Mitgliedstaaten. Daraus erklären sich die scheinbar gegenläufigen Tendenzen. Doch ebenso bezüglich des Verhältnisses zwischen Rechteinhabern und Nutzern scheint sich die Auffassung durchzusetzen, dass grundsätzlich weder eine enge noch eine weite, sondern eine zweckgerichtete Auslegung geboten sei, vgl. *Rehbinder/Peukert*, Urheberrecht, Rn. 483; *Stieper*, GRUR 2014, 1060, 1064.

1111 EuGH ZUM 2011, 803, 818, Rn. 163 – Football Association Premier League; EuGH ZUM-RD 2012, 1, 11, Rn. 133 – Painer/Standard; EuGH ZUM-RD 2014, 613, 615, Rn. 23 – Deckmyn.

1112 EuGH ZUM 2014, 883, 886, Rn. 43 – TU Darmstadt/Ulmer.

1113 EuGH ZUM 2014, 883, 886, Rn. 32 – TU Darmstadt/Ulmer.

1114 *Grünberger*, ZUM 2015, 273, 289.

Andererseits betont der EuGH in jüngeren Entscheidungen die praktische Wirksamkeit weniger stark. Während er zuvor zwischen der engen Schrankenauslegung einerseits und der die praktische Wirksamkeit hervorhebenden Herangehensweise andererseits oszilliert hat, fordert er nunmehr einen angemessenen, fast gleichgewichtigen Ausgleich zwischen den betroffenen Interessen und Rechten der Rechtsinhaber und der Nutzer.[1115]

Dennoch folgt aus den beiden zuletzt zitierten Urteilen *„Afghanistan Papiere"* und *„Reformistischer Aufbruch"*, dass die bisherige Argumentation des BGH, hinter dem Zulässigen zurückbleibende Maßnahmen seien als solche richtlinienkonform, nicht mehr haltbar ist. Denn der EuGH hat sich ausführlich mit dem Umsetzungsspielraum der Mitgliedstaaten bezüglich der urheberrechtlichen Schranken und dessen Grenzen beschäftigt.

Zunächst hat er im Anschluss an ältere Urteile wiederholt, dass die InfoSoc-RL die Harmonisierung nur bestimmter Aspekte des Urheberrechts und der verwandten Schutzrechte zum Ziel hat und außerdem einige ihrer Bestimmungen die Absicht des Unionsgesetzgebers erkennen lassen, den Mitgliedstaaten einen Umsetzungsspielraum einzuräumen.[1116] Ob ein Spielraum vorhanden sei, ergebe sich im Einzelfall insbesondere nach Maßgabe des Wortlauts der fraglichen Bestimmung.[1117] So begründet der Gerichtshof am Beispiel der einschränkenden Formulierungen „soweit" und „sofern" sowie der exemplarischen Aufzählung, wieso Art. 5 III lit. c) Fall 2, lit. d) InfoSoc den Mitgliedstaaten einen „erheblichen Spielraum" eröffnet, der ihnen eine eigene Interessenabwägung ermöglicht.[1118]

Doch ungeachtet dieser Erwägung hat der EuGH direkt im Anschluss den Mitgliedstaaten Grenzen ihrer Umsetzungsspielräume aufgezeigt.[1119] Zu den vom Unionsrecht gezogenen Grenzen gehören die allgemeinen Grundsätze des Unionsrechts, also vor allem der Grundsatz der Verhältnismäßigkeit.[1120] Die Gefährdung der Ziele der Richtlinie, der Drei-Stufen-Test und der Grundrechtsausgleich stellen weitere solche Grenzen dar. Auf den Drei-Stufen-Test und den Grundrechtsausgleich soll an späterer Stelle eingegangen werden.[1121] Für deren Prüfung sind zuvor die abzuwägenden Vor- und Nachteile eines Vorbehalts zu betrachten. Hier wesentlich ist zunächst nur die Grenze, die der EuGH „die streng geregelten

---

1115 EuGH GRUR 2019, 934, 939, Rn. 70 – Afghanistan Papiere; EuGH GRUR 2019, 940, 944, Rn. 54 – Reformistischer Aufbruch. Diese Entwicklung der Rechtsprechung lobend *Leistner*, ZUM 2019, 720, 725; *Stieper*, ZUM 2019, 713, 714 f.

1116 EuGH GRUR 2019, 934, 936, Rn. 34 – Afghanistan Papiere; im Anschluss an EuGH GRUR 2015, 478, 483, Rn. 57 – Copydan Bändkopie.

1117 EuGH GRUR 2019, 934, 937, Rn. 40 – Afghanistan Papiere.

1118 EuGH GRUR 2019, 934, 937, Rn. 43 – Afghanistan Papiere.

1119 Vgl. EuGH GRUR 2019, 934, 937, Rn. 45 ff. – Afghanistan Papiere.

1120 EuGH GRUR 2019, 934, 937, Rn. 49 – Afghanistan Papiere.

1121 Siehe dazu J II 1. b) cc) bzw. J II 2. b), c).

unionsrechtlichen Voraussetzungen“[1122] nennt. Er erkennt für den nationalen Umsetzungsspielraum folgende Grenzziehung: „Insbesondere dürfen die Mitgliedstaaten in ihren Rechtsvorschriften eine in Art. 5 II und III der RL 2001/29 genannte Ausnahme oder Beschränkung nur insoweit vorsehen, als sie sämtliche Voraussetzungen dieser Bestimmung einhalten.“[1123] Sämtliche Voraussetzungen der Schrankenbestimmungen der Richtlinie sind also umzusetzen. Daraus folgt, dass es den Mitgliedstaaten nicht freisteht, aufgrund des fakultativen Charakters strengere Voraussetzungen zu schaffen und somit hinter dem Zulässigem zurückzubleiben. Ein Minus kann niemals sämtliche Voraussetzungen einhalten. Die Begründung des BGH kann folglich nicht mehr aufrecht erhalten werden.

Dennoch folgt daraus nicht, dass sich der BGH insgesamt, also genauso im Ergebnis, in unionsrechtlicher Hinsicht geirrt habe[1124] und ein Angebotsvorbehalt zwingend europarechtswidrig sei. Die Richtlinienwidrigkeit ist in der Literatur wie vorgestellt am Grad der Harmonisierungsdichte der urheberrechtlichen Schranken diskutiert worden. Dabei stand die Harmonisierung der Reichweite der Schranken im Vordergrund, zu der die gerichtlichen Entscheidungen ergangen sind. Doch diese Diskussion geht am Kern des Problems vorbei. Bei der Frage des Vorrangs geht es darum, ob eine Schranke zwingend ist oder nicht, ob ihre Anwendbarkeit ausgeschlossen werden kann oder nicht, aber nicht um die Reichweite der Schranke selbst. Zwischen Anwendbarkeit und Reichweite ist zu differenzieren. Die Entscheidungen *„Afghanistan Papiere“* und *„Reformistischer Aufbruch“* sind wegweisend für die Entwicklung des europäischen Urheberrechts, aber sie treffen keine Aussage über die Richtlinienkonformität abdingbarer Schranken. Selbst im Fall eines Vorbehalts können sämtliche Voraussetzungen eingehalten werden, so wie es der EuGH fordert. Nach dessen jüngster Rechtsprechung kann eine Schranke insgesamt eingeführt werden oder gar nicht. Abdingbare, weil nachrangige Schrankenbestimmungen können diese Voraussetzung erfüllen. Wenn eine Schranke sämtliche Voraussetzungen des Unionsrechts umsetzt, wird sie nicht dadurch unionsrechtswidrig, dass ein Vorbehalt ihre Anwendbarkeit regelt. Ist die Schranke anwendbar, greift sie unter Umsetzung aller unionsrechtlichen Voraussetzungen. Sie ist somit insgesamt eingeführt worden. Ist sie nicht anwendbar, weil ein Vorbehalt greift, liegt die gleiche Situation vor, als wenn sie gar nicht erst umgesetzt worden wäre. Das entspricht exakt den Gedanken hinter der Harmonisierung fakultativer Bestimmungen. Den Vorrang des Gesetzes zu verneinen, widerspricht folglich nicht dem Harmonisierungsgrad der InfoSoc-RL und den Begrenzungen des Umsetzungsspielraums der Mitgliedstaaten aufgrund des Richtlinienziels. Unter diesem Gesichtspunkt sind nachrangige Schrankenbestimmungen nicht als

---

1122 EuGH GRUR 2019, 934, 937, Rn. 47 – Afghanistan Papiere.

1123 EuGH GRUR 2019, 934, 937, Rn. 48 – Afghanistan Papiere; wiederholt in EuGH GRUR 2019, 940, 942, Rn. 33 – Reformistischer Aufbruch.

1124 a.A. *Grünberger*, ZUM 2015, 273, 289.

grundsätzlich europarechtswidrig einzustufen. Entscheidend ist, dass sie neben dem Vorbehalt sämtliche Richtlinienvoraussetzungen beinhalten.

Die bisherige unionsrechtliche Diskussion ist unter dem Gesichtspunkt des Vorrangs des Angebots geführt worden. Doch sie lässt sich auf den Vorrang des Vertrags übertragen. Denn der nationale Vertragsvorbehalt ist ebenso keine Begrenzung der unionsrechtlich vorgeschriebenen Schrankenreichweite infolge der Einführung strengerer Tatbestandsmerkmale.[1125] Entscheidend ist hier gleichfalls die Anwendbarkeit und nicht die Reichweite der alle unionsrechtlichen Voraussetzungen umsetzenden Schranke und damit auf dogmatischer Ebene ihre Abdingbarkeit. Eine Unionsrechtswidrigkeit lässt sich mit der Argumentation des Verstoßes gegen das Ziel der Harmonisierung fakultativer Schranken jedenfalls nicht begründen. Daher wird an späterer Stelle, wenn der Vertragsvorbehalt diskutiert werden wird, auf soeben ausgeführte Argumentation verwiesen werden. Wenn, dann könnte die Unionsrechtswidrigkeit nur aus anderen Aspekten wie beispielsweise den Grundrechten oder dem Drei-Stufen-Test folgen. Weil dafür eine Wertung vorzunehmen ist, kann diese Abwägung jedoch erst an späterer Stelle[1126] vorgenommen werden, nachdem die konkreten Vor- und Nachteile des Vertragsvorbehalts[1127] dargelegt worden sind.

b) Rechtspolitische Argumentation

Zum jetzigen Untersuchungszeitpunkt lässt das Unionsrecht also grundsätzlich Vorbehalte zu. Die Möglichkeit der Einführung bedeutet aber nicht, dass der Vorbehalt des Angebots an sich eine begrüßenswerte Rechtsfigur wäre. Zahlreiche Argumente sprechen dagegen. Diese sollen im Nachfolgenden dargelegt werden, was die abschließende eigene Positionierung ermöglichen wird.

Zwar muss als Gegenargument zunächst eingeräumt werden, dass den Interessen der Rechteinhaber, insbesondere der Verlage, am Schutz des Primärmarkts durch einen Angebotsvorbehalt am besten Geltung verschafft wird. Die Primärverwertung ist dann nicht durch Nutzungen auf der Grundlage von Schrankenbestimmungen gefährdet. Damit werden Anreize gesetzt, in das Produkt zu investieren. Wenn am Markt entwickelte Angebote vorrangig sind, haben beispielsweise Verlage die Chance, die gewünschte Literaturversorgung in den elektronischen Medien zu Marktbedingungen selbst zu organisieren.[1128] So erhalten sie die Möglichkeit, mit neuen Geschäftsmodellen eine wissenschaftsfreundliche Literaturversorgung selbst sicherzustellen. Allein aus wirtschaftlichem Interesse werden

1125 a.A. *Lavizzari*, in: *Dreier/Peifer/Specht*, FS Schulze, S. 157, 158.

1126 Siehe dazu J II 1. b) cc) bzw. J II 2. b), c).

1127 Siehe dazu Teil II.

1128 Aufgrund dieses Gedankens bezeichnet *Jani*, in: *Wandtke/Bullinger*, UrhR, 4. Auflage, § 53a, Rn. 37 den Vorrang der Verlagsangebote als „sachgerechte Beschränkung“.

die Verlage stets Zugangsmöglichkeiten gewähren. Dass diese marktgerecht sind, wird durch das gerichtlich überprüfbare Tatbestandsmerkmal der Angemessenheit sichergestellt. So wird die Gefahr einer schädlichen Ausnutzung ihrer Monopolstellung durch Ausschließlichkeitsrechte begrenzt. Es entspricht der grundsätzlichen Struktur unserer Eigentums- und Wirtschaftsordnung und demzufolge gleichermaßen der des UrhG, dass der Werkzugang privatvertraglich organisiert wird. Dahinter steht die Bedeutung von Art. 14 GG. Lizenzierungsmodelle sind im Gegensatz zu Schrankenbestimmungen als Rechtsgrundlage der Nutzung der Regelfall. Weitreichende Einschränkungen der Möglichkeit zur vertraglichen Nutzungsrechtseinräumung, der die Negierung des Vorrangs von Lizenzangeboten zuzuordnen ist, entziehen den Verlagen einen Teil ihrer Existenzgrundlage.[1129] Ihr Geschäftsmodell besteht in der kommerziellen Auswertung von Schutzrechten. Dieser Markt darf nicht zusammenbrechen, weil sonst zum Nachteil der gesamten Gesellschaft keine professionellen Materialien wie beispielsweise Unterrichtswerke mehr hergestellt werden. Vielfalt und Qualität des Buchmarkts sind folglich von gesamtgesellschaftlicher Bedeutung.

Dass eine vertragliche Vergütung im Regelfall höher ausfällt als die angemessene, wäre im Bildungs- und Wissenschaftsbereich ein Gegenargument, was sich nur aus fiskalischen Interessen des Staats als Träger der institutionellen Nutzer speisen würde. Doch der Staat muss für Nutzungen genauso zahlen wie jeder andere Nutzer, der sich keine Schranke selbst erschaffen kann.

Beiliegend stellt sich die Frage, warum es angesichts der wirtschaftlichen Vorteile der Verlage durch einen Angebotsvorbehalt einer gesetzlichen Nutzungserlaubnis bedarf, wenn der Werkzugang durch ein angemessenes Angebot bereits ohne Anwendbarkeit der Schrankenprivilegierung ermöglicht wird?

Der Grund dafür liegt in der Vielschichtigkeit des Urheberrechts. Man wird seiner Bedeutung nicht gerecht, wenn man sich einseitig auf die Verwerterinteressen – mögen sie noch so berechtigt sein – konzentriert.[1130] Das Urheberrecht schwebt nicht in einer Blase, sondern ist von einer vielschichtigen Umwelt umgeben, mit der es zahlreiche Berührungspunkte hat.[1131] Das Urheberrecht dient der Kommunikation und muss in den grundrechtlichen Schutzpositionen anderer seine eigenen Begrenzungen finden. Daher spricht als stärkstes Argument gegen einen Vorbehalt des Angebots, dass es der Rechteinhaber einseitig in der Hand hätte, die Anwendbarkeit der Schranke auszuschließen.[1132] Das kann zu unterbliebenen Nutzungshandlungen führen. Die Schrankenprivilegierung wäre ausgeschlossen,

---

1129 *Verband Bildungsmedien*, Urheberrecht in der Wissensgesellschaft: „verfassungsrechtlich bedenklicher Eingriff in privatwirtschaftliche Verhältnisse".

1130 *Peifer*, GRUR 2009, 22, 25 erkennt in den §§ 52a, 52b, 53a UrhG aF das Prinzip „Zuerst der Rechteinhaber".

1131 Siehe bereits A I mwN.

1132 So außerdem *Loewenheim*, GRUR 2014, 1057, 1059.

ohne dass eine vertragliche Nutzungserlaubnis besteht. Unterbliebene Nutzungen sind für niemanden von Vorteil. Es gilt, sie nach Möglichkeit zu vermeiden. Die originären und derivativen Rechteinhaber können so keine Erlöse erzielen und die Nutzer nicht ihrer wertschöpfenden Tätigkeit nachgehen. Der Vorbehalt des Vertrags führt wenigstens vermehrter dazu, dass genutzt wird. Entweder es wir infolge der vertraglichen oder der gesetzlichen Erlaubnis genutzt, aber es unterbleiben keine Nutzungen infolge ausgeschlossener Gesetzesprivilegierungen ohne das zeitgleiche Vorhandensein diesen Umstand kompensierender Lizenzen. Dagegen kann nicht eingewandt werden, dass es im Fall eines Vertragsvorbehalts sonst der Schrankenprivilegierte in der Hand hätte, durch Verweigerung des Abschlusses einer entsprechenden Nutzungsvereinbarung die Schranken-Schranke leerlaufen zu lassen.[1133] Es ist der Logik der urheberrechtlichen Schranken immanent, dass der Berechtigte sich keinem faktischen Kontrahierungszwang ausgesetzt sieht, sondern gesetzlich privilegiert nutzen darf und zwar unabhängig von Marktzugangsmöglichkeiten. Der Gesetzgeber hat nach umfassenden parlamentarischen Abwägungen Freiräume festgelegt, die die berechtigten Bedürfnisse Dritter respektieren. Der Vorbehalt des Angebots würde die Macht über Aufrechterhaltung oder Einsturz dieses Raums in die Macht desjenigen legen, dessen Macht in Form von Ausschließlichkeitsrechten durch die Schrankenbestimmungen begrenzt werden sollte.

Wenn den Rechteinhabern schon eine solche Entscheidungsmacht eingeräumt werden sollte, müsste sie sinnvollerweise mit Bedingungen und Grenzen ausgestattet sein. Ansonsten würden die Befürchtungen des Bundesrats aus dem Gesetzgebungsverfahren zu § 53a UrhG aF Wirklichkeit werden, nämlich dass der Zugang zu wissenschaftlichen Informationen gefährdet werden würde, wenn die Zweitverwertung allein dem Markt und damit der Preispolitik weltweit agierender Wissenschaftsverlage überlassen werden würde.[1134] Folgerichtig haben der Gesetzgeber in § 53a UrhG aF und der BGH in § 52a UrhG aF[1135] für das Greifen des Vorbehalts weitere kumulative Bedingungen über das bloße Vorliegen eines Angebots hinaus postuliert. Doch umso mehr Tatbestandsmerkmale vorliegen müssen, umso schwieriger kann es für den Privilegierten werden, die Voraussetzungen rechtmäßigen Verhaltens zu erkennen und einzuhalten. Umso mehr Tatbestandsmerkmale existieren, umso mehr Auslegungsfragen können sich im Detail stellen, die die Rechtssicherheit schmälern.

1133 a.A. *Berger*, GRUR 2007, 754, 756, 759 f.; *Schöwerling*, ZUM 2009, 665, 666; BGH GRUR 2013, 503, 505, Rn. 18 – Elektronische Leseplätze.

1134 BT-Drs. 16/1828, S. 41.

1135 BGH GRUR 2014, 549, 554, Rn. 58 – Meilensteine der Psychologie: „Das setzt allerdings nicht nur voraus, dass die geforderte Lizenzgebühr angemessen ist, sondern auch, dass das Lizenzangebot unschwer aufzufinden ist und die Verfügbarkeit des Werkes oder der Werkteile schnell und unproblematisch gewährleistet ist.".

Das beschriebene Phänomen kann nachfolgend an Beispielen belegt werden. Das Angebot nach § 53a I 3 UrhG aF musste offensichtlich auffindbar sein. Sinn und Zweck der Vorgabe war es, die Bibliotheken davon zu entlasten, die Existenz von Online-Angeboten umfassend nachprüfen zu müssen. Umfassende Rechercheverpflichtungen erschienen nicht sachgerecht. Doch wann ist ein Vertragsschluss *offensichtlich ermöglicht*? Nach dem Willen des Gesetzgebers jedenfalls dann, wenn das Angebot in einer Datenbank aufgeführt ist, die von Bibliotheken und Verlagen aufgrund einer Vereinbarung zentral administriert wird.[1136] Andere sahen darin einen zu hohen Verwaltungsaufwand und praktische Probleme wie die Einbindung ausländischer Verlage und hielten daher Recherchen im Internet mittels Suchmaschinen für ausreichend.[1137]

Weiterhin könnten Monopolstellungen dazu verleiten, Angebote auszusprechen, deren Entgelthöhe sich durch nichts außer ebender Monopolstellung rechtfertigt. Unabhängig davon, ob das kartellrechtlich zulässig wäre, sollten solche Angebote im gesamtgesellschaftlichen Interesse den Zugang zu Informationen nicht urheberrechtlich ausschließen können. Demgemäß wurde das Merkmal der Angemessenheit des Angebots ins Urheberrechtsgesetz aufgenommen. Doch wann ist ein Angebot im konkreten Fall *angemessen*? Begrifflich erinnert die Wortwahl an die angemessene Vergütung des Urhebers. Weil in diesem Zusammenhang bereits eine Definition geläufig war, wurde teilweise auf die Maßstäbe des § 32 II 2 UrhG abgestellt und gefragt, was im Geschäftsverkehr üblicher- und redlicherweise zu leisten ist.[1138] Andere wiesen auf die Freiheit des Unternehmers hin und legten den Begriff wirtschaftlich im Sinn einer nicht überhöhten Vergütung für ein Verlagsprodukt aus und verneinten infolgedessen die Anwendbarkeit urhebervertragsrechtlicher Regelungen.[1139]

In beiden Beispielen ist es der Nutzer, der nicht rechtssicher erkennen kann, ob die Nutzung auf gesetzlicher Grundlage erlaubt ist oder ob das vorrangige Angebot den Anforderungen genügt. Rechtsunsicherheiten durch Auslegungsfragen gehen zu seinen Lasten. Rechtsunsicherheiten sind grundsätzlich weitgehend zu vermeiden. Die Beispiele zeigen jedoch, dass solche gerade durch den Vorbehalt des Angebots hervorgerufen werden. Selbst wenn man sich in der Theorie allgemein über die Maßstäbe der Angemessenheit geeinigt haben sollte, kann man sich immer noch über die konkrete Höhe der Entgeltforderung im Einzelfall trefflich streiten. Rechtsstreitigkeiten können einen langen Zeitraum in Anspruch nehmen.

1136 BT-Drs. 16/5939, S. 45; zustimmend *Dreier*, in: *Dreier/Schulze*, UrhG, 5. Auflage, § 53a, Rn. 16.

1137 *Jani*, in: *Wandtke/Bullinger*, UrhR, 4. Auflage, § 53a, Rn. 32; *Nordemann-Schiffel*, in: *Fromm/Nordemann*, UrhR, 11. Auflage, § 53a, Rn. 17.

1138 BT-Drs. 16/5939, S. 45; *Dreier*, in: *Dreier/Schulze*, UrhG, 5. Auflage, § 53a, Rn. 15; *Nordemann-Schiffel*, in: *Fromm/Nordemann*, UrhR, 11. Auflage, § 53a, Rn. 16.

1139 *Jani*, in: *Wandtke/Bullinger*, UrhR, 4. Auflage, § 53a, Rn. 34.

Währenddessen ist die Schrankenanwendung zulasten der Privilegierten faktisch im Regelfall blockiert.[1140] Somit unterbleiben wiederum Nutzungen.

Unabhängig davon, welche Maßstäbe man allgemein zur Auslegung des Merkmals der Angemessenheit anlegt, ist dieses Merkmal mit den Grundsätzen des Urheberrechts kaum zu vereinen.[1141] Die hinter dem Tatbestandsmerkmal der Angemessenheit stehenden Gedankengänge sind sinnvoll, aber es handelt sich um kartellrechtliche Ziele. Vermieden werden soll, dass einzelne Verlage eine dominante Stellung innehaben und diese bei ihrer Angebotsgestaltung missbrauchen. Hier wird Marktmacht mithilfe des Urheberrechts beschränkt. Im Ergebnis hat der Gesetzgeber ein „systemwidriges kartellrechtliches Instrument der Preiskontrolle ins Urheberrecht implementiert“[1142]. Das Beispiel zeigt, wie schnell die Ausgestaltung des Vorbehalts des Angebots nicht nur zu Auslegungsstreitigkeiten und damit zu Rechtsunsicherheiten auf Nutzerseite als unvermeidbare Folge führt, sondern ebenfalls zu Systembrüchen.

Die anhand von § 53a UrhG aF dargelegten Streitigkeiten und daraus folgenden Argumente lassen sich auf jede andere Schranke unter dem Vorbehalt des Vertragsangebots übertragen. Schon bei § 52a UrhG aF bestand das Problem, dass Rechteinhaber mit einseitigen Angeboten die Schrankenregelung aushebeln konnten, sodass die entstehenden Rechtsunsicherheiten dafür sorgten, dass die Berechtigten von der im öffentlichen Interesse liegenden Schrankenregelung keinen Gebrauch machten.[1143] Über die Angemessenheit des Angebots entscheiden letztendlich wie bei allen unbestimmten Rechtsbegriffen die Gerichte, sodass die Legislative ihre Pflicht zur Regelung weitgehend ausgegliedert hat. Die verschiedenen Instanzen können dabei unterschiedliche Auffassungen haben,[1144] weshalb eine endgültige Klärung der Rechtsfrage Jahre dauern kann. Die Nachteile für die Berechtigten und für die Allgemeinheit lassen sich nicht mit einseitigem Blick auf berechtigte Interessen der Rechteinhaber rechtfertigen.[1145]

Weiterhin lassen sich die überzeugenden Argumente des EuGH aus dem Urteil *„TU Darmstadt/Ulmer“* gegen einen Vorbehalt des Angebots auf jede denkbare Schrankenregelung übertragen. Vorrangige Angebote gewähren dem Rechteinhaber die Option, durch eine einseitige und letztlich in seinem Belieben stehende Handlung dem Privilegierten die Möglichkeit zu nehmen, die privilegierte

---

1140 Daher ferner kritisch zum Angebotsvorrang *Loewenheim*, GRUR 2014, 1057, 1059.

1141 Ebenso *Czychowski*, GRUR 2008, 586, 589; *Jani*, in: *Wandtke/Bullinger*, UrhR, 4. Auflage, § 53a, Rn. 36.

1142 *Sprang/Ackermann*, K&R 2008, 7, 9.

1143 *Dreier*, in: *Dreier/Schulze*, UrhG, 5. Auflage, § 52a, Rn. 12.

1144 Vgl. beispielsweise die Divergenz des Ergebnisses des LG Stuttgart GRUR-RR 2011, 419, 423 – Elektronische Leseplätze zur dargestellten höchstrichterlichen Rechtsprechung.

1145 a.A. *Jani*, NJW 2014, 2124, 2124.

Handlung vorzunehmen. Das widerspricht dem Zweck der Privilegierung, dem ihr zugrundeliegenden Allgemeininteresse und der Zweckbestimmung privilegierter Einrichtungen und Institutionen.[1146] Der Anwendungsbereich der Schrankenregelung würde so klein werden, dass die praktische Wirksamkeit verloren ginge, wenn er sich nur noch auf Werke beziehen würde, für die keine elektronische Fassung auf dem Markt angeboten werde.[1147] Die InfoSoc-RL möchte Angebote demzufolge nicht weitergehend schützen. Der früher als Argument vielfach aufgezählte Erwägungsgrund 45 bezieht sich schon dem Wortlaut nach nicht auf Angebote.[1148]

Als weitere zusätzliche Anforderung musste das Angebot einen dauerhaften, zuverlässigen und bei Einzelbeiträgen vollständig möglichen Werkzugang gewährleisten, ohne dass ein Nutzer mit Interesse an einem einzelnen Beitrag verpflichtet war, ein ganzes Paket oder Abonnement zu erwerben.[1149] Wenn man im Gesamten die Prüfung aller Voraussetzungen bedenkt, wird schnell ersichtlich, warum die Schrankenregelung des § 53a I 3 UrhG aF aufgrund von Rechtsunsicherheit in der Praxis kaum Anwendung erfahren hat. Zu viele Anforderungen vermittelt durch umstrittene Rechtsbegriffe sorgten für ebenjene Rechtsunsicherheiten, infolge derer der Berechtigte davon abgehalten wurde, von der Schrankenvorschrift Gebrauch zu machen.[1150] So wird es wohl kaum ein Zufall sein, dass die meist kritisierten[1151] Schrankenbestimmungen nach alter Rechtslage die §§ 52a, 52b, 53a UrhG aF, also die nachrangigen, waren. Die Kritik an der alten Rechtslage, die den Grund der Reform des UrhWissG bildet, wird noch ausführlich dargestellt werden.[1152] Doch bereits hier sei daran erinnert, dabei stets den inneren Zusammenhang zu den dargestellten alten Vorbehaltsvorschriften zu sehen.

c) Ergebnis

Unsere kapitalistisch und privatautonom ausgestaltete Wirtschafts- und Rechtsordnung gestattet mit gutem Grund außerhalb der über Schranken gewährten Freiheiten den Zugang zu Werken mittels Lizenzvereinbarungen. Die uneingeschränkte Vormacht vertraglicher Freiheit würde indes der Umweltsensibilität des Urheberrechts und der praktischen Konkordanz der von ihm berührten

1146 EuGH GRUR 2014, 1078, 1079, Rn. 28 – TU Darmstadt/Ulmer.

1147 EuGH GRUR 2014, 1078, 1079, Rn. 32 – TU Darmstadt/Ulmer.

1148 EuGH GRUR 2014, 1078, 1079, Rn. 30 – TU Darmstadt/Ulmer.

1149 BT-Drs. 16/5939, S. 45; *Nordemann-Schiffel*, in: *Fromm/Nordemann*, UrhR, 11. Auflage, § 53a, Rn. 16.

1150 Diesbezüglich wird sich der Kreis zwischen der noch darzulegenden umfangreichen Kritik an der alten Rechtslage, die sich vor allem auf §§ 52a, 52b, 53a UrhG aF bezog, und dem Vorrang von Angeboten gegenüber gesetzlichen Schrankenbestimmungen schließen.

1151 Vgl. *Peifer*, GRUR 2009, 22, 24.

1152 Siehe dazu unter G I.

Grundrechtspositionen widersprechen. Sinn und Zweck einer Schrankenregelung bestehen darin, aufgrund gewisser Privilegierungserfordernisse eine Nutzung auf gesetzlicher Grundlage zu ermöglichen. Bei der gesetzlich erlaubten Nutzung muss der Nutzer nicht nach Angeboten Ausschau halten und kann nicht von der Nutzung ausschlossen werden. Der Vorbehalt des Angebots würde dieses hergebrachte System auf den Kopf stellen. Der Rechteinhaber hätte es einseitig in der Hand, die Schrankenanwendung auszuschließen. In sein Belieben wäre es gestellt, wann die Berufung auf eine Schrankenregelung möglich ist. Der Privilegierte würde sich Rechercheanforderungen und komplizierten Rechtsfragen ob der hinreichenden Qualität des Angebots ausgesetzt sehen. Die entscheidende Frage wäre immer, wann das Angebot angemessen ist. Darüber helfen im Zweifel nur gerichtliche Entscheidungen hinweg. Folglich ist die Selbstorganisation zu Marktbedingungen systemwidrig im Rahmen urheberrechtlicher Schranken. Der Vorbehalt von Angeboten ist demgemäß grundsätzlich abzulehnen. Vergleichbar zu technischen Schutzmaßnahmen[1153] versetzt er die Verwerter in die Lage, faktisch einen Kontrahierungszwang auf die Nutzer auszuüben.[1154] Hält der Nutzer das Angebot nicht für angemessen, ist er faktisch dennoch zum Vertragsschluss gezwungen. Neben dem Unterlassen der Nutzungshandlung wäre seine Alternative sonst nur die Nutzung mit dem Risiko, einem Rechtsstreit ausgesetzt zu werden, dessen Ausgang ungewiss sein kann.

In Auswertung aller Argumente ist es folglich zu begrüßen, dass der Gesetzgeber mit der Einführung des UrhWissG den Angebotsvorbehalt aus dem Urheberrecht gestrichen hat. Unter dem Aspekt ist die Befristung des UrhWissG dahingegen als sehr bedauerlich anzusehen. Sie wird dazu führen, dass die Debatte um den Vorbehalt des Angebots die Urheberrechtswissenschaft und Rechtspolitik zukünftig weiterhin begleiten wird. Dahingehenden lobbyistischen Forderungen sollte der Gesetzgeber gleichwohl fernerhin nicht nachgeben.[1155] Für das Urheberrecht bleibt zu wünschen, dass der Gesetzgeber seine Entscheidung forthin selbstbewusst vertritt und beibehält. Demzufolge ist zu hoffen, dass der deutsche Gesetzgeber von der optionalen Regelungsmöglichkeit des Art. 5 II UAbs. 1 DSM-RL keinen Gebrauch machen wird.

IV Gesamtergebnis

Es ist ausgehend von der InfoSoc-RL eine Entwicklung der ungefähr letzten zwanzig Jahre, dass das Urheberrechtsgesetz und die dieses auslegende Rechtsprechung

1153 Siehe zum Missbrauchspotential durch technische Schutzmaßnahmen *Hilty*, GRUR Int. 2006, 179, 186 ff.

1154 Ebenso *Wandtke*, GRUR 2015, 221, 225 zu § 52b UrhG aF.

1155 *Pflüger/Heeg*, ZUM 2008, 649, 655 bedauern zutreffend, dass das im Schrankenbereich in der Vergangenheit geschehen sei.

sich mit dem Verhältnis von gesetzlichen Schrankenregelungen und Verträgen tiefergehend beschäftigen. Entgegen der ursprünglichen Ansicht des BGH hat der EuGH im Urteil *„VG Wort/Kyocera"* dazu grundlegende Aussagen getätigt. Nach seiner Ansicht läuft eine Zustimmung des Rechtsinhabers zur Vervielfältigung seines Werks im Rahmen einer in Art. 5 II, III InfoSoc vorgesehenen Ausnahme oder Beschränkung ins Leere. Er erachtet folglich grundsätzlich Schranken für urheberrechtlich zwingendes Recht. Die privilegierten Handlungen können weder genehmigt noch untersagt werden. Die Erklärung des Inhabers ist demgemäß ohne Auswirkung auf den gesetzlichen Vergütungsanspruch. Dieser Auffassung ist der BGH anschließend gefolgt. Im Anschluss an die vom EuGH vorgestellten Schrankenmodelle hat er sich dazu entschieden, § 53 UrhG aF als eine Beschränkung zu betrachten, in der das Vervielfältigungsrecht im konkreten Fall nicht aufrecht erhalten bleibt. Der EuGH hat das jeweilige Verständnis der Schrankenregelungen den Mitgliedstaaten überlassen. Der BGH hätte desgleichen dem Modell folgen können, nach dem das Vervielfältigungsrecht ungeachtet der Beschränkung im konkreten Fall aufrecht erhalten bleibt. Diese Aussagen sind von erheblicher Bedeutung, weil sie sich grundsätzlich mit dem Schrankenverständnis beschäftigen und somit auf andere Bestimmungen übertragbar sind.

Von der Klageerhebung bis zu dieser Entscheidung ist ein langer Zeitraum vergangen. Die Prozesslänge zeigt, dass selbst konkrete Einzelfallregelungen nicht vor langwierigen Prozessen gefeilt sind. Rechtsunsicherheiten sind nie gänzlich zu vermeiden, selbst durch die Vorrangigkeit des Gesetzes vor einer vertraglichen Vereinbarung nicht. Gleichwohl zeigt das gerichtlich gefundene Ergebnis beispielhaft zugleich das Potential von vorrangigen gesetzlichen Einzelfallregelungen auf. Ohne Gesetzesänderung konnte ein überzeugendes Ergebnis bezüglich eines neuen technischen Phänomens gefunden werden. Das gleiche Maß an Offenheit und Flexibilität, welches von Verträgen oder Generalklauseln ausgeht, werden vorrangige gesetzliche Einzelfallregelungen nicht erreichen können. Dennoch kann kraft verfassungskonformer und zweckorientierter Auslegung ein großer Schritt in diese Richtung getan werden. Die Interessen und Ziele abwägende Interpretation gesetzlicher Regelungen kann zu einem modernen und fortschrittlichen Ergebnis gelangen, ohne dass es privatautonomer Ergänzungen bedarf. Entgegen aller Kritik wie der Determiniertheit der Auslegung durch die Wortlautgrenze muss immer wieder auf den großen Vorteil der größtmöglichen Rechtssicherheit hingewiesen werden. Diese wird mit der Regelungstechnik vorrangiger gesetzlicher Einzeltatbestände immer noch am besten gewährt.

Ungeachtet der dargestellten grundsätzlichen und höchstrichterlichen Rechtsauffassung ist das Verhältnis zwischen gesetzlichen Schranken und Verträgen im deutschen Recht bisher uneinheitlich geregelt gewesen. Die jeweiligen Ursachen dessen sind nicht grundsätzlich divergierende Auffassungen über das dogmatische Schrankenverständnis gewesen. Abweichende Ergebnisse sind das Resultat konkreter Tatbestandsmerkmale in einer konkreten Schrankenbestimmung aufgrund des spezifischen Privilegierungssachverhalts gewesen, die aufgrund praktischer Bedürfnisse in Bezug auf die konkrete Erlaubnis eingefügt worden waren. Die praktischen Bedürfnisse bestanden dabei in einer Berücksichtigung gewichtiger wirtschaftlicher Interessen der Verwerter in einer veränderten Umwelt, die mit der Möglichkeit zur Lizenzierung verknüpft worden sind. Technische Entwicklungen haben in der Geschichte stets das Bedürfnis nach rechtlicher Berücksichtigung spezieller Interessen begründet.[1156] Die Herausforderungen der digitalen Welt erfordern eine neue Berücksichtigung von Schutzbelangen. Ökonomischen Aspekten kommt hierbei eine entscheidende Bedeutung zu.

Ein Beispiel für die neuartige Wertung der Interessen ist § 52b UrhG aF. Die Norm geht auf Art. 5 III lit. n) InfoSoc zurück, den der EuGH in seinem Urteil *„TU Darmstadt/Ulmer"* als nachrangig zu vertraglichen Regelungen auslegt. Allen Umsetzungen von Art. 5 III lit. n) InfoSoc muss demnach das gleiche Verständnis zugrunde liegen. Jedoch spricht sich der EuGH mit überzeugenden Argumenten entschieden dagegen aus, das Tatbestandsmerkmal „Regelungen über Verkauf und Lizenzen" als Vorbehalt des Vertragsangebots auszulegen.

Anderer Ansicht war der BGH bei der Auslegung des Merkmals der Gebotenheit im Rahmen von § 52a UrhG aF. Im Urteil *„Meilensteine der Psychologie"* verneinte er die Privilegierung einer Nutzung, zu deren Lizenzierung der Rechtsinhaber ein Angebot vorgelegt hatte.

Unabhängig von gerichtlichen Auffassungen hatte der Gesetzgeber in § 53a I 3 UrhG aF selbst festgelegt, dass eine Nutzung lediglich gesetzlich erlaubt sei, wenn keine vertragliche Vereinbarung zu angemessenen Bedingungen ermöglicht werde. Anhand der Betrachtung der Entstehungsgeschichte dieser Norm erkennt man, dass der Angebotsvorbehalt eine Reaktion auf die technische Entwicklung in Form der Digitalisierung war. Es wurde versucht, neu zu denken, um auf die Probleme der Gegenwart zu reagieren. Diese Herausforderung stellte sich nicht nur mit Blick auf die alten Vorschriften des Urheberwissenschaftsrechts, sondern gleichermaßen mit Blick auf das UrhWissG.

Zusammenfassend ist hervorzuheben, dass der BGH seine ursprüngliche Auslegung von § 52b UrhG aF und seine Auslegung von § 52a UrhG aF sowie der Gesetzgeber die Formulierung von § 53a I 3 UrhG aF wie dargelegt vorgenommen haben, um den Verwerterinteressen in der digitalen Welt Rechnung zu tragen. Eingangs ist aufgezeigt worden, dass der Gesetzgeber 1965 die Ausgestaltung der Schranken als zweiseitige Abwägung der Urheber- und Allgemeininteressen vollzogen hat.[1157] Die neuen technischen Möglichkeiten beeinträchtigen die Verwerterinteressen stärker als in der analogen Welt. Daher ist die Rechtsprechung und die Gesetzgebung in diesem Jahrtausend dazu übergegangen, die gesetzliche Nutzungserlaubnis im Licht der berechtigten Interessen der Verwerter, insbesondere der Verlage, auszuformen.

1156 Vgl. dazu bereits die Entwicklung des Urheberrechts unter B I 2. ff.

1157 Siehe B II, III.

In der Untersuchung von § 60g UrhG wird zu fragen sein, wie der Gesetzgeber die Verwerterinteressen im UrhWissG zur Geltung bringen wollte, wie seine Entscheidung zu bewerten ist und ob ein besserer Weg aufgezeigt werden kann. Es ist vorab sehr zu begrüßen, dass das Verständnis der Wissenschaftsschranken infolge der Einführung von § 60g UrhG nunmehr nicht eine Frage der Auslegung einer jeglichen Norm ist. Das Fehlen einer ebensolchen Vorschrift ebnete den Weg für Rechtsunsicherheiten aufgrund von uneinheitlichen Ergebnissen. Für das UrhWissG gilt mit § 60g UrhG nun eine Norm, die das Verhältnis aller Schranken des Unterabschnitts zu vertraglichen Regelungen regelt. Es wäre für die Zukunft zu erhoffen, dass der Gesetzgeber eine eindeutige Parallelnorm für alle gesetzlichen Schranken des UrhG einführt.[1158] Das würde zukünftigen Diskussionen vorbeugen.

Weiterhin ist es begrüßenswert, dass bereits der Wortlaut beider Absätze von § 60g UrhG offensichtlich einen Vorrang des Vertragsangebots ausschließt. Obgleich seine Einführung unionsrechtlich möglich wäre, ist der Angebotsvorbehalt aus dem Wissenschaftsurheberrecht entfernt worden. Seine Schrankenbestimmungen werden durch Lizenzangebote in jedem Fall nicht mehr berührt.[1159] Obwohl nach wie vor Gegenstand lobbyistischer Forderungen sollte der Angebotsvorbehalt als systemwidrig gekennzeichnet und abgelehnt werden. Er bevorzugt einseitig die Interessen der Rechteinhaber und erschwert die Möglichkeit der Nutzer, privilegierte Handlungen rechtssicher durchführen zu können.

1158 Auch *Dreier*, GRUR Int. 2015, 648, 654 f.; *Schack*, ZUM 2016, 266, 280 f. fordern, dass der Gesetzgeber eindeutig erklärt, welche Schranken er für vertraglich unabdingbar hält.

1159 BT-Drs. 18/12329, S. 35, 39, 44.

G Das UrhWissG

Seit zwei Jahrzehnten wird nunmehr über die Anpassung des Urheberrechts und seiner Schranken in Bezug auf die technologische Entwicklung hin zur Informationsgesellschaft diskutiert.[1160] Doch die digitalen Technologien und die damit zusammenhängenden Kommunikations- und Informationsstrukturen entwickeln sich pausenlos fort. Somit ist gleichermaßen ein Ende des Prozesses rechtlicher Reaktionen nicht absehbar. Das am 01.03.2018 in Kraft getretene Gesetz zur Angleichung des Urheberrechts an die aktuellen Erfordernisse der Wissensgesellschaft (Urheberrechts-Wissensgesellschafts-Gesetz – UrhWissG)[1161] kann daher vorläufig als Höhepunkt, indes insgesamt betrachtet nur als ein Zwischenschritt angesehen werden.

Dem UrhWissG wird die Untersuchung nunmehr zugewendet, nachdem eingangs das Schrankensystem von 1965 und im letzten Kapitel seine Veränderung durch die partielle Eingliederung von Verträgen und Angeboten durch die Rechtsprechung und Gesetzgebung in diesem Jahrhundert dargelegt worden sind. Das war notwendig, denn um das Gesetz bewerten zu können, müssen zunächst seine sich aus der vorigen Rechtslage heraus entwickelten Voraussetzungen und dementsprechende Ziele betrachtet werden. Die vielfältigen Bedingungen einer Gesellschaft, seien sie ökonomischer, sozialer oder kultureller Art, geben nämlich zu jeder Zeit die Entwicklungshöhe vor, die das Urheberrecht erreichen kann.[1162] Das Urheberrecht ist somit nur in seiner Kontextualisierung zu den historischen Voraussetzungen zu verstehen und muss sich anhand derer ausrichten, um ihre Bedürfnisse und Probleme interessengerecht auszutarieren. Im UrhWissG fließen mithin die bisher entwickelten Gedanken zusammen. Es wird sich zeigen, dass die gleichen Ziele, die als Sinn und Zweck des Vertragsvorrangs dargestellt worden sind, sich als roter Faden in der Gesetzesreform fortspinnen.

Doch bevor sich konkret § 60g UrhG zugewendet werden kann (Teil H), soll das UrhWissG allgemein im Kontext der einzelnen Norm vorgestellt werden. An diesem Gesetz kann beispielhaft gezeigt werden, welche Herausforderungen die Entwicklung der Digitaltechnik an das Urheberrecht stellt (I). Dabei werden die konkrete Kritik an der Rechtslage vor der Gesetzeseinführung und die diesbezüglichen Lösungsvorschläge (II) vorgetragen, um zu eruieren, welche Wirkung der Vertragsvorbehalt erreichen können soll und welche es zu vermeiden

---

1160 Siehe unter anderem die Reformvorschläge für Schrankenbestimmungen aus dem Jahr 1997 von *Dreier*, in: *Schricker*, Urheberrecht auf dem Weg zur Informationsgesellschaft, S. 139 ff.

1161 BGBl. I 2017, 3346.

1162 *Wandtke*, MMR 2017, 367, 367.

gilt. Es folgt im Anschluss eine allgemeine Darstellung des UrhWissG (IV) und seiner Entstehungsgeschichte (III). Denn zur Auslegung von § 60g UrhG und seiner späteren Bewertung ist die Kenntnis seiner historischen und systematischen Einbettung nötig.

I Reformbedürfnis

Das Recht muss den praktischen Bedürfnissen seiner Zeit gerecht werden. Daher wirken sich neue Herausforderungen stets auf die bestehende Rechtslage aus und erfordern deren Anpassung und Modernisierung. Die rasante Veränderung der technischen Entwicklung ist auf allen Ebenen folgenreich für die geistige Produktion und den Umgang mit urheberrechtlich geschützten Werken. Zunächst verändert sich ihre Herstellung. In der Online-Welt entstehen neuartige, globalisierte Produktionsweisen, die von Menschen ausgeführt werden, die in neu herausgebildeten Berufen arbeiten. Ein Beispiel von erheblicher Auswirkung auf mehrere Teilgebiete des Immaterialgüterrechts ist das 3D-Druckverfahren.[1163] Durch veränderte Produktionsmöglichkeiten entwickeln sich neue Werkarten, die spezielle Anforderungen mit sich bringen können.[1164] So musste für Computerprogramme, nachdem entschieden worden war, sie in § 2 I Nr. 1 UrhG als Unterfall des Sprachwerks anzuerkennen, aufgrund ihrer besonderen Eigenart ein eigener Abschnitt in den §§ 69a ff. UrhG erlassen werden. Heutzutage beschäftigt sich die Informatik mit viel weitergehenden Problemen als den Grundlagen der Software. In Zukunft wird künstliche Intelligenz, also die Automatisierung intelligenten Verhaltens durch maschinelles Lernen, unser aller Alltag mitbestimmen.

Zusätzlich entwickeln sich die Möglichkeiten der Verbreitung und unkörperlichen Zugänglichmachung der Werke weiter. Durch neue Marktbedingungen entstehen neue Geschäftsmodelle, die die Werke global und vermehrt virtuell vermarkten.[1165]

Im dritten und letzten Schritt wandelt sich die Form der Nutzung aufgrund der technischen Möglichkeiten. Neue Nutzungsmöglichkeiten urheberrechtlich geschützter Werke haben in dem Bereich der Bildung und Wissenschaft längst Einzug gehalten. Der Alltag in Institutionen wie Schulen, Hochschulen, Universitäten, sonstigen Forschungs- und Bildungseinrichtungen wie frühkindlichen oder solchen zur Berufs-, Aus- und Weiterbildung, Bibliotheken, Museen und Archiven ist nicht mehr vergleichbar mit dem von vor wenigen Jahren noch. Ein Lehrer entwirft nicht mehr im Frontalunterricht ein Tafelbild mit Kreide oder projiziert eine

1163 Vgl. *Mengden*, MMR 2014, 79, 80 ff.

1164 Siehe zur Entstehung neuer Kulturindustrien *Wandtke*, in: *Becker*, FS Rehbinder, S. 389, 392 ff.

1165 Siehe zur Entstehung des virtuellen Markts *Wandtke*, in: *Becker*, FS Rehbinder, S. 389, 390 ff.

Overhead-Folie an die Wand. Stattdessen werden vielfältige Inhalte niedergelegt in verschiedenen Werkarten von Schülern und Lehrern gemeinsam an interaktiven Whiteboards zu Bildungszwecken genutzt. Die elektronischen Projektionswände, die durch die Verbindung von Computer und Projektor funktionieren, erlauben eine umfangreiche Nutzung und Bearbeitung von akustischen, visuellen oder graphischen Werken. Werke werden folglich nicht mehr in analoger Form verteilt und die ausgedruckten Kopien beschrieben. Vielmehr werden sie durch Beamer wiedergegeben und elektronisch bearbeitet.

Die Beispiele für die Veränderungen der Lebenswirklichkeit an allen genannten Institutionen sind mannigfaltig. Die digitalen Technologien ermöglichen eine automatisierte Auswertung von Werken zu Forschungszwecken, eine Ablösung analoger Werkexemplare hin zu einer Konsummöglichkeit des Werks ausschließlich am Bildschirm, elektronische Indexierungen und Katalogisierungen. Die digitale Kopie ersetzt die analoge und gewährleistet so eine nachhaltigere Archivierung. Die öffentliche Wiedergabe erleichtert den Werkzugang für viele Menschen gegenüber der althergebrachten Verbreitung und Ausstellung, die an Ort und Zeit gebunden war.

Das Urheberrecht steht unter dem Druck, jene erwünschte Prozesse in einem sachgerechten Maß zeitnah, entwicklungsoffen, dynamisch und flexibel zu fördern. Keinesfalls darf es der Entwicklung durch Behäbigkeit und Unzeitgemäßheit entgegenstehen. Sonst droht Deutschland der Verlust des Anschlusses an das Mögliche unserer Zeit. Für die Weiterentwicklung und Konkurrenzfähigkeit des Wirtschaftsstandorts Deutschland im internationalen Wettbewerb kann dabei die Bedeutung von Bildung und Wissenschaft nicht bestritten werden. Die Ausgestaltung des Urheberrechts muss diese Gewichtigkeit anerkennen. Deshalb muss es angestrebt werden, die Möglichkeiten digitaler Medien und Kommunikationssysteme umfassend auszuschöpfen. Das betrifft nicht nur die Schaffung von Wissen, sondern ebenso dessen Vermittlung. Für beiden Aspekte spielen Infrastruktureinrichtungen eine entscheidende Rolle. Doch letztendlich stehen dahinter natürliche Personen, die ihr Handeln nach den Handhaben des Rechts ausrichten. Um die moderne Entwicklung voranzutreiben und um ihr volles Kapital auszunutzen, sind die in diesem Bereich Tätigen auf Nutzungsmöglichkeiten auf Grundlage einer klaren, verständlichen, übersichtlichen, praktikabel umsetzbaren und vor allem zeitgemäßen Rechtslage angewiesen. Mithin kann die Zielstellung nur ein verlässlicher rechtlicher Rahmen für die modernen Ansprüche in den Bereichen Forschung, Bildung und Wissenschaft sein. Wohlfahrtssteigernde Nutzungen sind jedoch selbst dann erst möglich, wenn dem Nutzenden hochwertige Produkte, insbesondere Digitalisate, zur Verfügung stehen. Eine gesunde und innovative Branche an Verwertern ist somit notwendig für die Erreichung der Gemeinwohlinteressen und ist mithin selbst ein Gemeinwohlinteresse.

Die sich aus jenen Allgemeinwohlerwägungen ergebende Anforderungs- und Anspruchshaltung an das Urheberrecht, die um Praktikabilitätserwägungen ergänzt wird, droht die individuellen Interessen der Kreativen in den Hintergrund zu drängen. Erst unter ihrer Einbeziehung wird das Gesamtbild an Bedürfnissen offensichtlich, die das Urheberrecht angemessen befriedigen muss. In dem Rahmen und unter der Zielstellung ist der Vertragsvorbehalt zu verstehen und zu würdigen. Dabei ist der damals vorliegende Reformbedarf anzuerkennen. Vielfach herrschte zutreffend die Ansicht vor, dass die Schranken des Urheberrechtsgesetzes in ihrer alten Fassung den erläuterten Anforderungen nicht mehr gerecht werden können.[1166] Die konkreten Kritikpunkte werden folgend referiert. In dem Zusammenhang ist zu fragen, ob der Vertragsvorrang ihnen überzeugend abzuhelfen vermag.

1. Regelungssystematik

Zunächst ist die Regelungssystematik kritisiert worden.[1167] Denn gemäß dem Enumerationsprinzip werden die zulässigen Nutzungen in eng umrissenen Einzeltatbeständen beschrieben. Die Regelungen in den §§ 44a ff. UrhG aF waren aufgrund dessen überwiegend nach den Verwertungsrechten geordnet, die sie beschränken, und nicht nach dem Kreis der Berechtigten oder nach bestimmten Nutzungszwecken. Die Ziel-, Schutz- und Zweckvorgaben der Normen beziehungsweise die Nutzungsmöglichkeiten der Privilegierten waren demzufolge aus der Systematik des Gesetzes nicht ersichtlich. Dass die Regelungssystematik kaum nachvollziehbar war, galt nicht nur für rechtliche Laien. So waren die Privilegierungen für Forschungs- und Bildungszwecke sowie zugunsten von wissenschaftlichen Institutionen (Museen, Archive und Bibliotheken) verstreut über die §§ 46, 47, 52a, 52b, 53, 53a UrhG aF. Die Orientierung an den Verwertungsrechten sorgte in der Praxis weiterhin für sinnwidrige Vorgehensweisen. Wenn eine Lehrkraft beispielsweise einen online abrufbaren und potentiell unterrichtsgeeigneten Text vorläufig speichern und irgendwann digitalisiert im Unterricht verwenden wollte, konnten die Schranken nach § 52a UrhG aF (Einschränkung des Rechts der öffentlichen Wiedergabe) und nach § 53 UrhG aF (Einschränkung des Vervielfältigungsrechts) so ausgelegt werden, dass, um ein einziges praktisches Ziel zu erreichen, mehrere Schritte des Umwandelns von analogen in digitale Datenträger und andersherum notwendig waren, obwohl die Interessen des Urhebers jeweils gleich stark belastet waren. Denn wenn Schranken unverbunden nebeneinander stehen, kann nicht auf praxistaugliche Nutzungsszenarien abgestellt werden. So werden ohne

1166 Die Forderung nach einer Reform ist vielfach vorgetragen worden, vgl. nur *Schunke*, in: *Bullinger/Grunert/Ohst/Wöhrn*, FS Wandtke, S. 341, 353. Als besonders ausführliche Analyse der Schranken nach alter Rechtslage zu Bildungs- und Wissenschaftszwecken sowie für Infrastruktureinrichtungen im Bildungs- und Wissenschaftsbereich ist auf die Studie *de la Durantaye*, Allgemeine Bildungs- und Wissenschaftsschranke, S. 73 ff.; besprochen von *Kuhlen*, ZGE 2015, 77, 77 ff.; *Schack*, ZUM 2016, 266, 266 ff.; *Thedieck*, UFITA 2015/III, 904, 904 f. zu verweisen.

1167 Vgl. *de la Durantaye*, Allgemeine Bildungs- und Wissenschaftsschranke, S. 71 ff., 191.

Not praktische Nutzungsbedürfnisse ignoriert.[1168] Nicht nur die Systematik des Gesetzes, sondern außerdem die einzelner Normen zeichnete sich in einigen Fällen durch Unübersichtlichkeit aus. Insbesondere traf das auf § 53 UrhG aF zu. Bei dieser Regelung war eine genaue Analyse vonnöten, um allein die Systematik der Norm zu erschließen.[1169]

2. Bestimmtheit und Rechtssicherheit

Bestimmtheit und Rechtssicherheit waren weitere Kritikpunkte. Wenn eine Norm nicht möglichst klar und allgemein verständlich formuliert ist, besteht die Gefahr, dass die an sich Berechtigten die gestatteten Handlungen aufgrund von Rechtsunsicherheiten nur selten vornehmen. Obwohl sie die einschlägigen Vorschriften kennen, haben sie Schwierigkeiten festzustellen, ob eine gewisse Handlung rechtmäßig ist.[1170] Die Verständlichkeit einer Norm für den Normadressaten klingt wie eine Selbstverständlichkeit. Doch ohne unbestimmte Rechtsbegriffe kommt das Recht nicht aus. Hingegen waren die alten Schrankenregelungen durch zahlreiche unbestimmte Rechtsbegriffe geprägt, die im Regelungsgehalt zusätzlich noch höchst umstritten waren.[1171] Insbesondere die §§ 52a, 52b UrhG aF standen im Mittelpunkt der umfangreichen Kritik. Diese richtete sich dahingehend, dass die Schrankenregelungen für den Rechtsanwender schwer zu verstehen[1172] und praktisch kompliziert zu handhaben seien [1173]. Das hatte zur Konsequenz, dass dem

---

1168 Siehe zum Beispiel und zur Kritik *Sieber*, MMR 2004, 715,716.

1169 Vgl. beispielsweise die Kritik von *Sandberger*, ZUM 2006, 818,825 f.

1170 *Bartlakowski/Talke/Steinhauer*, Bibliotheksurheberrecht, S. 102 am Beispiel des § 53a UrhG aF; allgemein zu dieser Auswirkung *Raiser*, Grundlagen der Rechtssoziologie, S. 257 ff. Die Normadressaten räumen den Verzicht auf die Anwendung von Schrankenregelungen teilweise freimütig ein, so die Bibliotheken, dass ein digitaler Kopienversand nach den Möglichkeiten des § 53a UrhG aF praktisch gar nicht mehr stattgefunden hat, vgl. *Allianz der deutschen Wissenschaftsorganisationen*, Ergänzende Hinweise zu den Desideraten, S. 8.

1171 Übersichtliche Darstellung *de la Durantaye*, Allgemeine Bildungs- und Wissenschaftsschranke, S. 274 ff.

1172 Diese Kritik wurde in der Literatur, vgl. *de la Durantaye*, Allgemeine Bildungs- und Wissenschaftsschranke, S. 102 ff., 110 ff.; *Lorenz*, ZRP 2008, 261, 262 f. mwN.; *Lutz*, Zugang zu wissenschaftlichen Informationen in der digitalen Welt, S. 62 f., 94; *Sieber*, MMR 2004, 715, 716 f., und von den Normadressaten selbst ausgesprochen, vgl. *Allianz der deutschen Wissenschaftsorganisationen*, Neuregelung des Urheberrechts, S. 3.

1173 Diese Kritik erfolgte gleichfalls nicht nur einseitig von den Schrankenbegünstigten, vgl. *Deutscher Bibliotheksverband*, Nutzerinteressen stärken, Urheberrechte wahren, S. 2, sondern wurde zudem von der Literatur geteilt, vgl. *Hoeren*, ZUM 2011, 369, 373 f.; *Hoeren/Neubauer*, ZUM 2012, 636, 639 f.; *Lutz*, Zugang zu

Gesetzgeber selbst die Auswirkungen der Schrankenregelungen nicht bekannt waren. Dieser Unsicherheit begegnete er mit der Befristung einzelner Normen. So wurde zum Beispiel § 52a UrhG aF ursprünglich als Übergangsregel konzipiert. Dennoch ist die Befristung gemäß § 137k UrhG aF in den Jahren 2003, 2006, 2008, 2012, insgesamt also vier Mal, verlängert worden, bis sie 2014 schließlich gänzlich aufgehoben worden ist,[1174] wodurch § 52a UrhG aF bis zur Einführung des UrhWissG in Kraft blieb. Befristungen, vor allem derart kurzweilige, schaden der Rechtssicherheit zusätzlich und verhindern, dass sich langfristige Strukturen entwickeln können.

3. Zweckerreichung

Die praktische Relevanz einer Norm wird dadurch geprägt, inwiefern die Gesetzeslage tatsächliche Handlungen zur gewünschten Zweckerreichung ermöglicht. Die angestrebten Handlungen wiederum richten sich im Wesentlichen nach den technologischen Möglichkeiten. Deren rasante Entwicklung erweckt den Wunsch, das Gesetz könne dem flexibel und zeitgemäß nachkommen. Flexibilität und Zweckeignung der alten Rechtslage sind mehrfach bestritten worden.[1175] Ihre Bedeutung ist enorm, denn Einzelfall- und Sachgerechtigkeit entstehen nur, wenn die Gesetzeslage den tatsächlichen Nutzungsbedürfnissen und der technischen Entwicklung Rechnung trägt. Im modernen Lebensalltag kann das nur erreicht werden, wenn das Gesetz digitale Nutzungsvorgänge ausreichend beachtet. Das ist beispielsweise nicht der Fall, wenn eine Regelung wie § 53a UrhG aF die Handlungsmöglichkeiten so weit erschwert, dass sie sich faktisch ausschließlich auf die analoge Kopie reduzieren. Schrankenregelungen sollten stets dahingehend überdacht werden, ob gute Argumente dafür streiten, sie technologieneutral zu öffnen oder von Anfang an so auszugestalten.

4. Interessenausgleich

Während die Nutzer nach möglichst freiem Werkzugang streben, versuchen die Rechteinhaber, diesen weitgehend zu beschränken, um ihre Lizenzprodukte am Markt gewinnbringend platzieren zu können. Die Ausgestaltung der Schranken ist daher ein niemals endendes Streben des Gesetzgebers nach einem angemessenen Interessenausgleich. Es müssen Kompromisse gefunden werden, die alle Belange

---

wissenschaftlichen Informationen in der digitalen Welt, S. 157; *Steinbeck*, NJW 2010, 2852, 2854 f.

1174 BGBl. I 2014, 1974.

1175 Siehe exemplarisch *Deutscher Bibliotheksverband*, Nutzerinteressen stärken, Urheberrechte wahren, S. 2: Die aufgrund von § 53a UrhG aF bestehende Begünstigung der analogen Kopie in der Rechtswirklichkeit sei „weder zeitgemäß noch ökologisch sinnvoll".

umfassend berücksichtigen. Wenn sowohl die Nutzer als auch die Rechteinhaber eine Regelung als unbefriedigend empfinden, ist es fraglich, ob diese interessengerecht ausgestaltet worden ist. Wissenschaftliche Fachverlage wie Vertreter der Wissenschaft waren beispielsweise unzufrieden mit der Regelung des § 52a UrhG aF. Der *Börsenverein des Deutschen Buchhandels* kritisierte, die Norm sei zu weitreichend und beeinträchtige unzumutbar, weil aufgrund der Einführung der besagten Schrankenregelung der Umsatz der Wissenschaftsverlage mit Ausbildungsliteratur sowohl im elektronischen als gleichfalls im gedruckten Bereich zurück gegangen sei und keine Anreize mehr wie früher zur Schaffung, Veröffentlichung und Verbreitung modernster und bester Lehrmaterialien bestehen.[1176] Hochschulvertreter nahmen die konträre Sicht ein und erklärten die Vorschrift als zu eng gefasst, weil sie Belange der Unterrichtsbegleitung und des Selbststudiums nicht berücksichtige.[1177] Die beidseitig energische Kritik reichte folglich von „zu weitreichend" bis „nicht weitreichend genug". Letztlich konnte sich also keiner der Beteiligten in dem vermeintlichen Ausgleich wiederfinden.

5. Lösung durch Vorrangregelungen?

Die Vor- und Nachteile von Vorrangregelungen sollen noch ausführlich untersucht werden. An dieser Stelle kann dennoch bereits gefragt werden, ob Vertragsvorbehalte nicht eine geeignete Lösung zur Überwindung der vier konkreten Kritikpunkte wären. Denn Vereinbarungen können zunächst über Unsicherheiten hinweghelfen. Vertraglich können die Nutzungserlaubnisse gebündelt, neu sortiert und strukturiert werden, bis die Systematik dem Bedürfnis der Parteien an Übersichtlichkeit genügt. Um die Nutzer ungeachtet der gesetzlichen Erlaubnis vom Vertragsschluss zu überzeugen, ist davon auszugehen, dass die Rechteinhaber vorformulierte Lizenzverträge entwickeln werden, deren Erstellung höchsten Erwartungen an die Vertragsgestaltung gerecht wird. In dem Zusammenhang ist von einer überzeugenden Regelungssystematik auszugehen. Würden die Nutzer den Umfang ihrer Erlaubnis nicht schneller und präziser als im Gesetz erkennen, würde ihr Interesse am Vertragsschluss entfallen. Doch Vereinbarungen können nicht nur Unsicherheiten infolge der Gesetzessystematik überwinden, sondern ebenso solche infolge der jeweiligen Gesetzesformulierung. Unbestimmte Rechtsbegriffe können gemäß dem Verständnis beider Parteien konkretisiert werden, wodurch Rechtsunsicherheiten ausgeräumt werden. Somit wird die Erlaubnis verständlich und handhabbar.

Allerdings vermag sogar das den Nutzeranforderungen nicht zu genügen, wenn die Schranke an sich zur Zweckerreichung nicht geeignet ist. Doch hier könnten

1176 *Börsenverein des Deutschen Buchhandels,* § 52a Urheberrechtsgesetz muss ersatzlos entfallen.

1177 *Allianz der deutschen Wissenschaftsorganisationen,* Neuregelung des Urheberrechts, S. 3.

Verträge erneut aushelfen. Flexibel kann auf die Bedürfnisse der konkreten Nutzer im Einzelfall reagiert werden. Die Rechtslage kann ohne Abwarten auf das Tätigwerden des Gesetzgebers der modernen Entwicklung angepasst werden, sodass zeitgemäße Nutzungen technologieoffen einbezogen werden. Dieser neu entstehende Rechtsrahmen verletzt weiterhin nicht die individuellen Interessen der Parteien. Denn ohne Interessengerechtigkeit würde der Anreiz zum Vertragsschluss entfallen. Verträge eröffnen der Parteien die Möglichkeit, sich in einem gemeinsamen Kompromiss wiederzufinden. Damit beinhalten Vorbehaltsregelungen das Potential alle vier aufgezeigten Kritikpunkte zu beseitigen.

Demgegenüber ist es keinesfalls zwingend, dass die Vereinbarung die aufgezeigte Wirkung entfaltet. Es ist möglich, dass gut gestaltete Verträge die Systematik übersichtlicher gestalten. Zugleich können sie allerdings ebenso die Anordnung der Erlaubnisse weiter zerstückeln. Nicht alle gesetzlichen Erlaubnisse müssen Regelungsgegenstand des Vertrags sein, sodass sich die Rechtslage nach dem Vertragsschluss aus einem unübersichtlichen Zusammenspiel aus vertraglichen Erlaubnissen mit ihrer jeweiligen Systematik und einzelnen, weiterhin geltenden gesetzlichen Erlaubnissen mit ihrer jeweiligen Systematik ergibt. Die Gesetzessystematik wird noch unübersichtlicher, wenn nicht mehr alle Privilegierungen Anwendung finden. Das schmälert die Rechtssicherheit. Mit einem Blick ins Gesetz vermag der Nutzer nicht mehr den Umfang seiner Erlaubnis zu erkennen. Den Nachteil können selbst vertragliche Präzisierungen nicht ausgleichen. Dabei ist zusätzlich zu berücksichtigen, dass sogar aufwendig gestaltete Vereinbarungen ebenfalls nicht von Unbestimmtheiten oder Auslegungsschwierigkeiten gefeit sind und ebenso Aspekte unberücksichtigt lassen können. Dass die berücksichtigten Regelungsinhalte überdies interessengerecht ausgestaltet sind, ist gleichfalls nicht zwangsläufig gegeben. Interessengerechte Verträge setzen gleiche Verhandlungs- und Marktmacht voraus. Selbst dann können nur die Interessen der Parteien und nicht die Dritter einfließen. Durch die Vereinbarung entfällt die Anwendbarkeit der durch den Gesetzgeber unter umfassender Einbeziehung aller Interessen und Grundrechte nach parlamentarischer Beratung ausgestalteten Erlaubnis. Folglich können Verträge die aufgezeigte Kritik abmildern, aber sie können sie ebenso verstärken. Lediglich dem Aspekt der flexiblen Anpassung an moderne Nutzungsbedürfnisse kann kein Argument entgegengehalten werden.

Zusammenfassend sind Vorbehalte somit ein diffiziles Instrumentarium, welches positive und negative Auswirkungen hervorrufen kann, welche noch näher zu betrachten sein werden. Die Folgen hängen mitunter davon ab, in welcher konkreten Privilegierung, die an welchen Nutzer adressiert ist und welche Marktsituation beschreibt, der Vorbehalt eingeführt wird. Die bisherigen Bildungs- und Wissenschaftsschranken bringen den Vorteil mit sich, dass die Auswirkungen von Vorrangregelungen im Gegensatz zu den übrigen Schrankenprivilegierungen nicht abstrakt diskutiert werden müssen, sondern auf realen Erfahrungen beruhen. In Bezug auf die bisherigen Erfahrungen ist darauf hinzuweisen, dass § 53a UrhG aF sowie insbesondere §§ 52a, 52b UrhG aF im Zentrum der Kritik standen, obwohl die Wissenschaftsschranken in zahlreichen Normen über das ganze Gesetz verteilt geregelt waren. Alle vier Kritikpunkte (Regelungssystematik, Bestimmtheit und Rechtssicherheit, Flexibilität, Interessenausgleich) lassen sich wie gezeigt an ihnen festmachen. Die Beanstandung von §§ 52a, 52b UrhG aF ist in der Literatur in einer schier unerschöpflichen Kritik belegt worden.[1178] Es ist bereits aufgezeigt worden,[1179] dass es sich dabei um genau die Schrankenbestimmungen handelt, die nach alter Rechtslage zur Disposition gestellt wurden. Ob es sich dabei um einen Zufall handelt, mag bezweifelt werden können. Daraus würde folgen, dass der Vorbehalt keine Lösung für die Kritik an den bisherigen Wissenschafts- und Bildungsschranken ist, sondern die mit ihm verknüpften Rechtsunsicherheiten vielmehr Geltungsgründe für das Bestehen der Kritikpunkte bildeten.

II Lösungsvorschläge aus der Wissenschaft

Die Debatte über ein bildungs- und wissenschaftsfreundlicheres Urheberrecht ist eine lange Zeit andauernd und kontrovers geführt worden. Das überrascht kaum, denn die Interessen von Urhebern, Verwertern, individuellen Nutzern, Infrastruktureinrichtungen und der Allgemeinheit verlaufen teilweise konträr.[1180] Um sie in einen gerechten Ausgleich zu bringen, müssen die Schranken des Urheberrechts angepasst werden. Die einzige Alternative wäre, die Definition des Schutzgegenstands zu überdenken und bestimmte Gegenstände im Allgemeininteresse generell freizustellen.[1181] Welche Anpassungsvorschläge in der Urheberrechtswissenschaft getätigt worden sind, soll folgend beschrieben werden. Interessant an der Diskussion ist, dass die verschiedenen Ansätze ganz überwiegend Vorbehalte nicht in ihre Lösung einbeziehen. Über die diesbezüglichen Ursachen kann nur spekuliert

---

1178 Vgl. nur *Allianz der deutschen Wissenschaftsorganisationen*, Neuregelung des Urheberrechts, S. 3; *de la Durantaye*, Allgemeine Bildungs- und Wissenschaftsschranke, S. 102 ff., 110 ff.; *Deutscher Bibliotheksverband*, Nutzerinteressen stärken, Urheberrechte wahren, S. 2; *Hoeren*, ZUM 2011, 369, 373 f.; *Hoeren/Neubauer*, ZUM 2012, 636, 639 f.; *Lorenz*, ZRP 2008, 261, 262 f. mwN.; *Lutz*, Zugang zu wissenschaftlichen Informationen in der digitalen Welt, S. 62 f., 94, 157; *Sieber*, MMR 2004, 715, 716 f.; *Steinbeck*, NJW 2010, 2852, 2854 f.; *Wandtke/König*, ZUM 2014, 921, 925 ff.

1179 Vgl. F III 1., 2.

1180 Vgl. zur Interessenlage allgemein *Kreutzer*, Das Modell des deutschen Urheberrechts und Regelungsalternativen, S. 109 ff.; *Schweikart*, Die Interessenlage im Urheberrecht, S. 22 ff.; zur Lage speziell im Wissenschafts- und Bildungsbereich *Bajon*, Interessenausgleich im Wissenschaftsurheberrecht?, S. 108 ff.; *Duppelfeld*, Das Urheberrecht der Bibliotheken im Informationszeitalter, S. 78 ff.

1181 Für diesen Weg sprechen sich in Bezug auf Suchmaschinen *Dreier*, in: *Dreier/Hilty*, FS 50 Jahre UrhG, S. 339, 347; *Ohly*, Gutachten F, F 113 f., F115 f. aus. *Schack*, ZUM 2016, 266, 268 f. präferiert diese Lösung zusätzlich in Bezug auf Thumbnails, Data-Mining und Parodien.

werden. Möglicherweise sind sie jedoch in den soeben eigeordneten Erfahrungen zu sehen.

1. Ausgewählte Literaturmeinungen

Um die Schranken des Urheberrechts neu zu regeln, kann man im Anschluss an *de da Durantaye* fünf Möglichkeiten diskutieren: richterliche Rechtsfortbildung, Umgestaltung der Einzeltatbestände, Zusammenfassung der Schrankenregelungen und eine allgemeine Bildungs- und Wissenschaftsschranke als Generalklausel ohne oder mit Regelbeispielen.[1182]

Obwohl die Rechtsprechung einzelne Rechtsunklarheiten und -unbestimmtheiten zu beseitigen vermag, ist es ihr verfassungsrechtlich verwehrt, gesetzgeberischen Wertungen zuwiderzulaufen.[1183] Daher können legislatorische Fehlgriffe nur durch Einschreiten des Gesetzgebers korrigiert werden, der seiner ureigenen Aufgabe nachkommen und die Schranken des Urheberrechts definieren muss. Daher ist die erste Möglichkeit nicht vertieft diskutiert worden. Das gilt ebenso für die Optionen der punktuellen Korrektur bestehender Schranken oder deren systematischen Zusammenfassung.[1184] Das liegt darin begründet, dass damit zwar an einzelnen Stellen Klarheit und Rechtssicherheit entstehen, die Bandbreite der oben aufgezählten Probleme aber nicht gelöst werden kann. Insbesondere Flexibilität und Technikoffenheit können nur erreicht werden, wenn man an der Zweckeignung orientiert die Schranken neu formuliert.

Statt geringfügiger Korrekturmaßnahmen ist folglich eine grundsätzliche Reform der Schrankenregelungen besprochen worden. Die Anzahl der Optionen geht dabei weit über die Bildung einer von *de da Durantaye* favorisierten und als letzte Reformmöglichkeit von ihr vorgeschlagenen Generalklausel hinaus. Schwerpunktmäßig ist in der Literatur diskutiert worden, welche Regelungstechnik der Gesetzgeber wählen soll. Denn die Wahl der Gesetzestechnik setzt entscheidende Weichenstellungen in der Fragestellung, welches Ziel mit der Schrankenregelung erreicht werden soll.

Man könnte am althergebrachten Konzept der geltenden, abschließend aufgezählten Schranken festhalten, indem man sie überarbeitet, bündelt und vorsichtig öffnet.[1185] Aufgrund von enumerativen Schranken würde der Rechtsanwender gezwungen werden, sich im Rahmen der Auslegung den teleologischen Hintergrund jeder einzelnen Schranke vor Augen zu führen und anschließend nur solche Handlungen vorzunehmen, die der Gesetzgeber gemäß ihrem Sinn und Zweck privilegieren wollte. Diese Technik fordert den Gesetzgeber, den Katalog der

---

1182 *de la Durantaye*, Allgemeine Bildungs- und Wissenschaftsschranke, S. 196 ff.

1183 BVerfGE 69, 315, 372 – Brokdorf.

1184 Vgl. die Bewertung bei *Schack*, ZUM 2016, 266, 271.

1185 Dafür *Jani*, ZUM 2016, 481, 483; *Poeppel*, Neuordnung der Schranken, S. 514, mit eigenen Gesetzesvorschlägen S. 517 ff.; *Staats*, ZUM 2016, 499, 500.

abschließend aufgezählten Einzeltatbestände fortlaufend um solche zu erweitern, die neue privilegierungswürdige Verwertungsanliegen berücksichtigen. Sie schafft das höchstmögliche Maß an Rechtssicherheit und -klarheit. Zugleich beschränkt diese Gesetzestechnik die Anzahl der privilegierten Handlungen auf solche, die der Gesetzgeber wirklich gewähren wollte. Das ist im Weg der Auslegung zu ermitteln.

Eine weitergehende Öffnung und Flexibilisierung ließe sich nur erreichen, wenn man die gesetzgeberischen Maßnahmen auf Rechtsanwendungsebene mit einer Abkehr vom Dogma der engen Auslegung der urheberrechtlichen Schranken kombiniert. Beispielsweise als Ergebnis einer teleologischen und grundrechtskonformen Auslegung[1186] könnte die analoge Anwendung von Schranken die vom Wortlaut bedingte, aber als unzureichend empfundene Begrenzung auf eine bestimmte Technologie überwinden.

Wenn man das Maß an Offenheit und Flexibilität erhöhen möchte, was zwangsläufig zur Verringerung der Rechtssicherheit führt, kann man verstärkt auf unbestimmte Rechtsbegriffe zurückgreifen. Eine Möglichkeit könnte darin bestehen, die enumerativ aufgezählten Schrankenbestimmungen aufrechtzuerhalten und sie um eine subsidiäre Auffangklausel zu ergänzen.[1187] Dieser eigenständige Auffangtatbestand hätte den Vorteil, dass er regelungstechnisch einen Ausgleich der Ziele anstrebt. Nach wie vor stünden die konkreten Schranken im Vordergrund. Nur im Ausnahmefall würde die Generalklausel als Auffangtatbestand greifen. Der Charakter des deutschen Rechts könnte so teilweise aufrechterhalten bleiben. Dennoch ist erkennbar, dass die Vertreter einer solchen Forderung tendenziell eine Ausdehnung von Nutzungsprivilegien anstreben. Die in der Praxis auftretende Frage wäre, ob die neu gewonnenen Freiräume nicht zu einer Schwächung der Urheber- und Verwerterinteressen führen.

Die am weitesten gehende Möglichkeit wäre die Schaffung einer allgemeinen Bildungs- und Wissenschaftsschranke als Generalklausel.[1188] *Hoeren* will das Konzept einer Schranken-Generalklausel nicht nur auf den Forschungs-, Bildungs- und Wissenschaftsbereich beschränken, sondern eine allgemein gehaltene

---

1186 Zur Auslegung der Schranken vgl. D I 2.; zur Forderung nach einer analogen Anwendung der Schranken siehe *Raue*, in: *Loewenheim*, FS W. Nordemann II, S. 327, 339; *Stieper*, Rechtfertigung der Schranken, S. 69 f.

1187 Dafür *Förster*, Fair Use, S. 221 f.; *Hansen*, Warum Urheberrecht?, S. 407 ff.; *Kleinemenke*, ZGE 2013, 103, 131 ff.; *Ohly*, Gutachten F, F 65 f., F 78; *Schack*, ZUM 2016, 266, 274. Eigener Gesetzesvorschlag bei *Hansen*, Warum Urheberrecht?, S. 409 f.; *Kleinemenke*, Fair Use im deutschen und europäischen Urheberrecht?, S. 569 f.

1188 Dafür *Pflüger/Heeg*, ZUM 2008, 649, 656; *Schunke*, in: *Bullinger/Grunert/Ohst/Wöhrn*, FS Wandtke, S. 341, 353; mit eigenen Gesetzesvorschlägen das *Aktionsbündnis „Urheberrecht für Bildung und Wissenschaft“*, Text bei *Kuhlen*, ZGE 2015, 77, 118; *Allianz der deutschen Wissenschaftsorganisationen*, Neuregelung des Urheberrechts, S. 10 f.; die *Kultusministerkonferenz*, Text bei *Pflüger*, ZUM 2010, 938, 944.

„Megaschranke“[1189] einführen. In Konsequenz dessen müsste der bestehende Schrankenkatalog komplett abgeschafft werden. Als Vorbild könnte die US-amerikanische Rechtslage dienen. Eine solche Regelungstechnik würde bewirken, dass das Gesetz fortlaufend ohne legislatives Tätigwerden neue Verwertungsanliegen privilegieren kann. Die Einzelfallorientierung würde das leitende Prinzip werden. Eine Wertung und Abwägung würde die klassische Auslegung von Einzeltatbeständen ablösen. Neue Sachverhalte und Entwicklungen lassen sich jederzeit unter den offenen Wortlaut subsumieren. So kann das größtmögliche Maß an Flexibilität und Offenheit gegenüber modernen Entwicklungen, Strömungen und Technologien erreicht werden.

Das würde jedoch zwangsläufig zulasten der Rechtssicherheit gehen. Um diese ansatzweise zu berücksichtigen, könnten die allgemeinen Tatbestände durch konkrete Regelbeispiele erläutert werden.[1190] Diese übliche Regelungstechnik hat der Gesetzgeber desgleichen für die Definition des Werkbegriffs als Schutzgegenstand in § 2 UrhG und des umfassenden Ausschließlichkeitsrechts zur körperlichen und unkörperlichen Verwertung in § 15 I, II UrhG gewählt. In Durchbrechung der traditionell einzeln und abschließend aufgezählten Schranken hat die Generalklausel mit Regelbeispielen bereits Einzug in den Schrankenkatalog des Urheberrechtsgesetzes gefunden. Im Rahmen des Zweiten Korbs wurde die Zitierschranke, § 51 UrhG aF, verallgemeinert und zuvor aufgezählte Einzelfälle in Regelbeispiele umgewandelt, womit der Gesetzgeber richterrechtliche Analogien nachvollziehen wollte.[1191] Die vom BGH zuvor vorgenommene entsprechende Anwendung einer Schranke führte über einen rechtspositivistischen Ansatz hinaus zu einer Erweiterung des Umfangs gesetzlich erlaubter Nutzungen. Voraussetzung einer Analogie ist eine vergleichbare Interessenlage, die bezüglich des Zitats im Allgemeininteresse am kulturellen und wissenschaftlichen Fortschritt besteht.[1192] Dieses hielt der BGH in der Entscheidung *„Filmzitat“* für gewichtiger als das Schutzinteresse des Rechteinhabers.

1189 *Hoeren*, in: *Berger*, FS Sandrock, S. 357, 370 f.; *ders.*, MMR 2000, 3, 5: „Jede Nutzung von Werken sollte ohne Zustimmung des Rechtsinhabers zulässig sein, die weder die berechtigten Interessen des Rechtsinhabers unzumutbar beeinträchtigt noch der normalen Auswertung des Werkes zuwiderläuft.“ Mit Blick auf den verfassungsrechtlichen Hintergrund unserer Wirtschafts- und Eigentumsordnung sowie die Rechtsunsicherheit angesichts unvorhersehbarer Ergebnisse im Rahmen der Interessenabwägung ist dieser Vorschlag abzulehnen, so zu Recht ebenfalls *Hansen*, Warum Urheberrecht?, S. 408; *Spindler*, GRUR 2002, 105, 115.

1190 Dafür *de la Durantaye*, Allgemeine Bildungs- und Wissenschaftsschranke, S. 210 ff., 213, mit eigenem Gesetzesvorschlag S. 214, 245.

1191 BT-Drs. 16/1828, S. 25; *Schack*, Urheberrecht, Rn. 545, 549. Zur vorigen Analogie BGHZ 99, 162, 165 – Filmzitat.

1192 BGH NJW 1987, 1408, 1409 – Filmzitat.

2. Bewertung der Lösungsvorschläge

Im Vordergrund der Diskussion stand folglich nicht eine Debatte über bewährte oder neu einzufügende Rechtsfiguren wie den Vertragsvorbehalt, sondern die Regelungstechnik. Dabei zeigt die zuletzt genannte Argumentation des BGH eine wesentliche Erkenntnis, die für die Diskussion um den Vorbehalt ebenso von Bedeutung ist: Entscheidend für die Ausgestaltung und Anwendung des Rechts ist stets die Interessenpriorisierung. Der Gesetzgeber muss sich gleichsam den angeführten Literaturstimmen fragen: „Was will ich?" Das Ziel steuert anschließend die Argumentation. Der BGH will in dem Fall den Allgemeininteressen mehr Raum gewähren und setzt sich daher entgegen der restriktiven Schrankenauslegung im Rahmen der Analogiebildung über eine strenge Form des Rechtspositivismus hinweg.

Entscheidend für den Vorbehalt ist mithin gleichfalls die Interessenlage. Die nutzenden Wissenschaftsorganisationen haben ein Interesse an weitreichenden Nutzungsmöglichkeiten. Da Schranken ihnen diese ohne den Aufwand der Lizenzierung gewähren, streben sie nach weitreichenden Schrankenprivilegierungen.[1193] Die Gesetzesvorschläge der Kultusministerkonferenz gehen in die gleiche Richtung.[1194] Die Länder haben ein fiskalisches Interesse.[1195] In ihrer Trägerschaft stehen nämlich die meisten Wissenschaftseinrichtungen. Somit zahlen sie letztlich die Vergütungsansprüche. Gesetzliche Ansprüche auf angemessene Vergütung fallen geringer aus als vertraglich ausgehandelte Lizenzgebühren. Somit helfen Schrankenregelungen den Ländern, Geld zu sparen.

Daneben können Schranken im Interesse der Urheber sein. Das zeigt beispielsweise die Einführung der Schranke zur Vervielfältigung zum privaten Gebrauch. Die Privatkopie war vor Einführung des UrhG ausnahmslos freigestellt, vgl. § 15 II LUG, § 18 KUG. Im Zuge der technischen Entwicklung, damals das Aufkommen des Tonbands, war es praktisch nicht mehr möglich, die privaten Vervielfältigungen zu überwachen und zu kontrollieren. Das gilt heute noch mehr als 1965. Damals bestand die Befürchtung, die Privatkopie würde zu einem Rückgang der Schallplattenproduktion und damit zu einer Schädigung der Urheber führen.[1196] Um diese Schädigung zu vermeiden, wurde die Vervielfältigung zum privaten Gebrauch von einer Schrankenregelung erfasst, wodurch dem Urheber zwar kein Verbotsrecht,

1193 Vgl. *Allianz der deutschen Wissenschaftsorganisationen*, Neuregelung des Urheberrechts, S. 10 f.

1194 Vgl. *Pflüger*, ZUM 2010, 938, 944.

1195 Das kommt im Gesetzesvorschlag der Kultusministerkonferenz deutlich zum Vorschein, vgl. *Pflüger*, ZUM 2010, 938, 944. Nach § 52a III 2 ihres Entwurfs ist die Angemessenheit der Vergütung nach den „wirtschaftlichen Auswirkungen auf die Rechteinhaber" zu berechnen. Eine Kompensation für wirtschaftliche Auswirkungen fällt geringer aus als eine angemessene Vergütung im traditionellen Sinn.

1196 BT-Drs. IV/270, S. 31.

aber ein gesetzlicher Anspruch auf angemessene Beteiligung zustand.[1197] Die Einführung einer Schranke kann somit in oben bezeichneten Fällen der unkontrollierten Massennutzung im Interesse der Urheber eine Aushöhlung des Urheberrechts verhindern.

Dem stehen die Interessen der Verwerter entgegen. Sie wollen für ihr Produkt am Markt so hohe Einnahmen wie möglich erzielen. Dies entspricht dem Interesse des Urhebers, wenn er an den Einnahmen des Verwerters in entsprechender Höhe partizipiert. Gesetzliche Nutzungsprivilegierungen schmälern den Umfang lizenzierbarer Nutzungshandlungen. Wenn mit einem Produkt weniger Geld verdient werden kann, sinkt der Anreiz, hochwertige (Verlags-)Produkte zu entwickeln. Darüber hinaus sind die gesetzlichen Vergütungsansprüche den Urhebern zugeordnet. Die Verwerter konnten zum Zeitpunkt der Reform daran nur im Fall einer Zustimmung iSv § 27a VGG beteiligt werden.[1198] Aus diesen Interessen heraus wehren sie sich gegen weite Schrankenregelungen.[1199] Wenn die Urheber indes nicht urhebervertragsrechtlich vergütet werden, stellen die gesetzlichen Vergütungsansprüche ihre einzige Einnahmequelle dar.

Diese Interessenlage prägt jeden Aspekt der Diskussion um die Reichweite von Schrankenbestimmungen. Das betrifft nicht nur die Frage nach der Gesetzestechnik, anhand derer die Interessenlage und die daraus resultierenden Vorschläge lediglich dargestellt worden sind. Genauso betroffen ist die Diskussion um einen Vertragsvorbehalt in Schrankenregelungen. Sollen gesetzliche Nutzungserlaubnisse vertraglich verändert oder ausgeschlossen werden können? Sollen Zahlungsströme vertraglich umgelenkt werden können? Will man bessere Verlagsprodukte, deren Nutzung offen und flexibel ausgehandelt wird oder rechtssichere Privilegien zugunsten der Allgemeinheit? Je nach Schutzziel wird man sich positionieren müssen. Wie sich der Gesetzgeber selbst positioniert hat, soll nachfolgenden betrachtet werden.

III Gesetzgebungsverfahren

Das Gesetzgebungsverfahren prägt entscheidend das Verständnis von § 60g UrhG. Demzufolge wird es und der dabei einschlägige Rechtsrahmen nun vorgestellt.

1. Koalitionsvertrag

Das Urheberwissensgesellschaftsgesetz ist die Umsetzung eines Vorhabens der Großen Koalition aus CDU/CSU und SPD. Im Koalitionsvertrag aus dem November 2013 hieß es: „Wir werden den wichtigen Belangen von Wissenschaft,

---

1197 BT-Drs. IV/270, S. 32.

1198 Siehe dazu bereits B II 5.

1199 Vgl. *Börsenverein des Deutschen Buchhandels*, Stellungnahme zum RefE, S. 12 f.

Forschung und Bildung stärker Rechnung tragen und eine Bildungs- und Wissenschaftsschranke einführen."[1200] Interessant hieran ist, dass die Regierungsparteien keine Begründung für die Einführung einer Bildungs- und Wissenschaftsschranke nennen. Sie scheinen der Ansicht gewesen zu sein, dass das Urheberrechtsgesetz den wichtigen Belangen von Wissenschaft, Forschung und Bildung nicht mehr ausreichend Rechnung trägt. Keine Aussage wird jedoch darüber getroffen, warum das so ist. Warum soll eine Bildungs- und Wissenschaftsschranke geschaffen werden? Warum genügt das Gesetz den Belangen der Gegenwart nicht mehr? Ein politischer Wille ist immer auf die Erreichung eines Ziels gerichtet. Die Frage nach dem „Warum?" ist daher entscheidend, um die Ziele zu erkennen, denen das neue Gesetz dienen soll. Das ist nicht nur im Rahmen der rechtspolitischen Diskussion relevant, sondern darüber hinaus für die Auslegung des zustande gekommenen Gesetzes. An dieser Stelle kann festgehalten werden, dass der Koalitionsvertrag als einzige Zielsetzung einseitig die Belange von Wissenschaft, Forschung und Bildung in den Blick nimmt.[1201] Es findet sich kein Bekenntnis dazu, dass die urheberrechtlichen Schranken auf eine die Interessen ausgleichende Regelung ausgerichtet sein müssen. Zu hoffen ist, dass das Schweigen Ausdruck davon ist, dass die Wahrung der Interessen der Rechteinhaber als Selbstverständlichkeit angesehen wird. Denn aus den verfassungsrechtlichen,[1202] europäischen[1203] und internationalen[1204] Grundlagen des Urheberrechts folgt die Pflicht des Gesetzgebers zur Wahrung ihrer Interessen.

2. Unionsrechtlicher Rahmen

Der Gesetzgeber hat über diese Verpflichtungen hinaus umfangreiche Vorgaben, insbesondere aus dem Bereich des Unionsrechts, zu beachten. Für die Reform der Wissenschaftsschranken war zum Zeitpunkt der Gesetzesverabschiedung die InfoSoc-RL die zentrale Regulierung.[1205] Die in der Richtlinie aufgeführten

---

1200 Koalitionsvertrag zwischen CDU, CSU und SPD für die 18. Legislaturperiode, S. 93.

1201 Kritisch dazu gleichfalls *Jani*, ZUM 2016, 481, 482.

1202 Vgl. C I.

1203 Art. 17 II EU-GrCh; Erwägungsgrund 9 InfoSoc; Erwägungsgrund 2 DSM-RL.

1204 Präambel RBÜ; Präambel WIPO-Urheberrechtsvertrag (WCT); Art. 1 1. EMRK-ZProt.

1205 Das war dem Gesetzgeber ebenso bewusst, vgl. BT-Drs. 18/12329, S. 24, wie dass die Europäische Union zu diesem Zeitpunkt die unionsrechtlichen Bestimmungen zu erlaubnisfreien Nutzungen revidierte, BT-Drs. 18/12329, S. 25 f.; vgl. *Europäische Kommission,* Vorschlag für eine Richtlinie über das Urheberrecht im Digitalen Binnenmarkt, COM(2016) 593 final. Bewusst wurde der Reformprozess nicht abgewartet, weil Dauer und Ergebnis dessen nicht absehbar waren und man hoffte, ihn beeinflussen zu können, vgl. BT-Drs. 18/12329, S. 26. Der Vertragsvorbehalt wird

Verwertungsrechte, namentlich das der öffentlichen Zugänglichmachung, sind vollharmonisiert und daher autonom und nur vom EuGH auszulegen.[1206] Neben einzelnen Verwertungsrechten werden die im nationalen Recht zulässigen Ausnahmen und Beschränkungen in Art. 5 InfoSoc geregelt. Die Einführung von Schranken stand aufgrund der fakultativen Aufzählung in Art. 5 II–IV InfoSoc fast vollständig im Ermessen der Mitgliedstaaten.[1207] Mit Art. 5 I InfoSoc, der in § 44a UrhG umgesetzten Privilegierung zugunsten ephemerer Vervielfältigungen, war lediglich eine von einundzwanzig Schrankenbestimmungen verpflichtend. Jedoch war der Katalog an Nutzungserlaubnissen abschließend.[1208]

Die fakultativen Bestimmungen der Richtlinie aus der Phase des Anfangs des Internetzeitalters wurden vermehrt als unzeitgemäß wahrgenommen und sorgten für ein Ungleichgewicht zwischen den einzelnen Mitgliedstaaten insbesondere im Bereich der digitalen Nutzung. Im Rahmen der Reform des Urheberrechts im digitalen Binnenmarkt wurden daher im April 2019 nicht nur optionale, sondern verpflichtende Schrankenbestimmungen im Titel II „Maßnahmen zur Anpassung von Ausnahmen und Beschränkungen an das digitale und grenzüberschreitende Umfeld“ der DSM-RL eingeführt. Die für den Untersuchungsgegenstand wesentlichen Bestimmungen der InfoSoc-RL sind bereits vorab im Rahmen der Darstellung der bisherigen Rechtslage erläutert worden. Dazu gehört insbesondere der abgeschlossene Katalog an sich, der dazugehörige Umsetzungsspielraum der Mitgliedstaaten und die Vorschrift des Art. 5 III lit. n) InfoSoc. Im Übrigen setzt sich die InfoSoc-RL nicht ausdrücklich mit dem Verhältnis zwischen Schranke und Vertrag auseinander. Der durch die Einführung der DSM-RL neu entstandene rechtliche Rahmen zur Schrankenausgestaltung soll noch nachfolgend kurz vorgestellt werden.

Zunächst ist in den Art. 3, 4 DSM-RL die Verpflichtung geregelt, Ausnahmen und Beschränkungen zugunsten der Vervielfältigung und Entnahme zum Zweck des Text und Data Minings einzuführen, aber ohne Vergütungsanspruch. Die Digitaltechnik hat neue Nutzungsmöglichkeiten ermöglicht, die zu Rechtsunsicherheiten geführt hatten.[1209] Das hat die Einführung der Regelung notwendig gemacht. Dennoch hat der europäische Gesetzgeber ihre Anwendbarkeit nicht für alle erdenklichen Fälle angestrebt. Hat ein Rechteinhaber einen Schutzgegenstand der Öffentlichkeit im Internet zugänglich gemacht, muss es nicht zwingend sachgerecht sein, wenn dieser automatisiert vervielfältigt werden kann.[1210] Daher

---

somit zugleich unter dem Aspekt zu werten sein, ob er Vorbild für die weitere Ausgestaltung des Gemeinschaftsrechts sein kann.

1206 EuGH GRUR 2019, 934, 937, Rn. 38 – Funke Medien/Bundesrepublik Deutschland.

1207 Kritisch dazu *Stieper*, ZUM 2019, 393, 394.

1208 Erwägungsgrund 32 S. 1 InfoSoc.

1209 Vgl. Erwägungsgrund 5 DSM-RL.

1210 Erwägungsgrund 18 DSM-RL.

wurde ein Nutzungsvorbehalt in Art. 4 III DSM-RL eingeführt. Die Ausnahmen und Beschränkungen finden nur Anwendung, sofern die Rechteinhaber die Werke und sonstigen Schutzgegenstände nicht ausdrücklich in angemessener Weise, etwa mit maschinenlesbaren Mitteln im Fall von online veröffentlichten Inhalten, mit einem Nutzungsvorbehalt versehen haben. Es ist somit eine Rechtsentwicklung feststellbar, moderne Schrankentatbestände vermehrt unter einen Vorbehalt zu stellen. Wie das Beispiel zeigt, betrifft das nicht nur den Vorbehalt des Vertrags. Aufgrund dieser Tendenz ist es wichtig, sich mit der Rechtsfigur des Vorbehalts in urheberrechtlichen Schrankenregelungen nähergehend zu beschäftigen.

In Art. 5 DSM-RL ist eine verpflichtende Ausnahme oder Beschränkung für Werknutzungen für digitale und grenzüberschreitende Unterrichts- und Lehrtätigkeiten aufgenommen worden. Der Harmonisierungseffekt wird dadurch geschmält, dass Art. 5 DSM-RL zwei optionale Regelungen kennt. Nach Absatz 4 können die Mitgliedstaaten einen Anspruch auf gerechten Ausgleich vorsehen und nach Absatz 2 einen Vorbehalt von Lizenzangeboten einführen. Die Lizenzen müssen mindestens dieselben Nutzungen abdecken, wie die in der Ausnahme oder Beschränkung erlaubten.[1211] Die Einführung von Vorbehalten in Schrankenerlaubnissen ist mithin eine Entwicklungslinie, die maßgeblich vom europäischen Gesetzgeber vorangetrieben wird. Die Ausnahme oder Beschränkung nach Absatz 1 gilt dann insoweit nicht oder nicht für bestimmte Nutzungen oder nicht für bestimmte Arten von Werken oder sonstigen Schutzgegenständen – etwa vor allem für den Bildungsmarkt vorgesehenes Material oder Notenblätter – als auf dem Markt geeignete und den Bedürfnissen und Besonderheiten von Bildungseinrichtungen entsprechende Lizenzen leicht verfügbar sind. Mit der Möglichkeit, derart verschiedene Vorbehaltsregelungen in den einzelnen nationalen Rechtsordnungen einzuführen, wird dem Ziel der Harmonisierung geschadet. Wenn die Mitgliedstaaten einen Angebotsvorbehalt einführen, werden sie verpflichtet, notwendige Maßnahmen zu ergreifen, damit die Lizenzen in angemessener Weise für die Bildungseinrichtungen verfügbar und auffindbar sind. Dazu könnten die Lizenzmodelle auf der kollektiven Lizenzvergabe oder auf der erweiterten kollektiven Lizenzvergabe beruhen.[1212] Der Gedanke ist daneben bedeutsam für die nationalen Überlegungen der Mitgliedstaaten zum Vertragsvorbehalt. Es ist festzuhalten, dass dieser nicht zwingend eine tief greifende Bindung von Ressourcen für die Bildungseinrichtungen bedeuten muss. Die Möglichkeit der kollektiven Rechtevergabe hat den Vorteil, dass ein Verhandeln mit einzelnen Rechteinhabern entfällt.[1213]

Eine weitere Schrankenregelung ist in Art. 6 DSM-RL vorgesehen. Zur Erhaltung des kulturellen Erbes dürfen Einrichtungen des Kulturerbes Werke und

1211 Erwägungsgrund 23 DSM-RL.

1212 Erwägungsgrund 23 DSM-RL.

1213 Das zu Recht betonend *Wandtke*, NJW 2019, 1841, 1843.

sonstige Schutzgegenstände unabhängig vom Format und Medium vervielfältigen. Diese Regelung ist verpflichtend und steht unter keinem Vorbehalt, weder einem der Nutzung noch einem des Vertrags. Vielmehr stattet Art. 7 I DSM-RL als gemeinsame Bestimmung die Art. 3, 5 und 6 DSM-RL vertragsfest aus. Dass der Gesetzgeber dabei die Formulierung „nicht durchsetzbar" gewählt hat, statt die Nichtigkeit des Vertrags ausdrücklich anzuordnen, wird in der Literatur als „in der Praxis keinen Unterschied"[1214] ausmachend angesehen. Bis zum 07.06.2021 muss das deutsche Recht diesen Anforderungen nachgekommen sein (Art. 29 I DSM-RL).

Weil das Acquis communautaire zum Urheberrecht so stark zersplittert ist, hat die Einführung der neuen Schrankenbestimmungen Änderungen bestehender Richtlinien erforderlich gemacht und die Frage des Verhältnisses zu denen aufgeworfen.[1215] Die neue Querschnitts-Richtlinie gilt für Schutzgegenstände älterer Richtlinien, dennoch lässt sie gemäß Art. 1 II DSM-RL die bereits bestehenden Vorschriften unberührt und beeinträchtigt sie in keiner Weise. In Art. 25 DSM-RL wird das Verhältnis zu Ausnahmen und Beschränkungen gemäß anderer Richtlinien erneut aufgegriffen. Mitgliedstaaten können danach für Arten und Bereiche der Nutzung, für die die DSM-RL Ausnahmen und Beschränkungen festlegt, umfassendere Bestimmungen erlassen oder aufrechterhalten, die mit den in der InfoSoc-RL vorgesehenen Ausnahmen und Beschränkungen vereinbar sind. Das bedeutet zusammenfassend für den europäischen Handlungsrahmen, dass eine Harmonisierung der fakultativen, aber zugleich abschließenden Schranken der InfoSoc-RL immer noch nicht stattgefunden hat.[1216] Ihre Vorschriften bleiben weiterhin maßgebend. In punktueller Ergänzung dazu verpflichten die Art. 3 bis 6 DSM-RL die nationalen Gesetzgeber zur Einführung vier zwingender Schranken. Überdies ist zu beachten, dass Art. 24 II lit. a), b) DSM-RL die Fassung zweier Schrankenbestimmungen der InfoSoc-RL, darunter die für Unterricht und Forschung wichtige nach Art. 5 III lit. a) InfoSoc, ändert.

Zur Verpflichtung des Gesetzgebers Vertragsvorbehalte einzuführen, lässt sich folglich zusammenfassend folgendes feststellen. Seit 2019 sieht die DSM-RL in ihren Art. 3–6 DSM-RL zwingende Schrankenvorschriften vor. Die Schranken gestaltet die Richtlinie unterschiedlich aus. Sie kennt einen Nutzungsvorbehalt

---

1214 *Dreier*, GRUR 2019, 771, 773.

1215 Siehe zum Verhältnis der verpflichtenden Schranken der DSM-RL zu den optionalen Schranken der InfoSoc-RL ausführlich *Stieper*, GRUR 2020, 1, 2 ff.

1216 *Schack*, ZGE 2009, 275, 276 bezeichnet das Acquis zum Urheberrecht als einen „kreuz und quer und schräg gewebte(n) Flickenteppich mit manchen Überschneidungen, vielen dünnen Stellen und Löchern". Dass die Schranken zum Urheberrecht sogar durch den Schritt einer Richtlinie zum digitalen Binnenmarkt immer noch nicht harmonisiert sind, ist heftig kritisiert worden. *Stieper*, ZUM 2019, 211, 212 sieht darin ein Weiterweben am „bisherigen Flickenteppich", wobei die zwingenden Schrankenregelungen nur ein „Tropfen auf den heißen Stein" seien, S. 213.

(Art. 4 III DSM-RL), einen optionalen Angebotsvorbehalt (Art. 5 II DSM-RL) sowie vertragsfeste Schrankentatbestände (Art. 3, 4, 6 DSM-RL iVm Art. 7 I DSM RL). Zur Einführung eines Vertragsvorbehalts verpflichtet sie indes nicht. Weiterhin ist gezeigt worden, dass darüber hinaus die InfoSoc-RL nach wie vor maßgeblich ist. Sie bestimmt in Art. 5 III lit. n) InfoSoc einen Vertragsvorbehalt. Abgesehen davon äußert sie sich zum Verhältnis vertraglicher Vereinbarungen zu gesetzlichen Erlaubnistatbeständen nicht ausdrücklich.

Wenn das Nebeneinander von Einzelaspekte regelnden und sektorspezifischen Richtlinien[1217] überwunden werden würde, würde die Rechtssicherheit der grenzüberschreitenden Verwertung geschützter Werke erhöht werden. Daher ist von der Wissenschaft schon lange eine Konsolidierung des EU-Urheberrechts, möglichst durch einen einheitlichen Urheberrechtstitel, gefordert worden.[1218] Obgleich der Bestand an für alle Mitgliedstaaten verbindlichen Schrankenbestimmungen eher bescheiden ausgebaut worden ist, ist ein kompromissfähiger Schritt hin zu diesem Ziel gegangen worden. In dem Zusammenhang ist auf folgende Problematik hinzuweisen: Verpflichtende Schrankenregelungen müssen möglichst präzise und eindeutig formuliert sein.[1219] Unionsweite Rechtseinheitlichkeit ist nur zu erzielen, wenn die Schrankenbestimmungen von den einzelnen Gerichten in den einzelnen Mitgliedstaaten möglichst identisch ausgelegt und angewendet werden. Konsequenterweise muss das Unionsurheberrecht Flexibilisierungsversuchen, beispielsweise durch eine reformierte Gesetzestechnik in Anlehnung an die Fair-use-Schranke in den USA, oder weitreichenden nationalen Auslegungsspielräumen eine Absage erteilen.[1220] Das schlägt sich auf die Ausgestaltung der nationalen Urheberrechtsordnungen durch.

Dieser Gedanke kann auf vorrangige Vertragsbestimmungen übertragen werden. Verträge können in einer schier endlosen Vielfalt den gleichen Gegenstand regeln. Die Parteien schließen unter den nationalen Gepflogenheiten angesichts ihrer individuellen Ziele und Bedürfnisse Einzelfallregelungen ab. So entsteht eine Rechtszersplitterung statt -einheit und -angleichung. Selbst wenn die Abbedingung an Voraussetzungen geknüpft wäre, wie beispielsweise, dass Verträge nicht einen geringeren Nutzungsumfang als die Richtlinienbestimmungen gewähren dürfen, müsste der EuGH zunächst allgemeine Regeln aufstellen, wann vertragliche

---

1217 *Stieper*, ZUM 2019, 211, 211; *ders.*, in: *Grabitz/Hilf/Nettesheim*, EU, Art. 118 AEUV, Rn. 37; *Wandtke*, NJW 2019, 1841, 1841.

1218 *Leistner*, Konsolidierung und Entwicklungsperspektive des Europäischen Urheberrechts, S. 64 ff.; *Schack*, ZGE 2009, 275, 284, 286 ff.; *ders.*, in: *Dreier/Hilty*, FS 50 Jahre UrhG, S. 277, 281 f.; *Stieper*, ZUM 2019, 211, 213; *ders.*, in: *Grabitz/Hilf/Nettesheim*, EU, Art. 118 AEUV, Rn. 37 ff.; *Wandtke*, Urheberrecht, Kap. 1, Rn. 2.

1219 *Dreier*, ZUM 2019, 384, 386.

1220 *Dreier*, GRUR 2019, 771, 772.

Regelungen diesen Anforderungen im Einzelfall genügen. Jene allgemeinen Regeln müssten dann wiederum gleich in allen Mitgliedstaaten angewendet werden.

Das Ziel der Harmonisierung lässt sich gewinnbringender mit möglichst präzisen und insbesondere vorrangigen Schrankenbestimmungen erreichen. Das zeigt anschaulich die Ausnahme oder Beschränkung zum Text und Data Mining nach Art. 3 DSM-RL. Die Voraussetzungen werden in der DSM-RL detailliert geregelt und in den Erwägungsgründen ausführlich erläutert. Zudem setzt sie sich gegen vertragliche Einschränkungen durch. Somit wird die Reichweite präzisiert und die Rechtssicherheit gesteigert.[1221] Die Harmonisierung durch die verpflichtende Schranke wird in zahlreichen Anwendungsbeispielen Wissenschaftlern in ganz Europa bei ihrer täglichen Analysetätigkeit weiterhelfen. Die Freiheit des Text und Data Minings zum Zweck der wissenschaftlichen Forschung ist gesellschaftlich erwünscht. Disponibilität würde die realistische Gefahr bergen, dass diese beschränkt oder ausgeschlossen wird.[1222]

3. Referentenentwurf

Ausgehend von diesem Rechtsrahmen erfolgte der Referentenentwurf des BMJV vom 01.02.2017.[1223] Er bezeichnete die in der Wissenschaft bereits herausgearbeiteten Problemfelder Regelungssystematik, Bestimmtheit und Rechtssicherheit sowie Offenheit und Flexibilität ebenfalls als Defizite und bot dafür drei Lösungsansätze an.[1224] Zunächst sollten die Schranken zugunsten von Bildung und Wissenschaft neu geordnet, konsolidiert und vereinfacht werden, um so die Auffindbarkeit und Verständlichkeit zu erhöhen. Weiterhin sollten die Erlaubnistatbestände erweitert werden, um die Potentiale von Digitalisierung und Vernetzung für Unterricht und Wissenschaft zu erschließen. Digitalisierung und Vernetzung haben die Möglichkeiten der Schaffung, Verbreitung und Nutzung von Werken derart verändert, dass die alte Rechtslage denen nicht mehr gerecht wurde. Daher unterblieben Formen des zeitgemäßen Gebrauchs, die das Potential der modernen Wissensgesellschaft ausschöpfen würden, oder geschahen rechtswidrig. In beiden Fällen erhält der Rechteinhaber keine Vergütung. Der Bekämpfung dieses Defizits war die dritte Lösungsstrategie gewidmet: „Um den berechtigten Interessen der Rechtsinhaber Rechnung zu tragen, also insbesondere der wissenschaftlichen Autoren und der

1221 So bereits lobend zum Richtlinienentwurf *Raue*, GRUR 2017, 11, 12.

1222 *Raue*, GRUR 2017, 11, 16 mwN. sowie Einschränkungsnachweisen in der Praxis. Insoweit ist die Annahme von *Stieper*, Rechtfertigung der Schranken, S. 431 fraglich, dass institutionelle Nutzer wie Bibliotheken, Hochschulen oder Schulen ausreichend Verhandlungsmacht haben, um angemessene Vertragsbedingungen in Bezug auf individualvertragliche Beschränkungen der Nutzungsfreiheit durchzusetzen.

1223 Im Folgenden RefE.

1224 RefE, S. 1 f.; vgl. zu den wissenschaftlichen Vorarbeiten G I.

Fachverlage, sind gesetzlich erlaubte Nutzungen regelmäßig zu vergüten. Die Reform geht hierbei davon aus, dass der Verleger auch künftig an der angemessenen Vergütung beteiligt werden kann."[1225] Hieran ist der konkrete Wortlaut interessant. Der Entwurf erwähnt fast zum Abschluss des Abschnitts „Problem und Ziel" erstmalig, dass für die Begegnung der durch Digitalisierung und Vernetzung entstandenen Herausforderungen die Beibehaltung eines hohen Schutzniveaus zugunsten der Urheber, das durch die angemessene Vergütung zum Ausdruck kommt, notwendig ist. Doch in der Präzision legt der Entwurf den Gedanken nicht dar. Vielmehr wird er verkappt formuliert. Quantitativ schwerpunktmäßig liegt die Betonung auf den Interessen der Verlage und Verleger. Gleich zweimal wird hervorgehoben, dass ihre Beteiligung an der angemessenen Vergütung wesentlich sei. Die Urheber allgemein werden in allen drei Lösungsansätzen nicht ausdrücklich erwähnt. Diese Geisteshaltung wird in der später erfolgenden Bewertung des Vertragsvorbehalts von Bedeutung sein. Daneben ist zu den drei Lösungsansätzen des RefE zu bemerken, dass sie im Geist der vorgestellten Lösungsvorschläge aus der Wissenschaft im Vorfeld der Reform Vereinbarungen nicht als Teil der Lösung betrachten. Es wird demgemäß zu fragen sein, was mit welcher Zielstellung nachfolgend einen Sinneswandel ausgelöst hat.

Aus den betroffenen Kreisen folgten reichlich kritische Reaktionen auf den Referentenentwurf. Parallel zur interministeriellen Abstimmung gingen 103 Stellungnahmen von Verbänden, Unternehmen, Institutionen und Privatpersonen beim BMJV ein, die zum ersten Mal in einem urheberrechtlichen Gesetzgebungsverfahren auf dessen Website publiziert wurden.[1226] Das verdeutlicht die politisch erkannte Bedeutung der Bereiche Bildung, Forschung und Wissenschaft für die deutsche Gesellschaft. In der Gesellschaft selbst und in den Medien ist die Debatte jedoch wesentlich beiläufiger geführt worden. Andere (selbst urheberrechtliche) Gesetzgebungsverfahren mobilisieren in Deutschland die Menschen mehr als der Bereich Bildung und Wissenschaft. Das zeigte das Verfahren vor dem Europäischen Parlament zur Einführung der DSM-RL 2019 deutlich. Die Schreckgespenster der Bedrohung des freien Internets, der Aufgabe der digitalen Freiheit, der Zensur und Kontrolle durch Upload-Filter, die das Hochladen von Inhalten einschränken, wurden weit verbreitet, teilweise von panischer Angst geleitet, diskutiert.[1227] Ganze Seiten in den Zeitungen wurden mit Artikeln zur europäischen Urheberrechtsreform gefüllt.[1228] Dadurch wurden so viele Menschen angesprochen und mobilisiert,

---

1225 RefE, S. 2.

1226 Die Stellungnahmen sind abrufbar unter: https://www.bmjv.de/SharedDocs/Gesetzgebungsverfahren/DE/UrhWissG.html, letzter Zugriff am 29.03.2021. Aufgrund ihrer Vielzahl kann in den folgenden Untersuchungen nur punktuell auf bestimmte Stellungnahmen eingegangen werden.

1227 Vgl. *van Lijnden*, Upload-Filter in der Filterblase.

1228 Vgl. *Herbold*, Wem gehört was im Netz; *Sagatz*, Wann wenn nicht jetzt.

dass allein an einem Tag in Berlin mehr als 10.000 Demonstranten zusammen kamen, um gegen die Richtlinienpläne zu demonstrieren.[1229] Möglicherweise liegt das aber zusätzlich an dem Einfluss von Lobbyisten der betroffenen Unternehmen und Verbänden. Institutionen wie Schulen, Universitäten, Museen, Archive oder Urheber wie wissenschaftliche Autoren haben keine Lobby, die denen von Internetplattformen vergleichbar ist. So waren es häufig vor allem Stellungnahmen von Unternehmen wie Google, die die sich schnell verbreitende Berichterstattung durch Nachrichten- und Presseagenturen bezüglich der neuen Urheberrechtsrichtlinie prägten, und nicht die von Urhebern und Rechteinhabern.[1230] Gleichwohl ist ebenfalls in allen anderen (urheberrechtlichen) Gesetzgebungsverfahren wie zum Beispiel in dem zum UrhWissG zu beleuchten, aufgrund welcher Interessensteuerung welche Interessenvertreter welchen Einfluss auf die Politik geltend machen. Reformvorschläge wie die zum Vorrang des Angebots oder des Vertrags sind zuletzt stets Ausdruck einer eigenen Zielvorstellung.

Mit Blick auf den konkreten Inhalt des RefE war es eine Bestrebung des Ministeriums gewesen, die bisherigen vereinzelten Sonderbestimmungen zu streichen und eine einheitliche Norm zu schaffen, die das Verhältnis von Verträgen und Schranken im Wissenschaftsbereich verbindlich regelt. Denn in der Praxis gibt es Anwendungsfälle, die eine solche Bestimmung erforderlich machen. Die Rechteinhaber sind in direkten Verhandlungen mit den nutzenden Institutionen. Dadurch können sie Marktprodukte anbieten, die für die Institutionen interessanter als die durch das Gesetz erlaubten Handlungen sind. Daher kann es dazu kommen, dass sie freiwillig auf die Anwendbarkeit einer Schrankenregelung verzichten wollen.

Einerseits ist die Konstellation denkbar, dass der Rechteinhaber gar nicht wünscht, dass die Institution von der Schranke Gebrauch macht, und ihr deshalb ein Angebot unterbreitet, was für sie günstiger ist als die Schrankenprivilegierung. Beispielsweise könnte ein Verlag die elektronische Wiedergabe eines Werks an einem Terminal in einer Bibliothek als zu weitreichend empfinden und deswegen untersagen wollen. Wenn er der Bibliothek ein verlockendes Angebot in Form von verbesserten Marktprodukten macht, könnten diese geneigt sein, auf die Ausübung der privilegierten Wiedergabe an elektronischen Leseplätzen zu verzichten.

Andererseits wäre die Konstellation denkbar, dass der Rechteinhaber durch Vertragsangebote ermöglichen möchte, dass der Nutzer anders als in der Schrankenbestimmung vorgesehen nutzt. Obwohl die Institution dafür eine vertragliche Vergütung zahlen muss, kann sie sich dennoch darauf einlassen wollen, wenn das Produkt besser ist als das, was ihr das Gesetz ermöglicht. Im oben genannten Beispiel könnten sich die Parteien darauf einigen wollen, dass die Bibliothek nicht auf gesetzlicher Grundlage nutzt, sondern ausschließlich auf einer vertraglichen mit

---

1229 Teilnehmerzahl zitiert nach *Loy*, Mehr als Zehntausend Menschen demonstrieren in Berlin.

1230 Vgl. *rtr/dpa*, Neue Regeln für das Internet.

der Pflicht zur Zahlung einer vertraglich vereinbarten Vergütung, obwohl der Vertrag Regelungsgenstände der Schranke umfasst. Die Bibliothek könnte als Gegenleistung beispielsweise Digitalisate in hochwertiger Qualität erhalten, die sie für die Leseplätze verwenden kann und die sie mit ihren technischen Möglichkeiten oder mit vertretbarem finanziellen Aufwand nicht hätte selbst herstellen können. Alternativ könnte der Verlag anbieten, Datenbanken zu erstellen und zu pflegen, die die Auffindbarkeit und die Effektivität von Recherchen an den Leseplätzen erhöhen. Der Verlag kann auf diesem Wege in größerem Umfang lizenzieren, als wenn Handlungsmöglichkeiten durch die Schranke von der privatautonomen Gestaltungsmöglichkeit ausgenommen sind.

Die Bibliothek kann mit oder ohne Vertrag nutzen. Mit Vertrag erhält sie jedoch ein qualitativ hochwertigeres Produkt. Der Vertragsschluss kann mithin im beiderseitigen Interesse liegen. Allerdings muss er damit noch nicht automatisch Wirkung entfalten können. Ob er das kann, ist davon abhängig, ob er nicht als nachrangig zu den gesetzlichen Schrankenbestimmungen, die den gleichen Regelungsgegenstand umfassen, angesehen werden muss. Diese Frage sollte eine neue Norm beantworten. Für das letztliche Verständnis von § 60g UrhG ist der Wortlaut des Gesetzesvorschlags von Bedeutung.

§ 60g RefE[1231] lautete:
Gesetzlich erlaubte Nutzung und vertragliche Nutzungsbefugnis
(1) Soweit eine Einräumung oder Versagung einer Nutzungsbefugnis eine nach diesem Unterabschnitt erlaubte Nutzung betrifft, ist die Vereinbarung unwirksam.
(2) Eine Vereinbarung über die Zugänglichmachung an Terminals nach § 60e Absatz 4 und § 60f Absatz 1 geht abweichend von Absatz 1 der gesetzlichen Erlaubnis vor.

Im zweiten Absatz wurde also eine Ausnahme geregelt. Die geregelte Ausnahme für Terminals in Bibliotheken gemäß § 60e IV RefE, nach der Verweisung des § 60f I RefE gleichfalls für andere Institutionen anwendbar, gegenüber dem in Absatz 1 genannten Grundsatz wurde mit europarechtlichen Vorgaben begründet.[1232] Beim Gesetzgebungsprozess war die InfoSoc-RL als zentrale Regulierung zu beachten. Der Katalog des Art. 5 InfoSoc gibt den Mitgliedstaaten verbindlich vor, zu welchen Zwecken sie das Urheberrecht beschränken und dementsprechende Nutzungen gesetzlich erlauben können. § 60e IV RefE beruhte auf Art. 5 III lit. n) InfoSoc, nach dem Rechtsbeschränkungen für die Nutzung von Werken und sonstigen Schutzgegenständen zulässig sind, für die keine Regelungen über Verkauf und Lizenzen gelten und die sich in den Sammlungen der Einrichtungen gemäß Art. 5 II lit. c) InfoSoc befinden, durch ihre Wiedergabe oder Zugänglichmachung für einzelne

1231 RefE, S. 11.

1232 RefE, S. 47. Diese Ansicht vertritt im Übrigen die Bundesregierung, RegE, S. 50; der Bundestag, BT-Drs. 18/12329, S. 45 f.; die herrschende Meinung in der Literatur, vgl. *Jani*, in: *Wandtke/Bullinger*, UrhR, § 60g, Rn. 6.

Mitglieder der Öffentlichkeit zu Zwecken der Forschung und privater Studien auf eigens hierfür eingerichteten Terminals in den Räumlichkeiten der genannten Einrichtungen. Die Terminalschranke setzt also voraus, dass keine Regelungen über Verkauf und Lizenzen gelten. Daraus wird der Vorrang des Vertrags vor dem Gesetz gefolgert, der in § 60g II RefE umgesetzt werden sollte. Ansonsten normiert Art. 5 InfoSoc keine ausdrücklichen weiteren Vorgaben bezüglich des Verhältnisses Schranke-Vertrag.

Jedoch macht die Richtlinie verbindliche Vorgaben bezüglich des Verhältnisses zwischen Schranken und vertraglichen Nutzungsbefugnissen bei durch technische Maßnahmen geschützten Inhalten. Nach Art. 6 IV UAbs. 4 InfoSoc, der in § 95b III UrhG umgesetzt worden ist, setzen sich gesetzliche Schrankenregelungen gegen technische Schutzmaßnahmen nicht durch, wenn die Inhalte aufgrund einer vertraglichen Vereinbarung öffentlich zugänglich gemacht werden. Bei online verfügbaren Werken besteht also die faktische Möglichkeit, auf gesetzlichen Schrankenregelungen basierende Handlungen auszuschließen. Die faktische Wirkung der Schranken entfällt. Diese Vorgabe ist für den deutschen Gesetzgeber zwingend. Obwohl er dem nicht entgegenwirken kann, hatte er dennoch das Bewusstsein dafür, dass das insbesondere finanzstarken Verlagen und Verwertern nützt, die Anreize erhalten, ihr Angebot rechtlich geschützter Inhalte auf technisch geschützte Online-Angebote umzustellen.[1233] Der Anreiz liegt darin, sich dem gesetzlich angeordneten Schrankenregime entziehen zu können. Das Wissen darum, dass die Verwerter dieses bewusst anstreben, hat somit den gesamten Gesetzgebungsprozess begleitet. Dieses Wissen sollte bei der Bewertung des Vertragsvorbehalts stets mitbedacht werden.

Gegenüber der Ausnahme des zweiten Absatzes lautete der Grundsatz nach § 60g I RefE seinem eindeutigen Wortlaut gemäß, dass Lizenzverträge im Bereich der Schranken grundsätzlich unwirksam und Lizenzangebote unerheblich sind.[1234]

Die grundsätzliche Unabdingbarkeit der Schranken wurde von den Normadressaten überwiegend begrüßt. Die *Allianz der deutschen Wissenschaftsorganisationen* betonte erstens die Gefahr des Konterkarierens gesetzgeberischer Interessenabwägung in für die Gesellschaft wichtigen Bereichen durch die Möglichkeit der vertraglichen Abdingbarkeit von gesetzlichen Privilegierungen und zweitens des Verkehrens der klaren und für die Nutzer verständlichen Struktur der neugeregelten Schrankenregelungen in ihr Gegenteil.[1235] Ebenso die Länder, in deren Trägerschaft die meisten Bildungs- und Gedächtnisinstitutionen stehen, waren der Ansicht, dass der Vorrang der Schranken vor vertraglichen Vereinbarungen nicht in Frage gestellt werden dürfte.[1236]

1233 RefE, S. 24, der wortgleich in RegE, S. 25 f. übernommen worden ist.

1234 Das betont der Referentenentwurf ebenso mehrfach, vgl. RefE, S. 33, 38, 46.

1235 *Allianz der deutschen Wissenschaftsorganisationen*, Stellungnahme zum RefE, S. 3 f.

1236 *KMK*, Stellungnahme zum RefE, S. 3.

Die Rechteinhaber hingegen, wobei insbesondere die Wissenschaftsverlage zu nennen sind, übten massive Kritik am Referentenentwurf. Wenn sich Schrankenregelungen gegenüber Verträgen durchsetzen würden, würde das einen erheblichen Eingriff in den Primärmarkt darstellen[1237] beziehungsweise einen funktionierenden Markt zerstören[1238] oder ohne Ausgleich abschaffen[1239]. Die Rechteinhaber könnten ihre Produkte nicht vollumfänglich lizenzieren und dadurch Einnahmen generieren. Das Vertrauen darauf war Voraussetzung für frühere Investitionen gewesen. Deshalb würden sie ihre Dienstleistungsangebote nicht mehr aufrechterhalten können und mangels Anreizen zur Entwicklung neuartiger Verlagsprodukte nicht mehr auf die Weiterentwicklung höherwertiger Digitalisate abzielen und innovative Lösungen entwickeln.[1240] Infolgedessen würde Innovationskraft verloren gehen, die die öffentliche Hand nicht auffangen könne.[1241] Manche sahen in dem Vorrang des Gesetzes gar einen Verfassungsverstoß. Argumentiert wurde mit dem Subsidiaritätsprinzip.[1242] Manche Stellungnahmen erkannten in dem Referentenentwurf einen Schritt hinein in ein „Staatsverlagswesen".[1243] Als Gegenvorschlag wurde unterbreitet, dass die Anwendbarkeit einer Nutzungserlaubnis unter dem Vorbehalt eines angemessenen Lizenzangebots stehen müsse.[1244]

4. Regierungsentwurf

Der nächste Meilenstein im Gesetzgebungsverfahren war der Regierungsentwurf vom 12.04.2017.[1245] Dieser gestaltete das Verhältnis der Schranken zu vertraglichen Vereinbarungen neu gegenüber dem Referentenentwurf. Die Bundesregierung reagierte folglich auf oben genannte Kritik der Rechteverwerter. Die Förderung vertraglicher Vereinbarungen ist somit im Lichte der Befriedigung von

1237 *Forum der Rechteinhaber*, Stellungnahme zum RefE, S. 6; *Verband Bildungsmedien*, Stellungnahme zum RefE, S. 15.

1238 *Booktex*, Stellungnahme zum RefE, S. 5; *Spitzenorganisation der Filmwirtschaft*, Stellungnahme zum RefE, S. 5.

1239 *Bundesverband professioneller Bildanbieter*, Stellungnahme zum RefE, S. 3.

1240 *Börsenverein des Deutschen Buchhandels*, Stellungnahme zum RefE, S. 8; *Verlag Barbara Budrich*, Stellungnahme zum RefE, S. 2; *VG Wort*, Stellungnahme zum RefE, S. 5 f.

1241 *Börsenverein des Deutschen Buchhandels*, Stellungnahme zum RefE, S. 8.

1242 *Booktex*, Stellungnahme zum RefE, S. 1; *Börsenverein des Deutschen Buchhandels*, Stellungnahme zum RefE, S. 8; *Forum der Rechteinhaber*, Stellungnahme zum RefE, S. 6.

1243 *Börsenverein des Deutschen Buchhandels*, Stellungnahme zum RefE, S. 8.

1244 *Booktex*, Stellungnahme zum RefE, S. 4 f.; *Börsenverein des Deutschen Buchhandels*, Stellungnahme zum RefE, S. 10 f.; *Verband Bildungsmedien*, Stellungnahme zum RefE, S. 15.

1245 Im Folgenden RegE.

Verwerterinteressen zu verstehen. Die Bundesregierung kam zwar dem Wunsch nach einem Vorbehalt des Lizenzangebots nicht nach, aber sie veränderte den Gesetzesentwurf dennoch.

§ 60g RegE,[1246] dessen Wortlaut der aktuell geltende Gesetzestext geworden ist, lautete:
Gesetzlich erlaubte Nutzung und vertragliche Nutzungsbefugnis
(1) Auf Vereinbarungen, die erlaubte Nutzungen nach den §§ 60a bis 60f zum Nachteil der Nutzungsberechtigten beschränken oder untersagen, kann sich der Rechtsinhaber nicht berufen.
(2) Vereinbarungen, die ausschließlich die Zugänglichmachung an Terminals nach § 60e Absatz 4 und § 60f Absatz 1 oder den Versand von Vervielfältigungen auf Einzelbestellung nach § 60e Absatz 5 zum Gegenstand haben, gehen abweichend von Absatz 1 der gesetzlichen Erlaubnis vor.

Der in Absatz 1 geregelte Grundsatz erklärt eine Vereinbarung im Bereich gesetzlich erlaubter Nutzungen nicht mehr für unwirksam, sondern dass, wenn diese zum Nachteil des Nutzers die gesetzlich erlaubten Nutzungen beschränken oder untersagen, sich der Rechtsinhaber nicht darauf berufen kann. Der Absatz 2 nimmt nun neben den Regelungen zu Terminals ebenso die zum Kopienversand auf Bestellung von dem Grundsatz aus. Für die Rechtsanwendung wäre es interessant zu wissen, welche Motive die Bundesregierung bewegt haben, den Gesetzesvorschlag des Ministeriums abzulehnen und die Norm neu zu formulieren. Aus dem zugrunde liegenden Willen ließen sich Rückschlüsse für die Auslegung ziehen. Leider findet sich dazu keine überzeugende Begründung im Regierungsentwurf.[1247] Das ist bedauerlich, denn so kann nur versucht werden, durch Auslegung des Gesetzes und der vorhandenen Begründung den Willen des Gesetzgebers zu rekonstruieren.

Die Neugestaltung des ersten Absatzes wird im Entwurf in drei Absätzen thematisiert.[1248]

Im ersten Absatz wird ausgeführt, dass Nutzungen in jedem Fall im gesetzlich bestimmten Umfang erlaubt sind. Niemand sei gezwungen zu prüfen, ob ein Nutzungsvertrag oder ein Lizenzangebot bezüglich des geschützten Inhalts bestehe. Im Rahmen des gesetzlich Erlaubten könne jedes Werk immer genutzt werden, unabhängig davon, auf welcher Grundlage die Nutzung basiere. Das wird am Beispiel einer Dozentin festgemacht, die bei der Vorbereitung ihrer Vorlesung ein Buchkapitel in den digitalen Semesterapparat einstellen möchte.

Im zweiten Absatz wird erneut aufgegriffen, dass ein Vertrag im Bereich gesetzlich erlaubter Nutzungen wirksam ist, ohne Abschlusspflicht oder Relevanz eines

1246 RegE, S. 12 f.
1247 Vgl. RegE, S. 49 f.
1248 RegE, S. 49 f.

Angebots. Daraus folgt die wiederholte Feststellung, dass keine Prüfpflichten für die Nutzer bestehen, ob ein solches Angebot vorliegt beziehungsweise zu welchem Entgelt die Nutzung angeboten wird. Es folgt die urheberrechtliche Selbstverständlichkeit, dass ein Nutzer, der ein Werk über den gesetzlich erlaubten Umfang hinaus verwenden will, einer vertraglichen Nutzungsbefugnis bedarf.

Der dritte Absatz besagt lediglich, dass § 60g RegE ohne Einfluss auf die in § 53 I, II UrhG geregelten gesetzlichen Erlaubnisse bleibt.

Folglich ist der gesamten Begründung nicht zu entnehmen, warum die Veränderung von § 60g I RefE zu § 60g I RegE erfolgt ist. Bedauerlicher Weise hüllt der Gesetzgeber sich hier in Stillschweigen. Gewisse Rückschlüsse werden bei der später folgenden Gesetzesauslegung dennoch möglich sein.

Dass der Kopienversand auf Bestellung ohne europarechtliche Verpflichtung nun ebenfalls der Ausnahme unterliegt, wird in dem Regierungsentwurf mit einem einzigen Satz thematisiert: „Für den Kopienversand auf Bestellung gemäß § 60e Absatz 5 UrhG-E beruht sie auf einer Entscheidung des nationalen Gesetzgebers."[1249] Wieso sich der nationale Gesetzgeber dazu entschlossen hat, wird nicht dargelegt. Die Entscheidung ist somit nicht nachvollziehbar. Warum ausgerechnet der Kopienversand? Warum keine weitere Schranke? Diese Fragen können durch die Gesetzesbegründung nicht überzeugend beantwortet werden.

IV Vorstellung des UrhWissG

Das dargestellte Gesetzgebungsverfahren war sehr kurz. Bereits am 30.06.2017, also fünf Monate nach dem RefE vom 01.02.2017, wurde das UrhWissG im Bundestag verabschiedet. Dabei ist der soeben vorgestellte § 60g RegE in Form von § 60g UrhG ohne weitere Veränderung geltendes Recht geworden. Im folgenden Kapitel soll § 60g UrhG auf seinen konkreten Aussagegehalt hin ausgelegt werden. Jedoch kann eine Rechtsfigur nicht isoliert betrachtet werden, ohne die Systematik und den Normzusammenhang zu berücksichtigen. Daher soll im vorliegenden Abschnitt zunächst das UrhWissG selbst kurz dargestellt werden. Die Regelungsziele des Reformgesetzes sollten in einem inneren Zusammenhang zu denen des § 60g UrhG stehen. Bei der Deskription des UrhWissG ist insbesondere auf den Zusammenhang der Nutzungserlaubnisse zu den Vergütungsansprüchen einzugehen. Denn für die Rechtsstellung der Urheber und Rechteinhaber ist es nicht allein bedeutend, in welchem Ausmaß Ausschließlichkeitsrechte bestehen, sondern ebenso, inwiefern ihnen kompensierende Ansprüche zur Seite stehen. Andersherum ist die Stellung der Nutzer davon geprägt, für welche Handlung sie in welcher wie zu berechnenden Höhe zur Zahlung verpflichtet sind.

1249 RegE, S. 50.

1. Binnenstruktur und Regelungstechnik

Im Zentrum der Reform standen eine Neuordnung und Bündelung der bestehenden Schrankenvorschriften des UrhG sowie die Schaffung eines neuen Unterabschnitts 4 in Teil 1 Abschnitt 6. Darin sind sechs Einzeltatbestände enthalten, die sich jeweils an eine bestimmte Adressatengruppe richten: § 60a UrhG ist an Unterrichtende und Lehrende an Bildungseinrichtungen adressiert, § 60b UrhG an die Hersteller von Unterrichts- und Lehrmedien, § 60c UrhG an wissenschaftlich Forschende, § 60d UrhG an wissenschaftlich Forschende im Rahmen des Text und Data Minings, § 60e UrhG an Bibliotheken und § 60f UrhG an Archive, Museen und Bildungseinrichtungen. Jede Anwendergruppe erhält einen eigenen Tatbestand, sodass zuvor bestehende Schranken entweder vollständig oder teilweise entfallen konnten.[1250] Die Strukturierung der Schrankenregelungen nach den angesprochenen Normadressaten und nicht nach den eingeschränkten Verwertungsrechten bringt den Vorteil, dass dem Anwender die Orientierung im Gesetz erleichtert wird.

Überzeugend betont der Gesetzgeber mit der Binnenstruktur die Bedeutung von institutionellen Einrichtungen in der Wissensgesellschaft. Im Bereich von Bildung und Wissenschaft ist die Interessenlage mehrpolig, weil es verschiedene Arten von Nutzern gibt. Bibliotheken, Museen, Archive und Bildungseinrichtungen sind Nutzer mit eigenen Interessen, die ausreichend berücksichtigt werden müssen. Im Rahmen der Technologisierung erhalten sie neue gesellschaftliche Aufgaben wie die dauerhafte Archivierung in digitaler Form oder die Präsentation im Internet.

Daneben dienen Institutionen Endnutzern, also den letztlich Forschenden, die wiederum eigene Interessen haben können. Für einen Vertragsvorbehalt ist es eine entscheidender Vorteil bzw. möglicherweise eine logische Voraussetzung, dass die Schrankenprivilegierungen an institutionelle Nutzer und nicht an natürliche Personen adressiert sind. Der Umfang gesetzlich erlaubter Nutzungen einer einzelnen natürlichen Person ist viel zu gering, als dass ein Vertragsschluss dazu verhältnismäßig wäre. Das wirtschaftliche Interesse ist für beide Seiten nicht ausreichend. Verträge unterliegen von der Verhandlung über die Kontrolle der Einhaltung bis zur Berechnung der Vergütungshöhe individuellen und nicht kollektiven Mechanismen, wie sie von gesetzlich erlaubten Nutzungen bekannt sind. Diese sind mühsam, kosten- und zeitaufwendig. Verträge können mithin nur dann ökonomisch vorteilhaft sein, wenn ihr Regelungsgehalt Massennutzungen umfasst. Der dann mögliche Vorteil mag die Nachteile auszugleichen. Jene Bedingung wird im UrhWissG dadurch erfüllt, dass das Gesetz mit seinen Privilegierungen Institutionen anspricht. Bei institutionellen Nutzern kann im Gegensatz zu Endnutzern davon ausgegangen werden, dass sie in Nutzervereinigungen organisiert sind. Dadurch sinkt der Aufwand für die einzelne Institution, deren Verhandlungsmacht durch das kollektive Auftreten zugleich erhöht wird. Zum Vorteil des Rechtsinhabers reduziert sich die Anzahl der notwendigen Vertragsverhandlungen und die

1250 Siehe zu den entfallenden Schranken die Aufzählung in BT-Drs. 18/12329, S. 3.

Kontrolle der Einhaltung der Vertragsbestimmungen wird nicht durch verschiedenartige Vertragsinhalte mit verschiedenen Vertragspartnern erschwert.

Es kann folglich vorweggenommen werden, dass ein Vorrang oder Vorbehalt des Vertrags gegenüber allen Schrankenregelungen rechtspolitisch nicht wünschenswert sein kann. Er wäre überflüssig und würde faktisch in den meisten Fällen mangels Inanspruchnahme leer laufen. Für die Rechtsfigur ist ein Vertragspartner notwendig, der wie eine Institution umfangreiche Nutzungen auf gesetzlicher Grundlage durchführt. Nur bei solche Nutzer privilegierenden Schranken ist ein beiderseitiges Interesse an einer Vereinbarung vorstellbar.

Weiterhin konnten durch die Strukturierung nach Normadressaten verschiedene Schrankenregelungen zusammengefasst beziehungsweise entschlackt werden. Während bei einer Nutzung zur Veranschaulichung des Unterrichts früher § 52 UrhG aF bei öffentlichen Wiedergaben, § 52a UrhG aF bei öffentlichen Zugänglichmachungen und § 53 III Nr. 1 UrhG aF[1251] bei Vervielfältigungen betroffen waren, fallen all diese Handlungen nun unter § 60a UrhG. Die Regelungssystematik trägt dazu bei, dem Problem der kleinteiligen Verstreuung der einschlägigen Schrankenbestimmungen über das ganze Gesetz zu begegnen. Die Neustrukturierung ist folglich zu begrüßen. Wenn Verträge einzelnen Schrankenbestimmungen indes ihre Anwendbarkeit nehmen können, wird ein Vertragsvorbehalt den Vorwurf entkräften können müssen, erneut einen kleinteiligen und zerstückelten Rechtsrahmen zu erschaffen, was abermals zu Rechtsunsicherheiten führen würde. Vorbehalte tragen die Gefahr in sich, dass ebenjener Vorteil der Gesetzesreform aufgehoben wird.

Ungeachtet aller Kritik an den Gesetzesentwürfen[1252] ist es erfreulich, dass der Gesetzgeber als Regelungsmethode am Enumerationsprinzip festgehalten hat.[1253] Das angestrebte Ziel der Rechtsklarheit lässt sich so am ehesten verwirklichen. Aufgrund von Rechtsunsicherheiten unterlassene Nutzungen helfen weder dem Fortschritt der Gesellschaft noch den materiellen Interessen von Urhebern und Rechteinhabern. Zwangsläufig geht mit dem Enumerationsprinzip andererseits ein Verlust an Flexibilität und Offenheit einher. Dass jedoch der diesbezügliche

---

1251 *de la Durantaye*, GRUR 2017, 558, 559 bezeichnet § 53 UrhG aF zutreffend als eine „legendär unübersichtliche Norm“. Insofern ist es zu begrüßen, dass im Rahmen der Neufassung der Bildungs- und Wissenschaftsschranken die bestehenden Schranken in Unterschnitten übersichtlicher geordnet und teilweise gekürzt worden sind.

1252 Vgl. zur kontroversen Debatte nur die Kritik von *de la Durantaye*, GRUR 2017, 558, 560 f. am RefE, der an konkreten Einzeltatbeständen festhielt und auf Generalklauseln verzichtete, was andere Stimmen wiederum bereits Jahre zuvor gefordert hatten, vgl. *Wandtke/König*, ZUM 2014, 921, 921 ff.

1253 Ebenso *Berger*, GRUR 2017, 953, 958; *Bullinger/Jani*, in: *Wandtke/Bullinger*, UrhR, Vor §§ 60a–60h, Rn. 3.

Zustand der vorigen Rechtslage als derart gravierend eingestuft werden musste, liegt nicht ausschließlich im Prinzip konkreter Einzeltatbestände begründet. Das muss ebenso auf politische Versäumnisse zurückgeführt werden. Es löst Irritation aus, wenn der Koalitionsvertrag von 2005 bereits proklamierte: „Wir wollen ein bildungs- und wissenschaftsfreundlicheres Urheberrecht."[1254] Denn bis zum Erlass des UrhWissG am Ende der übernächsten Legislaturperiode hat der Gesetzgeber abgesehen von mehrfachen Befristungen bis zur letztlichen Entfristung von § 52a UrhG aF, dem Erlass des § 52b UrhG aF, von Vorschriften für verwaiste und vergriffene Werke sowie des Zweitverwertungsrechts nach § 38 IV UrhG[1255] nicht auf die technologischen Entwicklungen und die damit einhergehenden erheblichen Veränderungen der Nutzungsmöglichkeiten für Bildung und Forschung reagiert. Der Gesetzgeber ist daher aufgefordert, die Mühlen im Wissenschaftsurheberrecht schneller mahlen zu lassen. Sollte es ihm gelingen, das Enumerationsprinzip mit einer fortlaufenden Rechtsüberprüfung getragen von einem Reformwillen zu kombinieren, würde er seiner Gestaltungsverantwortung für die Inhalts- und Schrankenbestimmungen des Eigentums vollauf gerecht werden.[1256] Im Fall einer Generalklausel, selbst wenn sie durch Regelbeispiele konkretisiert sein sollte, werden die Regelungsaufgaben wider das deutsche Demokratie- und Rechtsstaatsverständnis nur an die Rechtsprechung delegiert. Diese würde über Öffnungsklauseln eine Ermächtigung zur quasi Normsetzung erhalten. Es ist allerdings nicht notwendig, schon heute getragen vom Streben nach Flexibilität das Gesetz gegenüber noch unbekannten technischen Nutzungsmöglichkeiten zu öffnen. Nicht jeder verwertungstechnologische Fortschritt bringt neue privilegierungswürdige Verwertungsanliegen hervor. Somit würden Generalklauseln darüber hinaus in Bereichen Freiräume eröffnen, in denen kein besonderes Bedürfnis nach erhöhter Flexibilität besteht.[1257] Zusätzlich würden sich erhebliche praktische Probleme im Rahmen der Vergütung ergeben. Denn das etablierte und bewährte System der kollektiven Rechtewahrnehmung arbeitet mit Gesamtverträgen und Tarifen. In denen lassen sich unbestimmte Nutzungshandlungen nicht festlegen.[1258]

Aus diesen Gründen ist es wie eingangs behauptet begrüßenswert, dass der Gesetzgeber die bewährte Regelungstechnik nicht aufgehoben hat. Die konkreten Folgen eines neuen Systems wie dem von Generalklauseln sind in ihrer Reichweite nie absehbar. Mithin kann es von Vorteil sein, den bestehenden Schrankenkatalog, wie geschehen, lediglich inhaltlich zu überarbeiten und neu zu systematisieren.

1254 Koalitionsvertrag zwischen CDU, CSU und SPD für die 16. Legislaturperiode, S. 45.

1255 Teilweise wird darin eine Schranke des Urheberrechts gesehen, so *Sprang*, ZUM 2013, 461, 465; vgl. dazu aber die Analyse von *Golla/Lück*, ZUM 2015, 550, 552.

1256 Ebenso *Berger*, GRUR 2017, 953, 958.

1257 *Poeppel*, Neuordnung der Schranken, S. 514.

1258 *Wandtke/König*, ZUM 2014, 921, 924 mwN. Demgemäß ist es folgelogisch, dass das US-Copyright-System keine Vergütungsansprüche für faire Nutzungen kennt.

Für den Erfolg des Enumerationsprinzips bedarf es des gesetzgeberischen Bekenntnisses zu einem fortlaufenden politischen Willen zu tatsächlichen Reformen nach umfassender, transparenter, parlamentarischer Abwägung. Wenn an späterer Stelle die Offenheit der Gestaltungsmöglichkeiten durch gegenüber dem Gesetz vorrangige Verträge und das damit einhergehende Flexibilisierungspotential als Argumente für einen Vertragsvorbehalt genannt werden, ist zu hinterfragen, ob es für zeitgemäße Lösungen notwendigerweise des Instrumentariums der Rechtsgestaltung durch Privatrechtssubjekte bedarf. Vorgreifend sei an dieser Stelle an den soeben ausgeführten Appell an den Gesetzgeber erinnert.

2. Neue Tatbestände

Die Schrankenregelungen sind nicht nur neu strukturiert, sondern ihre Tatbestände sind vielfach obendrein neu formuliert worden. Bei der Ausgestaltung der einzelnen Tatbestände sind lobenswerte Entwicklungstendenzen feststellbar, über die hier ein kurzer Überblick ermöglicht werden soll.

Ziel der Reform war es, den Umfang der gesetzlich erlaubten Nutzung zeitgemäß zu erweitern.[1259] Dabei wurden ungeachtet des Wissens um den Verlust von Flexibilität möglichst eindeutige und konkrete Angaben zur präzisen Bestimmung von Art und Umfang der Nutzungsprivilegierung angestrebt.[1260] Konkretisierungen durch den Normtext, der an die technologische Entwicklung angepasst ist, beschreiben einen begrüßenswerten Weg des Gesetzgebers.[1261] Ein Beispiel dafür ist § 60b UrhG. Die Erlaubnis zur Herstellung von Unterrichts- und Lehrmedien war zuvor in § 46 UrhG aF verortet. § 60b UrhG ist eine hinreichend präzise Regelung, die zugleich Formalitäten der Vorgängerregelung aufgegeben hat, damit Materialien unbürokratischer erstellt werden können.[1262] Verträge mit urheberrechtlicher Wirkung könnten dennoch offene Rechtsfragen bereits vor der Nutzung klären. Nichtsdestoweniger besteht die gegenteilige Möglichkeit, dass wiederum unbestimmte Vertragsregelungen zu einer Durchkreuzung des gesetzgeberischen Strebens nach Präzision und damit Rechtssicherheit führen. Unglücklich getroffene Absprachen fallen als solche erst im Nachhinein im Streitfall auf. Bis dahin haben sie jedoch bereits die Anwendbarkeit der geglückten Schrankenbestimmung aufgehoben.

Das Bedürfnis, rechtssichere Regelungen zu schaffen, kommt an weiteren Stellen zum Vorschein. Als Strukturmerkmal kann festgehalten werden, dass die Erlaubnistatbestände des UrhWissG darauf zu verzichten versuchen, den Nutzungsumfang durch unbestimmte Rechtsbegriffe zu beschreiben. Nach der alten Rechtslage

---

1259 BT-Drs. 18/12329, S. 3.

1260 BT-Drs. 18/12329, S. 21.

1261 Ebenso *Jani*, ZUM 2016, 481, 483; *Poeppel*, Neuordnung der Schranken, S. 514; *Staats*, ZUM 2016, 499, 500.

1262 BT-Drs. 18/12329, S. 41; *Lüft*, in: *Wandtke/Bullinger*, UrhR, § 60b, Rn. 1.

konnten zum Beispiel kleine Teile eines Werks gemäß § 52a I Nr. 1 UrhG aF öffentlich zugänglich gemacht werden, soweit dies zu dem betreffenden Zweck geboten war. Die Reform hat sich darum bemüht, auf unbestimmte Rechtsbegriffe wie „kleine Teile“ oder „Gebotenheit“ zu verzichten und die Tatbestände möglichst konkret auszugestalten. Ziel war es, die Rechtssicherheit zu erhöhen und Nichtjuristen die Schrankenanwendung zu erleichtern. Bewusst wurde ein Verzicht auf Flexibilität daher in Kauf genommen, um langwierige Verhandlungen zwischen den Akteuren sowie langjährige Rechtsstreitigkeiten zu vermeiden.[1263] Potentielle Streitfälle sollten so weit wie möglich im Normtext selbst ausgeräumt werden. Dem Vorhaben folgt das Konzept fester prozentualer Begrenzungen. Nach der aktuellen Rechtslage (§ 60a I UrhG) wäre im Beispiel die öffentliche Zugänglichmachung von bis zu 15 % des Werks, statt eines kleinen Teils des Werks erlaubt.

Dabei darf nicht ausgeblendet werden, dass dessen ungeachtet immer Auslegungsschwierigkeiten und -streitigkeiten im Einzelfall bestehen können. Selbst möglichst bestimmte Gesetzesformulierungen werden nicht in allen Fällen Rechtsstreitigkeiten vermeiden können. Deswegen ist zu überlegen, ob Verträgen nicht der Vorteil zukommen können sollte, mit urheberrechtlicher Wirkung Tatbestandsmerkmale zu konkretisieren, zu definieren und somit das Gesetz noch präziser zu bestimmen. Das könnte Rechtsunsicherheiten einschränken.

Nichtsdestominder darf man sich nicht der Illusion hingeben, dass ein Gesetz überhaupt in der Lage sein soll, absolute Rechtssicherheit zu gewähren. Ein in dem Sinn perfektes Gesetz kann es nicht geben. Konkret lässt sich diese Aussage ebenfalls an den starren Prozentsätzen festmachen. Hier hat sich der Gesetzgeber – so präzise wie vermeintlich möglich – bemüht, Rechtssicherheit zu gewähren. Auf Begriffe wie „Teil eines Werkes“ oder „kleiner Teil eines Werkes“ wird verzichtet. Mit den festen Prozentsätzen erhebt man dabei den Werkbegriff und die Werkkategorien von Schutzvoraussetzungen zu einem bedeutenden Strukturmodell.[1264] Die Werkkategorien des § 2 I UrhG sind nicht abschließend. Neue Werkformen sind vorstellbar. Sind die Prozentsätze dann immer noch sachgerecht? Mit der Weiterentwicklung digitaler Medien steigt zunächst die Anzahl und Vielfältigkeit von Multimedia.[1265] Häufig ist der Schöpfer dann nicht ein Alleinurheber, § 7 UrhG. Der Nutzer muss somit erkennen, was der Anknüpfungspunkt für den festen Prozentsatz ist. Bei einer Miturheberschaft nach § 8 UrhG ist es das selbstständige Werk in einheitlicher Form, weil die einzelnen Beiträge des Gemeinschaftlichen per definitionem nicht trennbar sind.[1266] Anders verhält es sich bei einer

1263 BT-Drs. 18/12329, S. 21.

1264 *Wandtke*, NJW 2018, 1129, 1130.

1265 Multimediaprodukte durchbrechen bereits unabhängig vom UrhWissG die „klassischen Werkarten“ und stellen somit Anforderungen an den Werkbegriff im technologischen Zeitalter, vgl. *Wandtke*, in: *Becker*, FS Rehbinder, S. 389, 399 ff.

1266 *Raue*, in: *Raue/Hegemann*, Urheber- und Medienrecht, § 1, Rn. 47.

Werkverbindung[1267] gemäß § 9 UrhG. Hier ist das einzelne, gesondert verwertbare Werk innerhalb der Werkverbindung Gegenstand der Nutzung. Das gilt ebenfalls für Sammelwerke nach § 4 I UrhG oder Datenbankwerke nach § 4 II UrhG.[1268] Anschließend muss dem Nutzer bewusst sein, was alles zum Gesamtwert des Werks gehört und woran der anknüpft, um den Prozentwert bestimmen zu können. Sind Deck- und Titelseiten, die Inhaltsübersicht und das -verzeichnis, Leerseiten, das Literatur- und das Abkürzungsverzeichnis sowie das Vorwort ebenfalls vom Gesamtwert erfasst? Knüpft dieser an die Anzahl der geschrieben Wörter oder an die Seitenanzahl einer analoge Ausgabe an? Damit verbunden ist die Frage, wann dem Genutzten in seiner Gesamtheit Werkcharakter nach § 2 II UrhG zukommt.

Obwohl durch das neue Strukturmerkmal vordergründig Rechtssicherheit gewährleistet wird, können sich folglich praktisch Rechtsunsicherheiten bei einem Nutzer einstellen, gerade wenn dieser nicht ausreichend fachkundig ist. Dazu ist zu berücksichtigen, dass die festen Prozentsätze bei der Größe gewisser Werke keinen praktischen Anwendungsfall ermöglichen. Wem nützt es, wenn die Deutschlehrerin zur Veranschaulichung des Unterrichts 15 % eines Gedichts oder der Musiklehrer 15 % eines Liedtexts vervielfältigen, verbreiten oder öffentlich zugänglich machen darf? Wird die Gedichtanalyse dann auf 15 % des Gedichts beschränkt oder muss die Lehrerin für jeden weiteren Vers eine Lizenz einholen? Dann würde die Schrankenregelung keinen praktischen Gewinn für sie bringen. Daher ordnet § 60a II UrhG an, dass „Werke geringen Umfangs" vollständig genutzt werden dürfen. Ohne unbestimmte Rechtsbegriffe kommt folglich kein Gesetz aus. An anderen Stellen (§§ 60c III, 60e IV 2 UrhG) greift das UrhWissG deswegen die Formulierung der Werke geringen Umfangs ebenfalls auf.

Wenn Gesetze also nie ohne unbestimmte Rechtsbegriffe und Rechtsunsicherheiten auskommen, können nicht allein aufgrund möglicher Unbestimmtheiten und Unsicherheiten Vorbehalte gerechtfertigt werden. Sonst würde die Deutungshoheit über den Gesetzestext automatisch den Parteien zufallen. Das würde die Entscheidungshoheit des Gesetzgebers in grundrechtsrelevanten Bereichen beeinträchtigen. In einem gewissen Maß werden Rechtssubjekte sich mit unbestimmten Rechtsbegriffen stets bescheiden müssen.

Es ist nicht nur positiv hervorzuheben, dass sich der Gesetzgeber bemüht hat, das Gesetz klarer, verständlicher und anwenderfreundlicher auszugestalten. Zusätzlich hat er gezeigt, dass es genauso im Rahmen konkreter Einzeltatbestände möglich ist, die bestehenden Schrankenregelungen unter dem Entfallen von Formvorschriften technologieneutraler auszugestalten und sie um Regelungen zugunsten neuer technischer Möglichkeiten zu ergänzen. Beides soll anhand

1267 Eine Werkverbindung entsteht durch Vereinbarung über eine gemeinsame Verwertung gesondert verwertbarer Werkarten, *Wandtke/Wöhrn*, in: *Wandtke*, Rechtsprechung zum Urheberrecht, S. 39.

1268 *Wandtke*, NJW 2018, 1129, 1131.

eines Beispiels anschaulich gemacht werden. Als Beispiel für eine zeitgemäße Überarbeitung bestehender Schrankenregelungen können einige Elemente der Schranke nach § 60e V UrhG dienen. Die lange Zeit als reformbedürftig bekannte Vorgängerregelung in § 53a I 1, 2 UrhG aF war unübersichtlicher und beinhaltete viel mehr tatbestandliche Voraussetzungen. Abgesehen von Bereichsausnahmen darf heutzutage eine Bibliothek an Nutzer zu nicht kommerziellen Zwecken Vervielfältigungen von bis zu 10 % eines erscheinen Werks sowie einzelne Beiträge übermitteln. Auf veraltete Tatbestandsmerkmale wurde dabei verzichtet. Früher lagen noch Voraussetzungen bezüglich der Kommunikationswege („im Wege des Post- und Faxversandes") und der technischen Verfahren vor („ausschließlich als grafische Datei"). Neuen Techniken war somit von Anfang an jede Anwendbarkeit versperrt.

Auf breites Lob ist die Schaffung einer neuen Schranke zugunsten des Text und Data Minings gestoßen.[1269] Sie ist ohne Vorbild im nationalen Recht.[1270] Die softwarebasierte Analyse wird zukünftig eine Auswertbarkeit von Text- und Datenmengen gestatten, die enorme Erkenntnisgewinne beispielsweise in der Literaturwissenschaft ermöglichen wird, die ein einzelner Forscher oder gar ganze Gruppen an Forschern nie hätten erzielen können. Menschen sind in der Größe der zu verarbeitenden Daten und der Anzahl der dabei verwendeten Parameter schlicht begrenzt. Technologien hingegen können statistische Häufigkeiten und Korrelationen nachweisen, die bislang in der Ausführlichkeit nicht untersuchbar waren.

Gegenüber dem Vorteil von vorrangigen Vereinbarungen, moderne, technologieoffene und zeitgemäße Nutzungsmöglichkeiten vereinbaren zu können, ist an dieser Stelle festzuhalten, dass dem Gesetzgeber kraft seiner Befugnisse ebenjenes Potential zukommt. Das zeigen die beiden dargestellten positiven Gesetzesänderungen. Der Unterschied besteht in der Handlungsschnelligkeit und Flexibilität. Für den Erfolg vorrangiger Gesetze bedarf es demnach eines wiederholten Tätigwerdens des reformwilligen Gesetzgebers am Puls der Zeit. Verträge unterliegen dem Vorteil, dass die Parteien darauf nicht angewiesen sind.

3. Angemessene Vergütung der gesetzlich erlaubten Nutzungen, § 60h UrhG

§ 60h I 1 UrhG bestimmt, dass dem Urheber für sämtliche Nutzungen nach Maßgabe der §§ 60a–60f UrhG ein gesetzlicher Vergütungsanspruch zustehen soll.

1269 Vgl. *Bullinger*, in: *Wandtke/Bullinger*, UrhR, § 60d, Rn. 1; *de la Durantaye*, GRUR 2017, 558, 561 f.

1270 Ob die Schaffung eines solchen Erlaubnistatbestands angebracht und überhaupt notwendig war, war nicht unumstritten, vgl. RegE, S. 44. Siehe zur Zulässigkeit automatisierter Analysen nach den bisherigen Schrankenregelungen *Spindler*, GRUR 2016, 1112, 1114 ff.

Hierdurch ist der Vergütungsanspruch dem Grunde nach festgelegt, ohne dass genauere Instruktionen zur Vergütungshöhe aufgestellt werden.[1271] Dem Gesetzgeber war es nach eigener Aussage ein Anliegen, dass der Urheber für jede Nutzung im Bereich der gesetzlichen Schranken des Unterabschnitts 4 eine angemessene Vergütung erhält und zwar selbst dort, wo das Unionsrecht eine solche nicht zwingend verlangt.[1272] Zwei Ausnahmen dazu sind in § 60h II UrhG geregelt. Gemäß Absatz 4 können alle Ansprüche nur durch eine Verwertungsgesellschaft geltend gemacht werden. Um der gesetzgeberischen Zielsetzung also gerecht werden zu können, müsste ein Vertragsvorbehalt oder -vorrang es zu ermöglichen wissen, dass dem Urheber stets eine angemessene Vergütung zukommt.

Nach § 60h V 1 UrhG ist die Vergütungsschuldnerin die Einrichtung, in deren Rahmen der Nutzer tätig wird. Hier besteht ein Unterschied zu den Nutzungserlaubnissen selbst. Diese sind nach ihrem Wortlaut ebenfalls an Institutionen adressiert. Doch weil sich urheberrechtliche Verbotsrechte nur gegen natürliche Personen richten können, bedarf es für die Verantwortung von Institutionen Zurechnungsnormen wie beispielsweise § 99 UrhG. Nur wer urheberrechtlich relevante Nutzungshandlungen vornehmen kann, muss sich auf Schrankenregelungen berufen und daher materieller Normadressat dieser sein können. Notwendig ist folglich eine Zurechnungsgrundlage, durch die die Rechtsbeziehung des Handelnden zur privilegierten Einrichtung begründet wird. Zu denken ist dabei an Arbeits- und Dienstverhältnisse sowie Mitgliedschaften.[1273] Überschreitet die natürliche Person allerdings die Grenze des Zulässigen, bleibt sie im Außenverhältnis dem Rechtsinhaber persönlich verpflichtet, weil § 60h V 1 UrhG nur die Passivlegitimation für gesetzliche Vergütungsansprüche, nicht aber für Unterlassungs- und Schadensersatzansprüche erfasst. In Frage kommt allenfalls eine Freistellung im Innenverhältnis.

Dagegen ist die Einrichtung nicht Vergütungsschuldnerin, wenn die Schranke Vervielfältigungen gestattet. Das Vergütungsregime ist zweigespalten. Denn nach § 60h I 2 UrhG erfolgt die Vergütung in dem Fall nach den §§ 54–54c UrhG. Nach diesen Vorschriften wurden schon bisher Vervielfältigungen vor allem nach § 53 UrhG ausgeglichen. Dennoch bestehen zum bisherigen Verfahren Unterschiede: Auf die §§ 54d–54g UrhG wird nicht verwiesen und § 60h I UrhG ist nicht in die Vermutungsregelung des § 49 I VGG eingefügt worden. Das Vergütungsregime ist somit bereits jetzt kompliziert. Darauf wird später im Zusammenhang mit Vertragsvorbehalten zurückzukommen sein. Denn wenn diese Einfluss auf die gesetzlichen Vergütungsansprüche haben sollten, würde das Regime noch komplizierter werden. Unter diesem Aspekt könnten Vertragsvorbehalte abzulehnen sein.

1271 *Lüft*, in: *Wandtke/Bullinger*, UrhR, § 60h, Rn. 4, 7.

1272 BT-Drs. 18/12329, S. 22.

1273 Zu dogmatischen Schwierigkeiten bei der Abgrenzung im Einzelfall siehe *Berger*, GRUR 2017, 953, 958 f.; *Wandtke*, NJW 2018, 1129, 1132.

Die Komplexität des Vergütungsregimes erhöht sich des Weiteren noch dadurch, dass § 60h V 2 UrhG festlegt, dass für Vervielfältigungen, die gemäß § 60h I 2 UrhG nach den §§ 54–54c UrhG abgegolten werden, nur diese Regelungen anzuwenden sind. Praktische Auswirkungen ergeben sich dadurch für sogenannte hybride Nutzungen. Darunter sind einheitliche Nutzungsvorgänge zu verstehen, die sowohl Vervielfältigungen als obendrein andere Nutzungen umfassen. Ein Beispiel wäre die Terminal-Schranke nach § 60e IV UrhG. Diese ermöglicht in ihrem ersten Satz eine öffentliche Wiedergabe und in Satz 2 Annex- und Anschlussvervielfältigungen. Die Folge ist eine vergütungsrechtliche Zweiteilung. Für die öffentliche Zugänglichmachung ist die Einrichtung vergütungspflichtig, in deren Rahmen der Nutzer tätig ist, für Vervielfältigung im Gegensatz dazu die Hersteller, Händler, Importeure und Betreiber.[1274] Dass zwei verschiedene Vergütungsschuldner bei hybriden Nutzungen bestehen, kann zukünftig Streitpotential und verkomplizierte Vergütungsverhandlungen mit sich bringen. Aus diesem Blickwinkel wären Vertragsvorbehalte im Ergebnis abzulehnen, wenn sie, was später zu untersuchen sein wird, das Vergütungssystem noch weiter aufspalten und verkomplizieren würden.

V Gesamtergebnis

Die Ausführungen zu den Strukturmerkmalen der Schrankenregelungen des UrhWissG sind im engen Zusammenhang mit den Vorschlägen zu der Regelungstechnik im Vorfeld der Reform zu sehen. Sie zeigen beide, dass der Gesetzgeber fortwährend und unabhängig davon, ob über die Regelungstechnik, Strukturmerkmale oder die Ausgestaltung konkreter Tatbestände debattiert wird, vor der gleichen Frage steht. Von den übergeordneten Überlegungen bis zu den Detailfragen muss er sich fortlaufend entscheiden, welche Interessen er durch die Gesetzesausgestaltung fördern möchte. Damit verbunden ist die Frage danach, welcher Grat zwischen Rechtssicherheit und Rechtsoffenheit angestrebt wird. Gesetze müssen hinreichend rechtssicher sein. Doch absolute Rechtssicherheit ohne Öffnungstatbestände würde zu unverhältnismäßigen und starren Regeln führen. Absolut offene Normen wiederum sind mit unserem Rechtsstaatsverständnis nicht vereinbar, selbst wenn sie Entwicklungsmöglichkeiten, Flexibilität und Modernität vermitteln. Der Gesetzesadressat muss seine Rechte und Pflichten erkennen können und Gerichtsentscheidungen müssen aufgrund des Gesetzes nachvollziehbar sein. Dieser Spagat ist sowohl der Hintergrund der Diskussionen um die Regelungstechnik als auch um die Ausgestaltung der neuen Tatbestände. Letztlich bildet er ebenso das Spannungsfeld ab, in dem der Vorbehalt des Vertrags steht. Dieser kreist um genau die gleiche Frage. Welches Niveau an starr und fest vorgeschriebenen Einzeltatbeständen braucht das Urheberrechtsgesetz? Welches Maß an

1274 *de la Durantaye*, GRUR 2017, 558, 566 kritisiert die künstliche Aufspaltung von einheitlichen Nutzungsarten.

Öffnung wäre für eine moderne und flexible Weiterentwicklung und Anpassung wünschenswert?

Für die Beantwortung ist die eigenpersönliche Zielsetzung maßgeblich. Wen oder was, welche Entwicklung zu wessen Gunsten soll das Gesetz fördern? Wem nützen Rechtsunsicherheiten? Wer profitiert von Veränderungen der Vergütungsmechanismen? Die individuellen Antworten auf diese Fragen zeigen das Urheberrechtsverständnis des Betroffenen. Je nachdem wird man das Gesetz ausgestaltet sehen wollen. Und je nachdem wird man sich für oder gegen den Vertragsvorbehalt positionieren. Dabei ist es interessant zu betrachten, dass das Gesetz und dessen Begründung suggerieren, dass der Urheber für beinahe jede Nutzung im Bereich der Schrankenregelungen einen Vergütungsanspruch gesetzlich zugeordnet bekommt. Ob diese Behauptung im Angesicht von Vertragsvorbehalten zutreffend ist, wird die nun folgende Interpretation von § 60g UrhG zeigen.

H Auslegung von § 60g UrhG und seine Erstreckung auf § 60h I UrhG

Es ist ein Novum in der Geschichte des UrhG, dass eine Norm das Verhältnis zahlreicher Schranken zu vertraglichen Vereinbarungen ausdrücklich regelt.[1275] Jedoch erstreckt sich gemäß § 142 II UrhG seine Geltung wie die aller Regelungen der §§ 60a–60h UrhG nur bis zum 01.03.2023.[1276] Nach der Übergangsregel des § 137o UrhG gilt er weiterhin nicht für Verträge, die vor dem 01.03.2018 abgeschlossen worden sind. Erfasst werden weder Kollektivvereinbarungen zwischen Verwertungsgesellschaften und Nutzergruppen über die Höhe und Zahlungsweise der angemessenen Vergütung nach § 60h I UrhG noch vertragliche Bestimmungen über die Ausübung des Sacheigentums an einem Werkstück.[1277] Ebenfalls ist das Verhältnis zwischen gesetzlichen Schrankenregelungen außerhalb der §§ 60a–60h UrhG und vertraglichen Vereinbarungen nicht erfasst.[1278] Über diese allgemeinen Aussagen hinaus soll der konkrete Aussagegehalt von § 60g UrhG im vorliegenden Kapitel untersucht werden. Welche Entscheidung der Gesetzgeber für das Verhältnis zwischen Schranke und Vertrag getroffen hat, muss das Ergebnis einer Auslegung von § 60g UrhG sein. Beide Absätze der Norm sollen im Folgenden dahingehend untersucht werden (II, III). Doch zuvor soll sich den praktischen

---

1275 Abgesehen von einzelnen Bestimmungen wie §§ 52b, 53a UrhG aF ist die Klärung des Verhältnisses zuvor der Rechtsprechung überlassen worden, vgl. BGH ZUM-RD 2014, 11, 18, Rn. 39 ff. – Gesamtvertrag Hochschul-Intranet; BGH ZUM 2014, 524, 530, Rn. 58 – Meilensteine der Psychologie; BGH GRUR 2014, 979, 983, Rn. 45 – Drucker und Plotter III. Dass die Frage des Vorrangs durch den Gesetzgeber für die Zukunft klar geregelt wird, ist daher in der Literatur schon länger berechtigterweise gefordert worden, vgl. *Holzmüller/Staats*, in: *Dreier/Hilty*, FS 50 Jahre UrhG, S. 207, 217.

1276 Das ist auf den Wunsch der CDU-/CSU-Fraktion zurückzuführen, die sich erhoffte, dass in der Zeit Onlinelizenzierungsplattformen aufgebaut werden können, BT-Drs. 18/13014, S. 26. Dementsprechend geht die Befristung mit einer Pflicht zur Evaluierung nach § 142 I UrhG einher. *Pflüger/Hinte*, ZUM 2018, 153, 154 bezeichnen die Befristung mit Blick auf die schlechten Erfahrungen bezüglich § 52a UrhG aF „bereits jetzt als gravierende Fehlleistung des Gesetzgebers"; *Schack*, ZUM 2017, 802, 803 als ein „schlechtes Zeugnis" des Gesetzgebers. Mit Blick auf die entstehenden Unsicherheiten und Planungsschwierigkeiten muss dieser Kritik grundsätzlich zugestimmt werden, vgl. jedoch zur sich daraus ergebenden Reformchance auch K II 2., IV, V.

1277 BT-Drs. 18/12329, S. 45; *Jani*, in: *Wandtke/Bullinger*, UrhR, § 60g, Rn. 2.

1278 BT-Drs. 18/12329, S. 45.

Auswirkungen gewidmet werden (I), die sich aus einem Vorrang des Vertrags oder des Gesetzes ergeben. Denn nur, wenn man allgemein die Auswirkungen kennt, kann man sich anschließend fragen, wie sich § 60g UrhG konkret auf die gesetzlichen Vergütungsansprüche auswirkt.

I Praktische Auswirkungen eines Vertragsvorbehalts

Losgelöst vom UrhWissG sollen zunächst die Auswirkungen eines Vertragsvorbehalts allgemein dargestellt werden. Das wird später eine Übertragung auf die konkrete Rechtslage nach dem UrhWissG ermöglichen.

1. Allgemeine Erwägungen

Der BGH hat entschieden, dass der Rechteinhaber in eine durch § 53 UrhG aF privilegierte Handlung weder einwilligen noch sie verbieten kann.[1279] Infolgedessen hat eine Zustimmung keine Auswirkung auf den gesetzlichen Vergütungsanspruch. Mit diesem Ergebnis wird die Gretchenfrage aller Vertragsvorbehalte in Schrankenregelungen deutlich. Das Urheberrecht bewirkt für die Gesellschaft die Einschränkung der Nutzungsmöglichkeiten von Werken. In der Historie der gesellschaftlichen Entwicklung war es jedoch nie bestritten, dass Mitglieder der Gesellschaft aus kulturellen Bedürfnissen heraus in einem definierten Rahmen genehmigungsfrei nutzen können müssen.[1280] Diese Wechselbeziehung zwischen Exklusivität und Kollektivität war, wenngleich in verschiedenartigen Ausmaßen, stets anerkannt. Doch die entscheidende Frage ist nicht nur, ob und in welchem Umfang genehmigungsfrei genutzt werden kann, sondern genauso, wer für die Nutzung wieviel an wen zahlt oder ob überhaupt gezahlt werden muss. Die Vergütungsansprüche als Folge der privilegierten Nutzung prägen mithin wesentlich die Diskussion um den Vertragsvorbehalt.

Dabei ist die konzeptionelle Herangehensweise, dass die Nutzung im Regelfall genehmigungs-, aber nicht vergütungsfrei erfolgt, nicht selbstverständlich. Das Urheberrechtsgesetz der DDR[1281] bezeichnete das Urheberrecht in § 13 URG als sozialistisches Persönlichkeitsrecht. Daraus ergab sich die Prämisse, dass eine Rechtsentwicklung angestrebt wurde, in der die individuellen und die gesellschaftlichen Interessen in Abwägung gebracht wurden.[1282] Daher war die im fünften Abschnitt geregelte freie Werknutzung[1283] nach § 21 I URG gemäß den folgenden

1279 Siehe hierzu bereits ausführlich F II 4.

1280 Siehe hierzu bereits B I 6. a), II 4.

1281 Gesetz über das Urheberrecht (DDR) vom 13.09.1965, GBl. I, 209, im Folgenden URG.

1282 Ausführlicher Rechtsvergleich zu den Schranken des Urheberrechts in der DDR und der BRD *Wandtke*, UFITA 1991/I, 23, 102 ff.

1283 Nach bundesdeutscher Terminologie werden vergleichbare Tatbestände als Schranken bezeichnet.

Vorschriften des Abschnitts ohne Einwilligung und im Grundsatz ohne Zahlung einer Vergütung an den Urheber zulässig. Beispielsweise erlaubte § 24 I URG es ohne weitere Voraussetzungen wie eine Vergütungszahlung, den wesentlichen Inhalt erschienener wissenschaftlicher, technischer oder literarischer Werke in einer knappen Zusammenfassung zu Informationszwecken zu veröffentlichen, wobei einzelne Formulierungen oder kleinere Textteile sowie einzelne Bilder, Tafeln oder andere Beigaben hierbei als Zitate oder Textillustrationen verwendet werden dürfen. Neben dieser weit gefassten Erlaubnis kann das Tatbestandsmerkmal des Informationszwecks sehr weit verstanden werden. Der Interessenkonflikt war insofern ein anderer als der des UrhG. Obwohl eine Pflichten-Rechte-Korrelation in der Rechts- und Gesellschaftsordnung der DDR genauso wie in der der BRD integraler Bestandteil war, wird hier die durchgehend anders ausgerichtete Wirtschaftsstruktur deutlich.[1284] Im Bereich der freien Werknutzung konnten nach dem URG keine oder nur vereinzelte vermögensrechtliche Befugnisse geltend gemacht werden. Das Recht der DDR kannte keinen Vertragsvorbehalt. Die freie Werknutzung kann somit als ein „Sozialrecht für die Nutzer urheberrechtlich geschützter Werke“[1285] betrachtet werden. Die Gemeinnützigkeit urheberrechtlicher Werke wird durch eine solche Konzeption betont.

Infolge einer vollkommen verschiedenartigen Gesellschaftsgestaltung hat sich das UrhG für eine marktwirtschaftliche Orientierung der Schrankenregelungen ausgesprochen. Es berücksichtigt ebenso von Anfang an die gesellschaftliche Teilhabe. Unbeschränkte Herrschaftsbereiche sind nicht sein Ziel. Den Verbietungsbefugnissen der Urheber sind Grenzen gesetzt, weil Nutzungen vom Gesetzgeber als berechtigt gewertet und daher gesetzlich erlaubt werden. Doch die ökonomischen, politischen und kulturellen Lebensverhältnisse innerhalb einer kapitalistischen Wirtschaftsordnung und eines Rechtssystems, das ohne Anerkennung und Schutz eigentumsrechtlicher Positionen undenkbar ist, werfen fortwährend die Frage auf, inwiefern aus der erlaubten Nutzung vermögensrechtliche Ansprüche erwachsen. Hier liegt ein systemischer Unterschied zum URG. Erlaubnistatbestände mit gesetzlichen Vergütungsansprüchen als Ausgleich können in einem individualinteressenbezogenen Ansatz als milderer Eingriff Eigentumsrechtsbeeinträchtigungen in der Verhältnismäßigkeitsprüfung gerechtfertigt erscheinen lassen.[1286] Als Kompensation für Grundrechtsbeeinträchtigungen des Urhebers, der sein Werk nur unter den a priori bestehenden Rechtsgrenzen lizenzieren kann, sind die gesetzlichen Vergütungsansprüche nach dem urheberrechtlichen Beteiligungsgrundsatz gemäß § 11 S. 2 UrhG folglich dem Urheber zugewiesen.

1284 Siehe hierzu *Wandtke*, UFITA 1991/I, 23, 108 f.

1285 *Wandtke*, UFITA 1991/I, 23, 112.

1286 BVerfGE NJW 1971, 2163, 2164 – Schulbuch-Entscheidung; BVerfGE NJW 1971, 2169, 2169 – Schulfunksendungen; *Reber*, ZUM 2000, 729, 732. Siehe auch bereits C II 1. e).

Neben diesem vergleichsweise geringen Anwendungsbereich der gesetzlich erlaubten Nutzungen und der gesetzlichen Vergütungsansprüche folgt das UrhG dem Gedanken der freien Lizenzierung urheberrechtlich geschützter Werke. Lizenzverträge sind vielfältig gestaltbar. Hierin ist ein Ausdruck der freien Marktwirtschaft zu sehen. Das ist für den Vertragsvorbehalt eine wesentliche Voraussetzung. Denn ohne den weiten Gestaltungsspielraum von Nutzungsverträgen sind Verträge im Anwendungsbereich gesetzlicher Privilegierungen nicht vorstellbar. Das URG beispielsweise kannte im Urhebervertragsrecht einzeln geregelte Vertragstypen. § 38 I URG führte zulässige Vertragsarten auf. Das kann den Vorteil mit sich bringen, dass die Urheber intensiver als nach der Übertragungszweckregelung des § 31 V UrhG davor geschützt werden, bedarfslos Nutzungsrechte einzuräumen. Eine solche umfassende und detaillierte Neuregelung ist in der Bundesrepublik unter dem Begriff der „großen Lösung des Urhebervertragsrechts“[1287] ebenso diskutiert worden. Darunter wird ein eigenes Urhebervertragsgesetz verstanden, welches im Anschluss an einen Allgemeinen Teil besondere Vorschriften für einzelne Nutzungsverträge wie Verlagsverträge, Sendeverträge, Tonträgerherstellungsverträge, Vortragsverträge, Sendeverträge oder Verfilmungsverträge vorsieht. Das schwebte der Bundesregierung 1965 vor, die in der amtlichen Begründung des Urheberrechtsgesetzes ausdrücklich das Bedürfnis nach einem ergänzenden Urhebervertragsgesetz nach dem Vorbild des Verlagsgesetzes von 1901[1288] unterstrich.[1289] Bisher konnte sich dieser Vorschlag nicht durchsetzen. Ihm wird entgegengehalten, dass der Gesetzgeber im Gegensatz zu Verbänden nicht über die notwendige Sachnähe verfügt, die jahrzehntelange Vertragspraxis mit ausreichender Rechtssicherheit Vertragstypen bereits entwickelt hat und seine zwingende Starrheit die permanent wechselnden Rahmenbedingungen der Medienwirtschaft kaum sachgerecht erfassen kann.[1290] Demgegenüber würde die kohärente Lösung im Rahmen ihrer konzeptionellen Geschlossenheit die Zersplitterung urheberrechtlicher Regelungen aufheben.[1291] Überdies könnte zugunsten der Urheber eine vertragstypische Mindestvergütung ähnlich der Honorar- und Gebührenordnung freier Berufe gesetzlich verankert werden.[1292] Damit würde dem Ziel des

1287 Vgl. *Schack*, ZUM 2001, 453, 455.

1288 RGBl. 1901, S. 217.

1289 BT-Drs. IV/270, S. 28: „Im Übrigen ist beabsichtigt, das neue Urheberrechtsgesetz durch ein umfassendes Urhebervertragsgesetz zu ergänzen, das für alle Vertragstypen auf dem Gebiet des Urheberrechts Vorschriften enthalten soll.“.

1290 *Gounalakis*, in: *Gounalakis/Heinze/Dörr*, Urhebervertragsrecht, S. 11, 35.

1291 Daher eine solche Lösung bevorzugend *Wandtke*, in: *Wandtke/Bullinger*, UrhR, Einl., Rn. 9.

1292 Diesen Vorteil räumen selbst Gegner der „großen Lösung“ ein, siehe *Gounalakis*, in: *Gounalakis/Heinze/Dörr*, Urhebervertragsrecht, S. 11, 35.

Urhebervertragsrechts, eine angemessene Vergütung der Urheber sicherzustellen, entsprochen werden.

Der Vergleich zum Rechtssystem der DDR macht jedenfalls deutlich, dass mit dem Urheberrechtsgesetz vom 9. September 1965 und der anschließenden Rechtsprechung keine Wertentscheidung getroffen worden ist, die wie ein Naturgesetz als in Stein gemeißelt zu betrachten ist. Die Wechselbeziehung von Individuum und Allgemeinheit macht die Berücksichtigung gesellschaftlicher Teilhabe unumgänglich. Doch daraus folgende Vermögenszuordnungen sind Wertentscheidungen. Diese werden auf der Grundlage gesellschaftlicher, wirtschaftlicher, politischer und kultureller Lebensverhältnisse getroffen. Eine Veränderung dieser Lebenswirklichkeiten kann eine Hinterfragung der bisherigen Zuordnung notwendig machen. Die Digitalisierung führt zu einer ebensolchen Veränderung. In einer digitalisierten Welt bestehen noch mehr Zugangsmöglichkeiten zu ubiquitären Informationen. Dementsprechend werden geschützte Werke noch intensiver genutzt, um wiederum Werke zu schöpfen, die zum gesellschaftlichen und wissenschaftlichen Fortschritt beitragen. Ist dennoch die vermögensrechtliche Beteiligung des Urhebers vorzugswürdig vor verstärkten Nutzungen durch die Allgemeinheit aufgrund einer Vergütungsfreiheit? Gilt das desgleichen für institutionelle Nutzer, die im Regelfall durch den Staat und damit durch die Allgemeinheit zugunsten der Allgemeinheit finanziert werden? Oder muss vielmehr die Beteiligung der Verwerter gestärkt werden?

Letztlich sind es diese, die durch ihre Marktprodukte Digitalisate schaffen, deren Qualität durch die Nutzer kaum ebenfalls erzielt werden kann. Ohne hochwertige digitale Angebote verliert Deutschland den technischen Anschluss. Die Folge davon wäre ein Standortnachteil. Institutionelle Nutzer müssten viel Geld investieren, um selbst vergleichbare Produkte anzubieten. Dieses müsste der Staat ihnen zur Verfügung stellen, mithin letztlich jeder einzelne Bürger. Es fragt sich, ob das für die Gesellschaft günstiger ist als die Beteiligung der Rechteinhaber an einer angemessenen Vergütung. Aber gerade mittlere und kleinere Verlage sind in den heutigen Zeiten nur noch eingeschränkt in der Lage, die dargestellte gesellschaftliche Aufgabe zu erbringen. Sie kämpfen ums wirtschaftliche Überleben. Analoge Verlagsprodukte verschwinden zunehmend vom herkömmlichen Markt. Es wird auf eine Online-Nutzung umgestellt. Ohne Verleger wird es keine professionellen Urheber geben können. Wie also können die Verleger angemessen an den Vergütungen beteiligt werden?

Auf der anderen Seite führen die letzten Fragen zu einer Stärkung der Rechteinhaber, was sich zulasten der Urheber auswirkt, solange die Nutzer und damit im Wissenschaftsbereich insbesondere die staatlichen Institutionen nicht bereit sind, höhere Summen zu zahlen. Notwendig wäre eine Reform der Finanzierung der Bildungs- und Forschungsinstitutionen. Ansonsten führt eine Stärkung der Position der Verwerter zu einer Einschränkung der Eigentumsposition der Urheber wider die ursprüngliche Schutzidee des Gesetzes und dessen naturphilosophischen Grundlagen.

Somit stellt sich die Frage, wen möchte das moderne Urheberrecht von heute fördern? Welche Zielsetzung verfolgt es? Wessen Interessen ist es in welchem Umfang zu dienen bestimmt? Ist die Konzentration auf den Urheber als Mittelpunkt zeitgemäß? Die Untersuchung einer einzelnen Rechtsfigur, namentlich des Vertragsvorbehalts, ist folglich geeignet, Grundsatzfragen aufzuwerfen. Nur im Lichte übergeordneter Zielsetzungen und Prioritäten kann eine Rechtsfigur verständlich sein. Denn sie existiert nicht nur als Wortlaut im Gesetz, sondern muss eingebettet in den Zusammenhang mit dem System hinter dem Gesetz verstanden werden.

2. Vergütungsansprüche unter der Anwendung verschiedener Schrankenmodelle

Mit den zuletzt getätigten Überlegungen zu den Zuordnungsfragen wird der Kern hinter der Diskussion um Vertragsvorbehalte erreicht. Entscheidend ist nicht nur der Nutzungsumfang für den Privilegierten. Im Zentrum steht die Vergütung, um die letztlich gestritten wird. Das soll im Nachfolgenden genauer erläutert werden. Mehrere Konstellationen wären dabei denkbar. Bestehen vertragliche, an einen anderen Zahlungsempfänger als den Urheber, nämlich den vertragsschließenden Rechteinhaber, gerichtete Vergütungsansprüche neben den gesetzlichen? Muss der Nutzer im Fall des Vertragsschlusses also für die gleiche Handlung zwei Mal zahlen? Beziehungsweise schließen vertragliche Ansprüche die Anwendbarkeit von gesetzlichen aus oder umgekehrt? Die Beantwortung dieser Fragen ist abhängig davon, welchem Verständnis der Schranken des Urheberrechts man sich anschließen möge. Je nachdem welches Modelle des EuGH[1293] man den Schranken des Urheberrechtsgesetzes zugrunde legt, hat das Auswirkungen auf die Vergütungsansprüche.[1294]

a) Modell 2

Das zweite Modell des EuGH besagt, dass die Mitgliedstaaten Beschränkungen der Befugnisse schaffen können, in deren Umfang das Ausschließlichkeitsrecht nicht aufrechterhalten wird. Dieses Modell hatte der BGH § 53 I–III UrhG aF zugrunde gelegt. Weil das Recht im konkreten Fall nicht beibehalten wird, kann der Rechtsinhaber die von der Schrankenregelung umfasste Handlung weder verbieten noch genehmigen. Daher kam das Gericht zu folgendem Ergebnis: „Eine etwaige Zustimmung des Rechtsinhabers zu diesen Vervielfältigungen geht daher ins Leere und kann somit keinen Einfluss auf die angemessene Vergütung haben."[1295] Das bedeutet, dass die urheberrechtlichen Vergütungsansprüche immer entstehen und

---

1293 Siehe ausführlich zu den Schrankenmodellen F II 3.

1294 Wie im Folgenden ebenfalls *de la Durantaye*, GRUR 2017, 558, 562 f.

1295 BGH GRUR 2014, 979, 983, Rn. 45 – Drucker und Plotter III.

zwar allein in der Person des Urhebers, selbst wenn sie teilweise nur durch eine Verwertungsgesellschaft als Treuhänder geltend gemacht werden können.

Dieses Verständnis soll modellhaft § 60b I UrhG zugrunde gelegt werden. Schließt ein Hersteller von Unterrichts- und Lehrmedien mit einem Verlag, der die Rechte an einem veröffentlichten Werk innehat, einen Vertrag, nach dem er für eine Sammlung 30 % des Werks vervielfältigen darf, so ist diese Vereinbarung im Hinblick auf Vervielfältigungen von bis zu 10 % unwirksam.

Denn im Rahmen von Modell 2 steht dem Urheber bereits mit der Werkschöpfung im Umfang der Privilegierung des § 60b I UrhG kein Ausschließlichkeitsrecht zu, in dessen Eingriff der Rechteinhaber im Rahmen des Vertragsschlusses einwilligen kann. Da die von der Schranke umfasste Handlung nicht vom subjektiven Recht umfasst ist, kann der Rechteinhaber sie nicht lizenzieren und keine Nutzungsrechte daran einräumen. Der Verlag des Beispiels kann damit aufgrund anfänglicher Unmöglichkeit seiner synallagmatischen Hauptleistungspflicht des Lizenzvertrags nicht nachkommen. Demnach fehlt jeder Anknüpfungspunkt für eine vertragliche Vergütung.

Im Modell 2 sind die urheberrechtlichen Schranken vorrangig, woraus sich die Anwendbarkeit der gesetzlichen Vergütungsansprüche, im Beispiel § 60h I UrhG, ergibt. Im Umfang der Privilegierung wird ausschließlich nach der vorrangigen gesetzlichen Erlaubnis genutzt. Der Nutzer schuldet für eine gesetzlich erlaubte Nutzung eine angemessene, aber keine vertraglich vereinbarte Vergütung. Der Hersteller für Unterrichts- und Lehrmedien hat demzufolge im Beispiel für Vervielfältigungen von bis zu 10 % ausschließlich eine angemessene Vergütung an die *VG Wort* zu entrichten. Diese wird anschließend an die Autoren ausgeschüttet werden. Erst wenn der Hersteller über das privilegierte Maß von 10 % hinaus nutzt, bedarf er einer Lizenz, für die er die vereinbarte Lizenzgebühr entrichten muss. Im Beispiel sind folglich Vervielfältigungen von 10 % bis 30 % aufgrund der vertraglichen Nutzungserlaubnis nicht rechtswidrig, jedoch muss der Hersteller an den Verlag als Vertragspartner, nicht an den Urheber, die vertraglich vereinbarte Vergütung bezahlen.

b) Modell 3

Das dritte Modell des EuGH besagt, dass die Mitgliedstaaten Beschränkungen der Befugnisse schaffen können, in deren Umfang das Ausschließlichkeitsrecht nichtsdestoweniger aufrechterhalten wird. Dieses Modell hat der BGH beziehungsweise der Gesetzgeber §§ 52a I, 52b S. 1, 53a I 3 UrhG aF zugrunde gelegt. Aufgrund der Beschränkung kann zunächst auf gesetzlicher Grundlage genutzt werden. Weil das Recht im konkreten Fall allerdings beibehalten wird, kann der Rechtsinhaber in die von der Schrankenregelung umfasste Handlung einwilligen. Das bewirkt, dass die urheberrechtlichen Vergütungsansprüche nicht mehr auf gesetzlichem Weg, sondern vertraglich entstehen. Diesem Ergebnis steht nicht entgegen, dass die Zustimmung nach Auffassung des EuGH keine Auswirkung auf den gerechten Ausgleich hat, weil in dem Modell die Bestimmungen über den gerechten Ausgleich keine Anwendung finden können.[1296]

Dieses Verständnis soll erneut modellhaft § 60b I UrhG im Rahmen des gleichen Beispiels zugrunde gelegt werden. Schließt ein Hersteller von Unterrichts- und Lehrmedien mit einem Verlag, der die Rechte an einem veröffentlichten Werk innehat, einen Vertrag, nach dem er für eine Sammlung 30 % des Werks vervielfältigen darf, so ist diese Vereinbarung zudem im Hinblick auf Vervielfältigungen von bis zu 10 % wirksam. Denn im Rahmen von Modell 3 ist das Ausschließlichkeitsrecht zwar beschränkt, dennoch gleichwohl aufrechterhalten, sodass der Rechteinhaber im Rahmen des Vertragsschlusses in dessen Eingriff einwilligen kann. Da die von der Schranke umfasste Handlung weiterhin vom subjektiven Recht erfasst ist, kann der Rechteinhaber sie lizenzieren und gemäß seiner synallagmatischen Hauptleistungspflicht aus dem Lizenzvertrag Nutzungsrechte daran einräumen. Demnach besteht ein Anknüpfungspunkt für eine vertragliche Vergütung.

Im Modell 3 sind die vertraglichen Einigungen vorrangig, was die Anwendbarkeit der gesetzlichen Vergütungsansprüche, im Beispiel § 60h I UrhG, ausschließt. Diese sehen als Voraussetzung eine Nutzung auf gesetzlicher Grundlage vor. An dieser mangelt es, wenn der Vertrag das Gesetz verdrängt. Dann liegt eine Handlung vor, die zwar nach dem dispositiven Gesetz erlaubt wäre, nichtsdestoweniger vorliegend nicht nach Maßgabe des Gesetzes erfolgt, weil sie bereits vertraglich wirksam erlaubt worden ist. Sogar im Umfang der Privilegierung wird damit ausschließlich nach der vorrangigen vertraglichen Erlaubnis genutzt.

Die Konsequenz aus der Beschränkung bei gleichzeitiger Aufrechterhaltung ist, dass der Nutzer für eine gesetzlich erlaubte Nutzung eine angemessene Vergütung schuldet, außer es besteht diesbezüglich eine vertragliche Einigung. Dann wird nicht mehr die gesetzliche Vergütung, sondern ausschließlich die Lizenzgebühr geschuldet. Der Hersteller für Unterrichts- und Lehrmedien hat demzufolge im Beispiel für Vervielfältigungen von bis zu 30 % ausschließlich eine Vergütung nach der Maßgabe des Vertrags an den Verlag als Vertragspartner zu entrichten. Die *VG Wort* als Treuhänderin der Urheber würde nicht beteiligt werden.

3. Vergleich zu Art. 17 DSM-RL

Nach klassischem Verständnis bilden die gesetzlichen Schrankenregelungen einen Bereich, der sich von der Werkschöpfung an vertraglicher Disposition entzieht. Der Urheber wird als Ausgleich für diese anfängliche Einschränkung seines Ausschließlichkeitsrechts gesetzlich vergütet. Über den gesetzlich erlaubten Umfang hinausgehende Nutzungshandlungen sind Gegenstand von Lizenzierungen. Dementsprechende vertragliche Vergütungszahlungen stehen dem Rechteinhaber als Vertragspartner zu. Für einen traditionellen Urheberrechtler mögen diese bisher getätigten Fragestellungen zu langatmig, gar redundant sein. Wenn sich die Welt

1296 EuGH GRUR 2013, 812, 814, Rn. 39 – VG Wort/Kyocera.

allerdings wie momentan in einer Zeit der Digitalisierung, Technologisierung, Automatisierung und Globalisierung nachhaltig verändert, dürfen althergebrachte Rechtskonzepte nicht von dem Reformationsdruck ausgenommen werden. Diesem Druck kann Bewährtes teilweise standhalten. Die Überzeugungskraft des Bewährten gilt es dennoch jeweils neu zu rechtfertigen. Folglich war es wichtig, sich oben die bisherige Rechtslage ausgiebig vor Augen zu führen. Nur dabei kann gefragt werden, warum das Recht zuvor so ausgestattet war. Was spricht dafür? Wo besteht Optimierungsbedarf? Woraus folgen Probleme? Die Antworten darauf sollten Grundlage heutiger Reformen und der Maßstab für die Bewertung von Vertragsvorbehalten sein.

Die Politik fordert indes leider regelmäßig pauschal Reformen. So rief der für die Reform des UrhWissG damals zuständige Bundesminister der Justiz und für Verbraucherschutz *Maas* auf einer Konferenz die Arbeitsparole aus: „Neue Sachverhalte brauchen zumindest an bestimmten Stellen auch neue Lösungen. Und die Veränderungen, die es geben wird, die eröffnen auch Chancen, und zwar auch kulturpolitische und demokratiepolitische."[1297] Er ging mithin davon aus, dass es rechtliche Veränderungen geben wird, geben muss. Zum UrhWissG stellte *Maas* folgende Überlegungen an: „Regeln müssen wir insbesondere, für welche Nutzungen gezahlt werden muss und wie das abgerechnet werden soll. Und wir müssen auch entscheiden, ob Lizenzen Vorrang vor der Nutzung einer Schrankenregelung erhalten sollen, und falls ja, unter welchen Bedingungen."[1298] Der Minister forderte folglich Reformen, ohne auf das Warum einzugehen. Warum erfordern neue Sachverhalte eine neue Abrechnungsmethode oder dass für manche Nutzungen nicht gezahlt werden muss? Warum erfordern neue Sachverhalte, dass über den Vorrang von Lizenzen nachgedacht werden muss?

Die Neuheit der Sachverhalte allein ist kein Argument. Sie kann begründen, warum Probleme nach der alten Rechtslage bestehen. Für Gesetzesreformen ist aber die Motivation entscheidend. Welches Ziel soll erreicht werden? Wessen Interessen sollen wie geschützt werden? Kann dieses Ziel, dieser Schutz mit der alten Rechtslage nicht mehr erreicht werden? Vor dem Hintergrund dieser Fragen ist es sehr bedauerlich, dass die Ausführungen zu § 60g UrhG in der Gesetzesbegründung so knapp sind. Eine Offenlegung der Motivation wäre fruchtbar für die Diskussion gewesen.

Denn Neugestaltung ist kein pauschaler Selbstzweck. Erfolgreiche Konzepte sollten beibehalten werden. Bewährte Modelle dürfen dem Aktionismus nicht geopfert werden, nur weil sie aus einer vergangenen Zeit stammen. In allen anderen Fällen indes darf Tradition kein Argument sein, das einer Reform entgegensteht. Bestehende Systeme müssen fortlaufend überdacht und hinterfragt werden. In dem Geflecht sind Vertragsvorbehalte zu bewerten.

1297 *Maas*, ZUM 2016, 207, 211.
1298 *Maas*, ZUM 2016, 207, 209.

Die vorangestellten Fragen gelten insbesondere angesichts des wirtschaftlichen Überlebenskampfs mittelständiger Verlage in einer sich verändernden Welt.[1299] Folglich muss eine Debatte darüber stattfinden, inwiefern sie an den Zahlungen, die für gesetzlich privilegierte Handlungen fließen, partizipieren. Solange sie nicht gesetzlich verbindlich an den Ansprüchen der Urheber beteiligt werden oder eigene gesetzliche Ansprüche innehaben, werden die Verlage immer weiter danach streben, über vertragliche Regelungen Gewinne zu erzielen. Dafür wollen sie in möglichst weitem Umfang lizenzieren können. Es bedarf also Überlegungen, wie die Beziehungen im Dreieck Verleger, Nutzer und Urheber neu ausgestaltet werden können. Solche Gedankenspiele können durchaus fruchtbar sein. Als Vorbild für eine überzeugende Reform[1300] kann hier Art. 17 DSM-RL – wenngleich in anderem Regelungszusammenhang – gelten. Die Norm wagt den Schritt zu einem noch nicht dagewesenen Ansatz und tariert die vertraglichen Beziehungsmöglichkeiten neu aus. Über Lizenzlösungen und eine Stärkung der Rechtsstellung der Verwertungsgesellschaften hat der europäische Gesetzgeber das Haftungssystem im Urheberrecht neu geschaffen. Als positives Beispiel für eine Neugestaltung der Vertragsbeziehungen soll Art. 17 DSM-RL nachfolgend kurz vorgestellt werden. Das wird zum Abschluss der Untersuchung einen Vergleich ermöglichen.[1301]

Im Mittelpunkt des öffentlichen Interesses bezüglich der DSM-RL stand die unmittelbare Haftung bestimmter Diensteanbieter (Plattformen) für Urheberrechtsverletzungen. Der Online-Markt ist in den letzten Jahren stetig umfangreicher und bedeutender geworden. Neue Geschäftsmodelle ermöglichen mit geringem Aufwand den Zugang zu urheberrechtlich geschützten Werken. Online-Plattformen steuern in einem ganz erheblichen Maß die Nutzung dieser. Doch dabei liegt nicht in allen Fällen die Erlaubnis des Rechtsinhabers zum erfolgten Upload vor. Es stellte sich die Frage nach der Rolle der Plattformen in der Wissensgesellschaft. Deren Bewertung gibt die entscheidende Richtung vor, wie das Haftungssystem ausgerichtet werden sollte.

Im deutschen Recht bestand bisher ein abgestuftes Haftungskonzept, nach dem für Diensteanbieter eine Unterscheidung in Täter, Teilnehmer und Störer vorgenommen wurde.[1302] Auf europäischer Ebene wurde die urheberrechtliche

---

1299 Ausführlich dazu noch unter K I 3.

1300 Interessant ist die Diskrepanz zwischen den Bewertungen von Art. 17 DSM-RL in der politischen Öffentlichkeit/in den Alltagsmedien und in den juristischen Fachmedien. Auch *Hofmann*, GRUR 2019, 1219, 1229 kommt zu dem Ergebnis: „Entgegen der politischen Stimmung setzt Art. 17 DSM-RL durchaus einen gelungenen Rahmen, um die Interessen von Rechteinhabern, Plattformbetreibern und (aktiven/passiven) Internetnutzern fair auszubalancieren.".

1301 Siehe K II 2.

1302 *Specht*, ZUM 2018, 877, 878. Kritisch zur Vereinbarkeit des bisherigen deutschen Konzepts mit Art. 17 DSM-RL *Wandtke/Hauck*, ZUM 2019, 627, 628.

Verantwortlichkeit der Diensteanbieter zuvor durch die RL elektronischer Geschäftsverkehr[1303] geregelt. Vorgesehen war eine Unterteilung der Haftungssubjekte in Access-, Host- und Contentprovider. Diese wurde schon längere Zeit als unzeitgemäß empfunden.[1304] Daher hat sich der europäische Gesetzgeber entschlossen, ein Haftungssystem zu entwickeln, das unter Beachtung von Art. 17 II EU-GrCh ein hohes Schutzniveau des Urheberrechts im digitalen Binnenmarkt und zugleich das Recht auf effektiven gerichtlichen Rechtsschutz nach Art. 47 EU-GrCh gewährleistet.

Dieses System ist in der zwingenden Vorschrift des Art. 17 DSM-RL geregelt worden. Nach Art. 17 I DSM-RL müssen die Mitgliedstaaten ihre Vorschriften nunmehr so anpassen, dass ein in Art. 2 Nr. 6 DSM-RL definierter Diensteanbieter selbst für das Teilen von Online-Inhalten eine urheberrechtlich relevante Nutzungshandlung begeht, wenn er der Öffentlichkeit Zugang zu von seinen Nutzern hochgeladenen, urheberrechtlich geschützten Werken oder sonstigen Schutzgegenständen verschafft. Mithin müssen die Mitgliedstaaten nun eine unmittelbare Haftung der Plattformen vorsehen, welche ebenfalls täterschaftlich ausgestaltet sein kann.[1305] Weil der Plattformbetreiber infolgedessen selbst eine urheberrechtliche Verwertungshandlung begeht, muss er vom Rechteinhaber die Erlaubnis einholen, wenn er Werke oder sonstige Schutzgegenstände öffentlich wiedergeben (§ 15 II, III UrhG) oder öffentlich zugänglichmachen (§ 19a UrhG) will. Nach Art. 17 II DSM-RL gilt die eingeholte Erlaubnis ebenso für Handlungen, die von nicht gewerblichen Nutzern der Dienste ausgeführt werden.[1306] Obwohl die Richtlinie zur Einholung der Erlaubnis den Abschluss einer Lizenzvereinbarung nur beispielsweise aufzählt, wird man dennoch diesem Erfordernis am ehesten durch eine Rechteeinräumung gemäß den §§ 31 ff. UrhG gerecht. Dafür sprechen Gründe der Rechtssicherheit. Mithin verbirgt sich hinter Art. 17 DSM-RL das Konzept einer Lizenzlösung.[1307] Auf diesem Weg werden die Diensteanbieter neue Vergütungsschuldner der Rechteinhaber, die an den von den Plattformen umfangreich generierten Einnahmen angemessen beteiligt werden können.[1308] Die Praktikabilität

---

1303 RL 2000/31/EG.

1304 Vgl. *Stieper*, ZUM 2019, 211, 211; *Wandtke*, NJW 2019, 1841, 1845.

1305 Diesen Weg lobend *Wandtke/Hauck*, ZUM 2019, 627, 629.

1306 *Wandtke/Hauck*, ZUM 2019, 627, 630 sprechen von einer Lizenz zugunsten Dritter und fragen sich, wie diese lizenzvertragsrechtlich zu begründen ist.

1307 So ebenfalls *Senftleben*, ZUM 2019, 369, 370.

1308 Dass das das Hauptanliegen des europäischen Gesetzgebers war, wird in Erwägungsgrund 61 DSM-RL deutlich. Im Kern geht es um das Problem des „value gap". Plattformen, bei denen Nutzer Inhalte mit urheberrechtlich geschützten Elementen hochladen können, generieren durch Werbeeinnahmen viel Geld, ohne dass die Urheber daran beteiligt werden. Kritisch dazu, ob Art. 17 DSM-RL dieses Problem angemessen zu lösen vermag, *Spindler*, CR 2019, 277, 283.

erfordert es, dass solche Lizenzvereinbarungen von Verwertungsgesellschaften verhandelt und abgeschlossen werden. Daher ist es zu begrüßen, dass der europäische Gesetzgeber die Rechtsstellung der Verwertungsgesellschaften durch Regelungen zur erweiterten Kollektivlizenz gestärkt hat, die hoffentlich im nationalen Recht umgesetzt werden.[1309] Nach der Vermutungsregel des Art. 12 I lit. b) DSM-RL können diese nunmehr gleichermaßen Rechteinhaber vertreten, die der Verwertungsgesellschaft kein entsprechendes Mandat erteilt haben. Selbst wenn der originäre Rechteinhaber keinen Wahrnehmungsvertrag mit der Verwertungsgesellschaft geschlossen hat, werden so ebenfalls seine Interessen und zugleich die Interessen seiner Verwerter geschützt.[1310]

Über die urheberrechtliche Selbstverständlichkeit hinaus, dass jemand, der urheberechtlich relevante Handlungen durchführt, ohne sich auf Schrankenregelungen berufen zu können, eine Erlaubnis des Rechteinhabers einholen muss, liegt der Kern des neuen Haftungssystems in Art. 17 IV DSM-RL. Nach dieser Bestimmung ist der Diensteanbieter für das Teilen von Online-Inhalten für nicht erlaubte Nutzungshandlungen der öffentlichen Wiedergabe, einschließlich der öffentlichen Zugänglichmachung, urheberrechtlich geschützter Werke oder sonstiger Schutzgegenstände grundsätzlich selbst verantwortlich, wenn keine Erlaubnis iSv Art. 17 I UAbs. II DSM-RL erteilt worden ist. Von diesem Grundsatz gibt es enge Ausnahmen. Auf die Exkulpationsmöglichkeiten wird hier indessen nicht näher eingegangen.[1311] Im Grundsatz begründet Art. 17 IV DSM-RL also eine unmittelbare Haftung des Plattformbetreibers, wenn keine Erlaubnis vorliegt. Die Verantwortlichkeit liegt nunmehr haftungsverschärfend bei ihm selbst. Er kann sich nicht mehr darauf berufen, keine Kenntnis von der rechtswidrigen Handlung gehabt zu haben.[1312] Vielmehr kommt es auf die anfängliche Erlaubnis an, weshalb Art. 17 IV DSM-RL letztlich eine Vorverlagerung der Verantwortlichkeit bewirkt. Damit alle Voraussetzungen einer täterschaftlichen Haftung vorliegen, sollte der deutsche Gesetzgeber den Begriff Verantwortlichkeit so umsetzen, dass darüber ein subjektives Verschuldenselement eingeführt wird. In Zusammenhang mit den Exkulpationsmöglichkeiten ist es vorzugswürdig, das Verschulden als vermutet auszugestalten.[1313] Die öffentliche Wiedergabe ohne Erlaubnis ist die Handlung, an die dann nicht nur Unterlassungs-, sondern ebenso Schadensersatzansprüche

---

1309 Ebenso *Wandtke*, NJW 2019, 1841, 1843 f.

1310 *Wandtke/Hauck*, ZUM 2019, 627, 631.

1311 Ausführlich dazu *Wandtke/Hauck*, ZUM 2019, 627, 633 ff.

1312 Das war bisher eine zentrale Voraussetzung des Haftungskonzepts für Hostprovider, vgl. BGH GRUR 2011, 1038, 1040 f. – Stiftparfüm.

1313 Vorsatz oder Fahrlässigkeit sind nach § 97 II 1 UrhG, Art. 13 I 1 Durchsetzungs-RL, RL 2004/48/EG, zwingende Voraussetzung eines Schadensersatzanspruchs. Zum vom EuGH entwickelten einheitlichen und weiten Täterbegriff für die öffentliche Wiedergabe vgl. *Grünberger*, ZUM 2018, 321, 329 ff.; *Ohly*, ZUM 2017, 793, 796 ff.

anknüpfen können. Damit entsteht ein strengeres Haftungssystem als bisher, weil Art. 17 DSM-RL die Haftung bewusst nicht an das Verschulden des Plattformbetreibers bezüglich seiner eigenen Verletzungshandlung oder bezüglich der Verletzungshandlung des Dritten, das Hochladen des Werks,[1314] anknüpft.

Zusammenfassend gibt Art. 17 DSM-RL wegen seiner Systematik vor, ein Verbot mit Erlaubnisvorbehalt zu sein. Doch dahinter verbirgt sich eine Lizenzlösung, die einen Paradigmenwechsel im System der Haftung von Plattformen geschaffen hat.[1315] Die Plattformbetreiber begehen selbst urheberrechtlich relevante Nutzungen (vgl. Art. 17 I DSM-RL), sodass sie nicht nur als Teilnehmer in Anspruch genommen werden können. Weil das Verschulden damit an einer eigenen Handlung anknüpft (vgl. Art. 17 IV DSM-RL), kommt es nicht mehr darauf an, ob bezüglich der Handlung des Dritten ebenfalls schuldhaft gehandelt worden ist. Damit ist der Weg für Schadensersatzansprüche eröffnet, statt im Regelfall auf eine Störerhaftung begrenzt zu sein. Um eine solche Inanspruchnahme zu vermeiden, muss eine Erlaubnis eingeholt werden (vgl. Art. 17 I UAbs. II DSM-RL), was wahrscheinlich im Wege der Lizenzierung erfolgen wird.[1316] Somit entstehen vertragliche Beziehungen in einem Bereich, der diesen zuvor verschlossen war.

Im Ergebnis führt die Verpflichtung der Provider, Lizenzen einholen zu müssen, zur Gewährleistung der Beteiligung der Rechteinhaber an den von den Plattformen erzielten Werbeeinnahmen.[1317] Eine weitere Folge ist Planungs- und Rechtssicherheit auf beiden Seiten.[1318] Auf Grund dieser Vorteile ist das Haftungskonzept des europäischen Gesetzgebers zu loben. Durch die Lizenzvereinbarung werden die Plattformbetreiber und über Art. 17 II DSM-RL ihre nicht gewerblichen Nutzer aus der Haftung entlassen. An diesem Beispiel zeigt sich, welch positive Auswirkungen es haben kann, über neue Modelle vertraglicher Beziehungen in Bereichen nachzudenken, in denen solche bisher nicht bestanden. Letzten Endes möchte die Untersuchung darüber nachdenken, ob die Einführung von Verträgen im Bereich der gesetzlich erlaubten Nutzung vergleichbar positive Auswirkungen haben könnte oder ob dieser Gedanke abzulehnen und durch einen besseren zu ersetzen ist. Im Bereich gesetzlich erlaubter Nutzungen bestehen bisher jedenfalls wenige vertragliche Vereinbarungen. Daher soll nun § 60g UrhG ausgelegt werden, um zu eruieren, ob und wenn wie die Norm dies ändern möchte.

1314 So aber noch nach bisheriger Rechtslage BGH ZUM-RD 2018, 665, 672 f., Rn. 61 ff. – YouTube.

1315 Ebenso *Wandtke/Hauck*, ZUM 2019, 627,636.

1316 Sich ebenso für eine Vertragslösung aussprechend *Wandtke*, NJW 2019, 1841, 1845.

1317 Vgl. Erwägungsgrund 61 DSM-RL; *Wandtke/Hauck*, ZUM 2019, 627,630.

1318 *Wandtke/Hauck*, ZUM 2019, 627,631.

II § 60g II UrhG

Nach diesem Exkurs soll wieder zur Ausgangsfrage des Verhältnisses zwischen Schrankenbestimmungen und Verträgen zurückgekehrt werden. Es stellen sich bei Verträgen mit gesetzlich erlaubten Nutzungen als Regelungsgegenstand zwei Fragen: Ist der Vertrag urheberrechtlich wirksam und (1.) welche Vergütungsansprüche bestehen? (2.) Die Frage nach den Vergütungsansprüchen ist von der Diskussion über die Anwendbarkeit der Schrankenbestimmungen zu trennen. Zunächst soll § 60g II UrhG (II) und anschließend § 60g I UrhG (III) auf diese beiden Fragen hin untersucht werden.

1. Auslegung von § 60g II UrhG

„Vereinbarungen, die ausschließlich die Zugänglichmachung an Terminals nach § 60e Absatz 4 und § 60f Absatz 1 oder den Versand von Vervielfältigungen auf Einzelbestellung nach § 60e Absatz 5 zum Gegenstand haben, gehen abweichend von Absatz 1 der gesetzlichen Erlaubnis vor." Das ist der Wortlaut von § 60g II UrhG. Aus diesem geht zunächst hervor, dass nur Vereinbarungen vom Normgehalt erfasst sind, die ausschließlich die Terminalnutzung oder den Kopienversand auf Bestellung betreffen. So kann gewährleistet werden, dass sich die Vertragsparteien gesondert über diese spezifischen Formen der Nutzung verständigen.[1319] Ansonsten werden vom Wortlaut keine weiteren Anforderungen an die Vereinbarung gesetzt. Im Rahmen einer analogen Anwendung solche zu schaffen, kommt nicht in Betracht. Eine Analogie zu § 60g I UrhG scheidet aus systematischen Gründen aus. Der Gesetzgeber hat in der Kenntnis, in Absatz 1 spezifische Anforderungen an die Einigung gestellt zu haben, auf tatbestandliche Anforderungen in einem bewusst eingeführten zweiten Absatz verzichtet. Darüber hinaus existiert keine Norm mit vergleichbarem Regelungsgehalt.

Jede Vereinbarung, die nur diesen Regelungsgegenstand hat, geht gemäß dem Wortlaut von § 60g II UrhG ausdrücklich der gesetzlichen Erlaubnis vor. Der Nutzer kann sich folglich nur auf die Schranke berufen, solange kein Vertrag besteht. Dann darf er nur noch nach dessen Maßgaben handeln. Derartige Verträge sind somit immer vorrangig vor dem Gesetz. Das gilt unabhängig davon, in welchem Maß sie die Handlungsoptionen verkleinern oder ob sie sie gar aufheben. Einzige Voraussetzung ist, dass die Vereinbarungen ausschließlich die genannten Schranken zum Gegenstand haben. Es gibt keinen Auslegungsspielraum, diese Norm anders zu interpretieren. Das wäre mit dem Wortlaut als äußerste Grenze jeder Auslegung[1320] unvermeidbar. Neben dem ausdrücklichen Wortlaut kann sich

---

1319 BT-Drs. 18/12329, S. 46; *Jani*, in: *Wandtke/Bullinger*, UrhR, § 60g, Rn. 7.

1320 Siehe zum Grundsatz der Wortlautgrenze *Enneccerus/Nipperdey*, AT des Bürgerlichen Rechts, § 57 III; *Larenz*, Methodenlehre der Rechtswissenschaft, S. 322 f.; BGH NJW 1967, 343,346.

dieses Auslegungsergebnis auf den ausdrücklichen Willen des Gesetzgebers stützen. Die amtliche Gesetzesbegründung geht namentlich davon aus, dass, wenn sich eine Bibliothek dazu entschließt, mit einem Rechtsinhaber einen Vertrag lediglich bezüglich des Kopienversands auf Einzelbestellung abzuschließen, dieser der gesetzlichen Erlaubnis vorgeht.[1321] Mit der Einführung von § 60g II UrhG wollte der Gesetzgeber Anreize setzen, dass Rechteinhaber attraktive Angebote für diese spezifischen Nutzungen entwickeln.[1322]

Als Ausgleich für die Nutzer ist der Vorbehalt von Vertragsangeboten, der in § 53a I 3 UrhG aF vorgesehen war, entfallen. Auf diesem Wege sind zugleich jegliche Prüfpflichten für die Bibliothek entfallen, ob ein angemessenes Angebot abgegeben worden ist. Dass dadurch eine intensivere Nutzung als bisher ermöglicht wird, soll nach dem Willen des Gesetzgebers bei der Bemessung der angemessenen Vergütung berücksichtigt werden.[1323] In Bezug auf die Zugänglichmachung an Terminals von Bibliotheken oder von Archiven, Einrichtungen im Bereich des Film- und Tonerbes sowie öffentlich zugänglichen Museen und Bildungseinrichtungen, die keine mittelbaren oder unmittelbaren kommerziellen Zwecke verfolgen, ergibt sich das gleiche Auslegungsergebnis bereits aus den europarechtlichen Vorgaben. Die Schranken §§ 60e IV, 60f I UrhG basieren auf Art. 5 III lit. n) InfoSoc, der Beschränkungen der Rechte des Urhebers nur in den Fällen zulässt, in denen „keine Regelungen über Verkauf und Lizenzen gelten". Damit ist der Vorrang diesbezüglicher Vereinbarungen vor den Schrankenregelungen europarechtlich vorgeschrieben.[1324]

Zweifel an einem solchen Verständnis des Normzwecks könnten sich maximal aus systematischen Erwägungen ergeben. Der Zweck Ausschluss der Anwendbarkeit gesetzlicher Schranken steht im Kontrast zur althergebrachten Dogmatik der Unabdingbarkeit, wie sie in der Rechtsprechung des BGH zu § 53 UrhG aF zum Ausdruck kommt.[1325] Doch § 60g II UrhG will als extra geregelte Ausnahme gegenüber dem im vorigen Absatz festgelegten Grundsatz eine Sonderbestimmung sein. In deren Natur liegt es, sich im Widerspruch zum Regelfall zu befinden. Wenn die Wertungen verschiedener Normen nicht zusammenstimmen, kann dieser Widerspruch nur durch ein Rangverhältnis aufgelöst werden.[1326] So können die Sätze nicht kollidieren. In Bezug auf § 60g II UrhG ist eine solche Auffassung unvermeidbar. Denn die Kombination aus ausdrücklichem Wortlaut, ausdrücklichem Wille des Gesetzgebers bezüglich des Kopienversands auf Einzelbestellung und

1321 BT-Drs. 18/12329, S. 44.

1322 BT-Drs. 18/12329, S. 46.

1323 BT-Drs. 18/12329, S. 44.

1324 EuGH GRUR 2014, 1078, 1080, Rn. 35 – TU Darmstadt/Ulmer; BGH GRUR 2015, 1101, 1102, Rn. 20 – Elektronische Leseplätze II; siehe ausführlich F III 1.

1325 BGH GRUR 2014, 979, 983, Rn. 45 – Drucker und Plotter III.

1326 *Gast*, Juristische Rhetorik, S. 288.

der zwingenden europarechtlichen Vorgabe bezüglich der Leseplätze an Terminals lässt keinen Interpretationsspielraum zu. Verträge mit der Eigenschaft, das sie ausschließlich eine der Schranken der §§ 60f IV, 60e V, 60f I UrhG zum Gegenstand haben, gehen immer der gesetzlichen Schrankenregelung vor. Sie sind also vorrangig, ohne dass weitere Anforderungen an die Eigenschaft der Einigung gestellt werden. Die Vereinbarungen können die gesetzliche Nutzungsmöglichkeit erweitern, reduzieren oder ausschließen. Dieses Auslegungsergebnis ist gleicherweise in der Literatur nicht umstritten.[1327]

2. Erstreckung auf § 60h I UrhG

Bisher erscheint die Diskussion um die Vorrangigkeit eine abstrakt dogmatische Problematik zu sein. Wenn eine Bibliothek beispielsweise mit einem Rechteinhaber einen Vertrag abschließt, nach dem sie an Nutzer zu nicht kommerziellen Zwecken Vervielfältigungen von bis zu 15 % eines erschienenen Werks übermitteln darf, erscheint es ihr auf den ersten Blick gleichgültig zu sein, auf welchen Rechtstitel sich ihr Handeln stützt. Unabhängig davon, ob sie sich bezüglich der ersten 10 % auf den vorrangigen Vertrag oder auf die vorrangige Schranke gemäß § 60e V UrhG berufen kann, ist es ihr lediglich wichtig, sicher zu wissen, dass sie 15 % des Werks übermitteln darf. Jedoch stellt sich nachgelagert die in der Praxis äußerst relevante Frage der Vergütung und damit wird aus einem theoretischen Problem ein lebensnahes mit handfesten monetären Interessen aller Beteiligten. Wenn die vertragliche Einigung wie oben dargelegt in Bezug auf die Nutzungserlaubnis urheberrechtlich wirksam ist, muss ebenfalls die Vergütungsabrede wirksam sein. Während der gesamten Diskussion ist sich darauf zu besinnen, dass Gläubiger einer Vergütungsvereinbarung ein Verwerter, damit im Wissenschaftsbereich in der Regel ein Verlag ist, während der Inhaber des gesetzlichen Anspruchs nach dem eindeutigen Wortlaut des § 60h I 1 UrhG der Urheber ist. Somit geht es nicht nur dogmatisch darum, auf welche Grundlage ein Vergütungsanspruch gestützt werden kann, sondern wer überhaupt in welchem Ausmaß finanziell beteiligt werden soll. Fraglich ist mithin, ob neben dem vertraglichen Vergütungsanspruch weiterhin ein gesetzlicher Anspruch auf Vergütung besteht. Das hängt davon ab, ob man § 60g II UrhG auf § 60h I UrhG erstreckt.

Eine Ansicht in der Literatur geht davon aus, dass, wenn die in der gesetzlichen Erlaubnis festgelegte Prozentzahl des Werkumfangs vertraglich vereinbart überschritten wird, der gesetzliche Vergütungsanspruch im Rahmen des Prozentsatzes bestehen bleibt und nur die Differenz ausschließlich dem Verleger zusteht.[1328] Nach dem obigen Beispiel müsste dann die nutzende Bibliothek für die ersten 10 % die gesetzliche Vergütung an die Verwertungsgesellschaft zahlen und nur

---

1327 Vgl. unter vielen *Dreier*, in: *Dreier/Schulze*, UrhG, § 60g, Rn. 6 ff.; *Schack*, Urheberrecht, Rn. 576g; *Wandtke*, MMR 2017, 367, 368.

1328 *Wandtke*, NJW 2018, 1129, 1134 f.

für die restlichen 5 % die vertraglich vereinbarte Vergütung ausschließlich an den Rechteinhaber leisten. Nach dieser Ansicht geht die Vereinbarung der gesetzlichen Erlaubnis vor, ohne dass damit ein Ausschluss des gesetzlichen Vergütungsanspruchs verbunden ist. Der Nutzer kann weiterhin gemäß § 60h I UrhG von der Verwertungsgesellschaft in Anspruch genommen werden, weil der Vertrag den gesetzlichen Vergütungsanspruch nicht zu verdrängen vermag.[1329]

Für diese Ansicht sprechen zahlreiche gute Gründe. Die Aufrechterhaltung des gesetzlichen Vergütungsanspruchs kommt dem Urheber zugute, der die Zentralfigur des Gesetzes darstellt. Das entspricht ebenso der europarechtlichen Wertung. Auch der EuGH geht davon aus, dass die Zustimmung des Rechtsinhabers keinen Einfluss auf das Bestehen des gerechten Ausgleichs zugunsten des Urhebers hat.[1330] Das kontinentaleuropäische Urheberrechtssystem ist dem Schutz der Urheberinteressen verpflichtet. Das entspricht der gewachsenen theoretischen Untermauerung des Rechtsgebiets als Ausdruck naturrechtlicher Philosophie. In Stärkung der für die Marktwirtschaft unentbehrlichen eigentumsrechtlichen Position erfolgt im Rahmen des Vergütungsanspruchs die gebotene Wahrung der grundrechtlichen Verhältnismäßigkeit. Das Urheberrecht unterliegt als geistiges Eigentum (Art. 17 II EU-GrCh, Art. 14 I GG) einer Sozialbindung. Daher muss der Urheber Einschränkungen seiner Ausschließlichkeitsrechte hinnehmen. Doch dafür erhält er im Regelfall einen finanziellen Ausgleich als Kompensation.[1331] Eine Ausnahme davon kann nur durch ein überragendes Gemeinwohlinteresse begründet werden. Der Urheber kann sein Werk nur belastet, im Beispielsfall mit der Schranke des § 60e V UrhG, an einen Verwerter lizenzieren. Weil die von § 60e V UrhG umfasste Handlung nicht seinem Ausschließlichkeitsrecht zugeordnet ist, kann er sie nicht lizenzieren und dafür eine vertragliche Vergütung erhalten. Wenn man § 60h I UrhG nicht für immer anwendbar halten würde, würde der Verwerter in einem Bereich, in dem er zuvor nicht investieren musste, von der Bibliothek eine vertragliche Vergütung erhalten, an die der Urheber nicht unmittelbar partizipieren würde. Letztendlich entsteht so ein Wirtschaftsförderrecht, das das ursprüngliche Schutzziel aus dem Zentrum der Betrachtung entrücken lässt. Das Rechtsgebiet ist seit 1965 vom urheberrechtlichen Beteiligungsgrundsatz geprägt gewesen. Der Urheber soll tunlichst an der wirtschaftlichen Verwertung seiner Werke beteiligt werden. Er hat „nach dem Inhalt der Eigentumsgarantie grundsätzlich einen Anspruch darauf, dass ihm der wirtschaftliche Nutzen seiner Arbeit zugeordnet wird, soweit nicht Gründen des gemeinen Wohls der Vorrang vor den Belangen des Urhebers zukommt."[1332] Es ist fraglich, ob in den ökonomischen Interessen

---

1329 *Wandtke*, NJW 2018, 1129, 1134 f.

1330 EuGH GRUR 2013, 812, 814, Rn. 40 – VG Wort/Kyocera.

1331 EuGH GRUR Int. 2016, 582, 583 – Austro-Mechana/Amazon; BGH ZUM-RD 2017, 641, 649 – Geräteabgabe für Musik-Handys.

1332 BVerfGE 31, 229, 243 – Kirchen- und Schulgebrauch.

einzelner Unternehmen vorrangige Gründe des gemeinen Wohls gesehen werden können. Diese Voraussetzung jedoch leitet das Bundesverfassungsgericht unmittelbar aus der Verfassung selbst ab. Auf einfachgesetzlicher Ebene ist der Grundsatz in § 11 S. 2 UrhG niedergeschrieben.

Diese überzeugenden Gründe lassen erkennen, dass die oben dargestellte Meinung auf ein rechtspolitisch wünschenswertes Ergebnis abzielt. Es wäre zu bevorzugen, dass gesetzliche Vergütungsansprüche bestehen würden, die den Verwertungsgesellschaften Ausschüttungen an die individuellen Urheber ermöglichen. Doch ein solches Ergebnis bedürfte einer Stütze im Gesetz.

§ 60h I UrhG normiert nach seinem Wortlaut einen Anspruch für Nutzungen nach Maßgabe dieses Unterabschnitts. Das Tatbestandsmerkmal der „Nutzung nach Maßgabe dieses Unterabschnitts" ist in der bisherigen Kommentarliteratur nicht thematisiert worden. Jedoch ist der Wortlaut wohl nicht in Einklang mit der oben genannten Auffassung zu bringen. Unstrittig geht § 60g II UrhG von einem Anwendungsvorrang des Vertrags aus. Die Lizenz ist der Rechtstitel, auf dem die Handlung steht. Daher kann keine Nutzung nach Maßgabe dieses Unterabschnitts vorliegen. Faktisch vollzieht der Nutzer in beiden Fällen die gleiche Handlung. Juristisch findet sich ihre Stütze jedoch im Vertrag, sobald ein solcher besteht. Somit liegt dogmatisch eine Nutzung nach Maßgabe des Vertrags und nicht des Unterabschnitts vor, obgleich das Gesetz die Nutzung ebenso erlaubt. Damit fällt jeglicher Anknüpfungspunkt für einen gesetzlichen Vergütungsanspruch weg. Das Tatbestandsmerkmal „nach Maßgabe dieses Unterabschnitts" kann nicht so ausgelegt werden, als ob der bloße Vollzug von Handlungen, die ohne Vertrag nach dem Gesetz erlaubt sein würden, die Grundlage des Anspruchs bildet. Nach Maßgabe bedeutet nicht nur, dass das Gesetz die Nutzungshandlung umschreibt, sondern dass diese auf dem Gesetz beruht. Wenn vorrangige Verträge den Handlungsspielraum beliebig modifizieren können, findet erst recht keine Nutzung nach Maßgabe des Gesetzes statt.

Die Annahme, dass neben dem vertraglichen Vergütungsanspruch kein gesetzlicher Anspruch auf die angemessene Vergütung besteht, entspricht neben dem Wortlaut dem Willen des Gesetzgebers. Wie dargestellt war sein mit § 60g II UrhG verbundenes Ziel, Anreize zu schaffen, dass Rechtsinhaber attraktive Angebote für diese spezifischen Nutzungen entwickeln.[1333] Daher wurde der Bereich der Privatautonomie eröffnet. Verträge werden zumeist nur geschlossen, wenn sich beide Seiten einen Vorteil davon erhoffen. Der Gesetzgeber erhoffte sich, dass die Institution so bessere Produkte erhält, während dem Verwerter höhere Einnahmen zufließen, die er für spätere Investitionen verwenden kann. Der Vorteil besserer Produkte würde egalisiert werden, wenn die Institutionen dafür doppelte Zahlungsverpflichtungen treffen würden. Diesen Gedankengang wohl folgend ging der Gesetzgeber davon aus, dass dem Urheber zwar grundsätzlich ein gesetzlicher

1333 BT-Drs. 18/12329, S. 46.

Vergütungsanspruch zusteht, aber wenn ein Vertrag besteht, dann regelt sich die Vergütung im Gegensatz dazu ausschließlich nach der vertraglichen Vereinbarung.[1334] Gesetzgeberisches Ziel ist es damit ausdrücklich, dass dann ausschließlich die vertraglich vereinbarte Lizenzvergütung an den Vertragspartner zu zahlen ist. Auf diesem Weg sollen Anreize für beide Parteien zum Vertragsschluss, wenngleich unter Schwächung der Urheberinteressen, gesetzt werden. Der deutsche Gesetzgeber ist unionsrechtlich bei der Einführung von Schrankenbestimmungen außerhalb der Art. 5 II lit. a) und b) InfoSoc nicht dazu verpflichtet, eine Vergütung der Urheber zwingend vorzusehen.[1335] Nach Erwägungsgrund 36 InfoSoc ist diese Entscheidung bewusst den Mitgliedstaaten überlassen worden.

Dass die Handlung im Fall des Vertragsschlusses nicht mehr auf der Grundlage einer gesetzlichen Erlaubnis beruht, was gesetzliche Vergütungsansprüche begründet, ist insbesondere die Konsequenz daraus, dass § 60g II UrhG das dritte vom EuGH angesprochene Schrankenmodell gewählt hat.[1336] Den Schranken des UrhG lag zuvor im Grundsatz das zweite Modell zugrunde, nach dem die Befugnis des Rechtsinhabers nicht völlig ausschlossen wird, sondern nur einer Beschränkung unterliegt, wobei das Ausschließlichkeitsrecht im konkreten Fall in Bezug auf diese Beschränkung nicht aufrechterhalten bleibt.[1337] Weil das Ausschließlichkeitsrecht im Bereich der Beschränkung nicht mehr besteht, kann die Zustimmung des Rechtsinhabers keine Rechtswirkung entfalten. Eine solche Vorstellung ist § 60g II UrhG fremd. Der Gesetzgeber geht ausdrücklich davon aus, Anreize schaffen zu wollen, dass im Anwendungsbereich der Schranken Vertragsverhandlungen geführt werden, was den Anstoß für attraktive Angebote der Rechtsinhaber für spezifische Nutzungshandlungen setzen soll.[1338] Nicht das Angebot, aber der geschlossene Vertrag ist dann wirksam und vorrangig. Das wäre nicht möglich, würde das Ausschließlichkeitsrecht des Urhebers nicht aufrechterhalten worden sein. Hier erkennt man, dass sich die Norm am dritten vom EuGH genannten Modell orientiert. Nach diesem gebe es Schranken, die ebenfalls die Befugnis des Rechtsinhabers lediglich beschränken, aber das Ausschließlichkeitsrecht im konkreten Fall aufrechterhalten.[1339] Das ermöglicht einen urheberrechtlich wirksamen Vertragsschluss zum gleichen Regelungsgegenstand wie den der gesetzlichen Nutzungsprivilegierung. Der Nutzer kann auf gesetzlicher Grundlage nutzen, solange kein Vertrag geschlossen worden ist. Denn die Befugnis des Rechtsinhabers zu genehmigen ist dahingehend beschränkt. Da das Ausschließlichkeitsrecht im

---

1334 BT-Drs. 18/12329, S. 46.

1335 *Dreier*, in: *Dreier/Schulze*, UrhG, § 60h, Rn. 1; *Lüft*, in: *Wandtke/Bullinger*, UrhR, § 60h, Rn. 2.

1336 Vgl. zu dieser Auswirkung bereits allgemein H I 2. b).

1337 Vgl. EuGH GRUR 2013, 812, 814, Rn. 38 – VG Wort/Kyocera.

1338 BT-Drs. 18/12329, S. 46.

1339 Vgl. EuGH GRUR 2013, 812, 814, Rn. 38 – VG Wort/Kyocera.

konkreten Fall allerdings aufrechterhalten bleibt, steht es in der Rechtsmacht der Parteien, vorrangige Verträge zum gleichen Regelungsgegenstand zu schließen. Aufgrund des aufrechterhaltenen Ausschließlichkeitsrechts erfolgt keine Nutzung auf Grundlage der gesetzlichen Erlaubnis. Dem könnte man entgegenhalten, dass der EuGH selbst beim dritten Modell davon ausgeht, dass die Zustimmung des Rechteinhabers keinen Einfluss auf den gerechten Ausgleich hat.[1340] Doch das hat der Gerichtshof damit begründet, dass eine solche Beschränkung gar nicht erst zu einem Schaden führt, für den der gerechte Ausgleich einen Ersatz darstellt.[1341] Die Vorschriften des gerechten Ausgleichs, im nationalen Recht § 60h I UrhG, können somit gar nicht erst in Bezug genommen werden.

Aufgrund der Stärke der zuletzt genannten Argumente ist im Ergebnis der herrschenden Meinung zuzustimmen. Diese geht davon aus, dass, wenn eine Vereinbarung vorliegt, der § 60g II UrhG den Vorrang vor dem Gesetz einräumt, der Nutzer dann allein die vertraglich vereinbarte Vergütung entrichten muss, während der durch die Verwertungsgesellschaft geltend zu machende Anspruch des Urhebers auf angemessene Vergütung entfällt.[1342] Darin ist grundsätzlich kein Verzicht auf gesetzliche Vergütungsansprüche iSv § 63a S. 1 UrhG zu sehen.[1343] Sehr fraglich ist allerdings, inwiefern im Vertrag zwischen dem Rechteinhaber und dem Nutzer ein Vertrag zulasten Dritter, nämlich der Urheber, gesehen werde kann.[1344] Ein solcher ist grundsätzlich verboten.[1345]

3. Ergebnis

Sobald eine vertragliche Einigung vorliegt, die die Voraussetzungen von § 60g II UrhG erfüllt, ist diese vorrangig vor den gesetzlichen Schranken. Der Schrankenanwendungsbereich ist ausgeschlossen, weil er der vertraglichen Disposition unterworfen wird. Tatbestandsvoraussetzung gesetzlicher Vergütungsansprüche ist eine Nutzung auf Schrankengrundlage und nicht eine Nutzung, die ohne Vertragsschluss nach der gesetzlichen Erlaubnis erlaubt gewesen wäre. Der Anknüpfungspunkt gesetzlicher Vergütungsansprüche entfällt mithin. Das ist dahingehend bemerkenswert, weil der Urheber an einem solchen Vertragsschluss nicht beteiligt sein muss. Zu seinem Nachteil ist ausschließlich die vertraglich vereinbarte Lizenzvergütung an den Vertragspartner, den Verwerter, zu zahlen;

1340 EuGH GRUR 2013, 812, 814, Rn. 40 – VG Wort/Kyocera.

1341 EuGH GRUR 2013, 812, 814, Rn. 39 – VG Wort/Kyocera.

1342 *Berger*, GRUR 2017, 953, 955; *Dreier*, in: *Dreier/Schulze*, UrhG, § 60g, Rn. 8; *Jani*, in: *Wandtke/Bullinger*, UrhR, § 60g, Rn. 6; *A. Nordemann*, in: *Fromm/Nordemann*, UrhR, § 60g, Rn. 3; a.A. *Wandtke*, NJW 2018, 1129, 1134 f.

1343 *Berger*, GRUR 2017, 953, 955.

1344 Dieser Frage wird unter J II 2. c) im Rahmen der Grundrechtsabwägung nachgegangen.

1345 *Gottwald*, in: MüKo BGB, Band 3, § 328, Rn. 261; BGH NJW 1974, 96, 96.

gesetzliche Vergütungsansprüche des Urhebers bestehen nicht mehr. Wenn der Urheber dennoch beteiligt werden soll, würde es einer Harmonisierung mit § 32 UrhG bedürfen.

III § 60g I UrhG

Zu den zu § 60g II UrhG gefundenen Ergebnissen soll später im Zusammenhang mit denen zu § 60g I UrhG Stellung bezogen werden (Teil K). Zunächst soll Absatz 1 untersucht werden. Dabei trennt der Gang der Untersuchung erneut die beiden Fragen nach dem durch die Norm ausgedrückten Verhältnis zwischen Schranke und Vertrag (1.) sowie nach der Auswirkung auf die gesetzliche Vergütung (2.).

1. Auslegung von § 60g I UrhG

§ 60g I UrhG besagt, dass der Rechtsinhaber sich nicht auf Vereinbarungen berufen kann, die erlaubte Nutzungen nach den §§ 60a–60f UrhG zum Nachteil der Nutzungsberechtigten beschränken oder untersagen. Während der nachfolgende Absatz ausdrücklich die Vorrangigkeit gewisser Vereinbarungen anordnet, bedarf die hier gewählte Formulierung einer detaillierteren Auslegung. Sie ist nicht vergleichbar eindeutig. Der Wortlaut „kann sich nicht berufen" lässt die Annahme einer Einrede zu, die lediglich die Durchsetzbarkeit eines wirksam entstandenen Anspruchs als Folge eines wirksamen Vertragsschlusses verhindert. Doch diese Auffassung ist nicht zwingend. Es könnte sich ebenso um eine rechtsdogmatisch unübliche Klausel handeln, die anders zu interpretieren ist. Dieser Frage wird nachfolgend mittels Auslegung nachgegangen.

a) Auslegungsmöglichkeiten von „nicht berufen"

Der Auslegung des fraglichen Tatbestandsmerkmals könnte es förderlich sein, sich die Verständnismöglichkeiten anhand weiterer Verwendungen der Formulierung zu erschließen.

aa) Vergleich zu § 444 BGB

Zunächst lohnt sich ein Blick über den Tellerrand des Urheberrechtsgesetzes hinaus, denn in anderen Regelungszusammenhängen hat der Gesetzgeber die gleiche Formulierung gewählt. Die Formulierungstechnik gemäß der Struktur „Auf eine Vereinbarung, die zum Nachteil des einen Vertragspartners von der gesetzlichen Rechtslage abweicht, kann sich der andere Vertragspartner nicht berufen" ist insbesondere in mehreren Vorschriften des Bürgerlichen Rechts wie in §§ 444, 476 I 1, 478 II 1, 536d, 572 I, 639 BGB verwendet worden. Bezüglich dieser Normen wird teilweise ebenfalls wie bei § 60g I UrhG über die Interpretation gestritten. Dieser Streit vermag die Bandbreite an Auslegungsmöglichkeiten der Wortwahl „nicht berufen“ aufzuzeigen. Als Beispiel dafür soll § 444 BGB[1346] dienen. Diese Norm zieht im Kaufrecht den Haftungsausschlüssen und -beschränkungen Grenzen. Nach ihrem Wortlaut kann sich der Verkäufer auf Vereinbarungen, durch welche die Rechte des Käufers wegen eines Mangels ausgeschlossen oder beschränkt werden, nicht berufen, soweit er den Mangel arglistig verschwiegen oder eine Garantie für die Beschaffenheit der Sache übernommen hat. Die Formulierungsstruktur haben § 444 BGB und § 60g I UrhG somit gemein. Der Wortlaut führt schon seit Jahren bezüglich der älteren Norm, § 444 BGB, zu Streit. Obwohl ihr Verständnis jeher umstritten ist, hat sich der Gesetzgeber bedauerlicherweise zur Einführung des strukturgleichen § 60g I UrhG entschlossen.

Die eine Ansicht[1347] betont mit Blick auf den Wortlaut, dass sich der Verkäufer aufgrund der Einrede des § 444 BGB nicht auf den Gewährleistungsausschluss berufen kann, während dieser an sich ungeachtet des Verstoßes gegen § 444 BGB wirksam ist. Während die Vorgängerregelungen vor der Schuldrechtsreform, §§ 443, 476 BGB aF, noch die Nichtigkeit des Gewährleistungsausschlusses anordneten, sei nun bewusst eine andere Rechtsfolge gewählt worden. Dadurch könne deutlich gemacht werden, dass der unzulässige Haftungsausschluss nicht etwa zu einer Nichtigkeit des gesamten Kaufvertrags nach § 139 BGB führen kann.[1348]

Die andere Ansicht[1349] erblickt in § 444 BGB eine spezialgesetzliche Teilunwirksamkeitsregelung, die zur Rechtsunwirksamkeit des Haftungsausschlusses beziehungsweise der Haftungsbeschränkung führt. Dabei komme es entgegen der irritierenden und der Zivilrechtsdogmatik sonst nicht bekannten Formulierung nicht darauf an, ob sich der Verkäufer auf die entgegenstehende Rechtslage berufe. Es handle sich folglich nicht um eine vom Käufer zu erhebende Einrede, weil die Rechtswirkung unabhängig vom Verhalten des Käufers kraft Gesetzes eintrete. An die Stelle der unwirksamen Regelung trete die gesetzliche. § 444 BGB sei nur deshalb so unüblich formuliert, um klarzustellen, dass der Vertrag im Übrigen unter Abweichung von § 139 BGB uneingeschränkt wirksam bleibe und damit gleichfalls der Anspruch des Käufers aus § 437 BGB bestehe.

In diesem Punkt sind sich die beiden Ansichten also einig. Ansonsten reicht die Bandbreite der Auffassungen von einer Einrede bis zu einer Einwendung, von einer Wirksamkeit der Klausel bis zu ihrer Nichtigkeit. § 60g I UrhG lässt einen

---

1346 Die Einführung von § 444 BGB war von Anfang an heftig umstritten und von zahlreichen Ängsten begleitet, vgl. *Faust*, ZGS 2002, 271, 271 ff. mwN., sodass sich BMJV gar zu einer beschwichtigenden Stellungnahme gezwungen sah, Stellungnahme aus dem Bundesministerium der Justiz zu § 444 BGB, ZGS 2003, 307, 307 ff.

1347 *Berger*, in: *Jauernig*, BGB, § 444, Rn. 14; *Faust*, in: *Bamberger/Roth*, BGB, § 444, Rn. 14.

1348 So bereits die Begründung zu einem Fraktionsentwurf, BT-Drs. 14/6040, S. 240.

1349 *Büdenbender*, in: *Dauner-Lieb/Langen*, BGB, § 444, Rn. 28; *Grunewald*, in: *Erman*, BGB, § 444, Rn. 14; *Weidenkaff*, in: *Palandt*, BGB, § 444, Rn. 14, 10.

vergleichbar weiten Interpretationsspielraum zu. Hier stellen sich Fragen in ebensolcher Vielfalt. Ordnet die Norm die Unwirksamkeit oder Teilunwirksamkeit von Vereinbarungen an? Bleiben weitere vertragliche Absprachen, insbesondere Vergütungsabreden, daneben bestehen? Greifen anstelle der Vertragsbestimmung die gesetzlichen Regelungen? Oder ist sie vielmehr eine Einrede, die vom Nutzungsberechtigten erhoben werden muss und keinen Einfluss auf die Wirksamkeit der Vertragsbestandteile hat? In Kenntnis der bisherigen Streitigkeiten zur Auslegung von § 444 BGB wäre es sicherlich ratsam gewesen, einen anderen, eindeutigeren Wortlaut für § 60g I UrhG zu wählen. Das würde die Beantwortung der aufgeworfenen Fragen rechtssicherer gestalten.

bb) Vergleich zu § 32 III 1 UrhG

Im Urheberrechtsgesetz hat der Gesetzgeber die oben genannte Struktur in zwei Normen außerhalb von § 60g I UrhG verwendet. Einmal findet sie Anwendung im Umgehungsschutz des § 32 III 1 UrhG und ein zweites Mal in § 45d UrhG. Um sich im Wege des Vergleichs die Auslegung von § 60g I UrhG zu erschließen versuchen, sollen ebenjene Vorschriften folgend betrachtet werden. § 32 UrhG ist die zentrale Vorschrift des Urhebervertragsrechts. Nach § 32 I 1 UrhG hat der Urheber für die Einräumung von Nutzungsrechten und die Erlaubnis zur Werknutzung einen Anspruch auf die vereinbarte Vergütung. Nach § 32 I 3 UrhG kann der Urheber die Einwilligung des Vertragspartners in die Änderung des Vertrags verlangen, durch die dem Urheber die angemessene Vergütung gewährt wird, soweit die vereinbarte Vergütung nicht angemessen ist. § 32 III 1 UrhG bestimmt, dass sich der Vertragspartner nicht auf eine Vereinbarung berufen kann, die zum Nachteil des Urhebers davon abweicht. Die Formulierung orientiert sich dabei am Regelungsmodell der oben genannten Vorschriften des Gesetzes zur Modernisierung des Schuldrechts.[1350] Daher wird § 32 III 1 UrhG in der Literatur teilweise unter Verweis auf § 444 BGB als zugunsten des Urhebers einseitig zwingende Vorschrift, die zur Unwirksamkeit der nachteiligen Vergütungsregelung führt, ausgelegt.[1351]

Letztendlich wird über die zutreffende Auslegung gleichwohl nicht gestritten. Manche Kommentatoren gehen auf die Frage, wie „nicht berufen" zu interpretieren ist, nicht einmal ein.[1352] Dazu besteht keine Notwendigkeit, weil für die Praxis

1350 *Hucko*, Das neue Urhebervertragsrecht, S. 160; BT-Drs. 14/8058, S. 19; siehe vergleichend dazu BGBl. I 2001, 3138.

1351 Vgl. *Schulze*, in: *Dreier/Schulze*, UrhG, § 32, Rn. 75; *Soppe*, in: *Möhring/Nicolini*, UrhR, § 32, Rn. 99. Dieser pauschale Verweis irritiert, wenn man sich die oben dargelegten Meinungsverschiedenheiten zur Interpretation von § 444 BGB vergegenwärtigt. Unklar bleibt weiterhin, welche dogmatische Konstruktion *Schulze*, in: *Dreier/Schulze*, UrhG, § 32, Rn. 75 mit „de facto unwirksam" zu beschreiben versucht.

1352 Vgl. *Czychowski*, in: *Fromm/Nordemann*, UrhR, § 32, Rn. 114.

nur folgendes offensichtliches Ergebnis relevant ist: Der übrige Nutzungsvertrag mit seinen sonstigen Rechten und Pflichten bleibt wirksam[1353] und der Vergütungsanspruch nach § 32 I 1 UrhG sowie der Vertragsanpassungsanspruch nach § 32 I 3 UrhG bleiben bestehen. Es würde den Schutzzweck der Norm[1354] konterkarieren, wenn dem Urheber, der weniger als die angemessene Vergütung erhält, die gesamte vertragliche Beziehung zum Lizenznehmer oder sein Anspruch auf angemessene Vergütung genommen werden würde. Gesamtnichtigkeit ist daher nicht vertretbar. Ob neben den zwingenden gesetzlichen Ansprüchen die nachteilige Vergütungsabrede dem Grunde nach wirksam ist oder nicht, spielt keine Rolle.

Anders ist die Situation in Bezug auf § 60g I UrhG. Dessen Schutzzweck ist nicht derart offensichtlich wie der von § 32 UrhG, sodass sich nicht vergleichbar einfach ein Auslegungsergebnis finden lässt. Hierbei geht es nicht um das Verhältnis zweier Ansprüche im Zwei-Personen-Verhältnis, sondern um das komplexe Verhältnis von gesetzlichen und vertraglichen Nutzungserlaubnissen sowie nachgelagert von gesetzlichen und vertraglichen Vergütungsansprüchen. Dabei müssen die Interessen der originären und derivativen Rechteinhaber, der Nutzungsprivilegierten und der Endnutzer berücksichtig werden. Es wäre sowohl durchaus denkbar, dass die Rechtstitel oder Ansprüche nebeneinander bestehen, als auch, dass § 60g I UrhG im vollkommenen Gegensatz dazu zur Gesamtnichtigkeit des Vertrags führt. Aufgrund dieser unterschiedlichen Ausgangslage ist das Verständnis von § 32 III 1 UrhG nicht auf die Auslegung von § 60g I UrhG übertragbar.

cc) Vergleich zu § 45d UrhG

Am 1.1.2019 ist das Gesetz zur Umsetzung der Marrakesch-Richtlinie über einen verbesserten Zugang zu urheberrechtlich geschützten Werken zugunsten von Menschen mit einer Seh- oder Lesebehinderung[1355] in Kraft getreten. In diesem Zusammenhang sind die §§ 45b–d UrhG eingeführt worden.

1353 *Schricker*, GRUR Int. 2002, 797, 808; BT-Drs. 14/8058, S. 19.

1354 § 32 UrhG dient dem Ausgleich der gestörten Vertragsparität zwischen Urhebern und Verwertern, vgl. BVerfG GRUR 2014, 169, 170 – Drop City; *Wandtke/Grunert*, in: *Wandtke/Bullinger*, UrhR, § 32, Rn. 1 f.; BT-Drs. 14/6433, S. 7. Diesen auszugleichen ist nach dem BVerfG ein Verfassungsgebot und eine Hauptaufgabe des Gesetzgebers für den Bereich des Zivilrechts, BVerfG NJW 1994, 2749, 2750; *Wandtke*, GRUR Int. 2010, 704, 704. Das gilt im Urheberrecht insbesondere, weil der Anspruch auf angemessene Vergütung Ausdruck und Ausfluss des verfassungsrechtlich garantierten Eigentums des Urhebers an seiner Schöpfung nach Art. 14 GG ist, was im Kern die grundsätzliche Zuordnung des vermögenswerten Ergebnisses der schöpferischen Leistung an den Urheber beinhaltet, stRspr, vgl. BVerfG GRUR 2018, 829, 830 – Verlegeranteil; BVerfG GRUR 2016, 690, 691 – Metall auf Metall.

1355 BGBl. I 2018, 2014.

Art. 3 V Marrakesch-RL[1356] sieht vor, dass die gesetzlich erlaubten Nutzungen zugunsten von Menschen mit Seh- oder Lesebehinderungen nicht per Vertrag umgangen werden können. Diese Vorschrift wird in § 45d UrhG umgesetzt. Der Wortlaut von § 45d UrhG lautet: „Auf Vereinbarungen, die nach den §§ 45b und 45c erlaubte Nutzungen zum Nachteil der Nutzungsberechtigten beschränken oder untersagen, kann sich der Rechtsinhaber nicht berufen." Damit weist der Wortlaut hochgradige Ähnlichkeit zu § 60g I UrhG auf. Wie bei § 60g I UrhG geht § 45d UrhG nicht ausdrücklich auf das Verhältnis zwischen vertraglichen Vergütungsvereinbarungen und gesetzlichen Vergütungsansprüchen ein. In Bezug genommen wird nur das Verhältnis zwischen Vertrag und Schranke. In der Literatur wird die Vorschrift als ein Vorrang der Schranken vor Vereinbarungen und Angeboten aufgefasst.[1357] Ungeachtet des Wortlauts „nicht berufen", der eine Einrede nahelegt, geht der Gesetzgeber desgleichen davon aus, dass § 45d UrhG die rechtliche Unwirksamkeit von Vertragsbestimmungen, die die erlaubte Schrankenprivilegierung zum Nachteil der Nutzungsberechtigten in irgendeiner Form beschränken oder untersagen, als Rechtsfolge nach sich zieht.[1358] Indessen begründet der Gesetzgeber die Norm nicht weitergehend. Er verweist vielmehr darauf, dass § 45d UrhG § 60g I UrhG entspricht.[1359] Aus der Gesetzgebungsgeschichte ergibt sich mithin, dass § 45d UrhG nicht als Auslegungshilfe oder systematisches Argument zur Auslegung von § 60g I UrhG herangezogen werden kann. Vielmehr gibt das Verständnis von § 60g I UrhG die Auslegung von § 45d UrhG vor.[1360] Daher findet § 45d UrhG in den weiteren Betrachtungen keine Berücksichtigung.

dd) Ergebnis

Es bestehen verschiedenartige Möglichkeiten, § 60g I UrhG seinem Wortlaut nach auszulegen. Die Formulierung, sich auf etwas nicht berufen können, stellt nach üblichem Verständnis eine Einrede dar. Dennoch bestehen Beispiele wie § 444 BGB, in denen sie von manchen Stimmen als Wirksamkeitshindernis ausgelegt wird. Der Wortlaut legt für § 60g I UrhG somit eine Einrede nahe, ohne der Annahme einer Einwendung entgegenzustehen. Die Auslegung kann nicht anhand anderer Normen des Urheberrechtsgesetzes mit gleicher Formulierung beantwortet werden. Denn im Zusammenhang mit § 32 III 1 UrhG wird sie aus praktischen Erwägungen nicht diskutiert. Weiterhin gab § 60g I UrhG der Gestaltung von § 45d UrhG ein Vorbild. § 45d UrhG ist folglich im Licht von § 60g I UrhG auszulegen und nicht andersherum.

1356 RL 2017/1564.

1357 *Staats*, in: *Wandtke/Bullinger*, UrhR, § 45d, Rn. 2.

1358 BT-Drs. 19/3071, S. 20.

1359 BT-Drs. 19/3071, S. 20.

1360 In der Literatur wird § 45d UrhG ebenfalls anhand der Gesetzesbegründung zu § 60g I UrhG interpretiert, vgl. *Staats*, in: *Wandtke/Bullinger*, UrhR, § 45d, Rn. 3.

b) Literaturmeinungen

Die Gesetzesbegründung hebt hervor, dass § 60g UrhG nur das Verhältnis der §§ 60a–60f UrhG zu Verträgen über Nutzungen betreffen soll, weshalb keine Aussage über das grundsätzliche Verhältnis zwischen gesetzlich erlaubten Nutzungen einerseits und Vereinbarungen über Nutzungserlaubnisse andererseits getroffen werden soll.[1361] Vor dem Hintergrund sind systematische Argumente bei der Auslegung von § 60g I UrhG vorsichtig vorzutragen. Schwerpunktmäßig kann nur das UrhWissG betrachtet werden, ohne den Bezug zu allgemeinen urheberrechtlichen Grundsätzen außer Acht zu lassen. Aber bereits das Verhältnis zwischen Verträgen und den Schranken des UrhWissG bietet genug Material für Diskussionen.

In der Literatur beschränken sich manche Stimmen darauf, § 60g I UrhG so zu deuten, dass er lediglich die grundsätzliche Zulässigkeit vertraglicher Vereinbarungen zum Ausdruck bringen soll.[1362] Dass solche Verträge nicht zulässig sein sollen, wird nicht vertreten. Die meisten Interpreten erkennen in § 60g I UrhG darüber hinaus eine Regelung, die ein Rangverhältnis zwischen Vertrag und Gesetz festlegen will. Überwiegend ist die Auslegung darauf gerichtet, dass ein Vertrag, der die Voraussetzungen von § 60g I UrhG erfüllt, wirksam sein soll und ihm als Folge des Rangverhältnisses der Vorrang vor der Anwendbarkeit der Schrankenbestimmung gebührt.[1363] Wenn die Vertragsinhalte für den Nutzungsberechtigten gegenüber der Gesetzeslage vorteilhaft sind, hätten sie Vorrang und es bestünde kein Bedürfnis für eine gesetzliche Rechtsgrundlage mehr. Besteht also ein wirksamer Lizenzvertrag, der gesetzlich erlaubte Nutzungen umfasst, so wird selbst bei einer Nutzung, die nicht über den privilegierten Umfang hinausgeht, ausschließlich auf vertraglicher Grundlage genutzt, weil die Schrankenbestimmungen nicht zur Anwendung kommen. Hat beispielsweise ein Verlag mit einem Hersteller von Unterrichts- und Lehrmedien über die Grenze des § 60b I UrhG hinaus einen Vertrag zur Vervielfältigung, Verbreitung und öffentlichen Zugänglichmachung von bis zu 20 % eines veröffentlichten Werks abgeschlossen, so erfolgt die Nutzung von 0,1 % bis 20 % nach dieser Ansicht ausschließlich aufgrund des Vertrags. Worüber in der Literatur gestritten wird, ist schwerpunktmäßig, wie dieses Rangverhältnis zu bezeichnen ist. Es wird sowohl als Vorrang des Gesetzes als gleicherweise als Vorrang des Vertrags angesehen. In Bezug auf diesen Meinungsstreit, sollen die in der Literatur vertretenen Auslegungsansichten detailreicher analysiert werden.

1361 BT-Drs. 18/12329, S. 45.

1362 *Schack*, Urheberrecht, Rn. 576g.

1363 Vgl. *de la Durantaye*, GRUR 2017, 558, 563; *Hagemeier*, in: *Möhring/Nicolini*, UrhR, § 60g, Rn. 5; *Jani*, in: *Wandtke/Bullinger*, UrhR, § 60g, Rn. 4.

aa) Regelung als Ausdruck des Vorrangs des Gesetzes

Die eine Ansicht erkennt unter Sicherung der Wissenschaftsfreiheit in § 60g I UrhG einen Vorrang des Gesetzes,[1364] der dazu führt, dass nachteilige Vertragsbestimmungen relativ im Verhältnis zwischen dem Lizenznehmer, der zugleich gesetzlicher Nutzungsberechtigter ist, und dem Rechtsinhaber unwirksam sind.[1365] § 60g I UrhG beinhaltet damit einen Anwendungsvorrang, der dazu führt, dass der Rechteinhaber weder Vertragspönalen noch Schadensersatzansprüche geltend machen kann, weil er Nutzungen im gesetzlichen Umfang stets zu dulden hat.

Manche Vertreter dieser Ansicht begrüßen den „eindeutige(n) inhaltliche(n) Vorrang der Schranken gegenüber Verträgen".[1366] Sie loben die Rechtssicherheit für die Nutzer, weil Nutzungen gesetzlich in jedem Fall und unabhängig davon erlaubt sind, ob Verlage diese Nutzungen aufgrund vertraglicher Vereinbarungen zu angemessenen Bedingungen anbieten. Andere Vertreter dieser Ansicht kritisieren mit Blick auf die schutzwürdigen Interessen der Wissenschaftsverlage ebendies.[1367] Weil die zulässigen Nutzungen im Bereich von Wissenschaft, Forschung und Lehre so geregelt seien, dass keine Lizenzverträge mit den Wissenschaftsverlagen mehr notwendig sind, entstehen marktwirtschaftliche Nachteile.[1368] Die Marktwirtschaft beruhe auf einem stark ausgebildeten Privateigentum, weil nur die exklusive Zuordnung zu einem Inhaber die Marktfähigkeit eines Guts erzeuge. Weitreichende und vorrangige Schranken heben diese marktwirtschaftliche Funktion auf, indem exklusive Rechte entzogen werden. Nutzer seien nicht mehr auf Verträge angewiesen. Somit entfalle die Möglichkeit, Nutzungen aushandeln zu können, was den Wettbewerb ausschließe. *A. Nordemann* vermutet, dass diese marktwirtschaftlichen Mechanismen geopfert worden sind, damit die öffentlichen Haushalte, vor allem die Länder, Geld sparen können.[1369] Durch diesen Gesetzeskniff würde der Staat seine Bildungseinrichtungen indirekt auf Kosten der Wissenschaftsverlage sanieren. Er sieht darin eine Enteignung, die er vom BVerfG überprüft wissen will.[1370]

bb) Regelung als Ausdruck des Vorrangs des Vertrags

Andere sehen in § 60g I UrhG die Aussage, dass Lizenzverträge der gesetzlichen Erlaubnis nun grundsätzlich vorgehen.[1371] Nach *Berger* folgt § 60g I UrhG

1364 So *Dreier*, in: *Dreier/Schulze*, UrhG, § 60g, Rn. 3 f.; *Wirth*, in: *Eichelberger/Wirth/Seifert*, UrhG, § 60g, Rn. 1.

1365 So weiterhin *Hagemeier*, in: *Möhring/Nicolini*, UrhR, § 60g, Rn. 5.

1366 *Jani*, in: *Wandtke/Bullinger*, UrhR, Vor §§ 60a–60h, Rn. 6.

1367 *A. Nordemann*, in: *Fromm/Nordemann*, UrhR, Vor §§ 60a ff., Rn. 3–6.

1368 *A. Nordemann*, in: *Fromm/Nordemann*, UrhR, Vor §§ 60a ff., Rn. 4.

1369 *A. Nordemann*, in: *Fromm/Nordemann*, UrhR, Vor §§ 60a ff., Rn. 6.

1370 *A. Nordemann*, in: *Fromm/Nordemann*, UrhR, Vor §§ 60a ff., Rn. 6.

1371 *Berger*, GRUR 2017, 953, 954 ; *de la Durantaye*, GRUR 2017, 558, 563.

unausgesprochen dem Gedanken des Vorrangs vertraglicher Vereinbarungen, aber nur soweit die durch die Schrankennutzung eröffneten Möglichkeiten nicht beeinträchtigt werden.[1372] Nach *Berger* tritt die Vorrangwirkung von nicht das erlaubte Maß beschränkenden Verträgen nicht automatisch mit einem Vertragsschluss ein.[1373] Vielmehr degradiere die Norm die Schranken zu halbzwingendem Recht, das nach dem Willen der Parteien abbedungen werden kann oder nicht. Es bedürfe einer dahingehenden Auslegung der Vereinbarung nach §§ 133, 157 BGB. Die Vertragsparteien könnten das gesetzlich vorgesehene Volumen unberührt lassen und ein zusätzliches Nutzungsvolumen vereinbaren. Dann bleibe die Anwendbarkeit der Schrankenregelung bestehen und der Vertrag wirke sich nur bezüglich der zusätzlichen Nutzungserlaubnis aus. Die Parteien könnten aber genauso ein Gesamtnutzungsvolumen vereinbaren, was häufig gewollt sein dürfte. Dann sei die schrankenübersteigende Vereinbarung vorrangig.

Dagegen gilt der Vertragsvorrang nach *de la Durantaye* unabhängig vom Willen der Parteien oder davon, ob die Schrankennutzung beschränkt oder erweitert werde.[1374] Das werde von der Norm zwar nicht ausgesprochen, sei aber das Auslegungsergebnis mit Blick auf das Gesetzgebungsverfahren. Während der BMJV-Entwurf, dessen Begründung die Rechtsprechung zu § 53 UrhG aF betonte,[1375] noch ausdrücklich die Rechtsfolge Nichtigkeit angeordnete, sei der Gesetzgeber davon abgerückt. Die veränderte Wortwahl könne keinen anderen Schluss zulassen als den des Vorrangs des Vertrags. Das folge daraus, dass § 60g I UrhG im Gegensatz zum Referentenentwurf dem dritten Schrankenmodell des EuGH folge.[1376] Das Ausschließlichkeitsrecht werde im konkreten Fall aufrechterhalten, weshalb der Rechteinhaber wirksame Verträge abschließen könne, die bloß in gewissen Fällen nicht durchsetzbar seien. § 60g I UrhG sei eine Reaktion auf die Forderungen der Wissenschaftsverlage, deren Interessen so Rechnung getragen werde, als Ausgleich dafür, dass der Vorrang des Angebots aus dem Gesetz gestrichen worden ist.

cc) Zusammenfassung

Zusammenfassend sehen also alle genannten Stimmen außer *de la Durantaye* ungeachtet der Bezeichnung als Vorrang des Vertrags oder des Gesetzes schrankenbeschränkende Nutzungsvereinbarungen als unwirksam und das Gesetz in diesen Fällen als vorrangig an. Bis auf *Berger*, der das Ergebnis von einer Auslegung abhängig machen will, betrachten alle Meinungen schrankenerweiternde Einigungen als wirksam und vorrangig. Die bisher herrschende Literaturansicht erkennt folglich in § 60g I UrhG eine Regelung, die die urheberrechtliche Wirksamkeit der

1372 *Berger*, GRUR 2017, 953, 954.

1373 *Berger*, GRUR 2017, 953, 955.

1374 *de la Durantaye*, GRUR 2017, 558, 563.

1375 Vgl. RefE, S. 46.

1376 *de la Durantaye*, GRUR 2017, 558, 562 f.

Vereinbarung anordnet. Dadurch ergibt sich die Frage, in welchem urheberrechtlichen Rangverhältnis sie zum Gesetz steht. Die Kennzeichnung dieses Verhältnisses als Vorrang des Vertrags oder des Gesetzes richtet sich bisher nach der Perspektive und ist abhängig davon, ob Verträge als Ausgangspunkt der Betrachtung genommen werden, die die gesetzliche Nutzungserlaubnis erweitern oder einschränken. Die herrschende Auffassung folgt der Bezeichnung des Vorrangs des Gesetzes.[1377]

c) Eigene Auslegung von § 60g I UrhG

Im Anschluss an die beschriebenen Literaturansichten folgt eine eigene Interpretation der Norm.

aa) Zulässigkeit von Vereinbarungen

Nach dem Wortlaut von § 60g I UrhG in Verbindung mit dem Regel-Ausnahme-Verhältnis, welches sich aus der Systematik mit Blick auf § 60g II UrhG sowie der Gesetzesbegründung[1378] ergibt, fallen alle Verträge mit Nutzungserlaubnissen als Regelungsgegenstand, die bereits nach den §§ 60a ff. UrhG erlaubt wären, aber nicht von § 60g II UrhG erfasst werden, unter den Anwendungsbereich von § 60g I UrhG. Auf solche kann sich der Rechteinhaber nicht berufen, wenn sie zum Nachteil des Nutzungsberechtigten von der gesetzlichen Nutzungserlaubnis abweichen. Zunächst ist zu fragen, welche Aussage § 60g I UrhG mit dieser Formulierung zur Zulässigkeit jener Verträge im Anwendungsbereich des Gesetzes trifft. Ein dementsprechendes Auslegungsergebnis kann insbesondere anhand historischer Auslegung gut begründet gewonnen werden. Zum Gesetzgeberwillen ist zu bemerken, dass der Gesetzgebungsprozess von intensiver Lobbyarbeit mit dem Zweck der Einflussnahme auf die Zielvorstellung des Gesetzgebers begleitet war.[1379] Die Einflussnahme von Lobbyisten stellt für urheberrechtliche Gesetzgebungsprozesse in Deutschland und in der EU sowie für internationale Vertragsverhandlungen zum Urheberrecht keine Besonderheit dar, ungeachtet davon, dass ihr konkretes Maß im Einzelfall teilweise sehr kontrovers beurteilt wird.[1380] Generell

---

1377 Vgl. *Dreier*, in: *Dreier/Schulze*, UrhG, § 60g, Rn. 3 f.; *Hagemeier*, in: *Möhring/Nicolini*, UrhR, § 60g, Rn. 5; *Jani*, in: *Wandtke/Bullinger*, UrhR, Vor §§ 60a–60h, Rn. 6; *A. Nordemann*, in: *Fromm/Nordemann*, UrhR, Vor §§ 60a ff., Rn. 3–6; *Wirth*, in: *Eichelberger/Wirth/Seifert*, UrhG, § 60g, Rn. 1.

1378 BT-Drs. 18/12329, S. 45.

1379 Vgl. die umfangreiche Kritik in den Stellungnahmen zum RefE unter G III 3.

1380 Vgl. beispielsweise die divergierenden Auffassungen zum Ablauf der Verhandlungen zum geplanten Anti-Counterfeiting Trade Agreement (kurz: ACTA, deutsch: Anti-Produktpiraterie-Handelsabkommen) von *Hoeren*, MMR 2012, 137, 137 f. und *Castendyk*, MMR 2012, 349, 349 f.

stellt Lobbyismus kein unmittelbares demokratisches Problem dar,[1381] vor allem solange dieser Prozess offen und transparent erfolgt,[1382] sodass seine Auswirkungen für die Bürger erkennbar sind. Es ist daher begrüßenswert, dass im Verlauf des Gesetzgebungsprozesses parallel zur interministeriellen Abstimmung alle Stellungnahmen, damit die Forderungen und die Versuche der Einflussnahme, im Internet vom BMJV veröffentlicht worden sind. Das geschah erstmalig in einem urheberrechtlichen Gesetzgebungsverfahren in Deutschland. Um eine politische Akzeptanz und die gewünschte Steuerungswirkung der Norm zu erzeugen, sollte hingegen der Gesetzgeber ebenso seinen eigenen Willen deutlich erkennbar offenlegen.[1383] Dennoch werden mehrfach entscheidende Gesetzesänderungen in den Gesetzesmaterialien zum UrhWissG nicht begründet.[1384] Das erschwert die historische Auslegung leider erheblich.

Nichtsdestominder kann versucht werden, den objektivierten Willen des Gesetzgebers zu rekonstruieren. Zunächst einmal hat er sich gegen den Entwurf des Ministeriums, der auf die *Drucker und Plotter III*-Rechtsprechung Bezug nahm, nach der ausschließliche Verwertungsrechte dort enden, wo der Gesetzgeber Nutzungen erlaubt, und infolgedessen die Unwirksamkeit jeglichen Vertrags, der eine nach den §§ 60a ff. UrhG erlaubte Nutzung betrifft, ausdrücklich anordnete,[1385] entschieden. Weder der Wortlaut des verabschiedeten § 60g I UrhG noch dessen Gesetzesbegründung ordnen nunmehr die Unwirksamkeit an.[1386] Wenn der abgelehnte Entwurf explizit die Unwirksamkeit von Vereinbarungen anordnete, muss aus der Veränderung des Normtexts und der Gesetzesbegründung geschlussfolgert werden, dass der umgesetzte Regierungsentwurf stillschweigend die Wirksamkeit von Verträgen voraussetzt,[1387] ohne auf diesen Wandel gegenüber dem RefE bestimmt

1381 BVerfG NJW 2009, 2267, 2274 – Vertrag von Lissabon bezeichnet die Einbindung von Interessengruppen gar als demokratierelevantes Element: „Demokratie bedeutet nicht nur die Wahrung formaler Organisationsprinzipien (...) und nicht allein eine korporative Einbindung von Interessengruppen.“.

1382 Erneut Bezug nehmend auf die ACTA-Verhandlungen ist es vor diesem Hintergrund bedenklich, wenn das Ausmaß an Geheimhaltung und Umgehung von Organisationen wie der WIPO oder der WTO so enorm ist, dass selbst seriöse, aber nicht juristische Massenmedien kritisch darüber zu berichten gedenken, vgl. *Tagesschau*, Kampf gegen Piraterie oder Zensur?. Die Schwächung der Akzeptanz des Urheberrechts auf Seiten der Nutzer, die sich, nachdem der Vertragsverhandlungsstand geleakt worden ist, politisch in internationalen Massenprotesten organisierten, ist die logische Folge.

1383 Ebenso *Kluth*, in: *Kluth/Krings*, Gesetzgebung, A § 1 VI, S. 36, Rn. 134.

1384 Vgl. G III 4.

1385 RefE, S. 46.

1386 Vgl. BT-Drs. 18/12329, S. 45.

1387 Zum gleichen Ergebnis kommt *Berger*, GRUR 2017, 953, 954.

hinzuweisen oder ihn ausgiebig zu begründen. Demgegenüber würde eine andere Interpretation nicht verständlich machen, warum es einer veränderten Wortwahl bedurft hätte. Zur Ursache der Veränderung ist augenscheinlich, dass der Wandel in kurzem zeitlichen Abstand zum ausgeübten Druck der Lobby der Verleger[1388] geschah. Es ist davon auszugehen, dass mittels der Änderung ihren Interessen entsprochen werden sollte. Nachdem bereits der schwerpunktmäßig geforderte Vorrang von Angeboten aus dem Gesetz gestrichen worden war, konnte man dem nur noch nachkommen, indem man gemäß dem hilfsweisen Wunsch der Rechteinhaber Verträge für grundsätzlich zulässig erachtete. Die Verlage erhalten so die Möglichkeit für sie vorteilhafte Verträge abzuschließen, beispielsweise in Form von schrankenkonkretisierenden Vereinbarungen oder Absprachen über Nebenpflichten, wie Meldepflichten von Daten zur Abrechnung über erfolgte Nutzungen.[1389] Normkonkretisierungen beschränken oder untersagen gesetzlich erlaubte Nutzungen im Sinne der Voraussetzungen von § 60g I UrhG nicht, solange es keine gesicherte oder höchstrichterliche Rechtsprechung dazu gibt, dass die unbestimmten Tatbestandsmerkmale weiter auszulegen sind. Anderenfalls wäre nicht ersichtlich, wo das für eine Vereinbarung ebenfalls notwendige Interesse der Nutzungsberechtigten liegen sollte, Verträge abzuschließen. Ungeachtet seiner möglichst konkreten Tatbestände und dem Verzicht auf eine Generalklausel besteht weiterhin ein praktisches Bedürfnis nach konkretisierenden Vereinbarungen. Kein Gesetz kommt gänzlich ohne unbestimmte Rechtsbegriffe aus, was im UrhWissG durch die §§ 60a II, 60c III UrhG mit den Tatbestandmerkmalen „einzelne Beiträge" und „Werke geringen Umfangs" deutlich wird.

Aus diesem historischen und teleologischen Verständnis heraus kann als erstes Zwischenergebnis festgehalten werden, dass § 60g I UrhG bestimmen möchte, dass Vereinbarungen, die privilegierte Handlungen zum Gegenstand haben, zulässig und wirksam sind. Das entspricht den Interessen der Verwerter und erklärt die veränderte Formulierung gegenüber dem ursprünglichen Gesetzesentwurf. Nach § 60g I UrhG können mithin Nutzer und Rechteinhaber einen Vertrag mit gesetzlich erlaubten Nutzungen als Regelungsgegenstand durchaus wirksam schließen.[1390]

bb) § 60g I UrhG als Ausdruck eines Vorbehalts?

Daraus, dass der Vertragsschluss zulässig ist, kann dagegen nicht zwangsläufig entnommen werden, dass er vorrangig vor den Schrankenregelungen ist und deren Anwendbarkeit ausschließt. Ein solcher Vorrang würde voraussetzen, dass die angeordnete Zulässigkeit urheberrechtlicher und nicht bloß schuldrechtlicher Natur ist. Erst eine urheberrechtliche Wirksamkeit würde dazu führen, dass

1388 Siehe zum Einfluss der Lobbyarbeit G III 3.

1389 So gleichermaßen *Berger*, GRUR 2017, 953, 955; *Schack*, ZUM 2017, 802, 807; a.A. *Jani*, in: *Wandtke/Bullinger*, UrhR, § 60g, Rn. 5.

1390 Ebenso *Dreier*, in: *Dreier/Schulze*, UrhG, § 60g, Rn. 5.

§ 60g I UrhG als Subsidiaritätsklausel der Schranken des UrhWissG verstanden werden kann. Der wesentliche Unterschied zu § 444 BGB besteht darin, dass die Sachmängelhaftung grundsätzlich dispositiv ist; sie kann erweitert, beschränkt oder gänzlich ausgeschlossen werden.[1391] Verträge gehen also grundsätzlich der Gesetzeslage vor, solange nicht eine Ausnahme wie § 444 BGB greift. Nach traditionellem Verständnis gilt das nicht für urheberrechtliche Schranken. Es würde also starker Argumente bedürfen, dass aus dieser Norm ein urheberrechtlicher Vorrang abgelesen werden kann. Daher erscheint es entgegen zahlreichen Literaturstimmen fraglich, ob § 60g I UrhG tatsächlich ein verändertes Rangverhältnis von Vertrag und Gesetz ausdrücken will. Somit gilt es nachfolgend, § 60g I UrhG auf seine Aussage zum urheberrechtlichen Verhältnis von Gesetz und Vertrag und damit zur Reichweite privatautonomer Regelungsbefugnis hin auszulegen. Dabei ist die Option zu berücksichtigen, dass der RefE die urheberrechtliche *und* schuldrechtliche Unwirksamkeit der Vereinbarung anordnen wollte, wohingegen der RegE die Zulässigkeit des Vertrags regelt, ihm indes nur eine schuldrechtliche Wirksamkeit zuspricht. Urheberrechtlich wäre dann die Anwendbarkeit der Schrankenprivilegierungen nicht berührt.

Nach dem Wortlaut von § 60g I UrhG kann sich der Rechteinhaber auf eine Vereinbarung nicht berufen, die zum Nachteil des Nutzungsberechtigten von den Schrankenerlaubnissen abweicht. Der Gesetzgeber behauptet, dass § 60g I UrhG aufgrund der Bestimmung, dass der Rechteinhaber sich auf Abweichendes nicht berufen kann, Regelungsausdruck eines nach wie vor angenommenen Vorrangs des Gesetzes sei, solange nicht für den Nutzer nachteilig von der gesetzlichen Erlaubnis abgewichen wird.[1392] Andererseits sieht er damit im Umkehrschluss wohl Verträge als vorrangig an, die diese Voraussetzung einhalten. Damit würde er ihnen abhängig vom Inhalt urheberrechtliche Wirksamkeit und Vorrang zusprechen. Im Gegensatz dazu streitet für eine urheberrechtliche Wirksamkeit unabhängig vom Inhalt, dass der Gesetzgeber den Gesetzesvorrang damit erläutert, dass sich der Rechteinhaber auf abweichende Regelungen „nicht berufen“ könne, weshalb die „Erlaubnisse auch tatsächlich durchsetzbar“ seien.[1393] „Nicht berufen“ ist eine in der Zivilrechtsdogmatik hergebrachte Formulierung für eine Einrede gegen die Durchsetzbarkeit eines Anspruchs. Einreden führen nicht dazu, dass Rechtswirkungen unabhängig vom Verhalten eines Rechtssubjekts eintreten. Einreden berühren die Rechtsentstehung nicht. Vielmehr haben sie gar keinen Einfluss auf die Wirksamkeit eines Vertrags. Aus diesem würden nach wie vor Ansprüche des Rechteinhabers entstehen können. Sie wären jedoch, wenn der Nutzer die Einrede erhebt, ihm gegenüber nicht durchsetzbar. Wenn also eine Einrede nur die Durchsetzbarkeit eines Anspruchs zu hemmen vermag, muss die Wirksamkeit des

---

1391 *Matusche-Beckmann*, in: *Staudinger*, BGB, § 433, Rn. 3.
1392 BT-Drs. 18/12329, S. 22.
1393 BT-Drs. 18/12329, S. 22.

den Anspruch begründenden Vertrags gegeben sein. Das spricht unabhängig vom Inhalt für privatautonome Gestaltungsmöglichkeiten und damit gegen einen Vorrang des Gesetzes.

Der vom Gesetzgeber gewählte Wortlaut von § 60g I UrhG legt somit eher die urheberrechtliche Wirksamkeit des Vertrags nahe, gegen dessen Ansprüche in gewissen Fällen Einreden erwachsen können. Der Umkehrschluss aus der Gesetzesbegründung hingegen spricht für eine urheberrechtliche Wirkung abhängig vom Vertragsinhalt, wohingegen der Gesetzgeber selbst nur einen Vorrang des Gesetzes beschreibt. Mit der Wortwahl und ihrer Begründung setzt sich der Gesetzgeber selbst in Widerspruch. Aufgrund dieses Widerspruchs ist durch die Wortlautauslegung von § 60g I UrhG kein zwingender Erkenntnisgewinn möglich.

Ungeachtet der zitierten Ausführungen in der Gesetzesbegründung spricht in einer historischen Auslegung der Geist, die grundsätzliche Strömung des gesetzgeberischen Willens vielfach gegen einen Vorrang des Vertrags. Denn wenn der Vertrag den Geltungsanspruch der Schranke unter keinen Umständen beeinflusst, bringt das für den Nutzer den enormen Vorteil mit sich, dass er größtmögliche Rechtssicherheit erhält. Er kann ohne Ausnahme im Bereich gesetzlicher Privilegierungen stets nutzen, weil die Schranken uneingeschränkt Anwendung finden. Somit wird im Umfang der gesetzlichen Privilegierungen tatsächlich immer rechtssicher genutzt, was eins der großen Ziele der Reform war.[1394] Die Gesetzesbegründung macht das am Beispiel einer Dozentin deutlich, die bei der Vorbereitung ihrer Vorlesung ein Buchkapitel in den digitalen Semesterapparat einstellen möchte.[1395] Wichtig war dem Gesetzgeber dabei, dass, wenn sie sich an den Rahmen des gesetzlich erlaubten Nutzungsumfangs hält, sie nicht prüfen muss, ob ein Nutzungsvertrag bezüglich des geschützten Inhalts besteht oder nicht. Dieses Ziel wird zuvörderst durch vorrangige Schrankentatbestände gewährleistet.

Dennoch könnte sich aus dem Gesetzgeberwillen ergeben, dass der Vertrag vorrangig sei, wenn er den Umfang der Schrankenerlaubnis nicht schmälere. Denn am Beispiel der Dozentin kommt der Gesetzgeber zu dem Ergebnis: „Aus Nutzersicht sind damit Nutzungshandlungen in dem Umfang, wie sie der Gesetzgeber in den §§ 60a bis 60f UrhG-E bestimmt, stets erlaubt."[1396] Wesentlich war für ihn also, dass sie stets erlaubt sind, nicht, dass sie *gesetzlich* stets erlaubt sind. Aus dem fehlenden Hinweis, dass sie *gesetzlich* stets erlaubt sind, könnte man einen Vorrang des Vertrags schlussfolgern, solange die gesetzlichen Voraussetzungen eingehalten werden. Gegen diese Annahme spricht indes, dass der Gesetzgeber, obgleich nicht im Zusammenhang mit dem Beispiel der Dozentin, sondern mit der Privilegierung zugunsten Archiven, Museen und Bildungseinrichtungen nach § 60f UrhG,

---

1394 BT-Drs. 18/12329, S. 22.
1395 BT-Drs. 18/12329, S. 45.
1396 BT-Drs. 18/12329, S. 45.

bestimmt, dass diese gesetzliche Erlaubnis „vorbehaltlich der Sonderregel in § 60g Absatz 2 UrhG-E (...) vertragsfest ausgestaltet“[1397] wird.

Während das den Vereinbarungen eher ihre urheberrechtliche Wirkung abspricht, legen weitere Passagen der Gesetzesbegründung einen Vertragsvorbehalt nahe. Für § 53 UrhG aF hatte der BGH ausdrücklich entschieden, dass rechtsgeschäftliche Erklärungen keinen Einfluss auf die uneingeschränkte Anwendbarkeit der Schrankenbestimmung haben können, weil die ausschließlichen Verwertungsrechte des Rechtsinhabers dort enden, wo der Gesetzgeber Nutzungen erlaubt.[1398] Diesem Verständnis ist das Justizministerium in § 60g I RefE expressis verbis gefolgt.[1399] Doch der Verweis, dass die gewählte Dogmatik der BGH-Rechtsprechung folgt, ist bereits im RegE gestrichen worden.[1400] Vielmehr betont die Gesetzesbegründung nunmehr, dass § 60g I UrhG ohne Einfluss auf § 53 I, II UrhG ist, dessen systematisches Verständnis, so wie der BGH es festgelegt hat,[1401] beibehalten wird.[1402] Wenn der Gesetzgeber dem Verständnis des BGH folgen würde, wäre es müßig, festzuhalten, dass das bisherige Verständnis in Bezug auf andere Normen beibehalten wird. Das könnte neben der Zulässigkeit der vertraglichen Vereinbarung gleichfalls für ihre urheberrechtliche Vorrangigkeit sprechen.

Jedoch wird diese naheliegende Annahme nicht zwingend durch die Norm selbst zum Ausdruck gebracht. Hätte der Gesetzgeber einen Vertragsvorbehalt für alle Schranken des UrhWissG einführen wollten, hätte er mit Blick auf § 60g II UrhG für § 60g I UrhG ebenfalls folgende Formulierung wählen können: „Vereinbarungen, die erlaubte Nutzungen nach den §§ 60a bis 60f nicht zum Nachteil der Nutzungsberechtigten beschränken oder untersagen, gehen der gesetzlichen Erlaubnis vor.“ Systematische Erwägungen sprechen mithin gegen einen Vertragsvorbehalt. Der veränderte Ausdruck in den beiden Absätzen von § 60g UrhG ist ungeachtet der Abänderung von § 60g RefE Abbild eines unterschiedlichen Schrankenverständnisses, welches den Absätzen nach wie vor zugrunde liegt. Hätte der Gesetzgeber das traditionelle Verständnis aufbrechen wollen, hätte er das ausdrücklich festhalten können. Aus systematischer Sicht ist mit einem Blick über § 60g UrhG hinaus erneut festzuhalten, dass der BGH den Schrankenbestimmungen das zweite Modell des EuGH zugrunde gelegt hat. Dies entspricht dem klassischen dogmatischen Schrankenverständnis. Dazu befindet sich die Ausnahmeregelung des § 60g II UrhG wie gezeigt bereits im Widerspruch. Weitere Widersprüche im Gesetz sind weitgehend zu vermeiden. Das lässt den Schluss zu, dass § 60g I UrhG im Vergleich

1397 BT-Drs. 18/12329, S. 45.

1398 BGH GRUR 2014, 979, 983, Rn. 45 – Drucker und Plotter III.

1399 RefE, S. 46.

1400 Vgl. RegE, S. 50.

1401 Siehe BGH GRUR 2014, 979, 983, Rn. 45 – Drucker und Plotter III.

1402 BT-Drs. 18/12329, S. 45.

zu § 60g II UrhG, der einen Vertragsvorbehalt anordnet, unterschiedlich auszulegen ist. Nur wenn man hier einen Vorrang des Vertrags verneint, können dogmatische Brüche zum Verständnis anderer Schrankenbestimmungen außerhalb des UrhWissG vermieden werden.

Darüber hinaus spricht die antizipierende Richtlinienkonformität als Argument gegen einen Vertragsvorrang. Das soll am Beispiel von § 60d UrhG erläutert werden. Die Schranke ermöglicht das Text und Data Mining in Deutschland und ist vom Gesetzgeber auf die Art. 5 III lit. a) InfoSoc, Art. 10 I lit. d) Vermiet- und Verleih-RL[1403] sowie Art. 6 II lit. b), 9 lit. b) Datenbank-RL als Rechtsgrundlagen gestützt worden, soweit überhaupt urheberrechtlich relevante Handlungen vorgenommen werden.[1404] Seit seinem Inkrafttreten stellt Art. 3 DSM-RL eine verpflichtende Regelungen zur Einführung einer Schrankenregelung zum Text und Data Mining zum Zweck der wissenschaftlichen Forschung dar, die nach Art. 7 I DSM-RL vertragsfest auszugestalten ist.[1405] Die Umsetzungsfrist läuft nach Art. 29 I 1 DSM-RL noch bis zum 07. Juni 2021. Grundsätzlich ergibt sich aus der Verbindlichkeit der Richtlinie gemäß Art. 288 III AEUV in Verbindung mit dem Effizienzgebot als Grundsatz des effet utile nach Art. 4 III EUV das Gebot der richtlinienkonformen Interpretation, nach der das „nationale Recht im Lichte des Wortlauts und des Zwecks der Richtlinie auszulegen" ist.[1406] Ob die unionsrechtliche Verpflichtung zur Konformauslegung jedoch bereits vor Ablauf der Umsetzungsfrist greift, ist umstritten.[1407] Jedenfalls entfaltet eine Richtlinie bereits vor ihrer Transformation in nationales Recht eine mittelbare Wirkung.[1408] Deswegen kann eine konforme

---

1403 RL 2006/115/EG.

1404 BT-Drs. 18/12329, S. 40.

1405 Siehe zum unionsrechtlichen Rahmen des UrhWissG bereits G III 2.

1406 *Biervert*, in: *Becker/Schwarze*, EU, AEUV, Art. 288, Rn. 27; stRspr seit EuGH NJW 1984, 2021, 2022 – von Colson und Kamann; EuGH NJW 1994, 921, 922 – Wagner Miret; vgl. nur EuGH NJW 1994, 2473, 2474.

1407 In der Rechtsprechung ist diese Frage geklärt, siehe klarstellend EuGH NJW 2006, 2465, 2468, Rn. 115 und Tenor – Adeneler, mit Anmerkung *Franzen*, JZ 2007, 191, 191 f.; dazu *Auer*, NJW 2007, 1106, 1107 ff.; *v. Danwitz*, JZ 2007, 697, 701 ff.; *Schürnbrand*, JZ 2007, 910, 912 f. Die überwiegende Meinung in der unionsrechtlichen Literatur stimmt dem EuGH darin zu, dass unabhängig von der nationalen Umsetzung auf den Zeitpunkt des Ablaufs der Umsetzungsfrist und nicht auf den Zeitpunkt des Inkrafttretens der Richtlinie abzustellen ist, vgl. *Gundel*, in: *Pechstein/Nowak/Häde*, Frankfurter Kommentar, AEUV, Art. 288, Rn. 64; *Nettesheim*, in: *Grabitz/Hilf/Nettesheim*, EU, AEUV, Art. 288, Rn. 133 f. Doch gerade in der urheberrechtlichen Literatur wird eine Pflicht zur richtlinienkonformen Auslegung mit Inkrafttreten der Richtlinie und damit vor ihrer Umsetzung vertreten, vgl. *Dreier*, in: *Dreier/Schulze*, UrhG, Einl., Rn. 48.; *Wandtke*, NJW 2019, 1841, 1845; anders noch *Wandtke*, Urheberrecht, 6. Auflage, Kap. 10, Rn. 17.

1408 *Wandtke*, Urheberrecht, 6. Auflage, Kap. 10, Rn. 17.

Auslegung bereits vor Ablauf der Frist zulässig sein, wenn die nationale Auslegungsmethodik dies ermöglicht.[1409] Das Verständnis, dass § 60g I UrhG keinen Vertragsvorbehalt zum Ausdruck bringt, befindet sich nicht außerhalb des Rahmens der zulässigen Auslegung. Infolgedessen bestehen keine Bedenken nach Art. 20 GG bezüglich der Gewaltenteilung, wenn § 60g I UrhG bereits vor der Richtlinienumsetzung durch den Gesetzgeber so verstanden wird, wie es die Richtlinie für die Rechtslage ab 2021 verbindlich vorsieht. Obwohl § 60d UrhG nicht auf Art. 3 DSM-RL beruht, dessen Umsetzungsfrist noch nicht abgelaufen ist, kann im Wege der vorauseilenden Berücksichtigung durch antizipierende Richtlinienkonformität so bereits heute ein Auslegungsergebnis erzielt werden, worauf sich die Rechtspraxis ab 2021 eh einstellen muss. Die vorgeschlagene Interpretation kann den Wertungen der DSM-RL vorauseilend gerecht werden.

Des Weiteren würde ein Vertragsvorbehalt in einer teleologischen Betrachtung dem Normzweck der Schranken widersprechen. Es dürfen nämlich nicht nur die Interessen der Verwerter berücksichtigt werden, sondern ebenso die der Nutzer und der Allgemeinheit. § 60g I UrhG kann ungeachtet seiner Entstehungsgeschichte nicht in isolierter Betrachtung ausgelegt werden, sondern muss in seinem systematischen Zusammenhang mit den konkreten Schrankenprivilegierungen des UrhG gesehen werden. Sinn und Zweck dieser Schrankenregelungen müssen Auswirkung auf das Verständnis von § 60g I UrhG haben. Das Wesen der Schranken ist es, dem Nutzer zustimmungsfrei und unabhängig von der vertraglichen Rechtslage Handlungen zu erlauben. Gerade im Wissenschaftsbereich kommt dem Bedürfnis nach weitreichenden und rechtssicheren Zugangsmöglichkeiten erhöhte Bedeutung zu. Das soll im Nachfolgenden ausführlich dargestellt werden.

In der Wissenschaft gilt eine ganz besondere und zu berücksichtigende Interessenlage: Sie ist nämlich wie kaum ein zweiter Bereich auf umfassende Zugangsmöglichkeiten angewiesen.[1410] Wissenschaft bedeutet, dass vorhandenes Wissen weitergegeben wird, damit neues erzeugt werden kann. Zurecht weist der Gesetzgeber gleich zu Beginn der Gesetzesbegründung darauf hin, dass Neues selten aus dem Nichts entsteht, sondern auf Grundlage dessen, was bereits von anderen

---

1409 Ob dies ohne Zeichen des Gesetzgebers zulässig ist, ist umstritten, wird aber in der Rechtsprechung bejaht, vgl. BGH NJW 1998, 2208, 2211 – Testpreis-Angebot, mit ablehnender Anmerkung *Bayreuther*, EuZW 1998, 478, 479; BGH NJW 1998, 3561, 3562 – Preisvergleichsliste II; zustimmend *Gundel*, in: *Pechstein/Nowak/Häde*, Frankfurter Kommentar, AEUV, Art. 288, Rn. 64; *Leible/Sosnitza*, NJW 1998, 2507, 2507 f., 2509; *Nettesheim*, in: *Grabitz/Hilf/Nettesheim*, EU, AEUV, Art. 288, Rn. 133; a.A. *Brandner*, in: *Geiß*, 50 Jahre BGH, S. 299, 301 ff.; *Ehricke*, EuZW 1999, 553, 554 ff.

1410 Siehe umfassend zur besonderen Interessenlage im Urheberwissenschaftsrecht *Peukert*, JIPITEC 2013, 142, 145 ff. Diese Bedürfnisse erkennt der Gesetzgeber gleichfalls an, vgl. BT-Drs. 18/12329, S. 19 f.

erdacht worden ist.[1411] Dieser Arbeitsprozess erfordert nicht nur den Zugang zur Lektüre. Die Abläufe im Bereich der Bildung, Wissenschaft und Forschung haben sich durch die Vernetzung und Digitalisierung grundlegend geändert. Das gilt ebenso für die Arbeitsweisen von Institutionen. Es entspricht der modernen und gegenüber Früher produktiveren Arbeitsweise, dass Werke umfangreicher genutzt werden. Sie werden nicht nur analog vervielfältigt und verbreitet, sondern digital öffentlich zugänglich gemacht und öffentlich wiedergegeben. Die Forscher schaffen durch diese Methodik neue Werke und neues Wissen, was der Allgemeinheit zugutekommt. Dem utilitaristischen Ansatz des Urheberrechts folgend möchte dies die künftige Werkproduktion fördern. Ansonsten wird der Wissenschafts- und Forschungsstandort Deutschland gefährdet. Dem wissenschaftlichen Zugangsbedürfnis wird demgemäß die Rechtssicherheit unabdingbarer Gesetzesprivilegierungen am weitgehendsten gerecht.

Ein weiterer Aspekt spricht noch entschieden für das Bedürfnis nach Zugang und Nutzbarkeit unabhängig von der Vertragslage. Sicherlich darf dabei nicht in unzumutbarer Weise in den Primärmarkt eingegriffen werden. Jedoch haben wissenschaftliche Werke einen besonderen Charakter, der größere Einschränkungen notwendig macht: Sie sind nicht substituierbar. Wer ein Werk zu Unterhaltungszwecken konsumiert, kann den Konsum bei fehlender Verfügbarkeit durch den Genuss anderer, ähnlicher Werke ersetzen. Wenn das begehrte E-Book oder der Wunschfilm in der Mediathek nicht verfügbar sind, kann man in Sekundenschnelle ein anderes Buch oder einen anderen Film auswählen, der die eigenen Bedürfnisse genauso zu befriedigen vermag. Der Wissenschaftler indes kann das nicht. Wissenschaftliche Werke können unverzichtbar sein. Zu dem Standard wissenschaftlichen Arbeitens gehört es, sich mit einem Original oder einem Werk in der aktuellen Auflage auseinander zu setzen. Daraus folgt, dass der Wissenschaftler auf den Zugang zu bestimmten wissenschaftlichen Werken zwingend angewiesen ist. Im Rahmen seiner Tätigkeit ist die Nutzung dieser konkreten Inhalte notwendig. Schrankenregelungen sind folglich für ihn unverzichtbar. Dazu kommt, dass Wissenschaftsschranken die materiellen Interessen der Urheber bereits veröffentlichter Werke nicht in dem Maße beeinträchtigen wie bei anderen Urhebergruppen. Denn diesbezüglich gestaltet sich die Interessenlage im Wissenschaftsbereich ebenfalls divergent. Alle Urhebergruppen zielen auf die größtmögliche Verbreitung ihres Werks ab. Allerdings erstreben kommerzielle Urheber dabei die höchstmögliche Vergütung. Sie bestreiten davon ihren Lebensunterhalt. Auf dem freien Markt lassen sich höhere Vergütungen erzielen als über die angemessene Vergütung im Rahmen gesetzlicher Schranken. Wissenschaftler sind im Gegensatz dazu häufig intrinsisch motiviert bei ihrer einsamen und freien Wahrheitssuche oder extrinsisch bei ihrem Streben nach Reputation.[1412] Der Wissenschaftler will

1411 BT-Drs. 18/12329, S. 1.

1412 *Peukert*, JIPITEC 2013, 142, 145.

gelesen und gehört werden, er will mit seinen Äußerungen verknüpft werden, er will zitiert werden, er will, dass seine Gedanken in die Welt hinaus getragen werden. Diese ideellen Interessen werden über das Urheberpersönlichkeitsrecht, insbesondere über den Integritätsschutz und das Namensnennungsrecht, abgesichert. Die Verwertungsrechte haben für sie vielfach keine gleichrangige Bedeutung. Vor diesem Hintergrund sind weitreichende und unabdingbare Schrankenregelungen gerechtfertigt. Wissenschaftler sind zumeist angestellt oder verbeamtet und ziehen daraus ihren Lebensunterhalt. Sie sind nicht gleichermaßen angewiesen auf eine wirtschaftliche Verwertung. Diese bedeutet für sie häufig nur ein Zubrot. Im Gegensatz dazu ist es vielfach sogar Praxis, dass keine oder kaum Autorenhonorare gezahlt werden. In vielen Fällen erhalten wissenschaftliche Urheber gar keine Vergütung.[1413]

Insgesamt folgt daraus das erhöhte Bedürfnis der im Wissenschaftsbereich Tätigen nach rechtssicherem Umgang mit Schrankenregelungen. Der Zugang muss umfassend und nutzerfreundlich gewährleistet werden. Die ideellen Interessen der Urheber werden dadurch nicht berührt und ihre wirtschaftlichen nur geringfügig gefährdet. Dieser Telos der urheberwissenschaftsrechtlichen Schranken sollte auf die Auslegung von § 60g I UrhG durchschlagen. Bedeutung und Funktion der Schranken des Urheberwissenschaftsrechts legen es nahe, gesetzliche Privilegierungen mit ihren rechtssicheren Zugangsmöglichkeiten als durch Verträge unbeeinträchtigt und damit vorrangig anzusehen.

Aufgrund dieser Zweckerwägungen kann ein Vorrang des Vertrags, wie ihn § 60g II UrhG postuliert, nur angesichts überragender Argumente angenommen werden. Wissenschaftliche Nutzer sind in einem außerordentlichen Maß auf einen rechtssicheren und zustimmungsfreien Zugang angewiesen. Derartige Argumente lassen sich aus der Gesetzesentstehungsgeschichte und der Gesetzesbegründung, nicht aber aus dem Wortlaut, der Systematik und insbesondere dem Telos ableiten. Die Auslegung von § 60g I UrhG sollte diese Widersprüche auflösen. Die Widersprüche ergeben sich aus den unterschiedlichen Schutzzielen von § 60g I UrhG. Historie sowie Sinn und Zweck von § 60g I UrhG begründen das Ziel des Schutzes der Verwerterpositionen. Die Rechteinhaber haben ein Interesse an rechtsgeschäftlichen Vereinbarungen mit bestimmten Nutzergruppen. Andererseits ist Sinn und Zweck der Schrankenregelungen der rechtssichere Schutz von bedeutenden Zugangsinteressen der Nutzer und der Allgemeinheit. Diesen sind im Wissenschaftsbereich besonders berücksichtigenswert.

Beide Schutzpositionen sind berechtigt und verlangen nach möglichst effektiver Verwirklichung. Die Notwendigkeit, ein Gleichgewicht zwischen den privaten und öffentlichen Interessen, bei denen auf öffentlicher Seite insbesondere Bildung, Forschung und Wissenschaft streiten, zu erzielen, hat sogar Eingang in die Präambel des WIPO-Urheberrechtsvertrags gefunden. Das Gebot, beide Positionen und ihre

1413 Vgl. *de la Durantaye*, GRUR 2017, 558, 563.

dahinter stehenden Grundrechtspositionen angemessen zu berücksichtigen und in einen schonenden Ausgleich zu führen, lässt nunmehr folgenden Schluss zu: Zulässige Verträge mit dem Rechteinhaber können neben der gesetzlichen Handlungsprivilegierung bestehen, ohne dass die Anwendbarkeit des Gesetzes entfällt.[1414] So würde das Nutzerinteresse an umfassenden und rechtssicheren Nutzungsmöglichkeiten und zugleich das Interesse der Rechteinhaber an vertraglichen Absprachen befriedigt werden. Dieses Ergebnis wäre die Folge davon, dass man der Vereinbarung eine schuldrechtliche, aber keine urheberrechtliche Wirkung zuspricht. Der Vertrag berührt in dem Fall die urheberrechtliche Wirksamkeit der Schrankenregelung nicht, während die Schranke nicht die schuldrechtliche Wirksamkeit der vertraglichen Vereinbarung berührt.[1415] Das gilt unabhängig davon, ob der Vertrag die Voraussetzungen von § 60g I UrhG erfüllt oder nicht. Wenn zugunsten der Nutzer die Schranke zwingendes Recht darstellt und zugunsten der Rechteinhaber Vereinbarungen zulässig sind, können so beide Interessen gleichwertig berücksichtigt werden. Das geschieht, indem die schuldrechtliche von der urheberrechtlichen Ebene getrennt wird. Beide Rechtsverhältnisse bestehen nebeneinander. So können die scheinbaren Widersprüche in der Gesetzesbegründung erklärt werden.

Die Schrankenprivilegierung kann nicht faktisch ausgeschlossen werden, indem auf schuldrechtlicher Ebene strengere vertragliche Absprachen bestehen, die der Nutzer nicht verletzen möchte. Um die Zugangsinteressen des Nutzers zu wahren, kann sich der Rechteinhaber nicht auf den Vertrag berufen, sollte dieser die Nutzungsprivilegierung zum Nachteil des Nutzers untersagen oder beschränken. Das ist im Sinn einer Einrede aufgrund eines gesetzlichen Leistungsverweigerungsrechts zu verstehen, die erhoben werden kann, wenn der Rechteinhaber Vertragsstrafen oder Schadens- und Unterlassungsansprüche wegen Vertragsüberschreitung geltend machen will.[1416] Diese Einrede gegen schuldrechtliche Ansprüche ist für den Schutz der Nutzer ausreichend. Gegen urheberrechtliche Ansprüche kann sich der Nutzer unter Berufung auf die Schrankenprivilegierung wehren. Vertragliche Vereinbarungen sind neben der Schrankenregelung stehend mithin unabhängig vom Inhalt zulässig und wirksam, allerdings nicht immer durchsetzbar. Verstößt die Vereinbarung gegen die Voraussetzung von § 60g I UrhG, bleibt sie anwendbar, jedoch kann eine dauerhafte Einrede gegen sie erhoben werden. So wird die schuldrechtliche mit der urheberrechtlichen Ebene gesetzlich mit dem Ergebnis verknüpft, dass die gesetzlich erlaubten Handlungen tatsächlich nie untersagt werden können, nämlich weder urheberrechtlich noch schuldrechtlich. Das entspricht dem Wunsch des Gesetzgebers.[1417]

1414 Ebenso *Stieper*, in: *Schricker/Loewenheim*, UrhR, Vor §§ 44a ff., Rn. 56a.

1415 Ebenso *Hentsch*, in: *Dreyer/Kotthoff*, UrhR, § 60g, Rn. 3; a.A. *Hagemeier*, in: *Möhring/Nicolini*, UrhR, § 60g, Rn. 5.

1416 Ebenso *Hentsch*, in: *Dreyer/Kotthoff*, UrhR, § 60g, Rn. 3; *Wirth*, in: *Eichelberger/Wirth/Seifert*, UrhG, § 60g, Rn. 2.

1417 Siehe BT-Drs. 18/12329, S. 22.

Die Stimmen, die aus § 60g I UrhG eine Einwendung rauslesen, die zur Nichtigkeit der vertraglichen Vereinbarung führt,[1418] befinden sich wie diejenigen bezüglich § 444 BGB[1419] im Widerspruch zur dogmatischen Konstruktion von Einreden und den dazugehörigen hergebrachten Formulierungen.

Ein großer Vorteil dieses Auslegungsergebnisses ist es, dass damit das traditionelle Verständnis, dass Schranken nicht mit urheberrechtlicher Wirkung abdingbar sind,[1420] aufrechterhalten bleiben kann. Es ist nicht notwendig anzunehmen, dass § 60g I UrhG einen Wechsel vom zweiten zum dritten Schrankenmodell des EuGH bewirkt.[1421] Wenn man die vertragliche Einigung als neben der Schranke stehend betrachtet, besteht das zweite Modell fort. Das Ausschließlichkeitsrecht bleibt folglich im konkreten Fall nicht aufrechterhalten. Somit kann eine Stimmigkeit zu den anderen Schranken erzielt werden und eine Durchbrechung des Systems durch weitere Ausnahmen neben § 60g II UrhG verhindert werden. Daneben kann so der veränderte Wortlaut gegenüber dem RefE, der zusätzlich die schuldrechtliche Unwirksamkeit anordnete, und gegenüber § 60g II UrhG, der zusätzlich die urheberrechtliche Wirksamkeit anordnet, erklärt werden. Weiterhin wird so vorauseilend der Wertung von Art. 7 I DSM-RL Rechnung getragen.

cc) Ergebnis

Schranken dienen vielfältigen Schutzzielen, denen im Urheberwissenschaftsrecht am besten dadurch Rechnung getragen wird, indem die schuldrechtliche und urheberrechtliche Wirkung der Vereinbarungen explizit getrennt wird. So kann vermittelnd unterschiedlichen Interessen zeitgleich gedient werden. Aus dem Gesetzgebungsprozess ergibt sich, dass § 60g I UrhG im Interesse der Rechteinhaber die Zulässigkeit von Vereinbarungen anordnet. Dem wird unter gleichzeitiger Berücksichtigung der grundrechtlich verbürgten Interessen der Wissenschaft, Forschung und Bildung an weitreichenden und rechtssicheren Zugangsmöglichkeiten nachgekommen, indem die Zulässigkeit auf eine schuldrechtliche Zulässigkeit beschränkt wird. § 60g I UrhG begründet insoweit keine Einwendungen, wofür sein Wortlaut spricht. Schuldrechtlich ist der Vertrag ungeachtet seines Inhalts mithin

1418 So beispielsweise *Dreier*, in: *Dreier/Schulze*, UrhG, § 60g, Rn. 3 f.; *Hagemeier*, in: *Möhring/Nicolini*, UrhR, § 60g, Rn. 5; *Jani*, in: *Wandtke/Bullinger*, UrhR, Vor §§ 60a–60h, Rn. 6.; *A. Nordemann*, in: *Fromm/Nordemann*, UrhR, Vor §§ 60a ff., Rn. 3–6.

1419 So beispielsweise *Büdenbender*, in: *Dauner-Lieb/Langen*, BGB, § 444, Rn. 28; *Grunewald*, in: *Erman*, BGB, § 444, Rn. 14; *Weidenkaff*, in: *Palandt*, BGB, § 444, Rn. 14, 10.

1420 Vgl. zu § 53 UrhG aF BGH GRUR 2014, 979, 983, Rn. 45 – Drucker und Plotter III.

1421 a.A. *de la Durantaye*, GRUR 2017, 558, 562 f.; *Jani*, in: *Wandtke/Bullinger*, UrhR, § 60g, Rn. 3.

wirksam.[1422] Für die urheberrechtliche Rechtslage ändert § 60g I UrhG indes nichts gegenüber dem klassischen Verständnis des Verhältnisses zwischen Schranke und Vertrag, so wie es der BGH der Privatkopie zugrunde legt. Die Veränderung der Aussage von § 60g I RefE zu § 60g I RegE ist folglich entgegen der herrschenden Auffassung rein schuldrechtlicher Art. Die Schrankenbestimmungen der §§ 60a–60f UrhG finden in allen Fällen Anwendung. Dafür spricht, dass der Wortlaut „nicht berufen" keine urheberrechtliche Wirksamkeit anordnet, den unterschiedlichen Zielvorstellungen durch eine vermittelnde Ansicht Rechnung getragen wird, eine systematische Stimmigkeit mit den übrigen urheberrechtlichen Schranken erzielt wird und ein vom Gesetzgeber angestrebtes Regel-Ausnahmeverhältnis zu § 60g II UrhG begründet wird. Folglich beinhaltet § 60g I UrhG keinen Vertragsvorbehalt und bewirkt weder einen Vorrang des Vertrags noch eine Subsidiarität der Schrankenregelung. Durch diese Auslegung wird eine Einbettung ist das Schrankenverständnis erreicht. Somit kann es für die Schranken der §§ 60a–60f UrhG mit Ausnahme der §§ 60e IV, V, 60f I UrhG iVm § 60g II UrhG beim systematischen Verständnis gemäß dem zweiten Modell des EuGH bleiben.

Es wäre zu wünschen gewesen, dass der Gesetzgeber eine Formulierung wählt, durch die das deutlicher zum Ausdruck gebracht wird. Formulierungen wie der des § 60g I RefE kommt der Charme einer klaren und eindeutigen Aussage zugute. Der Gesetzgeber hätte sich dabei an der Formulierung von § 137 BGB orientieren können. Diese Norm postuliert im Bürgerlichen Recht eine vergleichbare Rechtslage wie § 60g I UrhG im Urheberrecht. Nach § 137 S. 1 BGB kann die dingliche Verfügungsbefugnis nicht rechtsgeschäftlich ausgeschlossen werden. Das berührt nach § 137 S. 2 BGB indes nicht die Wirksamkeit der schuldrechtlichen Verpflichtung, über dieses Recht nicht zu verfügen. Dem vergleichbar können die Parteien über eine Schranke des Urheberrechts nicht mit urheberrechtlicher Wirkung disponieren und sie so abbedingen. Das schließt jedoch gemäß § 60g I UrhG schuldrechtliche Vereinbarungen mit lediglich relativer Wirkung nicht aus.

1422 Wie mehrfach dargelegt, soll sich in vorliegender Untersuchung nicht allgemein mit der schuldrechtlichen Zulässigkeit vertraglicher Vereinbarungen im Anwendungsbereich gesetzlicher Nutzungserlaubnisse beschäftigt werden. Im Mittelpunkt steht die urheberrechtliche Wirksamkeit. Die schuldrechtliche Zulässigkeit wird nur im Zusammenhang mit § 60g I UrhG als sein Auslegungsergebnis thematisiert. Die Aussagen zum Schuldrecht sind daher stets in dem Zusammenhang zu sehen. So erklärt sich beispielsweise die Aussage der schuldrechtlich stets gegebenen Zulässigkeit der Vereinbarung nur im Lichte des Aussagegehalts von § 60g I UrhG. Damit soll nicht gesagt werden, dass sich eine Unzulässigkeit nicht aus anderen Rechtsgedanken oder Vorschriften wie dem AGB-Recht ergeben kann. Ausführlich zur schuldrechtlichen Zulässigkeit *Gräbig*, Abdingbarkeit urheberrechtlicher Schranken, S. 67 ff.; *Stieper*, Rechtfertigung der Schranken, S. 213 ff.; *Zurth*, Nutzungsrechte, S. 245 ff.

Im Unterschied zu § 137 BGB werden im Urheberrecht die Ebenen indes verknüpft. Nach dem Gesetz, also § 60g I UrhG, kann der Nutzer Einreden geltend machen, sollte der Vertrag die Voraussetzungen von § 60g I UrhG nicht erfüllen. Mittels dieser Verknüpfung wird sichergestellt, dass tatsächlich stets im gesetzlich erlaubten Umfang genutzt werden kann, ohne dass auf das Gegenteil gerichtete schuldrechtliche Ansprüche greifen. Die Interessen der Nutzer bleiben damit gewahrt. Ein Nutzer muss weder prüfen, ob und in welchem Umfang ein Vertrag abgeschlossen worden ist, geschweige ob ein angemessenes Angebot vorliegt, weil das Gesetz nach wie vor urheberrechtlich vorrangig ist und andere schuldrechtliche Vereinbarungen nicht durchsetzbar sind. Die unabdingbare Schrankenprivilegierung und die rechtsgeschäftliche Zugangsvereinbarung stehen als getrennte Rechtstitel nebeneinander und beeinflussen sich in ihrer Anwendbarkeit nur in dem Sinn, dass ein Regelungsinhalt, der im Widerspruch zur Schrankenprivilegierung steht, den Tatbestand einer dauerhaften Einrede darstellt. Diese Auslegung erzielt das Ergebnis, dass alle Positionen effektiv berücksichtigt werden.

Der Aussage- und Regelungsgehalt von § 60g I UrhG beschränkt sich zusammenfassend darauf, die schuldrechtliche Wirksamkeit vertraglicher Vereinbarungen grundsätzlich anzuordnen und zugleich eine Verknüpfung der rechtlichen Bezugsebenen dergestalt herzustellen, dass schuldrechtlichen Ansprüchen, die zu einer geringfügigeren Nutzung als nach der gesetzlichen Erlaubnis zwingen, eine Einrede entgegengehalten werden kann. Durch die Verbindung kann sichergestellt werden, dass das zwingende Recht tatsächlich seine Zweckbestimmung entfaltet und nicht von schuldrechtlichen Ansprüchen überlagert wird. Urheberrechtlich wird die Anwendbarkeit der nach wie vor vorrangigen Schranken im Gegensatz zur herrschenden Meinung in der Literatur durch den Vertragsschluss nicht berührt. § 60g I UrhG beinhaltet keinen Vertragsvorbehalt. Die Schranken des UrhWissG stellen urheberrechtlich zwingendes Recht dar, solange § 60g II UrhG keinen Vertragsvorrang anordnet.

2. Erstreckung auf § 60h I UrhG

Vorab ist hervorzuheben, dass Vergütungsabreden über die allgemeinen zivilrechtlichen Grenzen der Vertragsgestaltungsfreiheit hinaus keinen Beschränkungen unterliegen. Sie sind folglich frei verhandelbar und können damit eine vertraglich geschuldete Vergütung festlegen, die höher ist als der auf den jeweiligen Werkteil entfallende Anteil der pauschalen Vergütung.[1423] Denn finanzielle Belastungen sind nicht als Einschränkung i.S.d. § 60g I UrhG zu werten. Oben ist bereits dargelegt worden, dass die Abrede über den Nutzungsumfang von der Abrede der Vergütung zu trennen ist. Das ergibt sich bereits aus dem Wortlaut des Gesetzes selbst. Mit der Wortwahl „Vereinbarungen, die erlaubte Nutzungen (...)“ wird durch § 60g I UrhG deutlich, dass das Gesetz nur jene Klauseln in Bezug nimmt, die

1423 a.A. *Jani*, in: *Wandtke/Bullinger*, UrhR, § 60g, Rn. 5.

die Nutzungsrechte des Lizenznehmers in dem Vertrag festlegen.[1424] Der Bezugspunkt ist also die Rechteeinräumung als solche und nicht der Lizenzvertrag an sich. Es ist allein maßgeblich, ob die vertragliche Rechteeinräumung inhaltlich hinter dem gesetzlich garantierten Schrankenprivileg zurückbleibt. Auf darüber hinaus gehende Absprachen kommt es nicht an. Sie sind nicht beschränkend oder untersagend iSv § 60g I UrhG.

Zu fragen ist im Anschluss daran, welche Auswirkungen sich aus dem gefundenen Ergebnis für die Vergütungsansprüche ergeben. Drei Konstellationen sind dabei denkbar: Es muss nur der gesetzliche Anspruch oder nur der vertragliche Anspruch erfüllt werden oder beide Ansprüche bestehen nebeneinander, sodass der Nutzer für ein und dieselbe Handlung Schuldner zweier Anspruchsinhaber ist, nämlich des Vertragspartners und der Verwertungsgesellschaft als Treuhänderin der Urheber.

a) Literaturansichten

Über die Auswirkungen der vertraglichen Vereinbarungen auf die Vergütungsregelungen wird in der Literatur mehr gestritten als über das Verständnis von § 60g I UrhG an sich.[1425] Dabei werden konträre Positionen vertreten. Letztendlich sind sie im Regelfall jedoch die Konsequenz daraus, welcher Ansicht sich der Interpret bezüglich der Wirksamkeit des Nutzungsvertrags angeschlossen hat.

Es wäre möglich, die von § 60g I UrhG angeordnete Zulässigkeit der Nutzungsvereinbarung nicht als Vorrang der Vergütungsabsprache vor dem gesetzlichen Vergütungsanspruch zu verstehen, sodass sich § 60g I UrhG nie auf § 60h I UrhG erstreckt. Der Vertrag kann dann nicht den gesetzlichen Vergütungsanspruch verdrängen. Das bedeutet, dass immer der gesetzliche Vergütungsanspruch nach § 60h I UrhG gezahlt werden muss. Wer diese Ansicht sogar bezüglich vorrangiger Verträge nach § 60g II UrhG, die der gesetzlichen Erlaubnis vorgehen, vertreten hat,[1426] müsste sie erst recht bezüglich nicht vorrangiger Verträge nach § 60g I UrhG vertreten. Das bedeutet für den Nutzer, dass er sowohl die gesetzliche Vergütung an die Verwertungsgesellschaft als auch die vertraglich vereinbarte Vergütung an den Rechteinhaber als Vertragspartner zahlen muss. Beide Ansprüche bestehen nebeneinander. Abgesehen von den Rückschlüssen aus der Meinung von *Wandtke* bezüglich § 60g II UrhG wird eine solche Position in der Literatur soweit ersichtlich nicht vertreten.

1424 Ebenso *Hagemeier*, in: *Möhring/Nicolini*, UrhR, § 60g, Rn. 4, die zusätzlich mit der nicht-amtlichen Überschrift als Orientierungshilfe für die Normauslegung argumentiert.

1425 Vgl. unter vielen den Schwerpunkt der Kommentierung von *Hagemeier*, in: *Möhring/Nicolini*, UrhR, § 60g, Rn. 4–6.

1426 Siehe *Wandtke*, NJW 2018, 1129, 1134 f.

Wer in § 60g I UrhG den Wechsel vom zweiten auf das dritte Modell des EuGHs sieht und daher wirksame Verträge immer für vorrangig hält, kommt in Konsequenz dessen dazu, dass sich § 60g I UrhG immer auf § 60h I UrhG erstreckt und die gesetzlichen Vergütungsansprüche auszuschließen vermag.[1427] Wenn das Ausschließlichkeitsrecht im konkreten Fall aufrechterhalten bleibt und die Lizenzverträge der gesetzlichen Erlaubnis grundsätzlich vorgehen, soll die Vergütung insgesamt nur nach Maßgabe des Vertrags zu entrichten sein.[1428] Das hat für den Nutzer den Vorteil, dass er nicht doppelt in Anspruch genommen werden kann. Auf der anderen Seite fließen keine Zahlungen mehr an die Verwertungsgesellschaft.[1429] Der Urheber ist angewiesen auf eine vertragliche Beteiligung an den Einnahmen des Verwerters. Problematisch daran ist, dass im Wissenschaftsbereich die Verlage den Autoren regelmäßig für deren Leistung keine Vergütung auszahlen.[1430] Dann erhält der Verlag die gesamte Zahlung des Nutzers. Ein solches Verständnis von § 60g I UrhG dürfte wohl dazu führen, dass sich faktisch die Vergütung der Urheber deutlich verringern wird.

So könnte weiterhin der Gesetzgeberwille zu verstehen sein, wenn die Gesetzesbegründung im Fall des Bestehens eines Lizenzvertrags diesen als „Grundlage des Entgelts für die Nutzung“[1431] bezeichnet. Das hätte man allerdings im Normtext selbst regeln können. Hier tritt erneut die Problematik der nicht ausreichend präzisen Gesetzesbegründung auf. Wenn dieses Ergebnis damit vertreten werden sollte, hätte man ausdrücklich festlegen können, dass *alleinige* Grundlage des Entgelts *ausschließlich* der Lizenzvertrag sei oder dass ein Entgelt *insgesamt* nur nach Maßgabe des Lizenzvertrags zu zahlen sei.

Uneinigkeiten bestehen innerhalb dieser Ansicht darin, wie sich § 60g I UrhG auf den vertraglichen Vergütungsanspruch auswirkt, wenn die Vereinbarung das Maß der gesetzlichen Nutzungserlaubnis beschränkt. Das ist wiederum eine Folge zur Positionierung zur Wirksamkeit des Vertrags. Laut *Hagemeier* ordnet § 60g I UrhG die relative Unwirksamkeit der nachteiligen Vertragsbestimmung an, die sich nicht auf die sonstigen Vertragsabreden, insbesondere die Vergütungsregelungen, bezieht.[1432] Da der Lizenzvertrag also im Übrigen wirksam sei, kommt sie zu dem Schluss, dass Grundlage des Nutzungsentgelts unabhängig davon, ob die

---

1427 *de la Durantaye*, GRUR 2017, 558, 562 ff.; *Hagemeier*, in: *Möhring/Nicolini*, UrhR, § 60g, Rn. 5.

1428 *Dreier*, in: *Dreier/Schulze*, UrhG, § 60g, Rn. 5; *de la Durantaye*, GRUR 2017, 558, 563. Unklar ist die Position von *Schack*, ZUM 2017, 802, 807.

1429 Aufgrund dieses Aspekts kritisch zu § 60g I UrhG *Wirth*, in: *Eichelberger/Wirth/Seifert*, UrhG, § 60g, Rn. 3.

1430 *de la Durantaye*, GRUR 2017, 558, 563; *Wirth*, in: *Eichelberger/Wirth/Seifert*, UrhG, § 60g, Rn. 3.

1431 BT-Drs. 18/12329, S. 45.

1432 *Hagemeier*, in: *Möhring/Nicolini*, UrhR, § 60g, Rn. 5.

Rechteeinräumung wirksam war, immer ausschließlich die Vergütungsregelung des Lizenzvertrags sei.[1433] Das sei positiv für den Nutzer. Dieser sei bei einem solchen Verständnis nämlich weniger häufig nachteiligen Vertragsschlüssen ausgesetzt. Der Rechteinhaber würde auf nachteilige Angebote verzichten, weil er sonst während der gesamten Vertragslaufzeit nur die ursprünglich vereinbarte Vergütung erhalte. Diese sei „aber regelmäßig geringer berechnet (...), da die gesetzlich erlaubten Mehr-Nutzungen nicht Kalkulationsgrundlage seiner Vereinbarung waren."[1434]

Dagegen sieht *de la Durantaye* in § 60g I UrhG eine Einrede gegen Ansprüche aus immer wirksamen und vorrangigen Vereinbarungen.[1435] Nach ihr kann der Nutzer dem vertraglichen Zahlungsverlangen diese Einrede entgegenhalten, während er sich zugleich gegenüber dem gesetzlichen Zahlungsverlangen auf den wirksamen und vorrangigen Vertrag berufen kann.[1436] Gemäß dem Wortlaut von § 60g I UrhG könne sich lediglich der Rechteinhaber nicht auf nachteilige Vereinbarungen berufen, was dem Nutzer nicht verwehrt sei. Nach ihr besteht mithin ebenso nur der vertragliche Anspruch, aber faktisch führt diese Ansicht dazu, dass aufgrund der Einrede der Nutzer gar keine Vergütung entrichten muss,[1437] womit den fiskalischen Interessen des Staats zum Nachteil der originären und derivativen Rechteinhaber gedient wäre.

Obwohl *Wirth* vom Vorrang des Gesetzes ausgeht, hält er wie die Vertreter des durch § 60g I UrhG ausgedrückten Vertragsvorrangs § 60h UrhG im Fall eines Vertragsschlusses dennoch nicht für anwendbar.[1438] Nach ihm ist die Vergütung ebenso ausschließlich nach Maßgabe der vertraglichen Vergütungsvereinbarung an den Vertragspartner zu zahlen, wobei er nicht danach differenziert, inwiefern die vertragliche Nutzungsvereinbarung den gesetzlich erlaubten Nutzungsumfang beschneidet.[1439] Sobald ein Nutzungsvertrag besteht, reduzieren sich also alle Vergütungsansprüche auf die dort getroffene Absprache. Damit verliert der Urheber seine eigene Anspruchsinhaberschaft gegenüber dem Nutzer.

Zwischen diesen beiden Positionen, dass immer beide Ansprüche bestehen oder immer nur der vertragliche Anspruch, befinden sich noch differenzierende Ansichten. *Jani* und *A. Nordemann* sehen in § 60g I UrhG eine Bestimmung als Ausdruck des Vorrangs des Gesetzes, weshalb in allen Fällen, in denen kein oder kein wirksamer Vertrag infolge einer Vereinbarung zum Nachteil des Nutzungsberechtigten besteht, die gesetzliche Erlaubnis greift, deren Nutzung nach der

1433 *Hagemeier*, in: *Möhring/Nicolini*, UrhR, § 60g, Rn. 5.
1434 *Hagemeier*, in: *Möhring/Nicolini*, UrhR, § 60g, Rn. 5.
1435 *de la Durantaye*, GRUR 2017, 558, 562 f.
1436 *de la Durantaye*, GRUR 2017, 558, 562 ff.
1437 Vgl. *de la Durantaye*, GRUR 2017, 558, 564.
1438 *Wirth*, in: *Eichelberger/Wirth/Seifert*, UrhG, § 60g, Rn. 3.
1439 Vgl. *Wirth*, in: *Eichelberger/Wirth/Seifert*, UrhG, § 60g, Rn. 3.

gesetzlichen Regelung des § 60h I UrhG auf Basis eines Gesamt- oder Rahmenvertrags zu vergüten ist.[1440] Verstößt der Vertrag nicht gegen die Voraussetzungen des § 60g I UrhG, so sei er wirksam und alleinige Grundlage für die erfolgte Nutzung sowie das Entgelt.[1441] Da es in dieser Konstellation also nur auf den Inhalt des Vertrags ankomme, könnten gesetzliche Vergütungsansprüche und damit Zahlungen an die Verwertungsgesellschaft erneut ausgeschlossen werden.[1442] Damit führt diese Ansicht ebenfalls zu dem Ergebnis, dass immer nur ein Anspruch gegenüber dem Nutzer besteht. Beschränkt der Vertrag die Nutzungserlaubnis, so richtet sich dieser Anspruch nach § 60h UrhG. Hält der Vertrag den Umfang der Erlaubnis aufrecht oder erweitert ihn, so richtet sich der Anspruch nach der vertraglichen Vereinbarung.

Berger hat in § 60g I UrhG den Ausdruck des grundsätzlichen Vorrangs des Vertrags erkannt, der aber nicht automatisch, sondern aufgrund eines privatautonomen Willens eintrete.[1443] Demgemäß differenziert er bezüglich der Vergütung. Wolle der Vertrag die gesetzlichen Nutzungsmöglichkeiten verkürzen, könne sich der Rechteinhaber nicht darauf berufen und eine vertraglich vereinbarte Vergütung verlangen.[1444] Als Ausgleich ist die gesetzliche Vergütung gemäß § 60h I UrhG vom Nutzer zu erbringen.[1445] In allen anderen Fällen sei auf den Willen der Parteien abzustellen, der im Weg der Auslegung nach §§ 133, 157 BGB zu ermitteln sei.[1446] Erfülle der Vertrag die Voraussetzung von § 60g I UrhG, indem er den Nutzungsumfang aufrechterhalte, müsse nicht mehr die gesetzliche, sondern die vertragliche Vergütung gezahlt werden. Ein solches Interesse werde den Parteien bei einem solchen Vertragsschluss im Regelfall als Motivation für den Vertragsschluss zu unterstellen sein.

Erfülle der Vertrag die Voraussetzung von § 60g I UrhG, indem er den Nutzungsumfang erweitere, müsse differenziert werden. Haben die Parteien gewollt, dass der gesetzlich vorgesehene Nutzungsumfang unberührt bleibe und hätten lediglich ein zusätzliches Nutzungsvolumen vereinbart, so ist für erstere Nutzung der gesetzliche Vergütungsanspruch an die Verwertungsgesellschaft und für zweitere die vertraglich vereinbarte Vergütung an den Rechteinhaber zu leisten.[1447] Anderes

1440 *Jani*, in: *Wandtke/Bullinger*, UrhR, § 60g, Rn. 4; *A. Nordemann*, in: *Fromm/Nordemann*, UrhR, § 60g, Rn. 2.

1441 *Jani*, in: *Wandtke/Bullinger*, UrhR, § 60g, Rn. 4; *A. Nordemann*, in: *Fromm/Nordemann*, UrhR, § 60g, Rn. 2.

1442 *Jani*, in: *Wandtke/Bullinger*, UrhR, § 60g, Rn. 4; im Anschluss an *de la Durantaye*, GRUR 2017, 558, 564.

1443 *Berger*, GRUR 2017, 953, 954 f.

1444 *Berger*, GRUR 2017, 953, 954.

1445 *Berger*, GRUR 2017, 953, 954.

1446 *Berger*, GRUR 2017, 953, 955.

1447 *Berger*, GRUR 2017, 953, 955.

gelte, wenn die Parteien ein einheitliches Nutzungsvolumen vereinbart hätten. Dann sei ausschließlich die vertragliche Vergütung zu zahlen, was im Regelfall gewollt sein werde, um eine einheitliche Abrechnung und Abwicklung zu ermöglichen.[1448] *Bergers* Ansicht differenziert folglich stärker, auf welchem Rechtstitel die Handlung beruht und auf welcher Grundlage demnach die Vergütung erfolgt. Insgesamt kommt er allerdings gleichermaßen zu dem Ergebnis, dass immer nur ein Anspruch gegen den Nutzer besteht.

Abgesehen von den eingangs erwähnten Überlegungen sind sich darin alle Literaturstimmen zusammenfassend einig. Die ganz herrschende Literaturmeinung ist der Ansicht, dass immer nur ein Anspruch gegen den Nutzer besteht.[1449] Bis auf *Berger*, der mit Hilfe des Parteiwillens argumentiert und daher eine andere Rechtslage für unwahrscheinlich, aber möglich hält,[1450] geht die herrschende Literaturmeinung davon aus, dass die Vergütungsansprüche aus einem Vertrag, der den gesetzlich erlaubten Nutzungsumfang aufrecht erhält oder erweitert, vorrangig vor den gesetzlichen Vergütungsansprüchen sind und diese zu verdrängen vermögen.[1451] Die Meinungen gehen erst für den Fall auseinander, dass die Nutzungsvereinbarung die gesetzliche Privilegierung beschränkt. Hier reicht die Bandbreite der Ansichten vom ausschließlichen Bestehen des gesetzlichen Anspruchs[1452] bis zum ausschließlichen Bestehen des vertraglichen Anspruchs, der nie[1453] oder immer[1454] durchsetzbar ist.

b) Eigene Ansicht

Die Bandbreite der Ansichten erweckt ein Bedürfnis nach Klärung. Demzufolge soll eine eigene Interpretation vorgenommen werden.

1448 *Berger*, GRUR 2017, 953, 955.

1449 Vgl. *Berger*, GRUR 2017, 953, 954 f.; *de la Durantaye*, GRUR 2017, 558, 562 ff.; *Dreier*, in: *Dreier/Schulze*, UrhG, § 60g, Rn. 5; *Hagemeier*, in: *Möhring/Nicolini*, UrhR, § 60g, Rn. 5; *Jani*, in: *Wandtke/Bullinger*, UrhR, § 60g, Rn. 4; *A. Nordemann*, in: *Fromm/Nordemann*, UrhR, § 60g, Rn. 2.

1450 Vgl. *Berger*, GRUR 2017, 953, 955.

1451 Vgl. *de la Durantaye*, GRUR 2017, 558, 562 ff.; *Dreier*, in: *Dreier/Schulze*, UrhG, § 60g, Rn. 5; *Hagemeier*, in: *Möhring/Nicolini*, UrhR, § 60g, Rn. 5; *Jani*, in: *Wandtke/Bullinger*, UrhR, § 60g, Rn. 4; *A. Nordemann*, in: *Fromm/Nordemann*, UrhR, § 60g, Rn. 2; *Wirth*, in: *Eichelberger/Wirth/Seifert*, UrhG, § 60g, Rn. 3.

1452 So *Berger*, GRUR 2017, 953, 954; *Jani*, in: *Wandtke/Bullinger*, UrhR, § 60g, Rn. 4; *A. Nordemann*, in: *Fromm/Nordemann*, UrhR, § 60g, Rn. 2.

1453 So *de la Durantaye*, GRUR 2017, 558, 564.

1454 So wiederum *Hagemeier*, in: *Möhring/Nicolini*, UrhR, § 60g, Rn. 5; *Wirth*, in: *Eichelberger/Wirth/Seifert*, UrhG, § 60g, Rn. 3.

aa) These

Der überwiegenden Literaturmeinung ist insoweit zuzustimmen, als dass sich die Auswirkung auf die Vergütungsansprüche in der Tat danach richtet, wie man das Verhältnis zwischen Vertrag und Schranke bewertet. Oben ist allerdings im Gegensatz zur herrschenden Ansicht vertreten worden, dass der Vertrag wirksam ist und ein schuldrechtliches Verhältnis begründet, wodurch indessen die urheberrechtliche Beziehung nicht berührt wird. Der Vertrag entfaltet keine urheberrechtliche Wirksamkeit, weshalb dem Nutzer nicht die Berufung auf die Schrankenregelung verwehrt wird. § 60g I UrhG begründet lediglich Einreden gegen Ansprüche aus Verträgen, die die Voraussetzung des § 60g I UrhG nicht erfüllen. Wenn der Vertrag also neben der Schrankenbestimmung wirksam ist, dann ist es folgelogisch, dass ebenso der gesetzliche Vergütungsanspruch neben dem vertraglichen Zahlungsanspruch besteht.[1455] Wenn die Rechtsgrundlagen nebeneinander andauern, sollten genauso die Rechtsfolgen nebeneinander gewahrt bleiben. Dass der vertragliche Anspruch den gesetzlichen nicht zu verdrängen vermag, berücksichtigt die Interessen der Rechteinhaber an Lizenzabsprachen und betont zugleich den anzustrebenden Urheberschutz, indem der Gesetzgeber keinen Vorrang der unternehmerischen Freiheit vor den Kreativinteressen angestrebt hat. Diese Auffassung stützt somit rückwirkend oben gefundenes Ergebnis im Sinn eines ausgleichenden Kompromisses.

bb) Bestehen des vertraglichen Vergütungsanspruchs

Diese These soll zunächst mit Blick auf den vertraglichen Vergütungsanspruch genauer erläutert werden. Der vertragliche Zahlungsanspruch muss bestehen, sonst wäre es widersinnig, dass § 60g I UrhG die Zulässigkeit der vertraglichen Vereinbarung anordnet.[1456] In der Generierung von Einnahmen liegt die Hauptmotivation der Rechteinhaber zum Vertragsschluss. Die Konstellation, dass nur der gesetzliche Vergütungsanspruch ungeachtet einer wirksamen vertraglicher Vergütungsabrede besteht, wird daher abgelehnt.[1457] Wo sonst sollte das Interesse des Rechtsinhabers liegen, einen Vertrag im Bereich gesetzlicher erlaubter Handlungen abzuschließen, wenn er für diese Nutzungen keine Vergütung erhalten würde? Wie oben dargelegt entspricht es gerade Sinn und Zweck von § 60g UrhG, die Interessen der Verwerter auf Beteiligung zu wahren. Diese Rechtsentwicklung entspricht einer Tendenz, die bereits zu §§ 52a, 52b, 53a I 3 UrhG aF festgestellt werden konnte.

1455 Zwar in Bezug auf § 60g II UrhG und mit unterschiedlicher Begründung, aber im Ergebnis ebenso *Wandtke*, NJW 2018, 1129, 1134 f.

1456 Siehe zu diesem Auslegungsergebnis H III 1. c).

1457 a.A. *Berger*, GRUR 2017, 953, 955, der dieses Ergebnis für privatautonom vereinbar hält.

Das uneingeschränkte Bestehen des vertraglichen Vergütungsanspruchs bedeutet nicht, dass der Vergütungsanspruch durchsetzbar ist, sollte der Vertrag die erlaubte Nutzung iSv § 60g I UrhG zum Nachteil des Nutzungsberechtigten einschränken oder untersagen.[1458] Die in § 60g I UrhG gewählte Wortwahl „Vereinbarungen, die erlaubte Nutzungen (...) beschränken oder untersagen" spricht dagegen, Vergütungsabreden als Beschränkung anzusehen.[1459] Es stellt hingegen eine nicht überzeugende Verengung des Anwendungsbereichs von § 60g I UrhG dar, aufgrund dieser Formulierung die Norm nicht daneben als Einrede gegen den Zahlungsanspruch aufzufassen.[1460] Es sollten jegliche Anreize vermieden werden, in einem grundrechtsrelevanten Bereich wie der Wissenschaft und Bildung Vereinbarungen zu treffen, die den zulässigen Nutzungsumfang hinter das gesetzliche Maß zurück zu drängen versuchen.

cc) Bestehen des gesetzlichen Vergütungsanspruchs

Die vertretene These ist also, dass der Nutzer zugleich Schuldner des nebeneinander bestehenden gesetzlichen und vertraglichen Vergütungsanspruchs des Urhebers und des Rechtsinhabers ist. So wie die Rechtsgrundlagen in ihren dogmatischen Einordnungen getrennt werden, soll das ebenso auf die Vergütungsansprüche zutreffen. Das uneingeschränkte Bestehen des vertraglichen Anspruchs, dem allerdings die Einrede des § 60g I UrhG entgegenstehen kann, ist bereits begründet worden. Aus den nachfolgenden Gründen ist es nicht vorzugswürdig anzunehmen, dass der vertragliche Anspruch den gesetzlichen verdrängt und somit Vorrang vor der Vergütungsregelung des § 60h I UrhG hat.[1461] Damit schließt sich ein Kreis zu den Erwägungen, die schon im Zusammenhang mit § 60g II UrhG angestellt worden sind. Selbst hier ist das parallele Bestehen von Vergütungsansprüchen in der Literatur gefordert worden.[1462] Alle dafür aufgezählten Gründe[1463] sprechen erst recht dafür, dass bei Verträgen gemäß § 60g I UrhG der gesetzliche Vergütungsanspruch neben dem vertraglichen bestehen bleibt. Zur tiefgehenden Begründung dieser These ist § 60h I UrhG auf sein systematisches Verständnis hin auszulegen. Im Zusammenspiel mit § 60g UrhG ist dabei auf die Unterschiede hinzuweisen, die sich aus den unterschiedlichen Modellen, die seinen beiden Absätzen zugrunde liegen, ergeben. Für die Auslegung ist auf die obige Begründung Bezug zu nehmen, nach der keine gesetzlichen Vergütungsansprüche im Fall von nach § 60g II UrhG

1458 *de la Durantaye*, GRUR 2017, 558, 562 ff.; a.A. *Hagemeier*, in: *Möhring/Nicolini*, UrhR, § 60g, Rn. 5.

1459 Ebenso *Hagemeier*, in: *Möhring/Nicolini*, UrhR, § 60g, Rn. 5.

1460 Entgegen *Hagemeier*, in: *Möhring/Nicolini*, UrhR, § 60g, Rn. 5.

1461 a.A. *Sandberger*, in: *Verwertungsgesellschaft der Film- und Fernsehproduzenten*, Urheberrecht im Wandel der Zeit, S. 67, 88.

1462 Vgl. *Wandtke*, NJW 2018, 1129, 1134 f.

1463 Vgl. H II 2.

vorrangigen Verträgen vorliegen.[1464] Die gravierend unterschiedliche Auswirkung, die sich daraus ergibt, ob man dem zweiten oder dritten Modell des EuGH folgt, lässt sich stellvertretend an § 60h I UrhG iVm § 60g I UrhG und § 60h I UrhG iVm § 60g II UrhG zeigen. Sie ließe sich auf alle anderen urheberrechtlichen Schranken übertragen.

Zunächst ist oben gegen das Bestehen eines gesetzlichen Vergütungsanspruchs mit dem Wortlaut von § 60h I UrhG argumentiert worden. Der Zahlungsanspruch tritt demnach „für Nutzungen nach Maßgabe dieses Unterabschnitts"[1465] ein. Wenn Nutzungen nach Maßgabe des vorrangigen Vertrags erfolgen, sind die Voraussetzungen des Tatbestands nicht erfüllt. Anders als § 60g II UrhG ordnet § 60g I UrhG jedoch wie gezeigt keinen Vertragsvorrang an. Die Nutzung erfolgt schuldrechtlich nach Maßgabe des Vertrags und zugleich urheberrechtlich nach Maßgabe des Gesetzes. Die Schranken des UrhWissG werden durch den Vertragsschluss nicht verdrängt. Damit erfolgt die Nutzung weiterhin nach Maßgabe des UrhWissG, weshalb nun die Tatbestandsvoraussetzungen des § 60h I UrhG als erfüllt anzusehen sind.[1466] Der Wortlaut der Norm spricht also für das Bestehen von Ansprüchen nach § 60h I UrhG.

1464 Vgl. H II 2.

1465 Gemeint sind die §§ 60a–60f UrhG.

1466 Rückwirkend ergibt sich damit ein weiteres Argument dagegen, § 60g I UrhG als einen Vorrang des Vertrags zu interpretieren. Man könnte überlegen, warum der Vertrag nicht das Gesetz verdrängen sollte, wenn der Gesetzgeber den Wortlaut des RefE aufhebt, aber zugleich sicherstellt, dass faktisch immer im gesetzlich erlaubten Umfang genutzt werden kann. Es ist zutreffend, dass dann dem Nutzer durch den Vertragsvorrang keine Nachteile in seinen Nutzungsmöglichkeiten erwachsen. Doch in dieser Konstellation fehlt wie bei § 60g II UrhG der Anknüpfungspunkt für den gesetzlichen Vergütungsanspruch. Es erfolgt dann keine Nutzung auf gesetzlicher Rechtsgrundlage und damit nach „Maßgabe dieses Unterabschnitts", die den Anspruch nach § 60h I UrhG auslöst. Wenn man eine finanzielle Beteiligung des Urhebers nicht auf das mögliche, aber nicht zwingende Bestehen einer vertraglichen Vergütungsabrede zwischen Verlag und Autor reduzieren möchte, muss man aus rechtspolitischer Zielsetzung heraus folglich annehmen, dass selbst Verträge, die den gesetzlichen Nutzungsumfang nicht zum Nachteil des Nutzers beschränken oder aufheben, nicht die Schranken verdrängen. Jeder Urheber, der seine Ansprüche und Rechte einbringt, hat die Gewissheit, zwingend aufgrund der Ausschüttungen der *VG Wort* pauschal beteiligt zu werden. Das wäre nicht der Fall, wenn er auf eine urhebervertragsrechtliche Regelung angewiesen wäre. Dem könnte man das Marktprinzip der Leistungsgerechtigkeit entgegenhalten. Man könnte jedoch kritisch hinterfragen, ob es leistungsgerechter sei, dass der Verlag die gesamten Einnahmen aus dem vorrangigen Vertrag behalte, weil keine Absprache auf Beteiligung mit dem verhandlungsschwächeren Kreativen getroffen

Damit ist die grammatische Interpretation eng mit der systematischen verwoben. Ein stringentes Argument, warum die Ansprüche nebeneinander bestehen, ist, dass in den Schranken nach § 60g I UrhG das zweite Modell des EuGH[1467] verankert wurde. Ihnen liegt die Auffassung zugrunde, dass sie die Befugnis des Rechtsinhabers, Verwertungen zu genehmigen, nicht völlig ausschließen, sondern nur eine Beschränkung dieser Befugnis vornehmen, dabei das Ausschließlichkeitsrecht im konkreten Fall aber nicht aufrechterhalten.[1468] Weil das Ausschließlichkeitsrecht im Schrankenumfang nicht aufrechterhalten ist, kann kein vorrangiger Vertrag geschlossen werden, der auf Ebene der gesetzlichen Tatbestandsmerkmale zur berücksichtigen wäre. Dass das Ausschließlichkeitsrecht nicht aufrechterhalten worden ist, stellt den Gegensatz zu den in § 60g II UrhG genannten Schranken dar. Mithin läuft die Zustimmung des Rechteinhabers ins Leere und wirkt sich nicht auf den durch die Schrankeneinführung im unionsrechtlichen Sinn entstandenen Schaden aus. Sie kann somit keinen Einfluss auf den gerechten Ausgleich haben.[1469] In Konsequenz aus der Rechtsprechung des EuGH muss der gesetzliche Vergütungsanspruch im deutschen Recht bestehen bleiben.

Die praktischen Auswirkungen dieses Verständnisses sind als vorzugswürdig einzustufen. Denn, dass die Vereinbarung keinen Einfluss auf den gesetzlichen Anspruch hat, würde gegenüber einer Rechtswirklichkeit, in der dieser durch den Lizenzvertrag ausgeschlossen werden kann, erhebliche Vereinfachungen für die Rechtspraxis mit sich bringen. Das ist vor allem im Zusammenhang mit § 60h III 1 UrhG zu sehen, der eine Einzelfallabrechnung für gesetzlich erlaubte Nutzungen verhindert. Die Nutzungen sind pauschal oder aufgrund von Stichproben zu berechnen. § 60h III 2 UrhG stellt eine Ausnahme von diesem Grundsatz für Nutzungen nach §§ 60b, 60e V UrhG dar. Die pauschale Vergütung bedeutet letztendlich, dass die Nutzungen, die Maßstab für die Berechnung der Vergütungshöhe sind, nur geschätzt werden können.

Wenn man nun Lizenzabreden für grundsätzlich vorrangig vor gesetzlichen Vergütungsansprüchen hält,[1470] müssen alle Nutzungen, die nach Vertragsschluss erfolgen, bei der Berechnung der Höhe der gesetzlichen Ansprüche abgezogen werden. Wenn man Lizenzabreden in dem Fall für vorrangig vor gesetzlichen Vergütungsansprüchen hält, dass die vertragliche Nutzungserlaubnis nicht den

---

worden ist. Das obige Verständnis von § 60g I UrhG ist folglich eine urheberschützende Interpretation.

1467 Vgl. zu dieser Auswirkung bereits allgemein H I 2. a).

1468 a.A. *de la Durantaye*, GRUR 2017, 558, 562 f.; *Jani*, in: *Wandtke/Bullinger*, UrhR, § 60g, Rn. 3.

1469 Vgl. die Darstellung unter F II 3. zu EuGH GRUR 2013, 812, 814, Rn. 39 – VG Wort/Kyocera.

1470 So *de la Durantaye*, GRUR 2017, 558, 562 ff.; *Dreier*, in: *Dreier/Schulze*, UrhG, § 60g, Rn. 5; *Hagemeier*, in: *Möhring/Nicolini*, UrhR, § 60g, Rn. 5.

Umfang der gesetzlichen Nutzungserlaubnis schmälert,[1471] müssen alle Nutzungen, die nach Abschluss eines Vertrags, der diese Anforderung nach materieller Prüfung erfüllt, erfolgen, bei der Berechnung der Höhe der gesetzlichen Ansprüche abgezogen werden. Wenn man Lizenzabreden in dem Fall für vorrangig vor gesetzlichen Vergütungsansprüchen hält, dass dies dem Willen der Vertragsparteien entspricht,[1472] müssen alle Nutzungen, die nach Abschluss eines Vertrags, der so auszulegen ist, erfolgen, bei der Berechnung der Höhe der gesetzlichen Ansprüche abgezogen werden.

Den Nutzungsumfang nach Abzug dieser Nutzungen konsensfähig zu schätzen, würde zu erheblichen praktischen Schwierigkeiten bei der Berechnung der den Urhebern zustehenden angemessenen gesetzlichen Vergütung führen.[1473] Es ist fraglich, ob unter diesen Voraussetzungen die Gesamt- oder Rahmenvertragsverhandlungen zwischen den Ländern und der *VG Wort* von Erfolg gekrönt sein können. Um diese praktischen Probleme aus den Vertragsverhandlungen fernzuhalten, sollte der gesetzliche Vergütungsanspruch als nicht beeinträchtigt betrachtet werden. Hierfür muss ein Vorrang des vertraglichen Anspruchs abgelehnt werden.

Zusätzlich kann für diese Interpretation ein historisches Argument angeführt werden. Oben ist gegen das parallele Bestehen von Vergütungsansprüchen bei vorrangigen Verträgen nach § 60g II UrhG mit der Gesetzesbegründung argumentiert worden.[1474] Nicht nur weil die Gesetzesbegründung § 60g II UrhG ausdrücklich als Ausnahme zur Grundregel des § 60g I UrhG ansieht,[1475] was für verschiedene Rechtsfolgen spricht, schlägt dieser Argumentationsstrang nunmehr fehl. Das folgt aus einem Umkehrschluss. Anders als bei § 60g II UrhG[1476] findet sich in der Gesetzesbegründung keine Aussage dazu, dass die Folge von nach § 60g I UrhG zulässigen Verträgen das *ausschließliche* Bestehen von vertraglichen Ansprüchen sein soll. Es findet sich nur die allgemeine Aussage wieder, dass „Grundlage des Entgelts für die Nutzung (...) dann der Lizenzvertrag“[1477] ist. Das kann aber gleichfalls lediglich bedeuten, dass Grundlage des Entgelts für die vertraglich erlaubte Nutzung der Lizenzvertrag ist, ohne eine Aussage über das Entgelt für die nach wie vor gesetzlich erlaubte Nutzung zu treffen. Angesichts dieser juristischen Differenzierung bleibt der Gesetzgeberwille undurchsichtig. Vielmehr ist der Wille

---

1471 So *Jani*, in: *Wandtke/Bullinger*, UrhR, § 60g, Rn. 4; *A. Nordemann*, in: *Fromm/Nordemann*, UrhR, § 60g, Rn. 2.

1472 So *Berger*, GRUR 2017, 953, 955.

1473 Ebenso *Schack*, Urheberrecht, Rn. 576g. Darauf weisen selbst Vertreter der Ansicht, dass die vertraglichen Ansprüche vorrangig sind, hin, vgl. *de la Durantaye*, GRUR 2017, 558, 563.

1474 Vgl. H II 2.

1475 BT-Drs. 18/12329, S. 45.

1476 Siehe BT-Drs. 12329, S. 46.

1477 BT-Drs. 18/12329, S. 45.

dahingehend konkretisiert, dass die Stärkung der Stellung der Urheber ausdrückliches Ziel der Reform ist.[1478] Das wiederum ist nur mit gesetzlichen Ansprüchen effektiv zu gewährleisten. Statt einer zwingenden Beteiligung würden die Urheber sonst auf das Urhebervertragsrecht verwiesen werden. Einzelne markmächtige Autoren würden sicherlich eine Verhandlungsmacht innehaben, die ihnen das Aushandeln angemessener Beteiligungsregeln ermöglicht. Die große Mehrheit der Autoren, die bislang zu gleichen Teilen durch das System der pauschalen Ausschüttung durch die *VG Wort* vergütet wird, würde bei vorrangigen Vergütungsabreden für gesetzlich erlaubte Handlungen geringfügiger beteiligt werden. Gerade im Wissenschaftsbereich ist es Usus, dass Autoren keine Vergütung erhalten.[1479] Ihr Benefit aus der Rechteeinräumung besteht darin, dass der Verlag ihr Werk sichtbar macht. Die gesetzlichen Vergütungsansprüche stellen daher regelmäßig die einzigen Einnahmen der Autoren aus der Verwertung ihrer Werke dar. Dem Gesetzgeberwillen müsste es folglich am ehesten entsprechen, die Vergütungsansprüche unangetastet bestehen zu lassen. Nur mit dem hier vertretenen Verständnis der parallelen Wirksamkeit des Vertrags und des Gesetzes, woraus die parallele Wirksamkeit des vertraglichen und des gesetzlichen Vergütungsanspruchs folgt, kann vermieden werden, dass sich die Gesetzesbegründung als unwahrhaftig enttarnt, wenn sie behauptet, dass der Urheber für jede Nutzung im Bereich der gesetzlichen Schranken des Unterabschnitts 4 eine angemessene Vergütung erhält und zwar selbst dort, wo das Unionsrecht eine solche nicht zwingend verlangt.[1480] Nach jedem anderen Verständnis wäre der gesetzliche Vergütungsanspruch in einer Konstellation doch wieder disponibel, wie die dargestellten Literaturansichten belegen.

Letztendlich ergibt sich mit Blick auf die Interessenlage folgendes Bild unter der Annahme des Bestehens des gesetzlichen Anspruchs: Dem derivativen Rechteinhaber entstehen dadurch keine Nachteile. Vielmehr besteht nach dem subjektiven Zustimmungsmodell des § 27a I VGG sogar die Möglichkeit, dass der Urheber darin zustimmt, dass der Verleger an den Einnahmen aus den dem Urheber zustehenden gesetzlichen Vergütungsansprüchen beteiligt wird. Der Verleger hat also die Möglichkeit, für gesetzlich bereits erlaubte Handlungen Lizenzeinnahmen zu erzielen und daneben noch an den Einnahmen des Urhebers gemäß § 27a I VGG beteiligt zu werden. Er verdient folglich doppelt.

Während das parallele Bestehen von gesetzlichen und vertraglichen Ansprüchen vor allem den Verlegern nutzt, ist der Nutzer indessen zur doppelten Zahlung verpflichtet. Dennoch sollten die Bildungseinrichtungen nicht im fiskalischen Interesse von der gesetzlichen Zahlungspflicht freigestellt werden. Nur in bestimmten Sonderfällen müssen die Urheber im Rahmen der Sozialbindung

---

1478 BT-Drs. 18/12329, S. 22.

1479 Vgl. *de la Durantaye*, GRUR 2017, 558, 563.

1480 BT-Drs. 18/12329, S. 22.

eine zustimmungs- und zugleich vergütungsfreie Nutzungsprivilegierung akzeptieren.[1481] In allen anderen Fällen gilt die Aussage: „Bildung gibt es nicht zum Nulltarif, erst recht nicht in einer alle Lebensbereiche erfassenden Mediengesellschaft."[1482] Wenn die Einrichtung weniger Ausgaben tätigen möchte, muss sie in der Konsequenz wie jede andere Privatperson weniger nutzen. Weiterhin steht es ihr offen, keine Verträge abzuschließen. Dann bekommt sie kein besseres Verlagsprodukt, muss aber indes keine vertraglichen Ansprüche befriedigen. Das konkrete Verhalten steht ihr frei. Gleichwohl sollten Staatseinrichtungen in dieser Hinsicht angesichts der Bedeutung der Eigentumsfreiheit den marktwirtschaftlichen Regeln und damit Zahlungsverpflichtungen gleichermaßen unterworfen sein. Für welches Nutzungsverhalten sie sich konkret entscheiden, ist in einer Demokratie der öffentlichen Kontrolle und Bewertung sowie dem Meinungskampf zugänglich. Es ist eine politische Entscheidung, wie viel Geld der Staat bereit ist, für Bildungszwecke unter Anerkennung berechtigter Eigentumsinteressen zu investieren.

Von den weiterhin bestehenden gesetzlichen Vergütungsansprüchen würden insbesondere die originären Rechteinhaber profitieren. Sie kommen in den zwingenden Genuss einer Vergütung, wie sie § 60h I UrhG grundsätzlich festlegt. Ansonsten wären sie auf das Urhebervertragsrecht verwiesen. Wenn durch den Vertragsschluss des Verwerters mit dem Nutzer kein gesetzlicher Anspruch des Urhebers mehr bestehen würde, erscheint es sehr fraglich, ob der Urheber als strukturell unterlegene Person vertragliche Regelungen mit seinem Verwerter erwirken kann, die ihm die angemessene Beteiligung rechtsgeschäftlich gewähren. Verwertungsgesellschaftspflichtige Ansprüche aus dem Gesetz lassen ihm alle Vorteile der kollektiven Rechtewahrnehmung zuteilwerden.[1483] Für die Urheber hat sich die Verwertungsgesellschaftspflichtigkeit der Vergütungsansprüche in der Vergangenheit dadurch bewährt, dass sie mit der zwingenden finanziellen Beteiligung am Vergütungsaufkommen der Verwertungsgesellschaft einhergeht.[1484] Diese Garantie können Individualverträge zwischen Verwertern und Urhebern nicht aufweisen. Dass der Urheber hingegen eine angemessene Vergütung erhält, war dem Gesetzgeber sogar in Bereichen wichtig, in denen das Unionsrecht eine solche nicht zwingend verlangt.[1485] Mit dem vorgeschlagenen Auslegungsergebnis kann folglich ein gesetzgeberisches Ziel verwirklicht werden. Der Gesetzgeber wollte mit § 60h I UrhG dem Urheber Ansprüche als Ausgleich zuweisen.[1486] Das

1481 BVerfG NJW 1971, 2163, 2164.

1482 Diese zustimmungswerte Erwartungshaltung an den Gesetzgeber formulierte *Schack*, ZUM 2017, 802, 808 bereits während des Gesetzgebungsprozesses zum UrhWissG.

1483 Siehe zu den Vor- und Nachteilen verwertungsgesellschaftspflichtiger Ansprüche *Plate*, Die Verwertungsgesellschaftspflicht, S. 201 ff.

1484 *Pflüger*, Gerechter Ausgleich und angemessene Vergütung, S. 89.

1485 BT-Drs. 18/12329, S. 22.

1486 Vgl. BT-Drs. 18/12329, S. 22.

Bedürfnis nach Ausgleich besteht, weil die vertraglichen Vermarktungsmöglichkeiten des Urhebers von Anfang an um die gesetzlich erlaubten Nutzungen reduziert sind. Mit dem Ausgleich wird dem verfassungsrechtlichen Gebot Genüge getan, den vermögenswerten Gehalt des Urheberrechts dem Urheber zuzuordnen.[1487] Der angemessenen Beteiligung des Urhebers kommt also eine verfassungsrechtliche Bedeutung zu. Diese erfordert es, § 60h I UrhG verfassungskonform dahingehend zu verstehen, dass seine Anwendbarkeit nur angesichts schwerwiegender Argumente verneint werden kann. Das stützt vorgenommenes Auslegungsergebnis.

Die Interessenlage lässt also das Ergebnis zu, dass den beteiligten Interessen unter gegenseitiger Abwägung am effektivsten Genüge getan wird, wenn man das parallele Bestehen von vertraglichen und gesetzlichen Ansprüchen annimmt. Das fiskalische Interesse des zur doppelten Zahlung verpflichteten Nutzers ist als geringer als das berechtigte Interesse des Urhebers an angemessener Beteiligung einzustufen. Den Urheberinteressen kommt Verfassungsrang zu.

dd) Ergebnis

Im Ergebnis kann ein Vorrang des vertraglichen Vergütungsanspruchs im UrhWissG entgegen der herrschenden Literaturansicht nicht überzeugen. Die Rechtsprechung des EuGH eingebettet in das systematische Verständnis von § 60g I UrhG, die Gesetzesbegründung des UrhWissG, der Grundsatz des § 60h I UrhG und insbesondere die Interessenlage unter Berücksichtigung verfassungsrechtlicher Wertungen sprechen gegen ein solches Auslegungsergebnis. Der gesetzliche Anspruch besteht ungeachtet des Entstehens des vertraglichen Anspruchs weiterhin,[1488] weshalb der Nutzer im Fall des Vertragsschlusses zur doppelten Zahlung (vertraglich und gesetzlich) verpflichtet ist. Das ist die Konsequenz aus der Auslegung von § 60g I UrhG, dem das zweite Schrankenmodell des EuGH zugrunde liegt. Das Urheberrecht sollte ungeachtet der Bedürfnisse der modernen Umwelt nicht so verstanden werden, dass es eine Schwächung der Rechtsstellung der Kreativen bewirkt.

IV Gesamtergebnis

Das Wesen der Schranken ist nur in einer Zusammenschau mit den Vergütungsansprüchen zu fassen. Deren Anwendbarkeit wiederum ist die Folge des Verständnisses der Schrankenprivilegierung. Somit hat der EuGH mit seiner Rechtsprechung zu den Schrankenmodellen nicht nur das Schrankenverständnis grundlegend geprägt, sondern zugleich wertvolle Hinweise zur Anwendbarkeit der gesetzlichen Vergütungsansprüche gegeben. Der Wechsel vom zweiten auf das dritte Modell verursacht mit dem Vorrang der Nutzungsvereinbarung zugleich den Vorrang des

---

1487 Vgl. BVerfG GRUR 1972, 481, 483 – Kirchen- und Schulgebrauch.

1488 a.A. *Anton*, in: *Spindler/Schuster*, UrhG, § 60g, Rn. 4.

vertraglichen Vergütungsanspruchs. Damit kann ausschließlich auf vertraglicher Grundlage genutzt und vergütet werden. Das zweite Modell hingegen hält das traditionelle Schrankenverständnis aufrecht, nachdem die Schrankentatbestände nicht vertraglich modifiziert werden können. Wenn die gesetzliche Erlaubnis urheberrechtlich zwingendes Recht ist, können die damit zusammenhängenden gesetzlichen Vergütungsansprüche gleichfalls nicht ausgeschlossen werden.

Zu fragen war somit, welches Verständnis § 60g UrhG für die Schranken des UrhWissG anordnet. Das beruht auf einer Auslegung von § 60g UrhG, die folgendes Resultat erzielt hat. Vertragsangebote sind ohne Auswirkung auf die Anwendbarkeit von Schrankenregelungen. Von § 60g II UrhG näher bezeichneten vertraglichen Vereinbarungen kommt jedoch unabhängig von den inhaltlichen Eigenschaften des Vertrags Vorrang vor den gesetzlichen Nutzungserlaubnissen zu. Ist ein solcher Vertrag geschlossen worden, ist ausschließlich nach dessen Maßgabe an den Vertragspartner zu vergüten. Der Anspruch gemäß § 60h I UrhG ist ausgeschlossen.

Anders stellt sich das Bild bei vertraglichen Vereinbarungen iSv § 60g I UrhG da. Solche sind schuldrechtlich wirksam, aber verdrängen die urheberrechtliche Anwendbarkeit der Schrankenbestimmung nicht. Vertrag und gesetzliche Privilegierung bestehen auf den Ebenen des Schuld- und des Urheberrechts nebeneinander und wirken folglich innerhalb anderer Rechtsbeziehungen. Allerdings existiert im UrhWissG die Besonderheit, dass die Rechtsbeziehungen verknüpft sind. Beschränkt oder untersagt die Einigung den Umfang der gesetzlichen Nutzungserlaubnis zum Nachteil des Nutzers, bestehen Einreden des Nutzers aus dem Gesetz gegen Ansprüche aus dem Vertrag. Das begreift Einreden gegen Vergütungsansprüche ein. Folglich kommen § 60g I UrhG zwei Funktionen zu. Die Regelung soll einerseits die schuldrechtliche Zulässigkeit von Vereinbarungen betonen und andererseits eine Einrede gegen Ansprüche aus ebenjenen Verträgen begründen. Die urheberrechtliche Rechtslage bleibt demgemäß unberührt.

Mithin liegt § 60g I UrhG im Gegensatz zu § 60g II UrhG das zweite Modell des EuGH zugrunde. Aus dem zwingenden Charakter der urheberrechtlichen Schranke resultiert die zwingende Anwendbarkeit des gesetzlichen Vergütungsanspruchs des Urhebers. Infolge der daneben stehenden schuldrechtlichen Ebene besteht zugleich der vertragliche Vergütungsanspruch des Rechteinhabers als Vertragspartner. Somit soll § 60g I UrhG der ökonomischen Situation der Rechteinhaber und der Kreativen zugleich zuträglich sein. Der Nutzer ist durch den Vertragsschluss zur zweifachen Zahlung, einer urheberrechtlichen und einer schuldrechtlichen Vergütung, verpflichtet. Ob die Norm allerdings tatsächlich als gewinnbringend gewertet werden kann, wird die Quintessenz einer noch vorzunehmenden Beurteilung sein.

I Vor- und Nachteile des § 60g UrhG zugrunde gelegten Schrankenverständnisses

§ 60g UrhG ist ausführlich ausgelegt worden. Doch wie ist dieses Auslegungsergebnis zu werten? Wie ist sich dazu rechtspolitisch zu positionieren? Über die bloße Auslegung hinaus soll im Verlauf der Untersuchung das Auslegungsergebnis Gegenstand einer eigenen Stellungnahme werden (Teil K). Doch dafür sollen zuerst die Für- und Gegenargumente eines Vertragsvorrangs nach § 60g II UrhG (I) sowie anschließend die einer schuldrechtlichen Nutzungsvereinbarung gemäß § 60g I UrhG (II) aufgezeigt werden, die es abzuwägen gilt. Die nachfolgende Stellungnahme will eine erste Positionierung zu zwei Argumenten wagen und einen diesbezüglichen Reformvorschlag unterbreiten. Es ist zu hoffen, dass die Diskussion über die Vor- und Nachteile des Vorbehalts die zukünftige Reformdebatte des Urheberrechts mitzuprägen vermag.

I Vor- und Nachteile eines Vertragsvorbehalts wie nach § 60g II UrhG

Der Vertragsvorrang nach § 60g II UrhG und der daraus folgende Vorrang des vertraglichen Vergütungsanspruchs werfen grundlegende Fragen auf. Die damit einhergehende dogmatische Diskussion ist bereits durchgeführt worden, sodass sich nunmehr ausschließlich den praktischen Auswirkungen auf tatsächlicher Ebene zugewendet werden kann. Denn es bestehen gewichtige rechtspolitische Argumente für und gegen einen Vertragsvorbehalt. Diese sollen nachfolgend ausführlich aufgezeigt werden. Zutreffend formuliert *Dreier* als dahinterstehende grundlegende Frage, „ob der Optimierung des Verhältnisses von Anreizen zur Schaffung von Werken zum einen und der Eröffnung von Zugangs- und Nutzungsmöglichkeiten der Nutzer zum anderen besser gedient ist, wenn der Gesetzgeber diese Grenzen festlegt, oder ob die diesbezügliche Entscheidung nicht besser dem Markt und mithin der vertraglichen Ausgestaltung überlassen bleiben sollte."[1489] Folglich wird im Rahmen der Diskussion um den Vorbehalt letztlich überlegt, welche Argumente dafür und dagegen streiten, dass der Gesetzgeber oder Vertragsparteien die Grenzen des Ausschließlichkeitsrechts festlegen. Die diesbezügliche Entscheidung über die Liberalisierung des Urheberrechtsgesetzes wird prägend für die weitere Entwicklung des Rechtsgebiets sein.

1489 *Dreier*, in: *Dreier/Schulze*, UrhG, § 60g, Rn. 1.

1. Argumente für einen Vertragsvorbehalt

Für einen Vorbehalt des Vertrags sprechen überwiegend marktwirtschaftliche Gründe (a). Es gibt zusätzlich noch Bereiche, in denen eine Vergütung nicht angestrebt wird oder unangemessen erscheint (b). Jene Gründe sollen sodann gezeigt werden.

a) Ökonomische Argumente

Im Mittelpunkt der Vorteile des Vorbehalts stehen die Grundlagen unserer Privatwirtschaftsordnung. Erst die eigentumsrechtliche Zuordnung macht ein Gut handelbar, sodass das Bestehen eines Ausschließlichkeitsrechts mit der einhergehenden Möglichkeit zur Lizenzierung die Grundannahme der Rechteverwertung ist. Folglich stellen gesetzliche Erlaubnistatbestände aus wirtschaftlicher (nicht dogmatischer!) Sicht eine Ausnahme dar, die ökonomisch rechtfertigungsbedürftig ist. Die Vorteile einer vertraglichen Zugangsgewährung können auf Nutzungen übertragen werden, die bisher gesetzlich erlaubt sind. Im Detail stellen sich jene marktwirtschaftlichen Aspekte wie folgt dar.

aa) Selbstorganisation zu Marktbedingungen

Zum virtuellen Markt ist vorab anzumerken, dass die wirtschaftliche Verwertung von Werken durch die Kulturindustrie ein Ausmaß erzielt, das es in der Menschheitsgeschichte zuvor nicht gegeben hat. Das erfordert eine Anpassung des Urheberrechts an den virtuellen Markt, sodass eine marktorientierte Verwertung ermöglicht wird.[1490] Andernfalls kann diese ökonomische Chance nicht ausgeschöpft werden. Verwerter müssen gefördert werden, damit ihnen das Kapital zufließt, diesen Markt weiter auszubilden, sodass er sein maximales Potential entfalten kann. Hierbei sollten deutsche Unternehmen keinen rechtlichen Nachteilen im internationalen Vergleich unterliegen. Der Vertragsvorbehalt fördert in dem Sinn die marktorientierte Verwertung. Denn ein ganz großer Vorteil von Vorrangregelungen besteht darin, dass den Parteien die Chance zur Selbstorganisation des Werkzugangs zu Marktbedingungen gewährt wird.[1491] Die eigenständige Vermarktung von Werken wird weniger stark behindert, als es bei gesetzlichen Nutzungserlaubnissen der Fall wäre, die der Disposition der Parteien entzogen sind. Die Parteien erhalten die Möglichkeit, unabhängig von der gesetzlichen Erlaubnis nach ihrem Willen wirtschaftlich tätig zu sein. Das entspricht grundlegenden Gedanken unserer Wirtschaftsordnung, die im Grundsatz vorsieht, dass der

---

1490 Vgl. zur Anpassung des Urheberrechts an die marktorientierte Verwertung im technologischen Zeitalter *Wandtke*, in: *Becker*, FS Rehbinder, S. 389, 396 ff.

1491 So schon zu § 53a UrhG aF *Jani*, in: *Wandtke/Bullinger*, UrhR, 4. Auflage, § 53a, Rn. 37.

Bildungsmarkt privatwirtschaftlich versorgt wird. Nur wenn die Regulierung des Werkzugangs staatlicher Entscheidungshoheit entzogen ist, ist die Voraussetzung für eine Marktgerechtigkeit geschaffen. Den anbietenden Rechteinhabern wird ein Markt unterbreitet, den sie im freien Wettbewerb untereinander ausgestalten können. Infolgedessen werden sich Produkte und Zugangsmöglichkeiten zwangsläufig markt- und bedarfsorientiert ausrichten. Einer staatlichen Festlegung der Nutzungserlaubnis bedarf es dabei nicht, um ein strukturelles Machtungleichgewicht auszugleichen. Die Wissenschaftsschranken richten sich an privilegierte Institutionen, nicht an einzelne Endnutzer. Diese sind in der Verhandlungsposition, den Rechteinhabern auf Augenhöhe zu begegnen.

Wenn der Werkzugang auf Lizenzbasis ermöglicht worden ist, könnte man annehmen, dass es an einer Rechtfertigung für die Anwendbarkeit der Schranken fehle.[1492] So formuliert beispielsweise Erwägungsgrund 14 InfoSoc als Richtlinienziel, das „Lernen und kulturelle Aktivitäten durch den Schutz von Werken und sonstigen Schutzgegenständen zu fördern; hierbei müssen allerdings Ausnahmen oder Beschränkungen im öffentlichen Interesse für den Bereich Ausbildung und Unterricht vorgesehen werden."[1493] Wenn der Rechteinhaber einen Werkzugang unter Marktbedingungen anbietet und der Nutzer aus dem Bereich Ausbildung und Unterricht das Angebot annehmen möchte, stellt sich die Frage, warum dann noch Ausnahmen oder Beschränkungen vorgesehen werden *müssen*. Wo liegt das öffentliche Interesse daran, wenn der Werkzugang und die Werknutzung sichergestellt sind? Hierbei können sich die Rechteinhaber auf Art. 5 V InfoSoc berufen. Der in der Vorschrift niedergelegte Dreistufentest dient als Schranken-Schranke.[1494] Er beschränkt die Ausgestaltungsfreiheit der Schranken dahingehend, dass sie die „berechtigten Interessen des Rechtsinhabers nicht ungebührlich" verletzen. Das berechtigte wirtschaftliche Interesse der Verwerter liegt im Abschluss lukrativer Verträge. Dieses könnte ungebührlich verletzt sein, wenn zugunsten des Nutzers eine Schranke greift, obwohl er aufgrund lizenzrechtlicher Zugangsmöglichkeiten gar nicht auf eine Privilegierung angewiesen ist, um Zugang zu erhalten.[1495] Der Vertragsvorbehalt ermöglicht also die Selbstorganisation zu Marktbedingungen, wodurch das Bedürfnis des Nutzers nach Werkzugang auf der Grundlage einer gesetzlichen Nutzungserlaubnis entfällt.

bb) Marktgerechte Zahlungsströme

Als weiteren Vorteil der Subsidiarität des Gesetzes kann man die Auswirkungen auf die Vergütung sehen. Wenn nur noch nach der Lizenzvereinbarung an den

---

1492 Dieser Ansicht schließt sich BGH GRUR 2013, 503, 505, Rn. 18 – Elektronische Leseplätze an.

1493 Erwägungsgrund 14 InfoSoc.

1494 Vgl. *v. Welser*, in: *Wandtke/Bullinger*, UrhR, § 44a, Rn. 22.

1495 So *Schack*, ZUM 2016, 266, 281.

Vertragspartner zu vergüten ist, entfällt der Vergütungsanspruch gegen die Institutionen als Anspruchsgegner, § 60h V 1 UrhG.[1496] Eine doppelte Inanspruchnahme nach Urheber- und nach Schuldrecht scheidet aus. Infolgedessen spart der Staat Ausgaben. Das könnte man als sachgerecht erachten, weil der Lebensunterhalt und die Forschung des Großteils der Lehrenden und Forschenden mit öffentlichen Mitteln finanziert werden. Aufgrund dieser Absicherung tragen sie kein wirtschaftliches Risiko und sind somit nicht vergleichbar zu freien Urhebern auf den Schutz des Urheberrechts angewiesen.

Für den Verwerter entsteht der Vorteil, dass er als Vertragspartner am Vergütungsaufkommen zu Marktbedingungen beteiligt wird. Ungeachtet der wirtschaftlichen Not vieler Verlage[1497] war es ihnen ohne Vertragsschluss nach damaliger Rechtslage sonst nicht möglich, für gesetzlich erlaubte Nutzungen Erlöse zu erzielen.[1498] An der angemessenen Vergütung wurden sie nicht beteiligt. Ohne Berücksichtigung der Investition des Verlags erhält dieser also keine Vergütung oder sonstige Kompensation und das unabhängig von der qualitativen und quantitativen Reichweite der Schrankenbestimmungen. Eine Ausnahme dazu stellte nur § 27a VGG dar. Jedoch muss der Urheber keine Zustimmung im diesbezüglichen Sinn erklären. Selbst wenn der Urheber in die Beteiligung des Verlags zustimmt, wird diese eher gering ausfallen. Der Grund liegt darin, dass § 60h III 1 UrhG auf eine werk- oder nutzungsbezogene Vergütung verzichtet. Folglich werden nur pauschale Summen berechnet, die sich nicht an der Beliebtheit oder Nachfrage des Verlagsprodukts orientieren. Das widerspricht marktwirtschaftlichen Prinzipien und der Marktgerechtigkeit. Die Erlöse des Verlags sind nicht dann am höchsten, wenn er ein qualitatives und nachgefragtes Produkt auf den Markt bringt, das vielfach genutzt wird und einen Mehrwert für die Gesellschaft darstellt. Seine Beteiligung an den pauschalen Einnahmen richtet sich nach der bloßen Quantität. So bestehen keine Anreize, ein innovatives Produkt zu schaffen, was zur Wohlstandsförderung beitragen würde.[1499] In dem Geist geht Erwägungsgrund 45 InfoSoc ebenfalls davon aus, dass Ausnahmen und Beschränkungen vertraglichen Beziehungen zur Sicherstellung eines gerechten Ausgleichs für die Rechtsinhaber nicht entgegenstehen sollen. Der europäische Gesetzgeber war demgemäß bestrebt, die Stellung von vertraglichen Vereinbarungen gegenüber Schrankenregelungen zu stärken, um den Anspruch auf gerechten Ausgleich für die Rechteinhaber sicherzustellen.

Die Priorisierung ökonomischer Verwerterinteressen ist eine Tendenz im Urheberrecht, der sich der BGH angeschlossen hat. Mit Blick auf die Schranken des Urheberrechts spricht er wortwörtlich vom „Grundsatz des Vorrangs vertraglicher

---

1496 Siehe zu dieser Rechtsfolge des Vertragsvorbehalts bereits unter H II 2.

1497 Ausführliche Darstellung dessen unter K I 3.

1498 Vgl. zur Rechtslage bezüglich der Verlegerbeteiligung zum Zeitpunkt der Einführung des UrhWissG B II 5.

1499 *J.B. Nordemann*, NJW 2017, 1586, 1586 f.

Beziehungen“[1500]. Grade im Bereich von Forschung und Wissenschaft sind die Beteiligungsinteressen der Verlage höher einzuschätzen als die der Kreativen. Diese forschen zumeist finanziell abgesichert in öffentlich-rechtlichen Arbeitsverhältnissen oder mit öffentlichen Forschungsmitteln und bedürfen daher keiner weiteren monetären Unterstützung. Ihre Motivation liegt im Erkenntnisgewinn, in der Suche nach der Wahrheit, in der Verbreitung und Mehrung von Wissen oder in der eigenen Reputation. Für die intrinsischen Motive sind sie auf die Verlage angewiesen. Nur die können ihre Arbeit effektiv sichtbar machen. Als Gegenleistung bedarf der Verlag eines finanziellen Anreizes.

Die Urheber werden in dem zitierten Erwägungsgrund nicht erwähnt. Dennoch kann aus marktwirtschaftlicher Sicht ein Vertragsvorbehalt für sie günstiger sein. Sie sind genauso betroffen von den nutzungsunabhängigen Berechnungen. Nach einer repräsentativen Stichprobe wird geschätzt, wie viele Werke wie oft genutzt werden. Die *VG Wort* verfügt über keine Werkdatenbanken. Das Ergebnis ist, dass alle bei der *VG Wort* gemeldeten Ausschüttungsberechtigten einen gleichen Anteil an der Pauschalsumme erhalten.[1501] Die Unabhängigkeit von der tatsächlichen Nachfrage reicht soweit, dass das sogar dann gilt, wenn das Werk des bei der *VG Wort* gemeldeten Autors in keinem einzigen Fall tatsächlich auf gesetzlicher Grundlage genutzt worden ist. Es entfallen demnach die monetären Anreize, ein qualitatives Werk mit prägnanten Inhalt zu schöpfen. Die Ausschüttung an den Urheber wird dann größer, wenn die individuelle Länge der einzelnen Werke und deren Quantität steigen. Entgegen marktwirtschaftlichen Prinzipen steigen die Erlöse des Kreativen nicht, wenn sich sein Werk größerer Beliebtheit am Markt erfreut. Bei subsidiären Schranken könnte eine nutzungsabhängige Vergütung zwischen dem Rechteinhaber und dem Schrankenprivilegierten vereinbart werden. Im Lizenzvertrag zwischen dem Urheber und dem Rechteinhaber könnte eine marktgerechte Beteiligung des Kreativen festgelegt werden. Da die Verlage untereinander im Wettbewerb stehen, würde der Konkurrenzdruck dazu führen, dem Urheber möglichst lukrative Angebote zu unterbreiten. Urheber, deren Werke sich am Markt großer Nachfrage erfreuen, würden der wirtschaftlichen Bedeutung ihrer Schöpfung entsprechend vergütet werden. Das Urhebervertragsrecht würde insbesondere aufgrund der §§ 32, 32a UrhG dazu führen, dass selbst die am Markt weniger nachgefragten Urheber, die dementsprechend über weniger Verhandlungsmacht verfügen, gleichsam angemessen beteiligt werden. Denn dazu sind die Verwerter im Gegenzug für die Einräumung von Nutzungsrechten gesetzlich verpflichtet. Andernfalls kann der Urheber die Einwilligung in die Änderung

1500 BGH GRUR 2013, 503, 505, Rn. 18 – Elektronische Leseplätze.

1501 *Börsenverein des Deutschen Buchhandels*, Stellungnahme zum RefE, S. 10 kritisiert dies als „Gießkannenprinzip“. Dieser Begriff ist in der Literatur übernommen worden, vgl. *de la Durantaye*, GRUR 2017, 558, 566; *A. Nordemann*, in: *Fromm/ Nordemann*, UrhR, Vor § 60a ff., Rn. 5.

des Vertrags verlangen. Eine solche Konstruktion wäre möglich, wären Schranken subsidiär. So garantiert das Urhebervertragsrecht die Funktion des Urheberrechts nach § 11 S. 2 UrhG, dem Urheber zur Sicherung einer angemessenen Vergütung für die Nutzung seiner Werke zu dienen.

Der Vertragsvorbehalt führt mithin zu marktgerechten Zahlungsströmen, die um die Prinzipien des Urhebervertragsrechts ergänzt werden. So wird der wirtschaftliche Erfolg eines Werks beziehungsweise Produkts durch die Höhe der Erlöse der Urheber und der Verwerter repräsentiert, die bei einem Vorrang der Schranken genauso viele Einnahmen durch gesetzlich erlaubte Nutzungen erzielt hätten, wie wenn die Nachfrage ausgeblieben wäre.

cc) Senkung der Primärmarktrelevanz

Umso größer der Umfang der möglichen Lizenzerteilung ist, umso größer sind die wirtschaftlichen Verwertungsmöglichkeiten. Davon profitieren die Rechteinhaber, die mit vertraglich vereinbarten Lizenzgebühren höhere Einnahmen erzielen können. Sie können sich dabei auf die Garantie des Eigentums nach Art. 14 GG berufen. Denn die mit dem Urheberrecht verbundenen ausschließlichen Nutzungsrechte sind mit ihren wirtschaftlichen Verwertungsmöglichkeiten ebenfalls Eigentum iSv Art. 14 GG.[1502] Wie bei allen Freiheitsrechten steht dabei die eigene Verantwortung im Vordergrund.[1503] Den Rechteinhabern obliegt es, nach ihrer eigenen Überzeugung darüber zu verfügen, was ihnen grundsätzlich zugeordnet ist. Die Bedeutung dieses zentralen Grundrechts sowie die Leistung der Urheber und Verwerter dürfen nicht entwertet werden. Ansonsten können die Verlage ihr qualitativ hochwertiges und vielfältiges Angebot nicht mehr beibehalten. Die Bandbreite und Unabhängigkeit der Verlagslandschaft droht zu erodieren. Das Ergebnis wäre eine qualitative und quantitative Einschränkung der professionellen Werke und Materialien in der gesamten Literatur, von Fachbüchern- und -zeitschriften über Lehr- und Schulbücher bis hin zur Wissenschaftsliteratur.[1504]

Letztlich sind insbesondere kleine und mittlere Verlage angesichts ihrer wirtschaftlichen Lage existenziell auf Vergütungen ebenso im Bereich von Schrankenprivilegierungen angewiesen. Bei den Schranken im Bildungs- und Wissenschaftsbereich ist die Primärmarktrelevanz regelmäßig besonders hoch. Als Beispiel dient § 60a UrhG. Nach § 60a III Nr. 2 UrhG besteht eine Bereichsausnahme für Bücher, die ausschließlich für den Unterricht an Schulen geeignet, bestimmt und entsprechend gekennzeichnet sind. Diese Regelung soll den

1502 stRspr, vgl. BVerfG NJW 2003, 1655, 1656 mwN. – Urheberrechtlicher Schadensersatzprozess.

1503 Vgl. für das Urheberrecht BVerfG GRUR 1972, 481, 483 – Kirchen- und Schulgebrauch.

1504 Darauf versuchen Interessenvertreter seit längerem vehement medial aufmerksam zu machen, vgl. *Initiative „Publikationsfreiheit für bessere Bildung"*, Der Appell.

Primärmarkt für Schulbücher sichern.[1505] Nicht erfasst werden Lehrbücher für andere Institutionen wie beispielsweise Hochschulen. Der Gesetzgeber begründet die Bereichsausnahme damit, dass Schulbücher aufgrund der föderalen Struktur nur einen sehr kleinen Primärmarkt von wenigen Exemplaren pro Land, Fach, Klassenstufe und Schulform haben.[1506] Ohne Bereichsausnahme fürchtet er, dass sich die Buchqualität verschlechtert, die Angebote mangels Refinanzierbarkeit reduziert werden oder die Preise erhöht werden, was zu vermehrten Kosten für Eltern führt.[1507] Im Schulbereich spielen Schranken daher keine größere Rolle, während im Hochschulbereich vielfältige Nutzungen wie das Einstellen von Literatur in digitale Semesterapparate auf gesetzlicher Grundlage erfolgen. Weil der Markt für Lehrbücher häufig den gesamten deutschsprachigen Raum erfasst und daneben in Forschung und Praxis Lehrbücher verwendet werden, kann man diese Differenzierung für sachgerecht halten.[1508] Nichtsdestominder wird der Primärmarkt der Lehrbuchverlage erheblich beeinträchtigt, wenn ein Universitätsprofessor seinen Studierenden alle prüfungsrelevanten Seiten eines hochwertigen, erfolgreichen, mit hohen Investitionen finanzierten Hochschullehrbuchs in einem digitalen Semesterapparat zugänglich macht, sodass für die meisten Studierenden kein Bedürfnis nach dem Erwerb des Buchs mehr besteht. Ihr Zugangsinteresse wird durch die Schrankenregelung ausreichend befriedigt. So fällt dem Verlag durch einen digitalen Semesterapparat der sonst zum Kauf des Buchs bereite Leserkreis eines gesamten Jahrgangs einer Universität bis auf wenige Ausnahmen weg, an dem der Verlag Einnahmen erzielen könnte.

Die Primärmarktrelevanz der Schranke könnte abgefangen werden, wenn der Verlag in der Lage wäre, einen vorrangigen Vertrag über die Zugänglichmachung im digitalen Semesterapparat zu schließen.[1509] Somit können Vorbehaltsklauseln verhindern, dass der Primärmarkt unzumutbar tangiert wird.[1510]

dd) Wohlfahrtsförderung durch Anreizwirkungen

Im Fall des Vertragsschlusses wüsste der Verwerter genauer über die Nachfrage Bescheid und hätte Anreize, den Nutzerwünschen entsprechende Produkte

1505 BT-Drs. 18/12329, S. 37.

1506 BT-Drs. 18/12329, S. 38.

1507 BT-Drs. 18/12329, S. 38.

1508 So *de la Durantaye*, GRUR 2017, 558, 565; *Lüft*, in: *Wandtke/Bullinger*, UrhR, § 60a, Rn. 17.

1509 *VG Wort*, Stellungnahme zum RefE, S. 5 fordert daher, dass das UrhG keinen generellen Ansatz für oder gegen einen Vorrang von Angeboten oder Verträgen anstrebt, sondern dessen Sachgerechtigkeit schrankenbezogen prüft. Je intensiver die gesetzliche Erlaubnis in den Primärmarkt der Rechteinhaber eingreife, umso eher komme ein Vorrang in Betracht.

1510 *Holzmüller/Staats*, in: *Dreier/Hilty*, FS 50 Jahre UrhG, S. 207, 217.

herzustellen. Im Vertragsverhandlungsprozess könnten die Nutzer ihre Interessen, Bedürfnisse und Wünsche eindeutig kommunizieren. Die Anreizwirkung ist nicht zu unterschätzen. Umso vielfältiger die Möglichkeiten sind, mit dem Produkt Gewinne zu erzielen, umso mehr wird der Verlag in das Verlagsprodukt investieren. Durch die Investition entstehen höherwertige Produkte. Durch die Herstellung qualitativ hochwertiger Produkte wird wiederum der Wissenschafts-, Bildungs- und Bibliotheksstandort Deutschland gefördert. Dieser Gedanke soll an einem Beispiel verdeutlicht werden. Wenn eine Bibliothek ein analoges Werk an einem elektronischen Leseplatz iSv § 60e IV UrhG zugänglich machen möchte, kann sie eine digitale Kopie nach § 60e I UrhG als Voraussetzung der Zugänglichmachung erstellen. Für dieses Ziel muss sie unter Aufwand ihrer eigenen Mittel und auf eigenen Kosten tätig werden. Für die Nutzung zahlt sie eine angemessene Vergütung nach dem Gesetz. Könnte der Verlag in diesem Bereich Lizenzvereinbarungen mit der Bibliothek treffen, würde er ihr höherwertige Digitalisate anbieten können. Ein Verlag bringt große Erfahrung und technische Möglichkeiten in der Erstellung digitaler Verlagsprodukte mit. Die Bibliothek könnte ein Interesse daran haben, zwar mit der Lizenzgebühr mehr zu zahlen, als sie gesetzlich gezahlt hätte, aber als Ausgleich ein qualitativ höherwertiges Digitalisat zu erhalten, welches sie der Öffentlichkeit in ihren Räumen zugänglich machen kann. Die Gesellschaft profitiert dann von besseren und moderneren Produkten auf dem Stand der Technik, die der Staat nur mit hohem finanziellen und zeitlichen Aufwand unter der Bindung von Ressourcen selbst erstellen könnte. In der heutigen Zeit ist das gesellschaftliche Interesse am Fortschritt in Form der Herstellung digitaler Angebote besonders hoch. Die digitale Revolution ist immer noch in einem Prozess. Zahlreiche Werke warten darauf, digitalisiert und damit dauerhaft der Nachwelt zugänglich als Archivgut in den Bestand einer öffentlichen Einrichtung aufgenommen zu werden. Der Konsum wandert immer weiter in die digitale Welt ab. Der zukünftige Erfolg von Werken wird daher nicht nur von der inhaltlichen Qualität des Werks abhängen, sondern ganz maßgeblich ebenfalls von der Qualität des digitalen Produkts auf dem virtuellen Markt. Wer soll dessen Herstellung und Weiterentwicklung bezahlen? Wer soll die hochwertige Digitalisierung analoger Bestände finanzieren? Wenn das Verlagswesen investieren soll, braucht es monetärer Anreize.

In der philosophischen Rechtfertigung des Urheberrechts finden sich utilitaristische Ansätze.[1511] Die Gedanken des Utilitarismus kommen im Vertragsvorbehalt wie im Beispiel gezeigt vollumfänglich zur Geltung. Der Rechteinhaber investiert, weil er aufgrund der Vertragsschlussmöglichkeit mehr Geld verdienen kann. Diese Investition nützt der Allgemeinheit, deren Fortschritt und Wohlfahrt somit durch den vorrangigen Vertragsschluss ebenso gefördert wird.

1511 Vgl. hierzu bereits B IV 1.

ee) Innovationsfunktion des Urheberrechts

Durch den Vorbehalt des Vertrags wird das Interesse der Verwerter gesteigert, auf neuartige Nutzungsbedürfnisse mit innovativen Produkten zu reagieren. Wenn die Produktnutzung großflächig von einer Schrankenprivilegierung abgedeckt ist, wodurch der Verwerter für vielfältige Nutzungshandlungen keine Einnahmen generieren kann und kein Wettbewerb in diesem Bereich besteht, wird er kein innovatives Produkt entwickeln. Wettbewerb ist ein wesentliches Element eines funktionierenden Markts. Über Anreize zur Digitalisierung und qualitativen Hochwertigkeit des Produkts hinaus werden also zusätzlich im utilitaristischen Sinn Anreize zur Innovation geschaffen. Das ist für den Standort Deutschland im internationalen Wettbewerb von großer Bedeutung. Die Entwicklung der Kommunikations- und Informationstechnik führt zu Veränderungen der Produktions- und Verwertungsbedingungen.[1512] Die Folge ist ein verändertes Nutzerverhalten, woran sich die Produkte und die rechtlichen Rahmenbedingungen anpassen müssen.[1513] Das gilt insbesondere für den Bereich von Wissenschaft und Forschung. Neue Forschungstechniken ermöglichen den vermehrten Gewinn von Informationen, die zur Wohlstands- und Wissensförderung beitragen. Um modern und technisch hoch entwickelt sein zu können, ist eine Industrienation wie Deutschland folglich auf ein gut ausgebautes und schnell funktionierendes Informationswesen angewiesen.[1514] In der Wissensgesellschaft sind Informationen von enormen wirtschaftlichen Wert. Um diesen ausschöpfen zu können, wird das Informationswesen die genannten Eigenschaften erreichen müssen. Das kann insbesondere dann gelingen, wenn es wirtschaftlich arbeitet. Das Ergebnis ist ein Wettbewerbsvorteil zugunsten der gesamten Gesellschaft.

Hier kommt ein bereits im Verlauf der Untersuchung thematisierter Aspekt zum Tragen. Aus dem überindividuellen Schutzzweck des Urheberrechts und der Berücksichtigung von Grundrechten Dritter folgt die Innovationsfunktion des Urheberrechts.[1515] Diese wird durch privatautonome Regelungsmöglichkeiten betont. Jedes Unternehmen will das erste am Markt sein, dass auf die neuen Nutzungsbedürfnisse reagiert, um sein Produkt zu platzieren. Die Nachfrage prägt das Angebot. Das geschieht dahingegen aber nur, wenn die rechtlichen Rahmenbedingungen es zulassen, dass die Angebotsunterbreitung rentabel sein kann. Das Angebot kann in neuen Werkarten von einer neu entstandenen Kulturindustrie in innovativen Produkten eingekleidet bestehen. Voraussetzung dieser Innovation ist jedoch Investition. Das vorrangige Vertragsrecht kann den Teilnehmern in Bereichen Märkte eröffnen, in denen zuvor ausschließlich auf gesetzlicher Grundlage genutzt worden ist. Damit ist der Motivationsgrund für die Investition geliefert. In

---

1512 *Wandtke/Grassmann*, ZUM 2006, 889, 889.

1513 *Wandtke/Grassmann*, ZUM 2006, 889, 889.

1514 *Flechsig*, ZRP 2006, 145, 147.

1515 Vgl. dazu bereits C III 4.

der Folge entsteht Wettbewerb in neuen Feldern, welcher in der Marktwirtschaft stimulierend wirkt. Das Ergebnis der Förderung der Kulturwirtschaft ist eine Förderung ihrer Produkte und damit eine Förderung der Kultur und kulturellen Vielfalt. Um dieses Ergebnis nachhaltig zu gewährleisten, darf sich das Urheberrecht nicht nur als Kulturrecht, sondern muss sich obendrein als Kulturindustrierecht verstehen.[1516] Ein Industrierecht wiederum muss einen Wettbewerb zu Marktbedingungen ermöglichen, der neue und moderne Produkte zum Vorschein bringt.

Ein gutes Beispiel für die Innovationskraft des Markts sind Online-Datenbanken. Juristische Verlage[1517] haben Datenbanken geschaffen, die in der alltäglichen Arbeit zahlreicher Juristen die Nutzung analoger Texte substituieren. Gebündelt werden in den Datenbanken Fachnachrichten, Rechtsprechung, Normen, Buch- sowie Zeitschriftentitel, Formulare, Berechnungsmodule und Arbeitshilfen. Mittels automatisierter Durchsuchung dieses Fundus anhand von Stichworten ist ein effektives Arbeiten möglich. Dabei können fachspezifische Suchkriterien wie eine bestimmte Veröffentlichungsform, ein gewisser Veröffentlichungszeitraum oder ausgewählte Gerichte verwendet werden. Die Ergebnisse sind thematisch verbunden. Über die Suche eines Urteils findet man die Urteilsbesprechungen dazu, über die Suche eines Normtexts die dazugehörige Kommentarliteratur oder über die Suche eines Aufsatzes weitere Aufsätze, in denen der erste zitiert wird. Die automatisierte Suche kann dabei auf Metadaten zurückgreifen, die mit den gespeicherten Inhalten verknüpft sind. So können die Suchergebnisse in einem Ranking dargestellt werden, das die inhaltliche Relevanz der Dokumente mit dem Suchbegriff widerspiegelt. Die Ergebnislisten präsentieren mithin Treffer, die in analogen Karteien nicht auffindbar gewesen wären. Zusätzlich kann die Suche personalisiert werden. Man kann Suchaufträge erstellen, Suchen, Trefferlisten und aufgerufene Dokumente speichern, Dokumente archivieren oder mit Anmerkungen versehen, Akten anlegen, Favoriten setzen. So wird die schnelle Wiederauffindbarkeit gewährleistet. Der Konsum erfolgt anschließend ohne zeitliche Verzögerung vom Arbeitsgerät aus, ohne den Arbeitsplatz verlassen zu müssen oder an einen bestimmten Ort gebunden zu sein. Öffentlich-rechtliche Institutionen haben bisher keine vergleichbaren Onlinelösungen entwickelt, die derart den Wissenschafts- und Bildungsstandort fördern.

1516 *Hoeren*, MMR 2000, 3, 3 begrüßt, dass das Urheberrecht „von einem Kultur- zum Industrierecht herabsinkt", und bezeichnet das idealistische Bild des kreativen Schöpfers als „schon im Moment seiner Entstehung schräg".

1517 Die Qualität von Online-Datenbanken in Wissenschaftszweigen außerhalb der Rechtswissenschaft entzieht sich der hiesigen Kenntnis. Die Verlage behaupten jedoch, in jenen „gehen die digitalen Angebote in ihrer Leistungsstärke noch weiter bzw. entwickeln sich ähnlich", *Börsenverein des Deutschen Buchhandels*, Stellungnahme zum RefE, S. 8.

Nur öffentliche Investitionen sind für die Innovations- und Wettbewerbsfähigkeit nicht ausreichend. Zugleich sollte eine Fehlallokation öffentlicher Mittel vermieden werden. Der Staat gibt zumeist kein Geld aus, das er selbst erwirtschaftet hat. In Verantwortung gegenüber dem Steuerzahler kann er nicht so risikofreudig investieren wie private Investoren. Die Innovationsfähigkeit des deutschen Bildungs- und Forschungswesens ist folglich auf private Investitionen angewiesen. Die Online-Datenbanken sind in einem Bereich entstanden, in dem der Werkzugang privatautonom über Lizenzen erfolgt. Vergleichbare Entwicklungen wären ferner in Bereichen vorstellbar, in denen die Nutzung bisher ausschließlich gesetzlich erlaubt war.

Der Vertragsvorbehalt ist somit ein Instrument, mit dem das Urheberrecht seiner Innovationsfunktion nachkommen kann. Er ermöglicht eine bessere Produktdiversifizierung und Preisdifferenzierung.

ff) Flexibilität und Offenheit unter Wahrung des angemessenen Interessenausgleichs

Schrankenbestimmungen beruhen immer auf einer Einschätzung des Gesetzgebers: Welche Nutzergruppe hat unter welchen Umständen in Abwägung gegenüber den Interessen des Rechteinhabers ein förderungswürdiges Interesse an einem zustimmungsfreien Werkzugang? Dabei kann es vorkommen, dass der Gesetzgeber sich in seiner Einschätzung geirrt hat, die Interessen im Einzelfall ausnahmsweise anders gelagert sind oder die technologische Entwicklung die Entscheidungsgrundlage überholt hat. Das war bei den Wissenschaftsschranken vor Einführung des UrhWissG der Fall. Daher stand die Kritik der fehlenden Offenheit und Flexibilität im Raum.[1518] Die Schranken werden als Abwägungsergebnis in konkreten Einzeltatbeständen ohne Auffangtatbestand aufgezählt. Sind die Schranken vorrangig, müssen Rechteinhaber und Nutzer auf ein Tätigwerden des Gesetzgebers warten. Verträge könnten ein Mittel sein, unabhängig vom Handeln des Gesetzgebers Offenheit und Flexibilität zu erzielen. Dabei müssen die Vorteile der konkreten Einzeltatbestände nicht aufgegeben werden, indem Generalklauseln mit der gleichen Zielsetzung eingeführt werden. Denn wenn der Rechteinhaber oder der Nutzer die Anwendung des Einzeltatbestands will, kann er den Vertragsschluss verweigern, wodurch die Schrankenbestimmung greift. Wenn er das nicht will, kann im Zug des Vertragsschlusses auf die Wünsche und Interessen der Parteien eingegangen werden, die dem Gesetzeber bei Schrankeneinführung unbekannt waren, die er unzutreffend eingeschätzt hat oder die im konkreten Einzelfall abweichend vom Regelfall gelagert sind.

Dabei bleibt dennoch der angemessene Ausgleich zwischen den Interessen der Parteien gewahrt, weil kein Kontrahierungszwang vorliegt. Die Parteien können selbst am besten einschätzen, welcher rechtliche Rahmen ihren Interessen am

---

1518 Vgl. bereits G I 3.

ehesten gerecht wird. In den Vertragsverhandlungen kann jede Partei ihre eigenen individuellen Interessen im konkreten Fall zum Ausdruck bringen. Diese können in einem einzelfallgerechten Kompromiss verschmolzen werden, während der Gesetzgeber nur abstrakt und generell einen Rechtsrahmen vorgeben kann. Die Nutzer können ihre Nutzungswünsche darlegen, während die Rechteinhaber Anreize zur Abgabe zugeschnittener und preislich kalkulierter Angebote erhalten.[1519]

Vertragsanpassungen ermöglichen es weiterhin, den angemessenen Interessenausgleich ungeachtet veränderten Nutzungsverhaltens zu wahren. Unter Einsatz der Digitaltechnologie ist ein Nutzungsverhalten möglich, das zu den Leitvorstellungen zur Zeit des Erlasses des UrhG wesensverschieden ist.[1520] Der erste technische Entwicklungsschritt hin zur digitalen Werknutzung war, dass digitale Träger analoge Werkexemplare ersetzt haben. Träger für Musik waren beispielsweise CDs statt Vinylplatten, für Videos DVDs statt Magnetbändern. Größer war die Veränderung mit dem Aufkommen des Internets, mit dessen Hilfe große Datenvolumina transportiert werden konnten. Durch das Herunterladen und Abspeichern konnte der Nutzer sich ein eigenes Vervielfältigungsstück herstellen und musste es nicht mehr in analoger Form erwerben. In der dritten Phase ist der stabile, physische Werkträger entfallen. Der Werkgenuss steht dem Nutzer vielfach im Wege des Streamings offen, sodass es keines aufzubewahrenden Werkexemplars mehr bedarf. Dabei ist eine temporäre Vervielfältigung unausweichlich,[1521] dennoch steht der lediglich vorübergehende Zugriff auf Daten, die beim Rechteinhaber verbleiben, nach individuellem Abruf an Ort und Zeit seiner Wahl (On-Demand) im Vordergrund. Wesentlich für den Werkgenuss im Technologiezeitalter ist demnach nicht mehr der Besitz von etwas Physischem, sondern der permanente Werkzugang.[1522] Dieses veränderte Verhalten ebnet den Weg für neue Geschäftsmodelle. Welche rechtlichen Grenzen dabei für einen angemessenen Interessenausgleich notwendig und welche Schutzrechtsgrenzen erforderlich sind, ist eine fortlaufende Diskussion, die zu weitergehenden Reformen führen wird. Der Vertragsvorbehalt würde es in einem dynamischen Prozess ermöglichen, fortwährend den Interessenausgleich mit urheberrechtlicher Wirkung zu verhandeln und die neuen Geschäftsmodelle der Verwerter urheberrechtlich durchzusetzen. Die Kritik an der alten Rechtslage hat die Gefahr aufgezeigt, dass vorrangige Schranken infolge der technologischen Entwicklung dem angemessenen Interessenausgleich sowie ihrem ursprünglichen Telos nicht mehr nachkommen können.[1523] Nach alledem

1519 *Ohly*, in: *Dreier/Hilty*, FS 50 Jahre UrhG, S. 379, 387 mit weiteren Überlegungen zu Anreizen zum Vertragsschluss.

1520 *Hilty*, GRUR 2018, 865, 866 folgend können drei Phasen der Entwicklung dargestellt werden.

1521 *Knies*, CR 2014, 140, 141; *Stieper*, MMR 2012, 12, 13.

1522 *Hilty*, GRUR 2018, 865, 866.

1523 Vgl. bereits G I 3., 4.

steht der Vertragsvorbehalt dem Risiko der verfehlten Zweckerreichung und des unangemessenen Interessenausgleichs entgegen.

Verträgen kommen mithin Vorzüge in Bezug auf Flexibilität und Offenheit zu, ohne dass der Gesetzgeber Generalklauseln einführen müsste. Zugleich bleibt der angemessene Interessenausgleich zwischen Rechteinhabern und Schrankenprivilegierten gewahrt.

gg) Gesetzgeberische Regelungsfreiheit

Die Gesetzesvorschläge haben gezeigt, dass die empfohlene Gesetzestechnik von der eigenen Interessenlage des Ratgebers geprägt ist.[1524] Der Gesetzgeber müsste durch die Einführung von Subsidiaritätsklauseln keine Stellung zur Interessenlage beziehen und könnte am Konzept der konkreten Einzeltatbestände festhalten. Dabei muss er nicht mal abschließend entscheiden, wie weit oder eng der Nutzungsumfang sein sollte, wenn er die Parteien die Antwort darauf zu Marktbedingungen selbstverantwortlich treffen ließe. Sollten die gesetzlichen Nutzungsmöglichkeiten zu weit gehen, könnten sie die Parteien ihren Bedürfnissen entsprechend reduzieren oder aufheben. Sollten sie zu knapp ausfallen, könnten sie erweitert werden. So würde der Diskussion um die Regelungstechnik Wind aus den Segeln genommen werden, weil die Parteien selbst in der Lage wären zu entscheiden, welche Formulierungstechnik sie in ihren vertraglichen Vereinbarungen wählen.

Dabei ist zu beachten, dass der BGH zwar der Privatkopie das zweite Schrankenmodell des EuGH zugrunde gelegt und sie für urheberrechtlich unabdingbar erklärt hat,[1525] aber der EuGH selbst es ausdrücklich den Mitgliedstaaten und damit den nationalen Gesetzgebern überlassen hat zu entscheiden, welches Modell sie ihren nationalen Bestimmungen zugrunde legen wollen.[1526] Das bedeutet, dass der Vorrang des Vertrags und damit Modell 3 nach der unionsrechtlichen Rechtsprechung zulässig wären und der deutsche Gesetzgeber frei wäre, zu entscheiden, welches Modell er wählt.

hh) Rechtssicherheit und -bestimmtheit

Weiterhin ist gezeigt worden, dass alle Gesetze stets mit Rechtsunsicherheiten behaftet sind.[1527] Ein weiterer Kritikpunkt an der alten Rechtslage war indes deren besonderes Maß an Unbestimmtheit und Rechtsunsicherheit.[1528] Wenn Verträge vorrangig wären, könnten die Parteien für sie unsichere Fragestellungen beispielsweise bezüglich der konkreten Nutzungsbedingungen oder der Vergütungshöhe

---

1524 Vgl. G II 2.

1525 BGH GRUR 2014, 979, 983, Rn. 45 – Drucker und Plotter III.

1526 Vgl. EuGH GRUR 2013, 812, 814, Rn. 36 ff. – VG Wort/Kyocera.

1527 Siehe bereits G IV 2.

1528 Vgl. G I 2.

besprechen und vertraglich ausräumen. Vor allem kollektive Lizenzvereinbarungen lassen in der Praxis bei allen Beteiligten Rechtssicherheit ob des Umfangs der erlaubten Nutzungen entstehen.[1529] Aufgrund der Vergütungspflichtigkeit der meisten Schranken des UrhWissG kommt es ohnehin zu Verhandlungen über einen Gesamtvertrag. Im Rahmen der Verhandlung kann außerdem die Frage der Subsidiarität einer Schranke für eine spezifische Situation erörtert werden.[1530]

Ein weiterer Vorteil von kollektiven Vereinbarungen ist, dass die Parteien die Kontroll- und Verkehrspflichten des Nutzers praxistauglich präzisieren können.[1531] So hatte beispielsweise der BGH in Bezug auf § 52b UrhG aF den Bibliotheken umfassende Kontroll- und Überwachungspflichten auferlegt, um eine unbefugte Vervielfältigung von Werken an elektronischen Leseplätzen durch den Nutzer möglichst weitgehend auszuschließen.[1532] Diese wiederum wurden als „in der Praxis kaum zu erfüllen“[1533] angesehen. Daher wurde in der Literatur auf die Entwicklung vertraglicher Lösungen gehofft.[1534]

Im Ergebnis würde der Vertragsvorbehalt die Qualität mitbringen, dass sich einige der Kritikpunkte bezüglich der alten Rechtslage wie fehlende Offenheit und Flexibilität sowie Bestimmtheit und Rechtssicherheit in Zukunft teilweise nicht mehr stellen würden.[1535] Rechtssicherheit vermeidet kosten- und zeitaufwändige Rechtsstreitigkeiten. Offenheit und Flexibilität sind wiederum in einem engen Zusammenhang mit der Innovationsfähigkeit zu sehen.

ii) Erweiterung des räumlichen Geltungsbereichs

In Bezug auf den räumlichen Geltungsanspruch bringen vertragliche Vereinbarungen einen weiteren Vorteil gegenüber Schranken mit sich. Nach dem Schutzlandprinzip bestimmt das Recht des Schutzlands den Inhalt des Urheberrechts, also welche Persönlichkeits- und Verwertungsrechte in welcher konkreten

---

1529 *Schack*, Urheberrecht, Rn. 576g bezeichnet deswegen kollektive Lizenzvereinbarungen in Bezug auf gesetzliche Schranken als „in der Praxis die beste Lösung“.

1530 Darin sieht *Ohly*, in: *Dreier/Hilty*, FS 50 Jahre UrhG, S. 379, 388, der die Förderung des private ordering durch Vertragsvorbehalte begrüßt, vgl. S. 386 f., das entscheidende Argument gegen einen Vorrang des verlagsseitigen Angebots.

1531 *Schack*, ZUM 2016, 266, 281.

1532 Siehe zu den Pflichten der Bibliotheken BGH GRUR 2015, 1101, 1106, Rn. 53 – Elektronische Leseplätze II.

1533 *Schack*, ZUM 2016, 266, 279.

1534 So beispielsweise *Stieper*, GRUR 2015, 1106, 1107.

1535 Auch *Ohly*, in: *Dreier/Hilty*, FS 50 Jahre UrhG, S. 379, 387 weist darauf hin, dass die Subsidiarität eine „Öffnung der heutigen Schrankenbestimmungen und eine Streichung einiger unklarer und wenig praxistauglicher Einschränkungen erlaubt“.

Ausgestaltung vom Rechtsschutz erfasst sind.[1536] Unter dem Recht des Schutzlands (lex loci protectionis) ist das Recht des Staats zu verstehen, für dessen Gebiet der Urheberschutz beansprucht wird.[1537] Die territoriale Beschränkung des Geltungsanspruchs des deutschen Urheberrechts umfasst nicht nur den Inhalt, sondern überdies die Schranken des Urheberrechts.[1538] Das bedeutet, dass sich ebenfalls die Voraussetzungen und Grenzen der erlaubnisfreien Nutzung nach der lex loci protectionis richten.[1539] Der diesbezügliche Grund liegt darin, dass Inhalt und Schranken des Urheberrechts ein geschlossenes Gebilde darstellen, das kollisionsrechtlich nicht auseinander gerissen werden darf.[1540]

Anders stellt sich der Geltungsbereich vertraglicher Vereinbarungen dar. Ihr Vorteil liegt darin, dass ihre Wirkung nicht territorial auf das Schutzland begrenzt ist.[1541] In Zeiten der Globalisierung werden territoriale Konzepte nicht mehr als geeignet angesehen, die Interessen und Erwartungen der Parteien angemessen zu befriedigen.[1542] Obwohl die Geltung der jeweiligen Rechtsordnung im Ansatz vorhersehbar ist, wird die Rechtssicherheit im internationalen Rechtsverkehr durch die Vielzahl von Rechtsordnungen, die Anwendung finden, geschmälert.[1543] Wenn Verträge nicht vorrangig sind, muss der Rechteinhaber bei einer Lizenzierung im Ausland stets prüfen, in welchem Umfang dort erlaubnisfreie Nutzungen zulässig sind, die er gar nicht lizenzieren kann. Das gleiche gilt, wenn er in diesem Land Urheberrechtsschutz genießt und sich gegen eine vermeintliche Verletzung

---

1536 Ausführlich dazu *Spoendlin*, UFITA 1988/I, 11, 14 ff. sowie S. 21 zu den Schranken. Das ist mittlerweile in Art. 8 I Rom II-VO niedergelegt. Nach dem Urteil EuGH GRUR Int. 2011, 1063, 1070 f., Rn. 93 ff. – Football Association Premier League/ Murphy ist es jedoch fraglich, inwieweit eine territoriale Segmentierung der Nutzungsrechte mit der Dienstleistungsfreiheit vereinbar ist, vgl. dazu *Kreile*, ZUM 2012, 177, 178 ff.; *Leistner*, JZ 2011, 1140, 1140 ff.; *Metzger*, GRUR 2012, 118, 120 ff.; *Peifer*, GRUR-Prax 2011, 435, 435 ff.

1537 *Schack*, Urheberrecht, Rn. 1044.

1538 BGH GRUR 2003, 1035, 1036 – Hundertwasser-Haus.

1539 Vgl. LG Hamburg GRUR Int. 2004, 148, 152 zu Thumbnails, die in den USA erstellt worden sind und dort nach der Fair Use-Doktrin wohl zulässig sind, in Deutschland aber eine unfreie Bearbeitung darstellen. Entsprechend zur freien Nachschöpfung österreichischer OGH GRUR Int. 2013, 668, 671 – Hundertwasserhaus VI. Zusammenfassend bestimmt das Schutzland „das Bestehen des Rechts, die Rechtsinhaberschaft des Verletzten, Inhalt und Umfang des Schutzes sowie der Tatbestand und die Rechtsfolgen einer Rechtsverletzung", stRspr, vgl. nur BGH GRUR 2015, 264, 265, Rn. 24 – Hi Hotel II mwN.

1540 *Schack*, Urheberrecht, Rn. 1046.

1541 *Schack*, ZUM 2016, 266, 281.

1542 Vgl. *Klass*, GRUR Int. 2007, 373, 381 f.

1543 *Klass*, GRUR Int. 2007, 373, 382.

wehren will. Dann muss er gleichfalls zunächst die Schrankenreichweite prüfen. Das geht mit Kosten und Aufwand einher. Für den Rechteinhaber bedeuten vorrangige Schranken, dass er akzeptieren muss, dass in Ländern wie den USA mit der Fair Use-Doktrin der Umfang gesetzlich erlaubter Nutzung wesentlich größer und vergütungsfrei ist, was er nicht beeinflussen kann.

Mithin fördern vorrangige Verträge den internationalen Rechtsverkehr und die Rechtssicherheit, weil sie in der modernen und verknüpften Welt einen universalen Ansatz darstellen, die Voraussetzungen und Grenzen erlaubnisfreier Nutzung über den Geltungsbereich des Schutzlands hinaus festzulegen.

b) Bereiche angemessener oder angestrebter Vergütungsfreiheit

Neben jenen ökonomischen Aspekten mag es Bereiche geben, in denen es auf Wertungsebene als sachgerecht betrachtet wird, dass der Urheber keinen gesetzlichen Anspruch auf angemessene Vergütung innehat, oder in denen er selbst keinen Anspruch innehaben möchte. Weil dieses Ergebnis eine Folge vorrangiger Verträge und damit vorrangiger Vergütungsansprüche wäre, streiten jene Bereiche argumentativ zugunsten des Vorbehalts.

aa) Abgeltungstheorie im Arbeitnehmerurheberrecht

Zunächst einmal könnte man bei einem solchen Bereich an den Arbeitnehmerurheber denken. Im Arbeitnehmerurheberrecht gilt nach herrschender Meinung die Abgeltungstheorie, nach der die Einräumung von Nutzungsrechten an Werken, die im Rahmen der arbeitsvertraglich vereinbarten Arbeitsaufgabe geschaffen worden sind (Pflichtwerke), durch den Arbeitslohn abgegolten wird.[1544] Das Nutzungsentgelt ist somit im Arbeitslohn enthalten, weshalb kein gesonderter Vergütungsanspruch des angestellten oder im Dienstverhältnis stehenden Urhebers gegen den Arbeitgeber oder Dienstherrn besteht. Dieser Ansicht haben sich der BGH[1545] mit Hinweis auf die Einheitlichkeit des Vertragsverhältnisses und das BAG[1546] angeschlossen. In der Gesetzesbegründung zur Urhebervertragsrechtsreform 2016 wird ausgeführt, dass das Arbeitsentgelt bzw. die Besoldung Pauschalvergütungen sein, die unabhängig von der wirtschaftlichen Verwertbarkeit des Werks bezahlt werden, weshalb der Urheber kein wirtschaftliches Risiko trägt und daher nicht

1544 *Dreier*, in: *Dreier/Schulze*, UrhG, § 43, Rn. 30; *Haberstumpf*, in: *Büscher/Dittmer/Schiwy*, UrhG, § 43, Rn. 15; *A. Nordemann*, in: *Fromm/Nordemann*, UrhR, § 43, Rn. 58; *Rehbinder/Peukert*, Urheberrecht, Rn. 961; *Rojahn/Frank*, in: *Schricker/Loewenheim*, UrhR, § 43, Rn. 64; *Schack*, Urheberrecht, Rn. 1121. So überdies schon *Dressel*, GRUR 1989, 319, 320; *Kraßer*, in: *Beier/Götting*, FS Schricker I, S. 77, 96.

1545 BGH GRUR 1978, 244, 246 – Ratgeber für Tierheilkunde.

1546 BAG GRUR 1984, 429, 431 – Statikprogramme.

nutzungsabhängig zu vergüten ist.[1547] Mithin hat sich der Gesetzgeber ebenfalls der Abgeltungstheorie angeschlossen.[1548]

Dahinter verbirgt sich die Annahme, dass der Leistungserfolg dem Arbeitgeber gebührt.[1549] Als Ausgleich hierfür leben die Arbeitnehmerurheber in gesicherten Einkommensverhältnissen, weshalb sie nicht im gleichen Maß schutzbedürftig sind wie freie Urheber.[1550] Obwohl der Urheber grundsätzlich „tunlichst an dem wirtschaftlichen Nutzen zu beteiligen (ist), der aus seinem Werk gezogen wird“[1551], greift der urheberrechtliche Leitgedanke folglich nicht. Arbeitnehmerurheber sind nicht vergleichbar auf die soziale Funktion des Urheberrechts angewiesen, um ihren Lebensunterhalt und damit ihre Existenz zu sichern, weil dieses Ziel bereits über das Arbeits- oder Dienstverhältnis abgedeckt wird.[1552] Für Beamte kommt als weiterer Aspekt ihre besondere Stellung hinzu. Ihr Dienstherr hat eine Alimentationspflicht ihnen gegenüber, die regelmäßig die Unanwendbarkeit der zwingenden Schutzvorschriften nach sich zieht.[1553]

Bei der Streitfrage, ob neben dem Arbeitsentgelt ein Nutzungsentgelt zu zahlen ist, geht es wohlgemerkt um vertragliche Vergütungsansprüche. Damit handelt es sich um eine urhebervertragsrechtliche Problematik, die im Rahmen von § 43 UrhG diskutiert wird. § 43 UrhG ist als besondere Bestimmung des Urhebervertragsrechts ohne Auswirkung auf die gesetzlichen Vergütungsansprüche, die grundsätzlich dem Urheber verbleiben, vgl. § 63a UrhG, weshalb entgegenstehende einzelarbeitsrechtliche oder tarifvertragliche Bestimmungen unwirksam sind.[1554]

Wenn allerdings Schranken vorrangig vor Verträgen sind und die gesetzlichen Vergütungsansprüche folglich immer gezahlt werden müssen, würde im Wissenschafts- und Bildungsbereich, in dem die nutzenden Institutionen zugleich regelmäßig Arbeitgeber von Wissenschaftlern und Forschern sind, folgende Situation entstehen: Die privilegierten Einrichtungen wie Hochschulen müssten die gesetzlich erlaubten Nutzungen gesondert neben dem Arbeitslohn vergüten, selbst wenn diese Werke von ihren eigenen Lehrkräften und Mitarbeitern im Rahmen ihrer

1547 BT-Drs. 18/8625, S. 26; BT-Drs. 18/10637, S. 21.

1548 Anders noch der nicht umgesetzte Entwurf zur Reform des Urhebervertragsrechts 2002, der einen Vergütungsanspruch des Arbeitnehmerurhebers ausdrücklich vorsah, vgl. BT-Drs. 14/6433, S. 5.

1549 BGH GRUR 2002, 149, 152 – Wetterführungspläne II.

1550 *A. Nordemann*, in: *Fromm/Nordemann*, UrhR, § 43, Rn. 3.

1551 So bereits BGH GRUR 1954, 216, 219 – Romfassung.

1552 *A. Nordemann*, in: *Fromm/Nordemann*, UrhR, § 43, Rn. 3. So schon *Ulmer*, Urheber- und Verlagsrecht, 1. Auflage, S. 31.

1553 BT-Drs. IV/270, S. 62. BVerfG NJW 1977, 1869, 1871 führt dazu aus: „Die Alimentationsverpflichtung des Dienstherrn ist unabdingbar und kraft ihrer besonderen rechtlichen Struktur nicht teilbar.“.

1554 *A. Nordemann*, in: *Fromm/Nordemann*, UrhR, § 43, Rn. 63.

Dienstpflichten erstellt worden sind und sie nach herrschender Meinung und Rechtsprechung nicht einmal für die vertragliche Nutzungsrechtseinräumung eine gesonderte Vergütung erbringen müssen.[1555] Dieser Gedanke könnte dafür sprechen, dass es bei Arbeitnehmerurhebern sachgerecht ist, dass vertragliche Vereinbarungen, in denen die Vergütung einheitlich und abschließend geregelt werden kann, vorrangig sind. Denn andernfalls könnten die eigenen Mitarbeiter, die auf Risiko des Arbeitsgebers mit dessen Produktionsmitteln schöpfen und kein Bedürfnis nach weitergehender sozialer Absicherung haben, in ihren Arbeits- und Dienstverträgen dem Arbeitgeber keine entsprechenden Nutzungsrechte einräumen oder auf die gesetzlichen Vergütungsansprüche verzichten.

bb) Online-Angebote

Online-Anbieter sichern ihre Angebote zumeist mit technischen Schutzmechanismen ab. Das UrhG bestimmt, dass sich gewisse Schranken gegen technische Schutzmaßnahmen durchsetzen. In allen anderen Fällen erhält der Nutzer nur Zugang, wenn er das vorgelegte Angebot inklusive Vergütungsregelung annimmt. Bei Online-Angeboten müsste somit zusätzlich zur angemessenen Vergütung eine vereinbarte bezahlt werden, soweit die Nutzung unter eine Schranke fällt. Der Aspekt, dass sich die marktmächtigen Hersteller von beispielsweise Online-Datenbanken die Nutzung schuldrechtlich bereits zuvor umfangreich haben vergüten lassen, spricht aus Nutzersicht dafür, dass der Vertrag die Schrankenanwendbarkeit und damit die gesetzliche Vergütungspflicht aufheben können sollte. Ansonsten müssten sie doppelt zahlen.

cc) Unentgeltliche Zugangskultur im Netz

Die Unmöglichkeit, von Schranken erlaubte Handlungen zu lizenzieren oder auf gesetzliche Ansprüche zu verzichten, könnte dann unangemessen erscheinen, wenn der Urheber sogar umfassende Nutzungsrechte vertraglich zu nicht gewerblichen Zwecken einräumt und eine Vergütung dafür nicht begehrt. Durch die fortschreitende technische Entwicklung ist das Internet und damit der Zugang zu Werken als Kulturgüter allgegenwärtig geworden. Diese Entwicklung ist von einer Urheberbewegung begleitet worden, die sich für unentgeltliche Nutzungsmöglichkeiten einsetzte. Die ursprüngliche Bewegung geht auf die Free Software Foundation[1556] zurück, der in den 1990er Jahren die Open Source Initiative[1557] hinzugetreten ist. Im Unterschied zur proprietären Vermarktung boten sie kostenfreie

---

1555 So ebenfalls die Kritik der Deutschen Vereinigung für Gewerblichen Rechtsschutz und Urheberrecht e.V., vgl. *Würtenberger/Freischem*, GRUR 2017, 594, 594.

1556 https://www.fsf.org/, letzter Zugriff am 29.03.2021.

1557 https://opensource.org/, letzter Zugriff am 29.03.2021.

Einsichts- und Zugriffsmöglichkeiten auf den Quellcode von Software an.[1558] In den 2000er Jahren hat sich eine Bewegung etabliert, die das Open Source Modell auf andere Werkkategorien übertragen wollte. Solche Projekte werden als Open Content bezeichnet.[1559] Im Zuge dieser Entwicklung ist 2001 in den USA Creative Commons (CC), eine Non-Profite-Organisation,[1560] mit dem Ziel, den offenen Zugang zu Inhalten zu fördern, gegründet worden. CC bietet im Baukastensystem standardisiert und automatisiert Lizenzvertragsmöglichkeiten an, mit denen sich der Urheber individualisiert Lizenzen zusammenstellen kann, um den Nutzern unterschiedlich weitreichende Befugnisse einzuräumen. Die CC-Lizenzen können dem Lizenznehmer eine weltweite, nicht-exklusive, dauerhafte und unwiderrufliche Vervielfältigung, Aufführung, öffentliche Wiedergabe, Bearbeitung oder Verbreitung des Werks ermöglichen.[1561] Wesentlich ist im Regelfall, dass dem Nutzer die Nutzungsmöglichkeiten unentgeltlich gewährt werden.[1562] Wenn Verträge nicht vorrangig vor Schranken sind, bedeutet das, dass lizenzierte Nutzungen kostenfrei erfolgen können, während gesetzlich erlaubte Handlungen stets vergütet werden müssen, weil ein Verzicht im Vorfeld nicht möglich ist, und das obwohl der Urheber nicht nach Gewinn strebt und gar keine Vergütung haben möchte.[1563] Ein Verzicht im Nachhinein ist möglicherweise praktisch kaum handhabbar.[1564] Gerade im Wissenschaftsbereich, im dem es weniger um materielle Erlöse als um Reputation und die Verbreitung von Wissen geht, ist der Gedanke weit verbreitet,[1565] wissenschaftliche Abhandlungen für die nicht-kommerzielle Nutzung zur Verfügung zu stellen, indem einfache kostenlose Lizenzen verteilt werden. Um den Bedürfnissen der Urheber wissenschaftlicher Beiträge zu genügen, ist ihnen in § 38 IV UrhG ein Zweitverwertungsrecht zu nicht gewerblichen Zwecken („Open Access") gewährt worden. Ein modernes Urheberrecht muss das Ziel vieler Urheber, der kommerziellen Verwertungskultur eine freie Zugangskultur entgegenzusetzen, respektieren.

1558 Vgl. zu den Zielen der Open-Source-Bewegung *Dreier*, in: *Dreier/Schulze*, UrhG, § 69c, Rn. 38mwN.

1559 Siehe zur Definition *Jaeger/Metzger*, MMR 2003, 431,431.

1560 https://de.creativecommons.org/index.php/was-ist-cc/, letzter Zugriff am 29.03.2021.

1561 *Wiebe*, in: *Spindler/Schuster*, UrhG, § 31, Rn. 22.

1562 *Wagner*, MMR 2017, 216,217.

1563 *de la Durantaye*, GRUR 2017, 558,563.

1564 Kritisch dazu *Würtenberger/Freischem*, GRUR 2017, 594,595.

1565 Schon *Koreng*, K&R 2015, 99, 99 stellt fest, dass CC-Lizenzen bei weitem kein „Nischendasein" mehr verbringen, sondern eine „enorme Bedeutung" innehaben. Er bezog sich auf Zahlen für das Jahr 2014. Nach eigenen Angaben der CC-Organisation standen damals 882 Millionen Werke weltweit unter einer CC-Lizenz. 2017 waren es bereits über 1,471 Werke; vgl. *Creative Commons*, State of the Commons. The data.

Dem könnte der Vertragsvorbehalt dienen, weil er dem Urheber den vollumfänglichen Verzicht auf Vergütungsansprüche ermöglicht.

Diese Bereitschaft zum Verzicht trifft die Nöte budgetierter Institutionen. Das Zusammenspiel aus den Aspekten, dass sowohl für die gesetzlich erlaubte Nutzung von durch eigene Mitarbeiter hergestellten als auch von frei zugänglichen Werken Vergütungsansprüche entstehen, sorgt dafür, dass Bildungs- und Forschungseinrichtungen den Umfang ihrer Vergütungspflicht nicht dadurch steuern können, dass sie auf solche Materialien zurückgreifen. Ihnen bleibt als einzige Möglichkeit, ganz auf die Mediennutzung zu verzichten. Das widerstrebt den Allgemeininteressen.

c) Zusammenfassung

Es sprechen gute Gründe für einen Vertragsvorbehalt. Insbesondere aus marktwirtschaftlicher, liberaler Sicht können vorrangige Verträge zu einer Wohlfahrtsförderung führen. Der Vorbehalt erhöht das Lizenzierungsangebot der Verwerter und erweitert mithin ihre Unternehmensaktivität. Er gewährt ihnen die Möglichkeit der Gewinnerzielung in Bereichen, die ihnen durch vorrangige Schrankentatbestände versperrt gewesen wären. Im Allgemeininteresse werden sie daher Nutzerbedürfnissen angepasste, innovative Produkte entwickeln. Das stärkt den Wirtschafts- und zugleich Bildungs- und Forschungsstandort. Im Ergebnis soll die Einführung von Vorbehalten die Branche der Verwerter protegieren, wofür neben deren berechtigten Vergütungsinteressen utilitaristische Argumente streiten. Unsere Gesellschaft ist auf eine vielfältige, lebendige Kultur und damit eine sie produzierende, wirtschaftlich gesunde Kulturindustrie angewiesen.

Die konkreten marktwirtschaftlichen Vorteile liegen in folgenden, oben näher dargelegten Gesichtspunkten: Selbstorganisation zu Marktbedingungen, marktgerechte Finanzströme, Senkung der Primärmarktrelevanz, utilitaristische Anreizwirkung zu hochwertigen und innovativen Produkten/Innovationfunktion des Urheberrechts, Offenheit und Flexibilität, angemessener Interessenausgleich zwischen den Rechteinhabern und den Schrankenprivilegierten im Einzelfall sowie keine Beschränkung auf das Schutzlandprinzip.

Darüber hinaus kann man die Ansicht vertreten, dass es Bereiche gibt, in denen ein urheberrechtlicher Vergütungsanspruch nicht interessengerecht erscheint oder die Möglichkeit des Verzichts offen stehen sollte. Ein Beispiel für ersten Bereich kann angenommen werden, wenn die privilegierte Einrichtung zugleich Arbeitgeber des Urhebers ist. In dem Fall könnte eine gesetzliche Vergütung neben der arbeitsrechtlichen unangemessen erscheinen. Jedenfalls gibt es eine immer größer werdende Bewegung, deren Ziel der freie Zugang zu Werken ist. Dieser wird jedermann über CC-Lizenzen oder Open Access gewährt. Jene Urheber streben nicht nach Vergütung und schöpfen nicht aus einem Verwertungsinteresse heraus. In vorrangigen Verträgen könnten sie auf ihre gesetzlichen Ansprüche verzichten.

2. Argumente gegen einen Vertragsvorbehalt

Die umfangreiche Rechtfertigung eines Vertragsvorbehalts trifft auf eine gewichtige Gegenargumentation. Diese wird folgend dargelegt. Im Mittelpunkt der Vorteile vorrangiger Schranken stehen die sachgerechte Abwägung des demokratisch legitimierten Gesetzgebers im grundrechtsrelevanten Bereich und die Sicherstellung der angemessenen Vergütung der Urheber.

a) Gegenargumentation bezüglich der Bereiche angemessener oder angestrebter Vergütungsfreiheit

Zunächst soll sich mit den Aspekten beschäftigt werden, die argumentativ gegen die Annahme von Bereichen angemessener oder angestrebter Vergütungsfreiheit streiten. Damit werden zugleich Vorteile vorrangiger Schranken und gesetzlicher Vergütungsansprüche aufgezeigt.

aa) Vorzugswürdigkeit der Trennungstheorie im Arbeitnehmerurheberrecht

Als Argument für einen Vertragsvorbehalt ist angedacht worden, dass es nicht überzeugend sei, wenn der Arbeitnehmerurheber nach § 43 UrhG keine gesonderte Vergütung für die vertragliche Rechtseinräumung neben dem Arbeitslohn erhalte, aber der Arbeitgeber, wenn er zugleich eine privilegierte Institution ist, zur Zahlung eines gesetzlichen Anspruchs neben dem Arbeitslohn verpflichtet ist, nur weil die Nutzung auf einer Schranke, statt auf einem Vertrag basiert.[1566] Dieser Argumentation würde ihre Grundlage entzogen werden, wenn man die Abgeltungstheorie ablehnt. Nach der Trennungstheorie[1567] steht der urheberrechtliche Vergütungsanspruch neben dem arbeitsrechtlichen Zahlungsanspruch. Wenn der lizenzvertragliche Vergütungsanspruch stets gesondert besteht, wäre es folgerichtig, wenn gleichfalls der gesetzliche Vergütungsanspruch stets besteht, weil die Schranke unabdingbar ist. So würde ein einheitliches Bild ersprießen.

Für diese Ansicht sprechen folgende Argumente: Der urheberrechtliche Vergütungsanspruch im Gegenzug für die Nutzungsrechtseinräumung ist ein schuldrechtlicher Anspruch eigener Art,[1568] der in Art. 14 I GG seine verfassungsrechtliche Grundlage hat.[1569] Nach § 611 I BGB ist der Arbeitslohn als Gegenleistung für die

---

1566 Siehe zu diesem Argument I I 1. b) aa).

1567 *Diederichsen*, Der Vergütungsanspruch des angestellten Urhebers, S. 169; *Dietz*, ZUM 2001, 276, 281; *Fuchs*, Arbeitnehmer-Urhebervertragsrecht, S. 173 ff.; *Grobys/Foerstl*, NZA 2002, 1015, 1016 f.; *Henkel*, BB 1987, 833, 836 f.; *Sahmer*, UFITA 1956/I, 34, 38; *Schwab*, NZA-RR 2015, 5, 8; *Wandtke*, GRUR 1992, 139, 143; *Westen*, JR 1967, 401, 402; wohl auch *Samson*, in: *Herschel/Klein/Rehbinder*, FS Roeber, S. 547, 553 f.

1568 *Hohagen*, Freiheit der Vervielfältigung, S. 520.

1569 BVerfG NJW 2014, 46, 48 – Drop City; zur Auswirkung auf die Auslegung von § 43 UrhG *Fuchs*, GRUR 2006, 561, 561 f.

versprochenen Dienste zu zahlen. Damit haben beide Ansprüche einen unterschiedlichen Sachverhalt zum Gegenstand, weshalb sie in ihrem Wesen nicht gleichzusetzen sind.[1570] Das arbeitsrechtliche Dauerschuldverhältnis ist auf den Austausch von Arbeitsleistung und Entgelt gerichtet, während der urheberrechtliche Vergütungsanspruch an die Einräumung von Nutzungsrechten als Verfügungsgeschäft anknüpft. Dogmatisch sind die §§ 32, 32a UrhG dessen Ausgangspunkt. Dass § 43 UrhG auf die beiden Normen verweist, spricht für das Trennungsprinzip.[1571] Der Angemessenheit nach § 32 I 1 UrhG liegen andere Parameter zugrunde. Anknüpfungspunkt sind nicht die erbrachte Leistung oder der Arbeitsaufwand, sondern ausschließlich die Einräumung von Nutzungsrechten. In der Frage der Arbeitnehmerurhebervergütung treffen infolgedessen zwei Rechtsgebiete aufeinander. Jedes Rechtsgebiet bringt dabei eigene Ansprüche mit sich. Um der Einheitlichkeit des Vertrags willen den einen Anspruch entfallen zulassen, wird der Komplexität der Problematik und der Bedeutung eines jeden Gebiets nicht gerecht.[1572] Wenn der Arbeitnehmer im Arbeitsvertrag Nutzungsrechte einräumt und somit einen Rechtsverlust erleidet, der nicht über den Arbeitslohn kompensiert wird, ist es ein Gebot der Gerechtigkeit, dass derjenige, zu dessen Gunsten die Rechtsänderung eintritt, den originären Rechteinhaber diesbezüglich gesondert zu vergüten hat.[1573] In anderen Rechtsgebieten hat sich dieser Gedanke längst durchgesetzt. Bei Inanspruchnahme stehen dem Arbeitnehmererfinder neben seinem Arbeitslohn nach § 9 I ArbnErfG, § 14 III ArbnErfG oder nach § 20 I ArbnErfG unabdingbare Ansprüche auf angemessene Vergütung zu.[1574]

Die Trennungstheorie ist somit ein Argument gegen einen Vertragsvorbehalt, weil sonst das uneinheitliche Bild entstünde, dass die urheberrechtliche Vergütung für Nutzungen auf gesetzlicher Grundlage ausgeschlossen werden könnte, obgleich diejenige für Nutzungen auf vertraglicher Grundlage stets neben der arbeitsrechtlichen Lohnentgeltzahlung bestünde.

bb) Praktische Berechnungs- und Ausschüttungsschwierigkeiten

Weiterhin ist als Argument für einen Vertragsvorbehalt auf den Wunsch vieler Urheber hingewiesen worden, unter dem Verzicht auf Vergütungsansprüche mithilfe von CC-Lizenzen oder Open Access eine freie Zugangskultur zu entwickeln.[1575] Doch um dieses Ziel zu verwirklichen, ist es nicht notwendig, dass alle Vereinbarungen mit einem Vorrang ausgestattet werden. Der freie Zugang

---

1570 Ausführlich dazu *Wandtke*, GRUR 1999, 390, 394 ff.

1571 *v. Olenhusen*, ZUM 2010, 474, 479.

1572 *Sahmer*, UFITA 1956/I, 34, 38; a.A. *Ulmer*, Urheber- und Verlagsrecht, 1. Auflage, S. 31.

1573 *Fuchs*, Arbeitnehmer-Urhebervertragsrecht, S. 175.

1574 Zur Unhaltbarkeit der vergütungsrechtlichen Ungleichbehandlung von Arbeitnehmererfindern und Arbeitnehmerurhebern *Himmelmann*, GRUR 1999, 897, 900 f.

1575 Siehe zu diesem Argument I I 1. b) cc).

würde lediglich dafür sprechen, bestimmte Vereinbarungen vorrangig auszugestalten. Als Regelungsmethodik könnte hier das Urhebervertragsrecht als Vorbild dienen. Grundsätzlich hat der Urheber gegen den Lizenznehmer einen Anspruch auf angemessene Vergütung. In mehreren Einzelregelungen hat der Gesetzgeber den Bedürfnissen von Open Content, vgl. § 31a I 2 UrhG, und Open Access, vgl. § 38 I 2, II, III 2, IV 1 UrhG, jedoch Rechnung getragen. Der Anspruch auf angemessene Beteiligung verhindert nicht die Möglichkeit des Urhebers, jedermann unentgeltlich ein einfaches Nutzungsrecht einzuräumen, vgl. §§ 32 III 3, 32a III 3, 32c III 2 UrhG. Dieser Methodik eines Grundsatzes mit bedürfnisgerechten Ausnahmen folgend würde den Belangen des freien Zugangs ausreichend Rechnung getragen werden, wenn man nur diesbezügliche Vereinbarungen als vorrangig ausgestaltet. Der Gesetzeswortlaut könnte folgendermaßen ausfallen: „Eine Vereinbarung, durch welche der Urheber unentgeltlich ein einfaches Nutzungsrecht für jedermann einräumt, geht der gesetzlichen Erlaubnis vor."[1576]

Die Frage wäre vielmehr, ob eine solche Ausnahme überzeugend ist. Schon bisher räumen Urheber CC-Lizenzen ein und werden zugleich gesetzlich vergütet. In CC-Lizenzen behalten sich die Lizenzgeber zum Teil ausdrücklich „das ausschließliche Recht vor, die entsprechende Vergütung einzuziehen für jede Ausübung eines Rechts aus dieser (gesetzlichen) Lizenz"[1577]. Das wird jedoch eher den Hintergrund haben, dass Verwendern von CC-Lizenzen genauso die Möglichkeit offen stehen soll, an einem Vergütungsaufkommen beteiligt zu werden, das ohnehin anfällt.

Es sind allerdings nicht nur die Wünsche der Urheber zu berücksichtigen, die Open Access präferieren. Der überragende Großteil der Urheber verwendet keine CC-Lizenzen und wünscht sich eine angemessene Beteiligung. Diese Urheber sind auf ein funktionierendes System der kollektiven Rechtewahrnehmung angewiesen und auf ein hohes Vergütungsaufkommen, was von den Verwertungsgesellschaften verteilt werden kann. Nach hier vertretender Auffassung geht mit vorrangigen Verträgen wie in § 60g II UrhG ein Ausschluss der gesetzlichen Vergütungsansprüche einher. Die Folge davon sind erhebliche praktische Schwierigkeiten bei der Berechnung der Vergütungshöhe.[1578] Das ist vor allem im Zusammenhang mit der pauschalen Berechnung nach § 60h III 1 UrhG zu sehen. Vertraglich erlaubte Nutzungen, die ohne Vertrag gesetzlich erlaubt wären, müssen bei der Berechnung der Vergütung herausgerechnet werden. Pauschale Berechnungen oder Stichproben bedeuten jedoch, dass der Nutzungsumfang letztendlich einer Schätzung unterliegt. Nun muss zusätzlich geschätzt werden, wie viele Nutzungen ungeachtet der

---

1576 Vgl. daneben den Vorschlag von *Würtenberger/Freischem*, GRUR 2017, 594, 595.

1577 Ziffer 4 e i) der CC-Lizenzbedingungen, Version 3. In CC-Lizenzbedingungen, Version 4 heißt es im Abschnitt 2 b. 3., bezüglich der nicht verzichtbaren Ansprüche „behält sich der Lizenzgeber ausdrücklich jedes Recht vor, Vergütungen zu fordern".

1578 So ferner *de la Durantaye*, GRUR 2017, 558, 563; *Schack*, Urheberrecht, Rn. 576g.

Schrankenbestimmung lizenziert werden, um diese Anzahl von der vorigen Schätzung abzuziehen. Hierbei besteht die Gefahr zu hoher Schätzungen. Bei der Ausschüttung der so berechneten Vergütung muss wiederum darauf geachtet werden, dass die Rechteinhaber, die bereits auf vertraglicher Grundlage vergütet worden sind, nicht an den Ausschüttungen der Verwertungsgesellschaft partizipieren. Dabei ist zu beachten, dass ein und das gleiche Werk von manchen Nutzern auf gesetzlicher und von manchen auf vertraglicher Grundlage genutzt worden sein kann. Den Verwertungsgesellschaften müsste also bei der Ausschüttung der pauschal berechneten Vergütung bekannt sein, welcher Nutzer welche Werke in welchem Umfang auf vertraglicher Rechtsgrundlage genutzt hat.[1579]

Die Höhe der angemessenen Vergütung wird in Gesamt- und Rahmenverträgen zwischen den Verwertungsgesellschaften und Nutzervereinigungen festgelegt.[1580] Wenn kein Vertragsschluss erfolgt, sind Verwertungsgesellschaften nach § 38 VGG berechtigt, einseitig Tarife aufzustellen. Wird dieser bestritten oder kommt es nicht zum Vertragsschluss, greifen die Rechtsbehelfe aus §§ 92 ff. VGG. Die Berechnung der Vergütungshöhe sollte nicht derart erschwert werden, dass darauf regelmäßig zurückgegriffen werden muss. Der einvernehmliche Vertragsschluss ist das angestrebte Ziel. Des Weiteren wird das Erfolgsmodell der kollektiven Rechtewahrnehmung[1581] gefährdet, wenn ein gerechtes Ausschüttungsverfahren nicht mehr möglich ist.

Die erheblichen praktischen Schwierigkeiten bei der Berechnung der Vergütungshöhe und deren Ausschüttung sind somit ein Argument gegen einen Vertragsvorbehalt. Dabei ist es unerheblich, ob alle Verträge oder nur Verträge mit bestimmten Voraussetzungen wie einem jedermann unentgeltlich eingeräumten, einfachen Nutzungsrecht der Schrankenbestimmung vorgehen.

cc) Keine monetäre Privilegierung staatlicher Institutionen

Als Folge der dargelegten Argumentation hätten sowohl eigene Mitarbeiter als auch die Verwender von CC-Lizenzen immer einen Vergütungsanspruch gegen die privilegierte Institution. Daher ist als Argument für einen Vertragsvorbehalt ausgeführt worden, dass Bildungs- und Forschungseinrichtungen den Umfang ihrer Vergütungspflicht nicht steuern können außer durch den Verzicht auf die

---

1579 Kritisch ebenfalls *de la Durantaye*, GRUR 2017, 558, 563.

1580 *Lüft*, in: *Wandtke/Bullinger*, UrhR, § 60h, Rn. 8.

1581 In der schnelllebigen, facettenreichen und globalisierten Welt der Gegenwart ist die Bedeutung der Verwertungsgesellschaften noch einmal gestiegen. Zutreffend führt *Wandtke*, NJW 2019, 1841, 1843 aus: „Da der Urheber und der ausübende Künstler die einzelnen Verwertungs- und Nutzungsprozesse immer weniger individuell kontrollieren können und ihre Rechte kaum durchzusetzen in der Lage sind, sind die Verwertungsgesellschaften als Treuhänder der Kreativen die wesentlichen Garanten im globalen Aneignungsprozess kultureller Güter.".

Mediennutzung.[1582] Die diesbezüglich Frage wäre, ob das gegen einen Schrankenvorrang spricht oder nicht letzten Endes schlichtweg sachgerecht ist. Die Bedürfnisse von Forschung, Bildung und Wissenschaft erfordern einen Zugang zu den geschützten Werken, aber keine Vergütungsfreiheit. Jeder andere Nutzer muss für privilegierte Nutzungen ebenso eine gesetzliche Vergütung leisten. Es ist nicht ersichtlich, warum es angemessen wäre, dass der Staat seine Institutionen gesetzlich zur Nutzung privilegiert und zusätzlich mit der Option ausstattet, die Nutzungserlaubnis als Tatbestandsvoraussetzung des gesetzlichen Anspruchs abbedingen zu können. Wenn die Institution eine gesetzlich erlaubte Mediennutzung anbieten möchte, muss sie dafür gesetzlich bezahlen. Andernfalls muss die Nutzung unterbleiben. Auch der Staat darf nicht Leistungen anbieten, ohne die Urheber angemessen dafür zu vergüten. Bildung darf und kann es nicht zum Nulltarif geben.[1583] Der Staat darf sich nicht auf Kosten der Urheber entschulden. Das käme der Vergesellschaftung von Eigentum gleich. Die staatliche Pflicht zur finanziellen Gegenleistung für zustimmungsfreie Nutzungen spricht somit für einen Schrankenvorrang.

dd) Trennung schuld- und urheberrechtlicher Problematiken

Als letzten Bereich, in dem eine Vergütung ungeachtet einer zustimmungsfreien Nutzung unangemessen erscheint, sind Produkte von marktmächtigen Rechteinhabern im Internet wie den Herstellern von Online-Datenbanken genannt worden, die sich die Nutzung unabhängig von den Schrankenbestimmungen umfangreich vertragsrechtlich vergüten lassen.[1584] Dieser Argumentationsstrang ist in der urheberrechtlichen Literatur nicht neu und schlug schon dem BGH nach seinem *„Drucker und Plotter III“*-Urteil entgegen.[1585] Hier lautete der Vorwurf ebenfalls, dass sich die Content-Anbieter eine Nutzung doppelt vergüten lassen können.[1586] Wie schon in diesem Zusammenhang ausgeführt ist das jedoch kein Argument gegen einen Schrankenvorrang.[1587] Die Anbieter lassen sich etwas schuldrechtlich vergüten, was urheberrechtlich erlaubt ist und gesetzlich vergütet wird. Dieses Problem der Doppelvergütung muss nicht durch einen Vertragsvorrang im Urheberrecht gelöst werden, sondern ist eine Frage der Grenzen der schuldrechtlichen

1582 Siehe zu diesem Argument I I 1. b) cc); zur Kritik daran *Würtenberger/Freischem*, GRUR 2017, 594, 595.

1583 *Schack*, ZUM 2017, 802, 808.

1584 Siehe zu diesem Argument I I 1. b) bb); zur Kritik daran *Würtenberger/Freischem*, GRUR 2017, 594, 595.

1585 Siehe zu den Reaktionen aus der Wissenschaft auf das Urteil F II 4.

1586 Vgl. *Gräbig*, GRUR 2013, 816, 817; *Peukert*, GRUR 2015, 452, 455.

1587 Vgl. F II 5.

Gestaltungsfreiheit.[1588] Damit ist das keine urheberrechtliche, sondern eine schuldrechtliche Problematik und kann nicht als Argument gegen einen Schrankenvorrang aufgeführt werden.

b) Gegenargumentation bezüglich der ökonomischen Vorteile

Umfangreiche Gegenargumente bestehen nicht nur gegen die Annahme von Bereichen angemessener oder angestrebter Vergütungsfreiheit, sondern ebenfalls gegen die Ansicht, dass ein Vertragsvorbehalt ökonomische Vorteile mit sich bringt, die seine Einführung überzeugend rechtfertigen. Diese werden nachfolgend beleuchtet. Selbst unbestreitbare marktwirtschaftliche Überlegungen allein vermögen die Profundität urheberrechtlicher Schranken nicht zu erfassen.

aa) Schutzlandprinzip als Achtung nationaler Hoheitsbefugnisse

Als Vorteil vorrangiger Verträge wurde dargelegt, dass deren räumlicher Geltungsanspruch anders als der von Schranken nicht territorial auf das Schutzland beschränkt ist.[1589] Dieses Argument für einen universalen Ansatz ist nicht zu widerlegen. Bei Schranken gilt das Schutzlandprinzip. Dieses war schon lange gewohnheitsrechtlich anerkannt.[1590] Die Rechtspraxis hat sich also längst darauf eingestellt. Für international tätige Rechteinhaber gehört die Kenntnis der jeweils nationalen Rechtslage zum Geschäftsalltag. Eine zwangsläufige Folge der territorialen Segmentierung ist, dass der Schutzumfang und damit die Vermarktungsmöglichkeiten in verschiedenen Staaten jeweils unterschiedlich sind. Jedoch sind sie für alle Rechtsinhaber in einem bestimmten Markt gleich groß, sodass darin keine Benachteiligung zu sehen ist. Die Festlegung des Schutzumfangs angesichts von Grundrechten Dritter ist weiterhin keine Kompetenz der Vertragsparteien, sondern eine des jeweiligen Nationalstaats. Dem Schutzlandprinzip liegt daher der Respekt vor den nationalen Hoheitsbefugnissen zugrunde, da „es in erster Linie Sache des jeweiligen Landes ist, für dessen Gebiet hinsichtlich einer urheberrechtlich relevanten Handlung Schutz gewährt wird, zu bestimmen, welchen Umfang dieser Schutz dort haben soll“[1591]. Die Achtung der nationalen Hoheitsbefugnisse im Geist der zutreffenden Aussage des BGH spricht folglich für einen Schrankenvorrang.

1588 Vergleichbarer Gedankengang bei *Dreier*, ZUM 2013, 769, 774.

1589 Siehe zu diesem Argument I I 1. a) ii).

1590 Vgl. BGH GRUR 1999, 152, 153 ff. – Spielbankaffaire mwN.

1591 BGH GRUR 2003, 328, 330 – Sender Felsberg.

bb) *Keine Delegierung staatlicher Aufgaben an Privatpersonen: Rechtssicherheit durch die Wahl der Gesetzestechnik und einen Reformwillen*

Als weiteres Argument für einen Vertragsvorbehalt ist die durch Vereinbarungen zu erzielende Rechtssicherheit für die Parteien aufgeführt worden.[1592] An der alten Rechtslage ist die Rechtsunsicherheit und Unbestimmtheit zutreffend kritisiert worden.[1593] Die Einzeltatbestände waren schwer auffindbar, unübersichtlich angeordnet und mit zahlreichen unbestimmten Rechtsbegriffen ausgestattet. Verträge können zu Konkretisierungen führen. Die Frage ist jedoch, ob handwerkliche Schwächen des Gesetzgebers grundsätzlich für eine Rechtsfigur wie die des Vertragsvorbehalts sprechen. Vielmehr könnte man an im Regelfall bewährten Strukturen festhalten und die Kritik als Appell an den Gesetzgeber auffassen, durch regelmäßige Reformen des Gesetzes solche Schwächen auszuräumen.[1594] Wenn Schwierigkeiten für die Rechtspraxis auftauchen, sollte der Gesetzgeber schneller aktiv werden und solchen durch Maßnahmen begegnen. Es ist nicht nachvollziehbar, dass, wenn in einem Koalitionsvertrag das Reformbedürfnis anerkannt wird,[1595] 10 Jahre lang keine weitreichenden Reformen erfolgen. Dieses Versäumnis durch Delegierung an die Vertragsparteien auszugleichen, kommt der Nicht-Wahrnehmung originär staatlicher Aufgaben gleich und entspricht nicht dem Verfassungsauftrag, Umfang und Grenzen des Eigentums zu bestimmen.

Die Pflicht des Gesetzgebers zur Wahrnehmung seiner Aufgaben spricht darüber hinaus gegen das Argument, dass die Aufstellung von Gesamt- und Rahmenverträgen eh Vertragsverhandlungen erfordert. Den Parteien kommt dabei die Aufgabe zu, angemessene Vergütungsregeln aufzustellen. Das ist kein Anlass, der die Übertragung hoheitlicher Entscheidungsbefugnis bezüglich des Umfangs des Schutzrechts rechtfertigt. In der Gesetzesbegründung zum UrhWissG wird darauf hingewiesen, dass „gerade auch die Erfahrung der letzten Jahre lehrt, dass es den Akteuren – insbesondere also den Vereinigungen der Nutzer und den Vereinigungen der Rechtsinhaber wie auch den Verwertungsgesellschaften – nicht (oder nur nach langjährigen Verhandlungen) gelingt, offene Tatbestände außergerichtlich zu konkretisieren."[1596] Es erscheint daher fraglich, ob es den Akteuren gelingen mag, Umfang und Grenzen des Urheberrechts im Konsens generell festzulegen, wenn ihnen die Konkretisierung offener Tatbestände im Rahmen konkreter Einzeltatbestände bereits nicht oder nur nach langjährigen Verhandlungen gelingt.

1592 Siehe zu diesem Argument I I 1. a) hh).

1593 Vgl. G I 2.

1594 Vgl. bereits die Forderungen unter G IV 1., 2.

1595 Siehe Koalitionsvertrag zwischen CDU, CSU und SPD für die 16. Legislaturperiode, S. 45.

1596 BT-Drs. 18/12329, S. 21.

Die gleiche Aufforderung wie an den Gesetzgeber ist an die Rechtsprechung zu richten. Der BGH hat zu den Schranken Verkehrs- und Kontrollpflichten geschaffen, die das Bedürfnis nach einer praxistauglichen Präzisierung durch Verträge erweckten.[1597] Dennoch spricht das nicht für einen Vertragsvorbehalt. Vielmehr ist die Rechtsprechung gehalten, solche Folgen bei ihrer Urteilsfindung zu bedenken, zu berücksichtigen und die Reaktionen in der Rechtswissenschaft und Literatur im Auge zu behalten. Der BGH sollte die Bereitschaft mitbringen, Korrekturen vorzunehmen.

Wenn es ungeachtet der Bemühungen der legislativen und judikativen Gewalt zu Rechtsunsicherheiten kommt, stellt das für die Praxis ein großes Problem da. Einzelne Präzisierungen und Konkretisierungen sind durch vertragliche Vereinbarungen möglich. Doch die Folge von Verträgen ist nicht, dass insgesamt das Niveau der Rechtssicherheit angehoben wird. Einzelfragen können ausgeräumt werden, aber es gibt keine Gewähr, dass die vertragliche Vereinbarung nicht ebensolche Auslegungs- und Verständnisschwierigkeiten aufwirft wie die gesetzliche Regelung. Andernfalls würde es keine Vertragsauslegungsstreitigkeiten geben.

Die für die privilegierten Institutionen Tätigen können nicht mehr mit einem Blick ins Gesetz den Umfang der Nutzungserlaubnis erkennen, wenn Verträge vorrangig sind. Die Gesetzeslage wird zerstückelt. Die Folge sind Prüfpflichten für die Nutzenden, ob und wie ausgestattet Vertragsbeziehungen bestehen. Das bringt die Gefahr der Abschreckung und Verunsicherung mit sich, in deren Folge die Werknutzung unterbleibt. Das widerspricht jedem medienpädagogischen Konzept. Ein Ziel des UrhWissG war folgendes Ergebnis für die Praxis: „Wenn also etwa eine Dozentin bei der Vorbereitung ihrer Vorlesung ein Buchkapitel in den digitalen Semesterapparat einstellen möchte und sich dabei an den Rahmen des gesetzlich erlaubten Nutzungsumfangs hält, muss sie nicht prüfen, ob ein Nutzungsvertrag bezüglich des geschützten Inhalts besteht oder nicht."[1598] Diese Art der Rechtssicherheit wäre mit vorrangigen Verträgen nicht erzielbar.

Diesem Argumentationsstrang liegen die gleichen Gedanken zugrunde, die gegen eine Generalklausel sprechen.[1599] Zu Recht bezweifelt der Gesetzgeber das Maß an Rechtssicherheit, das durch Generalklauseln erzielt wird,[1600] und hält daher am Enumerationsprinzip fest. Nur konkrete Einzeltatbestände, die Umfang und Grenzen der erlaubten Nutzung klar und präzise definieren, ermöglichen es den Nutzern, sich rechtssicher über die Rechtslage zu informieren. Dieser Vorteil, den das UrhG seit 1965 gegenüber dem Fair Use-Konzept innehatte, würde formal durch das Festhalten am Enumerationsprinzip aufrechterhalten bleiben, um zugleich durch die Nachrangigkeit gegenüber vertraglichen Vereinbarungen

1597 Siehe zu diesem Argument I I 1. a) hh).

1598 BT-Drs. 18/12329, S. 45.

1599 Zur Kritik an Generalklauseln im Schrankenbereich siehe bereits G IV 1.

1600 BT- Drs. 18/12329, S. 24.

aufgehoben zu werden. Es ist widersinnig, detailreich konkrete Einzeltatbestände im Gesetz festzulegen, um deren Geltung dann dem Willen der Parteien zu unterwerfen, wodurch der Nutzende durch Gesetzeslektüre die Reichweite der Nutzungserlaubnis doch nicht erfahren kann. Insbesondere im Wissenschafts-, Forschungs- und Bildungsbereich ist zu beachten, dass der Schrankenprivilegierte eine Institution und nicht der faktisch Nutzende ist. Dieser ist nicht unmittelbar am Vertragsschluss beteiligt und hat daher nicht stets umfangreiche Kenntnis von der Vertragslage. Es ist immer zu hinterfragen, wem Rechtsunsicherheiten am meisten nützen. Es besteht die Gefahr, dass die Verwerter unverhältnismäßig profitieren, indem sie Nutzungen lizenzieren können, weil die Nutzer sie sich wegen rechtlichen Unwägbarkeiten nicht auf gesetzlicher Grundlage zutrauen. Das verletzt die Nutzerinteressen erheblich. Alternativ unterbleibende Nutzungen nützen keinem. Am meisten jedenfalls würden im Wissenschaftsbereich die Forschenden und Lehrenden darunter leiden. Die dargelegte Gefahr ist keine unrealistische. Bereits in der Darstellung des Copyrightsystems konnte eingangs geschildert werden, dass sich in den USA der Schutzumfang des Urheberrechts faktisch durch die mit der Generalklausel einhergehende Rechtsunsicherheit erhöht.[1601]

Ein gewisses Maß an Rechtsunsicherheit bringen Gesetze zusammenfassend immer mit sich. Die staatliche Gewalt sollte um weitgehende Beseitigung im Vorhinein bemüht sein und ihre Aufgaben nicht an Privatpersonen delegieren. Dafür muss ihr Handeln von ausreichendem Reformwillen getragen sein. Unter den Voraussetzungen können vorrangige Einzeltatbestände ausreichend Rechtsicherheit schaffen. Während auf den ersten Blick vorrangige Verträge das Maß an Rechtssicherheit erhöhen können, verkürzen ebendiese es indessen auf den zweiten Blick. Die Rechtssicherheit ist folglich ein Argument nicht für, sondern gegen einen Vertragsvorbehalt.

cc) Einheitlichkeit des Schrankensystems

Der EuGH hat den Mitgliedstaaten die Möglichkeit offen gelassen, selbst zu entscheiden, welches Schrankenmodell sie ihren nationalen Rechtsbestimmungen zu Grunde legen wollen. Modell 3 ist somit möglich, aber nicht zwingend.[1602] Bezüglich § 53 UrhG aF hat sich der BGH festgelegt und die Schrankenbestimmung für urheberrechtlich zwingend erklärt[1603], ihre Dogmatik also abschließend geklärt. Obwohl das Unionsrecht dem deutschen Gesetzgeber Freiräume ermöglicht, spricht die Einheitlichkeit und Geschlossenheit der Dogmatik urheberrechtlicher Schranken für einen Schrankenvorrang. Es würde der Stringenz des Urheberrechts widersprechen, wenn den einzelnen Schrankenbestimmungen unterschiedliche Modelle zu Grunde liegen würden.

1601 Vgl. B II 3.

1602 Vgl. EuGH GRUR 2013, 812, 814, Rn. 36 ff. – VG Wort/Kyocera.

1603 BGH GRUR 2014, 979, 983, Rn. 45 – Drucker und Plotter III.

dd) Offenheit und Sicherheit als Ausschlusskriterien

Als Argument für einen Vertragsvorbehalt ist sein Potential bezüglich Offenheit und Flexibilität genannt worden.[1604] Gerade die technologische Entwicklung erfordert technologieneutrale Schranken. Bei jeder Technologie können die verschiedenen Interessen unterschiedlich stark betroffen sein. Analoge Nutzungsformen beeinträchtigten die Verwertungsinteressen in der Regel weniger stark als digitale und können so weiterreichende Schrankenerlaubnisse rechtfertigen. Offenheit, Technologieneutralität und Möglichkeiten zur Flexibilisierung müssen jedoch stets mit einem gewissen Maß an Unbestimmtheit einhergehen. Den Vertragsvorrang einseitig mit Blick auf den Vorteil der Flexibilität zu präferieren, bedeutet, die anderen Kritikpunkte an der alten Rechtslage, vor allem die Rechtssicherheit,[1605] zu vergessen. Gerade Rechtssicherheit ist für die Nutzer von zentraler Bedeutung.[1606] Ihr Vorliegen sicherzustellen, war eins der zentralen Ziele des Reformgesetzgebers des UrhWissG.[1607] Deswegen wurde die Systematik und Binnenstruktur des Gesetzes neu geordnet, unbestimmte Rechtsbegriffe und Formvorschriften technologieneutral gestrichen und offene Rechtsfragen konkretisiert.[1608] Zugleich ist die Rechtssicherheit ein herausragender Geltungsgrund für das Enumerationsprinzip als herrschende Regelungstechnik im Recht der urheberrechtlichen Schranken, an dem das UrhWissG zustimmungsbedürftig explizit festgehalten hat. Vertragsvorbehalte konterkarieren demzufolge die eigenen Ziele des Gesetzgebers. Es ist daneben daran zu erinnern, dass insbesondere die Normen im Mittelpunkt der Kritik an der alten Rechtslage standen, die infolge ihrer Vorbehaltsregelungen ein übergeordnetes Maß an Rechtsunsicherheit vermittelten.[1609] Darin kann kein Zufall gesehen werden. Aber Rechtssicherheit geht in der Gesetzesausgestaltung nur mit Abzügen in der Flexibilität einher und umgekehrt folgt Flexibilität aus Rechtsunsicherheit. Flexible und zugleich präzise Tatbestände zu schaffen, entspricht demgemäß der „Quadratur des Kreises“[1610]. Man muss sich entscheiden, in welchem Punkt man Abstriche für eher vertretbar hält. Vorrangige Verträge schmälern ungeachtet der Option des Gesetzeskonkretisierung die Rechtssicherheit wie

---

1604 Siehe zu diesem Argument I I 1. a) ff).

1605 Vgl. zu den weiteren Kritikpunkten der alten Rechtslage G I 1., 2., 4.

1606 Die Vertreter von Hochschulen und Bibliotheken loben daher insbesondere mit Blick auf die Rechtssicherheit für Nutzer das UrhWissG gegenüber der alten Rechtslage, vgl. *Pflüger/Hinte*, ZUM 2018, 153, 161. Vor dem Hintergrund der Rechtssicherheit sind Befristungen wie die des § 142 II UrhG kritisch zu würdigen. Sie entfachen weitere Streitigkeiten ungeachtet der durchgeführten Gesetzesreform und gefährden die Planungssicherheit, ebenso *Schack*, ZUM 2017, 802, 803.

1607 BT-Drs. 18/12329, S. 3, 24, 35.

1608 Siehe bereits G IV 1., 2.

1609 Vgl. bereits G I.

1610 *Schack*, ZUM 2016, 266, 273. Vgl. dazu schon G IV 1.

gezeigt ganz erheblich. Das Vorliegen der gesetzlichen Tatbestandsmerkmale ist nicht mehr ausreichend, um auf die gesetzliche Nutzungserlaubnis vertrauen zu können. Vorrangige Schranken lassen hingegen kraft moderner und offener Interpretation im Rahmen der zweckorientierten, verfassungs- und richtlinienkonformen Auslegung ein gewisses Maß an Offenheit und Flexibilität gepaart mit Rechtsicherheit aufgrund begrenzender Auslegungsregeln zu.[1611] Notwendig für diesen Zweck ist eine Abkehr vom Dogma der stets engen Auslegung. Als Beispiel kann das Verfahren zur Vergütungspflicht für Drucker und Plotter[1612] in Geräteketten angeführt werden. Die Rechtsfrage nach der Vergütungspflicht für digitale Privatkopien im Rahmen der Funktionseinheit war eine Folge der technischen Entwicklung der Geräteketten. Sie war nicht ausdrücklich im Gesetz geregelt. Dennoch konnte der BGH durch zweckorientierte Auslegung zu einem überzeugenden Ergebnis zugunsten der Urheber kommen.

Noch bemerkenswerter ist die Begründung des BGH zur Ergänzungsbedürftigkeit des § 54 UrhG aF in einem parallelen Fall zur Vergütungspflicht für PCs. Der BGH weist darauf hin, „dass die fachrechtliche Auslegung und Anwendung des Urheberrechts, insbesondere angesichts der auf diesem Gebiet zahlreichen technischen Neuerungen, die Eigentumsrechte der Urheber aus Art. 14 I GG gewährleisten muss und eine tatsächliche oder rechtliche Entwicklung eine bis dahin eindeutige und vollständige Regelung lückenhaft, ergänzungsbedürftig und zugleich ergänzungsfähig werden lassen kann.“[1613] Eine Auslegung, die das verkenne, „würde angesichts der rasanten Verbreitung digitaler Datenspeicherung und -vervielfältigung dazu führen, dass zulasten dieser Urheber eine absolute Schutzlücke entsteht“.[1614] Entscheidend ist die ausdrückliche Aufhängung der Entscheidungsfindung an die „rasante Verbreitung digitaler Datenspeicherung und -vervielfältigung.“ Aufgrund aktueller Gegebenheiten nimmt der BGH also eine Modernisierung des Urheberrechts im Wege verfassungskonformer Auslegung vor. Diese Entwicklung ist zu begrüßen. Sie ist eine Abkehr von der Rechtsprechung, nach der der Schrankenzweck „nur aus der tatsächlichen und rechtlichen Lage, die der Gesetzgeber bei Erlass dieser Bestimmung vorfand, entnommen werden“[1615] könne. Mittlerweile hat der BGH mit Hinweis auf die allgemeine Handlungsfreiheit nach Art. 2 I GG ein verfassungsrechtlich geschütztes Interesse des privaten Nutzers im Rahmen der Schrankenanwendung anerkannt.[1616] Somit kommt es bei jeder Schrankenanwendung zu einer Kollision von grundrechtlich

1611 Siehe so schon D I 2.
1612 Siehe zur ausführlichen Darstellung des Verfahrens F II.
1613 BGH GRUR 2014, 984, 988, Rn. 44 – PC III.
1614 BGH GRUR 2014, 984, 988, Rn. 44 – PC III.
1615 BGH GRUR 1955, 492, 497 – Grundig-Reporter.
1616 BGH GRUR 2014, 974, 977, Rn. 33 – Porträtkunst.

geschützten Positionen. Solange das Unionsrecht nicht vorrangig ist,[1617] kann es somit bei jeder Auslegung durch verfassungskonforme Interpretation zu einer Modernisierung des Rechts, zu seiner Anpassung an die technische Entwicklung kommen. Gerade bei der Ausgestaltung des Systems des gerechten Ausgleichs hat der EuGH den Mitgliedstaaten einen weiten Ermessensspielraum eingeräumt.[1618] Bei der Auslegung der einzelnen Schrankenbestimmungen sind die Mitgliedstaaten nicht frei.[1619] Doch im Fall der Pflicht zur richtlinienkonformen und nicht verfassungskonformen Auslegung ist die Bedeutung der Grundrechtecharta zu sehen, die das geistige Eigentum wie das Grundgesetz nicht vorbehaltlos gewährt. In diesem Rahmen können sich vergleichbare Abwägungsfragen stellen.

Zusammenfassend sind Gesetze nie so flexibel wie Verträge, die man im Einvernehmen jederzeit schließen, aufheben oder ergänzen kann. Flexibilität und Rechtssicherheit schließen sich jedoch gegenseitig aus. Während vorrangige Verträge die Rechtssicherheit empfindlich beeinträchtigen, können vorrangige Gesetze, wenn sie zeitgemäß, offen, zweckorientiert, analog, verfassungs- und richtlinienkonform ausgelegt werden, ein gewisses Maß an Flexibilität zulassen. In einer Abwägung der beiden Aspekte Flexibilität und Offenheit einerseits sowie Rechtssicherheit andererseits, bei der der eine zugunsten des anderen eingeschränkt werden muss, sind vorrangige Schranken aufgrund ihrer Rechtssicherheit als verzugswürdiger anzusehen.

ee) Sachgerechtigkeit zwingender, gesetzlicher Vergütungsansprüche

Als gewichtiges Argument für vorrangige Verträge ist die Marktgerechtigkeit der Vergütungszahlungen genannt worden.[1620] Dagegen steht die Frage, ob es nicht sachgerecht und verhältnismäßig ist, die Freiheit des liberalen Markts diesbezüglich einzuschränken und gesetzlich anzuordnen, in welchen Verhältnissen Vergütungsansprüche bestehen (müssen). Nach dem Gesetz stehen die Vergütungsansprüche unmittelbar den Urhebern und nicht den Verwertern zu. Vorrangige Verträge würden diese Anspruchsinhaberschaft aufheben. Den Urhebern würde ihr originärer Anspruch entfallen, weil es im Fall des vorrangigen Vertrags keine Nutzung auf gesetzlicher Grundlage gäbe, die Voraussetzung des gesetzlichen Anspruchs ist. Stattdessen stünde dem Rechteinhaber ein Lizenzanspruch zu. Der Urheber kann nur mittelbar über urhebervertragsrechtliche Regelungen an dessen Vergütungsaufkommen beteiligt werden. Da die Sachgerechtigkeit einer Vermögenszuordnung

---

1617 Aufgrund dieses Aspekts kritisch zur verfassungskonformen Auslegung als Zukunftsmodell *Stieper*, GRUR 2014, 1060, 1064.

1618 EuGH GRUR Int. 2015, 367, 370 – Copydan Brandkopi.

1619 Die Mitgliedstaaten sind bei der Auslegung nicht frei, die „Parameter inkohärent, nicht harmonisiert und möglicherweise von Mitgliedstaat zu Mitgliedstaat variierend auszugestalten“, EuGH GRUR 2014, 972, 973 – Deckmyn.

1620 Siehe zu diesem Argument I I 1. a) bb).

eine Wertentscheidung ist, soll diese aus den drei Perspektiven der Schrankenprivilegierten, der Verwerter und der Urheber beleuchtet werden.

(i) Perspektive der Schrankenbegünstigten

Als Vorteil der Vergütung auf vertraglicher Grundlage ist aus Sicht der Privilegierten der Wegfall gesetzlicher Zahlungsverpflichtungen genannt worden. Die staatlichen Institutionen könnten hoffen, durch Vertragsverhandlungen ihren Zahlungsumfang zu senken und zugleich noch bessere Produkte von den Verwertern zu erhalten. Doch fiskalische Interessen stellen kein Argument dar, welches gegen die zwingende Inhaberschaft gesetzlicher Vergütungsansprüche der Urheber gegen die Nutzer spricht. Alle Argumente, die für eine urheberrechtliche Vergütung derjenigen Urheber genannt worden sind, die Arbeitnehmer einer privilegierten Institution sind,[1621] sprechen noch schärfer formuliert ebenfalls dagegen, dass der Staat zulasten der sonstigen Urheber Ausgaben vermeiden kann. Wenn sogar ein Arbeitsverhältnis die Bedeutung und Selbstständigkeit des Urheberrechts nicht zu reduzieren vermag, muss das erst recht für sonstige staatlich geförderte Projekte im Forschungs- und Wissenschaftsbereich gelten. Die urheberrechtliche Schutzposition der Kreativen wird nicht durch die staatliche Förderung ihrer Tätigkeit abgegolten. Insofern ist es sachgerecht, dass nutzende, staatliche Institutionen unmittelbarer Vergütungsschuldner der Urheber sind. Die intrinsische Motivation zahlreicher Forscher ist dabei unerheblich.

Dazu ist zu berücksichtigen, dass die Institutionen durch das Bestehen von Schrankenregelungen ebenfalls Kosten reduzieren können. Unabdingbare Schranken garantieren eine rechtssichere Nutzungserlaubnis ohne jeglichen Zeitaufwand. Weil der Markt nicht einbezogen wird, entstehen keine Kosten im Zusammenhang mit der Transaktion von Rechten.[1622] Wäre dieser Kostenaufwand ohne das Bestehen der Schrankenregelung auf Grund eines Marktversagens zu hoch, würde die Nutzung effizienzmindernd unterbleiben. Schranken bewirken folglich eine Korrektur von Marktversagen aufgrund prohibitiver Transaktionskosten.[1623] Auf diese Weise können Schrankenbestimmungen in einer ökonomischen Analyse Wohlfahrtverluste zu vermeiden helfen. Das entspricht wiederum der utilitaristischen Urheberrechtstheorie, die folglich nicht ausschließlich für einen Vertragsvorbehalt streitet. In diesem Zusammenhang sei die Situation erwähnt, dass ein Nutzer bereit wäre, einen Preis oberhalb der Grenzkosten, aber unterhalb des Monopolpreises

---

1621 Siehe zu diesem Argument I I 2. a) aa).

1622 Als Transaktionskosten werden in der ökonomischen Theorie Kosten „für die Beschaffung der für die Abschätzung zukünftiger Kontingenzen notwendigen Informationen sowie für die Aushandlung maßgeschneiderter Vorschriften zu ihrer Regelung“ bezeichnet, *Wagner*, ZEuP 2018, 821, 822.

1623 Ausführlich *Förster*, Fair Use, S. 138 ff. mwN.; am Beispiel des Pressespiegels *Metzger*, in: *Leistner*, Europäische Perspektiven des Geistigen Eigentums, S. 101, 103 f.

zu zahlen. Um die Kosten, die die Produktion eines schutzfähigen Werks mit sich bringt, zu amortisieren, ist es nachvollziehbar, dass der Rechtsinhaber einen Preis möglichst weit jenseits der Grenzkosten zu erzielen anstrebt. Dennoch wird das in gewissen Fällen einem Vertragsschluss entgegenstehen. Der Ausschluss der beschriebenen, potenziellen Nutzer von der Nutzung führt zu Wohlfahrtsverlusten sowie einer Stagnation im Fortschritt von Wissenschaft und Forschung. Die Gefahr kann durch eine den Zugang vermittelnde Schranke gegen angemessene Vergütung vermindert werden. Vorrangige Schranken sind also unter der Präsumtion erstrebenswert, dass die Nachteile der Rechteinhaber sowie der Allgemeinheit infolge des nachlassenden Anreizes zur Produktion ebendieser schutzfähigen Werke geringer sind als die Wohlfahrtsgewinne, die aus dem kostengünstigeren Zugang resultieren.[1624] Unter der Annahme führen vorrangige Schranken zu Wohlfahrtsgewinnen. Das utilitaristische Fundament des Urheberrechts sowie die ökonomische Analyse des Rechtsgebiets können folglich ebenso Argumente zugunsten des Vorrangs des Gesetzes liefern. Entscheidend ist die umsichtige Ausgestaltung der Schranken durch den Gesetzgeber.

Mit Blick auf die Schrankenprivilegierten spricht somit zusammenfassend für einen Gesetzesvorrang, dass ihre zwingende Zahlungspflicht gegenüber den Urhebern aus Respekt vor der kreativen Leistung sachgerecht und angemessen ist, Schrankenregelungen zu ihren Gunsten Transaktionskosten zu vermeiden helfen und zur Wohlstands- und Wissensförderung durch vermehrte Nutzung führen.

(ii) Perspektive der Verwerter

Die Verwerter ihrerseits würden hoffen, durch die Vertragsverhandlungen Gewinne zu erzielen. Das ist aus ihrer Sicht selbstverständlich und berechtigt. Dementsprechend hat der BGH in seiner Rechtsprechungsgeschichte die Priorisierung ökonomischer Verwerterinteressen postuliert. Gestützt auf Erwägungsgrund 45 InfoSoc hat er einen Angebotsvorrang im Rahmen von § 52b UrhG aF für gerechtfertigt gehalten, weil sonst die Rechteinhaber „in aller Regel eine geringere als die geforderte – angemessene – Vergütung“ erhielten.[1625] Die Gesetzesauslegung wurde von der Prämisse geleitet, dass es wünschenswert sei, wenn die Rechteinhaber mehr als die angemessene Vergütung erhalten würden. Damit kommt der BGH einer Tendenz nach, die sich in der Entstehungsgeschichte von § 60g UrhG über §§ 52a, 52b, 53a UrhG aF wie gezeigt nachvollziehen lässt. Dennoch bedarf es über finanzielle Interessen hinaus guter Gründe, warum die Vergütung für gesetzlich erlaubte Handlungen vom Vertragsschluss an den Verwertern und nicht mehr den Urhebern zustehen sollte. Es überzeugt zunächst jedenfalls nicht, dass sich die derivativen Rechteinhaber bei ihrem Begehren auf Erwägungsgrund

---

1624 *Metzger*, in: *Leistner*, Europäische Perspektiven des Geistigen Eigentums, S. 101, 103 mwN.

1625 BGH GRUR 2013, 503, 505, Rn. 18 – Elektronische Leseplätze.

45 InfoSoc stützen können. Obwohl dieser Verträgen über einen gerechten Ausgleich wohlwollend gegenüber steht, ist festzuhalten, dass damit kein Harmonisierungsziel vorgeschrieben wird.[1626] Das folgt aus der Formulierung „sollten" und dem Verweis auf die Zulässigkeit nach nationalem Recht. Des Weiteren betont Art. 9 InfoSoc ausdrücklich, dass das Vertragsrecht nicht Gegenstand der Richtlinie ist. Wenn das Vertragsrecht nicht harmonisiert werden soll, kann nicht aus einem unklar formulierten Erwägungsgrund die Möglichkeit der vertraglichen Abdingbarkeit von Schrankenregelungen geschlussfolgert werden.[1627] Der Erwägungsgrund bezieht sich auf Verträge „zur Sicherstellung eines gerechten Ausgleichs". Demzufolge soll der Raum für individuelle Abreden über den Inhalt des gerechten Ausgleichs eröffnet und keine Aussage über die Disponibilität der Schrankenbestimmungen getroffen werden.[1628]

Außerdem kann aus dem Urteil *„Elektronische Leseplätze"* nicht eine grundsätzlich veränderte Interessengewichtung im Urheberrecht geschlussfolgert werden. In der digitalen Welt ist die Bedeutung der Urheberinteressen mitnichten gesunken.[1629] Vielmehr beinhaltet das Internet eine ökonomische Dimension, die die Kreativenbeteiligung noch notwendiger erscheinen lässt. In der Mehrzahl wird immer wieder darauf hingewiesen. So ist der EuGH beispielsweise den weitgehenden Überlegungen des BGH zu Erwägungsgrund 45 InfoSoc nicht gefolgt.[1630] Die Gesetzesbegründung zu § 52b UrhG aF lässt gleicherweise nicht erkennen, dass der Gesetzgeber inhaltlich vom Vertragsvorrang überzeugt war.[1631] Vielmehr positionierte sich der Gesetzgeber bei der Einführung von § 63a UrhG dahingehend, indem er sich der Ansicht anschloss, dass „gesetzliche Vergütungsansprüche dem Urheber (bzw. seinem Rechtsnachfolger gemäß § 30) zugedacht sind und dass sie ihm als Teil seiner angemessenen Vergütung verbleiben sollen. Der Werknutzer bedarf dieser Ansprüche zur Ausübung seines Nutzungsrechtes nicht."[1632] Insbesondere das BVerfG hebt in ständiger Rechtsprechung die Position des Urhebers und seine originäre Rechteinhaberschaft hervor. Seine Vorgaben binden den Gesetzgeber und erteilen ihm einen Ausgestaltungsauftrag: Der Gesetzgeber „hat dem Urheber die vermögenswerten Ergebnisse seiner schöpferischen Leistung grundsätzlich zuzuordnen".[1633] Das ist notwendig, weil er „tunlichst an dem wirtschaftlichen Nutzen

---

1626 *Gräbig*, Abdingbarkeit urheberrechtlicher Schranken, S. 93 f.; *Pflüger*, Gerechter Ausgleich und angemessene Vergütung, S. 93.

1627 a.A. *Gräbig*, Abdingbarkeit urheberrechtlicher Schranken, S. 94.

1628 Ebenso *v. Lewinski/Walter*, in: *Walter/v. Lewinski*, European Copyright Law, Rn. 11.5.80; *Pflüger*, Gerechter Ausgleich und angemessene Vergütung, S. 93 f.

1629 Ebenso *Wandtke*, GRUR 2002, 1, 10 f.; *ders.*, in: *Becker*, FS Rehbinder, S. 389, 403 f.

1630 Vgl. EuGH GRUR 2014, 1078, 1079 – TU Darmstadt/Ulmer.

1631 Vgl. BT-Drs. 16/1828, S. 25 f.

1632 BT-Drs. 14/6433, S. 14.

1633 BVerfG NJW 1992, 1307, 1308 – Vollzugsanstalten.

zu beteiligen ist, der aus seinem Werk gezogen wird".[1634] Der Beteiligungsgrundsatz ist der das ganze Urheberrecht beherrschende Leitgedanke.[1635]

Im Ergebnis kann in der digitalen Welt mit ihrer medialen Vielfalt und den Manipulations- und Einflussnahmemöglichkeiten von Medien auf die Politik und Gesellschaft freilich eine Steigerung der Bedeutung von Verwerterinteressen konstatiert werden. Dagegen ist jedoch die Beteiligung des Urhebers nach wie vor das Leitbild des Rechtsgebiets. Diese Wertschätzung bringt der Gesetzgeber zum Ausdruck, indem er die gesetzlichen Vergütungsansprüche ausschließlich dem Urheber zuordnet, während für den Inhaber von abgeleiteten Nutzungsrechten keine vorgesehen sind.[1636] Weiterhin gehen sie nicht automatisch mit Übertragung des Nutzungsrechts von Gesetzes wegen über.[1637] Die Verwerter benötigen sie nicht für die Ausübung ihrer Berufstätigkeit. Sie haben über die Vielzahl an vertraglich zu erlaubenden Nutzungshandlungen ausreichend Möglichkeit, Einnahmen zu erzielen. Es sind nicht die Verwerter, sondern die originären Rechteinhaber, deren Marktposition durch die Schrankenbestimmungen eingeschränkt wird. Ihnen stand mangels Schutzrechts in dem Umfang nie ein handelbares Gut zu, welches die gesetzlich erlaubten Handlungen umfasst hat. Folglich sind sie es, die nie Einnahmen erzielen konnten, weil sie keine Nutzungsrechte in dem Umfang einräumen konnten. Den Verwertern ist diese Möglichkeit ebenso versperrt, jedoch haben sie nie derivativ Rechte daran erworben oder ausgleichende Vergütungen dafür an die Urheber gezahlt. Wirtschaftlich benachteiligt ist ohne Kompensationsmechanismus derjenige, dessen originäres Recht von Anfang an eingeschränkt entsteht. Diese Wertentscheidung begründet kein hinreichendes Absinken der Anreizwirkung der Verwerter zur Investition in innovative Produkte. Der Regelfall, dass Nutzungen auf lizenzvertraglicher Grundlage erfolgen, bleibt davon unberührt. Es verbleiben ausreichende Lizenzierungsmöglichkeiten zugunsten der Rechteinhaber, die mit entsprechenden Lizenzzahlungen an sie einhergehen.

Die bestehende Interessenlage im Urheberrecht ist demzufolge ein Argument, das es angemessen und sachgerecht erscheinen lässt, die Marktfreiheit einzuschränken und die Vergütungsansprüche den Urhebern in allen Fällen zuzuordnen. Das spricht mithin für einen Gesetzesvorrang. Dadurch wird nicht ausgeschlossen, dass zugunsten der Verwerter ein anderes Instrumentarium eingeführt werden sollte, das bewirkt, dass jene für gesetzlich erlaubte Nutzungen ebenfalls vergütet werden.

1634 Dieser in § 11 S. 2 UrhG nun festgelegte Grundsatz lässt sich bis in die reichsgerichtliche Rechtsprechung hinein zurück verfolgen, vgl. RGZ 113, 413 – Der Thor und der Tod.

1635 BVerfG GRUR 2018, 829, 830, Rn. 25 – Verlegeranteil, was der stRspr des BGH entspricht, vgl. BGH GRUR 1954, 216, 219, 220 – Lautsprecherübertragung.

1636 BVerfG GRUR 2018, 829, 830, Rn. 28 – Verlegeranteil.

1637 *Stieper*, in: *Schricker/Loewenheim*, UrhR, Vor §§ 44a ff., Rn. 46.

(iii) Perspektive der Urheber

Der Vertragsvorbehalt würde ein Entfallen des gesetzlichen Anspruchs durch einen Vertragsschluss zwischen einem Schrankenprivilegierten und dem Rechteinhaber, mithin ohne Zutun, Mitsprache- und Einflussmöglichkeit oder Zustimmung des Urhebers, bedeuten.[1638] Dabei war es gerade eine Zielvorstellung des UrhWissG, den Urhebern selbst dort eine Vergütung zu gewähren, wo das Unionsrecht dies nicht zwingend vorschreibt.[1639] Es ist darauf hinzuweisen, dass wegen des gesetzlichen Vergütungsanspruchs das Bestehen von Schranken im wirtschaftlichen Interesse des Urhebers liegen kann. Gesetzliche Nutzungserlaubnisse können dem Beteiligungsgrundsatz bestmöglich zur Geltung verhelfen, wie die Privatkopie zeigt. Private Massennutzungen sind nicht kontrollierbar, weshalb es den Interessen der Urheber am effektivsten entspricht, ihnen statt eines nicht durchsetzbaren Verbotsrechts einen gesetzlichen Vergütungsanspruch zu gewähren.[1640] In vielen Fällen ist dieser überdies in der Praxis ertragreicher als die Vergütung, die der Urheber infolge der Verwertung seiner Ausschließlichkeitsrechte durch den Verwerter vertraglich erzielt, falls, wie im Wissenschaftsbereich nicht unüblich, überhaupt eine Vergütung vertraglich vorgesehen ist.[1641] Gerade im Wissenschaftsbereich ermöglichen die gesetzlichen Vergütungsansprüche oft die einzigen Einnahmen der Urheber.[1642] Vergütungsmechanismen über Schrankenregelungen führen folglich zu einem effektiven Urheberschutz. Weil die Partizipation des Urhebers an der Verwertung seines Werks über eine Kombination aus vertraglichen und gesetzlichen Vergütungsansprüchen gewährleistet wird, können Schranken neben den Schutzbestimmungen des Urhebervertragsrechts geeignete Instrumente darstellen, um einen angemessenen Interessenausgleich zwischen

---

1638 Siehe zu dieser Rechtsfolge bereits H II 2.

1639 Siehe dazu bereits G IV 3.

1640 So der Gesetzgeber bereits 1965 am Beispiel der Schallplatte, BT-Drs. IV/270, S. 31 f. Um zugunsten unmittelbarer Einnahmen der Urheber und damit zugunsten einer Stärkung ihrer Stellung eine Auslegung entgegen dem Grundsatz der engen Schrankenauslegung zu rechtfertigen, hat der BGH in einer viel beachteten Entscheidung den gleichen Argumentationsstrang aufgegriffen, vgl. BGH GRUR 2002, 963, 966 – Elektronischer Pressespiegel. Um auf eine Vergütungspflicht gestützt Einnahmen bei der digitalen Werknutzung zu erzielen, plädieren andere Stimmen in der zeitgenössischen Literatur hingegen nicht für das unabdingbare Bestehen oder die weite Auslegung von Schranken, sondern dafür, bei einer unkörperlichen Werknutzung das Dogma des freien Werkgenusses aufzugeben, *Perwitz*, Privilegierung privater Nutzung, S. 85 f., oder für die Werkwahrnehmung generell einen Vergütungsanspruch einzuräumen, *Schulze*, NJW 2014, 721, 723.

1641 *Geiger*, GRUR Int. 2008, 459, 463; *Hilty*, in: *Ohly/Bodewig/Dreier*, FS Schricker II, S. 325, 325 f., 348 f.

1642 Vgl. *de la Durantaye*, GRUR 2017, 558, 563.

Urhebern und Verwertern zu erzielen.[1643] Die Abbedingung der Schrankenbestimmung durch den Vertragsschluss des Verwerters würde den Urheber demzufolge entgegen dem Beteiligungsgrundsatz zum Nachteil gereichen.

Bei einem Vertragsvorbehalt wäre das Bestehen der Ansprüche des Urhebers abhängig davon, ob Dritte ihr Rechtsverhältnis rechtsgeschäftlich ausgestalten. Dabei steht die Rechtsfrage im Raum, inwiefern in dem Vertrag über gesetzlich erlaubte Nutzungen zwischen dem Privilegierten und dem derivativen Rechteinhaber, der das Vorliegen der Voraussetzungen des gesetzlichen Vergütungsanspruchs entfallen lässt, nicht ein verbotener Vertrag zulasten Dritter, nämlich der Urheber, gesehen werden kann.[1644] Das wäre nicht der Fall, wenn dem Urheber weiterhin eine adäquate Vergütung zusteht. Diese kann er ohne eigene gesetzliche Ansprüche nur mittelbar über den Verwerter erzielen. Für dieses Ziel müsste eine angemessene Beteiligung der Urheber an den Lizenzerlösen der Rechteinhaber sichergestellt sein. Es soll nicht ausgeblendet werden, dass sich auch zahlreiche Gesamt- und Rahmenvertragsverhandlungen in der Vergangenheit als langwierig und komplex herausgestellt haben. Gleichwohl ist es ungeachtet all seiner Reformen fraglich, ob das Urhebervertragsrecht das Ziel in der Praxis gleichwertig gewährleisten kann. Aus den folgenden Gründen erscheinen zwingende gesetzliche Ansprüche bei erlaubten Nutzungen für die Urheber vorteilhafter gegenüber einer individualvertraglichen Vergütung.

Zunächst müsste der Urheber bei der Geltendmachung dieses individualvertraglichen Anspruchs auf die vielfältigen Vorteile der kollektiven Rechtewahrnehmung verzichten.[1645] Die Verwertungsgesellschaften machen die gesetzlichen Vergütungsansprüche der Urheber geltend. Dabei ist die Gefahr einzuräumen, dass die eingenommenen, pauschal berechneten Summen, die anschließend an die Urheber ausgeschüttet werden, angesichts der tatsächlichen Nutzung zu gering ausfallen.[1646] Verträge eröffnen die Möglichkeit, das Berechnungsverfahren abweichend vom Gesetz festzulegen. Allerdings ist damit kein Argument für einen Vertragsvorbehalt genannt, sondern eins gegen die nutzungsunabhängige Berechnung nach § 60h III 1 UrhG. Die Schrankendogmatik sollte nicht dazu dienen müssen, rechtspolitische Entscheidungen bei der Ausgestaltung der Vergütungsansprüche auszugleichen. Nutzungsabhängige Vergütungen, wie sie nach § 60h III 2 UrhG möglich sind, sind die leistungsgerechteste Form der Berechnung. Mehr Leistungsgerechtigkeit als eine Einzelerfassung könnte selbst durch vertragliche Vereinbarungen

---

1643 *Geiger*, GRUR Int. 2008, 459, 463.

1644 Dieser Frage wird unter J II 2. c) im Rahmen der Abwägung des Vertragsvorbehalts anhand der Grundrechte der Urheber nachgegangen.

1645 Zu den Vorteilen der kollektiven Rechtewahrnehmung *Plate*, Die Verwertungsgesellschaftspflicht, S. 202 f.

1646 *Berger*, GRUR 2017, 953, 958; *Grünberger*, GRUR 2017, 1, 8.

nicht erzielt werden. Die zahlreiche Kritik an den Pauschalsummen[1647] spricht bei aller inhaltlichen Berechtigung also nicht gegen einen Vorrang des Gesetzes, sondern lediglich gegen die einzelfallunabhängige Berechnung.

Neben dem Aspekt der Vergütungshöhe bestehen konkrete Bedenken, dass das Urhebervertragsrecht die angemessene Beteiligung der Urheber ohne Einnahmen auf gesetzlicher Grundlage ausreichend sicherstellen kann. Nach liberal marktwirtschaftlichen Annahmen müsste der Wettbewerb dazu führen, dass die Intermediäre in Konkurrenz zueinander den Urhebern möglichst lukrative Angebote unterbreiten, um zur Werkverwertung als erste und einzige Nutzungsrechte eingeräumt zu bekommen. Insbesondere die Höhe der Beteiligung kann den entscheidenden Ausschlag geben. Die Folge wäre, dass am Markt nachgefragte Urheber eine marktgerechte Vergütung erhalten, die höher als die gesetzliche ausfällt. Gerade für den Wissenschaftsbereich treffen diese Annahmen in der Praxis indes nicht zu. Es ist nicht selten, dass wissenschaftliche Autoren ungeachtet ihrer wirtschaftlich bedeutenden Leistung von den Verlagen gar keine Vergütung erhalten.[1648] Das entspricht den Bedingungen des Markts. Zurückzuführen ist das darauf, dass bei generalisierender Betrachtung typischerweise eine strukturelle Disparität zwischen Urhebern und Verwertern in vielen Bereichen der Medienlandschaft besteht. Es ist die Bandbreite aller Urheber in den Blick zu nehmen. Denn das Gesetz darf die generell geregelte Eigentumsposition aller Urheber nicht einseitig zum Vorteil der wenigen marktmächtigen Urheber ausgestalten, die eine starke Verhandlungsposition innehaben. Die gestörte Vertragsparität erschwert es typisierend den Urhebern erheblich oder macht es ihnen zum Teil sogar unmöglich, angemessene Beteiligungen auszuhandeln. Das hat der Gesetzgeber anerkannt, der explizit deswegen mit Reformen zur Stärkung der Rechtsstellung der Urheber reagiert hat.[1649] Überdies sieht der EuGH in der Sicherung des gerechten Ausgleichs zugunsten der Urheber eine wesentliche Aufgabe für die Nationalstaaten.[1650] Das BVerfG billigt die Annahme eines strukturellen Ungleichgewichts ausdrücklich und hat folglich die Gesetzesreformen ungeachtet der Einschränkung der Vertragsfreiheit im Wirtschaftsleben für verfassungsgemäß erklärt.[1651] Als Ergebnis dieser Reformen bestehen im Urhebervertragsrecht nach §§ 32 ff. UrhG zahlreiche Regelungen und Ansprüche einseitig zugunsten der Urheber. Man könnte annehmen, dass dadurch die angemessene

---

1647 Vgl. *Booktex*, Stellungnahme zum RefE, S. 6; *Börsenverein des Deutschen Buchhandels*, Stellungnahme zum RefE, S. 3 f.; *Forum der Rechteinhaber*, Stellungnahme zum RefE, S. 4; *Spitzenorganisation der Filmwirtschaft*, Stellungnahme zum RefE, S. 4; *Springer Nature*, Stellungnahme zum RefE, S. 5; *Verband Bildungsmedien*, Stellungnahme zum RefE, S. 14 f.; *VG Wort*, Stellungnahme zum RefE, S. 6 f.

1648 Vgl. *de la Durantaye*, GRUR 2017, 558, 563.

1649 BT-Drs. 14/6433, S. 1, 7–9, 11, 16.

1650 Vgl. EuGH GRUR 2016, 55, 57, Rn. 48 – Reprobel.

1651 BVerfG NJW 2014, 46, 49, Rn. 92, 95 – Drop City.

Beteiligung der Urheber mit weniger Marktmacht an den Einnahmen des Verwerters für ohne Vereinbarung gesetzlich erlaubte Nutzungen im Fall von vorrangigen Verträgen sichergestellt werden kann. Entgegen den Gesetzesvorschriften erscheint das in der Praxis fraglich. Wenn angesichts der bestehenden Disparität selbst im Bereich der Nutzungsrechtseinräumung wissenschaftliche Autoren keine oder kaum Vergütung von den Verlagen beispielsweise den Zeitschriftenverlegern erhalten, ist es zweifelhaft, ob sie für ohne Vereinbarung gesetzlich erlaubte Handlungen vertraglich eine angemessene Vergütung erzielen können. Die Bedenken werden dadurch gestützt, dass es unter der Annahme einer solchen Lebenswirklichkeit nicht der Anzahl an Reformen des Urhebervertragsrechts bis in die jüngste Zeit hinein bedurft hätte. In 15 Jahren ist das Gesetz gleich vier Mal reformiert worden.[1652] Dem Gesetz zur Stärkung der vertraglichen Stellung von Urhebern und ausübenden Künstlern vom 22.03.2002[1653] mit dem Ziel, die angemessene wirtschaftliche Beteiligung der Urheber angesichts der gestörten Vertragsparität sicherzustellen, folgte das Gesetz zur Regelung des Urheberrechts in der Informationsgesellschaft vom 10.09.2003[1654] zur Umsetzung der InfoSoc-RL. Dieser sogenannte „Erste Korb" wurde durch zuvor vertagte Reformvorhaben im Rahmen des Zweiten Gesetzes zur Regelung des Urheberrechts in der Informationsgesellschaft vom 26.10.2007[1655], dem „Zweiten Korb", ergänzt. Dennoch sah der Gesetzgeber bis in die jüngste Zeit hinein die individualrechtliche Stellung der Kreativen nicht als ausreichend gestärkt an. Noch im Jahr 2016 fasste der Gesetzgeber die Situation der Urheber und ausübenden Künstler wie folgt zusammen: „Nach Auffassung der Bundesregierung führe jedoch eine gestörte Vertragsparität dazu, dass sich Kreative in vielen Fällen noch immer auf Vertragsbedingungen einlassen müssten, mit denen sie alle Rechte am Werk beziehungsweise an ihren Leistungen gegen eine unangemessene Einmalzahlung aus der Hand geben („Total Buy-Outs"). Außerdem fehle den Kreativen oft die Markt- und Verhandlungsmacht, um den gesetzlich verankerten Anspruch auf angemessene Vergütung tatsächlich durchzusetzen. Im Ergebnis führten diese Defizite teilweise zu unangemessen niedrigen Vergütungen der Urheber und ausübenden Künstler."[1656] Hinzu kam die Praxis einiger Verwerter des Blacklistings.[1657] Die gesetzgeberische Reaktion darauf war die Einführung

---

1652 Vgl. zur Chronologie der Reformen mit dem Ziel der Verbesserung des Schutzes der Urheber und ausübenden Künstler *Wandtke/Grunert*, in: *Wandtke/Bullinger*, UrhR, Vor §§ 31 ff., Rn. 3–5.

1653 BGBl. I 2002, 1155; vgl. zur Rechtslage nach der Reform von 2002, zur Kritik daran und den Lösungsvorschlägen *Obergfell/Zurth*, ZGE 2016, 1, 6 ff.

1654 BGBl. I 2003, 1774.

1655 BGBl. I 2007, 2513.

1656 BT-Drs. 18/10637, S. 2.

1657 Der Gesetzgeber definiert in BT-Drs. 18/8625, S. 17 Blacklisting folgendermaßen: „Wer als einzelner Kreativer versucht, den gesetzlichen Anspruch auf

des Gesetzes zur verbesserten Durchsetzung des Anspruchs der Urheber und ausübenden Künstler auf angemessene Vergütung und zur Regelung von Fragen der Verlegerbeteiligung vom 20.12.2016[1658]. Die Praxis wird erst noch zeigen müssen, ob die Rechtsstellung der Urheber dadurch so weit verbessert worden ist, dass davon ausgegangen werden kann, dass eine angemessene Beteiligung in allen Fällen ohne Nachteile für die Urheber durchgesetzt werden kann.[1659]

Das ist bezüglich der Vertragsvorbehalte insbesondere vor dem Hintergrund zu sehen, dass der Verlust von verwertungsgesellschaftspflichtigen Ansprüchen zugleich für den Urheber den Verlust der gestärkten Verhandlungsposition durch das kollektive Auftreten bedeutet.[1660] Bei gesetzlichen Vergütungsansprüchen gleichen die Verwertungsgesellschaften das Minus der Urheber an Verhandlungsmacht aus. Mit ihrer gebündelter Stärke, die über das Verhandlungsgeschick des einzelnen Kreativen erhaben ist, gehen die Verwertungsgesellschaften in die Verhandlungen zum Abschluss von Rahmen- und Gesamtverträgen. Aufgrund derer erzielen sie Einnahmen, die letztendlich an alle Urheber ausgeschüttet werden können. Bei vorrangigen Verträgen könnten die Urheber höhere und marktgerechtere Vergütungen als gesetzlich erzielen. Demgegenüber müssten sie diese individuell gegenüber ihrem Vertragspartner durchsetzen. Es ist somit abzuwägen, was für die Gesamtheit der Urheber günstiger ist. Durch die Ausschüttungen der Verwertungsgesellschaften ist jedenfalls sicher gestellt, dass jeder am Vergütungsaufkommen beteiligt wird.[1661] Es ist somit die Gefahr ausgeschlossen, dass das Ausschließlichkeitsrecht der Urheber beschränkt ist, ohne im Gegenzug eine garantierte Vergütung zu erhalten, was für wissenschaftliche Autoren ungeachtet der Rechteeinräumung oft die einzige finanzielle Beteiligung darstellt.

Dass dabei alle Urheber für gesetzlich erlaubte Nutzungen die gleiche Summe erhalten, lässt nicht die Anreize zur Schöpfung qualitativ hochwertiger Werke

---

angemessene Vergütung individuell durchzusetzen, riskiert, keine Folgeaufträge mehr zu erhalten.".

1658 BGBl. I 2016, 3037. Ausführlich zur Gesetzesreform *Obergfell/Zurth*, ZGE 2017, 21, 23 ff.

1659 Kritisch beispielsweise *Peifer*, GRUR-Prax 2017, 1, 1, der die Maßnahmen zur Lösung der Vergütungsproblematik als „halbgar" ansieht.

1660 Auf diesen entscheidenden Vorteil der Verwertungsgesellschaftspflichtigkeit wird in der Literatur zahlreich hingewiesen, vgl. *Augenstein*, Rechtliche Grundlagen des Verteilungsplans urheberrechtlicher Verwertungsgesellschaften, S. 20; *Gräbig*, Abdingbarkeit urheberrechtlicher Schranken, S. 86; *Pflüger*, Gerechter Ausgleich und angemessene Vergütung, S. 89; *Stöhr*, Gesetzliche Vergütungsansprüche im Urheberrecht, S. 134.

1661 *Hilty*, GRUR 2005, 819, 821; *Pflüger*, Gerechter Ausgleich und angemessene Vergütung, S. 89. Mit Blick aufs Verfassungsrecht dieses Argument ablehnend *Gounalakis*, §52a UrhG im Lichte der Verfassung, S. 44.

entfallen. Das wahrheitsliebende Streben der Wissenschaftler nach Wissensmehrung gepaart mit dem Ziel akademischer Reputation wird nicht die Anreize zur Schöpfung hochwertiger Werke entfallen lassen.

Im Ergebnis streitet zwar die marktwirtschaftliche Theorie der marktgerechten Beteiligung der Urheber an der Vergütung der Verwerter für einen Vertragsvorbehalt. Doch aufgrund der praktischen Vergütungswirklichkeit erscheint eine kollektive Wahrnehmung gesetzlicher Vergütungsansprüche vorzugswürdiger als das Urhebervertragsrecht, weil sie die zwingende finanzielle Beteiligung der Urheber sicherstellt. Wenn die theoretische Vorzugswürdigkeit an praktische Grenzen der Verteilungsgerechtigkeit stößt, spricht das für einen Gesetzesvorrang.

Diese Verteilungsentscheidung entspricht der bestmöglichen Entfaltung von Art. 14 GG. Denn obwohl die mit dem Urheberrecht verbundenen ausschließlichen Nutzungsrechte mit ihren wirtschaftlichen Verwertungsmöglichkeiten ebenfalls Eigentum iSv Art. 14 GG sind,[1662] entsteht das über Art. 14 GG geschützte Urheberrecht originär in der Person des Urhebers. Wirtschaftlich gesehen schränken Schranken die Verwertungsmöglichkeiten des Verwerters ein. Rechtlich gesehen handelt es sich bei den Schranken aber um gesetzlich erlaubte Nutzungen, an denen der Verwerter nie gegen eine Lizenzzahlung Nutzungsrechte erworben hat. Es ist der Urheber, dessen Ausschließlichkeitsrecht und damit dessen Handels- und Wirtschaftsgut von Anfang an durch die Schrankentatbestände begrenzt war.[1663] Am intensivsten beschränken Schranken die Freiheit des ersten Glieds in der Rechtekette, in eigener Verantwortung über die vermögenswerten Ergebnisse der schöpferischen Leistung zu verfügen. Dem Urheber war es nie möglich gewesen, für gesetzlich erlaubte Handlungen Lizenzeinnahmen zu generieren. Damit tangieren Schranken den grundgesetzlich geschützten Kern des Urheberrechts.[1664] Als Kompensation stehen dem Urheber und nicht einem nachgelagerten Glied in der Rechtekette die Vergütungsansprüche zu[1665]. Die gesetzlichen Vergütungsansprüche erfahren ihre Rechtfertigung im Ausgleich für bereits anfänglich nicht gewährte Verwertungsmöglichkeiten. Dieser Gedanke widerlegt zahlreiche Argumente für einen Vertragsvorbehalt. Unabhängig davon, ob der intrinsisch Forschende oder Wissenschaftler sein Werk tatsächlich wirtschaftlich verwertet

1662 stRspr, vgl. BVerfG NJW 2003, 1655, 1656 mwN. – Urheberrechtlicher Schadensersatzprozess.

1663 Siehe zu diesem Ergebnis zur Rechtsnatur der Schranken bereits E II 5.

1664 Die stRspr des BVerfG, vgl. BVerfG GRUR 2014, 169, 172, Rn. 87 – Drop City, definiert den grundgesetzlich geschützten Kern des Urheberrechts als die „grundsätzliche Zuordnung des vermögenswerten Ergebnisses der schöpferischen Leistung zu dem Urheber sowie die Freiheit, in eigener Verantwortung darüber verfügen und seine Leistung wirtschaftlich zu angemessenen Bedingungen verwerten zu können".

1665 Siehe zur Rechtsnatur der Vergütungsansprüche E II 3. c) cc) (ii).

hätte, fehlte ihm von Anfang an die Möglichkeit dazu, darüber frei zu entscheiden. Daher ist es angemessen, dass ihm ein kompensierender Vergütungsanspruch zusteht, der nicht von vorrangigen Verträgen verdrängt werden kann. Dem steht nicht entgegen, dass zahlreiche Forscher mit öffentlichen Mitteln finanziert werden und dadurch abgesichert sind. Diese Argumentation verkennt das Wesen und die Selbstständigkeit des Urheberrechts. Die urheberrechtlichen Verteilungsfragen sind unabhängig von öffentlichen Forschungsmitteln zu bewerten.

Ebenso spiegelt sich in ebenjener Verteilungsentscheidung die Vergütungsfunktion des Urheberrechts[1666] wider. Das Urheberrecht hat seinem Sinn und Zweck nach schwerpunktmäßig die Vergütung des Urhebers zu gewährleisten. Dem wird es am effektivsten gerecht, wenn ihm unabdingbare Vergütungsansprüche garantiert werden. Insbesondere für freischaffende Urheber ist das existenziell. Der Umfang ihres Schutzrechts würde sonst beschränkt werden, ohne dass sie für die dadurch erlaubte Nutzung ihrer individuellen Schöpfung zwingend finanziell entschädigt würden. Der Ausschluss ihres Verbotsrechts, also die Nicht-Zuweisung des wirtschaftlichen Nutzens, rechtfertigt die Anspruchsinhaberschaft der Kreativen und nicht der Verwerter.

Aufgrund dieser Wertung ist Marktgerechtigkeit nicht in allen Fällen mit Sachgerechtigkeit gleichzusetzen. Art. 14 GG und die Vergütungsfunktion des Urheberrechts sprechen für zwingende gesetzliche Vergütungsansprüche der Urheber als Folge des Gesetzesvorrangs.

ff) Naturrechtliche Philosophie

Das Argument der marktgerechten Zahlungen ist zusätzlich im engen Zusammenhang mit dem Utilitarismus gesehen worden.[1667] Die Annahme, dass private Unternehmen, um ihren eigenen Wohlstand zu fördern, zugleich den Wohlstand der Allgemeinheit fördern, wird von Wirtschaftsvertretern gerne vorgetragen.[1668] Sicherlich ist diese Aussage nicht gänzlich unbegründet und kann damit ein Teil der Rechtfertigung des Urheberrechts sein.[1669] Eine dementsprechend ausgerichtete Ausgestaltung des Rechts wäre jedoch nur folgerichtig, wenn das Recht dieses Ziel vordergründig verfolgen würde. Die dies Vortragenden vergessen, dass sich

---

1666 Siehe zur Vergütungsfunktion des Urheberrechts C III 3.

1667 Siehe zu diesem Argument I I 1. a) bb).

1668 Exemplarische sei die Selbsteinschätzung des *Verlags Barbara Budrich*, Stellungnahme zum RefE, S. 3 genannt: „Wir Verlage der Wissenschaft verstehen uns als integraler Bestandteil des Wissenschaftssystems. Wir können unsere Leistungen und Aufgaben – Qualitätssicherung, Vervielfältigung, Vertrieb, Verbreitung, Programmarbeit und Marketing – nicht weiter leisten, wenn wir dafür nicht entschädigt werden.".

1669 Siehe zur Kritik an der ausschließlich individualistischen Rechtfertigung des deutschen Urheberrechts *Leistner/Hansen*, GRUR 2008, 479, 480 f.

das deutsche Urheberrecht vor allem naturrechtlich rechtfertigt. Der aus der naturrechtlichen Philosophie stammende Personalismus oder Individualismus ist die überwiegende geistige Grundlage des kontinentaleuropäischen Urheberrechtssystems und nicht der kollektivistische Utilitarismus.[1670] Eigen- und nicht Fremdnutzen prägt den Geist von Ausschließlichkeitsrechten. Das kontinentaleuropäische Urheberrechtssystem nimmt dabei eine besondere Stellung ein, die es erheblich von gewerblichen Schutzrechten unterscheidet. Es ist eben nicht als reines Wirtschaftsrecht konzipiert, sondern von persönlichkeitsrechtlichen Elementen durchwoben. Droit d'auteur bedeutet in seiner klassischen Konzeption einen Urheberschutz. Angesichts der Rolle des Nutzers im Rahmen von digitalen Prozessen[1671] oder der autonomen „Schöpfung" durch künstliche Intelligenzen[1672] wird dieser Rechtfertigungsansatz neu diskutiert und vielfach zugunsten eines integrativen Rechtsfertigungsmodells mit vielschichtigen Ansätzen abgelehnt.[1673] Selbst wenn man die Schutzkonzeption in Anpassung an die Gegebenheiten der modernen Welt ergänzen wissen wollen würde, würde doch die Basis, der Grundstein des Rechtsgebiets bestehen bleiben. Der personalistische Rechtfertigungsansatz bleibt der zentrale Stützpfeiler zur Legitimierung des deutschen Urheberrechts.[1674] Dahingegen sorgen die anfänglichen Schutzbereichsbegrenzungen in Form der Schranken dafür, dass dem Urheber eben nicht im Sinne der Arbeitstheorie die Früchte seiner Arbeit vollumfänglich zugeordnet werden. Dann sollte ihm zumindest in jeder Konstellation, also unabhängig von der Vertragslage, ein auf Geld gerichteter Anspruch zustehen, wenn sein Werk von anderen genutzt wird. Die Vergütungsfunktion des Urheberrechts ist damit vor dem Hintergrund seiner individualistischen und nicht vordergründlich kollektivistischen Rechtfertigung zu sehen. Das spricht für eine Zuordnung der gesetzlichen Vergütungsansprüche an die Urheber als Rechtsfolge der Erfüllung vorrangiger Schrankentatbestände. Dem zugunsten des Vertragsvorbehalts aufgeworfenem Argument, dass keine Notwendigkeit für die Nutzer nach Schrankenerlaubnissen besteht, wenn die deckungsgleiche Nutzung bereits rechtsgeschäftlich erlaubt worden ist, kann demzufolge entgegengehalten werden, dass dennoch das gesellschaftliche Begehren vorherrscht, dass die kulturschaffenden Urheber eine angemessene Vergütung erhalten, die die Garantie von Mindesteinnahmen infolge der gesetzlichen Vergütungsansprüche beinhaltet.

1670 *Hubmann*, Das Recht des schöpferischen Geistes, S. 49; *Kohler*, Autorrecht, S. 98 f. Selbst der BGH folgte einem naturrechtlich vorgeprägten Verständnis, vgl. BGH GRUR 1955, 492, 496 – Grundig-Reporter. Siehe ausführlich dazu bereits unter B IV 2., 3.

1671 Vgl. *Hansen*, Warum Urheberrecht?, S. 69 ff.

1672 Vgl. *Lauber-Rönsberg*, GRUR 2019, 244, 250 f.

1673 Vgl. *Hansen*, Warum Urheberrecht?, S. 295 ff.; *Leistner/Hansen*, GRUR 2008, 479, 490.

1674 Ebenso *Lauber-Rönsberg*, GRUR 2019, 244, 251.

Der Gesetzesvorrang besinnt sich folglich nicht nur auf die Wertung von Art. 14 GG, sondern ebenso auf den naturrechtlichen Personalismus[1675]. Er entspricht sowohl dem verfassungsrechtlichen als auch dem philosophischen Hintergrund des Urheberrechts mit seiner rechtstheoretischen Rechtfertigung.

gg) Angemessener und grundrechtskonformer Interessenausgleich durch zwingende Schranken

Die Innovationsfunktion des Urheberrechts und der angemessene Interessenausgleich zwischen den Vertragsparteien sind als letzte Vorteile eines Vertragsvorbehalts genannt worden.[1676] Dass das Urheberrecht eine Anreizwirkung für die Verwerter zur Investition in hochwertige Produkte zugunsten der Allgemeinheit entfaltet, ist unbestreitbar. Diese Anreize sind umso größer, umso umfassender die Verwertungsrechte sind. Gerade im Bereich digitaler Angebote ist das gesellschaftliche Interesse an der Entwicklung und Verbesserung von Produkten hoch.

Dennoch sollte kein Bild gezeichnet werden, dass durch nachrangige Verträge jegliche Anreizwirkung zulasten der Innovationsfähigkeit aufgehoben wird. Schranken substituieren nicht die privatautonom erlaubte Nutzung von Werken. Die Nutzung auf Lizenzgrundlage bildet nach wie vor den Regelfall und sichert somit Räume wirtschaftlicher Handlungsfreiheit. Damit das gewahrt bleiben kann, bedarf es keines Vertragsvorbehalts, sondern einer besonnenen und umsichtigen Behutsamkeit des Gesetzgebers. Bedacht muss er eruieren, wie intensiv der Markt der Erstverwertung durch eine Schrankenregelung tangiert wird. Die primärmarktrelevante Wirkung muss bei der tatbestandlichen Ausgestaltung der Schrankenprivilegierung angemessen berücksichtigt werden, sodass die ökonomischen Folgen für die Rechteinhaber verhältnismäßig zum Privilegierungszweck bleiben.[1677] Dann begrenzen die Schranken lediglich die wirtschaftlichen Verwertungsmöglichkeiten in einem Umfang, welcher durch die anderen Funktionen des Urheberrechts gerechtfertigt werden kann. In diesem Bereich ist die Bedeutung der verschiedenen Funktionen gegeneinander abzuwägen. Es sollte nicht einseitig auf die Innovationsfunktion abgestellt werden, die angesichts der Vergütungsfunktion

---

1675 Die vorgenommene rechtsphilosophische Betrachtung, bei der die beiden zentralen Theorien des Immaterialgüterrechts (Arbeits- und Persönlichkeitstheorie) unter dem Schlagwort naturrechtlich-personalistische Begründung zu einem einheitlichen Begründungsansatz verbunden werden, wird in der Literatur kritisiert, vgl. *Dornis*, GRUR 2019, 1252, 1257. Selbst wenn argumentativ für die Zuordnung der Vergütungsansprüche an den Urheber eher die Arbeitstheorie spricht, erscheint eine differenzierende Betrachtung angesichts der Verwobenheit ideeller und materieller Interessen hier nicht erforderlich.

1676 Siehe zu diesem Argument I I 1. a) aa), dd).

1677 Auch *Peifer*, GRUR 2009, 22, 25 weist darauf hin, dass bei der Schrankenausgestaltung entscheidend auf die Marktwirkung der Schranke abzustellen ist.

zugunsten der Urheber, die eher für einen Gesetzesvorrang spricht, nicht einmal die ganze Bandbreite an wirtschaftlichen Funktionen des Urheberrechts abdeckt.

Um seine Funktionen überhaupt erfüllen zu können, ist das Recht auf die gesellschaftliche Akzeptanz angewiesen. Die Rechtssoziologie hat bereits umfangreich nachgewiesen, wie ebenjene beim Urheberrecht in den letzten Jahren abgenommen hat. Zutreffend ist dabei die einseitige Schutzrechtsexpansion als Ursache festgestellt worden.[1678] Obwohl sich viele Vorschläge erfreulicherweise nicht durchgesetzt haben, hat die Rechtswissenschaft im Urheberwissenschaftsrecht ihren Beitrag zu der Haltung geleistet, die letztlich zur Ausweitung des Schutzumfangs geführt hat. Der Idee eines „wissenschaftlichen Eigentums" folgend ist über den bewährten Werkbegriff hinaus gar der urheberrechtliche Schutz wissenschaftlichen Gedankenguts gefordert worden, indem man dem Inhalt wissenschaftlicher Werke schutzbegründende Eigenschaften zugesprochen hat.[1679] Von dieser Ausuferung sollte sich deutlich distanziert werden. Vor dem Hintergrund erscheint die Zulässigkeit der vertraglichen Ausdehnung des urheberrechtlichen Schutzumfangs durch Abbedingung von Schrankenerlaubnissen ein rechtspolitisch fatales Signal zu sein. Ein klar begrenzter und auf die wesentlichen Befugnisse konzentrierter Schutzrechtsinhalt fördert die Legitimation des Urheberrechts, wodurch es diesem ermöglicht wird, seinen Funktionen nachhaltig nachzukommen.

Bei der Abwägung der Funktionen des Urheberrechts sei zusätzlich an die Kommunikations- und an die Schutzfunktion erinnert.[1680] Das auf Kommunikation gerichtete Urheberrecht muss einerseits die Konsumierung, die Verarbeitung und die Wiedergabe von hinter der Formgebung verborgenen Informationen im Interesse des Fortschritts der Informationsgesellschaft ermöglichen. Die Sensibilität gegenüber Interessen aus der Umwelt des Urheberrechts erfordert unabdingbare Einschränkungen der Verwertungsrechte. Somit legt die Kommunikationsfunktion eine gegenteilige Rechtsausgestaltung als die Innovationsfunktion nahe. In der Abwägung dieser beiden Funktionen streiten Dritt- und Verwerterinteressen gegeneinander. Demgegenüber ist das Recht konzeptionell vorrangig zum Schutz der priorisierten Individualinteressen der Urheber verpflichtet.

Alle drei Funktionen ergeben sich jedenfalls aus der Wertung von Grundrechten. Hier wird das Spannungsfeld zwischen einem Verbotsrecht und einem gesetzlich garantierten Zugang, Vergütungsfreiheit und Vergütungspflicht deutlich, in dem eine bedachtsame und angemessene Abwägung aller Interessen und Rechtspositionen erforderlich ist. Es kann nicht angenommen werden, dass die

---

1678 Vgl. unter vielen *Hansen*, Warum Urheberrecht?, S. 69 ff.

1679 So *v. Moltke*, Das Urheberrecht an den Werken der Wissenschaft, S. 110 ff., sowie auf S. 92 ff. mit Nachweisen zu weiteren Vertretern der Idee des Inhaltsschutzes für wissenschaftliche Erkenntnisse.

1680 Siehe zu den Funktionen des Urheberrechts neben der Innovations- und Vergütungsfunktion C III 1., 2.

anzustrebende Konkordanz durch einen zweiseitigen Vertragsschluss erzielt werden kann. Bei dem Vorliegen von Vertragsparität stellen Verträge einen angemessenen Ausgleich bipolarer Interessen dar, der zu einem beidseitigen Vorteil gereichen kann. Sie vermögen es indes nicht, darüber hinausgehende Interessen verhältnismäßig zu berücksichtigen.

Das Urheberrecht hat lange Zeit einen abzuwägenden, bipolaren Interessengegensatz zwischen den Rechteinhabern einerseits und den Nutzern andererseits angenommen.[1681] Als in der Informationsgesellschaft die Schwerfälligkeit der Reproduktionstechniken und Transportwege gesunken ist, ist die Zahl der urheberrechtlich relevanten Nutzungen und Nutzungsmöglichkeiten gestiegen. In dem Zusammenhang ist eine Reformdiskussion entstanden, in der die bisher angenommene Interessenlage genauer hinterfragt und als Fiktion aufgedeckt worden ist.[1682] Nachfolgend ist eine tripolare Interessenlage vertreten worden.[1683] Zwischen den Interessen der originären und der derivativen Rechteinhaber wurde differenziert. Dass das zutreffend ist, lässt sich nachvollziehen, wenn man die oben ausgeführte Aussage, dass das zwingende Bestehen einer weit auszulegenden Schranke dem Interesse des Urhebers am ehesten entsprechen kann, erneut betrachtet. Die gesetzlichen Vervielfältigungserlaubnisse sorgen für eine umfangreiche Nutzung. Das steigert die Bekanntheit des Urhebers und befriedigt sein Bedürfnis nach Rezeption. Zugleich ist seine finanzielle Beteiligung aufgrund der im Regelfall vorgesehenen gesetzlichen Vergütungspflicht gewahrt. Im Gegensatz dazu entfällt die Möglichkeit des Verwerters, für die Handlung Lizenzeinnahmen zu generieren. Seine Monopolstellung endet, weil nunmehr Dritte ebenfalls in der Lage sind zu vervielfältigen, um beispielsweise einen Pressespiegel nach § 49 UrhG zu erstellen. Statt der Inhaberschaft einer Alleinstellung besteht dann das Bedürfnis nach wettbewerbsrechtlichen Schutz. Weitreichende Verwertungsrechte und zu Angeboten subsidiäre Schranken entsprechen folglich seinen Interessen. Die Interessenlage ist nicht deckungsgleich.[1684]

1681 Das bedauert bereits *Hilty*, GRUR 2005, 819, 820.

1682 Vgl. *Hilty*, ZUM 2003, 983, 985 ff.

1683 Vgl. *Hilty*, in: *Ohly/Bodewig/Dreier*, FS Schricker II, S. 325, 325; ihm folgend *Kleinemenke*, Fair Use im deutschen und europäischen Urheberrecht?, S. 490 f.

1684 Dennoch wird nach wie vor vertreten, dass für den durch Schrankenbestimmungen zu erfolgenden Ausgleich primär auf einen bipolaren Interessengegensatz zwischen Urhebern und Nutzern verfassungsrechtlich abzustellen ist, vgl. *Zurth*, Nutzungsrechte, S. 77 f. Das vermag nicht zu überzeugen. Urheber und Verwerter berufen sich zwar beide auf die vermögenswerte Seite des Urheberrechts, weshalb in beiden Fällen der Schutzbereich der Eigentumsgarantie des Art. 14 I 1 GG eröffnet ist. Doch innerhalb dieser Rechtsposition ist die Interessenlage nicht zwangsläufig kongruent. Das bedeutet nicht, dass die Verwerterinteressen vorrangig gegenüber den Urheberinteressen zu berücksichtigen sind, aber sicherlich, dass sie in den verfassungsrechtlichen Ausgleich einbezogen werden müssen. Verwerter

Aber auch diese Erkenntnis beurteilt nicht mehr umfassend die involvierten Kreise. Im Kommunikationsprozess im Internet stehen zwischen den Rechteverwertern und der Allgemeinheit Diensteanbieter, die eigene wirtschaftliche Interessen wahrnehmen, welche durch die Berufs- und die wirtschaftliche Betätigungsfreiheit grundrechtlich geschützt sind.[1685] Im digitalen Informationsprozess ist ihre Bedeutung erheblich. Die zukünftige Rechtsentwicklung wird sie noch intensiver in den Blick nehmen müssen, wie Art. 17 DSM-RL bereits andeutet.

Kaum in den Blick genommen ist bisher, dass im Forschungs- und Wissenschaftsbereich die Nutzerseite ebenso wie die Seite der Rechteinhaber eine Differenzierung verlangt. Normadressaten sind im UrhWissG Institutionen. Sie dürfen beispielsweise den Nutzern nach § 60e IV 2 UrhG Anschlussvervielfältigungen ermöglichen. Dahinter steht letztendlich also ein Endnutzer, der vervielfältigt. Obgleich die staatlichen Institutionen einen öffentlichen Auftrag zugunsten der Endnutzer als Mitglieder der Allgemeinheit haben, welche anders herum die Institutionen mittelbar über Steuern finanziert, haben die institutionellen Nutzer als Vergütungsschuldner allein aus pekuniären Eigeninteressen eine disgruente Interessenlage zum Endnutzer, der möglichst weitreichend Werke in hochwertigen Produkten nutzen möchte, ohne dass er dabei die wirtschaftliche Allokation von finanziellen Mitteln im Blick hat.

Die Berücksichtigung aller Interessen im Urheberwissenschaftsrecht verlangt es somit, eine fünfpolige Interessenlage in den Blick zu nehmen. Aber wer soll die Interessen von nicht am Vertragsschluss beteiligten Parteien vertreten? Kann man annehmen, dass weitsichtige Verwerter aus wirtschaftlichen Gründen die Urheberinteressen und Institutionsvertreter aus dem Gedanken der öffentlichen Daseinsfürsorge die Endnutzerinteressen in ihren Vertragsverhandlungen mindestens genauso effektiv berücksichtigen, wie es der Gesetzgeber in einem Gesetzgebungsprozess kann? Andernfalls bedeutet der angemessene Interessenausgleich zwischen Vertragsparteien mit Verhandlungsmacht auf Augenhöhe die Nichtbeachtung aller anderen Interessen. Sollte darüber hinaus die Verhandlungsmacht nicht gleich stark aufgeteilt sein, bedeutet der Vorrang des Vertrags das regelmäßige Durchsetzen einseitiger Wirtschaftsinteressen in einem sensiblen Grundrechtsbereich.

Im Ergebnis spricht die Vielschichtigkeit der Interessen für abstrakt generelle Regelungen in Gesetzesform unter umfassender Abwägung des Gesetzgebers, statt für konkrete Einzelfallregelungen in Form von Verträgen. Es ist nicht sachgerecht, den mehrschichtigen Hintergrund des Urheberrechts auf Investitionsanreize zu reduzieren. Ungeachtet der wirtschaftlichen Bedeutung des Urheberrechts wird die Vorstellung eines Kulturindustrierechts[1686] dem Wesen

---

haben berechtigte wirtschaftliche Interessen, die das Recht in seine Ausgestaltung einzubeziehen hat.

1685 *Paulus*, in: *Dreier/Hilty*, FS 50 Jahre UrhG, S. 55, 65.

1686 So aber *Hoeren*, MMR 2000, 3, 3.

des kontinentaleuropäischen Urheberrechts nicht gerecht. Ansonsten drohen Grundrechtspositionen nicht ausreichend gewürdigt zu werden. Aus verfassungsrechtlicher Sicht ist das Urheberrecht eine sensible Schnittstelle. Fortlaufende Grundrechtsabwägungen sind integraler Bestandteil des Urheberrechts. Die Folge davon sind Bereiche, in denen die gebotene Grundrechtsabwägung den Gesetzgeber zu einer unabdingbaren Positionierung in Form von zwingendem Gesetzesrecht zwingt.[1687] Die Entscheidungshoheit zwei Vertragsparteien zu überlassen, ist unter der Annahme nicht vertretbar. Es ist der verfassungsrechtliche Auftrag an den Gesetzgeber, Inhalt und Schranken des Eigentums unter Würdigung der Wertungen des Grundgesetzes auszugestalten. Das BVerfG geht deswegen davon aus, dass es bei der Anwendung der Schranken keiner Einzelfallabwägung, sogar keiner Grundrechtsabwägung, losgelöst von der Auslegung durch die Gerichte bedarf, weil der Gesetzgeber bei der Gesetzesausgestaltung bereits allgemein die notwendige Grundrechtsabwägung vorgenommen habe.[1688] Gerade im Bereich von Wissenschaft und Forschung kann sich der Endnutzer auf gewichtige Grundrechte berufen, die eine Begrenzung des Urheberrechts nicht nur rechtfertigen, sondern gar erforderlich machen können.[1689] Im utilitaristischen Sinn sind Schranken somit ein Instrument zur Förderung von Wissenschaft.[1690] Dabei ist unter Betonung des grundrechtlichen Schutzes des Urhebers und der personalistischen Zuordnung des Urheberrechts eine Verhältnismäßigkeit unumgänglich. Die Reichweite des Schutzrechts bedarf folglich einer äußerst umsichtigen Beurteilung. Aufgrund der abwägenden Struktur des öffentlichen Gesetzgebungsverfahrens ohne gewichtige Eigeninteressen des für das Urheberrecht zuständigen Bundesgesetzgebers ist diese eher in einem parlamentarischen Gesetzgebungsprozess gewährleistet als in privaten Vertragsverhandlungen.[1691] Als Konsequenz daraus hat jene Ausgestaltung des sozialpflichtigen Eigentums nach eingehender parlamentarischer Beratung in einer öffentlichen Debatte und nicht in privatautonomen Verhandlungen

---

1687 Das scheint dem historischen Gesetzgeber in dieser Klarheit bewusst gewesen zu sein, siehe BT-Drs. IV/270, S. 30: „Wie jedes absolute Recht, ist auch das Urheberrecht ein sozialgebundenes Recht, das gewissen Schranken im Interesse der Gemeinschaft unterliegt. Die sachgemäße Abgrenzung der Rechte des Urhebers gegenüber den berechtigten Interessen der Allgemeinheit (...) ist ein Kernproblem der Urheberrechtsreform und steht im Vordergrund der Diskussion.".

1688 BVerfG ZUM-RD 2012, 129, 130, Rn. 14 – Kunstaustellung im Online-Archiv.

1689 Vgl. C II.

1690 Im angloamerikanischen Rechtsraum wird mit dem Aspekt häufig die Fair Use-Doktrin gerechtfertigt, vgl. *Förster*, Fair Use, S. 142 ff.

1691 Auch *Reschke*, Die verfassungs- und dreistufentestkonforme Auslegung der Schranken, S. 158 sorgt sich um die Angemessenheit des Interessenausgleichs unter der Einführung von Vorbehalten.

zu erfolgen. Im Ergebnis negiert der Vertragsvorbehalt die vielfältige Grundrechtsrelevanz des Urheberrechts und seiner Schrankenbestimmungen.

c) Zusammenfassung

Obwohl zahlreiche Argumente für einen Vertragsvorbehalt[1692] und damit eine selbstbestimmte Marktwirtschaft gesprochen haben, streiten sehr überzeugende gegen einen solchen. Kernargument ist die Möglichkeit zur umfassenden und umsichtigen Abwägung aller tangierten Interessen durch den parlamentarischen Gesetzgeber bei der Ausgestaltung eines grundrechtskonformen und umweltsensiblen Urheberrechts. Das führt zu rechtssicheren Nutzungsmöglichkeiten und einer zwingenden Beteiligung der Urheber infolge der Ausschüttungen der Verwertungsgesellschaften. Die konkreten Vorteile können in folgenden, oben näher dargelegten Aspekten gesehen werden: Achtung der nationalen Hoheitsbefugnisse durch die Wahrung des Schutzlandprinzips, Rechtssicherheit bezüglich des Umfangs gesetzlich erlaubter Nutzungen, zwingende Sicherstellung der angemessenen Vergütung aller Urheber anstatt marktgerechter, aber praktisch kaum durchzusetzender, nach den Maßstäben des naturrechtlichen Personalismus sowie des Art. 14 GG und der allgemeinen Interessenlage im Urheberrecht nicht sachgerechter Vergütungszahlungen, Wahrung aller tangierten Interessen in einer umfassenden Grundrechts- und Interessenabwägung durch den demokratisch legitimierten Gesetzgeber in einem parlamentarischen Verfahren.

Gegen die Notwendigkeit von Bereichen sachgerechter Vergütungsfreiheit kann mit der Pflicht von Staatseinrichtungen zur Vergütung der Urheber als Gegenleistung für die Werknutzung sowie mit der Aufhebung des Widerspruchs infolge der Abgeltungstheorie durch die Trennungstheorie argumentiert werden. Auftretende Doppelvergütungen sind in dem Zusammenhang ein Problem des Schuldrechts.[1693]

Entgegen des angestrebten Verzichts auf Vergütungsinteressen mancher Urheber rechtfertigen die praktischen Schwierigkeiten bei der Berechnung und Ausschüttung der Vergütung zulasten aller anderen Urheber, die die Majorität bilden, das Bestehen eines Vergütungsanspruchs aller Kreativen.

II Vor- und Nachteile schuldrechtlich wirksamer Verträge wie nach § 60g I UrhG

Hinter § 60g I UrhG stehen keine dogmatischen Fragen von vergleichbarer Tiefe, weil nach hier vorgenommener Auslegung eine urheberrechtliche Schrankenbestimmung nicht durch einen demgemäßen Vertragsschluss abbedungen werden kann. Die Frage nach den schuldrechtlichen Grenzen der Gestaltungsfreiheit

1692 Siehe II 1.

1693 Ebenso *Dreier*, ZUM 2013, 769, 774.

besagter Verträge soll vorliegend nicht thematisiert werden.[1694] Dass die vertraglichen Vereinbarungen jedoch zulässig sind, lässt sich § 60g I UrhG entnehmen.

Nichtsdestominder stellen sich rechtspolitische Erwägungen ob der Wirksamkeit von schuldrechtlichen Vereinbarungen mit gesetzlich erlaubten Handlungen als Regelungsgegenstand. Obgleich Gegenstand vorliegender Untersuchung Vertragsvorbehalte sind und sich § 60g I UrhG bisher nur derart ausführlich gewidmet worden ist, um durch Auslegung herauszufinden, ob die Regelung einen solchen beinhaltet, werden diese Erwägungen im Folgenden kurz aufgegriffen. Denn es könnten sich Vorteile ergeben, aufgrund derer schuldrechtlich, aber nicht urheberrechtlich wirksame Vereinbarungen in der später erfolgenden Stellungnahme als Alternative zu Vertragsvorbehalten präsentiert werden können. Alternativ könnten sich Nachteile ergeben, aufgrund derer ein Reformbedürfnis über § 60g II UrhG hinaus erkannt werden kann. Mit dieser Zielstellung sollen nachfolgend die Vor- und Nachteile der Zulässigkeit des wirksamen Vertragsschlusses aus verschiedenen Perspektiven besprochen werden. Dabei stehen neuerlich die Vergütungsansprüche im Vordergrund der Betrachtung.

1. Nutzersicht

Aus Sicht der Schrankenprivilegierten ergibt sich der Vorteil, dass ihnen der Vertragsschluss auf freiwilliger Basis ermöglicht wird, sollten sie ein Interesse daran haben. Zugleich sind sie frei, diesen abzulehnen, ohne dass das Angebot der Verwerterseite die Anwendbarkeit der Schranke sperrt. Somit entstehen weder Prüfpflichten noch ein faktischer Zwang zur Kontrahierung. Die Verweigerung des Vertragsschlusses kann nach einer Kosten-Nutzen-Analyse regelmäßig der Fall sein, weil mit der Vereinbarung immer eine vertragliche Vergütungsabrede einhergehen wird. Aufgrund ihrer Marktmacht werden die institutionellen Nutzer kaum tatsächliche Nachteile fürchten müssen, wenn sie den Vertragsschluss ablehnen. Die Markt- und Verhandlungsmacht ist eine andere als beispielsweise zwischen zahlreichen Urhebern und Verwertern, sodass sich die aus der Diskussion um eine Reform des Urhebervertragsrechts bekannten tatsächlichen Probleme nicht stellen.

Sollten sich die Privilegierten auf einen Vertragsschluss einlassen wollen, unterliegen sie einer hohen rechtlichen Schutzschwelle. Die Nutzungsmöglichkeit auf gesetzlicher Grundlage bleibt als Folge von zwingenden Schrankenregelungen bestehen.[1695] Von der daraus folgenden Rechtssicherheit profitieren die nutzenden Privilegierten und von der Unabdingbarkeit die Endnutzer, deren Interessen nicht in vorrangigen Verträgen zwischen Dritten vergessen zu werden drohen. Die Wertung des Gesetzgebers bleibt aufrechterhalten. Unterdessen besteht nicht die Gefahr von Vertragsstrafen sowie vertraglichen Unterlassungs- oder

1694 Ausführlich dazu *Gräbig*, Abdingbarkeit urheberrechtlicher Schranken, S. 67 ff.; *Stieper*, Rechtfertigung der Schranken, S. 213 ff.; *Zurth*, Nutzungsrechte, S. 245 ff.

1695 Ebenso *Hentsch*, in: *Dreyer/Kotthoff*, UrhR, § 60g, Rn. 3.

Schadensersatzansprüchen, wenn die Nutzungshandlung durchgeführt wird. Denn neben der Anordnung der Zulässigkeit schuldrechtlicher Vereinbarungen bestimmt § 60g I UrhG eine Einrede der Schrankenprivilegierten gegen Abreden, die zum Nachteil des Nutzers von den durch die §§ 60a–60f UrhG erlaubten Nutzungen in Form von Beschränkungen oder Untersagungen abweichen.[1696] Es besteht daher ein umfangreicher rechtlicher Schutz. Dieser garantiert, dass das Ziel des Gesetzgebers, dass die Erlaubnisse für bestimmte Nutzungen nach Maßgabe der Abwägung des Gesetzgebers tatsächlich durchsetzbar sind,[1697] erreicht wird. Für die Nutzer begründet § 60g I UrhG folglich keine Nachteile und zugleich den Vorteil, opportune Verträge abschließen zu können.

2. Urhebersicht

Die Urheber sind am Vertragsschluss im Normalfall nicht beteiligt, weil sie ihre Rechte professionell verwerten lassen. Die Möglichkeit des Vertragsschlusses bringt ihnen somit keine weiteren Vorteile. Jedoch ist § 60g I UrhG gleichermaßen nicht nachteilig für sie, weil die Norm die urheberrechtliche Rechtslage unberührt lässt. Insbesondere hat die Vereinbarung keinen Einfluss auf die gesetzlichen Vergütungsansprüche der Urheber. Diese sind unabhängig von der vertraglichen Rechtslage gegeben.

3. Verwertersicht

Der Gesetzgeber hatte bei der Gesetzesreform zum UrhWissG vor allem die Interessen der Verwerter, genauer genommen der Verleger, vor Augen. Das macht er in der amtlichen Gesetzesbegründung zu Beginn grundsätzlich deutlich.[1698] Daneben kommt dieses Ziel konkret in § 60g I UrhG zum Ausdruck. Der Gesetzgeber betont weiterhin in der Gesetzesbegründung, dass § 60g I UrhG ohne Einfluss auf die gesetzlichen Erlaubnistatbestände nach § 53 I, II UrhG bleibt, denen nach wie vor das systematische Verständnis des BGH[1699] zugrunde liegt.[1700] Jene Rechtsprechung hat den Nutzern Rechtssicherheit und den Kreativen die Garantie einer angemessenen Vergütung gebracht, weil sie die Schrankenprivilegierung[1701]

1696 Ebenso *Hentsch*, in: *Dreyer/Kotthoff*, UrhR, § 60g, Rn. 3.

1697 BT-Drs. 18/12329, S. 22.

1698 BT-Drs. 18/12329, S. 2: „Um den berechtigten Interessen der Rechtsinhaber Rechnung zu tragen, also insbesondere der wissenschaftlichen Autoren und der Fachverlage, (...). Die Reform geht hierbei davon aus, dass der Verleger auch künftig an der angemessenen Vergütung beteiligt werden kann.".

1699 Vgl. BGH GRUR 2014, 979, 983, Rn. 45 – Drucker und Plotter III; ausführlich dazu F II 4.

1700 BT-Drs. 18/12329, S. 45.

1701 BGH GRUR 2014, 979, 983, Rn. 45 – Drucker und Plotter III: „(...) schließt die Bestimmung des § 53 I bis III UrhG aF nicht nur die Befugnis des Rechtsinhabers

ebenso wie die gesetzlichen Vergütungsansprüche[1702] für unabdingbar erklärt hat. Nachteilig ist sie dementsprechend nur für die Rechteinhaber, die die von der Schrankenregelung umfasste Nutzungshandlung weder verbieten noch genehmigen und somit keine vertraglichen Einnahmen erzielen können. Wenn der Gesetzgeber nun angesichts dieser Rechtsprechung ein Bedürfnis für die Einführung von § 60g I UrhG sieht, kann diese Regelung nur den Interessen der Rechteinhaber zu dienen bestimmt sein.

Dieses Ziel speist sich aus der ökonomischen Not zahlreicher Verleger.[1703] Man könnte annehmen, dass der Gesetzgeber damit ausgleichend auf die Kritik bezüglich des RefE reagieren wollte, dass der vorgesehene Nutzungsumfang zugunsten gesetzlich privilegierter, staatlicher Institutionen „extrem weitgehend und ohne jede vorherige evidenzbasierte Forschung frei gegriffen"[1704] sei. Verbieten können die Rechteinhaber die Handlung zwar nach der Einführung von § 60g I UrhG weiterhin nicht. Ebenfalls ändert eine Genehmigung nichts am Bestehen der gesetzlichen Ansprüche der Urheber, an denen es den Verwertern zur Zeit des Reformprozesses nur offen stand, über § 27a VGG zu partizipieren.[1705] Über vertraglich wirksame Abreden können sie allerdings eigene Zahlungsansprüche für gesetzlich erlaubte Nutzungen begründen. Sie sollten daher der größte Profiteur der Einführung von § 60g I UrhG sein.

Ob die Rechteinhaber aber de facto nachhaltig von der Gesetzeseinführung profitieren, ist eminent fraglich. Seit der Einführung von § 27a VGG wird es Urheber gegeben haben, die eine demgemäße Zustimmung erteilt haben, weil sie eine Verlegerbeteiligung aufgrund deren unverzichtbarer Leistung in der Vermarktung für angemessen und sachgerecht erachtet haben. Dagegen haben bereits vor der Einführung von § 60g I UrhG zahlreiche Urheber[1706] darauf verzichtet, eine

---

aus, von den Schrankenregelungen umfasste Vervielfältigungshandlungen zu verbieten (...)".

1702 BGH GRUR 2014, 979, 983, Rn. 45 – Drucker und Plotter III: „(...), sondern auch die Möglichkeit, solche Vervielfältigungshandlungen wirksam zu genehmigen. Eine etwaige Zustimmung des Rechtsinhabers zu diesen Vervielfältigungen geht daher ins Leere und kann somit keinen Einfluss auf die angemessene Vergütung haben.".

1703 Eingehend dazu unter K I 3.

1704 *Börsenverein des Deutschen Buchhandels*, Stellungnahme zum RefE, S. 12.

1705 Vgl. B II 5.

1706 Die konkreten Zahlen können nur gemutmaßt werden. Das hat folgende Ursache: Ausschließlich beim einzelnen Urheber liegt die Entscheidung, ob er einer Verlagsbeteiligung zustimmt oder nicht. Eine Verlagsbeteiligung ist nur möglich, wenn die Zustimmung gegenüber der *VG Wort* erklärt wird. Um die Entscheidungsfreiheit der Urheber zu wahren, erteilt die *VG Wort* selbst Verlagen keine Auskünfte dazu, für welche Werke Zustimmungen abgegeben wurden. Sie teilt ihnen bei gesetzlichen Vergütungsansprüchen selbst im Rahmen von Ausschüttungsinformationen immer nur den Gesamtbetrag für die jeweilige Sparte mit, siehe *VG*

Zustimmung iSv § 27a I VGG zu erteilen. Der banale Grund ist, dass eine Verlagsbeteiligung nach § 4 I, II VG Wort Verteilungsplan [1707] zu einer Kürzung der eigenen Ausschüttungshöhe führt. Die Aufteilungsquote kann bei bis zu 50 % liegen, so beispielsweise bei wissenschaftlichen Fachbüchern.[1708] § 60g I UrhG verdeutlicht nunmehr die Möglichkeit der Verleger, durch schuldrechtliche Vereinbarungen Einnahmen aus eigenen vertraglichen Ansprüchen für gesetzlich erlaubte Handlungen zu generieren. Im Fall des Vertragsschlusses ist dann die gesetzlich erlaubte Handlung Tatbestandsvoraussetzung für den gesetzlichen und den vertraglichen Vergütungsanspruch. Das kann zur Folge haben, dass der Verleger durch die Kombination aus Beteiligung und eigenen Anspruch für ein und die gleiche Nutzungshandlung doppelt vergütet wird. Die Problematik der Doppelvergütung ist beispielsweise im Zusammenhang mit Online-Produkten und hinsichtlich technischer Schutzmaßnahmen, wenn mit diesen auf technischer Ebene gesetzlich Erlaubtes verhindert werden soll, seit längerer Zeit bekannt. Weil sich pauschale und individuelle Vergütung gegenseitig ausschließen sollten, geht § 54a I 2 UrhG überzeugend davon aus, dass bei der Vergütungshöhe für Privatkopien zu berücksichtigen ist, inwieweit technische Schutzmaßnahmen auf die betreffenden Werke angewendet werden. Eine Doppelvergütung ist nicht angemessen, sachgerecht,

---

Wort, Verlagsbeteiligung bei der VG Wort, S. 3. Weiterhin ist zu beachten, dass die Zustimmung zukünftig immer bei der Meldung, bei bereits abgeschlossenen Wahrnehmungsverträgen jedoch beim Urheber werk- und verlagsbezogen abgefragt wird. Die Zustimmung kann daher je nach Werk und Verlag differenziert werden, vgl. *VG Wort*, Verlagsbeteiligung bei der VG Wort, S. 2. Deshalb kann nicht einmal aus dem Gesamtbetrag eines Verlags die konkrete Anzahl der zustimmenden Urheber geschlussfolgert werden.
Es wird sich bei der Anzahl der nicht zustimmenden Urheber jedoch um eine relevante Größe handeln. Das ist ein Ergebnis daraus, dass im Rahmen des Rechtsstreits zur Verlegerbeteiligung vor dem BGH eine Vielzahl von Urhebern mobilisiert worden ist, vgl. *Buchreport*, Brief mit Sprengkraft; *Michal*, Wem gehört das Geld der VG Wort?; *Niggemeier*, Schöner Verlegen – mit dem Geld anderer Leute; *Vogel*, Anmerkung zu einem richtigen Urteil; *ders.*, Verspottung der Urheber. Als Folge daraus haben sich beispielsweise 1211 unterzeichnende Autoren in einem offenen Brief an den damaligen Minister *Heiko Maas* gegen eine angeblich weitere unfreiwillige Subventionierung der Verleger mit ihren „Hungerlöhnen", die im Durchschnitt „in etwa dem Jahresgehalt eines Zimmermädchens" entsprechen, ungeachtet deren „Rechtsbruchs" als Resultat deren „Panikmache" gewehrt, siehe *Initiative Urheberpauschale*, Die Urheberpauschale gehört den Autoren!.

1707 *VG Wort*, Verteilungsplan, S. 5.

1708 *VG Wort*, Merkblatt Zustimmung zur Verlagsbeteiligung, S. 3.

gerechtfertigt oder ökonomisch sinnvoll.[1709] Sie sollte vermieden werden.[1710] Es war also von der Gesetzeseinführung an davon auszugehen, dass eine beachtliche Anzahl an Urhebern infolgedessen zukünftig auf eine Zustimmung nach § 27a I VGG verzichten oder eine ursprünglich erteilte Zustimmung mit der Wirkung, dass die Beteiligung des Verlags für die Zukunft entfällt, widerrufen wird. Es würde der sachliche Grund fehlen, eigenen Einkünften zu entsagen, wenn die Vergütung der Verleger bereits individuell ermöglicht werden kann.

Aber eben das ist die Krux bei § 60g I UrhG. In diesem Zusammenhang taucht nämlich die Schwierigkeit auf, dass die Vergütung des Verlags nicht automatisch sichergestellt ist. § 60g I UrhG eröffnet die Option, vertragliche Einnahmen zu erzielen. Anders als eine pauschale Beteiligung garantiert die Norm sie aber nicht. § 60g I UrhG regelt die Wirksamkeit der vertraglichen Vereinbarung, überlässt den Vertragsschluss indes dem freien Willen der Parteien. Die Rechteinhaber können den Schrankenprivilegierten ökonomisch vorteilhafte Angebote unterbreiten. Doch diese an sich sind ohne Rechtsfolge. Die Annahme und damit die vertragliche Zahlungsverpflichtung können sie nicht erzwingen. Es wird vielmehr zumeist der Fall sein, dass der Vertragsschluss an einer annehmenden Willenserklärung scheitert. Denn wo sollte im Regelfall das Interesse des Schrankenprivilegierten an der vertraglichen Vereinbarung liegen? Es besteht keine Notwendigkeit, das Angebot anzunehmen, denn es hat an sich keinen Einfluss auf die Schrankenbestimmung. Während dem Privilegierten die Nutzung zuvor schon gesetzlich erlaubt gewesen ist, würde der Vertrag nur eine weitere Zahlungspflicht nach möglicherweise aufwendigen Verhandlungen begründen. Staatliche Bildungs-, Forschungs- oder Gedächtnisinstitutionen sind bisweilen in pekuniärer Verlegenheit. Infolgedessen ist davon auszugehen, dass die Mehrzahl der Fälle nicht zu einem Vertragsschluss führen wird.

Doch ohne Vertragsschluss sind vertragliche Ansprüche und auf diese Weise eine Vergütung ausgeschlossen. Hinzu kommt, dass, wenn eine Zustimmung des Urhebers, der über die Vertragsverhandlungen des Verlegers nicht informiert sein muss, aus den oben genannten Gründen heraus verweigert oder widerrufen wird, eine Beteiligung an den Ansprüchen der Urheber ebenfalls ausgeschlossen ist. Während § 60g I UrhG eine Dedikation des Gesetzgebers an das Verlagswesen sein sollte, konnte die Norm zum Zeitpunkt ihrer Einführung zum Bumerang werden. Ursprüngliches Ziel war es, den Verlegern zusätzliche Einnahmen zu ermöglichen.[1711] Letztlich konnte die Gesetzesreform indessen dazu führen, dass der

1709 So außerdem *Gräbig*, Abdingbarkeit urheberrechtlicher Schranken, S. 88 f.; *ders.*, GRUR 2013, 816, 817; *Jani*, ZUM 2019, 674, 682; *Peukert*, ZUM 2003, 1050, 1054; *ders.*, GRUR 2015, 452, 453.

1710 Ebenso *Anton*, in: *Spindler/Schuster*, UrhG, § 60g, Rn. 4; *Berger*, GRUR 2017, 953, 955.

1711 Das gilt, obwohl das UrhWissG ausdrücklich Fragen der Verlegerbeteiligung nicht regelt, vgl. BT-Drs. 18/12329, S. 46.

Rechteverwerter mangels geregelter Verlegerbeteiligung gar keine Vergütung für gesetzlich erlaubte Handlungen erhält.

Als Gabe gedacht hatte § 60g I UrhG folglich das Potential, eine wirtschaftliche Beeinträchtigung des Verlagswesens zu werden. Angesichts der verlegerischen Werkmittlerleistung bei der Herstellung (redaktionelle Bearbeitung, Lektorierung, technische Herstellung, Text- und Bildorganisation) und Vermarktung der hochwertigen Produkte mit anschließender Auswertung (§§ 1, 14 VerlG), was mit einer immensen technischen, organisatorischen und finanziellen Investitionsleistung einhergeht,[1712] kann dieses Ergebnis nicht als billig empfunden werden.

4. Zusammenfassung

Schuldrechtliche Nutzungsvereinbarungen zwischen Rechteinhabern und Nutzern tangieren die Urheberinteressen im Regelfall nicht. Für die Nutzer ist ihre Zulässigkeit hilfreich, weil sie ihnen vorteilhafte Verträge abschließen können, ohne für die Nutzung aufgrund der gesetzlichen Erlaubnis auf eine solche Vereinbarung angewiesen zu sein. Nachteile entstehen vor allem für die Rechteinhaber. Nach damaliger Rechtslage konnten sie an den gesetzlichen Vergütungsansprüchen nicht zwingend partizipieren. Sie waren auf eine Einwilligung des Urhebers angewiesen. Es war davon auszugehen, dass diese vermehrt verweigert wird, wenn das Gesetz darauf hinweist, dass die Rechteinhaber selbst vertragliche Einnahmen für gesetzlich erlaubte Nutzungen erzielen können. Wenn der Nutzer in dem Fall den Vertragsschluss mangels Kontrahierungsbedürfnis aufgrund zwingender Erlaubnisregelungen unter dem Verzicht des UrhWissG auf einen Angebotsvorbehalt verweigerte, standen den Verwertern ungeachtet ihrer Leistung keine Einnahmen für gesetzlich erlaubte Nutzungen zu.

III Stellungnahme zu ausgewählten Argumenten

Bis zum jetzigen Untersuchungszeitpunkt sind die Vor- und Nachteile des § 60g I UrhG und insbesondere des § 60g II UrhG zugrunde liegenden Schrankenverständnisses analysiert worden. Dabei ist neben der Schrankenanwendung zuvorderst auf die vergütungsrechtliche Lage eingegangen worden. Bei der Untersuchung der rechtspolitischen Vor- und Nachteile des Vertragsvorbehalts ist das Arbeitnehmerurheberrecht als Für- und Gegenargument und die pauschale Vergütung nach § 60h III 1 UrhG als Argument für einen Vertragsvorbehalt aufgetreten. Um sich letztendlich zu § 60g II UrhG positionieren zu können, muss somit gleichermaßen

---

1712 Ebensolche Bewertung, hingegen mit dem Ziel, ein eigenes Leistungsschutzrecht der Verleger zu rechtfertigen *Flechsig*, Stellungnahme zum DiskE, S. 4; ausführlich *Obergfell*, GRUR 2019, 992, 993 ff.

Stellung diesbezüglich bezogen werden. Das soll mit einem Reformvorschlag verknüpft werden.

1. Bezüglich § 43 UrhG

Das Arbeitnehmerurheberrecht kann als Argument für und gegen den Vertragsvorbehalt vorgetragen werden.[1713] Um sich letztendlich zum Vertragsvorbehalt positionieren zu können, sollte ein Argument nicht offen gelassen bleiben. Daher ist es notwendig, für die Abgeltungstheorie und damit den Vertragsvorbehalt oder für die Trennungstheorie und damit den Gesetzesvorrang Stellung zu beziehen. Die Vertreter der herrschenden Abgeltungstheorie stellen pauschal auf die vermeintlich fehlende Schutzbedürftigkeit des Urhebers als Arbeitnehmer ab. Diese Argumentation schlägt aber schon im Grundsatz fehl, weil die Schutzdauer von 70 Jahren post mortem auctoris per definitionem die Dauer des Arbeitsverhältnisses weit überdauert. Der Arbeitgeber kann folglich ein Nutzungsrecht erhalten, das ihm die Verwertung des Werks für einen sehr viel längeren Zeitraum ermöglicht, als er dem Arbeitnehmer Lohn zahlt. Das ist besonders kritisch zu sehen, wenn das Arbeitsentgelt nur sehr kurzzeitig gezahlt wird.[1714] Die soziale Funktion des Arbeitsrechts kann in diesem Fall die soziale Funktion des Urheberrechts nicht kompensieren. Kurz andauernde Arbeitsverhältnisse sind in der Kreativenbranche der heutigen mobilen Welt keine Seltenheit.[1715] Daher ist der Arbeitnehmerurheber stets schutzbedürftig. Der Gesetzgeber selbst muss einräumen, dass die Abgeltungstheorie den „Besonderheiten bei befristeten Kurzzeit-Arbeitsverhältnissen wie etwa bei Schauspielern für die Dauer einer Filmproduktion“[1716] nicht gerecht wird. Dazu kommt der Aspekt, dass ursprünglich langfristig angelegte Arbeitsverhältnisse beispielsweise durch Kündigung doch vorzeitig beendet werden können. In diesem Fall greift die Argumentation, die Abgeltung der Nutzungsrechtseinräumung durch das Arbeitsentgelt/durch den Dienstbezug sei gerechtfertigt, weil der Urheber in gesicherten Einkommensverhältnissen lebe, erkennbar nicht durch. Selbst Vertreter der Abgeltungstheorie fordern in den Fällen einer Nutzung über das Bestehen eines kurzzeitigen Arbeitsverhältnisses hinaus eine Korrektur des Entgelts über § 32 UrhG.[1717] Das zeigt, dass die Abgeltungstheorie nicht in der Lage ist, stringent sachgerechte Lösungen zu erzielen. Daher sprechen die besseren Argumente dafür, dass die Vergütung für Arbeitnehmerurheber einer urhebervertragsrechtlichen Kontrolle unterworfen wird.[1718] Vor allem aber versäumt

1713 Vgl. I I 1. b), aa) sowie I I 2. a) aa).

1714 *Dietz*, ZUM 2001, 276, 281.

1715 *Fuchs*, Arbeitnehmer-Urhebervertragsrecht, S. 175.

1716 BT-Drs. 18/10637, S. 21.

1717 Vgl. *A. Nordemann*, in: *Fromm/Nordemann*, UrhR, § 43, Rn. 59.

1718 Ausführlicher Nachweis für diese These bei *Wandtke*, in: *Wandtke/Bullinger*, UrhR, § 43, Rn. 136 ff.; a.A. *Ory*, NJW 2017, 753, 756.

die Abgeltungstheorie es, dogmatisch sauber zwischen dem Lohnanspruch des Arbeitnehmers einerseits und dem Nutzungsentgelt des Urhebers andererseits zu trennen.[1719] Der Arbeitnehmerurheber ist in dieser Doppelfunktion tätig, weshalb keine ungerechtfertigte Schlechterstellung anderer Arbeitnehmer erfolgt. Die anderslautenden Ziele der Rechtsgebiete Urheberrecht und Arbeitsrecht sowie die unterschiedlichen Anknüpfungspunkte der aus ihnen fließenden Ansprüche sind so wesensverschieden, dass die Trennungstheorie die zutreffende dogmatische Auffassung darstellt. Das Arbeitsrecht muss die Selbstständigkeit und Eigenart des Urheberrechts achten. Andernfalls wird der Arbeitsvertrag zu einem Total Buy-out-Vertrag degradiert.[1720] Es ist demnach erfreulich, dass wenigstens einige Tarifverträge den Unterschied zwischen der urheber- und arbeitsrechtlichen Vergütung ausweisen.[1721] Allerdings spricht das erneut für die Praxisgerechtigkeit der Trennungstheorie, wenn sich die Tarifparteien selbst darauf einigen.

Infolge dieser Argumente sollte die zentrale arbeitnehmerurheberrechtliche Regelung des § 43 UrhG umfassend reformiert werden.[1722] In der Literatur sind dem Gesetzgeber längst überzeugende Gesetzesvorschläge unterbreitet worden,[1723] denen sich hier angeschlossen werden kann. Auf einen eigenen Gesetzesvorschlag

1719 Ebenso *Diederichsen*, Der Vergütungsanspruch des angestellten Urhebers, S. 169.

1720 *Wandtke*, MMR 2017, 367, 371.

1721 Siehe Tarifvertrag für auf Produktionsdauer beschäftigte Film- und Fernsehschaffende, Ergänzungsvertrag Erlösbeteiligung Kinofilm, Ziffer 4.1, S. 47 f.

1722 Ebenso *Wandtke*, MMR 2017, 367, 371.

1723 Hier ist insbesondere auf den gewinnbringenden Vorschlag von *Wandtke*, GRUR 2015, 831, 839 hinzuweisen:
„§ 43 UrhG
(1) Die Vorschriften dieses Gesetzes gelten auch für Urheber, die das Werk im Rahmen der arbeitsvertraglich vereinbarten Arbeitsaufgabe schaffen (Pflichtwerke). Im Arbeitsvertrag ist der Inhalt und Umfang der Rechtseinräumung zu vereinbaren. Soweit Tarifverträge gelten, sind deren Urheberrechtsklauseln beim Abschluss des Arbeitsvertrags zu beachten.
(2) Der Arbeitgeber oder Dienstherr erwirbt im Zweifel ausschließliche Nutzungsrechte, soweit sie für die Lösung der betrieblichen Aufgaben benötigt werden. Die Urheberpersönlichkeitsrechte sind dabei zu berücksichtigen.
(3) Der Arbeitnehmer hat einen Anspruch auf eine angemessene Vergütung nach § 32 UrhG für die eingeräumten Nutzungsrechte. Im Zweifel ist mit der arbeitsrechtlichen Vergütung nicht der Inhalt und Umfang der Nutzungsrechte abgegolten. §§ 31 a, 32 a bis 32 c UrhG sind entsprechend anzuwenden. Der Arbeitgeber hat den Nachweis zu erbringen, dass in der arbeitsrechtlichen Vergütung die Angemessenheit der Nutzungsvergütung enthalten ist.
(4) Wird das Arbeitsverhältnis beendet, hat der Arbeitnehmer einen Anspruch auf eine angemessene Vergütung für die wahrgenommenen Nutzungsrechte. Die Abs. 1 bis 3 und 4 S. 1 gelten auch für die ausübenden Künstler.“.

kann demzufolge verzichtet werden. Die Konsequenz von der Abkehr des Abgeltungsprinzips wäre weiterhin, dass Schranken vorrangig vor Verträgen sein müssen. Es wäre nicht überzeugend anzunehmen, dass dem Urheber ein unabdingbarer urhebervertragsrechtlicher Anspruch neben der arbeitsrechtlichen Vergütung für die Nutzungsrechtseinräumung zusteht, er dahingegen nicht in allen Fällen einen gesetzlichen Anspruch auf angemessene Vergütung für erlaubte Nutzungen innehat, weil die tatbestandliche Nutzung auf Schrankengrundlage vertraglich verdrängt ist.

2. Bezüglich § 60h III 1 UrhG

Die Einführung von § 60h III 1 UrhG ist als Argument für einen Vertragsvorbehalt vorgestellt worden.[1724] Die Vorschrift soll nach dem Willen des Gesetzgebers den Grundsatz normieren, „dass die Verwertungsgesellschaft keine Einzelerfassung von Nutzungen verlangen kann, sondern die Höhe der angemessenen Vergütung auch auf Basis von Pauschalen oder Stichproben zulässig ist."[1725] Der Gesetzgeber hat sich außer bei Nutzungen nach §§ 60b, 60e V UrhG, was nicht gesondert amtlich begründet wird, für ebenjene nutzungsunabhängige Berechnung bzw. für repräsentative Stichproben entschieden, weil er auf zwei Erfahrungen abstellte, die sich in einem vorausgegangenen Modellprojekt der Universität Osnabrück[1726] gezeigt hatten.[1727] Die erste Erkenntnis des Projekts war, dass Lehrkräfte an Hochschulen den zeitlichen und organisatorischen Aufwand meiden, der mit der Einzelerfassung der genutzten Werke verknüpft ist.[1728] Die Folge davon ist, dass die Bereitschaft zur Nutzung geschützter Inhalte deutlich schwindet.[1729] Der Gesetzgeber ließ sich also zunächst von dem Bedenken leiten, dass er mit einer werk- und nutzungsbezogenen Vergütung im Ergebnis sein eigenes Ziel konterkarieren würde, nämlich Nutzungshandlungen im Bildungs- und Wissenschaftsbereich durch die Reform zu fördern. Dieses Ziel kommt darin zum Ausdruck, dass das UrhWissG die Erlaubnistatbestände gegenüber der älteren Rechtslage erweitert bzw. neu schafft,[1730] um den Nutzungsumfang zu erhöhen.

Daneben hat das Modellprojekt gezeigt, dass der Aufwand und die Kosten für die Einzelermittlung der dennoch erfolgten Nutzungen erheblich sein können.[1731]

1724 Siehe zu diesem Argument I I 1. a) bb).

1725 BT-Drs. 18/12329, S. 47.

1726 *Fuhrmann-Siekmeyer/Thelen/Knaden*, Pilotprojekt Uni Osnabrück, S. 5 ff.; Kurzversion des Abschlussberichts bei *Fuhrmann-Siekmeyer/Thelen*, Bibliothek – Forschung und Praxis 2015, 394, 394 ff.

1727 BT-Drs. 18/12329, S. 47.

1728 *Fuhrmann-Siekmeyer/Thelen/Knaden*, Pilotprojekt Uni Osnabrück, S. 42 ff.

1729 *Fuhrmann-Siekmeyer/Thelen/Knaden*, Pilotprojekt Uni Osnabrück, S. 33 ff.

1730 Vgl. BT-Drs. 18/12329, S. 3, 21; siehe auch G IV 2.

1731 *Fuhrmann-Siekmeyer/Thelen/Knaden*, Pilotprojekt Uni Osnabrück, S. 39 ff.

Das sollte den Institutionen nicht zugemutet werden. Eine Pauschalabgabe führt dahingegen dazu, dass die Transaktionskosten der Nutzerseite signifikant zurückgehen.[1732] Aus diesen beiden Gründen hat sich der Gesetzgeber entschieden, dass eine Ermittlung der angemessenen Vergütung auf der Basis von Pauschalen oder Stichproben zulässig ist.[1733]

Mit den Pauschalvereinbarungen folgte der Gesetzgeber dem BGH, der bereits zuvor geurteilt hatte, dass eine „typisierende, pauschalierende oder generalisierende Erfassung" von Werknutzungsdaten gerechtfertigt sei, „soweit die vielzähligen Nutzungsvorgänge nur mit unverhältnismäßigem Aufwand individuell erfasst werden können."[1734] Aus der Literatur haben die Pauschalabgaben ferner Unterstützung erhalten.[1735] Die alternative Einzelerfassung ist als schwer begründbarer Anachronismus gekennzeichnet worden, weil er im Grunde einer Lizenzerteilung gleichkomme.[1736] Ohne Pauschalisierung hätten desgleichen Einzelverträge abgeschlossen werden können. Es entspreche dem Wesen einer Abgabe, sich durch eine Abstraktionshöhe gegenüber dem Einzelfall auszuzeichnen und dennoch infolge statistischer Näherungswerte aufgrund von Stichproben und Hochrechnungen eine annähernd gerechte Vergütung zu erzielen.[1737] Dass pauschale Abgaben Verteilungsgerechtigkeit erreichen können, zeigten die sich in der Vergangenheit bewährten Bibliothekstantiemen.[1738]

Diese Ansicht hat allerdings eine lebendige Diskussion ausgelöst. Die pauschale Bestimmung der Vergütungshöhe, um die in Reaktion auf den RefE noch umfangreicher gestritten worden ist, ist vielfach von Interessenvertretern als unzufriedenstellend wahrgenommen worden, die auf einzelfallbezogene und damit nutzungsabhängige Berechnungen gehofft hatten, statt auf Schätzungen oder Stichproben angewiesen zu sein.[1739] Die Kritik ist von der Angst geleitet

---

1732 *Grünberger*, GRUR 2017, 1, 8, der in seinem Gesetzesvorschlag auf S. 9 die pauschale Erhebung fordert.

1733 Zustimmend *Lüft*, in: *Wandtke/Bullinger*, UrhR, § 60h, Rn. 7, der aufgrund des mit einer Einzelabrechnung verbundenen Aufwands gar zu niedrige Vergütungen einzelner Urheber im Einzelfall als gerechtfertigt ansieht.

1734 BGH GRUR 2013, 1220, 1228, Rn. 76 – Gesamtvertrag Hochschul-Intranet.

1735 *Grünberger*, GRUR 2017, 1, 8 f.; *Haucap*, Ökonomische Auswirkungen einer Bildungs- und Wissenschaftsschranke, S. 77 f.; *Spindler*, CR 2016, 73, 78; a.A. *J.B. Nordemann*, NJW 2017, 1586, 1586 f.

1736 *Haucap*, Ökonomische Auswirkungen einer Bildungs- und Wissenschaftsschranke, S. 77.

1737 *Haucap*, Ökonomische Auswirkungen einer Bildungs- und Wissenschaftsschranke, S. 77.

1738 *Haucap*, Ökonomische Auswirkungen einer Bildungs- und Wissenschaftsschranke, S. 77.

1739 Vgl. *Börsenverein des Deutschen Buchhandels*, Stellungnahme zum RefE, S. 3 f.; zustimmend *J.B. Nordemann*, NJW 2017, 1586, 1586 f.

gewesen, durch Pauschalisierungen weniger Geld als gemäß einer nutzungsabhängigen Berechnung zu erhalten.[1740] Da die Nutzungen weiterhin nicht werkbezogen erfasst werden, erhalten alle Ausschüttungsberechtigten, selbst die, deren Werke faktisch gar nicht genutzt worden sind, einen gleichen Anteil an den pauschalisierten Einnahmen der Verwertungsgesellschaft, was zu einer Ausschüttungshöhe für den einzelnen Urheber führe, die angesichts einer schwach zweistelligen Summe nicht als angemessen bezeichnet werden könne.[1741]

Den Kritikern muss dahingehend zugestimmt werden, dass tatsächlich die Gefahr besteht, dass pauschale Abrechnungen dazu führen, dass die Vergütung zu niedrig ausfällt.[1742] Weil durch Einzelerfassungen Kenntnisse über das konkrete Nutzungsverhalten gewonnen werden, kann die Genauigkeit der Berechnungen gesteigert werden. Das wird dem urheberrechtlichen Grundsatz, dass der Urheber an dem wirtschaftlichen Nutzen, der aus seinem Werk gezogen wird, tunlichst angemessen beteiligt werden muss, besser gerecht.[1743] Daher ist die Einzelvergütung Ausdruck des über Art. 14 GG verbürgten Leistungsprinzips.[1744] Infolgedessen ist der Grundsatz der Einzelerfassung als Leitprinzip die oberste Direktive der die Verteilungsregeln betreffenden Maximen.[1745] Deswegen entspricht die Einzelerfassung an anderer Stelle der geltenden Rechtslage.[1746] Nutzer, die aufgrund eines Nutzungsrechts Verwertungshandlungen durchführen, haben der Verwertungsgesellschaft nach § 42 II 1 VGG eine Aufstellung der genutzten Werke zu übersenden. Wenn die Verwertungsgesellschaft den Nutzer in Anspruch nimmt, muss er sich aus prozessualer Sicht im Rahmen seiner Erklärungspflicht umfassend, § 138 II ZPO, und wahrheitsgemäß, § 138 I ZPO, über die Zahl der Nutzungen äußern.

Im Gegensatz dazu spricht der Gesetzgeber mit § 60h III 1 UrhG Institutionen, die in facto überwiegend in staatlicher Trägerschaft stehen, von dem Aufwand der Einzelerfassung frei. Obwohl die angemessene Kreativenvergütung nicht durch fiskalische Interessen des Staats beeinträchtigt werden darf,[1747] müssen solche folglich als Hintergrund der Regelung angesehen werden. Sanierungen der Staatskassen auf Kosten der Urheber widersprechen zutiefst dem Wesen des Urheberrechts. Bezeichnend ist, dass Nutzungen nach § 60b UrhG, also der Privilegierung, die von allen Schranken des UrhWissG wohl am umfangreichsten von nicht

---

1740 Vgl. *Börsenverein des Deutschen Buchhandels*, Stellungnahme zum RefE, S. 3 f.; ferner *de la Durantaye*, GRUR 2017, 558, 565 f.

1741 *Börsenverein des Deutschen Buchhandels*, Stellungnahme zum RefE, S. 4.

1742 Ebenso *Grünberger*, GRUR 2017, 1, 8.

1743 Ebenso *Grünberger*, GRUR 2017, 1, 8.

1744 Ebenso *Völger*, Lizenzmodelle im kollektiven Wahrnehmungsrecht, S. 404.

1745 Ausführlich *Völger*, Lizenzmodelle im kollektiven Wahrnehmungsrecht, S. 402 ff.

1746 Kritisch zur Pauschalabgabe daher ebenso *Berger*, GRUR 2017, 953, 957; *Schack*, ZUM 2017, 802, 807.

1747 Ebenso *Schack*, ZUM 2017, 802, 808.

staatlichen Nutzern genutzt werden wird, nach § 60h III 2 UrhG von der Möglichkeit der pauschalen Abrechnung ausgenommen worden ist.

Obwohl der BGH in der Tat ausnahmsweise die generalisierende Erfassung von Werknutzungsdaten als gerechtfertigt angesehen hat, hat er dennoch den Grundsatz festgehalten, dass eine Verwertungsgesellschaft gehalten ist, „die zur Berechnung der Vergütung erforderlichen Daten der Werknutzung möglichst genau zu erfassen."[1748] Der Auffassung entspricht § 41 I VGG, wonach werk- und nutzungsbezogen Auskunft von den Verwertungsgesellschaften verlangt werden kann, soweit dies nicht mit einem unverhältnismäßig hohen Aufwand verbunden ist. Die Grenze des zumutbaren Aufwands kann nicht allgemein festgelegt werden, sondern richtet sich danach, inwieweit der Primärmarkt der Rechteinhaber betroffen ist.[1749] Schon zu § 52a UrhG aF hatten sich die *Kultusministerkonferenz* und die *VG Wort* auf einen Rahmenvertrag einigen können, der eine Einzelabrechnung vorsah.[1750]

Diese Berechnungsmethode wird dadurch begünstigt, dass sich die Meldeportale zur Nutzungserfassung nutzerfreundlich verbessert haben.[1751] Durch die technische Möglichkeit wird die individuelle Abrechnung zumutbar. Optimierte Meldeverfahren senken die Eingabekosten. Insbesondere mit der Einzelerfassung beim Kopienversand auf Bestellung durch Bibliotheken hat die Praxis daher gute Erfahrungen erzielt. Ebenso kann diesbezüglich von der Musikbranche gelernt werden. Hier ist die Einzelerfassung von digitalen Nutzungen seit vielen Jahren Standard. Beispielsweise hat die GEMA Tarife für den Online-Bereich aufgestellt, die die Erfassung einzelner Streams zur Voraussetzung haben.[1752] Obwohl Streaming-Plattformen wie Spotify oder iTunes Music, deren Einzelstreams weltweit im Milliardenbereich liegen, gemäß solchen Tarifen abgerechnet werden, kann die gewaltige Datenmenge bewältigt und die Nutzung den jeweiligen Werkberechtigten zugeordnet werden.[1753] Es ist demgemäß nachvollziehbar, dass andere Rechteinhaber diese Entwicklung zum Beispiel nehmen, um aufzuzeigen, „was durch die Verhandlung und Einführung technischer Standards zwischen Verwertungsgesellschaften und Werkanbietern möglich ist, wenn der Gesetzgeber zum Schutz der Urheber werkbezogene Abrechnungen verlangt."[1754]

1748 BGH GRUR 2013, 1220, 1228, Rn. 76 – Gesamtvertrag Hochschul-Intranet.

1749 BGH GRUR 2013, 1220, 1228, Rn. 80 – Gesamtvertrag Hochschul-Intranet.

1750 *KMK*, Rahmenvertrag zur Vergütung von Ansprüchen nach § 52a UrhG (Hochschulen), S. 4 f.

1751 *VG Wort*, Stellungnahme zum RefE, S. 7; zustimmend *Schack*, ZUM 2017, 802, 807; a.A. noch *Fuhrmann-Siekmeyer/Thelen/Knaden*, Pilotprojekt Uni Osnabrück, S. 16 f.

1752 Siehe *GEMA*, Tarif VR-OD 9, S. 2.

1753 *Börsenverein des Deutschen Buchhandels*, Stellungnahme zum RefE, S. 9, Rn. 9.

1754 *Börsenverein des Deutschen Buchhandels*, Stellungnahme zum RefE, S. 9, Fn. 9.

Weil das UrhWissG die Verlegerbeteiligung nicht regelt und Vergütungshöhen nutzungsunabhängig bestimmt, folgte aus der Gesetzeseinführung die damalige Rechtslage, dass Verleger gar nicht und Urheber unter der Gefahr zu geringer Vergütung beteiligt werden. Die berechtigte Kritik an diesem Umstand ist ein Argument für den Vertragsvorbehalt. Vorrangige Vereinbarungen, die die gesetzliche Nutzungserlaubnis ausschließen und die Nutzung auf vertragliche Grundlage stellen, würden die Möglichkeit eröffnen, Nutzern attraktive Angebote zu unterbreiten, wofür sie im Ausgleich bereit sind, Verleger zu beteiligen und die Höhe der Vergütung abweichend festzulegen. So könnten markt- und sachgerechte Zahlungsansprüche erzielt werden.

Dennoch bleibt die entscheidende Frage, ob das Urheberrecht deshalb eines Vertragsvorbehalts bedarf. Dieser ermöglicht die Festlegung nutzungsabhängiger Vergütungen für gesetzlich erlaubte Handlungen. Nichtsdestominder ist es nicht zwingend, dass das Verständnis der urheberrechtlichen Schranken gewandelt werden muss, um dieses Ergebnis erreichen zu können. Die alternative und vorzugswürdige Möglichkeit wäre, das Verständnis der Schranken beizubehalten und dafür die Vorschrift des § 60h III 1 UrhG zu reformieren. Das würde gegenüber dem Vertragsvorbehalt den Vorteil mit sich bringen, dass nicht nur die Möglichkeit zur abweichenden Regelung besteht, sondern die Rahmenvertragsverhandlungen grundsätzlich frei von dahingehenden gesetzlichen Vorgaben sind. Eine Vollerhebung der Nutzungsdaten kann momentan nicht verlangt werden, selbst wenn sie sachgerecht wäre. Bei der Prognose des zumutbaren Aufwands für die Nutzer hätte sich der Gesetzgeber weiter zurückhalten können und hätte keine allgemeine Entscheidung über die Form der Berechnung der Vergütung treffen müssen. Die generelle Festlegung steht im Widerspruch zu den oben dargelegten Grundsätzen. Daher erscheint es nicht sachgerecht, Einzelabrechnungen kategorisch auszuschließen.

Je nach Reichweite der Schrankenprivilegierung, der Tiefe des damit verbundenen Eingriffs in die Primärvermarktung und der technischen Entwicklung von Meldeverfahren kann eine andere Abrechnungsmethode vorzugswürdig sein. Deswegen kann sich der Forderung der *VG Wort* an den Gesetzgeber angeschlossen werden, die Diskussion um die Abgaben- oder Einzelfalllösung der jeweiligen Vereinbarung zwischen Verwertungsgesellschaften und Nutzern zu überlassen.[1755]

Die Folge einer dahingehenden Reform von § 60h III 1 UrhG wäre, dass ein gewichtiges Argument für den Vertragsvorbehalt entfallen würde. Das Bedürfnis nach einem solchen würde reduziert werden können, ohne die althergebrachte Schrankendogmatik aufzurütteln.

1755 Siehe *VG Wort*, Stellungnahme zum RefE, S. 7.

3. Ergebnis

Mit § 43 UrhG und § 60h III 1 UrhG sind zwei Gesichtspunkte aufgezeigt worden, deren aktuelle Fassung Argumente für die Rechtsfigur des Vertragsvorbehalts bietet. Jedoch sind beide Vorschriften als veränderungsbedürftig anzusehen.[1756] Dadurch wird die Überzeugungskraft ihres argumentativen Aussagegehalts erheblich geschwächt.

Zunächst ist der über § 60h III 1 UrhG vermittelte kategorische Ausschluss von Einzelabrechnungen nicht sachgerecht und verletzt den Grundsatz, dass Verwertungsgesellschaften gehalten sind, die zur Berechnung der Vergütung erforderlichen Daten der Werknutzung möglichst genau zu erfassen.[1757] Damit stellt die Vorschrift als Fremdkörper eine Ausnahmeregelung dar, wenn sie nicht sogar als „wahrnehmungsrechtliche Anomalie" gesehen werden muss.[1758] Eine Reform von § 60h III 1 UrhG würde es den Verwertungsgesellschaften ermöglichen, in den Verhandlungen zu den Rahmen- und Gesamtverträgen Einzelerfassungen zu verlangen, und würde somit das Bedürfnis nach alternativen Gestaltungsmöglichkeiten dezimieren. Das Interesse daran, die Nutzungshandlung auf eine vertragliche Grundlage zu stellen, würde absinken. Dafür müssten die Nutzer wahrscheinlich höhere Vergütungen an die Urheber zahlen.

In Bezug auf das Arbeitnehmerurheberrecht wäre die Trennungstheorie die dogmatisch saubere Lösung, die die Eigenarten der einzelnen Rechtsgebiete zu respektieren weiß. Es wird mithin die Ablösung der herrschenden Abgeltungstheorie gefordert, obschon das wohl reichlichere Zahlungsverpflichtungen der Arbeitgeber bedeutet. Wenn vertragliche Vergütungsansprüche selbst gegenüber arbeitsrechtlichen Vergütungsregelungen unantastbar wären, sollte das ebenso für gesetzliche Vergütungsansprüche gelten. Das wäre nicht der Fall, wenn die Schrankenerlaubnis unter einem Vorbehalt stünde, der dazu führen würde, dass die Vergütung ausschließlich auf vertraglicher Grundlage an den Vertragspartner erfolgt, weil der gesetzliche Anspruch verdrängt wird. Das wäre widersprüchlich. Die Ablösung der Abgeltungstheorie wäre somit ein Argument für unantastbare gesetzliche Vergütungsansprüche und damit für vorrangige Schranken.

Als Konsequenz aus dem dargestellten Reformbedarf werden die aus §§ 43, 60h III 1 UrhG gewonnenen Argumente für einen Vertragsvorbehalt aus der nachfolgenden Betrachtung ausgeschlossen.

1756 Neben der dafür dargelegten Argumentation stellt sich noch die Frage, ob das Unionsrecht nach der Einführung der DSM-RL nicht ebenso eine Anpassung der Pauschalvergütung erfordert, bejahend *Steinbrecher*, MMR 2019, 639, 640 f. Dafür spricht insbesondere der Umstand, dass die praktische Funktionalität der Pauschalvergütung erheblich dadurch beeinträchtigt wird, dass Art. 4 III DSM-RL einen Nutzungsvorbehalt ermöglicht. Dementsprechend versehene Werke müssen bei der Berechnung ausgenommen werden.

1757 BGH GRUR 2013, 1220, 1228, Rn. 76 – Gesamtvertrag Hochschul-Intranet.

1758 So mit guten Argumenten *Völger*, Lizenzmodelle im kollektiven Wahrnehmungsrecht, S. 404.

J Unionsrechts- und Verfassungsrechtskonformität

Nach dem hier vertretenen Verständnis hält § 60g I UrhG am hergebrachten Prinzip der Vorrangigkeit und Unabdingbarkeit urheberrechtlicher Schrankenbestimmungen fest, während er die schuldrechtliche Möglichkeit eines wirksamen Vertragsschlusses betont und dem Nutzungsprivilegierten eine Einrede gegen Ansprüche aus dem Vertrag gewährt, sollte dessen Inhalt zu seinem Nachteil von der gesetzlichen Nutzungserlaubnis abweichen.[1759] In Ausnahme dazu stellt § 60g II UrhG zwei Privilegierungen unter einen Vertragsvorbehalt, sodass diese beiden Schrankenbestimmungen durch den vorrangigen Vertragsschluss mit urheberrechtlicher Wirksamkeit abbedungen werden können.[1760] Nachdem im Anschluss an die Auslegung mit diesem Ergebnis die Auswirkungen von § 60g UrhG in Form der jeweiligen Vor- und Nachteile der beiden Absätze dargestellt worden sind, ist offensichtlich, welche Faktoren und Argumente in einer Abwägung ob der Vereinbarkeit der Norm mit höherrangigem Recht zu berücksichtigen sind. Für den Vertragsvorbehalt streitet insbesondere der Schutz der zu Marktbedingungen selbstorganisierten Geschäftsmodelle der Verleger auf ihrem Primärmarkt. Die andere Seite dieser Münze ist der damit einhergehende Verlust der gesetzlichen Vergütungsansprüche der Urheber und der Erlaubnis der Nutzer zur Nutzung im gesetzlich vorgesehenen Umfang, sollte die Vereinbarung dies vorsehen. Anhand der dargelegten Auswirkungen soll nun die Zulässigkeit von § 60g I UrhG (I), von der Rechtsfigur des Vertragsvorbehalts allgemein (II) und anschließend konkret von § 60g II UrhG (III) angesichts unionsrechtlicher und verfassungsrechtlicher Vorgaben untersucht werden. Auf eine eigene rechtspolitische Stellungnahme zu den dargelegten Argumenten käme es nicht mehr an, wenn sich aus einem der Rechtsgebiete die Unzulässigkeit des Vertragsvorbehalts allgemein oder von § 60g II UrhG im Konkreten ergeben würde. Diese Frage ist am Maßstab des unionalen Sekundärrechts (zuvörderst der InfoSoc-RL und der DSM-RL) (II 1.) sowie des unionalen Primärrechts und des deutschen Verfassungsrechts (II 2.), wobei schwerpunktmäßig jeweils auf Grundrechte (EU-GrCh und GG) abzustellen ist, zu beantworten.

I Zulässigkeit von § 60g I UrhG

Nach hier vertretener Auffassung lässt § 60g I UrhG die Vorrangigkeit der von der Norm erfassten Urheberrechtsschranken unberührt und verdeutlicht nur die grundsätzliche schuldrechtliche Wirksamkeit von Vereinbarungen. Ebendieses

1759 Tiefergehend dazu H III.
1760 Tiefergehend dazu H II.

Schrankenverständnis muss für seine Zulässigkeit mit dem höherrangigen Recht vereinbar sein.

Es ist zunächst darauf hinzuweisen, dass im Anwendungsbereich von Art. 7 I DSM-RL dem nationalen Gesetzgeber dieses Schrankenverständnis verpflichtend vorgeschrieben ist. Art. 7 I DSM-RL statuiert, dass Vertragsbestimmungen, die den in Art. 3, 5, 6 DSM-RL festgelegten Ausnahmen zuwiderlaufen, nicht durchsetzbar sind. In diesen Fällen ist unter Berücksichtigung unionsrechtlicher Terminologie die Auffassung, dass Schranken gegenüber vertraglichen Vereinbarungen vorrangig sind, im EU-Recht verankert worden. § 60g I UrhG erfasst unter anderem Nutzungshandlungen, die gemäß Art. 3, 5, 6 DSM-RL privilegiert sind. Diesbezüglich jedenfalls ist seine Konformität demnach unstrittig.

Indessen umfasst § 60g I UrhG nicht nur Nutzungserlaubnisse gemäß Art. 3, 5, 6 DSM-RL. Wenn Schrankenregelungen, die nach § 60g I UrhG vorrangig gegenüber vertraglichen Vereinbarungen sind, nicht in den Anwendungsbereich von Art. 7 I DSM-RL fallen, bestehen allerdings ebenfalls keine Bedenken hinsichtlich ihrer Vereinbarkeit mit höherrangigem Recht, solange der Vorbehalt durch höherrangiges Recht nicht ausdrücklich angeordnet wird. Eine solche Anordnung befindet sich bisher nur in Art. 5 III lit. n) InfoSoc, dem durch die in § 60g II UrhG normierte Ausnahme ausreichend Rechnung getragen wird. Darauf wird später einzugehen sein. Hier steht die Zulässigkeit von § 60g I UrhG in Bezug auf jene Normen zur Überprüfung, die vorrangig sind und nicht der Aussage des Art. 7 I DSM-RL unterliegen. Die Zulässigkeit der Vorrangigkeit jener Schranken ergibt sich jedoch eindeutig aus der Sozialbindung des Eigentums in Verbindung mit den durch die Schrankenprivilegierungen jeweils berücksichtigten Nutzerinteressen, insbesondere den Kommunikationsgrundrechten.[1761] Die Rechtfertigung vorrangiger Schranken ist im Zusammenhang mit der Grundrechtsrelevanz der Schrankenbestimmungen bereits belegt worden. Auf jene Ausführungen kann an dieser Stelle vollumfänglich verwiesen werden.[1762]

Demzufolge bestehen an der Zulässigkeit (Unionsrechts- und Verfassungsrechtskonformität) von § 60g I UrhG unter Zugrundelegung hier vertretener Norminterpretation keine Bedenken. Das spricht überdies für die vorgenommene Auslegung.[1763]

1761 Damit wird nicht die Zulässigkeit der einzelnen Erlaubnistatbestände des UrhWissG geprüft, sondern lediglich ihre Vorrangigkeit.

1762 C II.

1763 H III.

II Zulässigkeit des Vertragsvorbehalts in Schrankenregelungen

Vorliegende Untersuchung nimmt Vertragsvorbehalte in Schrankenbestimmungen anhand des UrhWissG in Augenschein. Die Zulässigkeit der Rechtsfigur wird dafür zunächst allgemein und losgelöst von § 60g II UrhG untersucht. Sodann folgt die konkrete Prüfung von § 60g II UrhG (III).

1. Unionales Sekundärrecht als Maßstab

Die Wissenschaftsschranken sind am Maßstab des unionalen Sekundärrechts anhand der DSM-RL und der InfoSoc-RL zu überprüfen.

a) DSM-RL

In den Art. 3–6 DSM-RL sind Schrankenbestimmungen festgelegt. Dabei sind die von Art. 7 I DSM-RL erfassten Schrankentatbestände (Art. 3, 5, 6 DSM-RL) für die einzelnen Mitgliedstaaten verpflichtend vertragsfest auszugestalten.[1764] Im Anwendungsbereich von Art. 7 I DSM-RL sind somit Vertragsvorbehalte zwingend unzulässig. Aufgrund dieser ausdrücklichen Anordnung bedarf es zur Ermittlung der Vertragsfestigkeit der in der DSM-RL geregelten Schranken lediglich noch einer gesonderten Auslegung von Art. 4 DSM-RL, der als einziger Schrankentatbestand nicht von 7 I DSM-RL in Bezug genommen wird. Dass Art. 7 I DSM-RL nicht auf Art. 4 DSM-RL verweist, legt bereits den Umkehrschluss nahe, dass dieser gegenüber Vereinbarungen nachrangig sein kann. Ebendieses Verständnis ergibt sich im Übrigen aus dem in Art. 4 III DSM-RL geregelten Nutzungsvorbehalt. Denn wenn eine Schranke nach dem Tatbestand des Unionsrechts durch einseitige Erklärung abbedungen werden kann, muss erst recht eine nationale Klausel zulässig sein, nach der das ebenfalls für eine zweiseitige Vereinbarung gilt. Eine Vorbehaltseinführung wäre bei der Umsetzung von Art. 4 DSM-RL sonach zulässig. Den Vorbehalt der vertraglichen Vereinbarung einzuführen, erachtet Erwägungsgrund 18 DSM-RL für gewisse Fälle obendrein ausdrücklich als angemessen. Erwägungsgründe entfalten zwar keine rechtliche Verbindlichkeit, sind dennoch ein elementares Instrument der Auslegung und Anwendung einer Richtlinie.[1765] Die Bedeutung des Erwägungsgrunds ergibt sich hier daraus, dass er Sinn und Zweck der Schrankenbestimmung festlegt. Art. 4 DSM-RL soll einerseits den Nutzern mehr Rechtssicherheit gewähren und andererseits zugleich nicht die Möglichkeit

---

1764 Unbeschadet davon gewährt Art. 5 II UAbs. 1 DSM-RL den Mitgliedstaaten die Möglichkeit, die in Art. 5 I DSM-RL vorgesehene Privilegierung unter einem Angebotsvorbehalt einzuführen, siehe bereits G III 2.

1765 *Grundmann*, Die Auslegung des Gemeinschaftsrechts durch den Europäischen Gerichtshof, S. 258 ff.

der Rechteinhaber schmälern, künftig Lizenzen für die Nutzung ihrer Werke oder sonstigen Schutzgegenstände erteilen zu können.[1766] Der Nutzungsvorbehalt möchte also gerade dem Zweck dienen, Vertragsverhandlungen zwischen Nutzern und Rechteinhabern mit dem Ziel der Lizenzerteilung zu ermöglichen. Das würde leerlaufen, wenn eine Art. 4 DSM-RL umsetzende Schrankenbestimmung die Nutzungshandlung stets von der Möglichkeit der rechtsgeschäftlichen Erlaubniserteilung ausschließen würde, wie es im deutschen Recht nach der Rechtsprechung des BGH[1767] bei der Privatkopieschranke des § 53 UrhG aF der Fall ist. Die Schranke darf hier zur Erreichung ihres Zwecks nicht die vertraglichen Gestaltungsoptionen der Parteien begrenzen, indem sie ihre Rechtsmacht beeinträchtigt. Wenn Vereinbarungen nicht vorrangig wären, würde das mithin die Sinnhaftigkeit des Nutzungsvorbehalts aus Art. 4 III DSM-RL in Frage stellen. Es wäre im Gegensatz zu den auf Art. 3, 5, 6 DSM-RL beruhenden Nutzungserlaubnissen sonach zulässig, eine auf Art. 4 DSM-RL beruhende Privilegierung unter einen Vertragsvorbehalt zu stellen.

b) InfoSoc-RL

Über jene vier Schrankentatbestände hinaus richtet sich die Möglichkeit des nationalen Gesetzgebers, Schrankenprivilegierungen einzuführen, nach Art. 5 InfoSoc. Dieser ist von allen Richtlinienvorschriften der wesentliche Überprüfungsmaßstab für die Zulässigkeit von Vertragsvorbehalten im nationalen Recht. Im Wege der Auslegung der einzelnen Absätze der Norm sollen seine diesbezüglichen Vorgaben ermittelt werden. Im Gegensatz zur Auslegung von Art. 4 DSM-RL sind die Erwägungsgründe der InfoSoc-RL dabei nicht eingehend zu betrachten, weil ihnen zum Verhältnis zwischen Schranke und Vertrag kein eigenständiger Aussagegehalt zukommt.[1768]

aa) Art. 5 I InfoSoc

Der in § 44a UrhG umgesetzte Art. 5 I InfoSoc begründet eine verpflichtende Schrankenbestimmung für die Mitgliedstaaten zugunsten vorübergehender Vervielfältigungshandlungen ohne eigenständige wirtschaftliche Bedeutung, die flüchtig oder begleitend sind und einen integralen und wesentlichen Teil eines technischen Verfahrens darstellen und deren alleiniger Zweck es entweder ist, eine Übertragung in einem Netz zwischen Dritten durch einen Vermittler oder eine

---

1766 Erwägungsgrund 18 DSM-RL.

1767 BGH GRUR 2014, 979, 983, Rn. 45 – Drucker und Plotter III.

1768 Hierbei könnte man äußerstenfalls an Erwägungsgrund 45 InfoSoc denken, der indessen im Verlauf der Untersuchung bereits hinreichend thematisiert worden ist, vgl. F III 3. Er ist weder ein Harmonisierungsziel noch trifft er eine Aussage über die Disponibilität der Schrankenbestimmungen.

rechtmäßige Nutzung eines Werks oder sonstigen Schutzgegenstands zu ermöglichen. Es ist die einzige Schranke, die die InfoSoc-RL nicht fakultativ ausgestaltet. Das spiegelt ihre Bedeutung wider. Vorübergehende Vervielfältigungen sind im Online-Bereich regelmäßig nicht wegdenkbare Voraussetzung für den Werkkonsum.[1769] Die Sichtbarmachung auf dem Computerbildschirm setzt Vervielfältigungen wiederholt voraus. In einer teleologischen Auslegung folgt draus, dass ihr Regelungsgehalt gegenüber Vereinbarungen vorrangig sein muss. Es wäre paradox, wenn der europäische Gesetzgeber den nationalen Gesetzgebern zwingend vorschreiben würde, aus Nutzerschutzgründen diese überaus bedeutsame Nutzung gesetzlich zu erlauben, wenn die Richtlinie es zugleich ermöglichen würde, die Erlaubnis durch Vorbehalts- oder Vorrangregelungen wiederum auszuhöhlen. Subsidiaritätsklauseln würden den Vertragsparteien mehr Macht einräumen, die urheberrechtliche Lage frei zu gestalten, als dem nationalen Gesetzgeber selbst zukam. Dieser muss die Erlaubnis obligatorisch einführen, wohingegen die Parteien sie abbedingen könnten. Das Ergebnis kann von der Richtlinie nicht angestrebt werden. Im Regelungsbereich von Art. 5 I InfoSoc sind Vertragsvorbehalte mithin nicht zulässig.

bb) Art. 5 II–IV InfoSoc

Die Absätze 2–4 formulieren einen abgeschlossenen Katalog optionaler Schrankenbestimmungen für die einzelnen Mitgliedstaaten. Ausdrücklich nimmt davon nur Art. 5 III lit. n) InfoSoc auf das Verhältnis zwischen Vertrag und Schranke Bezug. Er stellt die Schrankenbestimmung unter einen Vertragsvorbehalt.[1770] Dieser ist damit in Bezug auf die Terminal-Schranke nicht nur zulässig, sondern verpflichtend vorgeschrieben.

Weil in dem Katalog kein weiteres einschlägiges Tatbestandsmerkmal vorgesehen ist, könnten sich sonstige Aussagen zur Zulässigkeit des Vorbehalts nur aus systematischen und teleologischen Erwägungen ergeben. Im Vordergrund steht dabei die Überlegung, ob das durch den abschließenden Katalog ausgedrückte Harmonisierungsziel den Umsetzungsspielraum der Mitgliedstaaten so weit beschneidet, dass ihnen die Einführung weiterer, strengerer Tatbestandsmerkmale wie das des Vorbehalts verwehrt wird. Bezüglich der Frage, ob der Schrankenkatalog angesichts seiner abschließenden Regelung aller zulässigen Schrankentatbestandsvoraussetzungen Vorbehalte ermöglicht, kann gleichwohl auf schon getätigte Ausführungen verwiesen werden. Es ist im Verlauf bereits untersucht worden, inwiefern der abgeschlossene Katalog es den Mitgliedstaaten offenlässt, aufgrund einer nationalen Entscheidung Angebotsvorbehalte einzuführen.[1771] Das ist nach

---

1769 Vgl. zum bedeutenden Anwendungsbereich *v. Welser*, in: *Wandtke/Bullinger*, UrhR, § 44a, Rn. 1 mwN.

1770 Vgl. hierzu bereits H II.

1771 Zur Untersuchung siehe F III 3. a).

hier vertretener Ansicht angesichts fakultativer Schrankenbestimmungen als unionsrechtlich zulässig erachtet worden. Obwohl zurückbleibende Umsetzungen nicht richtlinienkonform sind, weil alle Schrankenvoraussetzungen vollumfänglich umgesetzt werden müssen,[1772] erlangte für diese Ansicht das Hauptargument Bedeutung, dass Vorbehalte nicht die Schrankenreichweite tangieren, sondern die Anwendbarkeit der Privilegierung regeln.[1773] Die Einführung eines Vorbehalts begründet somit keine strengere Umsetzung und bleibt nicht hinter dem zulässigen Nutzungsumfang zurück. Eine Bestimmung über die Anwendbarkeit einer Schranke, die im Fall ihrer Anwendung stets vollumfänglich umgesetzt ist, ist mit dem Wesen fakultativer Maßnahmen vereinbar. Greift hingegen der Vorbehalt, liegt die gleiche urheberrechtliche Rechtslage vor, wie wenn die Schranke nicht in nationales Recht umgesetzt worden wäre. Dieses Argument erlangt nicht nur für den Angebotsvorbehalt Relevanz. Ohne Einschränkung lässt sich der Gedankengang auf den Vertragsvorbehalt übertragen. Er regelt ebenfalls die Schrankenanwendbarkeit und nicht die Schrankenreichweite. Infolgedessen steht die Begrenzung des nationalen Umsetzungsspielraums in Bezug auf den abgeschlossenen Katalog des Art. 5 II, III, IV InfoSoc nicht der Möglichkeit zur Einführung von Vertragsvorbehalten entgegen. Am Maßstab des Art. 5 II–IV InfoSoc gemessen sind Vertragsvorbehalte zulässig, wobei ein solcher bei der Umsetzung von Art. 5 III lit. n) InfoSoc sogar verpflichtend vorgeschrieben ist.

cc) Art. 5 V InfoSoc

Letztlich ist von allen Mitgliedstaaten bei der Umsetzung jeglicher Schrankenbestimmung noch die zentrale Regelung des Art. 5 V InfoSoc zu beachten,[1774] die nunmehr nach Art. 7 II 1 DSM-RL ebenso für die Schranken gemäß Art. 3–6 DSM-RL Anwendung findet. Ihre Formulierung geht auf Art. 9 II RBÜ zurück und hat mittlerweile weit verbreitet völkerrechtliche Anerkennung gefunden.[1775] Dementsprechend ist der Richtliniengesetzgeber mit Art. 5 V InfoSoc seinen internationalen Verpflichtungen aus Art. 10 I WCT, Art. 16 II WPPT, Art. 13 TRIPS

1772 EuGH GRUR 2019, 934, 937, Rn. 48 – Afghanistan Papiere; wiederholt in EuGH GRUR 2019, 940, 942, Rn. 33 – Reformistischer Aufbruch.

1773 Vgl. zu diesem Argument F III 3. a).

1774 Das galt derweil wohl nicht für Art. 5 I InfoSoc. Nach früherer Rechtsprechung des EuGH war eine Prüfung von Art. 5 V InfoSoc tendenziell entbehrlich, wenn alle Voraussetzungen von Art. 5 I InfoSoc vorlagen, vgl. EuGH MMR 2011, 817, 824, Rn. 181 – FAPL; EuGH GRUR Int. 2012, 336, 341, Rn. 56 – Infopaq II. Inzwischen nimmt der EuGH bei Art. 5 I InfoSoc wie bei allen anderen Schranken eine gesonderte Prüfung vor, vgl. EuGH MMR 2014, 541, 544, Rn. 53 ff. – PRCA; EuGH EuZW 2017, 515, 519, Rn. 63 – Stichting Brein I.

1775 Siehe dazu *v. Lewinski*, GRUR Int. 1997, 667, 675 f.; ausführlich *Senftleben*, GRUR Int. 2004, 200, 201 ff.

nachgekommen.[1776] Der deutsche Gesetzgeber wiederum hat mit der Begründung auf eine wortwörtliche Übernahme verzichtet, dass die Kriterien bei der Ausgestaltung der Schrankenbestimmungen des UrhG bereits berücksichtigt worden sind.[1777] Dessen ungeachtet ist der sogenannte Drei-Stufen-Test mit der Richtlinie Teil des urheberrechtlichen acquis communautaire geworden, was der Europäischen Kommission und dem Europäischen Gerichtshof ermöglicht, die Einhaltung durch die Mitgliedstaaten zu überwachen.[1778] Demgemäß zieht der EuGH den Test zunächst als Auslegungshilfe heran,[1779] was die Mitgliedstaaten im Rahmen ihrer Pflicht zur richtlinienkonformen Auslegung zu berücksichtigen haben.[1780] Darüber hinaus ist er ein wesentlicher Maßstab zur Überprüfung der Richtlinienkonformität einer nationalen Schrankenbestimmung.[1781] Er begrenzt nämlich den Ermessensspielraum der Mitgliedstaaten bei der Ausgestaltung ihrer nationalen Schrankenprivilegierungen.[1782] Damit bildet der Drei-Stufen-Test eine für jeden Mitgliedstaat verbindliche Schranken-Schranke.[1783] Demzufolge steht es dem

---

1776 Vgl. Erwägungsgrund 44 InfoSoc.

1777 BT-Drs. 15/38, S. 15, 40; *v. Welser*, in: *Wandtke/Bullinger*, UrhR, § 44a, Rn. 22; vgl. zu § 44a UrhG LG München MMR 2015, 660, 667 – Werbeblocker. Diese nationale Entscheidung bedauert *Schack*, Urheberrecht, Rn. 535; der Bundesrat teilt diese Auffassung gleichfalls nicht, siehe BT-Drs. 15/38, S. 35.

1778 *Reinbothe*, GRUR Int. 2001, 733, 740.

1779 Vgl. EuGH GRUR 2017, 610, 614, Rn. 63 – Stichting Brein I; EuGH GRUR 2009, 1041, 1045, Rn. 58 – Infopaq I.

1780 LG München MMR 2015, 660, 667 – Werbeblocker; *Stieper*, Rechtfertigung der Schranken, S. 73; a.A. *Bayreuther*, ZUM 2001, 828, 839, der die Auslegung und Anwendung nationalen Rechts unionsrechtswidrig vom Drei-Stufen-Test fernhalten möchte, was *Schack*, Urheberrecht, Rn. 535, Fn. 55 zutreffend als verfehlt bezeichnet. Vgl. ausführlich zur Anwendung anhand der Auslegung von § 52a UrhG aF OLG Stuttgart GRUR 2012, 718, 724 f. – Meilensteine der Psychologie. BGH GRUR 2002, 963, 967 – Elektronischer Pressespiegel hingegen stellt die Vereinbarkeit von § 49 I 2 UrhG mit dem Drei-Stufen-Test lediglich unproblematisch fest; auf die Art und Weise der Anwendung des Tests durch den BGH, wie sie beispielsweise in BGH GRUR 1999, 707, 712 – Kopienversanddienst zum Ausdruck kommt, wurde mitunter kritisch reagiert, vgl. *Bornkamm*, in: *Ahrens/Bornkamm/Gloy*, FS Erdmann, S. 29, 48; *Senftleben*, GRUR Int. 2004, 200, 201, Fn. 6.

1781 Vgl. EuGH GRUR 2014, 654, 657, Rn. 54 ff. – PRCA.

1782 *Stieper*, in: *Schricker/Loewenheim*, UrhR, Vor §§ 44a ff., Rn. 30; EuGH GRUR 2012, 166, 169, Rn. 110 – Painer/Standard.

1783 *Schack*, Urheberrecht, Rn. 535; a.A. *Bornkamm*, in: *Ahrens/Bornkamm/Gloy*, FS Erdmann, S. 29, 48, der unzutreffend in Art. 5 V InfoSoc eine urheberrechtliche Schrankenbestimmung erkennt, auf deren Grundlage Richterrecht neue Schranken herausbilden können soll.

deutschen Gesetzgeber nur offen, einen Vertragsvorbehalt einzuführen, wenn dieser den Voraussetzungen des Drei-Stufen-Tests zu genügen vermag. Dafür müsste der Vorbehalt kumulativ alle drei Stufen erfüllen.[1784] Um das beurteilen zu können, wird nachfolgend der Drei-Stufen-Test dargestellt und auf Vertragsvorbehalte angewendet.

(i) Erste Teststufe

Der Wortlaut der Vorschrift besagt, dass die in der Richtlinie vorgesehenen Ausnahmen und Beschränkungen nur in bestimmten Sonderfällen angewandt werden dürfen, in denen die normale Verwertung des Werks oder des sonstigen Schutzgegenstands nicht beeinträchtigt wird und die berechtigten Interessen des Rechtsinhabers nicht ungebührlich verletzt werden. Die erste Stufe gibt somit vor, dass die Schrankenerlaubnisse „nur in bestimmten Sonderfällen angewandt werden dürfen". Die Bedeutung dieser Teststufe ist umstritten.[1785] Für vorliegende Prüfung kann sie unterschiedslos unterstellt werden, weil der Vertragsvorbehalt sie zu erfüllen vermag. Als erste Voraussetzung der Prüfungsstufe könnte aus der Formulierung „bestimmter Sonderfall" ein gesondertes Bestimmtheitsgebot abgeleitet werden.[1786] Während im Zusammenhang mit dem Vorbehalt des angemessenen Angebots, der nicht umhinkommt, auf unbestimmte Rechtsbegriffe zurückzugreifen, die Bestimmtheit kritisch gewürdigt werden muss, bestehen in Bezug auf den Vertragsvorbehalt keine diesbezüglichen Bedenken. Vor dem Hintergrund einer Kompromissformel, der Länder mit verschiedenen Urheberrechtstraditionen zugestimmt haben, erscheint ein kontinentaleuropäisches Denken im Sinn eines Bestimmtheitsgebots überdies unangebracht, sodass es als ausreichend angesehen werden sollte, wenn der Bestand an freigestellten Nutzungshandlungen erkennbar

1784 Ausführlich zur Systematik und Anwendung des Drei-Stufen-Tests *Reschke*, Die verfassungs- und dreistufentestkonforme Auslegung der Schranken, S. 86 ff.; *Senftleben*, GRUR Int. 2004, 200, 204 ff.

1785 Während *Bornkamm*, in: *Ahrens/Bornkamm/Gloy*, FS Erdmann, S. 29, 45 f. ihre „bislang sträflich vernachlässigt(e)" Bedeutung als „durchaus griffige Möglichkeit, bestimmte Typen von Schrankenregelungen von vornherein auszuschließen", betont, fordert *Dreier*, ZUM 2002, 28, 35, Art. 5 V InfoSoc als Zwei-Stufen-Test zu verstehen, weil der EU-Gesetzgeber mit dem abschließenden Katalog des Art. 5 I-IV InfoSoc die Schrankenbestimmungen bereits grundsätzlich auf Einzelfälle beschränkt habe; auf eine richtlinieninterne Anwendung hin differenzierend *Senftleben*, GRUR Int. 2004, 200, 206.

1786 Siehe zum Streitstand *Senftleben*, GRUR Int. 2004, 200, 206 f., der aufgrund von Flexibilisierungsbestrebungen ein solches selbst ablehnt.

und die Schrankenbestimmungen voneinander unterscheidbar sind.[1787] Angesichts dieser Voraussetzung ruft der Vorbehalt keine Bedenken hervor.

Des Weiteren ist ebenso die Definition des Sonderfalls umstritten, den man als quantitative oder qualitative Beschränkung verstehen könnte.[1788] Dieser Streit kann gleichwohl dahingestellt bleiben, weil der Vorbehalt zur Subsidiarität der Nutzungserlaubnis führt. Damit schmälert er ihre Anwendbarkeit und beschränkt sie somit in quantitativer und qualitativer Hinsicht zugleich. Während die erste Stufe Schrankenerlaubnisse auf Sonderfälle begrenzen will, wird die Anzahl der Sonderfälle, in denen Nutzungen gesetzlich erlaubt sind, durch die Vorbehaltseinführung weitergehend reduziert. Konflikte mit der ersten Teststufe sind mithin nicht denkbar.

(ii) Zweite Teststufe

Die zweite Stufe verlangt, dass „die normale Verwertung des Werks (...) nicht beeinträchtigt wird". Historisch wurde das als Schutz intakter Marktsegmente interpretiert, in denen Formen der Auswertung urheberrechtlicher Werke bestehen.[1789] Vorbehalte unterwerfen eine Schrankenerlaubnis dem Willen der Parteien. Folglich schädigen sie keineswegs einen funktionierenden Markt, vielmehr erhöhen sie den Umfang an Lizenzierungsmöglichkeiten, fördern Vereinbarungen und dehnen somit den Markt der Rechteinhaber aus. Dieser historischen Definition können Vorbehalte daher stets genügen.

Sie ist im digitalen Umfeld jedoch kritisch zu würdigen. Technische Schutzsysteme drängen bestehendes Marktversagen weiter zurück und ermöglichen im Zusammenhang mit effektiven Digital-Rights-Management-Systemen Endverbraucherverträge zu geringen Transaktionskosten. Obgleich sich aus wirtschaftlicher Sicht dadurch vielversprechende Zukunftsmärkte entwickeln können, besteht aus rechtlicher Perspektive das Risiko, dass jede erdenkliche Verwertung infolgedessen automatisch der normalen Verwertung zugerechnet werden kann. Die zweite Stufe würde demgemäß dazu führen, dass Schranken nur in dem Bereich geringen Umfangs zulässig wären, in denen die Rechteinhaber kein Verwertungsinteresse haben.[1790] Der Drei-Stufen-Test würde unter der Voraussetzung in Verbindung mit Verträgen und technischen Schutzvoraussetzungen zu einer Privatisierung der Schrankentatbestände führen.[1791] Um den Test nicht ad absurdum

---

1787 Ebenso *Reschke*, Die verfassungs- und dreistufentestkonforme Auslegung der Schranken, S. 87 f.

1788 Vgl. *Leenen*, in: *Wandtke/Bullinger*, UrhR, Art. 5 InfoSoc-RL, Rn. 162.

1789 Vgl. *Reimer/Ulmer*, GRUR Int. 1967, 431, 444.

1790 Deswegen lehnt *Senftleben*, GRUR Int. 2004, 200, 208 die historische Konzeption der zweiten Stufe ab.

1791 Darauf weisen schon *Dreier/Senftleben*, in: *Lejeune*, Der E-Commerce-Vertrag, S. 81, 119 f., Rn. 47 hin.

zu führen, ist es erforderlich, die zweite Stufe modifiziert so zu verstehen, dass sie lediglich Nutzungen für unzulässig erklärt, die in Wettbewerb zur herkömmlichen Nutzung treten, dadurch den ökonomischen Kern des Urheberrechts berühren und somit erhebliche Umsatzeinbußen herbeiführen.[1792]

Die Begründung zur Vereinbarkeit des Vorbehalts mit der ersten Stufe greift gleichermaßen für die zweite Stufe unter Annahme dieser Definition. Denn der Vorbehalt schließt die Anwendbarkeit der gesetzlichen Nutzungserlaubnis aus, folglich ist es der Privilegierung unmöglich, in Wettbewerb zur lizenzrechtlichen Erlaubnis zu treten. Die wirtschaftlichen Betätigungsmöglichkeiten der Rechteinhaber werden erweitert. Eine Verletzung des ökonomischen Kerns oder ferner Umsatzeinbußen sind somit ausgeschlossen. Vielmehr dient der Vorbehalt gerade dem Ziel, den ökonomischen Kern zu erweitern und neue Umsatzmöglichkeiten zu erschließen.

(iii) Dritte Teststufe

Die dritte und letzte Stufe verlangt, dass „die berechtigten Interessen des Rechtsinhabers nicht ungebührlich verletzt werden." Die Verletzung berechtigter Interessen ist mithin bis zum Maß des Ungebührlichen zulässig. Unabhängig von den Fragen, wann Interessen als berechtigt anzusehen sind und wann die Grenze der Ungebührlichkeit überschritten ist, genügt der Vertragsvorbehalt dieser Zulässigkeitsvoraussetzung nach einer streng am Wortlaut orientierten Auslegung, die die Interessen der Nutzungsrechtsinhaber in den Blick nimmt. Denn es liegt bereits keine Verletzung von Interessen der derivativen Rechtsinhaber vor. Im Zusammenhang mit der Darlegung der Vorteile eines Vertragsvorbehalts ist ausführlich begründet worden, dass der Vorbehalt gerade den Interessen der Intermediären zu dienen bestimmt ist.[1793] Er soll ihre wirtschaftlichen Betätigungsmöglichkeiten erweitern. Ihre Geschäftstätigkeit wird um die Option, Produkte für zuvor gesetzlich erlaubte Nutzungen zu entwickeln, ausgeweitet. Vermehrte Lizenzierungsmöglichkeiten sind die Grundlage ertragreicherer Vergütungsansprüche. Für gesetzlich erlaubte Handlungen erhalten die Urheber, aber nicht die Rechteinhaber gesetzlich geschuldete Vergütungen. Demzufolge ist es das Ziel des Vorbehalts, die Verwerterinteressen zu fördern, anstatt sie zu verletzen.

Eine Verletzung berechtigter Interessen könnte allein vorliegen, wenn man den Begriff des Rechteinhabers auf die Urheber erstreckt. Unter der Annahme des Verlusts ihrer gesetzlichen Vergütungsansprüche infolge der Subsidiarität der Schrankenerlaubnis gegenüber der Vereinbarung[1794] könnte man eine

---

1792 EuGH GRUR 2014, 546, 547, Rn. 39 – ACI Adam/Thuiskopie bezeichnet die Schwelle zur Unzulässigkeit der Schranke als den Punkt, an dem die Schranke „zwangsläufig den Umfang an Verkäufen oder anderen rechtmäßigen Transaktionen im Zusammenhang mit geschützten Werken verringern" würde.

1793 Siehe dazu F III.

1794 Diese Ansicht wird vorliegend vertreten, siehe H II 2.

ungebührliche Beeinträchtigung ihrer ökonomischen Interessen erkennen. Das ist vor dem Hintergrund naheliegend, dass auf Ebene der dritten Teststufe die Zahlung einer angemessenen Vergütung die ungebührliche Verletzung zur vermeiden vermag.[1795] Dementsprechend kann die letzte Teststufe die Mitgliedstaaten verpflichten, einen gerechten Ausgleich in ihrem nationalen Recht vorzusehen.[1796] Im Rahmen der Abwägung kann die Zuweisung eines Ausgleichsanspruchs erforderlich sein, um die Beschwer durch die Schrankenausgestaltung auf ein vertretbares Maß abzuschwächen.

Der Vorbehalt ermöglicht den Nutzungsrechtsinhabern weitergehende vertragliche Ansprüche, wohingegen er den Urhebern ihre gesetzlichen Vergütungsansprüche nimmt. Die Interessen der Urheber und Rechteinhaber sind dahingehend nicht deckungsgleich. Es ist somit im Vorfeld der Abwägung fraglich, auf wessen berechtigte Interessen es für den Abwägungsvorgang überhaupt ankommt. Diese Frage ist umstritten.[1797]

Eine Ansicht berücksichtigt die nicht deckungsgleichen Interessen der Urheber priorisiert gegenüber den Verwerterinteressen.[1798] Dieser Ansatz entspricht dem dem monistischen Denkansatz innewohnenden Schutzgedanken sowie der historischen Entwicklung des Drei-Stufen-Tests. Wie gezeigt geht er auf die RBÜ zurück, die begrifflich zwischen dem Urheber und seinem Rechtsnachfolger unterschieden hat. Art. 9 II RBÜ nennt als Abwägungsmaßstab des Drei-Stufen-Tests allein die „berechtigten Interessen des Urhebers". Der Formulierung entspricht Art. 10 I WCT. Wenn Art. 13 TRIPS und Art. 5 V InfoSoc davon abweichend auf die berechtigten Interessen der Rechteinhaber abstellen, ist darin eine Referenz an das Copyright-System zu sehen. Denn die Wortwahl der berechtigten Urheberinteressen hätte die Berücksichtigung von urheberpersönlichkeitsrechtlichen Interessen ermöglicht. Dahingegen verweist Art. 9 I 2 TRIPS ausdrücklich nicht auf Art. 6bis RBÜ, in dem das Urheberpersönlichkeitsrecht internationale Anerkennung gefunden hat, und auch die InfoSoc-RL umfasst ausweislich ihres zehnten

1795 ghM, vgl. *Bornkamm*, in: *Ahrens/Bornkamm/Gloy*, FS Erdmann, S. 29, 47; *Leenen*, in: *Wandtke/Bullinger*, UrhR, Art. 5 InfoSoc-RL, Rn. 164; *Reschke*, Die verfassungs- und dreistufentestkonforme Auslegung der Schranken, S. 92; *Senftleben*, GRUR Int. 2004, 200, 209; *Stieper*, in: *Schricker/Loewenheim*, UrhR, Vor §§ 44a ff., Rn. 31.

1796 EuGH GRUR 2011, 909, 910, Rn. 22 – Stichting de Thuiskopie.

1797 Die Problemstellung ist jedoch noch nicht ausreichend erörtert worden, sodass einige Autoren sich darauf beschränken, das Problem aufzuzeigen, ohne es lösen zu wollen, vgl. *Reschke*, Die verfassungs- und dreistufentestkonforme Auslegung der Schranken, S. 92; *Senftleben*, GRUR Int. 2004, 200, 209. *Bornkamm*, in: *Ahrens/Bornkamm/Gloy*, FS Erdmann, S. 29, 47 f. erkennt das Problem gar nicht und spricht unbedacht ausschließlich von den abzuwägenden Urheberinteressen.

1798 *Hilty*, in: *Ohly/Bodewig/Dreier*, FS Schricker II, S. 325, 345 f.; *Stieper*, in: *Schricker/Loewenheim*, UrhR, Vor §§ 44a ff., Rn. 31.

Erwägungsgrunds das droit moral nicht. Aus deutschem Rechtsverständnis könnte man daher annehmen, dass die Richtlinienformulierung keine Abschwächung des Schutzes des Urhebers bewirkt.

Zur Vermittlung dieses Ergebnisses hätte es allerdings nicht der gewählten Formulierung bedurft. Der Drei-Stufen-Test hätte dafür lediglich auf die berechtigten vermögensrechtlichen Interessen der Urheber als Abwägungskriterium abzustellen gebraucht. Der gewandelte Ausdruck erfasst hingegen einen weiteren Kreis an Interesseninhabern.[1799] Urheber und Verwerter sind beide Rechteinhaber, originäre bzw. derivative, jedoch werden damit begrifflich eher Nutzungsrechteinhaber assoziiert. Als Inhaber von Nutzungsrechten umfasst der Wortlaut jedenfalls Verleger und andere Verwerter, deren Interessen durch die Vorbehaltseinführung geschützt werden sollen. Denn der Vorbehalt führt bei seiner Anwendung zu einer Aufteilung der Vergütungssumme. Ohne Vertrag fließen die Zahlungen dem Urheber zu, mit Vertrag dem Verwerter. Die veränderte Formulierung legt nahe, dass eine solche Aufteilung der Vergütungssumme mit dem Drei-Stufen-Test vereinbar ist.[1800] Würde man andernfalls nur eine vorbehaltslose Schrankeneinführung aufgrund der dritten Teststufe für zulässig erachten, würde zwar die Verletzung der Urheberinteressen abgemildert werden, wohingegen die der Rechteinhaber verstärkt werden würde. Auf dieses Ergebnis zielt die Formulierung nicht ab. Die Wortwahl Rechteinhaber entspricht dabei nicht nur der Richtlinienformulierung. Der EuGH sieht wie oben beschrieben die Einführung von Vergütungsansprüchen als wesentliches Abwägungskriterium der dritten Stufe an. Gleichwohl ordnet er diese ebenso begrifflich den Rechteinhabern und nicht den Urhebern zu.[1801] Der Drei-Stufen-Test in seiner konkreten Formulierung versperrt es dem Gesetzgeber mithin nicht, den Interessen der Nutzungsrechteinhaber durch eine Vorbehaltseinführung nachzukommen, wodurch er die Vergütungssumme letztlich zwischen den Urhebern und Nutzungsrechtsinhabern aufteilt.

Überdies ist zu berücksichtigen, dass der Drei-Stufen-Test als eine internationale Regel konzipiert worden ist, die den nationalen Gesetzgebern signifikante Freiräume gewähren soll.[1802] Es würde im Widerspruch zu dieser Grundkonzeption stehen, wenn die Auslegung des Drei-Stufen-Tests dem Gesetzgeber verbindlich vorschreiben würde, dass die Vergütungssumme ausschließlich den Urhebern zuzuordnen ist. Eine solche Direktive kann aus der historischen Formulierung nicht auf das geltende Unionsrecht übertragen werden. Vielmehr erlaubt der Test grundsätzlich die Verletzung berechtigter Interessen der Urheber. Daher sollte die letzte Entscheidung ob des ungebührlichen Maßes den nationalen Autoritäten vorbehalten bleiben.[1803] Wie die angemessene Beteiligung der Urheber auszugestalten

---

1799 Ebenso *Senftleben*, GRUR Int. 2004, 200, 209.

1800 *Senftleben*, GRUR Int. 2004, 200, 209.

1801 EuGH GRUR 2011, 909, 910, Rn. 22 – Stichting de Thuiskopie.

1802 *Heide*, EIPR 1999, 105, 105.

1803 Ebenfalls so *Senftleben*, GRUR Int. 2004, 200, 210.

ist, unterliegt deshalb weitgehend der Entscheidungsprärogative des Gesetzgebers. Zudem können die Gerichte im Rahmen der zulässigen Rechtsfortbildung urhebervertragsrechtliche Regelungen angleichend auslegen. Vertretbar erscheint, dass sie die Mehreinnahmen der Rechteinhaber bei der Höhe der angemessenen Vergütung der Urheber iSv § 32 II 2 UrhG berücksichtigen. Wenn die Nutzungsrechtseinräumung den Rechteinhabern in größerem Umfang Gewinnerzielungsmöglichkeiten gewährt, sollte das Einfluss auf die Rechtsanwendung ausüben. Es verändert die Auslegung des Tatbestandsmerkmals Angemessenheit, nach der dem Urheber als Ausgleich für die Rechteeinräumung das üblicher- und redlicherweise zu Leistende zu zahlen ist. Damit fließt dem Urheber im Ergebnis für die von der Schrankenerlaubnis beschriebene Nutzungshandlung eine Vergütung zu. Je nach Umfang der vertraglichen Nutzungserlaubnis im Anwendungsbereich von Schrankenprivilegierungen erhält der Verwerter Vergütungszahlungen, die gegebenenfalls eine Auslegung von § 32a I 1 UrhG derart rechtfertigen, dass sich die weitere Beteiligung des Urhebers darauf erstreckt. Die Sachgerechtigkeit des Vorbehalts ist jedenfalls in einer Gesamtbetrachtung aller urheberrechtlichen Normen zu würdigen. Infolgedessen kann die dritte Teststufe nicht so ausgelegt werden, als dass sie einen Vertragsvorbehalt aufgrund der Verletzung berechtigter Interessen der Urheber grundsätzlich für unzulässig erklärt.[1804]

c) Ergebnis

Das Richtlinienrecht nimmt an verschiedenen Stellen Bezug auf das Verhältnis zwischen Vertrag und Schranke. Dabei kommt es zu vielfältigen Ergebnissen. Die DSM-RL kennt zunächst vier Schrankentatbestände. Sie sind verpflichtend umzusetzen. Dabei müssen sich die auf Art. 3, 5, 6 DSM-RL beruhenden Nutzungserlaubnisse nach Art. 7 I DSM-RL zwingend gegen Vereinbarungen durchsetzen. Nach Erwägungsgrund 18 DSM-RL ist es jedoch zulässig, die Privilegierung gemäß Art. 4 DSM-RL nachrangig gegenüber Vereinbarungen auszugestalten.

Im Regelungsbereich der InfoSoc-RL ist Art. 5 InfoSoc die zentrale Vorschrift. Der verpflichtenden Schranke nach Art. 5 I InfoSoc muss aus Nutzerschutzgründen Vorrang vor Vereinbarungen zukommen. Darüber hinaus beschränkt der abgeschlossene Katalog des Art. 5 II, III, IV InfoSoc nicht die Möglichkeit der Mitgliedstaaten, Vorbehalte einzuführen. Dies schreibt Art. 5 III lit. n) InfoSoc für die Termin-Schranke jedenfalls ausdrücklich vor. Seine Umsetzung wäre ohne Vorbehalt richtlinienwidrig. Weiterhin ermöglicht der Drei-Stufen-Test des Art. 5 V InfoSoc Vertragsvorbehalte. Bedenken dagegen könnten sich wenn aus der dritten Teststufe ergeben, nach der keine ungebührliche Verletzung berechtigter Interessen der Rechteinhaber vorliegen darf. Vorbehalte schützen jedoch die Interessen der Nutzungsrechtsinhaber, ohne eine sachgerechte Vergütung der Urheber

1804 Im Ergebnis ebenso BGH GRUR 2013, 1220, 1225, Rn. 52 – Gesamtvertrag Hochschul-Intranet.

in einer Gesamtschau des urheberrechtlichen Vergütungssystems grundsätzlich auszuschließen. Hierdurch erfüllen sie die vorzunehmende Abwägung in einer abstrakten Betrachtung. Der Drei-Stufen-Test ermöglicht Aufteilungen der Vergütungssumme zwischen Urhebern und Nutzungsrechtsinhabern.

2. Unionales Primär- und Verfassungsrecht als Maßstab

Das unionale Primärrecht und das nationale Verfassungsrecht stellen in Form von Grundrechten weitere Zulässigkeitsvoraussetzungen an die Ausgestaltung des UrhG. Die drei großen Interessengruppen Urheber, Verwerter und Nutzer können sich jeweils auf solche berufen. Im Folgenden werden die Vertragsvorbehalte deswegen aus grundrechtlicher Perspektive betrachtet.

a) Vorüberlegungen zum Prüfungsmaßstab

Zugunsten der Urheber und Verwerter werden das Urheberrecht und seine Nutzungsrechte gemäß Art. 17 II EU-GrCh ebenso wie nach Art. 14 GG geschützt. Der Schutzbereich der Art. 11 I, 13 EU-GrCh umfasst die Meinungs-, Informations-, Kunst-, Forschungs- und Wissenschaftsfreiheit genauso wie Art. 5 GG. Diese Grundrechte sind auf der Nutzerseite schwerpunktmäßig zu berücksichtigen. Insgesamt ist die Grundrechtsrelevanz des Urheberrechts und seiner Schranken bereits erläutert worden.[1805] Darüber hinaus können sich die Rechteverwerter im nationalen Recht auf die Berufsausübungsfreiheit des Art. 12 GG berufen, wobei die wirtschaftliche Betätigungsfreiheit und die Vertragsfreiheit nach ständiger EuGH-Rechtsprechung ebenfalls in einem Kontext mit dem Unionsgrundrecht der Berufsfreiheit stehen.[1806] Die Interessen und Rechte der Verwerter sind es zudem, die den Vertragsvorbehalt rechtfertigen. Die eigentumsrechtlich geschützten Nutzungsrechte sollen nach dem Zielgedanken des Vorbehalts in ihrer wirtschaftlichen Verwertbarkeit nicht um gesetzliche Nutzungserlaubnisse eingeschränkt werden. Dadurch verlieren die Nutzer ihre gesetzliche Nutzungserlaubnis und die Urheber ihre gesetzlichen Vergütungsansprüche als Rechtsfolge der gesetzlich erlaubten Nutzung. Die Vorbehaltseinführung stellt somit einen Eingriff in Nutzergrundrechte und in das Eigentumsrecht der Urheber dar. Ob diese gerechtfertigt werden können, ergibt sich nach europäischem und deutschem Verständnis aus einer Verhältnismäßigkeitsprüfung.[1807] Die betroffenen Grundrechte der Nutzer und Urheber sind mit denen der Verwerter abzuwägen.

Im Rahmen jener Abwägung stellt sich zunächst die Frage, welche Grundrechte, die des GG oder die der EU-GrCh, als Überprüfungsmaßstab heranzuziehen sind,[1808]

1805 C I, II.

1806 *Bernsdorff*, in: *Meyer/Hölscheidt*, EU-GrCh, Art. 16, Rn. 8 mwN.

1807 Siehe nur EuGH ZUM 2019, 751, 756, Rn. 49 – Afghanistan-Papiere.

1808 Zu jener Rechtsprechung *Schwerdtfeger*, in: *Meyer/Hölscheidt*, EU-GrCh, Art. 51, Rn. 82 f. mwN.

weil das nationale Recht der Schrankenregelungen unionsrechtlich überformt ist. Die Anwendung der EU-GrCh richtet sich nach Art. 51 I 1 EU-GrCh. Dieser besagt, dass die Charta für die Organe und Einrichtungen der Union unter Einhaltung des Subsidiaritätsprinzips und für die Mitgliedstaaten ausschließlich bei der Durchführung des Rechts der Union gilt. Die erste Variante bindet sonach ohne weitere Voraussetzungen die Organe und Einrichtungen der EU an die Grundrechte der Charta. Diese sind einziger Überprüfungsmaßstab der grundrechtlichen Zulässigkeit bei der Einführung von Vorbehalten im unionalen Sekundärrecht. Unter dem Aspekt wäre beispielsweise Art. 5 III lit. n) InfoSoc zu würdigen.

Wenn der ausführende Hoheitsträger hingegen ein Mitgliedstaat ist, kommt es nach der zweiten Variante des Art. 51 I 1 EU-GrCh entscheidend darauf an, ob eine Durchführung des Unionsrechts vorliegt. Zur diesbezüglichen Auslegung stellt der EuGH nach einer gefestigten Rechtsprechung darauf ab, ob die nationale Regelung eine Durchführung des Unionsrechts bezweckt, welchen Charakter diese Regelung hat und ob mit ihr nicht andere als die unter das Unionsrecht fallenden Ziele verfolgt werden, selbst wenn sie das Unionsrecht mittelbar beeinflussen kann, und ob im Unionsrecht eine Regelung besteht, die bezüglich jenes Bereichs spezifisch ist oder ihn beeinflussen kann.[1809] Bei der Einführung oder Ausgestaltung von Schrankenbestimmungen im deutschen Recht in Umsetzung der Richtlinien wären diese Voraussetzungen gegeben. Unter Berücksichtigung der Autonomie und des Vorrangs des Unionsrechts verlangt der EuGH, dass der unionale Rechtssatz dort durch die Bindung an die Grundrechte der EU-GrCh abgesichert ist, wo er Vorrang beansprucht.[1810] Aus unionsrechtlicher Perspektive wären die unionsrechtlich überformten mitgliedstaatlichen Schranken mithin am Maßstab der Charta abzuwägen.

Demgegenüber gestaltet sich die Auffassung des BVerfG dazu dezent abweichend aus. Aus verfassungsrechtlicher Perspektive komme es darauf an, ob das unionale Fachrecht den Mitgliedstaaten Gestaltungsspielräume überlasse oder nicht.[1811] Wenn der unionale Rechtssatz keinen mitgliedstaatlichen Spielraum vorsehe, überlagere der Anwendungsvorrang des Unionsrechts die deutschen Grundrechte vollkommen, sodass das BVerfG ebenfalls eine Durchführung iSv Art. 51 I 1 Var. 2 EU-GrCh annimmt.[1812] Solange die unionalen Ausnahmen und Beschränkungen keinen Gestaltungsspielraum vorsehen und damit den „vollvereinheitlichten Materien des Unionsrechts“[1813] zuzurechnen sind, sind die deutschen

1809 EuGH NVwZ 2013, 357, 361, Rn. 79 – Iida; EuGH NZA 2014, 1325, 1326, Rn. 37 – Hernández; EuGH NVwZ 2014, 575, 576, Rn. 25 – Siragusa.

1810 *Ruffert/Grischek/Schramm*, JuS 2020, 1022, 1024.

1811 Vgl. *Ruffert/Grischek/Schramm*, JuS 2020, 1022, 1024 ff.

1812 BVerfG NJW 2020, 314, 316 f., Rn. 42 ff. – Recht auf Vergessen II.

1813 BVerfG NJW 2020, 314, 316, Rn. 43 – Recht auf Vergessen II.

Schrankenprivilegierungen als richtlinienumsetzende Maßnahmen demnach allein am Maßstab der EU-GrCh zu prüfen.

Anders verhalte es sich dahingegen, wenn der unionale Rechtssatz einen Spielraum gewähre, obgleich hierin ebenfalls eine Durchführung des Rechts der EU iSv Art. 51 I 1 Var. 2 EU-GrCh zu sehen seien kann.[1814] In dem Fall zieht das BVerfG, obgleich die Charta anwendbar ist, die im Licht der Charta auszulegenden deutschen Grundrechte als Prüfungsmaßstab heran, solange ihr materieller Gehalt vom Grundgesetz mitgewährleistet wird.[1815] Den Ansatz rechtfertigt das Gericht mit dem Gedanken der „Grundrechtsvielfalt", nach dem den nationalen Grundrechten im föderalen Gefüge des europäischen Grundrechtsschutzes Geltung zu verleihen sei, solange die einheitliche Anwendung der EU-GrCh nicht gefährdet werde.[1816] So wie die Mitgliedstaaten Spielräume durch nationales Fachrecht ausfüllen dürfen, konkretisiere „sich die Vielgestaltigkeit des europäischen Grundrechtsschutzes als Strukturprinzip der Union" in Art. 51 I 1 Var. 2 EU-GrCh, in dem sich die „fachakzessorischen Anlage(n) der Unionsgrundrechte" niederschlagen.[1817] Das bedeutet, dass die nationalen Grundrechte aus verfassungsrechtlicher Sicht ungeachtet der unionalen Überformung in einer parallelen Anwendung im Rahmen des föderalen Gefüges Geltung beanspruchen und zugleich Prüfungsmaßstab des BVerfG sind, wenn der unionale Rechtssatz einen Umsetzungsspielraum gewährt. Sollte das die Schrankenerlaubnisse überformende unionale Sekundärrecht Gestaltungsspielräume eröffnen, wäre die Vorbehaltseinführung im deutschen Recht in dieser Konstellation nach dem BVerfG entgegen den bisher vorgestellten Konstellationen und Ansichten anhand der Grundrechte des GG zu überprüfen.

Diese allgemeinen Ausführungen sind nun auf das Recht der Schranken des Urheberrechts zu übertragen. Es ist im Verlauf schon allein anhand der InfoSoc-RL gezeigt worden,[1818] dass einige, hingegen nicht alle ihrer Bestimmungen ungeachtet des Namens Harmonisierungsrichtline dennoch die Absicht des Unionsgesetzgebers erkennen lassen, den Mitgliedstaaten einen Umsetzungsspielraum einzuräumen.[1819] Beispielsweise eröffnet Art. 5 III lit. c) Fall 2, lit. d) InfoSoc den Mitgliedstaaten einen „erheblichen Spielraum", der ihnen eine eigene Interessenabwägung ermöglicht.[1820] Darüber hinaus besteht in Form von Art. 5 III lit. o) InfoSoc eine Auffangvorschrift für vorbestehende Schrankenregelungen.[1821]

1814 BVerfG NJW 2020, 300, 301, Rn. 44 – Recht auf Vergessen I.

1815 BVerfG NJW 2020, 300, 301 ff., Rn. 41–74 – Recht auf Vergessen I.

1816 BVerfG NJW 2020, 300, 304 f., Rn. 66 ff. – Recht auf Vergessen I.

1817 BVerfG NJW 2020, 300, 302, Rn. 54 – Recht auf Vergessen I.

1818 Siehe bereits F III 3. a).

1819 EuGH GRUR 2019, 934, 936, Rn. 34 – Afghanistan Papiere; im Anschluss an EuGH GRUR 2015, 478, 483, Rn. 57 – Copydan Bändkopie.

1820 EuGH GRUR 2019, 934, 937, Rn. 43 – Afghanistan Papiere.

1821 *Leenen*, in: *Wandtke/Bullinger*, UrhR, Art. 5 InfoSoc, Rn. 159.

Zusammenfassend kennt das Unionsrecht damit sowohl Ausnahmen und Beschränkungen, die den Mitgliedstaaten einen Umsetzungsspielraum eröffnen, als auch solche, die es nicht tun. Daraus würde folgen, dass im Folgenden ein zweigleisiges Prüfungsprogramm anhand sowohl der nationalen als auch der unionalen Grundrechte vorzunehmen wäre.

Demgegenüber stellt sich die Frage, ob es für vorliegende Untersuchung darauf ankommt, beide Überprüfungsmaßstäbe ausführlich anzuwenden, um die grundsätzliche grundrechtliche Zulässigkeit von Vorbehaltsregelungen im unionalen und nationalen Recht zu eruieren. Maßgeblich ist hierbei der Ansatz, dass, wie eingangs gezeigt, die hier relevanten Schutzbereiche derart vergleichbar in der Charta sowie im Grundgesetz abgesichert sind, dass sich in der Verhältnismäßigkeitsprüfung keine substanziellen Unterschiede ergeben. Aufgrund der Vergleichbarkeit des Schutzes nach der EU-GrCh und dem GG[1822] werden die beiden Rechtsquellen vorliegend einheitlich geprüft. Dadurch entfällt die ansonsten notwendige weitere Darlegung, inwieweit die nationalen Grundrechte im Einzelfall überhaupt Überprüfungsmaßstab bei der Umsetzung von Richtlinienrecht sind. Ein Streitentscheid zwischen den verschiedenen Ansichten kann hier unterbleiben. Die kongruenten Ergebnisse lassen sich hier auf alle Konstellationen übertragen, unabhängig davon, ob der Vorbehalt im unionalen oder nationalen Recht normiert werden soll und ob das Unionsrecht mitgliedstaatliche Gestaltungsspielräume eröffnet.

b) Abwägung der Nutzergrundrechte

Obzwar die Interessenabwägung im Rahmen der dritten Stufe des Drei-Stufen-Tests im Ergebnis wie eine Grundrechtsprüfung in eine Verhältnismäßigkeitsprüfung mündet,[1823] ergeben sich hierbei gravierende Unterschiede. Der Drei-Stufen-Test fragt, ob die Urheberrechtsverletzung durch die Schrankeneinführung oder -anwendung verhältnismäßig zu ihrem Zweck ist oder ob sie sich unangemessen zum Nachteil der Rechteinhaber auswirkt. Als Schranken-Schranke beschränkt der Test Beschränkungen des Urheberrechts. Das Eigentumsgrundrecht ist sein Schutzziel und Abwägungsmaßstab, zu dessen Gunsten

---

1822 Dazu bereits C; siehe ferner *Aschenbrenner*, ZUM 2005, 145, 146; *Wandtke*, Urheberrecht, Kap. 1, Rn. 47.

1823 ghM, vgl. *Geiger/Griffiths/Hilty*, GRUR Int. 2008, 822, 823 f.; *Kleinemenke*, Fair Use im deutschen und europäischen Urheberrecht?, S. 479 f.; *Reschke*, Die verfassungs- und dreistufentestkonforme Auslegung der Schranken, S. 94; *Senftleben*, GRUR Int. 2004, 200, 210 f.; *Stieper*, Rechtfertigung der Schranken, S. 74; *ders.*, in: *Schricker/Loewenheim*, UrhR, Vor §§ 44a ff., Rn. 31; *Wandtke*, Urheberrecht, Kap. 5, Rn. 4. Zu extensiv ist daher das Verständnis von *Reinbothe*, GRUR Int. 2001, 733, 740, der im Drei-Stufen-Test eine weit reichende Einschränkung des Interpretationsspielraums der Mitgliedstaaten sieht. Der nationale Interpretationsspielraum wird lediglich auf den Bereich des Verhältnismäßigen beschränkt.

er Grenzen für Eigentumseinschränkungen festlegt.[1824] Aus dem Blickwinkel genügt der Vorbehalt wie beim Drei-Stufen-Test gezeigt den Grenzen zulässiger Schrankenbestimmungen.

Im Rahmen der Grundrechtsprüfung ist überdies die umgekehrte Frage möglich. Die Aufhebung einer Nutzungserlaubnis verletzt die durch die Erlaubnis geschützten Interessen oder Grundrechtspositionen. Jene Grundrechtspositionen vermögen es indes ebenso, die Frage nach der Rechtfertigung ihres Eingriffs aufzuwerfen. Hierdurch wird das Nutzergrundrecht zum Abwägungsmaßstab und das Eigentumsrecht zum Rechtfertigungsgrund. Dieser Gedankengang ist im Verlauf der Untersuchung bereits aufgegriffen worden.[1825] Es ist gezeigt worden, dass es Schranken gibt, deren Privilegierung grundrechtlich geboten ist. Wenn die gesetzliche Erlaubnis der Nutzungshandlung grundrechtlich geboten ist, bedeutet das umgekehrt, dass eine Ausweitung des Ausschließlichkeitsrechts auf diese Handlung grundrechtlich unzulässig ist, wenn der Privilegierte nicht zugleich eine vertragliche Erlaubnis erhält, die den gebotenen Umfang wahrt. Die Grundrechtsvorgabe, Nutzungen in einem gebotenen Umfang zu erlauben, führt dazu, dass Vorbehalte grundrechtswidrig sein können. Unzulässig wäre folglich eine allgemeine Bestimmung im UrhG, nach der alle Schranken unter einem Vorbehalt stünden. Ein an der Formulierung des § 60g II UrhG orientiertes Beispiel für eine solche grundrechtswidrige Norm wäre: „Vereinbarungen, die nach den Vorschriften dieses Gesetzes erlaubte Nutzungen zum Gegenstand haben, gehen der gesetzlichen Erlaubnis vor."

Aus diesem Gedanken ergibt sich folgende Differenzierung. Durch Nutzergrundrechte gerechtfertigte, allerdings nicht gebotene Schranken können einem Vertragsvorbehalt unterworfen werden. Der Gesetzgeber darf diese Nutzungen einfachgesetzlich erlauben, muss es jedoch nicht. Somit ist es grundrechtlich als zulässig zu erachten, wenn der Vertragsschluss als Folge des Vorbehalts zu einer Erstreckung des Ausschließlichkeitsrechts auf diese konkrete Nutzungshandlung führt. Wenn die Erlaubnis andererseits grundrechtlich geboten ist, resultiert daraus die Grundrechtswidrigkeit eines Vorbehalts in dieser Schrankenerlaubnis. Der Vertragsschluss würde als Folge des Vorbehalts sonst einen grundrechtlich gebotenen Bestand an Nutzungsfreiheit aufheben. Eine an § 60g II UrhG orientierte Norm mit folgendem Inhalt wäre somit beispielsweise nicht zulässig: „Vereinbarungen, die ausschließlich Vervielfältigungen zum eigenen wissenschaftlichen Gebrauch nach § 60c II, III UrhG zum Gegenstand haben, gehen der gesetzlichen Erlaubnis vor." Der Vorbehalt würde in dem Beispiel zur bedingungslosen Aufhebung der Erlaubnis führen können. Die Wissenschaftsfreiheit gebietet es dahingegen, dass Vervielfältigungen zum eigenen wissenschaftlichen Gebrauch erlaubt werden.

1824 *Leistner*, ZUM 2019, 720, 724.

1825 Siehe C II 2.

Diesem Gebot kann sich das Eigentumsrecht nicht widersetzen. Seine Erstreckung auf diese konkrete Form der Nutzung verletzt die Wissenschaftsfreiheit.

Für den Nutzer wird es dabei nicht ersichtlich sein, dass diese bzw. allgemeiner gesagt, welche Nutzungshandlung grundrechtlich geboten ist. Daher ist es wichtig, dass der Gesetzgeber im Fall einer Vorbehaltseinführung je nach Gesetzestechnik ausdrücklich die Privilegierungen nennt, die mangels grundrechtlicher Gebotenheit unter einen Vorbehalt gestellt werden sollen, bzw. ausdrücklich die Privilegierungen von dem Vorbehalt ausnimmt, die grundrechtlich geboten sind. Andernfalls würden unbestimmte Formulierungen wie „Vereinbarungen, die ausschließlich keine grundrechtlich gebotenen Nutzungen zum Gegenstand haben, gehen der gesetzlichen Erlaubnis vor." sonst faktisch zum Nachteil des Nutzers führen, der als rechtlicher Laie den gebotenen Bestand an Nutzungserlaubnissen und damit einhergehend die Unwirksamkeit diese abbedingend in Bezug nehmender Nutzungsvereinbarungen nicht erkennen kann. Es besteht neben verfassungsrechtlichen Bedenken an die Bestimmtheit die Gefahr, dass deswegen auf gebotene Nutzungen gänzlich verzichtet wird.

Vertragsvorbehalte sind somit infolge ihrer Grundrechtswidrigkeit unzulässig, wenn sie es vermögen, einen grundrechtlich gebotenen Bestand an Nutzungsfreiheit aufzuheben. Derartigen Nutzungsvereinbarungen kann keine Wirksamkeit zukommen. Etwas anderes könnte nur gelten, wenn die Aufhebung der Erlaubnis an Voraussetzungen geknüpft wird, die es vermögen, den gebotenen Nutzungsumfang auf andere Art und Weise zu wahren. So könnte an die Vereinbarung beispielsweise die gesetzliche Anforderung gestellt werden, dass sie nur wirksam ist, wenn sie dem Privilegierten im Ausgleich für die Aufhebung der gesetzlichen Erlaubnis Nutzungen im grundrechtlich gebotenen Umfang lizenzrechtlich erlaubt. Aus Sicht der Nutzergrundrechte liegt dann kein ungerechtfertigter Grundrechtseingriff vor, weil das gebotene Maß an Erlaubnis ungeachtet des veränderten Rechtstitels aufrechterhalten bleibt.

Der vorgenommenen Argumentation könnte man gleichwohl entgegen, dass der Vorbehalt nie grundrechtswidrig eine gebotene Nutzungsprivilegierung aufhebt. Nicht der Gesetzgeber hebt die Erlaubnis auf, sondern die Vertragsparteien durch den Vertragsschluss. Der Vorbehalt schafft die Privilegierung nicht ab, sondern ermöglicht es der Vereinbarung nur, die dementsprechende Wirkung zu entfalten. Mithin könnte man der Argumentation möglicherweise eine Einwilligung in die Einschränkung eines Grundrechts durch die Vertragsannahme entgegenhalten. Diese Gegenargumentation schlägt indessen nicht durch. Zunächst ist der Verzicht auf die Grundrechtsausübung unter dem Aspekt der objektiv-rechtlichen Seite der Grundrechte zu bewerten, was allein schon regelmäßig zur rechtlichen Unbeachtlichkeit der Einwilligung führen müsste.[1826] Das gilt erst recht, wenn die Handlung nicht nur durch das Grundrecht gerechtfertigt, sondern geboten

1826 *Starck*, in: *v. Mangoldt/Klein/Starck*, GG, Art. 1, Rn. 300.

ist. Eingestanden wird, dass die Einwilligung zugleich aus dem Blickwinkel der durch Art. 2 I GG geschützten Einwilligungsfreiheit zu betrachten ist.[1827] Obwohl die Abgabe der Willenserklärung in einem rechtlichen Sinn frei erfolgt, kann sie dennoch das Ergebnis einer faktischen Unfreiheit sein. Verträge werden mitunter aus verhandlungsstrategischen Zielen angenommen oder die Annahme kann das Ergebnis eines Marktmacht- oder Verhandlungsungleichgewichts sein. Im grundrechtlich gebotenen Bereich erscheint die Akzeptanz solcher Faktoren jedoch gering. Im Übrigen erfordern die Grundrechte des Nutzers, dass der Widerruf jederzeit möglich ist. Man kann beispielsweise in die körperliche Unversehrtheit im Fall eines medizinischen Eingriffs oder in das Fernmeldegeheimnis im Fall einer Fangschaltung zur Ermittlung unliebsamer Anrufer einwilligen.[1828] Gleichwohl steht einem der Widerruf der Einwilligung zu jedem Zeitpunkt offen. Die Einwilligung begründet keine unbegrenzte Duldungspflicht der Grundrechtseinwirkung. Das wäre indes mit den Grundannahmen des Vertragsrechts wie der Pflicht zur Vertragseinhaltung gemäß dem Grundsatz „pacta sunt servanda" nicht vereinbar. Demzufolge können Vorbehalte in grundrechtlich gebotenen Schranken nicht mit dem Argument der Einwilligung in die Einschränkung eines Grundrechts gerechtfertigt werden.

c) Abwägung der Urhebergrundrechte

Die Verhältnismäßigkeit des Vorbehalts erscheint zuvörderst aus der Perspektive der Vermögensrechte der Urheber fraglich. Die Urheber erhalten für gesetzlich erlaubte Nutzungen gesetzlich eine Vergütung. Wird die gesetzliche Erlaubnis nun unter einen Vorbehalt gestellt, kann die Entstehung gesetzlicher Vergütungsansprüche der Urheber im Wege des Vertragsschlusses verhindert werden, wohingegen die Verwerter infolgedessen vertraglich vergütet werden. Es sind mithin die Eigentumsrechte der Urheber gegen die der Verwerter abzuwägen. Denn das Urheberrecht an sich sowie seine Nutzungsrechte unterliegen mit ihren wirtschaftlichen Verwertungsmöglichkeiten jeweils dem Schutzbereich des Eigentums.[1829] Dennoch sind die Rechte des Verwerters lediglich abgeleitet vom Urheber. Sein originäres Recht ist von der Rechtsentstehung an um die Erlaubnistatbestände begrenzt, weshalb ihm ausgleichende Vergütungsansprüche durch das Gesetz zugeordnet werden. Die Vergütungsansprüche sind somit Kompensationsforderungen für die Aufhebung des Ausschließlichkeitsrechts zur Wahrung des Verhältnismäßigkeitsgrundsatzes zugunsten der Urheber.[1830] Denn Inhalts- und

1827 Ausführlich *Amelung*, Die Einwilligung in die Beeinträchtigung eines Grundrechtsgutes, S. 26 ff.

1828 *Starck*, in: *v. Mangoldt/Klein/Starck*, GG, Art. 1, Rn. 300.

1829 stRspr, vgl. BVerfG NJW 2003, 1655, 1656 mwN. – Urheberrechtlicher Schadensersatzprozess.

1830 *Reber*, ZUM 2000, 729, 732.

Schrankenbestimmungen nach Art. 14 I 2 GG und nicht nur Enteignungen nach Art. 14 III GG sind entschädigungspflichtig, wenn erst dadurch der Eingriff in die geschützte Rechtsposition verhältnismäßig wird.[1831] Das ist bei der Einführung von urheberrechtlichen Schrankenbestimmungen grundsätzlich anzunehmen, weshalb eine unentgeltliche Nutzung erst ausnahmsweise, bei Hinzutreten besonders gesteigerter Gemeinwohlinteressen, erforderlich und zulässig sein kann.[1832] Aus diesen Erwägungen ergibt sich, warum der Vorbehalt zulasten der Urheber unverhältnismäßig sein könnte.

Der dargelegte Hintergrund der gesetzlichen Vergütungsansprüche begründet die hohen Anforderungen, die im Rahmen der Verhältnismäßigkeitsprüfung an die Vergütungsfreiheit einer Nutzung zu stellen sind. Aus diesen strengen Anforderungen an die Verhältnismäßigkeit folgt apodiktisch, dass den Urhebern nicht allein aufgrund eines fiskalischen Interesses der öffentlichen Hand ein Verzicht auf Vergütungsansprüche angesonnen werden darf.[1833] Vielmehr ist ein gesteigertes öffentliches Interesse an der Vergütungsfreiheit erforderlich.[1834] Mehrfach hat das BVerfG in seiner Rechtsprechungsgeschichte dieses bezüglich einer konkreten Nutzungserlaubnis nicht erkennen können.[1835] Gegenstand dieser Verfahren war hingegen immerdar die Frage, ob der Nutzer für die Nutzung überhaupt eine Vergütungszahlung schuldet. Es liegt bisher keine höchstrichterliche Rechtsprechung dazu vor, ob es eigentumsrechtlich zulässig ist, dass der Nutzer die Vergütung an den derivativen und nicht den originären Rechteinhaber zahlt. Denn im Gegensatz zu einer vergütungsfreien Nutzung, wie sie beispielsweise § 60h II UrhG ermöglicht, zahlt der Nutzer weiterhin. Es verändern sich durch den Vorbehalt die Geldströme, demgegenüber nicht die Zahlungspflicht an sich. Denn ohne Vergütungsabrede wird kein Verwerter einen Nutzungsvertrag abschließen. Man kann hinterfragen, aus welcher Motivation heraus der Gesetzgeber Nutzern, die überwiegend in staatlicher Trägerschaft stehen, Privilegierungen schafft, die sie in die bequeme Situation versetzen, gesetzlich erlaubt nutzen zu können oder alternativ Vereinbarungen inklusive Vergütungsabreden treffen zu können. Aufgrund der gesetzlichen Nutzungserlaubnis ist der Vertragsschluss aus Nutzersicht insbesondere für den Fall lukrativ, dass er die Höhe der Zahlungspflicht absenkt.

Entgegen dieser Spekulation kann obige Annahme, dass die Urheber nicht allein aus fiskalischen Gründen ihre Ansprüche verlieren dürfen, nicht als verletzt

---

1831 BVerfG NJW 1982, 633, 634 – Pflichtexemplar.

1832 BVerfG GRUR 1972, 481, 484 – Kirchen- und Schulgebrauch; BVerfG NJW 1992, 1307, 1308 – Vollzugsanstalten.

1833 *Kreile*, in: *Badura/Scholz*, FS Lerche, S. 251, 263 f., 265 f.; *Krüger-Nieland*, in: *Jagenburg/Maier-Reimer/Verhoeven*, FS Oppenhoff, S. 273, 181, 191.

1834 *Badura*, Eigentumsschutz, S. 25.

1835 Vgl. zu § 46 UrhG aF BVerfGE 31, 229, 244 f. – Kirchen- und Schulgebrauch; zu § 52 I Nr. 2 Hs. 2 UrhG aF BVerfGE 49, 382, 399 f. – Kirchenmusik.

angesehen werden. Denn für den Vorbehalt sprechen mehr Gründe als fiskalische Interessen. Denen kommt teilweise eine enorme Bedeutung zu. So hat die Allgemeinheit ein Interesse an innovativen Produkten einer wirtschaftlich gesunden Branche von Intermediären, das als hochgradig relevant angesehen werden muss. Nur hochwertige Digitalisate ermöglichen eine schnelle Auffindbarkeit der im Werk eingearbeiteten Information. Die Verwerter gestalten daher das technologische Informationszeitalter mit aus. Auch von ihrer Leistung hängt der Anschluss Deutschlands an internationale Standards und die internationale Konkurrenzfähigkeit ab. Dafür müssen sie sachgerecht vergütet werden. Dementsprechend nachvollziehbar ist es, dass der Gesetzgeber ihre Finanzierung nachhaltig sichern möchte. Eine eigene rechtspolitische Stellungnahme dazu ist streng von grundrechtlichen Erwägungen zu trennen. Sonst greift man unzulässig in die Prärogative des Gesetzgebers ein.

Der Entscheidungsprärogative des Gesetzgebers hätte es weiterhin unterlegen, gerechtfertigte, aber nicht grundrechtlich gebotene Nutzungshandlungen nicht gesetzlich zu erlauben. Dann hätte dem Urheber nie ein gesetzlicher Anspruch gegen den Nutzer zugestanden. Der Verwerter hätte mit dem Nutzer einen Lizenzvertrag geschlossen. In diesem Fall wäre die Vergütung des Urhebers über das Urhebervertragsrecht sichergestellt worden. Wenn das Urhebervertragsrecht nach der Vorbehaltseinführung in der Schranke entsprechend ausgestaltet oder angewendet wird, ist keine ungerechtfertigte Schlechterstellung des Urhebers durch die Vorbehaltseinführung zu erkennen. Es liegt die gleiche Vergütungssituation vor, wie wenn die Nutzung nie gesetzlich erlaubt gewesen wäre. Bezüglich solcher Schranken ist der Vorbehalt demnach nicht grundsätzlich als unzulässig anzusehen, sondern muss im Gesamtzusammenhang des Vergütungsregimes gewertet werden.

Somit kann der Vorbehalt nur bezüglich der Schranken Bedenken unterliegen, deren Nutzung geboten ist. Hierbei kann man überlegen, ob aus der Gebotenheit der Nutzung die zwingende Zuordnung kompensierender Vergütungsansprüche folgt, weil der Gesetzgeber eben nicht frei war, die Handlung der Verwertung von Ausschließlichkeitsrechten zu unterwerfen. Demgegenüber ist die tatsächliche Anzahl dementsprechend erfasster Sachverhalte sehr gering. Zunächst ist die Anzahl gebotener Schranken bereits gering. Dazu kommt, dass aus den gewichtigen Gründen, die die Gebotenheit der Erlaubnis bewirken, zugleich die Rechtfertigung der Vergütungsfreiheit folgen kann. Das ist beispielsweise für die Zitierfreiheit im Wissenschaftsbereich anzunehmen.[1836] Für die wenigen Fälle, in denen die Nutzungserlaubnis geboten, aber ihre Vergütungsfreiheit zugleich nicht gerechtfertigt ist und eine wirksame Nutzungsvereinbarung vorliegt, die den gebotenen Nutzungsumfang aufrecht erhält, muss es dem Gesetzgeber zugestanden werden,

---

1836 Ebenso *Stieper*, Rechtfertigung der Schranken, S. 50; a.A. *Hohagen*, Freiheit der Vervielfältigung, S. 40, 296.

die Urhebervergütung über das Urhebervertragsrecht geregelt wissen zu wollen. Zweifel ob der praktischen Wirksamkeit des Urhebervertragsrechts begründen nicht zugleich eine allgemeine Grundrechtswidrigkeit des Vorbehalts. Es unterliegt der gesetzgeberischen Entscheidungshoheit, dass die Vergütung der Urheber auf das Urhebervertragsrecht verlagert werden kann.

Das Grundrecht auf Eigentum gebietet die angemessene Beteiligung des Urhebers in der Wertschöpfungskette, diktiert indes nicht die konkrete Form der Beteiligung. Grundrechtliche Zweifel an der Zulässigkeit des Vorbehalts sind mithin erst dann gerechtfertigt, wenn weder die Ausgestaltung noch die Anwendung des Urhebervertragsrechts an die Vorbehaltseinführung angepasst werden. Erst für den Fall, dass der Urheber keine Zahlung vom Verwerter verlangen kann, müssten zwingend unmittelbare Ansprüche gegen den Nutzer bestehen, weil der Urheber sonst für die Nutzung nicht vergütet wird. Bis zu dieser Konstellation sind Vorbehalte als zulässig anzusehen.

d) Staatsprinzipien

Neben den Grundrechten könnten Staatsprinzipien der Vorbehaltseinführung entgegen stehen. Zu denken ist dabei an das Rechtsstaatsprinzip nach Art. 20 III GG und das Demokratieprinzip aus Art. 20 I, II GG, welche beide Werte sind, auf die sich die Europäische Union nach Art. 2 S. 1 EUV gründet. Die Rechtssicherheit ist das Element des Rechtsstaatsprinzips, welches auf die Verlässlichkeit und Berechenbarkeit der Rechtsordnung abzielt.[1837] Deswegen verlangt es eine ausreichende Klarheit des Bestands und des Inhalts eines Gesetzes sowie seine hinreichende Bestimmtheit.[1838] Dem Bürger muss die Möglichkeit gewährt werden, sein Verhalten auf den Aussagegehalt des Gesetzes hin einzustellen, indem das Gesetz für ihn so vorhersehbar und berechenbar ist, dass er sein Verhalten danach ausrichten kann. Dem könnte entgegen stehen, dass im Rahmen der rechtspolitischen Diskussion mehrfach darauf hingewiesen worden ist, dass dem Vorbehalt das Potential innewohnt, Rechtssicherheit und -klarheit für den Rechtsverkehr zu reduzieren.[1839] Je nach Quantität und Qualität der Vereinbarungen wird die Rechtslage infolge des Vorbehalts zerstückelt und unübersichtlich. Teilweise greift das Gesetz, teilweise der Vertrag. Es fällt dem Nutzer zunehmend schwer, das erlaubte Maß zu erkennen. Gleichwohl schützt das Rechtsstaatsprinzip den Bürger nicht davor, sich selbst durch vertragliche Disposition eine uneinheitliche Privatrechtslage zu schaffen. Das rechtspolitisch anzustrebende Optimum an Sicherheit im Rechtsverkehr ist nicht gleichbedeutend mit der verfassungsrechtlichen Anforderung an eine Gesetzesnorm, rechtssicher zu sein. Ungeachtet der Möglichkeit, dass der Gesetzgeber eine Schranke unter Vorbehalt im Einzelfall unsicher oder unklar

---

1837 BVerfG NJW 2000, 413, 415 – Verfassungsmäßigkeit des Restitutionsausschlusses.
1838 *Grzeszick*, in: *Maunz/Dürig*, GG, Art. 20, VII, Rn. 51 ff., 58 ff.
1839 Ausführlich dazu I I 2. b) dd).

ausgestalten könnte, ist der Vertragsvorbehalt an sich nicht rechtsunsicher. Das Privatrecht definiert einen Vertrag umfangreich. In Bezug auf eine konkrete Nutzungshandlung, die von der Privilegierung erfasst wird, die wiederum durch einen Vertrag modifiziert wird, ist die Rechtslage nicht grundsätzlich unsicher oder unklar. Der Vorbehalt legt die Abbedingung sowie die Wirksamkeitsvoraussetzungen des abbedingenden Vertrags ausdrücklich fest. Sonach ist die Rechtslage im Zweifel klarer und bestimmter als im Fall von dispositiven Gesetzesrecht, welches erst durch umfangreichere Auslegung als solches erkennbar wird. Würde man dem Vertragsvorbehalt keine ausreichende Rechtssicherheit im verfassungsrechtlichen Sinn unterstellen, müsste das erst recht für dispositives Recht ohne ausdrückliche Subsidiaritätsanordnung gelten. Das wäre nicht vertretbar.

Aus dem Demokratieprinzip folgt der Vorbehalt des Gesetzes, der fordert, dass alle wesentlichen Fragen vom unmittelbar demokratisch legitimierten Gesetzgeber im parlamentarischen Gesetzgebungsverfahren entschieden werden.[1840] Es ist bereits zur Begründung des Numerus clausus des Immaterialgüterrechts dargelegt worden, dass Bestand und Inhalt von immaterialgüterrechtlichen Ausschließlichkeitsrechten als wesentlich anzusehen sind.[1841] Im Gegensatz zur dem Numerus clausus widerstrebenden Rechtsfigur des Vertragsvorrangs führt der Vertragsvorbehalt nicht dazu, dass das Wesentliche nicht mehr vom Gesetzgeber entschieden wird. Obwohl im Rahmen des Vorbehalts der Abschluss einer Vereinbarung letztendlich über die Anwendbarkeit der Schranke bestimmt, entspricht es der Entscheidung des Gesetzgebers, dass die konkrete Privilegierung unter den konkreten Voraussetzungen abbedungen werden kann. Damit legt der Gesetzgeber ungeachtet der Vorbehaltseinführung die Rechtslage fest. Sonach kann in dem Vertragsvorbehalt kein Verstoß gegen die Wesentlichkeitstheorie gesehen werden. Der Vertragsvorbehalt genügt demzufolge den Voraussetzungen, die die Staatsprinzipien an eine Gesetzesnorm stellen.

e) Ergebnis

Die Verhältnismäßigkeit des Vorbehalts wird aus dem Blickwinkel der Nutzergrundrechte nicht in allen Fällen gewahrt. Nutzungserlaubnisse, die grundrechtlich geboten sind, müssen im gebotenen Umfang aufrechterhalten bleiben. Das begründet die Unabdingbarkeit jener Schranken oder die Pflicht, den Vorbehalt so auszugestalten, dass er zugunsten des Nutzers eine gleichwertige Erlaubnis voraussetzt. Es ist infolgedessen nicht zulässig, einen allgemeinen Vertragsvorbehalt ins Urheberrechtsgesetz zu implementieren. Im Gegensatz dazu sind die meisten Schranken durch Interessen oder Rechte der Nutzer gerechtfertigt, aber nicht geboten. Hier stellt der Vorbehalt keinen ungerechtfertigten Eingriff in Nutzergrundrechte da. Diese Schranken können unter einen Vorbehalt gestellt werden.

1840 *Grzeszick*, in: *Maunz/Dürig*, GG, Art. 20, VI, Rn. 101.
1841 Siehe hierzu E IV 2. d) bb).

Der Zulässigkeit der Vorbehaltseinführung stehen ebenso die Grundrechte der Urheber nicht entgegen. Ihr Grundrecht auf Eigentum gebietet im Regelfall das Bestehen ihrer gesetzlichen Vergütungsansprüche als Kompensation für die gesetzliche Nutzungserlaubnis. Der mit der Erlaubnis verknüpfte Eingriff ist sonst als unverhältnismäßig anzusehen. Wenn aber der Vorbehalt dazu führt, dass der Verwerter für die gesetzlich erlaubte Nutzung Einnahmen erzielt, unterliegt es bei einem normgeprägten Grundrecht der Entscheidungsprärogative des Gesetzgebers, die notwendige Vergütung der Urheber durch urhebervertragsrechtliche Ansprüche gegen die Verwerter zu gewährleisten, statt ihnen unmittelbare Ansprüche gegen die Nutzer zuzusprechen. Derartige Zahlungsströme stellen die Grundlage des urheberrechtlichen Vergütungssystems dar, welches bei Schrankenerlaubnissen ohne Vorbehalt aufgebrochen wird, weil mangels Einnahmen der Verwerter für die gesetzlich erlaubten Nutzungen kein Beteiligung der Urheber an den Einnahmen der Verwerter möglich ist. Das Eigentumsgrundrecht der Urheber verlangt mithin eine angemessene Beteiligung der Urheber, wobei es dem Gesetzgeber offensteht, das Vergütungsregime in seiner konkreten Form auszugestalten. Vorbehalte sind damit erst dann als grundrechtswidrig anzusehen, wenn ohne gesetzlichen Vergütungsanspruch keine Entschädigung des Urhebers möglich ist.

3. Ergebnis: Regelmäßige Zulässigkeit von Vertragsvorbehalten in Schrankenbestimmungen

Vertragsvorbehalte halten einer Prüfung am Maßstab des höherrangigen Rechts im Regelfall stand. Weder das Richtlinienrecht in Form des abgeschlossenen Katalogs des Art. 5 II–IV InfoSoc oder des Drei-Stufen-Tests nach Art. 5 V InfoSoc noch eine allgemeine Grundrechtsabwägung stehen dem entgegen; in Art. 5 III lit. n) InfoSoc ist die Vorbehaltseinführung sogar vorgeschrieben. Ausnahmen dazu ergeben sich nur aus dem Richtlinienrecht in Bezug auf Art. 7 I DSM-RL sowie aus den Grundrechten, wenn der Bestand der Nutzungserlaubnis grundrechtlich geboten ist. Die meisten Privilegierungstatbestände sind jedoch grundrechtlich zulässig, hingegen nicht geboten.[1842]

III Zulässigkeit von § 60g II UrhG

Die durchgeführten Überlegungen zur allgemeinen Zulässigkeit von Vertragsvorbehalten legen die Maßgaben für die Möglichkeit der Vorbehaltseinführung in Schrankenbestimmungen fest. Anhand derer kann die Zulässigkeit von Subsidiaritätsklauseln in jeder urheberrechtlichen Schranke analysiert werden. Dafür ist insbesondere der Grundrechtsrelevanz einer jeweiligen Schrankenbestimmung

---

1842 Auf eine Prüfung der Grundrechtsrelevanz jedweder Schrankenbestimmung wird hier verzichtet.

nachzuspüren. Die vorliegende Untersuchung möchte sich dieser Aufgabenstellung gleichwohl nicht annehmen. Die Vereinbarkeit des Vorbehalts mit höherrangigem Recht wird vom europäischen[1843] und deutschen[1844] Gesetzgeber seinem jeweiligen Gesetzgebungsprozess sowie vom EuGH[1845] und BGH[1846] seiner jeweiligen Rechtsprechungspraxis teilweise ungeprüft zugrunde gelegt.

Nichtsdestominder hat sich die Rechtswissenschaft mit der grundsätzlichen Zulässigkeit soweit ersichtlich nur partiell auseinandergesetzt, wohingegen der grundrechtliche Bezug der Schrankenbestimmungen in der Literatur[1847] und Rechtsprechung[1848] bereits ausführlich sondiert worden ist. Auf diesen umfangreichen

---

1843 Vgl. Art. 5 III lit. n) InfoSoc, dem wie dem Vorbehalt an sich kein erläuternder Erwägungsgrund zuteilwird.

1844 Vgl. § 60g II UrhG, dessen Begründung, BT-Drs. 18/12329, S. 45 f., thematisiert ebenso wie die verfassungsrechtliche Abwägung, die dem UrhWissG allgemein zugrunde liegt, BT-Drs. 18/12329, S. 26 f., die Zulässigkeit des Vorbehalts nicht. Das trifft im deutschen Recht nicht nur auf den Vertragsvorbehalt zu, sondern bereits auf den Vorbehalt des Angebots nach alter Gesetzesfassung, vgl. die Gesetzesbegründung zu § 53a UrhG aF, BT-Drs. 16/1828, S. 27 f.

1845 Vgl. das dritte Schrankenmodell, das der EuGH herleitet, ohne die Zulässigkeit von Subsidiaritätsklauseln in Schrankenbestimmungen auszuführen, EuGH GRUR 2013, 812, 814, Rn. 38 – VG Wort/Kyocera.

1846 Vgl. das enge Verständnis des BGH von Art. 5 III lit. n) InfoSoc, BGH GRUR 2013, 503, 504 f., Rn. 11 ff. – Elektronische Leseplätze. Der BGH trägt die unionsrechtliche Zulässigkeit seines Auslegungsvorschlags nicht vor. Wiewohl man sich nicht enthalten kann, anerkennend zu erwähnen, dass der BGH in einem späteren Fall die unionsrechtliche Zulässigkeit des Angebotsvorbehalts anhand des erschöpfenden Katalogs des Art. 5 InfoSoc, BGH GRUR 2014, 549, 555, Rn. 61 f. – Meilensteine der Psychologie, und des Drei-Stufen-Tests des Art. 5 V InfoSoc prüft, BGH GRUR 2014, 549, 555, Rn. 63 – Meilensteine der Psychologie. Eine darauf nicht Bezug nehmende Urteilsbegründung wäre angesichts der lebhaften Debatte in der Literatur ob der Auslegung des Tatbestandsmerkmals Gebotenheit indessen wahrlich nicht vertretbar gewesen.

1847 Siehe unter vielen *Badura*, in: *Ohly/Klippel*, Geistiges Eigentum und Gemeinfreiheit, S. 45, 46 ff.; *de la Durantaye*, Allgemeine Bildungs- und Wissenschaftsschranke, S. 67 ff.; *Hilty*, in: *Ohly/Bodewig/Dreier*, FS Schricker II, S. 325, 339 ff.; *Mizdalski*, Zur restriktiven Auslegung, S. 60 ff.; *Poeppel*, Neuordnung der Schranken, S. 147 ff.; *Schack*, Urheberrecht, Rn. 84 ff.; *Stieper*, Rechtfertigung der Schranken, S. 42 ff.; *ders.*, in: *Schricker/Loewenheim*, UrhR, Vor §§ 44a ff., Rn. 18; *Wandtke*, Urheberrecht, Kap. 1, Rn. 45 f.; *Zurth*, Nutzungsrechte, S. 77 ff.

1848 Vgl. BVerfG GRUR 1972, 481, 483 ff. – Kirchen- und Schulgebrauch; BVerfG GRUR 1972, 487, 487 f. – Schulfunksendungen; BVerfG GRUR 1972, 488, 490 f. – Tonbandvervielfältigungen; BVerfG GRUR 1980, 44, 44 ff. – Kirchenmusik; BVerfG GRUR

Diskurs soll hierbei verwiesen werden. Die vorliegende Abhandlung untersucht die Zulässigkeit eines Vertragsvorbehalts ausschließlich anhand von § 60g II UrhG. Nach der allgemeinen Zulässigkeitsprüfung der Rechtsfigur wird sich dementsprechend darauf beschränkt, die Zulässigkeit der von § 60g II UrhG angeordneten Subsidiarität zu prüfen. Die Zulässigkeit von Vertragsvorbehalten in anderen Schrankenbestimmungen wird ausgeklammert.

1. § 60g II UrhG iVm §§ 60e IV, 60f I UrhG

§ 60g II UrhG ordnet zunächst den Vorrang des Vertrags gegenüber der Terminal-Schranke nach §§ 60e IV, 60f I UrhG an. Die Schranke beruht auf Art. 5 III lit. n) InfoSoc. Diese Regelung wiederum statuiert die Schrankensubsidiarität gegenüber „Regelungen über Verkauf und Lizenzen", was im Sinn eines Lizenz- oder Nutzungsvertrags zu verstehen ist.[1849] Dieser Verpflichtung ist der Gesetzgeber bei der Ausgestaltung von § 60g II UrhG nachgekommen.[1850] § 60g II UrhG wäre demnach in Bezug auf §§ 60e IV, 60f I UrhG richtlinienkonform, sollte Art. 5 III lit. n) InfoSoc selbst nicht wiederum unionsrechtswidrig sein. Das könnte sich nur aus den Unionsgrundrechten ergeben.

Das wäre der Fall, wenn der Vorbehalt einen grundrechtlich gebotenen Nutzungsumfang aufzuheben vermag. Die Richtlinienbestimmung möchte dem Allgemeininteresse dienen, das an der Förderung der Forschung und privater Studien durch die Verbreitung von Kenntnissen besteht.[1851] Das sei als bedeutend einzustufen, weil es der grundlegenden Zweckbestimmung von Einrichtungen wie öffentlich zugänglichen Bibliotheken entspricht.[1852] Dennoch ist die Nutzung nicht als geboten anzusehen, weil sie keinen Grundrechtskern berührt. Die Zugänglichmachung an Terminals kann der Forschung und privaten Studien zuträglich sein. Wissenschaft und Forschung werden aber nicht unzumutbar beeinträchtigt, sollte die Wiedergabe nicht zulässig sein. Der analoge Zugang kann eine gleichwertige Kenntnisnahme ermöglichen. Der Gesetzgeber des UrhWissG geht darüber hinaus auf seine Motivation zur Schrankeneinführung nicht ein, verweist jedoch auf die bisherige Regelung in § 52b UrhG aF.[1853] § 52b UrhG aF hatte der Gesetzgeber damit

---

1989, 193, 195 ff. – Vollzugsanstalten; BVerfG GRUR 2016, 690, 691 ff. – Metall auf Metall.

1849 *Leenen*, in: *Wandtke/Bullinger*, UrhR, Art. 5 InfoSoc-RL, Rn. 150 mwN.

1850 BT-Drs. 18/12329, S. 44, 45 f.; a.A. *Ohly*, Gutachten F, F 79, der wissenschaftliche Bibliotheken nach der weitergehenden Schranke des Art. 5 III lit. a) InfoSoc privilegiert sieht.

1851 EuGH EuZW 2014, 868, 870, Rn. 27 – TU Darmstadt/Ulmer; *Leenen*, in: *Wandtke/Bullinger*, UrhR, Art. 5 InfoSoc-RL, Rn. 149.

1852 EuGH EuZW 2014, 868, 870, Rn. 27 – TU Darmstadt/Ulmer; *Leenen*, in: *Wandtke/Bullinger*, UrhR, Art. 5 InfoSoc-RL, Rn. 149.

1853 BT-Drs. 18/12329, S. 43.

begründet, dem Bildungsauftrag der Einrichtungen Rechnung tragen und zugleich einen Schritt zur Förderung der Medienkompetenz der Bevölkerung unternehmen zu wollen.[1854] Zur Erfüllung des Bildungsauftrags der Einrichtungen und zur Förderung der Medienkompetenz der Bevölkerung erscheint es dahingegen nicht zwingend geboten, Werke an Terminals wiedergeben zu müssen.[1855] Art. 5 III lit. n) InfoSoc verletzt damit keine Nutzergrundrechte.

Grundrechte der Urheber werden ebenso nicht verletzt, weil Erwägungsgrund 36 InfoSoc-RL ausdrücklich die Mitgliedstaaten ermutigt, im nationalen Recht Regelungen vorzusehen, welche den Urhebern einen gerechten Ausgleich gewähren. Art. 5 III lit. n) InfoSoc ist mithin nicht grundrechtswidrig.

Eine grundrechtswidrige Umsetzung käme nur in Betracht, wenn das Vergütungsregime wider die Eigentumsgarantie der Urheber ausgestaltet wäre. Dabei ist daran zu erinnern, dass das Grundrecht auf Eigentum die angemessene Beteiligung des Urhebers in der Wertschöpfungskette gebietet. Es diktiert indes nicht die konkrete Art und Weise der Beteiligung oder eine exakte Vergütungshöhe. Hier ist dem Gesetzgeber ein Spielraum zuzusprechen. Obwohl die praktische Wirksamkeit des Urhebervertragsrechts partiell vehementer Kritik ausgesetzt ist und der Gesetzgeber gleichfalls regelmäßig einen Reformbedarf anerkennt,[1856] ist eine eigenpersönliche Überzeugung einer rechtspolitischen Vorzugswürdigkeit strikt von der Annahme eines Grundrechtsverstoßes zu trennen. Mit einem unverzichtbaren Anspruch des Urhebers auf angemessene Beteiligung als Gegenleistung für die Nutzungsrechtseinräumung, der die Vergütungshöhe nicht nur an der Üblichkeit, sondern ebenfalls an der Redlichkeit ausrichtet, hat der Gesetzgeber ein Instrumentarium geschaffen, das einfachgesetzlich die Anforderungen an die grundrechtlich gebotene Beteiligung erfüllt. Damit unterfällt es der Rechtsanwendung, die durch den Vorbehalt gewährten Einnahmemöglichkeiten bei der Berechnung der urhebervertraglichen Vergütung angemessenen zu berücksichtigen. Das Kriterium der Angemessenheit bietet dabei ausreichend Auslegungsspielraum zugunsten einer Urheberbeteiligung.[1857] Es ist somit nicht als Verletzung des Grundrechts auf Eigentum anzusehen, wenn der Gesetzgeber die Vergütung der Urheber nach einem Vertragsschluss zur Terminalnutzung dem Urhebervertragsrecht zuordnet. Die Umsetzung von Art. 5 III lit. n) InfoSoc unterliegt damit keinen Bedenken in Bezug auf die Terminal-Schranke. Folglich ergibt sich unter dieser Bezugnahme aus allen Gesichtspunkten eine Zulässigkeit von § 60g II UrhG.

1854 BT-Drs. 16/1828, S. 26.

1855 So bereits unter C II 2.

1856 Ausführlich bereits dazu I I 2. b) ee) (iii).

1857 So schon unter J II 2. c).

2. § 60g II UrhG iVm § 60e V UrhG

Im Gegensatz zur Terminal-Schranke war der Vorbehalt des § 60e V UrhG nicht aufgrund von Richtlinienvorgaben zwingend erforderlich. Beim Kopienversand auf Bestellung beruhte er auf einer Entscheidung des nationalen Gesetzgebers.[1858] Die Schranke selbst beruht wiederum auf Art. 5 II c), IV InfoSoc, der keine diesbezüglichen Vorgaben enthält. In Bezug auf den Kopienversand verletzt der Vorbehalt nach den dargelegten Maßstäben somit kein Richtlinienrecht. Die DSM-RL ist nicht anwendbar, der abgeschlossene Katalog und der Drei-Stufen-Test der InfoSoc-RL stehen einer Vorbehaltseinführung nicht entgegen. Im Anschluss an die allgemein und zur Terminal-Schranke getätigten Überlegungen zur Urhebervergütung kann der Vorbehalt weiterhin ebenfalls keine grundrechtlichen Bedenken in Bezug auf den Kopienversand bewirken. Somit ist letztlich nur noch fraglich, ob die gewährte Nutzungsfreiheit grundrechtlich geboten ist. Das könnte sich abhängig vom Nutzer aus dem Grundrecht auf Informationsfreiheit oder aus der spezielleren Wissenschaftsfreiheit ergeben. Es ist bereits belegt worden, dass die Erlaubnis zur Vervielfältigung zum wissenschaftlichen Gebrauch geboten ist.[1859] Dagegen ist darauf hinzuweisen, dass die Schranke lediglich die Übermittlung von Vervielfältigungsstücken durch Bibliotheken an nicht kommerzielle Nutzer privilegiert. Erlaubt wird also der Versand und nicht die Herstellung. Der Versand beschleunigt den Arbeitsprozess des Wissenschaftlers und vermeidet eigene Reisen. Das spart Zeit, Kosten und schont die Umwelt. Damit gestaltet der Kopienversand das Informationswesen in Deutschland effizienter aus. Es wird schneller und wirtschaftlicher. Daneben animiert er zugunsten der Urheber die großen Zentralbibliotheken zur Werkanschaffung, welche sich aus allgemeinwirtschaftlichen Erwägungen nicht lohnen würde, wenn der Bestand nur von wenigen Personen zugleich ortsgebunden genutzt werden könnte. Damit liegen der Schranke wesentliche Erwägungen zugrunde.[1860] Eine Nutzungshandlung ist indes erst dann grundrechtlich geboten, wenn anderenfalls der Kern des Grundrechts verletzt werden würde. Das trifft auf die Herstellung von Informationsträgern zu, weil andernfalls das wissenschaftliche Arbeiten unzumutbar beeinträchtigt werden würde. Dem Kern der Wissenschaftsfreiheit entspricht jedoch nicht die Prämisse, dass das Informationswesen schnell und wirtschaftlich ausgestaltet ist. Wissenschaft erfordert nicht zwingend, dass einem die Informationsträger möglichst effizient übermittelt werden. Eine langsamere und weniger Ressourcen schonende, aber im wissenschaftlichen Ergebnis gleichwertige Forschung wäre ohne die Erlaubnis zum Versand ebenfalls möglich. Deswegen ist der Nutzungsumfang

---

1858 BT-Drs. 18/12329, S. 46.

1859 C II 2.

1860 Vgl. zu den dargelegten Schrankenzielen bereits den historischen Gesetzgeber in BT-Drs. 10/837, S. 20.

nicht grundrechtlich geboten, weshalb die Zulässigkeit von § 60g II UrhG in Bezug auf § 60e V UrhG gleicherweise keinen Bedenken unterliegt.

IV Gesamtergebnis

Das höherrangige Recht setzt verschiedene Anforderungen an das Verhältnis zwischen Schranken und Verträgen. Vielfältige Voraussetzungen sind dabei zu beachten. Teilweise wäre es unionsrechtswidrig, würde der deutsche Gesetzgeber die Schrankenbestimmung unabdingbar ausgestalten. Das trifft auf Art. 5 III lit. n) InfoSoc zu, wobei es sich zugleich um die einzige Vorschrift handelt, die einen Vertragsvorbehalt zwingend vorschreibt. In allen anderen Fällen wären vorrangige Schranken aufgrund ihrer notwendigen Rechtfertigung gegenüber dem Eigentumsrecht zulässig. Daraus ergibt sich zugleich die Zulässigkeit von § 60g I UrhG.

Konträr zu Art. 5 III lit. n) InfoSoc wäre es bei anderen Schranken wiederum unzulässig, wenn sie subsidiär zu Vereinbarungen wären. Zunächst sind die auf Art. 3, 5, 6 DSM-RL beruhenden Schranken nach Art. 7 I DSM-RL zwingend vertragsfest auszugestalten. Das gleiche Ergebnis ergibt eine Auslegung von Art. 5 I InfoSoc. Im Regelfall allerdings steht es dem nationalen Gesetzgeber frei, Vorbehalte einzuführen. Denn weitere Voraussetzungen ergeben sich aus dem Richtlinienrecht nicht, weil weder der abgeschlossene Katalog des Art. 5 InfoSoc noch der in seinem fünften Absatz geregelte Drei-Stufen-Test einem Vorbehalt entgegen stehen.

Das wiederum trifft nicht auf alle Nutzergrundrechte zu. Sie können einen gesetzlichen Erlaubnistatbestand erfordern, wenn die Nutzungshandlung grundrechtlich geboten ist. In dem Fall wäre ein abbedingender Vorbehalt grundrechtswidrig, wenn dadurch die Nutzungserlaubnis in ihrem gebotenen Umfang aufgehoben werden könnte, ohne dass dem Nutzer eine gleichwertige Erlaubnis im gebotenen Umfang rechtsgeschäftlich zuteilwerden muss. Des Weiteren hat der Gesetzgeber bei der Schrankenausgestaltung das Grundrecht der Urheber auf Eigentum zu beachten. Aus diesem folgt der Anspruch, tunlichst beteiligt zu werden. Es wäre daher als grundrechtswidrig anzusehen, wenn der Nutzer aufgrund des abbedingenden Vertrags nutzen darf, der Urheber deswegen seine gesetzlichen Ansprüche verliert, wohingegen dem Verwerter vertragliche gegen den Nutzer zustehen, an denen der Urheber nicht beteiligt werden kann. Im Gegenzug für die Vorbehaltseinführung muss der Gesetzgeber einen angemessenen Vergütungsmechanismus zugunsten der Urheber einführen. Das normgeprägte Grundrecht schreibt jedoch nicht vor, wie konkret eine angemessene Beteiligung auszuformen ist. Hierbei steht dem Gesetzgeber ein weiter Ermessensspielraum zu, weshalb der Vorbehalt nicht per se grundrechtswidrig ist. Zur Vereinfachung der Rechtsanwendung und zur Erhöhung ihrer Effektivität ist dennoch eine Anpassung des Urhebervertragsrechts an die Einführung von Vertragsvorbehalten empfehlenswert. Darüber hinaus kann dagegen nicht angenommen werden, dass das deutsche Recht in seiner aktuellen Fassung den dargelegten Grundrechtsvoraussetzungen nicht genügt.

Die genannten Zulässigkeitsvoraussetzungen geben den Maßstab für jede Vorbehaltseinführung im deutschen Recht vor. Daran gemessen kann die Zulässigkeitsprüfung von § 60g II UrhG keine unions- oder verfassungsrechtlichen Bedenken hervorrufen. Die von der Vorschrift erfassten Privilegierungen sind nicht dem Bestand grundrechtlich gebotener Freiheit zuzuordnen.

K Stellungnahme

Neben der Auslegung des § 60g UrhG sind bereits die Vor- und Nachteile der Rechtsfiguren, die die Norm beinhaltet, dargestellt worden. Doch im Anschluss an jene objektive Darlegung der Argumente stellt sich nun die Frage, wie sich selbst zu den vorgetragenen rechtspolitischen Gründen zu positionieren ist. Über die bloße Auslegung und allgemeine Darstellung der Argumente hinaus soll nachfolgend das Auslegungsergebnis Gegenstand einer eigenpersönlichen Stellungnahme sein. Sie soll als Grundlage dienen, um abschließend einen eigenen Reformvorschlag zu unterbreiten.

Dabei wird wie folgt vorgegangen. Die Einführung von § 60g UrhG unterliegt zuvörderst dem übergeordneten Ziel der wirtschaftlichen Förderung der Verwerter. Zunächst soll deswegen dieses Ziel betrachtet und seine grundsätzliche Rechtfertigung hinterfragt werden (I). Sodann soll erörtert werden, inwiefern die Bestimmungen des § 60g UrhG geeignet sind, dieses Ziel überzeugend und mit nachhaltig positiven Auswirkungen zu erreichen. Der Schwerpunkt liegt hierbei dem Forschungsgegenstand der Untersuchung entsprechend auf § 60g II UrhG. Dessen Sinnhaftigkeit und damit die der Rechtsfigur des Vertragsvorbehalts wird nach eigenpersönlichem Dafürhalten abgewogen (II), anschließend wird die Überzeugungskraft eines schuldrechtlich wirksamen Vertrags gemäß § 60g I UrhG skizziert (III). Die Ergebnisse der Betrachtung der einzelnen Aspekte werden im Fazit gebündelt und mit einem alternativen Lösungsvorschlag versehen (IV). Daraus resultiert abschließend ein eigener Gesetzesvorschlag (V).

I Stellungnahme zum Ziel des Verlegerschutzes

Erstmals regelt eine Norm ausschließlich das Verhältnis von Verträgen und Gesetzen im Bereich urheberrechtlicher Schranken. Die Verlage hatten im UrhWissG einen Vorrang des Angebots gefordert[1861] und stattdessen mit § 60g UrhG die Betonung der Zulässigkeit schuldrechtlicher Vereinbarungen als Grundsatz beziehungsweise in Ausnahme dazu den Vorrang von Verträgen erhalten. Letztendlich entsprach das nicht genau ihren Interessen, dennoch hat der Gesetzgeber alte Systeme aufgebrochen, um die Interessen der Verleger vermeintlich zu befriedigen. Vertragliche Vereinbarungen sind nunmehr im Anwendungsbereich der Schranken der §§ 60a ff. UrhG grundsätzlich zulässig und nach § 60g II UrhG überdies urheberrechtlich vorrangig. § 60g UrhG ist damit in einem historischen Zusammenhang zu sehen. Während der historische Gesetzgeber 1965 die Schranken als Ergebnis einer Abwägung von Urheber- und Allgemeininteressen konzipiert

1861 Vgl. hierzu G III 3.

hat,[1862] ist innerhalb dieses Jahrtausends wie ein roter Faden die Entwicklung feststellbar, die Verwerterinteressen im Bereich gesetzlich erlaubter Handlungen immer stärker werdend ebenfalls zu berücksichtigen. Das konnte bereits anhand der §§ 52a, 52b, 53a I 3 UrhG aF gezeigt werden.[1863] § 60g UrhG ist somit als Fortsetzung dieser Tendenz zu verstehen. Im Wissenschafts- und Bildungsbereich ist es dabei vor allem die Verwertergruppe der Verleger, deren Stellung gestärkt werden sollte. Eine Verbesserung ihrer wirtschaftlichen Stellung fordern die Verlage seit langem vehement. Mit folgenden drastischen Worten bewertete der *Börsenverein des Deutschen Buchhandels* den Vorrang des Gesetzes gemäß dem Referentenentwurf: „Der Verlag erhält für sämtliche eben aufgeführten, nach dem UrhWissG-E gesetzlich erlaubten Nutzungen durch die Hochschule oder ihre Studierenden keine Vergütung oder sonstige Kompensation für seine Investitionen. Lizenzerlöse kann er bei der Fernuniversität nicht erzielen, weil aufgrund des Vorrangs der Schrankennutzungen keine wirksamen Lizenzverträge für die Nutzungen abgeschlossen werden können. An den sog. angemessenen Vergütungen, die für die Nutzungen unter § 60a UrhG-E bzw. § 53 UrhG von Hochschulen bzw. Geräteindustrie an urheberrechtliche Verwertungsgesellschaften wie die VG WORT gezahlt werden, wird der Verlag derzeit – aufgrund der aktuellen Rechtsprechung von Europäischem Gerichtshof und Bundesgerichtshof – nicht beteiligt. Unter Umständen kann der Verlag darauf hoffen, dass künftig bei manchen seiner Bücher die Urheber bereit sind, gemäß § 27a VGG bei Werkanmeldung bei der VG WORT einer Beteiligung des Verlags an ihren Ansprüchen zuzustimmen."[1864]

Um den Vertragsvorbehalt und damit das Ziel des Schutzes des Verlagswesens bewerten zu können, soll eingangs die wirtschaftliche Situation des deutschen Verlagswesens (3.) unter den rechtlichen Rahmenbedingungen zur Beteiligung an den Vergütungsansprüchen zum Zeitpunkt der Einführung des UrhWissG (1.) gewürdigt werden. Wenn die wirtschaftliche Lage derart prekär ist, wie die Forderungen und die zitierte Stellungnahme es vermuten lassen, muss das Schutzziel als förderungswürdig gebilligt werden. In Vorbereitung der Stellungnahme zum Schutzziel ist die Rechtslage zur Verlegerbeteiligung zum Zeitpunkt der Gesetzeseinführung bereits dargestellt worden, worauf nun verwiesen wird.[1865]

1. Rechtsrahmen zur Verlegerbeteiligung zum Zeitpunkt der Einführung des UrhWissG

Gerade von Urhebervertretern sind in letzter Zeit Zweifel an der wirtschaftlichen Not der Verlage geäußert worden, mit denen es sich auseinander zu setzen gilt

1862 Vgl. hierzu B II 4.

1863 Siehe hierzu F III 1., 2.

1864 *Börsenverein des Deutschen Buchhandels*, Stellungnahme zum RefE, S. 4.

1865 Siehe bereits B II 5.

(2.). Hintergrund der Bedenken sind Rückzahlungsforderungen der *VG Wort* gegen Verlage infolge der Rechtsprechung des EuGH[1866] und des BGH[1867] zur Verlegerbeteiligung. Bevor die Zweifel der Urhebervertreter dargestellt werden können, wird die Rechtslage zur Verlegerbeteiligung infolge der genannten Rechtsprechung gewürdigt.

Der BGH hat durch sein folgenschweres Urteil die Voraussetzungen für eine Verlegerbeteiligung wesentlich verkompliziert. Das hat erhebliche Auswirkungen auf die Praxis gehabt.[1868] Dass anschließend keine tragfähige Grundlage mehr bestand, um die Verleger künftig an den Vergütungsansprüchen zu beteiligen, war zu bedauern.[1869] Immerhin hat der Gesetzgeber eine Verlegerbeteiligung ausdrücklich vor Augen gehabt, als er § 63a S. 2 UrhG eingeführt hat, der eine Vorausabtretung von gesetzlichen Vergütungsansprüchen an Verleger vorsieht.[1870] Der Deutsche Bundestag hat daher mit Sorge die Bundesregierung sowie die Europäische Kommission zur Prüfung aufgefordert, ob und wie Verlegern ein eigener gesetzlicher Vergütungsanspruch gewährt werden könne.[1871] Der Gesetzgeber hat als erste Reaktion die vom BGH eröffnete Option, nach der Einräumungen zugunsten des Verlegers jedenfalls im Nachhinein möglich sind,[1872] genutzt und mit § 27a VGG eine Regelung eingeführt, die eine Partizipation der Verleger ermöglicht. Dabei handelt es sich um eine subjektive Zustimmungslösung.[1873] Die Verwertungsgesellschaft legt die Höhe des Anteils fest (§ 27a II VGG), in der die Verleger aus den gesetzlichen Vergütungsansprüchen beteiligt werden können, sofern die Urheber gegenüber der Verwertungsgesellschaft der Beteiligung zustimmen (§ 27a I VGG). Das bedeutet hingegen im Umkehrschluss, dass die Verleger nicht

---

1866 EuGH MMR 2016, 45 – Reprobel; kritisch dazu *Wandtke*, MMR 2016, 1, 1 f.

1867 BGH ZUM 2016, 639 – Verlegeranteil mit Anmerkung *Peifer*, ZUM 2016, 650–652; äußerst kritisch *Riesenhuber*, ZUM 2016, 613, 613 ff. BVerfG ZUM 2018, 608, 609 ff. hat eine Verfassungsbeschwerde gegen dieses Urteil für unzulässig erklärt.

1868 Praxishinweise zur Urteilsauswirkung bei *Flechsig*, GRUR-Prax 2016, 209, 211.

1869 So beispielsweise zurecht auch *Gerlach*, in: *Wandtke/Bullinger*, UrhR, § 27a VGG, Rn. 1.

1870 Vgl. BT-Drs. 16/1828, S. 32. Diese Regelung hat BGH ZUM 2016, 639, 646, Rn. 78 – Verlegeranteil für unionsrechtswidrig gehalten, soweit die Abtretung nicht ausschließlich im Interesse der Urheber erfolgt.

1871 Vgl. BT-Drs. 18/8268, S. 5. Alternativ wurde die Schaffung eines eigenen Leistungsschutzrechts vorgeschlagen, dafür *Gerlach*, in: *Wandtke/Bullinger*, UrhR, § 27a VGG, Rn. 1; dagegen *Conrad/Berberich*, GRUR 2016, 648, 656 mwN. zum Meinungsstand.

1872 Vgl. BGH ZUM 2016, 639, 646 ff., Rn. 77 ff. – Verlegeranteil.

1873 Zustimmend *Loewenheim*, NJW 2016, 2383, 2386; dahingegen bezweifelt *v. Ungern-Sternberg*, ZGE 2017, 1, 6 f. mit Blick auf Art. 5 II lit. a) und b) InfoSoc ihre Richtlinienkonformität.

beteiligt werden, sofern die Autoren dem nicht zustimmen. Deswegen wurde in der Literatur vielfach zurecht gehofft, dass die Norm als „temporäre Maßnahme“[1874] angesehen werden kann. Dennoch war sie ungeachtet all ihrer Schwächen zum Zeitpunkt der Einführung des UrhWissG die einzige rechtliche Möglichkeit, die Verleger angesichts ihrer bedeutenden Leistung an dem Vergütungsaufkommen für gesetzlich erlaubte Nutzungen beteiligen zu können. Hier bestand mithin Handlungsbedarf.

Diesen griff das UrhWissG lediglich verborgen auf. Obgleich es die Verlegerbeteiligung nicht regelt,[1875] ist die Vorbehaltseinführung durch § 60g II UrhG nichtsdestoweniger in dem Licht dieser unzureichenden Rechtslage zu sehen. Denn die Einführung diente gleichsam einer Verlegerbeteiligung mitunter dem Ziel, den Verlagen vermehrte Einnahmen zuspielen zu können. Das UrhWissG hat somit keinen Rechtsrahmen zur Beteiligung der Verleger am Vergütungsaufkommen für gesetzlich erlaubte Nutzungen geschaffen, jedoch helfen Vertragsvorbehalte, die Anzahl von Nutzungen auf gesetzlicher Grundlage zu minimieren, wodurch die Einnahmen der Verleger erhöht werden. Die Vorbehaltseinführung ist deswegen im unmittelbaren Zusammenhang zur damals verbesserungsbedürftigen Rechtslage zur Verlegerbeteiligung zu sehen.

Nach der Einführung des UrhWissG ergab sich demzufolge die Vergütung des Verlagswesens für Nutzungen, die nach den Schranken des UrhWissG erlaubt sind, aus dem Zusammenspiel von § 27a VGG und § 60g II UrhG. Der Verleger erzielte Einnahmen, wenn entweder gesetzlich erlaubt genutzt wurde, woran er nach § 27a VGG beteiligt wurde, oder wenn er vorrangige Vergütungsabreden nach § 60g II UrhG schloss. Das gravierende Problem an dem als Reaktion auf die Rechtsprechung eingeführten Mechanismus war jedoch die diametrale Wertentscheidung, die mit §§ 60g II, 60h I UrhG einherging und jeglichem angemessenen Ausgleich widerstrebte. Entweder war die Nutzung gesetzlich erlaubt, sodass ausschließlich die Urheber auf Grundlage gesetzlicher Ansprüche vergütet wurden, außer sie stimmten einer Beteiligung der Verleger zu. Oder die Nutzung war durch vorrangige Vereinbarungen erlaubt, sodass ausschließlich die Verleger auf Grundlage vorrangiger Vergütungsabreden vergütet wurden. Statt eine rechtliche Basis für eine konstruktive und ertragreiche Zusammenarbeit zwischen originären und derivativen Rechteinhabern zu schaffen, förderte der Gesetzgeber demnach Streit zwischen ihnen, der in einem gegenseitigen Ausspielen mündete, weil die Einnahmen entweder der einen oder der anderen Gruppe, nicht hingegen von Gesetzes wegen beiden zuflossen. Demzufolge ist im Ergebnis der damalige Rechtsrahmen zur Verlegerbeteiligung nicht nur als unzufriedenstellend zu bewerten,[1876] sondern

1874 *Gerlach*, in: *Wandtke/Bullinger*, UrhR, § 27a VGG, Rn. 1.

1875 BT-Drs. 18/12329, S. 46.

1876 Mit nachvollziehbaren Argumenten geht *Peifer*, GRUR-Prax 2017, 1, 3 so weit, die Regelung zur Verlegerbeteiligung als „misslungen“ und im „Ziel verfehlt“ anzusehen.

er hat sich durch das Zusammenspiel von § 27a VGG und § 60g II UrhG gar noch verschlechtert. Vertragsvorbehalte fördern Streit zwischen Urhebern und Verwertern um die Vergütung und sind damit geeignet, die bewährte Symbiose zwischen Autoren und Verlegern zu erschüttern.

2. Öffentlichkeitswirksame Wahrnehmung der wirtschaftlichen Lage

Damit ist der damalige Rechtsrahmen zur Verlegerbeteiligung bewertet worden. Rund um die genannten Gerichtsverfahren und die Einführung von § 27a VGG ist öffentlichkeitswirksam über die ökonomische Situation der Verleger debattiert worden. Das soll nun aufgegriffen werden, denn die Bewertung einer Rechtsfigur muss einhergehen mit der Zustimmungsbedürftigkeit ihres Schutzziels. Dazu soll sich mit den der Öffentlichkeit teilweise vorgetragenen und den tatsächlichen Wirtschaftszahlen der Verleger auseinandergesetzt werden.

a) Besorgnis der Verlegervertreter

Infolge des abgebildeten Rechtsstreits hat die *VG Wort* seit 2012 die Verlegerausschüttungen nur noch unter Rückzahlungsvorbehalt getätigt. Nach dem BGH-Urteil musste sie alle den Autoren entzogenen Zahlungen zurückfordern, um sie anschließend den Urhebern ausschütten zu können. Es ist zu hoffen, dass durch diese Streitigkeit nicht nachhaltig die fruchtbare Zusammenarbeit[1877] zwischen Kreativen und Verlegern beeinträchtigt wird. Sie haben vielfach gleiche Interessen und können sich nur gemeinsam effektiv gegen Nutzerforderungen bezüglich eines kostenlosen Werkzugangs im digitalen Zeitalter wehren.[1878]

Jedenfalls haben Verlegervertreter auf die Rückzahlungsforderungen mit Berichten reagiert, in denen sie die wirtschaftliche Lage als alarmierend bis horrend bezeichnet haben. Der Hauptgeschäftsführer des *Börsenvereins des Deutschen Buchhandels* behauptete: „20 bis 25 Prozent der Verlage sind nach unserer Einschätzung durch die Rückforderungen der Verwertungsgesellschaften, die durch die europäische und nationale Rechtsprechung ausgelöst wurden, akut existenzgefährdet. Die Zukunft vieler gerade kleiner und mittlerer Verlage ist ungewiss."[1879] Die *Kurt Wolff Stiftung* zur Förderung einer vielfältigen Verlags- und Literaturszene bekräftigte in einem Brief diese Einschätzung: „Die Rückzahlungsforderungen, die nun anstehen, lassen bereits die größten deutschen Verlagsgruppen schwitzen. Sie werden einige unserer unabhängigen Kolleginnen und Kollegen jedoch derart treffen, dass sie wahrscheinlich in die Insolvenz gehen müssen. (...) Angesichts

1877 Die Symbiose von Urhebern und Verwertern wird seit langem beschworen, vgl. *Heker*, ZUM 1995, 97, 99.

1878 Ebenso *Peifer*, ZUM 2016, 650, 650.

1879 *Skipis*, 20 bis 25 Prozent der Verlage sind akut existenzgefährdet.

dessen aber, dass wahrscheinlich alle Verlage nun weniger Bücher produzieren werden, angesichts dessen, dass einigen Verlagen der Konkurs droht, angesichts dessen, dass Buchprojekte nun nicht realisiert oder fortgeführt werden, angesichts all dessen kann man von einer sehr ernsthaften Krise sprechen. Von einer Krise der Verlage und einer Krise der Literatur."[1880] Die zitierte Behauptung ob der Existenzgefährdung von 20–25 % aller Verlage ist vielfach in den deutschen Medien ohne Nachweis einer Überprüfung übernommen worden.[1881] Die Hilferufe der Verleger sind gleichfalls von der Politik aufgenommen worden. Zur Lage des Verlagswesens erklärte Staatsministerin *Monika Grütters*: „Mit Sorge beobachte ich das seitens der VG Wort infolge der Gerichtsentscheidungen eingeleitete Rückforderungsverfahren. Dies belastet gerade kleine Verlage ganz enorm, teilweise existentiell. Mich erreichen alarmierende Berichte aus der Branche, dass trotz des guten Willens der Beteiligten auch Insolvenzen nicht auszuschließen sind."[1882] An diesen beiden Beispielen ist der lobbyistische Einfluss des Buchhandels auf Politik und Medien deutlich erkennbar. Auf diesen Aspekt wird im Verlauf der Stellungnahme noch weiter einzugehen sein.[1883]

b) Zweifel von Urhebervertretern an den vorgetragenen Sorgen

Dass die Existenz der Verlage durch die Zahlungen an die Urheber gefährdet werden könne, ist von einigen Urhebervertretern konträr dazu medial vehement bestritten worden, die sich darüber empörten, in all den Jahren, in denen die Zahlungen nicht an sie ausgeschüttet worden sind, nicht die gleiche politische Unterstützung bezüglich ihrer wirtschaftlichen Probleme gespürt zu haben.[1884] Die wirtschaftliche Not wurde angesichts der Tatsache, dass allein die hundert größten deutschen Buchverlage 2015 einen Umsatz von 5,71 Milliarden Euro erzielen konnten, verneint, wobei sich die Umsätze einzeln betrachtet zwischen 7,3 und 510 Millionen Euro bewegten.[1885] Wenn man die jährlichen Ausschüttungen der *VG Wort* danebenstelle, so erkenne man, dass die zurückgeforderten 25 Millionen Euro nicht einmal 0,5 % am Umsatz der Verlage ausmachten.[1886]

1880 *Jürgs/Greinus/Sundermeier*, Erklärung der Kurt Wolff Stiftung, S. 1 f.

1881 Vgl. *Bartels*, Verlage in Bedrängnis; *Deutschlandfunk Kultur*, VG Wort fordert 100 Millionen Euro zurück; *dpa*, VG Wort fordert 100 Millionen Euro von Verlagen.

1882 *Grütters*, Pressemitteilung 400 vom 09.11.2016.

1883 Siehe dazu unter K II 1. a).

1884 Vgl. *Michal*, Das große Verlagssterben: Lobby-Pingpong mit dem Börsenverein. Sogar Kleinstverlage gaben an, dass vierstellige Rückzahlungsforderungen ihre Existenz nicht gefährden können, vgl. *Beckedahl*, Ungeplante Ausgaben, die wir gerne zurückzahlen: Verlagsausschüttungen der VG Wort.

1885 *Michal*, Das große Verlagssterben: Lobby-Pingpong mit dem Börsenverein.

1886 *Michal*, Das große Verlagssterben: Lobby-Pingpong mit dem Börsenverein.

c) *Zweifel von Vergütungsschuldnern an den vorgetragenen Sorgen*

Die zweifelnden Urheber argumentierten aus ihrem Begehren heraus, dass ihnen die Vergütungsansprüche ausschließlich zugeordnet werden. Manche Vergütungsschuldner streben hingegen eine Vergütungsfreiheit oder Einschränkungen der Vergütungspflicht bzw. -höhe an. Sie bezweifelten daher aus ihrer Perspektive heraus die wirtschaftliche Not der Verlage ebenso, jedoch mit einer anderen Zielstellung. Sie beanstandeten die Existenz ökonomischer Schwierigkeiten der Verlage aufgrund von Schrankenbestimmungen, denen teilweise jegliche Primärmarktrelevanz abgesprochen wurde.[1887] Ihre Kritik wurde während des Gesetzgebungsverfahrens zum UrhWissG auf eine kurz zuvor veröffentlichte Studie[1888] gestützt. Dabei standen zwei Aspekte im Vordergrund: die Erwerbsausgaben und die Primärmarktrelevanz.

Im Jahr 2014 betrugen die Erwerbsausgaben der öffentlichen Bildungs- und Forschungseinrichtungen fast 1.000.000.000 €.[1889] Der öffentliche Bildungsbereich ermögliche der Verlagswirtschaft demgemäß einen jährlichen, dauerhaften und zukünftig steigenden „Garantieumsatz“[1890]. Die öffentliche Hand investiere regelmäßig hohe Summen ungeachtet der gesetzlichen Privilegierungen, die demzufolge nicht das Potential haben könnten, die wirtschaftlichen Interessen der Verlage zu gefährden.

Es wurde weiterhin angenommen, dass die Schranken für Bildung und Wissenschaft den Primärmarkt der Verlage nicht tangieren. Ein Grund hierfür sei, dass die Einführung des UrhWissG angesichts der bisherigen Steigerungsraten der Erwerbsetats keinerlei Umverteilungseffekte bewirken werde, weil „sich aus einem Vergleich der bis zum 28.2.2018 geltenden Schrankenregelungen mit der neuen Rechtslage keine signifikanten quantitativen Veränderungen auf normativer Ebene ergeben.“[1891] Zusätzlich scheide eine Primärmarktrelevanz aufgrund der spezifischen Marktverhältnisse aus.[1892] Die Schranken sollen lediglich einen quantitativ eingeschränkten Nutzungsbereich ermöglichen, der durch die Kombination von Marktmacht und dem Geschäftsmodell der ausschließlichen Online-Lizenz mittelfristig in facto immer weiter ausgehöhlt werde.[1893] Aus diesen Gründen halten die

---

1887 Vgl. *Pflüger*, ZUM 2016, 484, 487 f.; *Pflüger/Hinte*, ZUM 2018, 153, 155 f.

1888 *Haucap*, Ökonomische Auswirkungen einer Bildungs- und Wissenschaftsschranke.

1889 *Haucap*, Ökonomische Auswirkungen einer Bildungs- und Wissenschaftsschranke, S. 74 f.

1890 *Pflüger/Hinte*, ZUM 2018, 153, 155.

1891 *Pflüger/Hinte*, ZUM 2018, 153, 156; a.A. *Börsenverein des Deutschen Buchhandels*, Stellungnahme zum RefE, S. 12 f.

1892 *Haucap*, Ökonomische Auswirkungen einer Bildungs- und Wissenschaftsschranke, S. 108 f.

1893 *Haucap*, Ökonomische Auswirkungen einer Bildungs- und Wissenschaftsschranke, S. 110 ff.

genannten Stimmen das Verlagswesen nicht für schutzbedürftig. Ihre Forderungen und deren Begründungen sind ein weiterer Aspekt, auf den im Verlauf der Stellungnahme zurückzukommen sein wird.[1894]

3. Reale Wirtschaftslage: Verlags- und Buchhandelssterben in Deutschland

Wenn man wie die dargelegte Urhebervertreterkritik lediglich die Umsatzzahlen eines ganzen Wirtschaftszweigs betrachtet, liegt es nahe, die Verlagsbranche als gesund und lebendig zu bewerten. Dazu kommt, dass sich selbst nach eigener Auskunft des *Börsenvereins des Deutschen Buchhandels* die wirtschaftliche Situation der rund 3.000 Verlage in Deutschland insgesamt auf einem stabilen Niveau befindet und sich die jährlichen Umsätze von 2008 bis 2018 überwiegend positiv entwickelt haben.[1895] 2018 lag der Umsatz der Verlage in Deutschland bei 5,14 Milliarden Euro und damit noch einmal 0,2 % über dem des Vorjahrs.[1896] Überdies erschließt die Branche erfolgreich neue Geschäftsmodelle. Ihre Online-Dienste konnten allein 2018 gegenüber 2017 ein Wachstum von 14,8 % verzeichnen.[1897] Allerdings simplifiziert es die Situation der Brache unzulässig, wenn ausschließlich die größten Verlage betrachtet werden. Dabei gerät die Gesamtsituation aus dem Blick. Den wenigen großen Verlagen stehen Tausende mittlere und kleinere Verlage gegenüber. Neben den vierzig größten Verlagen, die 77,8 % des Gesamtumsatzes erwirtschaften, gibt es in Deutschland rund 2.960 weitere kleinere Verlage.[1898] Es gilt die Bandbreite der deutschen Verlagslandschaft mit ihren rund 25.000 Beschäftigten[1899] in den Blick zu nehmen. Deren reale Wirtschaftslage wird im Folgenden beschrieben.

a) Wirtschaftszahlen von 2003

Die umfassendste Studie zur wirtschaftlichen Ist-Situation ist ein Gutachten von *Christian Homburg*.[1900] Es stammt aus dem Jahr 2003. Jedoch hat es danach keine vergleichbar umfangreiche und ausführliche Untersuchung gegeben, weshalb sich hier auf jene gestützt wird. Darin wurde die Gewinnsituation der Verlage 2002 untersucht. Von den befragten Verlagen erwirtschafteten 8,8 % einen Verlust.[1901]

1894 Siehe dazu unter K II 1. b).

1895 Vgl. *Börsenverein des Deutschen Buchhandels*, Mediendossier, S. 1.

1896 *Börsenverein des Deutschen Buchhandels*, Mediendossier, S. 2.

1897 *Börsenverein des Deutschen Buchhandels*, Mediendossier, S. 2.

1898 *Börsenverein des Deutschen Buchhandels*, Mediendossier, S. 1 f.

1899 *Börsenverein des Deutschen Buchhandels*, Mediendossier, S. 1.

1900 Eine Kurzversion des Gutachtens ist abgedruckt bei *Homburg/Klarmann*, ZUM 2004, 704–708.

1901 *Homburg*, Gutachten, S. 14.

10,5 % der Verlage erzielten eine Umsatzrendite[1902] in Höhe von unter 1 %, 19,3 % in Höhe von 1 % bis unter 3 %, 24,6 % in Höhe von 3 % bis unter 5 %, 21,1 % in Höhe von 5 % bis unter 7 %, 1,8 % in Höhe von 7 % bis unter 9 % und 14,0 % in Höhe von 9 % oder mehr.[1903] Augenscheinlich ist insbesondere die große Streuung der Umsatzrenditen: 8,8 % der Verlage, die teilweise deutliche Verluste gemacht haben, stehen 14 % der Verlage gegenüber, die eine Umsatzrendite von 9 % oder mehr erwirtschaftet haben.

Dabei bewertete über die Hälfte der Verlage ihren Gewinn 2002 im Vergleich mit dem Gewinn von 2001 als schlechter, ungefähr ein Drittel als in etwa gleich und lediglich 8,9 % als leicht bzw. 5,4 % als deutlich besser.[1904] Insgesamt lag das Branchenklima wesentlich unter dem allgemeinen konjunkturellen Klima.[1905]

Im Ergebnis ist darauf hinzuweisen, dass die Bandbreite der Branche von einigen florierenden bis hin zu verlustreichen oder umsatzschwachen Verlagen reicht. Letztere bilden die Mehrzahl.

Zu berücksichtigen ist, dass die Umsatzrendite bei Kleinverlagen[1906] keine ausreichende Aussagekraft zur wirtschaftlichen Situation innehat. Solche Unternehmen werden zahlreich allein durch einen einzelnen geschäftsführenden Gesellschafter geführt, der sich alternativ mögliche Gewinne in Form eines Geschäftsführergehalts auszahlen kann. Weil Gehälter in der Kostenkategorie Gemeinkosten enthalten sind, ist diese gleichermaßen untersucht worden. So konnten Zahlen zum Bruttoertrag ermittelt werden. Auffällig ist dabei, dass keiner der Kleinverlage 2002 einen Bruttoertrag erzielte, der zwischen 20 % und 25 % der Gesamterlöse lag.[1907] Die Kleinverlage spalten sich in zwei Gruppen auf. Die eine Gruppe erzielt einen Bruttoertrag von weniger als 20 % der Gesamterlöse und die andere Gruppe einen von mehr als 25 %. Ein Drittel der Verlage gehört der ersten Gruppe an. Genauer gesagt erwirtschafteten 9,5 % der Verlage einen Bruttoertrag, der zwischen 15 % bis unter 20 % der Gesamterlöse lag, während ganze 23,8 % einen Ertrag von weniger als 15 % erzielten.[1908] Um im Sinn des Gutachtens ein Kleinverlag zu sein, musste der Umsatz weniger als 2 Millionen Euro betragen. Von 2 Millionen Euro wären 15 % 300.000 €. Bei den meisten Kleinverlagen ist folglich von

1902 Umsatzrendite ist der relative Anteil des Verlagsgewinns am Gesamtumsatz des Jahres.

1903 *Homburg*, Gutachten, S. 14.

1904 Vgl. *Homburg*, Gutachten, S. 16.

1905 *Homburg*, Gutachten, S. 19.

1906 Das Gutachten versteht darunter Unternehmen mit einer Bruttoertragssituation von weniger als 2 Millionen Euro Gesamtumsatz, während der Bruttoertrag sich aus der Summe von Verlagsgewinn und Gemeinkosten zusammensetzt, vgl. *Homburg*, Gutachten, S. 14 f.

1907 *Homburg*, Gutachten, S. 15.

1908 *Homburg*, Gutachten, S. 15.

einem noch geringeren Bruttoertrag auszugehen. Davon müssen Personalkosten und Verwaltungsaufwendungen bestritten werden. Demnach kann geschlussfolgert werden, dass bei dieser Gruppe an Verlagen nur der persönliche Einsatz der Verleger und ihrer Mitarbeiter die wirtschaftliche Existenz sichert.[1909] Das geht mit geringer Selbstentlohnung einher. Die andere Gruppe von zwei Dritteln der Kleinverlage hat vermutlich eine Marktnische entdeckt, in der sie sich profitabel etablieren konnte.[1910]

Insgesamt sind zahlreiche Verlage demzufolge nicht nur wie zuvor dargestellt als umsatzschwach einzustufen, sondern sie werden von schweren wirtschaftlichen Nöten geplagt.

Neben der Gewinnsituation auf Verlagsebene ist die Gewinnsituation auf Titelebene in den Blick genommen worden. Insbesondere die übersetzten Titel fallen dabei wenig profitabel aus. 9,7 % der Belletristik-Titel erzielten eine Umsatzrendite[1911] von unter 1 %.[1912] Bei den Sachbuch-Titeln waren es 15,3 %.[1913] Dazu kommt, dass 52,0 % bzw. 37,9 % der Titel einen Verlust für den Verlag bedeuteten.[1914] Dem stehen nur 5,3 % bzw. 3,0 % gegenüber, die eine Umsatzrendite von über 9 % erzielten.[1915] Die wirtschaftliche Auswertung dieser wenigen Titel muss es also vermögen, Einnahmen zu erzielen, auf deren Grundlage die Verlage die Gesellschaft weiterhin mit einem so breiten Angebot an kultureller Vielfalt versorgen können, dass selbst der Zugang zu nicht deutschsprachigen Werken aus aller Welt nicht eingeschränkt wird.

Insgesamt sind die ohne Übersetzung deutschsprachigen Titel profitabler. Doch hier erzielten ebenso 17,3 % der Belletristik-Titel bzw. 15,6 % der Sachbuch-Titel eine Umsatzrendite von lediglich unter 1 %, wohingegen nur 5,6 % bzw. 9,9 % eine Umsatzrendite von 9 % oder mehr erreichten.[1916]

Demgegenüber waren 26,3 % bzw. 23,6 % verlustreich.[1917] Somit sind die verlustbringenden Titel die anteilsmäßig größte Kategorie in allen Segmenten. Das zeigt die Schwierigkeit der Verleger, den Publikumserfolg vorherzusagen. Im Zug einer Mischkalkulation vermögen nur wenige sehr profitable Titel die Publikation des großen Rests an Titeln auszugleichen. Die Verleger sind folglich wirtschaftlich auf eine möglichst umfassende Auswertung dieser Titel ohne rechtliche Hindernisse

1909 Vgl. *Homburg*, Gutachten, S. 15.
1910 Vgl. *Homburg*, Gutachten, S. 15.
1911 Darunter ist der Verlagsgewinn in Relation zum Nettoverlagserlös zu verstehen.
1912 Vgl. *Homburg*, Gutachten, S. 18.
1913 Vgl. *Homburg*, Gutachten, S. 18.
1914 *Homburg*, Gutachten, S. 18.
1915 *Homburg*, Gutachten, S. 18.
1916 *Homburg*, Gutachten, S. 17.
1917 *Homburg*, Gutachten, S. 17.

angewiesen, um die Bandbreite an Verlagsprodukten zukünftig aufrechterhalten zu können.

b) Übertragbarkeit der Zahlen auf heute

Die vorgetragenen Zahlen meinen zunächst über die Wirtschaftslage heutzutage keine Aussage tätigen zu können. Es kann demgegenüber davon ausgegangen werden, dass die Zahlen von 2002 auf heute übertragbar sind. Verleger geben weiterhin an, dass es nur wenige Publikationen sind, die die Gesamtzahl an Titeln refinanzieren.[1918] Wenige Branchengrößen erwirtschafteten 2018 gleicherweise hohe Umsätze von 25 Millionen € oder mehr.[1919] Die Umsätze der Verlage aus dieser Umsatzklasse stellten 77,8 % des Gesamtmarkts dar, obgleich dieser Klasse nur 40 Verlage angehörten.[1920] Das bedeutet, dass 1,3 % der Verlage runde 78 % des Gesamtumsatzes erzielen. Im Umkehrschluss erwirtschafteten die anderen rund 2.960 Verlage in Deutschland lediglich einen Umsatz von 1.141.080.000 €. Das entspricht einem durchschnittlichen Umsatz von 385.500 €.[1921] Das sind im Monat durchschnittlich 32.125 €. Im Vergleich dazu betrug der durchschnittliche Bruttomonatsverdienst eines vollzeitbeschäftigten Arbeitnehmers in Deutschland 2018 3.880 €.[1922] Wenn der Verlag als Ein-Mann-Betrieb organisiert ist und sich der geschäftsführende Gesellschafter nur diesen durchschnittlichen Monatsverdienst auszahlt, entspricht das bereits 12 % des Monatsumsatzes. In Konsequenz aus diesen geringen Zahlen ist ein sanfter Rückgang der Anzahl der Verlage in den letzten zehn Jahren zu beobachten gewesen. Das belegen die Mitgliedszahlen des *Börsenvereins des Deutschen Buchhandels*. Während dieser 2009 noch 1.774 Mitglieder hatte, waren es 2018 nur noch 1.606.[1923] Das entspricht einem Mitgliederrückgang von rund 9,5 %. Angesichts dessen erkennen Mitglieder des *Börsenvereins* zutreffend: „Wir sind mittendrin im Verlagssterben."[1924]

Dazu kommt, dass die wirtschaftliche Situation[1925] viele Zwischenhändler zwingt, zahlreiche Titel auszulisten.[1926] Das Verlagssterben geht einher mit einem Buchzwischenhändlersterben. Dadurch verlieren die Verlage ihre Sichtbarkeit. Um

---

1918 *Sundermeier*, Kulturgut Buch – bröckelt der Mythos?.

1919 *Börsenverein des Deutschen Buchhandels*, Mediendossier, S. 2.

1920 *Börsenverein des Deutschen Buchhandels*, Mediendossier, S. 2.

1921 Die Konstanz der Höhe des Monatsumsatzes der Kleinverlage zu den Zahlen von 2002 ist augenscheinlich.

1922 *Statistisches Bundesamt*, Durchschnittlicher Bruttomonatsverdienst.

1923 *Börsenverein des Deutschen Buchhandels*, Mediendossier, S. 2.

1924 *Bedey*, in: *Neuhaus*, „Wir sind mittendrin im Verlagssterben".

1925 Insbesondere die Insolvenz von KNV – mit 1.800 Beschäftigten der größte Zwischenhändler auf dem deutschen Buchmarkt – hat zu Herausforderungen geführt, vgl. *Klimpel*, Der Buchmarkt bebt.

1926 *Neuhaus*, „Wir sind mittendrin im Verlagssterben", mwN. zu Einzelbeispielen.

die Endkunden und Buchhändler zu beruhigen, werden von Verlegerseite bereits Appelle herausgegeben, dass das Liefersystem nach wie vor intakt sei.[1927]

4. Ergebnis

Allen Verlagen ist gemein, dass wenige sehr profitable Titel die hohe Anzahl an verlustreichen Titeln ausgleichen. Die Verleger sind demnach auf eine möglichst umfassende Auswertung dieser Titel angewiesen. Umso höher die Primärmarktrelevanz von Schrankenbestimmungen ist, umso mehr kann diese Notwendigkeit gefährdet werden. Dennoch können wirtschaftliche Verluste nicht simpel auf die Existenz von (neuen) Schrankenbestimmungen heruntergebrochen werden. Die Gründe sind vielfältig. Ein weiterer Grund ist zum Beispiel, dass heutzutage schlichtweg weniger gelesen wird als früher. So sind dem Buchhandel allein von 2012 bis 2016 6,1 Millionen Buchkäufer weggebrochen.[1928] Vor allem die jüngeren und mittleren Altersgruppen lesen unabhängig vom Bildungsniveau überproportional immer weniger.[1929] Das wird im Zusammenhang mit der Entwicklung der digitalen Technik stehen. Deren Auswirkungen kultureller, ökonomischer und außerdem insbesondere sozialer Art sind noch immer nicht vorhersehbar.[1930] Die hohe Zahl der Analphabeten in Deutschland könnte möglicherweise unter anderem damit begründet werden. 2018 konnten in Deutschland 6,2 Millionen Erwachsene weder lesen noch schreiben.[1931]

Manche Verleger können diese Veränderungen mit neuen Marktmodellen erfolgreich kompensieren. Diese umfassen beispielsweise ein vielfältiges Angebot an individuellen, digitalen Produkten. Darin inbegriffen und exemplarisch zu nennen sind Open Access der Fachverlage, Virtual Reality für die berufliche Bildung, Lehrer-Online-Portale zur Lernstandsmessung oder Lern-Apps für Handys wie Vokabel-Apps.[1932] Doch nicht alle können dementsprechend investieren. So spiegelt die wirtschaftliche Lage der Verleger insgesamt eine weite Bandbreite wider. Einige große Verleger haben lukrative Geschäftsmodelle entwickelt und erzielen damit hohe Umsätze und Umsatzrenditen. Die meisten Verleger sind indes mittlere und kleinere Unternehmen, die teilweise kaum Umsätze erwirtschaften. Einige

---

1927 Vgl. *Jürgs/Greinus/Sundermeier*, Weihnachtssorgen der Verlage; *Kurt Wolff Stiftung*, „Lassen Sie sich nicht beirren".

1928 Zahl nach *Lippmann*, in: *Roesler-Graichen*, Der Buchmarkt verliert vor allem jüngere Käufer.

1929 *Roesler-Graichen*, Der Buchmarkt verliert vor allem jüngere Käufer.

1930 Ebenso *Wandtke*, MMR 2017, 367, 367.

1931 *dpa*, Millionen Deutsche können nicht lesen und schreiben. Für mehr als die Hälfte von jenen ist Deutsch die Muttersprache. Ungeachtet dieser hohen Zahl ist die Entwicklung sogar als positiv zu betrachten. 2011 waren es noch 7,5 Millionen Analphabeten.

1932 Vgl. *Börsenverein des Deutschen Buchhandels*, Mediendossier, S. 9.

befinden sich in erheblicher wirtschaftlicher Not oder sind bereits zahlungsunfähig geworden.

Wenn man also die Gesamtheit der Verleger in den Blick nimmt, ist das gesetzgeberische Ziel, dass die Situation der Verleger verbessert werden muss, zutreffend eingeschätzt worden. Dabei handelt es sich um eine essenzielle politische Aufgabenstellung, weil die Wahrung der kulturellen Vielfalt ein Ziel von gesamtgesellschaftlichem Interesse ist. Dieses haben die Verlage im Jahr 2019 befriedigt, indem sie 78.746 Neuerscheinungen produzierten.[1933] Dabei ist nichtsdestoweniger zu berücksichtigen, dass es 2011 noch 96.273 Neuerscheinungen waren.[1934] Das entspricht einem Rückgang in der erheblichen Größenordnung von über 18 %.

Nur ein breitgefächertes Verlagswesen kann das weitere Absinken dieses Spektrums verhindern. Verschiedene Verlage besetzen verschiedene Nischen, pflegen den Stand der Literatur in einem anderen Segment. Unterschiedliche Auswahlkriterien sorgen dabei für ein diverses Angebot. Letztendlich kommt die Fülle nicht nur der Allgemeinheit zugute, sondern ebenfalls den Urhebern selbst. Unsere Wirtschaftsordnung vertraut der Selbstregulierungsfähigkeit des Markts, die dazu führen soll, dass die Autoren für ihre kreativen Leistungen adäquat honoriert werden. Das setzt allerdings das Agieren von diversen Marktteilnehmern voraus. Demzufolge sollte es ein Anliegen der gesamten Gesellschaft inklusive der Urheber selbst sein, jene Vielfalt in Zukunft zu erhalten. Das erfordert die Generierung von Einnahmen zugunsten der Verlage. Dazu gehört, dass Überlegungen angestellt werden, wie die Vergütung der Verlage im Bereich gesetzlich erlaubter Nutzungen sichergestellt werden kann.

Erneut ist zu betonen, dass der Gesetzgeber die Problematik rund um den ökonomischen Überlebenskampf zahlreicher Verlage bei Inaugurierung der Schranken in das UrhG 1965 nicht gesehen hat. Ein Interessenkonflikt ist damit vorprogrammiert. Doch wie kann die Berücksichtigung der berechtigten Interessen angesichts des rasanten technischen Wandels, der neue ökonomische Herausforderungen hervorruft, innerhalb des alten Systems gelingen? Oder bedarf es vielmehr eines neuen Systems? Somit ist zu hinterfragen, ob die Rücksichtnahme auf die Verlegerinteressen durch die Einführung von § 60g UrhG geglückt ist. Infolgedessen beschäftigen sich die nachfolgenden Überlegungen mit der persönlichen Positionierung zu § 60g II UrhG und anschließend zu § 60g I UrhG.

II Stellungnahme zu § 60g II UrhG

Im Folgenden soll nach eigenpersönlichem Dafürhalten Stellung zur neu eingeführten Regelung des § 60g II UrhG bezogen werden. Dafür wird der Vertragsvorbehalt

1933 *Börsenverein des Deutschen Buchhandels*, Wirtschaftszahlen Buchproduktion.
1934 *Börsenverein des Deutschen Buchhandels*, Wirtschaftszahlen Buchproduktion.

zunächst beurteilt werden (1.). Sodann folgt eine Darlegung der präferierten Konsequenz aus der Bewertung (2.).

1. Bewertung des Vertragsvorbehalts

Der Vertragsvorbehalt soll aus drei Perspektiven einer kritischen Würdigung zugeführt werden. Um die Entwicklungslinien und -tendenzen, Geisteshaltungen und -strömungen, die sich hinter den Vorstellungen zum Verhältnis zwischen Schranke und Vertrag verbergen, zu verdeutlichen, werden Parallelen zu weiteren Regelungen des UrhG gezogen, nicht um den Gesetzgeber generell, ohne Bezug zum Vertragsvorbehalt zu kritisieren, sondern um die Kritik in einen Gesamtzusammenhang zu setzen.

a) Ausbau des Verwerterschutzes zulasten der Urheber als erste strukturelle Veränderungstendenz

Im Verlauf der Untersuchung ist gezeigt worden, dass der Vertragsvorbehalt unter anderem eine Reaktion des Gesetzgebers darstellt, den wirtschaftlichen Interessen der Verwerter, insbesondere der Verleger, in der Wissensgesellschaft einer globalisierten und digitalisierten Welt nachzukommen. Damit ist § 60g II UrhG als chronologische Fortführung der in den §§ 52a, 52b, 53a UrhG aF ausgedrückten Geisteshaltung zu verstehen. Oben ist dargelegt worden, dass ebenjenes Schutzziel aus ökonomischer Sicht grundsätzlich als billigenswert anzusehen ist. Es ist demzufolge als erfreulich zu werten, dass sich das Wissen ob der Schutzbedürftigkeit der Verleger in der Politik durchgesetzt hat. Das wurde im Rahmen des Reformprozesses deutlich. So hat der Bundestag in Bezug auf die Verlegerbeteiligung ausdrücklich zur Kenntnis genommen, dass die rechtliche „Situation die Verlage und insbesondere kleine und mittlere Verlage vor erhebliche Schwierigkeiten stellt."[1935] Vor dem Hintergrund der Vergütungssituation angesichts gesetzlicher Erlaubnistatbestände, deren Umfang überdies durch das UrhWissG erweitert worden ist, forderte er die Bundesregierung auf, Maßnahmen zu ergreifen, „um etwaige künftige Einnahmeausfälle der Verlage zu überbrücken, die daraus resultieren könnten, dass die Verlage an den Einnahmen der Verwertungsgesellschaften, die auf Grund einer Nutzung im Rahmen der gesetzlich erlaubten Nutzung nach den §§ 60a–60h UrhG erfolgt, nicht hinreichend beteiligt werden."[1936] Von nicht hinreichenden Einnahmen geht der Bundesrat wohl gleichfalls aus. So wird es zu verstehen sein, dass er in seiner Stellungnahme zum Gesetzentwurf bereits an zweiter Stelle „auf die grundlegende Bedeutung einer freien, unabhängigen Presse und den Wert von verlegerischen Angeboten für Meinungsfreiheit, Meinungspluralismus

1935 BT-Drs. 18/13014, S. 4.
1936 BT-Drs. 18/13014, S. 5.

und Demokratie“ zutreffend hinweist und das mit der überzeugenden Forderung verbindet, dass die privatwirtschaftliche Finanzierbarkeit von Journalismus sichergestellt sei.[1937]

In der Tat stellt die fortschreitende Technologisierung in der Informations- und Wissensgesellschaft die Verwerter und insbesondere die Verleger vor erhebliche wirtschaftliche Herausforderungen. Daraus leiten sich wiederum Herausforderungen an das Recht ab, einen Rahmen zu schaffen, der ihre Interessen ausreichend berücksichtigt. Das bedeutet nicht, dass überkommende Geschäftsmodelle künstlich geschützt und vom Anpassungsdruck ausgenommen werden. Doch das Recht muss reagieren, sich entwickeln und der Schutzbedürftigkeit entsprechend anpassen. Dabei kommt dem Urheberrecht zentrale Bedeutung zu.[1938] Derer ist sich das Rechtsgebiet bewusst, wie zahlreiche Reformen belegen. Diese weisen die Tendenz auf, das Maß an Schutz der Verwerter im UrhG strukturell zu erhöhen. Aufgrund dessen ist die durch die §§ 52a, 52b, 53a UrhG aF ausgedrückte und durch § 60g II UrhG fortgesetzte Zielstellung in einem größeren Zusammenhang zu sehen, der folgend erläutert wird. Dabei soll eine Erhöhung, kein Überwiegen des Verwerterschutzes postuliert werden, welches sich erst aus dem Vergleich ableiten ließe, in welchem Maß sich umgekehrt die Erweiterung von Nutzerinteressen und deren Berücksichtigung in den jüngsten Urheberrechtsreformen bemerkbar machen. Diese Tendenz wird unter b) aufgegriffen. Auch dabei ist die Entwicklung der Erhöhung des Maßes an Schutz feststellbar, was in toto zu einer Verschiebung der Schutzziele weg vom Urheberschutz führt.

aa) Entwicklungszusammenhang der verwerterorientierten Schutztendenz an Beispielen der bisherigen Rechtslage

(i) Interessenpriorisierung beim Softwareschutz

Die verwerterorientierte Schutztendenz des Urheberrechts infolge der Technologisierung wurde bereits im Zeitpunkt des Aufkommens der erheblichen wirtschaftlichen Bedeutung der Software deutlich. Schon 1993 wurden die §§ 69a–69g UrhG als besondere Bestimmungen für Computerprogramme eingeführt.[1939] Damit wurde der Schutzbereich des Urheberrechts auf Software ausgedehnt, obgleich das mit dem traditionellen Rechtsfertigungsansatz des Urheberrechts nicht vereinbar war.[1940] Computerprogramme stellen keine Sprachwerke dar, deren individueller Gehalt als Ausdruck einer Schöpferpersönlichkeit eine Schutzfrist von 70 Jahren post mortem auctoris nach § 64 UrhG nahelegt. Ihnen dennoch urheberrechtlichen

---

1937 BR-Drs. 312/17, S. 1.
1938 Ebenso *Hoeren*, MMR 2000, 3, 3.
1939 BGBl. I 1993, 910.
1940 Ebenso *Hansen*, Warum Urheberrecht?, S. 68.

Schutz anzugedeihen, entspricht einem Funktionswandel des Urheberrechts hin zum Investitions- oder Technologieschutz.[1941]

(ii) Interessenpriorisierung bei § 93 UrhG

Diese Entwicklung hat sich in der Wissensgesellschaft fortgesetzt. 2003 wurde § 93 II UrhG eingeführt, nach dem die Nennung jedes einzelnen an einem Film mitwirkenden ausübenden Künstlers nicht erforderlich ist, wenn sie einen unverhältnismäßigen Aufwand bedeutet. Damit ist das Namensnennungsrecht der ausübenden Künstler entgegen § 74 I 2 UrhG und ungeachtet seiner Bedeutung[1942] einer Verhältnismäßigkeitsprüfung unterworfen worden, um den Bedürfnissen der Filmproduktion gerecht zu werden. Weitreichende Verwertungsrechte sollen die Einspielung von Herstellungskosten ermöglichen.

Mit diesem Ziel schränkt § 93 I UrhG ebenso das Persönlichkeitsrecht des ausübenden Künstlers und zusätzlich das des Urhebers ein.[1943] Ihre Rechte aus §§ 14, 75 UrhG, gegen Entstellungen vorzugehen, werden auf gröbliche Entstellungen reduziert. Demnach gewährt der Gesetzgeber den Verwertungsinteressen des Filmherstellers grundsätzlich Vorrang vor dem Persönlichkeitsrecht, bis eine schwerwiegende Interessengefährdung erreicht wird.[1944] Hier wird die Verwerterinteressen schützende Zielstellung, die materielle Belange höher gewichtet als persönlichkeitsrechtliche Elemente, besonders deutlich. Hohe Kosten des Filmherstellers rechtfertigen die ungehinderte Verwertbarkeit. Filmwerke erfordern einen hohen Investitionsaufwand, dessen Risiko prioritär rechtlich abgesichert werden soll. Das UrhG privilegiert einzelne Verwertergruppen ausschließlich aufgrund ihres Investitionsrisikos. Die Rechte des Urhebers und ausübenden Künstlers weichen zurück im Angesicht des Kostenrisikos des Herstellers. Demgemäß wird den wirtschaftlichen Interessen der Kulturproduktion ein höherer Schutzstatus zugesprochen als der Integrität des Kulturguts. Obgleich ein spezifischer Filmherstellerschutz bereits bei Erlass des UrhG 1965 gesetzlich verankert wurde, legt die Rechtsprechung in Adaption dieser gesetzgeberischen Interessenpriorisierung die Grenzen der Gröblichkeit heutzutage teilweise sehr weit aus. So hat das KG Berlin die Kürzung eines Dokumentationsfilms um seine Hälfte nicht als gröbliche Entstellung gewertet.[1945] Derlei Entscheidungen werfen die kritische Frage auf, wie

---

1941 Zurecht kritisch *Kur*, in: *Schricker/Dreier/Kur*, Geistiges Eigentum im Dienst der Innovation, S. 23, 32.

1942 Siehe dazu *Wandtke/Völger*, ZUM 2015, 266, 267.

1943 BT-Drs. IV/270, S. 98; *Zlanabitnig*, AfP 2005, 35, 36 f.

1944 OLG München, GRUR 1986, 460, 461 – Unendliche Geschichte.

1945 KG Berlin, GRUR 2004, 497, 497; zustimmend *Manegold/Czernik*, in: *Wandtke/Bullinger*, UrhR, § 93, Rn. 27; a.A. *Wandtke*, in: *Ohly/Bodewig/Dreier*, FS Schricker II, S. 609, 609: „Die Entscheidung (...) ist verwunderlich, irreführend und nicht überzeugend.".

weit das Schutzrecht des Kreativen den Wirtschaftsinteressen der Verwerter Vorrang gewähren sollte.

(iii) Interessenpriorisierung bei den §§ 87f ff. UrhG

Teilweise sind ebenjene Schutzbereichserweiterungen auf den offen vorgetragenen lobbyistischen Druck einzelner Interessenvertreter zurückzuführen. Deutlich wird das an der Einführung eines Leistungsschutzrechts für Presseverleger nach §§ 87f ff. UrhG. Dem politischen Streben, ein neues Leistungsschutzrecht zu schaffen,[1946] ging eine Medienberichterstattung voraus,[1947] die Einfluss auf die Wahrnehmung der Öffentlichkeit ausübte und damit auf das Verhalten der politischen Entscheidungsträger.[1948] Der europäische Verlegerrat überreichte der EU-Kommission die sog. *„Hamburger Erklärung“*[1949]. Der Resolution zum Schutz des Verlagswesens im Internet hatten sich 166 Verlage angeschlossen. Schließlich wurde das Leistungsschutzrecht am 01.08.2013 in Deutschland ohne fremdenrechtliche Einschränkung eingeführt, obgleich sich beinahe die gesamte Urheberrechtswissenschaft mit überzeugenden Gründen kritisch zum Vorhaben positioniert hatte und der Nachweis der Schutzbedürftigkeit der Presseverleger nicht erbracht werden konnte.[1950] Gemäß § 87g IV 1 UrhG richtet sich der rechtliche Schutz nur gegen Suchmaschinen,[1951] obschon simple technische Schutzmaßnahmen bestehen, die das Crawling der Suchmaschinen vereiteln können,[1952] welches technische Voraussetzung dafür ist, Presseerzeugnisse automatisiert zu gewerblichen

1946 Das Vorhaben geht zurück auf den Koalitionsvertrag zwischen CDU, CSU und FDP für die 17. Legislaturperiode, S. 104.

1947 Vgl. beispielsweise *Winiarski*, Internationale Verlage unterzeichnen „Hamburger Erklärung“.

1948 Siehe zur Entstehungsgeschichte *Jani*, in: *Wandtke/Bullinger*, UrhR, Vor §§ 87f–87h, Rn. 1 ff.

1949 *Hamburger Erklärung*, Verleger fordern Schutz im Internet.

1950 *Alexander*, WRP 2013, 1122, 1130; *Flechsig*, AfP 2012, 427, 428 f.; *Frey*, MMR 2010, 291, 293, 295; *Kahl*, MMR 2013, 348, 353; *Kunz-Hallstein/Loschelder*, GRUR 2010, 808, 809; *Kühne*, CR 2013, 169, 174; *Leistner*, JZ 2014, 846, 849 f.; *Nolte*, ZGE 2010, 165, 184 ff.; *Ohly*, WRP 2012, 41, 47 f.; *Peifer*, GRUR-Prax 2013, 149, 151 f.; *Schack*, Urheberrecht, 7. Auflage, Rn. 718a ff.; *Spindler*, WRP 2013, 967, 972, 975, 976; *Stieper*, ZUM 2013, 10, 11 f., 17 f.; *Wieduwilt*, K&R 2010, 555, 558 ff.; *Wimmers*, CR 2012, 663, 664 ff.; a.A. *Ensthaler/Blanz*, GRUR 2012, 1104, 1107 f., 1109; *Hegemann/Heine*, AfP 2009, 201, 203 ff.; *Schweizer*, ZUM 2010, 7, 15 ff. Für eine Abschaffung setzte sich überdies ein Gesetzesentwurf der Linken und Grünen ein, BT-Drs. 18/3269, S. 1 ff.

1951 Daher wird das Gesetz mitunter als „Lex Google“ bezeichnet, siehe *Flechsig*, AfP 2012, 427, 428.

1952 *Conrad/Schubert*, GRUR 2018, 350, 350 ff.; *Kreutzer*, ZUM 2017, 127, 127 f.

Zwecken öffentlich zugänglich zu machen, wovor das Recht nach § 87f I 1 UrhG schützt. Die Fragwürdigkeit jener Einführung ist zusätzlich noch vor dem Hintergrund zu sehen, dass sich der Numerus clausus des Immaterialgüterrechts mitunter aus der Annahme rechtfertigt, dass die Überzeugungskraft und Akzeptanz des Rechtsgebiets es erfordert, keinen bedürfnislosen Sonderschutz zu gewähren.[1953]

Der lobbyistische Einfluss zeigt sich nicht nur an den chronologischen Zusammenhängen, sondern ebenfalls an der Zuweisung des Rechts. Die Einwirkung der Presseverlage, deren Einfluss auf die Meinungsbildung zu tagespolitischen Themen um ein Wesentliches höher ist als der anderer Verleger, führte zur Einführung eines Leistungsschutzrechts ausschließlich für Presseverleger. Die Gesetzeseinführung lässt unberücksichtigt, dass die wirtschaftlich-organisatorische und technische Leistung, die für die Publikation eines Verlagserzeugnisses notwendig ist, und die Gefahr ihrer Ausnutzung in der digitalen Welt[1954] keine ausreichenden Unterschiede erkennen lassen, die es rechtfertigen, kein Leistungsschutzrecht zugunsten aller Verlegergruppen einzuführen.[1955] Vor dem Hintergrund ist es bedauerlich, dass selbst in der aktuellen Reformdebatte kein Umdenken eingetreten ist. Sowohl der neue Art. 15 DSM-RL, der den in Deutschland längst gewährten Schutz von Presseveröffentlichungen im Hinblick auf die Online-Nutzung nun verbindlich für alle Mitgliedstaaten vorsieht, als auch das deutsche Umsetzungsvorhaben[1956] lassen keine Bereitschaft erkennen, das Konzept des Leistungsschutzrechts ausschließlich für Verleger von Presseerzeugnissen aufzugeben.

Die Bereitschaft des Gesetzgebers, den Interessen des Verlagswesens Vorrang einzuräumen, zeigt sich weiterhin am Inhalt des Leistungsschutzrechts. Geschützt werden soll die Investition des Verlegers zur Herstellung des Presseerzeugnisses. Im Erzeugnis drückt sich die verlegerische Leistung aus. Das Presseerzeugnis ist die redaktionell-technische Festlegung des journalistischen Beitrags (§ 87f II 1 UrhG). Somit wird der Ausdruck der Leistung mit dem Inhalt des Beitrags verflochten. Dadurch entsteht nicht nur die Gefahr eines Konflikts mit dem Urheberrecht, sondern eine Monopolisierung von Informationen würde darüber hinaus Kommunikationsgrundrechte verletzten. Deswegen ist das Recht restriktiv auszulegen, am besten abzuschaffen.[1957] Um der Gefahr der Monopolisierung vorzubeugen, ist es erfreulich, dass der Rechtsausschuss den Schutzumfang gegenüber dem ursprünglichen Vorhaben so weit zurückgeschnitten hat, dass er praktisch als ausgehöhlt

---

1953 Siehe hierzu bereits E IV 2. d) ee).

1954 Mit den Argumenten wurde die Rechtseinführung begründet, vgl. BT-Drs. 17/11470, S. 7.

1955 Ebenso *Alexander*, WRP 2013, 1122, 1130; *Ohly*, WRP 2012, 41, 47; *Spindler*, WRP 2013, 967, 975; *Wandtke*, ZUM 2014, 847, 848.

1956 Vgl. RegE UmsetzungsG DSM-RL, S. 2, 19 ff., 54, 74, 132 ff.

1957 Ebenso *Leistner*, JZ 2014, 846, 849 f.; *Ohly*, Gutachten F, F 36, F 126; *Schack*, Urheberrecht, Rn. 718e.

anzusehen ist. Obzwar die wirtschaftlich-organisatorische und technische Leistung für jedes Element des Presseerzeugnisses gleichermaßen erforderlich ist, wurden einzelne Wörter und kleinste Textausschnitte vom Umfang des Leistungsschutzrechts ausgenommen.[1958] Die de-minimis-Regel ermöglicht es Suchmaschinen und Aggregatoren weiterhin, frei, knapp und zweckdienlich zu beschreiben, auf welches Suchergebnis sie verlinken.[1959] Das Leistungsschutzrecht stellt deswegen nicht grundsätzlich die Freiheit des Netzes in Frage, es wird dennoch im Einzelfall künftig trefflichen Streit darüber geben, wie das unbestimmte Tatbestandsmerkmal kleinster Textausschnitt auszulegen sei. Insbesondere ist dabei das Verhältnis zum Urheberrecht fraglich. Greift das Leistungsschutzrecht ungeachtet seiner Einschränkung bereits dann, wenn kein urheberrechtlicher Schutz besteht, weil der übernommene Teil keine Schöpfungshöhe erreicht?[1960] Es ist davon auszugehen, dass die Rechtsprechung eine dementsprechende Auslegung vornehmen wird, weil das Leistungsschutzrecht ansonsten über prozessuale Erleichterungen hinaus keinen materiellen Anwendungsbereich zugunsten der Presseverleger hat, der über die Geltendmachung abgeleiteter Nutzungsrechte hinausgeht, und mithin faktisch leerläuft. Ungeachtet dessen ist ein solches Verständnis abzulehnen.[1961] Auf diesem Weg würden Sprache und Informationen selbst dort geschützt werden, wo das Urheberrecht mit gutem Grund Nutzungsfreiheiten darbietet. Dem Urheberrecht fällt die Aufgabe zu, dort Freiräume zu wahren und Monopolisierungsbestrebungen zu zerschlagen, wo die Gemeinfreiheit im Netz, die Informations- und Kommunikationsfreiheit dies erfordern.[1962] Diesem Ziel dient mitunter der Werkbegriff, dessen Wertungen nicht durch die Leistungsschutzrechte umgangen werden sollten. Mit der Einführung des Leistungsschutzrechts für Pressevertreter hebt der Gesetzgeber das Grundverständnis des UrhG auf, welches die verwandten Schutzrechte als Annexrechte[1963] des Urheberrechts normiert. Von seinem Beginn an hat das Urheberrecht dem Schutz vor Ausbeutung durch Werkvermittler gedient.[1964] Deren Vertreter üben mittlerweile so viel Einfluss auf den Gesetzgeber aus, dass das UrhG dem Investitionsschutz partiell, wie dieses Beispiel belegt, mehr Reichweite zuspricht als dem Schutz der Kreativen. Es ist kritisch zu fragen, ob der Interessenvertretung ein derart weitreichendes Gewicht auf die Gesetzesausgestaltung zukommen sollte. Im UrhWissG ist diese Wirkung erneut deutlich sichtbar

---

1958 BT-Drs. 17/12534, S. 5.

1959 BT-Drs. 17/12534, S. 5.

1960 So *Jani*, in: *Wandtke/Bullinger*, UrhR, § 87f, Rn. 20; *Wandtke*, Urheberrecht, Kap. 7, Rn. 43.

1961 Ebenso *Kühne*, CR 2013, 169, 175; *Peifer*, GRUR-Prax 2013, 149, 151.

1962 Daher gleichfalls kritisch *Flechsig*, AfP 2012, 427, 429; *Schack*, Urheberrecht, Rn. 718b.

1963 *Hoeren*, MMR 2009, 257, 257.

1964 Vgl. *Wandtke*, UFITA 2008/II, 389, 398 ff.

geworden. Wie gezeigt ist die gegenüber dem RefE veränderte Fassung von § 60g RegE mitunter auf den Einfluss der Verleger zurückzuführen.[1965] Vorbehalts- und Vorrangregelungen sind nach wie vor Gegenstand ihrer Forderungen.

bb) Entwicklungszusammenhang der verwerterorientierten Schutztendenz an Beispielen im UrhWissG

(i) Interessenpriorisierung bei den Bereichsausnahmen

Dass § 60g UrhG in ebendiesem Zusammenhang zu sehen ist, wird an anderen Vorschriften des UrhWissG ebenso deutlich. Insbesondere an den Bereichsausnahmen kann der Einfluss des Verlagswesens abgebildet werden. Kurz vor Verabschiedung der Entwurfsfassung im Bundestag änderte der Rechtsausschuss diesen dahingehend, dass nicht mehr Abbildungen und einzelne Beiträge aus derselben Zeitung oder Zeitschrift nach §§ 60a II, 60b II, 60c III, 60e IV, V UrhG genutzt werden dürfen, sondern lediglich Abbildungen und einzelne Beiträge aus einer Fachzeitschrift oder wissenschaftlichen Zeitschrift.[1966] Demnach sind mindestens allgemeine Wochen- und Tageszeitungen, Nachrichtenmagazine, Unterhaltungs- und Publikumszeitschriften ausgenommen worden.[1967] Wenn man Fachzeitungen nicht mit Fachzeitschriften gleichsetzt, unterliegen Zeitungen sogar insgesamt der Einschränkung.[1968] Die Bereichsausnahme wurde mit der „besonderen Situation der Tages- und Publikumspresse" begründet, die ihre „Inhalte vollständig über ihr eigenes Geschäftsmodell finanzieren" müsse und deswegen darauf angewiesen sei, „dass eine vollständige Nutzbarkeit der Beiträge nur auf Lizenzbasis möglich" sei.[1969] Der Ausschuss erkannte also in der Entwurfsfassung einen unzumutbaren Eingriff in den Primärmarkt der Presseverleger. Diese pauschale Behauptung kann nicht im Ansatz überzeugen. § 60a UrhG privilegiert beispielsweise die Veranschaulichung des Unterrichts und der Lehre an Bildungseinrichtungen. Dass die vollständige Nutzung von Abbildungen und einzelnen Beiträgen aus derselben Zeitung im Unterricht im Fall ihrer gesetzlichen Erlaubnis ein Ausmaß annehmen würde, das den Primärmarkt der Presse unverhältnismäßig beeinträchtigt, ist nicht nachvollziehbar. Gleichfalls fehlt die Phantasie anzunehmen, dass jene Wirkung eintrete, sollten Abbildungen oder einzelne Beiträge zur Herstellung von Unterrichts- und Lehrmedien nach § 60b II UrhG iVm § 60a II UrhG oder zur nicht kommerziellen wissenschaftlichen Forschung nach § 60c III UrhG verwendet werden.[1970] Der geringfügigen und belanglosen Beeinträchtigung der

---

1965 Siehe hierzu bereits G III 3.

1966 BT-Drs. 18/13014, S. 13–17.

1967 *Anton*, in: *Spindler/Schuster*, UrhG, § 60a, Rn. 28.

1968 So im Ergebnis BT-Drs. 18/13014, S. 30; *Schack*, ZUM 2017, 802, 804.

1969 BT-Drs. 18/13014, S. 30.

1970 Ebenso *Berger*, GRUR 2017, 953, 959; *Schack*, Urheberrecht, Rn. 576.

Verwertungsinteressen der Presseverleger stehen erhebliche Einschränkungen der Wissensvermittlung entgegen. Ein Staat, dem die Bedeutung von Bildung bewusst ist und der deshalb Unterricht und Lehre auf ein zeitgemäßes, anregendes und lebensnahes Niveau heben möchte, sollte die Verwendung von tagesaktuellen Medien nicht obstruieren. Manche Fachrichtungen sind auf ebenjene Verwendung gar zwingend angewiesen. So kann die Qualität eines politik- oder medienwissenschaftlichen Seminars unauflöslich mit der Auseinandersetzung mit tagesaktuellen Zeitungsbeiträgen verbunden sein. Die Bereichsausnahmen sind demnach ein schwerwiegender Rückschritt. Der Gesetzgeber stuft mit dieser Veränderung den Schutz verlegerischer Lizenzierungsmodelle höher ein als das Allgemeininteresse an Bildung. Aufgrund der Fadenscheinigkeit der Begründung liegt es nahe, in der Reform den Einfluss der Presseverleger zu erkennen.[1971] Hierbei wird das Bild besonders deutlich, in dessen Zusammenhang die Einführung von § 60g II UrhG zu verorten ist. Der Schutzumfang des Urheberrechts wird an Parametern ausgerichtet, die in den Grundlagen des Rechtsgebiets keinen Ursprung finden.[1972] Als Schutzrecht der Urheber konzipiert, verändert sich das Urheberrecht zuweilen zu einem Schutzrecht der professionellen Rechteinhaber. Akzeptanz wird das Urheberrecht nur erfahren, wenn es das Individualrecht angemessen am Allgemeinwohl ausrichtet. Der sachlich verfehlte Druck einzelner Verwertergruppen kann sicherlich nicht zu den berücksichtigenswerten Gründen des Allgemeinwohls gezählt werden.

(ii) Interessenpriorisierung beim Strukturmerkmal fester Prozentsätze

Als Gabe an die Nutzer, jedoch gleichfalls an die Verleger als die durch das UrhWissG zumeist betroffenen Rechteinhaber dürfte weiterhin die Entscheidung einzustufen sein, als Strukturmerkmal der Schrankenbestimmungen feste Prozentsätze einzuführen.[1973] Diese vermitteln den Nutzern eine gewisse Rechtssicherheit und beschränken den Nutzungsumfang zugunsten der Verleger auf eine gesetzlich festgelegte Quote. Obgleich die Bundesregierung die Einführung mit der Konkretisierung unbestimmter Rechtsbegriffe und somit mit dem Aspekt der Rechtssicherheit begründete,[1974] kann davon ausgegangen werden, dass mit der Begrenzung zugleich der Primärmarkt der Verleger geschützt werden sollte.

In gewissen Einzelfällen könnte sich dieses Strukturmerkmal indessen konfliktträchtig auswirken. Denn die Interessen der Urheber und Rechteinhaber werden nur ausreichend gewahrt, wenn die Einhaltung der Quoten sichergestellt werden kann. Doch wie soll einem Missbrauch vorgebeugt werden? Auf die

---

1971 Ebenso *Anton*, in: *Spindler/Schuster*, UrhG, § 60a, Rn. 28, Fn. 57; *Schack*, ZUM 2017, 802, 804.

1972 Vgl. zu den ursprünglichen Rechtsabwägungen B I, II.

1973 Siehe zur Darstellung dessen G IV 2.

1974 Vgl. BT-Drs. 18/12329, S. 35.

Wahrscheinlichkeit dieser Gefahr wies bereits der BR während des Gesetzgebungsverfahrens hin.[1975] So dürfte es im Regelfall praktisch nicht möglich sein, die Einhaltung der fixen Quote des Vervielfältigungsumfangs für die wissenschaftliche Forschung nach § 60c I, II UrhG zu kontrollieren. Was nutzen den Rechteinhabern Verbotsansprüche, die sich nicht durchsetzen lassen, weil die Nutzungshandlungen nicht überprüfbar sind?

Für ebensolche Fälle der Unkontrollierbarkeit der Nutzung hatte der historische Gesetzgeber in einer weisen Entscheidung ehemals weite Schrankentatbestände wie § 53 UrhG aF vorgesehen, um den Urhebern als Ausgleich dafür, dass sie den Verwertern lediglich nicht durchsetzbare Verbotsansprüche einräumen können, wenigstens kompensierende Vergütungsansprüche an die Hand zu geben.[1976] Hierbei richtete sich die Höhe des gesetzlichen Vergütungsanspruchs nach dem weiten Umfang der gesetzlichen Nutzungserlaubnis. Demgegenüber richtet sich die Höhe des Anspruchs des Urhebers nach § 60h I UrhG nun nach dem durch die Quote festgelegten Umfang, obgleich die tatsächliche Nutzung, wie im Beispiel aufgezeigt, umfangreicher sein dürfte. Das schmälert die Höhe des Vergütungsumfangs zulasten der Urheber gegenüber der Vergütungshöhe, die angesichts der wirklichen Nutzung angemessen wäre. Das nützt letztlich nur der Industrie der Gerätehersteller, die nach § 60h V 2 UrhG Vergütungsschuldner für Vervielfältigungshandlungen ist.

Gesetzliche Nutzungserlaubnisse, die durch ihre Quotenfestlegung den Nutzungsumfang gegenüber der alten Rechtslage reduzieren,[1977] können sich sonach gegenüber der bisherigen Rechtslage zulasten der Urheber auswirken, obzwar sich der tatsächliche Nutzungsumfang dem nicht anpassen dürfte. Damit soll nicht die Vorstellung hervorgerufen werden, dass das UrhWissG den Umfang der erlaubten Nutzungen gegenüber der vorigen Rechtlagegrundsätzlich insgesamt geschmälert hätte. An dieser Stelle soll vielmehr auf das Problem der Kontrollierbarkeit der Quoteneinhaltung sowie die Diskrepanz zwischen Vergütungshöhe und tatsächlicher Nutzung bei den Erlaubnistatbeständen hingewiesen werden, in denen die Quotenbestimmung den Umfang der erlaubten Nutzung gegenüber der bisherigen Rechtslage senkt. Infolge dieser Aspekte können die festen Prozentsätze zukünftig zu Konflikten führen.[1978] Einerseits will der Gesetzgeber die Urheber schützen und ihnen nach § 60h I UrhG Vergütungsansprüche gewähren. Andererseits soll das Verlagswesen mit der Quotenfestlegung geschützt werden. In den aufgezeigten Problemfällen ist indes weder der einen noch der anderen Interessengruppe geholfen. Von nicht durchsetzbare Verbotsansprüche profitieren die Rechteinhaber nicht und die Urheber erhalten keine angemessene Vergütung. Daher kann die

---

1975 BR-Drs. 312/17, S. 8.

1976 BT-Drs. IV/270, S. 31 f.

1977 Vgl. § 60c II UrhG gegenüber § 53 II 1 Nr. 1 UrhG aF.

1978 *Wandtke*, NJW 2018, 1129, 1129 f.

dezisionistische Entscheidung, feste Prozentsätze einzuführen, nicht durchgängig zu Einzelfallgerechtigkeit führen.[1979]

cc) Entwicklungszusammenhang der verwerterorientierten Schutztendenz in der Literatur

Die bis hierhin vorgenommene Darstellung einzelner Bestimmungen außerhalb und innerhalb der Schrankenregelungen diente dem Zweck, ein Gesamtbild der strukturellen Veränderungstendenz des Urheberrechtsgesetzes zu zeichnen, in welchem § 60g II UrhG zu lokalisieren ist. Vertragsvorbehalte erstrecken die verlegerischen Geschäftsmodelle über die ehemals durch das Recht der Schranken starr gezogenen Grenzen hinaus. Als erstem Kritikpunkt kann dem Vertragsvorbehalt somit entgegengehalten werden, dass er ein weiterer Baustein auf dem Weg ist, durch punktuelle Novellierung das Wesen, die Ziel- und Schutzrichtung des UrhG zu modifizieren, ohne eine grundsätzliche, offene und ehrliche Debatte ausführlich über die Zweckbestimmung des Urheberrechts in der digitalisierten Welt zu führen. Anstatt dieses Streitgespräch unter Einbeziehung der Öffentlichkeit am Leitbild des Urheberrechts grundlegend auszutragen, wird es hinter der Ausgestaltung von Normen zum Verhältnis zwischen Gesetz und Vertrag versteckt. Besonders kritisch ist das zu bewerten, wenn der RegE eine derart geringe Begründungsdichte diesbezüglich aufweist.[1980]

Obgleich seine Ansicht vorliegend nicht geteilt wird, entspricht es dem überzeugenden Weg, so wie *Ohly* eine rechtspolitische Debatte über die in § 11 UrhG ausgedrückte Zielbestimmung anzustoßen. Er verweist auf die von einer tripolaren Interessenstruktur geprägte Dreiecksbeziehung zwischen Urhebern, Verwertern und Nutzern.[1981] Weil das Urheberrecht die Rahmenbedingungen der Kultur-, Wissenschafts- und Informationsmärkte konstituiert, forderte er anlässlich des 70. Deutschen Juristentags, Verwerter und Nutzer als gleichberechtigte Schutzsubjekte in § 11 UrhG aufzunehmen.[1982] § 11 UrhG beschreibt das Leitbild des Urheberrechts und definiert als solches bisher den einheitlichen Schutz der ideellen und materiellen Interessen des Urhebers.[1983] In einem dementsprechenden Diskurs ob der Zielbestimmung des Rechts angesichts der Herausforderungen der modernen Welt ist die grundsätzliche Abwägung der Bedürfnisse und Interessen der betroffenen Akteure zutreffend verortet. Er sollte der Vorbehaltseinführung vorangestellt werden. Anschließend mag über eine Reform des Rechts der Schranken

---

1979 *Schack*, Urheberrecht, Rn. 576a; *Wandtke*, NJW 2018, 1129, 1132.

1980 Vgl. hierzu bereits G III 4.

1981 *Ohly*, Gutachten F, F 20.

1982 *Ohly*, Gutachten F, F 20 f., F 126.

1983 BT-Drs. IV/270, S. 28 f.; *Bullinger*, in: *Wandtke/Bullinger*, UrhR, § 11, Rn. 1; *Loewenheim/Peifer*, in: *Schricker/Loewenheim*, UrhR, § 11, Rn. 1; *Schulze*, in: *Dreier/Schulze*, UrhG, § 11, Rn. 1.

nachgedacht werden, sollte das Urheberrecht dem Schutz der Verwerter vermehrt nachkommen wollen. Diese grundlegende Debatte sollte indes nicht umgangen werden, indem sie durch die Hintertür des punktuellen, jedoch systematischen Ausbaus verwerterschützender Vorschriften versteckt wird.

dd) Entwicklungszusammenhang der verwerterorientierten Schutztendenz im Unionsrecht

Während im deutschen Recht eine Diskrepanz zwischen dem normativen Leitbild und der faktischen, wirtschaftlichen Schutzrechtswirkung gegeben ist, kommt die Erosion des Urheberrechts von einem Kulturrecht hin zu einem Recht der Kulturindustrie[1984] im Unionsrecht offen zum Ausdruck. Hierbei ist wenigstens anzuerkennen, dass die gesetzgeberische Motivation aufrichtig dargestellt wird. Das ermöglicht einen progressiven Diskurs. Während in Deutschland in § 11 UrhG bisher keine weiteren Schutzsubjekte aufgenommen worden sind,[1985] wird die wirtschaftspolitische Betrachtungsweise, nach der der Investitionsschutzgedanke zentral in die traditionelle Sichtweise des Urheberschutzes eindringt, im Richtlinienrecht in zahlreichen Erwägungsgründen vorgetragen. So wird die Durchsetzungs-RL in ihrem dritten Erwägungsgrund damit gerechtfertigt, dass ohne wirksame Instrumente zur Durchsetzung der Rechte des geistigen Eigentums Innovation und kreatives Schaffen gebremst und Investitionen verhindert würden. Noch plakativer fordert ihr erster Erwägungsgrund ein „Umfeld, das Innovationen und Investitionen begünstigt. Vor diesem Hintergrund ist der Schutz geistigen Eigentums ein wesentliches Kriterium für den Erfolg des Binnenmarkts. Der Schutz geistigen Eigentums ist nicht nur für die Förderung von Innovation und kreativem Schaffen wichtig, sondern auch für die Entwicklung des Arbeitsmarkts und die Verbesserung der Wettbewerbsfähigkeit.“ Ebenjener Regelungszweck liegt der InfoSoc-RL zugrunde, die wie gezeigt von herausragender Bedeutung für das Recht der Schranken ist. Ihr vierter Erwägungsgrund begründet die Harmonisierung des Rechtsrahmens: „Ein harmonisierter Rechtsrahmen zum Schutz des Urheberrechts und der verwandten Schutzrechte wird durch erhöhte

---

1984 *Hilty*, in: *Dittrich*, Notwendigkeit des Urheberrechtsschutzes, S. 20, 37 beobachtet zutreffend eine „Entwicklung, welche mit dem ursprünglichen Urheberschutzgedanken nur noch wenig gemeinsam hat: Das Urheberrecht wird mehr und mehr Gegenstand rein kommerzieller Interessen. Zurückzuführen ist diese Entwicklung zu einem wesentlichen Teil auf die Einflussnahme von Wirtschaftskreisen (...)“.

1985 Dafür hat sich auf dem Juristentag entgegen der vorgestellten These *Ohlys* die Mehrheit der Wissenschaftler mit guten Gründen ausgesprochen, vgl. *Ständige Deputation des Deutschen Juristentages*, 70. Juristentag II/1, O 77. Die Einführung von § 60g II UrhG lässt eine gesetzgeberische Berücksichtigung dieser rechtspolitischen Empfehlung bei der materiellrechtlichen Ausgestaltung, die sich am Leitbild orientieren sollte, nicht erkennen.

Rechtssicherheit und durch die Wahrung eines hohen Schutzniveaus im Bereich des geistigen Eigentums substantielle Investitionen in Kreativität und Innovation einschließlich der Netzinfrastruktur fördern und somit zu Wachstum und erhöhter Wettbewerbsfähigkeit der europäischen Industrie beitragen, und zwar sowohl bei den Inhalten und der Informationstechnologie als auch allgemeiner in weiten Teilen der Industrie und des Kultursektors. Auf diese Weise können Arbeitsplätze erhalten und neue Arbeitsplätze geschaffen werden." Weiterhin wird das verwerterzentrierte Urheberrechtsverständnis im zehnten Erwägungsgrund deutlich: „Wenn Urheber und ausübende Künstler weiter schöpferisch und künstlerisch tätig sein sollen, müssen sie für die Nutzung ihrer Werke eine angemessene Vergütung erhalten, was ebenso für die Produzenten gilt, damit diese die Werke finanzieren können. Um Produkte wie Tonträger, Filme oder Multimediaprodukte herstellen und Dienstleistungen, z. B. Dienste auf Abruf, anbieten zu können, sind beträchtliche Investitionen erforderlich. Nur wenn die Rechte des geistigen Eigentums angemessen geschützt werden, kann eine angemessene Vergütung der Rechtsinhaber gewährleistet und ein zufrieden stellender Ertrag dieser Investitionen sichergestellt werden." Treffender hätte die Annahme einer Gleichrangigkeit des Alimentationsbedürfnisses des Urhebers mit dem Amortisationsbedürfnis des Investors nicht ausgedrückt werden können.[1986] Faktisch soll das unionale Urheberrecht sonach auf einen Schutz des Verwerters und dessen Investitionen hinauslaufen, um die Kulturindustrie zu fördern, sie im globalen Wettbewerb zu stärken und so europäische Arbeitsplätze zu erhalten.

ee) Die Kritik an der verwerterorientierten Schutztendenz

Diese Entwicklung wird durch die Einführung von Vorbehaltsregelungen vorangetrieben. Entgegen dem Allgemeininteresse, dem die Rechtsetzung verpflichtet ist und welches im Urheberwissenschaftsrecht überdies grundrechtsrelevant ist, an rechtssicheren und stets gewährleisteten Nutzungsfreiheiten als Grenze eines sozialpflichtigen Verbotsrechts, werden die gesetzlich erlaubten Nutzungen der vertraglichen Lizenzierung durch die derivativen Rechteinhaber unterworfen, um ihnen unter Wegfall der gesetzlichen Vergütungsansprüche der Urheber zusätzliche Einnahmemöglichkeiten zu eröffnen. Die Folge dieser Kräfteverschiebung ist, dass die Urheber aus dem Schutzzentrum verdrängt werden. Sonach erodiert der traditionell urheberzentrierte Rechtfertigungsansatz des Urheberrechts dahingehend, dass der Begründungsapparat des Rechtsgebiets dessen aktuelle Ausgestaltung nicht mehr zu erklären vermag.[1987] Zweck und Wirkung urheberrechtlicher Vorschriften divergieren. Das führt dazu, dass die gesellschaftliche Akzeptanz des

1986 Vgl. dazu die umfangreiche und überzeugende Kritik von *Hansen*, Warum Urheberrecht?, S. 63 ff. mwN.

1987 Ausführlich dazu *Hansen*, Warum Urheberrecht?, S. 40 ff. mwN.

Urheberrechts als individuelles Sonderschutzrecht, welches dem Nutzer Zahlungspflichten auferlegt, weiter herabzusinken droht.

Die Verschiebung der Kräfte zwischen Urhebern und Verwertern ist in der Literatur zu den vorgestellten Normen mit paralleler Entwicklungstendenz bereits umfassend kritisiert worden,[1988] dem sich anlässlich des Vertragsvorbehalts angeschlossen werden kann. Obgleich Autoren und Verleger auf eine vertrauensvolle Zusammenarbeit angewiesen sind, wird diese zugunsten des wirtschaftlich stärkeren Teils gefährdet. Daher ist es umso bedauerlicher, dass sich der deutsche Gesetzgeber nicht nur nicht energisch für die Abschaffung von Vorbehaltsbestimmungen im Unionsrecht einsetzt, sondern im Gegenteil Vorbehalte über das unionsrechtlich vorgeschriebene Maß hinaus einführt.

Als erstes Beispiel für ebenjene Kritik an der bereits bestehenden Rechtslage kann erneut das Leistungsschutzrecht für Presseverleger herangezogen werden. Es ist vor dem Hintergrund zu würdigen, dass sich die Rechtsprechung vor der Rechtseinführung längst mit der automatisierten öffentlichen Wiedergabe von Werken durch Suchmaschinen auseinandergesetzt hatte. In dem Verzicht des Urhebers, sich mit technischen Mitteln gegen die Nutzung seines Werks durch Suchmaschinen zu wehren, erkannte der BGH ein schlüssiges Verhalten, dem die objektive Erklärung entnommen werden könne, der Urheber erteile konkludent eine die Rechtswidrigkeit ausschließende schlichte Einwilligung.[1989] Veröffentlicht ein Urheber sein Werk demnach im Internet, stehen ihm nur in dem Fall Ansprüche gegen sozialadäquate Dienste wie Suchmaschinen zu, wenn er sich selbst mit technischen Mitteln dagegen wehrt. Das verlangt die Rechtsprechung vom Urheber, der mit den nach den Umständen typischen Nutzungshandlungen im Internet rechnen muss. Das Leistungsschutzrecht hingegen richtet sich ausschließlich gegen die im Internet typische Wiedergabe durch Suchmaschinen, ohne dass der Gesetzgeber vom Verleger Vergleichbares verlangt. Viele Verleger stellen ihre Angebote vielmehr bewusst frei ins Internet, um von der Sichtbarmachung durch die Suchmaschinen zu profitieren.[1990] Die Vorschaubilder-Rechtsprechung lässt

---

1988 Vgl. beispielsweise zum urheberrechtlichen Softwareschutz *Hansen*, Warum Urheberrecht?, S. 67 ff. Demgegenüber sollte nicht unerwähnt bleiben, dass Beispiele bestehen, bei denen der Gesetzgeber die diesbezügliche Kritik aufgegriffen hat. So dürfte die Einschätzung von *Nolte*, ZGE 2010, 165, 185 ff. zum Entwurf eines Leistungsschutzrechts für Presseverleger, dass durch dessen Einführung eine Kräfteverschiebung im Verhältnis Autor – Verleger eintrete, weil das Leistungsschutzrecht die Folgeverwertung des Urhebers unzumutbar beeinträchtige, in Bezug auf das verabschiedete Recht nicht mehr zutreffen, weil sich dies ausschließlich gegen Suchmaschinen richtet, weshalb die Zweitverwertung höchstenfalls in der Auffindbarkeit des Werks erschwert wird.

1989 BGH GRUR 2010, 628, 631 ff. – Vorschaubilder I.

1990 *Ohly*, GRUR 2012, 983, 990.

sich nicht darauf übertragen, denn dann würde man dem Leistungsschutzrecht praktisch jeglichen Anwendungsbereich nehmen.[1991] Wenn der Inhalt des Werks pressetypisch aufbereitet wird, wird er durch das Leistungsschutzrecht für den Verleger, demgegenüber nicht für den Urheber geschützt, obgleich der Verleger zum technischen Schutz viel eher in der Lage wäre.[1992] Der Gesetzgeber wertet mithin den auf der Eigentumsgarantie und zugleich auf dem Persönlichkeitsrecht beruhenden Schutz des Urhebers, der vergütungsfrei in die Verwertung einwilligen muss, möchte er im Internet sichtbar bleiben, als geringer gegenüber der rein vermögensmäßigen Investition des Presseverlegers, die einen marginaleren verfassungsmäßigen Schutz genießt.[1993] Werk- und Leistungsschutz unterliegen hierbei einer eminenten Ungleichbehandlung, deren bigotter Charakter das Leitbild von § 11 UrhG ad absurdum führt.

Vergleichbarer Kritik unterfällt die Investitionsschutzregel des § 93 UrhG. Sie betrifft einen breiten Kreis an Kreativen mit dem Argument der Notwendigkeit der Herstellungskosteneinspielung. Wie § 87f UrhG leidet ihre Existenz an einer überzeugenden Rechtfertigungsgrundlage. Das liegt zunächst daran, dass die Filmproduktion in ihrer historischen Entwicklung einen ökonomischen Wandel durchlaufen hat, in dessen Ergebnis es nicht die Kreativen sind, die die Verwertung des Filmwerks verhindern. Vielmehr ist die wirtschaftliche Situation der Filmhersteller durch Subventionierungen (Filmförderung) und damit einhergehender Unrentabilität geprägt.[1994] Weiterhin erhalten andere kulturelle Produktionsbereiche, die genauso mit zahlreichen Kreativen zusammenarbeiten und hohen Kosten unterliegen, keine dementsprechende Privilegierung.[1995] Daneben kann wie beim Leistungsschutzrecht der Presseverleger der Inhalt der Privilegierung im Vergleich zum Inhalt des Urheberrechts nicht überzeugen. Infolge der doppelten Interessenprüfung[1996] verliert der Kreative die Möglichkeit der effektiven Durchsetzung seiner Urheber- oder Künstlerpersönlichkeitsrechte.[1997] Die persönlichen künstlerischen Vorstellungen weichen ungeachtet ihres verfassungsrechtlichen Schutzes zurück angesichts wirtschaftlicher Interessen des Filmherstellers. Gleichsam dem

---

1991 *Stieper*, in: *Schricker/Loewenheim*, UrhR, § 87f, Rn. 46 f.; a.A. *Kreutzer*, MMR 2014, 512, 513, 514, 516.

1992 *Schack*, Urheberrecht, Rn. 718e bezeichnet dies zutreffend als „unerträgliche(n) Wertungswiderspruch".

1993 *Spindler*, WRP 2013, 967, 975 erkennt darin mit gutem Grund eine „rechtspolitisch äußerst zweifelhafte und verfassungsrechtlich nur schwer haltbare Ungleichbehandlung von Presseverlagen und Urhebern".

1994 *Wandtke*, in: *Ohly/Bodewig/Dreier*, FS Schricker II, S. 609, 610.

1995 *Wandtke*, in: *Ohly/Bodewig/Dreier*, FS Schricker II, S. 609, 610.

1996 Gemeint ist das Rücksichtnahmegebot des § 93 I 2 UrhG kombiniert mit der Einschränkung der Gröblichkeit in § 93 I 1 UrhG.

1997 Ebenso kritisch *Wandtke*, in: *Ohly/Bodewig/Dreier*, FS Schricker II, S. 609, 611.

Leistungsschutzrecht der Presseverleger sollte § 93 UrhG abgeschafft werden.[1998] Eine Entschlackung des Gesetzes würde helfen, dass es sich seiner Regelungsziele wieder bewusst werden kann.

Aus der gleichen Perspektive, nur übertragen auf die materiellen Interessen der Urheber, lässt sich der Vertragsvorbehalt bewerten. Dem wirtschaftlichen Bestreben der Verwerter, ihre Lizenzierungsgeschäftspraxis auf weitere Nutzungshandlungen zu erstrecken, werden die gesetzlichen Vergütungsansprüche, die den Urhebern aus einem verfassungsrechtlichen Gebot heraus aufgrund ihrer a priori gegebenen Rechtbeschränkung zugeordnet sind, gegenüber vorrangigen Vergütungsabreden geopfert, obzwar sie im Wissenschaftsbereich regelmäßig die einzigen Einnahmen sind, die die Urheber aus der Verwertung ihrer Werke ziehen. Durch die dargestellten Vorschriften entwickelt sich das UrhG zu einem inkonsistenten Gesetz systemwidriger Normen. Diese Entwicklung wird durch die Einführung von Vorbehalten in Schrankenbestimmungen dynamisiert. Nutzer verlieren ihre ihnen zwingend durch die Privilegierung zugewiesenen gesetzlichen Nutzungsfreiheiten und Urheber ihre die Erlaubnis kompensierende gesetzliche Vergütung. Dadurch entstehen Widersprüche im System der Schranken. Die einheitliche Rechtsausgestaltung, die aus ihrer Rechtsnatur und Dogmatik resultiert, wird aufgebrochen. Wenn das Urheberrecht diesen Weg weitergeht, ist seine bisherige Rechtfertigung und Stringenz gefährdet. Durch Inkonsistenz verliert es seine Überzeugungskraft, Verständlichkeit und Nachvollziehbarkeit. Ein als Urheberschutzrecht propagiertes Rechtsgebiet, welches das Vergütungsinteresse der Urheber dem Verwertungsinteresse der Kulturindustrie unterordnet, wird mittels dieser Entwicklung jedenfalls nicht seine gesellschaftliche Akzeptanz zurückgewinnen können.

b) Vergesellschaftung des Urheberrechts zulasten der Urheber als zweite strukturelle Veränderungstendenz

Die Rechtsfiguren des UrhG haben sich in der analogen Welt entwickelt. Es geht mithin bei allen diesbezüglichen Fragestellungen darum, zu überprüfen, welche Gedanken in der technologisierten Welt nach wie vor zutreffend und wo Anpassungen notwendig sind. Diese Diskussion, die vorliegend exemplarisch am Vertragsvorbehalt geführt wird, geht einher mit der Frage nach den modernen Schutzzielen des Urheberrechts. Das Warum rückt in den Vordergrund der Diskussion. In dem Zusammenhang gibt es neben der soeben dargestellten noch eine weitere Entwicklungstendenz, die eine genauere Betrachtung verdient. Gemeint ist die Schonung von Staatsausgaben, die verstärkt zu einer Zielbestimmung wird, die die Hand des

---

1998 Ebenso *Schricker*, in: *Schricker*, Urheberrecht auf dem Weg zur Informationsgesellschaft, S. 94; *Wandtke*, in: *Ohly/Bodewig/Dreier*, FS Schricker II, S. 609, 609.

Gesetzgebers leitet. Die Gewichtung fiskalischer Ziele wird im UrhWissG, welches besonders Institutionen in staatlicher Trägerschaft privilegiert, eminent deutlich.

aa) Entwicklungszusammenhang der Vergesellschaftungstendenz

Bevor diese These anhand des Vertragsvorbehalts belegt werden wird, soll sie gleichfalls in ihrem Entwicklungszusammenhang dargestellt werden. Denn dass es sich dabei wiederum um eine Entwicklungstendenz über den Vertragsvorbehalt hinaus handelt, wird an weiteren Vorschriften des UrhWissG mit paralleler Geisteshaltung deutlich. Diese sollen zunächst kurz beleuchtet werden.

(i) Geisteshaltung des § 60h III UrhG

Eingangs ist dabei erneut an die pauschale Vergütung nach § 60h III 1 UrhG zu erinnern. Die Vorschrift ist im Verlauf der Untersuchung einer kritischen Würdigung unterzogen worden, auf welche hier verwiesen wird.[1999] Der zwingende Ausschluss der Einzelvergütung durch die gesetzlich vorgeschriebene Zahlung von Pauschalen oder die Durchführung repräsentativer Stichproben geht mit der Gefahr der Zahlung einer zu geringen Vergütung an die Urheber einher, was den Staatshaushalt in Form des Etats für Bildungs- und Forschungsmittel entlastet. Obgleich bereits die gesetzliche Nutzungserlaubnis die vom Rechteinhaber geforderte Vergütung durch eine kollektive Vergütung ersetzt, entfällt somit zusätzlich noch die Werk- und Nutzungsbezogenheit.[2000] Zugleich werden damit ein Verwaltungsaufwand und die Bindung von Ressourcen zugunsten der nutzenden Staatsinstitutionen vermieden. Das ist unter dem Aspekt eine bemerkenswerte Entscheidung, dass der Gesetzgeber jüngst das Urhebervertragsrecht abermals reformiert hat. Nunmehr sieht § 32d I UrhG vor, dass der Urheber bei einer entgeltlichen Nutzungsrechtseinräumung von seinem Vertragspartner einmal jährlich Auskunft und Rechenschaft über den Umfang der Werknutzung und die daraus gezogenen Erträge und Vorteile auf Grundlage der im Rahmen eines ordnungsgemäßen Geschäftsbetriebs üblicherweise vorhandenen Informationen verlangen kann. Nach § 32e I UrhG erstreckt sich der Anspruch auf weitere Rechteinhaber in der Lizenzkette. In der Entwurfsbegründung des später erlassenen Gesetzes zur verbesserten Durchsetzung des Anspruchs der Urheber und ausübenden Künstler auf angemessene Vergütung,[2001] schätzte die Bundesregierung den Erfüllungsaufwand des gesetzlichen Auskunftsanspruchs für die Unternehmen auf einmal 9.649.500 € und laufend jährlich 577.540 €.[2002] Das Gesetz wurde mit Wirkung vom 01.03.2017 eingeführt. Im gleichen Jahr wurde das UrhWissG verabschiedet. Während der

1999 Siehe zur Kritik daran bereits I III 2.
2000 Ebenso kritisch *Jani*, ZUM 2016, 481, 484.
2001 BGBl. I 2016, 3037.
2002 BT-Drs. 18/8625, S. 21.

Gesetzgeber demzufolge in dem einen Gesetz den Unternehmen ungeachtet des Erfüllungsaufwands Informationspflichten ob des Nutzungsumfangs auferlegt, spricht er in dem anderen Gesetz die Institutionen, die im Bildungs-, Forschungs-, und Wissenschaftsbereich zumeist in der Trägerschaft der Länder stehen, davon frei, werk- und nutzungsbezogen zu vergüten, was ebenfalls eine solche Informationssammlung im Rahmen eines ordnungsgemäßen Geschäftsbetriebs erfordern würde. Diese Ungleichbehandlung ist nicht nachvollziehbar. Während gegenüber den Unternehmen verbessere Maßnahmen zur Durchsetzung des Anspruchs auf angemessene Vergütung bestehen, wirkt sich § 60h III 1 UrhG zugunsten der Haushalte der Länder und zulasten der Angemessenheit des Vergütungsanspruchs der Urheber aus. Unter Betrachtung dieser Bewertungskriterien ist *Jani* darin zuzustimmen, dass die Vorschrift einen nicht gerechtfertigten Eingriff in das Urheberrecht darstellt.[2003]

Die Höhe der Vergütungsansprüche ist weiterhin im Zusammenhang mit der Reichweite der Erlaubnistatbestände zu sehen. Im UrhWissG ist der Umfang der Privilegierungen deutlich erhöht worden. Das wirkt sich ebenfalls zugunsten der Haushalte der Länder aus, weil so der Umfang der Nutzungen, die kollektiv zu vergüten sind, erhöht wird. Das ist kostengünstiger als die Zahlung von Lizenzgebühren, insbesondere wenn man das erneut im Zusammenhang mit den Pauschalabgaben sieht.

Die Kritik an § 60h UrhG erstreckt sich darüber hinaus auf seinen ersten Absatz. Die Komplexität des Vergütungssystems gemäß § 60h I UrhG speziell bei hybriden Nutzungen ist im Verlauf der Untersuchung gleichfalls bereits erläutert worden, sodass darauf wiederum verwiesen werden kann.[2004] Hier zeigt sich, wie fiskalische Interessen mit dem Vorbehalt verknüpft sind. Denn die Berechnungsschwierigkeiten der Vergütungshöhe werden durch die Vorbehaltseinführung noch weiter erhöht. Aufgrund der damit einhergehenden vorrangigen Vergütungsabreden, die die gesetzlichen Ansprüche entfallen lassen,[2005] sind für den Fall des Bestehens vorrangiger Vereinbarungen diejenigen Nutzungen aus der Berechnung des Vergütungsaufkommens herauszurechnen, die ansonsten auf gesetzlicher Grundlage erfolgt wären. Berechnungsschwierigkeiten, wie sie beispielsweise mit einer Schrankengeneralklausel gleichermaßen verbunden wären, werden sich in der Regel stets zugunsten des Vergütungsschuldners auswirken, hier also der nutzenden Institutionen und ihren Haushalten.

(ii) Geisteshaltung des § 60e IV 2 UrhG

Bevor die Vertragsvorbehalte weitergehend mit den fiskalpolitischen Zielen verknüpft werden, soll noch § 60e IV 2 UrhG betrachtet werden. An dieser Vorschrift

2003 *Jani*, ZUM 2016, 481, 484.
2004 Siehe G IV 3.
2005 Siehe zur Begründung dessen H II 2.

lässt sich die Ansicht, dass sich Gesetzesreformen in hohem Maß am Schutz der Wirtschaftsinteressen der Verleger und der Staatsausgaben orientieren, anschaulich zementieren. Zu diesem Zweck ist die bisherige Rechtslage zu § 52b UrhG aF bereits vorbereitend präsentiert worden.[2006] Darauf wird verwiesen. Zunächst soll die Zulässigkeit der Anschlussvervielfältigung im Zusammenhang mit elektronischen Leseplätzen aus rechtspolitischer Sicht gewürdigt werden. Sowohl der EuGH als auch der BGH hatten zur vorigen Rechtslage entschieden, dass die Kombination von Schrankenprivilegierungen zulässig sei, wenn ihre jeweiligen Tatbestandsvoraussetzungen wiederum gegeben seien. Im Rahmen der Schrankenkette waren Erlaubnistatbestände somit unabhängig voneinander, nach- oder nebeneinander anwendbar. Infolgedessen war im Anschluss an eine Wiedergabe an elektronischen Leseplätzen nach § 52b UrhG aF eine Vervielfältigung nach Maßgabe des § 53 UrhG aF zulässig. Gemäß der nun geltenden Rechtslage dürfen Bibliotheken gemäß § 60e IV 2 UrhG je Sitzung an den Terminals Vervielfältigungen von bis zu 10 % eines Werks sowie von einzelnen Abbildungen, Beiträgen aus derselben Fachzeitschrift oder wissenschaftlichen Zeitschrift, sonstigen Werken geringen Umfangs und vergriffenen Werken zu nicht kommerziellen Zwecken ermöglichen. Hier offenbart sich die Bestrebung, das Recht an den wirtschaftlichen Bedürfnissen der Verleger orientiert zu reformieren, in der Bereichsausnahme und im erlaubten Nutzungsumfang zugleich. Die in dem Zusammenhang zu verordnende Bereichsausnahme ist bereits oben kritisiert worden.[2007] Im Interesse des Verlagswesens, deren Primärmarkt durch gesetzliche Nutzungserlaubnisse nicht unverhältnismäßig beeinträchtigt werden soll, ist überdies der weite Nutzungsumfang des § 53 UrhG aF in einem relevanten Ausmaß für die Nutzer auf eine Quote von 10 % zurückgeschnitten worden.

Das kann sich zulasten der Urheber auswirken. Denn die Vergütungshöhe für die Urheber knüpft an der 10 %-Quote an, weil die Möglichkeit rechtswidriger Nutzungen nicht als Bemessungsgrundlage herangezogen werden kann, während nach der vorigen Rechtslage Anschlussvervielfältigungen gemäß der Privatkopieschranke des § 53 UrhG aF zulässig waren und sich die Vergütung an dieser weiterreichenden Vervielfältigungserlaubnis orientierte. Hier zeigt sich nun wieder das faktische Problem der Kontrollierbarkeit der Einhaltung des zulässigen Quotenumfangs. Dass es sich dabei um eine reelle Gefahr handelt, offenbart aufs Neue die Stellungnahme des BR, der ebenso auf das Missbrauchspotential der Regelung hinweist.[2008] Weitere Tatbestandsvoraussetzungen wie verpflichtende technische Schutzmaßnahmen sieht der Normtext nicht vor. Doch könnten sie überhaupt wirksam greifen? Dafür müsste der elektronische Leseplatz erkennen können, was eine einzelne Abbildung, ein Beitrag aus derselben Fachzeitschrift oder

---

2006 Vgl. zur Anschlusskopie F III 1.
2007 Siehe K II 1. a) bb) (i).
2008 BR-Drs. 312/17, S. 13.

wissenschaftlichen Zeitschrift, ein Werk geringen Umfangs oder ein vergriffenes Werk ist. Die Daten des Registers vergriffener Werke nach § 52 VGG müssten aktuell gespeichert werden. Denn für einzelne Abbildungen, Beiträge, Werke geringen Umfangs und vergriffene Werke gilt die Beschränkung auf 10 % nach § 60e IV 2 UrhG nicht. Solange derart präzise technische Schutzmaßnahmen nicht möglich sind,[2009] werden faktisch mehr als 10 % eines Werks vervielfältigt werden. Was nützt sonach eine Quotenbestimmung, deren Einhaltung durch die Rechteinhaber nicht kontrollierbar ist, weil ihre Verbotsansprüche praktisch nicht durchsetzbar sind? Dadurch sinken die Einnahmemöglichkeiten durch das Verlagsprodukt, weshalb die Urheber geringfügiger vergüten werden. Zugleich erhalten die Urheber keine Vergütungsansprüche in kompensierender Höhe, weil diese entgegen dem tatsächlichen Nutzungsumfang nur noch an die 10 %-Marke anknüpfen. Unter den Gesichtspunkten ist die Prozentsatzbestimmung des § 60e IV 2 UrhG als eine beabsichtigte Schutzregelung des Verlagswesens zu werten, die inhaltlich nicht überzeugen kann.

Selbst wenn technische Maßnahmen Anschlusskopien von mehr als 10 % des Werks verhindern könnten,[2010] könnte durch die gleiche Person am gleichen Terminal unmittelbar hintereinander am gleichen Tag schlicht eine neue Sitzung gestartet werden.[2011] 10 x 10 % ergeben sukzessive ebenfalls 100 %. Das sollte durch technische Maßnahmen nach Möglichkeit ausgeschlossen werden, indem die Bibliotheken verpflichtet sind, ihnen mögliche und zumutbare Vorkehrungen zu treffen, um unbefugte Vervielfältigungen von Werken durch Nutzer der elektronischen Leseplätze zu verhindern.[2012] Weil der konkrete Inhalt sowie die technische Umsetzbarkeit dieser Pflicht fraglich sind, ist es dennoch wohl faktisch möglich, komplette Werke jeglicher Art abzuspeichern. Das schließt digitale Kopien mit ein. Wenn die Bibliothek ihren Nutzern elektronische Leseplätze mit den notwendigen technischen Voraussetzungen zur Verfügung stellt, bietet sie damit die Infrastruktur, sämtliche Werke vollumfänglich digital vervielfältigen zu können. Letztlich sorgt § 60e IV 2 UrhG dafür, dass das faktisch mögliche Verhalten zahlreicher Nutzer kein Bedürfnis hervorruft, die mit der Zahlung korrespondierender Lizenzgebühren einhergehenden Lizenzverträge zu schließen. So sorgt das Missbrauchspotential der Vorschrift für eine Entlastung der Haushalte der Länder. § 60e IV 2 UrhG ist demnach als Synthese der beiden Entwicklungstendenzen zu sehen.

Darüber hinaus zeigt sich die Tendenz des Gesetzgebers, Schrankenbestimmungen anhand von Haushaltsbedürfnissen zu reformieren, an einem weiteren

---

2009 Ebenso kritisch zur technischen Umsetzbarkeit *Upmeier*, ZGE 2018, 301, 307 f.

2010 Davon jedenfalls gehen *Ulmer-Eilfort/Druschel*, in: *Ulmer-Eilfort/Obergfell*, Verlagsrecht, Rn. 831 aus.

2011 *Stieper*, in: *Schricker/Loewenheim*, UrhR, § 60e, Rn. 32.

2012 So der BGH bereits zu § 52b UrhG aF, BGH GRUR 2015, 1101, 1106, Rn. 53 – Elektronische Leseplätze II.

Tatbestandsmerkmal der Terminal-Schranke. Nach § 52b UrhG aF war die Wiedergabe an elektronischen Leseplätzen doppelt an den Bestand physischer Werkexemplare gebunden. Zunächst durfte gemäß § 52b S. 1 UrhG aF die Zugänglichmachung eines Werks nur erfolgen, wenn sich das Werk im Bestand der Bibliothek befand. Diese Beschränkung, welche Art. 5 III lit. n) InfoSoc vorschreibt, findet sich nun gleichfalls in § 60e IV UrhG wieder. Sie ist notwendig, weil die Bibliothek anderenfalls jedes beliebige Werk zugänglich machen könnte, ohne je ein Werkexemplar erworben zu haben. Die Entbehrlichkeit der Anschaffung von Verlagsprodukten würde den Absatzmarkt der Wissenschaftsverlage unzumutbar beeinträchtigen und ihre Ausschließlichkeitsrechte erheblich entwerten.[2013] Daneben wurde gemäß § 52b S. 2 UrhG aF die Anzahl der simultanen Zugriffe durch den Umfang des physischen Werkbestands begrenzt. Es durften nur so viele Exemplare gleichzeitig zugänglich gemacht werden, wie der Bestand der Einrichtung umfasste. Jene quantitative Bestandsbindung ist durch das UrhWissG ersatzlos entfallen. Das ist zuvor teilweise in der Literatur mit Blick auf die Bedürfnisse von Wissenschaft und Bildung nach einer zeitgemäßen Informationsversorgung und -nutzung gefordert worden.[2014] Demgegenüber ist zu berücksichtigen, dass dieser Verzicht auf die Bindung an den Bestand dazu führt, dass der einmalige Erwerb eines analogen Werkexemplars eine quantitativ grenzenlose Verfügbarkeit an elektronischen Nutzungen ermöglicht. Das gilt unabhängig vom Zustand des Werkträgers. So genügt ein bis zur Grenze der Nutzbarkeit lädiertes, aber noch inventarisiertes Exemplar im Bestand, welches die Bibliothek gar als Pflichtexemplar unentgeltlich erworben haben kann,[2015] für eine unbeschränkte zeitgleiche Nutzung an elektronischen Leseplätzen, ohne dass die Bibliothek animiert wäre, weitere Exemplare zu erwerben oder auch nur das alte zur ersetzen. Obgleich die gesteigerte Nutzungsintensität im Rahmen der gesetzlichen Vergütungshöhe Berücksichtigung erfahren muss,[2016] wird die Neuregelung Auswirkung auf das Anschaffungsverhalten der Bibliotheken entfalten. Auf dem Weg entlastet die Aufhebung der bisherigen Bestandsakzessorietät und die damit einhergehende

---

2013 Ebenso *Jani*, in: *Wandtke/Bullinger*, UrhR, § 60e, Rn. 47; *König*, Elektronische Leseplätze, S. 301, die im Verzicht auf diese Voraussetzung weiterhin einen Verstoß gegen Art. 14 GG und den Dreistufentest erkennen.

2014 So *König*, Elektronische Leseplätze, S. 301; *Lutz*, Zugang zu wissenschaftlichen Informationen in der digitalen Welt, S. 158 f.

2015 *Dreier*, in: *Dreier/Schulze*, UrhG, § 60e, Rn. 17; *Jani*, in: *Wandtke/Bullinger*, UrhR, § 60e, Rn. 45; siehe weiterhin die Amtl. Begründung bereits zu § 52b UrhG aF, BT-Drs. 16/1828, S. 26.

2016 Zutreffend BT-Drs. 18/12329, S. 44; *Dreier*, in: *Dreier/Schulze*, UrhG, § 60e, Rn. 17; *Jani*, in: *Wandtke/Bullinger*, UrhR, § 60e, Rn. 48.

Einsparung an Werkexemplaren durch die Aufgabe von Mehr- oder Neuanschaffungen die Haushaltsausgaben der Länder zulasten der berechtigten Interessen der Verlagswirtschaft.[2017]

bb) Die Kritik an der Vergesellschaftung des Individualrechts

In ebenjener Zusammenschau sind Vorschriften wie § 60g II UrhG zu betrachten und zu bewerten. Die fiskalischen Ziele des durch eigene Interessen geleiteten Reformgesetzgebers werden nämlich ebenso an Vertragsvorbehalten im Bildungs- und Wissenschaftsbereich erkennbar. Dem Nutzungsinteresse ist längst durch das Bestehen der Schrankenbestimmungen nachgekommen worden. Auf diese können sich die Institutionen jederzeit berufen. Darüber hinaus können ihre Träger mit den Rechteinhabern vorrangige Vereinbarungen treffen. Das werden sie nur tun, wenn ihnen die Vereinbarung einen Mehrwert gegenüber der gesetzlichen Erlaubnis bietet. Dieser wird zumeist in einem für sie besseren Kosten-Nutzen-Verhältnis liegen. Die Nutzungsprivilegierten erhalten somit ein Wahlrecht, gesetzlich erlaubt nutzen zu dürfen oder das Angebot der Rechteinhaber anzunehmen. Das Angebot selbst hat keine Wirkung. Die Annahme wird im Regelfall nur erfolgen, wenn die Ausgaben in einem besseren Verhältnis zur Nutzungserlaubnis als nach der Gesetzeslage stehen. Somit kann stets die aus staatlicher Sicht günstigere Option gezogen werden.

Die Rechteinhaber mussten sich hingegen entscheiden, ob sie bis zur Einführung einer Verlegerbeteiligung über die Möglichkeit des § 27a I VGG hinaus keine Einnahmen für gesetzlich erlaubte Nutzungen erhalten[2018] oder Lizenzangebote unterbreiten wollen, deren Lizenzhöhe unter der kollektiven Vergütungshöhe liegt, sodass ein Interesse der Nutzungsprivilegierten am Vertragsschluss besteht. In der Nutzungserlaubnis selbst wird ihr Vertragsabschlussinteresse zumeist nicht liegen, weil sie bereits auf die gesetzliche Erlaubnis zurückgreifen können. Auf diesem Weg können die Bildungs- und Forschungsausgaben der Länder weiter gesenkt werden. Während die Länder ihre Kosten durch den Vertragsschluss minimieren, verlieren die Urheber ihre gesetzlichen Vergütungsansprüche. So werden Verleger und Kreative gegeneinander ausgespielt, weil der Vergütungsschuldner entweder nur die vertragliche oder nur die gesetzliche Vergütung schuldet.

Wenn der Gesetzgeber mit der Vertragsvorbehaltseinführung vor allem den Schutz des Primärmarkts der Verleger vor Augen gehabt hätte, hätte er den Vorrang des angemessenen Angebots einführen können. Wenn er das nicht getan hat, um vor allem den Nutzern Schutz vor Rechtsunsicherheit zu gewähren, hätte er an dem Konzept vorrangiger Schrankentatbestände, die dank des Enumerationsprinzips

---

2017 Ebenso bereits die Kritik am ursprünglichen Gesetzesentwurf von § 52b UrhG aF, siehe *Berger*, GRUR 2007, 754, 760; *Peifer*, GRUR 2009, 22, 25; Stellungnahme des BR, BT-Drs. 16/1828, S. 40.

2018 Siehe zum Problem der momentanen Verlegerbeteiligung bereits B II 5., K I 1.

grundsätzlich hinreichend Rechtssicherheit gewähren, festhalten können. So kann er sich dem Vorwurf, fiskalpolitisch geleitet zu sein, nicht entziehen.[2019]

Dass es sich dabei nicht um eine böswillige Unterstellung handelt, sondern die Länder tatsächlich das Urheberrecht unter dem Gesichtspunkt der Kostenreduzierung verändern wollen, machen verschiedene Stellungnahmen ihrerseits deutlich. Über das Urheberwissenschaftsrecht wird seit langem gestritten, sodass sich die Position der Länder deutlich herauskristallisiert hat. Durchgehend haben die Länder dabei die Einführung einer allgemeinen Schrankengeneralklausel gefordert.[2020] Erneut ist darauf hinzuweisen, dass der dynamische Anwendungsbereich einer solchen Vorschrift die Berechnung der angemessenen Vergütung im System der kollektiven Rechtewahrnehmung unzumutbar erschwert oder gar unmöglich macht, weil sich unbestimmte Nutzungshandlungen nicht in Gesamtverträgen und Tarifen festlegen lassen.[2021] Dieses Problem nützt ausschließlich den Haushalten der Länder als Träger der Vergütungsschuldner.

Insbesondere werden die vermögensrechtlichen Kernstücke des Urheberrechts getroffen, wenn die generalklauselartige Erlaubnis einen extensiven Anwendungsbereich ermöglicht. In einem Positionspapier der Kultusministerkonferenz wurde eine Privilegierung ausschließlich öffentlicher Einrichtungen, denen Aufgaben in Bildung, Wissenschaft und Kultur übertragen sind, mit dem Inhalt gefordert, dass jegliche Vervielfältigung, Verbreitung und öffentliche Zugänglichmachung veröffentlichter Werke zulässig seien soll, soweit dies im Rahmen ihrer Aufgabenstellung gerechtfertigt und zur Verfolgung nicht kommerzieller Zwecke geboten sei.[2022] Diese weitreichende Freistellung wurde lediglich dadurch grob konkretisiert, dass zu den genannten zulässigen Zwecken alle Nutzungen im Rahmen von Unterricht und Forschung, Fort- und Weiterbildung, Dokumentation, Bestandssicherung und -erhaltung zählen.[2023] Der Kritik von *Schack* an diesem Vorschlag zur umfangreichen Selbstbegünstigung, dass durch eine solche einseitige Generalklausel das „Urheberrecht für die öffentliche Hand zum Selbstbedienungsladen“[2024] werden würde, ist zuzustimmen. Deswegen ist es sehr erfreulich, dass im UrhWissG letztlich auf die Einführung einer Schrankengeneralklausel verzichtet worden ist.

Die Skepsis gegenüber dem Vorschlag erweitert sich dadurch, dass er die Angemessenheit der gesetzlichen Vergütung für diesen beträchtlichen Nutzungsumfang nach den „wirtschaftlichen Auswirkungen auf die Rechteinhaber“ ausrichten

2019 Davor hatte *Jani*, ZUM 2016, 481, 484 während des Reformprozesses eindringlich, aber ungehört gewarnt.

2020 Vgl. BR-Drs. 643/13, S. 1; BR-Drs. 565/16, S. 4; BR-Drs. 312/17, S. 3.

2021 *Wandtke/König*, ZUM 2014, 921, 924.

2022 *Pflüger*, ZUM 2010, 938, 944.

2023 *Pflüger*, ZUM 2010, 938, 944.

2024 *Schack*, ZUM 2016, 266, 271.

möchte.[2025] Dadurch würde ein neuer Maßstab eingeführt werden, welcher die Vergütungshöhe zahlreicher Nutzungen mangels ausreichender wirtschaftlicher Relevanz weiter herabsetzen würde.

Der Vorschlag wurde mit der These begründet, dass bereits abzustreiten sei, dass die bisherige Rechtslage „überhaupt eine zulasten der Urheber und Rechteinhaber nachteilige Primärmarktrelevanz" habe.[2026] Im Gegenteil könnten sich die Urheber und Rechteinhaber über eine solch weitreichende Nutzungserlaubnis freuen, weil die öffentlichen Einrichtungen für sie „kostenlose Werbeplattformen" seien.[2027] Mit Blick auf die wirtschaftliche Situation und die Interessen des Verlagswesens kann diese Ansicht sicherlich nicht überzeugen. Vielmehr stellt sie die Welt des Urheberrechts auf den Kopf. Nicht die Institutionen sollen sich freuen, dass sie ohne Lizenzvereinbarung mit und Lizenzzahlung an die Rechteinhaber nutzen dürfen, sondern die Rechteinhaber mögen dankbar für die geschenkte Werbemöglichkeit sein. Die Annahme der vergütungsfreien Werbefläche für Werke aller Art zugunsten der Verleger hielt die KMK jahrelang aufrecht und forderte daher fortlaufend eine „Neubewertung der Vergütungspflicht".[2028] Das ist erneut vor dem Hintergrund zu sehen, dass ihr Gesetzesvorschlag ohne jedwede Einschränkung die Vervielfältigung, Verbreitung und öffentliche Zugänglichmachung ganzer Werke im Rahmen des weit gefassten zulässigen Zwecks erlauben sollte. Erneut ist *Schack* darin zuzustimmen, dass es das Ziel einer Reform des Rechts der Schranken nicht sein könne, „die öffentliche Hand auf Kosten der Verleger bei der billigen Versorgung mit Unterrichtsmedien zu begünstigen."[2029]

Als die Reform des Urheberwissenschaftsrechts in die finale Phase ging, lag die letzte Möglichkeit der Einflussnahme für die Länder in der Stellungnahme des Bundesrats zum Gesetzesentwurf. Hier trugen sie ihre fiskalischen Interessen offen vor. Sie baten um Prüfung, ob zugunsten „der Bildungseinrichtungen weitergehende Ausnahmen von der Vergütungspflicht statuiert werden können. Insofern wird die in § 60g UrhG-E vorgesehene Vergütungspflicht hinterfragt. Die Regelung hält zwar hinsichtlich der Vervielfältigungen im Wesentlichen an den bisherigen Vorgaben fest, wonach eine Vergütungspflicht nach den §§ 54–54c UrhG besteht."[2030] Die Vergütungspflicht für Vervielfältigungshandlungen, die nach § 60h V 2 UrhG nicht von den Institutionen zu leisten ist, erschien dem BR mithin akzeptabel. Zur Vergütungspflicht für die übrigen Nutzungshandlungen, die sich nach § 60h V 1 UrhG gegen die Institutionen richtet, führte er weiterhin aus: „Allerdings wird die Vergütungspflicht für übrige Nutzungen erweitert (...).

2025 *Pflüger*, ZUM 2010, 938, 944.
2026 *Pflüger*, ZUM 2010, 938, 944.
2027 *Pflüger*, ZUM 2010, 938, 944.
2028 *Pflüger*, ZUM 2016, 484, 488.
2029 *Schack*, ZUM 2016, 266, 282.
2030 BR-Drs. 312/17, S. 4.

Dies dürfte zu einer massiven Steigerung der Haushaltsausgaben in den Landeshaushalten führen. In diesem Zusammenhang wird ebenfalls kritisch gesehen, dass der Gesetzesentwurf eine Vergütungspflicht auch dort vorsieht, wo das Unionsrecht eine Vergütung nicht zwingend verlangt."[2031] Damit löst sich der BR unter Berufung auf fiskalische Ziele vom verfassungsrechtlichen Grundsatz, dass die berechtigten Verwertungsinteressen am Individualeigentum eine urheberrechtliche Vergütungspflicht erfordern. Für den BR scheint eine Vergütungszahlung nur dann notwendig zu sein, wenn das Unionsrecht sie vorschreibt.

Obwohl sich der Vorschlag nicht durchsetzen konnte, wird der jahrelange Druck, der durch die wiederholten Forderungen der Länder aufgebaut worden ist, Einfluss auf die Einführung von § 60g II UrhG gehabt haben. Die Vorschrift schreibt die Geschichte des Vertragsvorbehalts im Urheberrecht fort. Diese bedauerliche Fortsetzung droht zu einer Etablierung zu führen, die Argument für weitere dahingehende Reformen werden könnte. Wie gezeigt nützt das im Wissenschafts- und Bildungsbereich den Landeshaushalten. Die Leidtragenden sind die Urheber, die ihre gesetzlichen Vergütungsansprüche verlieren. Damit büßen Urheber wissenschaftlicher Werke regelmäßig ihre einzige Einnahmequelle aus der Verwertung ihres Werks ein.

Zusammenfassend zeigt das Urheberrecht damit zwei Entwicklungstendenzen auf, die beide ihren Niederschlag im Vertragsvorbehalt im Bildungs- und Wissenschaftsbereich gefunden haben. Erstens soll im Interesse der Allgemeinheit immer umfangreich genutzt werden können, wohingegen der Staat das dafür fällige Nutzungsentgelt immer geringer halten möchte. Zweitens kommen die weiterhin gezahlten, obgleich reduzierten Vergütungssummern vermehrt nicht mehr den Kreativen zugute, sondern sollen die wirtschaftlichen Interessen der Verwerter, insbesondere der Verleger, befriedigen, nach deren Bedürfnissen das UrhG fortlaufend ausgestaltet wird.

Was wir hier erleben ist die Abnutzung des Werts und der Wertschätzung, ein Bedeutungsverlust des Individualeigentums im Interesse Dritter, mithin eine Vergesellschaftung des Urheberrechts. Das Urheberrecht trennt sich ab von seinen eigenen Wurzeln. Vorliegende Untersuchung hat mit einer Reise zurück in die Zeit der Aufklärung, der naturrechtlichen Philosophie begonnen und endet dahingegen mit dem UrhWissG bei vermehrten Nutzungserlaubnissen des Staats und seiner Einrichtungen ohne dementsprechend angemessener Vergütung der Urheber sowie dem Schutz der Geschäftsmodelle des Verlagswesens. Der Wandel vom geistigen Individualeigentum als monistisches Schutzrecht der Kreativen zum Vertragsvorbehalt im Wissenschafts- und Bildungsbereich stellt einen epochalen Bruch dar, durch den sich das Urheberrecht nicht nur in seinem dogmatischen Verständnis, in seiner Systematik, sondern vielmehr in seinen Grundannahmen gravierend verändert hat. Kann das Rechtsgebiet seine Akzeptanz und Rechtfertigung

2031 BR-Drs. 312/17, S. 4.

zurück gewinnen, wenn davon auszugehen ist, dass sich die Veränderungstendenzen mit dem Ausbau der technologisierten Wissensgesellschaft fortsetzen? Noch ist der Kampf um die Schutzrechte der Kreativen nicht verloren, doch die Veränderungen nagen an ihrer Überzeugungskraft. In unser Bewusstsein dringt jeden Tag das neue, wesensveränderte Urheberrecht ein. Diesem gilt es entgegenzutreten.

In einem Beitrag für die Berliner Tageszeitung *Der Tagesspiegel* bezeichnete *Monika Grütters*, Staatsministerin für Kultur und Medien, Creative Commons-Lizenzen als „eine Art Gemeinschaftseigentum für Kultureinrichtungen."[2032] Entspricht es einem Versehen oder beruht es schlicht auf Unwissenheit, wenn Frau *Grütters* die Einräumung einfacher Nutzungsrechte, möge sie auch unentgeltlich erfolgen, mit dem Erwerb von Gemeinschaftseigentum durch die Einrichtungen gleichsetzt? Im geschriebenen Wort einer erfahrenen Kulturpolitikerin, Bundestagsabgeordnete seit 2005, dessen Ausschuss für Kultur und Medien sie 2009–2013 vorsaß, bis sie 2013 bis heute Staatsministerin und Beauftragte der Bundesregierung für Kultur und Medien wurde, und Honorarprofessorin zweier Hochschulen,[2033] kann nicht davon ausgegangen werden. Im Gegenteil scheint die Wortwahl vielmehr Ausdruck einer Geisteshaltung zu sein, die die Annahme, dass die Politik an einer Vergesellschaftung des Urheberrechts arbeitet, stützt. Plötzlich erscheint der gezogene Vergleich zum Urheberrecht der DDR und dessen grundsätzlicher Wertentscheidung[2034] in einem gänzlich anderen Licht.

c) Privatisierung des Urheberrechtsgesetzes als dritte strukturelle Veränderungstendenz

Im Eingang der Stellungnahme ist einerseits der Nachweis dafür geführt worden, dass die ökonomische Situation der Verleger ausreichenden rechtlichen Schutzes bedarf, um die Bandbreite der kulturellen Vielfalt im gesamtgesellschaftlichen Interesse zu wahren, und andererseits dafür, dass die zum Zeitpunkt der Einführung des UrhWissG bestehende Rechtslage die Verlegerbeteiligung unzufriedenstellend bis unzureichend regelte. Es bedarf sonach rechtlicher Lösungen für dieses Problem. Im Folgenden soll hinterfragt werden, ob Vertragsvorbehalte in Schrankenregelungen ein überzeugender Baustein im Lösungskonzept sein können, wenn man in einer weitsichtigen Gesamtschau die Mannigfaltigkeit der Begehren und Bedürfnisse verschiedener Interessensgruppen in seine Betrachtungs- und Bewertungsweise einbezieht.

2032 *Grütters*, Vermittlung, Vernetzung, Verständigung.

2033 *Staatsministerin für Kultur und Medien*, Lebenslauf.

2034 Siehe H I 1.

aa) Die Kritik an der Gesetzesprivatisierung

Zweifellos ist das Urheberrecht als „Magna Charta der Informationsgesellschaft“[2035] nicht nur für alle Gesellschaftsmitglieder als tagtägliche Nutzer von eminenter Gewichtigkeit, sondern zugleich das Fundament, auf dem die Existenz der Kulturindustrie mit ihren Geschäftsmodellen basiert. Die damit einhergehende ökonomische Stoßrichtung des Urheberrechts gewinnt kontinuierlichen an Bedeutung. Der ökonomische Bedeutungsanstieg geht aus der Technologisierung hervor, die die Lebenswirklichkeit unserer Gesellschaft überformt.[2036] Während in der Warengesellschaft jahrhundertelang die Produktion von Gütern im Zentrum der Bedeutung stand, sind es heutzutage vermehrt immaterielle Werte wie Informationen und Daten, die das Geschehen beherrschen. Innerhalb dieser Prozesse spielt die geistige Produktion eine stetig wachsende Rolle. Denn mit der Entstehung des virtuellen Markts ist die massenhafte Reproduktion sowie die Vielfalt an Werkarten und ihren Verwertungsmöglichkeiten in ein bisher unbekanntes Maß angestiegen. Aufgrund dessen entstehen neue Kulturindustriezweige, die berechtigterweise Einnahmen generieren wollen. Das Urheberrecht ist somit in die wirtschaftlichen Zusammenhänge untrennbar eingeflochten. Das bringt den Konflikt mit sich, dass sich einerseits die tatsächlichen Produktions-, Kommunikations- und Informationsprozesse in der Postmoderne gravierend verändert haben, während andererseits der Rechtsrahmen in Form des UrhG aus einer vergangenen, analogen Epoche stammt, in der nicht Wissen und Informationen, sondern die materiellen Träger im Vordergrund standen. Fortlaufend muss sich das Urheberrecht daher der Frage unterwerfen, ob seine Rechtsfiguren den aktuellen Herausforderungen weiterhin gerecht werden oder neue überdacht werden müssen. Anpassungen und Veränderungen sind dabei unumgänglich.

Infolge seiner Relevanz obliegt es dem Urheberrecht, Lösungen für die wirtschaftlichen Interessen der Verleger zu finden. Doch wird deswegen aus dem Urheberrecht als Kulturrecht ein Kulturindustrierecht,[2037] das mit der Implementierung von Vertragsvorbehalten einen weiteren Entwicklungsschritt dahin gehen sollte, dem Verlangen der Verwerter Vorrang vor den Interessen der Urheber einzuräumen? Das vermag nicht zu überzeugen. Denn einerseits ist es unstrittig, dass das Urheberrecht eine ökonomische Ausrichtung innehat, in ein Wirtschaftssystem integriert ist und deshalb ökonomische Antworten für die angemessenen Bedürfnisse des Verlagswesens finden muss. Mit der Entwicklung des zweiten Marktes wächst die Bedeutung des Urheberrechts innerhalb dieses Wirtschaftssystems

---

2035 *Hoeren*, MMR 2000, 3, 3; zustimmend *Wandtke*, GRUR 2002, 1, 2.

2036 Ausführlich dazu *Wandtke*, GRUR 2002, 1, 2 ff.

2037 So jedenfalls *Bechtold*, GRUR Int. 2008, 484, 484; *Dreier*, in: *Schricker*, Urheberrecht auf dem Weg zur Informationsgesellschaft, S. 141 f.; *Hilty*, ZUM 2003, 983, 984 f., 986; *Hoeren*, MMR 2000, 3, 3; a.A. *Dornis*, GRUR 2019, 1252, 1260; *Wandtke*, GRUR 2002, 1, 11.

gar täglich. Demgegenüber rechtfertigt das nicht eine so weit gehende Akzentverschiebung, wie sie mit den Vertragsvorbehalten einhergeht. Andererseits kann nämlich ein Wirtschaftsrecht nicht derart pauschal plakatiert werden. Vielmehr muss sich dessen konkreter Inhalt vor Augen geführt werden. Es finanziert und fördert sicherlich gewisse Personengruppen. Das ist aber weniger als ein Wirtschaftsrecht. Die ökonomischen Auswirkungen und Zielstellungen beeinflussen nicht die Rechtszweige innerhalb dieses System, an dessen Ausgangspunkt ungeachtet eines vielschichtigen Ansatzes des Urheberrechts nach wie vor der Individualschutz des Urhebers als Zentralgestalt des Rechtsgebiets steht. Die Quellen und Grundannahmen eines Wirtschaftsrechts unterscheiden sich grundlegend von denen des monistischen Urheberrechts als persönlichkeitsrechtlich durchflossenes Kreativenschutzrecht, wie es an zahlreichen Ansätzen des Urheberrechtsgesetzes deutlich wird. Die Funktionsneudefinierung des Urheberrechts als vordergründiges Schutzrecht des Markts der Verwerter, welche die Einführung von Vertragsvorbehalten fördert, maximiert die Diskrepanz zu ebendiesen grundlegenden Urheberrechtsansätzen. Infolgedessen stehen Vertragsvorbehalte nicht nur in offener Inkonsistenz zur Dogmatik und Rechtsnatur der übrigen Schrankenbestimmungen ohne Vorbehalt, die vorrangig und urheberrechtlich unabdingbar sind,[2038] sondern ebenso im Konflikt mit dem ursprünglichen Inhalt und der primären Funktionsbestimmung des Rechtsgebiets (§ 11 UrhG). Das soll nicht die Vielschichtigkeit der durch das Urheberrecht berührten Interessen, denen das Rechtsgebiet gleichfalls nachkommen muss, verleugnen. Jedoch ist das Ausmaß der aufgezeigten verwerterorientierten Veränderungstendenzen nicht mehr mit den historischen[2039] und philosophischen[2040] Grundlagen des Urheberrechts vereinbar. Längst hat die Wissenschaft aufgezeigt, wie dadurch die gegenwärtige Legitimationskrise des Urheberrechts protegiert wird.[2041] Das fördert den Autoritäts- und Akzeptanzverlust des Urheberrechts in breiten Gesellschaftskreisen.

Die historische und philosophische Entwicklung des Urheberrechts zeigt, dass zwar stets Verwerter- und Allgemeininteressen mitberücksichtigt worden sind, wohingegen es letztendlich dennoch ein personenbezogenes Recht ist, was sich aus den individualistischen Gedanken der Aufklärung speist. Diese Ziel- und Schutzzweckrichtung, die zugleich aus verfassungsrechtlichen Grundannahmen resultiert, ist bei der Verteilung der Einnahmen zu berücksichtigen. Die personalistische Rechtfertigung des Urheberrechts ist infolgedessen kein abstraktes Instrumentarium um seiner altmodischen selbst willen zur romantisierten Aufrechterhaltung eines überkommenen Bilds von einer individuellen Schöpferpersönlichkeit in der technologisierten Welt, sondern zielt als zentrales Argumentationskriterium auf

2038 Siehe zu diesem Ergebnis bereits E III, IV 3.

2039 Siehe dazu B I.

2040 Siehe dazu B IV.

2041 Vgl. beispielsweise die Ergebnisse von *Hansen*, Warum Urheberrecht?, S. 440 f.

praktische Auswirkungen aufgrund materiell-rechtlicher Konsequenzen in der Ausgestaltung des Gesetzes ab. Hierbei geht es letztendlich um ganz konkrete Verteilungsfragen. Wer soll für die Nutzung von urheberrechtlich geschützten Werken wieviel zahlen und wer wird daran in welchem Umfang beteiligt? Die Debatte darf allerdings nie den Urheber als Zentralfigur des Urheberrechts vergessen.

Indessen passiert genau das durch die Einführung von Vertragsvorbehalten. Der Nutzen des Rechts des Urhebers wird wie gezeigt Dritten zugeordnet und damit zugunsten der Interessen anderer vergesellschaftet, während das Urheberrechtsgesetz selbst privatisiert wird. Das entspricht einer weiteren Entwicklungstendenz, die seit längerem zu beobachten ist.[2042] Diese trifft letztlich den Kern des Vertragsvorbehalts.[2043] In Vertragsvorbehalten kann sogar eine Übersteigerung der Gesetzesprivatisierung erkannt werden, indem sie Bestand und Inhalt der gesetzlichen Nutzungserlaubnisse und Vergütungsansprüche lediglich in den Grenzen des höherrangigen Rechts[2044] dem freien Willen der Parteien unterwerfen. Der Vertrag tritt an die Stelle des Gesetzes und das wie im Fall von § 60g II UrhG gar in einem Ausmaß, das keinerlei Anforderung an den Inhalt der Vereinbarung vorsieht, außer dass die Vereinbarung ausschließlich die abbedungene Nutzungserlaubnis zum Gegenstand haben muss. Das nützt den Vertragsparteien, damit zumeist den Verwertern und Nutzern, wohingegen der im Regelfall am Vertragsschluss nicht beteiligte Urheber nicht profitiert. Der Gesetzgeber löst sich von seiner originären Aufgabe und legt die Bestimmung von Umfang und Grenzen des urheberrechtlichen Schutzes in die Vertragsgestaltungsfreiheit privater Dritter.

Im konkreten Fall des § 60g II UrhG ist bezüglich seiner tatbestandlichen Ausgestaltung zumindest positiv anzuerkennen, dass die Norm wie soeben genannt immerhin eine einzige Voraussetzung an die Vereinbarung setzt, nämlich dass diese ausschließlich die eingeschränkte Nutzungserlaubnis zum Gegenstand haben muss. Das vermeidet, dass der Wissenschaftsverlag die schwächere Verhandlungsposition der Bibliotheken ausnutzen kann, indem er in die AGB seiner Abonnementverträge Ausschlussklauseln aufnimmt. Wenn man darüber hinaus zukünftig Vereinbarungen über gesetzlich erlaubte Nutzungen durch Allgemeine Geschäftsbedingungen für zulässig erachten würde,[2045] würde das den Rechteinhabern ermöglichen, sich einen maßgeschneiderten Rechtsschutz zu kreieren, in dem der Schutzumfang und die Rechtsfolge der gesetzlichen Nutzungserlaubnis

2042 Vgl. *Weber*, in: *Hilty/Berger*, Urheberrecht am Scheideweg?, S. 69, 72 ff.

2043 So bereits *Gräbig*, Abdingbarkeit urheberrechtlicher Schranken, S. 21; *ders.*, GRUR 2012, 331, 331.

2044 Siehe dazu J II.

2045 Diese Frage übertrifft den Forschungsgegenstand vorliegender Untersuchung. Siehe zu dieser Problematik jedoch *Gräbig*, Abdingbarkeit urheberrechtlicher Schranken, S. 149 ff.; *Stieper*, Rechtfertigung der Schranken, S. 329 ff.; *Zech*, in: *Leible*, Wissen-Märkte-Geistiges Eigentum, S. 187, 197 f.; *Zurth*, Nutzungsrechte, S. 261 ff.

abweichend vom Urheberrechtsgesetz und seiner normativen Wertentscheidung bestimmt werden.[2046] Im Internet ist es unkompliziert möglich, den Werkzugang mit der Zustimmung zu demgemäßen AGB zu kombinieren, wodurch ein quasi-absolutes Recht außerhalb des Urheberrechtsgesetzes geschaffen werden würde.[2047]

bb) Auswirkungen der Gesetzesprivatisierung

(i) Bedenken in Bezug auf die Rechtssicherheit

Die so weit reichende Privatisierung bringt schwerwiegende Folgen mit sich. Die erste davon ist, dass Qualitäten, die der Ausgestaltung des Urheberrechtsgesetzes in der Vergangenheit beigewohnt haben, durch die vertragliche Gestaltungsfreiheit aufgehoben werden. Das ist daher besonders bedauerlich, weil es sich dabei im Grundsatz um Eigenschaften handelt, deren Aufrechterhaltung und Verbesserung beim UrhWissG als lobenswert herausgestellt worden sind.

Um diesen Gedanken zu erläutern, ist daran zu erinnern, dass bedeutende Probleme der vorigen Rechtslage durch eine unübersichtliche Regelungssystematik und mangelnde Bestimmtheit der Normen hervorgerufen worden waren. Mithin war die Rechtssicherheit als unzureichend empfunden worden.[2048] Darauf hat der Reformgesetzgeber mit einer verbesserten Binnenstruktur reagiert, indem die Schrankenvorschriften gebündelt und neu geordnet worden sind.[2049] Flankiert wurde diese Maßnahme mit einer Neugestaltung zahlreicher Schrankentatbestände. Ziel war es, sie technologieneutral, möglichst konkret, unter weitgehenden Verzicht auf Formvorschriften und unbestimmte Rechtsbegriffe neu zu formulieren.[2050] Das gesamte Vorhaben war auf eine Erhöhung der Rechtssicherheit bei gesetzlich erlaubten Nutzungen gerichtet. Aufgrund dieser Zweckbestimmung wurde entgegen zahlreichen Forderungen am Enumerationsprinzip als Regelungstechnik festgehalten und die Einführung einer allgemeinen Wissenschaftsschranke abgelehnt.[2051] Das ist äußerst erfreulich, denn die konkreten und abschließenden Tatbestände, die sich aus der Enumeration ergeben, sind die bestmöglich geeignete Technik, um im Nutzerinteresse Rechtssicherheit zu vermitteln und im Interesse der Rechteinhaber zu weit reichende Erlaubnistatbestände zu vermeiden. All diese Maßnahmen sind sonach positiv hervorzuheben. Durch punktuelle Verbesserungen der Privilegierungsvorschriften unter Beibehaltung der bewährten

---

2046 Die Angst davor leitet ebenfalls *König*, Elektronische Leseplätze, S. 298.

2047 *Gräbig*, Abdingbarkeit urheberrechtlicher Schranken, S. 21; *ders.*, GRUR 2012, 331, 331.

2048 Siehe zu diesem Reformbedürfnis bereits G I 2.

2049 Siehe dazu bereits G IV 1.

2050 Siehe dazu bereits G IV 2.

2051 Siehe dazu bereits G IV 1.

Regelungstechnik hat der Gesetzgeber die Rechtssicherheit der Nutzung anwenderfreundlich gesteigert und den Umfang der gesetzlichen Erlaubnis bedürfnisgerecht modernisiert.

Die Problematik dahinter ist, dass der Gesetzgeber dem UrhWissG all diese Vorteile vordergründig zukommen lässt, wohingegen er sie durch die Einführung von Vertragsvorbehalten zugleich erheblich gefährdet. Die amtliche Begründung des UrhWissG weist an unzähligen Stellen den grundlegenden Wunsch nach Rechtsklarheit und -sicherheit sowie nach Konkretisierung aus, vor dessen Hintergrund die gewählte Regelungstechnik und einige Strukturmerkmale wie die Quotenbestimmungen allein zu verstehen sind.[2052] Dahingegen wird ebendiese Rechtssicherheit in einer liberalen Geisteshaltung der privaten Gestaltungsfreiheit der Vertragsparteien geopfert. Hier widerspricht sich der Gesetzgeber selbst. Das ist besonders vor dem Hintergrund unverständlich, wenn man sich daran erinnert, dass im Zentrum der Kritik an der vorigen Rechtslage schwerpunktmäßig §§ 52a, 52b, 53a UrhG aF, also diejenigen Vorschriften mit Vorbehaltsregelungen, standen. Würden sich Vorbehaltsbestimmungen nachhaltig stimulierend auf das Verhalten der Rechteinhaber und Einrichtungen auswirken, wäre die Anzahl der elektronischen Leseplätze fortlaufend ansteigend. Eine solche Entwicklung stellt sich indes nicht ein. Die Zulässigkeit vorrangiger Verträge wirkt sich im Gegenteil negativ aus, denn sie erschüttert das Vertrauen in Bestand und Verlässlichkeit abschließender Tatbestände des Gesetzes. Der Blick ins Gesetz ermöglicht nicht mehr das Erkennen des erlaubten Nutzungsumfangs. Insbesondere das Enumerationsprinzip ist als eine oben angesprochene Errungenschaft des historischen Gesetzgebers anzusehen, deren Strahlkraft durch Gesetzesvorbehalte gefährdet wird. Eigenschaften wie die dadurch vermittelte Rechtssicherheit, die dem Urheberrecht im sensiblen Schrankenbereich stets besonders wichtig waren, werden durch die Privatisierung des Urheberrechtsgesetzes vergessen. Das kann nicht durch den Vorteil konkretisierender Vereinbarungen ausgeglichen werden.

(ii) Bedenken in Bezug auf die Grundrechtsrelevanz und den Telos der Schranken

Die zweite negative Folge ist, dass die Privatisierung des Rechts der Schranken der Grundrechtsrelevanz dieses Normenkomplexes[2053] nicht gerecht zu werden vermag. Grundsätzlich müssen Schranken die vielfältigen Grundrechtsvorgaben angemessen in einen praktischen Ausgleich bringen. Doch wie soll das gelingen, wenn die Erlaubnis unter einen Vorbehalt gestellt wird? Vertragsvorbehalte schaffen es nicht, die Aufgabe des Rechts zu erfüllen, Anreize richtig zu setzen. Wenn die Vorschrift einen allen Bedürfnissen gerecht werdenden Ausgleich darstellt, läuft der Vorbehalt praktisch leer, weil kein Interesse am und keine Notwendigkeit für einen

---

2052 BT-Drs. 18/12329, S. 2 f., 19 ff.

2053 Siehe zur umfangreichen grundrechtlichen Abwägung C I, II.

Vertragsschluss bestehen. Vertragliche Verbesserungen werden von beiden Parteien nur angestrebt, wenn die Gesetzeslage beidseitig ausreichenden Schwächen unterliegt. Nur in dem Fall wird vom Vorbehalt Gebrauch gemacht werden. Unter der Annahme wird jedoch der praktischen Konkordanz bei der Gesetzesausgestaltung nicht Genüge getan. Schranken sollen die betroffenen Grundrechte selbst angemessen ausgleichen. Es entspricht der ureigenen Verantwortung des Gesetzgebers, im grundrechtsrelevanten Bereich Grenzen des sozialgebundenen Urheberrechts selbst festzulegen.[2054] Dieser originären Aufgabe entzieht er sich, indem er Bestand und Reichweite der Schranken dem Willen der Parteien unterwirft.

In Verantwortung vor dem Nutzer und seinen grundrechtlich geschützten Belangen sollten gewisse Nutzungen unabhängig vom Parteiwillen infolge umfassender parlamentarischer Beratung und Würdigung mittels einer normativen Wertentscheidung gesetzlich erlaubt werden. Die langsame, allerdings qualitativ hochwertige, vielschichtige, umsichtige und umfassende Debatte über Schrankenregelungen in der Öffentlichkeit, in den Medien und im Parlament ersetzen Vertragsvorbehalte durch die Vertragsverhandlungen Privater. Das wird den Anforderungen an die praktische Konkordanz nicht gleichwertig zu unabdingbaren Schranken gerecht. Die Nutzer der Einrichtungen sind abhängig von einer Vertragsgestaltung, die sie nicht beeinfluss können. Demzufolge stehen Vertragsvorbehalte im offenen Widerspruch zur Dogmatik und Systematik des Urheberrechts, wenn sie nicht sogar als Pervertierung des Telos der Schrankenbestimmungen angesehen werden können. Sinn und Zweck einer jedweden Schrankenerlaubnis ist es, die Dispositionsbefugnis des Rechteinhabers zu begrenzen, um Nutzungen zu erlauben. Das ist wiederum notwendig, um den überwiegenden Interessen der Allgemeinheit oder Einzelner gerecht werden zu können. Vertragsvorbehalte stören den hinter der Schranke stehenden Interessenausgleich dahingehend, dass die Aufrechterhaltung der Freistellung der Nutzungshandlung vom Verbotsrecht des Rechteinhabers vom Willen der Vertragsparteien abhängt. Derjenige, dessen Recht im Interesse Dritter eingeschränkt werden soll, entscheidet mit über das Ausmaß und den Bestand der Freistellung. Dahingegen ist es gerade Sinn und Zweck einer jeglichen Schranke, dass die Nutzung gesetzlich und damit unabhängig vom Willen des Rechteinhabers erlaubt ist.[2055] In den Fällen, in denen den Rechteinhabern ausreichend Verhandlungsmacht zukommt, können sie den vertraglichen Vorrang faktisch gesehen sogar einseitig durchsetzen. Es sei daran erinnert, dass dem Gesetzgeber aufgrund der Erfahrungen mit technischen Schutzmaßnahmen bereits während des Reformprozesses bekannt war, dass die Rechteinhaber vielfach ihre Macht dazu nutzen, Nutzungen auf gesetzlicher Grundlage zu verhindern.[2056] So wird das Recht der Schranken mit Wissen des Reformgesetzgebers in sein Gegenteil verkehrt.

2054 Ebenso *Schack*, ZUM 2016, 266, 271.

2055 Ebenso kritisch deswegen *König*, Elektronische Leseplätze, S. 299 f.

2056 Siehe dazu bereits G III 3.

Selbst wenn der Gesetzgeber zur Wahrung der Rechte und Bedürfnisse der Nutzer tatbestandliche Grenzen für den zulässigen Inhalt der vorrangigen Vereinbarung festsetzen würde, würde er seiner Verantwortung zur eigenständigen Vornahme des ausgewogenen Interessenausgleichs nicht gleichermaßen wie durch starre Privilegierungstatbestände gerecht werden. Die gesetzgeberischen Einschränkungen würden durch unbestimmte Rechtsbegriffe wie das Tatbestandsmerkmal der Angemessenheit oder die Voraussetzung, dass die Vereinbarung nicht zum Nachteil des Schrankenprivilegierten von der gesetzlichen Nutzungserlaubnis abweichen dürfe, erfolgen. Vergleichbar zur Anwendung einer Generalklausel wie der Fair Use-Schranke würde die Vornahme des Interessenausgleichs so aus der Hand des Gesetzgebers genommen und im Rahmen der streitgegenständlichen Vertragsauslegung in die Macht und Verantwortung der Gerichte gelegt werden. Das widerspricht erneut dem Ziel der Rechtssicherheit, wie es konkrete Einzeltatbestände anstreben. Hier wird die Verbindung zwischen Regelungssystematik und Grundrechtsrelevanz deutlich. Fortlaufend reformierte, an den Bedürfnissen der Zeit ausgerichtete, enumerative Schranken sind die überzeugendste Regelungsmöglichkeit, rechtssicher und verhältnismäßig aufgrund umfassenden Diskurses im Zuge des parlamentarischen Gesetzgebungsverfahrens den Umfang der gesetzlichen Nutzungserlaubnisse festzulegen. Das Enumerationsprinzip lässt sich indes nicht mit Vorbehaltsbestimmungen vereinbaren.

Ein wesentliches Augenmerk ist auf die Nutzer zu legen, die veränderte Bedürfnisse nach einem freien Zugang zu Informationen in der digitalen Welt haben. Insbesondere gilt das für den Bereich der Bildung, Wissenschaft und Forschung. Doch nicht nur aus Sicht der Nutzergrundrechte ist den Vertragsvorbehalten mit Skepsis zu begegnen. Ebenfalls muss das Grundrecht der Urheber auf Eigentum gewahrt werden. Den Urhebern sind die vermögenswerten Ergebnisse ihrer schöpferischen Leistung grundsätzlich zuzuordnen und ihre Freiheit zu gewährleisten, in eigener Verantwortung darüber verfügen zu können.[2057] Schranken stehen aus ihrem Wesen heraus grundsätzlich in einem Spannungsfeld zu diesem Freiheitsrecht. Zur Wahrung der Verhältnismäßigkeit sind den Urhebern deswegen in der Regel Vergütungsansprüche zuzuordnen.[2058] Aus den strengen Verfassungsvorgaben folgt, dass den Urhebern nicht allein aufgrund eines fiskalischen Interesses der öffentlichen Hand ein Verzicht auf Vergütungsansprüche angesonnen werden darf.[2059] Vertragsvorbehalte dienen mitunter, indes nicht ausschließlich einem fiskalischen Interesse. Jedenfalls führen sie zum Verlust der gesetzlichen Vergütungsansprüche der Urheber, obgleich diese im Wissenschaftsbereich regelmäßig ihre

2057 BVerfG NJW 1992, 1307, 1308 – Vollzugsanstalten.

2058 Vgl. zu § 46 UrhG aF BVerfGE 31, 229, 244 f. – Kirchen- und Schulgebrauch; zu § 52 I Nr. 2 Hs. 2 UrhG aF BVerfGE 49, 382, 399 f. – Kirchenmusik.

2059 *Kreile*, in: *Badura/Scholz*, FS Lerche, S. 251, 263 f., 265 f.; *Krüger-Nieland*, in: *Jagenburg/Maier-Reimer/Verhoeven*, FS Oppenhoff, S. 273, 181, 191.

einzige Einnahme aus der Verwertung ihrer Werke sind. Die Kompensation dieses Umstands über vertragliche Beziehungen zu ihren Verlegern verkompliziert die Zahlung einer angemessenen Vergütung bis an die Grenze der Unverhältnismäßigkeit. Statt sicher und zuverlässig an den Ausschüttungen aus der kollektiven Rechtewahrnehmung beteiligt zu werden, werden die Urheber auf das Urhebervertragsrecht verwiesen.

Das ist umso unverständlicher, wenn man die Gesetzesbegründung und die mit dem Gesetz verbundenen Ziele erneut in Augenschein nimmt. Vergleichbar zur Rechtssicherheit durch konkretisierte, neu gebündelte und strukturierte, abschließende Einzeltatbestände weist das UrhWissG in unaufrichtiger Weise scheinbar ein weiteres Festhalten an bewährten Elementen auf. Die Gesetzesbegründung propagiert, der Urheber erhalte zum Ausgleich für Nutzungen im Bereich der gesetzlichen Schranken „grundsätzlich eine angemessene Vergütung, und zwar auch dort, wo das Unionsrecht eine Vergütung nicht zwingend verlangt."[2060] Zum Wohl der Urheber wird hier vermeintlich großzügig, über das zwingende Unionsrecht hinaus das bewährte System der den Urhebern zwingend zugeordneten, gesetzlichen Vergütungsansprüche scheinbar aufrechterhalten, um es auf den zweiten Blick, ohne dass § 60g II UrhG das offensichtlich ausspricht, zugleich durch die Vertragsvorbehalte aufzuheben, deren vorrangige Vergütungsabreden die gesetzlichen Ansprüche entfallen lassen. Wiederholt zeigt sich, dass unterstützenswerte Ziele des Reformgesetzgebers geopfert werden müssen, weil sie im Widerspruch zur Wirkung der Vertragsvorbehalte stehen. Deren Vorteile vermögen es nicht, diesen nachhaltigen Verlust zu kompensieren.

(iii) Bedenken in Bezug auf die Selbstregulation des Markts

Die aufgezeigten schwerwiegenden Folgen der Privatisierung werden in Kauf genommen, weil der Reformgesetzgeber immer weitreichender auf die regulierende Macht des Markts vertraut, weshalb Vereinbarungen der langsamen Abwägung im parlamentarischen Gesetzgebungsprozess qualitativ durch Handlungsschnelligkeit, Technologieoffenheit, Dynamik, Veränderungsbereitschaft, Flexibilität, Sachkunde, Einzelfall- und Marktgerechtigkeit überlegen sein sollen. Hier wird ein grundlegender Wandel im Verständnis der Schranken offenbar. Vollkommen zutreffend erkennen *Dreier/Leistner* im Vorrang des Vertrags „eine neoliberale Grundeinstellung, die dem selbstregulierenden Markt grundsätzlich Vorrang vor den als paternalistisch verstandenen staatlichen normativen Wertentscheidungen einräumt"[2061], die in den verbindlichen Schranken zum Ausdruck kommen.

In der Tat können Märkte grundsätzlich eine regulierende Kraft entfalten, die die in der Theorie aufgezeigten ökonomischen Vorteile infolge marktkonformer

2060 BT-Drs. 18/12329, S. 22.

2061 *Dreier/Leistner*, GRUR 2013, 881, 891.

Lösungen aufgrund von Vertragsvorbehalten[2062] Realität werden lassen kann. Demgegenüber ist es eine Utopie, dass die rechtliche Stärkung der Bedeutung von Eigentum, Ökonomie, Wettbewerb, Exklusivität und Verfügungsfreiheit uneingeschränkt zu positiven Effekten aufgrund der unsichtbaren selbstregulatorischen Kräfte eines jeden freien Markts führt. Die privatautonome Einigung zwischen den Parteien ist der hoheitlichen Regelung des Interessenkonflikts nicht grundsätzlich überlegen.[2063]

Einerseits trifft das auf Sachverhalte wie im Bereich der Nutzungserlaubnisse zugunsten von Bildung, Forschung und Wissenschaft nicht zu, die von einer komplexen Vielschichtigkeit der betroffenen Belange, Bedürfnisse und Grundrechte mehrerer Interessensgruppen geprägt sind. Das Streben nach Durchsetzung eigener Zielvorstellungen in zweiseitigen Vertragsverhandlungen kann in diesem Fall der Umweltsensibilität des Urheberrechts nicht gerecht werden. Vertragsvorbehalte heben die starren Grenzen auf, die erforderlich sind, um eine rechtssichere Zugangskultur zu schaffen, die die gesellschaftlichen Interessen und Bedingungen der multilateralen Umwelt des Urheberrechts im Informationszeitalter stärker reflektiert.

Darüber hinaus vermag ein Markt die positiven Effekte der Selbstregulation nicht zu erzielen, wenn er selbst wettbewerbsarm und asymmetrisch ist. In dem Fall führen Vertragsvorbehalte eher zum Schutz tradierter Geschäftsmodelle.[2064] In dem Zusammenhang ist es interessant, die amtliche Begründung zum jüngst in § 38 IV UrhG eingeführten unabdingbaren Zweitverwertungsrecht für Autoren wissenschaftlicher Beiträge in Periodika, die überwiegend mit öffentlichen Mitteln gefördert wurden, näher zu beleuchten. Das Zeitverwertungsrecht für Urheber wissenschaftlicher Beiträge, die im Rahmen einer mindestens zur Hälfte mit öffentlichen Mitteln geförderten Forschungstätigkeit entstanden sind, wurde damit begründet, dass andernfalls „die mit Steuergeldern finanzierten Ergebnisse wissenschaftlicher Forschung für weitere Forschungsarbeiten ein zweites Mal durch entsprechende Vergütungen für die Wissenschaftsverlage durch die öffentliche Hand bezahlt werden müss(t)en.“[2065] Sicherlich ist ein Zweitverwertungsrecht der Urheber wissenschaftlicher Beiträge der Wissenschaft und der digitalen Wissensgesellschaft dienlich. Zentral taucht indes in der Argumentation der Gesetzesbegründung erneut der Aspekt auf, dass der Gesetzgeber das Urheberrechtsgesetz nach seinen fiskalischen Bedürfnissen reformiert. Die öffentliche Hand möchte, obgleich dem Wissenschaftsverlag ein ausschließliches Nutzungsrecht eingeräumt worden ist, nicht den Zugang zu den Informationen bezahlen, wenn der Beitrag zuvor überwiegend durch eine mit öffentlichen Mitteln

2062 Vgl. dazu I I 1. a).
2063 a.A. *Ohly*, Gutachten F, F 79.
2064 *König*, Elektronische Leseplätze, S. 298 f.
2065 BT-Drs. 17/13423, S. 9.

geförderte Forschungstätigkeit entstanden ist. Zu hohe Ausgaben sind für die öffentliche Hand ein Problem, weil „die Etats der Bibliotheken stagnieren oder rückläufig sind.“[2066] Wenngleich in anderem Zusammenhang widerspricht die Bundesregierung sonach den oben dargestellten Behauptungen der Länder, dass sich die Verlagswirtschaft aufgrund ihres hohen Garantieumsatzes infolge der gesetzlich erlaubten Nutzungen durch Forschungs- und Bildungseinrichtungen über weitreichende Schrankenerlaubnisse freuen möge.[2067] Besonders interessant ist in dem Zusammenhang jedoch die Begründung, warum von so hohen Kosten für die öffentliche Hand ausgegangen wird. Diese führt der Gesetzgeber auf die Situation des Markts für wissenschaftliche Publikationen zurück. Die Marktsituation beschreibt er wie folgt: „Der Markt wissenschaftlicher Publikationen wird von wenigen großen Wissenschaftsverlagen dominiert. Aufgrund der hohen Marktmacht einzelner Anbieter ist die Situation zwischen den wissenschaftlichen Autoren und den Verlagen vielfach asymmetrisch: Die Verlage geben den Autoren die Publikationsbedingungen vor. (...) Damit verfügen allein die Wissenschaftsverlage über das Recht, diese Inhalte über Onlinemedien zugänglich zu machen; mit dem Einsatz technischer Schutzmaßnahmen steuern die Verlage den Zugang zu diesen Inhalten. Soweit die Wissenschaftsverlage dabei über Inhalte verfügen, die für Wissenschaft und Forschung unverzichtbar sind, können für diese Inhalte praktisch beliebig hohe Preise verlangt werden. Dementsprechend sind besonders seit Mitte der 90er-Jahre die Preise für Zeitschriften in den Bereichen Naturwissenschaft, Technik und Medizin stark angestiegen.“[2068] Es ist paradox, dass der Gesetzgeber einerseits das Urhebervertragsrecht reformiert, weil er die Wettbewerbsarmut und Asymmetrie des durch die Marktmacht weniger Anbieter geprägten Markts für wissenschaftliche Publikationen anerkennt, um andererseits durch das den Bestand an Vertragsvorbehalten ausbauende UrhWissG die gesetzlichen Privilegierungstatbestände für Wissenschaft, Forschung und Bildung zugunsten der großen Wissenschaftsverlage weiter zu privatisieren. Es entspricht einem Irrglauben, dass ein derartiger Markt die theoretisch möglichen positiven Effekte von Vertragsvorbehalten erreichen wird.

2. Konsequenz der Bewertung: Abschaffung von Vertragsvorbehalten

In der Einleitung ist aufgezeigt worden, dass sich hinter der Diskussion um Vertragsvorbehalte in urheberrechtlichen Schranken eine methodische Grundsatzfrage verbirgt, die das Urheberrecht beantworten werden muss: Möchte es, um auf die Herausforderungen der digitalen Wissensgesellschaft vorbereitet zu sein,

2066 BT-Drs. 17/13423, S. 9.
2067 Vgl. *Pflüger/Hinte*, ZUM 2018, 153, 155.
2068 BT-Drs. 17/13423, S. 9.

lieber auf property rights oder auf liability rules setzen?[2069] In der Vergangenheit bestand eine stabile Lösung dahingehend, dass das Urheberrecht in Anerkennung der Bedeutung der Eigentumsfreiheit im Grundsatz auf vertraglichen Lösungen beruhte und zugleich durch die parallele Anerkennung seiner Umweltsensibilität eine rechtssichere Zugangskultur mittels enumerativer und stets vorrangiger Schrankentatbestände gewährte. Dieses System hat sich bewährt.

Selbst wenn man sich zu dieser These kritisch positionieren möge, kann jedenfalls aufgrund der aufgezeigten gravierenden Kritikpunkte und Nachteile infolge des Aufbrechens dieses Systems durch die Einführung von Vertragsvorbehalten keine Verbesserung, sondern nur eine Verschlechterung gegenüber der vorigen Rechtslage erkannt werden. Die Probleme, die in der Vergangenheit durch das Recht der Schranken entstanden sind, sind nicht auf Herausforderungen der digitalen Welt zurückzuführen, die das bisherige System in der Wissensgesellschaft grundsätzlich nicht bewältigen kann. Vielmehr gehen sie aus mangelndem Reformwillen und handwerklichen Unzulänglichkeiten in der konkreten Umsetzung hervor, die unübersichtliche Strukturen, unbestimmte Rechtsbegriffe und technologische Verengungen hinterlassen haben, die geeignet waren, die Zweckerreichung und den angemessenen Interessenausgleich zu gefährden. Um diese Probleme zu beheben, bedarf es keines neuen Systems, sondern einer Verbesserung in der konkreten Umsetzung.

Hierin liegt der Unterschied, den der gezogene Vergleich zu Art. 17 DSM-RL[2070] offenbart. Art. 17 DSM-RL denkt vertragliche Beziehungen neu und löst infolgedessen ein unzulängliches altes System durch ein Neues ab. Aber warum etwas ändern, was sich im Grundsatz bewährt hat? Ein vergleichbar überzeugender Paradigmenwechsel ist in Vertragsvorbehalten nicht zu erkennen.

Vielmehr zeigt der Gesetzgeber durch die lobenswerten Eigenschaften des UrhWissG selbst auf, wie das Recht der Schranken zu reformieren ist, um fit für die Herausforderungen der Zukunft zu sein: Notwendig ist ein reformwilliger Gesetzgeber, der die abschließenden und einzelnen Schrankentatbestände fortlaufend am Puls der Zeit, an den Bedürfnissen der Gegenwart orientiert erweitert, gegenüber modernen Technologien öffnet, neu strukturiert, bündelt, konkretisiert, unbestimmte Rechtsbegriffe und Formvorschriften streicht und den Urhebern als Kompensation für die gesetzlichen Nutzungserlaubnisse zwingend gesetzliche Vergütungsansprüche zuordnet. Dann besteht kein Bedürfnis nach Vertragsvorbehalten, die aufgrund ihrer aufgezeigten erheblichen Nachteile ersatzlos zu streichen sind. Der Gesetzgeber sollte seiner eigenen normativen Wertentscheidung mehr Vertrauen entgegenbringen und sich nicht durch interessengesteuerte Einflussnahmen verleiten lassen.

2069 Vgl. A I.
2070 Siehe H I 3.

Die Forderung nach dem Entfallen von Vertragsvorbehalten in urheberrechtlichen Schrankenbestimmungen ist in der Rechtswissenschaft nicht neu. In Zusammenhang mit § 52b UrhG aF, der einen Vertragsvorbehalt bereits vor der Einführung des UrhWissG in das UrhG implementierte, stellte bereits *König* Widersprüchlichkeiten, eine Störung des hinter den Schranken stehenden Interessenausgleichs und eine Verkehrung der Schrankensystematik in ihr Gegenteil fest.[2071] In noch drastischeren Worten beschrieb *Berger* die Vorschrift. Sie stelle einen „praktisch nicht handhabbaren Fremdkörper im System der Schrankenbestimmungen dar."[2072] Aus all den oben genannten Gründen ist sich der Kritik ungeachtet ihrer Rigorosität vollumfänglich anzuschließen. *Stieper* kam angesichts der Sonderstellung der Norm zu dem Ergebnis, dass sie „keinesfalls als Vorbild für die Formulierung oder Auslegung anderer Schrankenbestimmungen dienen"[2073] könne. Es ist bedauerlich, dass genau das passiert ist, als der Gesetzgeber entgegen dem RefE und ohne entsprechende unionsrechtliche Verpflichtung den Vertragsvorbehalt mit § 60g II UrhG über die elektronischen Leseplätze hinaus auf den Kopienversand erstreckt hat. Das erfolgte zu einem Zeitpunkt, als das europäische Verfahren zum Erlass der DSM-RL andauerte. Den Abschluss des Verfahrens hat der deutsche Gesetzgeber nicht abgewartet, sondern zuvor das UrhWissG erlassen. Es ist davon auszugehen, dass er mit seinem Vorstoß bewusst Einfluss auf die Entwicklung des unionalen Urheberrechts nehmen wollte.[2074] Es ist zu ersehnen, dass Vertragsvorbehalte dieses Ziel nicht erreichen werden. Bislang erachten die mitgliedstaatlichen Urheberrechtsordnungen Schrankenbestimmungen weitgehend als unabdingbar.[2075] Es ist die Hoffnung zu hegen, dass das so bleiben möge und dass der deutsche Gesetzgeber zukünftig die Kritik der Literatur an Vertragsvorbehalten in urheberrechtlichen Schrankenbestimmungen berücksichtigen wird.

III Stellungnahme zu § 60g I UrhG

Der Gedanke des § 60g I UrhG beinhaltet es, Nutzungsprivilegierten eine dauerhafte Einrede gegen schuldrechtliche Ansprüche aus Vereinbarungen, die erlaubte Nutzungen zum Nachteil des Privilegierten beschränken oder untersagen, zu gewähren. Die Idee erweist sich als sinnfällig, wenn schuldrechtliche Vereinbarungen über gesetzlich erlaubte Nutzungen zulässig sind. Andernfalls drohen die grundrechtsrelevanten Ziele der Wissenschaftsschranken ausgehebelt zu werden, indem die Erlaubnistatbestände ungeachtet ihrer Unabdingbarkeit leerlaufen,

2071 *König*, Elektronische Leseplätze, S. 299.
2072 *Berger*, GRUR 2007, 754, 756.
2073 *Stieper*, Rechtfertigung der Schranken, S. 208.
2074 Vgl. BT-Drs. 18/12329, S. 26.
2075 Nachweise bei *Gräbig*, Abdingbarkeit urheberrechtlicher Schranken, S. 17 ff.

weil die urheberrechtlich Privilegierten aus nachvollziehbarer Sorge vor schuldrechtlichen Konsequenzen auf die Vornahme der gesetzlich erlaubten Nutzung verzichten.

Daneben möchte die Vorschrift auf die Zulässigkeit von schuldrechtlichen Vereinbarungen hinweisen und so die Parteien zum Vertragsschluss inklusive Vergütungsabrede animieren. Es ist indessen bereits gezeigt worden, dass das den Schwächen der Rechtsgeschäftslehre unterliegende Instrumentarium nicht ausreichend ist, um die beabsichtigte Verbesserung der Vergütungssituation der Verleger allein dadurch zu erreichen. Schuldrechtliche Verträge ermöglichen Vergütungsabreden, garantieren eine sichere Vergütung allerdings nicht. Vielmehr droht diese sich mit Blick auf § 27a VGG eher zu verschlechtern. Die Möglichkeit des Verlegers, sich privilegierte Nutzungen schuldrechtlich vergüten zu lassen, mag so manchen Urheber davon abhalten, seine Zustimmung iSv § 27a I VGG zu erteilen. Die Darstellung der Vor- und Nachteile von § 60g I UrhG[2076] zeichnet ein derart eindeutiges Bild zur Vergütungslage, dass vorliegende Untersuchung, die Vertragsvorbehalte zum Gegenstand hat, an dieser Stelle nicht weitergehend auf die Vorschrift eingehen möchte. Schuldrechtliche Vereinbarungen werden das Problem, dass Verleger zum Zeitpunkt der Einführung des UrhWissG keine sichere Vergütung für gesetzlich erlaubte Nutzungen erhielten, nicht lösen.

IV Lösungsvorschlag: Verlegerbeteiligung als Ersatz für Vorbehaltsbestimmungen

Wesentlicher ist, der Frage nachzugehen, welche alternativen Lösungsvorschläge unterbreitet werden können, um die Verleger angemessen für die Nutzung ihrer Produkte auf gesetzlicher Grundlage zu vergüten. Denn im ersten Abschnitt der Stellungnahme ist dargelegt worden, dass die Rechtslage zum Zeitpunkt der Einführung des UrhWissG in Bezug auf die Vergütung der Verleger für gesetzlich erlaubte Nutzungen angesichts realer wirtschaftlicher Nöte unzureichend war, obwohl es dem Urheberrecht angesichts seiner Bedeutung und Funktion obliegt, Lösungen zur Befriedigung ihrer berechtigten Belange zu finden. Sodann sind Vertragsvorbehalte im zweiten Abschnitt aus vielfältigen und gewichtigen Gründen als Lösungskonzept zurückgewiesen worden. Im dritten Abschnitt wurde festgestellt, dass schuldrechtliche Vereinbarungen ebenso keine nachhaltig befriedigende Lösung für die Vergütungsproblematik des Verlagswesens darstellen. Allein die Beanstandung bisheriger Vorschläge des Gesetzgebers würde der Bedeutung des im ersten Abschnitt aufgezeigten Problems nicht gerecht werden. Vielmehr sind konkrete Lösungsvorschläge vonnöten. Ein solcher wird im Folgenden unterbreitet.

2076 Siehe ausführlicher I II.

1. Problemlösung mittels eines originären Beteiligungsanspruchs der Verleger

Es bedarf mithin eines alternativen Systems, welches den in der vorliegenden Stellungnahme begründeten Bedenken ausreichend Rechnung trägt. Dafür muss die Alternative den Verlegern eine sichere Vergütung für gesetzlich erlaubte Nutzungen garantieren und nicht nur bloß im Rahmen von § 27a VGG ermöglichen. Daneben sollte auf Vertragsvorbehalte verzichtet werden, sodass der Bestand und Umfang der Nutzungsprivilegierungen dem Lizenzierungsgeschäftsmodell der Verleger entzogen bleibt. Um diese Ziele überzeugend zu erreichen, erscheint es nicht notwendig, rechtliche Experimente einzugehen und ein neues System zu erfinden. Denn in Form der durch die *VG Wort* vorgenommenen Verlegerbeteiligung kannte die Rechtspraxis bis zum Zeitpunkt des EuGH-Urteils *Reprobel* und des BGH-Urteils *Verlegeranteil* eine stabile Lösung, die jahrzehntelang praktiziert wurde und sich in der Zeit im Grundsatz bewährte. Eine Rückkehr zur Verlegerbeteiligung ist aus Sicht der Urheber,[2077] der Wissenschaftsverlage[2078] und der Verwertungsgesellschaften[2079] ökonomisch sinnvoll. Die so garantierte Vergütung würde überdies das Bedürfnis nach Vertragsvorbehalten in urheberrechtlichen Schrankenbestimmungen entfallen lassen und durch die damit einhergehend mögliche Abschaffung diesbezüglicher Regelungen die aufgezeigten Probleme vom Urheberrecht fernhalten.

a) Vorwurf der Unionsrechtswidrigkeit der Verlegerbeteiligung

Im Zusammenhang mit der Unionsrechtskonformität des Vertragsvorbehalts ist bereits begründet worden, warum der Drei-Stufen-Test einer Aufteilung der Vergütungssumme zwischen Urhebern und Verwertern nicht entgegensteht.[2080] Dem BGH ist nichtsdestominder darin zuzustimmen, dass eine Beteiligung der Verleger an den gesetzlichen Vergütungsansprüchen nicht auf der Satzung der Verwertungsgesellschaft beruhen darf, sondern einer gesetzlichen Grundlage bedarf.[2081] Aufgrund dessen wäre es rechtlich nicht einmal ausreichend, wenn der Gesetzgeber lediglich die Verteilung gesetzlich regeln und Voraussetzungen festlegen würde, unter denen die Verleger an den Ausschüttungen der Verwertungsgesellschaften zu beteiligen sind. Die dadurch erzielte Veränderung der Ausschüttungspraxis wäre zwar pragmatisch, würde indes kein Recht schaffen, welches als

---

2077 Dazu *Döring*, ZUM 2020, 109, 111 ff.

2078 Dazu *Hey*, ZUM 2020, 107, 198 f.

2079 Dazu *Staats*, ZUM 2020, 101, 103 f.

2080 Siehe dazu bereits J II 1. b) cc) (iii).

2081 BGH ZUM 2016, 639, 644, Rn. 51 – Verlegeranteil.

hinreichende Gesetzesgrundlage für Ausschüttungen an die Verleger fungieren könnte.[2082]

Erforderlich ist demnach eine grundsätzlichere Regelung, die das Recht zum Gegenstand hat, aufgrund dessen die Ausschüttung erfolgt. Eine solche Vorschrift wird hingegen von einigen Literaturstimmen, insbesondere von *v. Ungern-Sternberg*, für unionsrechtswidrig erachtet.[2083] Gestützt wird diese Auffassung auf die höchstrichterliche Rechtsprechung. Weil die Verwertungsgesellschaften Treuhänder der Rechteinhaber seien, die ihre Rechte zur Wahrnehmung eingeräumt haben, seien sie gemäß §§ 687, 667 BGB verpflichtet, alles was sie durch die Auswertung der Rechte erlangt haben, an die Berechtigten zu verteilen. Deswegen habe der BGH zutreffend entschieden, dass Nichtberechtigte nicht an den Einnahmen beteiligt werden können.[2084] Daraus folge der Rechtsgedanke, dass abgesehen von der Ausnahme des § 26 VGG Einnahmen aus den Rechten ausschließlich an die Berechtigten i.S.d. § 6 VGG zu verteilen seien, wozu nach § 5 VGG ausschließlich Rechteinhaber gehören. Die Beteiligung setze somit voraus, dass die Einnahmen auf originären oder abgeleiteten Rechten des zu Beteiligenden beruhen.[2085] Die Annahme typischer Vertragsklauseln aufgrund einer Branchenübung sei dafür nicht ausreichend. Vielmehr sei die Verwertungsgesellschaft als Treuhänderin verpflichtet sicherzustellen, dass die eingebrachten Rechte nach eigener Prüfung tatsächlich bestehen.[2086] Dazu müsse derjenige, der beteiligt werden will, seine Berechtigung gegenüber der Verwertungsgesellschaft selbst belegen.[2087]

Infolge dieser Voraussetzungen wird die Verlegerbeteiligung für rechtswidrig erachtet. Eigene Rechte, aufgrund derer eine Ausschüttung erfolgen könnte, könnten die Verleger nicht einbringen, weil sie gar nicht Inhaber eines originären Rechts seien.[2088] Ein originäres Recht der Verwerter kenne das Unionsrecht nicht. Demgegenüber könnten sie zwar als Rechteinhaber Nutzungsrechte unter der Bedingung einbringen, dass sie diese zuvor wirksam vom Urheber erworben haben. Das lasse jedoch die genannten Prüfpflichten nicht entfallen. Eine pauschale Beteiligung lasse sich deswegen nicht rechtfertigen.[2089] In der Regel habe die Verwertungsgesellschaft aufgrund der Abtretungsvereinbarungen in ihren Wahrnehmungsverträgen die von ihr wahrgenommenen Rechte bereits von den Urhebern erworben.[2090] Das stehe einem pauschalen Erhalt der Verwerter von

---

2082 Ebenso *de la Durantaye*, ZUM 2020, 88, 91 f.

2083 Vgl. *v. Ungern-Sternberg*, GRUR 2021, 1, 15 f.

2084 BGH ZUM 2016, 639, 642, Rn. 30 – Verlegeranteil; zustimmend *v. Ungern-Sternberg*, GRUR 2019, 1, 10.

2085 BGH ZUM 2016, 639, 642, Rn. 33 – Verlegeranteil.

2086 *v. Ungern-Sternberg*, ZGE 2017, 1, 5 f.

2087 *v. Ungern-Sternberg*, GRUR 2021, 1, 16.

2088 EuGH MMR 2016, 45, 47, Rn. 47 – Reprobel.

2089 *v. Ungern-Sternberg*, GRUR 2017, 217, 233 f.

2090 *v. Ungern-Sternberg*, GRUR 2021, 1, 15.

Erlösanteilen entgegen, weil andernfalls das Prioritätsprinzip verletzt werde.[2091] Das Unionsrecht schreibe in Art. 11 IV VG-RL[2092] klar die zwingende Geltung des Prioritätsgrundsatzes vor. Aus alledem ergäbe sich die Rechtsfolge, dass nur an die tatsächlichen Rechteinhaber, mithin an die Urheber, ausgeschüttet werden dürfe, wenn nicht im Einzelfall nachgewiesen werde, dass die Einnahmen aus der Rechtewahrnehmung auf von den Verlegern eingebrachten Rechten beruhten.

Darüber hinaus verstoße die Verlegerbeteiligung gegen das Unionsrecht, weil der EuGH entschieden habe, dass der Ertrag aus der Geräte- und Speichermedienvergütung den Urhebern unbedingt, demnach ohne Abzüge für die Verwerter, zufließe.[2093]

Neben dem angenommenen Verstoß gegen EU-Richtlinienrecht wird die Verlegerbeteiligung teilweise weiterhin als unvereinbar mit dem Unionsgrundrecht auf Eigentum aufgefasst.[2094] Begründet wird das damit, dass keine rechtliche Basis für die Verlegerbeteiligung bestehe, weil das Unionsrecht den Verlegern keine eigenen Vervielfältigungsrechte zuerkenne. Demzufolge sei die Festlegung der Verlegerbeteiligung ein gesetzlicher Zugriff auf die den Urhebern ausschließlich zustehenden Befugnisse, der gegen Art. 17 I EU-GrCh verstoße, weil Eingriffe in die Eigentumsbefugnisse nur mit Allgemeinwohlerwägungen, jedoch nicht mit Gruppeninteressen gerechtfertigt werden könnten.[2095]

b) Rechtsprechungskorrektur durch Art. 16 DSM-RL

Eine tiefergehende Auseinandersetzung anhand der bisherigen Rechtslage mit den vorgetragenen Argumenten, die sich überwiegend aus der Rechtsprechung des EuGH und dem ihm folgenden BGH ergeben, erübrigt sich allerdings. Denn der Unionsgesetzgeber hat mit Art. 16 DSM-RL erfreulicherweise eine Regelung geschaffen, die den Bedenken entgegensteht. Art. 16 DSM-RL ermöglicht es den Mitgliedstaaten festzulegen, dass für den Fall, dass ein Urheber einem Verleger ein Recht übertragen oder ihm eine Lizenz erteilt hat, diese Übertragung oder Lizenzierung eine hinreichende Rechtsgrundlage für den Anspruch des Verlegers auf einen Anteil am Ausgleich für die jeweilige Nutzung des Werks im Rahmen einer Ausnahme oder Beschränkung für das übertragene oder lizenzierte Recht darstellt. Damit ermöglicht das Unionsrecht einen verlegerischen Anspruch auf

---

2091 *v. Ungern-Sternberg*, GRUR 2021, 1, 16.

2092 RL 2014/26/EU.

2093 EuGH GRUR 2012, 489, 494, Rn. 108 – Luksan/van der Let; EuGH GRUR 2013, 1025, 1029 Rn. 54 – Amazon/Austro-Mechana; vgl. auch *Völger*, Lizenzmodelle im kollektiven Wahrnehmungsrecht, S. 407.

2094 So *v. Ungern-Sternberg*, GRUR 2021, 1, 16; *Würtenberger/Freischem*, GRUR 2017, 48, 52.

2095 *Würtenberger/Freischem*, GRUR 2017, 48, 52.

einen Anteil am gerechten Ausgleich, indem es die *Reprobel*-Entscheidung korrigiert.[2096] Eine Abkehr von der *Reprobel*-Rechtsprechung, nach der nur originären Rechteinhabern ein Anspruch zusteht,[2097] ist in Art. 16 DSM-RL zu erkennen, weil im Fall eines anderslautenden Verständnisses Sinn und Zweck der Vorschrift zu weit beschränkt werden würden. Art. 16 DSM-RL will gerade einen Beteiligungsanspruch der Verleger ermöglichen, obgleich die DSM-RL im Übrigen Verleger weder zu originären Inhabern eines Vervielfältigungsrechts erhebt[2098] noch ein Leistungsschutzrecht für Verleger aller Werkkategorien vorsieht, womit den Voraussetzungen der Rechtsprechung gedient wäre. Dass Art. 16 DSM-RL auf einen Beteiligungsanspruch der Verleger abzielt, legt die gewählte Wortwahl „einen Anteil am Ausgleich“ nahe.[2099] Zudem spricht sowohl die Gesetzgebungsgeschichte[2100] als auch der Umstand, dass Erwägungsgrund 60 DSM-RL ausdrücklich Bezug auf das Datum der *Reprobel*-Entscheidung nimmt, für eine Korrektur der bisherigen Rechtsprechung. Somit entkräftigt Art. 16 DSM-RL den Einwand, dass eine pauschale Verlegerbeteiligung zwingend gegen das Richtlinienrecht verstoße, weil Verleger keine originären Rechteinhaber seien. Vielmehr kommt es auf die konkrete Umsetzung in den Mitgliedstaaten an, die den sonstigen Bedenken hinreichend Rechnung tragen muss, allerdings einer pauschalen Beteiligung der Verleger nicht entgegen steht.[2101]

Darüber hinaus lässt Art. 16 DSM-RL die grundrechtlichen Bedenken entfallen. Erwägungsgrund 60 DSM-RL begründet die Vorschrift damit, dass das Verlegen eine Investition der Verlage im Hinblick auf die Verwertung der in ihren Veröffentlichungen enthaltenen Werke darstellt, sodass ihnen unter Umständen Einnahmen entgehen können, wenn diese Werke im Rahmen von Ausnahmen oder Beschränkungen genutzt werden. Mithin möchte der Unionsgesetzgeber mit Art. 16 DSM-RL die Leistung der Verleger würdigen. Damit werden Verleger nicht zu originären Rechteinhabern, deren Eigentumsrecht mit dem der Urheber abzuwägen ist. Dennoch begründet die Würdigung der verlegerischen Leistung eine unionsrechtlich gebilligte eigentumsähnliche Position.[2102] Diese wiederum rechtfertigt eine

2096 *Dreier*, GRUR 2019, 771, 775; *Staats*, ZUM 2020, 101, 102; a.A. *Peifer*, GRUR 2020, 14, 22.

2097 EuGH MMR 2016, 45, 47, Rn. 44 ff. – Reprobel.

2098 So ein Vorschlag von *Schack*, JZ 2016, 693, 695.

2099 Ebenso *Dreier*, GRUR 2019, 771, 775; a.A. *Flechsig*, Nationale Umsetzung der Verlegerbeteiligung, Abs. 108, der von einem eigenständigen Anspruch der Verleger gegen die Vergütungsschuldner, der selbstständig neben dem der Urheber steht, ausgeht.

2100 Ausführlich dazu *Flechsig*, Nationale Umsetzung der Verlegerbeteiligung, Abs. 28 ff.; vgl. auch BT-Drs. 18/8268, S. 5 f.

2101 a.A. *Peifer*, GRUR 2020, 14, 21 f.

2102 *Schulze*, GRUR 2019, 682, 683.

Einschränkung des Eigentumsrechts der Urheber aus Art. 17 I EU-GrCh, welche einer Angemessenheitsprüfung standhält. Obgleich den Verlegern aus dogmatischer Sicht niemals ein Schaden entstehen kann, weil sie das Nutzungsrecht bereits beschränkt eingeräumt bekommen,[2103] entsteht ihnen aus wirtschaftlicher Sicht ein den Urhebern vergleichbarer ökonomischer Schaden. Dieser folgt aus den im Hinblick auf die Nutzung der Werke erbrachten Investitionsleistungen, weshalb die Verleger mit Vermögensnachteilen rechnen müssen, wenn die von ihnen verlegten Werke im Rahmen von Schrankenregelungen genutzt werden.[2104] Darauf weist Erwägungsgrund 60 DSM-RL zutreffend hin. Infolgedessen ist es eine Frage der Gerechtigkeit, dass der Verleger, dessen Leistung der Urheber in Anspruch nimmt, damit sein Werk genutzt werden kann, angemessen am Vergütungsaufkommen beteiligt wird.[2105] Daraus ergibt sich nicht nur der grundrechtliche Rechtsfertigungsgrund der Verlegerbeteiligung, sondern zugleich das rechtspolitische Argument für ihre Einführung im deutschen Recht. Aufgrund dessen sollte Deutschland die „Kann-Vorschrift“ umsetzen.

c) Nationale Umsetzungsmöglichkeiten

Auf den ersten Blick könnte es jedoch fraglich erscheinen, ob die DSM-RL die Einführung einer Verlegerbeteiligung ermöglicht. Schließlich „gestattet die (...) Richtlinie den Mitgliedstaaten, die über Regelungen zur Aufteilung der Ausgleichleistung zwischen Urhebern und Verlagen verfügen, diese beizubehalten.“[2106] Die Wortwahl „beizubehalten“ könnte einer Neu- oder Wiedereinführung entgegenstehen. Es überzeugt indes nicht, Art. 16 DSM-RL auf den Zweck zu reduzieren, lediglich bestehende unionsrechtskonforme Ausgleichssysteme abzusichern. Es entspricht einer Selbstverständlichkeit, dass unionsrechtskonforme Systeme weiterbestehen dürfen. Dafür würde es der neuen Vorschrift nicht bedürfen.[2107] Demnach ist „beizubehalten“ weit auszulegen, weshalb Art. 16 DSM-RL die (Wieder-)Einführung der Verlegerbeteiligung ermöglicht.[2108] Dafür spricht ebenso der bereits begründete Umstand, dass Art. 16 DSM-RL eine Korrektur der *Reprobel*-Rechtsprechung anstrebt.

Obgleich der Wortlaut wie erwähnt einen Beteiligungsanspruch nahelegt, ist die Formulierung von Art. 16 DSM-RL dennoch hinreichend unkonkret, als dass den Mitgliedstaaten verschiedene Regelungsmöglichkeiten offen stehen. Zunächst wäre eine schuldrechtliche Lösung möglich, nach der die Beteiligung eine schuldrechtliche Vereinbarung zwischen Verleger und Urheber im Verlagsvertrag

---

2103 Darauf stützt sich BGH ZUM 2016, 639, 646, Rn. 75 – Verlegeranteil.
2104 *Staats*, ZUM 2020, 101, 103.
2105 Ebenso *Schulze*, GRUR 2019, 682, 683.
2106 Erwägungsgrund 60 Abs. 1 S. 4 DSM-RL.
2107 *de la Durantaye*, ZUM 2020, 88, 89 f.
2108 *de la Durantaye*, ZUM 2020, 88, 89 f.; *Staats*, ZUM 2020, 101, 102 f.

voraussetzt. Vergleichbar dazu knüpft § 27a VGG ebenso an eine Zustimmung des Urhebers zur Beteiligung, jedoch gegenüber der Verwertungsgesellschaft und nicht gegenüber dem Verleger an. Unter Berücksichtigung des *Verlegeranteil*-Urteils ist diese nach § 27a I VGG indes nur im Nachhinein möglich. Durch diese unpraktikable Einschränkung wird eine regelmäßige Verlegerbeteiligung nur schwerlich ermöglicht.[2109] Weil Art. 16 DSM-RL nicht zwischen einer Zustimmung im Voraus und im Nachhinein differenziert, könnte diese Voraussetzung allerdings unionsrechtlich nicht mehr erforderlich sein.[2110] In diesem Fall könnte das Zustimmungserfordernis den rechtspolitischen Vorteil mit sich bringen, dass ein Mitspracherecht die Akzeptanz der Urheber für eine Beteiligung der Verleger erhöht.[2111] Dennoch erscheint eine schuldrechtliche Lösung in der Praxis beschwerlich und nicht überzeugend.[2112] Denn der Verwertungsgesellschaft sind die individuellen Absprachen in den Verlagsverträgen unbekannt, weshalb sie das tatsächliche Vorliegen einer vertraglichen Einigung nicht überprüfen kann. Damit unterliegt eine solche Regelungsmöglichkeit wiederum den oben vorgetragenen Bedenken, dass eine Verwertungsgesellschaft nicht ohne Prüfung der Berechtigung, allein im Vertrauen auf branchentypische Vertragsinhalte ausschütten darf.

Eine weitere Möglichkeit wäre, die Verleger mittels einer Abtretungslösung, wie sie § 63a S. 2 UrhG vorsieht, zu beteiligen.[2113] Nichtsdestoweniger stellt das keine rechtssichere Lösung dar, weil die gesetzlichen Vergütungsansprüche regelmäßig bereits durch die Urheber in die Verwertungsgesellschaft eingebracht worden sind.[2114] Damit kann der Verleger sie nicht mehr einbringen, weil andernfalls die oben genannten Bedenken aufgrund des Prioritätsprinzips greifen würden. Denkbar wäre es, um dieses Problem zu umgehen, § 63a S. 2 UrhG dahingehend zu ändern oder verändert auszulegen, dass eine Vorausabtretung gestattet ist. Doch gegen diese Lösung greifen dogmatische Bedenken. Art. 16 DSM-RL ermöglicht einen Anspruch des Verlegers für den Fall, dass ein Urheber einem Verleger ein Recht übertragen oder ihm eine Lizenz erteilt hat. Dann ist diese Übertragung oder Lizenzierung eine hinreichende Rechtsgrundlage für den Anspruch des Verlegers. Mithin ist der konstruktive Grund, an den der Anspruch des Verlegers anknüpft, die Rechteeinräumung des Urhebers und nicht sein Vergütungsanspruch.[2115]

2109 *Staats*, ZUM 2020, 101, 105; a.A. *Sandberger*, Verlegerbeteiligung an Kopiervergütungen, Abs. 70.

2110 *Sandberger*, Verlegerbeteiligung an Kopiervergütungen, Abs. 71.

2111 Daher für ein Festhalten am Zustimmungserfordernis *de la Durantaye*, ZUM 2020, 88, 92.

2112 Ebenso *Schulze*, GRUR 2019, 682, 683; *Staats*, ZUM 2020, 101, 105; a.A. *de la Durantaye*, ZUM 2020, 88, 92.

2113 Für ein „Aufleben" der alten Vorschrift der Rechtsausschuss des BT, BT-Drs. 18/10637, S. 25.

2114 Ebenso *Staats*, ZUM 2020, 101, 104.

2115 *de la Durantaye*, ZUM 2020, 88, 91; *Dreier*, GRUR 2019, 771, 775.

Damit scheidet gleichfalls eine weitere Option aus, die in der Literatur umfangreich diskutiert worden ist, um den Verlegern aufgrund ihrer erheblichen Investitionen eine Vergütung zu ermöglichen, nämlich ein Leistungsschutzrecht für Verleger aller Werkkategorien.[2116] Gegen diese Möglichkeit sprechen berechtigte Argumente[2117] wie die Bedürfnislosigkeit eines solchen Rechts, das dem Narrativ der Symbiose von Verlegern und Autoren widerstrebt, oder die praktische Unmöglichkeit der wertungswiderspruchsfreien Definition des tauglichen Anknüpfungspunkts und des Umfangs des Rechts, der sich trennscharf von dem des Urheberrechts abhebt. Darüber hinaus ist hiergegen insbesondere anzuführen, dass sich ein solches Leistungsschutzrecht nicht auf Art. 16 DSM-RL, der die Rechteeinräumung als konstruktiven Grund des verlegerischen Anspruchs vorsieht, stützen lässt.[2118]

In Anlehnung an den bereits erwähnten Wortlaut von Art. 16 DSM-RL verbleibt noch die Regelungsmöglichkeit, im deutschen Recht nicht einen eigenständigen und vom Anspruch des Urhebers unabhängigen Ausgleichsanspruch,[2119] sondern einen originären Anspruch des Verlegers auf Beteiligung am gesetzlichen Vergütungsaufkommen des Urhebers, der die Rechteeinräumung als Anknüpfungspunkt und Tatbestandsmerkmal vorsieht, einzuführen. Diese Lösung ist aufgrund ihrer Rechtssicherheit die überzeugendste.[2120] Die Verleger können ihren originären Beteiligungsanspruch im Wahrnehmungsvertrag an die Verwertungsgesellschaft abtreten. Dem stehen die von *v. Ungern-Sternberg* vorgetragenen Bedenken nicht entgegen. Denn die Verwertungsgesellschaft könnte einerseits die Berechtigung des Verlegers als originären Anspruchsinhaber überprüfen und andererseits würde der Prioritätsgrundsatz dadurch nicht verletzt werden, weil die Verleger infolge eines eigenen Anspruchs und nicht aus abgetretenem Recht beteiligt werden würden.

d) § 63a II UrhG-E als Lösungsansatz

Vor dem Hintergrund des Vorgetragenen ist es hoch erfreulich, dass in Deutschland der rechtspolitische Wille besteht, Art. 16 DSM-RL zeitnah umzusetzen, und zwar in der vorzugswürdigen Variante eines originären Beteiligungsanspruchs der Verleger. Anders als bei einem eigenem Leistungsschutzrecht der Verleger erfordert dieser nicht die Notwendigkeit einer entsprechenden Erhöhung der Schrankenvergütung zulasten der Nutzungsprivilegierten,[2121] was mangels rechtspolitischen

---

2116 Für ein Leistungsschutzrecht für Buchverleger beispielsweise *Obergfell*, GRUR 2019, 992, 993 ff. mwN.

2117 Vgl. hierzu schon die Argumente gegen ein Leistungsschutzrecht für Presseverleger unter K II 1. a) aa) (iii).

2118 *de la Durantaye*, ZUM 2020, 88, 91; *Staats*, ZUM 2020, 101, 104.

2119 a.A. *Flechsig*, Nationale Umsetzung der Verlegerbeteiligung, Abs. 108.

2120 Ebenso *Staats*, ZUM 2020, 101, 105.

2121 Daher ebenso kritisch zum Leistungsschutzrecht *Peifer*, GRUR 2020, 14, 21.

Willens im Bildungs- und Wissenschaftsbereich nicht umsetzbar wäre, sondern verteilt das Vergütungsaufkommen gerechter. Konkret gesehen liegt ein zustimmungsbedürftiger Regierungsentwurf vor, der in den allgemeinen Schrankenvorschriften die Einführung von § 63a II 1 UrhG-E[2122] vorsieht: Hat der Urheber einem Verleger ein Recht an seinem Werk eingeräumt, so ist der Verleger in Bezug auf dieses Recht angemessen an den gesetzlichen Vergütungsansprüchen nach diesem Abschnitt zu beteiligen. Nach § 63a III UrhG-E ist die Regelung auf den Vergütungsanspruch nach § 27 II UrhG entsprechend anzuwenden.[2123] Damit wird in Übereinstimmung mit dem Unionsrecht ein Beteiligungsanspruch des Verlegers an der Vergütung des Urhebers für bestimmte Vergütungsansprüche eingeführt.[2124] Die originäre Inhaberschaft eines gesetzlichen Anspruchs bewirkt, dass der Aufwand der Verwertungsgesellschaften für die Ermittlung der Ausschüttungsberechtigten im Interesse von sowohl Urhebern als auch Verlegern, die in gemeinsamen Verwertungsgesellschaften zusammengeschlossen sind, gering gehalten wird.[2125] Nach Maßgabe des Art. 16 DSM-RL knüpft der Anspruch konstruktiv an die Rechteeinräumung des Urhebers an und besteht unter den Voraussetzungen, dass der Urheber dem Verleger ein Recht an dem Werk eingeräumt hat, dieses Recht durch eine gesetzliche Erlaubnis beschränkt wird und dem Urheber zum Ausgleich für diese Beschränkung ein Vergütungsanspruch zusteht. Aufgrund der Tatbestandsvoraussetzung der Rechteeinräumung soll neben der neuen Vorschrift § 27a VGG bestehen bleiben, damit die Möglichkeit der nachträglichen Verlegerbeteiligung in den Fällen erhalten bleibt, in denen dem Verleger kein Recht eingeräumt wird.[2126] Darüber hinaus soll von der in Erwägungsgrund 60 UAbs. 2 S. 3 DSM-RL vorgesehenen Option Gebrauch gemacht werden, nach der die Mitgliedstaaten die Bedingungen für die Aufteilung der angemessenen Vergütung zwischen Urhebern und Verlegern frei festlegen können. Daher soll ein neuer § 27b VGG-E eingeführt werden, der regelt, zu welchen Anteilen Urheber in den Fällen des § 63a II, III UrhG-E, § 27a VGG-E mindestens zu beteiligen sind, sofern die Gremien der Verwertungsgesellschaft keine andere Verteilung festlegen.[2127] Das Ziel der Regelung ist es, das Erfordernis der Angemessenheit der Verlegerbeteiligung zu konkretisieren, sodass über die pauschale Mindestquote mehr Rechtssicherheit für die Beteiligten geschaffen wird, was zu einer Beschleunigung des Verteilungsverfahrens beiträgt. Zugleich können die Verwertungsgesellschaften eine Abweichung von

2122 RegE UmsetzungsG DSM-RL, S. 17. Das rechtspolitische Ziel wurde bereits im Koalitionsvertrag zwischen CDU, CSU und SPD für die 19. Legislaturperiode, S. 132 festgelegt.

2123 RegE UmsetzungsG DSM-RL, S. 17.

2124 RegE UmsetzungsG DSM-RL, S. 58.

2125 RegE UmsetzungsG DSM-RL, S. 120.

2126 RegE UmsetzungsG DSM-RL, S. 140.

2127 RegE UmsetzungsG DSM-RL, S. 26, 140.

der disponiblen, jedoch im üblichen Rahmen der Vergangenheit liegenden Verteilungsquote festlegen, wodurch ihre Autonomie weitgehend gewahrt wird.[2128] In Übereinstimmung mit der hiesigen Ansicht wird die Einführung der vorgestellten Vorschriften damit begründet, dass sich die Vergütungsaufteilung zwischen Urhebern und Verlegern über Jahrzehnte bewährte, bis sie infolge der Rechtsprechungsentwicklung ausgesetzt werden musste.[2129] Unter Bezug auf Erwägungsgrund 60 UAbs. 1 S. 2 DSM-RL führt der Gesetzgeber zutreffend aus, dass deswegen ein Reformbedarf bestand, weil Verleger einen zentralen Beitrag zur Verbreitung und wirtschaftlichen Verwertung der Werke von Urhebern leisten.[2130] Dadurch, dass die Werke im Rahmen der Erlaubnistatbestände genutzt werden, entgehen sowohl den Urhebern als auch den Verlegern Einnahmen auf dem Primärmarkt, was künftig ebenso auf der Verlegerseite durch den Beteiligungsanspruch kompensiert werden soll.[2131]

Doch nicht nur den Verlegern wird die Einführung eines Beteiligungsanspruchs nützen. Nach bisheriger Rechtslage infolge der *Reprobel-* und *Verlegeranteil-*Rechtsprechung wurde insbesondere der Fortbestand der *Verwertungsgesellschaft Wort* als gemeinsame Verwertungsgesellschaft von Autoren und Verlegern in Frage gestellt.[2132] Verleger sind nicht verpflichtet, sich in einer gemeinsamen Verwertungsgesellschaft zu organisieren, was insbesondere dann für sie uninteressant ist, wenn ihnen für gesetzlich erlaubte Nutzungen keine Ausschüttungen durch die Verwertungsgesellschaft gewährt werden. Zur Problemlösung will § 63a II 2 UrhG-E eine qualifizierte Verwertungsgesellschaftspflicht einführen, nach der nur durch eine gemeinsame Verwertungsgesellschaft von Urhebern und Verlegern die gesetzlichen Vergütungsansprüche geltend gemacht werden können.[2133] Das ist äußerst sinnvoll, um den erstrebenswerten Fortbestand gemeinsamer Verwertungsgesellschaften im ökonomischen Interesse der Verleger sowie der Urheber zu

---

2128 RegE UmsetzungsG DSM-RL, S. 140; anders noch RefE UmsetzungsG DSM-RL, S. 129 f., der von einer starren Mindestquote zugunsten der Urheber ausging. Hier hat sich die Kritik des Verlagswesens und der es vertretenden Verwertungsgesellschaft durchgesetzt, dass eine gesetzliche Mindestquote entgegen des Subsidiaritätsprinzips einen Eingriff in die Entscheidungsautonomie der Verwertungsgesellschaften darstellt, der die Parität zwischen Urhebern und Verlegern in der Verwertungsgesellschaft erheblich gefährdet, vgl. *Börsenverein des Deutschen Buchhandels*, Stellungnahme RefE UmsetzungsG DSM-RL, S. 4 ff.; *VG Wort*, Stellungnahme RefE UmsetzungsG DSM-RL, S. 6.

2129 RegE UmsetzungsG DSM-RL, S. 120.

2130 RegE UmsetzungsG DSM-RL, S. 120.

2131 RegE UmsetzungsG DSM-RL, S. 120.

2132 Das Problem wird im Gesetzesentwurf zutreffend erkannt, siehe RegE UmsetzungsG DSM-RL, S. 120.

2133 Vgl. RegE UmsetzungsG DSM-RL, S. 17.

sichern. Das Interesse der Verleger daran ergibt sich daraus, dass so der Gleichlauf der Interessen von Urhebern und Verlegern aufrechterhalten bleiben kann, was dem Verlagswesen rechtspolitisch bereits oft geholfen hat und wodurch zukünftig neue Geschäftsfelder gemeinsam und dadurch erfolgreicher als allein erschlossen werden können.[2134] Dadurch brechen die Interessengegensätze nicht zugunsten der finanzstärkeren Verleger so weit auf, woraus wiederum das Interesse der Urheber am Fortbestand gemeinsamer Verwertungsgesellschaften folgt.[2135] Im Detail geht die Förderung gemeinsamer Verwertungsgesellschaften jedoch sogar noch über den Vorteil der Interessensymbiose von Autoren und Verlegern hinaus.[2136] Rechte können effizient gebündelt werden. Daraus resultiert ein gemeinsamer Auftritt nach außen. Vergütungsansprüche und Nutzungsrechte werden anschließend aus einer Hand durchgesetzt. Ein so erfolgendes Rechtemanagement mit seiner einhergehenden Verwaltung bewirkt umfangreiche Synergieeffekte wie beispielsweise gemeinsame Werkidentifizierungen oder Datenbanken. Nach innen wird die gegenseitige Solidarität der beiden Berufsgruppen gestärkt, die vom Know-How der jeweils anderen Gruppe profitieren können. Weiterhin fördert es die Position der Kleinverlage, deren Schutzbedürftigkeit im Zentrum der Problematik steht. Ihr Einfluss würde ohne die gemeinsame Interessenvertretung zusammenbrechen. Insbesondere sie sind es jedoch, die auf ein Einkommen durch Ausschüttungen der Verwertungsgesellschaft besonders stark angewiesen sind. Die Zusammenschau dieser Aspekte begründet neben der bereits oben dargelegten rechtspolitischen Rechtfertigung die ökonomische Rechtfertigung der Einführung der Verlegerbeteiligung.

Im Ergebnis ist der qualifiziert verwertungsgesellschaftspflichtige Beteiligungsanspruch der Verleger mithin ein erstrebenswerter Vorteil für die Verleger, die Urheber und ihre Zusammenarbeit in gemeinsamen Verwertungsgesellschaften. Die ökonomisch sinnvolle gemeinsame Rechtewahrnehmung hat in der Vergangenheit die Vielfalt und Leistungsfähigkeit des Verlagswesens stabilisiert. Deswegen ist dem Gesetzgeber darin zuzustimmen, dass die Neuregelung des § 63a II UrhG-E unter dem Aspekt der deutschen Nachhaltigkeitsstrategie zu würdigen ist.[2137]

Aus alledem ergibt sich, warum ein originärer Beteiligungsanspruch der Verleger im Urheberrechtsgesetz einzuführen ist. Mit Art. 16 DSM-RL, § 63a II UrhG-E liegt ein überzeugendes Lösungskonzept vor, dass die Strukturen nachhaltig verbessern wird und dadurch Vertragsvorbehalte obsolet werden lässt. Der Gesetzgeber sollte alle unionsrechtlich nicht vorgeschriebenen Vertragsvorbehalte streichen, deren rechtspolitische Rechtfertigung und Bedürfnis dadurch entfällt.

2134 *de la Durantaye*, ZUM 2020, 88, 94.

2135 *Döring*, ZUM 2020, 109, 112 f.

2136 Vgl. dazu *Staats*, ZUM 2020, 101, 103.

2137 Vgl. RegE UmsetzungsG DSM-RL, S. 66.

2. Die Vorzüge der Verlegerbeteiligung gegenüber den Nachteilen von Vertragsvorbehalten im Überblick

Die Zusammenfassung der Kernaussagen der vorliegenden Untersuchung vor dem Hintergrund der Vorteile der Verlegerbeteiligung zeigt nun gebündelt die Vorzüge des originären Beteiligungsanspruchs gegenüber Vertragsvorbehalten auf.

Eingangs ist im Rahmen der historischen Entwicklung des Urheberrechts gezeigt worden, dass das Rechtsgebiet stets von sozialen Gedanken geprägt war, aufgrund derer der Umfang des Rechts das Ergebnis einer normativen Wertentscheidung war.[2138] Der Gesetzgeber legte stets durch zwingende, vorrangige Einzeltatbestände rechtssichere Grenzen des Ausschließlichkeitsrechts fest. Der Bereich der Nutzungsprivilegierungen war dabei der privaten Disposition entzogen. All das lässt ein originärer Beteiligungsanspruch der Verleger unberührt. Anders verhält sich hingegen der Vertragsvorbehalt. Hier löst die Parteiherrschaft die normative Wertentscheidung des Gesetzgebers ab. Doch die Privatisierung des Urheberrechtsgesetzes wird von zahlreichen Problematiken begleitet, die der Gesetzesgeschichte fremd waren.[2139]

Die historische Entwicklung geht mit den philosophischen Strömungen der Zeitgeschichte einher. Ungeachtet mehrschichtiger Ansätze ist das kontinentaleuropäische Urheberrecht im Schwerpunkt durch das naturrechtliche und individualistische Gedankengut der Aufklärung gerechtfertigt.[2140] Dem steht der Vertragsvorbehalt entgegen. Dieser bildet einen Beitrag zur bedenklichen Vergesellschaftung des Urheberrechts zulasten der Urheber.[2141] Der Vertragsvorbehalt vermag es, den Urhebern ihre gesetzlichen Vergütungsansprüche durch vorrangige Vergütungsabreden zu entziehen. Das verändert die in §§ 1, 11 UrhG ausgedrückte Ziel- und Schutzvorstellung des Urheberrechts zugunsten Dritter. Ein originärer Beteiligungsanspruch hält demgegenüber die durch die zwingende Zuordnung der gesetzlichen Vergütungsansprüche an die Urheber ausgedrückte Wertvorstellung aufrecht. Er erhält die zwingende Anspruchsinhaberschaft der Urheber und lässt dadurch die Garantie ihrer Vergütung unberührt. Der Beteiligungsanspruch reduziert lediglich den Anspruchsinhalt um die Höhe, die gerechterweise den Verlegern aufgrund ihrer Investitionsleistung zusteht. Er nimmt den Urhebern indes nicht ihre gesetzlichen Vergütungsansprüche, die gerade im Wissenschaftsbereich häufig die einzige Einnahme der Autoren darstellen, und verweist sie nicht auf das Urhebervertragsrecht. Aus den beiden Gründen der Aufrechterhaltung der Wertvorstellung und der Garantie einer angemessenen Vergütung ist der Vorschlag abzulehnen, die Verlegerbeteiligung dadurch zu regeln, dass die Verleger im

2138 Vgl. B I, II.

2139 Siehe dazu K II 1. c).

2140 Vgl. B IV.

2141 Siehe dazu K II 1. b).

Umfang ihres Verlagsrechts als Rechtsnachfolger der Urheber angesehen werden, sodass den Urhebern von vornherein keine gesetzlichen Vergütungsansprüche zustehen, was gegenüber den Verlegern über das Urhebervertragsrecht ausgeglichen werden muss.[2142]

Die durch die individualistische Rechtfertigung des Urheberrechts ausgedrückte Geisteshaltung verläuft parallel zur Wertung des Art. 14 I GG, der die Vermögensrechte des Urheberrechts schützt.[2143] Als Ausgleich für die aufgrund der Schranken a priori gegebenen Rechtsbeschränkungen erfolgt die verfassungsrechtliche Wertung, dass den Urhebern zwingend kompensierende Vergütungsansprüche zuzuordnen sind. Insofern lässt sich die soeben mit Blick auf die Vergütungsansprüche vorgetragene Kritik gegenüber Vertragsvorbehalten und zugleich Würdigung des Beteiligungsanspruchs hier nach Maßgabe des Bewertungsmaßstabs des Art. 14 I GG wiederholen.

Daneben ist zu berücksichtigen, dass das Grundrecht auf Eigentum gemäß Art. 14 II GG sozialgebunden ist. Das bildet das Einfallstor für den Bestand der urheberrechtlichen Schranken, die mittels berechtigter Bedürfnisse und Interessen der Nutzer, die überdies grundrechtlich bedeutsam sein können, gerechtfertigt werden.[2144] Der Beteiligungsanspruch lässt Bestand und Umfang der Privilegierungen unberührt. Vertragsvorbehalte ermöglichen dahingegen die privatautonome Aufhebung der nach normativer Wertung erforderlichen Nutzungsfreiräume zulasten der Privilegierten. Es entstehen Wertungswidersprüche, wenn Schranken, die nach ihrem Sinn und Zweck das Ausschließlichkeitsrecht begrenzen sollen, Vertragsvereinbarungen des marktmächtigen Rechtsinhabers über erlaubte Nutzungen ermöglichen, wodurch der Inhalt des absoluten Verbotsanspruchs über das gesetzlich vorgesehene Maß hinaus erweitert wird. Das kann im Angesicht des höherrangigen Rechts überdies Bedenken erzeugen, denen vorrangige Schrankentatbestände nicht unterliegen.[2145]

Im Verlauf der Untersuchung ist sodann die Schrankendogmatik analysiert worden.[2146] Es wurde festgestellt, dass die Schrankenbestimmungen ihrer Rechtsnatur nach urheberrechtlich zwingend sind. Sie begrenzen die Privatautonomie im Urheberrecht. Vertragsvorbehalte verlaufen dazu allerdings diametral. Sie bewirken die Abdingbarkeit der Schrankenerlaubnis und erweitern die Lizenzmodelle der Rechteinhaber. So entstehen dogmatische und systematische Widersprüche. Die Einheitlichkeit der Schranken wird folglich aufgehoben. Der Beteiligungsanspruch unterliegt diesen Bedenken jedoch nicht. Er beruht auf einer rechtssicheren Konstruktion im Einklang mit der Schrankendogmatik.

2142 Entgegen *Schack*, JZ 2016, 693, 694 f.; *Stieper*, ZUM 2019, 393, 398.

2143 Vgl. dazu C I.

2144 Vgl. dazu C II.

2145 Vgl. J II 2.

2146 Siehe E II, IV.

Die aus dem Vertragsvorbehalt folgenden normativen, teleologischen, systematischen und dogmatischen Widersprüche sind nicht geeignet, die gesellschaftliche Akzeptanz des Urheberrechts wiederherzustellen. Auf Seiten der Nutzer ergeben sich dazu Rechtsunsicherheiten. Nach klassischem Verständnis begründet das ein Reformbedürfnis, wie die Kritik an der Rechtslage vor Einführung des UrhWissG belegt,[2147] und kein anzustrebendes Ergebnis des Reformprozesses, wie es durch § 60g II UrhG jedoch leider gegeben ist. Im Gegensatz dazu lässt der Beteiligungsanspruch das Rechtssicherheit gewährende System vorrangiger Einzeltatbestände unberührt. Einem Konterkarieren der selbst gesteckten Ziele des Reformgesetzgebers des UrhWissG[2148] wird sich somit entzogen. Darüber hinaus erhöht der Beteiligungsanspruch der Verleger die Verteilungsgerechtigkeit und ist so besser befähigt als der Vertragsvorbehalt, gesellschaftliche Akzeptanz hervorzurufen.

Aus rechtspolitischer Sicht gefährdet der Vertragsvorbehalt die fruchtbare Zusammenarbeit von Autoren und Verlegern, indem die vorrangige Vergütungsabrede des Verwerters dem Entstehen des gesetzlichen Vergütungsanspruchs des Urhebers entgegen steht. Das verändert strukturell das Wesen des Urheberrechts hin zu einem Verwerterschutzrecht.[2149] Dahingegen betont die zwingende Vergütungsanspruchsinhaberschaft infolge vorrangiger Schranken die Wertschätzung, Bedeutung und Würdigung der schutzbedürftigen Figur des Urhebers, ohne aufgrund des Beteiligungsanspruchs einen Konflikt mit den Investitionszielen des Verlegers zu entfachen.

Aus ökonomischer Perspektive ist der Vertragsvorbehalt vor dem Hintergrund der angespannten wirtschaftlichen Situation des Verlagswesens[2150] zu würdigen, die mit der Rechtslage zum Zeitpunkt der Einführung des UrhWissG infolge der *Reprobel*-Rechtsprechung[2151] verknüpft war. Jedoch befriedet der Vorbehalt die Bedürfnisse der Verleger nicht hinreichend, weil er ihnen Vergütungsabreden ermöglicht, allerdings keine Vergütung sichert. Demgegenüber garantiert die unionsrechtskonforme[2152] Kombination aus gesetzlichen Vergütungsansprüchen der Urheber und originären Beteiligungsansprüchen der Verleger eine pauschale Vergütung sowohl der Urheber als auch der Verleger aller Werkkategorien. Dabei bleiben die Anforderungen des Prioritätsgrundsatzes und an die Ausschüttung der Treuhänderin an lediglich Berechtigte gewahrt. Dass dadurch die Ausschüttungshöhe zulasten der Urheber reduziert wird, unterliegt keinen grundrechtlichen Bedenken, solange die Verwertungsgesellschaften in Ausübung ihrer Autonomie die Höhe der Verlegerbeteiligung frei bestimmen können. Indem der

2147 Vgl. G I.
2148 Vgl. G III, IV.
2149 Siehe dazu K II 1. a).
2150 Siehe dazu K I 3.
2151 Vgl. B II 5.
2152 Vgl. dazu K IV 1. a), b).

Beteiligungsanspruch nur von einer gemeinsamen Verwertungsgesellschaft geltend gemacht werden kann, setzt er vielmehr Anreize für das Verlagswesen an der gemeinsamen Zusammenarbeit innerhalb einer Verwertungsgesellschaft. Das entspricht dem wirtschaftlichen Interesse der Urheber, die somit von der Verlegerbeteiligung ebenfalls ökonomisch profitieren werden. Die Sicherung des Fortbestands der Verwertungsgesellschaften sollte ein unumstößliches Ziel des Urheberrechts der Zukunft sein, sind sie doch die wesentlichen Garanten aller Rechteinhaber im globalen Aneignungsprozess kultureller Güter.[2153]

Die Vielzahl der belegbaren Vorzüge einer gesetzlichen Verlegerbeteiligung und der gravierenden Nachteile von Vertragsvorbehalten ist evident. Es zeigt sich bei verschiedenartigen Vorteilen des Beteiligungsanspruchs immer wieder, dass seine Überzeugungskraft darauf beruht, dass er anders als vorrangige Vereinbarungen keinen Einfluss auf die gesetzlichen Nutzungserlaubnisse und die Vergütungsansprüche dem Grunde nach ausübt. Der Beteiligungsanspruch konserviert das Rechtssystem der Schranken. Die Privilegierung sowie die Entstehung und Zuordnung des gesetzlichen Vergütungsanspruchs bleiben unberührt. Erst im Rahmen der Ausschüttung der Verwertungsgesellschaft kommt das Bestehen des Beteiligungsanspruchs infolge der tatbestandlichen Rechteeinräumung zum Tragen. Seine Auswirkungen beschränken sich damit letztlich auf die Verteilung der Vergütungssumme, wohingegen das restliche Recht der gesetzlichen Nutzungserlaubnisse unberührt bleibt. Das stellt eine systemkonforme Lösung dar. Im Ergebnis wird so eine Vergütung der Verleger für gesetzliche Nutzungserlaubnisse begründet, ohne das Recht im Übrigen zu verändern. Auf diesem Weg wird das Ziel des Vertragsvorbehalts, die ökonomischen Interessen der Verleger zu befriedigen,[2154] erreicht, ohne dass es des Vertragsvorbehalts selbst bedarf. Vorbehaltsregelungen sollten demnach als bedürfnisloser und nicht systemkonformer Lösungsansatz im Recht der urheberrechtlichen Schranken aufgegeben werden.

3. Ergebnis

Der Anpassungsdruck auf das Urheberrecht, den der rasante Wandel der Gesellschaft und der Technologie entfacht, erfordert, dass die Rechtsfiguren des Urheberrechts fortlaufend überdacht werden müssen. Ihm gerecht zu werden, bedeutet indessen nicht, dass seine Errungenschaften experimentell aufgegeben werden sollten, obgleich sie sich im Grundsatz in der Vergangenheit bewährt haben und ihre Vorteile ihre Nachteile nach wie vor überwiegen. Das System starrer, unabdingbarer und damit stets gegenüber Vereinbarungen vorrangiger Schrankeneinzeltatbestände, welches mit den Urhebern zwingend zugewiesenen gesetzlichen Vergütungsansprüchen, an denen wiederum die Verleger beteiligt werden, einhergeht, ist jener Kategorie des historisch Bewährten zuzuordnen. Aufgrund dessen

---

2153 *Wandtke*, NJW 2019, 1841, 1843.

2154 Siehe hierzu schon zu den Vorgängerregelungen F III.

ist für das Urheberrecht der Zukunft zu hoffen, dass es in mancherlei Hinsicht von seinem Reformvorhaben abrücken und zum Altbewährten zurückkehren wird. Der Gesetzgeber möge demgemäß am Konzept vorrangiger Schrankenbestimmungen festhalten, Vertragsvorbehalte aus dem Urheberrecht streichen[2155] und die Verlegerbeteiligung auf einer gesetzlichen Grundlage ermöglichen.

V Gesetzesvorschlag

Das gefundene Untersuchungsergebnis wird nun abschließend in sechs konkrete Gesetzesvorschläge eingebettet. Diese mögen als Diskussionsanlass für folgende Reformvorhaben gesehen werden.

1. Es verdient Zustimmung, dass der Gesetzgeber mit Einführung des UrhWissG Angebotsvorbehalte aus dem Recht der urheberrechtlichen Schranken entfernt hat. Das sollte beibehalten und überdies auf Vertragsvorbehalte erstreckt werden. Dazu ist zunächst § 60g II UrhG aufzuheben.

2. Als Folge daraus ist der in § 60g II UrhG vorgesehene Vertragsvorbehalt in Bezug auf den Kopienversand auf Einzelbestellung aufgehoben. Es handelt sich bei § 60e V UrhG um eine sinnvolle Schrankenvorschrift, weil sie den Bibliotheken eine entgeltpflichtige Möglichkeit eröffnet, dem Nutzer zu nicht kommerziellen Zwecken ein Vervielfältigungsstück zugänglich werden zu lassen, obgleich ihm der Werkgenuss ansonsten nur eingeschränkt möglich wäre. Wenn der Gesetzgeber die Bedeutung dieser Schrankenregelung gleichwohl für sehr gering einstuft und dem Rechtsinhaber die Möglichkeit zusprechen möchte, im Bereich des Kopienversands vertragsrechtliche Lösungen zu finden, kann er die Schrankenregelung unter einen Rechtevorbehalt stellen. Dieser entspricht im Gegensatz zum Vertragsvorbehalt einer systemkonformen Lösung.[2156]

Demnach könnte § 60e V UrhG unter zeitgleicher Aufgabe der ungerechtfertigten Bereichsausnahme folgendermaßen formuliert werden:

> *„Auf Einzelbestellung an Nutzer zu nicht kommerziellen Zwecken übermitteln dürfen Bibliotheken Vervielfältigungen von bis zu 10 Prozent eines erschienenen Werkes sowie einzelner Beiträge, die in Zeitschriften erschienen sind, sofern diese nicht mit einem Vorbehalt der Rechte versehen sind.“*

3. Bis zu einer Reform von Art. 5 III lit. n) InfoSoc, für die sich die Bundesrepublik auf Unionsebene einsetzen sollte, ist der Vertragsvorbehalt in der elektronischen Leseplatzschranke allerdings unionsrechtlich bedingt. Weil es sich bei der Vorbehaltsregelung hingegen um eine Ausnahmevorschrift handelt, ist die Systematik

2155 a.A. *Zech*, in: *Leible*, Wissen-Märkte-Geistiges Eigentum, S. 187, 201.
2156 Vgl. zu § 49 I 1 UrhG E II 3. d).

umzustellen. Der Vorbehalt ist aus der allgemeinen Vorschrift § 60g UrhG zum Verhältnis zwischen Schranke und Vertrag zu entfernen und in einen neuen § 60e IV 3 UrhG zu überführen. Über den Verweis des § 60f I UrhG würde dieser Vorrang auch für Verträge mit Archiven, Museen und Bildungseinrichtungen gelten.

§ 60e IV 3 UrhG könnte lauten:

„Vereinbarungen, die ausschließlich die Zugänglichmachung an Terminals nach Satz 1 und 2 zum Gegenstand haben, gehen der gesetzlichen Erlaubnis vor."

4. Grundsätzlich ergibt sich die Vorrangigkeit der Schrankenbestimmungen bereits aus ihrer Rechtsnatur. Aus Gründen der Klarstellung und Rechtssicherheit ist eine explizite Regelung jedoch sinnvoll. Dabei ist darauf Rücksicht zu nehmen, dass das Unionsrecht Ausnahmen erfordern kann. Weil die vorgestellten Gedankengänge und Argumentationsstränge mit Ausnahme der fiskalischen Interessen nicht nur im Bereich von Bildung, Wissenschaft und Forschung ihre Berechtigung innehaben, ist diese Klarstellung nicht nur für die §§ 60a ff. UrhG erforderlich. Infolgedessen sind die allgemeinen Regelungen des Rechts der Schranken aus dem Unterabschnitt 6 „Gemeinsame Vorschriften für gesetzlich erlaubte Nutzungen", §§ 62 ff. UrhG, um eine weitere Norm zu ergänzen.

Es wird vorgeschlagen, § 63b UrhG *„Gesetzlich erlaubte Nutzung und vertragliche Nutzungsbefugnis"* mit folgendem Normtext einzuführen:

„Soweit eine Einräumung oder Versagung einer Nutzungsbefugnis eine nach diesem Gesetz erlaubte Nutzung betrifft, ist die Vereinbarung unwirksam, sofern nicht in den Vorschriften dieses Gesetzes etwas anderes bestimmt ist."

5. Sonach sind die mit der Vorbehaltsregelung einhergehenden Nachteile – soweit unionsrechtlich möglich – aus dem Urheberrechtsgesetz entfernt. Infolge der systematischen Neuordnung und der neuen Vorschrift § 63b UrhG ist § 60g UrhG urheberrechtlich obsolet. Gleichwohl sollte er mit Ausnahme des zweiten Absatzes dennoch nicht aufgehoben werden, um die die bedeutenden und grundrechtsrelevanten Wissenschaftsschranken flankierende Einrede gegen Ansprüche aus schuldrechtlichen Vereinbarungen beizubehalten. Dafür sollte der Gesetzgeber angesichts der Bandbreite an Interpretationsmöglichkeiten[2157] infolge der bisherigen Unbestimmtheit der Formulierung den Aussagegehalt dahingehend konkretisieren.

Mithin könnte § 60g UrhG lauten:

„Auf schuldrechtliche Vereinbarungen, die erlaubte Nutzungen nach diesem Unterabschnitt zum Nachteil der Nutzungsberechtigten beschränken oder untersagen, kann sich der Rechtsinhaber nicht berufen."

2157 Vgl. H III 1. b).

6. Abschließend verbleibt noch die Problematik, wie die angesichts ihrer erheblichen Investitionen erforderliche Vergütung der Verleger für gesetzlich erlaubte Nutzungen sichergestellt werden kann. Die Verlegerbeteiligung in Form eines originären Beteiligungsanspruchs ist dabei ein überzeugender und unionsrechtskonformer Lösungsweg,[2158] der es im Gegensatz zum Vertragsvorbehalt ermöglicht, die berechtigten Interessen der Verwerter im Bereich der Schranken rechtssicher und widerspruchsfrei ins Urheberrechtsgesetz zu implementieren.[2159] Es ist demgemäß zu ersehenen, dass der Gesetzgeber an seinem Vorhaben festhält und die Verlegerbeteiligung in Form des § 63a II UrhG-E Recht werden lässt.

Weil die Verlegerbeteiligung und der Vertragsvorbehalt das gleiche ökonomische Ziel anstreben, besteht kein paralleles Bedürfnis nach der Existenz beider Rechtsfiguren. Mit Aufgabe der Vertragsvorbehalte und der Einführung der Verlegerbeteiligung wäre ein wesentlicher Entwicklungsschritt für das Urheberrecht gegangen, um es de lege ferenda auf die Herausforderungen der Zukunft vorzubereiten.

VI Fazit

Im Ausgangspunkt der Untersuchung wurde aufgezeigt, dass sich das Recht der Schranken ohne hinreichende Berücksichtigung der Verwerterinteressen geformt hat.[2160] Diesem Reformbedarf gilt es vor dem Hintergrund der wirtschaftlichen Situation gerade mittlerer und kleinerer Verlage aus den Gründen der Gerechtigkeit und der Anerkennung ihrer verlegerischen Leistung im Gesetz zu begegnen. Andernfalls wird sich die Lage des Verlagswesens und der Buchzwischenhändler nur schwer erholen. Die Entwicklung der Digitalisierung und Technologisierung hat hierbei eine Veränderung mit sich gebracht, in der teilweise ein Lösungsweg gesehen wird, die Primärmarkrelevanz von Schrankenbestimmungen zu reduzieren und den Verlegern zugleich Lizenzeinnahmen zu gewähren. Während in der analogen Welt Kontakte zwischen Nutzern und Rechteinhabern undenkbar waren, gewähren die Vermarktungsmöglichkeiten in einer von Zeit und Ort ungebundenen Welt die Möglichkeit, direkt in vertragliche Beziehungen einzutreten. In diesem Fall besteht die Option, dass der Nutzer seine Zugangsinteressen befriedigen kann, indem seine Nutzung auf Lizenzbasis erfolgt. Er wäre dann nicht mehr angewiesen auf gesetzliche Privilegierungen. Das hat die neoliberale Frage erweckt, wie sich das Urheberrecht zum Verhältnis von Schranke und Vertrag positioniert.

In diesem Zusammenhang hat der Gesetzgeber, weil Schranken aus ihrer Rechtsnatur heraus nicht mit urheberrechtlicher Wirkung abbedungen werden können und somit stets vorrangig sind,[2161] mit § 60g II UrhG,[2162] nicht jedoch mit § 60g I

2158 Vgl. K IV 1.

2159 Siehe zu seinen Vorteilen gegenüber Vertragsvorbehalten K IV 2.

2160 Siehe B II.

2161 Siehe zu diesem dogmatischen Ergebnis E III, IV 3.

2162 Siehe zu seiner Interpretation H II.

UrhG[2163] einen Vorbehalt des Vertrags in das Urheberrechtsgesetz implementiert. Ein solcher Rechtsgedanke war dem historischen Gesetzgeber unbekannt. Anhand dieser Rechtsfigur wurde der Fragestellung nachgegangen, ob die Herausforderungen unserer Zeit eine solche Anpassung des Rechts rechtfertigen oder erfordern. Am Ende der Untersuchung kann dies uneingeschränkt verneint werden. Denn Vertragsvorbehalte in urheberrechtlichen Schranken stehen im Konflikt zu den historischen und philosophischen, damit rechtstheoretischen Grundlagen des Urheberrechts. Sie widersprechen seiner Dogmatik und Wertentscheidung, die natur- und grundrechtlich vorgeprägt ist.[2164] Die Rechtsfigur beschleunigt das Herabsinken des Urheberrechts vom Kreativenschutzrecht zum Schutzrecht der Kulturindustrie.[2165] Sie verstärkt die strukturelle Entwicklung vom Individualschutzrecht hin zur Vergesellschaftung des Eigentums[2166] und von der zwingenden normativen Wertentscheidung des Gesetzgebers hin zur Privatisierung des Urheberrechtsgesetzes.[2167] Die Anforderungen der Gegenwart erfordern eine solche Veränderung der ökonomischen Stoßrichtung nicht. Vielmehr steht sie im offenen Widerspruch zu den Grundlagen des Urheberrechts, seiner Zielsetzung (§ 11 S. 2 UrhG) und der Rechtsnatur der Schranken. So entsteht ein inkonsistentes Gesetz systemwidriger Normen.

Hervorgehoben wird, dass es sich bei § 60g II UrhG um eine Ausnahmebestimmung handelt, die weder verallgemeinerbar noch analogiefähig ist und nicht als Vorbild für weitere Gesetzesvorhaben dienen sollte. Die außergewöhnlich harsche Kritik an § 52b UrhG aF als systemfremde Regelung hat nichts an ihrer Berechtigung verloren.[2168]

Im Ergebnis sollte deswegen für das Urheberrecht de lege ferenda eine Streichung aller Vertragsvorbehalte in Schrankenerlaubnissen angestrebt werden. Bedauerlicherweise steht dem bislang Art. 5 III lit. n) InfoSoc entgegen, weshalb sich die Bundesrepublik in der Europäischen Union für seine Reform einsetzen sollte.[2169]

In allen anderen Schrankenregelungen des Urheberrechtsgesetzes könnten und sollten Vertragsvorbehalte schon jetzt aufgehoben werden. Erfreulicherweise macht § 60g I UrhG außer in Bezug auf die von § 60g II UrhG erfassten Nutzungserlaubnisse an elektronischen Leseplätzen und zum Kopienversand bereits aktuell

---

2163 Siehe wiederum zu dessen Interpretation H III.

2164 Ausführlich zu den Nachteilen des Vertragsvorbehalts I I 2.

2165 Ausführlich zu dieser Bewertung des Vertragsvorbehalts K II 1. a).

2166 Ausführlich zu dieser Bewertung des Vertragsvorbehalts K II 1. b).

2167 Ausführlich zu dieser Bewertung des Vertragsvorbehalts K II 1. c).

2168 Siehe dazu K I 2. mwN.

2169 Ebenso bereits für eine Entfernung von Vertragsvorbehalten aus den urheberrechtlichen Schrankenbestimmungen des nationalen und unionalen Rechts *König*, Elektronische Leseplätze, S. 300.

deutlich, dass die gesetzlichen Nutzungsmöglichkeiten mit urheberrechtlicher Wirkung vertraglich weder beschränkt noch untersagt werden dürfen. Das kann infolge der dem Privilegierten durch § 60g I UrhG gewährten dauerhaften Einrede nicht mittels schuldrechtlicher Vereinbarung faktisch ausgehebelt werden. Aufgrund der Grundrechtsrelevanz von Bildung, Wissenschaft und Forschung ist es sinnvoll, daran festzuhalten, die Wissenschaftsschranken schuldrechtlich durch eine Einrede abzusichern. Die Vorrangigkeit der Schrankenregelungen selbst ist zwingend beizubehalten und nicht durch weiteren Einschränkungen zu reformieren. Im Anwendungsbereich gesetzlicher Nutzungserlaubnisse sollte der Gesetzgeber jegliche neoliberale Grundhaltung aufgeben und vielmehr seinem ureigenen Auftrag gerecht werden, die Schrankenregelungen fortlaufend zu überprüfen, um sie nach umfassender parlamentarischer Würdigung zeit- und bedürfnisgerecht anpassen zu können. So bleiben die Schranken das ausgewogene Abwägungsergebnis aller berührten Interessen. Andernfalls wird der Telos der Schranken dem Ausbau im Urheberrechtsgesetz von Schutzbestrebungen der Industrie der Verwerter geopfert.

Dadurch befreit sich der Gesetzgeber zugleich von dem Vorwurf, dass bei der Ausgestaltung von Ausschließlichkeitsrechten fiskalische Interessen des Staats von Bedeutung sind. Dass die meisten Bildungs- und Wisseneinrichtungen in staatlicher Trägerschaft stehen, rechtfertigt keine Bildung oder Wissenschaft zum Nulltarif. Vertragliche Möglichkeiten, Ausgaben zu minimieren, gehören dem Bereich der Schranken entzogen.

Grundsätzlich schüren Befristungen Rechtsunsicherheiten und vermeiden die Entwicklung nachhaltiger Strukturen. In Bezug auf Vertragsvorbehalte in urheberrechtlichen Schrankenbestimmungen ist § 142 II UrhG aufgrund des dargelegten dringenden Reformbedarfs indes als Chance für das Urheberrecht zu verstehen, die der Gesetzgeber hoffentlich nutzen wird. Es ist die Erwartung zu hegen, dass kritische Diskussionen über die Überzeugungskraft des Vertragsvorbehalts in Schrankenprivilegierungen es erreichen werden, die andauernde Reformdebatte des Urheberrechts entscheidend mitzuprägen. Bis dahin kann die Zuversichtlichkeit auf ein verbessertes Urheberrecht der Zukunft erhalten bleiben. Denn noch haben die Vertragsvorbehaltsvorschriften dem Urheberrecht keinen nachhaltigen, irreversiblen Schaden beizufügen vermocht.

Literaturverzeichnis

Abdallah, Tarek/Gercke, Björn/Reinert, Peter, Die Reform des Urheberrechts – hat der Gesetzgeber das Strafrecht übersehen?. Zu den strafrechtlichen Implikationen von Privatkopie und wirksamen technischen Schutzmaßnahmen unter besonderer Berücksichtigung privatkopierter Audio-CDs, ZUM 2004, 31–39.

Adomeit, Klaus/Hähnchen, Susanne, Rechtstheorie mit Juristischer Methodenlehre, 7. Auflage, Heidelberg 2018 (zit.: *Adomeit/Hähnchen*, Rechtstheorie, Rn.).

Ahlberg, Hartwig/Götting, Horst-Peter (Hrsg.), Urheberrecht. UrhG, KUG, VerlG, VGG. Kommentar, 4. Auflage, München 2018 (zit.: *Bearbeiter*, in: *Möhring/Nicolini*, UrhR, §, Rn.).

Ahrens, Claus, Die Ausschließungsbefugnis des Lizenznehmers im Spannungsfeld mit den Urheberinteressen, UFITA 2001/III, 649–681.

Ahrens, Hans-Jürgen, Brauchen wir einen Allgemeinen Teil der Rechte des Geistigen Eigentums?, GRUR 2006, 617–624.

Ahrens, Hans-Jürgen/Bornkamm, Joachim/Gloy, Wolfgang/Starck, Joachim/Ungern-Sternberg, Joachim von (Hrsg.), Festschrift für Willi Erdmann. Zum 65. Geburtstag, Köln 2002 (zit.: *Autor*, in: *Ahrens/Bornkamm/Gloy*, FS Erdmann, S.).

Aicher, Josef, Das Eigentum als subjektives Recht. Zugleich ein Beitrag zur Theorie des subjektiven Rechts, Berlin 1975.

Albach, Gregor, Zur Verhältnismäßigkeit der Strafbarkeit privater Urheberrechtsverletzungen im Internet, Norderstedt 2015.

Alexander, Christian, Der Schutz von Presseverlegern gemäß § 87f bis § 87h UrhG, WRP 2013, 1122–1130.

Alexy, Robert, Theorie der Grundrechte, 8. Auflage, Baden-Baden 2018.

Allfeld, Philipp, Das Urheberrecht an Werken der Literatur und der Tonkunst. Kommentar zu dem Gesetze vom 19. Juni 1901 sowie zu den internationalen Verträgen zum Schutze des Urheberrechtes, 2. Auflage, München 1928 (zit.: *Allfeld*, UrhR, §, S.).

Allfeld, Philipp, Kommentar zu den Reichsgesetzen über das Gewerbliche Urheberrecht, Patentgesetz, Gesetz betr. das Urheberrecht an Mustern und Modellen, Gesetz betr. den Schutz von Gebrauchsmustern, Gesetz zum Schutz der Warenbezeichnungen sowie zu den internationalen Verträgen zum Schutze des gewerblichen Urheberrechts, München 1904 (zit.: *Allfeld*, PatG, §, S.).

Amelung, Knut, Die Einwilligung in die Beeinträchtigung eines Grundrechtsgutes. Eine Untersuchung im Grenzbereich von Grundrechts- und Strafrechtsdogmatik, Berlin 1981.

Ann, Christoph, Die idealistische Wurzel des Schutzes geistiger Leistungen, GRUR Int. 2004, 597–603.

Ann, Christoph, Know-How – Stiefkind des Geistigen Eigentums?, GRUR 2007, 39–43.

Arlt, Christian, Digital Rights Management Systeme. Der Einsatz technischer Maßnahmen zum Schutz digitaler Inhalte, München 2006.

Aschenbrenner, Jo Beatrix, Leitlinien aus Europa für die Umsetzung der Privatkopieschranke im Zweiten Korb der Urheberrechtsnovelle, ZUM 2005, 145–154.

Auer, Marietta, Neues zu Umfang und Grenzen der richtlinienkonformen Auslegung, NJW 2007, 1106–1109.

Augenstein, Christof, Rechtliche Grundlagen des Verteilungsplans urheberrechtlicher Verwertungsgesellschaften, Baden-Baden 2004.

Badura, Peter, Der Eigentumsschutz des Urhebers und die Vervielfältigung urheberrechtlich geschützter Werke für Zwecke der Ausbildung und der Wissenschaft. Zur Sozialgebundenheit des geistigen Eigentums, Neuwied 1982 (zit.: *Badura*, Eigentumsschutz, S.).

Badura, Peter/Scholz, Rupert (Hrsg.), Wege und Verfahren des Verfassungslebens. Festschrift für Peter Lerche zum 65. Geburtstag, München 1992 (zit.: *Autor*, in: *Badura/Scholz*, FS Lerche, S.).

Bähr, Otto, Über Irrungen im Contrahiren, JJ 1875, 393–427.

Bajon, Benjamin, Interessenausgleich im Wissenschaftsurheberrecht?. Wissenschaftsschranken nach dem „Zweiten Korb“ der Urheberrechtsreform, Münster 2010.

Bamberger, Heinz Georg/Roth, Herbert/Hau, Wolfgang/Poseck, Roman (Hrsg.), Bürgerliches Gesetzbuch. Kommentar. Band 1, §§ 1–480, 4. Auflage, München 2019 (zit.: *Bearbeiter*, in: *Bamberger/Roth*, BGB, §, Rn.).

Bappert, Walter, Urheberrechtsgedanken im Privilegienwesen?, UFITA 1964/II, 90–141.

Bappert, Walter, Wege zum Urheberrecht. Die geschichtliche Entwicklung des Urheberrechtsgedankens, Frankfurt a.M. 1962.

Bartlakowski, Katja/Talke, Armin/Steinhauer, Eric, Bibliotheksurheberrecht. Ein Lehrbuch für Praxis und Ausbildung, Bad Honnef 2010.

Baston-Vogt, Marion, Der sachliche Schutzbereich des zivilrechtlichen allgemeinen Persönlichkeitsrechts, Tübingen 1997 (zit.: *Baston-Vogt*, Der sachliche Schutzbereich, S.).

Bauer, Christian Alexander, User Generated Content. Urheberrechtliche Zulässigkeit nutzergenerierter Medieninhalte, Heidelberg 2011.

Baulch, Libby/Green, Michael/Wyburn, Mary (Hrsg.), ALAI Study Days. The Boundaries of Copyright: its proper limitations and exceptions, Sydney 1999 (zit.: *Autor*, in: *Baulch/Green/Wyburn*, ALAI Study Days, S.).

Baumbach, Adolf/Lauterbach, Wolfgang/Albers, Jan/Hartmann, Peter (Hrsg.), Zivilprozessordnung mit FamFG, GVG und anderen Nebengesetzen, Band 1, 77. Auflage, München 2019 (zit.: *Bearbeiter*, in: *Baumbach/Lauterbach/Albers/Hartmann*, ZPO, §, Rn.).

Baur, Fritz/Larenz, Karl/Wieacker, Franz (Hrsg.), Beiträge zur europäischen Rechtsgeschichte und zum geltenden Zivilrecht, Festgabe für Johannes Sontis, München 1977 (zit.: *Autor*, in: *Baur/Larenz/Wieacker*, FG Sontis, S.).

Baur, Jürgen/Stürner, Rolf, Sachenrecht, 18. Auflage, München 2009.

Bayreuther, Frank, Anmerkung zu BGH Urteil vom 5.2.1998 – Testpreis-Angebot, EuZW 1998, 478–479.

Bayreuther, Frank, Beschränkungen des Urheberrechts nach der neuen EU-Urheberrechtsrichtlinie, ZUM 2001, 828–839.

Bechtold, Stefan, Vom Urheber- zum Informationsrecht. Implikationen des Digital Rights Management, München 2002.

Bechtold, Stefan, Zur rechtsökonomischen Analyse im Immaterialgüterrecht, GRUR Int. 2008, 484–488.

Becker, Bernhard von, Zitat und Kunstfreiheit, Das „Brecht-Zitate"-Urteil des Bundesverfassungsgerichts, ZUM 2000, 864–866.

Becker, Jürgen/Hilty, Reto/Stöckli, Jean-Fritz/Würtenberger, Thomas (Hrsg.), Recht im Wandel seines sozialen und technologischen Umfeldes, Festschrift für Manfred Rehbinder, München, Bern 2002 (zit.: *Autor*, in: *Becker*, FS Rehbinder, S.).

Becker, Jürgen/Lerche, Peter/Mestmäcker, Ernst-Joachim (Hrsg.), Wanderer zwischen Musik, Politik und Recht. Festschrift für Reinhold Kreile zu seinem 65. Geburtstag, Baden-Baden 1994 (zit.: *Autor*, in: *Becker/Lerche/Mestmäcker*, FS Kreile, S.).

Becker, Ulrich/Hatje, Armin/Schoo, Johann/Schwarze, Jürgen (Hrsg.), EU-Kommentar, 4. Auflage, Baden-Baden 2019 (zit.: *Bearbeiter*, in: *Becker/Schwarze*, EU, Art., Rn.).

Beger, Gabriele, Urheberrecht und elektronische Bibliotheksangebote. Ein Interessenkonflikt, Berlin 2002.

Beier, Friedrich-Karl, Gewerblicher Rechtsschutz und freier Warenverkehr im europäischen Binnenmarkt und im Verkehr mit Drittstaaten, GRUR Int. 1989, 603–615.

Beier, Friedrich-Karl, Zur Zulässigkeit von Parallelimporten patentierter Erzeugnisse, GRUR Int. 1996, 1–9.

Beier, Friedrich-Karl/Götting, Horst-Peter/Lehmann, Michael/Moufang, Rainer (Hrsg.), Urhebervertragsrecht. Festgabe für Gerhard Schricker zum 60. Geburtstag, München 1995 (zit.: *Autor*, in: *Beier/Götting*, FS Schricker I, S.).

Beier, Friedrich-Karl/Kraft, Alfons/Schricker, Gerhard/Wadle, Elmar (Hrsg.), Gewerblicher Rechtsschutz und Urheberrecht in Deutschland. Festschrift zum hundertjährigen Bestehen der Deutschen Vereinigung für gewerblichen Rechtsschutz und Urheberrecht und ihrer Zeitschrift, Band I, Weinheim 1991 (zit.: *Autor*, in: *Beier*, FS GRUR I, S.).

Benjamin, Walter, Allegorien kultureller Erfahrung, Ausgewählte Schriften 1920–1940, Leipzig 1984.

Bentham, Jeremy, An introduction to the principles of morals und legislation, 2. Auflage, Oxford 1996.

Bentham, Jeremy, Of Laws in General, London 1970.

Berger, Christian, Die Erschöpfung des urheberechtlichen Verbreitungsrechts als Ausprägung der Eigentumstheorie des BGB, AcP 2001, 411–450.

Berger, Christian, Die öffentliche Wiedergabe von urheberrechtlichen Werken an elektronischen Leseplätzen in Bibliotheken, Museen und Archiven. Urheberrechtliche, verfassungsrechtliche und europarechtliche Aspekte des geplanten § 52b UrhG, GRUR 2007, 754–760.

Berger, Christian, Die öffentliche Zugänglichmachung urheberrechtlicher Werke für Zwecke der akademischen Lehre. Zur Reichweite des § 52a I Nr. 1 UrhG, GRUR 2010, 1058–1064.

Berger, Christian, Lizenzen in der Insolvenz des Lizenzgebers, GRUR 2013, 321–335.

Berger, Christian, Urheberrecht in der Wissensgesellschaft, GRUR 2017, 953–964.

Berger, Christian/Degenhart, Christoph, Rechtsfragen Elektronischer Pressespiegel. Verfassungsrechtliche und urheberrechtliche Aspekte, AfP 2002, 557–583.

Berger, Christian/Wündisch, Sebastian (Hrsg.), Urhebervertragsrecht, Handbuch, 2. Auflage, Baden-Baden 2015 (zit.: *Bearbeiter*, in: *Berger/Wündisch*, Urhebervertragsrecht, §, Rn.).

Berger, Klaus Peter/Ebke, Werner/Elsing, Siegfried/Großfeld, Bernhard/Kühne, Gunther (Hrsg.), Festschrift für Otto Sandrock zum 70. Geburtstag, Heidelberg 2000 (zit.: *Autor*, in: *Berger*, FS Sandrock, S.).

Beyerbach, Hannes, Die geheime Unternehmensinformation. Grundrechtlich geschützte Betriebs- und Geschäftsgeheimnisse als Schranke einfachrechtlicher Informationsansprüche, Tübingen 2012.

Bierling, Rudolph, Zur Kritik der juristischen Grundbegriffe, Teil 2, Gotha 1883.

Birtsch, Günter (Hrsg.), Grund- und Freiheitsrechte im Wandel von Gesellschaft und Geschichte. Beiträge zur Geschichte der Grund- und Freiheitsrechte vom Ausgang des Mittelalters bis zur Revolution von 1848, Göttingen 1981 (zit.: *Autor*, in: *Birtsch*, Grund- und Freiheitsrechte im Wandel, S.).

Blachian, Heinz, Die Lehre von der Erschöpfung des Verbreitungsrechts im Urheberrecht, München 1964.

Bodewig, Theo/Wandtke, Artur-Axel, Die doppelte Lizenzgebühr als Berechnungsmethode im Lichte der Durchsetzungsrichtlinie, GRUR 2008, 220–229.

Boemke, Burkhard/Ulrici, Bernhard, BGB Allgemeiner Teil, 2. Auflage, Heidelberg, Dordrecht, London, New York 2014 (zit.: *Boemke/Ulrici*, BGB AT, §, Rn.).

Böhmer, Werner, Grundfragen der verfassungsrechtlichen Gewährleistung des Eigentums in der Rechtsprechung des Bundesverfassungsgerichts, NJW 1988, 2561–2574.

Bork, Reinhard, Allgemeiner Teil des Bürgerlichen Gesetzbuchs, 3. Auflage, Tübingen 2011 (zit.: *Bork*, AT des BGB, §, Rn.).

Borowski, Martin, Grundrechte als Prinzipien, 3. Auflage, Baden-Baden 2018.

Bortz, Christoffer, Urheberrechtliche Lizenzen in nationaler und internationaler Insolvenz, Frankfurt a.M. 2012 (zit.: *Bortz*, Urheberrechtliche Lizenzen, S.).

Böttcher, Reinhard/Hueck, Götz/Jähnke, Burkhard (Hrsg.), Festschrift für Walter Odersky zum 65. Geburtstag am 17. Juli 1996, Berlin, New York 1996 (zit.: *Autor*, in: *Böttcher/Hueck/Jähnke*, FS Odersky, S.).

Brandenburg, Anne, Die Rückrufsrechte des Urhebers im Kontext allgemeiner Vertragsbeendigungsgründe. Eine Untersuchung ihrer Auswirkungen auf den Bestand von Nutzungsrechten, Baden-Baden 2014 (zit.: *Brandenburg*, Rückrufsrechte, S.).

Brauer, Tillman/Sopp, Michaela, Sicherungsrechte an Lizenzrechten; eine unsichere Sicherheit?. Das Schicksal von Sicherheiten an Lizenzrechten, ZUM 2004, 112–122.

Braun, Johann, Einführung in die Rechtswissenschaft, 4. Auflage, Tübingen 2011.

Brehm, Wolfgang, Allgemeiner Teil des BGB, 6. Auflage, Stuttgart 2008 (zit.: *Brehm*, AT des BGB, Rn.).

Brehm, Wolfgang/Berger, Christian, Sachenrecht, 3. Auflage, Tübingen 2014.

Brinz, Alois, Lehrbuch der Pandekten, Band I, 2. Auflage, Erlangen 1873.

Brocker, Manfred, Arbeit und Eigentum. Der Paradigmenwechsel in der neuzeitlichen Eigentumstheorie, Darmstadt 1992.

Brox, Hans/Walker, Wolf-Dietrich, Allgemeiner Teil des BGB, 44. Auflage, München 2020 (zit.: *Brox/Walker*, AT des BGB, §, Rn.).

Brügger, Paul (Hrsg.), Homo Creator. Festschrift für Alois Troller, Basel, Stuttgart 1976 (zit.: *Autor*, in: *Brügger*, FS Troller, S.).

Bull, Der Gemeinnutz im Urheberrecht, UFITA 1934, 378–382.

Bull, Der Zweck im Urheberrecht, UFITA 1935, 400–404.

Bullinger, Winfried/Grunert, Eike/Ohst, Claudia/Wöhrn, Kirsten-Inger (Hrsg.), Festschrift für Artur-Axel Wandtke zum 70. Geburtstag am 26. März 2013, Berlin, Bosten 2013 (zit.: *Autor*, in: *Bullinger/Grunert/Ohst/Wöhrn*, FS Wandtke, S.).

Busche, Jan, Anmerkung zum Urteil des BGH vom 4.12.1999 – X ZR 61/98, JR 2001, 25–26.

Büscher, Wolfgang/Dittmer, Stefan/Schiwy, Peter, Gewerblicher Rechtsschutz, Urheberrecht, Medienrecht. Kommentar, 3. Auflage, Köln 2015 (zit.: *Bearbeiter*, in: *Büscher/Dittmer/Schiwy*, UrhG, §, Rn.).

Busse, Rudolf/Keukenschrijver, Alfred (Begr. und Hrsg.), Patentgesetzt. Kommentar, 8. Auflage, Berlin, Boston 2016 (zit.: *Bearbeiter*, in: *Busse/Keukenschrijver*, PatG, §, Rn.).

Bydlinski, Franz, Juristische Methodenlehre und Rechtsbegriff, 2. Auflage, Wien, New York 1991.

Calabresi, Guido/Melamed, Douglas, Property Rules, Liability Rules. And Inalienability: One View Of The Cathedral, Harvard Law Review 1972, 1089–1128.

Canaris, Claus-Wilhelm/Heldrich, Andreas/Hopt, Klaus/Roxin, Claus/Schmidt, Karsten/Widmaier, Gunter (Hrsg.), 50 Jahre Bundesgerichtshof, Festgabe aus der Wissenschaft,

– Band I: Bürgerliches Recht, München 2000;

– Band II: Handels- und Wirtschaftsrecht, Europäisches und Internationales Recht, München 2000

(zit.: *Autor*, in: *Canaris*, 50 Jahre BGH, Bd., S.).

Castendyk, Oliver, Von Lobbyisten und anderen Monstern, MMR 2012, 349–350.

Chiusi, Tizian/Gergen, Thomas/Jung, Heike (Hrsg.), Das Recht und seine historischen Grundlagen. Festschrift für Elmar Wadle zum 70. Geburtstag, Berlin 2008 (zit.: *Autor*, in: *Chiusi/Gergen/Jung*, FS Wadle, S.).

Chrocziel, Peter, Einführung in den Gewerblichen Rechtsschutz und das Urheberrecht, 2. Auflage, München 2002 (zit.: *Chrocziel*, Gewerblicher Rechtsschutz und Urheberrecht, Rn.).

Coing, Helmut, Grundzüge der Rechtsphilosophie, 5. Auflage, Berlin, New York 1993.

Conrad, Albrecht/Berberich, Matthias, Vier Urteile und ein Todesfall. Zur Wiederbelebung der Verlegerbeteiligung aus dem Geist der Treuhand, GRUR 2016, 648–656.

Conrad, Albrecht/Schubert, Tobias, How to Do Things with Code, Zur Erklärung urheberrechtlicher Einwilligungen durch robots.txt, GRUR 2018, 350–358.

Cremer, Wolfram, Freiheitsgrundrechte. Funktionen und Strukturen, Tübingen 2003.

Czychowski, Christian, „Wenn der dritte Korb aufgemacht wird..." – Das zweite Gesetz zur Regelung des Urheberrechts in der Informationsgesellschaft, GRUR 2008, 586–591.

Dahm, Katja, Der Schutz des Urhebers durch die Kunstfreiheit, Tübingen 2012.

Danwitz, Thomas von, Rechtswirkungen von Richtlinien in der neueren Rechtsprechung des EuGH, JZ 2007, 697–706.

Dauner-Lieb, Barbara/Langen, Werner (Hrsg.), Nomos Kommentar. BGB. Schuldrecht, Teilband I, 3. Auflage, Baden-Baden 2016 (zit.: *Bearbeiter*, in: *Dauner-Lieb/ Langen*, BGB, §, Rn.).

de Boor, Hans Otto, Konstruktionsfragen im Urheberrecht, UFITA 1943/44, 345–363.

de Boor, Hans Otto, Urheberrechtliche Grundsatzfragen in Schrifttum und Rechtsprechung, UFITA 1956/I, 129–150.

de Boor, Hans Otto, Vom Wesen des Urheberrechts. Kritische Bemerkungen zum Entwurf eines Gesetzes über das Urheberrecht an Werken der Literatur, der Kunst und der Photographie, Marburg 1933.

de la Durantaye, Katharina, Allgemeine Bildungs- und Wissenschaftsschranke, Münster 2014.

de la Durantaye, Katharina, Der Kampf um die Public Domain, GRUR Int. 2012, 989–994.

de la Durantaye, Katharina, Neues Urheberrecht für Bildung und Wissenschaft – eine kritische Würdigung des Gesetzentwurfs, GRUR 2017, 558–567.

de la Durantaye, Katharina, Regulierungsmöglichkeiten der Verlegerbeteiligung aus juristischer Sicht, ZUM 2020, 88–95.

Depenheuer, Otto/Peifer, Karl-Nikolaus (Hrsg.), Geistiges Eigentum: Schutzrecht oder Ausbeutungstitel?. Zustand und Entwicklungen im Zeitalter von Digitalisierung und Globalisierung, Heidelberg 2008 (zit.: *Autor*, in: *Depenheuer/Peifer*, Schutzrecht oder Ausbeutungstitel?, S.).

Dernburg, Heinrich/Kohler, Josef, Urheber-, Paten-, Zeichenrecht; Versicherungsrecht und Rechtsverfolgung, Halle 1910.

Detten, Urban von, Kunstausstellung und das Urheberpersönlichkeitsrecht des bildenden Künstlers, Frankfurt a.M. 2010 (zit.: *v. Detten*, Kunstausstellung, S.).

Diederichsen, Ulrike, Der Vergütungsanspruch des angestellten Urhebers – Gleichbehandlung mit dem Arbeitnehmererfinder, Berlin 2002 (zit.: *Diederichsen*, Der Vergütungsanspruch des angestellten Urhebers, S.).

Diemar, Undine von, Kein Recht auf Privatkopie – Zur Rechtsnatur der gesetzlichen Lizenz zu Gunsten der Privatvervielfältigung, GRUR 2002, 587–593.

Dieselhorst, Jochen, Die Harmonisierung der Leerkassetten- und Geräteabgab., Der EG-Gesetzgeber ist gefragt, GRUR Int. 1994, 788–798.

Dieselhorst, Jochen, Zur Dinglichkeit und Insolvenzfestigkeit einfacher Lizenzen. Kritische Betrachtungen auf Grundlage des BGH-Urteils „Reifen Progressiv“, CR 2010, 69–75.

Dietrich, Nils/Szalai, Stephan, Anmerkung zu BGH: Fortbestand von Unterlizenzen beim Erlöschen der Hauptlizenz – M2Trade, MMR 2012, 687–689.

Dietrich, Ralf, Rechtliche Bewältigung von netzbasiertem Datenaustausch und Verteidigungsstrategien, NJW 2006, 809–811.

Dietz, Adolf, Die Pläne der Bundesregierung zu einer gesetzlichen Regelung des Urhebervertragsrechts. Ein Beitrag aus der Sicht des Entwurfsverfasser, ZUM 2001, 276–282.

Dietz, Adolf, Verfassungsklauseln und Quasi-Verfassungsklauseln zur Rechtfertigung des Urheberrechts – gestern, heute und morgen, GRUR Int. 2006, 1–9.

Dietz, Claire, Der Werkintegritätsschutz im deutschen und US-amerikanischen Recht, Berlin 2009.

Dittrich, Robert (Hrsg.), Die Notwendigkeit des Urheberrechtsschutzes im Lichte seiner Geschichte, Wien 1991 (zit.: *Autor,* in: *Dittrich,* Notwendigkeit des Urheberrechtsschutzes, S.).

Dittrich, Robert (Hrsg.), Woher kommt das Urheberrecht und wohin geht es?. Wurzeln, geschichtlicher Ursprung, geistesgeschichtlicher Hintergrund und Zukunft des Urheberrechts, Wien 1988 (zit.: *Autor,* in: *Dittrich,* Woher kommt das Urheberrecht und wohin geht es?, S.).

Donle, Christian, Die Bedeutung des § 31 Abs. 5 für das Urhebervertragsrecht, München 1993.

Döring, Valentin, Reform der Verlegerbeteiligung – Die Sicht der Autor*innen und Übersetzer*innen belletristischer Werke, ZUM 2020, 109–117.

Dornis, Tim, Der Schutz künstlerischer Kreativität im Immaterialgüterrecht, GRUR 2019, 1252–1264.

Dreier, Thomas, Anmerkung zu BVerfG Beschluss vom 30.08.2010, GRUR 2010, 1002–1004.

Dreier, Thomas, Der Schrankenkatalog: Adäquate Zugangsregeln für die Wissensgesellschaft?, ZUM 2019, 384–393.

Dreier, Thomas, Die Schlacht ist geschlagen – ein Überblick. Zum Ergebnis des Copyright Package der EU-Kommission, GRUR 2019, 771–779.

Dreier, Thomas, Die Umsetzung der Urheberrechtsrichtlinie 2001/29/EG in deutsches Recht, ZUM 2002, 28–43.

Dreier, Thomas, EuGH, Privatkopie und kein Ende?, ZUM 2013, 769–755.

Dreier, Thomas, Grundrechte und die Schranken des Urheberrechts. Anmerkung zu EuGH „Funke Medien NRW" und „Spiegel Online", GRUR 2019, 1003–1008.

Dreier, Thomas, Überlegungen zur Revision des Schrankenkatalogs der Richtlinie 2001/29/EG, GRUR Int. 2015, 648–657.

Dreier, Thomas/Hilty, Reto (Hrsg.), Vom Magnettonband zu Social Media. Festschrift 50 Jahre Urheberrechtsgesetz (UrhG), München 2015 (zit.: *Autor,* in: *Dreier/Hilty,* FS 50 Jahre UrhG, S.).

Dreier, Thomas/Leistner, Matthias, Urheberrecht im Internet: die Forschungsherausforderungen, GRUR 2013, 881–897.

Dreier, Thomas/Peifer, Karl-Nikolaus/Specht, Louisa (Hrsg.), Anwalt des Urheberechts. Festschrift für Gernot Schulze zum 70. Geburtstag, München 2017 (zit.: *Bearbeiter*, in: *Dreier/Peifer/Specht*, FS Schulze, S.).

Dreier, Thomas/Schulze, Gernot (Hrsg.), Urheberrechtsgesetz, Urheberrechtswahrnehmungsgesetz, Kunsturhebergesetz. Kommentar, 5. Auflage, München 2015 (zit.: *Bearbeiter*, in: *Dreier/Schulze*, UrhG, 5. Auflage, §, Rn.).

Dreier, Thomas/Schulze, Gernot (Hrsg.), Urheberrechtsgesetz, Urheberrechtswahrnehmungsgesetz, Kunsturhebergesetz. Kommentar, 4. Auflage, München 2013 (zit.: *Bearbeiter*, in: *Dreier/Schulze*, UrhG, 4. Auflage, §, Rn.).

Dreier, Thomas/Schulze, Gernot (Hrsg.), Urheberrechtsgesetz, Verwertungsgesellschaftengesetz, Kunsturhebergesetz. Kommentar, 6. Auflage, München 2018 (zit.: *Bearbeiter*, in: *Dreier/Schulze*, UrhG, §, Rn.).

Dressel, Lothar, Der angestellte Urheber – Kein Handlungsbedarf für den Gesetzgeber, GRUR 1989, 319–324.

Dreyer, Gunda/Kotthoff, Jost/Meckel, Astrid (Hrsg.), Heidelberger Kommentar. Urheberrecht, Urheberrechtsgesetz, Urheberrechtswahrnehmungsgesetz, Kunsturhebergesetz, 3. Auflage, Heidelberg 2013 (zit.: *Bearbeiter*, in: *Dreyer/Kotthoff*, UrhR, 3. Auflage, §, Rn.).

Dreyer, Gunda/Kotthoff, Jost/Meckel, Astrid/Hentsch, Christian-Henner (Hrsg.), Heidelberger Kommentar. Urheberrecht, Urheberrechtsgesetz, Verwertungsgesellschaftengesetz, Kunsturhebergesetz, 4. Auflage, Heidelberg 2018 (zit.: *Bearbeiter*, in: *Dreyer/Kotthoff*, UrhR, §, Rn.).

Druey, Jean Nicolas, Information als Gegenstand des Rechts. Entwurf einer Grundlegung, Zürich, Baden-Baden 1995.

Dulckeit, Gerhard, Die Verdinglichung obligatorischer Rechte, Tübingen 1951.

Duppelfeld, Monika, Das Urheberrecht der Bibliotheken im Informationszeitalter, Tübingen 2014.

Eger, Thomas/Bigus, Jochen/Ott, Claus/Wangenheim, Georg von (Hrsg.), Internationalisierung des Rechts und seine ökonomische Analyse. Festschrift für Hans-Bernd Schäfer zum 65. Geburtstag, Wiesbaden 2008 (zit.: *Autor*, in: *Eger/Bigus/Ott/Wangenheim*, FS Schäfer, S.).

Ehricke, Ulrich, Die richtlinienkonforme Auslegung nationalen Rechts vor Ende der Umsetzungsfrist einer Richtlinie, EuZW 1999, 553–559.

Eichelberger, Jan/Wirth, Thomas/Seifert, Fedor, Urheberrechtsgesetz mit Verwertungsgesellschaftengesetz. Handkommentar, 3. Auflage, Baden-Baden 2020 (zit.: *Bearbeiter*, in: *Eichelberger/Wirth/Seifert*, UrhG, §, Rn.).

Eidenmüller, Horst, Effizienz als Rechtsprinzip. Möglichkeiten und Grenzen der ökonomischen Analyse des Rechts, 4. Auflage, Tübingen 2015.

Elster, Alexander, Die sozialethische Grundlage des Urheberrechts (insbesondere bezüglich des Problems „Persönlichkeit und Gemeinschaft") und die internationale Verständigung, UFITA 1938, 173–185.

Elster, Alexander, Die wettbewerbliche und die immanente Begrenzung des Urheberrechts. Ein Beitrag zu der Reformfrage der Ausdehnung oder Einschränkung der Urheberrechte, GRUR 1926, 493–502.

Elster, Alexander, Schutz des Geisteswerkes als Ausgleich zwischen Urheber und Allgemeinheit, UFITA 1931, 215–257.

Elster, Alexander, Umsatznutzen und „Zwangslizenz" im neuen Urheberrechts-Gesetzesentwurf, GRUR 1933, 22–26.

Elster, Alexander, Umsatznutzen und Zwangslizenz. Eine kleine Replik, GRUR 1933, 282–283.

Emmerich, Volker/Lange, Knut Werner, Unlauterer Wettbewerb. Ein Studienbuch, 11. Auflage, München 2019 (zit.: *Emmerich/Lange,* Unlauterer Wettbewerb, §, Rn.).

Engelhardt, Christian/Klein, Sascha, Bitcoins – Geschäfte mit Geld, das keines ist – Technische Grundlagen und zivilrechtliche Betrachtung, MMR 2014, 355–360.

Enneccerus, Ludwig/Nipperdey, Hans Carl, Lehrbuch des Bürgerlichen Rechts, Erster Band: Allgemeiner Teil des Bürgerlichen Rechts, Erster Halbband: Allgemeine Lehren, Personen, Rechtsobjekte, 15. Auflage, Tübingen 1959 (zit.: *Enneccerus/Nipperdey,* AT des Bürgerlichen Rechts, §).

Ensthaler, Jürgen/Blanz, Harald, Notwendiger Schutz von Presseverlagen im Internet oder systemwidriger Eingriff in die Informationsfreiheit?, GRUR 2012, 1104–1109.

Ensthaler, Jürgen/Weidert, Stefan (Hrsg.), Handbuch Urheberrecht und Internet, 3. Auflage, Frankfurt a.M. 2017 (zit.: *Autor,* in: *Ensthaler/Weidert,* Urheberrecht und Internet, Kap., Rn.).

Erdmann, Willi, Benachteiligt das geltende Ausstellungsrecht den Künstler?, GRUR 2011, 1061–1065.

Erdmann, Willi/Glory, Wolfgang/Herber, Rolf (Hrsg.), Festschrift für Henning Piper zum 65. Geburtstag, München 1996 (zit.: *Autor,* in: *Erdmann/Glory/Herber,* FS Piper, S.).

Erdmann, Willi/Mees, Hans-Kurt/Piper, Henning/Teplitzky, Otto/Hefermehl, Wolfgang/Ulmer, Peter (Hrsg.), Festschrift für Otto-Friedrich Frhr. v. Gamm, Köln, Berlin, Bonn, München 1990 (zit.: *Autor,* in: *Erdmann/Mees,* FS Gamm, S.).

Erman, Walter (Begr.), Bürgerliches Gesetzbuch, 15. Auflage, Köln 2017 (zit.: *Bearbeiter,* in: *Erman,* BGB, §, Rn.).

Esser, Josef/Thieme, Hans (Hrsg.), Festschrift für Fritz von Hippel, Tübingen 1967 (zit.: *Autor,* in: *Esser/Thieme,* FS Hippel, S.).

Eyrich, Heinz/Odersky, Walter/Säcker, Franz Jürgen (Hrsg.), Festschrift für Kurt Rebmann zum 65. Geburtstag, München 1989 (zit.: *Autor*, in: *Eyrich/Odersky/Säcker*, FS Rebmann, S.).

Fachausschuss für Urheber- und Verlagsrecht der GRUR, Stellungnahme der GRUR zum Grünbuch „Urheberrecht in der wissensbestimmten Wirtschaft KOM (2008) 466 endg.", GRUR 2009, 135–141.

Fachausschuss für Urheber- und Verlagsrecht der GRUR, Stellungnahme der GRUR zum Grünbuch „Urheberrecht in der wissensbestimmten Wirtschaft", GRUR 2009, 135–141.

Faust, Florian, Garantie und Haftungsbeschränkung in § 444 BGB, ZGS 2002, 271–274.

Fechner, Frank, Geistiges Eigentum und Verfassung. Schöpferische Leistungen unter dem Schutz des Grundgesetzes, Tübingen 1999 (zit.: *Fechner*, Geistiges Eigentum, S.).

Fezer, Karl-Heinz, Markenrecht, Kommentar zum Markengesetz, zur Pariser Verbandsübereinkunft und zum Madrider Markenabkommen, 4. Auflage, München 2009 (zit.: *Fezer*, MarkenG, §, Rn.).

Fezer, Karl-Heinz, Teilhabe und Verantwortung. Die personale Funktionsweise des subjektiven Privatrechts, München 1986.

Fichte, Gottlieb, Beweis der Unrechtmäßigkeit des Büchernachdrucks. Ein Räsonnement und eine Parabel, Berlinische Monatsschrift 21, 1793, 433, Nachdruck in UFITA 1987/III, 155–172.

Findeisen, Frank, Die Auslegung urheberrechtlicher Schrankenbestimmungen, Baden-Baden 2005.

Fischer, Florian, Zur Zulässigkeit traditioneller und elektronischer Pressespiegel durch kommerzielle Anbieter, ZUM 1995, 117–122.

Flechsig, Norbert, Der Zweite Korb zur Verbesserung der Urheber- und Leistungsschutzrechte, ZRP 2006, 145–149.

Flechsig, Norbert, Gesetzliche Vergütungsansprüche im Lichte geplanter Leistungsschutzrechte für pressemäßige Medienerzeugnisse, AfP 2012, 427–431.

Flechsig, Norbert, Rechtmäßige private Vervielfältigung und gesetzliche Nutzungsgrenzen – Zur Frage, in welchem Umfang privat hergestellte Vervielfältigungsstücke einer außerprivaten Nutzung zugeführt werden dürfen und zur Beweislast im Urheberprozess, GRUR 1993, 532–538.

Flechsig, Norbert, Verlegeranteil und Sukzessionsschutz nach nationalem Recht, GRUR-Prax 2016, 209–211.

Flechsig, Norbert, Zur Verkehrsfähigkeit gesetzlicher Vergütungsansprüche des Filmherstellers, ZUM 2012, 855–866.

Fleischer, Holger, Informationsasymmetrie im Vertragsrecht. Eine rechtsvergleichende und interdisziplinäre Abhandlung zu Reichweite und Grenzen vertragsschlußbezogener Aufklärungspflichten, München 2001.

Flume, Werner, Allgemeiner Teil des Bürgerlichen Rechts, Zweiter Band: Das Rechtsgeschäft, 4. Auflage, Berlin, Heidelberg, New York 1992 (zit.: *Flume*, AT des Bürgerlichen Rechts II, §, S.).

Forkel, Hans, Gebundene Rechtsübertragungen. Ein Beitrag zu den Verfügungsgeschäften über Patent-, Muster-, Urheber- und Persönlichkeitsrechte, Erster Band: Patent, Musterrechte, Urheberrecht, Berlin 1977.

Forkel, Hans, Zur dinglichen Wirkung einfacher Lizenzen, NJW 1983, 1764–1768.

Forkel, Hans, Zur Zulässigkeit beschränkter Übertragungen des Namensrechtes, NJW 1993, 3181–3183.

Forkel, Hans/Kraft, Alfons (Hrsg.), Beiträge zum Schutz der Persönlichkeit und ihrer schöpferischen Leistungen. Festschrift für Heinrich Hubmann zum 70. Geburtstag, Frankfurt a.M. 1985 (zit.: *Autor*, in: *Forkel/Kraft*, FS Hubmann, S.).

Förster, Achim, Fair Use. Ein Systemvergleich der Schrankengeneralklausel des US-amerikanischen Copyright Act mit dem Schrankenkatalog des deutschen Urheberrechtsgesetzes, Tübingen 2008.

Franzen, Martin, Anmerkung zu EuGH Urteil vom 4.7.2006 – Adeneler, JZ 2007, 191–194.

Frentz, Wolfgang Frhr. Raitz von/Masch, Christian, Die Insolvenzfestigkeit von einfachen und ausschließlichen Nutzungsrechten an Schutzrechten (Patentlizenzen, Markenlizenzen und urheberrechtlichen Nutzungsrechten), ZIP 2011, 1245–1250.

Frey, Dieter, Leistungsschutzrecht für Presseverleger – Überlegungen zur Struktur und zu den Auswirkungen auf die Kommunikation im Internet, MMR 2010, 291–295.

Frohne, Renate, Eine retractatio: fur, Dieb, und plagiarius bei Martial (1. Jh. n. Chr.), P.C. Decembrio und M. Vegio (15. Jh.), sowie L. Valla (15. Jh.), UFITA 2013/III, 763–786.

Fromm, Friedrich Karl, Der Bildnisschutz nach jetzigem Recht, UFITA 1966/II, 162–165.

Fromm, Friedrich Karl/Nordemann, Wilhelm (Begr.), Urheberrecht. Kommentar zum Urheberrechtsgesetz, Verlagsgesetz, Einigungsvertrag (Urheberrecht), neu: zur EU-Portabilitätsverordnung, 12. Auflage, Stuttgart 2018 (zit.: *Bearbeiter*, in: *Fromm/Nordemann*, UrhR, §, Rn.).

Fromm, Friedrich Karl/Nordemann, Wilhelm (Begr.), Urheberrecht. Kommentar zum Urheberrechtsgesetz, Verlagsgesetz, Urheberrechtswahrnehmungsgesetz, 10. Auflage, Stuttgart 2008 (zit.: *Bearbeiter*, in: *Fromm/Nordemann*, UrhR, 10. Auflage, §, Rn.).

Fromm, Friedrich Karl/Nordemann, Wilhelm (Begr.), Urheberrecht. Kommentar zum Urheberrechtsgesetz, Verlagsgesetz, Urheberrechtswahrnehmungsgesetz, 11. Auflage, Stuttgart 2014 (zit.: *Bearbeiter*, in: *Fromm/Nordemann*, UrhR, 11. Auflage, §, Rn.).

Fuchs, Thomas, Arbeitnehmer-Urhebervertragsrecht, Baden-Baden 2005.

Fuchs, Thomas, Der Arbeitnehmerurheber im System des § 43 UrhG, GRUR 2006, 561–565.

Fuhrmann-Siekmeyer, Anne/Thelen, Tobias, Einzelmeldungen urheberrechtlich geschützter Sprachwerke gemäß § 52a UrhG an die VG Wort, Bibliothek – Forschung und Praxis 2015, 394–400.

Fuhrmann-Siekmeyer, Anne/Thelen, Tobias/Knaden, Andreas, Pilotprojekt zur Einzelerfassung der Nutzung von Texten nach § 52a UrhG an der Universität Osnabrück, Osnabrück 2015 (zit.: *Fuhrmann-Siekmeyer/Thelen/Knaden*, Pilotprojekt Uni Osnabrück, S.).

Füller, Jens Thomas, Eigenständiges Sachenrecht?, Tübingen 2006.

Fürst, Walther/Herzog, Roman/Umbach, Dieter (Hrsg.), Festschrift für Wolfgang Zeidler, Band II, Berlin, New York 1987 (zit.: *Autor*, in: *Fürst/Herzog/Umbach*, FS Zeidler II, S.).

Gamm, Otto-Friedrich Frhr. von, Urheberrechtsgesetz. Kommentar, München 1968 (zit.: *v. Gamm*, UrhG, §, Rn.).

Gast, Peter, Grundsätzliches zur Stellung der Reichskulturkammer im Urheberrecht, UFITA 1935, 333–343.

Gast, Wolfgang, Juristische Rhetorik, 4. Auflage, Heidelberg 2006.

Gastiger, Sigmund, Inwieweit ist die unmittelbare Ausnutzung einer fremden Leistung ein Akt unlauteren Wettbewerbs?, GRUR 1965, 179–183.

Geerlings, Jörg, Das Urheberrecht in der Informationsgesellschaft und pauschale Geräteabgaben im Lichte verfassungs- und europarechtlicher Vorgaben, GRUR 2004, 207–213.

Geiger, Christophe, Comment: The Private Copy, a Freedom Endangered in the Digital Environment?, IIC 2005, 151–158.

Geiger, Christophe, Der urheberrechtliche Interessenausgleich in der Informationsgesellschaft – Zur Rechtsnatur der Beschränkungen des Urheberrechts, GRUR Int. 2004, 815–821.

Geiger, Christophe, Die Schranken des Urheberrechts als Instrument der Innovationsförderung – Freie Gedanken zur Ausschließlichkeit im Urheberrecht, GRUR Int. 2008, 459–468.

Geiger, Christophe/Griffiths, Jonathan/Hilty, Reto, Erklärung für eine ausgewogene Auslegung des Drei-Stufen-Tests im Urheberrecht, GRUR Int. 2008, 822–825.

Geiß, Karlmann/Nehm, Kay/Brandner, Hans Erich/Hagen, Horst (Hrsg.), Festschrift aus Anlaß des fünfzigjährigen Bestehens von Bundesgerichtshof, Bundesanwaltschaft und Rechtsanwaltschaft beim Bundesgerichtshof, Köln, Berlin, Bonn, München 2000 (zit.: *Autor*, in: *Geiß*, 50 Jahre BGH, S.).

Gellner, Franz, Das Eigentum als Grenze des ausschließlichen Verbreitungsrechtes. (Nach dem Urheber- und Verlagsgesetz vom 19.6.1901), Berlin 1911.

Genthe, Barbara, Der Umfang der Zweckübertragungstheorie im Urheberrecht, Frankfurt a.M. 1980.

Gierke, Otto von, Deutsches Privatrecht Band I: Allgemeiner Teil und Personenrecht, Leipzig 1895 (Urheberrechte, S. 748–848, abgedruckt in UFITA 1994/II, 103–200) (zit.: *v. Gierke*, UFITA 1994/II, 103).

Gieseke, Ludwig, Vom Privileg zum Urheberecht, Die Entwicklung des Urheberrechts in Deutschland bis 1845, Göttingen 1995 (zit.: *Gieseke*, Privileg, S.).

Goldbaum, Wenzel, Umsatznutzen und Zwangslizenz. Eine Erwiderung, GRUR 1933, 212–214.

Goldbaum, Wenzel, Urheberrecht und Urhebervertragsrecht. Ein Kommentar zu den Gesetzen über das Urheberrecht an Werken der Literatur und der Tonkunst, das Verlagsrecht und zur revidierten Berner Übereinkunft nebst Bestimmungen des Friedensvertrages, Berlin 1922.

Goldmann, Bettina/Liepe, Andreas, Vertrieb von kopiergeschützten Audio-CDs in Deutschland. Urheberrechtliche, kaufrechtliche und wettbewerbsrechtliche Aspekte, ZUM 2002, 362–375.

Golla, Sebastian/Lück, Benjamin, Der grüne Weg als Sackgasse?. Zur Rechtsnatur des sogenannten Zweitveröffentlichungsrechts nach § 38 Abs. 4 UrhG, ZUM 2015, 550–555.

Götting, Horst-Peter, Der Begriff des Geistigen Eigentums, GRUR 2006, 353–358.

Götting, Horst-Peter, Persönlichkeitsrechte als Vermögensrechte, Tübingen 1995.

Gounalakis, Georgios, Elektronische Kopien für Unterricht und Forschung (§ 52 a UrhG) im Lichte der Verfassung. Rechtsgutachten im Auftrag des Börsenvereins des Deutschen Buchhandels e.V., Tübingen 2003 (zit.: *Gounalakis*, §52a UrhG im Lichte der Verfassung, S.).

Gounalakis, Georgios/Heinze, Meinhard/Dörr, Dieter (Hrsg.), Urhebervertragsrecht. Verfassungs- und europarechtliche Bewertung des Entwurfs der Bundesregierung vom 30. Mai 2001, Berlin 2001 (zit.: *Autor*, in: *Gounalakis/Heinze/Dörr*, Urhebervertragsrecht, S.).

Gräbig, Johannes, Abdingbarkeit und vertragliche Beschränkungen urheberrechtlicher Schranken, Baden-Baden 2011 (zit.: *Gräbig*, Abdingbarkeit urheberrechtlicher Schranken, S.).

Gräbig, Johannes, Abdingbarkeit urheberrechtlicher Schranken, GRUR 2012, 331–337.

Gräbig, Johannes, Anmerkung zu EuGH „VG Wort/Kyocera“, GRUR 2013, 816–818.

Gräbig, Johannes, Anmerkung zu LG Berlin, Urteil vom 14.7.2009 – 16 O 67/08, MMR 2010, 47–48.

Grabitz, Eberhard/Hilf, Meinhard/Nettesheim, Martin (Hrsg.), Das Recht der Europäischen Union, Band II, 67. Ergänzungslieferung, München 2019 (zit.: *Bearbeiter*, in: *Grabitz/Hilf/Nettesheim*, EU, Art., Rn.).

Graf, Klaus, Urheberrechtsfibel – nicht nur für Piraten. Der Text des deutschen Urheberrechtsgesetzes, erklärt und kritisch kommentiert (PiratK-UrhG), Berlin 2009 (zit.: *Graf*, PiratK-UrhG, Teil, S.).

Grobys, Marcel/Foerstl, Uli, Die Auswirkungen der Urheberrechtsreform auf Arbeitsverträge, NZA 2002, 1015–1020.

Grünberger, Michael, Bedarf es einer Harmonisierung der Verwertungsrechte und Schranken?. Ein Beitrag zur Entwicklung dogmatischer Bausteine eines umweltsensiblen Urheberrechts, ZUM 2015, 273–290.

Grünberger, Michael, Die Entwicklung des Urheberrechts im Jahr 2017 – Teil II, ZUM 2018, 321–340.

Grünberger, Michael, Vergütungsansprüche im Urheberrecht. Ein Beitrag zum Verhältnis von property rights und liability rules, ZGE 2017, 188–209.

Grünberger, Michael, Vergütungspflicht und Lizenzvorrang in der neuen EU-Bildungsschranke, GRUR 2017, 1–11.

Grundmann, Stephan, Die Auslegung des Gemeinschaftsrechts durch den Europäischen Gerichtshof. Zugleich eine rechtsvergleichende Studie zur Auslegung im Völkerrecht und im Gemeinschaftsrecht, Konstanz 1997.

Grützmacher, Malte, Urheber-, Leistungs- und Sui-generis-Schutz von Datenbanken. Eine Untersuchung des europäischen, deutschen und britischen Rechts, Baden-Baden 1999 (zit.: *Grützmacher*, Datenbanken, S.).

Grzeszick, Bernd, Geistiges Eigentum und Art. 14 GG, ZUM 2007, 344–353.

Guibault, Lucie, Copyright Limitations and Contracts. An Analysis of the Contractual Overridability of Limitations on Copyright, Amsterdam 2002.

Haas, Lothar, Das neue Urhebervertragsrecht. Systematische Darstellung des Gesetzes zur Stärkung der vertraglichen Stellung von Urhebern und ausübenden Künstlern mit einer Synopse zum neuen und alten Recht sowie den Gesetzesmaterialien, München 2002.

Habersack, Mathias, Examens-Repetitorium Sachenrecht, 9. Auflage, Heidelberg 2020 (zit.: *Habersack*, Sachenrecht, §, Rn.).

Haberstumpf, Helmut/Hintermeier, Jürgen, Einführung in das Verlagsrecht, Darmstadt 1985.

Hadding, Walther, Rechtsverhältnis zwischen Person und Sache?, JZ 1986, 926–928.

Hager, Johannes, Grundrechte im Privatrecht, JZ 1994, 373–383.

Halfmeier, Axel/Rott, Peter/Ciacchi, Aurelia Colombi/Deinert, Olaf/Kolle, Tina/Thalheim, Sandy (Hrsg.), Jahrbuch Junger Zivilrechtswissenschaftler 2005, Zugang und Ausschluss als Gegenstand des Privatrechts. Bremer Tagung 14. bis 17. September 2005, Stuttgart 2005 (zit.: *Autor*, in: *Halfmeier*, Jahrbuch Junger Zivilrechtswissenschaftler 2005, S.).

Hamm, Rainer, Richten mit und über Strafrecht, NJW 2016, 1537–1542.

Hänel, Frederike, Die Umsetzung des Art. 6 Info-RL (technische Schutzmaßnahmen) ins deutsche Recht, Frankfurt a.M. 2005.

Hansen, Gerd, Warum Urheberrecht?. Die Rechtfertigung des Urheberrechts unter besonderer Berücksichtigung des Nutzerschutzes, Baden-Baden 2009.

Hansen, Gerd, Zugang zu wissenschaftlicher Information – alternative urheberrechtliche Ansätze, GRUR Int. 2005, 378–388.

Harder, Jörn, Ist die Zugänglichmachung von Werken zur Veranschaulichung im Unterricht an Hochschulen (§ 52a Abs. 1 Nr. 1, 2. Alt. UrhG) verfassungsgemäß?, UFITA 2004/III, 643–664.

Hartig, Helge, Die Domain als Verfügungsgegenstand, Göttingen 2005.

Hartig, Helge, Die Rechtsnatur der Domain. Anmerkung zur BGH-Entscheidung „Domain-Pfändung", GRUR 2006, 299–301.

Hartmann, Thomas, Anmerkung zu BGH – Elektronische Leseplätze, GRUR 2013, 507–509.

Haucap, Justus (Hrsg.), Ökonomische Auswirkungen einer Bildungs- und Wissenschaftsschranke, Düsseldorf 2016.

Hauck, Ronny, Der Erschöpfungsgrundsatz im Patent- und Urheberrecht – Aktuelle Rechtsprechung des U.S. Supreme Court im Kontext europäischer Entwicklung, EuZW 2017, 645–649.

Hauck, Ronny, Die Verdinglichung obligatorischer Rechte am Beispiel einfacher immaterialgüterrechtlicher Lizenzen, AcP 2011, 626–664.

Hauptmann, Christian, Die Vergesellschaftung des Urheberrechts. Das ausschließliche Recht, Entindividualisierung und Vergesellschaftung bei Wahrnehmung durch Verwertungsgesellschaften am Beispiel der GEMA und der VG Wort, Baden-Baden 1994.

Heck, Philipp, Grundriß des Sachenrechts, Tübingen 1930.

Heck, Philipp, Grundriß des Schuldrechts, Tübingen 1929.

Heckmann, Jörn, Anmerkung zu LG Frankfurt a.M. – Elektronische Leseplätze, CR 2009, 538–540.

Heckmann, Jörn, Die fehlende Annexvervielfältigungskompetenz des § 52 b UrhG, K&R 2008, 284–287.

Hegel, Georg Wilhelm Friedrich, Grundlinien der Philosophie des Rechts oder Naturrecht und Staatswissenschaft im Grundrisse, nach der Ausgabe von *Gans*,

Eduard, herausgegeben und mit einem Anhang versehen von *Klenner, Hermann*, Berlin 1981 (zit.: *Hegel*, Grundlinien der Philosophie des Rechts, S.).

Hegemann, Jan/Heine, Robert, Für ein Leistungsschutzrecht der Presseverleger, AfP 2009, 201–207.

Heide, Thomas, The Berne Three-Step Test and the Proposed Copyright Directive, EIPR 1999, 105–109.

Heinrich, Bernd, Die Strafbarkeit der unbefugten Vervielfältigung und Verbreitung von Standardsoftware, Berlin 1993 (zit.: *Heinrich*, Strafbarkeit unbefugter Vervielfältigung, S.).

Heker, Harald, Im Spannungsfeld von Urheberrecht und Wettbewerbsrecht. Der Verleger im elektronischen Zeitalter, ZUM 1995, 97–103.

Henkel, Wolfgang, Beteiligung eines Arbeitnehmers an der wirtschaftlichen Verwertung der von ihm entwickelten Software, BB 1987, 833–837.

Herbst, Georg (Hrsg.), Festschrift für Rainer Klaka, München 1987 (zit.: *Autor*, in: *Herbst*, FS Klaka, S.).

Herbst, Reimer, Die rechtliche Ausgestaltung der Lizenz und ihre Einordnung in das System des Bürgerlichen Rechts, Göttingen 1968 (zit.: *Herbst*, Rechtliche Ausgestaltung der Lizenz, S.).

Herresthal, Carsten, Grundrechtecharta und Privatrecht. Die Bedeutung der Charta der Grundrechte für das europäische und das nationale Privatrecht, ZEuP 2014, 238–280.

Herschel, Wilhelm/Hubmann, Heinrich/Rehbinder, Manfred (Hrsg.), Festschrift für Georg Roeber zum 10. Dezember 1981, Freiburg 1982 (zit.: *Autor*, in: *Herschel/Hubmann/Rehbinder*, FS Roeber II, S.).

Herschel, Wilhelm/Klein, Friedrich/Rehbinder, Manfred (Hrsg.), Festschrift für Georg Roeber, Berlin 1973 (zit.: *Autor*, in: *Herschel/Klein/Rehbinder*, FS Roeber, S.).

Herter, Stefan, Geistiges Eigentum und gesetzliche Lizenz – eine gesetzliche Lizenz für die Kabelweitersendung ausländischer Fernsehprogramme aus zivilrechtlicher, eigentumsgrundrechtlicher und europarechtlicher Sicht –, Mainz 1990.

Hertin, Paul, Werklohn und angemessene Vergütung, GRUR 2011, 1065–1069.

Hess, Gangolf, Urheberrechtsprobleme der Parodie, Baden-Baden 1993.

Hey, Felix, Reform der Verlegerbeteiligung – Die Sicht der Wissenschaftsverlage, ZUM 2020, 107–109.

Heyers, Johannes, Wettbewerbsrechtlicher Schutz gegen das Einschieben in fremde Serien. Zugleich ein Beitrag zu Rang und Bedeutung wettbewerblicher Nachahmungsfreiheit nach der UWG-Novelle, GRUR 2006, 23–27.

Hildebrandt, Ulrich, Die Strafvorschriften des Urheberrechts, Berlin 2001.

Hilty, Reto, Das Urheberrecht und der Wissenschaftler, GRUR Int. 2006, 179–190.

Hilty, Reto, Kontrolle der digitalen Werknutzung zwischen Vertrag und Erschöpfung, GRUR 2018, 865–880.

Hilty, Reto, Renaissance der Zwangslizenz im Urheberrecht?. Gedanken zu Ungereimtheiten auf der urheberrechtlichen Wertschöpfungskette, GRUR 2009, 633–644.

Hilty, Reto, Urheberrecht in der Informationsgesellschaft: „Wer will was von wem woraus?" – Ein Auftakt zum „zweiten Korb", ZUM 2003, 983–1005.

Hilty, Reto, Urheberrecht, Bern 2011.

Hilty, Reto, Vergütungssystem und Schrankenregelungen. Neue Herausforderungen an den Gesetzgeber, GRUR 2005, 819–828.

Hilty, Reto, Zum urheberrechtlichen Leistungsschutz im schweizerischen Recht am Beispiel des Tonträgerproduzenten – Versuch einer dogmatischen Begründung, GRUR Int. 1993, 818–825.

Hilty, Reto/Berger, Mathis (Hrsg.), Urheberrecht am Scheideweg?, Bern 2002 (zit.: *Autor*, in: *Hilty/Berger*, Urheberrecht am Scheideweg?, S.).

Hilty, Reto/Drexl, Josef/Nordemann, Wilhelm (Hrsg.), Schutz von Kreativität und Wettbewerb. Festschrift für Ulrich Loewenheim zum 75. Geburtstag, München 2009 (zit.: *Autor*, in: *Hilty/Drexl/Nordemann*, FS Loewenheim, S.).

Hilty, Reto/Henning-Bodewig, Frauke, Leistungsschutzrechte zugunsten von Sportveranstaltern?, Stuttgart 2007.

Hilty, Reto/Peukert, Alexander (Hrsg.), Interessenausgleich im Urheberrecht, Baden-Baden 2004 (zit.: *Autor*, in: *Hilty/Peukert*, Interessenausgleich im Urheberrecht, S.).

Himmelmann, Ulrich, Vergütungsrechtliche Ungleichbehandlung von Arbeitnehmer-Erfinder und Arbeitnehmer-Urheber, GRUR 1999, 897–903.

Hirsch-Ballin, Ernst, Zur Zwangslizenz im Urheberrecht, UFITA 1955/II, 274–283.

Hoeren, Thomas, ACTA ad acta? Überlegungen zum urheberrechtlichen „Shitstorm", MMR 2012, 137–138.

Hoeren, Thomas, Anmerkung zu BGH Urteil vom 20.11.2008 – I ZR 112/06, MMR 2009, 257–258.

Hoeren, Thomas, Der Zweite Korb – Eine Übersicht zu den geplanten Änderungen im Urheberrechtsgesetz, MMR 2007, 615–620.

Hoeren, Thomas, Entwurf einer EU-Richtlinie zum Urheberrecht in der Informationsgesellschaft. Überlegungen zum Zwischenstand der Diskussion, MMR 2000, 515–521.

Hoeren, Thomas, Kleine Werke? – Zur Reichweite von § 52a UrhG, ZUM 2011, 369–375.

Hoeren, Thomas, Pressespiegel und das Urheberrecht. Eine Besprechung des Urteils des BGH „Elektronischer Pressespiegel", GRUR 2002, 1022–1028.

Hoeren, Thomas, Urheberrecht 2000 – Thesen für eine Reform des Urheberrechts, MMR 2000, 3–7.

Hoeren, Thomas, Urheberrecht in der Informationsgesellschaft. Überlegungen zu einem Rechtsgutachten von Gerhard Schricker et al., GRUR 1997, 866–875.

Hoeren, Thomas, Urheberrecht und Verbraucherschutz. Überlegungen zum Gesetz über Urheberrecht in der Informationsgesellschaft, Münster, Hamburg, London 2003.

Hoeren, Thomas/Düwel, Timm, Anmerkung zu EuGH – Funke Medien NRW, MMR 2019, 666–668.

Hoeren, Thomas/Neubauer, Arne, Zur Nutzung urheberrechtlich geschützter Werke in Hochschulen und Bibliotheken, ZUM 2012, 636–643.

Hoffmann, Willy, Die gesetzliche Lizenz für die Rundfunk-Sendegesellschaften, ArchFunkR 1929, 247–264.

Hoffmann, Willy, Die gesetzliche Lizenz im Urheberrecht. Grundsätzliche und rechtsvergleichende Betrachtungen, UFITA 1938, 8–24.

Hoffmann, Willy, Gedanken zur Systematik eines deutschen Urheberrechtsgesetzes, GRUR 1931, 706–713.

Hofmann, Franz, Aktuelle Entwicklungen der Rechtsprechung zum europäischen Urheberrecht von Mai 2018 bis April 2020, EuZW 2020, 397–403.

Hofmann, Franz, Fünfzehn Thesen zur Plattformhaftung nach Art. 17 DSM-RL, GRUR 2019, 1219–1229.

Hohagen, Gisbert, Die Freiheit der Vervielfältigung zum eigenen Gebrauch, München 2004 (zit.: *Hohagen*, Freiheit der Vervielfältigung, S.).

Hohner, Georg, Subjektlose Rechte. Unter besonderer Berücksichtigung der Blankozession, Bielefeld 1969.

Holm, Andrej/Gebhardt, Dirk, Initiativen für ein Recht auf Stadt. Theorie und Praxis städtischer Aneignung, Hamburg 2011.

Holznagel, Bernd/Brüggemann, Sandra, Das Digital Right Management nach dem ersten Korb der Urheberrechtsnovelle. Eine verfassungsrechtliche Beurteilung der neuen Kopierschutzregelungen, MMR 2003, 767–773.

Homburg, Christian/Klarmann, Martin, Betriebswirtschaftliche Auswirkungen möglicher Veränderungen der Honorarsituation in Verlagen als Folge der Urheberrechtsnovellierung, ZUM 2004, 704–708.

Hörnig, Andreas, Das Bearbeitungsrecht und die Bearbeitung im Urheberecht unter besonderer Berücksichtigung von Werken der Literatur, UFITA 1985, 13–116.

Hubmann, Heinrich, Anmerkung zum Urteil BGH 06.03.1986 – I ZR 208/83 „Schallplattenvermietung", GRUR 1986, 739.

Hubmann, Heinrich, Das Persönlichkeitsrecht, 2. Auflage, Köln 1967.

Hubmann, Heinrich, Das Recht des schöpferischen Geistes. Eine philosophisch-juristische Betrachtung zur Urheberrechtsreform, Berlin 1954.

Hubmann, Heinrich, Die Idee vom geistigen Eigentum, die Rechtsprechung des Bundesverfassungsgerichts und die Urheberrechtsnovelle von 1985, ZUM 1988, 4–13.

Hubmann, Heinrich, Immanuel Kants Urheberrechtstheorie, UFITA 1987/III, 145–154.

Hübner, Heinz, Allgemeiner Teil des Bürgerlichen Gesetzbuches, 2. Auflage, Berlin, New York 1996 (zit.: *Hübner,* AT des BGB, Rn.).

Hucko, Elmar, Das neue Urhebervertragsrecht (gilt ab 1. Juli 2002). Angemessene Vergütung – Neuer Bestsellerparagraf – Gemeinsame Vergütungsregeln. Text mit Einführung und Materialien, Halle (Saale) 2002 (zit.: *Hucko,* Das neue Urhebervertragsrecht, S.).

Hugenholtz, P. Bernt (Hrsg.), Copyright and Electronic Commerce. Legal Aspects of Electronic Copyright Management, Den Haag, London, Boston 2000 (zit.: *Autor,* in: *Hugenholtz,* Copyright and Electronic Commerce, S.).

Hüsch, Moritz, Thumbnails in Bildersuchmaschinen. Zur rechtfertigenden Einwilligung in die Nutzung von Thumbnails – zugleich eine Besprechung von BGH, Urt. v. 29.4.2010 – I ZR 69/08, CR 2010, 452–457.

Hüsken, Stefanie, Informationsfreiheit und urheberrechtlicher Schutz des geistigen Eigentums. Eine verfassungsrechtliche Untersuchung unter Berücksichtigung rechtsökonomischer Diskussionsansätze, Bochum 2003.

Isele, Eugen/Schwander, Vital/Broggini, Gerardo, Ius et Lex. Festgabe zum 70. Geburtstag von Max Gutzwiller, Basel 1959 (zit.: *Autor,* in: *Isele/Schwander/Broggini,* FG Gutzwiller, S.).

Jaeger, Till, Die Erschöpfung des Verbreitungsrechts bei OEM-Software. Anmerkung zu den Urteilen des BGH vom 6.7.2000 – I ZR 244/97 (ZUM 2000, 1079) und des OLG Frankfurt a.M. vom 18.5.2000 – 6 U 63/99 (ZUM 2000, 763), ZUM 2000, 1070–1076.

Jaeger, Till/Metzger, Axel, Open Content-Lizenzen nach deutschem Recht, MMR 2003, 431–438.

Jagenburg, Walter/Maier-Reimer, Georg/Verhoeven, Thomas (Hrsg.), Festschrift für Walter Oppenhoff zum 80. Geburtstag, München 1985 (zit.: *Autor,* in: *Jagenburg/Maier-Reimer/Verhoeven,* FS Oppenhoff, S.).

Jakobs, Günther, Strafrecht Allgemeiner Teil. Die Grundlagen und die Zurechnungslehre, Lehrbuch, Part 1, 2. Auflage, Berlin, New York 1991 (zit.: *Jakobs,* Strafrecht AT, Abschn., Rn.).

Jakobs, Horst Heinrich/Knobbe-Keuk, Brigitte/Picker, Eduard/Wilhelm, Jan (Hrsg.), Festschrift für Werner Flume zum 70. Geburtstag: 12. September 1978, Band I, Köln 1978 (zit.: *Autor,* in: *Jakobs/Knobbe-Keuk,* FS Flume, S.).

Jani, Ole, Anmerkung zu BGH „Meilensteine der Psychologie", NJW 2014, 2124–2125.

Jani, Ole, Das europäische Leistungsschutzrecht für Presseverleger, ZUM 2019, 674–684.

Jani, Ole, Die Bildungs- und Wissenschaftsschranke – Der Gesetzgeber muss erklären, was das Ziel einer solchen Schranke sein soll, ZUM 2016, 481–484.

Jani, Ole, Eingescannte Literatur an elektronischen Leseplätzen – Was dürfen Bibliotheken?, GRUR-Prax 2010, 27–29.

Jani, Ole, Entscheidung im Musterverfahren zu § 52a UrhG: Plädoyer für eine enge Auslegung der Norm, GRUR-Prax 2012, 223–226.

Jänich, Volker, Geistiges Eigentum – eine Komplementärerscheinung zum Sacheigentum?, Tübingen 2002 (zit.: *Jänich*, Geistiges Eigentum, S.).

Jarass, Hans/Pieroth, Bodo, Grundgesetz für die Bundesrepublik Deutschland. Kommentar, 15. Auflage, München 2018 (zit.: *Bearbeiter*, in: *Jarass/Pieroth*, GG, Art., Rn.).

Jehoram, Herman Cohen, Einige Grundsätze zu den Ausnahmen im Urheberrecht, GRUR Int. 2001, 807–810.

Jescheck, Hans-Heinrich/Weigend, Thomas, Lehrbuch des Strafrechts, Allgemeiner Teil, 5. Auflage, Berlin 1996 (zit.: *Jescheck/Weigend*, Strafrecht AT, §).

Jhering, Rudolf von, Geist des römischen Rechts auf den verschiedenen Stufen seiner Entwicklung, Dritter Teil, 1. Abteilung, Leipzig 1865 (zit.: *v. Jhering*, Geist des römischen Rechts, S.).

Joos, Ulrich, Die Erschöpfungslehre im Urheberrecht. Eine Untersuchung zu Rechtsinhalt und Aufspaltbarkeit des Urheberrechts mit vergleichenden Hinweisen auf Warenzeichenrecht, Patentrecht und Sortenschutz, München 1991.

Kahl, Jonas, Wen betrifft das Leistungsschutzrecht für Presseverleger?. „Kleinste Textausschnitte" vor dem Hintergrund der BGH-Rechtsprechung, MMR 2013, 348–353.

Kant, Immanuel, Von der Unrechtmäßigkeit des Büchernachdrucks, UFITA 1987/III, 137–144.

Kasper, Franz, Das subjektive Recht – Begriffsbildung und Bedeutungsmehrheit, Karlsruhe 1967.

Katzenberger, Paul, Elektronische Printmedien und Urheberrecht. Urheberrechtliche und urhebervertragsrechtliche Fragen der elektronischen Nutzung von Zeitungen und Zeitschriften, Stuttgart 1996.

Kelsen, Hans, Allgemeine Theorie der Normen, Wien 1979.

Kelsen, Hans, Reine Rechtslehre, 2. Auflage, Wien 1960.

Kianfar, Mina, Öffentliche Zugänglichmachung und dann?. Zur Frage der Anschlussnutzung im Rahmen des § 52a UrhG, GRUR 2012, 691–697.

Kircher, Karl Heinz, Tatbestandsirrtum und Verbotsirrtum im Urheberrecht, Erlangen, Nürnberg 1973.

Kirchhof, Paul, Der Gesetzgebungsauftrag zum Schutz des geistigen Eigentums gegenüber modernen Vervielfältigungstechniken, Heidelberg 1988 (zit.: *Kirchhof,* Schutz gegenüber modernen Vervielfältigungstechniken, S.).

Kirchner, Christian, Innovationsschutz und Investitionsschutz für immaterielle Güter, GRUR Int. 2004, 603–607.

Klass, Nadine, Das Urheberkollisionsrecht der ersten Inhaberschaft – Plädoyer für einen universalen Ansatz, GRUR Int. 2007, 373–386.

Klass, Nadine, Neue Internettechnologien und das Urheberrecht: Die schlichte Einwilligung als Rettungsanker?. Zugleich Besprechung der Vorschaubilder I und II-Entscheidungen des BGH, ZUM 2013, 1–10.

Kleespies, Mathias, Die Domain als selbstständiger Vermögensgegenstand in der Einzelzwangsvollstreckung, GRUR 2002, 764–775.

Klein, Ines, Hoch lebe die Privatkopie – Einige Anmerkungen zu den Grundsätzen des Urheberstrafrechts, JA 2014, 487–494.

Kleinemenke, Manuel, Fair Use im deutschen und europäischen Urheberrecht?. Eine rechtsvergleichende Untersuchung zur Flexibilisierung des urheberrechtlichen Schrankenkataloges nach dem Vorbild der US-amerikanischen Fair Use-Doktrin, Baden-Baden 2013.

Kleinemenke, Manuel, Fair Use, Dreistufentest und Schrankenkatalog. Plädoyer für ein „Kombinationsmodell" zur Flexibilisierung der urheberrechtlichen Schrankenbestimmungen, ZGE 2013, 103–139.

Kluth, Winfried/Krings, Günter (Hrsg.), Gesetzgebung. Rechtsetzung durch Parlamente und Verwaltungen sowie ihre gerichtliche Kontrolle, Heidelberg 2014 (zit.: *Autor,* in: *Kluth/Krings,* Gesetzgebung, §, S., Rn.).

Knap, Karel, Schranken des Verfügungsrechts auf dem Gebiet der Immaterialgüterrechte, GRUR Int. 1983, 347–351.

Knauber, Raffael, Die jüngere Entschädigungsrechtsprechung des BGH nach dem Naßauskiesungsbeschluss des BVerfG, NVwZ 1984, 753–759.

Knies, Bernhard, Redtube.com: Kann denn Streamen Sünde sein?. Zur Rechtmäßigkeit privaten Streamens und der Vorlagefrage des OGH in Sachen kino.to/UPC, CR 2014, 140–144.

Knies, Wolfgang, Schranken der Kunstfreiheit als verfassungsrechtliches Problem, München 1962.

Köbler, Gerhard (Hrsg.), Wege europäischer Rechtsgeschichte. Karl Kroeschell zum 60. Geburtstag dargelegt von Freunden, Schülern und Kollegen, Frankfurt a.M. 1987 (zit.: *Autor,* in: *Köbler,* FS Kroeschell, S.).

Koch, Benjamin/Druschel, Johannes, Entspricht die Bestimmung der angemessenen Vergütung nach §§ 54, 54a UrhG dem unionsrechtlichen Konzept des gerechten Ausgleichs?, GRUR 2015, 957–968.

Koch, Frank, Computer-Vertragsrecht. Umfassende Erläuterungen, Beispiele und Musterformulare für Erwerb und Nutzung von EDV-Systemen, 7. Auflage, Freiburg 2009.

Köcher, Jan/Kaufmann, Noogie, Anmerkung zu BVerfG: Eigentumsverletzung durch Kopierschutz, Beschluss vom 25.07.2005 – 1 BvR 2182/05, MMR 2005, 753–754.

Koehler, Philipp, Der Erschöpfungsgrundsatz des Urheberrechts im Online-Bereich, München 2000 (zit.: *Koehler*, Erschöpfungsgrundsatz im Online-Bereich, S.).

Köhler, Helmut, BGB Allgemeiner Teil, 42. Auflage, München 2018 (zit.: *Köhler*, BGB AT, §, Rn.).

Köhler, Helmut/Bornkamm, Joachim/Feddersen, Jörn/Alexander, Christian (Hrsg.), Gesetz gegen den unlauteren Wettbewerb, 38. Auflage, München 2020 (zit.: *Bearbeiter*, in: *Köhler/Bornkamm/Feddersen*, UWG, §, Rn.).

Kohler, Josef, Autorrechtliche Studien, AcP 1896, 339–460.

Kohler, Josef, Das Autorrecht, eine zivilistische Abhandlung. Zugleich ein Beitrag zur Lehre vom Eigenthum, vom Miteigenthum, vom Rechtsgeschäft und vom Individualrecht, Jena 1880 (zit.: *Kohler*, Autorrecht, S.).

Kohler, Josef, Das Immaterialgüterrecht und seine Gegner, Buschs Archiv für Theorie und Praxis des Allgemeinen Deutschen Handels- und Wechselrechts 47 (1887), 169–190 = UFITA 1993/III, 81–97.

Kohler, Josef, Deutsches Patentrecht, Band 1, Mannheim 1877 (zit.: *Kohler*, Deutsches Patentrecht, S.).

Kohler, Josef, Die Idee des geistigen Eigentums, AcP 1894, 141–242 = UFITA 1993/III, 99–167.

Kohler, Josef, Handbuch des deutschen Patentrechts, Mannheim 1900.

Kohler, Josef, Urheberrecht an Schriftwerken und Verlagsrecht, Stuttgart 1907.

König, Robert, Die Wiedergabe von Werken an elektronischen Leseplätzen, Baden-Baden 2015 (zit.: *König*, Elektronische Leseplätze, S.).

Koos, Stefan, Die Domain als Vermögensgegenstand zwischen Sache und Immaterialgut. Begründung und Konsequenzen einer Absolutheit des Rechts an der Domain, MMR 2004, 359–365.

Koppe, Christina, Die urheberrechtliche Erschöpfung. Eine Analyse der Konsumtionsnorm unter besonderer Berücksichtigung der jüngsten Rechtsprechung des BGH sowie des Europäischen Gemeinschaftsrechts, Frankfurt a.M. 2004.

Kopsch, Julius, Vom sozialen Wesen des Urheberrechts, GRUR 1936, 451–459.

Kopsch, Julius, Zur Frage der gesetzlichen Lizenz, ArchFunkR 1928, 201–209.

Koreng, Ansgar, Neues zu Creative Commons-Lizenzen. Zugleich Kommentar zu OLG Köln, Urteil vom 31.10.2014 – 6 U 60/14, K&R 2015, 99–103.

Korn, Eugen (Hrsg.), Goethes Gespräche, Paderborn 2014 (zit.: *Korn,* Goethes Gespräche, S.).

Koroch, Stefan, Das Leistungsschutzrecht für Presseverleger auf dem Weg von Berlin nach Brüssel. Ausgewählte Problempunkte und ein möglicher Alternativansatz, GRUR 2017, 127–134.

Kraßer, Rudolf, Die Wirkung der einfachen Patentlizenz, GRUR Int. 1983, 537–547.

Kraßer, Rudolf, Grundlagen des zivilrechtlichen Schutzes von Geschäfts- und Betriebsgeheimnissen sowie von Know-how, GRUR 1977, 177–196.

Kraßer, Rudolf, Verpflichtung und Verfügung im Immaterialgüterrecht, GRUR Int. 1973, 230–238.

Krause, Peter, Die Rechtsprechung des Bundesverfassungsgerichts zum Privatrecht – Teil 1, JZ 1984, 656–663.

Krebs, Peter/Becker, Maximilian, Die Teilverdinglichung und ihre Anwendung auf Internetdomains, JZ 2009, 932–943.

Kreile, Johannes, Ende territorialer Exklusivität – Der EuGH als Totengräber?. Welche Folgen hat der „Karen-Murphy-Case"?, ZUM 2012, 177–187.

Kreile, Reinhold, Vervielfältigung zum privaten Gebrauch, eine Herausforderung an den Kulturstaat und seine Urheberrechtsgesetzgebung, ZUM 1991, 101–115.

Kress, Daniel, Die private Vervielfältigung im Urheberrecht, Hamburg 2004.

Kreutzer, Till, Das Leistungsschutzrecht für Presseverleger – Ein gescheiterter Ansatz!, ZUM 2017, 127–132.

Kreutzer, Till, Das Leistungsschutzrecht für Presseverleger im Lichte der BGH-Rechtsprechung zu Vorschaubildern. Was bleibt am Ende übrig?, MMR 2014, 512–516.

Kreutzer, Till, Das Modell des deutschen Urheberrechts und Regelungsalternativen. Konzeptionelle Überlegungen zu Werkbegriff, Zuordnung, Umfang und Dauer des Urheberrechts als Reaktion auf den urheberrechtlichen Funktionswandel, Baden-Baden 2008.

Kreutzer, Till, Napster, Gnutella & Co.: Rechtsfragen zu Filesharing-Netzen aus der Sicht des deutschen Urheberrechts de lege lata und de lege ferenda – Teil 1, GRUR 2001, 193–204.

Kröber, Christian, Anmerkung zu EuGH Urteil vom 21.10.2010 – Padawan/SGAE, GRUR 2011, 55–56.

Kröger, Detlef, Enge Auslegung von Schrankenbestimmungen – wie lange noch?. Zugang zu Informationen in digitalen Netzwerken, MMR 2002, 18–21.

Kröger, Detlef, Informationsfreiheit und Urheberrecht, München 2002.

Krujatz, Sebastian, Open Access. Der offene Zugang zu wissenschaftlichen Informationen und die ökonomische Bedeutung urheberrechtlicher Ausschlussmacht für die wissenschaftliche Informationsversorgung, Tübingen 2012.

Kruse, Dirk, Nachdruckschutz und Buchaufsicht vom 16. bis zum 19. Jahrhundert, Bonn 1987 (zit.: *Kruse*, Nachdruckschutz und Buchaufsicht, S.).

Kucsko, Guido (Hrsg.), urheber.recht. systematischer Kommentar zum Urheberrechtsgesetz, Wien 2008 (zit.: *Bearbeiter*, in: *Kucsko*, urheber.recht, §, S.).

Küfner, Peter, Die Vergütungsansprüche des Urhebers nach dem Urheberrechtsgesetz, Erlangen-Nürnberg 1971 (zit.: *Küfner*, Vergütungsansprüche des Urhebers, S.).

Kuhlen, Rainer, Der Heizer sollte nicht auf der E-Lok bleiben – Die Allgemeine Bildungs- und Wissenschaftsschranke ist nötig und möglich, ZUM 2016, 507–513.

Kuhlen, Rainer, Informationsmarkt. Chancen und Risiken der Kommerzialisierung von Wissen, 2. Auflage, Konstanz 1996.

Kuhlen, Rainer, Wie umfassend soll/darf/muss sie sein, die allgemeine Bildungs- und Wissenschaftsschranke?, ZGE 2015, 77–125.

Kühne, Armin, Das entschärfte Leistungsschutzrecht für Presseverleger. Warum Snippets „kleinste Textausschnitte" sind, CR 2013, 169–176.

Kühne, Eberhard, Versprechen und Gegenstand. Ein Beitrag zum System der Belastung, AcP 1935, 1–63.

Kunz-Hallstein, Hans Peter/Loschelder, Michael, Stellungnahme der GRUR zur Anhörung des BMJ am 28.6.2010 zum Thema „Leistungsschutzrecht für Verleger", GRUR 2010, 808–809.

Kurtz, Constantin, (Un-)Übertragbarkeit von (ausschließlichen) Markenlizenzen, GRUR 2007, 292–295.

Lampe, Ernst-Joachim, Der strafrechtliche Schutz der Geisteswerke (II), UFITA 1978/III, 15–67.

Lange, Hermann/Nörr, Knut Wolfgang/Westermann, Harm Peter (Hrsg.), Festschrift für Joachim Gernhuber zum 70. Geburtstag, Tübingen 1993 (zit.: *Autor*, in: *Lange/Nörr/Westermann*, FS Gernhuber, S.).

Lange, Max, Kritik der Grundbegriffe vom geistigen Eigentum. Auf Grundlage der Einleitung zum Gesetze vom 11. Juni 1837 und mit besonderer Rücksicht auf die preußische Gesetzgebung überhaupt, Schoenebeck 1858, Nachdruck in: UFITA 1991/III, 169–248.

Langhoff, Helge/Oberndörfer, Pascal/Jani, Ole, Der „Zweite Korb" der Urheberrechtsreform. Ein Überblick über die Änderungen des Urheberrechts nach der zweiten und dritten Lesung im Bundestag, ZUM 2007, 593–603.

Larenz, Karl, Methodenlehre der Rechtswissenschaft, 6. Auflage, Berlin, Heidelberg, New York 1991.

Larenz, Karl/Canaris, Claus-Wilhelm, Lehrbuch des Schuldrechts, Band II, Besonderer Teil, 2. Halbband, 13. Auflage, München 1994 (zit.: *Larenz/Canaris*, Schuldrecht II/2, §).

Larenz, Karl/Wolf, Manfred, Allgemeiner Teil des Bürgerlichen Rechts, 9. Auflage, München 2004 (zit.: *Larenz/Wolf*, AT des Bürgerlichen Rechts, §, Rn.).

Lasson, Adolf, System der Rechtsphilosophie, Berlin, Leipzig, 1882.

Lauber-Rönsberg, Anne, Autonome „Schöpfung" – Urheberschaft und Schutzfähigkeit, GRUR 2019, 244–253.

Lefebvre, Henri, Le droit à la ville suivi de Espace et politique, 2. Auflage, Paris 1972 (zit. : *Lefebvre*, Le droit à la ville, S.).

Lehmann, Heinrich/Ermecke, Gustav/Overath, Johannes/Richartz, Willy (Hrsg.), Urheberrechtsreform – Ein Gebot der Gerechtigkeit, Berlin 1954 (zit.: *Autor*, in: *Lehmann*, Urheberrechtsreform, S.).

Lehmann, Michael (Hrsg.), Rechtsschutz und Verwertung von Computerprogrammen, 2. Auflage, Köln 1993 (zit.: *Autor*, in: *Lehmann*, Rechtsschutz und Verwertung von Computerprogrammen, Kap., Rn.).

Leible, Stefan/Ohly, Ansgar/Zech, Herbert (Hrsg.), Wissen-Märkte-Geistiges Eigentum, Tübingen 2010 (zit.: *Autor*, in: *Leible*, Wissen-Märkte-Geistiges Eigentum, S.).

Leible, Stefan/Sosnitza, Olaf, Richtlinienkonforme Auslegung vor Ablauf der Umsetzungsfrist und vergleichende Werbung, NJW 1998, 2507–2509.

Leinemann, Felix, Die Sozialbindung des „Geistigen Eigentums". Zu den Grundlagen der Schranken des Urheberrechts zugunsten der Allgemeinheit, Baden-Baden 1998.

Leipold, Dieter, BGB I. Einführung und Allgemeiner Teil, 9. Auflage, Tübingen 2017.

Leistner, Matthias (Hrsg.), Europäische Perspektiven des Geistigen Eigentums, Tübingen 2010 (zit.: *Autor*, in: *Leistner*, Europäische Perspektiven des Geistigen Eigentums, S.).

Leistner, Matthias, Das Murphy-Urteil des EuGH: Viel Lärm um nichts oder Anfang vom Ende des Territorialitätsgrundsatzes im Urheberrecht?. Zum Urteil der Großen Kammer des EuGH vom 4.10.2011, JZ 2011, 1140–1148.

Leistner, Matthias, Das Urteil des EuGH in Sachen „Funke Medien NRW/Deutschland" – gute Nachrichten über ein urheberrechtliches Tagesereignis, ZUM 2019, 720–726.

Leistner, Matthias, Konsolidierung und Entwicklungsperspektive des Europäischen Urheberrechts, Bonn 2008.

Leistner, Matthias, Urheberrecht in der digitalen Welt, JZ 2014, 846–857.

Leistner, Matthias/Hansen, Gerd, Die Begründung des Urheberrechts im digitalen Zeitalter. Versuch einer Zusammenführung von individualistischen und utilitaristischen Rechtfertigungsbemühungen, GRUR 2008, 479–490.

Lejeune, Mathias (Hrsg.), Der E-Commerce-Vertrag nach amerikanischem Recht. Der Uniform Computer Information Transaction Act (UCITA) und seine Auswirkungen auf die Praxis des Vertragsrechts, Köln 2001 (zit.: *Autor*, in: *Lejeune*, Der E-Commerce-Vertrag, S.).

Leßmann, Herbert, Weitergeltung von Lizenzen bei Veräußerung des zugrundeliegenden Schutzrechts bzw. anderweitiger Lizenzierung. Bestandsaufnahme und Bewertung des Diskussionsstandes zum Sukzessionsschutz sowie der gesetzlichen Neuregelung, DB 1987, 145–154.

Lettl, Tobias, Urheberrecht, 3. Auflage, München 2018 (zit.: *Lettl*, Urheberrecht, §, Rn.).

Lewinski, Silke von, Die diplomatische Konferenz der WIPO 1996 zum Urheberrecht und zu verwandten Schutzrechten, GRUR Int. 1997, 667–681.

Liepe, Andreas, Die Vervielfältigung zum privaten Gebrauch im deutschen und US-amerikanischen Urheberrecht unter besonderer Berücksichtigung der privaten Vervielfältigung kopiergeschützter Audio-CDs, Jena 2006 (zit.: *Liepe*, Vervielfältigung zum privaten Gebrauch, S.).

Lindhorst, Hermann, Anmerkung zu BVerfG, Beschluss vom 29.6.2000 – 1 BvR 825/98, MMR 2000, 688–689.

Loewenheim, Ulrich (Hrsg.), Handbuch des Urheberrechts, 2. Auflage, München 2010 (zit.: *Bearbeiter*, in: *Loewenheim*, Handbuch des Urheberrechts, §, Rn.).

Loewenheim, Ulrich (Hrsg.), Urheberrecht im Informationszeitalter. Festschrift für Wilhelm Nordemann zum 70. Geburtstag am 8. Januar 2004, München 2004 (zit.: *Autor*, in: *Loewenheim*, FS W. Nordemann II, S.).

Loewenheim, Ulrich, Das BGH-Urteil zur Verlegerbeteiligung an den Einnahmen der VG Wort, NJW 2016, 2383–2386.

Loewenheim, Ulrich, Grenzen der Nutzung elektronischer Leseplätze, GRUR 2014, 1057–1060.

Loewenheim, Ulrich/Leistner, Matthias/Ohly, Ansgar (Hrsg.), Urheberrecht. UrhG, KUG, VGG. Kommentar, 6. Auflage, München 2020 (zit.: *Bearbeiter*, in: *Schricker/Loewenheim*, UrhR, §, Rn.).

Loewenheim, Ulrich/Raiser, Thomas (Hrsg.), Festschrift für Fritz Traub zum 65. Geburtstag, Frankfurt a.M. 1994 (zit.: *Autor*, in: *Loewenheim/Raiser*, FS Traub, S.).

Löffler, Martin, Das Grundrecht auf Informationsfreiheit als Schranke des Urheberrechts, NJW 1980, 201–205.

Lorenz, Bernd, Braucht das Urheberrecht eine Schranke für die öffentliche Zugänglichmachung für Unterricht und Forschung (§ 52a UrhG)?, ZRP 2008, 261–264.

Lößl, Wolfgang, Rechtsnachfolge in Verlagsverträgen, Frankfurt a.M. 1997.

Lutz, Alexander, Zugang zu wissenschaftlichen Informationen in der digitalen Welt. Ein urheberrechtlicher Beitrag zu den Wissenschaftsschranken und zu einem zwingenden Zweitveröffentlichungsrecht, Tübingen 2012.

Maas, Heiko, Kulturelle Werke – mehr als nur ein Wirtschaftsgut. Keynote auf der Konferenz „Die Zukunft des Urheberrechts – 50 Jahre Urheberrecht in Deutschland" am 1. Dezember 2015 in Berlin, ZUM 2016, 207–211.

Macciacchini, Sandro, Urheberrecht und Meinungsfreiheit. Untersucht am Gegenstand der Verwendung urheberrechtlich geschützter Werke in der Berichterstattung der Medien, Bern 2000.

Mackenrodt, Mark-Oliver/Wechsler, Andrea, Innovation, Kreativität und immaterialgüterrechtliche Fragestellungen: Ein indisch-europäischer Dialog, 19.–20. November 2010 in Kalkutta, Indien, GRUR Int. 2011, 713–716.

Mackert, Lea, Kommentar zum EuGH Urteil vom 27.6.2013 – C-457/11 bis C-460/11, K&R 2013, 646–648.

Mackie, John Leslie, Ethik. Die Erfindung des moralisch Richtigen und Falschen, übersetzt von *Ginters, Rudolf*, Stuttgart 1981.

Mangoldt, Hermann von (Begr.), Grundgesetz, Band I, Präambel, Artikel 1–19, Kommentar, 7. Auflage, München 2018 (zit.: *Bearbeiter*, in: *v. Mangoldt/Klein/Starck*, GG, Art., Rn.).

Maracke, Catharina, Die Entstehung des Urheberrechtsgesetzes von 1965, Berlin 2003.

Marotzke, Wolfgang, Sukzessionsschutz für Lizenzen im Immaterialgüterrecht – dargestellt am Beispiel der Patentlizenz, ZGE 2010, 233–272.

Martens, Klaus-Peter, Rechtsgeschäft und Drittinteressen, AcP 1977, 113–188.

Maunz, Theodor/Dürig, Günter (Begr.), Grundgesetz. Kommentar, Band III, 92. Ergänzungslieferung, München 2020 (zit.: *Bearbeiter*, in: *Maunz/Dürig*, GG, Art., Rn.).

Mazziotti, Giuseppe, EU Digital Copyright Law and the End-User, Heidelberg 2008.

McGuire, Mary-Rose, Der Schutz von Know-How im System des Immaterialgüterrechts. Perspektiven für die Umsetzung der Richtlinie über Geschäftsgeheimnisse, GRUR 2016, 1000–1008.

McGuire, Mary-Rose, Die Lizenz. Eine Einordnung in die Systemzusammenhänge des BGB und des Zivilprozessrechts, Tübingen 2012.

McGuire, Mary-Rose, Nutzungsrechte an Computerprogrammen in der Insolvenz. Zugleich eine Stellungnahme zum Gesetzentwurf zur Regelung der Insolvenzfestigkeit von Lizenzen, GRUR 2009, 13–22.

Meder, Stephan, Rechtsgeschichte. Eine Einführung, 6. Auflage, Köln, Weimar, Wien 2017.

Medicus, Dieter, Besitzschutz durch Ansprüche auf Schadensersatz, AcP 1965, 115–149.

Medicus, Dieter/Petersen, Jens, Allgemeiner Teil des BGB, 11. Auflage, Heidelberg 2016 (zit.: *Medicus/Petersen*, AT des BGB, Rn.).

Melichar, Ferdinand, Die Wahrnehmung von Urheberrechten durch Verwertungsgesellschaften. Am Beispiel der VG Wort, München 1983 (zit.: *Melichar*, Wahrnehmung von Urheberrechten, S.).

Mengden, Martin, 3D-Druck – Droht eine „Urheberrechtskrise 2.0"?. Schutzumfang und drohende Rechtsverletzungen auf dem Prüfstand, MMR 2014, 79–85.

Merton, Robert K., Auf den Schultern von Riesen. Ein Leitfaden durch das Labyrinth der Gelehrsamkeit, 2. Auflage, Frankfurt a.M. 2004.

Mes, Peter, Patentgesetz, Gebrauchsmustergesetz. Kommentar, 4. Auflage, München 2015 (zit.: *Mes*, PatG/GebrMG, §, Rn.).

Metzger, Axel, „Germania 3 Gespenster am toten Mann" oder Welchen Zweck darf ein Zitat gemäß § 51 Nr. 2 UrhG verfolgen?, ZUM 2000, 924–933.

Metzger, Axel, Buchbesprechung Geiger, Christophe : Droit d'auteur et droit du public à l'information, GRUR Int. 2006, 171–174.

Metzger, Axel, Der Einfluss des EuGH auf die gegenwärtige Entwicklung des Urheberrechts, GRUR 2012, 118–126.

Meyer, Julia, Identität und virtuelle Identität natürlicher Personen im Internet, Baden-Baden 2011 (zit.: *Meyer*, Identität und virtuelle Identität, S.).

Meyer, Jürgen/Hölscheidt, Sven (Hrsg.), Charta der Grundrechte der Europäischen Union, 5. Auflage, Baden-Baden, Bern, Wien 2019 (zit.: *Bearbeiter*, in: *Meyer/Hölscheidt*, EU-GrCh, Art., Rn.).

Mittelstädt, Morten, Falsa demonstratio: Und sie schadet doch!. Eine Kritik der natürlichen Auslegung empfangsbedürftiger Willenserklärungen, ZfPW 2017, 175–200.

Mittelstaedt, Johannes, Preisschleuderei und Urheberrechtsverletzung, DJZ 1906, 1128–1132.

Mizdalski, Florian, Zur restriktiven Auslegung der Urheberschranken vor dem Hintergrund von Art. 5 GG, Frankfurt a.M. 2011 (zit.: *Mizdalski*, Zur restriktiven Auslegung, S.).

Möhring, Philipp/Nicolini, Käte (Hrsg.), Urheberrechtsgesetz, Berlin 1970 (zit.: *Bearbeiter*, in: *Möhring/Nicolini*, UrhG, 1. Auflage, §, Anm.).

Moltke, Bertram von, Das Urheberrecht an den Werken der Wissenschaft, Baden-Baden 1992.

Möslein, Florian, Dispositives Recht. Zwecke, Strukturen und Methoden, Tübingen 2011.

Motive zu dem Entwurfe eines Bürgerlichen Gesetzbuches für das Deutsche Reich, Band I, Allgemeiner Teil; Band III, Sachenrecht, jeweils 2. Auflage, Berlin 1896 (zit.: Motive zum BGB, Bd., S.).

Müller, Arndt, Über die sachlichen und gegenständlichen Grenzen der Ausübung des Urheberrechtes, UFITA 1933, 398–405.

Müller, Stefan, Vergütungspflicht für Vervielfältigungen mittels einer Gerätekette aus PC und Drucker, GRUR-Prax 2013, 305–306.

Müller-Glöge, Rudi/Preis, Ulrich/Schmidt, Ingrid (Hrsg.), Erfurter Kommentar zum Arbeitsrecht, 20. Auflage, München 2020 (zit.: *Bearbeiter,* in: *Müller-Glöge/Preis/Schmidt,* Erfurter Kommentar, §, Rn.).

Münch, Ingo von (Begr.)/*Kunig, Philip* (Hrsg.), Grundgesetz. Kommentar, Band 1: Präambel bis Art. 69, 6. Auflage, München 2012 (zit.: *Bearbeiter,* in: *v. Münch/Kunig,* GG, Art., Rn.).

Münch, Ingo von/Coderch, Pablo Salvador/i Riba, Josep Ferrer (Hrsg.), Zur Drittwirkung der Grundrechte, Frankfurt a.M. 1998 (zit.: *Autor,* in: *v. Münch/Coderch/i Riba,* Drittwirkung der Grundrechte, S.).

Nerreter, Paul, Wettbewerbsrechtlicher Schutz technischer und ästhetischer Arbeitsergebnisse, GRUR 1957, 525–535.

Neuner, Jörg/Wolf, Manfred, Allgemeinter Teil des Bürgerlichen Rechts, 11. Auflage, München 2016 (zit.: *Neuner/Wolf,* AT des Bürgerlichen Rechts, §, Rn.).

Neustetel, Leopold Joseph, Der Büchernachdruck, nach römischem Recht betrachtet, Heidelberg 1824, abgedruckt in: UFITA 1994/I, 243–283.

Nicolini, Käte/Ahlberg, Hartwig (Hrsg.), Urheberrechtsgesetz. Kommentar, 2. Auflage, München 2000 (zit.: *Bearbeiter,* in: *Möhring/Nicolini,* UrhG, 2. Auflage, §, Rn.).

Nirk, Rudolf, Zur Rechtsfigur des wettbewerblichen Leistungsschutzes, GRUR 1993, 247–255.

Nolden, Christoph, Das Abstraktionsprinzip im urheberrechtlichen Lizenzverkehr, Göttingen 2005.

Nolte, Georg, Zur Forderung der Presseverleger nach Einführung eines speziellen Leistungsschutzrechts. Eine kritische Auseinandersetzung, ZGE 2010, 165–195.

Nordemann, Jan Bernd, Bildung und Wissenschaft ohne Marktwirtschaft. Neues Urheberrechts-Wissensgesellschafts-Gesetz will weite Nutzungserlaubnis gegen Pauschale, NJW 2017, 1586–1587.

Nordemann, Wilhelm, Nutzungsrechte oder Vergütungsansprüche?. Zur Systematik moderner Urheberrechtsordnungen, GRUR 1979, 280–283.

Obergfell, Eva Inés (Hrsg.), Zehn Jahre reformiertes Urhebervertragsrecht. 1. Josef Kohler-Symposion, Berlin 2013 (zit.: *Autor,* in: *Obergfell,* 10 Jahre reformiertes Urhebervertragsrecht, S.).

Obergfell, Eva Inés, Das originäre Verlegerrecht. Rechtsdogmatische Begründung eines Leistungsschutzrechts für Buchverleger, GRUR 2019, 992–1003.

Obergfell, Eva Inés, Urheberpersönlichkeitsrechte als Exklave der Privatautonomie?. Zur Zulässigkeit rechtsgeschäftlicher Verfügungen über Werkänderungen, Urheberbenennung und Erstveröffentlichungshoheit, ZGE 2011, 202–226.

Obergfell, Eva Inés/Zurth, Patrick, Die Angemessenheit vertraglicher Urhebervergütungen und ihre gesetzlichen Sicherungsmechanismen, ZGE 2016, 1–47.

Obergfell, Eva Inés/Zurth, Patrick, Nach der Reform der Reform: Das neue Urhebervertragsrecht, ZGE 2017, 21–46.

Oberndörfer, Pascal, Die philosophische Grundlage des Urheberrechts, Baden-Baden 2005.

Ohly, Ansgar, „Volenti non fit iniuria". Die Einwilligung im Privatrecht, Tübingen 2002.

Ohly, Ansgar, Der Geheimnisschutz im deutschen Recht: heutiger Stand und Perspektiven, GRUR 2014, 1–11.

Ohly, Ansgar, Der weite Täterbegriff des EuGH in den Urteilen „GS Media", „Filmspeler" und „The Pirate Bay": Abenddämmerung für die Störerhaftung?, ZUM 2017, 793–802.

Ohly, Ansgar, Ein Leistungsschutzrecht für Presseverleger?, WRP 2012, 41–48.

Ohly, Ansgar, Geistiges Eigentum?, JZ 2003, 545–554.

Ohly, Ansgar, Urheberrecht in der digitalen Welt – Brauchen wir neue Regelungen zum Urheberrecht und dessen Durchsetzung?, Gutachten F zum 70. Deutschen Juristentag, München 2014 (zit.: *Ohly*, Gutachten F, F).

Ohly, Ansgar, Zwölf Thesen zur Einwilligung im Internet. Zugleich Besprechung zur BGH, Urt. v. 19.10.2011 – I ZR 140/10 – Vorschaubilder II, GRUR 2012, 983–992.

Ohly, Ansgar/Bodewig, Theo/Dreier, Thomas/Götting, Horst-Peter/Haedicke, Maximilian/Lehmann, Michael (Hrsg.), Perspektiven des Geistigen Eigentums und Wettbewerbsrechts. Festschrift für Gerhard Schricker zum 70. Geburtstag, München 2005 (zit.: *Autor*, in: *Ohly/Bodewig/Dreier*, FS Schricker II, S.).

Ohly, Ansgar/Klippel, Diethelm (Hrsg.), Geistiges Eigentum und Gemeinfreiheit, Tübingen 2007 (zit.: *Autor*, in: *Ohly/Klippel*, Geistiges Eigentum und Gemeinfreiheit, S.).

Olenhusen, Albrecht Götz von, Der Arbeitnehmer-Urheber im Spannungsfeld zwischen Urheber-, Vertrags- und Arbeitsrecht, ZUM 2010, 474–482.

Olenhusen, Irmtraud Götz von/Olenhusen, Albrecht Götz von (Hrsg.), Von Goethe zu Google. Geistiges Eigentum in drei Jahrhunderten. In Verbindung mit dem Projektseminar „Ausstellung zur Geschichte des Nach- und Raubdrucks vom 18. Jahrhundert bis zur digitalen Revolution" des Instituts für

Geisteswissenschaften, Lehrstuhl VII der Heinrich-Heine-Universität Düsseldorf, Düsseldorf 2011 (zit.: *Autor*, in: *Götz von Olenhusen/v. Olenhusen*, Von Goethe zu Google, S.).

Ory, Stephan, Neues Recht für Verträge mit Kreativen, NJW 2017, 753–757.

Osterrieth, Albert, Altes und Neues. Zur Lehre vom Urheberrecht, Leipzig 1892 (zit.: *Osterrieth*, Lehre vom Urheberrecht, S.).

Osterrieth, Albert, Lehrbuch des gewerblichen Rechtsschutzes, Leipzig 1908.

Pahlow, Louis, Das einfache Nutzungsrecht als schuldrechtliche Lizenz. Zur Auslegung des § 31 Abs. 2 UrhG, ZUM 2005, 865–874.

Pahlow, Louis, Lizenz und Lizenzvertrag im Recht des Geistigen Eigentums, Tübingen 2006 (zit.: *Pahlow*, Lizenz, S.).

Pahlow, Louis, Lizenz und Lizenzvertrag in der Insolvenz – Von einer unbefriedigenden Rechtslage und einer verbesserungsbedürftigen Reform, WM 2008, 2041–2049.

Pahud, Eric, Die Sozialbindung des Urheberrechts, Bern 2000.

Pahud, Eric, Zur Begrenzung des Urheberrechts im Interesse Dritter und der Allgemeinheit, UFITA 2000/I, 99–137.

Palandt, Otto (Begr.), Bürgerliches Gesetzbuch mit Nebengesetzen, 78. Auflage, München 2019 (zit.: *Bearbeiter*, in: *Palandt*, BGB, §, Rn.).

Paulus, Christoph, Zivilprozessrecht. Erkenntnisverfahren, Zwangsvollstreckung und Europäisches Zivilprozessrecht, 6. Auflage, Berlin, Heidelberg 2017 (*Paulus*, Zivilprozessrecht, Rn.).

Paulus, Christoph/Zenker, Wolfgang, Grenzen der Privatautonomie, JuS 2001, 1–9.

Pechstein, Matthias/Nowak, Carsten/Häde, Ulrich (Hrsg.), Frankfurter Kommentar zu EUV, GRC und AEUV, Band IV, Art. 216–358 AEUV, Tübingen 2017 (zit.: *Bearbeiter*, in: *Pechstein/Nowak/Häde*, Frankfurter Kommentar, Art., Rn.).

Peifer, Karl-Nikolaus, Anmerkung zu BGH „Drucker und Plotter II und PC II", GRUR 2011, 1017–1018.

Peifer, Karl-Nikolaus, Anmerkung zu BGH, Urteil vom 21. April 2016 – I ZR 198/13 – Verlegeranteil, ZUM 2016, 650–652.

Peifer, Karl-Nikolaus, Anpassungsbedarf durch die neue Urheberrechtsrichtlinie. Das neue Urhebervertragsrecht und die Verlegerbeteiligung, GRUR 2020, 14–23.

Peifer, Karl-Nikolaus, Die Urhebervertragsreform 2016, GRUR-Prax 2017, 1–3.

Peifer, Karl-Nikolaus, Individualität im Zivilrecht. Der Schutz persönlicher, gegenständlicher und wettbewerblicher Individualität im Persönlichkeitsrecht, Immaterialgüterrecht und Recht der Unternehmen, Tübingen 2001.

Peifer, Karl-Nikolaus, Leistungsschutzrecht für Presseverleger – „Zombie im Paragrafen-Dschungel" oder Retter in der Not?, GRUR-Prax 2013, 149–152.

Peifer, Karl-Nikolaus, Territorialität und Dienstleistungsfreiheit: Der Fall „Karen Murphy" vor dem EuGH, GRUR-Prax 2011, 435–438.

Peifer, Karl-Nikolaus, Wissenschaftsmarkt und Urheberrecht: Schranken, Vertragsrecht, Wettbewerbsrecht, GRUR 2009, 22–28.

Perwitz, Ulf, Die Privilegierung privater Nutzung im Recht des geistigen Eigentums, Baden-Baden 2011 (zit.: *Perwitz*, Privilegierung privater Nutzung, S.).

Peukert, Alexander, „Copydan/Nokia" und die Zukunft des gesetzlichen Vergütungsanspruchs für die digitale Privatkopie, GRUR 2015, 452–456.

Peukert, Alexander, Das Verhältnis zwischen Urheberrecht und Wissenschaft. Auf die Perspektive kommt es an!, JIPITEC 2013, 142–156.

Peukert, Alexander, Die Gemeinfreiheit. Begriff, Funktion, Dogmatik, Tübingen 2012.

Peukert, Alexander, Güterzuordnung als Rechtsprinzip, Tübingen 2008.

Peukert, Alexander, Neue Techniken und ihre Auswirkung auf die Erhebung und Verteilung gesetzlicher Vergütungsansprüche, ZUM 2003, 1050–1061.

Peukert, Alexander, USA: Ende der Expansion des Copyright?, GRUR Int. 2002, 1012–1021.

Pflüger, Claudius, Gerechter Ausgleich und angemessene Vergütung. Dispositionsmöglichkeiten bei Vergütungsansprüchen aus gesetzlichen Lizenzen, Baden-Baden 2017.

Pflüger, Thomas, Die Befristung von § 52 a UrhG – eine (un)endliche Geschichte?, ZUM 2012, 444–452.

Pflüger, Thomas, Die Bildungs- und Wissenschaftsschranke – Reflexionen und Überlegungen aus Sicht der Kultusministerkonferenz, ZUM 2016, 484–488.

Pflüger, Thomas, Position der Kultusministerkonferenz zum Dritten Gesetz zur Regelung des Urheberrechts in der Informationsgesellschaft – „Dritter Korb", ZUM 2010, 938–945.

Pflüger, Thomas/Heeg, Jürgen, Die Vergütungspflicht nichtkommerzieller Nutzung urheberrechtlich geschützter Werke in öffentlichen Bildungs-, Kultur- und Wissenschaftseinrichtungen – ein Plädoyer für einen einheitlichen Vergütungstatbestand, ZUM 2008, 649–656.

Pflüger, Thomas/Hinte, Oliver, Das Urheberrechts-Wissensgesellschafts-Gesetz aus Sicht von Hochschulen und Bibliotheken, ZUM 2018, 153–161.

Pichlmaier, Tobias, Abschied von der Privatkopie?. Von der Zukunft einer Institution, CR 2003, 910–914.

Pietzcker, Eduard, Patentgesetz und Gebrauchsmusterschutzgesetz. Kommentar unter Berücksichtigung der schon vorgeschlagenen und weiter beantragten Abänderung des Patentgesetzes, Erster Halbband §§ 1–12 PatG, Berlin, Leipzig 1929 (zit.: *Pietzcker*, PatG I, §, Anm.).

Plate, John-Christian, Die Verwertungsgesellschaftspflicht für urheberrechtliche Vergütungsansprüche und ausschließliche Verwertungsrechte, Berlin 2003 (zit.: *Plate*, Die Verwertungsgesellschaftspflicht, S.).

Platho, Rolf, Die Parodie: Eine „freie Bearbeitung" nach § 23 UrhG, GRUR 1992, 360–365.

Poeppel, Jan, Die Neuordnung der urheberrechtlichen Schranken im digitalen Umfeld, Göttingen 2005 (zit.: *Poeppel*, Neuordnung der Schranken, S.).

Pohlmann, Hansjörg, Zu Überwindung der „Eigentums"-Vorstellungen im Urheberrecht. Aktuelle Fragen zur Revision der bisherigen Geschichtsbeurteilung, UFITA 1962/I, 61–100.

Poll, Günter, „TV-Total" – Alles Mattscheibe, oder was?. Zum Verhältnis von freier Benutzung (§ 24 UrhG) und Zitatrecht (§ 51 UrhG) zu Art. 5 GG, ZUM 2004, 511–522.

Radbruch, Gustav, Aphorismen zur Rechtsweisheit, herausgegeben von *Kaufmann, Arthur*, Göttingen 1963.

Radke, Wolfram, Bedingungsrecht und Typenzwang. Eine Untersuchung zu Grundlagen und Grenzen privatautonomer Gestaltung, Berlin 2001.

Raiser, Ludwig, Der Stand der Lehre vom subjektiven Recht im Deutschen Zivilrecht, JZ 1961, 465–473.

Raiser, Thomas, Grundlagen der Rechtssoziologie, 6. Auflage, Tübingen 2013.

Ramsauer, Thomas, Geistiges Eigentum und kulturelle Identität. Eine Untersuchung zum immaterialgüterrechtlichen Schutz autochthoner Schöpfungen, München 2005.

Raue, Benjamin, Das Urheberrecht der digitalen Wissen(schaft)sgesellschaft, GRUR 2017, 11–19.

Raue, Benjamin, Die Verdrängung deutscher durch europäische Grundrechte im gewerblichen Rechtsschutz und Urheberrecht, GRUR Int. 2012, 402–410.

Raue, Peter/Hegemann, Jan (Hrsg.), Münchener Anwaltshandbuch. Urheber- und Medienrecht, 2. Auflage, München 2017 (zit.: *Bearbeiter*, in: *Raue/Hegemann*, Urheber- und Medienrecht, §, Rn.).

Rauer, Nils, Entscheidung im Musterverfahren zu § 52a UrhG: Plädoyer gegen die Abschaffung der Norm durch die richterliche Hintertür, GRUR-Prax 2012, 226–229.

Rauer, Nils, Was bleibt von § 52 a UrhG?, K&R 2012, 440–442.

Reber, Nikolaus, Das neue Urhebervertragsrecht. Der Gesetzesentwurf zur Stärkung der vertraglichen Stellung von Urhebern und ausübenden Künstlern – die angemessene Beteiligung der Kreativen in den Medien!?, ZUM 2000, 729–736.

Rehbinder, Manfred, Der Schutz der Pressearbeit im neuen Urheberrechtsgesetz, UFITA 1966/III, 102–120.

Rehbinder, Manfred, Felix Dahn und Karl Gareis zur Theorie des Urheberrechts, UFITA 1995/III, 69–81.

Rehbinder, Manfred, Johann Caspar Bluntschlis Beitrag zur Theorie des Urheberrechts, UFITA 1993/III, 29–51.

Rehbinder, Manfred/Peukert, Alexander, Urheberrecht und verwandte Schutzrechte, 18. Auflage, München 2018 (zit.: *Rehbinder/Peukert,* Urheberrecht, Rn.).

Rehse, Mario, Zulässigkeit und Grenzen ungeschriebener Schranken des Urheberrechts, Hamburg 2008 (zit.: *Rehse,* Zulässigkeit und Grenzen der Schranken, S.).

Reimer, Dietrich, Schranken der Rechtsübertragung im Urheberrecht, GRUR 1962, 619–635.

Reimer, Dietrich/Ulmer, Eugen, Die Reform der materiellrechtlichen Bestimmungen der Berner Übereinkunft, GRUR Int. 1967, 431–454.

Reinbacher, Tobias, Die Strafbarkeit der Vervielfältigung urheberrechtlich geschützter Werke zum privaten Gebrauch nach dem Urheberrechtsgesetz, Berlin 2007 (zit.: *Reinbacher,* Die Strafbarkeit der Vervielfältigung, S.).

Reinbacher, Tobias, Strafbarkeit der Privatkopie von offensichtlich rechtswidrig hergestellten oder öffentlich zugänglich gemachten Vorlagen, GRUR 2008, 394–401.

Reinbacher, Tobias/Schreiber, Alexander, Abdingbarkeit der Privatkopieschranke und Auswirkungen auf die Strafbarkeit nach § 106 UrhG, UFITA 2012/III, 771–799.

Reinbothe, Jörg, „Angemessene Vergütung" oder (nur noch) „gerechter Ausgleich"?, GRUR-Prax 2015, 454–456.

Reinbothe, Jörg, Die EG-Richtlinie zum Urheberrecht in der Informationsgesellschaft, GRUR Int. 2001, 733–745.

Reschke, Johannes, Die verfassungs- und dreistufentestkonforme Auslegung der Schranken des Urheberrechts – zugleich eine Überprüfung von § 52b UrhG, Göttingen 2010 (zit.: *Reschke,* Die verfassungs- und dreistufentestkonforme Auslegung der Schranken, S.).

Riesenhuber, Karl, Die Kontrolle des Verteilungsplans im Lichte unionsrechtlicher Vorgaben. Zugleich eine Besprechung des BGH-Urteils zur Verlegerbeteiligung, ZUM 2016, 613–625.

Rietschel, Siegfried, Schutz des Verlegers gegen Dritte, die das Buch unter dem Ladenpreis verkauften, DJZ 1907, 412–414.

Riezler, Erwin, Deutsches Urheber- und Erfinderrecht. Eine systematische Darstellung, Erste Abteilung, Allgemeiner Teil, besonderer Teil: Urheberrecht an Schriftwerken und Tonwerken; Urheberrecht an Kunstwerken und Photographien; Geschmacksmusterrecht, München, Berlin 1909 (zit.: *Riezler,* Deutsches Urheber- und Erfinderrecht, S.).

Rigamonti, Cyrill, Eigengebrauch oder Hehlerei?. Zum Herunterladen von Musik- und Filmdateien aus dem Internet, GRUR Int. 2004, 278–289.

Rigamonti, Cyrill, Geistiges Eigentum als Begriff und Theorie des Urheberrechts, Baden-Baden 2001 (zit.: *Rigamonti*, Geistiges Eigentum, S.).

Robbers, Gerhard, Der Grundrechtsverzicht. Zum Grundsatz „volenti non fit iniuria" im Verfassungsrecht, JuS 1985, 925–931.

Robolski, Heinrich, Theorie und Praxis des deutschen Patentrechtes unter Benutzung der Akten des kaiserlichen Patentamtes, Berlin 1890 (zit.: *Robolski*, Deutsches Patentrecht, S.).

Rochlitz, Burkhard, Der strafrechtliche Schutz des ausübenden Künstlers, des Tonträger- und Filmherstellers und des Sendeunternehmens in Deutschland, dargestellt auf dem Hintergrund der sogenannten Tonträger- und Videopiraterie, Frankfurt a.M. 1987 (zit.: *Rochlitz*, Strafrechtliche Schutz des ausübenden Künstlers, S.).

Roeber, Georg, Urheberrecht oder Geistiges Eigentum, UFITA 1956/I, 150–196.

Roellecke, Gerd, Kopierabgabe?. Kritik einer Kritik, UFITA 1979/II, 147–164.

Röhl, Klaus F./Röhl, Hans Christian, Allgemeine Rechtslehre, 3. Auflage, Köln, München 2008.

Rosén, Jan, Urheberrecht und verwandte Schutzrechte in der Informationsgesellschaft – Zur Umsetzung der EG-Richtlinie 2001/29/EG in den nordischen Ländern, GRUR Int. 2002, 195–206.

Rosenberg, Leo/Schwab, Karl Heinz/Gottwald, Peter, Zivilprozessrecht, 18. Auflage, München 2018.

Rossbach, Claudia, Die Vergütungsansprüche im deutschen Urheberrecht. Praktische Wahrnehmung, Rechtsverkehr und Dogmatik, Baden-Baden 1990 (zit.: *Rossbach*, Vergütungsansprüche, S.).

Roxin, Claus, Strafrecht, Allgemeiner Teil, Band I, 4. Auflage, München 2006 (zit.: *Roxin*, Strafrecht AT I, §, Rn.).

Ruffert, Matthias/Grischek, Friederike/Schramm, Moritz, Europarecht im Examen – Die Grundrechte, JuS 2020, 1022–1026.

Runge, Kurt, Urheber- und Verlagsrecht. Systematische Darstellung unter Berücksichtigung des internationalen Urheberrechts, der Urheberrechtsreform und der Nachkriegslage, Bonn, Hannover, Stuttgart 1953.

Rüthers, Bernd/Fischer, Christian/Birk, Axel, Rechtstheorie mit Juristischer Methodenlehre, 10. Auflage, München 2018 (zit.: *Rüthers*, Rechtstheorie, Rn.).

Sachs, Michael (Hrsg.), Grundgesetz. Kommentar, 8. Auflage, München 2018 (zit.: *Bearbeiter*, in: *Sachs*, GG, Art., Rn.).

Sack, Rolf, Arbeitnehmer-Urheberrechte an Computerprogrammen nach der Urheberrechtsnovelle, UFITA 1993/I, 15–44.

Sack, Rolf, Die Erschöpfung von gewerblichen Schutzrechten und Urheberrechten nach deutschem Recht, WRP 1999, 1088–1115.

Säcker, Franz Jürgen/Rixecker, Roland/Oetker, Hartmut/Limperg, Bettina (Hrsg.), Münchener Kommentar zum Bürgerlichen Gesetzbuch,

– Band 1, Allgemeiner Teil, §§ 1–240, AllgPersönlR, ProstG, AGG, 8. Auflage, München 2018;

– Band 3, §§ 311–432, Schuldrecht, Allgemeiner Teil II, 8. Auflage, München 2019;

– Band 7, Schuldrecht, Besonderer Teil IV, §§ 705–853, PartGG, ProdHaftG, 8. Auflage, München 2020;

– Band 8, Sachenrecht, §§ 854–1296, WEG, ErbbauRG, 8. Auflage, München 2020

(zit.: *Bearbeiter,* in: MüKo BGB, Band, §, Rn.).

Saenger, Ingo (Hrsg.), Zivilprozessordnung, Familienverfahren, Gerichtsverfassung, Europäisches Verfahrensrecht. Handkommentar, 8. Auflage, Baden-Baden 2019 (zit.: *Bearbeiter,* in: *Saenger,* ZPO, §, Rn.).

Sahmer, Heinz, Der Arbeitnehmer im Spiegel des Urheberrechts und der verwandten Schutzrechte, UFITA 1956/I, 34–39.

Sambuc, Thomas, Der UWG-Nachahmungsschutz, München 1996.

Samson, Benvenuto, Das neue Urheberrecht, Baden-Baden 1966.

Sandberger, Georg, Behindert das Urheberrecht den Zugang zu wissenschaftlichen Publikationen?, ZUM 2006, 818–828.

Savigny, Friedrich Carl von, System des heutigen römischen Rechts, Dritter Band, Berlin 1840 (zit.: *Savigny,* System des heutigen römischen Rechts III, §, S.).

Schacht, Sascha, Die Einschränkung des Urheberpersönlichkeitsrechts im Arbeitsverhältnis, Göttingen 2004.

Schack, Haimo, Anmerkung zu EuGH, Hewlett-Packard/Reprobel, JZ 2016, 693–696.

Schack, Haimo, Ausstellungsrecht und Ausstellungsvergütung, ZUM 2008, 817–821.

Schack, Haimo, Besprechung Guibault, Lucie M.C.R.: Copyright Limitations and Contracts: An Analysis of the Contractual Overridability of Limitations on Copyright, UFITA 2004/II, 551–556.

Schack, Haimo, BGB – Allgemeiner Teil, 15. Auflage, Heidelberg 2016 (zit.: *Schack,* BGB-AT, Rn.).

Schack, Haimo, Das neue UrhWissG – Schranken für Unterricht, Wissenschaft und Institutionen, ZUM 2017, 802–808.

Schack, Haimo, Der Vergütungsanspruch der in- und ausländischen Filmhersteller aus § 54 I UrhG, ZUM 1989, 267–285.

Schack, Haimo, Dürfen öffentliche Einrichtungen elektronische Archive anlegen?. Zur geplanten Neufassung des § 53 Abs. 2 UrhG im Lichte des Drei-Stufen-Tests, AfP 2003, 1–8.

Schack, Haimo, Europäische Urheberrechts-Verordnung: erwünscht oder unvermeidlich?, ZGE 2009, 275–291.

Schack, Haimo, Kunst und Recht. Bildende Kunst, Architektur, Design und Fotografie im deutschen und internationalen Recht, 3. Auflage, Tübingen 2017 (zit.: *Schack,* Kunst und Recht, Rn.).

Schack, Haimo, Neuregelung des Urhebervertragsrechts. Kritische Anmerkungen zum Professorenentwurf, ZUM 2001, 453–466.

Schack, Haimo, Schutz digitaler Werke vor privater Vervielfältigung – zu den Auswirkungen der Digitalisierung auf § 53 UrhG, ZUM 2002, 497–510.

Schack, Haimo, Urheber- und Urhebervertragsrecht, 4. Auflage, Tübingen 2007 (zit.: *Schack,* Urheberrecht, 4. Auflage, Rn.).

Schack, Haimo, Urheber- und Urhebervertragsrecht, 7. Auflage, Tübingen 2015 (zit.: *Schack,* Urheberrecht, 7. Auflage, Rn.).

Schack, Haimo, Urheber- und Urhebervertragsrecht, 9. Auflage, Tübingen 2019 (zit.: *Schack,* Urheberrecht, Rn.).

Schack, Haimo, Urheberrechtliche Schranken für Bildung und Wissenschaft, ZUM 2016, 266–284.

Schaefer, Martin/Staats, Robert, Jenseits der „Privatkopie“. Die kollektive Lizenzierung von betriebsinternen digitalen Nutzungen, ZUM 2015, 533–538.

Schanda, Reinhard, Die Wirkung der Markenlizenz gegenüber Dritten. Eine Untersuchung zum österreichischen und deutschen Recht, GRUR Int. 1994, 275–288.

Schaub, Renate, Sponsoring und andere Verträge zur Förderung überindividueller Zwecke, Tübingen 2008 (zit.: *Schaub,* Sponsoring, S.).

Schilken, Eberhard, Zivilprozessrecht, 7. Auflage, München 2014.

Schindler, Gösta, Grenzen der „dinglichen Aufspaltbarkeit“ urheberrechtlicher Nutzungsrechte. Ein Beitrag zur Neuorientierung des Urhebervertragsrechts, Münster 2009.

Schlechtriem, Peter, Inhalt und systematischer Standort des allgemeinen Persönlichkeitsrechts, DRiZ 1975, 65–70.

Schmelz, Christoph, Zum Schutz des Urhebers vor Werkzerstörungen. Eine methodische Betrachtung, UFITA 2005/III, 705–773.

Schmidt, Jürgen, Aktionsberechtigung und Vermögensberechtigung. Ein Beitrag zur Theorie des subjektiven Rechtes, Köln, Berlin, Bonn, München 1969.

Schmidt, Karsten, Gesellschaftsrecht, 4. Auflage, Köln, Berlin, Bonn, München 2002.

Schmidt, Karsten, Universalsukzession kraft Rechtsgeschäfts. Bewährungsproben eines zivilrechtsdogmatischen Rechtsinstituts im Unternehmensrecht, AcP 1991, 495–525.

Schmidt-Bleibtreu, Bruno/Klein, Franz (Begr.)/*Hofmann, Hans/Henneke, Hans-Günter* (Hrsg.), Grundgesetz. Kommentar, 14. Auflage, Köln 2018 (zit.: *Bearbeiter*, in: *Schmidt-Bleibtreu/Hofmann/Henneke*, GG, Art., Rn.).

Schmieder, Hans-Heinrich, Freiheit der Kunst und freie Benutzung urheberrechtlich geschützter Werke, UFITA 1982/II, 63–71.

Schöneich, Anja, Der Begriff der Dinglichkeit im Immaterialgüterrecht, Baden-Baden 2017.

Schopenhauer, Arthur, Über Schriftstellerei und Stil, herausgegeben und mit einem Vorwort von *Lütkehaus, Ludger*, Berlin 2003.

Schöwerling, Helena, Anmerkung zu LG Frankfurt a.M., Urteil vom 13. Mai 2009, ZUM 2009, 665–667.

Schrader, Paul, Begrenzung des ergänzenden wettbewerbsrechtlichen Leistungsschutzes, WRP 2005, 562–564.

Schricker, Gerhard (Hrsg.), Urheberrecht auf dem Weg zur Informationsgesellschaft, Baden-Baden 1997 (zit.: *Autor*, in: *Schricker*, Urheberrecht auf dem Weg zur Informationsgesellschaft, S.).

Schricker, Gerhard, Anmerkung zu BGH, Urteil vom 20.3.2003 – I ZR 117/00, JZ 2004, 311–312.

Schricker, Gerhard, Urheberrecht zwischen Industrie- und Kulturpolitik, GRUR 1992, 242–247.

Schricker, Gerhard, Urheberrecht. Kommentar, 1. Auflage, München 1987 (zit.: *Bearbeiter*, in: *Schricker*, UrhR, 1. Auflage, §, Rn.).

Schricker, Gerhard, Zum neuen deutschen Urhebervertragsrecht, GRUR Int. 2002, 797–809.

Schricker, Gerhard/Dreier, Thomas/Kur, Annette (Hrsg.), Geistiges Eigentum im Dienst der Innovation, Baden-Baden 2001 (zit.: *Autor*, in: *Schricker/Dreier/Kur*, Geistiges Eigentum im Dienst der Innovation, S.).

Schroeder, Moritz, Numerus clausus der Immaterialgüterrechte?, Berlin 2017.

Schulz, Daniela, Der Bedeutungswandel des Urheberrechts durch Digital Rights Management – Paradigmenwechsel im deutschen Urheberrecht?, GRUR 2006, 470–477.

Schulze, Gernot, Das Urhebervertragsrecht nach Erlass der EU-Richtlinie über das Urheberrecht im digitalen Binnenmarkt, GRUR 2019, 682–686.

Schulze, Gernot, Werkgenuss und Werknutzung in Zeiten des Internets, NJW 2014, 721–726.

Schulze, Reiner (Schriftleitung), Bürgerliches Gesetzbuch, Handkommentar, 10. Auflage, Baden-Baden 2019 (zit.: *Bearbeiter*, in: Hk-BGB, §, Rn.).

Schürnbrand, Jan, Die Grenzen richtlinienkonformer Rechtsfortbildung im Privatrecht, JZ 2007, 910–918.

Schwab, Brent, Der Arbeitnehmer als Urheber, NZA-RR 2015, 5–9.

Schweikart, Philipp, Die Interessenlage im Urheberrecht, Regensburg 2004.

Schweikart, Philipp, Zum Verbraucherschutz im Urheberrecht, UFITA 2005/I, 7–18.

Schweizer, Robert, Schutz der Leistungen von Presse und Journalisten, ZUM 2010, 7–17.

Schwerdtner, Peter, Das Persönlichkeitsrecht in der deutschen Zivilrechtsordnung. Offene Probleme einer juristischen Entdeckung, Berlin 1976.

Schwintowski, Hans-Peter, Das Konzept des deutschen Gesellschaftsrechts. Funktionen, Entwicklungen, offene Fragen, JA 1993, 97–104.

Seckelmann, Margit, Industrialisierung, Internationalisierung und Patentrecht im Deutschen Reich, 1871–1914, Frankfurt a.M. 2006.

Seiller, Alfred, Zum § 49 des Urheberrechtsentwurfes, GRUR 1933, 280–282.

Seith, Sebastian, Wie kommt der Urheber zu seinem Recht?. Zu den verfassungsrechtlichen Rahmenbedingungen staatlicher Politik zum Schutz des Urheberrechts im digitalen Zeitalter, Heidelberg 2003.

Senftleben, Martin, Filterverpflichtungen nach der Reform des europäischen Urheberrechts – Das Ende der freien Netzkultur?, ZUM 2019, 369–374.

Senftleben, Martin, Grundprobleme des urheberrechtlichen Dreistufentests, GRUR Int. 2004, 200–211.

Sieber, Ulrich, Urheberrechtlicher Reformbedarf im Bildungsbereich, MMR 2004, 715–719.

Siebert, Wolfgang, Verwirkung und Unzulässigkeit der Rechtsausübung. Ein rechtsvergleichender Beitrag zur Lehre von den Schranken der privaten Rechte und zur exceptio doli (§§ 226, 242, 826 BGB.), unter besonderer Berücksichtigung des gewerblichen Rechtsschutzes (§ 1 UWG), Marburg 1934.

Slopek, David, Die Lizenz in der Insolvenz des Lizenzgebers – Endlich Rettung in Sicht?, WRP 2010, 616–619.

Specht, Louisa, Der Host-Provider in aktiver Rolle – ein Äquivalent zur Gehilfenhaftung in einem abgestuften Haftungskonzept? – Anmerkung zu BGH, Beschluss vom 20.9.2018 – I ZR 53/17 – uploaded, ZUM 2018, 877–879.

Spendel, Günter, Josef Kohler: Bild eines Universaljuristen, Heidelberg 1983.

Spindler, Gerald, Das neue Leistungsschutzrecht für Presseverlage, WRP 2013, 967–976.

Spindler, Gerald, Die Modernisierung des europäischen Urheberrechts. Der Vorschlag zur Portabilitäts-VO und die Planungen der EU-Kommission, CR 2016, 73–81.

Spindler, Gerald, Die neue Urheberrecht-Richtlinie der EU, insbesondere „Upload-Filter" – Bittersweet?. Analyse der Änderungen beim Text- und Datamining,

Leistungsschutzrecht für Presseerzeugnisse und Pflichtenkreis für Hostprovider, CR 2019, 277–291.

Spindler, Gerald, Europäisches Urheberrecht in der Informationsgesellschaft, GRUR 2002, 105–120.

Spindler, Gerald, Text und Data Mining – urheber- und datenschutzrechtliche Fragen, GRUR 2016, 1112–1120.

Spindler, Gerald/Schuster, Fabian (Hrsg.), Recht der elektronischen Medien, Kommentar, 4. Auflage, München 2019 (zit.: *Bearbeiter*, in: *Spindler/Schuster*, UrhG, §, Rn.).

Spoendlin, Kaspar, Der internationale Schutz des Urhebers, UFITA 1988/I, 11–54.

Sprang, Christian, Zweitveröffentlichungsrecht – ein Plädoyer gegen § 38 Abs. 4 UrhG-E, ZUM 2013, 461–466.

Sprang, Christian/Ackermann, Astrid, Der „Zweite Korb" aus Sicht der (Wissenschafts-)Verlage, K&R 2008, 7–11.

Staats, Robert, Reform der Verlegerbeteiligung – Die Sicht der Verwertungsgesellschaften, ZUM 2020, 101–107.

Staats, Robert, Schranken für Bildung und Wissenschaft – Drei Anmerkungen aus Sicht der VG Wort, ZUM 2016, 499–502.

Stadler, Astrid, Allgemeiner Teil des BGB, 19. Auflage, München 2017 (zit.: *Stadler*, AT des BGB, §, Rn.).

Stallberg, Christian Gero, Urheberrecht und moralische Rechtfertigung, Berlin 2006.

Ständige Deputation des Deutschen Juristentages (Hrsg.), Verhandlungen des 70. Deutschen Juristentages, Band II/1, München 2015 (zit.: *Ständige Deputation des Deutschen Juristentages*, 70. Juristentag II/1, O).

Staudinger, Julius von (Begr.), Kommentar zum Bürgerlichen Gesetzbuch mit Einführungsgesetz und Nebengesetzen, 13. Auflage, Berlin 2014 (zit.: *Bearbeiter*, in: *Staudinger*, BGB, §, Rn.).

Steinbeck, Anja, Kopieren an elektronischen Leseplätzen in Bibliotheken, NJW 2010, 2852–2856.

Steinbrecher, Judith, Die EU-Urheberrechtsrichtlinie aus Sicht der Digitalwirtschaft. Zeit für Augenmaß und faktenbasierte Gesetzgebung, MMR 2019, 639–643.

Steinvorth, Ulrich, Natürliche Eigentumsrechte, Gemeineigentum und geistiges Eigentum, DZPhil 52 (2004), 717–738.

Stellungnahme aus dem Bundesministerium der Justiz zu § 444 BGB, ZGS 2003, 307–310.

Stephanblome, Markus, Die Einordnung des subjektiven Urheberrechts in das System der bürgerlichen Rechte, Hamburg 2008.

Stickelbrock, Barbara, Die Zukunft der Privatkopie im digitalen Zeitalter, GRUR 2004, 736–743.

Stieper, Malte, „Digitalisierung" des Urheberrechts im Wege verfassungskonformer Auslegung, GRUR 2014, 1060–1064.

Stieper, Malte, Anmerkung zu BGH – Meilensteine der Psychologie, ZUM 2014, 532–534.

Stieper, Malte, Anmerkung zu BGH, Urteil vom 16.04.2015 – I ZR 69/11 (LG Frankfurt am Main) – Elektronische Leseplätze II, GRUR 2015, 1106–1107.

Stieper, Malte, Das Leistungsschutzrecht für Presseverleger nach dem Regierungsentwurf zum 7. UrhRÄndG, ZUM 2013, 10–18.

Stieper, Malte, Das Verhältnis der verpflichtenden Schranken der DSM-RL zu den optionalen Schranken der InfoSoc-RL, GRUR 2020, 1–7.

Stieper, Malte, Der Trans Europa Express ist aus Luxemburg zurück – auf dem Weg zu einer Vollharmonisierung der urheberrechtlichen Schranken, ZUM 2019, 713–720.

Stieper, Malte, Die Richtlinie über das Urheberrecht im digitalen Binnenmarkt. Keynote auf der Konferenz „Perspektiven des Urheberrechts im Informationszeitalter" am 19.11.2018 in Berlin, ZUM 2019, 211–217.

Stieper, Malte, Ein angemessener Interessenausgleich im Verhältnis von Kreativen zu Rechteinhabern und Verwertungsgesellschaften?. Vortrag auf dem III. ZUM-Symposion „EU-Urheberrechtsreform – Ergebnisse und Analysen" des Instituts für Urheber- und Medienrecht am 1.2.2019 in München, ZUM 2019, 393–400.

Stieper, Malte, Grenzüberschreitender Zugang zu digitalen Inhalten – oder Reform des europäischen Urheberrechts?, GRUR 2015, 1145–1151.

Stieper, Malte, Harmonisierung der Urheberrechtsschranken durch den EuGH?, ZGE 2012, 443–451.

Stieper, Malte, Neuordnung der urheberrechtlichen Geräteabgabe durch den EuGH, EuZW 2013, 699–702.

Stieper, Malte, Rechtfertigung, Rechtsnatur und Disponibilität der Schranken des Urheberrechts, Tübingen 2009 (zit.: *Stieper*, Rechtfertigung der Schranken, S.).

Stieper, Malte, Reformistischer Aufbruch nach Luxemburg. Die Schranken des Urheberrechts im Lichte europäischer Grundrechte, GRUR 2017, 1209–1212.

Stieper, Malte, Rezeptiver Werkgenuss als rechtmäßige Nutzung. Urheberrechtliche Bewertung des Streamings vor dem Hintergrund des EuGH-Urteils in Sachen FAPL/Murphy, MMR 2012, 12–17.

Stöckel, Oliver/Brandi-Dohrn, Anselm, Der dingliche Charakter von Lizenzen. Ein Grundbeitrag zur Dogmatik der Rechte an Geistigem Eigentum, CR 2011, 553–560.

Stöhr, Monika, Gesetzliche Vergütungsansprüche im Urheberrecht, Baden-Baden 2007.

Stolleis, Michael, Gemeinwohlformeln im nationalsozialistischen Recht, Berlin 1974.

Strauß, Richard, Gedanken zum Urheberrecht. Ansprache, gehalten im Urheberrechtsausschuss der Akademie für Deutsches Recht am 23. April 1934, UFITA 1934, 217–220.

Stürner, Rolf (Hrsg.), Bürgerliches Gesetzbuch mit Rom-I-, Rom-II-VO, EuUnthVO/HuntProt und EuErbVO. Kommentar, 17. Auflage, München 2018 (zit.: *Bearbeiter,* in: *Jauernig,* BGB, §, Rn.).

Thedieck, Franz, Besprechung von de la Durantaye, Katharina: Allgemeine Bildungs- und Wissenschaftsschranke, UFITA 2015/III, 904–905.

Thomas, Heinz/Putzo, Hans (Begr.), Zivilprozessordnung, FamFG, EGZPO, GVG, EGGVG, EU-Zivilverfahrensrecht. Kommentar, 39. Auflage, München 2018 (zit.: *Bearbeiter,* in: *Thomas/Putzo,* ZPO, §, Rn.).

Tinnefeld, Robert, Die Einwilligung in urheberrechtliche Nutzungen im Internet, Tübingen 2012.

Trayer, Martin, Technische Schutzmaßnahmen und elektronische Rechtewahrnehmungssysteme. Die Umsetzung von Art. 6 und 7 der EU-Urheberrechtsrichtlinie in deutsches Recht und der Schutz des Nutzers urheberrechtlicher Werke, Baden-Baden 2003 (zit.: *Trayer,* Technische Schutzmaßnahmen, S.).

Troller, Alois, Immaterialgüterrecht. Patentrecht, Markenrecht, Muster- und Modellrecht, Urheberrecht, Wettbewerbsrecht, Band I, 3. Auflage, Basel, Frankfurt a.M. 1983 (zit.: *Troller,* Immaterialgüterrecht I, S.).

Trumpke, Felix, Exklusivität und Kollektivierung. Das skandinavische Modell der Erweiterten Kollektiven Lizenz (Extended Collective Licensing), Baden-Baden 2016.

Tuhr, Andreas von, Der Allgemeine Teil des Deutschen Bürgerlichen Rechts, Erster Band, Allgemeine Lehren und Personenrecht, Leipzig 1910 (zit.: *v. Tuhr,* AT des Deutschen Bürgerlichen Rechts I, S.).

Ullrich, Jan Nicolaus, Clash of Copyrights – Optionale Schranken und zwingender finanzieller Ausgleich im Fall der Privatkopie nach Art. 5 Abs. 2 lit. b) Richtlinie 2001/29/EG und Dreistufentest, GRUR Int. 2009, 283–292.

Ulmer, Eugen, Urheber- und Verlagsrecht, 1. Auflage, Berlin, Göttingen, Heidelberg 1951 (zit.: *Ulmer,* Urheber- und Verlagsrecht, 1. Auflage, S.).

Ulmer, Eugen, Urheber- und Verlagsrecht, 3. Auflage, Berlin, Heidelberg, New York 1980.

Ulmer-Eilfort, Constanze/Obergfell, Eva Inés (Hrsg.), Verlagsrecht, Kommentar, 2. Auflage, München 2021 (zit.: *Bearbeiter,* in: *Ulmer-Eilfort/Obergfell,* Verlagsrecht, Rn.).

Ulrici, Bernhard, Verbotsgesetz und zwingendes Gesetz, JuS 2005, 1073–1076.

Ungern-Sternberg, Joachim von, Anmerkung zu BGH „Drucker und Plotter I", GRUR 2008, 247–249.

Ungern-Sternberg, Joachim von, Ausschüttungsansprüche von Berechtigten gegen ihre Verwertungsgesellschaft, ZGE 2017, 1–20.

Ungern-Sternberg, Joachim von, Die Rechtsprechung des EuGH und des BGH zum Urheberrecht und zu den verwandten Schutzrechten im Jahr 2013, GRUR 2014, 209–224.

Ungern-Sternberg, Joachim von, Die Rechtsprechung des EuGH und des BGH zum Urheberrecht und den verwandten Schutzrechten im Jahr 2016, GRUR 2017, 217–235.

Ungern-Sternberg, Joachim von, Die Rechtsprechung des EuGH und des BGH zum Urheberrecht und den verwandten Schutzrechten im Jahr 2018, GRUR 2019, 1–11.

Ungern-Sternberg, Joachim von, Die Rechtsprechung des EuGH und des BGH zum Urheberrecht und den verwandten Schutzrechten im Jahr 2020, GRUR 2021, 1–17.

Ungern-Sternberg, Joachim von, Erschöpfung des Verbreitungsrechts und Vermietung von Videokassetten, GRUR 1984, 262–267.

Ungern-Sternberg, Joachim von, Schlichte einseitige Einwilligung und treuwidrig widersprüchliches Verhalten des Urheberberechtigten bei Internetnutzungen, GRUR 2009, 369–375.

Upmeier, Arne, Die Rolle der Bibliotheken in einem künftigen Urheberrechts-Wissensgesellschafts-Gesetz (UrhWissG), ZGE 2018, 301–309.

Verwertungsgesellschaft der Film- und Fernsehproduzenten (Hrsg.), Urheberrecht im Wandel der Zeit. Symposium aus Anlass des 70. Geburtstags von Norbert P. Flechsig, Baden-Baden 2018 (zit.: *Autor*, in: *Verwertungsgesellschaft der Film- und Fernsehproduzenten*, Urheberrecht im Wandel der Zeit, S.).

Vinje, Thomas, Copyright Imperilled?, EIPR 1999, 192–207.

Völger, Till Valentin, Lizenzmodelle im kollektiven Wahrnehmungsrecht, Tübingen 2020.

Völp, Fromut, Weitergeltung der Lizenz bei Veräußerung des Schutzrechts, GRUR 1983, 45–51.

Voßkuhle, Andreas, Verfassungsstil und Verfassungsfunktion. Ein Beitrag zum Verfassungshandwerk, AöR 1994, 35–60.

Vranckx, Christian, Der Rückruf urheberrechtlicher Nutzungsrechte nach §§ 41, 42 UrhG und sein Einfluss auf den Bestand von Lizenzketten, Hamburg 2013 (zit.: *Vranckx*, Rückruf nach §§ 41, 42 UrhG, S.).

Wadle, Elmar, Geistiges Eigentum. Bausteine zur Rechtsgeschichte, Band I, Weinheim 1996 (zit.: *Wadle*, Geistiges Eigentum I, S.).

Wadle, Elmar, Nachdruck als Injurie. L. J. Neustetels Versuch, das Urheberrecht aus dem römischen Recht zu begründen, UFITA 1994/I, 225–242.

Wagner, Axel-Michael, Quo vadis, Urheberrecht?. Überlegungen zur Bedeutung des Urheberrechts in der Informationsindustriegesellschaft und zum anstehenden „Korb II", ZUM 2004, 723–745.

Wagner, Gerhard, Zwingendes Vertragsrecht, ZEuP 2018, 821–837.

Wagner, Kristina, Aktuelle Möglichkeiten und rechtliche Probleme der Creative Commons-Lizenzmodelle. Digitale Revolution des Urheberrechts durch CC-Lizenzen, MMR 2017, 216–221.

Walch, Dieter Erich, Ergänzender Leistungsschutz nach § 1 UWG, Köln 1992 (zit.: *Walch,* Ergänzender Leistungsschutz, S.).

Walter, Michel/Lewinski, Silke von (Hrsg.), European Copyright Law. A Commentary, Oxford 2010 (zit.: *Bearbeiter,* in: *Walter/v. Lewinski,* European Copyright Law, Rn.).

Wandtke, Artur-Axel, Anmerkung zu BGH, Urteil vom 16. April 2015 – I ZR 69/11 – Elektronische Leseplätze II, ZUM 2015, 890–893.

Wandtke, Artur-Axel, Aufstieg oder Fall des Urheberrechts im digitalen Zeitalter?, UFITA 2011/III, 649–684.

Wandtke, Artur-Axel, Beaumarchais et la propriété intellectuelle „Eine Nation ist nur dann wahrhaft frei, wenn sie sich dem Recht beugt" (1791 „Six époques"), UFITA 2008/II, 389–421.

Wandtke, Artur-Axel, Copyright und virtueller Markt in der Informationsgesellschaft oder das Verschwinden des Urhebers im Nebel der Postmoderne?, GRUR 2002, 1–11.

Wandtke, Artur-Axel, Der Anspruch auf angemessene Vergütung für Filmurheber nach § 32 UrhG. Beitrag zum Symposium „Bildgestaltung und Urhebervertragsrecht" des Bundesverbands Kamera (bvk) am 23. Januar 2010 in Berlin, GRUR Int. 2010, 704–708.

Wandtke, Artur-Axel, Die Kanonformel – eine historische Quelle des Änderungsverbots im Urheberecht?, UFITA 2010/II, 415–444.

Wandtke, Artur-Axel, Die Kommerzialisierung der Kunst und die Entwicklung des Urheberrechts im Lichte der Immaterialgüterrechtslehre von Josef Kohler, GRUR 1995, 385–392.

Wandtke, Artur-Axel, Einige Aspekte zur Urheberrechtsreform im Dritten Reich, UFITA 2002/II, 451–474.

Wandtke, Artur-Axel, Grenzenlose Freiheit der Kunst und Grenzen des Urheberrechts. Oder über Kunst lässt sich trefflich streiten?, ZUM 2005, 769–775.

Wandtke, Artur-Axel, Grundsätze der Richtlinie über das Urheberrecht im digitalen Binnenmarkt, NJW 2019, 1841–1847.

Wandtke, Artur-Axel, Rechtsvergleichendes zum Urheberrecht der DDR und der BRD, UFITA 1991/I, 23–128.

Wandtke, Artur-Axel, Reform des Arbeitnehmerurheberrechts?, GRUR 1999, 390–396.

Wandtke, Artur-Axel, Schrankenlose Bildung und Wissenschaft im Lichte des Urheberrechts, GRUR 2015, 221–227.

Wandtke, Artur-Axel, Urheber versus Verleger?, MMR 2016, 1–2.

Wandtke, Artur-Axel, Urheberrecht in der Reform oder wohin steuert das Urheberrecht?. Widersprüche in den Reformen des Urheberrechts, MMR 2017, 367–373.

Wandtke, Artur-Axel, Urheberrecht, 6. Auflage, Berlin, Boston 2017 (zit.: *Wandtke*, Urheberrecht, 6. Auflage, Kap., Rn.).

Wandtke, Artur-Axel, Urheberrecht, 7. Auflage, Berlin 2019 (zit.: *Wandtke*, Urheberrecht, Kap., Rn.).

Wandtke, Artur-Axel, Werkbegriff im Urheberrechts-Wissensgesellschafts-Gesetz, NJW 2018, 1129–1135.

Wandtke, Artur-Axel, Zum Leistungsschutzrecht der Presseverleger und dem Beteiligungsanspruch der Urheber, ZUM 2014, 847–853.

Wandtke, Artur-Axel, Zum Vergütungsanspruch des Urhebers im Arbeitsverhältnis, GRUR 1992, 139–144.

Wandtke, Artur-Axel, Zur kulturellen und sozialen Dimension des Urheberrechts, UFITA 1993/III, 5–13.

Wandtke, Artur-Axel, 50 Jahre Urheberrechtsgesetz – eine unendliche Geschichte des Arbeitnehmerurheberrechts, GRUR 2015, 831–839.

Wandtke, Artur-Axel (Hrsg.), Die Rechte der Urheber und ausübenden Künstler im Arbeits- und Dienstverhältnis. Ein Handbuch für die Praxis, Berlin 1993 (zit.: *Autor*, in: *Wandtke*, Rechte im Arbeits- und Dienstverhältnis, Rn.).

Wandtke, Artur-Axel (Hrsg.), Rechtsprechung zum Urheberrecht. Kurzkommentierung der wichtigsten BGH-Entscheidungen, Berlin, Boston 2011 (zit.: *Bearbeiter*, in: *Wandtke*, Rechtsprechung zum Urheberrecht, S.).

Wandtke, Artur-Axel (Hrsg.), Urheberrecht, 5. Auflage, Berlin, Boston 2016 (zit.: *Autor*, in: *Wandtke*, Urheberrecht, 5. Auflage, Kap., Rn.).

Wandtke, Artur-Axel/Bullinger, Winfried (Hrsg.), Praxiskommentar zum Urheberrecht, 3. Auflage, München 2009 (zit.: *Bearbeiter*, in: *Wandtke/Bullinger*, UrhR, 3. Auflage, §, Rn.).

Wandtke, Artur-Axel/Bullinger, Winfried (Hrsg.), Praxiskommentar zum Urheberrecht, 4. Auflage, München 2014 (zit.: *Bearbeiter*, in: *Wandtke/Bullinger*, UrhR, 4. Auflage, §, Rn.).

Wandtke, Artur-Axel/Bullinger, Winfried (Hrsg.), Praxiskommentar zum Urheberrecht, 5. Auflage, München 2019 (zit.: *Bearbeiter*, in: *Wandtke/Bullinger*, UrhR, §, Rn.).

Wandtke, Artur-Axel/Bullinger, Winfried/Welser, Marcus von, Fallsammlung zum Urheber- und Medienrecht. Für Studium, Fachanwaltsausbildung und Praxis, 4. Auflage, München 2015 (zit.: *Autor*, in: *Wandtke/Bullinger/von Welser*, Fallsammlung zum Urheber- und Medienrecht, S.).

Wandtke, Artur-Axel/Grasssmann, Ferdinand, Einige Aspekte zur gesetzlichen Regelung zum elektronischen Kopienversand im Rahmen des „Zweiten Korbs", ZUM 2006, 889–897.

Wandtke, Artur-Axel/Hauck, Ronny, Art. 17 DSM-Richtlinie – Ein neues Haftungssystem im Urheberrecht, ZUM 2019, 627–636.

Wandtke, Artur-Axel/Hauck, Ronny, Urheberrecht versus Pressefreiheit, NJW 2017, 3422–3425.

Wandtke, Artur-Axel/König, Robert, Reform der urheberrechtlichen Schrankenbestimmungen zugunsten von Bildung und Wissenschaft, ZUM 2014, 921–930.

Wandtke, Artur-Axel/Ohst, Claudia, Medienrecht Praxishandbuch, Band IV, 3. Auflage, Berlin, Boston 2014 (zit.: *Autor*, in: *Wandtke/Ohst*, Medienrecht Praxishandbuch, Band IV, Kap., Rn.).

Wandtke, Artur-Axel/Völger, Till, Anmerkung zu LG Berlin, Urteil vom 4. November 2014, ZUM 2015, 266–268.

Weber, Ulrich, Der strafrechtliche Schutz des Urheberrechts. Unter Berücksichtigung der bestehenden zivilrechtlichen Schutzmöglichkeiten, Tübingen 1976.

Weisser, Ralf/Höppener, Markus, Kabelweitersendung und urheberrechtlicher Kontrahierungszwang, ZUM 2003, 597–611.

Wellenhofer, Marina, Sachenrecht, 33. Auflage, München 2018.

Werp, Manfred, Die Grenzen der Abdingbarkeit dispositiven Gesetzesrechts, insbesondere beim Kauf- und Werkvertrag, Heidelberg 1969 (zit.: *Werp*, Die Grenzen der Abdingbarkeit, S.).

Wertenbruch, Johannes, BGB Allgemeiner Teil, 4. Auflage, München 2017.

Westen, Klaus, Zur urheberrechtlichen Stellung des Wissenschaftlers im Arbeits- oder Dienstverhältnis nach deutschem Recht, JR 1967, 401–408.

Wiebe, Andreas, Vertrauensschutz und geistiges Eigentum am Beispiel der Suchmaschinen, GRUR 2011, 888–895.

Wiechmann, Peter, Urheber- und gewährleistungsrechtliche Probleme der Kopiersperre bei digitalen Audio-Kassetten-Recordern, ZUM 1989, 111–122.

Wieduwilt, Hendrik, Das neue Leistungsschutzrecht für Presseverlage – eine Einführung, K&R 2010, 555–561.

Wielsch, Dan, Relationales Urheberrecht. Die vielen Umwelten des Urheberrechts, ZGE 2013, 274–311.

Wielsch, Dan, Zugangsregeln. Die Rechtsverfassung der Wissensteilung, Tübingen 2008.

Wieser, Eberhard, Empirische und normative Auslegung, JZ 1985, 407–410.

Wimmers, Jörg, Leistungsschutzrecht im Leerlauf? – Suchmaschinen als Dienste rein technischer, automatischer und passiver Art. Das Spannungsverhältnis des vorgeschlagenen Leistungsschutzrechts für Presseverlage insbesondere zur Richtlinie 2000/31/EG, CR 2012, 663–670.

Windisch, Ernst, Gewerblicher Rechtsschutz und Urheberrecht im zwischenstaatlichen Bereich, Berlin 1969 (zit.: *Windisch*, Gewerblicher Rechtsschutz, S.).

Windscheid, Bernhard, Lehrbuch des Pandektenrechts, Erster Band, 6. Auflage, Frankfurt a. M. 1887.

Witt, Carl-Heinz/u.a. (Hrsg.), Jahrbuch Junger Zivilrechtswissenschaftler 2002. Die Privatisierung des Privatrechts – rechtliche Gestaltung ohne staatlichen Zwang. Heidelberger Tagung 04. bis 07. September 2002, Stuttgart 2002 (zit.: *Autor*, in: *Witt*, Jahrbuch Junger Zivilrechtswissenschaftler 2002, S.).

Witte, Andreas, Anmerkung zum Urteil vom 27. Februar 1996 – 5 U 8281/95 (LG Berlin), CR 1996, 533–535.

Wittmann, Reinhard, Geschichte des deutschen Buchhandels, 3. Auflage, München 2011.

Wolff, Christian, Zwangslizenzen im Immaterialgüterrecht, Göttingen 2005.

Würtenberger, Gert/Freischem, Stephan, Stellungnahme der Vereinigung für gewerblichen Rechtsschutz und Urheberrecht e.V. (GRUR) zu den Vorschlägen der EU-Kommission zur Reform des europäischen Urheberrechts vom 14.9.2016, GRUR 2017, 48–53.

Würtenberger, Gert/Freischem, Stephan, Stellungnahme zu dem Referentenentwurf eines Gesetzes zur Angleichung des Urheberrechts an die aktuellen Erfordernisse der Wissenschaft (UrhWissG) und zum Verleih von E-Books durch Bibliotheken (sog „E-Lending"), GRUR 2017, 594–600.

Wyss, Hans Bernhard, Die schuldrechtliche Natur des Lizenzvertrages, Zürich 1964.

Zippelius, Reinhold, Rechtsphilosophie, 6. Auflage, München 2011.

Zlanabitnig, Stephan, Zum Entstellungsschutz von Filmwerken, AfP 2005, 35–39.

Zöller, Richard (Begr.), Zivilprozessordnung, mit FamFG (§§ 1–185, 200–270, 433–484) und Gerichtsverfassungsgesetz, den Einführungsgesetzen, mit Internationalem Verfassungsprozessrecht, EU-Verordnungen, Kostenanmerkungen. Kommentar, 32. Auflage, Köln 2018 (zit.: *Bearbeiter*, in: *Zöller*, ZPO, §, Rn.).

Zollner, Bernward/Fitzner, Uwe (Hrsg.), Festschrift für Wilhelm Nordemann, Baden-Baden 1999 (zit.: *Autor*, in: *Zollner/Fitzner*, FS W. Nordemann, S.).

Zurth, Patrick, Rechtsgeschäftliche und gesetzliche Nutzungsrechte im Urheberrecht. Eine dogmatische Analyse der Rechtsnatur der vertraglichen Gestaltungsmöglichkeiten, Tübingen 2016 (zit.: *Zurth*, Nutzungsrechte, S.).

Zypries, Brigitte, Hypertrophie der Schutzrechte?, GRUR 2004, 977–980.

Quellennachweis

Soweit nicht anders gekennzeichnet, sind alle digitalen Quellen letztmalig am 29.03.2021 aufgerufen worden.

Allianz der deutschen Wissenschaftsorganisationen, Ergänzende Hinweise zu den Desideraten der Allianz der Wissenschaftsorganisationen im Hinblick auf den Dritten Korb UrhG und Entgegnungen auf die Argumentation des Börsenvereins des deutschen Buchhandels, 04.04.2011, abrufbar unter: http://gfzpublic.gfz-potsdam.de/pubman/item/escidoc:2875903:3/component/escidoc:2875902/2011_dritterkorb_allianz.pdf (zit.: *Allianz der deutschen Wissenschaftsorganisationen*, Ergänzende Hinweise zu den Desideraten, S.).

Allianz der deutschen Wissenschaftsorganisationen, Neuregelung des Urheberrechts: Anliegen und Desiderate für einen Dritten Korb, 09.07.2010, abrufbar unter: https://www.mpg.de/225737/Neuregelung_des_Urheberrechts (zit.: *Allianz der deutschen Wissenschaftsorganisationen*, Neuregelung des Urheberrechts, S.).

Allianz der deutschen Wissenschaftsorganisationen, Stellungnahme der Allianz der deutschen Wissenschaftsorganisationen zum „Entwurf eines Gesetzes zur Angleichung des Urheberrechts an die aktuellen Erfordernisse der Wissensgesellschaft des BMJV (Urheberrechts-Wissensgesellschafts-Gesetz – UrhWissG)", 22.02.2017, abrufbar unter: https://www.bmjv.de/SharedDocs/Gesetzgebungsverfahren/Stellungnahmen/2017/Downloads/02222017_Stellungnahme_allianz_RefE_UrhWissG.pdf;jsessionid=6406EBD51ACAF894F0B7F0C54EC61A45.2_cid324?__blob=publicationFile&v=2 (zit.: *Allianz der deutschen Wissenschaftsorganisationen*, Stellungnahme zum RefE, S.).

Bartels, Gerrit, Verlage in Bedrängnis. Die Verlage, VG Wort und Rückzahlungen, im Tagesspiegel vom 02.11.2016, abrufbar unter: https://www.tagesspiegel.de/kultur/die-verlage-vg-wort-und-die-rueckzahlungen-verlage-in-bedraengnis/14768428.html (zit.: *Bartels*, Verlage in Bedrängnis).

Beckedahl, Markus, Ungeplante Ausgaben, die wir gerne zurückzahlen: Verlagsausschüttungen der VG Wort, auf netzpolitik.org am 21.11.2016, abrufbar unter: https://netzpolitik.org/2016/ungeplante-ausgaben-die-wir-gerne-zurueckzahlen-verlagsausschuettungen-der-vg-wort/.

Booktex, Stellungnahme zum Referentenentwurf des Bundesministeriums der Justiz und für Verbraucherschutz für das Gesetz zur Angleichung des Urheberrechts an die aktuellen Erfordernisse der Wissensgesellschaft, 24.02.2017, abrufbar unter:

https://www.bmjv.de/SharedDocs/Gesetzgebungsverfahren/Stellungnahmen/2017/Downloads/02102017_Stellungnahme_booktex_RefE_UrhWissG.pdf;jse ssionid=6406EBD51ACAF894F0B7F0C54EC61A45.2_cid324?__blob=publicationFile&v=2 (zit.: *Booktex*, Stellungnahme zum RefE, S.).

Buchreport, Brief mit Sprengkraft. VG Wort: Autoren wehren sich gegen Verlegerbeteiligung, 22.02.2016, abrufbar unter: https://www.buchreport.de/news/brief-mit-sprengkraft/.

Bundesministerium für Justiz und Verbraucherschutz, Referentenentwurf des Bundesministeriums der Justiz und für Verbraucherschutz. Referentenentwurf eines Gesetzes zur Anpassung des Urheberrechts an die Erfordernisse des digitalen Binnenmarktes, 02.09.2020, abrufbar unter: https://www.bmjv.de/SharedDocs/Gesetzgebungsverfahren/Dokumente/RefE_Urheberrecht.pdf?__blob=publicationFile&v=7 (zit.: RefE UmsetzungsG DSM-RL, S.).

Bundesministerium für Justiz und Verbraucherschutz, Referentenentwurf zum UrhWissG vom 01.02.2017, abrufbar unter:

https://www.bmjv.de/SharedDocs/Gesetzgebungsverfahren/Dokumente/RefE_UrhWissG.pdf?__blob=publicationFile&v=1 (zit.: RefE, S.).

Bundesverband professionelle Bildanbieter, Stellungnahme des BVPA zum Referentenentwurf der Bundesregierung zur Bildungs- und Wissenschaftsschranke, 27.02.2017, abrufbar unter: https://www.bmjv.de/SharedDocs/Gesetzgebungsverfahren/Stellungnahmen/2017/Downloads/02222017_Stellungnahme_bvpa_RefE_UrhWissG.pdf;jsessionid=6406EBD51ACAF894F0B7F0C54EC61A45.2_cid324?__blob=publicationFile&v=2 (zit.: *Bundesverband professioneller Bildanbieter*, Stellungnahme zum RefE, S.).

Börsenverein des Deutschen Buchhandels, Mediendossier, Verlage in Deutschland 2018, 30.10.2019, abrufbar unter: https://www.boersenverein.de/presse/mediendossiers/mediendossier-verlage/ (zit.: *Börsenverein des Deutschen Buchhandels*, Mediendossier, S.).

Börsenverein des Deutschen Buchhandels, Stellungnahme zum Referentenentwurf für ein Gesetz zur Angleichung des Urheberrechts, 24.02.2017, abrufbar unter: https://www.bmjv.de/SharedDocs/Gesetzgebungsverfahren/Stellungnahmen/2017/Downloads/02222017_Stellungnahme_boersenverein_RefE_UrhWissG.pdf;jsessionid=6406EBD51ACAF894F0B7F0C54EC61A45.2_cid324?__blob=publicationFile&v=2 (zit.: B*örsenverein des Deutschen Buchhandels*, Stellungnahme zum RefE, S.).

Börsenverein des Deutschen Buchhandels, Stellungnahme zur Referentenentwurf, „Entwurf eines Ersten Gesetzes zur Anpassung des Urheberrechts an die Erfordernisse des digitalen Binnenmarkts“, 05.11.2020, abrufbar unter: https://www.bmjv.de/SharedDocs/Gesetzgebungsverfahren/Stellungnahmen/2020/Downloads/110520_Stellungnahme_Boev_RefE_Urheberrecht-ges.pdf?__blob=publicationFile&v=2 (zit.: *Börsenverein des Deutschen Buchhandels*, Stellungnahme RefE UmsetzungsG DSM-RL, S.).

Börsenverein des Deutschen Buchhandels, Wirtschaftszahlen Buchproduktion, abrufbar unter: https://www.boersenverein.de/markt-daten/marktforschung/wirtschaftszahlen/buchproduktion/.

Börsenverein des Deutschen Buchhandels, § 52a Urheberrechtsgesetz muss ersatzlos entfallen, Pressemitteilung vom 10.10.2011, abrufbar unter: https://www.lifepr.de/inaktiv/boersenverein-des-deutschen-buchhandels-ev/Boersenverein-52a-Urheberrechtsgesetz-muss-ersatzlos-entfallen/boxid/259510.

Creative Commons, CC-Lizenzbedingungen. Version 3, 08.2008, abrufbar unter: https://creativecommons.org/licenses/by-nc/3.0/legalcode.de.

Creative Commons, CC-Lizenzbedingungen. Version 4, 26.08.2020, abrufbar unter: https://creativecommons.org/licenses/by/4.0/legalcode.de.

Creative Commons, State of the Commons. The data, 2017, abrufbar unter: https://stateof.creativecommons.org/.

Deutsche Bundesregierung, Regierungsentwurf eines Gesetzes zur Anpassung des Urheberrechts an die Erfordernisse des digitalen Binnenmarktes, 03.02.2021, abrufbar unter: https://www.bmjv.de/SharedDocs/Gesetzgebungsverfahren/Dokumente/RegE_Gesetz_Anpassung_Urheberrecht_digitaler_Binnenmarkt.pdf?__blob=publicationFile&v=5 (zit.: RegE UmsetzungsG DSM-RL, S.).

Deutsche Bundesregierung, Regierungsentwurf zum UrhWissG, 12.04.2017, abrufbar unter: https://www.bmjv.de/SharedDocs/Gesetzgebungsverfahren/Dokumente/RegE_Urheber-Wissensgesellschafts-Gesetz.pdf?__blob=publicationFile&v=1 (zit.: RegE, S.).

Deutscher Bibliotheksverband, Nutzerinteressen stärken, Urheberrechte wahren. Position des Deutschen Bibliotheksverbands zur Urheberrechtsreform, 20.04.2012, abrufbar unter: https://www.bibliotheksverband.de/fileadmin/user_upload/DBV/positionen/2012_04_20_dbv-Positionspapier_Urheberrecht.pdf.

Deutschlandfunk Kultur, VG Wort fordert 100 Millionen Euro zurück, Kurznachrichten vom 09.11.2016, abrufbar unter: https://www.deutschlandfunkkultur.de/vg-wort-fordert-100-millionen-euro-zurueck.265.de.html?drn:news_id=676094.

dpa, Millionen Deutsche können nicht lesen und schreiben. Analphabetismus, in Zeit Online vom 07.05.2019, abrufbar unter: https://www.zeit.de/gesellschaft/zeitgeschehen/2019-05/analphabetismus-deutschland-lesen-schreiben-studie.

dpa, VG Wort fordert 100 Millionen Euro von Verlagen, im Handelsblatt vom 09.11.2016, abrufbar unter: https://www.handelsblatt.com/arts_und_style/kunstmarkt/nach-bgh-urteil-vg-wort-fordert-100-millionen-euro-von-verlagen/14821066.html.

Europäische Kommission, Vorschlag für eine Richtlinie über das Urheberrecht im Digitalen Binnenmarkt, COM(2016) 593 final, 14.09.2016, abrufbar unter: https://eur-lex.europa.eu/legal-content/DE/TXT/PDF/?uri=CELEX:52016PC0593&from=DE.

Flechsig, Norbert, Nationale Umsetzung der Verlegerbeteiligung nach Art. 12 des Richtlinienentwurfs zum Urheberrecht im digitalen Binnenmarkt von Kommission, Parlament und Rat der Union, JurPC Web-Dok. 13/2019, Abs. 1–204, 29.01.02019, abrufbar unter: https://www.jurpc.de/jurpc/show?id=20190013 (zit.: *Flechsig,* Nationale Umsetzung der Verlegerbeteiligung, Abs.).

Flechsig, Norbert, Stellungnahme zum DiskE vom 15.1.2020: Verlegerbeteiligung nach deutschem UrhG, 31.01.2020, abrufbar unter: https://www.bmjv.de/SharedDocs/Gesetzgebungsverfahren/Stellungnahmen/2020/Downloads/013120_StellungnahmeAnpassungdes_Urheberrechts_Flechsig_DiskE.pdf?__blob=publicationFile&v=2 (zit.: *Flechsig,* Stellungnahme zum DiskE, S.).

Forum der Rechteinhaber, Stellungnahme des Forums der Rechteinhaber zum Referentenentwurf für ein „Gesetz zur Angleichung des Urheberrechts an die aktuellen Erfordernisse der Wissensgesellschaft“, 27.02.2017, abrufbar unter: https://www.bmjv.de/SharedDocs/Gesetzgebungsverfahren/Stellungnahmen/2017/Downloads/02222017_Stellungnahme_fdr_RefE_UrhWissG.pdf;jsessionid=6406EBD51ACAF894F0B7F0C54EC61A45.2_cid324?__blob=publicationFile&v=2 (zit.: *Forum der Rechteinhaber,* Stellungnahme zum RefE, S.).

GEMA, Musik & Musikvideo Streaming. GEMA Tarif für die Nutzung von Werken des GEMA-Repertoires im Rahmen von sogenannten Ad-funded-Streaming-Angeboten. Tarif VR-OD 9, 01.03.2020, abrufbar unter: https://www.gema.de/fileadmin/user_upload/Musiknutzer/Tarife/Tarife_VRA/tarif_vr_od9.pdf (zit.: *GEMA,* Tarif VR-OD 9, S.).

Grütters, Monika, Kleine Verlage schützen, Vielfalt sichern – Kulturstaatsministerin Grütters zu Rückforderungsverfahren der VG Wort gegenüber Verlagen, Pressemitteilung 400 vom 09.11.2016, abrufbar unter: https://www.bundesregierung.de/breg-de/aktuelles/kleine-verlage-schuetzen-vielfalt-sichern-kulturstaatsministerin-gruetters-zu-rueckforderungsverfahren-der-vg-wort-gegenueber-verlagen-749642 (zit.: *Grütters,* Pressemitteilung 400 vom 09.11.2016).

Grütters, Monika, Vermittlung, Vernetzung, Verständigung, im Tagesspiegel vom 07.10.2019, S. 20, abrufbar unter: https://www.bundesregierung.de/breg-de/suche/vermittlung-vernetzung-verstaendigung-1679258.

Hamburger Erklärung, Verleger fordern Schutz im Internet, in der FAZ vom 08.06.2009, abrufbar unter: https://www.faz.net/aktuell/feuilleton/debatten/geistiges-eigentum-verleger-fordern-schutz-im-internet-1814962.html.

Herbold, Astrid, Wem gehört was im Netz, im Tagesspielgel vom 17.03.2019, S. 4, online nicht verfügbar.

Homburg, Christian, Gutachten. Betriebswirtschaftliche Auswirkungen möglicher Veränderungen der Honorarsituation in Verlagen als Folge der Urheberrechtsnovellierung, Mannheim 15.10.2003, abrufbar unter: https://webcache.googleusercontent.com/search?q=cache:TKQXNQY9QbwJ:https://www.boersenverein.de/fileadmin/bundesverband/dokumente/beratung_service/politik_recht/urheberrecht/urhebervertragsrecht/Gutachten_Prof_Homburg_

Honorarsituation_in_Verlagen_als_Folge_der_Urheberrechtsnovellierung.pdf+&cd=1&hl=de&ct=clnk&gl=de (zit.: *Homburg*, Gutachten, S.).

Initiative „Publikationsfreiheit für bessere Bildung", Der Appell, 02.2017, bis 2020 abrufbar gewesen unter: https://www.publikationsfreiheit.de/der-appell/.

Initiative Urheberpauschale, Die Urheberpauschale gehört den Autoren!. Offener Brief an Bundesminister Maas, mit Unterschriftenliste, 07.06.2016, abrufbar unter: https://www.bundestag.de/resource/blob/434332/f0de234f6f0f31b2cb793ca495293ee0/verweyen-data.pdf, S. 15–20.

Jürgs, Britta/Greinus, Leif/Sundermeier, Jörg, Die VG Wort und die unabhängigen Verlage in der Krise. Erklärung der Kurt Wolff Stiftung zur Lage nach dem VG Wort-Urteil und vor Beginn der Rückzahlungen, Leipzig 31.10.2016, abrufbar unter: http://www.kurt-wolff-stiftung.de/wp-content/uploads/2016/10/PM_KWS_Unabhaengige_Verlage.pdf (zit.: *Jürgs/Greinus/Sundermeier*, Erklärung der Kurt Wolff Stiftung, S.).

Jürgs, Britta/Greinus, Leif/Sundermeier, Jörg, Weihnachtssorgen der Verlage, Kurt Wolff Stiftung vom 22.11.2019, abrufbar unter: http://www.kurt-wolff-stiftung.de/weihnachtssorgen-der-verlage/.

Klimpel, Lena, Der Buchmarkt bebt. KNV-Insolvenz, in der Tagesschau vom 20.03.2019, bis 2020 abrufbar gewesen unter: https://www.tagesschau.de/wirtschaft/knv-insolvenz-101.html.

Koalitionsvertrag zwischen CDU, CSU und FDP für die 17. Legislaturperiode. „Wachstum. Bildung. Zusammenhalt.", 26.10.2009, abrufbar unter: https://www.kas.de/c/document_library/get_file?uuid=83dbb842-b2f7-bf99-6180-e65b2de7b4d4&groupId=252038 (zit.: Koalitionsvertrag zwischen CDU, CSU und FDP für die 17. Legislaturperiode, S.).

Koalitionsvertrag zwischen CDU, CSU und SPD für die 16. Legislaturperiode. „Gemeinsam für Deutschland. Mit Mut und Menschlichkeit", 12.11.2005, abrufbar unter: https://www.cdu.de/system/tdf/media/dokumente/05_11_11_Koalitionsvertrag_Langfassung_navigierbar_0.pdf?file=1&type=field_collection_item&id=543 (zit.: Koalitionsvertrag zwischen CDU, CSU und SPD für die 16. Legislaturperiode, S.).

Koalitionsvertrag zwischen CDU, CSU und SPD für die 18. Legislaturperiode. „Deutschlands Zukunft gestalten", 14.12.2013, abrufbar unter: https://archiv.cdu.de/sites/default/files/media/dokumente/koalitionsvertrag.pdf (zit.: Koalitionsvertrag zwischen CDU, CSU und SPD für die 18. Legislaturperiode, S.).

Koalitionsvertrag zwischen CDU, CSU und SPD für die 19. Legislaturperiode. „Ein neuer Aufbruch für Europa. Eine neue Dynamik für Deutschland. Ein neuer Zusammenhalt für unser Land", 12.03.2018, abrufbar unter: https://www.bundesregierung.de/resource/blob/975226/847984/5b8bc23590d4cb2892b31c987ad672b7/2018-03-14-koalitionsvertrag-data.pdf?download=1 (zit.: Koalitionsvertrag zwischen CDU, CSU und SPD für die 19. Legislaturperiode, S.).

Kultusministerkonferenz, Rahmenvertrag zur Vergütung von Ansprüchen nach § 52a UrhG (Hochschulen), 09.2016, abrufbar unter: https://www.kmk.org/fileadmin/Dateien/pdf/PresseUndAktuelles/2016/Rahmenvertrag52aUrhG_VGWORT_unterzeichnet.pdf (zit.: *KMK,* Rahmenvertrag zur Vergütung von Ansprüchen nach § 52a UrhG (Hochschulen), S.).

Kultusministerkonferenz, Stellungnahme der KMK zum Referentenentwurf eines Gesetzes zur Angleichung des Urheberrechts an die aktuellen Erfordernisse der Wissensgesellschaft (Urheberrechts-Wissensgesellschafts-Gesetzes – UrhWissG) vom 1. Februar 2017, 21.02.2017, abrufbar unter: https://www.bmjv.de/SharedDocs/Gesetzgebungsverfahren/Stellungnahmen/2017/Downloads/02222017_Stellungnahme_kmk_RefE_UrhWissG.pdf;jsessionid=6406EBD51ACAF894F0B7F0C54EC61A45.2_cid324?__blob=publicationFile&v=3 (zit.: *KMK,* Stellungnahme zum RefE, S.).

Kurt Wolff Stiftung, „Lassen Sie sich nicht beirren", Börsenblatt vom 22.11.2019, abrufbar unter: https://www.boersenblatt.net/2019-11-22-artikel-_lassen_sie_sich_nicht_beirren__ -kurt_wolff_stiftung_appelliert_an_buchhandlungen_und_leser.1765457.html (zit.: *Kurt Wolff Stiftung,* „Lassen Sie sich nicht beirren").

Lijnden, Constantin van, Upload-Filter in der Filterblase. EU-Urheberrechtsreform, in der FAZ vom 07.03.2019, S. 8, abrufbar unter: https://www.faz.net/aktuell/politik/staat-und-recht/eu-reform-und-artikel-13-kommt-der-upload-filter-16075372.html.

Loy, Thomas, Mehr als Zehntausend Menschen demonstrieren in Berlin. Protest gegen EU-Urheberrechtsreform, im Tagesspiegel vom 24.03.2019, S. 9, abrufbar unter: https://www.tagesspiegel.de/berlin/protest-gegen-eu-urheberrechtsreform-mehr-als-zehntausend-menschen-demonstrieren-in-berlin/24137792.html.

Michal, Wolfgang, Das große Verlagssterben: Lobby-Pingpong mit dem Börsenverein, irights info vom 26.11.2016, abrufbar unter: https://irights.info/artikel/vg-wort-rueckforderung-boersenverein/28220.

Michal, Wolfgang, Wem gehört das Geld der VG Wort?, 26.04.2016, abrufbar unter: https://www.wolfgangmichal.de/2016/04/24/wem-gehoert-das-geld-der-vg-wort/.

Neuhaus, Carla, „Wir sind mittendrin im Verlagssterben", im Tagesspiegel vom 15.12.2019, abrufbar unter: https://www.tagesspiegel.de/wirtschaft/zwischenhaendler-sortieren-buchtitel-aus-wir-sind-mitten-drin-im-verlagssterben/25335700.html.

Niggemeier, Stefan, Schöner Verlegen – mit dem Geld anderer Leute, in Übermedien vom 27.04.2016, abrufbar unter: https://uebermedien.de/4444/schoener-verlegen-mit-dem-geld-anderer-leute/.

Roesler-Graichen, Michael, Der Buchmarkt verliert vor allem jüngere Käufer. Studie des Börsenvereins, Börsenblatt vom 17.01.2018, abrufbar unter: https://www.

boersenblatt.net/2018-01-18-artikel-der_buchmarkt_verliert_vor_allem_juengere_kaeufer-studie_des_boersenvereins.1422566.html.

rtr/dpa, Neue Regeln für das Internet, Titelseite des Tagesspiegels vom 27.03.2019, online nicht verfügbar.

Sagatz, Kurt, Wann wenn nicht jetzt, im Tagesspielgel vom 17.03.2019, S. 4, online nicht verfügbar.

Sandberger, Georg, Verlegerbeteiligung an Kopiervergütungen – weitere Runde oder endgültige Lösung?, JurPC Web-Dok. 45/2019, Abs. 1–100, 16.04.2019, abrufbar unter: https://www.jurpc.de/jurpc/show?id=20190045 (zit.: *Sandberger*, Verlegerbeteiligung an Kopiervergütungen, Abs.).

Skipis, Alexander, 20 bis 25 Prozent der Verlage sind akut existenzgefährdet. Börsenverein zur Erklärung von Monika Grütters, Börsenblatt vom 09.11.2016, abrufbar unter: https://www.boersenblatt.net/artikel-boersenverein_zur_erklaerung_von_monika_gruetters.1248096.html?.

Spitzenorganisation der Filmwirtschaft e.V., Gemeinsame Stellungnahme zum Referentenentwurf eines Gesetzes zur Angleichung des Urheberrechts an die aktuellen Erfordernisse der Wissensgesellschaft (UrhWissG), 27.02.2017, abrufbar unter: https://www.bmjv.de/SharedDocs/Gesetzgebungsverfahren/Stellungnahmen/2017/Downloads/02222017_Stellungnahme_film_RefE_UrhWissG.pdf;jsessionid=6406EBD51ACAF894F0B7F0C54EC61A45.2_cid324?__blob=publicationFile&v=2 (zit.: *Spitzenorganisation der Filmwirtschaft*, Stellungnahme zum RefE, S.).

Springer Nature, Stellungnahme. Entwurf eines Gesetzes zur Angleichung des Urheberrechts an die aktuellen Erfordernisse der Wissensgesellschaft (UrhWissG), 27.02.2017, abrufbar unter: https://www.bmjv.de/SharedDocs/Gesetzgebungsverfahren/Stellungnahmen/2017/Downloads/02222017_Stellungnahme_springer_RefE_UrhWissG.pdf?__blob=publicationFile&v=2 (zit.: *Springer Nature*, Stellungnahme zum RefE, S.).

Staatsministerin für Kultur und Medien, Die Staatsministerin und ihr Amt. Lebenslauf, Veröffentlichung 2021 des Presse- und Informationsamts der Bundesregierung, abrufbar unter: https://www.bundesregierung.de/breg-de/bundesregierung/staatsministerin-fuer-kultur-und-medien/staatsministerin-und-ihr-amt/lebenslauf (zit.: *Staatsministerin für Kultur und Medien*, Lebenslauf).

Statistisches Bundesamt, Durchschnittlicher Bruttomonatsverdienst von vollzeitbeschäftigten Arbeitnehmern* in Deutschland von 1991 bis 2019, 19.03.2021, abrufbar unter: https://de.statista.com/statistik/daten/studie/161355/umfrage/monatliche-bruttoloehne-und-bruttogehaelter-pro-kopf-in-deutschland/ (zit.: *Statistisches Bundesamt*, Durchschnittlicher Bruttomonatsverdienst).

Sundermeier, Jörg, Kulturgut Buch – bröckelt der Mythos?. Verlagssterben und Umsatzrückgang, Deutschlandfunk Kultur vom 03.01.2018, abrufbar unter: https://www.deutschlandfunkkultur.de/verlagssterben-und-umsatzrueckgang-kulturgut-buch-broeckelt.1270.de.html?dram:article_id=407383.

Tagesschau, Kampf gegen Piraterie oder Zensur?. Das ACTA-Abkommen, Tagesschau vom 12.02.2012, abrufbar unter: https://www.tagesschau.de/ausland/acta110.html.

Tarifvertrag für auf Produktionsdauer beschäftigte Film- und Fernsehschaffende. (TV FFS), 13.05.2013, abrufbar unter: https://filmunion.verdi.de/++file++53bfcca2aa698e56b40002a3/download/TV%20FFS%20Endfassung.pdf.

Verband Bildungsmedien e.V., Urheberrecht in der Wissensgesellschaft, Verbandsmitteilung 2021, abrufbar unter: https://bildungsmedien.de/unsere-themen/urheberrecht-in-der-wissensgesellschaft (zit.: *Verband Bildungsmedien*, Urheberrecht in der Wissensgesellschaft).

Verband Bildungsmedien e.V., Stellungnahme des Verband Bildungsmedien e.V. gegenüber dem Bundesministerium der Justiz und für Verbraucherschutz zum Referentenentwurf eines Gesetzes zur Angleichung des Urheberrechts an die aktuellen Erfordernisse der Wissensgesellschaft (UrhWissG), 24.02.2017, abrufbar unter: https://www.bmjv.de/SharedDocs/Gesetzgebungsverfahren/Stellungnahmen/2017/Downloads/02222017_Stellungnahme_Verband_Bildungsmedien_RefE_UrhWissG.pdf;jsessionid=6406EBD51ACAF894F0B7F0C54EC61A45.2_cid324?__blob=publicationFile&v=2 (zit.: *Verband Bildungsmedien*, Stellungnahme zum RefE, S.).

Verlag Barbara Budrich, Stellungnahme der Initiative „Verlage der Wissenschaft" zum Referentenentwurf eines Gesetzes zur Angleichung des Urheberrechts an die aktuellen Erfordernisse der Wissensgesellschaft (UrhWissG), 23.02.2017, abrufbar unter: https://www.bmjv.de/SharedDocs/Gesetzgebungsverfahren/Stellungnahmen/2017/Downloads/02102017_Stellungnahme_Verlage_der_Wissenschaft_RefE_UrhWissG.pdf;jsessionid=6406EBD51ACAF894F0B7F0C54EC61A45.2_cid324?__blob=publicationFile&v=2 (zit.: *Verlag Barbara Budrich*, Stellungnahme zum RefE, S.).

VG Wort, Merkblatt Zustimmung zur Verlagsbeteiligung. Hauptausschüttung 2017, abrufbar unter: https://www.vgwort.de/fileadmin/pdf/merkblaetter/290617_Merkblatt_Verlagsbeteiligung.pdf.

VG Wort, Stellungnahme zum Entwurf eines Gesetzes zur Anpassung des Urheberrechts an die Erfordernisse des digitalen Binnenmarktes, 06.11.2020, abrufbar unter: https://www.bmjv.de/SharedDocs/Gesetzgebungsverfahren/Stellungnahmen/2020/Downloads/110620_Stellungnahme_VG-WORT_RefE_Urheberrecht-ges.pdf?__blob=publicationFile&v=2 (zit.: *VG Wort*, Stellungnahme RefE UmsetzungsG DSM-RL, S.).

VG Wort, Stellungnahme zur Bildungs- und Wissenschaftsschranke, 24.02.2017, abrufbar unter: https://www.bmjv.de/SharedDocs/Gesetzgebungsverfahren/Stellungnahmen/2017/Downloads/02222017_Stellungnahme_vgwort_RefE_U rhWissG.pdf;jsessionid=6406EBD51ACAF894F0B7F0C54EC61A45.2_cid324?__blob=publicationFile&v=2 (zit.: *VG Wort*, Stellungnahme zum RefE, S.).

VG Wort, Verlagsbeteiligung bei der VG Wort. Hinweise für Verlage, 11.2017, abrufbar unter: https://www.vgwort.de/fileadmin/pdf/allgemeine_pdf/171102_Verlagsbeteiligung_-_Hinweise_f%C3%BCr_Verlage_final.pdf.

VG Wort, Verteilungsplan der VG Wort. Verteilungsplan der Verwertungsgesellschaft WORT (VG WORT) nach § 10 der Satzung, Fassung vom 25.05.2019, abrufbar unter: https://www.vgwort.de/fileadmin/pdf/verteilungsplan/Verteilungsplan_Mai_2019.pdf (zit.: *VG Wort*, Verteilungsplan).

Vogel, Martin, Anmerkung zu einem richtigen Urteil, im Perlentaucher vom 01.07.2016, abrufbar unter: https://www.perlentaucher.de/essay/martin-vogel-zu-vg-wort-ausschuettungen-verlage-autoren-urheberrecht.html?highlight=anmerkung+zu+einem+richtigen+urteil&q=anmerkung+zu+einem+richtigen+urteil.

Vogel, Martin, Verspottung der Urheber, im Perlentaucher vom 17.12.2016, abrufbar unter: https://www.perlentaucher.de/essay/die-neuregelung-der-verlegerbeteiligung-eine-irrefuehrung-der-urheber.html.

Winiarski, Andreas, Internationale Verlage unterzeichnen „Hamburger Erklärung zum Schutz des geistigen Eigentums“, Axel Springer Presseinformation vom 09.07.2009, abrufbar unter: https://www.axelspringer.com/de/presseinformationen/internationale-verlage-unterzeichnen-hamburger-erklaerung-zum-schutz-des-geistigen-eigentums (zit.: *Winiarski*, Internationale Verlage unterzeichnen „Hamburger Erklärung“).

www.ingramcontent.com/pod-product-compliance
Ingram Content Group UK Ltd.
Pitfield, Milton Keynes, MK11 3LW, UK
UKHW021923290926
8980IPUK00016B/1419

9 783631 889084